Gegenrede

Aufklärung – Kritik – Öffentlichkeit

Festschrift für Ernst Gottfried Mahrenholz

Herausgegeben von

Herta Däubler-Gmelin
Klaus Kinkel
Hans Meyer
Helmut Simon

Nomos Verlagsgesellschaft
Baden-Baden

Die Deutsche Bibliothek – CIP-Einheitsaufnahme

Gegenrede: Aufklärung – Kritik – Öffentlichkeit; Festschrift für Ernst Gottfried Mahrenholz / hrsg. von Herta Däubler-Gmelin ... – 1. Aufl. – Baden-Baden: Nomos Verl.-Ges., 1994
ISBN 3-7890-3369-3
NE: Däubler-Gmelin, Herta [Hrsg.]; Mahrenholz, Ernst Gottfried: Festschrift

1. Auflage 1994

Vorwort

Es begann mit der Idee ehemaliger und gegenwärtiger Mitarbeiter von Ernst Gottfried Mahrenholz, ihm zu seinem 65. Geburtstag eine Festschrift zu überreichen. Er selbst erfuhr davon erst, als schon die Zusagen eintrafen. Es ist charakteristisch für Ernst Gottfried Mahrenholz, daß er sich nur langsam mit dem Vorhaben abgefunden hat und Abneigungen überwinden mußte, die auch bei anderen gegen das Überhandnehmen solcher Ehrungen wachsen. Daß wir uns mit guten Gründen über solche Empfindungen hinweggesetzt haben, wird durch das erfreuliche Echo auf unsere Anfrage und die Qualität der Beiträge bestätigt. In ihrer bunten Fülle spiegeln diese Beiträge die vielseitigen Tätigkeitsfelder von Ernst Gottfried Mahrenholz in Kultur, Politik, Rechtspflege und Wissenschaft wider; sie sind ein Beweis dafür, wie weit gespannt auch heute noch ein Menschenleben verlaufen kann. Schon dies ließ erwarten, daß ein Sammelwerk von Weggefährten des Geehrten auch für die größere Öffentlichkeit etwas Besonderes darstellen wird. Was Ernst Gottfried Mahrenholz aber von manchen anderen unterscheidet, die auf einen ähnlichen Berufserfolg zurückblicken können, und was Lust macht, ihn zu feiern, ist seine Person, in der sich neugierige Unbefangenheit und streitbare Offenheit mit jenem Faible für Lebensjubel verbinden, der sich vom angestrengten Ernst mancher protestantischer Kreise wohltuend abhebt.

Es fehlen eine Reihe Autoren, die ihre Mitwirkung aus gewichtigen Gründen absagen mußten. Dazu gehören auch die Senatskollegen von Ernst Gottfried Mahrenholz. Ihr nachstehendes Grußwort enthält zugleich eine Würdigung des Richters und Vizepräsidenten des Bundesverfassungsgerichts, die auf langjähriger Zusammenarbeit beruht und mit der wir nicht konkurrieren möchten. Ergänzend sei nur daran erinnert, daß unter Mitwirkung und unter dem Vorsitz von Ernst Gottfried Mahrenholz eine Reihe denkwürdiger Entscheidungen ergangen sind und daß sich seine Persönlichkeit besonders deutlich in seinen gewichtigen abweichenden Meinungen ausdrückt.

Uns als Herausgebern obliegt vor allem der Dank an jene, ohne welche diese Festschrift nicht zustandegekommen wäre, vorab an Frau Dr. Renate Philipp, welche die redaktionelle Hauptlast getragen hat und die dabei tatkräftig von Dr. Bernd Brunn, Dr. Georg Hermes, Anita Kühnel, Dr. Sibylle Raasch, Heino ter Veen und Dr. Thomas Wolf unterstützt wurde.

Karlsruhe, im Februar 1994

Herta Däubler-Gmelin *Klaus Kinkel* *Hans Meyer* *Helmut Simon*

Grußwort
der Mitglieder des Zweiten Senats des Bundesverfassungsgerichts

Lieber Herr Mahrenholz,

als uns im Spätjahr 1992 die Einladung erreichte, an der geplanten Festschrift für Sie mitzuwirken, waren wir nicht nur von dem so treffsicher gewählten Titel »Gegenrede« beeindruckt. Unsere erste Reaktion war - spontan - die Bereitschaft zur Mitarbeit: Wenn eine solche Festschrift erscheint, dann wollen und sollten wir mit dabei sein. Und es war ein besonderer Reiz, sich - nicht nur in Erinnerung an so manche kontroverse Debatte im Senat - auszudenken, wie denn solche »Gegenrede«, sei es zu herrschenden Auffassungen, sei es auch zu Auffassungen von Ihnen, der Sie die offene und kontroverse Diskussion so schätzen und als Motor der fortschreitenden Erkenntnis begreifen, beschaffen sein könnte.

Zugleich aber meldete sich die drängende Frage, wie eine solche - notwendigerweise anspruchsvolle - Beteiligung zeitlich zu verwirklichen sei, angesichts der gegebenen und sich weiter abzeichnenden, über den normalen Arbeitsanfall weit hinausgehenden Belastung unseres Senats mit einer Vielzahl politisch weittragender und schwieriger Verfahren, die den vollen Einsatz jedes Senatsmitglieds erfordern. So gerieten Neigung und Pflicht, Wollen und zeitliches Vermögen in Widerstreit miteinander.

Sie selbst haben uns dann wissen lassen, daß Sie bei der gegebenen Situation das Absehen von einer Mitarbeit an der Festschrift nicht nur verstehen würden, sondern um der notwendigen konzentrierten und kontinuierlichen Arbeit des Senats willen für angezeigt hielten. Kommt darin - ungeachtet Ihrer Herkunft aus einem hannover'schen Bauern- und Pastorengeschlecht - Preußisches in Ihnen zum Ausdruck?

Wir danken Ihnen für diese noble Geste. Sie hat uns den - wie die weitere Entwicklung der Senatsbelastung ausweist - notwendigen Entschluß zum gemeinsamen Verzicht wesentlich erleichtert.

Sind wir so in der Ihnen gewidmeten Festschrift mit eigenen Beiträgen nicht anwesend, möchten wir gleichwohl unsere Verbundenheit mit Ihnen und Ihrer Arbeit durch dieses Grußwort zum Ausdruck bringen. An Ihrem 65. Geburtstag können Sie auf ein selten erfolgreiches Berufsleben zurückblicken. Es hat Sie über verschiedene Berufsfelder - Verwaltungsbeamter, Funkhausdirektor, Staatssekretär, Minister, Abgeordneter - schließlich in das Richter- und Vizepräsidentenamt beim Bundesverfassungsgericht geführt und Ihnen - in Anerkennung Ihrer wissenschaftlichen Tätigkeit - die Ernennung zum Honorarprofessor eingetragen.

In den Senatsberatungen haben wir Sie als in politicis vielfach erfahrenen, von intellektueller Neugier angetriebenen, vor dem Infragestellen des immer schon Geübten nie zurückschreckenden, bei alledem aber den Aufgaben und Anforderungen des Richteramts streng verpflichteten, für die Kraft und das Wägen von Argumenten offenen Kollegen kennengelernt. Zu Ihrem Dezernat gehörten u.a. Parlamentsrecht und Strafvollstreckungsrecht. Ungeachtet des nachhaltigen Interesses an den institutionell bedeutsamen und politisch weittragenden Verfahren, die wir zu entscheiden hatten - mehr als einmal kamen sie aus Ihrem Dezernat in den Senat - haben Sie sich mit besonderer Aufmerksamkeit und innerem Engagement den Beschwerden einzelner Bürger, und hier vorab der Strafgefangenen, gewidmet - menschengerecht, wie es ein Richter halten soll.

Uns ist es nicht erlaubt, aus Senatsberatungen zu berichten. Aber gewiß sind Ihnen aus so mancher intensiven Diskussion im Senat Äußerungen der Senatsmitglieder in Rede und vor allem auch Gegenrede noch gegenwärtig. Nehmen Sie diese als ungeschriebene Beiträge zu Ihrer Festschrift und prüfen Sie sie in Ihrer Erinnerung daraufhin, ob Sie sich - eine Ihnen beliebte Unterscheidung aufgreifend - als zwar prägnant, aber nicht präzis oder umgekehrt als präzis, aber nicht prägnant erweisen.

Ad multos annos!

Ernst-Wolfgang Böckenförde
Hans H. Klein
Karin Graßhof
Konrad Kruis
Paul Kirchhof
Klaus Winter
Bertold Sommer

Inhaltsverzeichnis

I. Zur Person

Hommage an einen Dissenter

Rolf Lamprecht

Bei den Prozeßdokumenten zu Paragraph 218 StGB findet sich, versteckt unter Bergen bedruckten Papiers, ein erhellender Satz: Der Bundestag »kann sich der Problematik des Schwangerschaftsabbruchs mit einer besseren oder einer schlechteren Regelung nähern; ›lösen‹ kann er sie nicht; dem Staat ist hier die Selbstgewißheit zur ›richtigen‹ Gesetzgebung verloren gegangen«[1].
Diese behutsame und dennoch treffende Beschreibung eines Jahrhundertkonflikts, die zugleich Inhalt und Grenzen des Verfassungsrechts markiert, steht in der »abweichenden Meinung« zum Urteil des BVerfG vom 28.Mai 1993[2]. Autoren sind die Richter Ernst Gottfried Mahrenholz und Bertold Sommer. Mit ihrer Kontenance ist den beiden gelungen, was keine Polemik vermocht hätte: Sie haben, ganz beiläufig, die Blicke auf den bombastischen Anspruch der Richtermehrheit gelenkt, die den Anschein erweckte, das Mammutproblem mit 17 normartigen Leitsätzen bewältigen zu können. Vor dem Hintergrund der »abweichenden Meinung« wird die apodiktische[3] und missionarische[4] Sprache des Urteils überhaupt erst sichtbar.
Dabei fällt auf, wie inhomogen die Mehrheitsrichter argumentieren[5] - ein Umstand, der vermuten läßt, daß sie sich wechselseitig eine Fülle von Arabesken konzedieren mußten, bevor ihr Kompromiß zustande kam. Im Endeffekt hat sich die alte Regel bestätigt, daß nichts tödlicher ist als der Kontrast zwischen einer schlichten Wahrheit und dem Irrglauben, die Quadratur des Kreises gelöst zu haben.
Das Minderheitsvotum von Mahrenholz und Sommer widerspiegelt nicht nur intellektuelle Bescheidenheit, sondern widerlegt auch ein verbreitetes Vorurteil über das Institut der »abweichenden Meinung«. Der Dissenter repräsentiere, so ist immer wieder zu hören, ausgefallene Ansichten - gleichsam die Extrempositionen des linken oder rechten Flügels im Spruchkörper. Oder anders: Die Mehrheit

1 EuGRZ 1993, 267.
2 EuGRZ 1993, 229 ff.
3 EuGRZ 1993, 229 - Leitsatz 3: Der Schutz des Ungeborenen sei nur möglich, wenn der Gesetzgeber einer Frau den »Schwangerschaftsabbruch grundsätzlich verbietet und ihr damit die grundsätzliche Rechtspflicht auferlegt, das Kind auszutragen«.
4 EuGRZ 1993, 243 -. Eine »Preisgabe des ungeborenen Lebens läßt sich auch unter Hinweis auf die Menschenwürde der Frau und ihre Fähigkeit zu verantwortlicher Entscheidung nicht einfordern«.
5 EuGRZ 1993, 229, pars portoto: Die Mehrheitsrichter lassen den Arbeitgeber für den »rechtswidrigen« Akt zahlen, nicht aber die Krankenkasse.

stehe für die geistige Mitte, die Minderheit vertrete einen eher exotischen Standpunkt.

Beim Streit um den Paragraphen 218 war es gerade umgekehrt: Nicht das Sondervotum, das Urteil selbst erweckt den Eindruck eines leidenschaftlichen Plädoyers, das bekanntlich monokausal argumentieren darf. Damit ist die Mehrheit dem Fehler erlegen, der gern den Minderheiten nachgesagt wird - sie hat sich in das Schlachtengetümmel der Ideologien begeben und engagiert Partei ergriffen. Gegen die 183-Seiten-Entscheidung wirkt die »abweichende Meinung« wie ein Lehrbeispiel für das vielzitierte Ideal des »judicial self-restraint«; sie demonstriert zugleich die aufklärerische Funktion, die der Dissenting im besten Fall zukommt - einen komplizierten Sachverhalt durchsichtig zu machen, statt ihn zusätzlich zu vernebeln. Das Minderheitsvotum zum Abtreibungsurteil des BVerfG ist eine von mehreren Modifikationen der »abweichenden Meinung«. Mahrenholz hat in seiner Amtszeit die ganze Bandbreite der Möglichkeiten ausgelotet und ausgeschöpft.

Allen Variationen gemeinsam ist der Wunsch eines Richters, sich vom Urteil der Mehrheit zu distanzieren. Er will deutlich machen, daß er eine Entscheidung im Ergebnis oder in der Begründung nicht mitverantworten kann - in ihrer Gänze oder in Teilen nicht. Damit stört jeder Dissenter - ob er will oder nicht - die Routine. Er scheucht die anderen auf, setzt sie unter Wettbewerbsdruck beim Denken und beim Formulieren. Denn er hat nur eine Chance der Anerkennung, wenn er sich verständlicher ausdrückt als die anderen - wenn er plausibler argumentiert. Die weit verbreitete Abneigung gegen die »abweichende Meinung« ist insofern vergleichbar mit der Abwehrhaltung des Monopolisten, der nichts mehr fürchtet als eine innovative und flexible Konkurrenz.

Im Gegensatz zu seinen Kollegen, die in der Anonymität des Spruchkörpers aufgehen, gibt der Dissenter ein Stück von sich selbst preis. Jede »abweichende Meinung« erlaubt Rückschlüsse auf den Richter als Person - auf seine »judicial philosophy«, auf seine Reizschwellen und Empfindlichkeiten, auf seine intellektuelle Bandbreite. Kann er sich artikulieren? Wie differenziert er? Wie formuliert er? Verfügt er über eine elegante Sprache?

Wieviel von dem Dissenter sichtbar wird, hängt von der Form des Minderheitenvotums ab. Wenn es, wie im eingangs zitierten Fall, zwei sind, artikulieren beide gemeinsam nur den Abstand zum Mehrheitsurteil. Es könnten bei knappen Mehrheiten auch drei sein. Und die Position jener vier Richter, die bei Stimmengleichheit nicht zum Zuge gekommen sind, muß zumindest als Spielart der »dissenting opinion« angesehen werden; sie fällt zwar formal nicht unter diese Rubrik, erfüllt aber im übrigen alle Bedingungen eines Minderheitenvotums.

Ob sich zwei, drei oder - in Patt-Situationen - vier Richter von einem Urteil distanzieren, spielt für die Frage, wieviel von dem Einzelnen zu erkennen ist, keine beachtliche Rolle. In diesen Fällen tritt er - ähnlich wie beim Kollegial-Urteil - als Individuum zurück. Seine Person wird nur deutlich, wenn er alleine dissentiert. Mahrenholz hat von der Möglichkeit, eine »abweichende Meinung« abzugeben, bescheidenen Gebrauch gemacht: insgesamt zehn Mal. Umgerechnet auf seine Dienstzeit, sind das weniger als ein Sondervotum pro Jahr. Als Einzelgänger mit einer individuellen, ganz persönlichen Aussage trat er sieben mal in Erscheinung, in Stichworten: Urlaub aus lebenslänglicher Haft[6], Stationierung von Mittelstrekkenraketen[7], Lagerung von C-Waffen[8], Parlamentskontrolle der Nachrichtendienste[9], Rechte des einzelnen Bundestagsabgeordneten[10], Reichweite der Unschuldsvermutung[11], Aussetzung der lebenslangen Freiheitsstrafe[12].

Gemeinsam mit anderen dissentierte Mahrenholz in drei weiteren Fällen: Kriegsdienstverweigerung, mit Böckenförde[13], Parteienfinanzierung, Anschluß an Bökkenförde[14], Paragraph 218 StGB, mit Sommer[15]; nicht eingerechnet ist die Entscheidung zu den »Tagebuchnotizen«, ein Fall von Stimmengleichheit, bei dem er mit drei anderen zur unterlegenen Seite gehörte[16].

Jede »abweichende Meinung« lüftet ein Stück von dem Vorhang, der normalerweise den Akt der Rechts- und Wahrheitsfindung verdeckt. Der Dissenter fungiert als Medium. Er und sein Votum sind identisch, wie sonst nur beim Einzelrichter. Er tritt als Solist auf. Ob er falsch oder richtig singt, läßt sich schnell feststellen. Dagegen gleicht das Richterkollegium einem Chor, in dem die Einzelstimmen untergehen und falsche Töne verschluckt werden - jedenfalls solange, bis das Ohr weh tut.

Was die Noten und die Komposition hergeben, macht wiederum oft erst der Alleindarsteller deutlich. Wenn er gut ist, vermittelt er dem Publikum die Einsicht, daß Rechtsprechung ein schöpferischer Akt sein kann: Oft folgt ein Richter nicht nur dem Buchstaben des Gesetzes, sondern zugleich einem inneren Kompaß - seinem Begriff von Recht und Gerechtigkeit. Nicht selten sind es Gefühle, die das spezifische Gewicht der Gründe und Gegengründe schwerer machen. Warum sonst gibt der Richter mal der einen und mal der anderen Auslegungsmethode den Vorzug? Was für einem Impuls folgt er, wenn er sich auf die Suche nach einem Weg macht, dessen Ziel ihm vorerst nur vorschwebt? Sein Movens kann Warmherzigkeit sein, Menschenliebe oder Erbarmen mit den Schwachen - und natürlich auch juristische Überzeugung, der Wille zu größerer Klarheit und Präzision.

Wer sensibel hinhört und genau hinsieht, kann durchaus feststellen, wann die linke (die logische) und wann die rechte (die kreative) Gehirnhälfte am Akt der

6 BVerfGE 64, 285.
7 BVerfGE 68, 111.
8 BVerfGE 77, 234.
9 BVerfGE 70, 366.
10 BVerfGE 80, 235.
11 BVerfGE 82, 122.
12 BVerfGE 86, 340.
13 BVerfGE 69, 57, 87.
14 BVerfGE 73, 103, 117.
15 EuGRZ 1993, 267.
16 BVerfGE 80, 367.

Wahrheitsfindung beteiligt waren. Normalerweise sind Richter von dem Wunsch beseelt, ihre tiefenpsychologischen Güterabwägungen vor der Außenwelt zu verbergen. Wer dissentiert, hat diese Scheu nicht - oder weniger als seine Kollegen. Mitunter gelingt dem Beobachter eine Momentaufnahme - wie dem Fotografen, der für einen Schnappschuß monatelang auf eine typische Bewegung vor dem idealen Hintergrund beim richtigen Lichteinfall wartet. Das Sondervotum hat Ähnlichkeit mit so einer Bildsequenz. Im Gegensatz zur Mehrheit der Richter hält es der Dissenter nicht für ein Sakrileg, wenn sich die Rechtsadressaten ein Bild von ihm machen. Deshalb ist es auch nicht illegitim, der Frage nachzugehen, ob die Mosaiksteine aller »abweichenden Meinungen« ein Ganzes ergeben? Wes Geistes Kind Mahrenholz ist, wurde bereits in seinem ersten Sondervotum deutlich - bei seinen Anmerkungen zum Strafvollzug.

I. Der Straftäter als Individuum

1. Hafturlaub

Das Bundesverfassungsgericht mußte 1983 die Frage entscheiden, ob zwei betagten SS-Mördern Hafturlaub bewilligt werden soll[17]. Der eine Häftling, zum Zeitpunkt der Karlsruher Entscheidung 78 Jahre alt, war im sogenannten Auschwitzprozeß durch Urteil des Landgerichts Frankfurt am Main 1965 wegen Mordes in mindestens 475 Fällen zu lebenslangem Zuchthaus verurteilt worden. Er befand sich seit 1960 ohne Unterbrechung in Haft. Sein Verhalten im Vollzug wurde positiv beurteilt, nach Ansicht der Ärzte war er schwer herzkrank.
Der Beschwerdeführer hatte sich auf Paragraph 13 des Strafvollzugsgesetzes von 1977 berufen, der Hafturlaub für Lebenslängliche gestattete, wenn sie mehr als zehn Jahre verbüßt hatten. Der Antrag des Ausschwitzmörders war abgelehnt worden. Begründung des Frankfurter Oberlandesgerichts: Die außerordentliche Schwere der Schuld des Antragstellers werde durch den Beschluß der Vollstrekkungskammer bestätigt. Das Gebot gerechten Schuldausgleichs verbiete es, ihn alsbald aus der Haft zu entlassen.
Der 2. Senat gab der Verfassungsbeschwerde statt: Der Vollzug der lebenslangen Freiheitsstrafe, so der Beschluß, stehe auch unter dem Gebot, schädlichen Wirkungen für die körperliche und geistige Verfassung des Gefangenen im Rahmen des Möglichen entgegenzuwirken. Die Tatsache, daß die Oberlandesrichter »das Vorliegen besonders schwerer Schuld« bejaht hatten, wurde vom BVerfG allerdings nicht beanstandet. Bei der Urlaubsversagung sei das OLG davon ausgegangen, daß die Vollzugsbehörde zu Recht der besonders schweren Tatschuld des Beschwerdeführers ein erhebliches, der Gewährung von Urlaub entgegenstehendes

17 BVerfGE 64, 261.

Gewicht zugemessen habe. Doch andererseits dürfe das »Recht auf Achtung seiner Würde keinem Straftäter abgesprochen werden« - »mag er sich in noch so schwerer und unerträglicher Weise gegen alles vergangen haben, was unsere Verfassung in ihrer Wertordnung unter ihren Schutz stellt«[18].
Mahrenholz reichte diese Begründung nicht aus. Er fand: Die Schwere der Schuld, die bereits bei der Strafzumessung berücksichtigt sei, dürfe nicht auch noch mal beim Strafvollzug durchschlagen. Sein weiterer Einwand: Wenn der Vollzug der Freiheitsstrafe nach dem Maße der Schuld und des Unrechtgehalts der Tat unterschiedlich belastend gestaltet werde, sei dies ein Eingriff in die »dem Richter vorbehaltene Bestimmung des verwirkten Strafübels«. Alle bedeutsamen Unrechtstatbestände gehörten zum Kernbereich des Strafrechts, die der Gesetzgeber dem Richter nicht entziehen könne.
Mahrenholz: »Mit diesem Grundsatz verträgt es sich nicht, wenn die Vollzugsverwaltung nach Maßgabe der Schuldschwere den mit der Freiheitsstrafe verbundenen Leidensdrucks verschärft oder mildert«[19]. Der Strafvollzug müsse die im richterlichen Urteil enthaltene Feststellung der Strafdauer als abschließende Bewertung der Schuld des Täters und des Unrechtsgehalts seiner Tat hinnehmen. Auch deshalb sei ausgeschlossen, »daß durch die Versagung oder Gewährung von Behandlungsmaßnahmen die Strafzeit des Verurteilten mehr oder weniger leidensträchtig gestaltet wird.« Das Strafgesetzbuch sei in der genauen Beschreibung der Tatbestände und richterlichen Spielräume immer auch als Ausdruck des Rechtsstaatsprinzips verstanden worden. Wenn es erkläre, daß die Schuld des Täters die Grundlage für die Zumessung der Strafe sei, so bedeute dies für Gefangene, »die des Mordes überführt sind, daß die lebenslange Freiheitsstrafe den Strafanspruch des Staates erschöpft«.
Darüber hinaus wies der Dissenter darauf hin, daß der Gesetzgeber »die nach dem Vergeltungsprinzip abgestuften, durch unterschiedliche Schwere der Vollzugsbedingungen charakterisierten Haftarten Einschließung, Haft, Gefängnis und Zuchthaus abgeschafft und durch die einheitliche Freiheitsstrafe ersetzt« habe[20]. Das bedeute, »daß Unrechtsgehalt der Tat und Schwere der Schuld nur in der Dauer der Freiheitsstrafe ihren Ausdruck finden«.

I.2. Wirkung nach außen

Dieses erste Sondervotum von Mahrenholz verdient besonderen Respekt. Zum einen sind es die verfassungsrechtlichen Gesichtspunkte, die seine »abweichende Meinung« auszeichnen, zum anderen die Selbstüberwindung, die es ihn gekostet

18 BVerfGE 64, 284.
19 BVerfGE 64, 294.
20 BVerfGE 64, 295.

haben mag, gegen eine weit verbreitete öffentliche Meinung und gegen eine verständliche Abscheu vor Massenmördern Humanität obwalten lassen. Es gehört Mut dazu, sich derjenigen anzunehmen, die von der Gesellschaft abgeschrieben sind - oft aus nachvollziehbaren Gründen. In so einem Fall muß der Dissenter über seinen Schatten springen, denn er weiß, daß ihn sein unpopuläres Votum gerade bei denen, die ihm nahestehen, in ein schiefes Licht bringen kann.
Wer Strafgefangenen - zumal den Unsympathischen - Gerechtigkeit widerfahren lassen will, ist in der Regel innerlich bereit, sich in ihre Lage zu versetzen. Das heißt: Der Richter muß seine Gedanken vom Studierstübchen in eine unbekannte Zelle schweifen lassen, und er darf das Wagnis einer partiellen Identifizierung nicht scheuen. Antworten findet der Fragesteller nur, wenn er für einen Moment in das fremde Ich schlüpft. Wie mag dem Häftling zumute sein - nach 15 oder 20 Jahren hinter Gittern? Ist er noch identisch mit dem Täter von einst? Endet oder beginnt die Sühne mit dem Freiheitsentzug?
Ein Richter, der selbst für Massenmörder Menschlichkeit fordert, steht ziemlich einsam da. Kein Wunder, daß der Sozialdemokrat Mahrenholz mit seiner »abweichenden Meinung« bei professionellen Beobachtern des BVerfG Verwirrung stiftete. Die gängige Methode, von der Parteimitgliedschaft eines Richters auf dessen Bewußtsein zu schließen, erwies sich hier als untauglich. Der Dissenter folgte seinem (höchst eigenwilligen) Gewissen, statt den antifaschistischen Erwartungshorizont vieler Genossen zu bedienen. Sein Sondervotum, das den Geist der großen Strafvollzugs-Reformer atmet, gibt durch einen winzigen Spalt den Blick frei auf die verborgenen Elemente der Wahrheitsfindung. Es scheint so, als ob der Impuls, der die Phantasie eines Richters beflügelt oder lahmlegt, eher in der Seele als im Kopf angesiedelt wäre. Bei der Dissenting von Mahrenholz zum Strafvollzug könnte es, um einen altmodischen Begriff zu gebrauchen, ganz schlicht Barmherzigkeit gewesen sein.

I.3. Unschuldsvermutung

Die psychologische und intellektuelle Herausforderung, die in der Definition von Schuld liegt, hat Mahrenholz noch zweimal angenommen - in gemessenem Abstand zum ersten Sondervotum, während einer Phase, in der sich seine Amtszeit bereits dem Ende zuneigte: 1990 und 1992. Im ersten Fall ging es um das sensible Verfassungsgut der Unschuldsvermutung. Der 2. Senat hatte den Einstellungsbeschluß eines Amtsgerichts gebilligt, in dem die Erstattung der Auslagen mit dem Hinweis versagt worden war: »Die Schuld der Angeschuldigten ist in hohem Maße wahrscheinlich«[21].

21 BVerfGE 82, 106 ‹121›.

Mahrenholz opponierte. In seiner »abweichenden Meinung« wurde erneut deutlich, daß er für die Überschreitung feiner Grenzlinien einen siebenten Sinn entwickelt hatte. Er nannte das juristische Monstrum, das die Mehrheitsrichter in ihrem Beschluß toleriert hatten, beim Namen: eine »hoch bewertete und definitiv festgestellte Schuldwahrscheinlichkeit ohne Urteilsspruch«[22].
Der Dissenter warnte vor den Konsequenzen: »Dem Gewicht der mit richterlicher Autorität ausgestatteten Beurteilung, mit hoher Wahrscheinlichkeit sei jemand einer Straftat schuldig, kann sich niemand entziehen.« Wenn der Betroffene mit einer solchen Entscheidung in seinem sozialen Umfeld konfrontiert werde, bleibe ihm nur »die ohnmächtige Erklärung, im Rechtssinne sei er aber nicht schuldig«. Der Angeschuldigte sei »auf diese hauchdünne Differenz von unanfechtbar festgestellter Schuld und unanfechtbar festgestellter höchstwahrscheinlicher Schuld« verwiesen.
Wenn »höchstwahrscheinliche Schuld«, so Mahrenholz, »nach dem Inhalt einer aus den Akten geschöpften Überzeugung« zugewiesen werden dürfe, werde die Unschuldsvermutung ihres Sinnes beraubt. Sie verpflichte den Staat, im Strafprozeß die Schuld des Angeklagten zu beweisen. »Sie ist Schutz des Unschuldigen bis zur endgültigen Feststellung von Schuld.« Bis zu diesem Zeitpunkt sei er »ohne Schuld«, er sei nicht »wahrscheinlich schuldig« oder »höchstwahrscheinlich schuldig«. Schlußfolgerung: »Die Unschuldsvermutung verbietet jede Zweideutigkeit neben der verfassungsrechtlich gewährleisteten Alternative ›unschuldig oder schuldig‹.«

I.4. Besondere Schwere der Schuld

Zwischen dem Senat und Mahrenholz, der sich im Laufe seiner Amtszeit zu einem Intimkenner des Strafvollzugs entwickelt hatte, kam es schließlich 1992 zum offenen Dissens - wegen der Frage: Wer entscheidet bei lebenslanger Freiheitsstrafe über »die besondere Schwere der Schuld«, von der nach Verbüßung von 15 Jahren eine vorzeitige Aussetzung der Strafe abhängt? Die Richtermehrheit vertrat den Standpunkt, daß die »erheblichen Tatsachen im Erkenntnisverfahren vom Schwurgericht festgestellt und im Urteil dargestellt werden« müßten; der »besondere Schweregrad« müsse in diesem Kontext »gewichtet« werden, das Strafvollstreckungsgericht sei »daran gebunden«[23].
Mahrenholz widersprach: Verfassungsrechtlich verpflichtet sei der Gesetzgeber zu einer solchen Regelung nicht. Die Aussetzung der Vollstreckung könne vielmehr »bedenkenfrei allein an eine bestimmte Mindestverbüßungsdauer und eine

22 BVerfGE 82, 122 ‹123 f›.
23 BVerfGE 86, 288.

günstige Kriminalprognose geknüpft werden«[24]. Der Dissenter warnte vor den »Gefahren verfassungsrechtlicher Prinzipienbildung«. Sind sie »erst einmal formuliert, entfalten sie ein Eigenleben und können je nach gegebener argumentativer Notwendigkeit veränderte oder gar neue Inhalte aufnehmen«[25]. So eröffne die neue Urteilsformel, die der Senat den Schwurgerichten abverlange, ein »vollkommen neues Feld des Erkenntnisverfahrens«[26]. Unübersehbar würden »sowohl Gegenstand und Umfang der Anklage und der Verteidigung wie auch der Beweisaufnahme« beeinflußt. Alles zusammen führe letztendlich »zu einem neu erschlossenen Gebiet der Revision«.
Der Respekt vor dem Gesetzgeber, so Mahrenholz, hätte geboten, ihm das Wort zu lassen. Bei korrektem Ablauf wäre der Bundesjustizminister genötigt gewesen, die Ansichten der nachgeordneten Instanzen und der Länder zu eruieren. Sein Entwurf hätte die notwendige Klarstellung, einen Verzicht auf die Schuldschwereklausel oder sogar »einen umfassenden Neuansatz zum Problem der lebenslangen Freiheitsstrafe« erbringen können[27].
Mahrenholz legte in seinem Sondervotum zugleich den Anachronismus des deutschen Mordparagraphen bloß. Wenn das Gesetz »bei der Verurteilung zu lebenslanger Freiheitsstrafe die individuelle Strafzumessung« ausschließe, könnten »deren Grundsätze auch nicht bei der Aussetzungsentscheidung herangezogen werden«[28]. Tatsächlich mache die Senatsmehrheit »ungewollt deutlich«, daß der Gesetzgeber »das Problem der lebenslangen Freiheitsstrafe in ihrem Charakter als absoluter Strafandrohung für Mord nicht länger ignorieren kann«[29].
Während für Totschlag eine Strafe zwischen fünf und fünfzehn Jahren angedroht werde und sogar ein »minderschwerer Fall« möglich sei, gebe es für Mord keinerlei Spielraum. Die Auslegung der Mordmerkmale durch die höchstrichterliche Rechtsprechung mache deutlich, »wie haarfein (und schwankend) die Grenze zwischen Mord und Totschlag nach der objektiven wie nach der subjektiven Seite«[30] gezogen werde. »Daß auch bei Mordmerkmalen Fälle minderschwerer Schuld vorliegen, weiß die Fachwelt.« In Ansehung der einschneidenden Rechtsfolgen – je nachdem, ob das Mordmerkmal bejaht oder verneint werde – sei »die Grenze dessen, was das Verhältnismäßigkeitsprinzip und der Bestimmtheitsgrundsatz des Artikels 103, Absatz 2 GG zulassen, überschritten«[31].

24 BVerfGE 86, 340 ‹341›.
25 BVerfGE 86, 346, 347.
26 BVerfGE 86, 350.
27 BVerfGE 86, 351.
28 BVerfGE 86, 342.
29 BVerfGE 86, 352.
30 BVerfGE 86, 353.
31 BVerfGE 86, 353.

I.5. Tagebuchnotizen des Mörders

Auf dem schmalen Seil - Schutz der Allgemeinheit oder Schutz des Individuums? - balancierte Mahrenholz (gemeinsam mit drei Kollegen) auch in einem Grundsatzfall, dem die Frage zugrunde lag: Dürfen Tagebuchnotizen gegen einen mutmaßlichen Mörder verwendet werden? Es gab, wie bei dem Prozeß um die Sitzblockaden, keine Entscheidung mit »abweichender Meinung«, sondern wieder ein aliud. Der zuständige 2.Senat konnte sich nicht einigen. Heraus kam ein Patt: vier zu vier[32]. Da bei Stimmengleichheit eine Verfassungsbeschwerde bekanntlich als abgelehnt gilt, fungieren die Nein-Sager als Mehrheit, die JA-Sager als Minderheit. So gesehen, hat ihr Standpunkt den Stellenwert eines Sondervotums. »Dissenter« in diesem Sinne waren Ernst-Gottfried Mahrenholz, Karin Graßhof, Ernst-Wolfgang Böckenförde und Everhardt Franßen. Die vier Nein-Sager, die bei Stimmengleichheit den Ton angeben, hatten argumentiert: »Daš grundsatzlich als schutzwürdig anerkannte Geheimhaltungsinteresse des Einzelnen« müßte in so einem Fall »hinter überwiegenden Belangen des Gemeinwohls zurücktreten«[33]. Dieser Güterabwägung wollten sich die vier faktischen Minderheiten-Richter des Senats nicht anschließen[34]. Sie plädierten für ein Verwertungsverbot. Ihr Votum folgte der puristischen Rechtsauffassung, die aus den Perversionen der Hitler-Diktatur Konsequenzen gezogen und formale Hürden aufgebaut hat: Danach dürfen Beweise, die auf unredliche Weise - etwa durch Folter oder illegale Methoden - gewonnen worden sind, in keinem Fall verwendet werden; Briefe an nahe Angehörige, auch wenn sie das volle Eingeständnis einer schweren Straftat enthalten, unterliegen einem absoluten Beschlagnahmeverbot. Folgerichtig hielten die Minderheitenrichter auch die Verwertung der Tagebücher nicht für statthaft. Ihre Begründung: Es handele sich um die »Wiedergabe bestimmter Gemütszustände«, um eine »schonungslose Darstellung« der Gefühlswelt, um eine »Auseinandersetzung mit dem eigenen Ich«. Die Schlußfolgerung der vier: »So gewiß es ist, daß die Gedanken frei sind« - »so gewiß muß gleicher Schutz für das schriftlich mit sich selbst geführte Gespräch gelten«[35].

32 BVerfGE 80, 367 ‹376›.
33 BVerfGE 80, 380.
34 BVerfGE 80, 380 f.
35 BVerfGE 80, 381.

II. Gefahren für Leib und Leben

1. Raketen-Stationierung

Hafturlaub eines Lebenslänglichen, Reichweite der Unschuldsvermutung, Schwere der Schuld bei Strafaussetzung, Tagebuchnotizen eines mutmaßlichen Mörders - hinter all diesen Fällen verbirgt sich ein immer wiederkehrendes Motto: die Ohnmacht des Individuums. Das Spannungsverhältnis zwischen den übergeordneten Prinzipien des Verfassungsrechts und dem Schicksal des einzelnen hatte für Mahrenholz erkennbar eine starke Anziehungskraft. Minderheitenschutz in jeder Form bestimmte sein richterliches Denken. Unter diesen Oberbegriff fallen auch die beiden »abweichenden Meinungen« zur Stationierung von Mittelstreckenraketen und C-Waffen, in denen er die Gefahrenabwehr im Interesse der Bevölkerung höher einstufte als jede wie immer geartete Militärstrategie.

Im Jahr 1984 hatten die GRÜNEN gefordert: Das Verfassungsgericht möge feststellen, daß die Bundesregierung elementare Rechte des Parlaments verletzt habe: in Bonn sei verabsäumt worden, für die Stationierung nuklear ausgerüsteter Raketen »die verfassungsrechtlich erforderliche Ermächtigung durch ein Gesetz des Bundestages einzuholen«. Der zuständige 2.Senat entschied am 18.Dezember 1984 mit sieben Stimmen gegen eine, das von den GRÜNEN angemahnte Gesetz sei aus verfassungsrechtlichen Gründen nicht erforderlich gewesen. »Die angegriffene Zustimmung ist im Rahmen des nordatlantischen Verteidigungssystems erteilt worden«[36].

Im Gegensatz zur Mehrheit zeigte Mahrenholz Verständnis für die Ängste der Nachrüstungsgegner und hielt in einer eindrucksvoll formulierten »abweichenden Meinung« fest, warum seiner Ansicht nach die »Stationierung der Pershing- und Cruise-Missile-Raketen« nur nach Verabschiedung eines ordentlichen Gesetzes statthaft gewesen wäre[37]. Ihm mißfiel: Das Uralt-Gesetz werde in Anspruch genommen »für alle denkbaren politischen Lagen, obwohl sie in ihrer Vielschichtigkeit und auch in ihrer Gefährlichkeit für die Existenz des deutschen Volkes nicht abschätzbar sind«. Betroffen von der Generalermächtigung seien, so der Dissenter, auch Waffen, »die in ihrer Qualität seinerzeit nicht einmal ausdenkbar« waren: »Raketen mit je mehreren sich selbst ins Ziel steuernden Gefechtsköpfen oder mit Flugzeiten, die praktisch keine Vorwarnzeit übriglassen; Neutronenwaffen; Satellitenwaffen und Anti-Satelliten-Waffen; binäre chemische Kampfstoffe«.

Die Befehlsgewalt für den Einsatz lag beim amerikanischen Präsidenten. Mahrenholz hielt diese Omnipotenz nicht für sakrosankt. Gerade im Blick »auf die Unentrinnbarkeit unserer geostrategischen Lage« könne den dreißig Jahre alten Nato-

36 BVerfGE 68, 1 ‹78 ff›.
37 BVerfGE 68, 111 f.

Gesetzen nicht die Bedeutung entnommen werden, »sie hätten die Regierung faktisch zu jeder Art von Integrationsanstrengung ermächtigt ohne Rücksicht darauf, ob damit die Möglichkeit oder gar die Wahrscheinlichkeit des Kriegs und damit die Existenzgefährdung des deutschen Volkes zunehmen«.
Ein Versäumnis des Gerichts war für den Dissenter offenkundig. Er fand, daß »die Risikoaspekte einer Aufstellung vom Senat zu prüfen gewesen seien, beispielsweise zu der Frage, ob die Steigerung des Kriegsrisikos, die aus der Stationierung solcher Raketen herrühren könnte, »eine nur minimale und daher zu vernachlässigende Berechtigung« oder ob sie solches Gewicht habe, »daß von einer ernsthaften Möglichkeit, die Kriegsgefahr werde steigen, zu sprechen wäre«. Auch das Thema des »Krieges aus Versehen« hätte das BVerfG nach der Meinung von Mahrenholz »als Aspekt für eine mögliche gesetzgeberische Kompetenz zur Erteilung der Zustimmung zur Aufstellung der Raketen würdigen müssen«.
Zur Illustration seiner Besorgnisse entwarf der Dissenter ein bedrückendes Szenario: »Offene Normen sind für unerschiedliche Programme offen; sie können heute die Zustimmung zur Stationierung von Pershing-2-Raketen betreffen, könnten morgen die zur Stationierung von Neutronenwaffen einschließen und zu einem späteren Zeitpunkt das Recht zur Vorbereitung schwerwiegender präventiver Zerstörung auf dem Gebiet der Bundesrepublik durch verbündete Streitkräfte gewähren, um im Verteidigungsfall einen Vormarsch der Truppen des Warschauer Paktes aufzuhalten . . .« In diesem Fall würde es sich, meint Mahrenholz, »um eine Veränderung des Programms« handeln, »die vom Ermächtigungsrahmen nicht mehr gedeckt wäre« und ein neues Gesetz erfordert hätte.

II.2. C-Waffen auf deutschem Boden

Im zweiten Militärfall, in dem es um die C-Waffenproblematik ging, wurde eine Eigentümlichkeit des Dissenters offenbar: Mahrenholz hat sich bewahrt, was Richtern gemeinhin im Laufe iher beruflichen Sozialisation rigoros ausgetrieben wird - Phantasie. Während die Mehrheit des zweiten Senats das Problem juristisch sezierte und analysierte, stellte er sich vor, was passieren könnte, wenn bei ungünstigem Wind die Menschen im Ballungsgebiet von Mannheim von einer Giftgaswolke bedroht werden.
Ende 1987 hatte der 2.Senat - wiederum mit sieben Stimmen gegen eine - die Stationierung amerikanischer C-Waffen als verfassungskonform gebilligt[38]. Aus politischer wie aus juristischer Sicht mutete der Spruch gleichermaßen bizarr an. In einer Periode, in der sich die Großmächte auf eine weltweite Ächtung von chemischen Waffen zubewegten, sanktionierte der Senat eine ihm unbekannte Zahl amerikanischer Giftgasdepots auf deutschem Boden - ohne jegliche Einschränkung.

38 BVerfGE 77, 170 ff.

Die Kernsätze lauteten: »Die Stationierung chemischer Waffen« zum Zwecke der Abschreckung halte sich ebenso wie »ein etwaiger völkerrechtsgemäßer Zweiteinsatz« der Giftgasbomben »im Rahmen des dem Nato-Vertrag zugrundeliegenden Bündnisprogramms«. Unter dem Aspekt einer wirkungsvollen Landesverteidigung sei es gerechtfertigt, »dem einzelnen hinsichtlich militärischer Anlagen ausnahmsweise ein höheres Maß an Risiken zuzumuten als im Bereich ziviler Anlagen«.

Mahrenholz wählte in diesem Fall eine besondere Form der »abweichenden Meinung«. Er leitete sie nicht von ungefähr mit den Worten ein: »Zum Teil vermag ich dem Beschluß des Senats nicht zuzustimmen«. Sodann grenzte er sein Sondervotum ein: Wenn die Bundesregierung »im Blick auf die Katastrophen-Schutzplanung auf jede eigene Initiative« verzichte, die »eine Vorsorge von deutscher Seite für den Ernstfall zum Gegenstand« habe, genüge sie ihren, aus dem Grundgesetz folgenden Schutzpflichten für Leib und Leben nicht[39]. Mit anderen Worten: Der Dissenter beschränkte seine Rüge auf den tatsächlichen Bereich.

Mahrenholz wies auf »drei konkrete lebensbedrohende Gefahren« hin, die mit der Lagerung von Kampfgas verbunden seien. Erstens: Bei starkem Wind könne das Gas »in relativ dichter Konzentration schnell in eine bestimmte Richtung getrieben« werden. Es sei denkbar, daß eine solche Gaswolke die Stadt Mannheim treffe. – Zweitens: Falls Gasmasken oder andere Hilfsmittel vorhanden sein sollten, könnten sie »ohne kooperative Planung erst nach Eintritt des Katastrophenfalles an die Polizei und andere Hilfskräfte verteilt werden«. Auch eine Warnung der Bevölkerung käme womöglich zu spät: »Ein durch vorherige Erprobung der Kooperation verfügbarer Zeitgewinn stünde nicht zur Verfügung.« – Drittens: Selbst die medizinische Vorsorge sei nicht gewährleistet, denn sie müsse auf »Grundkenntnissen deutscher Ärzte über die Art des Gases und die Möglichkeit und Chancen der Medikation aufbauen«. Ärztliche Hilfe müsse »raschestens und im Schwerpunkt vor Ort« stattfinden. »Nur eine vorbereitete Zusammenarbeit zwischen den deutschen und den amerikanischen Dienststellen« könne, so der Dissenter, »das Ausmaß einer Katastrophe – und das kann heißen: die Zahl der Opfer – auf das Unvermeidbare« begrenzen. Wie recht er hatte, bewies später das Unglück von Ramstein.

Erst bei näherem Hinsehen zeigte sich die besondere Brisanz des Sondervotums. Mahrenholz hatte namentlich die CDU-Regierung von Rheinland-Pfalz, in deren Zuständigkeitsbereich die meisten C-Waffen lagerten, im juristischen Sinne bösgläubig gemacht. Welche Gefahren drohten, konnten die verantwortlichen Minister schwarz auf weiß lesen. Wenn etwas passiert wäre, hätten sie mangelnde Schutzvorkehrungen kaum noch mit Nichtwissen erklären können, sondern für eine etwaige Katastrophe die volle Verantwortung übernehmen müssen. Fazit: Ein

39 BVerfGE 77, 234 ‹238›.

Sondervotum, das Gefahren publik macht, kann auch als Minderheitsmeinung eigene Wirkkraft entfalten.

II.3. Recht und Vernunft

Beide Sondervoten sind inzwischen eine Fußnote der Geschichte - und trotzdem lehrreich. Bekanntlich sind die Giftgasbomben 1990 unter äußersten Sicherheits-Vorkehrungen aus der Bundesrepublik abtransportiert worden - ähnlich wie die Pershing-2-Raketen. Beide Gefahrenherde sind mithin von den Verursachern freiwillig beseitigt worden. Die Tatsache, daß Verfassungsrichter ihre Existenz auf deutschem Boden vorher ausdrücklich sanktioniert hatten, wirft die Frage nach der Antinomie von Recht und Vernunft auf. Beide Male stand in Karlsruhe ein höchst sensibler Grundrechtsschutz zur Debatte - die Garantie für Leben und körperliche Unversehrtheit. Nach der Mehrheitsmeinung des Gerichts war die Stationierung der overkill-Waffen zum Zeitpunkt des Urteils rechtens. Kurze Zeit später machten sich die großen Staatsmänner im Endeffekt die ethischen und moralischen Einwände zu eigen, die von den Beschwerdeführern und dem Dissenter artikuliert worden waren: die Mittelstreckenraketen wurden verschrottet, die Giftgaslager entsorgt.
Allein die Tatsache, daß ein Dissenter - im formaljuristischen Sinne womöglich zur Unzeit - auf die ethische Brüchigkeit einer Rechtslage hinweisen kann, dürfte schon als Beweis für die Notwendigkeit »abweichender Meinungen« ausreichen. Ohne ein zugelassenes Sondervotum wären Einwände aus dem Gericht gar nicht publik geworden. An was für einem dünnen Faden scheinbar unangreifbare positivistische Positionen hängen, zeigte der Verzicht auf Atom- und Chemiewaffen. Diese Erkenntnis wiederum legt den Schluß nahe, daß zum Zeitpunkt der Karlsruher Urteile Legalität und Legitimität offenbar weit auseinandergeklafft haben - die Gerichtsmehrheit repräsentierte die Legalität, der Dissenter die Legitimität.

II.4. Kriegsdienstverweigerung

Waffenstationierung und Kriegsdienstverweigerung sind zwei Seiten derselben Medaille. Kein Wunder, daß die Verfassungsrichter immer wieder mit beiden zu tun bekamen. Und auch kein Wunder, daß die Meinungen im zuständigen 2. Senat jeweils auseinanderklafften. Wie eng die Themen miteinander verflochten sind, läßt sich an dem Sondervotum erkennen, das Mahrenholz und Böckenförde gemeinsam zum »Kriegsdienstverweigerer«-Beschluß ihres Senats abgaben. Es ging um eine Vorschrift, die den Zivildienst - gegen den klaren Wortlaut der Verfassung - länger ansetzte als den Wehrdienst. Sechs Richter vertraten den Standpunkt: »Das normative Ziel« des Grundrechts bestehe darin, »ein Gleichgewicht

der Belastung von Wehr- und Ersatzdienstleistenden sicherzustellen«[40]. Der Ersatzdienstleistende dürfe im Vergleich zum Wehrdienstleistenden weder besser noch schlechter gestellt werden. »Danach ist es ausgeschlossen, die tatsächliche Dauer von Wehr- und Ersatzdienst völlig und schematisch gleich zu bemessen«.
Die beiden Dissenter legten die Schwachstellen des Mehrheitsurteils bloß, ersichtlich mit intellektuellem Vergnügen. Sie hielten »im Gegensatz zur Auffassung des Senats« die Tatsache, »daß der Zivildienst um ein Drittel länger dauert als der Grundwehrdienst«, für eine Verletzung des Grundgesetzes. Artikel 12a gebiete gerade, daß »die Dauer des Ersatzdienstes die Dauer des Wehrdienstes nicht übersteigen darf«. Der Senat bestimme den Begriff »Dauer des Dienstes« verfassungsrechtlich unrichtig: »Der Begriff erlaubt neben dem quantitativ zu verstehenden Zeitvergleich keinen Belastungsvergleich in qualitativer Hinsicht«. Er lasse ebensowenig zu, daß unbefristete Dienstzeiten mit befristeten verglichen würden - »und er gibt nicht Raum für einen Vergleich der tatsächlichen Dauer des Ersatzdienstes mit der nur rechtlich möglichen, aber nicht tatsächlich gegebenen Dauer des Wehrdienstes«[41].
»Dauer«, so die »abweichende Meinung«, sei »ein quantitativer Begriff, der sich auf Zeiträume bezieht«. In diesem Sinne werde er im Wehrrecht verwendet. Das schließe die Interpretation aus, Artikel 12 solle ein »Gleichgewicht der Belastung von Wehr- und Ersatzdienstleistenden« sicherstellen. Das Grundgesetz spreche nicht von »Belastung«, sondern von »Dauer«. Der Begriff der Belastung tauge zur Interpretation nicht, »wenn er sich dem Begriff der ›Dauer des Dienstes‹ überordnet, sondern nur, wenn er sich ihm fügt«. »Gleiche Belastung« könne also immer nur heißen: »Gleiche Belastung in der Dauer des Dienstes«. Der Schlüsselsatz des Sondervotums ist unmißverständlich: »Die Pointe der Bestimmung war gerade der Ausschluß derjenigen Regelung, die jetzt Gesetz geworden ist.«

III. Politische Minderheiten

1. Ausgrenzung der »Grünen«

Eine weitere Randgruppe, der Mahrenholz sein Augenmerk schenkte, waren die politischen Minderheiten. Zu registrieren sind drei Sondervoten: Zur Ausgrenzung der GRÜNEN im Bundestag, zu den Rechten eines Einzelgängers im Parlament und zur Parteienfinanzierung. Im ersten Fall hatte der zweite Senat 1986 mit sechs zu zwei Stimmen eine Entscheidung des Parlaments sanktioniert, die der Mini-Fraktion eine Teilnahme an der Kontrolle der Geheimdienst-Etats versag-

40 BVerfGE 69, 1.

te[42]. Die Minderheitsrichter Mahrenholz[43] und Böckenförde[44] gaben getrennte Sondervoten ab.
Mahrenholz kam in seinem Sondervotum sofort zur Sache: »Dem Urteil stimme ich nicht zu. Es betrifft Rechte der Minderheit im parlamentarischen Prozeß. Die Anforderungen der Verfassung an die Wahrung dieser Rechte sind strenger, als es der Senat sieht.« Der Dissenter wies ausdrücklich darauf hin, daß die Gesamtheit der wahlmündigen Bürger die Abgeordneten aufgrund gleichen Stimmrechts gewählt habe. »Die Abgeordneten sind danach in eben dieser gleichen Weise zur Repräsentation des Volkes berufen«. Gleichheit in der Teilhabe der Abgeodneten am parlamentarischen Prozeß sei demnach »die nach Art.38 Abs.1 GG gebotene Art und Weise der Tätigkeit des Bundestages«. Werde diese Gleichheit eingeschränkt, finde eine Repräsentation der Gesamtheit der Bürger durch die Gesamtheit des Bundestages nicht mehr statt. »Vielmehr ist dann ein Teil des Volkes angemessen repräsentiert, ein anderer nicht«.
Wenn der Bundestag öffentlich verhandele (Art.42 Abs.1 GG), so Mahrenholz, tage nicht »eine mehrheitlich festsetzbare Größe, sondern der Repräsentativkörper so, wie er aus den Wahlen hervorgegangen ist (Art.38 Abs.1 GG)«[45]. Der Dissenter fand eine sprachlich wie inhaltlich elegante Definition: »Nach den Bestimmungen des Art.42 GG ist die Minderheit mithin nicht als der Teil zu definieren, der nicht Mehrheit ist. Die Minderheit ist vielmehr Teil der Gesamtheit«. Mahrenholz erinnerte in diesem Kontext an ein Urprinzip der Demokratie: »Weil Mehrheit wie Minderheit mit gleichem Recht zur Gesamtheit gehören, hat die Minderheit der Repräsentanten und der Repräsentierten auch die mehrheitlich gefaßten Beschlüsse der Gesamtheit gegen sich gelten zu lassen. Dieser Zusammenhang ist nicht auflösbar und in der Demokratie die erste Voraussetzung für den Rechtsgehorsam aller«[46].
Seinen weiteren Gedanken dürfte weder die Majorität des Parlaments noch die des Gerichts gern gehört haben: »Die Abstimmung nach dem Mehrheitsprinzip ist keine Feststellung der Wahrheit«. Die Anerkennung des Mehrheitsprinzips für die Beschlußfassung sei »zugleich die Anerkennung eines von der Mehrheit abweichenden, dabei sachlich gleichberechtigten Standpunktes«.

41 BVerfGE 69, 57 ‹68, 69›.
42 BVerfGE 70, 324.
43 BVerfGE 70, 366.
44 BVerfGE 70, 380.
45 BVerfGE 70, 368.
46 BVerfGE 70, 369.

III.2. Stimmrecht für den Einzelnen

Konsequenz in Sachen Minderheitenschutz bewies Mahrenholz auch in scheinbar peripheren Fragen. Der 2. Senat hatte auf die Klage des fraktionslosen Bundestagsabgeordneten Wüppesahl festgestellt: Der Bundestag verletze die Rechte des Parlamentariers aus Art.38 Abs.1 GG dadurch, daß er diesem keine Möglichkeit einräume, in einem Ausschuß als Mitglied mit Rede- und Antragsrecht mitzuwirken[47]. Mahrenholz erschien das zu wenig. Er plädierte zusätzlich für die Gewährung des Stimmrechts[48]. Seine Begründung: »Rederecht und Stimmrecht lassen sich in parlamentarischen Gremien nicht voneinander trennen«[49]. Der geistige Vorgang, der mit dem Wort »Beratung« bezeichnet werde, sei ein einheitlicher. In der Abstimmung erst äußere sich das Gremium selbst, nachdem zuvor nur Einzelne sich geäußert haben. Wo das Grundgesetz oder die Geschäftsordnung von »Verhandlung«, »Beratung«, »Ausschuß«, »Mitglied« spreche, setzten sie diese Einheit voraus: Beratung und Anträge zielten auf das durch Abstimmung festzustellende Ergebnis, das seinerseits aus der vorangegangenen Debatte seine konkrete Gestalt und Qualität erfahre. »Diese Einheit von Debatte und Abstimmung ist der älteren und jüngeren staatsrechtlichen Literatur so selbstverständlich, daß sie sie - wenn überhaupt - nur beiläufig erwähnt«.

III.3. Von der Dissenting zum Urteil

In der über zwanzigjährigen Geschichte der »abweichenden Meinungen« beim BVerfG ist einem Sondervotum der Durchbruch gelungen. Ernst Wolfgang Böckenförde hatte 1986 mit einer glänzenden Philippika gegen das damalige Parteienfinanzierungsurteil[50] opponiert: »Das Recht des Bürgers auf gleiche Teilhabe an der politischen Willensbildung verlangt, daß Zuwendungen an politische Parteien nur dann steuerlich begünstigt werden dürfen, wenn sie von natürlichen Personen geleistet werden; es läßt ferner nicht zu, die Grenze der für alle gleichen steuerlichen Abzugsfähigkeit bei Zuwendungen an politische Parteien erst bei 100 000 DM anzusetzen«[51]. Mahrenholz schloß sich mit einem Satz dem Sondervotum vollinhaltlich an[52].

Die vorläufig letzte BVerfG-Entscheidung zur Parteienfinanzierung vom 9. April 1992 wurde dann zur Sternstunde der »Dissenting opinion«. Der 2. Senat - nunmehr in neuer Besetzung - gab die bisherige Rechtsprechung auf und schloß sich

47 BVerfGE 80, 188.
48 BVerfGE 80, 235.
49 BVerfGE 80, 237.
50 BVerfGE 73, 40.
51 BVerfGE 73, 103.
52 BVerfGE 73, 117.

expressis verbis dem eindrucksvollen Sondervotum der Dissenter Böckenförde und Mahrenholz von 1986 an[53]. Die Richter strichen so ziemlich alle Vergünstigungen, die den Parteischatzmeistern lieb und teuer waren: den Sockelbetrag, der - auf Kosten der Steuerzahler - die üppige Wahlkampfkostenerstattung aufstockt; den Chancenausgleich, der das Gefälle zwischen spendenarmen und spendenreichen Parteien ausgleicht; die steuerliche Abzugsfähigkeit von Firmenspenden; die steuerliche Begünstigung von Einzelspenden bis zur abstrusen Höhe von 60 000 Mark (bei Ehepaaren bis zu 120 000 Mark); die Publizitätsgrenze, die festlegt, von welchem Betrag an, der Großspender genannt werden muß (sie wurde von 40 000 Mark auf 20 000 Mark herabgesetzt).

Das BVerfG bestätigte damit einen Erfahrungssatz, der für den amerikanischen Supreme Court seit langem gilt: Die »dissenting opinion« von heute kann das Urteil von morgen sein.

53 BVerfGE 85, 264 ff.

Zurück zum Volke

Thomas Wolf

I.

Der Längsschnitt, wenn man es dem Jubilar antun darf, ihm mit einem solchen terminus technicus näher zu treten, dieser lange Schnitt durch den so lange wirkenden Vizepräsidenten des Bundesverfassungsgerichts zeigt einerseits die bekannte Vielfältigkeit der Ämter und Aufgaben in allen drei Staatsgewalten und der freien Advocatur; zugleich und darin eigentümlich verborgen läßt sich ein langer, beharrlich weitergesponnener Faden entwickeln, der nie gerissen ist, ob E. G. Mahrenholz nun der Staatskanzlei oder dem Kultusministerium vorstand, ob er ein Bauamt oder einen Rundfunk verwaltete, die harten Bänke des Abgeordneten oder des Anwalts drückte oder gar mit dem Heiligen Stuhl um Konkordatsklauseln rang: Das Bemühen um die Bösesten der Bösen, um die Mörder. Ob ihm aus seines Prediger-Vaters Haus jene Stelle der Schrift besonders haften geblieben war, die davon berichtet, daß Mörder beim Volk manchmal ein erstaunliches *standing* haben (*»Barrabam!«,* Joh. 18, 40:), oder ihn die Gleichnisse von Zöllner (Luk. 18, 14) und Verbrecherlos (Luk. 23, 43) und die darin liegende Hoffnung geleitet haben? Ideologien waren seine Sache ja nie, es sei denn, deren Botschaft war, den Ärmsten zu helfen. Daß er dabei auf Mörder traf, ist dann nicht mehr verwunderlich. Aufgefallen war ihm selbst dies nicht so recht; ich habe ihn einmal gefragt, wie dies käme - ich berichte sogleich, was ich meine -, und habe, selten genug, ratloses Erstaunen hervorgerufen.

Tatsache bleibt: Mahrenholz war persönlicher Referent von Herrn Hinrich Kopf. Dieser wie alle Ministerpräsidenten hatte die Gewalt zur Gnade, und er ließ es sich nicht nehmen, die »Fälle« höchstselbst zu entscheiden. Nach gründlichem Aktenstudium, und alle Mörder mußten zu ihm ins Dienstzimmer. Mit dabei war Mahrenholz, und es hat ihn sehr betroffen, bewegt, erschüttert. Die Schicksale der Ermordeten und ihrer Angehörigen, die der Mörder (und derer Angehörigen).

Lange Jahre wird er dies aus den Augen verloren haben, sein Weg führte ihn an anderen Bedrängten vorbei. Im Jahre 1974 war er aber wieder bei jenen angelangt, als Chef der Staatskanzlei erneut damit befaßt, Gnade walten lassen zu können, zu sollen. Diesmal fiel ihm ein ganz anderer Aspekt ins Auge, und er löste weitreichende Folgen aus: Das ganze Gnadenverfahren sei so sehr formalisiert, nach gleichbleibenden inhaltlichen Kriterien strukturiert, daß es der Sache nach gar kein Gnadenverfahren mehr sei, sondern alle Züge eines Rechtsverfahrens, wie man diese im Lehrbuch nachlesen kann, an sich habe. Dann aber, und das ist wohl ein typischer »Mahrenholz«, sollte man diese Entscheidungen auch so nennen und

sie so behandeln, wie sie inhaltlich schon seien; dann sollten sie aus dem Dunkel der Gnade, weil dort vom Rechtsstaat schon erhellt, auch in das Licht des klaren Rechtsverfahrens gehoben werden.
Sicher war die Zeit ohnehin eines Geistes, der über die lebenslange Strafe, ihre Berechtigung und über das richtige Ende der Vollstreckung nachdachte. Aber es muß ja auch immer einer kommen, dem Zeitgeist Zunge zu leihen. Alsbald finden wir das Urteil des ersten Senats vom 15. Juni 1975 (BVerfGE 45, 187), in dem die lebenslange Freiheitsstrafe gerade noch mal mit einem blauen Auge davonkommt. Ein Mitglied des damaligen Spruchkörpers hat viel später gar nicht so vertraulich geäußert, eigentlich hätten sie damals das ganze doch kippen sollen.
Vielleicht wurde Mahrenholzens Blick für die gesamte Problematik noch einmal geschärft, als er, nach der Wahlniederlage 1976, für kurze Zeit in die niederen Wahrheiten rechtsanwaltlichen Arbeitens steigen mußte und dort unmittelbar mit einem Mordfall konfrontiert wurde. Er hatte jedenfalls das Thema prompt parat, als es in den Anfängen seiner Richterzeit auf den Tisch des Hohen Hauses kam. Nun ging es gleich um eine ganz besondere Spezies, jene unsäglichen »NSG«-Täter, die nicht ein oder zwei Menschen umgebracht hatten, sondern, so die Urteile von Auschwitz und Meidanek, deren gleich zigtausende. Wer will das begreifen, Menschen wie rostige Nägel zu sortieren.
Das Unbegreifliche wendet Mahrenholz in seinem Sondervotum zu BVerfGE 64, 261, vom 28. Juni 1983 zur Gelegenheit für den Rechtsstaat, wahrhafte Stärke zu zeigen. Die Versagung eines Hafturlaubes für einen seit 1945, natürlich, harmlosen tausendfachen Mörder wegen der Schwere seiner Schuld sei verfassungswidrig. Dem Senat war die Kassandra nicht hörbar; die Instanzgerichte haben seine Befürchtung, Menschen würden hier an ein Kreuz rechtlich nicht greifbarer Schuld genagelt, später durchschlagend verifiziert.
Noch einmal versuchte er, den lebenslang Eingesperrten die Waage zu halten, in der Entscheidung BVerfGE 72, 105 vom 24. April 1986, als es um den Punkt ging, von dem an die Vollstreckung nur noch blanke Rache, ohne ethischen Sinn und rechtlichen Verstand, ohne Blick auf Menschenwürde sei. Vollstreckung muß eher aufhören als die Haftunfähigkeit einsetzt, so kann man den Senat verstehen, der Mahrenholz diesmal ein Stück mehr folgte.
Schließlich sein letztes Werk: BVerfGE 86, 288 vom 3. Juni 1992: Die Mörder sollten wissen, wie lange ihr persönliches Lebenslang dauere, wenn schon nicht gleich, dann doch wenigstens in nur zwei Abschnitten: Im Urteil sollte ihnen gesagt werden, ob es nur 15 oder jedenfalls mehr Jahre sind, später einmal, nach ein paar Jahren, sollte feststehen, wie lange es denn – unter dem Gesichtspunkt der Schuld – höchstens dauere, ob 17 oder 27 Jahre. Und überhaupt, die Schuld! § 57 a StGB spricht ja von der besonderen Schwere derselben. Was das ist – Mahrenholz war schon immer bereits der Grundbegriff (als Kategorie staatlichen (!) Handelns) zuwider, um so mehr seine Komparation zum besonders Schweren. Bestimmtheit sollte hier hinein, und das konnte für Mahrenholz nur heißen: Ver-

kürzung, Eingrenzung auf 20 oder 25 Jahre als absolutes Höchstmaß einer »schuld«begründeten Strafe.

II.

Derzeit sieht es sehr danach aus, als sei Mahrenholz mit allen seinen Anliegen gerade bei denen gescheitert, die sie in besonderer Weise, nach seinen Worten, in die kleine Münze der täglichen Rechtsgewährung umprägen sollten, bei den Gerichten. Ein paar machen mit, viel mehr treiben quer: Ein Oberlandesgericht hat einem Jugendlichen (kein Mörder, wohlgemerkt) die Schwere seiner Schuld entgegen gehalten, als er ein paar Tage Sonderurlaub aus der Hafte begehrte, um zu einer Beerdigung zu gehen. Ein anderes Oberlandesgericht und sein Ministerpräsident verweigern bis heute einer schmerzensreich kranken Frau die Entlassung; sie war halt »der schwarze Engel von Meidanek«. Und ein weiteres Oberlandesgericht kehrte sich ein Garnichts um die feinsinnigen Vorgaben des Senats, besondere Schwere der Schuld sei begrifflich zu behandeln wie der besonders schwere Fall sonst im Strafgesetzbuch. Selbst der Bundesgerichtshof scheint sich nur im Großen Senat zusammenraufen zu können (Einzelheiten zeigt Herr Boetticher in seinem Beitrag zu diesem Buch).
Es macht an dieser Stelle keinen Sinn, das ewige Mißverständnis zwischen dem theoretisch langen Arm des Verfassungsrechts und der praktisch kurzen harten Kraft strafrechtlicher Entscheidung im einzelnen Fall zu beleuchten. Wichtig ist die Frage, warum verfassungsrechtliche Vorgaben, wie sie exemplarisch im vorliegenden Zusammenhang von Mahrenholz maßgeblich mitentworfen wurden, auf dem Weg von ihm zu seinen Kollegen am (Ober)Land(es)gericht so ziemlich alles an Wirkkraft verlieren, was er - und andere in den Senaten - ihnen verleihen wollten.
Ich kann dazu nur für den Bereich des Strafrechts etwas sagen, und mit Kompetenz vielleicht sogar nur für den der Strafvollstreckung, der Entscheidungen nach dem Urteil. Ich komme aus einem Hause, in dem zwar Sühne und Buße lebendige Begriffe waren, denen aber stets auch Vergebung und Versöhnung zugesellt wurden. So war mir die Doppelrolle als erkennender Richter, der ein Lebenslang mitunterzeichnete, und als vollstreckender Richter, der nach vielen Jahren die Entlassung querschrieb, kein prinzipieller Widerspruch. Aber die Leichtigkeit (oder Erleichterung?), mit der die Strafaussetzung ausgesprochen wurde, litt zunehmend darunter, daß dafür zunächst das Urteil zu lesen war. Und was sind das für Urteile! Boulevard-Berichte über die verhandelten Taten verblassen zur Harmlosigkeit angesichts der nüchternen, aber gerade deshalb das Furchtbare wahr werden lassenden Sprache dieser Urkunden. Und waren die Mörder noch so gut resozialisiert - sie waren es alle, die Mißerfolgsquote ist hier unfaßbar gering -: es

blieb die bohrende Frage, warum denn ein Mensch, der solch Schlimmes angerichtet hatte, überhaupt jemals wieder der Freiheit teilhaftig werden sollte. Ich erinnere mich wie eben an eine monatelange Diskussion vor mehr als zehn Jahren in der Strafvollstreckungskammer Marburg, ob die tausendfachen Mörder von Auschwitz irgend eine Art Anspruch, gar ein subjektiv öffentliches, einklagbares Recht darauf haben sollten, wieder ungestört und ohne äußere Zwänge leben zu können, und seien es nur ein paar Jahre. Die Entscheidung fiel auf einer restlos außerrechtlichen Ebene, die nicht einmal mehr politische Dimensionen hatte, sondern ihr Heil in Anschauungen finden mußte, die den Weg vom Alten zum Neuen Testament nachzuvollziehen suchten.
Wir stehen heute als Richterinnen und Richter beständig vor vergleichbaren Fragen. Zwar sterben die NSG-Täter aus, buchstäblich, und mancher scheint sie und ihre Rechte in diesem Sinne aussitzen zu wollen. Aber die »normalen« (vgl., BGH NStZ 1993, 235) Mörder stellen uns im Grundsatz vor dieselbe Frage: Schuld soll gemessen und gewogen werden, aber Schuld von einem Ausmaß, das, so jedenfalls doch die ausgesprochene Strafe, gerade maßlos ist, und gewogen in Zeiträumen, die fast ein ganzes Leben umfangen (wenn der Täter 18 Jahre war und nach Erwachsenenrecht verurteilt wurde; es gibt das.). Diese Zumessung sollen Richter und Richterinnen leisten. Damit das überhaupt technisch möglich ist, hat sich seit der ersten Entscheidung des Bundesverfassungsgerichts zum Lebenslang im Jahre 1975 in merkwürdiger Eigendynamik ein System von Rechtsregeln entwickelt, das den beruhigenden Eindruck vermitteln soll, auch in diesem Bereich ginge es recht und ordentlich zu. Tatsächlich wird hier kaum mehr als gewürfelt, und die Dogmatik kommt über die Wahrscheinlichkeitsrechnung eben des Würfelspiels gelegentlich nicht hinaus. Im Einzelfall nähert sie sich der objektiven Willkür. Wie der Zufall hat auch sie dann kein Gedächtnis mehr, sondern untersteht ganz dem Eindruck dieses einen Mordes und seiner ganzen Scheußlichkeit. Hatte der Strafvollzug den Täter im Visier - zum Schutze der möglichen künftigen Opfer auch ganz zu recht -, so tritt plötzlich wieder der getötete Mensch auf den Plan, vielleicht in sein Recht. Und es ist niemand anderes da als das Gericht, dieses Recht zu bewerten und zu gewichten. Manch großzügigen Umgang mit dem »verantworten zu erproben, ob der Täter außerhalb des Strafvollzuges keine Straftaten mehr begehen wird« (§ 57 StGB), mag man den Strafvollstreckungsgerichten ankreiden - etwas Vergleichbares im Zusammenhang der Schuldgewichtung bei Mördern scheint mir nicht vorstellbar.
Hier sehe ich einen Kern des Problems: Der abstrakte verfassungsrechtliche Rechtssatz mag im allgemeinen bei hinreichender Begründung und trefflicher Nähe zum common sense eine gute Chance haben, von den Gerichten, gar vom Volk, angenommen und umgesetzt zu werden. Ein Mord ist aber, und nur so hat der Begriff eine Berechtigung, nur deshalb gibt es ihn überhaupt als gesellschaftlich lebendigen Begriff, ein Mord ist das Außergewöhnliche schlechthin. Es ist sehr die Frage, und keineswegs nur eine dogmatische, ob der Gerichtssaal das

richtige Forum abgibt, um etwas zu regeln, das per definitionem so sehr außerhalb des Normalen liegt.
Ich folgere daraus: Wenn es richtig ist, daß es Verbrechen gibt, die so schlimm sind, daß die Gesellschaft mit dem Verdikt antwortet: Der sei für immer, lebenslang, nicht mehr in unserer Mitte, und wenn man nicht auf zeitige Strafen mit anschließender lebenslanger Sicherungsverwahrung ausweichen will: Dann kann die Aufhebung dieses Spruches nicht den normalen Instanzen in normalen Zügen auferlegt werden. Die Mittel der Gerichte, und das heißt, die der Richterinnen und Richter, auch ihre ganz persönlichen Mittel, für die Lösung dieses Konflikts einzusetzen, ist letztlich Augenwischerei. Derselbe Richter - und ich bin einer davon -, der zu lebenslanger Strafe verurteilt, kann 15 oder 20 Jahre später nicht mit derselben Autorität sagen: Das war's. Wie soll er sich von all dem lösen, was ihn gestern in einem anderen Verfahren dazu gebracht hat, eine vergleichbare Tat als die schlimmste zu werten, die diese absolute Strafe nach sich zieht? Wir haben sicher den breitesten Buckel in der Gesellschaft, Art. 97 GG sei dank. Aber die Gesellschaft und das BVerfG als Teil ihrer tun nicht gut daran, den Richterinnen und Richtern Wendejacken umzuhängen. Und sie tun noch schlechter daran, Richterinnen und Richtern Entscheidungen abzuverlangen, für die es keine rechtlichen Kategorien mehr gibt, sondern nur noch politische oder ganz private. Ich bezweifle auch, daß der Institution der unabhängigen Richterschaft auf Dauer damit ein Gutes getan wird. Im Zweifel macht sie sich nur unabhängig von Recht und Gesetz, auch von Karlsruhe.
Natürlich haben wir immer wieder aufs Neue darüber nachzudenken, ob der oder jene irgendwann aus dem Gefängnis entlassen werden soll. Aber man muß erkennen, daß es sich bei diesen Überlegungen nicht um solche desjenigen Rechts handelt, mit dem wir im übrigen unsere Gesellschaft zu lenken versuchen. Sie gehören deshalb nicht in die Hände der Richterinnen und Richter. Sie sind im eigentlichen Sinne nicht von ihnen zu verantworten. Sie gehören denen, die auch öffentlich für ihr Handeln zur Rechenschaft gezogen werden können, die persönliche Konsequenzen tragen müssen: Das »Im Namen des Volkes!« sollte an die zurückgegeben werden, die das Volk unmittelbarer widerspiegeln, an die Volksvertreter. Unser Rechtssystem läßt derzeit für die Entlassung eines Mörders außerhalb eines herkömmlichen Gerichtsverfahrens nur die Form des - ministeriellen - Verwaltungshandelns zu, wenn man von der Amnestie durch den Gesetzgeber absieht. Wir haben für diese Art staatlichen Handelns zur Zeit nur den Begriff der Gnade. Daß diesem, selig oder unselig, die Mühlsteine abendländisch-christlicher Kirchenkultur am Halse hängen, darf nicht hindern. Er wäre nicht der erste Begriff, der um der Klarheit der Sache willen überzeugend säkularisiert würde. In anderen, durchaus sehr abendländischen Kulturkreisen hat man damit ja auch keine Probleme (wie etwa in England, der Mutter unserer Demokratie, wo der Innenminister auf der Grundlage eines richterlichen Votums entscheidet). Uns wäre vielleicht ein Parlamentsausschuß gemäßer, Art. 17 GG könnte Vorbild sein. Daß die

Gesetzesmacher weniger befähigt wären, ihr Werk gelegentlich auch selbst zu exekutieren, als sie es von den Richtern glauben, das kann wohl kein Argument sein. Die Entlassung eines Mörders ist ein Politikum; dieses Kreuz sollte man nicht andere tragen lassen.

Mahrenholz' Wirken um ein Höchstmaß an gerichtlicher Rechtsstaatlichkeit im Umgang mit Mördern zeigt mir auf, daß die Grenzen des Gerichts- und Gesetzesstaates überschritten wurden. Man muß zurück, und das halte ich hier für einen Fortschritt. Aber: Er wäre nicht gangbar, wenn wir nicht vorher so weit gegangen wären.

Mut zum Chaos

Christine Landfried

Das Chaos kann Ernst Gottfried Mahrenholz nicht schrecken. Immer wieder hat er in Gesprächen die »Chaosangst« der Deutschen kritisiert. Sein Verständnis für abweichendes Verhalten und sein Mut zum Chaos haben sein Wirken als Verfassungsrichter geprägt.

Auch wenn die Bereitschaft zum Einsatz unkonventioneller Mittel in Deutschland gestiegen ist, so bleibt die Abneigung gegen unkonventionelles Verhalten ein Merkmal der deutschen politischen Kultur. Im internationalen Vergleich zeigt sich, daß Deutsche und Österreicher rechtliche Einschränkungen unkonventionellen politischen Verhaltens eher befürworten als Holländer und Amerikaner, und auch eher bereit sind, für ein ruhiges Leben einen Teil ihrer Bürgerrechte preiszugeben.[1] Die Antipathie gegen unkonventionelles Verhalten hat Folgen für die Rechtspolitik. So gehört zur rechtspolitischen Kultur in Deutschland eine im europäischen Vergleich relativ hohe Haftquote (Gefangenenzahl pro 100 000 Einwohner).[2] Insbesondere bei der Untersuchungshaft besteht Grund für den Vorwurf, daß zu schnell, zu häufig und zu lange verhaftet wird. Eine Analyse von Strafrechtsprofessoren der Universität Göttingen hat empirisches Material zur Praxis der Untersuchungshaft zusammengestellt. Die Ergebnisse zeigen, daß nur etwa bei der Hälfte der Untersuchungsgefangenen eine Freiheitsstrafe ohne Bewährung verhängt wurde und jede zehnte Haftsache sogar ganz ohne Verurteilung endete. Die Daten stützen damit die Kritik einer vorschnellen Verhaftungspraxis. In etwa 10 % der Fälle wurde auch für Delikte im Bagatellbereich Untersuchungshaft angeordnet. In den besonders geringfügigen Fällen, in denen schon die Tat einer Haft entgegenstehen müßte, befanden sich »deutlich überhöhte Anteile von Personen aus der untersten sozialen Schicht«.[3] Die Wissenschaftler vermuten, daß Polizei und Haftrichter bei bestimmten Personengruppen die gesetzlichen Haftgründe nur vorschieben, um bei Bagatelldelikten die Untersuchungshaft zur Verfahrenserleichterung oder als »Strafersatz« anordnen zu können.

Die Praxis der Untersuchungshaft ist also durch die Verletzung des Grundsatzes der Verhältnismäßigkeit in Verbindung mit der Diskriminierung einer ohnehin benachteiligten sozialen Gruppe charakterisiert. Ernst Gottfried Mahrenholz hinge-

1 *Klaus von Beyme,* Das politische System der Bundesrepublik Deutschland nach der Vereinigung, München 1993, S. 65.

2 *Heinz Schöck, Hans-Ludwig Schreiber,* Rechtswirklichkeit der Untersuchungshaft in der Bundesrepublik Deutschland, Manuskript 1987, S. 48.

3 Ebd., S. 373.

gen hat sich in seiner Arbeit als Verfassungsrichter für die strikte Einhaltung des Grundsatzes der Verhältnismäßigkeit und des Rechtsstaatsprinzips im Strafvollzug eingesetzt. In seinem Sondervotum zum Beschluß des Verfassungsgerichtes über die Frage der Berücksichtigung der Tatschuld bei der Gewährung von Hafturlaub betonte Ernst Gottfried Mahrenholz, daß es mit Art. 103 GG nicht zu vereinbaren sei, wegen der Schwere der Schuld Hafturlaub zu verweigern. »Art. 103 Abs. 2 GG fordert, daß die Strafbarkeit einer Tat ›gesetzlich‹ bestimmt ist . . . Der Gesetzgeber hat die nach dem Vergeltungsprinzip abgestuften, durch unterschiedliche Schwere der Vollzugsbedingungen charakterisierten Haftarten Einschließung, Haft, Gefängnis und Zuchthaus abgeschafft und durch die einheitliche Freiheitsstrafe ersetzt . . . Die gesetzliche Bestimmtheit der Rechtsfolge einer Straftat wäre verletzt, wenn der Vollzug den Urlaub wegen besonders schwerer Tatschuld versagen . . . dürfte.«[4] Dies ist nur ein Beispiel für das Anliegen des Verfassungsrichters Mahrenholz, das Rechtsstaatsprinzip und den Grundsatz der Verhältnismäßigkeit im Strafrecht und im Strafvollzug mit Leben zu füllen. In diesem Zusammenhang erinnere ich mich, daß er während eines Interviews zur politischen Rolle des Bundesverfassungsgerichtes vom Thema abkam und mit Hingabe über den Anspruch auf rechtliches Gehör nach Art. 103 GG und über die Voraussetzungen bei Freiheitsbeschränkungen nach Art. 104 GG sprach. Diese Artikel gehören für ihn zum Kern der Verfassung. »That's it«, wie er gern sagt. Und wer über sein Verständnis für »Knastbrüder« und »Knastschwestern« spottet, hat einfach keine Ahnung.

Engagement für die Rechte von Minderheiten, diesmal die Rechte der Minderheiten im Parlament, bewies Ernst Gottfried Mahrenholz auch mit seinem Sondervotum zum Urteil über den Ausschluß der Fraktion Die Grünen von der Beratung der Wirtschaftspläne der Geheimdienste. Der Bundestag hatte bis 1983 für die Beratung der Wirtschaftspläne folgendes Verfahren gewählt: ein Unterausschuß des Haushaltsausschusses, der aus wenigen Abgeordneten bestand, in dem jedoch stets alle Fraktionen des Bundestages vertreten waren, kontrollierte die Wirtschaftspläne der Geheimdienste. Im Plenum des Bundestages wurde dann nicht mehr über Einzelheiten diskutiert, sondern nur über die globalen Kostenansätze abgestimmt. Nach diesem Verfahren hätten auch Die Grünen, die 1983 mit 28 Abgeordneten eine Fraktion im Deutschen Bundestag bildeten, ein Mitglied ihrer Fraktion in das Kontrollgremium entsenden können. CDU/CSU und FDP wollten jedoch verhindern, daß die Grünen an der Beratung der Wirtschaftspläne beteiligt werden. So erklärte der Sprecher der CDU/CSU-Fraktion, Adolf Roth, am 8. 12. 1983 seinem Kollegen Hubert Kleinert von den Grünen: »Ich muß schon sagen,

4 BVerfGE 64, 261 (295). Vgl. den Beschluß des Bundesverfassungsgerichtes BVerfGE 70, 297, wonach die Unterbringung eines Straftäters in einem psychiatrischen Krankenhaus nur auf der Basis einer strengen Verhältnismäßigkeitsprüfung verfassungsgemäß ist. Diesen Beschluß hat *Ernst Gottfried Mahrenholz* als Berichterstatter maßgeblich beeinflußt.

wenn ich mir Sie anschaue: Sie zum Kontrolleur unserer Verfassungssschutzdienste zu machen, das würde von mir verlangen, den Bock zum Gärtner zu machen«.[5] Um ihr Ziel zu erreichen, ersetzten die Regierungsparteien den bisherigen Unterausschuß des Haushaltsauschusses durch ein Spezialgremium. Dieses Spezialgremium zur Kontrolle der Haushaltspläne der Geheimdienste besteht aus bis zu fünf Abgeordneten, die mit der Mehrheit der Mitglieder des Bundestages zu wählen sind. Der Vertreter der Grünen konnte keine Mehrheit bekommen, und die Grünen waren damit von der Beratung der Wirtschaftspläne der Geheimdienste ausgeschlossen.

Daraufhin haben die Fraktionen Die Grünen und der Bundestagsabgeordnete Kleinert beim Bundesverfassungsgericht geklagt. Sie sahen die Rechte der Minderheit im parlamentarischen Prozeß verletzt. Die Geschäftsordnung des Bundestages sichere allen Fraktionen die Beteiligung an der Beratung des Budgets zu. Dieses elementare parlamentarische Kontrollrecht könne der Bundestag nicht durch einfaches Gesetz aushöhlen. Die Mehrheit des 2. Senates des Verfassungsgerichtes hat im Januar 1986 entschieden, es verstoße nicht gegen die Verfassung, daß die Mitglieder des Kontrollgremiums mit der Mehrheit der Mitglieder des Bundestages gewählt werden. Es sei aus zwingenden Gründen des Geheimschutzes hinzunehmen, daß einzelne Fraktionen bei der Besetzung des Ausschusses unberücksichtigt bleiben.[6] Da das Urteil die Frage nicht beantwortet, ob die Bundestagsmehrheit im konkreten Fall »zwingende Gründe« gehabt hat, die Fraktion der Grünen von den genannten Beratungen auszuschließen, haben die Richter, möglicherweise unbewußt, die Abgeordneten der Grünen, die in Sprache, Auftreten und Erscheinung nicht in das konventionelle Bild des Parlamentslebens passen, als Parlamentarier gekennzeichnet, denen in Sachen Geheimdienste nicht zu trauen sei.

Genau diese Diskriminierung einer Gruppe von Abgeordneten beurteilt Ernst Gottfried Mahrenholz als verfassungswidrig. »Jede Hintanhaltung gleichberechtigter Teilhabe von Abgeordneten am parlamentarischen Prozeß aus politischen Gründen ist eine Diskriminierung.«[7] Und er zitiert in diesem Zusammenhang die oben erwähnte Äußerung des Sprechers der CDU/CSU- Fraktion, die ganz deutlich macht, daß man die Abgeordneten der Grünen wegen ihres unkonventionellen Verhaltens nicht für vertrauenswürdig hält. In dem nur vorgeschobenen Geheimschutzinteresse der Parlamentsmehrheit und der Mehrheit der Richter des Zweiten Senats des Bundesverfassungsgerichtes erkennt Ernst Gottfried Mahrenholz eben jene »Chaosangst«, die er als Ideologie bloßstellt.

Mit Mut zum Chaos und seinem Verständnis für abweichendes Verhalten hat Ernst Gottfried Mahrenholz dazu beigetragen, in Deutschland eine liberale

5 Stenographische Berichte des Deutschen Bundestages, 10. Wahlperiode, 44. Sitzung, S. 3246.
6 BVerfGE 70, 324 (325).
7 BVerfGE 70, 324 (373).

Rechtskultur ein klein wenig fester zu verankern. Er knüpft damit an jene »andere Tradition« streitbarer Juristen an,[8] die in Deutschland u.a. von Herman Heller, Franz Neumann und Otto Kirchheimer repräsentiert wird.
Mut zum Chaos ist seit den Entdeckungen der Naturwissenschaften in den 80er Jahren jedoch auf weit umfassendere Weise gefordert, als dies das umgangssprachliche Verständnis nahelegt. Wenn sich das naturwissenschaftliche Konzept der Chaostheorie auf die Sozialwissenschaften übertragen ließe, dann wäre Chaosangst nicht nur politisch engstirnig, sondern auch wissenschaftlich unzeitgemäß.
Vorsicht ist geboten, will man Anregungen aus der naturwissenschaftlichen Chaostheorie für die Sozialwissenschaften gewinnen. Der Biologe Varela, der gemeinsam mit Maturana die Phänomene der Autopoiese untersucht hat, äußert Skepsis. Die Vorschläge, politische Systeme und Institutionen autopoietisch zu verstehen, beruhen nach seiner Meinung auf einem Kategorienfehler, da Autonomie mit Autopoiese verwechselt werde.[9] Der Physiker Haken hingegen nennt zahlreiche Beispiele aus der Wirtschaft, der Bürokratie und den Massenmedien, mit denen er glaubt belegen zu können, daß autopoietische und chaotische Prozesse wie die Synergetik als die Lehre vom Zusammenwirken auch in der sozialen Realität auf vielfältige Weise vorkommen.[10] Freilich handelt es sich bei Haken lediglich um die Übertragung von Begriffen, um »semantische Innovationen«,[11] die nicht mit einem neuen Informations- oder Erklärungswert verbunden sind.
Weder hilft es weiter, wenn schon lang bekannte soziale Prozesse nun mit neuen Worten wie »Fluktuation«, »Phasensprung« oder »Turbulenz« bezeichnet werden, noch darf die Forschung langfristig bei der Aufzählung von Beispielen zur Illustration chaostheoretischer Effekte in der sozialen Wirklichkeit stehenbleiben. Erst wenn sich an den Beispielen zeigen ließe, daß die Chaostheorie einen Erkenntniszuwachs für die Sozialwissenschaften erbringt, wäre ein Fortschritt jenseits der rein semantischen Innovation erreicht.
Zunächst werde ich die Chaostheorie kurz darstellen und die Motive für die Übernahme der Konzepte erörtern. Sodann werden Formen des Transfers unterschieden,[12] um anschließend zu diskutieren, in welcher Form sich die Theorie für die Sozialwissenschaften nutzen ließe. Merkmal des neuen Konzepts in den Naturwissenschaften ist das Interesse an Kontingenz. Mit diesem Interesse und der An-

8 Kritische Justiz (Hrsg.), Streitbare Juristen. Eine andere Tradition, Festschrift für *Jürgen Seifert* zum 60. Geburtstag, Baden-Baden 1988.

9 *Francisco J. Varela,* Autonomie und Autopoiese, in: *Siegfried Schmidt* (Hrsg.), Der Diskurs des radikalen Konstruktivismus, Frankfurt 3. Aufl. 1990, S. 121.

10 *Hermann Haken,* Erfolgsgeheimnisse der Natur, Frankfurt/Berlin 1988, 12. und 13. Kapitel.

11 *Renate Mayntz,* The Influence of Natural Science Theories on Contemporary Social Science, MPIFG Discussion Papers 1990, 7, S. 48.

12 *Renate Mayntz,* The Influence of Natural Science Theories on Contemporary Social Science, a.a.O., S. 5-10.

näherung der Naturwissenschaften an die Geisteswissenschaften[13] wird der Gegensatz von Mensch und Natur, von der Darstellung einmaliger Geschehnisse in den Naturwissenschaften, von Verstehen und Erklären in Frage gestellt oder zumindest neu bestimmt. Bei der Suche nach Anregungen aus der neuen Theorie der Naturwissenschaften ist zuerst einmal festzustellen, daß die für die Naturwissenschaften so revolutionären Entdeckungen wie nichtlineare Prozesse, katastrophische Sprünge und Fluktationen in der sozialen Welt und den Sozialwissenschaften ganz vertraute Vorgänge sind.[14]
Die wechselhafte Geschichte des Verhältnisses von Natur- und Geisteswissenschaften nahm in der Antike mit dem Gegensatz von »menschenfremder Naturspekulation und natürlicher Menschenverantwortung«[15] ihren Ausgang. Erhard Scheibe führt uns das antike Wissenschaftsverständnis mit dem schönen Ausschnitt aus dem platonischen Dialog »Phaidros« vor Augen. Phaidros führt Sokrates aus der Stadt an die Ufer des Ilissos, damit »Sokrates, der sonst auf dem Marktplatz die Leute verwirrt, sich heute einmal dem Zauber der lieblichen Landschaft öffnet. Aber, wie sich entschuldigend, bedeutet er dem verwunderten Phaidros: Ich bin lernbegierig, und die Bäume wollen mich nichts lehren, wohl aber die Menschen in der Stadt.«[16] Dieses antike Verhältnis zwischen Mensch und Natur wurde mit den wissenschaftlichen Revolutionen des 17. Jahrhunderts in das Gegenteil verkehrt. Die nun einsetzende Vorherrschaft der Naturwissenschaft und die Fortschrittsverheißung wurden erst erschüttert, als die bedrohlichen Nebenfolgen des wissenschaftlich-technischen Fortschritts nicht mehr zu übersehen waren. Mit der Entdeckung von Zeit und Komplexität in den Naturwissenschaften, so der Untertitel des Buches »Vom Sein zum Werden« des Physiker-Chemikers Ilya Prigogine,[17] entsteht nun die Chance, daß Natur- und Sozialwissenschaften aufeinander zugehen.[18] Ein gemeinsamer Ansatzpunkt könnte ein Begriff von Erklärung sein, der Gesetzmäßigkeiten und Kontingentes integriert.[19] Betrachtete man in der klassischen Physik irreversible Prozesse als Störung und Ärgernis, die der Untersuchung nicht wert seien, so stehen Prozesse und Strukturen fern des Gleichgewichtes im Zentrum der Chaostheorie. Ungleichgewichtige,

13 *Erhard Scheibe,* Gibt es eine Annäherung der Naturwissenschaften an die Geisteswissenschaften?, in: *Jan Assmann, Tonio Hölscher* (Hrsg.), Kultur und Gedächtnis, Frankfurt 1988, S. 65-83.

14 *Renate Mayntz,* Soziale Diskontinuitäten: Erscheinungsformen und Ursachen, in: *Klaus Hierholzer, Heinz-Günter Wittmann* (Hrsg.), Phasensprünge und Stetigkeit in der natürlichen und kulturellen Welt, Stuttgart 1988, S. 17.

15 *Erhard Scheibe,* Gibt es eine Annäherung der Naturwissenschaften an die Geisteswissenschaften?, a.a.O., S. 68.

16 Ebd., S. 69.

17 *Ilya Prigogine,* Vom Sein zum Werden, München 5. Aufl. 1988.

18 *Carl Böhret,* Folgen - Entwurf für eine aktive Poltik gegen schleichende Katastrophen, Opladen 1990, S. 162.

19 *Erhard Scheibe,* Gibt es eine Annäherung der Naturwissenschaften an die Geisteswissenschaften?, a.a.O., S. 79.

dissipative Strukturen und turbulente Bewegungen gehören nach den neuen Erkenntnissen zur Normalität in der Natur. Was auf der makroskopischen Ebene als turbulent und irregulär erscheint, ist auf der mikroskopischen Ebene hochgradig organisiert.[20] Bei zunehmendem Ungleichgewicht nähern sich die dissipativen Strukturen Verzweigungspunkten, an denen der katastrophische Umschlag in einen chaotischen Zustand erfolgt.

Dieses Chaos hat Struktur. Die Veränderungen von einer geordneten in eine turbulente und schließlich chaotische Struktur unterliegen gewissen Regeln.[21] Zu diesen Regeln gehört die Abhängigkeit des chaotischen Prozesses von den Anfangs- und Verlaufsbedingungen. Diese Abhängigkeit von den Umständen führt zu einer Relativierung des Kausalitätsprinzips. Gleiche Ursachen müssen nicht immer gleiche Folgen haben, weil nichtlineare Prozesse ausgesprochen spezifisch sind. »Das Gesamtverhalten läßt sich nicht mehr allein aus einem allgemeingültigen Gesetz ableiten. Jedes System stellt einen gesonderten Fall dar, jede Reihe von chemischen Reaktionen muß untersucht werden und kann zu einem qualitativ verschiedenen Verhalten führen.«[22] Während bei linearen Prozessen auftretende Störungen »vergessen« werden und auf diese Weise Reproduzierbarkeit gesichert ist, weil ähnliche Umstände ähnliche Prozesse auslösen, verhält sich dies bei nichtlinearen Prozessen anders. Kleine Änderungen können hier unverhältnismäßige Folgen haben, weil die »innerliche Komplexität«[23] des Systems so groß ist, daß keine noch so genaue Analyse zu einer Prognose über das Verhalten des Systems führen kann. Eine Auswahl von Variablen zur Erklärung eines Prozesses und jede Vereinfachung verbieten sich. Aus einer großen Anzahl mikroskopischer Prozesse entsteht in nichtlinearen Systemen eine makroskopische Struktur, die nicht in der Summe der Eigenschaften der mikroskopischen Elemente aufgeht. Im Verhältnis von Mikro- zu Makroprozessen sieht Renate Mayntz das zentrale Problem der gegenwärtigen soziologischen Theoriebildung und einen möglichen Anknüpfungspunkt an die naturwissenschaftlichen Theorien.[24]

Die Entdeckungen in den Naturwissenschaften führen zu einer neuen Sichtweise von Kausalität, Komplexität und Stabilität. Die bisher gültigen Gesetzmäßigkeiten in den Naturwissenschaften mit der Betonung von determinierten, reversiblen und zeitunabhängigen Prozessen gerieten erstmals mit der Thermodynamik ins Wanken. Plötzlich gab es Prozesse, die von der Zeit abhängig und damit irreversibel waren, weil bei der Umwandlung von Wärme z.B. in einem Kraftwerk Energie verloren ging. Nach dem zweiten Hauptsatz der Thermodynamik nimmt die nicht

20 *Ilya Prigogine, Isabelle Stengers,* Dialog mit der Natur. Neue Wege naturwissenschaftlichen Denkens, München 5. Aufl. 1986, S. 150.

21 Vgl. Experimente zur Chaostheorie bei *Carl Böhret,* Folgen, a.a.O., S. 139–144.

22 *Ilya Prigogine, Isabelle Stengers,* Dialog mit der Natur, a.a.O., S. 153.

23 Ebd., S. 298.

24 *Renate Mayntz,* The Influence of Natural Science Theories on Contemporary Social Science, a.a.O., S. 46.

frei verfügbare Energie, die nicht in Arbeit umgesetzt werden kann und Entropie genannt wird, so lange zu, bis das System das thermodynamische Gleichgewicht erreicht hat. Im Gegensatz zur Mechanik war damit Mitte des 19. Jahrhunderts in der Physik die Irreversibilität von Prozessen eingeführt. Weg und Ziel dieser irreversiblen Prozesse waren jedoch vorgezeichnet: es konnte sich nur das Verhältnis von freier Energie und Entropie ändern und zwar in Richtung zunehmender Entropie. Erst mit der Beobachtung offener Systeme, die aus ihrer Umwelt Energie importieren und nicht frei verfügbare Energie exportieren, wurde es denkbar, daß die Entropie nicht notwendigerweise zunehmen muß. Im Austausch mit der Umwelt wird so ein Zustand des Ungleichgewichtes aufrechterhalten, der zu einer Quelle von Ordnung und Organisation werden kann. Die dissipativen Strukturen jenseits des Gleichgewichtes haben die Funktion, durch ständigen Austausch mit der Umwelt für die Selbsterneuerung des Systems und den Aufbau neuer Strukturen zu sorgen. Die Komplexität der dissipativen Strukturen, ihre Fluktuationen und Aktivitäten hat vor allem Ilya Prigogine am Modell chemischer Reaktionen untersucht. So gilt z.B. das Gesetz der großen Zahl für stark schwankende Strukturen in der Nähe von Verzweigungspunkten nicht.[25] Die Verhaltensweisen der Strukturen wie etwa die Frage, in welche Richtung sich ein System an einem Verzweigungspunkt weiterentwickelt, hängen von der bisherigen Geschichte der Entwicklung ab. »Jenseits der Schwelle der Stabilität wird der Begriff der universalen Gesetze . . . durch die Erkundung von qualitativ verschiedenen Verhaltensweisen ersetzt, welche nicht nur von den beteiligten detaillierten Mechanismen, sondern auch von der Vergangenheit des Systems abhängen. Gerade weil die Definition des Zustands, in dem ein System sich befindet, sich nicht mehr ausschließlich auf den Augenblick beziehen kann, sondern die aufeinanderfolgenden Verzweigungen berücksichtigen muß, die es in der Vergangenheit durchlaufen hat, kann man nicht mehr behaupten, daß in jedem Augenblick ›alles gegeben ist‹.«[26]

Auch chaotisches Geschehen, das mit den Anfangsbedingungen, dem Verlauf der Bifurkationen und mikroskopischen Aktivitäten auf komplexe Weise zusammenhängt, ist also nicht völlig beliebig, sondern unterliegt einer Dialektik von Zufall und Notwendigkeit. Phasen der Stabilität zwischen den Verzweigungen und einer Vorherrschaft deterministischer Gesetze wechseln sich mit Phasen der Instabilität ab.[27]

Ein naheliegendes Motiv für Sozialwissenschaftler, sich den skizzierten neuen Entdeckungen der Naturwissenschaftler »anzunähern« und sich intensiver als bisher mit sozialen Diskontinuitäten und Ungleichgewichten zu beschäftigen, liegt in der Zunahme von Gefahren, die den Zusammenbruch der modernen Gesellschaf-

25 *Ilya Prigogine, Isabelle Stengers,* Dialog mit der Natur, a.a.O., S. 177 ff.

26 Ebd., S. 204.

27 *Ilya Prigogine, Isabelle Stengers,* Dialog mit der Natur, a.a.O., S. 204. Vgl. *Heinz G. Schuster,* Deterministic Chaos. An Introduction, Weinheim 1984.

ten herbeiführen könnten.[28] Der Dialog mit den Naturwissenschaftlern[29] ist auch deshalb sinnvoll, weil eine Vielzahl der die Menschheit bedrohenden Gefahren mit naturwissenschaftlichen Vorgängen wie der Klimaveränderung oder dem Waldsterben zusammenhängen. Die Zunahme des Kontingenten in den Naturwissenschaften ist daher kaum zufällig. Die naturwissenschaftlichen Erkenntnisse bei der Analyse nichtlinearer Prozesse mit den turbulenten und chaotischen Phasen vor der Etablierung einer neuen Ordnung könnten möglicherweise auch zusätzliche Erklärungen für Defizite bei der Implementation von Politik ergeben.[30] Ein stärker theoretisches Interesse der Sozialwissenschaften an der Chaostheorie ist das in dieser Theorie durchgängig angesprochene Problem der Erzeugung von Makroprozessen durch Strukturen und Bewegungen auf der Mikroebene.[31]

Bei den Formen des Transfers lassen sich die Übertragung von Methoden und von substantiellen Inhalten der Konzepte und theoretischen Modelle unterscheiden. Die Formalisierung und Mathematisierung beim Methodentransfer ist nur möglich, wenn man es mit wenigen Variablen und Parametern zu tun hat. Theorietransfer erfordert eine Isomorphie zwischen den physikalischen, chemischen und sozialen Welten, die nicht vorhanden ist. Ist damit die Übernahme der substantiellen Inhalte der Chaostheorie für die Sozialwissenschaften sehr begrenzt, so können doch Analogien die eigenständige Theoriebildung und die empirische Forschung in den Sozialwissenschaften anregen.[32] Wichtig für einen solchen Theorietransfer ist die Verallgemeinerung der naturwissenschaftlichen Konzepte und ihrer Erklärungsparadigmata, auch wenn dabei Teile der ursprünglichen Theorie verlorengehen.

Die Autopoiese als Teil der neuen Theorie eignet sich am wenigsten zur Übertragung auf soziale Vorgänge. In der sozialen Realität fehlen Systeme, die isomorphe Strukturen mit autopoietischen Systemen aufweisen. »Streng empirisch-wissenschaftlich gesehen ist nämlich nur die ... Zelle voll als autopoietisches System definierbar, während schon das Immunsystem oder das Nervensystem bzw. das Gehirn wohl als selbstreferentielles, nicht jedoch als sich selbst erzeugendes System zu betrachten ist.«[33] Autopoiese ist kein Konzept für sozialen Wandel, weil die fortlaufende Ersetzung der mikroskopischen Elemente keine entscheidende Rolle beim Systemwandel spielt.[34] In der sozialen Welt, hier ist Varela zuzustimmen,[35] haben wir es mit autonomen und nicht mit autopoietischen Systemen zu

28 *Renate Mayntz,* Soziale Diskontinuitäten: Erscheinungsformen und Ursachen, a.a.O., S. 34.
29 *Carl Böhret,* Folgen, a.a.O., S. 162 ff.
30 *Renate Mayntz,* The Influence of Natural Science Theories on Contemporary Social Science, a.a.O., S. 45.
31 Ebd., S. 46.
32 Vgl. zum gesamten Abschnitt ebd., S. 5–10.
33 *Walter L. Bühl,* Sozialer Wandel im Ungleichgewicht. Zyklen, Fluktuationen, Katastrophen, Stuttgart 1990, S. 156.
34 Ebd., S. 158.
35 *Francisco Varela,* Autonomie und Autopoiese, a.a.O., S. 121.

tun. Wenn die gleichzeitige operationale Geschlossenheit und Offenheit gegenüber der Umwelt ein Prinzip der Selbstorganisation ist,[36] dann trifft dies auch für autonome Systeme zu. Autonome Systeme besitzen aber nicht nur Offenheit, sondern auch Interaktionsfähigkeit gegenüber der Umwelt.

Aus der Chaostheorie lassen sich drei grundlegende Prinzipien ableiten, die für die Sozialwissenschaften heuristischen Wert haben: erstens die Relativierung des Kausalitätsprinzips. Da auf A nicht immer B folgt, ist bei der Problemdiagnose als einer möglichen Ursache für die Folgen politischen und richterlichen Handelns wie bei der Evaluation auf Kontingentes zu achten. Unerwartete Ereignisse und Umstände können eine Rolle spielen, und geringfügige Veränderungen und Schwankungen, »schwache Signale«, können weitreichende Folgen erklären helfen. Die Abhängigkeit der Folgen von Anfangs- und Verlaufsbedingungen, von der Geschichte eines Problems oder eines Systems ist ein Indiz für Gesetzmäßigkeiten im Prozeß der Folgen politischen Handelns. In die Erklärung für das Folgengeschehen müssen also Gesetzmäßiges und Kontingentes gleichermaßen eingehen.[37] Zweitens ist die Komplexität der Interaktionen innerhalb eines Systems - Prigogine spricht von der »innerlichen Komplexität«[38] - und zwischen System und Umwelt sehr hoch. Soziale Systeme in modernen, funktional differenzierten Gesellschaften sind durch komplexe Interaktionen und Interdependenzen und eine mehr oder weniger enge Kopplung von Prozessen charakterisiert. Entscheidend wird die mehrdimensionale Vernetzung von Variablen, die sich nicht mehr mit statistischen Methoden der Durchschnitte und Häufigkeitsverteilungen analysieren läßt, weil dabei gerade erklärungsrelevante Struktur- und Interaktionsmuster übergangen werden.[39] Drittens kann Stabilität durch Chaos entstehen. Nicht Ordnung und Gleichgewicht prägen die neu entdeckten Strukturen in Physik und Chemie, sondern Unregelmäßigkeiten und Schwankungen in der Nähe von Verzweigungen. Gleichgewicht und Ungleichgewicht, Linearität und Nichtlinearität sind auf vielfältige Weise miteinander verknüpft.[40] Es entsteht »Ordnung durch Schwankungen«[41], und umgekehrt geraten stabile Strukturen in Turbulenz und Chaos.

Die neuen Sichtweisen von Kausalität, Komplexität und Stabilität versprechen einen Erkenntniszuwachs für die Sozialwissenschaften vor allem in Bereichen, in denen die Folgen politischen oder richterlichen Handelns auch mit naturwissen-

36 *Renate Mayntz,* The Influence of Natural Science Theories on Contemporary Social Science, a.a.O., S. 49.

37 *Erhard Scheibe,* Gibt es eine Annäherung der Naturwissenschaften an die Geisteswissenschaften?, a.a.O., S. 79.

38 *Ilya Prigonine, Isabelle Stengers,* Dialog mit der Natur, a.a.O., S. 298.

39 *Walter L. Bühl,* Sozialer Wandel im Ungleichgewicht, a.a.O., S. 2.

40 *Carl Böhret,* Folgen, a.a.O., S. 166.

41 *Ilya Prigogine,* Vom Sein zum Werden. Zeit und Komplexität in den Naturwissenschaften, München 5. Aufl. 1988, S. 146. Der Umwandlungsprozeß von Unordnung und Chaos in Ordnung kann sich unter gleichgewichtsfernen Bedingungen vollziehen.

schaftlichen Faktoren zusammenhängen. »Chaosangst« ist in der Tat nicht zeitgemäß. Politiker, Richter wie Wissenschaftler müssen die Möglichkeit eines »Dialoges mit der Natur« ernstnehmen und die Prinzipien der Chaostheorie zur Formulierung neuer Fragen nutzen. Der Dialog über die Fächergrenzen hinweg oder, wie es Wolf Lepenies nennt, die »Mischung der Genres«, trägt zu einem Perspektivenwandel in den Sozialwissenschaften bei. Dieser Wandel »verändert weniger unsere Vorstellung davon, was Wissen ist, als daß er uns darüber nachzudenken zwingt, was wir eigentlich wissen wollen.«[42]

Wer wäre offener für einen Dialog über die Grenzen des eigenen Faches hinweg als Ernst Gottfried Mahrenholz? Führt man diesen Dialog für den Bereich der Chaostheorie, dann ergibt sich der überraschende Befund, daß die Entdeckungen der Naturwissenschaften aus den 80er Jahren schon von dem Surrealisten Max Ernst vorweggenommen wurden.

Max Ernst hat in seinen Bildern, Zeichnungen und Collagen nicht nur einige, sondern alle zentralen Elemente der Chaostheorie zum Ausdruck gebracht. Insbesondere die Collagen, so der Kunsthistoriker Werner Spies, sind »Widerstände gegen den Glauben an Erklärbarkeit und an intellektuelle Arrangements, die Leben und Welt nur im kausalen Ablauf akzeptieren wollen.«[43] Auch die humorvolle Allegorisierung des griechischen Mathematikers Euklid in dem Bild »Junger Mann, beunruhigt durch den Flug einer nichteuklidischen Fliege« relativiert das Kausalitätsprinzip. Die Relativierung der Kausalität und die Betonung der inhaltlichen Komplexität[44] aller Systeme und Objekte wird im Kölner Lehrmittelkatalog deutlich. Dieser Katalog faßte die Angebote verschiedener Firmen für den Schulbedarf zusammen: Schulbänke, Wandtafeln und Bilderwerke mit Pflanzen und Tieren für den Biologieunterricht. Alles war fein säuberlich aufgereiht und katalogisiert. Dieses enzyklopädische Inventar der Welt hat Max Ernst durch Übermalen, Hinzufügen anderer Elemente und neuartige Zusammensetzungen der Details auf eine Weise aus dem gewohnten Gleichgewicht gebracht, daß mögliche andere Welten entstanden.[45] In diesen Welten hat Max Ernst gewohnte Sichtweisen in Frage gestellt und mit einer neuen Interpretation von Kausalität, Komplexität und Stabilität konfrontiert. Die katalogisierten Pflanzen beispielsweise beginnen bei Max Ernst zu tanzen und werden zu einem »Mobilen Herbarium«. Schüler, die unter Aufsicht eines Lehrers Rechenübungen an die Wandtafel schreiben, stehen plötzlich nicht mehr vor der Tafel. Max Ernst übermalt die Tafel und nun blicken die Schüler auf einen Sommerhimmel mit Ballon und Kölner Dom.[46] Und wie in der

42 *Wolf Lepenies,* Aufstieg und Fall der Intellektuellen in Europa. Frankfurt, New York 1992, S. 75.
43 *Werner Spies,* Einführung zum Katalog *»Max Ernst.* Retrospektive zum 100. Geburtstag«, München 1991, S. 30.
44 Ebd., S. 14.
45 Ebd., S. 51.
46 Dirk Teuber, Bibliotheka Paedagogica – eine Neuerwerbung im Kunstmuseum Bonn. In: Max Ernst, Illustrierte Bücher und druckgraphische Werke, Kunstmuseum Bonn 1989, S. 35–49.

Chaostheorie eine Struktur nicht in der Summe der Einzelteile aufgeht, so ist es ein charakteristisches Merkmal der Kunst Max Ernsts, daß »Elemente, die im Detail verständlich sind, auf der Ebene der Komposition und Kommunikation ambivalent werden.«[47]

Max Ernst hat sich auf dem Ölgemälde »Das Rendezvous der Freunde« aus dem Jahr 1922 auf dem Schoß Dostojewskis sitzend dargestellt. Er deutete damit die Parallelen seines Werkes mit den erkenntnistheoretischen Reflexionen Dostojewskis an. Denn Dostojewski hatte schon im Jahrhundert der Wissenschaftsgläubigkeit das szientistische Weltbild und seine Gesetzmäßigkeiten in Frage gestellt. In der Erzählung »Aufzeichnungen aus dem Untergrund« schreibt er: »Versteht sich, ich werde eine Mauer nicht mit dem Kopf einrennen, wenn ich tatsächlich nicht die Kraft dazu habe, aber ich werde mich mit ihr doch nicht aussöhnen, bloß weil es eine Mauer ist. ... Ich gebe ja widerspruchslos zu, daß dieses zwei-mal-zwei-ist-vier eine ganz vortreffliche Sache ist; aber wenn man schon einmal alles loben soll, dann ist zwei-mal-zwei-ist-fünf mitunter ein allerliebstes Sächelchen.«[48]

Dieser Skeptizismus hat durch die Erkenntnisse der Chaostheorie ein wissenschaftliches Fundament bekommen.[49] Mut zum Chaos bedeutet also mehr als die Bereitschaft, abweichendes Verhalten zu verstehen und das Durcheinander nicht zu fürchten. Mit Mut zum Chaos ist der Anspruch verbunden, bei einer Entscheidung eine möglichst große Vielfalt an Aspekten zu berücksichtigen, Gegenargumente und Gegenentwürfe ernstzunehmen sowie unwahrscheinliche Folgen einer Entscheidung mit einzukalkulieren. Diesen Anspruch hat Ernst Gottfried Mahrenholz mit seiner Arbeit als Verfassungsrichter eingelöst.

47 Werner Spies, Einführung zum Katalog »Max Ernst, Retrospektive zum 100. Geburtstag«, a.a.O., S. 21.

48 *Fjodor Dostojewski,* Aufzeichnungen aus dem Untergrund. In: Der Spieler. Späte Romane und Novellen, München 1980, S. 443 und S. 467.

49 Vgl. *Ulrich Beck,* Die Erfindung des Politischen. Theorie reflexiver Modernisierung, Frankfurt 1993, S. 261, der den Skeptizismus als das politische Programm der Moderne interpretiert.

Marginalien zur »Öffentlichkeit«

Alfred Bartsch

Mein Beitrag für Ernst Gottfried Mahrenholz ist der sehr persönliche Bericht eines ämter-, pflichten- und verantwortungsfreien Mitbürgers über Gespräche und Korrespondenz zu Problemen der Offenen Gesellschaft mit einem Richter, der die drei genannten Lasten beträchtlich zu tragen hatte (und hat).

Lange Zeit ungeregelt, je nach Gefallen griffen wir das eine oder andere Thema aus aktuellen Anlässen auf, bis mein Partner schließlich Neigung für einen besonderen Stoff zeigte. Er schlug vor, über »Öffentlichkeit« zu diskutieren. Warum nicht diesen schönen, ernsten Begriff aus der Geburtsstunde der Aufklärung besprechen? Arglos und neugierig auf Unbekanntes stimmte ich zu - und war nicht wenig erstaunt, als ich zum Auftakt unverhofft profunde Schriften meines Kontrahenten empfing, frühzeitig schon den so sorgfältigen, tief inspirierten Beitrag Mahrenholz' zur Festschrift für Helmut Simon: »Die Kritik ist der Tod des Königs - Bemerkungen zur Öffentlichkeit«. Dem Wettlauf des Hasen mit dem Igel gleich, erwartete mich Atemlosen das Expertenwissen meines Briefpartners.

Wenn dem Hasen etwas zu dämmern beginnt, droht er zu erlahmen. Um dem entgegenzuwirken, erweist sich eine bestimmte, durchaus beliebte Fiktion als vitalisierend: man muß der Debatte einen vorgeblich tieferen Zwiespalt unterfüttern - etwa die Parole hie konservativ, hie progressiv: und schon ist eine hinreichend lebendige Debatte in ihrer ganzen undefinierbaren, vom Sprachgebrauch wie eine Fußspur im trockenen Sand verwehten Qualität gesichert.

Kaum haben wir unser Thema aufgegriffen, werden wir durch ein äußeres Ereignis aus der Bahn gelenkt: Im Juli 1989 jährt sich die Französische Revolution zum hundertsten Mal. Die breite, kontroverse Diskussion des Gedenktags in den Medien verführt uns nach altem Brauch abzuschweifen, zumal das Augenmerk der Presse vor allem den Menschen- und Bürgerrechten gilt, die die Revolution in Bewegung gesetzt hat.

Wir bemühen uns, einen für unser Hauptthema tauglichen Konsens über unsere durchaus divergierenden Auffassungen zu finden, was von Revolutionen zu halten ist. Wie keine andere hat die von 1789 »Öffentlichkeit« aus der geistigen Auseinandersetzung in die Praxis des politischen Lebens gesetzt. Sie hat sie zur Grundkategorie bürgerlich-liberalen Selbstverständnisses gemacht.

Allein, bedarf es solcher dramatischen Umstürze, um zu Öffentlichkeit zu kommen?

Revolutionen gehören nicht zu den Schätzen, vor denen sich die Augen des Traditionalisten weiten. Sind Revolutionen notwendig? Verhindern sie nicht Evolutionen, Reformen? Treiben sie den Teufel übler Verhältnisse nicht mit Beelzebub aus?

Und ein Hüter der Verfassung gerät in ihren magischen Kreis, so daß ihm Sätze von hohem Wert davonfliegen, zuletzt, im Schwung des Disputs, »ich finde biblisch gesprochen, daß von dieser Revolution Segen ausgegangen ist.«
Hier galt es, sich ins Zeug zu legen.
Robespierre bekennt in seiner Rede 1792: »Die Regierung der Revolution ist der Despotismus der Freiheit gegen die Tyrannei«, und »Terror ist nichts anderes als Gerechtigkeit, prompt, sicher und unbeugsam«. Wenig später sagt Marat: »Mitbürger, ihr schlachtet eure Feinde, ihr tut nur eure Pflicht.«
Hilfe suche ich mit verschiedenen Anleihen bei Edmud Burke und Karl Popper. Fraglos, die Französische Revolution hat dem einzelnen die Freiheit, der Staatsverfassung die Liberalität eingetragen, indessen auch weniger attraktive Schätze gesammelt: Sie hat die allgemeine Wehrpflicht eingeführt, den Zentralismus mit seiner Bürokratie, sie hat Strukturen der Gemeinschaft unterbunden: Vereine, Versammlungen, eine Verfassungsgerichtsbarkeit. Sie hat überhaupt eine unabhängige Gerichtsbarkeit abgelehnt, auch alle Formen vertikaler Gewaltenteilung (Gemeindefreiheit), Gruppenautonomien (Streikfreiheit) beseitigt. Sie hat die Zünfte zerstört, den Kollektivismus und die Anbetung des Staats gefördert. Es hätte 1789 nicht so bleiben können wie vorher, es hätte nicht so kommen dürfen. »Das sind die Folgen der Revolution und ihrer fatalen Doktrine, an allem ist schuld Rousseau und die Guillotine«, sagt Heinrich Heine.
Doch mit allen meinen streitbaren Einwänden stolpere ich bei meinem Richter durch eine offene Tür. Er erwartet mich mit dem Satz, bei so hochkomplexen Gebilden wie Revolutionen habe man den geschichtlichen vom moralischen Aspekt zu unterscheiden. Mit allen Zeichen des Abscheus wendet er sich gegen die Mordlust der Jakobiner, gegen die Schlächterei in den Provinzen, vor allem in der Vendée. Eine Gesellschaft indessen, sagt er, detoniere revolutionär, wenn niemand zur rechten Zeit eine Kursänderung vornehme, wenn der Gemeinschaft und dem einzelnen ein Gegenüber abhanden gekommen sei. Selbst unter einem absolutistischen Regime lasse sich leben, solange Herkommen, Erziehung, Sitte, Konventionen, Bindungen und Glauben als Gegenüber intakt bleiben. Gerade weil und solange der Mensch aus eigener Erkenntnis nicht entscheiden könne, was Wahrheit ist, halte er sich an die, die ihm in die Wiege gelegt werden. Eine legitime Ordnung sei aber eine Herkömmlichkeit und nichts sonst – bis die kritische Vernunft ihr Recht geltend mache.
Solche Argumente sind nicht beiseite zu schieben. Ich nehme Deckung, vergewissere mich umfangreich in der Literatur, überlasse die Runde schließlich klaglos meinem Gegner, bekehrt von folgendem:
Bereits John Selden und John Milton haben die Revolution als unveräußerliches Recht des Volkes, als historisches Gesetz bezeichnet, das den Herrschaftswechsel vorschreibe. Und so verehrungswürdige Gestalten wie David Hume haben sich zur Englischen Revolution von 1688 anders geäußert, als ich erwarten durfte: »Diese berühmte Revolution, die so glücklichen Einfluß auf unsere Verfassung hatte . . .

beweise, daß es rechtmäßig sei, die Waffen gegen überwältigende Macht zu erheben, . . . falls enorme Tyrannei und Unterdrückung herrsche.« (»Traktat über die menschliche Natur«). Erst gar die oberste Instanz, Kant, zeigt noch 1798 im »Streit der Fakultäten« die breite »Teilnehmung dem Wunsche nach, die nahe an Enthusiasm, grenzt«, worin er einen Beweis für die »moralische Anlage im Menschengeschlecht« erblickt. Für ihn kehrt sich die Bewertung von Reform und Revolution um; Revolution ist kein beliebiger Gewaltakt mehr, sie kann den Rechtszustand unumkehrbar verändern und sie kann moralisch, als »Revolution in der Gesinnung im Menschen« zur »Gründung eines Charakters« ebenso notwendig sein, wie politisch für den »Republikanism« als der »einzigen vollkommen rechtlichen Verfassung«, ohne deshalb gewaltsame Handlungen zu rechtfertigen. (»Religion innerhalb der Grenzen der bloßen Vernunft«).

Meine letzten Barrieren legt Mahrenholz um:

Nicht im fortschrittlichen England, nicht im schlafmützig-rückständigen Deutschland, sondern im modern-absolutistischen und zentralistischen Frankreich gab es die Revolution; und es gab sie nur und ausschließlich deshalb, weil die herrschende Klasse schmählich versagte. Das Maß in den Dingen war abhanden gekommen. Ganz philosophisch gesprochen: Der Mensch kann ohne Gegenüber weder leben noch regieren. Im Absolutismus gab es viele Varianten: Nicht jeder Fürst verlor das Maß. In England öffneten sich Ventile in den Zeitungen wie im Unterhaus. In Deutschland, vor allem in Preußen, war die Verderbnis der Sitten durch Verschwendung nicht soweit fortgeschritten. So war die Revolution in Frankreich wohl unvermeidlich, obschon eine britische Entwicklung auf dem Kontinent das viel Bessere gewesen wäre. Die Revolution war es, die Öffentlichkeit hervorgebracht hat. Und Öffentlichkeit verhindert Revolutionen, weil Erfahrung und Diskurs die Dinge im Lot halten.

Hier schien mir ein geordneter Rückzug empfehlenswert, kleidsam, zum Thema Revolution fürderhin zu schweigen und das der Öffentlichkeit aufzunehmen.

Mahrenholz versteht unter Öffentlichkeit »den der Allgemeinheit zugänglichen Bereich individueller Information und Meinungsbildung«. »Je einfacher der Zugang zur Öffentlichkeit ist, desto höher kann das Ausmaß an politischer Freiheit in einem Gemeinwesen veranschlagt werden; desto höher ist auch die Chance lebendiger geistiger Auseinandersetzung.«

Das scheint mir ganz der frische, von zweihundertjähriger harter Kritik ungekränkte Begriff der Öffentlichkeit zu sein, wie ihn Kant (auf ihn beruft Mahrenholz sich herzlich zugeneigt) 1784 in seiner Schrift »Beantwortung der Frage: Was ist Aufklärung?« als eine Aufgabe definiert hat, die jedem einzelnen gesetzt ist: »Sapere aude! Habe Mut, dich deines eigenen Verstandes zu bedienen«, einer Aufklärung, »zu der nichts erfordert als Freiheit; und zwar die unschädlichste unter allem, was nur Freiheit heißen mag, nämlich die: von seiner Vernunft in allen Stükken öffentlichen Gebrauch zu machen.«

Da haben wir sie, die unabsehbaren, jeden Horizont übersteigenden Begriffe

»Freiheit« und »Vernunft«, seit den Vorsokratikern im schwankenden Diskurs, bejubelt, gescholten, verachtet, verspottet, Gegenstand aller Exaltationen von der Hymne bis zur Ironie.
Ohne nachhaltigen Widerspruch verabschiede ich mich nicht von dem schier unfaßlichen Enthusiasmus der frühen Aufklärung für »Freiheit« und »Vernunft«.
Zunächst eine kleine, zugegeben spitzfindige Anmerkung gegen Kant: Der ehrwürdige Mann aus Königsberg hat neun Zeilen hinter seinem göttlichen Aufruf, von der Vernunft in allen Stücken öffentlichen Gebrauch zu machen, spürbar irdisch und mit scheuem Blick nach Berlin erläutert, welchen Privatgebrauch er vorerst meint. Der nämlich ». . . darf öfters sehr enge eingeschränkt sein, ohne doch darum den Fortschritt der Aufklärung sonderlich zu hindern. Ich verstehe aber unter dem öffentlichen Gebrauche seiner eigenen Vernunft denjenigen, den jemand als Gelehrter von ihr vor dem ganzen Publikum der Leserwelt macht. Den Privatgebrauch nenne ich denjenigen, den er in einem gewissen, ihm anvertrauten bürgerlichen Posten, oder Amte, von seiner Vernunft machen darf.«
Flammender Protest! Die zierliche Gelehrtenklausel klingt, mag man sie drehen und wenden wie immer, als durchsichtige Parteilichkeit, zum Beispiel für Richter in hohen Ämtern gegen den öffentlichkeitsbegierigen Privatmann.
Sehen wir von solcher sophistischen Miniatur ab, so bleibt doch ein tiefes, grundsätzliches Bedenken:
Im Frühlicht der Aufklärung, ja bis ins 19. Jahrhundert galt das Grundanliegen, den Menschen mit Hilfe der Vernunft aus irrationalen Denkweisen zu erretten. Geboren sei der Mensch moralisch und geistig integer, ein gutes, unbeflecktes Geschöpf; nur die Entfernung von der Natur verderbe ihn. Aus solchen Zwängen befreie ihn der autonome Vernunftgebrauch. Der Mensch kehre zu seiner Natur zurück und vervollkommene damit sein freiheitliches, menschenwürdiges, glückliches Dasein in einer neuen Gesellschaft.
Gegen diesen überbordenden Fortschrittsoptimismus wenden sich von Beginn an Stimmen der Skeptiker (Voltaire, Montesquieu), um daran zu erinnern, daß das Licht der Vernunft das Wesen des Menschen nur unvollkommen erhellen könne. Unübertrefflich formuliert wiederum Kant das tragende Argument gegen die so extatisch gedachte Omnipotenz der Vernunft. In der Vorrede zur »Kritik der reinen Vernunft« (A VII) schreibt er: »Die menschliche Vernunft hat das besondere Schicksal in einer Gattung ihrer Erkenntnisse: daß sie durch Fragen belästigt wird, die sie nicht abweisen kann; denn sie sind ihr durch die Natur der Vernunft selbst aufgegeben, die sie aber auch nicht beantworten kann, denn sie übersteigen alles Vermögen der menschlichen Vernunft.«
Inzwischen hat sich – jede Begeisterung dämmend – die stille Einsicht ausgebreitet, daß unsere Erkenntniskraft versagen kann. Popper sagt dazu: »Es ist richtig, daß wir von der Vernunft nicht allzuviel erwarten können. Deswegen bewährt sie sich am besten im Erkennen ihrer Grenzen.«
Menschen sind Wesen, die sich letztlich nicht durchschauen. Von ihnen nur das

Vernünftige erwarten, heißt, sie überfordern. Leider ist der Kopf öfter der Feind humaner Existenz. Es erweist sich alltäglich: unabsehbar hoch ist öffentliche Bildung für den Fortschritt der Gesellschaften zu veranschlagen. Lesen und schreiben lernen, wählen lassen, Rechte wahrnehmen macht indessen einige Leute eher schlauer, egoistischer und gewissenloser, als klug, menschlich und friedfertig. Freiheit fördert ganz allgemein nicht nur die allgemeine Charakterfestigkeit, sie ist auch das Vermögen, sich gegen die eigene Vernunft und Moral Ziele zu setzen. Wir müssen verlangen und durchsetzen, daß jeder das Recht haben soll, sein eigenes Leben zu gestalten wie er will, solange er dadurch das Leben anderer nicht nachhaltig stört.

Das sind Erinnerungen an die kalte Realität des Alltags, sie stutzen wohltätig jedem Enthusiasmus die Flügel, sagen indessen nichts gegen Publizität, die die Ansprüche der Politik mit denen der Moral zu verbinden sucht, das Gemeinwesen aus Gewaltverhältnissen zur moralischen Anstalt weiterentwickelt, ja die Bedingung des Zusammenlebens freier Bürger sine qua non ist. Für eine Minderheit der Erdbewohner, die Westler, die das Wirtschaftssystem für den Globus bestimmen, ist Öffentlichkeit Gebot der allgemeinsten, jedermann verständlichen Liberalität. »Eine Gesellschaft, die Kultur und Humanität hochhält, kann nicht ohne Öffentlichkeit auskommen« (Mahrenholz).

Wie lebensvoll die innere Stabilität des großen Gedankens sich gerade in den letzten Jahrzehnten gefestigt hat, zeigt ein Vergleich mit früheren Auseinandersetzungen.

Carl Schmitt (»Geistesgeschichtliche Lage des heutigen Parlamentarismus«, 1923, S. 38 ff.) bezeichnet die dem Parlamentarismus zugrunde liegende Idee einer kritischen Öffentlichkeit als Illusion, da diese ihren liberalen Anspruch, Wahrheit und Gerechtigkeit als Ergebnis eines kollektiven Diskussionsprozesses in Erscheinung treten zu lassen, heute weniger denn je zu erfüllen vermöge.

Martin Heidegger erklärt (»Sein und Zeit«, S. 127), Öffentlichkeit »verdunkelt alles und gibt das so Verdeckte als das Bekannte und jedem Zugängliche aus«.

Um die Qualität solcher Meinungen abzuwägen, bedarf es keiner anderen Vorstellung als der, Öffentlichkeit aus dem Leben der westlichen Gemeinschaften wegzudenken. Es reicht dann, mit kalter Fassung zu konstatieren, daß die Prämissen der beiden Alten von den Bergen (Plettenberg und Todtnauberg) keine Diskussion mehr erfordern, weil sie vom Leben, von der Überzeugungskraft unserer Erfahrung überholt sind.

Wir leben in einer Offenen Gesellschaft und brauchen sie. Dabei wissen wir wohl: demokratische Entscheidungen kommen nichts stets - wie nach idealer Vorstellung - durch die Kraft der Argumente zustande, sondern auch durch eine Mischung von Überredung, Druck und Vergünstigungen, wobei der Handel um Interessen den weitaus größten Anteil hat, soweit, daß Gabe und Gegengabe oft einander aufheben und mit der Entscheidung letztlich wenig oder nichts gewonnen ist. Das ist beklagenswert, schwierig zu ändern und doch die Wirklichkeit, wie wir sie verdienen, damit wir umso nachhaltiger und ernster die Sphäre öffentlicher Kritik, Kontrolle und Entscheidungsfindung verteidigen.

Demokratie beruht auf der Erfahrung, daß Wahrheit im freien Dialog besser gefunden werden kann als auf jede andere Weise. Dieses System bringt zwar lange, mühselige und oft chaotische Debatten hervor. Es bedarf deshalb auch klarer Prozeduren zur rechtzeitigen Entscheidungsfindung. Aber solange diese Prozeduren funktionieren, dürfte das System auch an Effizienz den autoritären Systemen, die sich der Debatte nicht zu stellen haben, überlegen sein.

Wenn auch das Prinzip der Öffentlichkeit nicht mehr zur Debatte steht, dennoch sehr wohl und heiß ihr Gebrauch im politischen Alltag. Der Maßstab dafür - so Mahrenholz - ist: Werden die wichtigsten Themen in der Öffentlichkeit besprochen und geschieht das in unverdeckt kritischer Weise? Werden Mißstände schonungslos aufgedeckt, kann das ohne Sanktionen auch in scharfer, zugespitzter Weise geschehen? Ohne solche Bedingungen verdient »Öffentlichkeit« ihren Namen nicht. Wenn alle ihre Funktionen an der Struktur des politischen Daseins teilnehmen, muß die »Vernunft in allen Stücken öffentlichen Gebrauch« auch von der Kritik an ihr selbst machen, an ihrer Funktionalität - und zwar in der gleichen unverbogenen Form harter Redlichkeit, auf die sie aus ihrer Natur Anspruch hat.

Also ist es nicht ratsam, Öffentlichkeit den Angriffen von Gruppeninteressen schutzlos aussetzen zu lassen und mit mildem, müde gezügeltem Blick auf eine eher überirdische Problemlösung zu hoffen, die man »Selbstheilungskräfte« nennt. Nichts heilt sich von selbst, wenn man nicht tut, was der Einsicht entspricht und den Sachen gemäß ist, stets also das Nächstliegende, unverborgen Notwendige.

Die erste Frage ist, ob das Gleichgewicht zwischen öffentlichem Leben und Privatleben inzwischen gestört sei. Die Mitbürger aller sozialen Schichten und jeden Alters - wir eingeschlossen - schreiten darin fort, das öffentliche Leben als lästige Pflicht zu behandeln, als harte Bürde, die man tunlichst vermeiden sollte. Selbst der geringsten aller Schuldigkeiten, der in der Verfassungstheorie so hochrangigen Wahlpflicht, gehen die Bürger leichtherzig aus dem Weg und versammeln sich zum starken Block der Nichtwähler. Mit immer geringerer Leidenschaft tragen sie Sorge für die Allgemeinheit. Augenfällig ist die Intensität, mit der jeder den Staat als Gegenüber ansieht, der einmal eingegangene Verpflichtungen auf den Punkt genau und - bei Strafe eines kollektiven Aufschreis - ungekürzt zu erfüllen hat.

Das Augenmerk für das, was gerecht und billig ist, verschleiert sich. Eindrucksvoll sagt Leszek Kolakowski: »Wenn wir unsere Hoffnung auf eine gerechte Gesellschaft nur auf die Kraft der Gerechtigkeit stützen, hätten wir alle historische Erfahrung gegen uns.«

Die ungemein kluge Idee, die Herrschaft der Mehrheit anzuvertrauen, hat uns beschert, was wir an demokratischen und sozialen Qualitäten besitzen. Soziale Gerechtigkeit ist eine menschlich bewegende und gemeinschaftsstabilisierende Sache. Der Gedanke ist nicht abwegig, der Absolutismus sei am maßlosen Geiz und

der Begriffsstutzigkeit der Fürsten gescheitert, wenn ihnen schon die tiefe Armut der Völker nichts weiter als Hekuba war.
Das Volk als Souverän, sozial gesicherter Friede den Hütten - welch Wagestücke hohen Flugs und Werts!
Flug und Wert, sie haben ihre Grenzen. Benthams Formel: »das größtmögliche Glück für die größtmögliche Zahl« war kein Verkaufsschlager. (Kant in seiner ganzen Dürre: »Glückseligkeit findet sich nirgends in der Natur.«) Denn vom Teufel nachgeliefert wird das Unvermögen des Menschengeschlechts - seit Kain und Abel - das rechte Maß zu halten. Das simple, uralte und ganz frische Gespenst des Übermaßes erhebt sich, verblendet den allerweisesten Verstand und narrt den Satten, bis er seine Wahlstimme, in schwankender Treue, dem veräußert, der die Subventionen erhöht. »Es ist ein Maß in den Dingen, es gibt bestimmte Grenzen, jenseits und diesseits derer das Rechte nicht bestehen kann«, mahnt Horaz vor 2000 Jahren seine Mitbürger. Denn Freiheit geht verloren, wenn sich in den Köpfen als gutes Recht der Drang nach mehr Glückseligkeit festsetzt. Ein allzu gründlich gestilltes Verlangen ist der schlimmste alle Tyrannen.
Richtig ist: Die freie Gesellschaft ist diejenige, die Revolutionen ausschließt. Denn Erfahrung und öffentlicher Diskurs halten die Dinge im Lot, eben in dem Maße, das gerade ausreicht, Revolten zu verhüten - vorausgesetzt, daß Öffentlichkeit in ihrer Funktion im wesentlichen unversehrt bleibt. Sie ist eine Vision, ein stets gefährdetes Ideal, das der dauernden und gesammelten Aufmerksamkeit bedarf.
Längst gilt die allgemeine Sorge dem Wandel, den die Vision, wie jedermann seine Meinung geltend macht, in der modern organisierten Massendemokratie durchmacht. Nach dem ursprünglichen, ideal-typischen Verständnis steht es prinzipiell jedem Bürger zu, sich vernehmlich am gesellschaftlichen Leben mit Fragen allgemeinen Interesses zu beteiligen. Das konnte als glaubwürdig gelten, solange das Modell kleiner diskutierender Zirkel galt, in denen Menschen sich als Menschen begegnen und annehmen. In der Massengesellschaft ist das nicht mehr der Fall. Sie tendiert dazu, die Bevölkerung, die »zum Publikum versammelten Privatleute« (Habermas) auszuschalten. Parteien, Medien, Verbände besorgen die Meinungsbildung vorrangig. Schon einmal hat es in den späten sechziger Jahren dagegen eine Revolte gegeben. Denn es widerspricht dem Prinzip der Öffentlichkeit, wenn politische Prozesse nicht mehr aus öffentlichen Diskussionen erwachsen, sondern Entscheidungen fertig getroffen sind, um dann propagandistisch »unters Volk« gebracht zu werden. Wer wählt die Themen, wie gewinnt man Aufmerksamkeit, wie werden Entscheidungen vorbereitet, wer bestimmt das Meinungsklima? Das bleiben Fragen von ausschlaggebender Bedeutung.
Es ist stets zu beweisen, daß soziale Realität und Medienrealität übereinstimmen - und zwar gegen den Verdacht, daß die Bürger manipuliert werden, während man vorgibt, sie zu repräsentieren.
Ein anderes Problem, eine wichtige Frage des rechten Maßes, steht ständig vor

uns: Man meint, unter den demokratischen Parteien gäbe es nur einen Streitpunkt: Geht die persönliche Freiheit zu weit oder geht sie nicht weit genug? Jede der Brigaden untermauert ihre Doktrin mit ethischen und sozialwissenschaftlichen Objektivitäten von großer Geistesschärfe. Dabei wissen sie im Stillen, es gibt eine Regel, die keine Ausnahme hat. Wer sich auf Objektivität beruft, will uns seinen subjektiven Standpunkt aufhalsen. Wenn der Streit nun schon ins Metaphysische gerät (unter abschätzigem Hinweis auf die Wittgenstein-These, es gebe gar keine Metaphysik): darf dann jeder folgenlos für sich ermitteln, wie weit seine Freiheit geht? Wenn es etwa eine Grenze gibt, wo ist sie mit Zollschranken zu bewahren? Ist ein Scheitelpunkt denkbar, auf dem mehr Demokratie zu wagen, dazu herausfordert, ihr Rückgrat zu stärken? Indessen: nur keine Rufe in die Wüste ohne Widerhall: Gemeinwesen lernen nur durch Leiden.

Es gibt beklemmende Beispiele, über die es zu diskutieren lohnt:

Die Pressefreiheit gerät durch Ballungen in Gefahr. Die Beherrscher der Medien haben Machtblöcke gebildet. Zwischen ihnen ist die Polarität nicht annähernd so groß, wie es den Anschein hat. Im Wettbewerb um spezielle Märkte finden sie allemal Übereinkünfte, die nicht weiter zur öffentlichen Sprache kommen. Der Jammer darob ist groß, die Wirkung klein. Wohlmeinende Vorschläge und tiefgefühlte Warnungen bewirken das Übliche - eher weniger als nichts. Es stehen sich hochorganisierte, mit großer Finanzkraft ausgestattete »Meinungsproduzenten« gegenüber. Es wächst die Gefahr einer Entmündigung der Teilnehmer, erst recht einer Trivialisierung, des Bedeutungsschwunds der öffentlichen Meinung.

Das einleuchtendste aller Beispiele ist die Rechtsprechung des BVG zur Versammlungsfreiheit und ihrer Praxis. Versammlungsfreiheit ist »Ausdruck der Volkssouveränität« und gewürdigt »als demokratisches Bürgerrecht zur aktiven Teilnahme am politischen Prozeß« (Brokdorf-Entscheidung).

Mahrenholz setzt sich in seinem Festschriftbeitrag vehement für die empfindliche Balance ein, die Art. 8 GG für dieses Grundrecht herstellt: »friedlich und ohne Waffen«. Er zitiert die Grundregel der französischen Verfassung von 1791 in Abschnitt IV Art. 2: »Kein aktiver Bürger kann in die Versammlung kommen und seine Stimme erheben, wenn er bewaffnet ist« und fährt fort: »Die Konsequenzen daraus sind eindeutig: Die Öffentlichkeit kann sich in jeder ihrer Äußerungen nur als gewaltlose Macht erhalten. Öffentlichkeit ist als Raum des Arguments entstanden und kann diesen Raum auch nicht verlassen, ohne ihr Wissen und ihre Mächtigkeit zu verlieren.« »Gewalt bei Demonstrationen ist Selbstverstümmelung der Öffentlichkeit.«

Im politischen Alltag hingegen stehen die Wächter der Öffentlichkeit solcher Selbstverstümmelung einigermaßen hilflos gegenüber. Die Staatsgewalt präsentiert sich in eher gallertartigen Konsistenz, statt ihr Gewaltmonopol als Fundament der Versammlungsfreiheit nachhaltig zu verteidigen. Sie verhält sich wie ein schuldbeladener Vater gegenüber seinen aufbrausenden Kindern.

Vielleicht - nur vielleicht! - muß man kein Wesen daraus machen, wenn Autonome auf einen Schelm anderthalbe setzen, sich in Trutzburgen verschanzen, und von den Zinnen dem Bürgermeister zurufen, sie wollten den Schweinestaat flachlegen. Wenn schon nicht gegen Nadelstiche, so doch gegen Faustschläge großer Gruppen stellt sich die Frage: ist Öffentlichkeit zu schade für Selbstverstümmelungen oder nicht? Wenn ja, sollte es einen Weg geben, die große Göttin zu schützen. Und ein Weg entsteht dadurch, daß man ihn geht.

Lösen wir uns von den täglichen Querelen, die nicht unbehebbar sind. »Wir leiden alle an Schwächen und Irrtümern; verzeihen wir einander unsere Dummheiten, das ist das erste Naturgesetz«, sagt Voltaire. Über der so oft entnervenden Gemengelage des politischen Alltags steht das Gebot, Öffentlichkeit nicht aus den Augen zu verlieren. Sie verdient unseren täglichen Beistand gegen Herrschaftsallüren von so vielen Seiten, aber - um sie nicht im täglichen Hader versimpeln zu lassen - verdient sie vor allem unsere feste Zuneigung als seltenes Geschenk menschlicher Einsicht, um unser Empfinden für ihre humane Macht wachzuhalten.

Offen bleibt die Frage, wie weit das demokratische Öffentlichkeits-Prinzip uns in der Sorge um die Dritte Welt beisteht, vor allem vor den Gefahren bewahrt, die die Ausbeutung der Umwelt mit sich bringen.

Das System langer, mühseliger, oft chaotischer Debatten um Entscheidungen, die Kritik und Kontrolle öffentlicher Meinung sind ein unvermeidlicher und angemessener Preis, unsere Rechtsstaatlichkeit zu erhalten. Doch unser ganzes Augenmerk richtet sich dabei allein auf die Freiheit des einzelnen, die gute Gesellschaft, den rechten Staat. Vor uns steht indessen die globale Frage, ob der Druck der übermäßig zahlreichen Menschheit, ihre immense Erfindungsgabe uns nicht den Lebensraum unter den Füßen wegzieht. Es ist inzwischen allgemeine Gewißheit, daß wir nicht mehr vom regenerierbaren Einkommen, nicht von den Zinsen der Natur, sondern vom einmaligen Kapital der Umwelt zehren. Nach hundertjährigem Beutefest und Siegestaumel stehen wir vor einem neuen Zustand.

Darauf die Prozeduren anzuwenden, wie wir sie für unsere Alltagsprobleme kennen, den Straßenverkehr, die Asylantenfrage, die Wahl des Bundespräsidenten, verheißt nichts Gutes. Wenn uns die technischen und biologischen Erfolge über den Kopf wachsen, drängen alle Sorgen dazu, abgekürzte Prozeduren zu wünschen. Die Initiativen für Umweltschutz leben allein von dem Vertrauen, vor dem Forum der öffentlichen Meinung das Bewußtsein der Völker zu schärfen, Realitäten zu vermitteln und sich gegen Gleichgültigkeit und entgegenstehende Interessen durchzusetzen. Wie aber lassen sich diesseits und jenseits des Ozeans mehrheitsfähige Entscheidungen finden, um eine Bilanz des Planeten mit Vorschlägen zu einer ausgeglichenen Rechnung zwischen Mensch und Natur aufzustellen?

Das kann, wenn es gelingen soll, nicht um den Preis der Freiheit und Rechtsstaatlichkeit geschehen, aber niemand weiß einen sicheren Ausweg. Den Schimmer einer Chance bietet nur, daß wir den Abgrund zu sehen beginnen.

II. Kirche - Kultur - Medien - Meinungsfreiheit

Der Status der Kirchen aus verfassungspolitischer Sicht

Jürgen Schmude

I. Die Kirchen bleiben im Gerede

Bemißt man die politische Bedeutung der von Bundestag und Bundesrat eingesetzten Gemeinsamen Verfassungskommission nur nach den von ihr empfohlenen Änderungen des Grundgesetzes, ist die Enttäuschung vieler Betrachter verständlich. Die aufgrund des Einigungsvertrages zwischen der Bundesrepublik Deutschland und der DDR vom 31. August 1990 gebildete Kommission hat zwar ihren ausdrücklich genannten Aufgabenbereich nicht als abschließende Begrenzung ihrer Handlungsmöglichkeiten verstanden, sondern jedes in den Beratungen vorgetragene Anliegen behandelt und über seine Berücksichtigung durch entsprechende Änderung des Grundgesetzes entschieden. Aber sie ist, zu engherzig, wie viele meinen, bei der wiederholt von Beteiligten bekräftigten Linie geblieben, Grundgesetzänderungen auf ein für unerläßlich gehaltenes Mindestmaß zu beschränken. Getreu dieser Linie ist die überwiegende Mehrzahl der Anträge in der Kommission abgelehnt worden; die Vorschläge haben nicht die für eine Annahme erforderliche Zwei-Drittel-Mehrheit erhalten.
Einfache Mehrheiten gab es häufiger. Und gründliche Aussprachen fast immer. Diese Beratungsinhalte weisen über die Kommissionsbeschlüsse hinaus auf verfassungspolitische Diskussionsgegenstände, mit deren Mehrzahl auch in künftigen Diskussionen über Änderungen des Grundgesetzes zu rechnen ist. Die Themen und die ihnen zugrunde liegenden Probleme bleiben erhalten. Später, vielleicht erst nach einigen Jahrzehnten, können sie größere Aufgeschlossenheit beim Verfassungsgesetzgeber finden. Deshalb kann es zu kurz greifen, auf den Fortbestand grundgesetzlicher Regelungen zu verweisen und lediglich deren Tragweite zu beleuchten. Der aktuelle Diskussionsverlauf gibt in manchen Bereichen vielmehr Anlaß, die weitere verfassungspolitische Entwicklung im Blick zu behalten und die zu ihr jeweils möglichen Beiträge zu leisten.
Mit großer Mehrheit hat sich die Gemeinsame Verfassungskommission dafür entschieden, es unverändert bei dem die Rechte der Religionsgesellschaften regelnden Artikel 140 GG - und den dazugehörigen Artikeln 136 ff. der Weimarer Verfassung von 1919 - zu belassen. Ebenso wurden Vorschläge abgelehnt, die Bestimmung des Religionsunterrichts als ordentliches Lehrfach (Art. 7 Abs. 3 GG) und den Hinweis auf die »Verantwortung vor Gott« in der Präambel zu streichen. Das Abstimmungsverhalten der Kommissionsmitglieder ließ erkennen, daß die Streichungsvorschläge und die für sie vorgebrachten Argumente über den Kreis der Initiatoren (Bündnis 90/GRÜNE und PDS) hinaus Eindruck machten. Eine

sehr gründliche Debatte über verfassungspolitische Relevanz und Status der Kirchen kam dabei nicht zustande. Und das nicht nur aus Zeitmangel, sondern wohl auch deshalb, weil eine solche Auseinandersetzung von den meisten Beteiligten angesichts des von vornherein beabsichtigten Festhaltens an den die Kirchen betreffenden Verfassungsbestimmungen nicht für sinnvoll gehalten wurde.
Inhaltlich ist somit die Diskussion durch die Behandlung des Themas in der Verfassungskommission nicht einmal für die Gegenwart erledigt. Dagegen fehlt es nicht an besonderen Anlässen, sie zu führen. Die strikte äußere Trennung von Staat und Kirche in der DDR ist von vielen kirchlich gebundenen Menschen dort nicht nur in ihrer belastenden Wirkung, sondern auch als Chance für Unabhängigkeit und Freiheit von unerwünschten Rücksichtsnahmen und Einflüssen erlebt worden. Daß diese Distanz der Kirche gutgetan habe, wird aus dem evangelischen Bereich nicht nur vereinzelt vertreten. Diese Auffassung wirkte über Politiker aus dem Osten Deutschlands auch in die Gemeinsame Verfassungskommission hinein.
Dieser Anstoß zum Überdenken des kirchlichen Rechtsstatus mag schwächer werden, wenn im Lauf der Zeit die Vor- und Nachteile der beiden Systeme sorgfältiger abgewogen werden und das Maß kirchlicher Unabhängigkeit in der Bundesrepublik Deutschland realistischer gesehen wird. Aber bei der seit langem mit unterschiedlicher Intensität geführten Diskussion über die Berechtigung staatlich eingezogener Kirchensteuern und über sogenannte Kirchen-Privilegien wird es bleiben. Ihre Fortsetzung bedarf keiner zusätzlichen Anregungen aus der ehemaligen DDR, sondern findet ausreichenden Anlaß in den immer wieder öffentlich mit großer Aufmerksamkeit registrierten Austritten aus den Kirchen. Diese führen zu Fragen nicht nur nach dem Gewicht der geistlichen Substanz kirchlichen Wirkens, sondern auch nach der Angemessenheit rechtlicher Formen und Verfahren. Absehbar werden solche Fragen bei erwarteten weiteren Kirchenaustritten nachdrücklicher und schärfer erhoben werden.
Somit ist ganz klar, daß es sich bei den in der Gemeinsamen Verfassungskommission unternommenen Versuchen, das bisherige Staatskirchenrecht in Frage zu stellen, nicht um einen isolierten und nun erst mal abgeschlossenen Vorgang gehandelt hat. Sie waren vielmehr Ausdruck und Bestandteil einer langfristigen, manchmal lebhaften, manchmal nur verhaltenen Auseinandersetzung, deren Ende nicht absehbar ist. Immer weniger genügt es, in dieser Aussprache auf geltendes Verfassungsrecht in Bund und Ländern zu verweisen. Dessen innere Berechtigung wird ja gerade in Frage gestellt, seine tatsächlichen Voraussetzungen werden bestritten. Weil das so ist, verlieren zugleich die Appelle an Gewicht, man möge es im Verhältnis zu den Kirchen beim Bewährten belassen und die kirchlich gebundenen Mitbürger nicht durch radikale Einschnitte in Bedrängnis bringen. Diese Argumentation meint es gut mit den Kirchen, kann aber diejenigen wenig beeindrucken, denen die Kirchen wenig bedeuten oder für die sie bedeutungslos gewor-

den sind. Bei ihnen verfängt es nicht, Belange und Interessen der Kirchen und ihrer Mitglieder geltend zu machen.

Auf Dauer wäre es nicht nur für Kirchenkritiker eine fragwürdige Grundlage, wenn den Kirchen vor allem oder nur um ihrer selbst willen staatliche Förderung und Rechte gewährt und belassen würden. Deshalb wird und sollte in der künftigen Diskussion verstärkt die Erwägung eine Rolle spielen, ob nicht ganz unabhängig von den Wünschen der Kirchen der demokratische Staat ein eigenes Interesse daran hat, mit den Kirchen in einem rechtlich gesicherten Rahmen umzugehen und ihnen besondere Rechtspositionen zuzubilligen. Kann es den Trägern politischer Verantwortung in der Demokratie, ganz unabhängig von ihrer persönlichen Orientierung, wirklich gleichgültig sein, ob es weiterhin Kirchen gibt und in welchem Zustand diese sich befinden? Die Frage sollte nicht deshalb beiseitegeschoben werden, weil aus den Antworten - so oder so - unliebsame Folgerungen befürchtet werden. Denn die Folgerungen bedürfen gesonderter Betrachtung; auch das stärkste Interesse des Staates an Bestand und Lebensfähigkeit einer Kirche dürfte z.B. nie dazu führen, sie sich kurzerhand einzuverleiben oder sonst in staatlichen Dienst zu stellen.

II. Trennung und Partnerschaft

Zur engen Verbindung von »Thron und Altar« will niemand zurück, die Kirchen am wenigsten. Scheinbare äußere Stabilität wurde für die Kirchen in dieser Verbindung erkauft mit Einbußen an geistlicher Substanz. Mochten auch viele evangelische Christen in der Weimarer Republik noch jahrelang den Zeiten des Monarchen und gleichzeitigen geistlichen Oberhaupts nachtrauern, so ist es inzwischen einhellige Meinung, daß jene alten Zustände der Kirche geschadet und dem Staat allenfalls fragwürdige Vorteile gebracht haben.

»Es besteht keine Staatskirche«, stellte die Weimarer Verfassung vom 11. August 1919 in Artikel 137 Abs. 1 fest. Weitere Vorschriften in den sogen. Kirchenartikeln regelten die Trennung zwischen Staat und Kirche in allen Bereichen, vor allem im Hinblick auf persönliche Rechte und Chancen der Bürger. Die frühere Festlegung auf eine christliche Haltung des Staates war damit aufgegeben[1].

Das für beide Seiten neue Nebeneinander von Staat und Kirche ließ sich in den Jahren der Weimarer Republik nur mühsam und zögerlich in Richtung auf ein geregeltes Miteinander entwickeln. Erhebliche Restbestände kirchlicher Präsenz im Bereich staatlicher Aufgaben, z.B. im Schulwesen, wurden allmählich reduziert und in neue Formen überführt. Vor allem die evangelische Kirche tat sich schwer damit, politische und gesellschaftliche Verantwortung zu akzeptieren und wahrzu-

1 *Scheuner,* Kirchen im demokratischen Staat, Luth. Monatshefte 1973, 76, 77.

nehmen. Daß sich Christen aus der Politik herauszuhalten und daß Kirchen der politischen Führung nicht ins Handwerk zu reden haben, war vorherrschende und weithin praktizierte Haltung. Im Rückblick ist unbestritten, daß diese Art »Trennung« der Demokratie geschadet, demokratiefeindlichen Kräften bis hin zur nationalsozialistischen Diktatur aber genutzt hat.

Die schlimmen Erfahrungen mit Unterdrückung und Entrechtung während des Dritten Reiches und erst recht mit dem Krieg und seinen mörderischen Verwüstungen waren es, die Christen nach ihrer Pflicht zum Widerspruch und Widerstand gegen die Politik des Staates fragen ließen. Nur wenige haben eine solche Pflicht konsequent akzeptiert und dafür schwer gebüßt. Viele andere Kirchenleute haben das Böse in der Politik und im staatlichen Handeln des Nationalsozialismus immerhin erkannt und sich bemüht, ihren kirchlichen Verantwortungsbereich solchen Einflüssen nach Möglichkeit zu entziehen, ohne dabei offenen Widerstand zu riskieren.

Beiden Gruppen ist es zu verdanken, daß trotz der auch in der Kirche häufigen Rechtsblindheit und Kollaboration während der NS-Zeit nach der Zerstörung des Dritten Reiches und seiner Institutionen die Kirche in der Nachkriegszeit Ansehen und Vertrauen genoß. Aus der zutreffenden Erkenntnis, daß die großen Kirchen von ihrem Auftrag und Selbstverständnis her Gegner des totalitären Staates waren, - dessen Vernichtungsschläge ihnen wahrscheinlich nur angesichts des Krieges erspart blieben -, erwuchs jedenfalls in den Westzonen, der späteren Bundesrepublik, auf beiden Seiten die Bereitschaft zum aktiven Zusammenwirken[2]. Die Einsicht bildete sich, daß für den Aufbau der Demokratie und zum Verhindern neuer totalitärer Gefahren mehr erforderlich war als beziehungsloses Nebeneinander und schlichte Neutralität des Staates. Der kirchliche Öffentlichkeitsauftrag, der über die bloße Wahrnehmung der Meinungsfreiheit erheblich hinausgeht[3], wurde staatlicherseits anerkannt, zum Teil ausdrücklich in Verträgen. Das war ein klarer Abschied vom Trennungsdenken alter Art[4].

Auf kirchlicher Seite wurde als Aufgabe der Kirche erkannt und praktiziert, dem verkündigten Angebot des Heils Anleitungen zum Handeln ihrer Glieder für das Wohl der Menschen, auch in Politik und Gesellschaft, hinzuzufügen[5]. Christen wirkten in großer Zahl und in fast allen Bereichen aktiv am Aufbau und an der Festigung des demokratischen Staates mit. Zwischen Staat und Kirchen entwickelten sich vielfältige Formen der Zusammenarbeit. Im Ergebnis ließ sich die Feststellung treffen, daß die Kirchen im politischen Establishment die erste

2 *Göbel*, Neue Bewegung im Staatskirchenrecht? ZRP 1990, 189, 191.

3 *Mahrenholz*, Staat und Kirche in Niedersachsen, in: Kulturpolitische Initiativen in Niedersachsen, Richard Voigt gewidmet, 1965, 113, 122.

4 *Mahrenholz*, Das Niedersächsische Konkordat und der Ergänzungsvertrag zum Loccumer Vertrag, Zeitschrift für evangelisches Kirchenrecht 1966/67, 217, 281.

5 *Heinemann*, Lernprozess Staat - Kirche - Gesellschaft, in: Frankfurter Hefte 1975, 15, 26.

Rangstelle einnahmen[6]. Kritik an der Dichte der Kooperation und am durch staatliches Handeln gefestigten Gewicht der Kirchen blieb da nicht aus. Es bestünden eigentlich zwei Staatskirchen in einem bikonfessionellen Staat, in dem unter diesen Umständen die freiheitliche Kultur nicht dauerhaft gewährleistet werden konnte, meinte Mahrenholz[7]. Dem Erstarken der kirchlichen Position im öffentlichen Leben galten von vornherein kritische Warnungen, auch aus den Kirchen selbst. So wurde bezweifelt, daß der kirchliche Einfluß im Hochschulbereich hinnehmbar war[8], und vor dem »Elend für die Kirche, das in ihrer Verkuppelung mit den politischen Machtverhältnissen liege«, wurde gewarnt[9].

III. Kirchenpolitisches Handlungsfeld der Demokratie

Frühere und heutige kirchenkritische Forderungen richten sich auf die Beschränkung oder Aufhebung einzelner Rechte der Kirchen ebenso wie auf grundlegende, weitreichende Rechtsänderungen. Ob und wieweit solchen Begehren gefolgt werden soll, ist nicht freien Entscheidungen nach politischer Zweckmäßigkeit überlassen. Ein demokratischer Rechtsstaat wird dabei stets auch auf diejenigen Grenzen seiner Handlungsmöglichkeiten zu achten haben, die er nicht ohne Verletzung tragender Verfassungsgrundsätze überschreiten könnte. Auch einmal eingegangene rechtliche Bindungen sind unter dem Gesichtspunkt etwa eingegangener dauerhafter Verpflichtungen zu bedenken.

Die Ablehnung des Staatskirchentums in den nach Art. 140 GG fortgeltenden Kirchenartikeln der Weimarer Verfassung verpflichtet den Staat, allen Religions- und Weltanschauungsgemeinschaften neutral und bereit zur partnerschaftlichen Zusammenarbeit zu begegnen[10]. Die Identifizierung des Staates mit einer bestimmten Weltanschauung oder Religion ist ebenso ausgeschlossen wie die Benachteiligung nichtkirchlich orientierter Menschen in ihren Rechten und Chancen[11].

Grundsatz der Nichtidentifikation und Benachteiligungsverbot sind zwingende Erfordernisse der Religionsfreiheit, die als Grundrecht und Menschenrecht auch bei Verfassungsänderungen niemals zur Disposition stehen dürfte. Allgemein akzeptiert ist, daß die Glaubens- und Religionsfreiheit über das Recht des Individuums auf Bekenntnis und Betätigung hinaus das Recht auf Zusammenschluß und

6 *Mahrenholz,* a.a.O. (Fn. 4), 273.
7 Kulturpolitik und konfessionelle Neutralität, in: Neue Sammlung 1964, 164, 173.
8 *Mahrenholz,* a.a.O. (Fn. 7), 165.
9 *Heinemann,* a.a.O. (Fn. 5), 22.
10 *Heinemann,* Vortrag vor der Görres-Gesellschaft, Bulletin der Bundesregierung 1973, 1259.
11 *Mahrenholz,* a.a.O. (Fn. 7), 172; *Simon,* Freie Kirche im demokratischen Gemeinwesen, in: Verfassungsrecht zwischen Wissenschaft und Richterkunst - K. Hesse zum 70. Geb., 1990, 87, 94.

gemeinsame religiöse Praxis in Gemeinschaften oder Kirchen einschließt[12]. Diese kooperative Wahrnehmung der Religionsfreiheit wird auch durch das Grundrecht der Vereinigungsfreiheit abgestützt, das ebenfalls in einem demokratischen Staat keiner wesentlichen Verkürzung zugänglich sein dürfte. Religionsfreiheit und Verbandsrecht sind die tragenden Grundlagen der heutigen Ordnung des Staatskirchenrechts[13], und sie dürften es im demokratischen Staat auch bei Bemühungen um Neugestaltung des Verhältnisses zwischen Staat und Kirche stets bleiben. Für den Verfassungsgesetzgeber folgt daraus ein beträchtlicher, aber nicht beliebiger oder unbegrenzter Gestaltungsspielraum.
Weiterhin praktizierte Staatsleistungen an die Kirchen und die Eröffnung der rechtlichen Möglichkeit zur Erhebung von Kirchensteuern haben ihre Grundlage in historischen staatlichen Pflichten aus der Übernahme kirchlichen Vermögens. Ob und wieweit solche Pflichten auch das künftige Handlungsfeld für den Verfassungsgesetzgeber einschränken, soll hier nur als Frage vermerkt, nicht vertiefend behandelt werden. Immerhin sieht Art. 138 Abs. 1 WRV in Verbindung mit Art. 140 GG vor, daß Staatsleistungen abgelöst werden sollen, also nicht einfach gestrichen werden dürfen. In welcher Form und mit welchem Wert das geschieht, wieweit die historischen Pflichten rechtliche Bindungs- und Beschränkungswirkung haben, das dürfte sich nicht unbeeinflußt vom Ablauf der Zeit und den Umständen der seitherigen Entwicklung beantworten lassen.

IV. Interesse des demokratischen Staates an Freiheit und Integration

1. Achtet und schützt der demokratische Rechtsstaat die Menschenwürde und die Entfaltungsfreiheit in ihren verschiedenen rechtlichen Ausprägungen, so ist damit die gesellschaftliche Kraft noch nicht gesichert, die die Demokratie für ihre Existenz braucht. Materielle, technische und rechtliche Sicherungen können die einzelnen Bürger schützen und ihnen Freiheitsbereiche eröffnen. Daß sich in diesen Bereichen gemeinschaftliches Leben entwickelt, ist damit nicht sichergestellt. Dazu bedarf es des zum aktiven Miteinander tendierenden Zusammengehörigkeitsgefühls, das ohne verbindende ideelle Grundlagen, vor allem ohne einen gewissen Mindestbestand von übereinstimmenden Wertentscheidungen, nicht auskommt.
Solche Einsichten sind es, die der Idee des Kulturstaats und dem damit verbundenen staatlichen Auftrag Eingang in die Verfassungsordnung der Bundesrepublik

12 *Scheuner,* a.a.O. (Fn. 1), 79; *Göbel,* a.a.O. (Fn. 2), 192.
13 *Mahrenholz,* Kirchen als Korporationen, Zeitschrift für evangelisches Kirchenrecht 1975, 41, 54; *Hesse,* Freie Kirche im demokratischen Gemeinwesen, Zeitschrift für evangelisches Kirchenrecht 1964/65, 337, 361.

Deutschland verschafft haben[14], auch wenn ein entsprechendes Staatsziel bisher nicht ausdrücklich normiert ist.
Gewiß sollen Kunst und Kultur zur Gewährleistung der Menschenwürde beitragen, die Freiheit stärken und die Entfaltung des Menschen fördern[15]. Aber sie stärken damit zugleich den Zusammenhang der Gesellschaft, die sich als solche verstehen und die gemeinsam handeln kann[16].

2. Das unbestritten gewichtige Interesse des Staates an der Pflege und Stärkung kultureller Substanz, die nicht nur dem Einzelnen erlaubt, seine Kreativität zu entfalten, sondern die auch die Bürgerinnen und Bürger in einer Gemeinschaft verbindet, ist unmittelbar angesprochen, wenn es um die Haltung des Staates zu den Kirchen geht[17]. Der Chef der Staatskanzlei des Landes Nordrhein-Westfalen, Minister Wolfgang Clement, hat das bei den 28. Essener Gesprächen der dortigen katholischen Akademie wie folgt beschrieben: »Der Staat hat am geistig kulturellen Engagement und Potential der Kirchen ein großes Interesse. Er fördert sie als wesentliche Kulturträger und Kulturvermittler, nicht zuerst um der Kirchen, sondern um der Bürgerinnen und Bürger willen.«[18]. Damit ist nichts darüber ausgesagt, ob etwa der Staat die Kirchen braucht, so daß er sie ins Leben rufen müßte oder dürfte, wenn es sie nicht gäbe. Daß er das überhaupt könnte, ist schwer vorstellbar. Darüber aber, daß er es nicht dürfte, ohne sich totalitäre Kompetenzen zuzulegen und den Boden der pluralistischen Demokratie zu verlassen, dürfte Einvernehmen bestehen. So aber stellen sich die Fragen in der Bundesrepublik Deutschland gegen Ende des 20. Jahrhunderts gar nicht. Denn der Staat trifft auf existente Kirchen und Religionsgemeinschaften, die geistige und geistliche Kraft haben und - jedenfalls in Gestalt der großen Kirchen - ganz erhebliche, historisch gewachsene kulturelle Substanz aufweisen. Mit ihr haben sie Kunst und Kultur in der ganzen Gesellschaft in der Vergangenheit geprägt und tun es noch heute.
Der freiheitliche demokratische Staat trifft im kirchlichen Wirkungsbereich auf Felder, die seiner Gestaltung entzogen sind, wenn er denn freiheitlich bleiben will. Die Kirchen haben diese Bereiche mit fortdauernder Wirkung gefüllt und geprägt und tun es weiterhin. Der Rückgang kirchlicher Wirksamkeit ist bei weitem nicht so weit fortgeschritten, daß man die prägende Kraft der Kirchen grundsätzlich in Zweifel ziehen könnte.

14 Antworten der Bundesregierung auf die beiden großen Anfragen zur Kulturpolitik 1983, Bundestags-Drucksachen 10/2236 und 10/2237, Antwort zu den Fragen 1.
15 A.a.O. (Fn. 14), Vorbemerkung.
16 *Häberle*, Das Kulturverfassungsrecht der Bundesrepublik Deutschland, in: Kunst und Macht, Trierer Beiträge, März 1991, 31, 35, 36, 37.
17 Diskussion bei den 28. Essener Gesprächen, berichtet von *Boventer*, Rheinischer Merkur vom 2.4.1993.
18 Berichtet bei *Boventer*, a.a.O. (Fn. 17).

Dem demokratischen Staat ist es nicht nur versagt, die Beziehungen der Menschen zum Transzendenten gestalten oder ausschließen zu wollen. Er muß auch ein Interesse daran haben, daß geistige Strömungen, die den Staat mit solcher Kompetenz ausstatten wollen, keine Durchsetzungschance bekommen. Wachsamkeit gegen die Gefahr totalitärer Vereinnahmung ist demokratische Bürgertugend. Die Annahme ist zumindest plausibel, aber wohl auch durch Erfahrungen, etwa im kommunistischen Machtbereich, belegbar, daß intaktes kirchliches Leben und die in ihm bestehenden religiösen Bindungen vor der Unterwerfung unter totalitäre Ansprüche des Staates bewahren helfen.
Längst ist daneben für die Kirchen und von den Kirchen in Deutschland akzeptiert, daß sie ihr Wirken nicht auf die Vermittlung des Jenseitsbezuges begrenzen, sondern - untrennbar damit verbunden - Wertvorstellungen vermitteln, ethische Maßstäbe formulieren und sittliche Orientierung geben. Sie bringen das alles als ihren Beitrag in den demokratischen Dialog der gesellschaftlichen Kräfte ein[19]. Und jedenfalls dem ersten Anschein nach besteht breites Einvernehmen darüber, daß diese Ausfüllung eines Bereichs verfassungsmäßig gewährleisteter Freiheit das Leben des demokratischen Gemeinwesens bereichert[20].
Wird das überwiegend so eingeschätzt, so kann es dem Staat grundsätzlich nicht im Hinblick auf die verfassungsrechtlich - und verfassungspolitisch - gebotene Trennung von der Kirche und auf die insoweit einzuhaltende Neutralität verwehrt werden, die von den Kirchen und Religionsgemeinschaften ausgehende Bereicherung als Angebot in Einrichtungen wirksam werden zu lassen, die er zur Ausbildung oder Betreuung von Menschen unterhält. So mag es vielleicht nicht zwingend sein, daß der Staat in den Schulen Glaubensüberzeugungen zur Geltung kommen läßt, die nachhaltige Orientierung für Wertvorstellungen und sittliche Maßstäbe enthalten. Aber es liegt nahe[21]. Dem Gebot der weltanschaulichen Neutralität und der staatlichen Zurückhaltung im Umgang mit religiösen Überzeugungen kann der Staat mit seiner Aufsicht über strikte Freiwilligkeit der Teilnahme am Religionsunterricht wahrscheinlich besser genügen als etwa durch die Eröffnung eines breiten Raums für konfessionelle Schulen und Hochschulen, wie er in den USA besteht.

3. Modernem Demokratieverständnis, aber auch der schlichten Bestandsaufnahme der Wirkungszusammenhänge im demokratischen Staat entspricht es nicht, lediglich Bürger und Bürgerinnen auf der einen und den Staat auf der anderen Seite als Gegenüber in Willensbildung und Handeln zu sehen. Untrennbar - und unverzichtbar - gehört in diese Beziehung die Gesellschaft hinein mit ihrem vielfältigen Geflecht von Gruppierungen, Vereinigungen, Parteien usw. In der po-

19 *Heinemann,* a.a.O. (Fn. 5), 25.
20 *Hesse,* a.a.O. (Fn. 13), 362.
21 *Scheuner,* a.a.O. (Fn. 1), 79.

litischen Wirklichkeit der Demokratie sind die Verbände tatsächlich Teil des Staatsaufbaus. Der Staat hat zwar darauf zu achten, daß sie, in der Vertretung von Teilinteressen mit unzureichender demokratischer Legitimation, nicht übermäßige Macht ausüben. Aber er ist zur Vorbereitung der demokratischen Willensbildung längst darauf angewiesen, mit den Verbänden zusammenzuarbeiten und ihre Vermittlerdienste zu nutzen. Ob man für dieses Zusammenspiel von quasi-hoheitlichen Funktionen der Verbände spricht[22] oder nicht, Verbände und Gruppen nehmen im öffentlichen Bereich eine gewichtige Stellung und hilfreiche Funktion wahr. Ihre Bedeutung ist bis in die jüngste Zeit hinein ständig gewachsen.
Ist das gewollte und akzeptierte Realität im demokratischen Staat, so ließe sich damit schwerlich eine staatliche Entscheidung vereinbaren, Gewicht und Wirkungsmöglichkeiten der Kirchen drastisch zu reduzieren[23]. In diesem Zusammenhang muß vielleicht nicht zwingend der Frage auf den Grund gegangen werden, ob die Kirchen verlangen können, nicht als Verbände unter anderen behandelt und betrachtet zu werden[24]. Der Blick auf die Vielfalt der »Anderen« zeigt in Aufbau, Funktion und Zielsetzung eine große Bandbreite der Verschiedenartigkeiten. Es würde entschieden zu kurz greifen, Verbände als Interessenvertretungen zu qualifizieren und ihnen die Kirchen als hehre Institutionen im Dienste höherer Belange, nicht aber schlichter menschlicher Interessen gegenüberzustellen. Kirchen und Verbände verfolgen mit ihrem öffentlichen Auftreten das Ziel, Menschen zu dienen. Sie tun es in unterschiedlicher Weise, in unterschiedlichen Bereichen und mit unterschiedlichen Ansprüchen. Gemeinsam ist ihnen in ihrem Verhältnis zum Staat die Vermittlerfunktion zwischen gesellschaftlichen Bedürfnissen und politischem System[25]. Es ist somit keine Herabwürdigung der Kirchen, wenn sie in den Kreis der pluralistischen Gruppen eingeordnet werden[26]. Den Besonderheiten des kirchlichen Anliegens im Umgang des Staates mit ihnen Rechnung zu tragen, ist eine Selbstverständlichkeit, wie übrigens bei der Berücksichtigung spezifischer Anliegen anderer Gruppen und Institutionen auch.
Der Vorhalt, die Kirchen könnten wegen Auszehrung ihrer Mitgliedschaft und innerer Schwäche ihre Integrationsaufgabe gar nicht wahrnehmen, und das müsse Konsequenzen im Umgang des Staates mit den Kirchen haben[27], greift zu kurz. Natürlich wäre es eine groteske Fehleinschätzung, von 28 Millionen Mitgliedern der evangelischen Kirche zu erwarten, daß sie sich in ihrer Lebensführung und in ihrem Mitgliederverhalten strikt an ihrer Kirche orientieren. Das tun sie in sehr unterschiedlichem Maße, wobei diejenigen offensichtlich in der Minderheit sind,

22 *Preuß,* Alternativ-Kommentar zum Grundgesetz, Band 2, Anm. 19 zur Art. 140.
23 *Scheuner,* a.a.O. (Fn. 1), 78.
24 Dazu *Preuß,* a.a.O. (Fn. 22), Anm. 13 zu Art. 140; *Willy Brandt,* Regierungserklärung 1973, Bulletin der Bundesregierung 1973, 56.
25 *Preuß,* a.a.O. (Fn. 22), Anm. 17 zur Art. 140.
26 *Mahrenholz,* a.a.O., (Fn. 4), 275.
27 *Fischer,* Volkskirche ade!, 4. Auflage 1993, 20ff.

die sich selbst mit einigem Recht als treue Kirchenmitglieder und ernsthaft gläubige Christen bezeichnen. Nur diese Minderheit als personelle Substanz der Kirche zu bezeichnen, würde weder dem Selbstverständnis der Kirche noch dem der großen Mehrheit ihrer Mitgliedschaft entsprechen. Denn die Mitglieder kennen nicht nur die eigene Mitgliedschaft, sie betrachten sich auch im engen oder weitesten Sinne als zur Kirche gehörig, haben - oft oder selten - Erwartungen an »ihre« Kirche und lassen sich in ebenfalls unterschiedlicher Weise ansprechen. Denjenigen, die sich weniger stark gebunden fühlen, deshalb das Christsein abzusprechen, wäre unzulässig und würde der Selbsteinschätzung vieler Betroffener widersprechen.
Wie und wen integriert denn Kirche, wo und wie stark sind ihre Truppen? Wer darauf pauschale, kurze Antworten erwartet, hat unangemessen gefragt. Denn es lassen sich nur, je nach Anlässen und Gegenständen kirchlichen Redens und Handelns, differenzierende Antworten geben. Sie müßten in mancher Beziehung sogar über den Kreis der Kirchenmitglieder hinaus greifen und diejenigen erfassen, die sich in manchen Einzelfällen ansprechen lassen und Orientierung aufnehmen, ohne im übrigen - mitgliedschaftlich oder sonst - mit der Kirche zu tun zu haben.
Das alles führt nicht zu einer für die Kirche zufriedenstellenden Bestandsaufnahme und Leistungsbilanz. Wie sollte es auch angesichts der Auflösung im breiten Randbereich durch zahlreiche Kirchenaustritte! Es führt aber erst recht nicht zu einem Schwächezeugnis, mit dem der Kirche ein Schattendasein zu bescheinigen wäre, das ihre weitere Existenzberechtigung unter den die Gesellschaft formenden Gruppierungen in Frage stellte.

4. Der Staat ist nicht nur nicht gehindert, sondern aus Sachgründen sogar gehalten, im Umgang mit den Kirchen ihrem besonderen Charakter und ihrer Zielsetzung Rechnung zu tragen. Er hat in den Kirchen und auch in den anderen Religionsgemeinschaften Gruppierungen vor sich, in denen und durch die Menschen ihre Religionsfreiheit wahrnehmen. Sie tun es nicht nur in Alternative zur Glaubenslosigkeit, sondern auch zu jeder Form totalitärer Vereinnahmung.
Von daher kann für den demokratischen Verfassungsstaat ein legitimes Interesse daran bestehen, daß das Recht auf Religionsfreiheit nicht nur erhalten bleibt, sondern auch weiterhin genutzt werden kann. Freiheit kann sich oft nur erfüllen, wenn der Staat an ihrer Verwirklichung mitwirkt[28] und sei es durch die Gewährleistung günstiger Rahmenbedingungen.
Vorbehaltlos zu bejahen ist darüber hinaus das Interesse des Staates daran, daß Kirchen und Religionsgemeinschaften ihre Freiheit und Unabhängigkeit behalten, statt in die Abhängigkeit von Gruppen oder Personen zu geraten, die auf diesem Wege Macht ausüben wollen. Gewiß dürfte der Staat keine religiöse Gemeinschaft

28 *Scheuner*, a.a.O. (Fn. 1), 81.

hindern, sich nach ihrem Selbstverständnis bewußt für eine solche Abhängigkeit zu entscheiden. Daraus könnte der Staat dann aber Konsequenzen in der Gewährung von Rechten und in der Gestaltung der Zusammenarbeit mit der Gemeinschaft ziehen. Bereits weit im Vorfeld solcher Entwicklungen aber wäre es legitim, wenn der Staat der Kirche oder religiösen Gemeinschaft im Rahmen des durch seine Neutralitätspflicht Erlaubten Rahmenbedingungen für ihre Existenz gewährleisten würde, die der Erhaltung von Unabhängigkeit und Freiheit dienlich sind.

5. Verhältnismäßig kurz nur sei ein Bereich angesprochen, der sonst in der Diskussion über den Wert der Kirchen für die Gesellschaft eine vorrangige Rolle spielt. Beide großen Kirchen leisten in der Tat wichtige und umfangreiche Beiträge in allen Bereichen sozialer Lebenssicherung. Vor allem durch ihre diakonische Arbeit nehmen sie dem Staat viele Aufgaben ab. Es kann deshalb schwerlich in seinem Interesse liegen, daß die finanziellen Grundlagen kirchlicher Arbeit verkürzt werden, vielleicht sogar durch die Entziehung bisher ausgeübter Rechte[29].

Diese kurze Beschreibung der Zusammenhänge bleibt richtig, auch wenn man den großen Anteil staatlicher Erstattungsleistungen für die sozialen Dienste der Kirchen berücksichtigt. Denn es bleibt dabei, daß, zumindest ergänzend, auch kirchliche Gelder in die Dienste einfließen. Und vor allem bleibt es bei dem erheblichen Organisations- und Personalaufwand, teils im hauptamtlichen, teils im ehrenamtlichen Bereich, mit dem die Kirchen aus eigener Kraft die Dienste erst möglich machen.

Vielfältige kirchliche Dienste zum Vorteil der Gesellschaft im Bereich von Bildung und Beratung werden mit nur geringen oder ohne staatliche Zuschüsse ganz aus kirchlichen Mitteln unterhalten. Trotz bescheideneren Umfangs sind sie jedenfalls der Erwähnung wert.

Kaum jemals gewürdigt werden bisher die sehr bedeutenden internationalen Aufgaben, die die großen deutschen Kirchen mit ihrem Personal und ihren Geldmitteln wahrnehmen. Dabei ist weniger an die Entwicklungshilfe zu denken als an die finanzielle und personelle Unterstützung von Kirchen in Ländern der Dritten Welt oder z.B. in Osteuropa sowie von internationalen Kirchenbünden. Aktivitäten zur Stärkung deutschen Einflusses im Ausland sind das wahrlich nicht. Aber sie stehen in Übereinstimmung mit dem staatlichen Interesse an der Gewährung von Hilfen in Ländern, in denen sich stabile Gesellschaften erst noch bilden müssen, und an der Unterhaltung guter Auslandsbeziehungen. Beides wird durch solche kirchlichen Hilfsmaßnahmen erreicht.

Jahrzehntelang hat zumal die evangelische Kirche die wichtigste intakte Verklammerung zwischen den beiden getrennten Teilen Deutschlands bewirkt, die das Zu-

29 *Heinemann*, a.a.O. (Fn. 5), 20; *Göbel*, a.a.O. (Fn. 2), 192.

sammengehörigkeitsgefühl der Menschen erhalten und gestärkt hat. Zu den dabei gewährten finanziellen Hilfen für die evangelischen Kirchen in der DDR gab es erhebliche staatliche Zuschüsse von der Bundesregierung. Ein sehr großer Teil der Mittel und des persönlichen Engagements aber wurde von den evangelischen Kirchen und Gemeinden in der Bundesrepublik selbst aufgebracht. Ähnlich sah es, in anderem Rahmen, bei der katholischen Kirche aus.
Das staatliche Interesse daran, daß die Kirchen in der Bundesrepublik die Kraft für diesen Dienst hatten, steht außer Zweifel. Es dürfte sich auch darauf erstrekken, daß seit der Wiedervereinigung die evangelischen Kirchen der früheren Bundesrepublik sehr hohe Unterstützungszahlungen für die Kirchen in den östlichen Ländern aufbringen, um diesen Massenentlassungen und den Zusammenbruch der kirchlichen Arbeit zu ersparen. Was das kirchenfeindliche kommunistische System in über vier Jahrzehnten nicht geschafft hat, würde sonst infolge der veränderten Kostensituation in aller Kürze eintreten.
Die Betrachtung staatlichen Interesses an der Lebens- und Leistungsfähigkeit der Kirchen nach Maßgabe ihrer für die Gesellschaft insgesamt geleisteten Dienste ist nicht unproblematisch. Manche dieser Dienste sind auf bestimmte Zeiten oder Situationen begrenzt, andere werden durch staatliche oder sonst von der Gesellschaft aufgebrachte Zuschüsse in weitem Umfang finanziert, wieder andere haben nur bescheidene Bedeutung. Und alle diese Darlegungen sind dem Einwand ausgesetzt, daß doch der weit überwiegende Teil kirchlicher Geldmittel kircheneigenen Zwecken zugewandt wird. Dieser Einwand will die Bewertung eines gesellschaftlichen Nutzens der Kirche ganz auf die den Staat entlastenden oder sonst für ihn sinnvollen Dienste abstellen, wobei die für den Staat nicht erfaßbaren kirchlichen Aufgaben unbeachtlich seien[30]. Das aber wäre angesichts der beschriebenen legitimen Interessen des demokratischen Staates auch an kirchlicher Arbeit im engeren Bereich der Verkündigung und Seelsorge unangemessen.

6. Bejaht man angesichts der aufgezeigten Gründe grundsätzlich ein Interesse des demokratischen Staates an lebensfähigen und aktiven Kirchen und Religionsgemeinschaften, führt das zu der Frage, wie stark das Interesse ist und welche Folgerungen aus ihnen gezogen werden. Staatliche Anteilnahme in Form politischer Wohlwollenserklärungen wird auch mancher Kirchenkritiker widerspruchslos hinzunehmen bereit sein. Förderung und Stärkung der Kirchen durch aktives staatliches Handeln und die Gewährung besonderer Rechte dagegen sind besonders begründungsbedürftig. Darf der Staat besondere Bedingungen für religiöse Gruppierungen und unter diesen schaffen? Und wenn er es darf, in welchem Maße dann und nach welchen Kriterien?

30 Darauf verweist *Mahrenholz,* Kirchen als Korporationen, Zeitschrift für evangelisches Kirchenrecht 1975, 43, 52.

Besonderheiten in Charakter und Zielsetzung sind auch beim Vergleich sonstiger Verbände miteinander nicht zu übersehen. Als Kriterien für eine besondere Behandlung durch den Staat und für die Gewährung von Rechten, die andere nicht haben, bedürfen sie öffentlicher Relevanz, die durch das Selbstverständnis der betreffenden Gruppe allein nicht bewirkt werden kann.

Jedenfalls stellt sich die Frage rechtlicher und politischer Sonderbedingungen nicht nur für die Kirchen. Sie ist bei Gewerkschaften und Arbeitgeberverbänden ebenso wie bei Parteien längst im wesentlichen positiv beantwortet. Die diesen Gruppierungen zugewiesenen Aufgaben in den Artikeln 9 und 21 GG bieten zwar keine eindeutige Handhabe für das Ausmaß der ihnen gewährten Sonderstellungen, aber doch grundsätzlich für deren Gewährung.

Ein solcher Ansatzpunkt liegt bei den Kirchen und Religionsgemeinschaften vor allem darin, daß in ihnen über die allgemeinen Freiheitsrechte und das Vereinigungsrecht hinaus die Religionsfreiheit wahrgenommen wird. Und das nicht aufgrund willkürlicher Entscheidungen einzelner Beteiligter, sondern in der Form der Religionsausübung, die seit eh und je zum Wesen der Religion gehört. Insofern ist es vom Grundrecht der Religionsfreiheit her geboten, Glauben und kirchliche Verkündigung auch in der Außenbetrachtung von der sonstigen gemeinsamen Vertretung von Meinungen und Interessen zu unterscheiden[31]. Die Unterscheidung muß mindestens zu der Konsequenz führen, daß sich der Staat, wie immer er den kirchlichen Rechtsstatus gestaltet, bei Eingriffen in innere Vorgänge der Kirchen weitergehende Zurückhaltung auferlegt als gegenüber anderen Verbänden. Danach ist es dann auch von der Sache her vertretbar und legitim, Kirchen und anderen Religionsgesellschaften einen Rechtsstatus zu geben, der ihnen die selbständige Ordnung und Verwaltung ihrer Angelegenheiten in besonderem Maße sichert und erleichtert. Zu weit würde es gehen, im Verfolg solcher Überlegungen aus der Religionsfreiheit den kirchlichen Anspruch auf den Status öffentlich-rechtlicher Körperschaften herzuleiten. Ihnen diesen Status unter Berücksichtigung ihrer Besonderheiten aber zu geben, ist aus staatlicher Sicht keine einseitige, unangemessene Bevorzugung vor anderen, sondern sachgemäß und angesichts der staatlichen Interessenlage plausibel.

Die Frage nach der Beteiligung der Kirchen am öffentlichen Leben ist damit noch nicht beantwortet. Bei allen Entscheidungen über Zusammenarbeit und zusätzliche Rechte wird stets erneut darauf zu achten sein, daß sich Sonderregelungen aus dem kirchlichen Auftrag her legitimieren lassen und für die säkulare Gesellschaft zumutbar sind[32]. Das sind dann Ermessens- und Zweckmäßigkeitsentscheidungen innerhalb eines beträchtlichen Spielraums, den der Staat dafür hat.

7. Bei der Zubilligung eines besonderen Rechtsstatus und in seiner Bereitschaft zur Zusammenarbeit darf und sollte der Staat darauf abstellen, wie es um die vor-

31 *Hesse,* a.a.O. (Fn. 13), 360; *Simon,* a.a.O. (Fn. 11), 95.

handene gesellschaftliche Bedeutung, um die Größe und um die innere Verfaßtheit seines kirchlichen oder religiösen Gegenübers bestellt ist. Artikel 137 Abs. 5 WRV nennt als Voraussetzung für den Anspruch auf den Status der Körperschaft des öffentlichen Rechtes, daß die Religionsgesellschaften »durch ihre Verfassung und die Zahl ihrer Mitglieder die Gewähr der Dauer bieten«. Damit sind Kriterien angesprochen, die auch ohne ausdrückliche Festlegung in der Verfassung vernünftiger- und legitimerweise bei der Verleihung des Körperschaftsstatus zu beachten wären. Wer den an eine Körperschaft zu stellenden Anforderungen absehbar nicht genügen kann, weil es ihm an geordneter Stabilität und Geschlossenheit fehlt, kann den Status nicht beanspruchen. Solche Voraussetzungen können freilich sehr wohl auch bei zahlenmäßig kleineren Religionsgesellschaften gegeben sein, deren Bedeutung in der Öffentlichkeit gelegentlich weit größer ist, als sie bei bloßer Orientierung an ihrer Mitgliederzahl wäre. Die gegenwärtige Praxis, auch kleineren Religionsgesellschaften den Status zu geben, ist daher sachgemäß und stände als staatliche Gestaltungsmöglichkeit auch ohne verfassungsrechtliche Regelung zur Verfügung.
Verständlich ist die Frage kritischer Christen, ob wohl besondere Rechte für die Kirchen weiterhin angemessen seien, nachdem deren innere Verbundenheit und die Geltung ihres Glaubensgutes nachgelassen hätten[33]. Als Appell an die Kirche selbst, in mehrfacher Hinsicht ihre Situation zu überprüfen, haben solche Fragen ihre Bedeutung. Anlaß für die staatliche Seite, die Voraussetzungen der inneren Verfaßtheit und der Dauerhaftigkeit für den Körperschaftsstatus zu bezweifeln, besteht bei den großen Kirchen offensichtlich nicht und wird auch auf lange Zeit nicht entstehen.
Was im übrigen die Größe und Leistungsfähigkeit der Kirche oder religiösen Gruppierung anbelangt, mit der der Staat eine Zusammenarbeit in Betracht zieht, so kann gegen dabei ansetzende Zweckmäßigkeitserwägungen vernünftigerweise nichts eingewendet werden.

8. Die Suche nach einem treffenden Oberbegriff für die Beziehungen zwischen dem Staat und den großen Kirchen hat nicht zu einem rundum befriedigenden Ergebnis geführt. Der Versuch, jeden Anschein einer Über- oder Unterordnung durch die Beschreibung als »Partnerschaft« oder »partnerschaftlich«[34] zu vermeiden, ist auf beachtliche Einwände gestoßen. Es handele sich um einen vieldeutigen Begriff, der schwerlich mit der Zugehörigkeit der Kirche zur allgemeinen Verbandssphäre vereinbar sei[35]. Vor allem im evangelischen Bereich trifft die von der

32 *Mahrenholz,* a.a.O. (Fn. 13), 52.
33 *Heinemann,* a.a.O. (Fn. 5), 18.
34 *Smend,* Staat und Kirche nach dem Grundgesetz, Zeitschrift für evangelisches Kirchenrecht 1951, 4, 10; *Mikat,* in: Benda-Maihofer-Vogel, Handbuch des Verfassungsrechts, 1983, 1063, 1077.
35 *Mahrenholz,* a.a.O. (Fn. 13), 43; *Mahrenholz,* a.a.O. (Fn. 4), 273.

»Partnerschaft« angeregte Vorstellung, es handele sich um vergleichbare Größen, auf Vorbehalte[36].
So dürfte es sich empfehlen, die Begriffsdiskussion nicht fortzusetzen, sondern stattdessen auf Umstände und besondere Pflichtverhältnisse der vielen, jeweils verschiedenen Vertragsverhältnisse und anderen Rechtsbeziehungen abzustellen. Einer besonderen Hervorhebung der kirchlichen Position durch Begriffe wie »Partnerschaft« bedarf es daneben nicht.

9. Sein Interesse an Unabhängigkeit und Selbständigkeit gerade der großen Kirchen, aber auch weiterer Religionsgemeinschaften[37] kann der demokratische Staat in seine Entscheidung über Rechtsstatus und Finanzierungssystem wirksam einfließen lassen. Erfahrungen dazu, die sich zur Berücksichtigung bei künftigen Überlegungen eignen, liegen vor.
So hat sich gezeigt, daß der Status der Körperschaft öffentlichen Rechts zur Stärkung der kirchlichen Unabhängigkeit beiträgt und diese Wirkung gerade auch bei kleineren Religionsgesellschaften hat[38]. Werden aus der Ungleichbehandlung der Kirchen mit anderen Organisationen Einwände gegen den Status hergeleitet, so mag das zu der Prüfung führen, in welchen anderen Fällen gleichartige Voraussetzungen bei einem Verband und vergleichbare Interessen des Staates an ihm bestehen, so daß auch dort der Körperschaftsstatus sachgemäß sein könnte. Nicht aber wäre es geboten, den Kirchen ein wirksames Mittel zur Sicherung ihrer Selbständigkeit und Unabhängigkeit wegzunehmen.
Ähnliches gilt für die Berechtigung zur Erhebung von Kirchensteuern und das dafür vorgesehene staatliche Einzugsverfahren. Eine aus diesem Verfahren gezogene Folgerung, Staat und Kirche seien weiterhin eng verschmolzen, würde sich an Äußerlichkeiten orientieren und den Kern des Sachverhalts verfehlen. Denn gerade die eigenständige, rechtlich gesicherte und staatlicher Einwirkung nicht unterworfene Finanzierung ist es, die die Entflechtung der Kirche vom Staat ermöglicht hat und ihre Staatsfreiheit wirkungsvoll weiterhin gewährleistet[39]. Weder in den Bemühungen um Zusammenarbeit noch in den zahlreichen Sachkonflikten zwischen kirchlichen Gremien und im Staat maßgeblichen politischen Gruppierungen hat jemals der Gedanke eine Rolle gespielt, das eine oder andere könne Auswirkungen auf die kirchliche Finanzierung haben. Absichten zu ihrer Veränderung sind als Druckmittel niemals auch nur ins Gespräch gebracht worden.
Das schließt natürlich für die Zukunft eine grundsätzliche Entscheidung des Staates gegen Kirchensteuer und staatliches Einzugsverfahren nicht aus. Aber warum sollte sie, mit Verfassungsänderung, getroffen werden? Das staatliche Interesse an

36 *Simon,* a.a.O. (Fn. 11), 90.
37 Vgl. IV.4.
38 *Göbel,* a.a.O. (Fn. 2), 192.
39 *Göbel,* a.a.O. (Fn. 2).

der Erhaltung kirchlicher Unabhängigkeit und Leistungsfähigkeit spricht nicht dafür, die wirtschaftliche Zweckmäßigkeit der jetzigen Praxis spricht entschieden dagegen. Von staatlichem Zwang zugunsten der Kirche zu sprechen, wäre unbegründet in einer Zeit, in der die Scheu vor Kirchenaustritten bei den meisten Menschen geschwunden ist. Daß man bis zur Wirksamkeit des Austritts zur Zahlung verpflichtet ist, ist bei Mitgliedsbeiträgen in privaten Vereinen nicht anders.
Auch insoweit gibt es Einwände aus kirchlicher Sicht, die eingehende Betrachtung und Prüfung etwaiiger Konsequenzen verdienen. Läßt eigentlich der Auftrag der Kirche die Finanzierung aus Geldquellen ohne jeweilige Einzelentscheidung des Zahlers zu[40]? Ist das Verfahren mit seiner Abhängigkeit vom staatlichen Steuerrecht angesichts der Zusammensetzung der Kirchenmitgliedschaft und ihrer Beteiligung am Gemeindeleben weiterhin akzeptabel? Das alles wird man in den Kirchen wohl zu bedenken haben, eventuell mit der Konsequenz von Änderungsentscheidungen, die der Staat dann respektieren sollte. Herbeiführen oder erzwingen als die eigentlich kirchengemäße Haltung zum Geld aber darf er sie nicht. Das wäre eine massive Einmischung in innerkirchliche Entscheidungsprozesse.

V. Staatliches Interesse an »vernünftiger Religion«?

1. Die Beschreibung eines Gestaltungsspielraums, innerhalb dessen der demokratische Staat ohne Verletzung seiner Pflichten günstige Bedingungen für Existenz und Wirken der Kirchen und Religionsgesellschaften schaffen darf, legt die ohnehin aktuelle Frage nahe, ob dabei je nach Bekenntnisinhalt und Betätigung Unterschiede gemacht werden dürfen. Denn innerhalb des Rahmens, der durch das staatliche Interesse an der aktiv nutzbaren Freiheit zur Religionsausübung, an der gesellschaftlichen Vermittlerfunktion der Kirchen und an der Zusammenarbeit mit freien Trägern wie ihnen bestimmt wird, lassen sich ja echte oder angebliche Religionsgemeinschaften denken, die die Grundgedanken der freiheitlichen Demokratie geringschätzen und ihre rechtlichen sowie tatsächlichen Wirkungsmöglichkeiten entsprechend destruktiv einsetzen.
Auch angesichts solcher Herausforderungen ist an dem Grundsatz der staatlichen Neutralität gegenüber allen Religionsgemeinschaften als Erfordernis der grundrechtlich verbürgten Religionsfreiheit[41] festzuhalten. Insbesondere darf sich der Staat kein Urteil darüber bilden, ob Praxis und Lehre einer religiösen Gemeinschaft ihren eigenen theologischen Grundsätzen entsprechen[42]. Das würde er z.B. tun, wenn er einer Kirche mit der Begründung Rechte entzöge, diese seien ihrem geistlichen Auftrag abträglich.

40 *Mahrenholz,* Die Kirchen in der Gesellschaft der Bundesrepublik, 1969, 107.
41 *Hesse,* a.a.O. (Fn. 13), 354.
42 *Axel von Campenhausen,* Neue Religionen im Abendland, Zeitschrift für evangelisches Kirchenrecht, 1980, 151.

2. Die Frage, ob Religionsgemeinschaften unter Berufung auf die Religionsfreiheit tun können, was ihnen beliebt, und ob der Staat zudem gehalten ist, ihnen ohne Unterschied gleichermaßen aufgeschlossen entgegenzutreten, findet im geltenden Recht ihre Antwort in dem Verweis auf die »Schranken des für alle geltenden Gesetzes« in Artikel 137 Abs. 3 WRV. Klar ist dabei, daß das Grund- und Menschenrecht der Religionsfreiheit den Staat hindert, das »für alle geltende Gesetz« auf die Einschränkung oder Unterdrückung der Religionsausübung hin zu formulieren. Insofern besteht eine Güterabwägungspflicht, die dem Staat Schranken auferlegt[43].

Zugleich ist klar, daß ein an Freiheit und Menschenrechten orientiertes Verfassungsrecht und die in seinem Rahmen ergangenen Gesetze in ihrer Geltung nicht vom Bereich kirchlicher oder sonst religiöser Betätigung ausgeschlossen bleiben dürfen. Schon das Grundrecht der Religionsfreiheit selbst, auf das vor allem sich die Religionsausübung in einer Gemeinschaft stützt, schließt z.B. Bestrebungen aus, anderen eben diese Religionsfreiheit zu nehmen. Wer Zwang oder unlautere Machenschaften einsetzt, um Gläubige zu gewinnen oder zu halten, oder wer politischen Einfluß mit dem Ziel ausüben will, die weltanschauliche Neutralität des Staates zum eigenen Vorteil zu beseitigen, kann sich auf die Religionsfreiheit nicht berufen. Er handelt ihr ja gerade zuwider.

Unabhängig von der weiteren verfassungsrechtlichen Ausgestaltung des Rechts auf Religionsfreiheit wird also der demokratische Staat stets das Recht behalten und ausüben müssen, Verfassungsgebote und allgemeine Gesetze auch bei und gegen religiöse Gemeinschaften durchzusetzen. Er muß sich dabei für diejenigen Teile des innerkirchlichen Bereichs einer Einwirkung enthalten, die mit der allgemeinen Rechtsordnung keine Berührungspunkte haben[44]. Solche Berührungspunkte aber sind sehr wohl gegeben, wenn die Freiwilligkeit der Mitwirkung Einzelner bei der Verletzung ihrer Rechte eingeschränkt oder wegen Verstoßes gegen zwingendes Recht unbeachtlich ist.

Darüber hinaus wird man dem Staat das Ermessen zugestehen und belassen müssen, im Rahmen seines Gestaltungsspielraums darauf zu achten, ob Gedankengut und Betätigung einer Religionsgemeinschaft dem friedlichen demokratischen Zusammenleben der Bürger abträglich sind oder nicht. Religionsgemeinschaften, die den Gruppen- und Wertepluralismus als Voraussetzung einer menschenwürdigen Gesellschaft nicht akzeptieren[45], die Menschen von sich abhängig machen und instrumentalisieren oder die feindselige Intoleranz propagieren, dürfen nicht die gleiche staatliche Aufgeschlossenheit und Förderungsbereitschaft beanspruchen können wie andere.

43 *Mahrenholz,* a.a.O. (Fn. 13), 62.
44 *Mahrenholz,* a.a.O. (Fn. 40), 114; *Niebler,* Die Rechtsprechung des Bundesverfassungsgerichts zum Verhältnis Staat und Kirche, Bayerische Verwaltungsblätter 1984, 1, 3.
45 *Mahrenholz,* a.a.O. (Fn. 13), 69.

3. Religionsfreiheit ist Freiheit zur Religionsausübung. Freiheit zu sonstigen Aktivitäten, z.B. wirtschaftlicher oder politischer Art, schließt sie nur ein, soweit sie sich nachvollziehbar aus dem religiösen Bekenntnis herleiten lassen und im Verhältnis zu ihm eine nachgeordnete Bedeutung haben. Auch insoweit unterliegen solche Betätigungen allgemeinem Recht, vor dessen Anspruch sie nicht mit der Behauptung bewahrt werden dürfen, es handele sich um Religionsausübung.
Nicht einmal mittelbar nehmen religionsfremde Aktivitäten an den Wirkungen des Privilegs der Religionsfreiheit teil, wenn sie selbst der eigentliche Schwerpunkt der Betätigung der Religionsgemeinschaft sind. Bei aller gebotenen Zurückhaltung in der Beurteilung der Grenzen der Religionsausübung hat der Staat das Recht und muß es behalten, sich schlichte Wirtschaftstätigkeit nicht durch bloße Bezeichnung der Urheber verbindlich als Religionsausübung vorstellen zu lassen[46]. Eingriffe verstoßen dann nicht gegen, sondern liegen im Interesse der Religionsfreiheit, die durch Formenmißbrauch zur Farce würde.

4. Die enorme Verbreiterung der Variationsbreite religiöser Betätigungen durch neue religiöse Gemeinschaften verschiedenster Art zwingt zu der Frage, ob der Staat für die Behandlung einer Religionsgemeinschaft als solcher ein Mindestmaß an Nachvollziehbarkeit für den Bekenntnisinhalt fordern darf. Wie ist zu reagieren, wenn sich der praktizierte Glaube auch dem aufgeschlossenen Betrachter schlicht nur als haarsträuender Unsinn präsentiert, bei dem sich Zweifel an der Ernsthaftigkeit geradezu aufdrängen?
Die große Zurückhaltung des Staates in der Beurteilung von Glaubensinhalten wird auch in solchen Fällen beibehalten werden müssen. Wer die Prüfung religiöser Bekenntnisse nach dem Maßstab der Vernunft beginnt, wird als Staat schwerlich die Grenze einhalten können, die die Religionsfreiheit gebietet. Die Eigenschaft der Religionsausübung zu leugnen oder zu ignorieren, wird also nur in den extremen Fällen in Betracht kommen, in denen die nähere Betrachtung erweist, daß in dieser Form tatsächlich etwas ganz anderes betrieben wird. Die Durchsetzung der Rechtsordnung wird zudem schädlichen Folgen vorbeugen, so daß etwa verbleibende Zweifel an der »Religion« zurückgestellt werden können.
Dort aber, wo staatliche Förderung und Bereitschaft zur Zusammenarbeit gefragt sind, muß dem Staat das Recht verbleiben, Unterschiede zu machen und sich nicht in einen Zusammenhang mit Gruppen zu begeben, die nach allgemeinem Urteil Unfug treiben oder sozialschädliche Zielsetzungen verfolgen[47].

5. Das Interesse des demokratischen Staates an der aktiven Mitarbeit und Unterstützung seiner Bürger darf sich denjenigen aus dem Glauben abgeleiteten

46 *von Campenhausen,* a.a.O. (Fn. 42), 154; *ders.,* Ist Religion Privatsache?, Rheinischer Merkur vom 19.2.1993.
47 *von Campenhausen,* a.a.O. (Fn. 42), 170; *ders.,* a.a.O. (Fn. 46).

kirchlichen Handlungsanleitungen zuwenden, die für das demokratische Engagement von Bedeutung sind. Wie sehr sich die Haltung vieler Christen von der Distanz zur Aufgeschlossenheit für die Demokratie nach den Erfahrungen mit der Diktatur verändert hat, ist schon erwähnt worden. In der evangelischen Kirche hat der Umdenkungsprozess nach dem Zweiten Weltkrieg sich in einer breiten Praxis und in einer Vielzahl von Texten niedergeschlagen, die mit der Demokratiedenkschrift von 1985 eine vorläufige Zusammenfassung gefunden haben[48]. In ihr wird zwar keine christliche Staatstheorie für die Demokratie vorgelegt, aber die Nähe der Grundgedanken des demokratischen Staates zum christlichen Menschenbild festgestellt[49], woran sich der Appell zur Wahrnehmung politischer Verantwortung als Bürger in der Demokratie anschließt[50].

Die bekenntnismäßigen Grundlagen solcher Appelle sind der Beurteilung des Staates entzogen. Ob in der Tat die grundsätzlichen Wertentscheidungen des Grundgesetzes aus christlichen Wurzeln herzuleiten sind[51], muß für die Reaktion des Staates auf die Bereitschaft von Christen zum Engagement in der Demokratie nicht von vorrangiger Bedeutung sein. Daß aber diese Bereitschaft erklärt, von anderen gefordert und praktiziert wird, liegt im staatlichen Interesse. Auch diesem Interesse Ausdruck zu geben, wo der Staat innerhalb seines Handlungsspielraums über die rechtlichen Bedingungen kirchlicher Existenz und über die Zusammenarbeit entscheidet, trägt den Belangen der Demokratie Rechnung und ist legitim.

VI. Unabhängige Kirchen - Gewinn für die Demokratie

Die genauere Betrachtung des Wirkens der Kirchen im demokratischen Staat führt zu einer Reihe von Anhaltspunkten dafür, daß die Existenz unabhängiger, lebensfähiger Kirchen und ihre Mitwirkung im öffentlichen Leben dem Staat Vorteile und Nutzen bringen. Daraus dürfte sich nicht die Folgerung herleiten lassen, daß der heutige Bestand an verfassungsrechtlich, vertraglich und praktisch zugestandenen Rechten und Wirkungsmöglichkeiten für die Kirchen unantastbar ist. Gegen die Verkürzung oder Entziehung solcher Rechte und Chancen mag es im einzelnen rechtlich begründete Einwände geben. Insgesamt aber ist nicht erkennbar, daß Religionsfreiheit und Vereinigungsfreiheit beeinträchtigt würden, wenn der Staat die Kirchen ganz in den privatrechtlichen Bereich verweisen und bei Kontrolle oder Aufsicht die im Glauben begründeten Besonderheiten etwa der innerkirchlichen Strukturen respektieren würde.

48 Evangelische Kirche und freiheitliche Demokratie - Der Staat des Grundgesetzes als Angebot und Aufgabe, 1985.
49 A.a.O., 14.
50 A.a.O., 17.
51 A.a.O., 14.

Vernunftgründe und Zweckmäßigkeitserwägungen aber könnten es auch künftig dem Verfassungsgesetzgeber wie anderen Staatsorganen nahelegen, den kirchlichen Rechtsstatus und die entwickelte Zusammenarbeit mit den Kirchen im wesentlichen unverändert zu lassen. Es ist eine sachlich begründete Entscheidung gerade auch des säkularen demokratischen Staates, den Kräften und Gruppierungen, die nachhaltig zu einem gedeihlichen Zusammenleben der Bürgerinnen und Bürger beitragen, fördernd und stützend zu begegnen. Die Kirchen dienen dem für die Demokratie wertvollen, wenn nicht unverzichtbaren Gemeinschaftsleben durch Pflege des Wertbewußtseins, Zusammenführung der Menschen im religiösen Bereich und auch durch karitative und andere für die Gesellschaft nützliche Leistungen.

Entschließt sich der Staat in Orientierung an solchen Gesichtpunkten, das bisher gewachsene Verhältnis zu den Kirchen im wesentlichen beizubehalten, so schließt das Korrekturen und Änderungen in Teilbereichen nicht aus. Besondere Rechtsvorteile, die als Privilegien empfunden werden, bedürfen immer wieder der Prüfung ihrer Erforderlichkeit und Legitimation. Wird das versäumt, droht die Entstehung von Übermaßprivilegien, die Staat und Kirche gleichermaßen in unhaltbare Positionen bringen würden[52].

Der Grundsatz der Trennung beider Bereiche mit Verpflichtung des Staates zur Neutralität erzwingt dort staatliche Zurückhaltung, wo kirchliche Denk- und Redeformen Bestandteile staatlicher Verfahren sind. Es bleibt ein Ärgernis, daß der Staat die Glaubensbindung seiner Bürger in Dienst nimmt, indem er sie mit religiöser Formel schwören läßt. Staat und Kirchen sollten das nicht länger hinnehmen, sondern die mit dem Eid verbundene »Selbstverfluchung in die Hand des Teufels für den Fall der Eidesverletzung« abschaffen[53]. Auch ist nicht ersichtlich, welche sinnvolle Funktion der Treueid katholischer Bischöfe heute noch haben könnte[54].

Es liegt nicht im Interesse der Kirchen, sich ein sachlich nicht gebotenes und von der Kompetenz des Staates her fragwürdiges staatliches Entgegenkommen gefallen zu lassen. Sie müßten solchen Grenzüberschreitungen um ihres Auftrags willen, aber auch deshalb wachsam entgegentreten, um, wo immer es geht, den Eindruck zu vermeiden, als stütze der Staat die Kirchen und Religionsgemeinschaften auch dadurch, daß er selbst die Menschen an ihre Glaubensgrundlagen erinnert. Solche Stützung kann die Überzeugungskraft kirchlicher Verkündigung schwächen und damit den Prozess der Verringerung des personellen und ideellen Gewichts der Kirchen fördern.

Aufhalten kann und darf der zum Pluralismus verpflichtete Staat weder die Kirchenaustrittsbewegung noch andere, kircheninterne Entwicklungen, die die Kir-

52 Darauf verweist mit Recht *Mahrenholz,* a.a.O. (Fn. 13), 67.
53 *Heinemann,* a.a.O. (Fn. 5), 21.
54 *Mahrenholz,* a.a.O. (Fn. 40), 111.

chen schwächen. Dem entgegenzutreten, die Menschen durch glaubhafte Verkündigung zu halten oder wieder zu gewinnen, ist allein Sache der Kirchen selbst. Werden sie dieser Herausforderung nicht gerecht, so können sich ihr Gewicht in der Gesellschaft und ihre Leistungsfähigkeit so sehr verringern, daß der Staat dieses in seinen Zweckmäßigkeitsüberlegungen zum Umgang mit den Kirchen nicht mehr übersehen kann. Die dann fälligen praktischen Konsequenzen wären bedauerlich für die Kirchen. Auch für den Staat wäre es ein Verlust, wenn die hilfreiche Kraft der Kirchen in der Gesellschaft ausfiele oder stark schrumpfte. Das wäre dann nicht abwendbar. Aber durch vorzeitige Verkürzung kirchlicher Rechte und Möglichkeiten den Eintritt eines solchen Verlusts zu beschleunigen, das ist vermeidbar.

Die Konfessionalisierung des kirchlichen und politischen Lebens in Deutschland

Rudolf von Thadden

Wer das kollektive Gedächtnis der Deutschen heute im Blick auf die Frage bemüht, was von der Reformation übriggeblieben sei, der wird in der Regel die Antwort erhalten: die Glaubensspaltung, die Vielfalt der Konfessionen. Ob in West- oder Ostdeutschland, die meisten Bürger wissen - so sehr sie auch den Kirchen entfremdet sein mögen -, ob sie evangelisch oder katholisch sind. Die konfessionellen Zugehörigkeiten sind zwar häufig inhaltslos geworden, aber im Gedächtnis dennoch nicht verblaßt.

Aber nicht nur heute, auch in den früheren Jahrhunderten galt die Glaubensspaltung als ein wesentliches Ergebnis der Geschichte der Reformation. Mehr als der große geistliche und kirchliche Erneuerungsversuch setzte sich bei den Menschen aller Stände das Bewußtsein fest, nun in einer Welt verschiedener Bekenntnisse zu leben. Alle Formen der christlichen Existenz erschienen fortan konfessionalisiert, und auch das gesellschaftliche und kulturelle Leben war bis in unser Jahrhundert hinein kaum ohne Bezug zu konfessionellen Zugehörigkeiten denkbar.

Die Ansätze zu dem, was man später Konfessionalisierung nennen sollte, liegen bereits in der Epoche der Reformation. Obwohl Martin Luther unbestritten als zentrale Kraft des reformatorischen Durchbruchs galt, traten mit Zwingli und Calvin bald auch andere Gestalten der kirchlichen Erneuerungsbewegung auf, die Bedeutung für die Ausdrucksformen der neuen Glaubenslehre gewannen. Noch zu Luthers Lebzeiten entwickelten sich neben Wittenberg in Zürich, Genf und im oberdeutschen Raum eigengeprägte Zentren der reformatorischen Bewegung, in denen die Wechselbeziehungen zwischen kirchlicher und weltlicher Ordnung auf je verschiedene Weise gestaltet wurden.

Aber nicht nur in innerer Differenzierung der Ausdrucksformen der neuen Lehre, auch in Auseinandersetzung mit der Institution der »altgläubigen« Kirche kam es zur Formulierung von Bekenntnisschriften, die zu Ausgangspunkten für eine Konfessionalisierung des kirchlichen Lebens wurden. So hatte nicht zuletzt die berühmte »Confessio Augustana« von 1530 bekenntnisbildende Kraft, so daß ganze Generationen sich von ihr her theologisch zu legitimieren bestrebt waren. Man war rechtgläubig, wenn man im bekenntnistheologischen Sinne den rechten Glauben hatte.

Bei den verschiedenen politischen, kulturellen und sozialen Gegebenheiten im Europa des 16. Jahrhunderts konnte es nicht ausbleiben, daß die Unterschiede der Lehrmeinungen langfristig auch zu Verschiedenheiten der kirchlichen und gesellschaftlichen Lebensformen führten. Wer von der lutherischen Reformation in

Wittenberg geprägt war, stand nicht nur im Bann kleinräumiger Fürstentümer und Obrigkeiten, er entwickelte auch rasch einen Sinn für die eher patriarchalischen Strukturen in Kirche und Staat und verstand Politik vor allem als pflegliche Fürsorge des Landesherrn für seine Untertanen. Wer dagegen im Wirkungskreis der calvinischen Reformation von Genf lebte, bekam bald etwas von dem Magnetfeld der großen Politik in der Welt der europäischen Monarchien zu spüren und sah sich unversehens vor die Frage gestellt, ob und wie weit er auch im Widerstand gegen herrschende Gewalten seinen Glauben zu bewahren in der Lage sei. Der Unterschied zwischen dem lutherischen und dem calvinistischen Bekenntnis bestand da nicht nur in Meinungsverschiedenheiten über die Form des Abendmahls, wie theologische Prinzipienreiter es immer wieder darzustellen versuchten.

Es ist verständlich, daß die katholische Kirche, als sie im Zeichen der sogenannten Gegenreformation zum Gegenangriff ansetzte, die Unterschiede in der reformatorischen Bewegung stark betonte und so weit wie möglich ausschlachtete. In ihrer Strategie konnten die innerprotestantischen Differenzen gar nicht rasch genug den Charakter von Gegensätzlichkeiten annehmen; sie tat alles, um Lutheraner und Calvinisten als Anhänger unterschiedlicher Religionen erscheinen zu lassen. Umgekehrt verstärkten sich auch die Differenzen zwischen Lutheranern und Calvinisten in der Auseinandersetzung mit dem Katholizismus der Gegenreformation. Konzentrierten sich die einen auf eine Verteidigung ihrer im Reich gewonnenen Positionen, die sie nicht zuletzt auch durch Gründung von Schulen und Universitäten auszubauen bestrebt waren, so griffen die anderen die gegenreformatorische Herausforderung offensiv auf und entwickelten ihrerseits Strategien einer großen Politik, die sich über ganz Europa erstreckten. Wer hundert Jahre nach Beginn der Reformation die Unterschiede zwischen Lutheranern und Calvinisten beschreiben wollte, der hätte vor allem diesen Aspekt herausgestellt: theologisch und juristisch argumentierend die einen, politisch und strategisch denkend die anderen.

Freilich erschöpften sich die Unterschiede zwischen den Konfessionen, wie man nun schon sagen mußte, nicht in politischen Verhaltensweisen. Im weiteren Verlauf der von konfessionellen Konflikten geprägten deutschen Geschichte vertieften sich auch die Gegensätze im Umgang mit dem reformatorischen Erbe selbst. Während die Lutheraner manche kirchlichen und gottesdienstlichen Formen aus der alten »katholischen« Kirche zu erhalten bereit waren und nicht zuletzt auch die Bilder und Altäre in den Kirchen bestehen ließen, ging den Calvinisten die lutherische Reformation nicht weit genug; sie wollten diese gerade auch in den äußeren Formen des kirchlichen Lebens weitergetrieben sehen, damit die Menschen ein stärkeres Bewußtsein der Unterschiede zur katholisch geprägten Gegenwelt erhielten. In der strengen Luft des Calvinismus, im völligen Verzicht auf sogenannte Überreste aus der als unbiblisch verstandenen Kirchlichkeit des Katholizismus – etwa in der Abendmahlspraxis mit Hostien oder im Gottesdienst mit

Meßgewändern - wurde der Protestantismus konturenschärfer als im traditionsverhafteten Luthertum.

Zu den Eigentümlichkeiten der deutschen Geschichte gehört es, daß sich neben dem Fortbestand des Katholizismus als kirchenpolitischer Macht und auch geistlich-kultureller Potenz beide protestantischen Bekenntnisse durchsetzten: das Luthertum in der Breite der deutschen Regionen, vornehmlich im Norden und Osten, der Calvinismus bzw. die reformierten Kirchen im Westen und zahlreichen verstreuten Orten des Reichs. Während die lutherische Lebenswelt jedoch eine starke Volksfrömmigkeit ausbildete und mit ihren Liedern und ihrer Musik auch einfache Menschen in ihren Empfindungen und Träumen erreichte, blieb das calvinistische Bekenntnis meistens auf politische und geistige Eliten beschränkt und vermochte es nur selten, in die Tiefen der Volkskultur einzudringen. Ein Blick in die Gesangbücher noch unserer heutigen Zeit zeigt, wie unverhältnismäßig viel mehr lutherisch geprägte Liederdichter es in Deutschland gab als reformierte. Paul Gerhardt mit seinen zu Herzen gehenden geistlichen Liedern in der Epoche des Dreißigjährigen Krieges ist da das unübertroffene Beispiel.

Dafür entwickelten die Calvinisten Strukturen der Kirchenbildung, die bis heute als vorbildlich gelten und später (im 19. Jahrhundert) auch weitgehend von den Lutheranern übernommen wurden: die Synoden auf Kreis- und Landesebene sowie die Presbyterien auf der Ebene der örtlichen Gemeinden. Mit diesen Organisationsstrukturen, die eine aktive Mitwirkung von Laien in der kirchlichen Meinungs- und Willensbildung erlaubten, erreichten sie einen inneren Zusammenhalt ihrer Anhänger, der sich auch und vor allem in Situationen einer Minderheitsexistenz bewährte. In der säkularisierten Welt der späteren Jahrhunderte konnte eine überzeugende Gestalt der Kirche ohne diese Strukturen kaum mehr gedacht werden.

Deutschland ist also mit voll entwickelten Konfessionskirchen und entsprechenden Frömmigkeitsformen in die moderne Welt eingetreten. Dies konnte - negativ - zu dem berüchtigten deutschen Theologengezänk führen, zu Rechthaberei und Unduldsamkeit. Es konnte aber auch - positiv - unter bestimmten Voraussetzungen einem kirchlichen Pluralismus die Wege bahnen, einer Bereitschaft zur Toleranz, die schließlich auch nichtchristlichen Religionen wie dem Judentum zugute kommen mochte. Vor allem in multikonfessionellen Staaten wie Brandenburg-Preußen, wo das Herrscherhaus calvinistisch, die Mehrheit der Bevölkerung lutherisch und eine erhebliche Minderheit katholisch waren, eröffneten sich Möglichkeiten religiöser Toleranz, die - wie bei der Aufnahme der aus dem absolutistischen Frankreich vertriebenen Hugenotten - nicht zuletzt auch in der Politik des Staates Gestalt annahmen.

Und doch sollte schließlich in Deutschland insgesamt der Durchbruch zu einer toleranten Bürgergesellschaft schwieriger werden als im fast vollständig rekatholisierten Frankreich. Während sich hier eine neue rationalistische Denkweise in radikaler Abkehr von Kirche und Christentum Bahn brach und Meinungsfreiheit durch Überwindung dogmatisch-theologischer Positionen begründete, blieben dort die Gedanken der Aufklärung im Wettkampf der Konfessionen stecken und erreichten nur partikulare Geltung. In Deutschland emanzipierte sich die Vernunft nie völlig von ihren religiösen Bindungen.

Dies hing auch damit zusammen, daß der Kampf gegen die konfessionellen Verhärtungen im Lande der Reformation nicht nur von der rationalistischen Aufklärung, sondern auch von einer neuen volksnahen Frömmigkeitsbewegung geführt wurde: von der Bewegung des Pietismus. Hier zählte das christliche Leben mehr als die theologischen Lehren, und die Bekenntnisse waren nichtig, wenn ihnen keine Taten des Glaubens folgten. Vor den Augen der Pietisten verblaßten die Unterschiede zwischen Lutheranern und Calvinisten nicht weniger als vor denen der Aufklärer, nur daß die Perspektive eine andere war. Im ersten Fall ging es um eine Verlebendigung des Glaubens, im zweiten um dessen Relativierung.

So erfuhr insbesondere das protestantische Deutschland die Französische Revolution mit ihren säkularisierenden Wirkungen in einem Zustand halb gebrochener konfessioneller Traditionen. Entdogmatisiert in den kirchlichen Lehren, aber partiell erneuert in den Ausdrucksformen der Frömmigkeit, sah es sich konfrontiert mit dem Entwurf einer radikal rationalistischen Staats- und Gesellschaftsordnung, in dem für die Kirchen allenfalls noch als Anstalten einer bürgerlichen Moral Platz war. Die Konfessionen verloren ihren Ordnungsbezug im öffentlichen Leben.

Allerdings bedeutete die Französische Revolution kein definitives Ende der im Jahrhundert der Reformation begonnenen Konfessionalisierung des kirchlichen und politischen Lebens in Deutschland. Im Gegenteil, in vielfacher Hinsicht bildete sie den Anfang einer Revitalisierung der konfessionsbetonten Elemente im Wirkungsbereich der Kirchen, einer Rückbesinnung auf die voraufklärerischen Traditionen als Reaktion auf den kirchenfeindlichen Charakter des revolutionären Rationalismus. Hier war es in erster Linie die katholische Kirche, die als Ausgleich für ihre Positionsverluste in der Folge der Säkularisierung auf verstärkten Einfluß in Staat und Gesellschaft drängte und langfristig insbesondere eine aktive, konfessionsorientierte Schulpolitik zu betreiben bestrebt war. Auf die Laizisierung des Bildungswesens, wie sie sich seit der großen Revolution abzuzeichnen begann, antwortete sie mit einer betonten Konfessionalisierung.

Aber auch im protestantischen Bereich gewannen die konfessionellen Positionen neue Bedeutung. Hier hatten sie zudem eine besondere Herausforderung in der institutionellen Ordnung der Kirche, insofern als in Preußen 1817 eine Union der beiden evangelischen Bekenntnisse geschaffen wurde, die von vielen als Ausdruck rationalistischen Denkens empfunden wurde. Auch wenn es sich dabei nur um einen administrativen Zusammenschluß handelte, so war er doch Anlaß genug, um eine Gegenbewegung auszulösen und konfessionelle Sonderbünde auf den Plan zu rufen. Vor allem die Lutheraner wollten sich mit der »Verschmelzung« mit den

Reformierten nicht zufriedengeben; ein nicht unerheblicher Teil von ihnen entschloß sich sogar zur Separation und verselbständigte sich als »altlutherische« Kirche in Preußen.

Was diesem neuen Konfessionalismus seine geistliche Kraft gab, war eine Verbindung mit der pietistischen Erweckungsbewegung, die im Zeichen der Romantik insbesondere in den östlichen Landesteilen Wurzeln schlug. Im Unterschied zum früheren Pietismus des 18. Jahrhunderts verstärkte dieser Neopietismus die konfessionellen Überzeugungen. Nun stand Bekenntnistreue nicht mehr für einen praxisfernen theologischen Dogmatismus, sondern umgekehrt für ernsthaftes Leben im Glauben, für ein unerschütterliches Festhalten an den biblischen Grundlagen entgegen allen Versuchungen des Zeitgeists.

Dieses bekenntnistreue Luthertum, das den konservativen Kräften in der politischen Gesellschaft entsprach, stand in der späteren Auseinandersetzung mit den »Modernisten« und Liberalen den Katholiken nahe. Im Kulturkampf der Bismarckzeit focht es genauso gegen die Einführung der Zivilehe und die staatliche Schulaufsicht wie die in der Zentrumspartei organisierten Anhänger der römisch-katholischen Kirche. Und in den kirchenpolitischen Debatten der Synoden erschien ihm eine Lockerung der Bekenntnisbindung als Anfang der Entkirchlichung, wenn nicht gar der Entchristlichung.

Am Ende des 19. Jahrhunderts stand also in Deutschland keine Schwächung der konfessionellen Energien, sondern eine weitere Auffächerung der von Bekenntnisunterschieden geprägten kirchlichen Landschaft. Während in Frankreich die »Laizisten« ihren Siegeszug gegen die »Konfessionellen« führten und die Trennung von Staat und Kirche erzwangen, vermehrten sich die Konfessionskirchentümer in Deutschland und drängten die weltoffenen, dem Geist der Aufklärung verpflichteten Kräfte an den Rand. Neben den im Kulturkampf erprobten Katholiken gab es hier nun eine protestantische Kirchenwelt, die nicht nur wie früher in Lutheraner und Calvinisten zerfiel, sondern jetzt auch zusätzlich »Unierte« umfaßte, die die Bekenntnisunterschiede relativieren wollten und sie gerade damit neu belebten. Liberale Anwälte der modernen säkularen Welt hatten es in dieser durchkonfessionalisierten Landschaft schwer.

Auch nach dem Zusammenbruch des Kaiserreichs, mit seiner kirchenstützenden Politik änderte sich nichts grundsätzlich an dieser Situation. Zwar gewannen nun in der von Sozialdemokraten maßgeblich mitgestalteten Weimarer Republik die kirchenfremden, laizistischen Kräfte an Bedeutung; aber angesichts der Sperrminorität, über die das katholische Zentrum in fast allen Regierungen der Republik verfügte, wahrten die Konfessionskirchen in allen wesentlichen Bereichen ihre Positionen. Vor allem in der Schulpolitik behielten sie einen erheblichen Einfluß, so daß z. B. Bekenntnisschulen weiterhin wirken konnten. Im Bildungswesen insgesamt führten nur wenige Wege an den Konfessionen vorbei.

Dies wurde auch dadurch noch verstärkt, daß breite Schichten vor allem im kirchlichen Protestantismus in Opposition zur neuen Republik standen und die Kirche

zu einer »konservativen Gegenburg« (Troeltsch) gegen den demokratischen Staat aufzubauen versuchten. Je konfessionsbetonter die kirchlichen Gruppen dabei waren, umso ablehnender verhielten sie sich gegenüber der als säkularistisch empfundenen Republik, so daß sie schließlich vielfach blind waren für die Gefahren, die von den neuen braunen Gegnern dieses ungeliebten Staatswesens ausgingen.
Es gehört zu den Paradoxien der Geschichte, daß es dann diese radikalen Feinde der Republik aus antiaufklärerischem Ungeist waren, die den Kirchen in Deutschland mitsamt ihren konfessionellen Prägungen an die Substanz gingen. Mehr als alle laizistischen Kräfte aus der Tradition der europäischen Linken trieben sie mit ihrer Propagierung eines verschwommenen »positiven Christentums« die Aushöhlung der Konfessionen voran und drängten alle Kirchen, welcher Bekenntnisausrichtung auch immer, aus dem öffentlichen Leben des Landes. Sie, die nationalsozialistischen Totengräber der Welt der Aufklärung, waren es, die den christlichen Bekenntnisschulen den Garaus machten und den Kirchen jeglichen Einfluß auf das Bildungswesen des Staates nahmen. Jetzt erst wurde Deutschland grundlegend säkularisiert und damit auch weitgehend entkonfessionalisiert, wenngleich anders als sich dies die klassischen Laizisten gedacht hatten.
Auf diesem Hintergrund konnte es nicht ausbleiben, daß nach der Niederlage des NS-Regimes diejenigen kirchenpolitischen Kräfte Aufwind bekamen, die im Abgehen von festen Bekenntnisgrundlagen den Kern allen Übels sehen zu müssen glaubten und folglich nach einer Wiederaufwertung und, wenn nötig, Wiederherstellung der überkommenen konfessionellen Strukturen riefen. Auch wenn Ansätze eines ökumenischen Denkens an vielen Stellen sichtbar waren, so trat Erneuerung doch meistens als Restauration in Erscheinung. Schon drei Jahre nach dem Kriegsende hatten sich im protestantischen Bereich die alten Konfessionskirchen wieder eine sogar gesamtdeutsche Ordnung gegeben. Dabei war die Linie der Auseinandersetzungen zu Ende geführt worden, die sich schon im Kirchenkampf gegen die Nationalsozialisten abzuzeichnen begonnen hatte: von der staatskritischen Bekennenden Kirche waren die Gewichte wieder zu den traditionellen Bekenntniskirchen hin verlagert worden.
Für die katholische Kirche lagen die Dinge in mancher Hinsicht einfacher. In ihren Augen hatte sich mit Hitlers Kirchenfeindschaft der Säkularismus insgesamt diskreditiert. Aus den Verbrechen der nationalsozialistischen Politik konnte sich danach nur die Konsequenz ergeben, daß die Kirchen so weit wie möglich das moralische und politische Vakuum zu füllen bestrebt sein mußten, das die kirchenfeindliche Gewaltherrschaft hinterlassen hatte.
In dieser Haltung wurden die konservativen Kirchenkräfte in allen Konfessionen auch durch die zweite Erfahrung eines für die Kirchen bedrohlichen Regimes auf deutschem Boden bestärkt: durch die Erfahrung der sich ausdrücklich als atheistischen Staat verstehenden DDR. In verzerrender Gleichsetzung der kommunistischen mit der nationalsozialistischen Kirchenpolitik suchten diese Kräfte im Festhalten an den alten konfessionellen Traditionen die Struktur der Volkskirche zu

befestigen, allen gesellschaftlichen Veränderungen zum Trotz. In einer Zeit, in der die Mehrheit der Bevölkerung kaum noch in der Lage war, die wichtigsten Grundannahmen des christlichen Glaubens im Vergleich mit denen anderer Religionen zu bezeichnen, stritten sie über die Frage, ob und wieweit Lutheraner und Calvinisten, von Katholiken ganz zu schweigen, Abendmahlsgemeinschaft miteinander haben könnten. Ein gespenstischer Konfessionalismus!

So bleibt zu fragen, wieviel konfessionelle Energien am Ende dieses Stücks deutscher Geschichte mit einem kämpferisch atheistischen Staat geblieben sind. Werden die Kräfte eines konfessionsübergreifenden Christentums dadurch eine Stärkung erfahren? Oder wird nun möglicherweise der Laizismus bei uns einen Platz im öffentlichen Leben erhalten? Oder werden sich die im Westen Deutschlands nach dem Kriege erneuerten konfessionskirchlichen Strukturen nun auch wieder im Osten befestigen? Nach den historischen Erfahrungen in Deutschland seit dem Jahrhundert der Reformation bleibt zu befürchten, daß die Geschichte des konfessionalisierten Christentums noch nicht zu Ende ist.

Danach wird man ohne Übertreibung sagen können, daß die Konfessionalisierung des kirchlichen und politischen Lebens in Deutschland zu den Scheidewegen der deutschen Geschichte gehört. Zwar sind die kirchengeschichtlichen Elemente, auf die Länge gesehen, dabei stärker gewesen als die allgemeingeschichtlichen. Auch haben die früheren Jahrhunderte in dem Entwicklungsgang ein größeres Gewicht gehabt als die späteren. In manchen Bereichen kann man sogar von einem Bedeutungsschwund des Phänomens der Konfessionalisierung sprechen. In der Summe ist jedoch festzustellen, daß alle Generationen seit der Reformation in irgendeiner Weise immer wieder von den Folgen der historischen Entscheidung berührt worden sind, derzufolge Deutschland im 16. Jahrhundert in verschiedene Konfessionen aufgespalten worden ist.

Diese Folgen traten zunächst mehr in den Bereichen der kirchlichen Lehre und des Kirchenrechts in Erscheinung. Sehr bald wirkten sie sich jedoch auf das gesamte politische Leben und - langfristig besonders bedeutsam - auf die sozialen Lebenswelten aus. Lutherisch geprägte Bevölkerungen begannen sich schon früh durch einen anderen Frömmigkeitsstil als die katholischen auszuzeichnen. Und auch für das politische Verhalten der Menschen war es nicht gleichgültig, ob sie sich mehr von lutherischer Obrigkeitstreue oder mehr von calvinistischer Gesellschaftsverantwortung leiten ließen. Es hängt sicherlich mit solchen Orientierungen zusammen, daß es im mehrheitlich lutherischen Deutschland schließlich eher ein »Pathos des Gehorsams« statt des in Westeuropa stärker ausgebildeten »Pathos der Freiheit« gab.

Die Folgen solcher Prägungen blieben nicht auf die Epochen beschränkt, in denen die Menschen noch ganz in das kirchliche Leben integriert waren. Auch im Zeitalter der Säkularisierung sollten sie nachwirken, so daß trotz aller Entkirchlichung spürbare Unterschiede der Kulturen zwischen evangelisch oder katholisch geprägten Landschaften erhalten blieben. Zwar hat die Säkularisierung die konfessionellen Energien aus den meisten Bereichen der politischen Gesellschaft verdrängt, in denen der Kirchen sind sie jedoch nicht erloschen und hören nicht auf, die Menschen in ihrer Identität mitzubestimmen. In Deutschland werden wir auch weiterhin mit dem Erbe unserer Konfessionalisierungsgeschichte leben müssen.

Der Wittenberger Vertrag - Ein Loccum für die neuen Bundesländer?

Hermann Weber

I. Einleitung

Am 15. September 1993 ist in einem Festakt in Wittenberg der erste Kirchenvertrag eines neuen Bundeslandes unterzeichnet worden[1]. Vertragspartner dieses - sogleich als »Wittenberger Vertrag« bezeichneten - Vertragswerks sind auf der einen Seite das Land Sachsen-Anhalt, auf der anderen Seite die sechs im Lande vertretenen evangelischen Landeskirchen (die Evangelische Landeskirche Anhalts, die Evangelisch-lutherische Landeskirche in Braunschweig, die Evangelische Kirche der Kirchenprovinz Sachsen sowie - nur mit kleineren Gebietsteilen in das Land Sachsen-Anhalt hineinreichend - die Evangelische Kirche in Berlin-Brandenburg, die Evangelisch-Lutherische Landeskirche Sachsens und die Evangelisch-Lutherische Kirche in Thüringen). Der Vertrag ist zwischenzeitlich dem Landtag und den Synoden der vertragsschließenden Kirchen zur Ratifizierung zugeleitet worden[2]. Ein Konkordat zwischen dem Land Sachsen-Anhalt und dem Heiligen Stuhl sowie ein Vertrag mit den Jüdischen Gemeinden sollen folgen. Kirchenvertragsverhandlungen finden derzeit auch in Mecklenburg-Vorpommern, in Sachsen und in Thüringen statt; in Thüringen ist ein - freilich im wesentlichen auf die Regelung einer finanziellen Förderung beschränkter - Vertrag mit der Jüdischen Landesgemeinde vor kurzem bereits unterzeichnet und ratifiziert worden[3]. In dieser Situation ist der »Wittenberger Vertrag« von besonderer Bedeutung: Vieles spricht dafür, daß ihm für die Staatskirchenverträge der neuen Bundesländer eine ähnliche »Pilotfunktion« zukommen wird wie dem »Loccumer Vertrag« des Landes Niedersachsen mit den evangelischen Landeskirchen[4] für die Staatskir-

1 Vgl. den Bericht in FAZ v. 14.9.1993 sowie *Axel v. Campenhausen*, Der Staat ist religiös neutral, Rheinischer Merkur/Christ und Welt Nr. 38 v. 17.9.1993.

2 Vgl. Landtagsdrucksache 1/3087 v. 19.10.1993 mit Begründung des Vertrags.

3 Vertrag zwischen dem Freistaat Thüringen und der Jüdischen Landesgemeinde Thüringen vom 1.11.1993, mit dem Vertragsgesetz (Gesetz zu dem Staatsvertrag zwischen dem Freistaat Thüringen und der Jüdischen Landesgemeinde Thüringen) vom 7.12.1993 abgedr. in ThürGVBl. 1993, 758.

4 Vertrag des Landes Niedersachsen mit den Evangelischen Landeskirchen in Niedersachsen vom 19.3.1955, GVBl. S. 159; abgedr. u.a. bei *Joseph Listl* (Hrsg.), Die Konkordate und Kirchenverträge der Bundesrepublik Deutschland, Berlin 1987, Bd. II, S. 108 ff., und *Hermann Weber* (Hrsg.), Staatskirchenverträge. Textsammlung, 1967, S. 105 ff.

chenverträge der 50er und 60er Jahre in der alten Bundesrepublik[5]. Es lohnt daher, sich näher mit dem Vertrag zu befassen. Im folgenden soll ein Überblick über seinen Inhalt gegeben und gleichzeitig der Versuch einer ersten Gesamtbewertung unternommen werden.

II. Die Ausgangslage

1. Nach der Verfassung des Landes Sachsen-Anhalt vom 16. Juli 1992[6] sind »Kirchen, Religions- und Weltanschauungsgemeinschaften ... vom Staat getrennt« (Art. 32 Abs. 1 S. 1 VerfLSA). Die Betonung der Trennung (und damit der gegenseitigen Unabhängigkeit) von Staat und Kirche in der Landesverfassung - deren Hintergrund nicht zuletzt historische Erfahrungen in der früheren DDR bilden - wird aufgenommen in einer sehr vorsichtigen Verankerung des Öffentlichkeitsauftrags der Kirche in der Präambel des »Wittenberger Vertrags«: Während der »Loccumer Vertrag« noch formuliert hatte, daß Staat und Kirche den Vertrag »in Übereinstimmung über den Öffentlichkeitsauftrag der Kirchen und ihre Eigenständigkeit« geschlossen haben, formuliert der »Wittenberger Vertrag« zurückhaltender: Nach seiner Präambel ist der Vertrag unter anderem »Ausdruck des gemeinsamen Willens, unter Beachtung des Grundrechts der Religionsfreiheit und des Grundsatzes der gegenseitigen Unabhängigkeit von Staat und Kirche die Eigenständigkeit und den Öffentlichkeitsauftrag der Kirche zu wahren« (Präambel, 1. Spiegelstrich).

Mit dieser Rückbindung an den Grundsatz gegenseitiger Unabhängigkeit von Staat und Kirche sind überhöhende Interpretationen, wie sie die Formulierung des »Loccumer Vertrags« gelegentlich gefunden hat, beim »Wittenberger Vertrag« ausgeschlossen. Anerkennung des Öffentlichkeitsauftrags bedeutet nicht, daß die Verkündigungsfunktion der Kirche »mit ihrer rechtsgestaltenden und verfassungsfortbildenden Wirkung die Grundlage und der Inhalt zugleich des eigenständigen, aber auf die öffentliche Gesamtordnung und die staatliche Rechtsordnung bezogenen öffentlichen Status der Kirchen geworden«[7] wäre (und schon gar nicht die Zuerkennung einer Mitwirkungsberechtigung in den Gliederungen des staatlichen Organisationssystems[8]): Wahrung des Öffentlichkeitsauftrags ist nichts anderes als Wahrung des - bereits im Grundgesetz und in der Landesverfassung gewähr-

5 Vgl. dazu nur *Ulrich Scheuner,* Die staatskirchenrechtliche Tragweite des niedersächsischen Kirchenvertrags von Kloster Loccum, ZevKR 6 (1957/58), S. 1 ff.; *Ernst Gottfried Mahrenholz,* Niedersächsisches Konkordat und Ergänzungsvertrag, ZevKR 12 (1966/67), S. 217 ff. (268 ff.); *Axel v. Campenhausen,* Staatskirchenrecht, 2. Auflage, München 1983, S. 105 ff. m. w. Nachw.

6 GVBl. LSA 1992, S. 600 ff.

7 *Wolfgang Conrad,* Der Öffentlichkeitsauftrag der Kirchen, Göttingen 1964, S. 82 f.

8 So aber *W. Conrad* (Anm. 7), S. 128; *Siegfried Grundmann,* Staat und Kirche in Bayern, BayVBl. 1962, S. 37 Fußn. 58.

leisteten - Rechts der Kirche zu öffentlicher Religionsausübung und öffentlichem Wirken, insbesondere auch dazu, zu öffentlichen Angelegenheiten in der Öffentlichkeit Stellung zu nehmen (Art. 32 Abs. 1 S. 2 VerfLSA)[9]; darüber hinaus wird man in ihr auch die - bereits im Vertragsschluß als solchem, aber auch in manchen Einzelregelungen, etwa in der Pflicht zum Zusammenwirken von Landesregierung und Kirchenleitungen (Art. 2) zum Ausdruck kommende - Bereitschaft des Staates erkennen können, die Kirchen *in ihrer Eigenschaft als Kirchen* als Dialogpartner zu akzeptieren und zu hören, ohne daß damit eine Anerkennung der kirchlichen Wahrheitsansprüche oder ein materiell-öffentlicher Status der Kirchen verbunden wäre[10].

2. Die kirchenvertragliche Ausgangssituation im Lande Sachsen-Anhalt vor Abschluß des »Wittenberger Vertrags« war ebenso ungeklärt wie im gesamten Gebiet der früheren DDR. Gekennzeichnet wird die Lage speziell in Sachsen-Anhalt dadurch, daß ein Großteil des Landes - das Gebiet der Evangelischen Kirche der Kirchenprovinz Sachsen und der Evangelischen Kirche in Berlin-Brandenburg - zum ehemals preußischen Gebiet gehört. Für diese Gebiete galt früher der Preußische Evangelische Kirchenvertrag vom 11. Mai 1931[11]. Für die ehemals anhaltischen bzw. braunschweigischen Landesteile (Gebiet der Evangelischen Landeskirche Anhalts bzw. der Evangelisch-Lutherischen Landeskirche in Braunschweig) existieren ebenfalls vertragliche Vereinbarungen aus der Weimarer Zeit, die sich allerdings im wesentlichen auf die Regelung von Finanzfragen beschränkt haben: Zu nennen ist hier für Braunschweig der Vertrag zwischen dem Freistaat Braunschweig und der Braunschweigischen Evangelisch-Lutherischen Landeskirche vom 8. August 1923[12]. Die Vertragslage für Anhalt ist komplizierter: Über die Verpflichtungen des Landes aus einem älteren Vertrag kam es zu einer gerichtlichen Auseinandersetzung zwischen Staat und Kirche vor dem Oberlandesgericht in Naumburg. An deren Ende stand ein Vergleich, der den Abschluß einer neuen Vereinbarung zwischen dem Land und der Evangelischen Landeskirche Anhalts vom 18./20. März 1930 ermöglichte[13].
Die Frage der Fort- (oder: Wieder-)Geltung der Konkordate und Kirchenverträge in den neuen Bundesländern ist bekanntlich streitig[14]. Der »Wittenberger Vertrag«

9 Ähnlich schon *E.G. Mahrenholz* (Anm. 5), S. 281 f.

10 In diesem Sinne schon - zur Formulierung des Loccumer Vertrags - *Hermann Weber,* Die Religionsgemeinschaften als Körperschaften des öffentlichen Rechts im System des Grundgesetzes, 1966, S. 84.

11 GS S. 107; abgedr. u.a. bei *Listl* (Anm. 4), Bd. II, S. 759 ff.; *H. Weber* (Anm. 4), S. 150 ff.

12 Abgedr. bei *Ernst Rudolf Huber-Wolfgang Huber,* Staat und Kirche im 19. und 20. Jahrhundert, Bd. IV, Berlin 1988, S. 674 ff.

13 Vergleich und Vereinbarung sind abgedr. bei *E.R. Huber-W. Huber* (Anm. 12), S. 697 ff.

14 Bejahend - für Reichskonkordat, Preußenkonkordat und Preußischen Evangelischen Kirchenvertrag - *Wolfgang Rüfner,* Deutsche Einheit im Staatskirchenrecht, in: Essener Gespräche zum Thema Staat und Kirche 26 (1992), S. 60 ff. (62 f.); *Joseph Listl,* Der Wiederaufbau der staatskir-

nimmt zu dieser Frage nicht eindeutig Stellung: Nach der Präambel wird der Vertrag geschlossen »unter Berücksichtigung und inhaltlicher Fortbildung der historisch gewachsenen Rechte und Pflichten«, wie sie »insbesondere ihren Niederschlag« in den genannten (in der Präambel im einzelnen aufgezählten) Verträgen »gefunden haben« (Präambel, 3. Spiegelstrich). Ob diese Verträge im Zeitpunkt des Vertragsabschlusses noch (oder: wieder) gegolten haben, bleibt damit offen; die Formulierung im Schlußprotokoll zu Art. 28 Abs. 2, nach der »die Kirchen erklären, daß dieser Vertrag aus ihrer Sicht an die Stelle« der genannten Verträge »tritt«, bleibt eine einseitige Festlegung. Dem Problem kommt allerdings für die Zukunft (die Zeit nach Inkrafttreten des »Wittenberger Vertrags«) nur noch akademische Bedeutung zu: Wie sich aus dem in der Präambel ausgesprochenen Ziel der Vertragspartner ergibt, »unter veränderten politischen Bedingungen die Grundlagen für das Verhältnis zwischen Staat und Kirche in einer freiheitlichen Gesamtordnung *umfassend* und dauerhaft zu gestalten« (Präambel, 4. Spiegelstrich), ist der Vertrag nach dem Willen beider Vertragspartner kodifikatorisch in dem Sinne, daß für die Zukunft ein Rückgriff auf die genannten älteren Vertragsregelungen ausgeschlossen ist. Diese Auslegung wird bestätigt durch die Schlußregelung, nach der sich »die Beziehungen zwischen dem Land und den Kirchen . . . mit dem Inkrafttreten dieses Vertrages nach diesem Vertrag« richten (Art. 28 Abs. 2), und durch die Passage im Schlußprotokoll, aus der sich ergibt, daß auch die Kirchen davon ausgehen, daß die (nach ihrer Auffassung bis zum Inkrafttreten des »Wittenberger Vertrags« fortgeltenden) Verträge durch den neuen Vertrag ersetzt werden (»daß dieser Vertrag . . . *an die Stelle der genannten Verträge* tritt«; Schlußprotokoll zu Art. 28 Abs. 2).

Umgekehrt bedeutet der kodifikatorische Charakter des »Wittenberger Vertrags« natürlich nicht, daß spätere vertragliche Vereinbarungen ausgeschlossen sind; der Vertragstext enthält vielmehr eine Reihe ausdrücklicher Vorbehalte für Vereinbarungen zu jetzt noch nicht abschließend geregelten Materien (Stellung kirchlicher Ausbildungsstätten als staatlich anerkannte Hochschulen, Art. 4 Abs. 2; Gestellung von Lehrkräften für den Religionsunterricht durch die Kirchen, Art. 5 Abs. 5; Übertragung des Eigentums an staatlichen Grundstücken und Gebäuden, die kirchlichen und diakonischen Zwecken gewidmet sind oder gewidmet waren, Art. 9 Abs. 3; Einzelheiten der Anstaltsseelsorge, Art. 12 Abs. 3; Rückgängigma-

chenrechtlichen Ordnung in den neuen Ländern der Bundesrepublik Deutschland, in: Die personale Struktur des gesellschaftlichen Lebens. Festschrift für Anton Rauscher, Berlin 1993, S. 413 ff. (420 ff. m. w. Nachw.); ferner – für Reichskonkordat und Preußenkonkordat – *Johannes Depenbrock,* Fortgeltung des Reichskonkordats und des Preußenkonkordats in den neuen Bundesländern, NVwZ 1992, S. 736 ff.; verneinend – für das Reichskonkordat – *Hans v. Mangoldt,* Die Entfaltung staatskirchenrechtlicher Elemente im Verfassungsrecht der fünf neuen Bundesländer, in: *Richard Puza-Abraham Peter Küstermann* (Hrsg.), Die Kirchen und die deutsche Einheit, Hohenheimer Protokolle Bd. 37, Stuttgart 1989, S. 55 ff. (74 ff.); zweifelnd jedenfalls zu den Länderverträgen auch *Hermann Weber,* Diskussionsbeitrag, in: Essener Gespräche, a.a.O., S. 98 ff.

chung von vermögensrechtlichen Eingriffen in Einzelfällen, Schlußprotokoll zu Art. 7 Abs. 3). In diesen Vorbehalten wird eine gewisse Tendenz des Vertrages deutlich, in vielen Punkten nur Grundsatzpositionen zu fixieren und Näheres künftigen Einzelvereinbarungen zu überlassen.

III. Überblick über den Vertragsinhalt

Der Natur der Sache entspricht es, daß im »Wittenberger Vertrag« fast alle Materien wiederkehren, die Regelungsgegenstand auch der Staatskirchenverträge der alten Länder sind. Wie in diesen Verträgen werden oft Verfassungsgarantien und Gewährleistungen des einfachen Rechts zugunsten der Kirchen mehr oder weniger wortgleich wiederholt. Die meisten dieser Regelungen beschränken sich allerdings - wiederum in Übereinstimmung mit den älteren Staatskirchenverträgen - nicht auf eine Wiederholung (und damit auch vertragliche Absicherung) verfassungsrechtlicher oder einfachrechtlicher Gewährleistungen, sondern konkretisieren diese Positionen durch Einzelregelungen zur Zusammenarbeit von Staat und Kirche im jeweiligen Bereich (vgl. etwa die Einzelregelungen zum Religionsunterricht in Art. 5 Abs. 2 bis 4, zur Anstaltsseelsorge in Art. 12 und zur Kirchensteuer und ihrer Verwaltung in Art. 14 und 15).
Inhaltlich ergeben sich dabei keine signifikanten Abweichungen gegenüber herkömmlichen Gestaltungen. Über die grundgesetzliche Gewährleistung hinaus geht die Garantie des Feiertagsschutzes in Art. 19: Danach wird »der Schutz der Sonntage und der kirchlichen Feiertage . . . gewährleistet«. Art. 140 GG i.V. mit Art. 139 WRV formuliert dagegen: »Der Sonntag und die staatlich anerkannten Feiertage bleiben als Tage der Arbeitsruhe und der seelischen Erhebung gesetzlich geschützt«. Ob aus den Unterschieden in der Formulierung auch inhaltliche Unterschiede folgen (etwa: Vertragsrechtliche Gewährleistung zumindest der bei Vertragsschluß als staatliche Feiertage anerkannten kirchlichen Feiertage als Tage der Arbeitsruhe? Zumindest teilweiser Schutz auch der nicht als staatliche Feiertage anerkannten kirchlichen Feiertage?), wird aus dem Wortlaut nicht deutlich; die Vertragsformulierung könnte sich damit als Formelkompromiß und Anlaß zu Auslegungsstreitigkeiten in der Zukunft erweisen.
Auf einfaches Recht verweisen eine Reihe weiterer Vertragsbestimmungen: Nach Art. 6 Abs. 2 bleiben nähere Regelungen des Verfahrens zur staatlichen Anerkennung allgemeinbildender Schulen in kirchlicher Trägerschaft und ihrer Mitfinanzierung aus öffentlichen Mitteln »dem Landesrecht vorbehalten«; das Recht der Kirchen, privaten Rundfunk »nach Maßgabe der landesgesetzlichen Vorschriften« zu veranstalten oder sich an Rundfunkveranstaltern des privaten Rechts zu beteiligen, »bleibt unberührt« (Art. 22 Abs. 2). Die zitierten Formulierungen zeigen, daß insoweit auf das Landesrecht in seinem jeweiligen Bestand verwiesen wird; die im Augenblick geltenden gesetzlichen Regelungen werden also nicht vertrag-

lich festgeschrieben. Ähnliches gilt für die Regelung in Art. 7 Abs. 1, nach der kirchliche Rechtsträger, die unmittelbar kirchlichen, sozialen oder diakonischen Zwecken dienen, »nach Maßgabe des geltenden Steuerrechts« als gemeinnützig anerkannt werden, und für die Bestimmung zum Seelsorgegeheimnis, nach der die einschlägigen gesetzlichen Bestimmungen wiederum »unberührt bleiben« (Art. 20 S. 1). Beide Vertragsbestimmungen verweisen auf bundesgesetzliche Regelungen, die nicht zur Disposition des Landesgesetzgebers stehen (von diesem also auch nicht wirksam vertraglich festgeschrieben werden können); was den gesetzlichen Schutz des Seelsorgegeheimnisses betrifft, verpflichtet sich das Land allerdings zusätzlich, »für die Aufrechterhaltung dieses Schutzes einzutreten« (Art. 20 S. 2).

Bundesgesetzlich geregelt ist auch die Rückabwicklung und Entschädigung bei vermögensrechtlichen Eingriffen in der Zeit zwischen Kriegsende und Beitritt der DDR zur Bundesrepublik. Die einschlägigen Gesetze sind anwendbar auch auf vermögensrechtliche Eingriffe gegenüber den Kirchen. Der Vertrag beschränkt sich denn auch insoweit im wesentlichen auf einen Verweis auf das Bundesrecht (Art. 7 Abs. 3 S. 1). Über einen solchen Verweis hinaus gehen zwei zusätzliche Regelungen: Danach wird das Land in Fällen, in denen den Kirchen aus einem solchen Eingriff keine Ansprüche erwachsen und das Land Begünstigter des Vermögensverlustes ist, »einen gerechten Ausgleich wohlwollend prüfen« (Art. 7 Abs. 3 S. 2); die Landesregierung verpflichtet sich ferner, sich dafür zu verwenden, »daß in gleicher Weise dort verfahren wird, wo kommunale Gebietskörperschaften oder andere kommunale Rechtsträger begünstigt worden sind« (Art. 7 Abs. 3 S. 3). Diese Regelungen sind bedingt durch die Verhältnisse in der früheren DDR (und damit ohne Vorbild in den Staatskirchenverträgen der alten Bundesländer).

Im wesentlichen deren Muster entsprechen dagegen wieder die Bestimmungen über das Zusammenwirken von Staat und Kirche (Art. 2) und die Freundschaftsklausel (Art. 26): Die Landesregierung und die Kirchenleitungen vereinbaren, sich »regelmäßig und bei Bedarf« zu gemeinsamen Gesprächen über solche Fragen zu treffen, die »ihr Verhältnis zueinander berühren oder von beiderseitigem Interesse sind« (Art. 2); mit »regelmäßigen Treffen« sind dabei Zusammenkünfte gemeint, die »möglichst einmal jährlich stattfinden« (Schlußprotokoll zu Art. 2 Abs. 1). Die Landesregierung verpflichtet sich darüber hinaus, bei »Gesetzgebungsvorhaben und Programmen auf Sachgebieten, die die Belange der Kirchen unmittelbar betreffen«, diese »angemessen« zu beteiligen. Recht weit geht die Regelung hierzu im Schlußprotokoll, nach der die »angemessene« Beteiligung »in der Regel in der rechtzeitigen Anhörung *vor der Beschlußfassung der Landesregierung über die Einbringung des Gesetzentwurfs«* besteht (Schlußprotokoll zu Art. 2 Abs. 2). Nichts Neues gegenüber den Verträgen in den alten Bundesländern bringen die Regelung, nach der die Kirchen »zur Vertretung ihrer Anliegen gegenüber dem Staat und zur Verbesserung der gegenseitigen Information« einen gemeinsamen

Beauftragten bestellen und am Sitz der Landesregierung eine Geschäftsstelle einrichten (Art. 2 Abs. 2), und die Verpflichtung der Vertragsparteien, »eine in Zukunft zwischen ihnen etwa entstehende Meinungsverschiedenheit über die Auslegung einer Bestimmung dieses Vertrages auf freundschaftliche Weise zu beseitigen« (sog. »Freundschaftsklausel«, Art. 26).
Auf das Aufzählen weiterer Vertragsbestimmungen muß hier aus Raumgründen verzichtet werden. Als Arabeske sei nur erwähnt, daß auch der Zeitgeist nicht ganz am »Wittenberger Vertrag« vorbeigegangen ist: Art. 27 (»Sprachliche Gleichstellung«) enthält erstmals in einem Staatskirchenvertrag die Regelung »Personen und Funktionsbezeichnungen in diesem Vertrag gelten jeweils in männlicher und weiblicher Form«.

IV. Inhaltliche Schwerpunkte des Vertrags

Etwas ausführlicher zu behandeln sind nunmehr einige Akzentverschiebungen gegenüber den vom »Loccumer Vertrag« geprägten Staatskirchenverträgen.

1. *Garantie des Kirchenvermögens und Staatsleistungen.* Eigentum und andere Vermögensrechte der Kirchen und ihrer Organisationen genießen »gemäß Art. 140 GG i.V. mit Art. 138 Abs. 2 WRV besonderen staatlichen Schutz« (Art. 7 Abs. 1). Neben den Regelungen zu vermögensrechtlichen Eingriffen gegenüber den Kirchen in den Jahren zwischen 1945 und 1990 (Art. 7 Abs. 3) ist in diesem Zusammenhang noch auf die Vertragsklausel hinzuweisen, nach der bei der Anwendung enteignungsrechtlicher Vorschriften »das Land und die kommunalen Gebietskörperschaften auf kirchliche Belange Rücksicht nehmen und gegebenenfalls den Kirchen bei der Beschaffung gleichwertiger Ersatzgrundstücke Hilfe leisten« werden (Art. 7 Abs. 2); im Schlußprotokoll wird klargestellt, daß aus ihr kein Anspruch auf Übertragung eines staatlichen oder kommunalen Grundstücks resultiert (Schlußprotokoll zu Art. 7 Abs. 2).
Einen besonders kritischen Punkt bei den Vertragsverhandlungen bildete naturgemäß das Problem finanzieller Staatsleistungen an die Kirchen. Ob die Verpflichtungen zu Staatsleistungen (unter Einschluß der Baulastverpflichtungen) die DDR-Epoche überdauert haben, ist zweifelhaft. Dafür spricht, daß entsprechende Leistungen von staatlicher Seite auch zu DDR-Zeiten erbracht worden sind, dagegen der Wegfall jeder Gewährleistung solcher Leistungen in der Verfassung der DDR und die Tatsache, daß die staatlichen Stellen in der DDR die Leistungen nur sehr willkürlich (und ohne ausdrückliche Anerkennung entsprechender Rechtspflichten) erbracht haben[15].

15 Vgl. die Darstellung bei *Hans-Martin Harder,* Zur Finanzierung der kirchlichen Arbeit in der Deutschen Demokratischen Republik, in: Kirche im Übergang. Festschrift für Nikolaus Becker, Neuwied/Frankfurt am Main 1989, S. 153 ff. (155, 161).

Zu den *Staatsleistungen i.e.S.* bringt der »Wittenberger Vertrag« Rechtsklarheit für die Zukunft: Das Land »zahlt an die Kirchen im Lande Sachsen-Anhalt anstelle früher gewährter Dotationen für kirchenregimentliche Zwecke und Zuschüsse für Zwecke der Pfarrbesoldung und -versorgung sowie anderer auf älteren Rechtstiteln beruhenden Zahlungen einen Gesamtzuschuß (Staatsleistung)« (Art. 13 Abs. 1); über diese Staatsleistung hinaus werden weitere Leistungen nur erbracht, »wenn sie in diesem Vertrag oder den allgemeinen Gesetzen vorgesehen sind«. Die Staatsleistung ist ihrer Höhe nach im Vertrag ausgewiesen: Sie beträgt 1992 25,7 Millionen DM (Art. 13 Abs. 2) und ist für die Jahre ab 1993 mit einer an die Beamtenbesoldung gekoppelten Gleitklausel versehen (Art. 13 Abs. 3 mit Schlußprotokoll). Die Verteilung der Staatsleistung auf die einzelnen Kirchen wird durch Vereinbarung der Kirchen untereinander geregelt; die Vereinbarung ist der Landesregierung anzuzeigen (Art. 13 Abs. 4). Für eine eventuelle Ablösung der Staatsleistung »gilt Art. 140 GG i.V. mit Art. 138 Abs. 1 WRV« (Art. 13 Abs. 6). Ein Rückgriff auf ältere Rechtstitel ist damit insoweit ausgeschlossen.
Unübersichtlicher ist die Lage hinsichtlich der *Baulastverpflichtungen.* Hier ist zu unterscheiden zwischen staatlichen Baulastverpflichtungen einerseits, und Baulastverpflichtungen anderer öffentlichrechtlicher Rechtspersonen, insbesondere der kommunalen Gebietskörperschaften andererseits. Klarheit bringt der Vertrag hier nur zu den *staatlichen* Baulastverpflichtungen: Soweit *staatliche* Baulastverpflichtungen das Gegenstück staatlicher Patronatsrechte dargestellt haben, sind sie mit der Aufhebung der Patronatsrechte (Art. 11 Abs. 1) entfallen; das folgt aus der Klarstellung im Schlußprotokoll zu Art. 11 Abs. 1, nach der der Begriff Patronatsrechte die »Gesamtheit der Rechtsbeziehungen zwischen den Beteiligten einschließlich der Unterhaltungspflichten« umfaßt. Umgekehrt bleiben die staatlichen Baulastpflichten bestehen, soweit kirchlichen Zwecken gewidmete Gebäude im staatlichen Eigentum stehen; eine endgültige Vermögensauseinandersetzung in diesem Bereich (Übertragung des Eigentums an den Gebäuden an die Kirchen und in diesem Zusammenhang endgültige Regelung der Baulast) bleibt künftigen Vereinbarungen vorbehalten (Art. 9 Abs. 3). Der Staat übernimmt auch die Bauunterhaltung der Domgebäude in Magdeburg, Havelberg, Halberstadt und Halle sowie der Stiftskirche in Quedlinburg, solange die Eigentumsverhältnisse an diesen Gebäuden noch nicht geklärt sind. Das Verfahren der Vermögenszuordnung soll umgehend eingeleitet werden (Schlußprotokoll zu Art. 9 Abs. 1). Sollte sich in diesem Verfahren endgültig herausstellen, daß das Land Eigentümer der genannten Kirchen ist, bleibt es bei seiner Pflicht zur Bauunterhaltung (Art. 9 Abs. 1 S. 2). Keine ausdrückliche Regelung enthält der Vertrag für diejenigen staatlichen Baulasten, die in keine der genannten Gruppen gehören, also etwa auf besonderer vertraglicher Vereinbarung oder auf örtlicher Observanz beruhen. Sie fallen aber unter die genannte Regelung in Art. 13, nach der »weitere Leistungen« (des Landes) nur erbracht werden, »wenn sie in diesem Vertrag oder den allge-

meinen Gesetzen vorgesehen« sind (Art. 13 Abs. 2 S.2); sie sind damit durch die allgemeine Staatsleistung (Art. 13 Abs. 1 S. 1) ebenfalls abgelöst.
Die *kommunalen* Baulastverpflichtungen werden in dem Vertrag an zwei Stellen erwähnt: Danach wird sich das Land für die Aufnahme von Verhandlungen über eine Eigentumsübertragung und endgültige Regelung der Baulast für Grundstücke und Gebäude einsetzen, die kirchlichen oder diakonischen Zwecken gewidmet sind, aber im Eigentum kommunaler Gebietskörperschaften oder anderer Körperschaften, Anstalten und Stiftungen des öffentlichen Rechts stehen (Art. 9 Abs. 4); Staat und Kirchen wollen ferner darauf hinwirken, daß die kommunalen Gebietskörperschaften und die Kirchengemeinden Auseinandersetzungsverträge über die früheren vereinigten Kirchen- und Schulämter abschließen (Art. 11 Abs. 2) Darüber hinaus fehlt es an einschlägigen Regelungen; dem Land hätte für solche Regelungen auch ein Verhandlungsmandat gefehlt. Die Unsicherheiten in diesem Bereich bleiben also bestehen; es bleibt zu hoffen, daß das hier noch bestehende Streitpotential bald durch Vereinbarungen zwischen den Kirchen und den betroffenen Kommunen ausgeräumt wird.

2. *Öffentlichrechtliche Organisation der Kirche; kirchlicher Dienst als öffentlicher Dienst.* Art. 8 Abs. 1 stellt klar, daß die Kirchen, ihre Kirchengemeinden, Gliederungen und Verbände Körperschaften des öffentlichen Rechts sind; nach allgemeiner Auffassung folgt das bereits aus Art. 140 GG i.V. mit Art. 137 Abs. 5 WRV[16]. Der Rechtsklarheit dient die Verpflichtung der Kirchen, Beschlüsse über die beabsichtigte Errichtung und Veränderung von kirchlichen Körperschaften des öffentlichen Rechts der Landesregierung sowie den räumlich beteiligten kommunalen Gebietskörperschaften rechtzeitig vor dem Wirksamwerden anzuzeigen (Art. 8 Abs. 2). Ein Einspruchsrecht des Landes wird dadurch nicht begründet. Ob aus Art. 140 GG i.V. mit Art. 137 Abs. 5 WRV ein öffentlich-rechtliches Organisationsrecht der Kirchen mit der Folge abzuleiten ist, daß diese ohne staatliche Mitwirkung nicht nur kirchliche Gebietskörperschaften, sondern - mit Wirkung für das weltliche Recht - auch öffentlich-rechtliche kirchliche Anstalten und Stiftungen mit eigener Rechtspersönlichkeit begründen können, ist in der Literatur nicht abschließend geklärt[17]. Der »Wittenberger Vertrag« bringt für Sachsen-Anhalt eine Klärung im negativen Sinne: Er macht die »Errichtung und Veränderung öffentlich-rechtlicher kirchlicher Anstalten und Stiftungen mit eigener Rechtspersönlichkeit« von der *Genehmigung* der Landesregierung abhängig (Art.

16 Vgl. *H. Weber* (Anm. 10), S. 106 f.; *Ernst Friesenhahn,* Die Kirchen als Körperschaften des öffentlichen Rechts, in: HdbStKirchR I, 1974, S. 545 ff. (565 ff.).

17 Bejahend vor allem *Axel v. Campenhausen,* Grundprobleme staatlicher und kirchlicher Organisationsgewalt, ZevKR 14 (1968/69), S. 278 ff. m. Nachw. auch der abw. Lit.; *E. Friesenhahn* (Anm. 16), S. 569.

8 Abs. 3); nach dem Schlußprotokoll besteht »Einvernehmen darüber, daß nur besonders wichtige kirchliche Einrichtungen als öffentlich-rechtliche Stiftungen oder Anstalten errichtet werden sollen«. In Art. 8 Abs. 4 verpflichten sich die Kirchen, die Vorschriften über die vermögensrechtliche Vertretung der kirchlichen Körperschaften, Anstalten und Stiftungen des öffentlichen Rechts der Landesregierung vor ihrem Erlaß vorzulegen; diese kann innerhalb eines Monats Einspruch erheben, wenn eine ordnungsgemäße vermögensrechtliche Vertretung nicht gewährleistet ist. Gegen den Einspruch ist die Klage zu den Verwaltungsgerichten zulässig (Schlußprotokoll zu Art. 8 Abs. 4). Auf Ersuchen der zuständigen kirchlichen Stelle sind die fraglichen Vorschriften als Bekanntmachung des Kultusministeriums zu veröffentlichen (Schlußprotokoll zu Art. 8 Abs. 4).
Während die bisher genannten Bestimmungen durchweg das traditionelle Verständnis des öffentlich-rechtlichen Status der Kirchen bestätigen, zeigt eine andere Regelung erkennbare Unsicherheit: Zwar bleibt der kirchliche Dienst nach Art. 8 Abs. 1 »öffentlicher Dienst«. Das Schlußprotokoll enthält hierzu aber eine umfangreiche Erläuterung: »Die Feststellung, daß kirchlicher Dienst öffentlicher Dienst ist, folgt aus dem Status einer Körperschaft des öffentlichen Rechts. Sie besagt nicht, daß der kirchliche Dienst öffentlicher Dienst im Sinne des staatlichen Dienstrechts ist. Angesichts der Selbständigkeit der Kirchen und der gegenüber dem staatlichen öffentlichen Dienst unterschiedlichen Aufgaben des kirchlichen Dienstes finden staatliche dienstrechtliche Regelungen nicht unmittelbar auf den kirchlichen Dienst Anwendung. Sie werden jedoch in ihren Grundsätzen von den Kirchen übernommen, was zusätzlich die Bezeichnung des kirchlichen Dienstes als öffentlicher Dienst rechtfertigt« (Abs. 1 des Schlußprotokolls zu Art. 8 Abs. 1). Man wird kaum darin fehlgehen, den Grund für diesen umfangreichen, merkwürdig gewundenen Kommentar nicht nur in allgemeinen Unsicherheiten über Bedeutung und Legitimation der Einordnung des kirchlichen Dienstes in einen Gesamtbegriff des öffentlichen Dienstes[18], sondern auch in negativen Erfahrungen der Kirche mit staatlichen Stellen in der früheren DDR und in dadurch bedingten Berührungsängsten gegenüber allem zu sehen, was als Einbindung in den staatlichen Organisationsbereich verstanden (oder auch mißverstanden) werden könnte. Das – vor allem aus kirchlicher Sicht – entscheidende Motiv für die Beibehaltung der Charakterisierung des kirchlichen Dienstes als »öffentlicher Dienst« wird in einer weiteren Regelung des Schlußprotokolls deutlich, nach der sich die Vertragsparteien bei dieser Charakterisierung davon haben leiten lassen, »daß ein Wechsel aus dem kirchlichen in den öffentlichen Dienst und umgekehrt durch Anwendung der dienstrechtlichen Bestimmungen keine unangemessenen Nachteile zur Folge hat« (Abs. 2 des Schlußprotokolls zu Art. 8 Abs. 1).

18 Vgl. dazu insb. *Johann Frank,* Kirchlicher Körperschaftsstatus und neuere staatliche Rechtsentwicklung, ZevKR 26 (1981), S. 51 ff. (53 ff.).

3. *Staatliche Theologenausbildung.* Zu erwähnen ist hier zunächst die uneingeschränkte Bestandsgarantie für die Theologische Fakultät der Martin-Luther-Universität in Halle-Wittenberg. Die Fakultät bleibt - so der Vertrag - »für wissenschaftlich-theologische Ausbildungsgänge« erhalten (Art. 3 Abs. 1). Diese Garantie gilt unabhängig vom Grad der Inanspruchnahme der Fakultät für die kirchliche Theologenausbildung; daß diese Inanspruchnahme auch nicht mittelbar durch vertragliche Festlegung bestimmter Anstellungsvoraussetzungen für die Inhaber leitender Kirchenämter und für die Pfarrer verbindlich gemacht wird, ist noch darzulegen (vgl. unten 4).
Neue Wege betritt der »Wittenberger Vertrag« bei der Beteiligung der Kirchen am Berufungsverfahren für Hochschullehrer: Nach Art. 3 Abs. 2 wird den Kirchen »vor der Berufung eines Professors oder eines Hochschuldozenten für ein evangelisch-theologisches Fachgebiet unter Einschluß der Religionspädagogik an einer Hochschule im Land Sachsen-Anhalt . . . Gelegenheit zur Stellungnahme gegeben. Werden Bedenken geäußert, die sich *auf Lehre und Bekenntnis beziehen* und im einzelnen begründet werden, wird die Landesregierung *diese Stellungnahme beachten«.* Die Tragweite dieser Regelung wird deutlich anhand des Schlußprotokolls: Neben verfahrensrechtlichen Vorschriften, die hier nicht im einzelnen darzustellen sind, findet sich dort folgende Formulierung: »Will die Landesregierung trotz fristgemäß geäußerter Bedenken« (zu ergänzen: der Kirche) »das Berufungsverfahren für die ausgewählte Person fortsetzen, so werden die Bedenken mit Vertretern der Fakultät (des Fachbereichs) und der Kirchenleitung erörtert. Hält die Kirche ihre Bedenken aufrecht, wird eine Berufung nicht vorgenommen, es sei denn, die Wissenschaftsfreiheit würde ernsthaft gefährdet« (Abs. 4 des Schlußprotokolls zu Art. 3 Abs. 2).
Damit geht der Vertrag einen entscheidenden - durch neuere Entwicklungen in der staatskirchenrechtlichen Literatur freilich vorbereiteten - Schritt über traditionelle Gestaltungen der Mitwirkungsrechte der Kirche im Berufungsverfahren für Hochschullehrer der evangelischen Theologie hinaus: Während nach älterem Verständnis und den mit ihm übereinstimmenden Regelungen aller älteren Staatskirchenverträge[19] der organisierten Kirche in solchen Berufungsverfahren - legitimiert durch das Fehlen eines verbindlichen kirchlichen Lehramtes in der Evange-

19 Eine abweichende Regelung enthielt lediglich die Vereinbarung über die Berufung von Hochschullehrern der Evangelisch-Theologischen Fakultät der Universität Mainz vom 22.4.1947 (ABl. d. M. f. Unterricht und Kultus von Rheinland-Pfalz 1949, S. 197 ff.; abgedr. bei *Listl* [Anm. 4], Bd. II, S. 481 ff.); zu ihr ausführlich *Hans-Christhard Mahrenholz,* Die Mitwirkung der evangelischen Kirche bei der Besetzung der Lehrstühle in der evangelisch-theologischen Fakultäten, ZevKR 5 (1956), S. 218 ff. (253 ff., 270 ff.). Durch Art. 14 des Rheinland-Pfälzischen Kirchenvertrags vom 3. November 1962 (GVBl. S. 173; abgedr. bei *Listl* [Anm. 4], Bd. II, S. 484 ff., und *H. Weber* [Anm. 4], S. 160 ff.) ist aber die Rechtslage auch der Mainzer Evangelisch-Theologischen Fakultät dem traditionellen Rechtsstatus weitgehend angenähert worden; vgl. *Martin Heckel,* Die theologischen Fakultäten im weltlichen Verfassungsstaat, Tübingen 1986, S. 88.

lischen Kirche und die (auch kirchlich-evangelische) Lehrfreiheit der Mitglieder der evangelisch-theologischen Fakultäten - nur ein (den Staat im Ergebnis nicht bindendes) *Anhörungsrecht* zugestanden (und damit die Wahrung rechter evangelischer Lehre und rechten evangelischen Bekenntnisses an den theologischen Fakultäten im Ergebnis nicht als eine Aufgabe der organisierten Kirche, sondern als Aufgabe der - insoweit auch ein kirchliches Amt ausübenden - Fakultät und ihrer Mitglieder angesehen) wird[20], stehen gewichtige Stimmen in der neueren Literatur auf dem Standpunkt, daß sich das Recht der organisierten Kirche zu einer *für den Staat verbindlichen* (also eine Berufung des Betroffenen ausschließenden) Äußerung zu Lehre und Bekenntnis der an eine solche Fakultät zu berufenden Hochschullehrer ohne Rücksicht auf die Formulierung einschlägiger kirchenvertraglicher Regelungen bereits unmittelbar aus der Verfassung ergibt[21].
Richtig an dieser neueren Lehre dürfte nur so viel sein, daß die Vereinbarkeit bestimmter theologischer Lehrmeinungen mit Bekenntnis und Lehre der Kirche außerhalb der Beurteilungskompetenz des weltanschaulich neutralen Staates liegt. Auf der anderen Seite kann die Kirche die Zuständigkeit zur abschließenden Beurteilung dieser Frage sehr wohl - als eine kirchliche Aufgabe - auch einer staatlichen evangelisch-theologischen Fakultät überlassen (und hat das mit den kirchenvertraglichen Regelungen, in denen sie auf ein für den Staat verbindliches Mitwirkungsrecht verzichtet hat, auch getan). Der »Wittenberger Vertrag« trifft eine solche Regelung leider nicht und bricht insoweit mit dem traditionellen Rechtsstatus evangelisch-theologischer Fakultäten. Das der Landesregierung gewissermaßen als »Notbremse« vorbehaltene Recht, eine Berufung trotz aufrechterhaltener Bedenken der Kirche doch vorzunehmen, wenn anderenfalls »die Wissenschaftsfreiheit . . . ernsthaft gefährdet« würde, bietet keinen gangbaren Ausweg: Zu Recht ist dieser Satz als »verfehlt« bezeichnet worden, weil »die Theologie als Wissenschaft zu ihrer Freiheit nur dadurch kommt, daß sie in Übereinstimmung mit der Kirche ausgeübt wird«, es also ein »Wesensmerkmal der Theologie« ist, daß ihre »Wissenschaftsfreiheit kirchlich geprägt« ist[22]. Die Wissenschaftsfreiheit der Theologie kann daher nicht durch die Bindung theologischer Wissenschaft und theologischen Universitätsunterrichts an Lehre und Bekenntnis der Kirche verletzt werden; fraglich ist aber, wer (die organisierte Kirche oder - so das nach wie vor zutreffende traditionelle evangelische Verständnis - die theologische Fakultät selbst) zur Gewährleistung dieser Übereinstimmung zuständig ist. In der durch den Vertrag bewirkten Rückführung dieser Zuständigkeit von der Fakultät an die verfaßte Kirche liegt ein bedauerliches Stück Rekatholisierung der Grundverfassung evangelisch-theologischer Universitätsfakultäten.

20 Vgl. die eingehende Begründung bei *H.-C. Mahrenholz* (Anm. 19), passim, insb. S. 234 ff., 269 ff. m. w. Nachw.
21 Vgl. insb. *M. Heckel* (Anm. 19), S. 84 ff., insb. 94 ff.; *Axel v. Campenhausen,* Theologische Fakultäten/Fachbereiche, in: HdbWissR II, 1982, S. 1018 ff. (1030), jeweils m. w. Nachw.
22 *A. v. Campenhausen,* a.a.O. (Anm. 1).

In einem zweiten Punkt entgeht der »Wittenberger Vertrag« dagegen der Versuchung zu einer zusätzlichen Rekatholisierung: Ebensowenig wie die Staatskirchenverträge der alten Bundesländer enthält er Regelungen über ein Recht der Kirche zur *nachträglichen Beanstandung* von Lehre und Bekenntnis theologischer Hochschullehrer, wie es in der zitierten neueren Literatur auch für die evangelische Kirche mit Nachdruck reklamiert worden ist[23]. Angesichts der - den Vertragsparteien bekannten - literarischen Diskussion wird man im Fehlen einer solchen Regelung nicht eine unbewußte Lücke, sondern den bewußten Verzicht der Kirche auf ein nachträgliches Beanstandungsrecht zu sehen haben.

4. *Verzicht auf politische Klausel und vertraglich geregelte Anstellungsvoraussetzungen für Inhaber kirchlicher Leitungsämter und Pfarrer.* Der deutlichste Bruch des »Wittenberger Vertrags« mit der Tradition der älteren Staatskirchenverträge liegt in dem völligen Verzicht auf eine politische Klausel und auf die vertragliche Festlegung bestimmter Anstellungsvoraussetzungen für die Inhaber kirchlicher Leitungsämter und die Pfarrer.

Dem Verzicht auf die *politische Klausel* - übrig geblieben ist von ihr nur noch die Verpflichtung der Kirchen, die Landesregierung über »Vakanzen und Neubesetzungen ihrer leitenden Ämter (z.B. Bischof, Kirchenpräsident, Konsistorialpräsident)« zu unterrichten (Schlußprotokoll zu Art. 2 Abs. 1) - kommt nur wenig praktische Bedeutung zu: Die Anwendung dieser Klausel ist schon im Preußischen Evangelischen Kirchenvertrag, noch deutlicher im Loccumer Vertrag und in den an ihm ausgerichteten späteren Verträgen für alle die Fälle ausgeschlossen worden, in denen die Übertragung des fraglichen Amts »auf einer Wahl oder Berufung durch eine Synode beruht«. Da die Besetzung leitender Ämter durch die Synode in den evangelischen Kirchen heute die Regel bildet, ist die Klausel auch dort, wo sie in Kirchenverträgen noch enthalten ist, weitgehend gegenstandslos.

Sehr viel bedeutsamer ist das Fehlen von Regelungen zu den *Anstellungsvoraussetzungen für die Inhaber kirchlicher Leitungsämter und für die Pfarrer:* Die älteren Kirchenverträge (typisch etwa Art. 8, 9 des Loccumer Vertrags) setzen hierfür durchweg die deutsche Staatsangehörigkeit, ein zum Studium an einer deutschen Universität berechtigendes Reifezeugnis und ein mindestens dreijähriges theologisches Studium an einer deutschen staatlichen Hochschule oder an einer diesen Hochschulen gleichgestellten kirchlichen Hochschule (sog. Triennium) voraus. Von diesen Erfordernissen kann nur unter vertraglich im einzelnen genannten Kautelen abgewichen werden. Diese Vertragsbestimmungen bilden traditionell das Gegengewicht zu den Bestandsgarantien für die staatlichen theologischen Fakultäten (die auch dem Steuerzahler gegenüber auf Dauer nur gerechtfertigt werden können, wenn sie von den Kirchen tatsächlich in Anspruch genommen werden), zur Wertung des kirchlichen Dienstes als öffentlicher Dienst (deren Voraus-

23 *M. Heckel* (Anm. 19), S. 99 ff. m. w. Nachw.

setzung die Aufrechterhaltung gewisser gemeinsamer Grundstrukturen des öffentlichen Dienstrechts ist) und schließlich zur Gewährung der Dotationen und Zuschüsse für kirchenregimentliche Zwecke und für Zwecke der Pfarrbesoldung und -versorgung (eine Verbindung, die in Art. 8 Abs. 1 des Preußischen Evangelischen Kirchenvertrags - »angesichts der in diesem Vertrag zugesicherten Dotation« - noch ausdrücklich ausgesprochen wird).
Der Verzicht des »Wittenberger Vertrags« auf jede einschlägige Regelung (und damit auf ein auch insoweit austariertes Gleichgewicht zwischen Geben und Nehmen von Staat und Kirche) bringt den Vertrag in eine gewisse Schieflage in Richtung auf einseitige kirchliche Privilegierung; er zerreißt kulturelle Zusammenhänge, wie sie früher in der Interdepenz zwischen der Vorhaltung staatlicher theologischer Fakultäten einerseits, der - auch rechtlich normierten - Selbstverpflichtung der Kirche, ihre Theologen an diesen Fakultäten tatsächlich ausbilden zu lassen (und damit der Übertragung der Pfarrerausbildung an die universitas litterarum der staatlichen Universität), zum Ausdruck gekommen sind (und in den alten Bundesländern noch heute zum Ausdruck kommen). Auch der Anknüpfung an solche kulturelle Traditionen standen aber wohl die Erfahrungen der Kirche mit dem Staat der DDR und die dadurch bedingte Empfindlichkeit gegenüber allem, was auch nur entfernt als staatliche Einflußnahme auf kirchliche Personalentscheidungen verstanden werden könnte, entgegen - eine Haltung, die auf Dauer droht, die Legitimation der staatlichen theologischen Fakultäten überhaupt in Frage zu stellen.

V. Abschließende Würdigung

Als erster Staatskirchenvertrag im Gebiet der ehemaligen DDR wird der »Wittenberger Vertrag« wohl unvermeidlich zum Modell für alle weiteren Staatskirchenverträge in den neuen Bundesländern. Die Frage, ob er hierfür wirklich taugt (oder ob die zu erwartenden Verträge der anderen Länder nicht besser andere Wege gehen sollten), läßt sich nicht mit einem klaren Ja oder Nein beantworten: Zu begrüßen ist die gegenüber den Verträgen des Loccumer Typus deutlichere Betonung der Unabhängigkeit und Eigenständigkeit von Staat und Kirche. Zu begrüßen ist auch der kodifikatorische Charakter des Vertrags, mit dem Rückgriffe auf ältere Regelungen auch im Bereich der Finanzleistungen des Staates - sieht man einmal von dem nicht vollständig gelösten Problem der kirchlichen Zwecken gewidmeten Gebäude im staatlichen Eigentum ab - in Zukunft ausgeschlossen sind. Bedenken erwecken Unsicherheiten in einigen Grundsatzpositionen (etwa bei der Wertung des Kirchendienstes als öffentlicher Dienst) und der Verzicht auf gewisse Bindungen der Kirchen (etwa bei den Anstellungsvoraussetzungen für Geistliche), in dessen Licht manche Vertragsregelungen (etwa die uneingeschränkte Bestandsgarantie zugunsten der Evangelisch-theologischen Fakultät in Halle) als einseitige Privilegierung der Kirche erscheinen. Diese Regelungen sollten in andere Verträge nicht unbesehen übernommen werden; auch in einigen weiteren Punkten - etwa bei der Mitwirkung der Kirchen im Berufungsverfahren evangelisch-theologischer Fakultäten - empfehlen sich Modifikationen, die freilich ein entsprechendes Entgegenkommen der Kirchen voraussetzen.

Unabhängig von der Wünschbarkeit solcher Modifikationen wird der »Wittenberger Vertrag« aber aller Voraussicht nach im Osten eine ähnliche Rolle spielen wie der »Loccumer Vertrag« im Westen: Spiegelten sich im Loccumer Vertrag nach einer zutreffenden Formulierung von *Ernst Gottfried Mahrenholz* »Erfahrungen der Kirche im Dritten Reich« wider, »über deren Unaufgebbarkeit sie keinen Zweifel mehr lassen darf«[24], so zieht der »Wittenberger Vertrag« Folgerungen aus ähnlichen Erfahrungen der Kirche in mehr als 40 Jahren DDR-Geschichte. Daß Opfer von Traumatisierungen aus dieser Epoche auch einige, die Vertragskonstruktion letztlich legitimierende Kulturzusammenhänge des Staatskirchenrechts geworden sind, ist zwar zu bedauern, Kompromisse in diesem Punkt sind in der konkreten Verhandlungssituation in den östlichen Bundesländern aber wohl nicht ganz zu vermeiden. Das Fragezeichen in der Überschrift (Der Wittenberger Vertrag - Ein Loccum für die neuen Bundesländer?) kann daher getrost durch ein Ausrufezeichen ersetzt werden.

24 *E.G. Mahrenholz* (Anm. 5), S. 267.

Die kulturintegrative Kraft der Verfassung

Friedhelm Hufen

I. Kulturelle Vielfalt im Verfassungsleben der Bundesrepublik

Es gehört zu den Denkwürdigkeiten der Gegenwart, daß schon Begriffe zum Reizwort werden können, die nichts anderes als eine Realität umschreiben. Das gilt insbesondere für die vielberufene »multikulturelle Gesellschaft«, über deren empirische Seite angesichts der Zahl der in der Bundesrepublik auf Dauer lebenden Ausländer und Angehörigen fremder Kulturen kein Wort mehr zu verlieren ist. Der Europäische Binnenmarkt mit seiner vollen Niederlassungsfreiheit wird weitere Offenheit mit sich bringen. Versteht man »Multikulturalität« aber über die Ausländerfrage hinaus einfach in dem Sinne, daß hiermit das Zusammenleben der Träger unterschiedlicher Sprachen, Religionen, Herkunft, Bildung und Erziehung gemeint ist, ergibt sich ein noch weit vielfältigeres Bild. Kulturelle Lebensäußerungen dringen in nie gekannter Vielfalt über die Medien in den Alltag ein. Multikulturell sind Kunst und Unterhaltung, internationale Berichterstattung, sind nicht zuletzt Freizeit und Eßgewohnheiten. Die deutsche Sprache öffnet sich - ob erwünscht oder nicht - fremden Begriffen und Vokabeln, auch fremde Kulturen sind präsent und dringen unbemerkt oder in aller Deutlichkeit in die Gesellschaft und ihre Gewohnheiten ein. Schließlich scheint auch mehr und mehr die Einsicht zu wachsen, daß die nationale Wiedervereinigung als solche noch nicht die in einer 40jährigen kulturellen und sozialen Entwicklung begründeten Unterschiede in beiden Teilen Deutschlands überbrücken konnte[1].

Solche Entwicklungen mögen als Chance begriffen werden oder Angst erzeugen: Sie zu leugnen oder auf die Indikatoren und deren Begrifflichkeiten einzuschlagen aber scheint - gelinde gesagt - müßig. Jedenfalls offenbart ein solches Verhalten Angst. Hinter ihr mag die Furcht vor Überfremdung oder auch eine typisch deutsche Angst vor »Heimatverlust« erkennbar werden - hinein bis in die Reihen von Politikern, die es besser wissen müßten und gleichwohl aus dieser Angst Kapital schlagen.

Vor einem solchen Hintergrund besteht Anlaß zu der Frage, in welcher Verfassung eine von den hier nur zu skizzierenden Entwicklungen gekennzeichnete Gesellschaft ist und welchen Beitrag die Verfassung als rechtliche Grundordnung des Gemeinwesens dazu leisten kann, daß Ängste nicht in Aggressionen, daß Aggressionen nicht in Gewalt und - in letzter Konsequenz - nicht in den psychischen

1 Vgl. das kennzeichende Psychogramm in: *H. J. Maaz,* Das gestürzte Volk - Die unglückliche Einheit (1991).

und physischen Angriff auf erkennbare Minderheiten und den Kampf der ethnischen, sprachlichen und sonstigen Minderheiten untereinander umschlagen.
Die stets neu zu stellende Frage an die normative Kraft der Verfassung[2], also an die Fähigkeit der Verfassung, in der Wirklichkeit geschichtlichen Lebens bestimmend und regulierend zu wirken, betrifft nicht nur die schon gegenwärtigen Alltagsprobleme und Fälle, die aus dem Zusammenleben unterschiedlicher Kulturen in einer Rechtsordnung entstehen: Vom Minarett im Wohngebiet über das Schächtungsverbot nach deutschem Tierschutzrecht bis zum Feiertagsrecht, vom Eingriff in fundamentalistisch ausgeübte Elternrechte bis zur Strafzumessung bei religiös motivierten Straftaten[3]. Solche Rechtsprobleme sind zunächst nach den Regeln des jeweiligen Rechtsgebiets und der verfassungsrechtlichen Methodik »kleinzuarbeiten«, statt sie auf abstrakter Ebene zu dogmatisieren. Sie betreffen die Funktion der Verfassung bei der Konfliktlösung im Einzelfall – weniger aber grundsätzliche verfassungstheoretische Fragen.
Aus verfassungsrechtlicher Sicht greift natürlich auch derjenige zu kurz, der die genannten Fragen nur als Probleme des Ausländer-, Asyl- oder Staatsangehörigkeitsrechts im engen Sinne sieht. Auch die für viele an die Basis des Verfassungsstaates rührende Frage der Definition des Staatsvolks und des Wahlrechts[4] sagt zwar viel aus über den Umgang mit den sich stellenden Problemen (und den hinter den Problemen stehenden konkreten Menschen), doch darf sich die Frage der Rolle der Verfassung auch hierauf nicht beschränken.
Gefragt ist vielmehr nach der Grundfunktion der Verfassung selbst: nach ihrer normativen Kraft zur Ordnung auch heterogener gesellschaftlicher Realitäten, nach ihrem Beitrag zu einer Rechts- und Friedensordnung, in der gewaltfreie Austragung auch grundsätzlicher Konflikte möglich ist, in der unterschiedliche Kulturen existieren, aufeinander einwirken, sich in ihrer Vielfalt erhalten und gleichwohl zusammenwirken können.

Dabei wird immer mehr deutlich, daß traditionelle Integrations- und Identifikationsmuster, insbesondere die Zugehörigkeit zu Staatsvolk und Nationalstaat, zur Lösung der sich abzeichnenden Fragen kaum beizutragen vermögen, ja in jeder Übersteigerung kontraproduktiv wirken[5]. Zwar bietet der neuzeitliche Verfas-

2 *Konrad Hesse,* Die normative Kraft der Verfassung (1959).
3 Zum religiös motivierten Schächten auch *Kuhl/Unruh,* Tierschutz und Religionsfreiheit am Beispiel des Schächtens, DÖV 1991, 94; zum Minarett im Wohngebiet vgl. BVerwG, NJW 1992, 2170; zum Problemkreis Feiertagsrecht aus jüngster Zeit interessant AG Öhringen, NVwZ 1992, 101; BayVGH, NJW 1991, 1319 (keine Dienstbefreiung für jüdischen Beamten zum Zwecke der Einhaltung des Laubhüttenfestes). Zu erinnern ist natürlich auch an die zahlreichen schulrechtlichen Streitigkeiten um Schulbuchzulassung, Teilnahme islamischer Mädchen am koedukativen Sportunterricht usw.
4 Dazu unten IV. sowie BVerfGE 83, 37, 50; 83, 60, 71.
5 Dazu insbesondere *Dieter Oberndörfer,* Die Bundesrepublik Deutschland, Europa und die Dritte Welt: Zum »nationalen« Selbstverständnis der Bundesrepublik, in: *M. Hättich* (Hg), Zum Staatsverständnis der Gegenwart (1987), 221 ff.; *ders.,* Der Nationalstaat – ein Hindernis für das dauerhafte Zusammenleben mit ethnischen Minderheiten?, ZAR 1989, 3 ff.

sungsstaat und mit ihm die staatsrechtliche Friedensordnung einen keinesfalls überholten Rahmen gerade zur Lösung interkultureller Konflikte - ist er doch selbst auf dem Boden der wohl umfassendsten »interkulturellen Katastrophe«, der Religionskriege, entstanden. So bleibt der Staat eine zur Konsenswahrung und internen Friedenssicherung unverzichtbare Institution[6]. Das gilt zumal dann, wenn der Staat als relativ neutrale, auf Distanz von Gruppen und deren Kulturen angelegte Instanz verstanden wird.

Anders aber, wenn der Staat nach dem Muster des 19. Jh. zur ethnischen »Schicksalsgemeinschaft« verklärt, wenn er damit - über die formelle Frage des Wahlrechts hinaus - auf das Staatsvolk als Abstammungsgemeinschaft reduziert wird. Nationalstaat in diesem Sinne verliert seine kulturübergreifende Kraft, wie sie selbst der religiös und kulturell relativ indifferenten Konzeption der Staatsphilosophen des Absolutismus noch eigen war. Nationalstaat in diesem Sinne würde auch die demokratisch-republikanische Tradition aufgeben, wie sie sich seit der französischen Revolution mit der Nation im Sinne des sich selbst bewußt gewordenen (revolutionären) Volkes verband[7].

Gerade dieses Konzept des Nationalstaats scheint aber nach dem Ende künstlicher, ideologisch geprägter Machtsysteme weltweit Konjunktur zu haben. Insbesondere das Bestreben, Nation, Kultur, Volk und Staat in möglichst homogener Weise auf einem einheitlichen Staatsgebiet zusammenzuführen, erlangt im Zeichen internationaler Verflechtung und Verunsicherung Attraktivität. Nur dieses Konzept scheint den Völkern Sicherheit, Nähe und »Wir-Gefühl« zu bieten. Die Konsequenzen sind bekannt: Ethnische und kulturelle Säuberungen, Bürgerkrieg und Flüchtlingsströme; in Ansätzen auch bereits wieder Religionskriege.

Auch in der Bundesrepublik der Gegenwart wird die Gefahr ethnischer Überfremdung subtil beschworen oder deutlich ausgesprochen. Verschwiegen wird dabei, daß es nicht das Zusammenleben ethnisch differenter Gruppen als solches ist, das Krisen erzeugt, sondern gerade der ethnische Nationalismus und Egoismus, der die Probleme jenes Zusammenlebens unlösbar macht. So kann es gerade der Nationalstaat in der Definition des 19. Jh. sein, der das Integrationspotential von Staat und Verfassung gefährdet, wenn er seine eigene Identität durch Ausgrenzung nationaler und kultureller Minderheiten gewinnt und damit für den gesellschaftlichen Konfliktfall leicht erkennbare Haßobjekte und Sündenböcke bereitstellt. Diese Gefahr muß jedem bewußt werden, der versucht, den Beitritt der vormaligen DDR zur Bundesrepublik zum Anlaß für die Betonung einer wiedergefundenen und eng definierten »Nationalstaatlichkeit« werden zu lassen und damit vieles zu opfern, für das die Bundesrepublik und ihr Grundgesetz stehen.

6 Ähnlich *Jörg Paul Müller,* Demokratische Gerechtigkeit. Eine Studie zur Legitimität rechtlicher und politischer Ordnung (1993), 102.

7 Dazu *Oberndörfer,* a.a.O. (Fußn. 5); Lutz Hoffmann, Nationalstaat oder Republik, Zeitschrift für deutsche und internationale Politik 1989, 759.

In einem ebenso mutigen wie gegenwärtig wohl utopischen Entwurf ist versucht worden, dem Nationalstaatskonzept die weltbürgerlich offene »Republik« mit selbstverständlichem Recht zu Einreise und Teilhabe entgegenzusetzen[8]. Auch abgesehen von dieser in der Tat auf der großen republikanischen Tradition des Naturrechts und der Aufklärung beruhenden Vision wäre aber schon viel gewonnen, wenn jene Offenheit und Pluralität auf der begrenzten Ebene der vorhandenen Rechtsgemeinschaft ernstgenommen würde. Auch hier geht es also um die integrative Kraft der Verfassung, die den Rahmen, aber auch den Maßstab eines die Kulturen und Sprachen übergreifenden Gemeinwesens bildet.
Dieses Thema zielt naturgemäß auf Vernunft und Aufklärung, es bedingt die Herstellung einer pluralistischen, den engen Bereich des Staates übergreifenden Öffentlichkeit. In seinem Mittelpunkt steht die Kultur - nicht in ihrem idealistisch überhöhten und damit stets ausgrenzenden Sinne, sondern als Lebensform (ganz im Wortsinne) des »Pflegens«. Begriffe und Funktionen, denen sich Ernst Gottfried Mahrenholz als Politiker, Richter und Wissenschaftler immer wieder gewidmet hat.

II. Integration durch Verfassung

1. Die Funktion des Grundgesetzes wie jeder Verfassung ist nicht überzeitlich, sondern ständigem Wandel unterworfen[9]. Standen für die Verfassungstradition im 18. und 19. Jh. die Abgrenzung der bürgerlichen Gesellschaft gegenüber staatlicher Macht sowie die Teilhabe eines eng definierten Bürgertums an dieser Macht im Vordergrund, so wurde die Verfassung im 20. Jh. zur rechtlichen Grundordnung des Gemeinwesens insgesamt. Nach der Katastrophe des Nationalsozialismus und des Zweiten Weltkriegs erschien es selbstverständlich, daß das Grundgesetz nicht nur dem staatlichen Leben Stabilität verleihen sollte, sondern darüber hinaus der Gesellschaft eine übergreifende »Wertordnung« vorgab[10]. Nach dem Beitritt der vormaligen DDR zur Bundesrepublik und der Inkraftsetzung des Grundgesetzes in den neuen Bundesländern schien es manchem so, als bedürfe es ausgerechnet der Opferung dieser erfolgreichsten deutschen Verfassung, um das längst erwiesene »Ja« des deutschen Volkes zum Grundgesetz auch für die Bewohner der neuen Bundesländer zu dokumentieren[11]. Mittlerweile scheint deutlich, daß dieses Grundgesetz seine integrative Kraft auch für die größer gewor-

8 So insbesondere von *Oberndörfer,* a.a.O. (Fußn. 5).
9 *Konrad Hesse,* Grundzüge des Verfassungsrechts der Bundesrepublik Deutschland, 18. Aufl. (1991), Rdnr. 9.
10 Kritisch dazu *Hesse,* a.a.O. (Fußn. 9) Rdnr. 299; *H. Goerlich,* Wertordnung und Grundgesetz. Kritik einer Argumentationsfigur des Bundesverfassungsgerichts (1973).
11 *Dieter Grimm,* Verfassungsreform in falscher Hand, Merkur 12 (1992), 1059, 1061.

dene Bundesrepublik erweist, und es rückt bereits die Rolle der Verfassung als Korrektiv für die nächste Stufe der europäischen Integration in den Mittelpunkt. Unabhängig davon aber bleibt die Aufgabe dieser Verfassung, einen Beitrag zur kulturübergreifenden Integration zu leisten, ohne die jede auch noch so gut gemeinte Diskussion um eine Besserstellung ausländischer Mitbürger ins Leere läuft. Hierfür gilt es zunächst den Begriff der »Integration« von Mißverständnissen freizuhalten. Integration im staatsrechtlichen Sinne, so hat Rudolf Smend gelehrt, meint nicht vorgegebene Einheit, sondern einen Prozeß ständigen Zusammenführens verschiedener Einheiten[12]. Integration in seinem Sinne bedeutet eine Herstellung von Einheit, die mehr als bloße Addition von Einzelelementen ist; sie bedeutet aber nicht Assimilation unter Aufgabe der je eigenen Identität, sondern wahrt den Charakter der integrierten Individuen und Gruppen. Es sei dahingestellt, ob man der Integrationslehre in ihrer Weimarer Form noch vorwerfen kann, sie vernachlässige das demokratische Verfahren und frage nur nach der staatlichen Einheit. In einer späteren Darlegung zur Integrationslehre hat Smend selbst klargestellt, daß es ihm nunmehr um eine Modell streng demokratischen Denkens geht, das die Verfassung weit über ein bloßes Organisationsstatut hinaushebt und zur Lebensform der Staatsangehörigen insgesamt werden läßt[13].

Dem ist aus heutiger Sicht nur hinzuzufügen, daß die Verfassung nicht nur die Staatsangehörigen im engeren Sinne des Wortes zum Staate hin integriert, sondern daß sie über Staat und Staatsangehörige hinaus politische Einheit und rechtliche Ordnung zwischen allen durch die Verfassung Berechtigten und Verpflichteten zur Aufgabe hat[14]. Das betrifft auch die Integration fremder Kulturen und geht über die Staatsangehörigen hinaus. Zwar ist auch das GG von 1949 den vollen Schritt zur »Menschenrechtsverfassung« nicht gegangen, hat als Verfassungsgeber das deutsche Volk benannt und wichtige Grundrechte als »Deutschenrechte« den deutschen Staatsangehörigen zugeordnet. Auf dieses deutsche Volk ist auch in der Neufassung des Art. 146 GG die Verfassungsgebung als solche beschränkt. Faktisch und auch normativ ist das Grundgesetz aber mehr als nur die Verfassung des deutschen Volkes. Es knüpft in Art. 1 und 3 an die Menschenrechte an, verbietet die Diskriminierung nach Rasse und Herkunft (also auch nach Nation) und ordnet die meisten und wichtigsten Grundrechte allen Menschen zu, die unter dieser Verfassung zusammenleben. Durch die Europäische Menschenrechtskonvention, durch Gesetz und internationale Verträge haben ausländische Mitbürger überdies an weiteren Gewährleistungen der Verfassung teil, sie wirken – mit Ausnahme des formellen Wahlrechts – auch an der politischen Willensbildung in Freiheit und

12 Hierzu und zum folgenden: *Rudolf Smend,* Verfassung und Verfassungsrecht, Staatsrechtliche Abhandlungen (2. Aufl. 1968), 189.
13 *Rudolf Smend,* Stw. Integration in Evang. Staatslexikon, 3. Aufl., 1355.
14 In diesem Sinne *Konrad Hesse,* a.a.O. (Fußn. 9), Rdnr. 5 ff.

Gleichheit mit und sind, wenn nicht »Staatsbürger« im starren Sinne, jedenfalls »Verfassungsbürger«.

Betrachtet man die Funktion der Verfassungsrechtsprechung in der Gegenwart, so wird rasch deutlich, daß die Verfassung heute Grundmuster gesellschaftlicher Konfliktlösung und der Verteilungs- und Entscheidungsprozesse des politischen Systems geworden ist. Die prägende Kraft der Verfassungsrechtsprechung und die auch für Anwendungsfälle des »einfachen Rechts« geltende verfassungskonforme Auslegung führen dazu, daß gerade die schwierigen Probleme des Zusammenlebens ethnischer Minderheiten sich als Zuordnung konfligierender kultureller, religiöser und sozialer Schutzbereiche der Verfassung darstellen. Das Grundgesetz und die in ihm geschützten, aber auch beschränkten Freiheiten sind damit zum Entscheidungsmuster der großen interkulturellen Konflikte geworden, und daran haben auch und gerade die ausländischen Mitbürger teil. Hier geht es weder allein um die Bindung »des« Staates an bürgerliche Freiheiten, noch allein um den status activus der Wahlbürger im engeren Sinne. Die Integration zur »verfaßten Rechtsgemeinschaft« übergreift Staat und Gesellschaft, deutsche Staatsbürger und Ausländer. Über Gerichte, Behörden und Medien wirkt diese Form der Integration auf die Bürger zurück und bestimmt damit ihrerseits Grundmuster des Verhaltens: »Die Würde des Menschen, nicht nur die Würde des Deutschen, ist unantastbar«.

Begreift man Demokratie nicht nur als Ausübung formaler Mitbestimmung über Wahlen, sondern als Ausübung grundrechtlicher Freiheit und als Verfahren zur Verständigung artikulierter Bedürfnisse[15], dann wird die Teilhabe auch ausländischer Mitbürger an jenem Integrationsvorgang durch Verfassung vollends deutlich. In der Gewährleistung kultureller, religiöser und weiterer Freiheiten, in der Öffnung von Freiheitschancen für höchst individuelle und ungewöhnliche Gewissensentscheidungen, ja für religiöse und politische Fundamentalismen[16], schafft das Grundgesetz auch Raum für den rationalen Umgang mit dem Irrationalen, bietet aber auch eine unerbittliche Schranke gegen jene Feindseligkeit, die aus dem schieren Nichtverstehen des jeweils anderen erwächst.

2. Integration der Kulturen unter dem Grundgesetz kann nur Zusammenführung unter Wahrung der je eigenen Identität bedeuten. Die Verfassung verpflichtet daher den ausländischen Mitbürger nicht auf eine fiktive kulturelle Gemeinsamkeit, die nur unter Aufgabe eigener Identität anzueignen wäre. Teilhabe um den Preis kultureller Selbstaufgabe kann nicht ihr Ziel sein. Das gilt für ausländische Mitbürger nicht weniger als für Deutsche, die gleichfalls durch das Grundgesetz zu keinem inneren Bekenntnis zu einer Kultur oder zu einer Wertordnung dieser Verfassung verpflichtet werden. Auch für sie ist »Kultur« nicht von vornherein existierender, durch Sprache und Herkunft gebildeter »Inhalt« oder verpflichtendes

15 *Jörg Paul Müller,* a.a.O. (Fußn. 6).

16 Dazu *Friedhelm Hufen,* Fundamentalismus als Herausforderung des Verfassungsrechts und der Rechtsphilosophie, Staatswissenschaften und Staatspraxis (1992), 455 ff.

Ideal. Der unverfänglich klingende und positiv besetzte Begriff des Kulturstaats ist gerade in seiner von Ernst Rudolf Huber geprägten Sichtweise[17] durch eine enge Verbindung von »Kultur« und »Staat« gekennzeichnet. Durch die deutsche Romantik und den Idealismus ist er auch so eng auf die deutsche Nation bezogen, daß er schon für die Entwicklungen der deutschen Kultur nur unter Aufgabe elementarer Freiheiten verbindliches Leitbild sein könnte[18]. Das gilt umso mehr für die Angehörigen fremder Kulturen, für die die Integration nicht als Aufgabe kultureller Freiheit und Selbstbestimmung mißverstanden werden darf. Wer hier Assimilation als Preis für politische und kulturelle Teilhabe verlangt, hat nicht nur ausländerpolitisch ein bedenkliches Konzept; er mißachtet auch sehr konkrete grundrechtliche Gewährleistungen, z. B. der Religions-, Meinungs- und Kunstfreiheit. Die Gemeinschaft der Verfassungsbürger ist also weiter, offener und pluralistischer, als alles, was an »Bekenntnissen« oder Hinwendung zur Nation oder an Einordnung in die deutschen Lebensverhältnisse als Voraussetzung der Einbürgerung je formuliert worden ist[19]. Kennt das Grundgesetz selbst keinen einheitlichen, verpflichtenden Kulturbegriff, sondern nur kulturelle Freiheit, dann kann es auch und erst recht nicht auf einen deutschen Kulturbegriff festlegen, der seinen historischen Hintergrund im 19. Jh. nicht verleugnen könnte[20]. Kulturintegrative Funktion der Verfassung besteht also nicht in der Zusammenführung zu einer Einheitskultur, sie wahrt vielmehr die Eigenheiten der unterschiedlichen Träger kultureller Freiheit und bietet dadurch Gelegenheit zum Entstehen von etwas Neuem, zu dem sich alle Seiten bekennen können, ohne sich darin zu verlieren. Die »Wertordnung« des Grundgesetzes ist ihrerseits kulturbedingt und war dies stets. Sie kann daher auch für das Zusammenleben der Kulturen unter diesem Grundgesetz nur ein äußerer Rahmen sein, in dem sich neben anderen Inhalten auch die kulturbezogenen Grundwerte einer Gesellschaft stets aufs neue herausbilden: Ein Grundkonsens der Verfassungsbürger unterschiedlicher ideeller und kultureller Herkunft.

Anders als die »idealistische Aufladung« des Kulturbegriffs ist das hier vorausgesetzte pluralistische Kulturkonzept in der westlichen Verfassungstradition tief verwurzelt. Seine Basis ist letztlich die Verfassungen wie der Virginia Bill of Rights zugrundeliegende Idee, die je eigenen höchsten Werte als »self evident« vorauszusetzen[21], selbst aber nicht zum Inhalt der Verfassung zu machen. Das Prinzip der Nichtidentifikation, das der säkulare Verfassungsstaat der Neuzeit für

17 *Ernst Rudolf Huber,* Zur Problematik des Kulturstaats (1958).

18 *Max-Emanuel Geis,* Kulturstaat und kulturelle Freiheit. Eine Untersuchung des Kulturstaatskonzepts von *Ernst Rudolf Huber* aus verfassungsrechtlicher Sicht (1990), 90 und passim.

19 Zur Voraussetzung der »Hinwendung zu Deutschland« als Bedingung der Einbürgerung, die durch eine Tätigkeit in einer (legalen) Emigrantenorganisation bereits ausgeschlossen sein soll (!), s. etwa BayVGH, BayVBl. 1989, 723; zur »Einordnung in die deutschen Lebensverhältnisse« vgl. nach wie vor § 9 I 2 RuStAG.

20 *Geis,* a.a.O. (Fußn. 18), 187.

21 Dazu *Hasso Hofmann,* Vier Erfahrungen des Rechts, in: FS Schwardtländer (1992), 90.

den Umgang mit Religion und Gewissen formulierte, beruhte letztlich auf dem Verzicht auf Letztbegründungen in der Grundlegung der Ordnung von Recht und Staat, ließ aber gerade dadurch den modernen Verfassungsstaat zu einem funktionierenden Rahmen für die Koexistenz auch fundamental unterschiedlicher Kulturen und Wertordnungen werden. Die Notwendigkeit dazu ergab sich aus den religiösen Konflikten der damaligen Zeit. Der nationale Verfassungsstaat des 19. und des beginnenden 20. Jh. setzte dagegen - auch wenn er Religionsfreiheit gewährte - eine nationale, ethnische und kulturelle Homogenität voraus, die sich gegen konkurrierende Nationalismen ebenso behaupten wollte wie gegen übernationale, als »künstlich« begriffene Herrschaftssysteme. Die Einigung zum Nationalstaat schuf kulturell homogene Staaten, war aber nach innen mit Kulturkampf und Ausgrenzung alles Fremden, nach außen mit einem Auseinanderfallen der gesamteuropäischen »Multikulturalität« erkauft. Nicht zuletzt die sich daraus ergebenden Gegensätze führten in die Katastrophe der beiden Weltkriege.

Auch heute besteht wieder die Herausforderung zur Integration unterschiedlicher Kulturen unter ein Verfassungssystem. Am Horizont aber erscheint damit auch die Chance zur Rückkehr zu einer auf wechselseitiger Anerkennung und Zusammenführung der unterschiedlichen Werte und Kulturen basierenden europäischen Ordnung, die natürlich nicht nur eine europäische im engeren Sinne sein kann, sondern außereuropäische Ideen schon deshalb umgreifen muß, weil diese in den europäischen Grenzen heute allenthalben präsent sind. Für diese Aufgabe ist es ein Glücksfall, daß es in der europäischen Geschichte eben nicht nur die Idee des ausgrenzenden Nationalstaats gibt, sondern daß die europäischen Verfassungen zumindest in ihrem Kern auf die überstaatliche Identität des Menschen bezogen sind. Mit dem Prinzip der Nichtidentifikation mit einer Kultur bewahrten sie zudem die Möglichkeit der Koexistenz mehrerer Kulturen unter einer Rechtsordnung. Ist diese Ordnung auch in dem Sinne »eurozentrisch«, als sie auf europäischem Gedankengut beruht, so ist sie doch gerade durch ihre Offenheit in der Lage, auch fremde Wertordnungen einzubeziehen - selbst wenn diese ihrerseits weniger offen und weniger tolerant sind[22].

Kulturintegration im hier gemeinten Sinne setzt die uralten Prinzipien der Toleranz und des Minderheitenschutzes voraus, darf aber nicht auf diese beschränkt werden. Es geht nämlich nicht nur um den Schutz und das »Ertragen« der Minderheiten, sondern um die Öffnung der Minderheit gegenüber und damit deren echte Einbeziehung in die Bildung des verfassungsrechtlichen Grundkonsenses einer vorhandenen Gesellschaft. Mit Toleranz reagierte die kulturell und religiös weitgehend homogene Gesellschaft des 18. und 19. Jh. auf ihre geduldeten Minderheiten und stellte sie im besseren Fall als Minderheit unter den Schutz der Verfassung. Die heutige Verfassungsordnung erfüllt ihre Aufgabe der Integration unter-

22 Dazu - ausführlicher als hier möglich - *Hufen*, a.a.O., (Fußn. 16), 475 ff.

schiedlicher Gruppen und Kulturen, indem sie die Chance zur Einbeziehung, zum Zusammenwirken, zur wechselseitigen Entfaltung bietet und dafür institutionelle Rahmenbedingungen bereithält[23]. Auch das kann und soll nicht zur ideellen Beliebigkeit, zur Selbstaufgabe in einer nicht mehr identifizierbaren »Mischkultur« führen. Gemeint ist vielmehr - ganz im Sinne Rudolf Smends - die Zusammenführung zu etwas Neuem unter Bewahrung der jeweils eigenen Identität.

3. Es gehört zur anthropologischen Basis des Grundgesetzes, daß es den Menschen nicht auf ein bestimmtes vorgefaßtes Menschenbild festlegt, sondern die Selbstfindung des Menschen im wesentlichen dessen eigener Entscheidung und Verantwortung überläßt. Ebenso achtet der Staat das Selbstverständnis der Träger von Religion, Kunst und Wissenschaft durch einen weitgehenden »Rückzug« aus der Definitionskompetenz für den Inhalt solcher kultureller Lebensäußerungen. Weichen diese vom Menschenbild der Mehrheit ab, so besteht nur dann Anlaß, mit den »Waffen« der streitbaren Demokratie, mit Vereinsverbot und Parteiverbot, mit Grundrechtsverwirkung und Grundrechtsschranken zu reagieren, wenn die Rechtsgüter anderer oder die freiheitliche demokratische Grundordnung der Gemeinschaft selbst tangiert sind. Diese Konflikte stellen sich aber nicht abstrakt, sondern nur im Rahmen konkreter Problemfälle, auf die zurückzukommen sein wird.

Gleichwohl kommt auch die Verfassung der Bundesrepublik nicht ohne einen Grundkonsens aus, der auch für fremde Kulturen verbindlich ist und eingefordert werden muß und den man als »interkulturelles Minimum« bezeichnen könnte. Dieser hat eine inhaltliche und eine prozedurale Seite. Die inhaltliche läßt sich mit der unbedingten Achtung der Menschenwürde, die prozedurale Seite mit der Wahrung demokratischer Spielregeln und der unbedingten Beachtung der Friedenspflicht bei der Austragung auch fundamentaler Konflikte umreißen.

Im internationalen Kontext stellt sich unter dem Zeichen der »neuen Weltordnung« derzeit erneut und sehr ernst die Frage, ob die im westlichen Bereich entstandenen (und auch hier nie ganz eingehaltenen) Menschenrechte anderen Staaten und Kulturen zur Pflicht gemacht werden dürfen, und ob auf die Verletzung elementarer Menschenrechte durch Sanktionen und ggf. militärische Intervention reagiert werden darf. Eindeutig ist insofern die Antwort im Bereich der nationalen Verfassungsordnung. Hier kann und muß die Beachtung des verfassungsrechtlichen Grundkonsenses von allen verlangt werden, die unter einer gegebenen Verfassung zusammenleben. Hier werden Menschenwürde und Friedenspflicht nicht in andere Länder und Kulturen »exportiert«, sondern nur denjenigen gegenüber als verbindlich durchgesetzt, die unter dieser Rechtsordnung leben und von ihr nicht zuletzt in ihren kulturellen Freiheitschancen profitieren. Die Wahrung der Würde des »Menschen als Zweck an sich«, der im Kant'schen Sinne nicht zum

23 In diesem Sinne auch *Jörg Paul Müller,* a.a.O. (Fußn. 6), 16, 18.

Objekt der Zweckerfüllung anderer gemacht werden darf, auch die Gleichheit aller Menschen und die Achtung vor ihrer rassischen, kulturellen und sozialen Identität stellen ein solches Minimum dar. Verstöße gegen die Menschenwürde im so verstandenen Sinne sind nicht lediglich »innere Angelegenheiten« der jeweiligen Gruppe. So ist z. B. der Herabwürdigung des Menschen zum bloßen Objekt einer Ideologie oder Religion, der Eingriff in die körperliche oder seelische Integrität, der rassistische Angriff auf die Identität des Menschen selbst durch nichts und durch niemanden zu rechtfertigen. Er ruft daher die Macht- und Abwehrmittel der Verfassung und des Staates auf den Plan.

Diese und ähnliche Fragen sind heute nicht mehr hochabstrakt. Sie stellen sich in den alltäglichen Rechtskonflikten des Ehe- und Familienrechts ebenso wie im Straf- und im Öffentlichen Recht. Sie bilden auch den Hintergrund der Frage, was die Medien der Gemeinschaft (und die Gemeinschaft den Medien) zumuten darf. Gilt die Achtung der Menschenwürde als unbedingte Schranke jeder kulturellen Entfaltung auch für die Minderheiten, so schützt sie selbstverständlich auch diese vor Angriffen auf ihre ethnische, religiöse und kulturelle Identität. Wer einen Menschen angreift, weil er nicht zu einer bestimmten Volksgemeinschaft gehört oder von anderer Herkunft und Rasse ist als die Mehrheit, stellt sich selbst außerhalb der Verfassungsordnung und kann für diese Angriffe auch nicht die Freiheiten in Anspruch nehmen, die das Grundgesetz gewährt. So sehr durch Meinungsfreiheit und andere Grundrechte auch die Auseinandersetzung über Probleme des Asylrechts, über Fragen des Zusammenlebens mit Angehörigen fremder Kulturkreise usw. ermöglicht und geschützt sind, so sehr gerade diese Verfassungsordnung ein offenes Ansprechen von Problemen und möglichen Lösungen gewährleisten will, so deutlich muß doch sein, daß der Angriff auf die Identität der Minderheit selbst, der Appell an dumpfe Überfremdungsängste und das Schüren von Haß gegen den Grundkonsens der Verfassung verstößt. Feindseligkeit gegenüber anderen Menschen und Kulturen wegen deren Andersartigkeit ist Feindseligkeit gegen die Verfassung selbst. Verfassungsfeind in diesem Sinne ist nicht nur der Straftäter und Brandstifter. Verfassungsfeinde sind auch die politischen Brandstifter, die z. B. mit der Rede vor der »durchrassten« Gesellschaft oder der dümmlichen Vereinfachung von Kriminalstatistiken (»multikriminelle Gesellschaft«) das Zusammenleben der Kulturen als solches angreifen oder auch »Verständnis« für Haß und Aggressionen zeigen, bei denen die einzig angemessene Reaktion der deutliche Hinweis auf die Borniertheit solcher Ängste oder der Einsatz des Strafrechts wäre.

Gegen Gruppen, die die Basis gegenseitiger Anerkennung der Menschenwürde verlassen, sind auch die Mittel der abwehrbereiten Demokratie einzusetzen. Auch das Parteienprivileg schützt dann zwar vor einem Verbot und verbotsähnlichen Maßnahmen durch die Exekutive, gewährt aber kein Recht, öffentliche Medien im Wahlkampf zur Verbreitung menschenfeindlicher Pamphlete einzusetzen. Weder Parteienfreiheit noch Chancengleichheit im Wahlkampf schaffen ein Recht zum

öffentlichen Angriff auf die Menschenwürde, der Basis der gesamten Rechtsordnung überhaupt.
Daneben bildet die Wahrung des demokratischen Grundkonsenses die unverzichtbare Basis des Zusammenlebens aller Gruppen und Kulturen unter dem Grundgesetz. Für den einzelnen besteht insbesondere die Verpflichtung zur Gewaltfreiheit und zur Wahrung der Friedenspflicht bei der Austragung politischer, sozialer und kultureller Konflikte. Als offene Verfassung kann es sich das Grundgesetz bewußt »leisten«, auch grundlegende Konflikte in aller Öffentlichkeit auszutragen, und es hält hierfür entsprechende Gewährleistungen und Freiheiten bereit. Voraussetzung aber ist, daß jede Gruppe auch insofern den Grundkonsens der Gemeinschaft wahrt, als sie die Rechte der anderen und die Grundregeln der politischen Auseinandersetzung achtet. Wer für sich ein Recht zur Regelverletzung in Anspruch nimmt, muß daher gewärtigen, daß solche Regelverletzung nicht hingenommen werden kann. Das gilt umso mehr, je häufiger und dringlicher die Anlässe zur Verletzung der Regeln zu sein scheinen. Die Blockierung von wichtigen Verkehrsadern und ähnliche nur scheinbar »symbolische« Akte sind ein gefährlicher erster Schritt auf dem Wege zu einer kommunikativen Ellbogengesellschaft, in der nur noch der jeweils medienwirksamste Verstoß zum Erfolg in der politischen Auseinandersetzung führt. Gerade eine offene und plurale Verfassungsordnung geht aber zugrunde, wenn sie im Zeichen wichtiger kultureller, sozialer und wirtschaftlicher Konflikte nicht geradezu eisern die Spielregeln des legalen und damit gewaltfreien Protestes einhält. Gerade in einer mehrere Kulturen übergreifenden Gesellschaft steigt die Wahrscheinlichkeit, daß nicht nur der erste Regelverletzer meint, er habe die beste Lösung und damit das Recht zum Widerstand für sich. Die Friedensordnung des Grundgesetzes mutet es selbst einer rechtswidrig angegriffenen Minderheit grundsätzlich zu, sich dem Schutz der staatlichen Ordnung anzuvertrauen, statt mit Gegengewalt zu reagieren und damit den Konflikt unweigerlich zu eskalieren. Umso wichtiger ist es, daß der Staat mit allen zu Gebote stehenden Mitteln diesen Schutz gewährleistet.

III. Grundrechtliche Freiheit und Grundrechtsschranken im interkulturellen Rechtskonflikt

Das Zusammenleben unterschiedlicher Kulturen und Religionen führt zu spezifischen Rechtsproblemen, die sich nicht nur in den »großen« rechtlichen und politischen Auseinandersetzungen, sondern in einer Fülle alltäglicher Fälle zeigen. Der verfassungsrechtliche Rahmen für die Lösung dieser und ähnlicher Konflikte muß nicht etwa noch entwickelt werden; er ist mit den Grundrechten und ihren Schranken vielmehr schon vorhanden und bietet auch den dogmatischen Hintergrund der zivil-, straf- oder verwaltungsrechtlichen Entscheidungen. Auch das hat nichts mit der Überhöhung des Grundgesetzes zu einer übergreifenden »Wertordnung«

zu tun. Es folgt schlicht aus der Präsenz grundrechtlicher Garantien, sobald Gewissen, Religion, Meinung, Kunst usw. im Spiel sind. Besonderheiten bestehen nur insofern, als sich der Inhalt der erwähnten grundrechtlichen Garantien umso weniger allgemeiner Festlegung erschließt, je weniger von einem feststehenden Konsens darüber ausgegangen werden kann, was eben »Gewissen«, »Religion«, »Kunst« usw. aus rechtlicher Sicht ist. Gerade darum läßt das Grundgesetz die wichtigsten kulturellen Schutzbereiche ihrem Inhalt nach bewußt undefiniert und damit offen. Dem hat auch die Rechtsprechung des Bundesverfassungsgerichts dadurch Rechnung getragen, daß sie immer weniger auf einer inhaltlichen Bestimmung der Grundrechte beharrt, sondern gerade die Schutzbereiche der kommunikativen Grundrechte in sehr weitem Umfang dem Selbstverständnis der geschützten Gruppen überläßt. Das ist kein Zeichen von Grundrechtsrelativismus und des Verfalls methodischer Standards. Es hängt vielmehr selbst mit der größeren Heterogenität der Grundrechtsinhaber und damit der grundrechtlich geschützten Lebensäußerungen zusammen.

Eingriffe in die so bezeichneten grundrechtlichen Schutzbereiche folgen heute selten aus dem unmittelbaren und gezielten Handeln des Staates, wie dies der traditionellen Eingriffsdefinition entsprach. Eingriffe können in der gezielten und konkreten Warnung liegen, wie in den »Jugendsekten-Fällen«[24]. Am häufigsten dürfte es aber darum gehen, daß eine Behörde oder ein Gericht ein Grundrecht im konkreten Fall nicht in seiner Einschlägigkeit erkannt oder die Bedeutung eines Grundrechts falsch gewürdigt hat. Auf der interpretatorischen Ebene der Grundrechtsschranken sind dann die Probleme konfligierender Grundrechtspositionen zu lösen, wie sie sich in immer größerer Häufigkeit in einer multiethnischen oder multikulturellen Gesellschaft stellen. Mit der praktischen Konkordanz der unterschiedlichen Grundrechtspositionen[25], also der verhältnismäßigen Zuordnung der jeweils in Frage kommenden Rechte, steht hierfür eine Methode zur Verfügung, die keine der angesprochenen Freiheiten vorschnell opfert, sondern nach dem Prinzip des schonenden Ausgleichs behandelt. Auch die kulturellen Betätigungsformen der Grundrechte haben also Schranken, die umso deutlicher werden, je mehr das »forum internum« grundrechtlicher Selbstbestimmung verlassen und die Wirkung auf andere Grundrechtsträger gesucht wird. So wird – um nur wenige Beispiele zu erwähnen – auch dem durch sein Gewissen dem Tierschutz Verpflichteten möglicherweise zugemutet, unerläßliche religiös bedingte Schlachtriten zu ertragen[26], so schützen weder Religionsfreiheit noch Elternrecht vor der allgemeinen Schulpflicht[27]. Die Religionsfreiheit schafft kein Recht darauf, nicht mit

24 Vgl. dazu BVerwG, NJW 1989, 2272; bestätigend BVerfG (Kammerentscheidung), NJW 1989, 3269; strenger gegenüber der Finanzierung eines »Sekten-Warnvereins« jetzt BVerwG, NJW 1992, 2496.
25 Zum Begriff *Hesse,* Grundzüge, Rdnr. 72, 317.
26 Dazu zuletzt *Kuhl/Unruh* (Fußn. 3), DÖV 1991, 94.
27 S. zuletzt BVerwG, NVwZ 1992, 371.

den religiösen Symbolen anderer Gemeinschaften im Schulunterricht in Berührung zu kommen[28]. Ein gültiger Arbeitsvertrag darf nicht unter Hinweis auf Fasten- oder Feiertagsregeln einer Religionsgemeinschaft gebrochen werden. Die Baugenehmigung für eine Moschee im rein christlich geprägten Umfeld muß zwar nicht zuletzt im Hinblick auf Art. 4 GG bei Vorliegen der sonstigen Voraussetzungen erteilt werden[29]; die grundrechtliche »Gegengabe« muß aber darin bestehen, daß der Gebetsruf vor Sonnenaufgang die Nachtruhe und damit die Gesundheit der Nachbarn nicht tangiert. Dagegen scheint es unverhältnismäßig, die Teilnahme am koedukativen Sportunterricht auch für muslimische Mädchen unbedingt und ausnahmslos durchzusetzen[30] oder einer Frau die Ausstellung eines Personalausweises zu versagen, weil sie kein Lichtbild ohne Kopfbedeckung beibringen möchte[31].

Diese wenigen Beispiele zeigen, daß die durch das Zusammenleben unterschiedlicher Kulturen entstehenden Rechtsfälle des täglichen Lebens zwar kompliziert, aber keineswegs unlösbar sind.

IV. Demokratische Öffentlichkeit über das Staatsvolk hinaus

Neben dem Grundrechtsschutz bildet die politische Teilhabe und die Legitimation staatlicher Gewalt durch Wahlen einen zweiten Kernbereich des Verfassungsrechts. Auch dadurch trägt die demokratische Verfassung zur Integration der Gesellschaft bei. Politische Teilhabe im allgemeinen Sinne bietet die Möglichkeit, Angehörige fremder Kulturen über einen bloßen Minderheitenschutz hinaus in das öffentliche Leben einzubeziehen und ihnen die Artikulation ihrer Interessen in einem für sie schwierigen Umfeld zu ermöglichen.

Vor diesem Hintergrund gab und gibt es Stimmen, die sich vor allem von einer Ausweitung des Stimmrechts auf Ausländer eine bessere Integration und eine Legitimation politischer Entscheidungen auch für diese erhoffen. Begründet wird dies zum einen mit der republikanischen Tradition der Teilhabeoffenheit gegenüber allen Menschen, die unter einer gegebenen Verfassung zusammenleben[32]. Ein weiteres Argument ist die rechtliche Betroffenheit und die Auferlegung von Pflichten durch die Rechtsordnung auch für Ausländer. Für Vertreter dieser Auffassung ist der Zusammenhang von Staatsvolk und demokratischer Legitimation

28 Zum Dauerthema Schulgebet vgl. etwa BVerfGE 52, 223, 235; zum Kreuz im Gerichtssaal BVerfGE 35, 366, 372.

29 Ähnl. BVerwG, NVwZ 1992, DVBl., 1101 - Islamischer Betsaal.

30 Dazu VGH Kassel, NVwZ 1988, 951; BayVGH, NVwZ 1987, 707; zuletzt OVG Münster, NVwZ 1992, 77 und OVG Lüneburg, NVwZ 1992, 79.

31 VG Berlin, NVwZ 1990, 100.

32 In diesem Sinne vor allem *Oberndörfer,* a.a.O. (Fußn. 5), ZAR 1989, 3, 6 ff.

nicht zwingend; sie gehen daher davon aus, daß ein Ausländerwahlrecht mit Art. 20 GG vereinbar sei[33].

In seinen Entscheidungen zum Ausländerwahlrecht[34] hat der Zweite Senat des BVerfG unter dem Beifall des größeren Teils der deutschen Staatsrechtslehre dieser Auffassung eine klare Absage erteilt. Er hat aus Art. 20 GG und dem Gesamtzusammenhang der Verfassung geschlossen, daß der auch die Bundesländer bindende Kernbereich des Demokratiegebots verlange, das Wahlrecht auf deutsche Staatsangehörige zu beschränken. So bestimme Art. 20 nicht nur den Grundsatz der Volkssouveränität, sondern zugleich, wer das Volk sei: nämlich die Summe der Staatsangehörigen. Der Senat hat sich damit für die trotz der Unwägbarkeiten des Art. 116 GG klarer abgrenzbare Lösung entschieden und in Kauf genommen, daß sich das Staatsvolk letztlich nach dem Reichs- und Staatsangehörigengesetz von 1913 mit seiner betont biologistischen Grundlage bestimmt. Neben der »europäischen Option« hat das Gericht allerdings dem Gesetzgeber die Möglichkeit gewiesen, durch eine Änderung des Staatsangehörigkeitenrechts dem Anliegen der Besserstellung der seit vielen Jahren in Deutschland ansässigen Ausländer Rechnung zu tragen[35]. Hierauf hat sich in der Folge die Diskussion im wesentlichen konzentriert[36]. Im politischen Umfeld hat sich diese Lösung aber alsbald an der Frage einer doppelten Staatsangehörigkeit festgefahren.

Weniger beachtet wird dabei, daß das demokratische Wahlrecht nicht die einzige Form einer Beteiligung der von hoheitlicher Gewalt betroffenen Ausländer an staatlichen Entscheidungen ist. So eröffnen das Verfahrensrecht und das Prozeßrecht - wiederum vielfach durch Grundrechtspositionen verstärkt und abgesichert - die Beteiligung der unmittelbar Betroffenen an Abwägungs- und Planungsprozessen sowie die Anhörung von Betroffenen vor sie tangierenden sonstigen Verwaltungsentscheidungen. Auf der Ebene der Verwaltung kommt hier eine offenere und der Gleichberechtigung mehr Rechnung tragende Beteiligung zum Tragen, als bei der eigentlichen politischen Willensbildung im Wahlrecht.

Daneben aber bleibt nach den Entscheidungen des Bundesverfassungsgerichts eine Legitimationslücke für überindividuelle staatliche Entscheidungen: Ausländische Mitbürger leben nach wie vor in einer Situation des »taxation without representation«, aus der heraus bekanntlich in der Geschichte bereits einmal ein politischer Konsens zerbrach.

33 Stellvertretend für andere i. d. S. *Brun-Otto Bryde,* Ausländerwahlrecht und grundgesetzliche Demokratie, in: JZ 1989, 257.

34 BVerfGE 83, 37, 50; 83, 60, 71.

35 BVerfGE 83, 37, 52.

36 Vgl. etwa *Helmut Rittstieg,* Staatsangehörigkeit und Minderheiten in der transnationalen Industriegesellschaft, in: NJW 1991, 1383; *Hans-Ulrich Predeick,* Staatsangehörigkeitsrecht und Ausländerpolitik - Verfassungsrechtliche Probleme der Einführung des ius soli-Prinzips, in: DVBl 1991, 623.

Umso wichtiger sind die verbleibenden Formen demokratischer Beteiligung, ist insbesondere die Mitwirkung an der Herstellung einer demokratischen Öffentlichkeit, wie sie von alters her ein Grundelement demokratischer Verfassungsordnungen darstellt[37]. Kritische Öffentlichkeit ist auch in der Gegenwart hochaktuell. Sie entsteht über Medien, Verbände, Gewerkschaften, Parteien usw. und bildet den fruchtbaren Boden jeder demokratischen Willensbildung im engeren Sinne. Im Prinzip der das eigentliche Staatsvolk übergreifenden interkulturellen Öffentlichkeit knüpft die Demokratie bei dem älteren, in der Aufklärung verwurzelten republikanischen Gedankengut an[38] und macht sich damit insoweit von der völkischen Verengung des 19. Jh. frei. Öffentlichkeit ist nicht nur ein verfassungsrechtlich hervorgehobenes Prinzip. Öffentlichkeit ist auch eine Lebensform der Gesellschaft in der Konflikte erörtert, Interessen zugeordnet und legitimer Druck auf die politisch Entscheidenden ausgeübt werden und in der gerade dadurch auch die Integration der Kulturen gelingen kann. Eine kritische Öffentlichkeit ist neben Parlament und Gerichten eine wichtige Ebene der demokratischen und rechtsstaatlichen Kontrolle und damit einer nicht lediglich formal verstandenen Gewaltenteilung. Sie kann somit auch bis zu einem gewissen Grade die durch die enge Definition des Staatsvolks entstandene Legitimationslücke überwinden und eine Ebene interkulturell wirkender politischer Willensbildung eröffnen. Das Grundgesetz wirkt auch insofern kulturintegrativ, als es über die Kommunikationsgrundrechte und den Gleichheitssatz die Beteiligung an diesem Prozeß verfassungsrechtlich absichert und der Minderheit eine Chance zur Artikulation ihrer Interessen gegen die Entscheidungen der Mehrheit gibt. Das hat auch das BVerfG ausdrücklich bestätigt, als es klarstellte, daß das GG jedenfalls Ausländer nicht an der Mitwirkung an Beratung und Vorformung des politischen Willens hindere[39].

So wie es auf gesamteuropäischer Ebene allen diesbezüglichen Bedenken[40] zum Trotz längst eine übernationale, übersprachliche, überkulturelle Öffentlichkeit gibt, die politische Legitimation durch echte Europawahlen ermöglicht und erfordert[41], ohne daß ein »europäisches Staatsvolk« existiert, so existiert auch unter dem Grundgesetz eine das Staatsvolk übergreifende und erweiterte Öffentlichkeit, ohne die die Integrationsleistung der Verfassung kaum zu erbringen wäre. Der »Wille zur Verfassung«[42] kann und muß auch die Ausländer erfassen, damit hier nicht langfristig ein die Stabilität bedrohendes Potential der »Nichtdazugehörigen« entsteht.

37 Dazu *Häberle,* Öffentlichkeit und Verfassung, ZfPol 16 (1969), 273; *E. G. Mahrenholz,* »Die Kritik ist der Tod des Königs«. Bemerkungen zur Öffentlichkeit. FS H. Simon (1987), 261 ff.

38 *Mahrenholz,* a.a.O. (Fußn. 37).

39 BVerfGE 83, 60, 74.

40 *Dieter Grimm,* a.a.O. (Fußn. 11), 1066.

41 *Manfred Zuleeg,* Die Bedeutung des europäischen Gemeinschaftsrechts für das Ausländerrecht, in: NJW 1987, 2193.

42 *Hesse,* Grundzüge, Rdnr. 44.

Für die Zukunft kann dies nur bedeuten, daß - statt auf die unsichere Möglichkeit einer grundlegenden Veränderung im Bereich des Staatsangehörigkeitsrechts zu warten - Verfahren und Institutionen zur Bildung und Belebung demokratischer Öffentlichkeit »über das Staatsvolk hinaus« verstärkt werden müssen - im Interesse der integrativen Kraft der Verfassung. Durch diese Öffnung wird nicht die Nation und schon gar nicht Demokratie in ihrer Identität bedroht. Sie bestätigt im Gegenteil die Identität der Bundesrepublik als erster deutscher Staat, in dem Weltoffenheit und echte Pluralität die Verengungen des 19. Jh. überwunden haben und die zu betonen und vor nationalistischen Rückfällen zu schützen gegenwärtig aller Anlaß besteht.

V. Der schulische Bildungsauftrag

Viele der bisher genannten Konfliktfälle spielen im Bereich der Schule. Das ist kein Zufall, denn in der Schule bündeln sich wie in einem Brennglas die Probleme, aber auch die Chancen des Zusammenlebens von unterschiedlichen Kulturen. Vor diesem Hintergrund ist der in Art. 7 GG verankerte staatliche Bildungs- und Erziehungsauftrag alles andere als nur formal. Die Schule ist die wichtigste Ebene, auf der Konflikte früh aufbrechen, auf der aber auch Grundlagen des demokratischen Verhaltens »eingeübt« werden können.

Damit wird keinem unangebrachten Optimismus das Wort geredet. Die Schule und die in ihr tätigen Lehrer sind vielfach selbst Opfer der aus Angst und Wurzellosigkeit entstehenden Gewalt. Schule kann weder intakte Elternhäuser noch fehlende Lebensperspektiven ersetzen; sie kann damit allein den Ursachen der Gewalt und der Dummheit der Vereinfacher nicht entgegensteuern. Schon gar nicht ersetzen Bildungs- und Erziehungsziele in Schulgesetzen das elterliche Vorbild oder gewährleisten als solche bereits einen passablen Unterricht. Trotzdem: Die Schule ist eine frühe und daher besonders wichtige Ebene der Einübung interkultureller Toleranz, des Zusammenwirkens der Angehörigen unterschiedlicher Kulturen. Auch die Erziehungsziele und die Formulierung des Bildungsauftrags in den Schulgesetzen sind daher mehr als nur hilflos wirkende Symbole. Sie bilden eine Ebene der Konkretisierung verfassungsrechtlicher Ziele, die in einem lebendigen pädagogischen Prozeß umzusetzen sind. Die »Befugnis des Staates zur Festlegung von Erziehungszielen in der pluralistischen Gesellschaft« (Hans-Ulrich Evers) folgt daher nicht nur aus der Verfassung; sie ist auch inhaltlich an deren Ziele gebunden.

Ein Unterausschuß der Kommission Schulrecht des Deutschen Juristentages unter der Leitung von Ernst Gottfried Mahrenholz, der anzugehören nicht nur wegen des interessanten fachlichen Auftrags ein Vergnügen war, hat es unternommen, den Bildungs- und Erziehungsauftrag eines gedachten Schulgesetzes auf den Punkt zu bringen. Das geschah in zwei inhaltlichen Alternativen, die aber glei-

chermaßen verdeutlichen, wie wichtig die Schule für eine gelebte Verfassung und umgekehrt die Verfassung für die Schule ist. Lange bevor der Begriff der »multikulturellen Gesellschaft« in die Öffentlichkeit gelangte, war den Beteiligten damals deutlich, wie sehr der schulische Alltag bereits durch die Notwendigkeit des Zusammenlebens unterschiedlicher Kulturen gekennzeichnet war.
Das galt es in den seinerzeit formulierten Erziehungszielen zu berücksichtigen - ein Versuch, die kulturintegrative Funktion der Verfassung in ein Schulgesetz umzusetzen. Diese Ziele seien daher abschließend in Erinnerung gerufen[43]:

§ 3 Bildungs- und Erziehungsziele
Die Schüler sollen lernen,

1. Selbständigkeit zu entwickeln und eigenverantwortlich zu handeln,
2. die eigene Wahrnehmungs-, Empfindungs- und Ausdrucksfähigkeit zu entfalten,
3. sich Informationen zu verschaffen und sie kritisch zu nutzen,
4. die eigene Meinung zu vertreten und die Meinung anderer zu respektieren,
5. die grundlegenden Normen des Grundgesetzes zu verstehen,
6. in religiösen und weltanschaulichen Fragen persönliche Entscheidungen zu treffen und Verständnis und Toleranz gegenüber den Entscheidungen anderer zu entwickeln,
7. eigene Rechte zu wahren und die Rechte anderer auch gegen sich selbst gelten zu lassen,
8. ihre Beziehungen zu anderen Menschen auf der Grundlage von Achtung und Solidarität zu gestalten, Konflikte zu erkennen und sie vernunftgemäß zu lösen, aber auch zu ertragen,
9. selbständig, wie auch gemeinsam mit anderen Leistungen zu erbringen, insbesondere im Beruf,
10. soziale und politische Mitverantwortung zu übernehmen und sich zusammenzuschließen, um gemeinsam Interessen wahrzunehmen,
11. Ursachen und Gefahren totalitärer und autoritärer Herrschaft zu erkennen und ihnen entgegenzuwirken,
12. Verständnis für die Eigenart und das Existenzrecht anderer Völker, für die Gleichheit und das Lebensrecht aller Menschen zu entwickeln und
13. mit der Freizeit umzugehen.

Keines dieser Ziele stellt nur auf deutsche Staatsangehörige ab. Sie formulieren - zugegeben - ein Ideal. Solche Ziele können Konflikte allein nicht lösen. Gerade deshalb gilt mit großer Verbindlichkeit der Auftrag, den - wie ich mich genau erinnere - Mahrenholz persönlich in den »Bildungs- und Erziehungszielen« unterbrachte und mit gewohnter Geduld begründete: »Konflikte zu erkennen und sie vernunftgemäß zu lösen, aber auch zu ertragen«.

43 Veröffentlicht in: Dt. Juristentag, Schule im Rechtsstaat, Bd. I. Entwurf für ein Landesschulgesetz. Bericht der Komm. Schulrecht des Dt. Juristentages (1981), 64 ff.

Perspektiven einer kulturwissenschaftlichen Transformationsforschung - Übergangs-, Transfer- und Rezeptionsprobleme auf dem Weg des (post)kommunistischen Osteuropa zum gemeineuropäischen Verfassungsstaat

Peter Häberle*

I. Einleitung, Problem

Das Jahr 1989, die »Weltstunde des Verfassungsstaates«, hat wohl alle Wissenschaftsdisziplinen und selbst die Kunst und Künstler überrascht: der teils gewaltsam revolutionär bewirkte, teils lautlos geglückte plötzliche Zusammenbruch der marxistisch-leninistischen Regime in Osteuropa bzw. Ostdeutschland und ihr damals eingeleiteter und bis heute unternommener Aufbruch zu den Ufern des Verfassungsstaates mit seinen Elementen der Menschenwürde, pluralistischer Demokratie, Gewaltenteilung und sozialer Marktwirtschaft war von keiner Seite aus »vorbereitet« bzw. erwartet worden. Vier Jahre »danach«, d. h. heute ist die Euphorie des Aufbruchs im »annus mirabilis« zwar geringer geworden, umso wichtiger wird aber die »Nachbereitung« in den Wissenschaften[1]: sie haben vor allem

* Erarbeitet während der Zeit als Fellow am Wissenschaftskolleg zu Berlin (1992/93).

1 Aus der Literatur: *Bruce Ackermann*, Von der Revolution zur Verfassung, in: Transit, Heft 4, 1992, S. 46 ff.; *Eric Stein*, Postcommunist Constitution-making: Confessions of a Comparatist (Part I), Jean Monnet Chair Papers, 1992; *Lutz Marz*, Dispositionskosten des Transformationsprozesses, Werden mentale Orientierungsnöte zum wirtschaftlichen Problem?, in: Aus Politik und Zeitgeschichte, B 24/92 vom 5. Juni 1992, S. 3 ff.; *D. C. North*, Institutionen, institutioneller Wandel und Wirtschaftsleistung, 1992 (dazu *P. Welter*, Warum Transformationen so schwierig sind, FAZ vom 6. Dez. 1992); *M. Wyrzykowski*, Die Rezeption im öffentlichen Recht - am Beispiel der Verfassungsentwicklungen in ost- und mitteleuropäischen Staaten, in: Osmose zwischen Rechtsordnungen, Schweizerisches Institut für Rechtsvergleichung, 20 (1992), S. 69 ff.; *G. Szoboszlai*, Democracy and political transformation: Theory and East- and Central European Realities, 1991; *A. Przeworski*, Democracy and the market: Political and economic reforms in Eastern Europe and Latin America, 1992; *G. O'Donnell, P. C. Schmitter, L. Whietehead*, Transitions from authoritarian rule: prospects for democracy, 1986; *U.K. Preuss, A. Blankenagel u.a.* in: East European Constitutional Review Vol. 1 Number 2, S. 22 ff. bzw. 25 ff. (1992); *U. K. Preuss*, Constitution-Making and Nation-Buildung, in: European Journal of Philosophy Vol. 1 Number 1, 1993, S. 81 ff.; *ders.*, Die Rolle des Rechtsstaates . . ., Rechtstheorie 24 (1993), S. 181 ff.; *K. König*, Die Transformation der öff. Verwaltung . . ., VerwArch 1993, S. 311 ff., auch: *Brun-Otto Bryde*, The politics and sociology of African legal development, 1976. - Speziell für Deutschland z. B.: *H. Sendler*, Auf dem Weg zur Einheit? Bitburger Gespräche 1991/2, S. 135 ff. - Vgl. auch den Bericht über eine Tagung in Budapest (»Transition in East Central Europe«) im Herbst 1992 (FAZ vom 22. Sept. 1992, S. N 5). Auf ihr wurde die Sorge artikuliert, aus Rückschlägen könnten Rückfälle werden. Das Tempo des Wandels sei auf den einzelnen Ebenen verschieden, so entstünden ein breiter Mittelstand und eine effiziente Marktwirtschaft erst in Jahrzehnten. Verwiesen wurde auf das neue Spezialgebiet der »Transitologie«. - Journalistisch zugespitzt, aber lehrreich ist *K. Schlögel*, Der

sensible Methoden und Instrumente zur Bewältigung der schwierigen Übergangsphase zu entwickeln und dabei teils erfahrungswissenschaftlich vorzugehen, d. h. nach historischen Beispielen Ausschau zu halten, in denen der Übergang von totalitären Staaten zum Verfassungsstaat bereits früher geglückt ist (z. B. am Ende von *Salazar*-Portugal, *Franco*-Spanien oder *Papadopulos*-Griechenland, auch *Pinochet*-Chile), teils sich in Neuland vorzuwagen. Das bedeutet nichts weniger als die anspruchsvolle Aufgabe, ein neues Wissenschaftsfeld zu erarbeiten: die Systemtransformationsforschung. Sie kann hier nur skizziert werden, und dies auch nur von einer als Kulturwissenschaft verstandenen vergleichenden Verfassungslehre aus[2]. In diesem frühen Stadium handelt es sich eher um eine Problembenennung als um eine Problemlösung[3]. Ein etwaiger »zweiter Marshall-Plan« (für Osteuropa) könnte Nutzen davon haben.

II. Sieben Stichworte zu den Methoden und Inhalten einer Transformationsforschung

1) Die Kooperation vieler Teildisziplinen im Zeichen einer »Übergangswissenschaft« – der kulturelle Prozeß, der Zeitbedarf

Viele, vielleicht alle »Fächer« sind als Verfahren der Wahrheitssuche gefordert, ihren Beitrag zur Erforschung der Bedingungen und Möglichkeiten des Übergangs von geschlossenen zu offenen Gesellschaften zu leisten. Eigens erwähnt seien die Verfassungslehre und andere juristische Teildisziplinen wie das Privat- und Verwaltungsrecht sowie das Strafrecht, die (auch vergleichende) Politikwissenschaft, die Ökonomie (besonders im Blick auf die Ersetzung der sozialistischen Kommandowirtschaft durch die sozial abgefederte Marktwirtschaft), aber auch die Erziehungswissenschaft (Stichwort: Demokratie und Grundrechte als Themen verfassungsstaatlicher Erziehungsziele) und nicht zuletzt die Geschichtswissenschaft (Postulat der verstehenden »Aufarbeitung« der Vergangenheit). Der Typus Verfassungsstaat, in großen Daten zum heutigen Wachstumsstand gereift (1776/1787/1789/1831/1945 etc.) und von großen Namen aus vielen Disziplinen vor-

Umbruch im Osten Europas, in: Der Spiegel Nr. 7 vom 15. Febr. 1993, S. 130 ff. mit Schlagworten wie: »Werte stürzen, Preise schnellen empor«, »Die Machthaber wurden zu Mitspielern gemacht«, »Nährboden für Verzweiflung und Desperados«, »Grenzstädte werden zu den Marktplätzen Europas«. S. auch *H. Glismann/K. Schrader,* Mit sechs Geboten in eine neue Welt, Die Rolle der Institutionen und Mentalitäten, FAZ vom 1. August 1992, S. 11.

2 *P. Häberle,* Verfassungslehre als Kulturwissenschaft, 1982; *ders.,* Rechtsvergleichung im Kraftfeld des Verfassungsstaates, 1992.

3 Zu den Begriffen: »Transformation« ist der Oberbegriff, er meint den Umbildungsvorgang vom totalitären Regime zum Verfassungsstaat, »Übergang« meint den Vorgang in zeitlicher Hinsicht, »Transfer« die Über-Setzung (z. B. von Recht, Kapital, Moral und Personen) von West nach Ost, »Rezeption« betrifft die Übernahmevorgänge aus der Perspektive der »Nehmenden«.

bereitet und mitgetragen (*J. Locke/Montesquieu/I. Kant,* zuletzt *J. Rawls, H. Jonas* und *J. Habermas*) sowie von Künstlern mit auf den Weg gebracht *(F. Schiller/ Delacroix/L. v. Beethoven u. a.),* ist das arbeitsteilig geglückte Werk vieler Wissenschaften und Künste - nicht zuletzt dank der Freiheit von Wissenschaft und Kunst. Es bildet ein Stück Kultur. Daher kann der Weg zum Verfassungsstaat letztlich nur in interdisziplinärer Zusammenarbeit vieler Wissenschaften und nur in kulturwissenschaftlichem Ansatz begleitet werden: Der Übergang von geschlossenen Gesellschaften zu offenen ist in *kulturellen* Prozessen zu meistern. Das »Wesentliche« müssen zwar die Menschen selbst (auch die Völker im ganzen) vollbringen, die Wissenschaften (und Künste) können aber »Hilfsarbeit« verrichten. Kulturelle Prozesse indes brauchen Zeit, selbst wenn sie zunächst revolutionär einsetzen. Der spezifische *»Zeitbedarf«* bildet somit eine erste Erkenntnis aller »übergangswissenschaftlichen Erwägungen«.

2) Der kritische Rationalismus als »Leitwissenschaft« - »Runde Tische« und »Solidarpakte« in kulturwissenschaftlicher Sicht

Der kritische Rationalismus eines *Sir Popper* könnte m. E. am ehesten das Nachdenken in Sachen Transformationsforschung anleiten[4]. Er hat sich bisher schon in vielen Teilfragen des Verfassungsrechts bewährt, etwa in der Grundrechtsdogmatik, in Demokratieproblemen und in Interpretationsvorgängen[5], und gerade deshalb liegt es nahe, daß er in Vor- und Grundsatzfragen wie den vorliegenden ebenfalls hilfreich ist. Vor allem ist an die *experimentierende* Methode zu denken. Die »Stückwerk«-Reformtechnik und ihre großen Erfolge auf den historisch langen Wegen vom absolutistischen Staat zum Verfassungsstaat der offenen Gesellschaften liefert das Rüstzeug für die »Transformation« von kommunistischen, geschlossenen Gesellschaften zu pluralistischen Demokratien (bzw. vom Plan zum Markt) unserer Tage. Dabei ist differenzierend vorzugehen: In bestimmten Bereichen bleibt das große *»Sofort«* unverzichtbar: Die demokratischen und rechtsstaatlichen (geistigen) Freiheiten müssen als »Anfangsfreiheiten« sofort garantiert, im höchsten »Zeitraffertempo« nachgeholt werden, die Symbole der überwundenen totalitären Periode (wie Staatsfeiertage, Flaggen, Hymnen u. a.) sind sofort abzuschaffen, neue sofort zu konstituieren, und es ist kein Zufall, daß ihr »Wechsel« in vielen Staaten Osteuropas praktisch zeitgleich mit dem Sturz des kommunistischen Regimes erfolgte[6]; vor allem ist die Freiheit der politischen Parteien sofort zu garantieren; auch spricht vieles für eine möglichst rasche Privatisierung von

4 *Karl Popper,* Die offene Gesellschaft und ihre Feinde, 6. Aufl., 1980; *ders.,* Auf der Suche nach einer besseren Welt, 1984.

5 *P. Häberle,* Grundrechte im Leistungsstaat, VVDStRL 30 (1972), S. 43 (72 ff.); *R. Zippelius,* Die experimentierende Methode im Recht, ARSP-Beiheft 44 (1991).

6 Dazu mein Beitrag, Verfassungsentwicklungen in Osteuropa, in: FS Kitagawa, 1992, S. 129 ff.

Grund und Boden. Es gibt indes weite Felder, auf denen der Übergang zu den Strukturen und Verfahren des Verfassungsstaates *zeitlich gestreckt*, das Tempo variiert werden sollte: zur Vermeidung scharfer Transformationskrisen mit hohen sozialen Kosten. Dies dürfte vor allem für große Teile der Wirtschaft gelten. Die soziale Marktwirtschaft, heute ein »universales« Modell des entwickelten Verfassungsstaates, läßt sich nur schrittweise einführen[7]. So muß das Volks- bzw. Staatsvermögen behutsam (teil-)privatisiert werden, die Erfahrungen der deutschen »Treuhandanstalt«[8] lehren dies. Der Ruf nach der Erhaltung »industrieller Kerne«, spät, d. h. Anfang 1993 auch von Bundeskanzler *H. Kohl* aufgegriffen, ist wohl ebenso ein Stück »Übergangs-/Wirtschaftsverfassung« wie das zeitweise Beibehalten anderer staatswirtschaftlicher Funktionen oder Marktkontrollen bzw. sozialer Maßnahmen (staatliche Mietpreisbindung, Arbeitsbeschaffung etc.). Vermutlich kannte selbst *Ludwig Erhards* mutige, »schlagartige« Einführung der sozialen Marktwirtschaft (1948) Übergangsinstrumente[9]. Das russische Experiment plötzlicher freigegebener Marktwirtschaft i. S. der »Chicago-Schule« (eine versuchte »Theorie-Rezeption«) und ihre z. T. schrecklichen Folgen (Gefahr frühkapitalistischer Erscheinungsformen, »mafiose« Haie, »wilder Osten«, »Sozialdarwinismus«, »Schwarzmärkte«, Verarmung der Rentner, Mentalitätskrise, Korruption) sollten warnen. Vielleicht ist sogar zu fragen, ob für manche Länder Osteuropas »starke« Präsidialdemokratien zunächst eher angezeigt sind als parlamentarische Demokratien - die immer schon viel allgemeinen Wohlstand voraussetzten.

All dies bedeutet, daß sich die »werdenden« Verfassungsstaaten Osteuropas phantasievoll aus dem ganzen Erfahrungsschatz gemeineuropäisch/atlantischer Verfassungspolitik und -geschichte bedienen sollten. Sie können nicht alles sofort und zugleich wollen. Experimentierend muß in entsprechend kleinen Verfassungs(Reform)schritten vorgegangen werden. »Übergangspolitik« besteht aus einer klugen Mischung von harten und weichen Anpassungsschritten und wohl erwogenen »Tempi«. Ungarn liefert mit seiner schrittweisen Veränderung gutes Anschauungsmaterial[10]. Polen war 1992 wohl beraten, zunächst eine »kleine Verfassungsreform« durchzuführen, nachdem es die Chance zu einer großen 1989/90

7 Hierzu gehören z. B. die Assoziierungsabkommen (»Europaverträge«) zwischen der EG und Ländern wie Ungarn, Polen, der ehemaligen CSFR und Bulgarien. Sie sollen den Übergang zur Marktwirtschaft erleichtern und die eingeleiteten Reformen sichern. Es gibt Übergangszeiten, in denen »Zug um Zug« eine Freihandelszone errichtet wird (FAZ vom 7. März 1993).

8 Dazu aus der Lit.: *Jan Priewe*, Leitideen für eine Reform der Treuhandanstalt, Kritische Justiz, 1991, S. 425 ff.; *M. Schmidt-Preuß*, Die Treuhandanstalt und ihr gesetzlicher Auftrag, Die Verwaltung 25 (1992), S. 327 ff.; *D. Nolte*, Zwischen Privatisierung und Sanierung, WSI Mitteilungen 9/1992, S. 555 ff.

9 S. freilich *W. Abelshauser*, Erhards Illusionen, Aufschwung Ost: Das Wirtschaftswunder der 50er Jahre taugt nicht als Modell für die neuen Bundesländer, in: Die Zeit Nr. 12 vom 19. März 1993, S. 36.

10 Dazu *G. Halmai*, Einleitung zur ungarischen Verfassungsrevision, JöR 39 (1990), S. 253 ff.

vielleicht verpaßt hat. Die »Stunde« für große oder kleine Verfassungsreformen[11] zu erkennen, ist eine Aufgabe der Transformationsforschung (der deutsche Reform-Streit zwischen *Thibaut* und *Savigny* (1815) bleibt exemplarisch).

Dieses eher bescheidene, geduldige, pragmatische Experimentieren könnte verhindern, daß die Euphorie des Aufbruches nach dem Sturz der geschlossenen Gesellschaft im Jahre 1989 in tiefe Depression, Pessimismus und Enttäuschungen umschlägt, wie dies derzeit in manchen Staaten Osteuropas (auch in Ostdeutschland) zu beobachten ist[12]. D. h. das übergangshafte, gradualistische Vorgehen i. S. der Stückwerk-Reform berücksichtigt besser die psychologischen und mentalen (Alltags-)Probleme der Bürger. Der kulturell höhere Zustand eines Verfassungsstaates läßt sich nicht über Nacht schaffen. Es gibt subtile psychische Umstellungsprobleme, z. B. auch im Umgang mit der wirtschaftlichen Freiheit. Der Übergang von der Kommando- zur Marktwirtschaft ist *nicht* im großen »Sprungverfahren« einer »Kulturrevolution« zu bewältigen: es kommt sonst zum »freien und tiefen Fall«.
Zwei Erscheinungsformen lassen sich aber schon jetzt als in kulturelle Schichten führende Vorgänge deuten: der *»Runde Tisch«* und der (im vereinigten Deutschland schließlich zustandegebrachte) *»Solidarpakt«*. Beides ist ein Stück werdender bzw. wiederholter »Verfassung als Vertrag«. »Der Runde Tisch« hat jüngst (Welt-)Geschichte gemacht. Er eröffnete die Reformprozesse in Osteuropa, von *L. Walesas* Polen 1989 »erfunden«. Er läßt sich verfassungstheoretisch einordnen und diskursethisch legitimieren. Er symbolisiert ein - neues - gleichberechtigtes Neben- und Miteinander vieler in einem politischen Gemeinwesen und bricht mit

11 *Bruce Ackermann*, Von der Revolution zur Verfassung, Transit Heft 4, 1992, S. 46 ff. spricht in anschaulichem Bild von »Zeitfenster«.

12 Die *alltagswissenschaftliche* Beschreibung der DDR und ihres »plötzlich beendeten Lebenszusammenhangs« *(H. Zwahr)* steht erst in den Anfängen. Aus der Lit.: etwa *L. Niethammer*, Die volkseigene Erfahrung, 1991. Alltagsgeschichtliches Denken wird auch für die Rechtswissenschaften und besonders die Verfassungslehre relevant. Die sog. »Arbeitsgesellschaft DDR« mit ihren speziellen lebensweltlichen Funktionen der industriellen Betriebe macht es erforderlich, in den neu zu schaffenden Verfassungen der jungen Bundesländer das Staatsziel »Arbeit« aufzunehmen und ernst zu nehmen. Zur »Innensicht« der dortigen historischen Wirklichkeit gehört das Verständnis der Forderung nach faktischer Gleichberechtigung von Mann und Frau. Gleiches gilt für die zunächst umstrittene Anerkennung der Beschäftigungszeiten öffentlicher Bediensteter (dazu mein Diskussionsbeitrag in VVDStRL 51 (1992), S. 119). Die gelebten »kleinen« Freiheiten und verwirklichten bescheidenen Bedürfnisse der Menschen in Ostdeutschland müssen vom Westen her sensibel respektiert und in allen Übergangsprozessen berücksichtigt werden. Dementsprechend läßt das Prinzip *»Rückgabe vor Entschädigung«* jedes Sensorium für gelebte Alltagsgeschichte vermissen. Schwierig ist die Frage, wo und wie der Landesverfassunggeber der fortgeschrittenen Säkularisierung in den neuen Bundesländern Rechnung tragen soll. So lebt z. B. die »Jugendweihe« in anderen Formen weiter. Nur die Verfassung von Sachsen-Anhalt (1992) und Thüringen (1993) enthält eine »invocatio dei«. Man sollte im Westen Deutschlands Verständnis haben für ihre Infragestellung, so sehr daran zu erinnern sei, daß nach 1945 Gottesklauseln ein Stück Verarbeitung der Erfahrung mit dem totalitären NS-Regime waren (dazu mein Beitrag: »Gott« im Verfassungsstaat?, FS Zeidler, 1987, S. 3 ff.).

den im Marxismus-Leninismus verkrusteten Macht- und Hierarchiestrukturen Osteuropas. Die Metapher vom »Kreis« bzw. »Runden Tisch« dürfte so etwas wie ein »kulturelles Gen« der Menschheit sein. Er symbolisiert die »Ursprungssituation« auf dem Weg zur pluralistischen Verfassunggebung. »Runde Tische« bilden eine charakteristische »kulturelle Übergangserscheinung«, sie sind als solche auf dem Weg von totalitären Staaten zu offenen Gesellschaften überaus hilfreich: wegen ihrer zeichensetzenden Bedeutung bzw. wegen der nationalen Solidarität, die sie zum Ausdruck bringen bzw. verlangen. Sie dokumentieren die außerordentliche, gemeinsame Kraftanstrengung, die erforderlich ist, um den Übergang zu schaffen. »Runde Tische« der osteuropäischen Staaten[13] (aber auch in Südafrika in Gestalt der »Kodesa« präsent) werden allmählich früher oder später in die Normalität, auch Banalität der parlamentarischen Demokratie mit ihren Mehrheits-Entscheidungsverfahren überführt. Sie werden durch die sich im Übergang verfestigenden Parteienstrukturen ersetzt, verdienen aber wegen ihrer Integrationsleistung in der »ersten Stunde« durchaus »Anerkennung«. Kein Zufall ist, daß selbst die »besten Männer« dieser ersten Stunde nicht selten später abgelöst werden (z.B. *A. Suárez* in Spanien, *G. Horn* in Ungarn, *V. Havel* in der CSFR). Der im vereinigten Deutschland im Frühjahr 1993 schließlich zustandegebrachte »Solidarpakt«[14] ist ebenfalls Ausdruck einer schwierigen Übergangsphase. Er bildet eine sehr deutsche, föderale Variante des erneuerten Gesellschaftsvertrages. Hatte die SPD-Opposition ebenso früh (1990) wie erfolglos einen »Runden Tisch« zur Bewältigung der im Zuge der deutschen Vereinigung entstandenen Probleme gefordert, so mußte nun doch angesichts des Problembergs in nationaler Solidarität die - parallele - Version des Solidarpaktes als »gemeinsame Kraftanstrengung« gewagt werden. Zwar ist zu vermuten, daß die Transformation Ost-Deutschlands in den Verfassungsstaat Gesamtdeutschland leichter gelingt als in den Ländern Osteuropas, doch zeigt die Notmaßnahme des »Solidarpaktes« (1993), zeigen die unerwartet großen Folgeprobleme der deutschen Einigung, wie schwer selbst bei uns die Transformationsfragen zu lösen sind. Verfassungstheoretisch wie kulturwissenschaftlich bedeutet der »Solidarpakt« als Idealtypus eine Form des Gesellschaftsvertrages »aller mit allen«, so fragmentarisch er in bezug auf die Beteiligten und Inhalte realtypisch im Deutschland von 1993 geblieben ist. In manchem kommt er einer »Nachbesserung« des Einigungsvertrags von 1990

13 Der *Verf.* hat seine »Verfassungstheorie der Runden Tische« erstmals 1990 entwickelt (vgl. Ein griechischer Staatsrechtslehrer in Deutschland, JZ 1990, S. 227 (229), Der Entwurf der Arbeitsgruppe »Neue Verfassung der DDR« . . ., in: JöR 39 (1990), S. 319 (329 ff.). Aus der weiteren Lit.: *M. Wyrzykowski,* Die Rolle des Möbels in der Politik, in: »Mediation« als alternative Konfliktmöglichkeit?, in: Veröffentlichungen des Schweizerischen Instituts für Rechtsvergleichung, 19 (1992), S. 81 ff.

14 Text in FR vom 15. März 1993, S. 4. - Dazu als Alternative: *C. Schäfer,* Wie der Solidarpakt auch aussehen könnte, Oder: An dem Teilen kommt niemand mehr vorbei, Überlegungen zum Thema: Arbeitszeitverkürzung, FR vom 11. März 1993, S. 13.

bzw. der damals unterbliebenen Verfassungsreformen gleich. Inhaltlich, wenngleich nicht formal, reicht er in die Tiefe einer Übergangseinrichtung wie der »Treuhand« und der »Gauck-Behörde« und sonstiger wohl noch ausstehender Verfahren. Anders gesagt: die allseits angemahnte »*innere* Vereinigung« Deutschlands bezeichnet zugleich das Ende der Transformationsphase. Sie muß »mental« in den Köpfen gelingen, im Alltag erfahrbar sein, aber sie ist institutionell von der Rechtsordnung und den ihr verbundenen Wissenschaften her mit zu bewältigen.

3) Themen kultureller Sozialisation in der Übergangsphase - Freiheit, Demokratie und soziale Marktwirtschaft als Gegenstand verfassungsstaatlicher Erziehungsziele

Der Pädagogik wächst im Rahmen der Transformationsforschung eine besondere Rolle zu. Sie hat zu erkennen, ob und inwieweit die großen Errungenschaften des Verfassungsstaates, nämlich Freiheit, Demokratie, Rechtsstaat und soziale Marktwirtschaft, gelehrt bzw. gelernt werden müssen - und können. Allzu selbstverständlich schreiben die Verfassunggeber in ihre Urkunden feinste Ausdrucksformen der grundrechtlichen Freiheiten (z. B. Datenschutz), vorletzte Konsequenzen des Demokratieprinzips (z. B. Schutz der parlamentarischen Opposition) und zahlreiche Voraussetzungen eines offenen Wirtschaftssystems (wie die Marktfreiheiten und ihre Mißbrauchsgrenzen wie Kartellgesetze). Vergessen wird, welche komplexen *sozio-ökonomischen* und *ethischen* Voraussetzungen personell und institutionell erfüllt sein müssen, damit die rechtlichen Strukturen reales Leben gewinnen, gedeihen und sich weiterentwickeln. Zu diesen Bedingungen gehört das Verständnis vieler juristischer Prinzipien *auch* als »Erziehungsziele«[15]. Erst in langfristigen Lernprozessen und langatmigen Vorgängen kultureller Sozialisation und ihrer Speicherung im individuellen und kollektiven »Gedächtnis« werden Grundrechte, Demokratie und soziale Marktwirtschaft so »verinnerlicht«, daß sie juristisch gelebt werden (können). Diese Erkenntnis ist eine schon jetzt greifbare Lehre aus den Übergangschwierigkeiten und »mentalen« Verwerfungen in den postkommunistischen Gesellschaften Osteuropas. Die jahrzehnte- bzw. generationenlang an Befehl und Gehorsam gewohnten Menschen müssen - fast von heute auf morgen - lernen, wie man mit der jetzigen, politischen und wirtschaftlichen Freiheit praktisch umgeht, welchen Grenzen sie unterliegt[16]; sie müssen die unverzichtbaren Ordnungsstrukturen erkennen, die verhindern, daß die neu ge-

15 Dazu *P. Häberle,* Erziehungsziele und Orientierungswerte im Verfassungsstaat, 1981. - Treffend hieß es schon in Art. 50 S. 1 Verf. des Freistaates Braunschweig (1922): »Diese Verfassung ist Lehrgegenstand in den Schulen«.

16 Zur Wirtschaftsethik: *A. Rich,* Wirtschaftsethik, 1984; *H. G. Nutzinger,* Der Begriff Verantwortung aus ökonomischer und sozialethischer Sicht, in: *K. Homann* (Hrsg.), Aktuelle Probleme der Wirtschaftsethik, 1992, S. 43 ff.; *K. W. Rotschild,* Ethik und Wirtschaftstheorie, 1992.

wonnene Verfassung der Freiheit ins Chaos versinkt oder in den Frükapitalismus umschlägt. Sie müssen die minimalethischen kulturellen Bedingungen bzw. »Spielregeln« des Marktes erfahren, wie sie im Prinzip von »Treu und Glauben« im klassischen-bürgerlichen Schuldrecht, in Figuren wie dem »ehrbaren Kaufmann« im Handelsrecht oder in sonstigen Verboten sittenwidrigen Handelns im Geschäftsverkehr zum integrierenden Bestandteil der europäischen Rechtskultur in langer Zeit gereift sind[17]. In der politischen Kultur der pluralistischen Demokratie sind es der Respekt vor den formalen Spielregeln und Verfahren, aber auch die Toleranz gegenüber dem parteipolitischen Gegner, die ein Stück der Erziehung bilden, wie es z. B. in der angelsächsischen Demokratie der Sport als Erziehung zur Fairness leistet[18]. Gewiß, seit dem »Pionier-Artikel« 148 der Weimarer Reichsverfassung (1919) gibt es die Erziehungsziele als eigene Kategorie verfassungsstaatlicher Prinzipien, wie Toleranz, Völkerversöhnung, Verantwortungsbereitschaft, und sie werden gerade in jüngster Zeit »vital« fortgeschrieben etwa im Zeichen des Umweltschutzes (vgl. Art. 33 Verf. Rheinland-Pfalz von 1947/1985, Art. 133 Abs. 1, 2 Verf. Bayern von 1946/1982, Art. 28 Verf. Brandenburg von 1992). Und es ist kein Zufall, daß jüngere Entwicklungsländerverfassungen wie Peru (Art. 22 Verf. von 1979) und Guatemala (Art. 72 Verf. von 1985) oder Staaten, die sich von ihrer totalitären Vergangenheit abwenden wie Portugal (1976) und Spanien (1979) (vgl. Art. 72 Abs. 2 bzw. 27 Abs. 2) die Menschen- und Grundrechte bzw. die Toleranz in die Erziehungsziele aufnehmen (»pädagogische Verfassunggebung«!). Denn die Entwicklungsländer sowie die beiden iberischen Staaten haben noch bzw. hatten den Übergang zum Verfassungsstaat zu meistern und eine schwierige Zeitperiode zu durchschreiten. Schließlich sei daran erinnert, daß in der Allgemeinen Erklärung der Menschenrechte der UN von 1948 (Präambel und Art. 26 Ziff. 2) der Gedanke zur Erziehung des »Menschengeschlechtes« zu den Menschenrechten angelegt ist, was die UNESCO später ausführt. Dennoch dürfte erst die Transformationsforschung der hier skizzierten Art den Blick dafür schärfen, daß der Verfassungsstaat in seinen zentralen Prämissen auch ein Werk der Pädagogik ist. So wenig der erwachsene – freie – Mensch noch erzogen werden darf (die »Entnazifizierung« in Deutschland nach 1945 bildet eine Ausnahme und ist auf eine Weise charakteristisch!): Der *junge* Mensch muß buchstäblich zu den Grundrechten, zu Demokratie und sozialer Marktwirtschaft bzw. den sie flankierenden Grundwerten wie Toleranz hingeführt werden. Die Transformationsforschung ist also auch eine »Stunde der Pädagogen« auf dem Weg zu einer weltbürgerlichen Aufgabe.

17 Dazu *F. Wieacker*, Zur rechtstheoretischen Präzisierung des § 242 BGB, 1956.
18 Dazu mein Beitrag: »Sport« als Thema neuerer verfassungsstaatlicher Verfassungen, in: FS Thieme, 1993, S. 25 ff.

4) Ursachenforschung und Vergangenheitsaufarbeitung als Thema der Transformationswissenschaft - die Wahrheitsfrage

Als - werdender - Wissenschaftszweig ist die Transformationsforschung auf die Wahrheitssuche verpflichtet, i. S. des *Humboldtschen* Ideals vom unabgeschlossenen, nie endenden Prozeß (vgl. BVerfGE 35, 79 (113), i. S. aber auch von *Lessings* Bescheidenheit. Auf zwei Feldern hat sie sich zu bewähren: zunächst auf dem Gebiet der *Ursachenforschung:* Wie kam es 1989 zum Sturz des kommunistischen Zwangssystems in Osteuropa, in der »DDR« zum Zusammenbruch des »vormundschaftlichen Staates« der SED?[19] Welche Motive hatten die Bürger? Diese Fragen sind kein Selbstzweck. Ihre Beantwortung soll helfen, die Erwartungen zu klären, die die Menschen Osteuropas heute an den neuen Verfassungsstaat richten. Sie soll überdies dazu beitragen, daß sich der gemeineuropäische/atlantische Verfassungsstaat bei seinen Transferleistungen ideeller, personaler, institutioneller, ökonomischer und pädagogischer Art optimal, d. h. auch sensibel auf die neuen »Familienmitglieder« einstellt.

Hier einige Stichworte: Gewiß bildete der Wunsch nach Freiheit und Demokratie eine Triebkraft für den »Systemwechsel« (in der DDR der Ruf nach »freien Wahlen« im Herbst 1989); auch dürfte der Mißerfolg der sozialistischen Kommandowirtschaft ein Grund für den Sturz des sozialistischen Regimes gewesen sein (in der DDR war der »Westvergleich« besonders naheliegend, die global-offene Kommunikations- und Informationsgesellschaft hat dies erleichtert). Aus der letztgenannten Einsicht darf aber kein neuer »Ökonomismus« und Materialismus erwachsen, wie er sich in manchen westlichen Zivilisationserscheinungen offenbart. Der Mensch lebt nicht vom Brot allein; der Markt ist *nicht* das Maß aller Dinge, er steht im Dienste des Menschen (ohne daß die ökonomische Natur mancher Kulturfelder bestritten sei). Einige Verfassungstexte äußern sich unerwartet klar zu dem *instrumentalen* Charakter des Marktes. Erinnert sei an Aussagen wie: »Die Sozial- und Wirtschaftsordnung beruht auf der Anerkennung der Würde und der Persönlichkeit des Menschen« (Art. 27 Verf.Hessen von 1946), »die gesamte wirtschaftliche Tätigkeit dient dem Gemeinwohl, insbesondere der Gewährlei-

19 Der Deutsche Bundestag setzte am 22. März 1992 eine Enquete-Kommission zur »Aufarbeitung von Geschichte und Folgen der SED-Diktatur in Deutschland« ein. 32 Bundestagsabgeordnete und 11 von den Fraktionen benannte wissenschaftliche Sachverständige behandeln u. a. folgende Themen: »Machtstrukturen und Entscheidungsmechanismen im SED-Staat«, »Bedeutung der Ideologie«, »Recht, Justiz und Politik im SED-Staat«, »Die Rolle der Kirchen in der SED-Diktatur« sowie »Möglichkeiten und Formen oppositionellen Handelns, die friedliche Revolution im Herbst 1989«, »Innerdeutsche Beziehungen und internationale Rahmenbedingungen«. Nach Auffassung des Vorsitzenden *R. Eppelmann* (CDU) könne die Kommission »weder die Arbeit der Juristen bei der Klärung der Verantwortung für Straftaten in der Vergangenheit ersetzen, noch Historikern die Arbeit wegnehmen« (FAZ vom 7. November 1992, S. 5). - Freilich gibt es auch eine (private) »Alternative Enquetekommission«, die Anhörungen z. B. über das Grenzregime der DDR durchführt (dazu »Freitag« Nr. 14 vom 2. April 1993, S. 5).

stung eines menschenwürdigen Daseins für alle« (Art. 151 Abs. 1 Verf. Bayern von 1946) oder an die Entschlossenheit zum Aufbau einer gerechten Gesellschaft, »in der die Wirtschaft im Dienste des Menschen steht und nicht der Mensch im Dienste der Wirtschaft« (Präambel Verf. Peru von 1979). Es gibt also *Grenzen* des Marktmodells: Nicht alles ist marktfähig und marktbedürftig, man denke an Teilfelder der Kultur, etwa die Erziehung, aber auch an das Ringen um eine »Wirtschaftsethik«. Kräftige Korrekturen am Marktmodell - besonders in der Übergangsphase - hat vor allem das Sozialstaatsprinzip zu leisten: i. S. der »sozialen Marktwirtschaft«, die nunmehr mit der Ökologie neu zu definieren ist (vgl. Art. 43 Verf. Brandenburg von 1992: »dem Schutz der natürlichen Umwelt verpflichtete marktwirtschaftliche Ordnung«).

Die andere Aufgabe ist die - verstehende - *Vergangenheitsaufbereitung* im Dienste des Freimachens der Wege in die bessere verfassungsstaatliche Zukunft. Hier wäre z. B. zu fragen, welcher Instrumente und Verfahren sich Griechenland (nach 1974) und die beiden iberischen Länder (nach 1973 bzw. 1977) bedienten, um mit totalitärer bzw. autoritärer Vergangenheit »fertig« zu werden. An Möglichkeiten und vor allem auch die Grenzen des Strafrechts (Stichwort *»Radbruchsche* Formel«[20]) ist ebenso zu denken wie an eine erfahrungswissenschaftliche Auswertung der historischen Beispiele für Amnestien[21]. Die osteuropäischen postkommunistischen Medien gehen mit den Wahrheitsproblemen sehr unterschiedlich um. Polen leistete sich eine z. T. selbstmörderische Diskussion auf niederem Niveau, Ungarn kommt mit seiner Vergangenheit offenbar besser zurecht (es setzt wohl auch auf die »heilende Kraft des Vergessens«), die CSFR arbeitet mit einem »Durchleuchtungsgesetz«. Die Schwierigkeiten der deutschen »Gauck-Behörde« bzw. des Stasi-Unterlagengesetzes sind bekannt[22]. Es grenzt an Zynismus, daß im deutschen Rechtsstaat ausgerechnet die Stasi-Akten zur Quelle der Wahrheitsfindung werden.

Indes ist tiefer anzusetzen: Zu fragen ist nach dem inneren Zusammenhang von *Wahrheit* und *Verfassungsstaat.* Der CSFR-Dichterpräsident *V. Havel* hat mit sei-

20 Dazu aus der Lit.: Die Diskussion auf der Giessener Staatsrechtslehrertagung »Der Rechtsstaat und die Aufarbeitung der vor-rechtsstaatlichen Vergangenheit«, VVDStRL 51 (1992), S. 117 ff.; *R. Wassermann,* Zur Anwendung der sog. Radbruchschen Formel auf Unrechtsurteile der DDR-Justiz, NJW 1992, S. 878 ff.; *U. Battis/G. Jacobs/E. Jesse/J. Isensee,* Vergangenheitsbewältigung durch Recht, 1992; *W. Fiedler,* Zur rechtlichen Bewältigung von Revolutionen und Umbrüchen in der staatlichen Entwicklung Deutschlands, in: Der Staat 31 (1992), S. 436 ff.; *ders.,* Stillstand oder Fortentwicklung . . ., FS G. Jahr, 1993, S. 71 ff.

21 Dazu aus der Lit.: *H. Quaritsch,* in: VVDStRL 51 (1992), S. 130 f. (Diskussion); *ders.,* Über Bürgerkriegs- und Feindamnestien, in: Der Staat 31 (1992), S. 389 ff.; *ders.,* in: FS Thieme, 1993, S. 329 ff.

22 Dazu aus der Lit.: *K. - M. Groth,* Das Stasi-Unterlagen-Gesetz, KJ 1991, S. 168 ff.; *C.-E. Eberle,* Journalistischer Umgang mit Stasi-Unterlagen, DtZ 1992, S. 263 ff.; *K. Stoltenberg,* Die historische Entscheidung für die Öffnung der Stasi-Akten, DtZ 1992, S. 65 ff.; *I. Staff,* Zur Forschungs- und Medienfreiheit im Hinblick auf Unterlagen des Staatssicherheitsdienstes, ZRP 1993, S. 46 ff.; *M. Kloepfer,* Das Stasi-Unterlagen-Gesetz . . ., 1993.

nen Worten zur Wahrheit anläßlich der Verleihung des Friedenspreises des Deutschen Buchhandels (1989) die Diskussion früh eröffnet[23]. Gerade der Verfassungsstaat bildet das Forum, auf dem - im Gegensatz zu Diktaturen - nach Wahrheiten *gesucht* werden kann - vor allem dank der geistigen Freiheiten. Gerade er darf nicht auf Lügen gebaut sein, so wenig er gegen Irrtum seiner Repräsentanten gefeit ist und so sehr »staatliche Wahrheitsministerien« totalitär sind. Neue Verfassungstexte ermutigen, diesen Zusammenhang zu thematisieren[24]. Die Öffentlichkeitsarbeit von Regierungen ist ein Testfall (dazu BVerfGE 44, 125 (144)). Die Wissenschaft steht hier erst am Anfang. Die zu beginnende Transformationsforschung könnte eine Herausforderung an die Verfassungslehre sein, sich dem Wahrheitsproblem neu zu stellen; Teilantworten liegen schon vor[25]. Erinnert sei an § 26 BVerfGG, d. h. die Pflicht des BVerfG, alle zur Aufdeckung der Wahrheit erforderlichen Wege zu beschreiten. Hier gibt es freilich (faktische) Grenzen der richterlichen Wahrheitsfindung, gerade auch im Blick auf die Erforschung der Zeitgeschichte (Stichwort: »Wahrheit durch Historisierung«?); die Probleme des KPD-Urteils (BVerfGE 5, 98) haben es an den Tag gebracht. Die Wissenschaft hat in Teiluntersuchungen daran angeknüpft[26], und der jüngste »Testfall« liegt in der Frage, ob das BVerfG im Bodenreformurteil (E 84, 90) von den richtigen Tatsachen ausging, d. h. ob die UdSSR und die *de Maizière*-Regierung wirklich darauf bestanden haben, daß die Enteignungen auf besatzungsrechtlicher bzw. besatzungseinheitlicher Grundlage (1945 bis 1949) nicht mehr rückgängig gemacht werden dürfen[27]. Damit ist schon auf die spezifische Verantwortung verwiesen, die gerade die Verfassungsgerichte in Übergangsphasen haben: als unersetzbare Garanten friedlicher, ausgleichender, unmittelbar gerechtigkeits- und gemeinwohlorientierter Übergangsprozesse (vgl. unten Ziff. 6).

23 Er hält diese Linie bis heute durch. Hatte er früh die Vertreibung der Deutschen aus der Tschechoslowakei (1945) als Unrecht kritisiert, so wiederholte er jüngst seine These (vgl. FAZ vom 31. März 1993, S. 8) mit dem Appell: die Tschechen sollten endlich der »eigenen Vergangenheit ins Gesicht schauen«. Die erst drei Monate alte Tschechische Republik dürfe nicht »auf Lügen und Vorurteilen aufgebaut werden«. Die gewaltsame Aussiedlung habe auf dem Prinzip der Kollektivschuld und auf Nationalismus beruht. Dies sei unmoralisch.

24 Vgl. die ausdrückliche Festlegung des Gerichtsverfahrens auf die Wahrheitsfindung (Art. 121 Abs. 2 Verf. Bulgarien (1991), die wissenschaftliche Wahrheitsklausel in Abschnitt 70 G Abs. 2 Verf. Ungarn (1949/89): »In Fragen der wissenschaftlichen Wahrheiten und bei der Würdigung wissenschaftlicher Forschungsergebnisse steht ein Urteil ausschließlich den Gelehrten dieser Wissenschaft zu«) sowie Art. 6 Abs. 2 S. 2 der Deklaration der Rechte und Freiheiten des Menschen des Kongresses der Volksdeputierten der UdSSR vom 5. Sept. 1991 (zit. nach EuGRZ 1991, S. 433 f.): »Es darf keine Staatsideologie geben, die zur Pflicht der Bürger gemacht wird«. Zum ganzen mein Beitrag Verfassungsentwicklungen in Osteuropa, AöR 117 (1992), S. 169 (200 f.).

25 Vgl. *H.-G. Gadamer,* Wahrheit und Methode, 4. Aufl., 1975.

26 Vgl. *A. Blankenagel,* Tradition und Verfassung, 1987.

27 Dazu aus der Lit. unten Anm. 48.

5) Das Desiderat einer Verfassungstheorie des Marktes

Leistungsfähige, offene Märkte, eine wohlstandsschaffende Marktwirtschaft gehören zu den Reformzielen der Transformationsvorgänge in Osteuropa. Spätestens die unerwartet großen Übergangsprobleme dort machen aber der Verfassungslehre hier, in Westeuropa, klar, wie sehr es an einer Verfassungstheorie des Marktes noch fehlt. Dazu nur einige Stichworte[28]. Die Verfassungstheorie des Marktes ist von den staatsphilosophischen Koordinaten eines *T. Hobbes* und *J. Locke* her zu entwerfen, d. h. etwa: Der Markt basiert nicht auf dem pessimistischen Menschenbild eines *Hobbes* (modern: »wölfisches Antlitz des Kapitalismus«), sondern auf dem optimistischen eines *Locke.* Er ist kein wie immer gearteter »Naturzustand«, sondern ein Teil des status *civilis culturalis.* Ihn als solchen zu erhalten, obliegt dem Verfassungsstaat. Der ordoliberale Glaubenssatz von der »Interdependenz der Ordnungen« bzw. dem Bedingungsverhältnis von Marktwirtschaft und Demokratie bedeutet: Der Markt - die Form vieler Freiheiten - ist *nicht nur* Freiheit, er hat als solche auch Grenzen, die von der Verfassung gezogen werden, insbesondere von Menschenwürde und Sozialstaatsprinzip (»Soziale Marktwirtschaft«). Er ist *Mittel* zum Zweck. *F. A. von Hayeks* Verständnis des Marktes als »Entdeckungsverfahren« ist auch ein Verweis auf die Freiheitsverwirklichung vieler: von den »feinen« geistigen Erfinderfreiheiten bis zu den mitunter recht »harten« wirtschaftlichen Freiheiten. Die viel zitierte »Rahmenordnung« für freie Märkte wird durch die Rechtskultur konstituiert, und es ist kein Zufall, daß gerade neuere Verfassungen viele Textaussagen zum Thema »Markt« treffen[29]. Eine bloß ökonomische und materialistische Deutung des Marktes griffe zu kurz, er ist im kulturwissenschaftlichen Kontext zu »erklären« und konsensethisch einzuordnen. Die Erfolgsgeschichte der Einigung Europas sollte die *kulturellen* Hintergründe nicht verdecken; sie darf nicht zur Rechtfertigung eines neuen Ökonomismus werden. Für Osteuropa bleibt der freie Markt nur dann ein »Vorbild«, wenn er als ein Stück Verfassungskultur praktiziert, d. h. sozial abgefedert, ökologisch eingebunden und gesellschafts- bzw. verfassungsvertragstheoretisch begründet wird. Dazu ist das ganze Arsenal der Klassiker zu benutzen, etwa die Gewaltenteilung, die Machtmißbrauch verhindernde Lehre eines *Montesquieu* und das kongeniale Demokratieverständnis eines *Popper.* Es verdient festgehalten zu werden, daß das Problem der »Transformation« im hier behandelten Sinne die europäisch/atlantische Verfassungslehre zwingt, sich auf eine ihrer ureigensten Prämissen neu zu

28 Teilaspekte in: *P. Häberle,* Die Entwicklungsstufe des heutigen Verfassungsstaates, Rechtstheorie 22 (1991), S. 431 (443 ff.).; *ders.,* Verfassungsentwicklungen in Osteuropa, AöR 117 (1992), S. 169 (178 ff.); *ders.,* Grundrechte in pluralistischen Gesellschaften, in: Die Verwaltung 26 (1993), S. 421 ff.

29 Dazu meine Übersicht »Wirtschaft« als Thema neuerer verfassungsstaatlicher Verfassungen (1987), jetzt in Rechtsvergleichung im Kraftfeld des Verfassungsstaates, 1992, S. 552 ff.

besinnen, d. h.: auch das Paradigma der »invisible hand« von *A. Smith* und seine »Eigennutz«-Parole müssen in das *Ganze* des heutigen Verfassungsstaates eingebracht, der Markt muß menschenwürdegerecht normativ ausgestaltet und konstituiert werden[30]: es gibt keine »natürliche Freiheit«.

6) Die Konturen eines spezifischen Übergangsverfassungsrechts - die Kompetenz der Verfassungsgerichte zu »Übergangsurteilen«, das gute Beispiel des BVerfG

Dem Verfassungsrecht wächst im Rahmen der Systemtransformation eine spezifische Aufgabe zu. Seine dem Typus Verfassungsstaat zu verdankende hohe Autorität muß besondere Inhalte und Verfahren entwickeln, um den Übergang von totalitären Staaten in offene Gesellschaften zu bewältigen. Nicht selten hat es in unmittelbarem Durchgriff auf Gerechtigkeitsprinzipien und Gemeinwohlgehalte ein »Übergangsverfassungsrecht« eigener Art zu schaffen: *Poppers* »Stückwerktechnik« sollte sich zu Verfassungstexten kristallisieren. Da das verfassungsstaatliche Verfassungsrecht per se auf *Dauer* angelegt ist, im Verständnis der Verfassung als »rechtlicher Grundordnung des Staates« präsent *(W. Kägi),* mag es schwer sein, auch und gerade für Übergangsperioden sich des Mittels des Verfassungsrechts zu bedienen - als einer Art »Verfassungsrecht auf Zeit«. Indes tut der Typus Verfassungsstaat gut daran, bereits sein »historisches Vorfeld« selbstbezogen zu konstitutionalisieren. Statt des abrupten Wechsels und tiefer Brüche zwischen einer totalitären Staatlichkeit und ihm selbst sind zeitlich gestreckte Übergangsperioden einzubauen, die auf den Verfassungsstaat *hin*führen, bei aller Absage an die Vergangenheit also ein Stück Kontinuität im Wandel schaffen, damit nicht ein anarchisches, abgründiges Niemandsland als kalkulierbarer »Zwischenakt« entsteht. Die Dramatik der Aufgabe kommt in zwei in Deutschland seit 1989 geprägten Worten zum Ausdruck: *Bärbel Bohley's* tragischer Ausruf: »Wir haben auf Gerechtigkeit gehofft und den Rechtsstaat erhalten«, sollte ebenso sensibilisieren wie das Bild vom schmerzhaften Sprung in das »kalte« Wasser des Marktes *(R. Dahrendorf).* Es gilt, Alles- oder Nichtslösungen jedenfalls zum Teil zu vermeiden und auf einzelne Grundwerte des Verfassungsstaates ggf. Schritt für Schritt gestuft *hin*zuführen, statt sie im ganzen auf einen Schlag durchzusetzen.
Erste Orientierungen liefert der *erfahrungwissenschaftliche* Ansatz. Im historisch und kontemporären Vergleich ist zu fragen, ob es bereits verfassungsstaatliche *Beispielstexte* gibt, die sich mit Übergangsproblemen auseinandersetzen. Es liegt

30 Die hier geforderte Verfassungstheorie des Marktes ist mit dem älteren deutschen »Streit um das Wirtschaftsverfassungsrecht« von *H. C. Nipperdey* über *H. Krüger* bis *E. R. Huber* (dokumentiert bei *U. Scheuner* (Hrsg.), Die Einwirkung des Staates auf die Wirtschaft, 1971) nicht identisch. Sie sucht tiefer anzusetzen und muß vor allem im Blick auf Europa fortgeschrieben werden. Dazu etwa *G. Joerges,* Markt ohne Staat?, Die Wirtschaftsverfassung der Gemeinschaft und die regulative Politik, in: *R. Wildenmann* (Hrsg.), Staatswerdung Europas?, 1991, S. 225 ff.; jetzt mein Beitrag: Soziale Marktwirtschaft als »Dritter Weg«, ZRP 1993, S. 383 ff.

auf der Hand, sie in der bislang verfassungstheoretisch vernachlässigten, aber oft nachweisbaren Kategorie der »Übergangs- und Schlußvorschriften« zu suchen[31]. Hier findet sich Problemlösungsmaterial, das Bausteine für ein von der Transformationsforschung inskünftig zu entwickelndes modellhaftes Übergangsverfassungsrecht liefert. An einigen Beispielen sei illustriert, daß Übergangs- und Schlußbestimmungen – als Gegenstück zu Präambeln – ein typisches verfassungsstaatliches Regelungsthema bilden[32]; sie bauen den Zeitfaktor spezifisch ein: in der Dimension der Vergangenheitsbewältigung einerseits, der Zukunftsorientierung andererseits. Manche Probleme des Übergangs werden bereits durch ein differenziertes Beispielsmaterial auf Texte und Begriffe gebracht. Das Thema »Zeit und Verfassung« bzw. »Zeit und Verfassungskultur«[33] bildet den übergreifenden Theorierahmen; Einzelprobleme wie die Rückwirkung und Vorwirkung von Gesetzen sind bereits untersucht worden[34].

Folgende konstitutionelle Übergangsrechts*typologie* läßt sich im ersten Zugriff erarbeiten: im Blick auf die *Vergangenheit* und ihre »Bewältigung«: Rezeptionsklauseln (Art. 140 GG), Bestandsgarantien (Art. 182 Verf. Bayern von 1946 für die Staatsverträge, Art. 85 Verf. Baden-Württemberg von 1953 für Hochschulen, Art. 107 Verf. Griechenland von 1975 für den Schutz ausländischen Kapitals, Art. 3 Verf. Guatemala von 1985 für die Staatsangehörigkeit), allgemeine Verfassungs-Konformitätsklauseln (Art. 123 Abs. 1 GG), Rechtsnachfolge-Artikel (Art. 133 f. GG), oft mit Legaldefinitionen und Fiktionen gekoppelt (Art. 180 S. 1 WRV, § 54 Verf. Anhalt von 1919, Art. 55 Abs. 2 Verf. Sachsen von 1920, Art. 160 Abs. 2 Verf. Hessen von 1946), Not- bzw. Ausnahmerecht (Art. 117 Abs. 2 GG), »Verfassungsdurchbrechungen« i. S. zulässiger Abweichungen von der Verfassung (z. B. zur »Befreiung des deutschen Volkes von Nationalsozialismus und Militarismus«: Art. 139 GG; Art. 104 Verf. Württemberg-Baden von 1946; Art. 184 Verf. Bayern von 1946), zeitlich begrenztes Außerkraftbleiben von Grundrechten (Art. 117 GG, Art. 153 Verf. Bremen von 1947, Art. 157 Verf. Hessen von 1946), Amnestien (Übergangsart. 11 Verf. Türkei von 1961), Aufträge zur »Wiedergutmachung« (Art. 183 Verf. Bayern von 1946, Verf. Sachsen von 1992, Art. 139 Verf. Rheinland-Pfalz von 1947).

31 Dazu als erster Versuch mein Beitrag: Neuere Verfassungen und Verfassungsvorhaben in der Schweiz, JöR 34 (1985), S. 303 (408 ff.).

32 Frühe Beispiele finden sich in Frankreich (z. B. Art. 75 und 76 der Charte Constitutionnelle von 1814: »Articles transitoires«, Kap. XII Verf. von 1848 »Dispositions Transitoires«, der Sache nach auch Art. 68 bis 70 Verf. 1830). Die beiden Verf. von 1946 (Art. 96 bis 106) und 1958 (Art. 90 bis 92) enthalten ein besonders ausgefeiltes Übergangsverfassungsrecht. (Texte zit. nach *J. Godechot* (Hrsg.), Les Constitutions de la France depuis 1789, 1979). – Der quantitativ wohl umfangreichste Katalog von Übergangsnormen findet sich am Schluß der neuen Verf. von Kolumbien von 1991 (59 Artikel!).

33 Dazu *P. Häberle,* Zeit und Verfassung (1974), in: *ders.,* Verfassung als öffentlicher Prozeß, 1978, S. 59 ff. und Zeit und Verfassungskultur (1982), jetzt in: Rechtsvergleichung im Kraftfeld des Verfassungsstaates, 1992, S. 627 ff.

34 Vgl. *B. Pieroth,* Rückwirkung und Übergangsrecht, 1981.

Im Blick auf die *Zukunft,* die ja tunlichst die volle Verfassungsverwirklichung bringen soll, lassen sich unterscheiden: an erster Stelle Normen zum - sofortigen - Inkraftsetzen der neuen Verfassung[35] bzw. Außerkrafttreten des widersprechenden alten Rechts (Art. 117 Verf. Luxemburg von 1868, Art. 123 Abs. 1 GG, Art. 290 Abs. 2 Verf. Portugal von 1976)[36], spezifischer Schutz der »Reformgesetze« (Art. 153 Verf. Türkei von 1961), Normen zur Verfassung als Erziehungsziel (Art. 188 Verf. Bayern von 1919), zur Vereidigung auf die Verfassung (Art. 176 WRV, Art. 187 Verf. Bayern von 1946). Die in Raum und Zeit global ausgreifende Zusammenstellung möglichst aller Verfassungs-Beispiele und ihre theoretische Auswertung im Blick auf die Konflikte, die beim *Wechsel* vom alten (totalitären) Staats-Recht zum neuen Verfassungsrecht entstehen, bildet also ein eigenes Forschungsprogramm im Rahmen der interdisziplinären Transformationswissenschaft. Die vergleichende Verfassungslehre ist dabei besonders gefordert.
Der *deutsch-deutsche Einigungsvertrag* von 1990 (vgl. Art. 15, 16, 35 Abs. 6, 7, Art. 40, 41) bzw. die »beitrittsbedingten« GG-Änderungen (vgl. Art. 143 GG) haben in Sachen Übergangs(verfassungs)recht manche Neuerungen und Differenzierungen geschaffen, auch wenn sie, wie die heutigen Vollzugsprobleme zeigen, nur fragmentarisch geblieben sind und der Ergänzung durch die Praxis aller drei Staatsfunktionen (z. B. des Gesetzgebers, der die Entschädigungsfragen regelt) und besonders des BVerfG bedürfen (vgl. Art. 143 Abs. 3 GG und das »Bodenreformurteil« vom 23. April 1991, dazu unten). Bemerkenswert ist die »Erinnerung« an die »absolute Grenze« für Abweichungen vom GG als Übergangsrecht in Art. 143 Abs. 1 S. 2 GG. Eine Novität bedeutet in S. 1 ebd. die Verknüpfung einer Fristenklausel (»längstens bis zum 31. Dezember 1992«) mit einem Möglichkeitsvorbehalt (»soweit und solange infolge der unterschiedlichen Verhältnisse die völlige Anpassung an die grundgesetzliche Ordnung noch nicht erreicht werden kann«). Diese spezielle, zeitgebundene Anpassungsklausel (ein neuer »Solange-Vorbehalt«!) sollte die Verfassungstheorie des Übergangsrechts auswerten: sie

35 Eine bisher wohl einzigartige strenge Verbotsklausel hat Art. 20 der Übergangsbestimmungen Verf. Guatemala (1985) geschaffen: »Frühere Verfassungsbestimmungen, die dieser vorausgehen, können zur Interpretation und als Zitate von Bestimmungen dieser Verfassung nicht herangezogen werden«. - Eine Art Zitatverbot-Klausel. - Neuland wagt auch die 6. Übergangsbestimmung Verf. Peru von 1979 (»schrittweise« Anwendung und »stufenweise« Erfüllung der Normen, die neue Aufgaben und Investitionen verursachen (zit. nach JöR 36 (1987), S. 555 ff. bzw. 641 ff.).

36 Ein Beispiel zum *zeitlich gestuften* Inkrafttreten: Ziff. 1 Übergangsbestimmungen Verf. Schweden (74/76); s. auch Art. 85 Verf. Berlin von 1950: »Bisherige Rechtsvorschriften, die im Widerspruch zu dieser Verfassung stehen, sind innerhalb der vierjährigen ersten Wahlperiode vom Abgeordnetenhaus außer Kraft zu setzen«. - Besonders viele zeitliche Stufungen stehen in den Übergangsnormen von Verf. Italien (1947). Auffallend ist die *Anpassungsklausel* in Art. 132 Verf. Saarland (1947): »Alle bisherigen Gesetze und Verordnungen, die einer Anpassung dieser Verfassung bedürfen, bleiben bis dahin in Kraft.« - Flexibel ist Art. 1 der Schluß- und Übergangsbestimmungen Kantonsverf. Jura (1977): »L'Assemblée constituante décrète l'entrée en vigueur simultanée ou successive des dispositions de la présente Constitution« (mit weiteren 9 Ausführungsartikeln!). - § 127 Kantonsverf. Aargau (1980) spricht selbst von »besonderen Bestimmungen dieser Übergangsordnung« (zit. nach JöR 34 (1985), S. 424 ff. bzw. 437 ff.).

dürfte exemplarisch sein und läßt sich im Rahmen der allgemeinen Transformationsforschung verallgemeinern. Einerseits steht alle - gebotene - Umbildung bzw. Anpassung im Übergang vom totalitären Staat zum Verfassungsstaat unter einem (wirklichkeitsorientierten) Möglichkeitsvorbehalt (i. S. des klassischen »ultra posse nemo obligatur«), andererseits gibt es (immanente) Grenzen für das insoweit noch - auf Zeit - hinzunehmende abweichende Recht, von denen sich die Übergangsphase nicht freizeichnen kann; sie liegen in den substanziellen Prinzipien einer verfassungsstaatlichen Verfassung wie sie im GG in Art. 19 Abs. 2 und 79 Abs. 3[37] zum Ausdruck kommen. Zwar dürfte das GG besonders rigide sein, da es ein und dieselbe Verfassung des wiedervereinigten Deutschland ist, während die Nationen in Osteuropa sich ungeteilt, aber gemeinsam in totalitärer Vergangenheit gefangen, ihren Weg von der geschlossenen Gesellschaft zur offenen suchen müssen. Dennoch läßt sich eine Maxime herausschälen: In der - immer prekären - Übergangsphase dürfen von den wesentlichen Identitätselementen des neuen Verfassungsstaates »möglichst« keine Abstriche gemacht werden (nicht von Menschenwürde, Demokratie, Gewaltenteilung und sozialer Rechtsstaatlichkeit), die neue Verfassung gäbe sich sonst »vorweg« selbst auf. Auf der anderen Seite ist an einen großen Spielraum für experimentierendes Gestalten zu denken, an die Möglichkeit von »experimenteller Verfassunggebung auf Zeit« - Gegenstück zu »experimentierender Gesetzgebung«[38].
Im Rahmen der Auswertung von übergangsverfassungsrechtlichen Beispielstexten sind *verfassungspolitische* Fragen zu stellen: Nach welchen Maximen sollte die Verfassungslehre in Sachen Übergangsrecht »wissenschaftliche Vorratspolitik« treiben? Wie lassen sich die bisher bekannten Übergangstexte verbessern? Wie hätte ein »Übergangsverfassungsmodell« auszusehen? (ein Element findet sich in der verallgemeinerten Anpassungs- bzw. Möglichkeitsklausel des Art. 143 Abs. 1 S. 1 GG[39]). Solche Fragen können hier nur gestellt, aber nicht beantwortet werden (Korea dürfte eines Tages bei seiner Wiedervereinigung davon profitieren).
Waren bisher die Verfassunggeber (und mittelbar die in ihrem Dienst stehenden Gesetzgeber) im Mittelpunkt, so ist jetzt auf einen hochrangigen »Akteur« der überaus komplexen Übergangsprozesse vom totalitären Staatsmodell zur offenen Gesellschaft zu blicken: auf die *Verfassungsgerichte.* Da sie in fast allen posttotalitären Staaten geschaffen und mit vielen Kompetenzen ausgestattet werden, was sich in Portugal und Spanien ebenso zeigt wie in den postkommunistischen Län-

37 Dazu vergleichend *P. Häberle,* Verfassungsrechtliche Ewigkeitsklauseln als verfassungsstaatliche Identitätsgarantien (1986), jetzt in: *ders.,* Rechtsvergleichung im Kraftfeld des Verfassungsstaates, 1992, S. 597 ff.
38 Dazu *H.-D. Horn,* Experimentelle Gesetzgebung unter dem Grundgesetz, 1989.
39 Ein *Negativ*beispiel, das wegen seiner generellen Fassung keine Nachahmung verdient, enthält Art. 20 Übergangsbestimmungen Verf. Guatemala (1985) - oben Anm. 35, denn sie verkennt, daß auch Revolutionen nicht alle geschichtlichen Kontinuitäten in einem Volk und seinem Recht unterbrechen bzw. untersagen können.

dern in Osteuropa nach 1989[40], ist zu vermuten, daß ihnen funktionellrechtlich eine erstrangige Aufgabe bei der Bewältigung der Übergangsschwierigkeiten zuwächst. Sie werden zum »Hüter des konstitutionellen Übergangs«. Ihre Verantwortung reicht über die »Normalzeiten« der Verfassungsgerichtsbarkeit hinaus und schafft besondere Kompetenzen. Erinnert sei an das beispielhafte Wirken des Verfassungsgerichts in Ungarn[41], an die frühen großen Leistungen in Polen[42], an das spanische Verfassungsgericht[43]. Eher problematisch erscheint das Wirken des Verfassungsgerichts in Rußland. Hatte es sich unter seinem Vorsitzenden *V. Sorkin* bis Ende 1992[44] zunächst Verdienste erworben als redlicher Schlichter bei der Suche nach Kompromissen (unter den Verfassungsorganen und auch bei der Aufhebung des Verbots der KPdSU), so wurde es im Machtkampf zwischen dem Präsidenten *B. Jelzin* und dem Kongreß der Volksdeputierten (Frühjahr 1993) offenbar »Partei« und verlor darum prompt an Autorität.
Ein eigenes Wort verdient die positive Rolle des deutschen *BVerfG* als »Hüter« der aus der deutschen Wiedervereinigung resultierenden verfassungsrechtlichen Übergangsprobleme. Es fällte seit 1990 mehrere Urteile, in denen es sich als vorbildlicher »Hüter« des konstitutionellen Übergangs ausgezeichnet hat. An erster Stelle rangiert die (unter dem Vorsitz des Jubilars *E. G. Mahrenholz* (1990)) getroffene Wahlrechtsentscheidung des Zweiten Senats (BVerfGE 82, 322). Die Nichtanwendung der »an sich« geltenden 5-%-Klausel bei der ersten Bundestagswahl in den neuen Bundesländern (1990) gehört m. E. zu den großen Leistungen des Gerichts[45]: Im Sinne der Schaffung von allgemeiner Akzeptanz und der Schritte zur inneren Wiedervereinigung Deutschlands wurde hier auch im Blick auf die Folgen judiziert. Das Urteil wirkte auf einem Teilbereich wahrlich »befriedend« und »befreiend«; das BVerfG hat sich damit auf einen Schlag auch im Osten Deutschlands Respekt und Vertrauen erworben[46].

Neben dem »härteren« Warteschleifenurteil (BVerfGE 84, 133[47]) verdient das »Bodenreformurteil« des Ersten Senats vom 23. April 1991 (BVerfGE 84, 90) eine eigene Würdigung. Diese Entscheidung ist bei allen Mühen, den klassischen

40 Zu diesen die Nachweise in meinem Beitrag: Verfassungsentwicklungen in Osteuropa aus der Sicht der Rechtsphilosophie und der Verfassungslehre, AöR 117 (1992), S. 169 (190).

41 Dazu *G. Halmai*, oben Anm. 10.

42 Dazu *L. Garlicki*, Vier Jahre Verfassungsgerichtsbarkeit in Polen, JöR 39 (1990), S. 285 ff.; *J. Zakrzewska*, L'Etat de Droit et Tribunal Constitutionnel en Pologne, JöR 41 (1993), S. 15 ff.

43 Vgl. *A. López Pina*, Die Aufarbeitung der Geschichte in Spanien, JöR 41 (1993), S. 485 ff.

44 Dazu *T. Schweisfurth*, Rußlands Verfassungsgericht im Sog der Machtpolitik, FAZ vom 2. April 1993, S. 8.

45 Das Saarstatut-Urteil (BVerfGE 4, 157 (170)) ist dank seiner schöpferischen Formel »Näher beim Grundgesetz« ein Vorbote solchen Denkens und Handelns.

46 Vgl. schon meine positive Bewertung in: Kolloquium für *K. Stern* (1992) in Köln (Diskussionsbeitrag), 1993, S. 177. Aus der Diskussion im Vorfeld: *R. Wahl*, Das Wahlrecht in der Sondersituation der deutschen Einigung, NJW 1990, S. 2585 ff.; *W. Schmidt*, Rechtliche Voraussetzungen . . ., NJW 1990, S. 1891 ff.

47 Dazu aus der Lit.: *W. Däubler*, Die sog. Warteschleife . . ., NJ 1991, S. 233 ff.

Auslegungsregeln juristischer Hermeneutik gerecht zu werden, und trotz aller Widersprüche[48] ein eminent politischer, kompromißhafter Richterspruch (vgl. etwa das Verlangen nach einer »Ausgleichsregelung«). Funktionellrechtlich legitimiert er sich als solcher aus der zu bewältigenden besonderen Übergangssituation im Prozeß deutsch-deutscher Einigung. Das BVerfG hat sich bisher als »Akteur« im schwierigen konstitutionellen Übergangsprozeß in Deutschland bewährt, und es wäre eine Aufgabe von eigenem Reiz, all die Topoi zu analysieren, mit denen es in seinen Abwägungsvorgängen gearbeitet hat, um zu einer »gerechten« und gemeinwohladäquaten Entscheidung zu kommen. Im Grunde hat das BVerfG prätorisch ein Stück »Übergangsrichterrecht« geschaffen. Im Rahmen einer künftigen Transformationsforschung verdient seine Leistung als spezifisch verfassungsrichterlicher Beitrag viel Anerkennung über den Tag hinaus[49].

7) Elemente einer juristischen Rezeptionstheorie und die kulturelle Kontext-These als Voraussetzung für den System-Transfer im Kraftfeld des europäischen Verfassungsstaates

Der Typus Verfassungsstaat, kulturelles Ergebnis einer in Jahrhunderten gereiften europäisch/atlantischen Gemeinschaftsleistung, wirkt in Texten und Kontexten, Inhalten und Verfahren als großes Vorbild und Ziel für die heutigen Transformationsprozesse in Osteuropa[50]. Obwohl diese Prozesse vor Ort, d. h. *dort* stattfinden: die unentbehrlichsten Anregungen, Materialien und Impulse erfahren sie aus der westeuropäisch-atlantischen Verfassungsgemeinschaft. So sehr die Verfassunggeber sich vor ihren eigenen Bürgern bzw. Völkern verantworten müssen und in deren Kultur zu arbeiten haben[51]: die verfassungsstaatliche Weltöffentlichkeit, konstitutiert vor allem dank der universalen Menschenrechte, redet - und handelt - in den Prozessen der nationalen Verfassunggebung mit. Die *eine* Welt des

48 Dazu aus der Lit. *W. Graf Vitzthum,* Jurisprudence constitutionnelle étrangère, La decision de la Cour constitutionnelle fédérale du 23. Avril 1991, in: Revue française de Droit constitutionnell, 12, 1992, S. 775 ff.; *M. Herdegen,* Die Eigentumsregelung des Einigungsvertrags vor dem BVerfG, JURA 1992, S. 21 ff.; *W. Leisner,* Das Bodenreform-Urteil des BVerfG, NJW 1991, S. 1569 ff.; *H. Sendler,* Eigentumsgarantie in der Verfassungsdebatte, ZfBR 1992, S. 1 ff.; *B. Schildt,* Bodenreform und deutsche Einheit, DtZ 1992, S. 97 ff.

49 Daß es zu den erwähnten Entscheidungen keine *Sondervoten* gab, zeigt deren verantwortungsbewußte Handhabung durch die Richter. - Der Jubilar *E. Mahrenholz* hat sich dieses »feinen« Instruments richterlicher Fortbildung als Element der »Verfassung als öffentlicher Prozeß« ebenso stilsicher wie gezielt bedient: vgl. BVerfGE 64, 285; 68, 111; 69, 87; 70, 366; 73, 117; 77, 234; 80, 235; 82, 122; 88, 430.

50 Zu unterscheiden ist zwischen dem Transfer von Recht, von Kapital und Technologie (innerdeutsch auch von Personen, etwa Beamten, die auf Zeit in die neuen Bundesländer abgeordnet werden), auch die Beratertätigkeit gehört ins Blickfeld. Die Transferforschung hat sich bislang vor allem an den Entwicklungsländern erprobt.

51 Hierzu gehört etwa die kluge Anknüpfung an halbverschüttete Abschnitte der »besseren« eigenen Geschichte (in Ungarn etwa an 1848; in der Mongolei an den (allzu verklärten) *Dschingis Khan*).

»blauen Planeten Erde« ist dank des Zerfalls des Ostblocks eine Welt der Verfassungsstaaten geworden. Und doch bleibt es trotz aller Universalität vieler seiner Strukturen (wie Menschenrechte, Demokratie sowie Föderalismus bzw. Regionalismus und Marktwirtschaft) bei einer Partikularität der einzelnen Nationen und ihrer Kulturgeschichte. Die Frage ist, wie sich die idealtypischen, universalen Elemente des Verfassungsstaates mit seinen realtypischen nationalen Varianten verbinden lassen. Vielseitige Rezeptionsvorgänge und die kulturbezogene Kontextthese werden hier einschlägig. Osteuropa und seine Nationen können sich nach 1989 nur in der Weise konstituieren, daß sie Verfassungselemente aus dem Westen zunächst einmal übernehmen, d. h. rezipieren, ohne sich selbst zu verlieren. Darum wächst der Rezeptionsforschung - als Teil der Transformationswissenschaft - ein in dieser Größenordnung bisher kaum bekanntes Aufgabenfeld zu. Sie hat die Verfahrenswege (von der Verfassunggebung bis zur Wissenschaft) und Gegenstände (Texte, Rechtsprechung, Theorien) zu systematisieren, in denen rezipiert wird i. S. der Frage, »*wer* rezipiert *was*«?, und sie hat die hohe Relevanz der neuen kulturellen Kontexte zu erarbeiten, d. h. darzutun, daß der Rezipient nicht passiv bleibt, sondern höchst aktiv-schöpferisch das scheinbar bloß Übernommene in seinen Rahmen einschmelzt und weiterbildet[52]. In der ersten Periode der Transformation wird die Vorbildwirkung des Fremden groß sein, auch ist ein Pluralismus der »Quellen« zu empfehlen. Zu vermuten ist aber, daß im Verlauf des Wachstumsprozesses des jeweiligen osteuropäischen Verfassungsstaates dessen Selbststand stärker wird, das »Eigene« sich kräftiger ausbildet und das Rezipierte im neuen-eigenen kulturellen Kontext seine (westlichen) Ursprungsinhalte zurücktreten läßt. Es kommt zu einer »Umbildung«. Die Transformationsforschung sollte diese Entwicklungsvorgänge positiv begleiten, d. h. nicht sklavischen Nachahmungen das Wort reden, sondern zum schöpferischen »Eigensinn« ermutigen. M. a. W.: Sie darf nicht bei der Rezeptionsforschung »stehen« bleiben, sie muß über etwaige Rezeptionen hinaus denken und ggf. auch handeln, z. B. in der Erkenntnis des Werdens eigener kultureller Identität des Nehmer-Landes sowie in dem Bewußtsein, daß Transformationen letztlich keine »Einbahnstraßen« sind, sollen sie konstitutionell auf Dauer greifen. Dieses große Programm sei in einem Geburtstagsblatt nur als Merkposten verzeichnet.

52 Dazu das »Tableau« bei *P. Häberle,* Theorieelemente eines allgemeinen juristischen Rezeptionsmodells, JZ 1992, S. 1033 ff., zuvor *ders.*, in *Battis/Mahrenholz/Tsatsos* (Hrsg.), Das GG im internationalen Wirkungszusammenhang der Verfassungen, 1991, S. 17 ff. Aus der vor allem zivilrechtlichen Literatur zum Thema Rezeption: *D. Giesen,* Rezeption fremder Rechte, in: Handwörterbuch zur deutschen Rechtsgeschichte, Bd. IV, 1990, Sp. 995 ff.; *W. Wiegand,* Die Rezeption amerikanischen Rechts, in: Die Schweizerische Rechtsordnung in ihren internationalen Bezügen, 1988, S. 229 ff. Die Rolle der Rechtsvergleichung als Kulturvergleichung (dazu *P. Häberle,* Verfassungslehre als Kulturwissenschaft, 1982, S. 33 ff.) liegt auf der Hand.

III. Ausblick

Diese in 7 Punkten ausgreifende, indes fragmentarische Skizze einer künftigen Forschungsrichtung sei mit einer »Selbstkritik« beendet: Trotz der im Jahre 1989 gipfelnden Erfolgsgeschichte des Verfassungsstaates gibt es heute keinen Grund zur Selbstzufriedenheit. Er steht vor immensen neuen Aufgaben, die von seiner eigenen Reformfähigkeit und -willigkeit viel verlangen und die Frage provozieren, ob und wie sich die selbstkritischen Potenzen der offenen Gesellschaft aus sich allein entwickeln lassen, nachdem der »große Widerpart«, der Marxismus-Leninismus, gescheitert ist. Erwähnt seien der Kampf gegen neue und alte Armut, die Sprengkraft des Nord-/Südkonfliktes, die Umweltprobleme, die Wiederkehr eines ungezügelten Nationalismus in Osteuropa, die Migrationsbewegungen von Ost nach West und die Bürgerkriege. Vor allem muß der Verfassungsstaat seine eigene Reform*bedürftigkeit* erkennen: Viele seiner großen Beispielsnationen befinden sich in »hausgemachten« Verfassungskrisen: Italien, Belgien, auch Frankreich, und mancher kann sich zu den anstehenden Verfassungsreformen (noch) nicht durchringen: so die Schweiz auf Bundesebene und das wiedervereinte Deutschland in Sachen unmittelbare Demokratie[53]. Obgleich sich die europäischen Verfassungsnationen unterscheiden, ein Krisengrund springt ins Auge: Es ist die Selbstgefälligkeit und Arroganz vieler politischer Parteien, die sich den Verfassungsstaat immer unverblümter zur »Beute« machen (in Deutschland, indem sie für sich unverfroren alle Verfassungsrichterstühle reklamieren oder sich über eine maßvolle staatliche Parteifinanzierung hinaus »selbst bedienen« (Ämterpatronage, »Parteibuchwirtschaft«, vgl. aber Art. 33 Abs. 2 GG (Leistungsprinzip) und Art. 33 Abs. 3 GG (Diskriminierungsverbot)). Zur parteienstaatlichen Demokratie[54] als Erscheinungsform der »Verfassung des Pluralismus« gibt es zwar keine Alternative, wohl aber muß die *Trennungs*linie zwischen politischen Parteien und verfaßter Staatlichkeit wieder schärfer ausgezogen werden. Manche osteuropäischen Verfassungen und Verfassungsentwürfe mühen sich hier mit eindrucksvollen Texten bzw. Neuerungen[55]. Das könnte der Beginn einer Rezeption in umgekehrter Richtung, d. h. von Ost nach West sein. Damit gewönne die Transformationsfor-

53 Dazu *E. G. Mahrenholz,* Teilhabe, Entscheidungslegitimation und Minderheitenrecht in der repräsentativen Demokratie, Sieben Thesen zur Frage der direkten Demokratie, in: Menschengerecht, Rechtspolitischer Kongreß der Sozialdemokratischen Partei Deutschlands, 1986, S. 371 ff.; *ders.,* Die Verfassung und das Volk, hrsg. von H. Meier, 1992; *ders.,* Referendum e Democrazia, in: Referendum, a cura di M. Luciani e M. Volpi, 1992, S. 21 ff.

54 Dazu etwa *E. G. Mahrenholz,* Bundesverfassungsgericht und Parteienstaatlichkeit, in: 40 Jahre Grundgesetz, hrsg. von K. Stern, 1990, S. 93 ff.

55 Vgl. Abschnitt 3 Abs. 3 Verf. Ungarn (1949/89), zit. nach JöR 39 (1990), S. 258: »Die Parteien dürfen direkt keine Staatsgewalt ausüben. Demnach darf kein staatliches Organ von einer Partei beherrscht werden . . .«. – Art. 20 Abs. 4 Grundrechtscharta der CSFR (1990): »Political parties and political movements, as well as other associations, are seperated from the State.«

schung im ganzen eine zusätzliche Dimension. Überdies zeigt sich, daß die Verantwortungsgemeinschaft im Blick auf die postkommunistischen Gesellschaften allseitig ist und eine Etappe auf dem allgemeinen Weg zur »weltbürgerlichen Verfassung« darstellt.

Kulturstaat Deutschland, ein Wintermärchen?*

Ralf Rothkegel

I. Einleitung: ein kulturpolitisches Lamento

»Jag' fort das Komödiantenpack, und schließe die Schauspielhäuser, wo man die Vorzeit parodiert - komme Du bald, o Kaiser!«[1] *Heines* Wintermärchen begab sich zu der Zeit eines Deutschland der Kleinstaaten und Duodezfürsten, in dem erwachtes Nationalbewußtsein und liberaler Freiheitsdrang gegen den Widerstand obrigkeitlicher Zensur nach freiem politischem und kulturellem Ausdruck verlangten. Heute hat das Land dagegen seine nationale Einheit (wieder-)erlangt und seine (vorerst) letzte Revolution hinter sich. Zwar liegt wieder der Ruf nach dem Kaiser, diesmal ohne Satire, dafür mit Bierernst, in der Luft über den Stammtischen. Auch werden im Deutschland des Jahres 1994 Schauspielhäuser geschlossen und Schauspieler arbeitslos. Indes: Wenn deswegen lamentiert wird, daß »sich der Kulturstaat Bundesrepublik endgültig abmeldet«[2] und »mit dieser Hauptstadt[3] hinfort kein Kultur-Staat mehr zu machen«[4] sei, so ist immerhin ein bereits erreichter Stand an Kulturstaatlichkeit vorausgesetzt. Für Schließungen von Kultureinrichtungen und für Arbeitslosigkeit von Kulturschaffenden zeichnen immerhin gewählte Vertreter des Volkes verantwortlich. Auch die seit 145 Jahren verfassungsrechtlich garantierte[5] Freiheit der Presse von der Zensur ist jetzt immerhin landesweit verwirklicht.[6] Denn das Volk hat weder Kaiser noch König mehr, es ist sein eigener Souverän, wieder einmal war eine Öffentlichkeit, die sich ihre Fähigkeit zur Kritik bewahrte, »der Tod des Königs«.[7] Selbst die Schließung staatlicher Schauspielhäuser untersteht jetzt öffentlicher Kontrolle durch die »Dritte Ge-

* Dank besonders den Musikern unter meinen Freunden für manche Anregung in Diskussionen dieses Themas!

1 *Heinrich Heine,* Deutschland, ein Wintermärchen (1844), Caput XVII.

2 »Kunstfonds« e.V. Bonn, zit. nach »Der Tagesspiegel« vom 22.9.1993, S. 15.

3 Gemeint ist das Berlin nach dem Ende der staatlichen Schauspielbühnen im ehemaligen Westteil der Stadt.

4 *Olaf Schwencke,* Präsident der Hochschule der Künste Berlin, in »Der Tagesspiegel« vom 18.9.1993, S.7.

5 S. § 143 Abs. 2 der Reichsverfassung vom 28.3.1849, Art. 27 Abs. 2 der Verfassungsurkunde für den Preußischen Staat vom 31.1.1850, Art. 118 Abs. 2 Satz 1 Weimarer Reichsverfassung, Art. 5 Abs. 1 Satz 3 GG.

6 Dies hindert allerdings außerhalb Deutschlands ausgeübte Zensur nicht daran, über mangelnde journalistische Sorgfalt und Seriosität in unsere Medienberichterstattung Eingang zu finden; s. dazu *Peter Glotz,* Der Wahrheit eine Waffe, in: »Die Zeit« vom 10.9.1993, S. 57 f.

7 In Anlehnung an *Ernst Gottfried Mahrenholz,* »Die Kritik ist der Tod des Königs« - Bemerkungen zur Öffentlichkeit, in: Festschrift für Helmut Simon (1987), S. 261 (265).

walt«[8] und Kritik durch die öffentlichen Medien als »Vierte Gewalt«. Durch sie wird die Öffentlichkeit zugleich zum Forum, in dem sich die jeweils Herrschenden der Kritik stellen und um Gefolgschaft für ihre politischen Ziele werben. Moderne Medientechnologie kann einer eben noch lokalen Öffentlichkeit sogleich zu weltweiter Öffentlichkeit verhelfen, Kommunikationstechnik und moderne Verkehrsmittel geben lokalen und regionalen Kulturen Mobilität und einen Grad der Verbreitung, der »Kulturen der Welt«[9] zu einer Weltkultur[10] zusammenführen kann und beispielsweise der Entstehung einer »Weltmusik«[11] den Boden bereitet.
Trotzdem ist diese Gegenwart nicht »märchenhaft«. »Heute sind wir durch keine politische Diktatur mehr bedroht, heute bedroht uns nur noch die Diktatur der Geschäftemacher.«[12] Die heutige Kunstszene bietet anschauliche Beispiele für die Deformation der Kultur durch den Kommerz: Kunst findet nicht statt, wenn sie kein Geschäft ist, oder findet nur so statt, daß sie ein Geschäft ist[13]. Die Gesetze des Marktes beherrschen vor allem auch die Medien. Über diese wirkt der Markt als »Meinungsmarkt«, Verbreitung findet, wovon seine Hersteller annehmen, daß es Nachfrage finde und weitere Nachfrage wecke. Auf den Markt kommt Information als Ware, aber nicht unbedingt als wahre Information: »Der Markt - sogar wenn er reibungslos und effektiv arbeitet - gewährleistet nicht, daß alle wesentlichen Gesichtspunkte gehört werden und nicht nur solche, für die die Reichen eintreten, . . . der Markt bildet selbst eine Zwangsstruktur, die dazu tendiert, den Gebrauch der Freiheit zu kanalisieren, zu führen und zu formen«[14]. Durch die Medien droht so der »Öffentlichkeit« als dem der Allgemeinheit zugänglichen Bereich individueller Information und Meinungsbildung[15] die Perversion zu manipulativer Meinungsmache[16]. In ihrer Funktion als Trendsetter und Trendverstärker arbeiten die Medien Hand in Hand mit der kommerziellsten Sparte der Medienwirtschaft, der Werbung. Journalismus ist zum Bestandteil der Unterhaltungsindustrie geworden. Die Degradierung der Wirklichkeit zu ihrem unterhal-

8 Vgl. das Verfahren vor dem Berliner Verfassungsgerichtshof (Az.: VerfGH 65 A/93) betr. die Schließung des Schiller-Theaters in Berlin.

9 Das »Haus der Kulturen der Welt« ist eine in der ehemaligen Kongreßhalle Berlins untergebrachte Kultureinrichtung des Landes, deren Finanzierung in Frage gestellt ist.

10 S. z.B. *Maihofer,* in: *Benda/Maihofer/Vogel* (Hrsg.), Handbuch des Verfassungsrechts (1983), S. 996.

11 S. dazu *Joachim-Ernst Behrendt,* Das Jazzbuch (1991), S. 560 ff.

12 So hat der frühere französische Kultusminister *Jacques Lang,* in: »Der Tagesspiegel« vom 7.10.1993, S.5, seine Forderung nach Schutz der Kultur vor dem Markt begründet.

13 *Maihofer* (Fn. 10), S. 975.

14 *Owen M. Fiss,* Redefreiheit und Gesellschaftsstruktur, in: Festschrift für Helmut Simon (1987), S. 291 (305 f.).

15 Zu diesem Begriffsfeld der »Öffentlichkeit« s. *Mahrenholz* (Fn. 7), S. 261.

16 In dieser Hinsicht ist die Rolle der Medien in der Diskussion um den sog. Asylkompromiß, der zur Schaffung von Art. 16 a GG geführt hat, und um den sog. »Mißbrauch« des Asylrechts kritikwürdig, vor dessen Hintergrund die Verfassungsänderung stand; s. hierzu *Stanek,* Zur Entstehungsgeschichte der Asylverfahrensgesetze, GK-AsylVfG 1992 II-1 Rdn. 94 ff.

tenden Abbild[17] und die Deformation aller ernsthaften öffentlichen Belange in Schund[18]: dies sind die schwerwiegendsten Vorwürfe, die gegen das Medium Fernsehen erhoben worden sind. »Die Rezeption in der Zerstreuung«: dieser Teil der Medienkritik ist allerdings nicht neu. Walter Benjamin[19] hat sie an dem frühen Medium Film geübt. Hier geht es aber nicht um »die alte Klage, daß die Massen Zerstreuung suchen, die Kunst aber vom Betrachter Sammlung verlangt«[20]. Was heute zu beklagen ist, richtet sich nicht als Kritik gegen die »Massen«, sondern gegen die Medien, die sich ihrer bedienen. Von Medien, die sich hauptsächlich an der Nachfrage nach Zerstreuung orientieren, um jene möglichst noch zu verstärken, kann Kulturarbeit nicht erwartet werden. Eine Öffentlichkeit, die unter dem Diktat des Umsatzes steht, nimmt Quantität für Qualität, die Ware für das Wahre. Welche Art Wahrheitsgewähr und Gütegarantie ein umsatzdiktierter, den Gesetzen der Werbung gehorchender öffentlicher Meinungsmarkt bietet, hat der Volksmund - drastisch, aber plastisch - auf den Punkt gebracht: »Leute, eßt Sch . . .! Millionen von Fliegen können nicht irren.«

Da die Hervorbringung von kulturellen Werten freilich nicht unmittelbare Sache des im Bereich der Kultur zu Wertneutralität verpflichteten Staates werden kann und darf - der Staat soll durch seine Repräsentanten Vor- und Leitbild sein, nicht mehr (aber auch nicht weniger) -, ruht alle Verantwortung dafür, daß die Gesellschaft derartiges leistet, auf den Schultern derer, die die Kultur[21] tragen. Kultur und Kommerz sind indessen, da sie beide sich an denselben »Konsumenten« wenden, natürliche Konkurrenten - wobei es dem Kommerz darum geht, die Nachfrage jetzt zu erzeugen, damit er sie sogleich befriedigen kann. Kultur dagegen begnügt sich - wie Walter Benjamin es für die Kunst formuliert hat[22] - zähneknirschend damit, »eine Nachfrage zu erzeugen, für deren volle Befriedigung die Stunde noch nicht gekommen ist«. Schutz der Kultur vor der Konkurrenz des Kommerzes bedeutet darum in gewissem Sinne Freiheit von der Schnellebigkeit des bloß Aktuellen und Vorsorge für die Zukunft.

17 *Mahrenholz* (Fn. 7) sieht in der »Unterhaltung, die der Ausdruck der Marktsituation im privaten Rundfunk ist, die (neben den Parteien und den ihnen nahestehenden Verbänden im öffentlichen Rundfunk) zweite Gefahrenquelle für die Öffentlichkeit durch den Rundfunk« (S. 282).

18 *Neil Postman,* Von den Ideen zu den Bildern, BlW 1985, 8 (auszugsweiser Nachdruck des Eröffnungsvortrags zur Frankfurter Buchmesse 1984).

19 *Walter Benjamin,* Das Kunstwerk im Zeitalter seiner technischen Reproduzierbarkeit (1936), Kapitel XV.

20 *Walter Benjamin* (Fn. 19).

21 Darunter werden hier die Bereiche Bildung, Wissenschaft und Kunst als - neben der Religion - Hauptbereiche der Kultur verstanden; vgl. auch BVerwG, Beschluß vom 30.3.1992 - BVerwG 7 B 21.92 - (NJW 1992 S. 2584). Vom Presse- und Rundfunkwesen, seinerseits »angrenzender Sachbereich« der Kultur (*Maihofer* ‹Fn. 10›, S. 977), ist hier als Mittler (Medium) jener Hauptbereiche die Rede. Andere Randbereiche, darunter der Sport, der auch in schweren Zeiten - panem et circenses! - ohne Fürsprecher in Festschriften auskommt, seien hier vernachlässigt.

22 *Walter Benjamin* (Fn. 19), Kapitel XIV.

Vor dem Kommerz geschützt wird Kultur üblicherweise durch staatliche Subventionierung, also durch Einmischung des Staates in den freien Markt unter Einsatz teilweise beträchtlicher öffentlicher Haushaltsmittel. Dieser Schutz scheint in Zeiten defizitärer öffentlicher Haushalte als jederzeit kündbar und aufhebbar zu gelten. Selbst bisher gegen das Eindringen des Marktes abgeschirmte staatliche und quasi-staatliche Reservate der Kultur hat der Kommerz durch das Einfallstor von Einschaltquoten unter Ausbeutung der finanziellen Notlage unseres Gemeinwesens inzwischen erobert. Zauberworte wie »Privatisierung«, »Autonomie«, »Deregulierung« machen als Schlüssel zu der Tür die Runde, durch die der Staat sich aus der Kultur zurückziehen soll[23]. Ist erst einmal die schützende öffentliche Hand zurückgezogen, hat die notorisch unbemittelte und nicht gewinnträchtige Kultur gegen den Ansturm des durch staatlich geduldete Medienkonzentration noch zusätzlich wirtschaftlich und politisch gestärkten Kommerzes eine Überlebenschance nur noch von dessen Gnaden und in dem Umfang, in dem die Wirtschaft - insofern über ihren eigenen Schatten springend - kulturelles Engagement auf ihre Fahnen schreibt (Sponsorentum). An Forderungen nach Pluralität, Neutralität und Toleranz wie bei staatlichem Engagement ist dann natürlich nicht mehr zu denken.

Kulturdefizite bedeuten Werte- und Orientierungsverlust, vor allem, wenn in Zeiten hoher Arbeitslosigkeit wirtschaftliche Not und Defizite an sinnvoller Lebensgestaltung hinzukommen. Wo Kultur verdrängt wird, entsteht ein Vakuum.[24] »Weil wir in einer Krise sind, müssen wir die Aufwendungen für die Kultur erhöhen«[25]. Diese Einsicht in die Rolle und Bedeutung der Kultur für das politische Geschehen im allgemeinen und für die Verfassung und Befindlichkeit des Gemeinwesens im besonderen sollte auch und gerade in Zeiten wirtschaftlicher Rezession und des Zerfalls überlieferter politischer und gesellschaftlicher Werte dazu veranlassen, die Aufgaben, Funktionen und rechtlichen Rahmenbedingungen staatlicher Kulturpolitik zu überdenken.

II. Der staatliche Kulturauftrag

In krassem Mißverhältnis zur tatsächlichen Bedeutung der Kultur im Erscheinungsbild staatlicher Aktivitäten steht das geringe Interesse, das der Kultur als

23 S. z.B. für den Schul- und Wissenschaftsbereich *Reiner Scholz,* Gefürchtete Autonomie, in: »Die Zeit« vom 10.12.1993, S. 17.

24 »Wer an Kultur und Bildung spart, fördert Lichtenhagen, Mölln, Solingen«, war auf einem Spruchband zu lesen, das auf einer Protestdemonstration gegen den Kulturabbau am 8. Juni 1993 in Rostock mitgeführt wurde.

25 *Jacques Lang* (s. auch bei Fn. 12), Rundfunkinterview in SFB 3 vom 4.10.1993.

Staatsaufgabe in juristischen Kreisen zuteil wird[26]. Seit der Entstehung der Bundesrepublik pflegen rechtliche Diskussionen staatlichen Engagements auf kulturellem Gebiet vom Föderalismusproblem und der Auseinandersetzung um die Reichweite der »Kulturhoheit der Länder« dominiert zu werden.[27] Daneben gibt es nur noch die Diskussion um die Grenzen staatlicher Einmischung in die Kultur, etwa um die Grenzen der Kunstfreiheit[28]. Auch dies ist nur ein geringer Ausschnitt aus dem Themenkreis des Verhältnisses von Staat und Kultur, der »Kulturstaat« selbst ist dagegen ein »liegengebliebenes Thema«[29]. Die große Enthaltsamkeit gerade auch der Staatsrechtslehre hierzu verwundert um so mehr, als Verfassungsrecht und Kultur sich in dem gemeinsamen Ziel einer nach Begriffen des Menschenrechts geordneten Staatsverfassung begegnen, um das es seit *Kant*[30] auch der Kultur letztlich geht. In der Enge der wissenschaftlichen Wahrnehmung kulturstaatlicher Elemente der Staatsverfassung kann eine der Ursachen dafür gesehen werden, daß der Kulturbereich - im Gegensatz etwa zu dem vom Sozialstaatsprinzip durchdrungenen Sozialbereich - als vom Verfassungsrecht nur am Rande berührte[31] Domäne eines rechtlich weitgehend unverbindlichen staatlichen Engagements erscheint.[32]

Die unter Stadtkämmerern und Finanzministern weit verbreitete, von *Kants* Kritik der Urteilskraft allerdings nur wenig beeinflußte Einschätzung, daß sich für Haushaltseinsparungen vornehmlich der Kulturetat eigne, kann sich auf Meinungsunsicherheit darüber berufen, inwieweit Kulturarbeit überhaupt eine Angelegenheit des Staates ist. Zwar nimmt die Bundesrepublik für sich in Anspruch, ein Kulturstaat zu sein[33]; dies wurde aus Anlaß ihrer wiedergewonnenen nationalen Einheit ausdrücklich bekräftigt[34]. Nur ist damit noch nichts darüber ausgesagt, was es

26 Als Ausnahmen ragen heraus die Monographie von *Oppermann*, Kulturverwaltungsrecht (1969), sowie die Darstellungen von *E.R.Huber*, Zur Problematik des Kulturstaates (1958), und von *Häberle*, Kulturverfassungsrecht im Bundesstaat (1980), und ders., Vom Kulturstaat zum Kulturverfassungsrecht, in: *Häberle* (Hrsg.), Kulturstaatlichkeit und Kulturverfassungsrecht (1982), S. 1 ff.

27 S. dazu z.B. den Überblick bei *Köstlin*, Die Kulturhoheit des Bundes (Diss. Tübingen 1989), S. 17 ff. Wegen der möglichen - und gebotenen - Trennung der Kulturstaatsthematik vom Föderalismusproblem soll letzteres bei der vorliegenden Betrachtung unberücksichtigt bleiben. Ebensowenig soll hier von Interesse sein, in welcher Weise staatliche Aufgaben im Kulturbereich auf Legislative und Exekutive verteilt sind; s. zu diesem Thema für die Bundeskulturverwaltung *Köstlin*, S. 117 ff.

28 Vgl. »Der Tagesspiegel« von 11.9.1993, S. 21 zur Tagung der Deutschen Sektion der Internationalen Juristenkommission im Kloster Banz, deren Themen die Grenzen der Kunstfreiheit betrafen und der Ernst Gottfried Mahrenholz vorsaß.

29 *E.R. Huber* (Fn. 26), S.7.

30 Critik der Urtheilskraft, 2. Aufl. (1799), § 83.

31 *Maihofer* (Fn. 10) spricht von einer »Verkürzung des Verfassungsrechts auf den Rechtsstaat und allenfalls den Sozialstaat« (S. 955).

32 Vor diesem Hintergrund erklärt sich dann, wenn in Zeiten knapper öffentlicher Haushaltsmittel staatliche Kulturförderung wie Luxus behandelt wird und hinter vorrangig scheinende staatliche Aufgaben zurücktritt.

33 Vgl. BVerfGE 35, 79 (114); 36, 321 (331).

34 Art. 35 Abs. 1 Satz 2 Einigungsvertrag.

denn mit einem solchen Bekenntnis an Verbindlichem auf sich hat. Selbst das Bemühen, staatliche Kulturförderung durch eine Staatszielbestimmung im Grundgesetz abzusichern, ist erneut gescheitert.[35]
Dabei nimmt, wer der Bundesrepublik einen verfassungsrechtlichen Kulturauftrag abspricht,[36] die *in* ihr bestehende Verfassungsrechtslage nur unvollständig zur Kenntnis. In zahlreichen Landesverfassungen, besonders in denen der neuen Bundesländer, ist ein staatlicher Kulturauftrag - teils mit, teils ohne Staatszielbestimmung - festgeschrieben[37]. Für den Bereich dieser Bundesländer kann daher allenfalls noch darüber gestritten werden, ob es (auch) einen *bundesrechtlichen* Kulturauftrag gibt. Soweit Kompetenzen des Bundes für die Kultur geleugnet oder ihm nur ausnahmsweise zugestanden werden,[38] entscheidet über die verfassungsrechtliche Qualität des Kulturwesens ohnehin das Landesrecht.
Mit einiger Berechtigung läßt sich ein bundesverfassungsrechtlicher Kulturauftrag aber zumindest für einige spezielle Bereiche der Kultur aus dem objektivrechtlichen Gewährleistungsgehalt von Grundrechten herleiten. Dies ist in der Rechtsprechung des Bundesverfassungsgerichts für die Wissenschaft[39] und die Kunst[40], also für den Gewährleistungsbereich des Art. 5 Abs. 3 GG, geschehen. Aus dem Kontext von Art. 2 Abs. 1, Art. 3 Abs. 1, Art. 7, Art. 12 Abs. 1 GG und dem Sozialstaatsprinzip läßt sich ferner eine Aussage des Bundesverfassungsrechts im Sinne einer Bildungsgarantie entnehmen[41]. Mit Bildung, Wissenschaft und Kunst sind aber die wichtigsten Bereiche des modernen Kulturstaates bezeichnet.[42]
Die durch den objektiven Gehalt der Grundrechte verfassungsrechtlich abgesicherte Verpflichtung auf die Kultur begründet eine »Funktionsverantwortung« des Staates[43] für diejenigen Bereiche, in denen das Gedeihen von Kultur anders als

35 S. Bericht der Gemeinsamen Verfassungskommission des Bundesrates und des Bundestages vom 5.11.1993 (BTDrucks. 12/6000, S. 82); die Mehrheit der Mitglieder vertrat die Ansicht, wegen des ausdrücklichen Anerkenntnisses des Kulturstaatsverständnisses der Bundesrepublik durch die Rechtsprechung des Bundesverfassungsgerichts liege hier »kein Regelungsdefizit auf Verfassungsebene« vor. Die Qualifizierung der Kulturstaatlichkeit als Staatsziel durch BVerfGE 36, 321 (331) bezeichnet *Steiner,* in: *Isensee/Kirchhof* (Hrsg.) Handbuch des Staatsrechts, Band III (1988), Rdn. 3 bei Fn. 12, dagegen als »(dogmatisch) fahrlässig«.

36 So z.B. *Hamann/Lenz,* Kommentar zum Grundgesetz, 3. Aufl. (1970), Art. 20 Anm. A 1, unter Berufung auf die »Autonomie der Kultur vom Staate und die kulturelle Neutralität« des Staates.

37 S. z.B. Art. 140 Abs. 1 BayV, Art. 34 Abs. 2 Satz 1 BrdbgV, Art. 36 Abs. 1 LSAV, Art. 16 Abs. 1 Meckl.-Vorp.V, Art. 18 Abs. 1 NRWV, Art. 9 Abs. 1, 40 Abs. 1 RhPfV, Art. 5 Abs. 2 SaarV, Art. 7 Abs. 1 SchlHolstV.

38 Das Bundesverfassungsgericht hatte die Länder zunächst zu »ausschließlichen Trägern der Kulturhoheit« erklärt (BVerfGE 6, 309); *Maihofer* (Fn. 10) spricht von einer »Ausgangsvermutung für die Länderzuständigkeit im Kulturbereich« und einer Kompetenz im »Verhältnis von Regel und Ausnahme« (S. 984).

39 S. BVerfGE 35, 79 (114).

40 S. BVerfGE 36, 321 (331).

41 Vgl. *Scholz,* in: *Maunz/Dürig/Herzog/Scholz,* GG, Kommentar (Stand: Dez. 1992), Art. 5 Abs. III Anm. 8; *Oppermann,* in: *Isensee/Kirchhof* (Hrsg.), Handbuch des Staatsrechts, Band VI (1989), § 145 Rdn. 23.

42 S. Fn. 21.

43 *Köstlin* (Fn. 27), S. 142 ff.

durch den Staat nicht zu erreichen ist.[44] Damit ist dem Staat eine kulturelle Grundversorgung durch existentielle Sicherung des Kulturbereichs verfassungsrechtlich aufgegeben.[45] Bei ihr geht es um die Existenzsicherung für bestimmte Kultursparten und Berufszweige. Kulturförderung in diesem Rahmen dient, insofern verknüpft mit dem objektiven Gewährleistungsgehalt auch des Art. 12 Abs. 1 GG, der Sicherung der Freiheit, daß Menschen in unserem Land auch »brotlose Kunst« zu ihrem Beruf machen.
Allerdings ist ein Anspruch beispielsweise auf existenzsichernde Grundsubventionierung von Theatern von der Rechtsprechung bisher nicht anerkannt worden[46]. Eine andere Beurteilung wäre jedoch geboten, wenn nach staatlicher Hilfe in Zeiten eines allgemeinen Theatersterbens gerufen wird. »Das Theater« gehört als kulturelle Institution und Forum der Theaterkunst zum festen Bestandteil abendländischer Kultur, von der die Bundesrepublik als Kulturstaat geprägt ist. Die »Konservierung« dieser Spielart darstellender Kunst und anderer Bereiche des kulturellen Lebens in ihrer die Eigenart unseres Kulturbereichs mitprägenden Wirkung fällt in die Funktionsverantwortung des Staates. Dieser nimmt sie wahr, indem er sicherstellt, daß der in seiner Existenz bedrohte Kulturzweig einen - notfalls staatlichen - Träger findet. Die Schließung von Staatstheatern kann folglich in einer solchen zugespitzten Lage[47] verfassungswidrig sein.
Die Aufgabe, das Stattfinden von Kultur zu gewährleisten, ist - selbstverständlich - nicht auf museale Traditionspflege beschränkt. Der Kulturstaat ist in seiner Kulturpolitik auf Pluralität, Neutralität und Toleranz verpflichtet[48]. Ihm muß deshalb auch daran gelegen sein, daß »unpopuläre«, nur von Minderheiten getragene Formen der Kultur eine Überlebenschance haben. Gerade auch an der Offenheit für in

44 *Maihofer* (Fn. 10), S. 954, 966; für Forschung und wissenschaftliche Lehre s. BVerfGE 35, 79 (115); für Rundfunk s. BVerfGE 57, 295 (326).

45 Dieser objektivrechtlichen Herleitung einer staatlichen Verpflichtung zu kulturellem Engagement läßt sich nicht entgegenhalten, sie habe mangels subjektivrechtlicher Einklagbarkeit staatlichen Handelns nur geringen Nutzeffekt. Ebenso wie die Kritik an der Erhebung bestimmter Aufgaben zu Staatszielen übersähe eine solche Argumentation die Steuerungs- und Leitfunktion normativer, zumal verfassungsrechtlicher Vorgaben für das staatliche Handeln. Auch daraus, daß Rechtsverbindlichkeit nur hinsichtlich der Zielsetzung, nicht auch der Art und Weise der Aufgabenerfüllung bestünde, läßt sich nichts gegen die Annahme eines verfassungsrechtlich verbindlichen Kulturauftrags herleiten. Ein von Aktionendenken und Vollstreckbarkeitserwägungen geleitetes Verständnis von Sinn und Zweck normativer Vorgaben genügt in seiner historisch bedingt beschränkten Sichtweise nicht, um das Wesen öffentlichrechtlicher Bindungen des Staates vollständig zu erfassen.

46 S. BVerwG, Beschlüsse vom 1.9.1969 - 7 B 2.69 - (Buchholz 412.3 § 96 BVFG Nr. 1) und vom 16.8.1979 - 7 B 174.78 - (Buchholz 451.55 Subventionsrecht Nr. 58); anders für Privatschulen BVerwGE 23, 347; 27, 360.

47 Gemeint sind nicht die »hoffnungslose Einbetonierung in überlebte Verhältnisse« und die Situation, daß »die öffentlich subventionierte Kultur . . . zu einem Klüngel der Selbstbediener verkommen ist, . . . deren politisches Reaktionsvermögen verkümmert ist« (*Reiner Schweinfurth* in »Zitty« Nr. 14/93, S. 12 zur »unvermeidlichen Abwicklung der Staatsbühnen« in Berlin).

48 S. z.B. *Maihofer* (Fn. 10), S. 955.

die Zukunft weisende kulturelle Entwicklungen[49] mißt sich die Qualität, Lebendigkeit und Überlebensfähigkeit des Kulturstaates selbst[50].

Seiner Funktionsverantwortung für die Kultur genügt der Staat aber nicht schon durch Daseinsvorsorge im Sinne allgemeiner existentieller Absicherung auch des einzelnen Kulturschaffenden. Hierzu gehört das gesamte Netz der allgemeinen sozialen Sicherheit (etwa die Einrichtung einer Künstlersozialversicherung[51]). Ferner hat nichts mit staatlicher Funktionsverantwortung für die Kultur zu tun, was der Staat (auch) den Künstlern und anderen Kulturschaffenden im Rahmen der Sozialhilfe schuldet. Der Kulturauftrag im Bereich staatlicher Funktionsverantwortung bemißt sich nicht lediglich an dem durch die Verfassungsgrundsätze der Art. 1 Abs. 1 und 20 Abs. 1 GG vorgegebenen Niveau eines menschenwürdigen Daseins im Rahmen sozialstaatlicher Gewährleistungen. Auch schon im Rahmen staatlicher Daseinsvorsorge durch Sicherstellung des individuellen Existenzminimums gilt, daß der Mensch nicht vom Brot allein lebt. Was der Einzelne auf dem niedrigsten Niveau staatlicher Sozialleistungen als »soziales Existenzminimum«[52] vom Staat beanspruchen kann, enthält auch eine sozio-kulturelle Komponente[53]. Sie muß durch staatliche Daseinsvorsorge deshalb bereits wegen der objektivrechtlichen Verpflichtung des Staates auf Menschenwürdeschutz und Sozialstaatlichkeit sichergestellt sein.

Auch jenseits staatlicher Funktionsverantwortung für die Kultur besteht ein staatlicher Kulturauftrag. Ebenso wie der subjektivrechtliche Schutzbereich der Grundrechte ist nämlich auch ihr objektivrechtlicher Wertgehalt darauf angelegt, mit den Mitteln der Rechtsordnung effektiviert und optimiert zu werden. Die Bundesrepublik ist auch als Kulturstaat kein Nachtwächterstaat. Ihre Aufgabe, Kultur positiv zu fördern und zu pflegen, setzt nicht erst ein, wenn der kulturelle Mindeststandard verloren zu gehen droht. Vielmehr ist sie auch sonst verpflichtet, alle staatlichen und gesellschaftlichen Ressourcen zur Förderung von Bildung, Wissenschaft und Kunst zu ergründen und auszuschöpfen. Diese Pflicht ist gerichtet auf staatliche »Funktionshilfe«[54].

Die Bereiche, in denen der Staat der Kultur Funktionshilfe leistet, unterscheiden sich von Bereichen potentieller staatlicher Funktionsverantwortung demnach nicht darin, daß der staatliche Kulturauftrag von unterschiedlicher Rechtsverbindlichkeit wäre. Der Unterschied liegt darin, daß die Gewährleistung einer kulturellen Grundversorgung im Rahmen staatlicher Funktionsverantwortung, die Sorge für einen Mindeststandard an Bildung, Wissenschaft und Kunst, im Rah-

49 Dazu auch *E.R. Huber* (Fn. 26), S. 12.

50 Ein Staat, der (wie Dänemark oder die Niederlande) Jazzmusikern eine Mindestgage garantiert, ist deshalb gut beraten.

51 Gesetz vom 27.7.1981 (BGBl. I S. 705).

52 S. BVerfG, Beschluß vom 12.6.1991 – 1 BvR 540/91 –, info also 1991, 154.

53 S. *von Bargen,* Restriktive Tendenzen im Sozialhilferecht, in: Festschrift für Helmut Simon (1987), S. 745 (750).

54 S. dazu *Köstlin* (Fn. 27), S. 145 f.

men des finanziell Möglichen »abwägungsresistent« ist,[55] während es dem Staat im übrigen freisteht, nach Ermessen eine Rangfolge unter den verschiedenen staatlichen Aufgaben herzustellen.

Mit der Feststellung staatlicher Aufgabenzuständigkeit ist allerdings noch nichts über eine staatliche Wahrnehmungszuständigkeit im Sinne unmittelbarer staatlicher Leistungserbringung gesagt. Die Pflicht des Staates, die grundrechtlich verankerten Elemente der Kultur zu fördern und positiv zu pflegen,[56] ist in eine gemeinsame Kulturverantwortung von Staat und Gesellschaft eingebettet (institutionelle Kooperation von gesellschaftlichen und staatlichen Kulturträgern[57]). Eine durchgängige Trennung der Kultur vom Staat[58] kann und darf es folglich in *formaler* Hinsicht nicht geben: »Bei aller Anerkennung der Eigengesetzlichkeit der kulturellen Sphäre bleibt diese gleichwohl eine Provinz des Staates und seinem Einfluß zugänglich.«[59] Der Staat ist auch nicht nur subsidiär im Sinne eines Nachranges des staatlichen Kulturauftrags gegenüber gesellschaftlichem Wirken für den kulturellen Bereich zuständig. Er hat daher einerseits das Recht und die Aufgabe, die kulturelle Entwicklung der gesellschaftlichen und staatlichen Gemeinschaft durch eigene Initiative zu fördern.[60] Er kann eine kulturelle Grundversorgung aber auch dadurch sicherstellen, daß er durch die Schaffung rechtlicher und/oder wirtschaftlicher Rahmenbedingungen zur Privatinitiative anreizt.

Staatliche Kulturpflege ist Sorge für das Stattfinden von Kultur in der Gesellschaft und deshalb nicht allein und zumindest nicht in erster Linie eine Frage des Geldes in Gestalt öffentlicher Haushaltsmittel. Kulturstaatliche Pflichten sind darauf gerichtet, Kultur zu fördern, damit sie durch die Gesellschaft, nicht durch den Staat und vom Staat lebt. Denn sie verwirklicht sich in der Gesellschaft, diese, nicht der Staat ist ihr Nährboden. Aufgabe des Kulturstaates ist es, diesen Boden zu bereiten, ein für das Stattfinden von Kultur günstiges »Klima« zu schaffen, indem er für ihre Akzeptanz und für Nachfrage nach ihr wirbt. Oder nochmals anders gewendet: Der Kulturstaat muß die Kultur dabei unterstützen, ihr Publikum zu finden, er muß die Kultur der Gesellschaft und die Gesellschaft der Kultur zuführen[61]. Dies geschieht, indem der Staat der Kultur *Öffentlichkeit* im Sinne allgemeiner Zugänglichkeit[62] *schafft* und *sichert.*

55 Insofern wird zu Unrecht das Bestehen kommunaler Pflichtaufgaben auf kulturellem Gebiet geleugnet. Sie bedürfen insbesondere auch keiner Begründung durch eine spezielle verfassungsrechtliche oder einfachgesetzliche Zuweisung (a.A. *Steiner* ‹Fn. 35›, Rdn. 22).

56 I. Erg. ebenso z.B. *Scholz* (Fn. 41); *Oppermann* (Fn. 41), Rdn. 24; *Grimm,* Kulturauftrag im staatlichen Gemeinwesen, VVDStRL 42 (1984), S. 46 ff.

57 *Scholz* (Fn. 41).

58 S. dazu *Maihofer* (Fn. 10), S. 966 ff.

59 *Oppermann* (Fn. 26), S. 15.

60 Ebenso z.B. *Scholz* (Fn. 41).

61 Hier berühren sich kulturstaatliche und sozialstaatliche Funktionen von Kulturpolitik; vgl. *Steiner* (Fn. 35), Rdn. 6.

62 S. die Definition der »Öffentlichkeit« bei *Mahrenholz* (Fn. 7).

III. Die staatlichen Handlungsformen im Kulturbereich

Die klassische, auf das unmittelbare Bürger-Staat-Verhältnis bezogene Grobeinteilung in Eingriffs- und Leistungsverwaltung genügt nicht, um die Handlungsweise der Verwaltung umfassend zu erklären. Als weiterer Modus der Erfüllung von Staatsaufgaben waren Ende der sechziger Jahre Planungsentscheidungen für das Verwaltungsrecht »entdeckt« worden[63]. Die aktuelle Diskussion um staatliches Informationshandeln[64] hat einen weiteren staatlichen Handlungsbereich ins Bewußtsein gerückt, der in seinen »Auswirkungen für das Grundrecht mindestens ebenso bedeutsam wie ein Eingriff«[65] erscheint. Nachdem auch die überkommene Abgrenzung zwischen Innenbereich der Verwaltung und Außenbereich als Anknüpfungspunkt einer rechtlichen Beurteilung[66] fragwürdig geworden ist, erscheint es legitim, auch jene Handlungsform der Verwaltung an das Licht rechtlicher Betrachtung zu ziehen, die ihre Steuerungsfunktion bisher, dem Blick des Gesetzgebers und der Gerichte weitgehend entzogen, im Arkanbereich der Verwaltung ausübt: die Verwaltungsorganisation.[67] Da das Wesen des Kulturstaatsauftrags, wie gezeigt, darin besteht, der Kultur Öffentlichkeit zu verschaffen und zu sichern, liegt die Hypothese nahe, daß sich Verwaltungsorganisation, und zwar in ihrer über das Verwaltungsinternum hinausreichenden Dimension, zur Wahrnehmung des Kulturstaatsauftrags besonders eigne. Mit Sicherheit hat eine Kulturverwaltung, die Phantasie und Initiative auf die Organisation des kulturellen Potentials in der Gesellschaft verwendet, größere Chance auf »Kostenneutralität« als eine Verwaltung, die sich schwerpunktmäßig als Leistungsverwaltung versteht.

Die über den Innenbereich der Verwaltung hinauszielende und -wirkende Art und Weise staatlichen Organisationshandelns sei hier *ordnende Verwaltung* genannt[68]. Ihre Domäne ist das Verwaltungsverfahren, nämlich »die Tätigkeit der Verwaltungsbehörden im Blick auf die Art und Weise der Ausführung der Gesetze ein-

63 Vgl. *Ossenbühl,* 40 Jahre Bundesverwaltungsgericht, DVBl. 1993, 750 (757).

64 Dazu aus der Rspr. z.B. BVerwGE 71, 183; 82, 76; 87 37; 90, 112; aus dem Schrifttum z.B. *Schoch,* Informationspolitik und Berufsfreiheit, DVBl. 1991, 667; *Di Fabio,* Grundrechte im präzeptoralen Staat am Beispiel hoheitlicher Informationstätigkeit, JZ 1993, 689; *Leidinger,* Hoheitliche Warnungen, Empfehlungen und Hinweise im Spektrum staatlichen Informationshandelns, DÖV 1993, 925; *Alberts,* Weltanschauliche Neutralität auf gesetzlicher Grundlage, ZRP 1993, 432.

65 So *Alberts* (Fn. 64), S. 433; s. auch *Badura,* Zum erweiterten rechtsstaatlichen Eingriffsvorbehalt (Anm. zu BVerwGE 90, 112), JZ 1993, 37 (38): »eingriffsgleich«.

66 Z.B. in bezug auf die Tragweite des Vorbehalts des Gesetzes oder des Umfangs gerichtlicher Kontrolle über die Verwaltung.

67 Die Bedeutung von Organisation und Verfahren für den subjektivrechtlichen Grundrechtsschutz ist seit langem anerkannt; s. z.B. BVerfGE 52, 391 (407); 53, 30 (65); 56, 216 (236); 60, 253 (296 ff.). Hier geht es darum, die notwendigen Konsequenzen aus dem objektivrechtlichen Wertgehalt der Grundrechte für die Funktion von Verwaltungsorganisation zu ziehen.

68 Nicht zu verwechseln mit »Ordnungsverwaltung«, der an der Abwehr von Störungen der öffentlichen Sicherheit und Ordnung orientierten, in der Regel der Eingriffsverwaltung zugehörigen Art staatlichen (polizeilichen) Handelns; s. dazu *Oppermann* (Fn. 26), S. 14, sowie unten bei Fn. 79.

schließlich ihrer Handlungsformen, die Form der behördlichen Willensbildung, die Art der Prüfung und Vorbereitung der Entscheidung, deren Zustandekommen und Durchsetzung sowie . . . Mitwirkungs- und Kontrollvorgänge in ihrem Ablauf«[69]. Sie ist dadurch gekennzeichnet, daß ihr das Handlungsziel normativ vorgegeben, der Weg zu diesem Ziel jedoch Sache von Ermessen ist, einem »ganzheitlichen Strukturermessen, das dazu dienen soll, gesetzlich intendierte Lösungen zweck- und sachgerecht (bestmöglich) zu erreichen«[70].

Es scheint, daß ordnende Verwaltung im Kulturbereich nur ansatzweise wahrgenommen wird, weil sie sozusagen überlagert von Eingriffs- und Leistungsverwaltung oder beidem vorgelagert stattfindet. Sie hat sich dort noch nicht in gleicher Weise etabliert wie beispielsweise als Bürgerbeteiligung an staatlichen Planungsentscheidungen in Einrichtungen der sog. partizipativen Politikberatung in Form »Runder Tische« zur Erarbeitung von Programmen und Konzepten der Wirtschafts- und Strukturpolitik, der Verkehrspolitik, der Umweltpolitik und der Sozial- und Jugendarbeit[71]. Auch auf kulturellem Gebiet gibt es zwar Formen pluralistischer Gruppenpartizipation.[72] So wird die bei Subventionsentscheidungen notwendige Auswahl häufig unter mitverwantwortlicher Beteiligung von nichtstaatlichen Trägern des Kulturlebens getroffen. Diese Beteiligung findet aber erst auf der letzten Stufe des staatlichen Willensbildungsprozesses und eingebunden in die staatliche Subventionsmaßnahme statt. Bürgerbeteiligung ist außerdem auch nur eine der Formen, in denen ordnende Verwaltung zutage tritt.

In ordnender Verwaltung[73] äußert sich Kulturpolitik, indem über die gewünschte Diversifikation des Kulturgeschehens entschieden wird und diese Entscheidungen in konkrete staatliche Maßnahmen umgesetzt werden. Durch sie erhält Kulturpolitik Struktur. Ordnende Verwaltung ist das eigentliche agens staatlicher Kulturförderung auch dort, wo der Staat als leistende Verwaltung mit den Mitteln der Subvention in Erscheinung tritt. Bewußtseinsdefizite auf ihrer Ebene bewirken darum Strategie-, Konzept- und Gedankenlosigkeit staatlicher Mittelvergabe.

69 So BVerfGE 75, 108 (152) – allerdings noch beschränkt auf das Verwaltungsinternum.

70 *Hill,* Integratives Verwaltungshandeln – Neue Formen von Kommunikation und Bürgermitwirkung, DVBl. 1993, 973.

71 Vgl. dazu *Hill* (Fn. 70), S. 976, der hierfür den Begriff des »integrativen Verwaltungshandelns« geprägt hat und dessen Wirken dementsprechend im grundrechtlichen Bereich aus einem anderen Blickwinkel als dem der Optimierung der in den Grundrechten enthaltenen objektivrechtlichen Gewährleistungen der Verfassung betrachtet, nämlich aus der Sicht der Optimierung der Funktionserfüllung der vollziehenden Gewalt durch selbstverantwortliches Erkennen, Wahrnehmen und Gestalten von Freiheitsräumen des einzelnen in Abgrenzung zu anderen Freiheitsräumen und zur Gemeinwohlverantwortung (S. 976). *Di Fabio* (Fn. 64) verwendet den Begriff des »präzeptoralen Staates«, um auszudrücken, daß sich staatliche Rollenwahrnehmung über Machteinsatz und Geldverteilung hinaus auf Information, Ermahnung und Warnung erweitert habe (S. 690).

72 S. dazu *Schreyer,* Pluralistische Entscheidungsgremien im Bereich sozialer und kultureller Staatsaufgaben (Diss. Bayreuth 1982), S.24 f.

73 Der Begriff »Verwaltung« ist hier in einem weiteren, auch die Umsetzung von Kulturpolitik in Akten des Gesetzgebers umfassenden Sinne zu verstehen.

Kulturförderung bedeutet bei oberflächlicher Betrachtung im wesentlichen Subventionierung. Zumeist[74] erscheint Kulturverwaltung dem Bürger als Leistungsverwaltung - auch in dem Sinne, daß Kulturförderung nur nach Maßgabe dessen stattfinden könne, was der Staat sich an Kultur, sei es durch Entlastung von öffentlichrechtlichen Zahlungspflichten (Beispiel: Steuerbefreiung oder -erleichterung), sei es durch unmittelbare finanzielle Zuwendungen, »leisten« könne. An Kulturpolitik findet die Öffentlichkeit demgemäß hauptsächlich dann Interesse, wenn staatliche Zuschüsse für die Kultur eingeschränkt werden. Geringere öffentliche Aufmerksamkeit pflegen Kürzungen von Subventionen nur dann zu erregen, wenn davon kulturelle Nischen betroffen sind, die nur für gesellschaftlich wenig relevante Minderheiten von Interesse sind. Von öffentlichen Sparmaßnahmen im Kulturbereich pflegt deshalb zu allererst die sogenannte alternative oder »Off«-Szene betroffen zu werden.

Beispielhaft für das Schicksal einer Minderheitenkultur ist die Jazzszene. Jazzmusik ist exemplarisch dafür, daß Kultur Werte fördert, die für die Gesellschaft zumindest von gleicher existentieller Bedeutung sein können wie wirtschaftliche Werte. Ein Staat und eine Gesellschaft, die in Jazz investieren, investieren in Toleranz und Vorurteilsfreiheit, in Harmonie zwischen Entfaltung von Individualität innerhalb eines von Regelkonsens getragenen Kollektivs, in die Aufhebung der trennenden Wirkung von Sprache, Nationalität, Rasse und anderen Kriterien des »Fremden«[75]. Solche Wirkungen hat Jazzmusik aber nur in Verbindung mit einer lebendigen Jazzclubszene. Nur dort sind persönliche Begegnungen der Ausübenden mit ihrem Publikum und mit ihren Kollegen vor Ort zwanglos möglich. Solche Art Begegnung eignet sich weit mehr als Festivals und Fernsehauftritte dazu, die toleranz- und verständnisfördernden Mechanismen von Jazzveranstaltungen freizusetzen; denn auf den großen Bühnen der Massenveranstaltungen sind Rasse, Hautfarbe oder die Staatsangehörigkeit der Akteure ohnehin unwichtig, die Präsentation des Fremdartigen in der Rolle des Stars hat, wie die Medienpublizität alles Ausländischen belegt, sich nur begrenzt als tauglich erwiesen, Ressentiments gegenüber Ausländern in der Bevölkerung entgegenzuwirken. In den achtziger Jahren waren jedoch als Begleiterscheinung leerer Haushaltskassen auch die öffentlichen Geldquellen für die örtlichen, zumeist vereinsmäßig unterhaltenen Jazzclubs versiegt. Dies hat zum Austrocken der sich über die gesamte (damalige) Republik erstreckenden, also nicht nur auf Großstadtregionen beschränkten Jazzclublandschaft geführt, die sich bis dahin auf personelle und sächliche Hilfestellung der Kommunen und anderer öffentlicher Träger (Volkshochschulen u.ä.) und auf finanzielle Subvention aus den Kulturetats hatte stützen können. Inzwi-

74 Der Frage der Freiheit der Verwaltung, zwischen öffentlichrechtlichen und privatrechtlichen Handlungsformen zu wählen, soll hier nicht nachgegangen werden.

75 Vgl. die Äußerung von *Sonny Rollins,* eines der großen Tenorsaxophonisten des modernen Jazz, im »Spiegel« Nr. 43/93, S. 281: »Jazz hat viele Rassenvorurteile überwunden und abgebaut.«.

schen gibt es auch Anzeichen dafür, daß die wenigen, nur noch in Großstädten überhaupt anzutreffenden professionell betriebenen Jazzclubs des ständigen Kampfes ums wirtschaftliche Überleben müde geworden sind, zumal in ihnen »häufig gähnende Leere« herrscht[76]. Zwischen beiden Ursachen des Clubsterbens, dem Ausbleiben staatlicher Zuschüsse und dem Ausbleiben eines jazzinteressierten Publikums, besteht ein Zusammenhang: Auch im Jazz hat Qualität ihren Preis, und mit wohlfeilen Darbietungen von Amateuren und Musikstudenten läßt sich ein Interesse des Publikums zumindest nicht auf Dauer aufrechterhalten.
In diesem Sinne sind Entscheidungen über die staatliche Subventionierung von Kultur mitverantwortlich für die Nachfrage nach Kultur. Innerhalb des Wechselspiels von Kulturangebot und Kulturnachfrage spielt aber ordnende Verwaltung eine nicht minder bedeutende Rolle.
Auch hierfür ist der Jazz als Gegenstand staatlicher Kulturförderung ein Musterbeispiel. Wichtige Medien für seine Verbreitung sind Hörfunk und Fernsehen. Die Sendezeiten für Jazzmusik werden jedoch immer mehr beschnitten, weil die Einschaltquoten mit denen bei »populäreren« Sendungen - selbstverständlich - nicht konkurrieren können. Anstatt Hörgewohnheiten zu prägen und zu erweitern, um die Aufnahmebereitschaft für das nicht Alltägliche im stereotypen musikalischen Einerlei zu fördern, werden so Hörgewohnheiten vermittelt und bestätigt, die dem musikalischen Massengeschmack entsprechen. Angebot weckt auch hier (weitere) Nachfrage. Dies ist, da auf Massenbasis beruhend, anders als potentielle Nachfrage nach Musik für Minderheiten, als Wirtschaftsfaktor interessant. Zuwachs an Nachfrage nach Massenprodukten auf der einen, Rückgang an Nachfrage nach anspruchsvolleren musikalischen Ausdrucksformen auf der anderen Seite - so schließt sich der Teufelskreis, der damit beginnt, daß Minderheitenprogramme an Einschaltquoten und dem Kriterium der Wirtschaftlichkeit[77] gemessen werden.
In der Öffnung der staatlichen Medienpolitik für marktwirtschaftliche Mechanismen - beginnend mit der Entscheidung für die Zulassung privatwirtschaftlichen Wettbewerbs auf dem Rundfunksektor, auf dem im Gefolge immer neuer privater Betreiber inzwischen auch der öffentlichrechtliche Rundfunk als Konkurrent um Einnahmen aus der Werbung durch die Wirtschaft auftritt - liegt eine Fehlentwicklung, weil staatliche Förderung von Kultur dem Maßstab des mit ihr letztlich

76 S. »Der Spiegel« Nr. 42/93, S. 268.
77 Unwirtschaftlichkeit war angeblich auch der Grund für die Auflösung der von den meisten öffentlichrechtlichen Rundfunkanstalten in Deutschland bis in die achtziger Jahre unterhaltenen Rundfunktanz- und -jazzorchester. Nachdem sie mit unterschiedlichem Erfolg bemüht gewesen waren, künstlerischen Freiraum für wegweisende und maßstabsetzende Produktion moderner Jazzbigbandmusik zu gewinnen, wurden sie im Laufe der Jahre nur noch mit der Reproduktion mehr oder weniger niveauvoller Tanz- und Unterhaltungsmusik, sehr häufig nur für die Zwecke des Schallarchivs, beschäftigt. Da ihre kommerziellen Produktionen weder nach Qualität noch nach den Kosten mit Produktionen an Kommerzmusik mithalten konnten, die die Musikindustrie den Rundfunkanstalten, sendefertig aufbereitet, häufig »frei Haus« lieferte, wurden die meisten Rundfunkjazzorchester schließlich aufgelöst.

inkommensurablen »Umsatzes« unterstellt wird. Dies geht auf das Konto ordnender Verwaltung.
Eine nicht nur auf Kultursubventionierung fixierte ordnende Verwaltung kann ihre Aufgabe freilich auch darin sehen, der Kultur Fördermittel gezielt aus privatem Mäzenatentum zu erschließen.
Die Vergabe von Ehrenkarten, Freikarten und Dienstplätzen in staatlichen Spielstätten ist hierzu nicht der richtige Weg. Solche Art »Leistungsverwaltung« wiegt den Schaden für die öffentlichen Kulturhaushalte[78] dadurch auf, daß sie Eulen nach Athen trägt. Stattdessen könnten Politiker ihre Verbindungen mit jenen gesellschaftlichen Kräften, deren privates Interesse an dem Angebot des staatlich subventionierten »etablierten« Kulturbetriebs ohnehin besonders stark ist, in anderer Weise für die Kultur werbend nutzen. So böten befristet verliehene »Ehrenmitgliedschaften« in privaten Freundes- und Förderkreisen staatlich getragener Kultureinrichtungen – der Phantasie sollen da keine Grenzen gesetzt sein – Anreiz, die Mitgliedschaft als zahlendes Mitglied fortzuführen oder eine weitere Verbundenheit in Spenden zum Ausdruck zu bringen . . .
Soweit der Staat Aufgaben auf kulturellem Sektor mit Mitteln der Eingriffsverwaltung wahrnimmt, geschieht dies meistens mit dem Primärzweck der Gefahrenabwehr, indem die Verbreitung bestimmter Kulturerzeugnisse beschränkt und Verstöße hiergegen sanktioniert werden[79]. Verbreitet sind auch repressive Bestimmungen, die die Ausübung kultureller Handlungen präventiven Verboten mit Erlaubnisvorbehalt unterwerfen. Dadurch wird aber der Blick für kulturförderliches staatliches Organisationshandeln verstellt.
So sind Straßenkunst und Livemusik in Gaststätten hauptsächlich Themen des polizeilichen Ordnungsrechts und ansonsten allenfalls noch Gegenstand des Interesses findiger Haushaltspolitik bei der Schaffung neuer Bußgeld- und Gebührentatbestände. Wer im Zusammenhang mit öffentlichen Belangen bei Musikdarbietungen in Fußgängerzonen und mit Graffiti an öffentlichen Verkehrsmitteln nur an die Vermeidung von ruhestörendem Lärm und an die Verhinderung von Sachbeschädigungen denkt, wird aber keinen Blick dafür haben, daß beide Formen als Kunstformen von öffentlichem Interesse sein können. Kein Wunder, daß aus traditionellem behördlichem Blickwinkel die Förderung solcher alternativen Kunstformen kaum einmal in Betracht kommt, obwohl aus der Schar der Straßenmusiker und U-Bahn-Sprayer international anerkannte Künstler hervorgegangen sind, deren Bedeutung gerade darin liegt, sich mit den jenen Äußerungsformen gemäßen künstlerischen Mitteln ausgedrückt zu haben[80]. Erst recht kein Wunder

78 S. »Der Spiegel« Nr. 50/93, S. 63: »Durch Freikartengeschenke an Politiker, Promis und deren Spezis entstehen Opernhäusern und Theatern jährlich Millionenverluste«.
79 S. z.B. §§ 131, 184 StGB, §§ 1, 3 ff. GjS, § 7 JSchG; dazu *Monssen-Engberding,* Die rechtlichen Möglichkeiten zur Bekämpfung der Videogewalt, BlW 1985, 10; *Rainer Scholz,* Jugendschutz und Fernsehen – normative Grenzen und Kontrolle, ZfSH/SGB 1993, 349, 405.
80 Stellvertretend seien hier der Jazzmusiker Roland Kirk und der Graffiti-Maler Keith Haring genannt.

also, daß nur selten in den Blick gerät, daß sich öffentliche Verkehrsmittel ebenso wie die Wände öffentlicher Gebäude nicht nur als kommerzielle Werbefläche, sondern auch als Träger von »gemeindenaher Kultur«[81] eignen oder Straßenmusik - nach erfolgreicher Intervention des städtischen Kulturamts beim städtischen Ordnungsamt - für die Ausrichtung eines bürgernahen Musikfestivals[82], das sich durch das Geldsammeln der beteiligten Musiker selbst finanziert. »Straßenrecht contra Kunstfreiheit«[83] auszuspielen, indem die Ausübung von Straßenmusik von dem Besitz einer Wandergewerbekarte und/oder einer Sondernutzungsgenehmigung abhängig gemacht wird, und als Gebühr für die Erteilung von »Singspielerlaubnissen« dem wagemuten Besitzer der »Kneipe um die Ecke« mehr als die Gage für die Musiker abzuverlangen[84] - derartiges bedeutet dagegen häufig die behördliche Verhinderung solcher Veranstaltungen.

Nicht als Anlaß für alternative staatliche Reaktionen zur Kenntnis genommen wird bei der herrschenden eingeschränkten Sichtweise vor allem auch ein einschneidender Wandel der Rezeption von Musik: Musikkonsum über das Medium Tonträger. Wie keine andere Kunstgattung ist Musik zur Ware, ihre Rezeption ein Massenvorgang geworden. Ihrer banalsten Erscheinungsform, der »Muzak«[85], begegnen wir häufig an Orten, die wir nicht des Musikgenusses wegen aufsuchen: in Supermärkten, in Fahrstühlen, in Restaurants. Sogar das »stille Örtchen« ist dort häufig keines mehr. Die Funktion von Musik hat sich in weiten Bereichen grundlegend gewandelt: Sie ist bloße Hintergrundmusik, sie wird reproduziert und wurde oft überhaupt nur produziert, um rein kommerziellen Zwecken zu dienen. Solche Musik zum »Weghören« bezweckt nicht, als Kulturerzeugnis rezipiert zu werden, ihr Zweck ist der außermusikalische Konsum, zu dem sie animieren soll.

Darin unterscheidet sich ein mit »Muzak« bespielter Tonträger auch noch von dem miesesten Buch: Letzteres wird bei Lektüre in seiner Eigenschaft als literarisches Erzeugnis wenigstens bewußt wahrgenommen, auch als Massenprodukt betrifft die Lektüre jeweils den individuellen Leser allein. Die Wiedergabe einer Schallplatte bezweckt dagegen, wenn dies in einem Einkaufszentrum geschieht, allenfalls beiläufig die Rezeption durch den Hörer und erreicht simultan und unentrinnbar jeden, der sich in Hörweite befindet.

81 *Schwendter,* Alternative Kultur in San Francisco, in: Kunst und Medien, Materialien zur Documenta 6 (1977), S. 288 (289).

82 *Schwendter,* Straßenmusik, in: Kunst und Medien (Fn. 81), S. 275 (276 f.).

83 *Würkner,* Straßenrecht contra Kunstfreiheit? NJW 1987, 1793; zum Thema ferner z.B. *Hufen,* Zur rechtlichen Regelung der Straßenkunst - kommunikativer Gemeingebrauch oder Verbot mit Erlaubnisvorbehalt? DÖV 1983, 353.

84 Die Höchstgage für Jazzbands - auch professionelle - in Berliner Jazzlokalen beträgt häufig nicht mehr als 400 DM pro Gruppe und Auftritt; für die Erteilung einer Sondererlaubnis für Livemusikdarbietungen in einer Gaststätte werden dem Vernehmen nach Gebühren in Höhe von 380 DM, an Wochenenden von 480 DM pro Monat erhoben. Viele Gaststätten haben nur einmal monatlich Bedarf an Livemusik.

85 Amerik. Bezeichnung für kommerzielle Gebrauchsmusik.

An solche Unterschiede der Verbreitung und Rezeption von Kulturerzeugnissen könnte z.B. mit Mitteln des Steuer- und Gebührenrechts angeknüpft werden. Während für das Medium »Buch« mit Recht gefordert werden kann, es solle im Steuer- und Wirtschaftsrecht nicht als »Ware« behandelt werden, weil es »Kunstwerk« sei,[86] gibt es gute Gründe, nach der Schaffung prohibitiver Regelungen gegenüber einer kommerziellen Verwendung des Mediums Tonträger zu rufen. Dies gilt in gesteigertem Maße gegenüber der Verbreitung von »Musik aus der Konserve« zu außermusikalischen Zwecken. Ist sie nicht ständig wiederholter »Umsatz« der Ware Musik an die Kundschaft, deren Kauflust stimuliert werden soll? Die Aufstellung einer Musikbox ist immerhin automatensteuerpflichtig. Eine Besteuerung der öffentlichen Wiedergabe von Konservenmusik wäre dem Vorgang der akkustischen Verbreitung als spezifischer Form des »Umsatzes« von Musik noch sachadäquater. Überdies würden der Förderung musikalischer »Urproduktion« Finanzquellen, beispielsweise für die Subventionierung von Livemusik-Darbietungen in Einkaufszentren, erschlossen. Auch die kommunale Vergnügungssteuer hatte ja ursprünglich einerseits prohibitiven Charakter, andererseits hatte ihr Aufkommen der »Armenkasse« zugute kommen sollen.[87] Steuerbefreiung bei Veranstaltung von Livemusik oder die Schaffung der rechtlichen Voraussetzungen, um die Erteilung von Schankerlaubnissen an Restaurants, Hotels usw. mit der Auflage versehen zu können, Livemusik darzubieten, könnten zu deren Förderung ein übriges tun - auf eine für die öffentliche Hand »kostenneutrale« Weise.

IV. Verbot staatlicher Inhaltskontrolle und staatlich-gesellschaftliche Kooperation im Kulturbereich

Während sich Staat und Gesellschaft kooperativ in die Trägerschaft von Kultur teilen,[88] ist dem Staat ein inhaltliches Engagement in weiten Bereichen der Kultur verwehrt. Ist die Bestimmung der Inhalte von Bildung im Schulbereich noch Sache des Staates, weil das gesamte Schulsystem seiner Aufsicht untersteht (Art. 7 Abs. 1 GG) und die Zulassung von Privatschulen seiner Genehmigung bedarf (Art. 7 Abs. 2 Satz 2 GG), so sind Kunst und Wissenschaft, Forschung und Lehre frei (Art. 5 Abs. 3 Satz 1 GG). Diese Freiheit schließt eine staatliche Stil-, Niveau- oder Inhaltskontrolle aus[89]. Deshalb ist sehr fraglich, ob der Staat Qualitätsförderung betreiben darf, in dem *er* bei seinen Förderungsentscheidungen zwischen »guter« und »schlechter« Kunst unterscheidet[90]. Verfassungsrechtlich legi-

86 So *Jacques Lang* (Fn. 25).
87 S. *Pagenkopf*, Kommunalrecht, Band 2: Wirtschaftsrecht (1976), S. 79.
88 S. o. bei Fn. 57.
89 Vgl. BVerfGE 81, 278 (291); 83, 130 (139).
90 Bejahend aber *Köstlin* (Fn. 27), S. 147 unter - teilweise unberechtigter - Berufung auf die dort in Fn.154 angegebene Rspr. und Lit.

tim ist nur die - ihrerseits hinlänglich problematische - Differenzierung zwischen (grundrechtlich geschützter) Kunst und (grundrechtlich ungeschützter) Nicht-Kunst[91].

Die Frage der verfassungsrechtlichen Zulässigkeit einer »Kulturdifferenzierung«[92] läßt sich indessen nicht unterschiedslos und insbesondere nicht ohne Rücksicht auf Art und Inhalt des staatlichen Engagements beantworten: Der Differenzierungsspielraum ist um so größer, je mehr die betreffende Förderungsmaßnahme (auch) eine Frage des Geldes ist. Insoweit dürfen sich staatliche Förderprogramme daher auch am wirtschaftlichen Erfolg des zu fördernden »Kulturprodukts« orientieren[93]. Doch gilt dies nur bis zur Grenze der Kostendeckung! Versprechen unterschiedliche kulturelle Projekte in gleichem Umfang zumindest, daß sie die Investitionen an öffentlichen Mitteln wieder »einspielen«, darf es für die Vergabeentscheidung keine Rolle spielen, welches Projekt das wirtschaftlich erfolgreichere zu werden verspricht. Insbesondere ist deshalb das Ziel einer staatlichen Förderungsmaßnahme verfassungsrechtlich fragwürdig, »den Anreiz zur Produktion eines am Erfolg am Markt ausgerichteten (kulturellen Projektes) zu ermöglichen«[94]. Zwar dürfen bei wirtschaftlichen Förderungsmaßnahmen des Staates für die Kultur auch wirtschafts- und finanzpolitische Gesichtspunkte beachtet werden und ist es dem Staat nicht verwehrt, die eigenwirtschaftliche Kraft der einzelnen Träger, Personen und Institutionen des Kulturbereichs angemessen zu berücksichtigen.[95] Dies besagt aber lediglich, daß auch bei positiven wirtschaftlichen Förderungsmaßnahmen eine schematische Gleichbehandlung nicht geboten ist[96]: Das »Gießkannenprinzip« ist auch im Bereich der Kulturförderung kein verfassungsrechtlicher Grundsatz. Das eigentliche, verfassungsrechtlich vorgegebene Ziel der Maßnahme bleibt aber »die Steigerung der künstlerischen Produktion nach Qualität und Umfang«[97]. Darum ist bei der Entscheidung zwischen gleichqualifizierten kulturellen Projekten Präferenz für das gewinnorientierte Projekt sachwidrig. Solange Qualität und wirtschaftlicher Erfolg noch zweierlei sind, möge der Staat sich um die Qualitätsförderung kümmern und hierzu die wirt-

91 *Scholz* (Fn. 41), Rdn. 39; verfassungwidrig wäre auch eine allgemein am sozialen oder wirtschaftlichen Nutzen der Kulturförderung orientierte Kulturpolitik des Staates; so *Steiner* (Fn. 35), Rdn. 5. Damit ist aber nicht die Legitimität staatlicher Präferenzentscheidungen in Frage gestellt. Sie ergibt sich aus dem »Dilemma, daß die Verfassungen in der Bundesrepublik Deutschland durch Kulturstaats- und vor allem Kulturförderungsklauseln sowie kulturelle Freiheitszusagen den Staat zur Förderung alles Kulturellen verpflichten, die Budgets aber nur einen unvollständigen Verfassungsvollzug erlauben«; so *Steiner* (Fn. 35), Rdn.12.

92 E.R. *Huber* (Fn. 26), S. 16.

93 *Steiner* (Fn. 35), Rdn. 5.

94 So die amtliche Begründung zum Filmförderungsgesetz vom 26.11.1986 (BGBl. I S. 2047), BTDrucks. 10/5448, S. 9 mit der Begründung: »Qualität nach dem FFG ist nicht reine Handelsqualität, sondern sowohl Qualität nach wirtschaftlichen als auch nach künstlerischen Kriterien«.

95 BVerfGE 36, 321 (332).

96 BVerfG (Fn. 95), S. 332 f.; s. auch Oppermann (Fn. 41), Rdn.24.

97 BVerfG (Fn. 95), S. 333.

schaftliche Grundlage des Unternehmens sichern. Das Streben nach Erfolg am Markt hat nicht Sache staatlicher Kulturförderung zu sein, sondern mag staatlicher Wirtschaftsförderung - mit der Folge der Finanzierung aus anderen »Töpfen« als dem Kulturetat - überlassen bleiben.
Wenn also staatliche Kulturpolitik sich - insbesondere im Bereich der Kunstförderung - weitgehend auf eine »Angebotspolitik der öffentlichen Hand«[98] zu beschränken hat, bedarf staatliche »Kultureinmischung« zur Pluralismusvorsorge und zum Ausgleich gegenüber kommerziellen Überspitzungen des Kunst- und Kulturmarktes, zur Publikumsvorsorge für nachfrageschwache Kunst, zur Stimulierung zu Risiko und Experiment,[99] aber auch zur unvermeidlichen Auswahl unter den zahlreichen Bewerbern um kulturelle Förderung aus öffentlichen Mitteln der Beteiligung außerstaatlicher Kräfte des kulturellen Lebens. Die Anregung und Förderung von Gremienarbeit, die Koordinierung und Harmonisierung auch von Aktivitäten privater Kulturträger und Sponsoren: dies sind die Impulse, die von seiten des Staates auf die institutionelle Kooperation von gesellschaftlichen und staatlichen Kulturträgern ausgehen können. Durch die Beteiligung von Gremien bei der Wahrnehmung des auf ihn entfallenden Anteils am Kulturauftrag wirkt der Staat in die Gesellschaft hinein und öffnet sich zugleich ihrem - in den staatlicher Inhaltsbestimmung entzogenen Bereichen der Kultur bestimmenden - Einfluß.
Gremienbeteiligung an staatlichen Entscheidungen in kulturellen Dingen ist bereits anerkannt, wo es um staatliche Subventionen für den Kulturbetrieb geht[100]. Diese »spezielle Verwaltungstechnik«[101] ist aber nicht auf staatliche Subventionstätigkeit zu beschränken[102]. Sie ist überall notwendig, wo Kulturförderung nicht ohne inhaltliche Wertungen auskommt. Die Einrichtung von Gremien ist hier unverzichtbare Grundrechtssicherung durch Verfahren[103] und Sicherung des für die Kultur geltenden Gebotes von Pluralität[104] und staatlicher Neutralität. In diesen Bereichen ist die Rolle des Staatsvertreters in solchen Gremien[105] auf die organisatorischen Fragen beschränkt, an inhaltlichen Fragen in Bezug auf die zu treffende Förderungsentscheidung darf er nicht stimmberechtigt mitwirken, seine Aufgabe erschöpft sich insoweit darin, eine solche inhaltliche Entscheidung

98 *Oppermann* (Fn. 41), Rdn. 24.
99 *Steiner* (Fn. 35), Rdn. 12.
100 S. z.B. *Köstlin* (Fn. 27), S. 205 f.
101 *Köstlin* (Fn. 27), S. 205.
102 Zur Verbesserung des Jugendschutzes gegenüber den Medien, eines Bereichs der Eingriffsverwaltung (vgl. bei Fn. 79), s. *Rainer Scholz* (Fn. 79), S. 409.
103 S. *Alberts* (Fn. 64), S. 435, für den objektivrechtlichen Schutzbereich von Art. 4 GG.
104 Zur Sicherung der Pluralität durch Gremien im Schulbereich s. Alberts (Fn. 64), S. 435 in Fn. 63.
105 Zur Teilnahme von Mitgliedern der zur Entscheidung berufenen Verwaltung generell *Hill* (Fn. 70), S. 979.

durch die aus dem gesellschaftlichen Raum bestellten Mitglieder des Gremiums[106] herbeizuführen.[107] Weder das Demokratieprinzip, das es im Bereich der öffentlichen Verwaltung nicht zuläßt, anstelle des Gesamtstaatsvolks jeweils einer durch örtlichen oder sonstigen Bezug verbundenen kleineren Gesamtheit von Staatsbürgern Legitimationskraft zuzuerkennen,[108] noch die vollständige und unmittelbare Verfahrensverantwortung des Staates[109] stehen einer so begründeten Funktionsteilung entgegen. Diese trägt nur der Aufteilung der Kompetenzen im Kulturstaat Rechnung, in dem die Kultur »Gemeinschaftsaufgabe zwischen Bürger und Staat«[110] ist.

Die Zusammenführung und Harmonisierung öffentlicher und privater Interessen in Gremien zur optimalen Wahrnehmung öffentlicher Belange[111] ist das Metier der ordnenden Verwaltung, von der hier immer wieder die Rede war. Ihre Bedeutung steigt in dem Maße, in dem »Verwaltungsentscheidung . . . als Kunst des Zusammenbringens aller (relevanten) Interessen zur gleichberechtigten und gleichzeitigen gemeinsamen Erörterung der Probleme und Bewertung möglicher Lösungsalternativen«[112] begriffen wird. Mit der steigenden Bedeutung des Wirkens ordnender Verwaltung kann der Staat aber auch seine Strategie gegenüber dem Vordringen des Kommerzes in den Bereich der Kultur neu ordnen. Diese Strategie ist bislang im Grunde nur die eines Nachtwächterstaates: Der Staat wird - mit hohem Einsatz öffentlicher Haushaltsmittel - tätig, wo sich Kultur nicht ökonomisch rentiert und sich deshalb auch nicht nach den Gesetzen der Ökonomie gleichsam selbst produziert[113]. Er kann jedoch mehr sein als ein »Ausfallbürge« für die Kultur, der zur Sozialisierung von Verlusten einspringt, während die Gewinne privatisiert werden. Er kann mit den Mitteln der Rechtsordnung das Eindringen des Marktes in die Kultur behindern, indem er die kulturellen Impulse aus der Gesellschaft in eine von den dort anzutreffenden inhaltlichen Vorstellungen beeinflußte Kulturpolitik einbindet und sich auf diese Weise mit der Kultur zur Offensive gegen den Kommerz solidarisiert.

106 Zur Problematik der Auswahl unter den betroffenen Gruppen und Verbänden s. E.R. *Huber* (Fn. 26), S.14 ff.; *Schreyer* (Fn. 72), S.94 ff., zur Entscheidungslegitimation pluralistischer Gremien dies., a.a.O., S.108 ff.

107 Diese aus dem staatlichen Kulturauftrag und dessen Grenzen folgende Funktionsteilung innerhalb der Gremien pflegt in der Praxis allerdings meistens unbeachtet zu bleiben; s. *Köstlin* (Fn. 27), der darin für den Bereich der Kunstförderung die »evidente Gefahr einer Grundrechtsverletzung« sieht (S. 206).

108 Vgl. BVerfGE 83, 60 (75); an dem Urteil hat Ernst Gottfried Mahrenholz als Vorsitzender des Zweiten Senats des Bundesverfassungsgerichts mitgewirkt.

109 S. dazu *Hill* (Fn. 70), S. 977 f.

110 *Hill*, Die neue Verwaltung nachhaltig entwickeln - Perspektiven nach zwei Jahren Aufbauarbeit, DÖV 1993, 54 (57).

111 Dort ist auch das Forum, in dem kulturpolitische Kontroversen wie diejenige um eine »Demokratisierung der Kultur« oder um eine »Kultur für alle« (Hilmar Hoffmann) ihren Ort haben.

112 *Hill* (Fn. 70), S. 975.

113 S. *Maihofer* (Fn. 10), S. 996.

Die Gefahr, daß so lediglich eine neue Art von Kulturbürokratie entsteht, ist zwar nicht von der Hand zu weisen. Doch lehrt die Erfahrung auch, daß Rechtsgüter durch Institutionalisierung aufgewertet werden[114]. Vielleicht führt dieser Weg sogar zu der dringend erforderlichen reformatorischen Selbstreinigung des Kulturbetriebs von merkantilen Allüren, eines Kulturbetriebs, der, hochsubventioniert[115], skandalöse Groß- und Stargagen[116] erst ermöglicht. Die preisbildenden Faktoren des Kulturschaffens stehen und fallen mit dem Ausmaß des öffentlichen Interesses an ihm. Entgegen den Gesetzen des Marktes erhöht gesteigerte Nachfrage nach Kultur nicht immer deren Preis. Wenn niemand sich an ihnen »eine goldene Nase verdient«, werden Kulturschaffende es am ehesten ihrerseits »honorieren«, wenn aufgrund uneigennützigen Bürgerengagements in kulturellen Gremien ihr Werk Anerkennung und Verbreitung findet. Denn zum Segen für die Kultur ist das Brot des Künstlers (wenigstens zu einem nicht unwesentlichen Teil immer noch) der Applaus.

114 S. *Alberts* (Fn. 64), S. 435 Fn. 67.

115 Zur Frage der Erhaltungswürdigkeit des Subventionstheaters aus kulturökonomischer Sicht und zu Reformansätzen s. z.B. *Dümcke,* Wert, was Politiker dafür zahlen, in: »die tageszeitung« vom 26.10.1993, S. 12 f.

116 »Die Intendanten mästen sich in die Bewegungslosigkeit« (*Johann Kresnik* in »Der Spiegel« Nr. 44/93, S. 264). Nach Presseberichten beträgt das Jahresgehalt des musikalischen Leiters der Deutschen Staatsoper Unter den Linden 1 Mio. DM (ohne die Nebeneinkünfte aus meistens ebenfalls öffentlich finanzierten Gastdirigaten). Zu Maßnahmen der Kultusministerkonferenz der Länder gegen »Verschwendung und Pfründenwirtschaft« an deutschen Theatern s. »Der Spiegel« Nr. 46/93, S. 17.

Das Bild Deutschlands in der Welt
- Aufgaben Auswärtiger Kulturpolitik -

Klaus Kinkel

I.

Die Bitte, einen Beitrag für eine Festschrift zu Ehren des Vizepräsidenten des Bundesverfassungsgerichts zu formulieren, scheint das Thema vorzugeben. Der Gedanke liegt nahe, Wirken und Verdienste des Verfassungsrichters Mahrenholz aus der Perspektive seiner Arbeit in Karlsruhe zu beleuchten und zu würdigen. Der Zweite Senat und sein Vorsitzender Mahrenholz haben viel und manchmal Entscheidendes zu dem beigetragen, was unser Land heute ist und bleiben soll: Eine lebendige Demokratie, ein wehrhafter Rechtsstaat, eine offene und pluralistische Gesellschaft, die den Freiraum jedes einzelnen Bürgers achtet, ein Staat, für den obrigkeitliche Gewalt kein Selbstzweck ist, der sich zu Toleranz und sozialer Gerechtigkeit bekennt und der den Schutz von Minderheiten gewährleistet. Diesen Weg haben die Väter und Mütter unserer Verfassung aus der Erfahrung eines Weltkrieges vorgezeichnet, der Europa zerstört und Deutschland in die Katastrophe geführt hat. Sie haben dem Bundesverfassungsgericht die Aufgabe übertragen, dafür zu sorgen, daß Verfassungsrecht und Verfassungswirklichkeit miteinander verbunden bleiben. Professor Mahrenholz hat in seiner langjährigen Dienstzeit als Richter und Vizepräsident des höchsten deutschen Gerichtes mitgeholfen, daß unser Land auf diesem Weg geblieben ist und Kurs gehalten hat. Dafür gebührt ihm - auch an dieser Stelle - unser Respekt und unser Dank.

Wer Gottfried Mahrenholz kennt, weiß, daß er nicht nur ein engagierter Richter und überzeugender Repräsentant unseres Staates im Inland und Ausland ist, sondern daß er auch in der Welt der Kultur, der Universitäten, der Bildung und Wissenschaft zu Hause ist. In seiner Vita haben die frühere Tätigkeit als Kultusminister in Niedersachsen und sein heutiges Engagement als Hochschullehrer in Frankfurt einen sichtbaren Platz. Auch deshalb erscheint es mir richtig und angemessen, mich mit einem außenpolitischen Thema an dieser Festschrift für Gottfried Mahrenholz zu beteiligen: Mit der Auswärtigen Kulturpolitik der Bundesregierung und der Akzeptanz des vereinten Deutschlands in der Welt als Kulturnation.

II.

Auswärtige Kulturpolitik ist ein fester und integraler Teil der deutschen Außenpolitik. Dies war nicht immer so. Noch in den Amtsstuben von Bismarck, wo es immerhin schon ein Auslandsschul-Referat gab, hätte man vergeblich nach einer Kulturabteilung gesucht. Wer aber daraus den Schluß ziehen wollte, daß die kulturelle Dimension in der Außenpolitik damals keine Rolle gespielt hätte, geht in die Irre. Napoleon wollte gewiß die Macht Frankreichs ausdehnen und es zur Vorherrschaft in Europa führen. Ebenso gewiß ist aber auch, daß er die »Civilisation française«, von deren Überlegenheit er überzeugt war, über Frankreichs Grenzen hinaus verbreiten wollte. Mit Waterloo endete die militärische Karriere des Kaisers der Franzosen. Die Spuren der von ihm verpflanzten »Civilisation française« sind aber in vielen Teilen Europas lebendig geblieben. Ich denke manchmal daran, wenn ich in Bonn das Praxisschild eines Notars sehe, der bis heute kein Rechtsanwalt sein darf, weil der Code Napoleon es damals so wollte.
Die Geschichte zeigt auch, wohin es führt, wenn sich unter dem Deckmantel der Kultur imperialistische, kolonialistische und rassistische Strömungen ausbreiten und mit einem dumpfen Nationalismus verbinden: Auswärtige Kulturpolitik wird zu einem willfährigen Instrument einer verantwortungslosen Außenpolitik. Dies hat uns die Geschichte in diesem Jahrhundert deutlich vor Augen geführt. Die politischen Lehren daraus zu ziehen, war und ist Verfassungsauftrag und oberstes Gebot unserer Außenpolitik und unserer Auswärtigen Kulturpolitik vor und nach der Einheit Deutschlands.
Als die zerstörte und nur bedingt souveräne Bundesrepublik nach dem Zweiten Weltkrieg begann, wieder Außenpolitik zu betreiben, standen diejenigen, die damals in Regierung und Staat Verantwortung trugen, vor den moralischen und politischen Trümmern, die diese Katastrophe in Deutschland und Europa zurückgelassen hatte. Nicht wenige glaubten, daß Deutschland als Kulturnation in den Vernichtungslagern von Auschwitz und Treblinka untergegangen sei.
Es waren herausragende Persönlichkeiten, nicht zuletzt aus den Kreisen der Opfer und häufig aus dem Kultur- und Geistesleben, deren Namen in der Welt Ansehen hatten, die dieser Auffassung vehement widersprachen. Sie erinnerten daran, daß die nationalsozialistischen Barbaren nicht das in Jahrhunderten gewachsene Bild Deutschlands als Kulturnation hätten auslöschen können. Sie gaben damit der jungen Bonner Demokratie einen unschätzbaren Vorschuß an Vertrauen, den sie brauchte, um ihren Weg zurück in die internationale Staatengemeinschaft zu finden. Dies war auch die Geburtsstunde unserer Auswärtigen Kulturpolitik. Es war ein bescheidener Anfang, der sich auf klassische Kulturwerte besann, sich fast ängstlich an einen engen Kulturbegriff klammerte und Künstler, Schriftsteller, Wissenschaftler und andere Repräsentanten des Geisteslebens mit kulturpolitischen Programmen beauftragte, um das beschädigte Deutschlandbild im Ausland zu erneuern. Als die Bundesrepublik im engen Schulterschluß mit den westlichen

Demokratien wieder internationales Gewicht erlangte und sich durch ihre wirtschaftlichen und sozialen Erfolge Ansehen und Einfluß verschaffte, erhielt auch die Auswärtige Kulturpolitik eine neue Aktionsbasis. Die Enquête-Kommission des Deutschen Bundestages von 1975 sorgte für eine breite parlamentarische Absicherung. Die wichtigsten Kriterien der Auswärtigen Kulturpolitik, an denen sich unsere konzeptionelle und operative Arbeit orientiert, lassen sich kurz aufzählen:

- Auswärtige Kulturpolitik ist integraler Bestandteil der deutschen Außenpolitik. Sie verbindet staatliche Förderung mit dem Grundsatz der Freiheit von Kunst und Wissenschaft. Sie reflektiert und transportiert mit Hilfe der Mittlerorganisationen auf der Grundlage der ihr durch das Grundgesetz übertragenen Aufgaben die vielseitigen Strömungen und Erscheinungsformen einer demokratischen und pluralistischen Gesellschaft. Sie steht im Spannungsfeld zwischen Tradition, Kontinuität und Wandel.
- Als Bestandteil der Außenpolitik ist Auswärtige Kulturpolitik an deren Zielen ausgerichtet. Sie unterstützt das Zusammenwachsen Europas, dient der Friedenssicherung und leistet einen Beitrag zum Interessensausgleich zwischen Industrie- und Entwicklungsländern.
- Für die Auswärtige Kulturpolitik gilt ein erweiterter Kulturbegriff, der alle geistigen Werte erfaßt. Hierzu gehören kulturelle und gesellschaftliche Beziehungen, wissenschaftliche und technische Zusammenarbeit über Grenzen hinweg; dazu gehören Bildungs- und Ausbildungshilfe, der Umweltschutz und das Bewußtsein, daß die Menschheit nur dann in Würde überleben und die Schöpfung bewahren kann, wenn sie lernt, verantwortungsbewußt mit den natürlichen Ressourcen umzugehen.
- Auswärtige Kulturpolitik versteht sich nicht als Instrument des »Kulturexports« von Kunst oder Wissenschaft, von Sprache oder Kultur. Sie orientiert sich an dem Grundsatz kultureller Wechselbeziehungen und partnerschaftlicher Zusammenarbeit. Sie unterstützt und fördert die Kultur über Grenzen und Kontinente hinweg. Sie ist dem Toleranzgebot gegenüber fremden Kulturen verpflichtet und achtet die kulturellen Besonderheiten von Minderheiten.

III.

Für Deutschland wie für alle Staaten gilt: Das Ansehen und das Gewicht in der internationalen Staatengemeinschaft bestimmen die Möglichkeiten der nationalen Außenpolitik. Dies sind keine unveränderlichen und erst recht keine beliebig verfügbaren Faktoren, sondern die Summe aus politischem Einfluß, wirtschaftlicher Leistungskraft und einer weltweiten Akzeptanz als Kulturnation.

Als in Rostock, Mölln und Solingen Ausländerwohnungen brannten und türkische Mitbürger starben, haben wir alle mit Beklommenheit erlebt, wie schnell die Schatten der deutschen Vergangenheit in das Bewußtsein der Welt zurückkehrten

und das Bild unseres Landes, auch in den Augen der Nachbarn und Freunde, verdunkelten. Besorgte Stimmen aus Industrie und Wirtschaft schlugen Alarm, daß der Ruf Deutschlands als Handelspartner und als Investitionsland in Gefahr und daß ökonomisch meßbarer Schaden an Arbeitsplätzen und Wohlstand zu befürchten sei. Vielen bei uns wurde bewußt, daß politisches Gewicht und wirtschaftliche Leistungskraft allein nicht ausreichen, um das Ansehen unseres Landes zu sichern und zu verteidigen. Das Säen von Mißtrauen, das Schüren von Feindseligkeit und Haß, der Aufbau von Feindbildern - sie beginnen immer mit der Herabsetzung der kulturellen Leistungen der anderen Völker. Auswärtige Kulturpolitik ist deshalb dem Dialog und dem Brückenschlag verpflichtet und geht von der Gleichwertigkeit und der wechselseitigen Bereicherung der Kulturen aus.
Die Akzeptanz Deutschlands als Kulturnation, um die sich die Auswärtige Kulturpolitik bemüht, wird vor allem von den Realitäten in unserem Lande bestimmt und erst in zweiter Linie davon, wie gut oder wie schlecht die Instrumente unserer kulturpolitischen Öffentlichkeitsarbeit funktionieren. Es wäre verfehlt, die ausländische Öffentlichkeit für ein Deutschlandbild verantwortlich zu machen, das nicht unseren eigenen Vorstellungen entspricht. Natürlich können Verzerrungen oder bewußte Irreführungen berichtigt werden, gleichzeitig muß aber die Grenze zur Propaganda gezogen werden, die ein Instrument totalitärer Regime ist. Die Auswärtige Kulturpolitik der Bundesregierung kann und darf mit ihren Mitteln und Mittlern nur das vertreten und darstellen, was der Wirklichkeit in Staat und Gesellschaft entspricht. Wir haben es also selbst in der Hand, wie uns das Ausland sieht und welches Deutschlandbild dort entsteht.
Wer meint, daß es in diesem Zusammenhang nur auf die wirtschaftliche Leistungskraft ankommt, darf sich nicht wundern, wenn er nur an dem Kurswert der D-Mark gemessen wird. Wer wissenschaftliche, technologische oder auch sportliche Erfolge verabsolutiert, wird vielleicht Anerkennung erhalten, kaum aber Vertrauen, Verständnis und Sympathie. Zu dem Ansehen Deutschlands als Kulturnation gehört mehr: eine berechenbare Friedenspolitik, die Verläßlichkeit als Partner und Verbündeter, die Bereitschaft zu einem solidarischen Interessensausgleich. Dazu gehört vor allem das Vertrauen der Nachbarn und Freunde in Europa und in der Welt, daß in Deutschland Menschlichkeit und Moral, Toleranz und Aufgeschlossenheit gegenüber Ausländern und fremden Kulturen herrschen.
Wir haben vor kurzem den dritten Jahrestag der Deutschen Einheit begangen. Jacques Delors, Europäer und Franzose, hat bei der Feierstunde zur Deutschen Einheit für mehr Mut und Zuversicht plädiert und damit manchen in Deutschland einen Spiegel vorgehalten. Wir sollten darüber nachdenken und nicht vergessen, daß das Deutschlandbild und die Akzeptanz als Kulturnation im Ausland in entscheidendem Maße auch davon geprägt werden, ob und wie es uns gelingt, die beiden lange getrennten Teile unseres Landes in Eintracht auf dem Boden der Demokratie, mit rechts- und sozialstaatlichen Mitteln, ohne kulturelle und gesellschaftliche Brüche zusammenzufügen. Kulturnation ist für uns daher auch ein konkretes

staatliches Ziel: ein Akt der Selbstvergewisserung und der Erfüllung der eigenen kulturellen Identität in der wiedergewonnenen Einheit Deutschlands.

IV.

Die Vereinigung Deutschlands, der Zusammenbruch der kommunistischen Systeme und das Entstehen von souveränen und demokratischen Staaten in Mittel- und Osteuropa und auf dem Territorium der früheren Sowjetunion haben die politische Landschaft in Europa grundlegend verändert und die deutsche Außenpolitik vor neue Aufgaben gestellt. Auch die Auswärtige Kulturpolitik der Bundesregierung ist von diesen Entwicklungen betroffen.

Die Vereinigung Deutschlands wurde im Rahmen und auf dem Boden des Grundgesetzes vollzogen. Insoweit behalten die politischen Grundmuster der Auswärtigen Kulturpolitik auch für das vereinte Deutschland ihre Gültigkeit. Dies bedeutet aber auch: die von der DDR betriebene Auswärtige Kulturpolitik, die sich in ihren wesentlichen Teilen als Propagandainstrument des volksdemokratischen Staates und seiner kommunistischen Ideologie verstand, ist mit der DDR untergegangen. Damit sind die jahrzehntelangen Bemühungen erledigt, ein abgrenzendes, »sozialistisches« und DDR-spezifisches Deutschlandbild im Ausland zu etablieren. Im Rahmen ihrer Kulturpopaganda hat die DDR unter Hinweis auf ihre angeblichen »antifaschistischen Traditionen« versucht, sich im Ausland als das »bessere Deutschland« von der Bundesrepublik abzugrenzen. Sie hat sich dabei auf Schriftsteller wie Berthold Brecht, Arnold Zweig, Heinrich Mann oder Sarah Kirsch berufen, deren Namen in der Welt der Kultur Klang haben und deren künstlerische Leistung als kulturpolitisches Instrument des Unrechtsstaates mißbraucht wurden.

Dies ist ein hartes, aber unvermeidliches Urteil, das seine Berechtigung auch nicht dadurch verliert, daß es einzelne Bereiche der kulturpolitischen Auslandsarbeit der DDR gibt, die in unsere Auswärtige Kulturpolitik miteinbezogen werden konnten. So wurden z.B. von der DDR begonnene Stipendiatenprogramme zu Ende geführt, eine Anzahl von Gastlehrern übernommen und Vorhaben der Spracharbeit konzeptionell eingebunden. Weitere Gemeinsamkeiten konnte und kann es nicht geben.

Heute geht es im Kern darum, die gewachsenen kulturellen Bindungen und kulturpolitischen Verbindungen, die die Bundesrepublik seit 1949 aufgebaut hat, aufrechtzuerhalten und weiter zu fördern. Andererseits dürfen wir aber nicht in einem unflexiblen Status-quo-Denken verharren und so tun, als hätten die Vereinigung Deutschlands und die politische Umgestaltung Europas keinen Einfluß auf die Gestaltung unserer Kulturpolitik. Das Gegenteil ist richtig: Wir stehen vor der Aufgabe, durch die gleichberechtigte Einbindung der Reformstaaten in Mittel- und Osteuropa sowie der UdSSR-Nachfolgestaaten in die Programm- und Sacharbeit unserer Auswärtigen Kulturpolitik eine glaubwürdige Balance herzustellen, die unseren außenpolitischen Interessen entspricht und gleichzeitig den berechtigten Erwartungen unserer Partner im Osten Rechnung trägt. Damit bekennen wir uns auch zu einer Verantwortung, die sich aus der Lage unseres Landes im Herzen Europas und seiner Geschichte ergibt.

Als in der Zeit des Kalten Krieges der Eiserne Vorhang jedes außenpolitische Handeln zu ersticken drohte, bildeten kulturelle und wissenschaftliche Kontakte ein Band, das über Grenzzäune und Sperranlagen hinwegreichte, zueinander führte und das Zusammengehörigkeitsgefühl stärkte, das den Menschen jenseits von Mauern und Grenzzäunen das Gefühl gab, nicht vergessen und abgeschrieben, sondern Teil eines Europas zu sein, das durch eine über 1000-jährige gemeinsame Kultur legitimitiert und unteilbar ist. Ohne diese Bindungen und Verbindungen, die allen Anfeindungen des Kommunismus standhielten, wäre in den Jahren nach 1989 der schnelle und ermutigende Neuanfang mit unseren Nachbarn in Mittel- und Osteuropa und mit den Nachfolgestaaten der Sowjetunion kaum denkbar und möglich gewesen.

Diese Erfahrungen und Überzeugungen prägen unsere Politik. Ich kenne aus Besuchen in den Reformstaaten und aus vielen Gesprächen den hohen Stellenwert, den unsere Partner engen kulturpolitischen Beziehungen beimessen - Staaten und Regierungen, die um ihre demokratische Erneuerung ringen und um ihre wirtschaftliche Existenz kämpfen. Sie beschränken ihre Kooperationswünsche keineswegs - wie man vielleicht denken könnte - auf materielle oder finanzielle Bereiche, sondern unterstreichen immer wieder die großen Erwartungen, die sie an eine breitangelegte kulturpolitische Zusammenarbeit mit Deutschland knüpfen.

Als ich in Moskau, Prag und Bratislava war, um neue Goethe-Institute zu eröffnen, konnte man dort deutlich das elementare Bedürfnis der Menschen spüren, nach den langen Jahren der Unterdrückung und ideologischen Gängelung endlich wieder an einem freien und ungehinderten Kulturaustausch teilnehmen zu können. Die Erkenntnis, daß Kultur Grundlage und Spiegel der Freiheit ist, wurde unmittelbar erfahrbar. Und noch etwas hat mich beeindruckt: Viele meiner Gesprächspartner in den Reformstaaten kommen aus den Reihen der ehemaligen Dissidenten, häufig Künstler, Journalisten oder Schriftsteller, wie Vaclav Havel oder Milan Uhde in der Tschechischen Republik oder Jacek Kuron und Adam Michnik in Polen - Menschen, die mit großem Mut und Einsatz gegen die kommunistische Unterdrückung gekämpft haben. Für die Betroffenen hatten damals kulturelle Kontakte zu ihren Nachbarn im demokratischen Teil Europas auch deshalb eine unschätzbare Bedeutung, weil sie Funktionen übernahmen, die die Politik nicht leisten konnte. Die Dissidenten von gestern sind heute Garanten für eine neue Nachbarschaft in Europa. Sie bieten - besonders wenn sie politische Aufgaben übernommen haben - die Gewähr, daß die begonnenen demokratischen Reformprozesse, deren Erfolg für sie, für uns und ganz Europa wichtig ist, fortgeführt werden.

Wirkung und Überzeugungskraft unserer Auswärtigen Kulturpolitik in Mittel- und Osteuropa beruht auf dem Einsatz des gesamten breitgefächerten Instrumentariums, das uns zur Verfügung steht. Es ist kein Widerspruch, wenn ich zwei Bereiche besonders hervorhebe. Das eine ist die Arbeit der bestehenden und neu hinzugekommenen Goethe-Institute. Sie besitzen die notwendigen organisatorischen Strukturen, die Erfahrung und vor allem engagiertes Personal, um die neuen Aufgaben mit Professionalität und Effizienz zu übernehmen. Sie haben in der kurzen Zeit bereits gezeigt, daß sie richtungsweisende Akzente setzen können. Ich möchte ein Beispiel nennen: Das Goethe-Institut in Prag hat kurz nach seiner Eröffnung eine Veranstaltung durchgeführt, auf der Deutsche, Tschechen und Polen - Schriftsteller und Historiker - über Heimat und Heimatrecht diskutierten. Die überaus positive Resonanz in der Öffentlichkeit hat deutlich gemacht, wie wichtig es ist, über diese Fragen, die für alle Betroffenen mit Emotionen verbunden sind, offen, der Wahrheit verpflichtet, aber auch behutsam miteinander zu reden, um das Trennende einer schwierigen Geschichte aufzuarbeiten und versöhnend zu überwinden.

Das zweite, was ich besonders erwähnen möchte, ist die Förderung der deutschen Sprache. Die Ziele und Überzeugungen, auf die sich die Sprachpolitik der Bundesregierung stützt und für die sie erhebliche Mittel einsetzt, sind einfach zu benennen. Europa war durch den Ost-West-Gegensatz über Jahrzehnte hinweg künstlich aus seinem in Jahrhunderten gewachsenen Gleichgewicht gebracht. Die deutsche Sprache wurde in der Region, in der früher die kommunistischen Regime das Sagen hatten - ungeachtet der Bemühungen der DDR-Spracharbeit - als Sprache des Klassenfeindes verdächtigt und entsprechend behandelt. Die damaligen Machthaber konnten diese ausgrenzende Doktrin mit totalitären Mitteln erzwingen. Überzeugen konnten sie die Menschen und vor allem die intellektuellen Eliten ihrer Länder nicht. Dies zeigte sich nach den politischen Veränderungen. Die Nachfrage nach Deutsch an Schulen und Universitäten schlug und schlägt uns wie eine Welle entgegen. Von den 20 Millionen Menschen, die weltweit Deutsch als Fremdsprache lernen, leben mehr als zwei Drittel in den Reformstaaten. Sprache ist nicht nur ein Medium der Verständigung in Wirtschaft, Politik und Wissenschaft. Sie ist eine Brücke, auf der sich Nachbarn begegnen. Dieses Verständnis hat sich im Osten lebendiger erhalten als bei uns; deshalb die große Nachfrage nach unserer Sprache. Es geht nicht um konkurrierenden Sprachexport, sondern um den Versuch, gemeinsam mit unseren Nachbarn Sprach-Brücken wieder aufzubauen, die erst der Krieg und dann der Kommunismus in Mittel- und Osteuropa zerstört haben. Ich bin fest davon überzeugt, daß die Geschichte die deutsche Auswärtige Kulturpolitik später einmal auch daran messen wird, wie sie mit den ihr gebotenen Chancen umgegangen ist: mit zögerlichem Kleinmut oder mit großzügiger Entschlossenheit. Die Bundesregierung hat von Anfang an deutlich Position bezogen und der Sprachförderung das ihr zukommende Gewicht beigemessen und erhebliche Mittel zur Verfügung gestellt.

Dies alles zeigt: Unsere Auswärtige Kulturpolitik steht in den Staaten Mittel- und Osteuropas vor neuen Aufgaben und großen Herausforderungen. Es geht im einzelnen vor allem darum, den sich aus der glücklich überwundenen Trennung ergebenden Nachholbedarf im Osten mit entsprechenden Schwerpunktsetzungen bei der Errichtung von Goethe-Instituten, durch eine intensivierte Spracharbeit, bei Stipendiatenprogrammen, in der Wissenschaftskooperation und im Bereich von Schulen, Bildung und Ausbildung schrittweise zu erfüllen und unsere Auswärtige Kulturpolitik so in ein mit den Gesamtinteressen der deutschen Außenpolitik koordiniertes Gleichgewicht zu bringen.

Am Ende eines unruhigen Jahrhunderts, das vom Leid und den Zerstörungen zweier Weltkriege überschattet ist und das Europa durch tiefe ideologische Gräben getrennt hat, hat uns die Geschichte eine großartige Chance der Erneuerung eröffnet. Wenn das wiedervereinigte Deutschland auf diese Herausforderung mit Gleichgültigkeit gegenüber den neuen Demokratien in Ost- und Mitteleuropa reagierte, so würden wir uns und unseren Nachbarn einen schlechten Dienst erweisen und zu erkennen geben, daß wir die Chance einer neuen Nachbarschaft in Europa gering schätzten. Das anspruchsvolle Wort von der gewachsenen Verantwortung des vereinten Deutschlands verlöre an Wert und Überzeugungskraft: im Osten und im Westen.

V.

Mit seiner berühmten Rede 1946 in Zürich hat Winston Churchill einer politischen Vision Ausdruck gegeben, die sich von den Römischen Verträgen bis hin zum Vertragswerk von Maastricht zu einer politischen Realität in Europa verdichtet hat: Eine Europäische Gemeinschaft, die zu einer Politischen Union werden soll. Mit der Ratifizierung des Vertrages von Maastricht ist die Europäische Union Wirklichkeit geworden. Regierungen und Parlamente werden den Integrationsprozeß aber nur bis zu einem bestimmten Punkt allein vorantreiben können. Hinzu kommen muß ein breiter Motivationsschub für das Vereinte Europa, der von den Menschen in den Mitgliedstaaten ausgehen und getragen werden muß.

In diesem Zusammenhang gehört die Frage, ob es eine Politische Union überhaupt geben kann ohne eine europäische Identifikation seiner Bürger, wie sie im nationalen Rahmen selbstverständlich ist. Der Wille, die politische Einigung zu vollenden, stützt sich auf viele Motivationen. Nicht an letzter Stelle steht die identitätsstiftende kulturelle Dimension, die es - seit Jahrhunderten gewachsen - in Europa längst gibt, die in der öffentlichen Debatte um Europa jedoch nur eine relativ geringe Rolle spielt. Eine Rolle jedenfalls, die bisher nicht ausreichte, um das öffentliche Bewußtsein zu aktivieren und dem Integrationsprozeß weiterführende Impulse zu verleihen. Es gibt Stimmen, die die kulturelle Dimension grundsätzlich für wenig tauglich halten, überhaupt einen Beitrag für den europäischen

Einigungsprozeß zu leisten. Sie weisen darauf hin, daß die Vielfalt kultureller Ausdrucksformen und der Wunsch nach kultureller Eigenständigkeit mit ihren lokalen und regionalen Verwurzelungen das Bewußtsein der Menschen in Europa bestimme; der Gedanke an eine kulturelle europäische Identität läge fern. Diejenigen, die so denken, übersehen jedoch, daß die im heimatlichen Umfeld als singulär empfundene kulturelle Eigenständigkeit gemeinsame Wurzeln und Traditionen hat, die sich zu einem sinnvollen Ganzen zusammenfügen und nationale oder regionale Unterschiede überdecken. Für Asiaten und Afrikaner sind Franzosen, Italiener, Dänen oder Deutsche immer auch Europäer, deren Verhalten von einem gemeinsamen kulturellen Umfeld geprägt und aus gleichen geschichtlichen Quellen gespeist wird. Dies gilt übrigens auch in umgekehrter Richtung, wie jeder Europäer, der lange außerhalb Europas gelebt hat, bestätigen kann.
Überlegungen über die Frage einer kulturellen Identität der Europäer sind keine intellektuellen Glasperlenspiele. Die gemeinsame kulturelle Identität prägt sich nicht nur in den Bildern, den Künsten oder der Literatur und Musik aus. Sie ist die eigentliche Grundlage für die Formulierung politischer Positionen der Zwölf in der internationalen Staatengemeinschaft, wenn es um Menschenrechte, um die Weltwirtschaftsordnung, um Informationsfreiheit oder um Umweltschutz geht. Kultur wird in diesem Zusammenhang nicht im engeren Sinne, sondern mit einem viel weiter gefaßten Begriff umschrieben, der die ökonomischen und materiellen Lebensgrundlagen miteinschließt. Wirtschaftsvertreter, die sich in den asiatischen Wachstumsregionen umsehen, um die Konkurrenzfähigkeit ihrer Unternehmen zu überprüfen, beschränken sich in ihren Analysen längst nicht mehr auf Rationalisierung, Managementtechniken oder Fertigungsprobleme. Eine kaum noch übersehbare Fachliteratur und die Ergebnisse von Kongressen und interdisziplinären Forschungsvorhaben zeigen, daß die internationale Wettbewerbsfähigkeit von Volkswirtschaften in überaus starkem Maße durch kulturelle und kulturspezifische Tatbestände geprägt wird.
Über die Interdependenz dieser Fragen nachzudenken, die Politik, Wirtschaft, Wissenschaft und Kultur in einen Gesamtzusammenhang stellen, ist nicht allein Aufgabe von Ökonomen und Managern. Auch die Politik wird sich viel stärker als bisher mit diesen Problemen auseinandersetzen müssen. Sie betreffen vitale Bereiche der europäischen Arbeits- und Wirtschaftskultur. Der Wettbewerb um Märkte, politischen Einfluß, um die Gestaltung der Umwelt und die Verteilung knapper Ressourcen wird global geführt. Um seinen Platz zu behaupten und seine Interessen durchzusetzen, muß Europa seine kreativen Kräfte gemeinsam mobilisieren. Die Vielfalt nationaler Kulturen ist ein wertvolles Reservoir, das verfügbar gemacht werden muß. Es schafft ausgezeichnete Voraussetzungen, um in dem transnationalen Wettstreit zu bestehen, wenn die Europäer ihre Kräfte bündeln anstatt sie in kleinlichem Abgrenzungsgerangel zu verschleißen. Die Zukunft der Europäischen Gemeinschaft, die zu einer Politischen Union werden soll, hängt keineswegs nur von Wirtschaftsleistung, großen Märkten oder technologischer In-

novationskraft ab, sondern auch davon, ob und wie es gelingt, die spezifischen Wertvorstellungen des eigenen Kulturkreises, also das, was man auch schlicht als angestammten Lebensstil und vertraute Lebensformen bezeichnen könnte, zu erhalten und zu verteidigen.
Das Vertragswerk von Maastricht hat im Art. 128 einen bescheidenen Anfang für eine gemeinsame europäische Kulturpolitik gemacht. Die Vorschrift trägt mit ihrem klaren Bekenntnis zum Prinzip der Subsidiarität der Vielfalt der europäischen Kulturen Rechnung. Sie öffnet aber gleichzeitig das Tor für eine europäische Kulturpolitik auf der Grundlage einer gemeinsamen kulturellen Identität. Das Bundesverfassungsgericht hat in seinem richtungsweisenden Urteil vom 12.10.1993 - eine Entscheidung, an der auch Gottfried Mahrenholz beteiligt war - dieses Verständnis europäischer Integration im Rahmen der vereinbarten Politischen Union bestätigt. In der Schlußpassage des Urteils stellt das Gericht fest: »Entscheidend ist, daß die demokratischen Grundlagen der Union schritthaltend mit der Integration ausgebaut werden und auch im Fortgang der Integration in den Mitgliedstaaten eine lebendige Demokratie erhalten bleibt.« Für diesen Prozeß einer zusammenführenden Entwicklung in Europa ist die kulturelle Identität seiner Bürger ein wesentliches Element, das eine demokratisch legitimierte Integration mitbegründen, mittragen und voranbringen kann. Es liegt an uns und unseren Partnern, wie wir unsere Interessen in einer wandelnden Welt wahrnehmen. Mit nationalen Alleingängen werden wir nichts erreichen. Zusammen haben wir jedoch gute Chancen, unseren Interessen als Europäer weltweit Gehör zu verschaffen.

VI.

Es mag sein, daß man anderswo im Zusammenhang mit Kunst und Kultur nicht über Geld redet. In Schwaben gilt dies jedenfalls nicht. Natürlich kostet die Auswärtige Kulturpolitik Geld. Dies zeigt ein Blick auf den Haushalt des Auswärtigen Amtes, wo sie mit etwa 1,2 Mrd. DM zu Buche schlägt. Allerdings: Die Mittel des Bundes und der Länder sind heute knapp. Die fiskalischen Bremsspuren sind überall, auch im Kulturhaushalt sichtbar. Die Verteilungsspielräume werden enger. In einer Zeit, in der von jedem einzelnen Bürger Opfer verlangt werden, kann sich die Auswärtige Kulturpolitik von diesen Entwicklungen nicht abkoppeln.
Die Aufgabe, vor der wir stehen, ist deshalb nicht einfach. Wir müssen mit weniger Geld und auf absehbare Zeit unter unsicheren finanziellen Perspektiven eine Auswärtige Kulturpolitik formulieren und finanzieren, die ihren anspruchsvollen Zielen gerecht wird. Das kann nur gelingen, wenn wir bereit sind zur Konzentration und zur Überprüfung von Gewohnheiten in allen Bereichen der Auswärtigen Kulturpolitik. Es gilt, Doppelarbeit zu vermeiden und Schwerpunkte zu setzen. Dies gilt für die Programmarbeit und Projektförderung ebenso wie für Stipendien und Stellenausstattungen. Wir wollen an dem Prinzip weltweiter kulturpolitischer

Präsenz festhalten, müssen aber nach Lage der Dinge regionale Schwerpunkte setzen. Gleichwohl gibt es Grenzen der Belastbarkeit. Es ist legitim zu fragen, ob nicht die Auswärtige Kulturpolitik als ein wichtiger Teil unserer Zukunftssicherung manchmal verkannt wird.
Sie ist von der Vertretung deutscher Interessen im Ausland nicht zu trennen. Sie braucht Kontinuität, ausreichende finanzielle Mittel, um ihre Aufgabe erfüllen zu können, für Deutschland in der Welt zu werben und Vertrauen zu gewinnen. Ohne diesen Stützpfeiler lassen sich auch keine tragfähigen wirtschaftlichen und politischen Beziehungen zu Freunden in der Welt und Nachbarn in Europa pflegen, auf die das vereinte Deutschland noch stärker angewiesen ist, als es die Bundesrepublik schon war.

VII.

Zum Schluß möchte ich mich noch einmal dem Mann und seinem Arbeitsgebiet zuwenden, dem diese Festschrift gewidmet ist. Gottfried Mahrenholz hat als Richter und Vizepräsident des Bundesverfassungsgerichts dem Grundgesetz gedient und über dessen Verwirklichung in einer sich wandelnden Gesellschaft gewacht. Das Spannungsfeld zwischen unverzichtbarer Grundsatztreue und notwendiger Veränderung gehört zu der rechtsprechenden Arbeit der Richter in Karlsruhe; Grundfragen, mit denen auch Politik und Politiker in Regierung und Parlament stets konfrontiert sind. Für die Außenpolitik gibt es ein klares Verfassungsgebot. Die Präambel des Grundgesetzes verpflichtet die Bundesrepublik Deutschland: »als gleichberechtigtes Glied in einem vereinten Europa dem Frieden der Welt zu dienen«. Diese Verpflichtung kann nur ein Staat und eine Gesellschaft erfüllen, die sich zu den kulturellen, geistigen und moralischen Werten, zu ihrer Geschichte mit ihren hellen und dunklen Kapiteln und zu ihren humanistischen Traditionen als Kulturnation in Europa bekennt und die bereit und fähig ist, ihren Nachbarn und der Welt mit Toleranz und Offenheit zu begegnen. Der Dialog zwischen den Kulturen ermöglicht das Gespräch zwischen Menschen, die sich nicht als Gegner sondern als Partner verstehen und die begreifen, daß man die großen Probleme unserer Zeit nur gemeinsam oder gar nicht lösen kann.

Gewissen und Widerstand im demokratischen Rechtsstaat
Neue Erfahrungen eines alten Konfliktes

Frank J. Hennecke

I. Die Gegenrede des Gewissens

Am Ursprung stand das Gewissen. Das vielleicht legendäre, aber historisch wirksame protestantische Urwort, die Gegenrede, daß es gefährlich und unmöglich sei, gegen das Gewissen zu handeln[1], hat sich zuallererst für Kaiser und Reich als gefährlich erwiesen und hat die politisch-religiöse Einheit des abendländischen Mittelalters zerbrochen. Der religiöse Konsens als eine der Grundlagen der politischen Ordnung war entfallen; nach einer Epoche der Religionskriege mußte sich die politische Ordnung auf eine neue Legitimationsbasis gründen. Die neue Legitimation bestand darin, daß sich politische Herrschaft aus den Bereichen des Glaubens und Gewissens gerade zurückzog, dafür aber einen äußerlichen Frieden schuf und sicherte, der als Bedingung für die freie Entfaltung individuellen Glaubens und Gewissens galt. Der Verfassungsstaat der Neuzeit hat seinen Ursprung im individuellen Gewissen. Dieser Prozeß ist vielfach beschrieben worden und kann an dieser Stelle nicht im einzelnen nochmals nachgezeichnet werden[2].
Die Entstehungsgeschichte des modernen Verfassungsstaates mit allen seinen konstituierenden Elementen - Grundrechte, Gewaltenteilung, Demokratie und Parlamentarismus, Unterscheidung von Staat und Gesellschaft, staatliches Gewaltmonopol - verdient indes gerade heute eine erhöhte Aufmerksamkeit. War es doch die Sprengkraft des Gewissens, die im individuellen und im kollektiven Widerstand wirkmächtig wurde und eine politische Ordnung zum Einsturz brachte, und ist es doch seither Aufgabe der politischen Ordnung, diese anarchische Sprengkraft ebenso zu zähmen wie die Totalität der Macht als deren dialektisches Gegenüber. Der Verfassungsstaat der Neuzeit wahrt die schwankende Balance zwischen antinomischen Kräften. Es mehren sich aber heute die Anzeichen, als ob eine desintegrierte Gesellschaft angesichts politischer, sozialer und humanökologischer Krisen Sprengkräfte hat entstehen lassen, die sich anschicken, diese Balance aus dem Gleichgewicht zu bringen. Die Urkonzession, die der moderne Verfassungsstaat um des Friedens willen gemacht hat, die Nicht-Identifikation in

1 Martin *Luther:* Rede auf dem Reichstag zu Worms 1521, in: ders.: Ausgewählte Schriften, hrsgg. von *K. Bornkamm/G. Ebeling,* Bd. 1, 1982, S. 264 ff. (269).

2 Vgl. *Böckenförde* in: Recht, Staat, Freiheit, 1991, S. 92 ff.; *Stern:* Staatsrecht, Bd. III/1, 1988, S. 64 ff.; *Zimmermann* in: Der Staat, 1991, S. 393 ff.; vgl. auch *Lecler:* Geschichte der Religionsfreiheit, 1965; neuerdings *Rüthers:* Das Ungerechte an der Gerechtigkeit, 2. Aufl. 1993, S. 49 ff.

Fragen der Weltanschauung, sein letztendlicher Relativismus, wird als der Sündenfall selbst bekämpft. Reichen die Integrationskräfte des Verfassungsstaates aus, marxistische Orthodoxie und konfessionellen Fundamentalismus, Fundamentalopposition und Totalverweigerung, Widerstand und Verzweiflung auf Rechtsgehorsam zu verpflichten und an die prinzipielle Friedenspflicht zu binden? Reichen die Integrationskräfte über ihren historischen Entstehungsgrund, die Lösung der Konflikte zwischen den christlichen Konfessionen, hinaus? Oder kommt der moderne Verfassungsstaat über das Wagnis der Freisetzung der Gesellschaft, das er um der Freiheit willen eingegangen ist[3], am Ende zu Fall? Vor über zehn Jahren schon hat *Isensee* vor der Rede vom Widerstand als der geistigen Vorbereitung des Bürgerkrieges gewarnt[4]; gilt die Warnung, vielleicht aktueller denn je, fort?

II. Die Kodifizierung des Konflikts zwischen dem individuellen Gewissen und der staatlichen Ordnung

Die vorliegende Problemskizze will diesen Fragen am Beispiel neuerer Symptome und Erfahrungen mit wenigen Überlegungen nachgehen. Eine Entfaltung und Fortentwicklung der verfassungsrechtlichen Dogmatik des Grundrechtes der Glaubens- und Gewissensfreiheit braucht jedoch an dieser Stelle nicht geleistet zu werden; hierzu darf auf den wissenschaftlichen Diskussions- und freilich auch kontroversen Meinungsstand verwiesen werden[5].

1. Die Grundposition, die der moderne Verfassungsstaat gegenüber dem individuellen Glauben und Gewissen der Menschen einnimmt, ist die Nicht-Identifikation in weltanschaulichen Fragen[6]. Der Staat ergreift in seiner gesamten Rechtsordnung für keine Weltanschauungsposition Partei und mutet daher gerade durch seine Neutralität keinem Bürger einen Gewissenszwang zu. Glauben und Gewissen und eine hieraus folgende persönliche Lebensführung stehen dem Einzelnen frei, und diese individuelle Freiheit geht in den durch die Grundrechtsordnung insgesamt freigesetzten gesellschaftlichen Prozeß ein. Was sich der Staat freilich um eben dieser Freiheit willen vorbehält, ist die Garantie des friedlichen Austragens

3 *Böckenförde,* a.a.O. (Anm. 2), S. 112.
4 *Isensee,* DÖV 1983, S. 565 ff.; vgl. auch *ders.* in: FS Eichenberger 1982, S. 23 ff.
5 Neben den einschlägigen Grundgesetzkommentaren vgl. *Bäumlin,* VVDStRL 28, 1970, S. 3 ff.; *Böckenförde,* ebd., S. 33 ff.; *Bethge:* Gewissensfreiheit, in: Handbuch des Staatsrechts der Bundesrepublik Deutschland, (Handbuch), Bd. VI, S. 435 ff.; *Herdegen:* Gewissensfreiheit und Normativität des positiven Rechts, 1989; *Bleckmann:* Staatsrecht II - Die Grundrechte, 3. Aufl. 1989, S. 617 ff.; *Pieroth/Schlink:* Grundrechte - Staatsrecht II, 9. Aufl. 1993, S. 133 ff.; *Podlech:* Das Grundrecht der Gewissensfreiheit, 1969; *Rupp:* Verfassungsprobleme der Gewissensfreiheit, NVWZ 1991, S. 1033 ff.; *Ryffel* in: FS Ule, 1987, S. 321 ff.
6 Vgl. hierzu etwa *Krüger:* Allgemeine Staatslehre, 2. Aufl. 1966, S. 178 ff.; *Podlech,* a.a.O. (Anm. 5), S. 85 ff.

des aus der Ausübung der Glaubens- und Gewissensfreiheit entstehenden gesellschaftlichen Streites und die Wahrung seiner Rechtsordnung und seines Entscheidungs-[7] und Gewaltmonopols zu eben diesem Zweck. Staatliches Gewaltmonopol und bürgerliche Friedenspflicht definieren die äußerste Grenze des weiten Raumes grundrechtlich gewährleisteter Freiheit. Man mag in dieser äußersten Grenzziehung einen letztlich verbleibenden materialen Gehalt säkularer Staatlichkeit erkennen. Der Staat steht und fällt indes mit der Einhaltung dieser Grenze.

Ob diese Grenze in der Verfassungsordnung der Bundesrepublik Deutschland durch das Konzept der »wehrhaften Demokratie« und die Interpretation der Grundrechte als »objektive Wertordnung« durch das Bundesverfassungsgericht[8] nicht doch zu sehr auf materiale, nicht mehr neutrale Gehalte zubewegt worden ist, mag hier dahinstehen, wiewohl gerade hierdurch spezifische Grundrechtskonflikte evoziert werden. Immerhin aber hat, und dies ist für das Verfassungsrecht selbstverständlich, die Neutralitätsposition des Staates eine verfassungsrechtliche, grundrechtliche Kodifikation erfahren. Artikel 4 Abs. 1 GG gewährleistet die Freiheit von Glauben und Gewissen ohne Vorbehalt des Gesetzes; umfaßt wird diese Garantie vom Schutz der Menschenwürde in Artikel 1 GG und ergänzt durch die Gewährleistung und jeweils spezifische verfassungsrechtliche Ausgestaltung der verwandten Grundrechte der ungestörten Religionsausübung in Artikel 4 Abs. 2 GG, der Meinungs- und Pressefreiheit in Artikel 5 Abs. 1 und 2 GG, der Wissenschaftsfreiheit in Artikel 5 Abs. 3 GG und der Versammlungsfreiheit in Artikel 8 GG. Die in Artikel 19 Abs. 4 GG explizit normierten und die abgeleiteten[9] Verfahrensgarantien treten hinzu. Hieraus ergibt sich insgesamt eine differenzierte Bestimmung des Verhältnisses zwischen individueller Freiheit und staatlicher Bestimmungsmacht, in dem individuellem Glauben und Gewissen freier Raum verbleibt. Dies alles ist nach positivem Verfassungsrecht, nach Grundrechtstheorie und Grundrechtsdogmatik und prinzipiell auch in der Grundrechtspraxis selbstverständlich. Es scheint, als seien dadurch, daß der Staat das Gewissen als Grundrecht in seiner Verfassung selbst kodifiziert, die Sprengkräfte gebändigt.

2. In der näheren Ausgestaltung der Rechtsordnung stellt sich freilich die Notwendigkeit heraus, gleichwohl auftretende Konfliktfälle zwischen staatlichem Normanspruch und individueller Glaubens- und Gewissensfreiheit nach den ver-

7 *C. Schmitt:* Politische Theologie, 1934, S. 20: »Der Souverän schafft und garantiert die Situation als Ganzes in ihrer Totalität. Er hat das Monopol dieser letzten Entscheidung. Darin liegt das Wesen der staatlichen Souveränität, die also richtigerweise nicht als Zwangs- oder Herrschaftsmonopol, sondern als Entscheidungsmonopol juristisch zu definieren ist . . .«

8 Vgl. *Bleckmann,* a.a.O. (Anm. 5), S. 253 ff.; *Böckenförde:* Staat, Verfassung, Demokratie, 1991, S. 115 ff. (129 f.); *Stern,* a.a.O. (Anm. 2), S. 899 ff.; *ders.:* Handbuch, Bd. V. 1992, S. 45 ff. (75 ff.).

9 Zum »Grundrechtsschutz durch Verfahren« vgl. BVerfGE 53, 30 (»Mülheim-Kärlich«); im übrigen statt aller *Denninger* in: Handbuch, Bd. V. 1992, S. 2391 ff.

fassungsrechtlichen Maßgaben zu lösen. Die Glaubens- und Gewissensfreiheit wird nicht nur als solche auf der Ebene von Artikel 4 Abs. 1 GG, sondern auch in typischen Aktionsfeldern sowohl auf spezieller verfassungsrechtlicher als auch auf gesetzlicher und untergesetzlicher Ebene kodifiziert. Der insoweit vielleicht bedeutsamste verfassungsrechtliche Tatbestand betrifft die Kriegsdienstverweigerung nach Artikel 4 Abs. 3 GG; dieser speziellen Grundrechtsverbürgung sind die Regelungen über die Wehrpflicht und den Zivildienst und eine umfangreiche gerichtliche Kasuistik gefolgt. Ebenso verbürgt die Verfassung in dem speziellen Falle der Artikel 56 Satz 2, 64 Abs. 2 GG das Recht zur Eidesleistung ohne religiösen Bekenntniszusatz; auch hier folgen die gesetzlichen Vorschriften über das gerichtliche Verfahren[10]. Dies alles ist wiederum selbstverständlich und bedarf hier keiner Vertiefung.

Im übrigen verweisen auch die besonderen verfassungsrechtlichen und gesetzlichen Regelungen zum Verhältnis von Staat und Kirche, die das geltende Staatskirchenrecht insgesamt ausmachen, auf den historischen Entstehungsgrund des Grundrechte gewährleistenden Verfassungsstaates. Auch und gerade hier hat sich ein Kanon von Regeln zur Glaubens- und Gewissensfreiheit in der geltenden Rechtsordnung herausgebildet und erhalten, der in jüngerer Zeit freilich in den nicht enden wollenden Streitigkeiten um die Kirchensteuer zunehmend in Frage gestellt wird[11].

Auch Schule und Hochschule sind, wenn auch jeweils unterschiedlich, klassische Gegenstände eines rechtlichen Kanons. Während Hochschulen in kirchlicher und theologische Fakultäten an Universitäten in staatlicher Trägerschaft nach geltendem Staatskirchen- und Hochschulrecht für Glauben und Gewissen ebensowenige aktuelle Probleme aufwerfen wie Privatschulen nach geltendem Verfassungs- und Privatschulrecht[12], hat die normative Ausgestaltung des staatlichen Schulwesens immer auch in Konfrontation mit der Glaubens- und Gewissensfreiheit gestanden. Gewiß weist Artikel 7 Abs. 1 GG dem Staate die »Schulaufsicht«, verstanden als Kompetenz zur Trägerschaft, Organisation und inhaltlichen Ausgestaltung eines öffentlichen Schulwesens, zu; doch in keinem anderen Bereich gerät eine staatliche Aufgabe mit dem Neutralitätsprinzip so sehr in einen inneren Konflikt wie in der Schule. Die normative Ausgestaltung des staatlichen Schulwesens, von seinen Zielen, seinen Inhalten bis zu seinen Organisationsformen kann von der Sache her materiale Festlegungen nicht vermeiden und steht deswegen anderen gesellschaftlichen Überzeugungen innerhalb und außerhalb der Schule gegenüber[13]. Verstärkt wird dieser Konflikt durch inhaltliche Festlegungen von Erziehungszielen

10 Vgl. §§ 66 c Abs. 2 und 3 StPO, 481 Abs. 2 und 3 ZPO.
11 Vgl. *Mangoldt/Klein/von Campenhausen:* Bonner Grundgesetz, 3. Aufl., Bd. 14, 1991, S. 190 ff.
12 Vgl. allerdings den vor kurzem ausgetragenen Streit um ein Gymnasium in kirchlicher Trägerschaft in Rottenburg: »Bürgerentscheid über ein Gymnasium«, FAZ, 7. 9. 1993, S. 4.
13 Hierzu näher *Hennecke:* Staat und Unterricht, 1972, S. 22 ff.

und Unterrichtsinhalten in den Landesverfassungen und Landesschulgesetzen, die häufig genug in dezidiert religiösen, weltanschaulichen und christlichen Vorgaben für die pädagogische Arbeit an öffentlichen Schulen bestehen[14]. Schärfe gewinnt der Konflikt in der Wirklichkeit jedoch kaum, da entweder die schulische Praxis den normativen Vorgaben ganz einfach nicht folgt, pädagogisch gesprochen, die Operationalisierung religiöser Erziehungsziele in der Unterrichtsarbeit nicht leistet, oder aber die christlich-religiöse Inhaltlichkeit von der Schulpraxis und der Rechtsprechung auf abstrakte Humanitätsideale zurückinterpretiert wird[15]. Der Streit um das Schulgebet[16] hat als weitere Problemlösung im Ergebnis die Verwandlung der vorgegebenen Norm in ein subjektives Bekenntnisrecht der an der Schule Beteiligten bereitgestellt.
Somit haben eine unangefochtene Praxis und anerkannte juristische Argumentationsmuster einen kodifizierten Kanon der praktischen Problemlösung entstehen lassen. Doch das kann nicht darüber hinwegtäuschen, daß die inneren Widersprüche fortbestehen; und das Faktum, daß förmlich geltendes Landesverfassungs- und Gesetzesrecht schlicht derogiert wird, bleibt allemal. Nicht ohne Grund hat daher die Schulrechtskommission des Deutschen Juristentages[17] seinerzeit auf normativer Ebene eine Problemlösung versucht und die staatliche Schulaufsicht über die Inhalte des Unterrichtes von einer durchgreifenden Fachaufsicht auf eine behutsame Rechtsaufsicht zurückgenommen[18]. Neuere Ansätze gehen entschieden weiter, und mit beachtlichen Gründen hat jüngst *Bärmeier* die Restriktion der bislang extensiv verstandenen Schulaufsicht nach Artikel 7 Abs. 1 GG und den Rückzug des Staates aus der Schule gefordert[19]. Es scheint, als gerate auch die bisherige Kodifikation der Verhältnisbestimmung von Staat, Glauben und Gewissen in der öffentlichen Schule ins Wanken.

3. In durchaus anderer Weise tritt die Konfliktsituation im Vollzug des geltenden Rechtes und in der unmittelbaren Ausübung öffentlicher Aufgaben auf. Während sich die Fälle, in denen bereits die staatliche Normsetzung selbst das Grund-

14 Zu den Erziehungszielen in den Landesverfassungen und Landesschulgesetzen vgl. *Hennecke,* a.a.O. (Anm. 13), S. 51 ff.; *ders.* in: Normen und Werte in der Erziehung, 1985; *Evers:* Die Befugnis des Staates zur Festlegung von Erziehungszielen, 1979.

15 Vgl. *Hennecke:* Kommentierung zu § 1 Schulgesetz, Nr. 7, in: *Fernis/Schneider,* Schulgesetz Rheinland-Pfalz, Stand: 1993.

16 Zum Streit um das Schulgebet vgl. BVerfGE 52, 223; Nachweise aus der Literatur bei *Staupe:* Schulgebet, in: Schulrecht von A-Z, 3. Aufl. 1991, S. 198 f.

17 *Ernst Gottfried Mahrenholz* war zusammen mit *Hellmut Becker* † (Anm. 47), *Hans-Ulrich Evers* † (Anm. 14), *Friedhelm Hufen* (Anm. 20), *Ingo Richter* (Anm. 47), und neben anderen auch dem Verf. und unter Assistenz von *Jürgen Staupe* (Anm. 16) Mitglied der Kommission Schulrecht des Deutschen Juristentages; vgl. *Kommission Schulrecht des Deutschen Juristentages* (Hrsg.): Schule im Rechtsstaat, Band I, Entwurf für ein Landesschulgesetz, 1980, S. 22 f.

18 *Kommission Schulrecht,* a.a.O. (Anm. 17), S. 102, 318.; hierzu *Hennecke* in: Schulrecht - Schulpraxis, 1984, S. 104 ff.

19 *Bärmeier:* Über die Legitimität staatlichen Handelns, 1992; ähnlich auch *Jach:* Schulvielfalt als Verfassungsgebot, 1991.

recht auf Glaubens- und Gewissensfreiheit inhaltlich berührt, auf die genannten Bereiche beschränken dürften, treffen öffentliche Behörden im Vollzug ihrer täglichen Aufgaben häufig auf oppositionelle, dissidente, fundamentalistische, von Gewissens- und Glaubensüberzeugungen motivierte Handlungen und Verhaltensweisen einzelner Personen oder Gruppen, die sich ihnen entgegenstellen. In all diesen Fällen stellt sich die Frage, ob und wie der Vollzug öffentlicher Aufgaben an die Gegenposition angepaßt werden kann, und diese Frage ist ernst, da immer auch entweder die Gleichheit vor dem Gesetz und damit die Geltung des Gesetzes überhaupt oder das individuelle Gewissen auf dem Spiele steht.

Die verschiedenen Erscheinungsformen des Problems, die Gegenstand bisheriger Erfahrungen waren, unterliegen einer unterschiedlichen verfassungsrechtlichen Bewertung, haben sich aber prinzipiell nach rechtsstaatlichen Maßstäben bewältigen lassen, wie dies *Hufen* in seinem grundlegenden Aufsatz über den Fundamentalismus jüngst überzeugend nachgezeichnet hat.[20]

So unterliegt es keinem verfassungsrechtlichen Zweifel, daß die Glaubens- und Gewissensfreiheit nicht dazu berechtigt, Straftaten zu begehen, und daß daher die Strafverfolgungsbehörden und Strafgerichte den Überzeugungstäter nicht vor der Strafe bewahren dürfen. Ähnliches gilt für die Durchsetzung staatlicher Fürsorgemaßnahmen in Kindschafts- und Vormundschaftssachen, denen sich kein dissidentes Gewissen der Eltern entgegenzustellen berechtigt ist.[21] Der Täter mag in all diesen Fällen als Märtyrer vor sich selbst und seinem Gott bestehen; dies ist seine Freiheit und seine Menschenwürde, die ihm verbleibt.

Sodann kann von der Befolgung solcher Rechtsnormen und Rechtspflichten, die im Hinblick auf Glauben und Gewissen an sich indifferent sind, nicht aus Gewissensgründen Dispens erteilt werden. Virulent geworden ist das Problem bei der Weigerung, Steuern und Abgaben zu zahlen, insofern die Mittel zur Finanzierung gewissenswidriger Zwecke wie Rüstung, Betrieb von Kernkraftwerken[22] oder Abtreibung verwendet werden. In ersteren beiden Fällen ist zu Recht zwischen der Sphäre des individuellen Gewissens und der Sphäre öffentlicher Verantwortung für die Verwendung öffentlicher Mittel gerade im Interesse des individuellen Gewissens - wie *Schmude* hervorgehoben hat[23] - unterschieden worden. Ob sich im letzteren, ungleich heikleren Fall diese Unterscheidung ebenfalls hätte durchhalten lassen, ist wegen der Tiefendimension des Problems und der Nähe zwischen Zahlungspflicht und verabscheuter Handlung zweifelhaft, aber jetzt auf Grund der Entscheidung des Bundesverfassungsgerichts vom 28. Mai 1993 über die Krankenkassenfinanzierung der Abtreibung gegenstandslos geworden.[24]

20 *Hufen,* Staatswissenschaften und Staatspraxis, 1992, S. 455 ff.
21 *Hufen,* a.a.O. (Anm. 20), S. 469 f.
22 Zur Verweigerung öffentlicher Abgaben aus Gewissensgründen vgl. *Herzog:* Kommentierung zu Art. 4 GG, Rdnrn. 155, 156, in: *Maunz/Dürig,* Grundgesetz, Stand: 1991.
23 *Schmude* in: FS Wassermann, 1985, S. 208 ff. (215).
24 NJW 1993, S. 1751 ff., mit abweichenden Meinungen der Richter *Böckenförde* sowie *Mahrenholz* und *Sommer.*

Im übrigen wird immer dann, wenn das geltende Recht Auslegungs- und Ermessensspielräume bereithält, dieser Spielraum zur Wahrung der grundrechtlichen Freiheit auszufüllen sein. Ist dies nicht der Fall, kann in der Tat unter bestimmten Bedingungen eine »partielle Entpflichtung« von Normgeboten in Frage kommen, wie dies *Böckenförde* im einzelnen begründet hat.[25] Dies gilt um so mehr, wenn der staatliche Normanspruch näher an den Bereich von Glauben und Gewissen herangerückt ist und einen verdichteten Lebensraum wie die Schule hergestellt hat. Gerade hier sind denn auch von der Rechtsprechung charakteristische Befreiungen mit Rücksicht auf israelitische oder islamische Glaubensgebote und Moralvorstellungen gewährt worden.[26] Im Bereich der Hochschulen hat sich der Anspruch des Gewissens von Studenten, auf Tierversuche zu verzichten, in der medizinischen und pharmazeutischen Ausbildung durchsetzen können.[27] Soweit sich die Fälle der »partiellen Entpflichtung« von geltendem Recht typisieren lassen, erlangen sie ihrerseits die Qualität eines Systemelementes der Rechtsordnung und damit Normqualität. Der ursprüngliche Systemwiderspruch fügt sich als fortgeschrittene Differenzierung in das Rechtssystem ein. Eine letztliche Offenheit für neue Konfliktfälle und Lösungen verbleibt.

4. Die aufgrund verfassungsrechtlich vorgegebener Argumentationsmuster und Entscheidungskriterien in der Rechtspraxis bisher gefundenen Problemlösungen schließen freilich, gleichsam an den Rändern, Tragik nicht aus; zu fehlsam ist auch der Staat und zu entzweit sind Individuum und Gemeinschaft. Die Lösungen beruhen indes auf der Integrationskraft des demokratischen Rechtsstaates, der von einem Grundkonsens der gesellschaftlichen Kräfte getragen wird. Die Lösungen werden jedoch brüchig, wenn die Überzeugungskraft von Politik, Gesetzgebung und Justiz nicht mehr hinreicht, die Desintegrationskräfte einer auseinandertriftenden Gesellschaft zusammenzuführen.

III. Neue Erfahrungsbereiche des Konflikts

Die »Spannung zwischen den Richtigkeitsvorstellungen des einzelnen und denjenigen, die im Namen des sozialen Ganzen vertreten und in Recht und Politik geltend gemacht werden«,[28] läßt sich naturgemäß nicht in abschließende Regelungen fassen. Diese Spannung ist ein Urproblem menschlicher Existenz. So nimmt es nicht wunder, daß gerade in Zeiten geschichtlicher Umwälzung und existentieller Krisen neue Konflikte aus dieser Spannung heraus erwachsen. Waren bisher

25 A.a.O. (Anm. 5), S. 61.

26 Nachweise aus Literatur und Rechtsprechung bei *Staupe*, a.a.O. (Anm. 16), S. 79; neuerdings auch OVG Münster, NVWZ 1992, S. 77 ff.; OVG Bremen, AZ. 1 BA 17/91, in: FAZ 23. 4. 1992, S. 12.

27 VG Frankfurt, NJW 1991, S. 768 ff.; hierzu *Brandhuber*, NJW 1991, S. 725 ff.

28 *Bäumlin*, a.a.O. (Anm. 5), S. 3.

rechtlich prinzipiell bewältigte oder anhand kodifizierter Entscheidungsmuster prinzipiell bewältigbare Konflikte Gegenstand der Betrachtung, sollen nun neuere Problemfelder in das Blickfeld treten.

1. So sei denn zunächst auf einen zeitlich bereits etwas zurückliegenden Konfliktfall aufmerksam gemacht: Eine in fester katholischer Glaubensbindung stehende Lehrerin hatte die Ablehnung des beamtenrechtlichen Diensteides mit der Begründung verweigert, daß sie dem Staate nur eine relative, bedingte Loyalität schulde; nur die göttliche Ordnung könne das Gewissen absolut binden.[29] Sieht man davon ab, daß hier der Amtseid ernster genommen wurde als er gemeint sein kann, bezeugt dieser Fall jedoch deutlich, daß die Loyalität des Christen in der Tat dem Staat gegenüber nur eine relative ist: Sie besteht nur solange, als der Geltungsanspruch staatlicher Normen göttlicher Satzung nicht widerspricht.[30] Das Christentum birgt in sich die Potenz zum Fundamentaldissens. Dies sollten weder Staat noch Kirche im befriedeten, wenn nicht gar saturierten Staatskirchensystem der Bundesrepublik vergessen. Die Grunddifferenz tritt im demokratischen Rechtsstaat freilich nicht offen zutage, da dessen verfassungsrechtlich normierte Geltungsansprüche gerade aus historischen Gründen und damit nur tatsächlich mit dem christlichen Sittengesetz nicht im Widerspruch stehen. Die Differenz ist aber latent vorhanden. Die historisch gewachsene Kongruenz der wesensverschiedenen Normordnungen tritt schnell auseinander und die Differenz wird offenbar, wenn der Willensbildungsprozeß des demokratischen Verfassungsstaates einmal normative Inhalte hervorbringen sollte, denen christliche Überzeugung entgegensteht. Die Proteste der römisch-katholischen Kirche gegen die Reform des Abtreibungstatbestandes nach § 218 Strafgesetzbuch von 1992 trugen in sich Züge einer Fundamentaloppsoition gegen den demokratischen Staat, und vielleicht hat die Entscheidung des Bundesverfassungsgerichtes zu dieser Reform die Bundesrepublik Deutschland vor einem Kirchenkampf bewahrt.

2. Insgesamt hat die Gesetzgebung zu § 218 Strafgesetzbuch und die damit verbundene politische Auseinandersetzung abgrundtiefe Gräben an Meinungsdifferenzen offenbar werden lassen. Nach der Entscheidung des Bundesverfassungsgerichts vom 28. Mai 1993[31] scheint zwar etwas Beruhigung eingetreten zu sein. Doch die jetzt gebotene Neuregelung steht noch aus. Das Bundesverfassungsgericht hat zwar mit seinem Verdikt über willkürlich als »rechtmäßig« deklarierte Eingriffe den unaufgebbaren Begriff des Rechtes gerettet und durchgehalten; doch es steht zu befürchten, daß sich für eine Neuregelung, die den Rechtsbegriff wahrt, eine demokratische Mehrheit nicht mehr finden läßt. Damit würden erst-

29 VG Freiburg (Br.), NJW 1981, S. 2829; hierzu *Behrendt:* Rechtsstaat und Christentum, 1982, Bd. 1, S. 275 ff.

30 Lukas 20, 25: »So gebt dem Kaiser, was des Kaisers ist, und Gott, was Gottes ist.«; Apostelgeschichte 5, 29: »Man muß Gott mehr gehorchen als den Menschen.«

31 A.a.O. (Anm. 24).

mals in der Geschichte der Bundesrepublik Deutschland Recht und demokratische Mehrheit unüberbrückbar auseinandertreten. Diese erschreckende Perspektive läßt für individuelles Gewissen, das sich einem transzendental rückgebundenen Rechtsbegriff verpflichtet fühlt, schwere Konflikte erwarten, in denen es von der positiven Rechtsordnung verlassen sein wird.

3. In einem anderen, klassischen Grundrechtsbereich sind, verursacht durch die deutschland- und weltpolitischen Veränderungen seit 1989, neue Problemlagen aufgetreten. Noch gilt in der Bundesrepublik Deutschland die Allgemeine Wehrpflicht, und unverändert steht das Grundrecht auf Verweigerung des Kriegsdienstes mit der Waffe im Grundgesetz. Von Anfang an hat seit der Einführung der allgemeinen Wehrpflicht und seit Gründung der Bundeswehr als deren Legitimationsgrundlage die Landesverteidigung gegolten. Die politische und potentiell militärische Gegnerschaft der kommunistischen Diktaturen in Europa hat diese Legitimation zusätzlich verstärkt und auf das Nordatlantische Verteidigungsbündnis ausgedehnt. Der Wehrdienst hat sich im Hinblick auf die kommunistische Menschenverachtung und die westliche Wertordnung sogar als im Gewissen verpflichtend begreifen lassen können. Viele Soldaten haben hieraus innerlich gelebt, und die Kirchen haben den Dienst in der Bundeswehr als sittlich vertretbar verkündet. Entsprechend hat sich ein Wehrpflichtiger in allen Verfahren der Anerkennung als Kriegsdienstverweigerer mit eben diesem Argumentationsmuster auseinandersetzen müssen.

Es blieb indessen immer unbefragt, wie Soldaten - auch solche christlicher Konfession -, die in den Staaten des früheren Warschauer Paktes, insbesondere in der damaligen Deutschen Demokratischen Republik als Angehörige der Nationalen Volksarmee, aufgrund ebenfalls geltender Allgemeiner Wehrpflicht ihren Dienst taten, diesen Dienst ihrerseits sittlich rechtfertigen konnten, wie sich überhaupt vom westlichen Standpunkt aus ein derartiger Wehrdienst als sittlich begründbar begreifen lassen konnte. Kann man für das »Reich des Bösen«[32] mit gutem Gewissen Kriegsdienst leisten?

Mit dem Zusammenbruch des Warschauer Paktes und der Herstellung der Deutschen Einheit jedoch ist das frühere Konfrontationsmodell verschwunden und hat die Landesverteidigung insofern jedenfalls an Aktualität verloren. Die Frage nach der sittlichen Rechtfertigung des Wehrdienstes in der Nationalen Volksarmee ist indes nicht obsolet geworden. Und dies um so weniger, als mit der Herstellung der Deutschen Einheit die ehemalige Nationale Volksarmee dem Oberbefehl des Bundesministers der Verteidigung unterstellt worden ist. Durch die Übernahme der Befehlsgewalt durch den Bundesminister der Verteidigung sind mit den Führungsstrukturen die politischen und militärischen Ziele der früheren Nationalen Volksarmee grundsätzlich verändert worden. Doch hat man damit auch die Solda-

32 So das berühmt-berüchtigte Wort des früheren US-Präsidenten *Ronald Reagan* über die Sowjetunion.

ten, ihre Lebensführung und ihre persönliche Überzeugung gleichermaßen grundsätzlich verändern können und dürfen? Vor welche sittliche Entscheidung wurde jetzt gestellt, wer sich als Wehrpflichtiger in der früheren Deutschen Demokratischen Republik gefügt, wer als Freiwilliger oder Berufssoldat die Ideale des Sozialismus verteidigen zu sollen geglaubt hatte? Läßt sich das Gewissen von Tausenden von Soldaten durch einen politischen Akt einfach »umdrehen«?

Es ist nicht erkennbar, daß über dieses Problem im Zuge der Herstellung der Deutschen Einheit überhaupt nachgedacht, geschweige denn politisch diskutiert worden wäre. Warum schweigen sonst so sensible politische Kräfte? Wo sind die Verteidiger des auf Menschenrechte, Freiheit und Gewissen verpflichteten Rechtsstaates? Es scheint, als nehme man hin, daß der weltgeschichtliche Prozeß über das Gewissen des Einzelnen hinweggeht.

Die veränderte weltpolitische Stellung des vereinigten Deutschlands hat zudem die internationalen Verpflichtungen in eine neue Dimension hineingeraten lassen. Der Einsatz von Soldaten der Bundeswehr sachlich außerhalb des Verteidigungsauftrages und räumlich außerhalb des NATO-Bereiches ist 1993 in Vorbereitung und bereits im Gange. Hierüber wurde in der Bundesrepublik im Sommer und Herbst 1993 eine heftige politische Auseinandersetzung geführt; eine Entscheidung des Bundesverfassungsgerichtes über die verfassungsrechtliche Zulässigkeit derartiger Bundeswehreinsätze und deren etwaige Bedingungen steht bevor. Die verfassungsrechtlichen Fragen, um die es hier geht, betreffen nicht nur die Zulässigkeit derartiger Einsätze als solche; es geht auch um die Frage, ob Wehrpflichtige zu auswärtigen Einsätzen herangezogen werden dürfen. Die Bundesregierung hat diese Frage bisher sorgfältig umgangen: Nur Freiwillige werden entsandt. Es bleibt aber offenbar ungeschieden, ob sich unter diesen Freiwilligen auch Wehrpflichtige befinden. Die ungeklärte politische und verfassungsrechtliche Situation droht die Bundeswehr in Soldaten mit unterschiedlichen Einsatzpflichten und Einsatzgefahren aufzuspalten. Bereits dies verändert die Bedingungen, unter denen sich ein Wehrpflichtiger zum Wehrdienst bereitgefunden hat. Sollte nun mit oder ohne Verfassungsänderung der auswärtige Einsatz der Bundeswehr, in der Regel sogar unter fremdem Oberbefehl, zur politischen Wirklichkeit werden, ließe sich die Allgemeine Wehrpflicht nicht mehr begründen. Deren einziger Legitimationsgrund liegt in der Landesverteidigung; der Dienstpflicht der Soldaten entspricht hier streng die Fürsorgepflicht der Bundesregierung und deren Verantwortlichkeit für den militärischen Einsatz gegenüber Parlament und Volk, das die Soldaten stellt. Alle diese Legitimationszusammenhänge zerbrechen jedoch im Falle weltweiten Einsatzes einer deutschen Wehrpflichtigenarmee unter fremdem Oberbefehl. Wird in diesem Falle nicht eine Berufsarmee gebildet und die Allgemeine Wehrpflicht abgeschafft, wird der Wehrdienst für viele junge Menschen im Gewissen nicht mehr verantwortbar und werden die Anerkennungsanträge von Kriegsdienstverweigerern ins Grenzenlose steigen. Staat und Politik werden diesen Anträgen keine Argumente mehr entgegenzusetzen haben. Ohnehin wäre die Bundesregierung bereits derzeit im Herbst 1993 vor der Entscheidung des Bundesverfassungsgerichtes über die Zulässigkeit auswärtiger Bundeswehreinsätze rechtlich und politisch hilflos, würde ein Soldat vorbringen, sein Gewissen verbiete die Teilnahme an verfassungswidrigen Militäreinsätzen.

4. Auch auf einem anderen Feld hat die Herstellung der Deutschen Einheit ein Problem entstehen lassen, das an die Wurzeln des Rechtsstaates heranreicht. Der »Zwei-plus-Vier-Vertrag«[33] und der »Vertrag zwischen der Bundesrepublik Deutschland und der Republik Polen über die Bestätigung der zwischen ihnen bestehenden Grenze« vom 14. November 1990[34] schreiben die Ostgrenze der Bundesrepublik Deutschland gegenüber Polen fest; der Einigungsvertrag verzichtet auf Restitution des in den Jahren 1945 bis 1949 in der früheren Sowjetischen Besatzungszone enteigneten Grundbesitzes[35]. In beiden Fällen wird das Eigentum, wird die Heimat der hiervon betroffenen Menschen preisgegeben. Preisgegeben in dem Sinne, daß der deutsche Staat nun auch durch förmlichen Rechtsakt sanktioniert, was zu früheren Zeiten bereits de facto geschehen ist, ohne je völkerrechtlich oder sonst anerkannt worden zu sein. Dies trifft diese Menschen zwar nicht im Gewissen, aber in ihrer Identität und in ihrer Überzeugung von dem, was Recht ist. Der Verlust von Heimat und Rechtsvertrauen rührt an den Kern der Persönlichkeit, deren Schutz auch das Grundrecht auf Gewissen dient. Nichts erträgt der Mensch schwerer als Unrecht.

Dem steht jedoch das nicht minder schwere Wort entgegen, daß die Geschichte häufig genug die Einzelschicksale erdrückt, daß die Macht der Geschichte die Ohnmacht des Rechtes herbeiführt. Indem jedoch bis zum heutigen Tage die Zweifel nicht verstummt sind, ob die Sowjetunion wirklich auf dem Verzicht auf die Restitutionen als Bedingung ihrer Zustimmung zur deutschen Wiedervereinigung bestanden[36] und die Bundesregierung das Bundesverfassungsgericht[37] nicht insoweit getäuscht hat, und indem der Vertrag mit Polen die Regelung der Vermögensverhältnisse der Vertriebenen ausklammert,[38] die Bundesregierung den Vertriebenen aber zugleich nahezu jeden diplomatischen Schutz versagt,[39]

33 Vertrag über die abschließende Regelung in bezug auf Deutschland vom 12. 9. 1990, BGBl. II S. 1317.

34 BGBl. II 1991 S. 1328.

35 Einigungsvertrag vom 31. 8. 1990, BGBl. II S. 885, mit Anlage III: Gemeinsame Erklärung 15. 6. 1990, Nr. 1.

36 Zu dieser heftig umstrittenen Frage vgl. *Madaus* (Hrsg.): Eine Dokumentation zum neuen »Entschädigungsgesetz«, 1993; *ders.* (Hrsg.): 2. Dokumentation zum neuen »Entschädigungsgesetz«, 1993; *Wasmuth,* NJW 1993, S. 2476 ff.

37 Urteil vom 23. 4. 1991, BVerfGE 84, 90.

38 Vertrag zwischen der Bundesrepublik Deutschland und der Republik Polen über gute Nachbarschaft und freundschaftliche Zusammenarbeit vom 17. 6. 1991 mit Notenwechsel, BGBl. II S. 1314 (1326).

39 Vgl. hierzu *Blumenwitz:* Das Offenhalten der Vermögensfrage in den deutsch-polnischen Beziehungen, 1992; *E. Klein:* Diplomatischer Schutz im Hinblick auf Konfiskation deutschen Vermögens durch Polen, 1992.

hält sich der Verdacht, als habe sich die Politik zu vorschnell in die Rolle der Weltgeschichte versetzt und ohne Not das Recht opportunistisch preisgegeben. Mit dem Selbstverständnis des Rechtsstaates hätte dies dann aber nichts mehr zu tun.[40]

Die Betroffenen freilich werden nicht zum Widerstand aufrufen. Sie verfallen in Resignation, deren Ende durch physischen Ablauf bereits absehbar ist.[41] Dies ist es, worauf politischer Zynismus setzt.

5. Die Probleme der Deutschen Einheit werden begleitet von einer ebenso weltpolitisch wie innergesellschaftlich wirksamen Bedrohung des Friedens und des Verfassungsstaates, die auf den Kern der Problematik grundrechtlicher Gewährleistung von Glauben und Gewissen trifft: den Fundamentalismus.[42] Als »fundamentalistisch« bezeichnet man konkret aussagbare, aber rational nicht mehr hinterfragte Glaubenspositionen, die einen absoluten Wahrheitsgehalt beanspruchen und sich den sie umgebenden Werthaltungen, Denksystemen und Lebensformen kompromißlos entgegenstellen.[43] Menschen, die derartige Positionen vertreten, fühlen sich in ihrem Gewissen gebunden, haben ihre gesamte Existenz auf ihren Glauben geworfen und sind, je nach dessen Gehalt, zum Martyrium oder zu aggressiver Militanz bereit. Gemeinsamer Grundzug aller Fundamentalismen ist die Verweigerung der Moderne, die mit der Autonomie des Einzelnen, mit kritischer Wissenschaft und säkularem Staat Wahrheit und Sitte relativiert, Lebensordnungen aufgelöst und die Menschen in Vereinzelung, Halt- und Orientierungslosigkeit gestürzt hat.

Nun ist die Anerkennung eines absoluten Gebotes und dessen bedingungslose Befolgung eine der fundamentalen Tugenden menschlicher Existenz und Wesenselement jeder Religion; dies ist es, was die Auseinandersetzung mit Fundamentalisten so ernst macht. Indes darf die Inhaltlichkeit eines Glaubens nicht beliebige Gegenstände umfassen, die der rationalen Begründung und Auseinandersetzung entzogen werden; indem jedoch Fundamentalisten prinzipiell rational zu diskutierende Sachaussagen zu prinzipiell nicht diskutierbaren Gewissenspositionen erheben, wird die Auseinandersetzung mit ihnen auch zu einem verfassungsrechtlichen Problem.

40 Zur Gerechtigkeit in der konkreten geschichtlichen Situation, insbesondere nach der Herstellung der Deutschen Einheit, vgl. *Rüthers*, a.a.O. (Anm. 2), insbes. S. 133 ff.; *Schröder*, FAZ, 1. 9. 1993, S. 30.

41 Vgl. aber als bitteres Zeugnis der Betroffenen jüngst *Thüne* in: Handbuch zur Deutschen Nation, Bd. 4, 1993, S. 259 ff.

42 Aus der umfangreichen Literatur vgl. etwa *Hemminger* (Hrsg.): Fundamentalismus in der verweltlichten Kultur, 1991; *Jäggi/Krieger*: Fundamentalismus - Ein Phänomen der Gegenwart, 1991; *Marty/Appleby* (Hrsg.): Fundamentalismus Observed, Chicago 1992; *T. Meyer* (Hrsg.): Fundamentalismus in der modernen Welt, 1989; vgl. im übrigen die zahlreichen Nachweise bei *Hufen*, a.a.O. (Anm. 20).

43 Vgl. insbesondere die treffsichere Kennzeichnung des Fundamentalismus von *Künzli* in: Meyer, a.a.O. (Anm. 42), S. 50.

Nun mag sich die Auseinandersetzung mit einigen religiösen, speziell christlichen Fundamentalismen,[44] vom Lebensbereich der Schule abgesehen, auf den sogleich zurückzukommen sein wird, auf das forum internum beschränken. Aggressiv militanten Fundamentalismen vornehmlich islamischer Prägung, die auch vor Gewalt nicht zurückschrecken und von denen die politische Diskussion des Themas überwiegend bestimmt wird,[45] kann der Verfassungsstaat jedoch nicht anders als mit Abwehr entgegentreten. Zielt doch der Angriff dieses Fundamentalismus auf die Grundlagen des friedenstiftenden, säkularisierten Verfassungsstaates selbst. Die rechtsstaatlichen Mittel zur Abwehr stehen bereit. Die Täter mögen sich als Märtyrer begreifen.

Damit sind zugleich die Gefahren und die Grenzen einer »multikulturellen Gesellschaft« bezeichnet. Kann sich der Verfassungsstaat gegenüber fundamentalistischen Desintegrationskräften multikultureller Gesellschaften aus politischen oder administrativ-technischen Gründen nicht mehr bewähren, ist er an sein Ende gekommen.

6. Vornehmlicher Begegnungsraum individueller Glaubensüberzeugungen ist die Schule. Es liegt in der Natur der Sache, daß unterschiedliche religiöse Bekenntnisse und Weltanschauungen von Lehrern, Schülern und Eltern im Lebensraum der Schule immer wieder aufeinandertreffen und zu dem prinzipiell ebenfalls nicht neutralen Erziehungsauftrag des Staates in ein Spannungsverhältnis treten. Die hieraus entstehenden Streit- und Rechtsfragen kommen nicht zur Ruhe. Gleichwohl haben sich Konfliktlösungen finden lassen, die gerade darin bestehen, die Schule zum Lebensraum werden zu lassen: Die öffentliche Schule schafft Raum für das religiöse und weltanschauliche Bekenntnis der jeweiligen Personen und Gruppen und nimmt zwar den staatlichen Erziehungsauftrag auf traditionelle und humanistische Inhalte zurück, ohne aber den Lehrern, Schülern und Eltern die Begegnung und die Auseinandersetzung mit dem jeweils Anderen zu ersparen. Die Schule wird zum Modell der pluralistischen Gesellschaft, in der jeder frei ist zum Bekenntnis, das Bekenntnis des Anderen aber ertragen muß.[46]

Nun aber ist das didaktisch-inhaltliche Programm der öffentlichen Schule auf den Stand der Fachwissenschaften und überhaupt auf das Weltbild der Moderne zurückbezogen und hiervon abhängig. Die konsequente Verwissenschaftlichung der Lehrerbildung, die Entwicklung von Fachdidaktiken und die inhaltliche und me-

44 Vgl. hierzu die Artikel »Fundamentalismus« in: Lexikon für Theologie und Kirche, Bd. 4, 1960, Sp. 451 f.; Die Religion in Geschichte und Gegenwart, Bd. 2, 3. Aufl. 1986, Sp. 1178 f.; *Spieker,* FAZ, 12. 5. 1993, S. 12.

45 Vgl. über die Nachweise in Anm. 42 hinaus *Heine* in: Politik und Zeitgeschichte - Beilage zur Wochenzeitung Das Parlament, B 33/92, S. 23 ff.; *Kepel:* Die Rache Gottes, 2. Aufl. 1991; *Riesebrodt* in: Aus Politik und Zeitgeschichte, B 33/93, S. 11 ff.; *Tibi:* Islamischer Fundamentalismus, 1992; *ders.:* Die fundamentalistische Herausforderung, 1992; *ders.:* Der islamische Fundamentalismus, in: Aus Politik und Zeitgeschichte, B 33/93, S. 3 ff.

46 Vgl. *Hennecke,* a.a.O. (Anm. 15), Nrn. 7, 12.

thodische Expansion der Erziehungswissenschaften insgesamt gelten als bis heute gesicherter Bestandteil der Schulreform der sechziger und siebziger Jahre dieses Jahrhunderts.[47] Hier nun setzen vereinzelte, aber wegen ihres prinzipiellen Dissidentismus ernst zu nehmende, spezifisch christliche Fundamentalismen an. Aus dem protestantischen Raum wenden sich »evangelikale« Bewegungen gegen die historisch-kritische Theologie und die von ihr angerichteten Verstörungen,[48] »kreationistische« Vorstellungen gegen das evolutionäre Weltbild der Naturwissenschaften,[49] biblizistische Positionen gegen die historische Wissenschaft;[50] aus dem katholischen Raum werden dem Liberalismus der Geschlechterbeziehung, aber auch der allgemeinen Säkularisierung des Lebens Fundamentalpositionen entgegengesetzt.[51]

Alle diese Auffassungen sind für die betreffenden Menschen im Gewissen verpflichtend; wollte die Schule diese Auffassungen aufbrechen, zerstörte sie personale Identität und familiäre Bezüge. Dies ließe das Verfassungsrecht nicht zu. Was Schule demgegenüber allerdings tun kann, wäre das sachliche Gespräch und vielleicht behutsame Aufklärung; was sich verbietet, wären Diskriminierung oder pädagogische Sanktionen. Nun werden freilich die Vertreter fundamentalistischer Positionen sich um so mehr bestätigt sehen, wie ihnen Argumente entgegengesetzt werden; und sie pflegen ihre Auffassungen in der Regel argumentativ und ohne Scheu zu vertreten. Sie halten die Auseinandersetzung aus und sind innerlich gegen die Verletzung ihres Gewissens gewappnet. Hierdurch wird die verfassungsrechtliche Problematik in der Praxis entschärft.[52]

Durchaus anders gelagert ist das Zusammentreffen verschiedener Kulturkreise in der öffentlichen Schule. Der hauptsächliche Fall ist die Präsenz von Schülerinnen und Schülern aus der islamischen Türkei.[53] Man darf die hier zutagetretenden Gegensätze nun aber nicht allein auf einen islamischen Fundamentalismus zurückführen, wenn der Konflikt auch fundamentalistische Elemente enthält. Was hier in die säkulare Staatsschule westlicher Industrienationen eintritt, ist die

47 Vgl. die wegbereitende Schrift von *Saul B. Robinsohn:* Bildungsreform als Revision des Curriculum, 2. Aufl. 1969, unter deren Eindruck noch die Kommission Schulrecht des Deutschen Juristentages stand (Anm. 17). Zur Bildungsreform der sechziger und siebziger Jahre vgl. *Becker/ Dahrendorf/Glotz/Maier:* Die Bildungsreform – Eine Bilanz, 1976; *von Friedeburg:* Bildungsreform in Deutschland, 1989; *Richter:* Bildungsverfassungsrecht, 1973.

48 Vgl. *Kuenzlen:* Feste Burgen, in: Aus Politik und Zeitgeschichte, B 33/92, S. 3 ff. m.w.N.

49 Vgl. als Beispiel *Junker/Scherer:* Entstehung und Geschichte der Lebewesen, 1986; zur Kontroverse vgl. *Kuenzlen,* a.a.O. (Anm. 48) m.w.N.

50 Vgl. *Whitkomb/Morris:* Die Sintflut, 20. Aufl. 1975; Bücher wie *A. Tollmann/E. Tollmann:* Und die Sintflut gab es doch, 1993, leisten freilich ihren eigenen Beitrag zur Stärkung derartiger Positionen.

31 Vgl. *Beinert* (Hrsg.): »Katholischer« Fundamentalismus – Häretische Gruppen in der Kirche?, 1991; *Ebertz:* Wider die Relativierung der heiligen Ordnung, in: Aus Politik und Zeitgeschichte, B 33/92, S. 11 ff.

52 Vgl. hierzu auch *Hennecke,* a.a.O. (Anm. 15).

53 Vgl. *Hennecke,* a.a.O. (Anm. 15) Nr. 12; *Spies,* NVwZ 1993, S. 637 ff.; *Füssel,* RdJB 1993, S. 228; *Richter,* ebd., S. 257; *Cavda,* ebd., S. 265.

Ganzheit einer traditionalen Lebensform, die noch auf einer Entwicklungsstufe vor der Aufklärung steht. Was hier in einen Gegensatz tritt, sind nicht so sehr religiös-inhaltliche oder moralische Anschauungsdifferenzen auf einem prinzipiell gleichen, abstrakten Entwicklungsniveau als vielmehr unterschiedliche Entwicklungsstufen der Gesellschaft. Diese Interferenz ist gekennzeichnet durch eine säkulare Lebensform auf der einen Seite, die Religion und Staat, Recht und Sitte, individuelles und gesellschaftliches Leben scheidet, individuelles Gewissen aus der Gesamtheit des Lebensvollzuges herausdifferenziert und gegenständlich begrenzt hat und insgesamt in derartigen »Entzweiungen« auf den verschiedenen Daseinsebenen lebt, und auf der anderen Seite durch eine sich in Glaube, Kleidung, Sitte, geschlechtsspezifischer Rollenzuweisung darbietende, ungeschiedene Ganzheit der Lebensverhältnisse. An dieser Ganzheit und ihren gesellschaftlichen Erscheinungsformen wird von den hierin lebenden Menschen in der Fremde um so »fundamentalistischer« festgehalten, als die Ausdifferenzierungen der westlichen Gesellschaft auf die Auflösung eben dieser Ganzheit, damit auf den Identitätsverlust der Gruppe und die Isolierung des Individuums zielen. Genau dies wird denn auch von den traditionell-islamischen Volksgruppen mit Grund befürchtet. Einzelne Elemente des traditionell-einheitlichen Lebensvollzugs wie das »Kopftuch« oder die Geschlechterrolle werden somit von einer einheitlichen Grundüberzeugung getragen und können daher nicht isoliert herausgebrochen, »säkularisiert« werden, ohne daß die Grundüberzeugung selbst und damit das hierin eingeschlossene Gewissen verletzt würde. Das gesamte Leben ist vom Glauben her bestimmt.

Der moderne Verfassungsstaat, der gerade die gesellschaftlichen Ausdifferenzierungen, die »Entzweiung«,[54] voraussetzt und sein gesamtes Rechtssystem einschließlich der Grundrechtsgewährleistung hierauf gründet, vermag traditional-einheitlichen Lebensformen zumal eines fremden Kulturkreises nicht mehr gleichsam rückwirkend auf gleicher Ebene zu begegnen. Eine Grundrechtsordnung, die ausdifferenzierte Grundrechtstatbestände kodifiziert und die Lebensbereiche jenseits dieser Tatbestände säkularer staatlicher Willensbildung anheimgegeben hat, kann einen traditional-ganzheitlichen Lebensvollzug nicht gleichsam zu einem »Gesamtgrundrecht« des Gewissens erheben. Der moderne Staat geht insoweit mit seiner Freiheitsgewährleistung weit über traditional-ganzheitliche Ordnungen hinaus und hinweg, bleibt freilich in gleichem Maße hinter dem Geltungsanspruch dieser Ordnungen zurück.

Der hier zutagetretende Gegensatz läßt sich weder in der sozialen Wirklichkeit noch auf verfassungsrechtlicher Ebene harmonisieren. Selbst der Topos von der »praktischen Konkordanz«[55] hilft hier nicht weiter, da praktische Konkordanz

54 *Böckenförde,* a.a.O. (Anm. 2), S. 113.
55 *Hesse:* Verfassungsrecht, 16. Aufl. 1988, S. 127 ff.

das Gegenüber gleichrangiger Grundrechte voraussetzt und gerade diese zum verfassungsrechtlichen Ausgleich bringen will. Die Praxis wird daher in Anschauung der Menschen und Situationen Einzelfallösungen finden müssen und Bedingungen einer zumindest praktischen Toleranz schaffen. Es wird nur die gesellschaftliche und geschichtliche Entwicklung selbst sein, die das Problem hoffentlich im Sinne des freiheitlichen Verfassungsstaates überwindet.

7. Weitgehend zu Unrecht werden die Friedens- und die Umweltbewegung dem Fundamentalismus zugerechnet. Gewiß haben diese Bewegungen gelegentlich fundamentalistische Züge; sogar in den Selbstkennzeichnungen der »grünen« Parteien taucht der Begriff auf.[56] Freilich treten dissidente und sich dann fundamentalistisch verengende Denk- und Verhaltensweisen immer dann auf, wenn die persönliche Leidenschaft von Personen auf ein objektiv vorhandenes Problem trifft, das zu lösen die bestehenden gesellschaftlichen und politischen Strukturen nicht imstande oder willens sind. Daß die Gefahren der Selbstzerstörung der Menschheit durch einen nuklearen Krieg oder durch die ökologische Katastrophe objektiv vorhanden sind, läßt sich nicht leugnen, und daß die Reaktion von Menschen hierauf eine außerordentliche sein kann, läßt sich gewiß vorstellen.

Die Friedens- und die Umweltbewegung haben denn auch mit der theoretischen Begründung[57] und praktischen Realisierung »zivilen Ungehorsams« und tätlichen »Widerstandes« die bislang wohl tiefste Anfechtung, wenn nicht gar Verstörung des demokratischen Verfassungsstaates herbeigeführt. Nun hat die weltpolitische Entspannung das nukleare Wettrüsten beendet und die politische Auseinandersetzung hierüber entschärft; das Thema darf daher hier dahingestellt bleiben, ohne daß die Fortdauer nuklearer Gefahren verkannt werden soll. Im übrigen haben Verfassungsrechts- und Politikwissenschaft die Themen »Widerstand im Rechtsstaat« und »Ziviler Ungehorsam« aufgegriffen und umfassend erörtert.[58] Die Diskussion ist nicht darüber hinausgekommen und konnte dies auch nicht, daß, will der Verfassungsstaat nicht sich selbst und damit die friedliche Ordnung des Zusammenlebens in der hochsensiblen Industriegesellschaft aufgeben, auch die politischen Anliegen des Umweltschutzes auf Gewaltfreiheit und die Einhaltung des

56 Vgl. hierzu *Meyer*, a.a.O. (Anm. 43), S. 263 ff. (272 f.).

57 Vgl. *Liedtke:* Widerstand ist Bürgerpflicht, 1984; gegen die Gewaltlegitimation offensiv *Schmitt Glaeser:* Private Gewalt im politischen Meinungskampf, 1990, S. 27 ff.

58 Aus der kaum mehr überschaubaren Literatur vgl. zunächst die klassisch-rechtsstaatliche Behandlung der Themen Widerstand, Rechtsgehorsam und Staatliches Gewaltmonopol von *Merten:* Rechtsstaat und Gewaltmonopol, 1975, und *H. Schneider:* Widerstand im Rechtsstaat, 1969, sowie den mehr geschichtlichen und staatstheoretischen Überblick bei *A. Kaufmann* (Hrsg.): Widerstandsrecht, 1972, und *ders.:* Vom Ungehorsam gegen die Obrigkeit, 1991; sodann, erweitert um das Thema »Ziviler Ungehorsam«, *Dreier* in: FS Scupin 1983, S. 573 ff.; *ders.* in: FS Wassermann, 1985, S. 299 ff.; *Glotz* (Hrsg.): Ziviler Ungehorsam im Rechtsstaat, 1983; *Isensee,* a.a.O. (Anm. 4); *Preuss:* Politische Verantwortung und Bürgerloyalität, 1984; *Wassermann:* Recht, Gewalt, Widerstand, 1985; vgl. auch die ausufernde Schrift von *Döbber:* Das Widerstandsphänomen und das Recht, Bd. 1, 1989.

demokratischen und rechtsstaatlichen Willensbildungsprozesses verpflichtet bleiben. Selbst die äußerste Legitimationsformel für legalen »Widerstand«, die *Dreier* aufgestellt hat,[59] fängt die letztendliche Geltung staatlicher Normsetzung noch ein.

Das Problem jedoch bleibt. Die Umweltzerstörung schreitet ungehemmt fort, in Deutschland, in Europa, weltweit. Nur mühsam, wenn überhaupt, werden Maßnahmen zur Verminderung des Ausstoßes von »Treibhausgasen« oder der das Ozon zerstörenden Substanzen getroffen; der Kollaps des Weltklimas bleibt im Bereich der Wahrscheinlichkeit. Rodung der Urwälder aller Klimazonen, die Zerstörung des Wasserhaushaltes, das in dieser Dimension erdgeschichtlich einmalige Aussterben von Tier- und Pflanzenarten, die »Plünderung der Meere«[60] und des gesamten Planeten[61] sind keine Horrorvisionen fundamentalistischer Phantasie, sondern tägliche Wirklichkeit. Die humanökologische Katastrophe, vor der der berühmt gewordene Bericht an den Club of Rome »Die Grenzen des Wachstums« 1972 noch gewarnt hat,[62] hat in weiten Teilen der Welt bereits begonnen. Die Politik weiß dies inzwischen, in den USA[63] wie in Deutschland.[64]

Nun ermesse man die Verzweiflung engagierter, rechtlich und demokratisch gesonnener Menschen, die noch nicht wie *Gruhl*[65] und andere[66] alle Hoffnung aufgegeben haben, aber erfahren müssen, daß die demokratischen und rechtsstaatlichen Prozesse der Willensbildung im Verfassungsstaat vor der ökologischen Herausforderung versagen, die sachlich notwendigen Maßnahmen nicht zum Inhalt staatlicher Politik, Gesetzgebung und Verwaltung erheben? Wie kann sich jemand, der um der Umwelt, um der Menschen, um seines Gewissens willen demokratische Verantwortung übernimmt, damit abfinden, daß Egoismus und Ignoranz, daß Profitstreben und Lobbyismus, daß Gruppeninteressen und Wahltermine den Erhalt der Lebensumwelt in der Gemeinde, im Land, im Bund verhindern? Und um das Problem fundamentalistisch zu verzerren: Wie läßt sich die Angst, die permanente Angst vor akuten oder »schleichenden« Katastrophen,[67] vor geheimen Emissionen, vor zu großzügig und damit verantwortungslos gezogenen Grenzwerten ertragen? Und wie, wenn die demokratischen Mehrheitsentscheidungen selbst

59 A.a.O. (Anm. 58, FS Wassermann).

60 *Vitzthum* (Hrsg.): Die Plünderung der Meere, 1981; die Schrift hat außer der Rezension von *R. Breuer* in: Der Staat, 1983, S. 134, in der staatswissenschaftlichen Literatur trotz des bedrängenden Themas keine Beachtung gefunden.

61 *Gruhl:* Ein Planet wird geplündert, 1980.

62 *Meadows/Meadows/Zahn/Millig:* Die Grenzen des Wachstums, 1973.

63 Vgl. die gezielt für die amerikanische Politik bestimmten Berichte *Global 2000* – Der Bericht an den Präsidenten, 1980, und *Al Gore:* Wege zum Gleichgewicht, 1992.

64 Vgl. BTDrs. 11/1568; *Biedenkopf:* Zeitsignale, 2. Aufl. 1989, S. 94 ff.; *Lafontaine:* Der andere Fortschritt, 2. Aufl. 1985; *Meyer-Abich:* Wege zum Frieden mit der Natur, 1984.

65 *Gruhl:* Himmelfahrt ins Nichts, 3. Aufl. 1992.

66 *Ditfurth:* So laßt uns denn ein Apfelbäumchen pflanzen, 1985; *Fuller:* Das Ende, 1993; wohl auch *S. Breuer:* Die Gesellschaft des Verschwindens, 1992.

67 *Böhret:* Folgen, 1990.

das ökologische Gebot verfehlen, ein Legitimationsverlust der demokratischen Mehrheitsentscheidungen eintritt?[68]
In einer solchen Situation, in die man sich subjektiv hineingestoßen sieht, fällt es schwer, dem Recht zu gehorchen und den Frieden zu wahren. Die reale Gefahr ökologischer Katastrophen setzt Verzweiflungspotentiale des Widerstandes frei.

IV. Die Antwort des demokratischen Rechtsstaates

1. Dieses Potential ist ernst zu nehmen. Es birgt in sich die Kraft, den Verfassungsstaat zu zerstören. Die Zerstörung muß nicht sogleich Bürgerkrieg bedeuten, zu dem eine permissive und hedonistische Wohlstandsgesellschaft auch wenig geneigt sein dürfte. Aber bereits eine Auflösung der Einheit staatlicher Willensbildung in eine Polykratie dezentraler Mächte und autonomer Gruppen wäre das Ende der Grundrechtsgewährleistung, von Recht und Demokratie. Die Antwort, die der Verfassungsstaat auf die Sprengkräfte gibt, kann daher immer nur dieselbe ein: Der Verweis auf die Verfahren der demokratischen Willensbildung, auf Meinungs- und Pressefreiheit, auf Diskurs und Demonstration, auf Parteiarbeit und Bürgerinitiativen, auf Wahlkampf und Abstimmung, auf parlamentarische Debatte und Opposition, auf Bürgerbeteiligung und gerichtlichen Rechtsschutz und nach allem aber auf Rechtsgehorsam und Gewaltverzicht. Der Verfassungsstaat kann den Rechtsbruch nicht zum Systemelement seiner selbst erheben.
2. Doch die Gegenwehr des Verfassungsstaates, des demokratischen Rechtsstaates ist letztlich formal: Der Geltungsanspruch des Rechtes als des verbindlichen Gehaltes von Politik beruht allein auf dem Begriff des Rechtes und hängt vom Gehalt eben dieser Politik nicht ab. Die Durchsetzungskraft des formalen, rechtsstaatlichen Geltungsanspruches schwindet jedoch in dem Maße, wie die Qualität der sich hierin verbindlich ausdrückenden Politik sinkt: Treten die Legalität des formalen Rechtes und die Legitimität der politischen Inhalte unerträglich auseinander, ist die Rechtsordnung und mit ihr der Rechtsstaat insgesamt in Gefahr. Legitimation wächst der Rechtsordnung in diesem Falle nur von der Politik her wieder zu. Es bleibt damit Aufgabe der Politik, die ökologische Herausforderung, wie auch jede neue Problemlage, in der es um die existentiellen Belange der Menschen geht, qualifiziert aufzunehmen. Qualifizierung von Politik, und dies heißt, zum wievielten Male und immer wieder neu: Sensibilität gegenüber Problemen, Bereitschaft zum Verständnis für die Lage und die Interessen der Menschen,

68 Vgl. zu diesem Legitimationsverlust und dem Zweifel am Mehrheitsprinzip *Guggenberger/Offe* (Hrsg.): An den Grenzen der Mehrheitsdemokratie, 1984; *Hattenhauer/Kaltefleiter* (Hrsg.): Mehrheitsprinzip, Konsens und Verfassung, 1986; *Kielmannsegg:* Das Experiment der Freiheit 1988, S. 97 ff.; *Oberreuter* (Hrsg.): Wahrheit statt Mehrheit? 1986; *Preuss,* a.a.O. (Anm. 58); *Schmitt Glaeser,* a.a.O. (Anm. 57), S. 181 ff.

Dialog und Transparenz, langfristige Perspektive und Konzeption, Sachkenntnis, Mut zur Wahrheit, Entscheidungsfähigkeit und Führungskraft.[69] Die Alternative zu schlechter Politik ist nicht Verweigerung und Widerstand, sondern gute Politik.

Zu den ökologischen Problemlagen hingewendet, bedeutet dies die stärkere Gewichtung und konsequente Vertretung der Umweltbelange in den öffentlichen Planungen, Vermehrung des Dialoges mit den Umweltverbänden, Verstärkung der umweltwissenschaftlichen Forschung und Lehre an den Hochschulen, Einführung der Umwelterziehung in das Programm der öffentlichen Schulen, Überzeugungsarbeit gegenüber den Wirtschaftsverbänden und Tarifpartnern, internationale Initiativen, konsequente Gesetzgebung wie überhaupt eine »Ökologisierung« des Rechtes[70] und rechtmäßiger Verwaltungsvollzug mit sensiblem, auf Konfliktsteuerung zielendem Verfahrensmanagement.[71] Verzichtet werden sollte indes auf eine Staatszielbestimmung »Umweltschutz«,[72] die nicht auf einmal wie ein Wunder bewirkt, was man bisher schon nicht wollte, die aber angesichts der politischen Konstellationen zur Folge hat, daß die Verfassungsnorm mit utopischen Inhalten interpretativ aufgefüllt und dann einer kläglichen Verfassungswirklichkeit[73] entgegengehalten wird, die man dann dem jeweiligen politischen Gegner vorwirft, den man ja jetzt leicht der Verfassungsferne zeihen kann. Die Legalität des Gesetzes wird gegen die Legitimität der Verfassung ausgespielt; der Legalität der parlamentarischen und damit selbstverständlich mehrheitlichen und demokratischen Rechtsetzung wird der Boden entzogen.[74] Die verfassungsrechtliche Staatszielbestimmung stellt die Argumentationsmuster des Unfriedens bereit. Dies stärkt nicht, dies schwächt den Verfassungsstaat. Das Bundesverfassungsge-

69 Die Auseinandersetzung um Politik- und Parteienverdrossenheit soll hier nicht ein weiteres Mal aufgegriffen werden; zur Problemlage vgl. etwa neuerdings *Böhme:* Je mehr wir haben, desto mehr haben wir zu wenig, 1993; zu weiterführenden Denkansätzen jüngst *Wehner:* Der Staat auf Bewährung, 1993; *ders.:* Die Katastrophen der Demokratie, 1992.

70 Vgl. die Ansätze bei *Kloepfer:* Zur Rechtsumbildung durch Umweltschutz, 1990; sodann weiterführend *Murswiek:* Hoffen auf die große Krise, FAZ, 26. 10. 1992, S. 38; noch nicht ganz überzeugend der ausgreifende Versuch von *Bosselmann:* Im Namen der Natur, 1992; vgl. auch den Bericht über eine bemerkenswerte Diskussion in Frankreich von *Hanimann:* Rätselhafte Öko-Philosophie - Globalprovinz, FAZ, 25. 8. 1993, S. N 5.

71 Vgl. die differenzierten Vorschläge von *Würtemberger:* Akzeptanz durch Verwaltungsverfahren, NJW 1991, S. 257 ff.

72 Vgl. hierzu die aktuelle Verfassungsdiskussion und aus der Literatur *Bericht der Sachverständigenkommission,* 1983, S. 130 ff.; *Bock:* Umweltschutz im Spiegel von Verfassungsrecht und Verfassungspolitik, 1990, S. 195 ff.; *H. H. Klein,* DVBl. 1991, S. 729 ff.; *Müller-Bromley:* Staatszielbestimmung Umweltschutz im Grundgesetz?, 1990; *Sommermann,* DVBl. 1991, S. 34 ff.; *Steiger:* Mensch und Umwelt, 1975.

73 Vgl. zu diesem »deutschen Problem« *Hennis:* Die mißverstandene Demokratie, 1973, S. 53 ff.

74 Zu der Grundlegung und den Konsequenzen dieser Aufspaltung vgl. *C. Schmitt:* Legalität und Legitimität, 1932; hierzu *Hofmann:* Legitimität gegen Legalität, 2. Aufl. 1992; zur Legitimitätsdiskussion vgl. aus jüngerer Zeit *Gusy:* Legitimität im demokratischen Pluralismus, 1987; *Schmitt Glaeser,* a.a.O. (Anm. 57) S. 109 ff.

richt, dem erneut Kompetenz zuwächst,[75] wird den Frieden nicht herstellen können.
Insgesamt wird sich mit einer inhaltlich qualifizierten Umweltgesetzgebung und Umweltverwaltung das staatliche Gewaltmonopol und der Anspruch auf Gesetzesgehorsam um so überzeugender auch gegenüber ökologischem Dissidentismus durchsetzen lassen. Der Staat kann allerdings Gesetzesgehorsam und Gewaltmonopol nur unter der zusätzlichen Bedingung gültig beanspruchen, daß er auch im Tatsächlichen in der Lage ist, den Anspruch sowohl rechtmäßig als auch technisch-administrativ durchzusetzen. Der staatliche Gesetzesvollzug muß seinen eigenen Begriff erfüllen; die öffentliche Verwaltung muß über die sachlichen und personellen Ressourcen verfügen können, die sie zur Erfüllung ihres Auftrages braucht. Die zahllosen rechtlichen und administrativ-technischen Fehlgriffe der vergangenen Jahre, von denen nahezu jede größere polizeiliche Aktion oder Verwaltungsentscheidung gekennzeichnet war, haben in erschreckender Weise die Defizite staatlicher Vollzugsfähigkeit offengelegt. Es kommen Zweifel auf, ob die öffentlichen Haushaltsmittel bisher richtig alloziert und die politischen und administrativen Führungsstrukturen sachgerecht gefügt waren. Es erweist sich hieran die elementare rechtsstaatliche Bedeutung öffentlicher Personalpolitik und Personalrekrutierung und entsprechender Mittelbereitstellung. Die Herstellung der Handlungsfähigkeit öffentlicher Verwaltung, die Sicherung der staatlichen Grundfunktionen insgesamt, ist gerade angesichts gegenwärtiger Restriktionen der öffentlichen Haushalte das Gebot der Stunde und nichts weniger als die Bedingung des Rechtsstaates.
3. Auch wenn es gelingt, die ökologische Herausforderung der Zeit ihrem Gewichte entsprechend in die Politik, in Gesetzgebung und Verwaltung aufzunehmen, werden die Spannungen zwar abnehmen, werden die Sprengkräfte gebunden, doch werden gleichsam an den Rändern Ausgrenzungen unvermeidlich bleiben. Auch der demokratische Rechtsstaat ist Staat. Die Festlegung äußerster Grenzen für die Wahrung seiner Einheit und seiner Identität gehört zu seinem Begriff. Wer mit Widerstand diese Grenze überschreitet, darf zwar bei den ihn treffenden Sanktionen den Schutz rechtsstaatlicher Verfahrensgarantien, nicht jedoch die Legalisierung seines Verhaltens erwarten. Ihm bleibt als Revolutionär oder Märtyrer die Hoffnung, daß die Rechtsordnung dermaleinst sein Anliegen aufnimmt. Der Verfassungsstaat kann sich seiner selbst zwar nicht entäußern; doch auch er unterliegt den Umbrüchen der Geschichte. Staat und Widerstand sind jeher komplementär.[76] Der Ursprung des Widerstandes aber ist das Gewissen.

75 Ganz im Sinne einer Verfassung, die »die Arbeit des Gesetzgebers mitdenkt« und die Entscheidungsmacht der Verfassungsgerichtsbarkeit stärkt, neuerdings wieder *Häberle:* Rechtsvergleichung im Kraftfeld des Verfassungsstaates, 1992; vgl. zu der sich hieraus ergebenden Problematik jedoch eindringlich *Böckenförde* in: Der Staat, 1990, S. 1 ff.

76 *Verf.* hat dies bereits zu einem früheren Zeitpunkt so formuliert; vgl. *Hennecke:* Umweltpolitik – Wirkungsfelder und Handlungsformen, 1992, S. 28.

Leibniz und das Bücherwesen seiner Zeit*

Wilhelm Totok

Ein kennzeichnendes Merkmal der Persönlichkeit von Gottfried Wilhelm Leibniz (1646-1716) ist die Verbindung seiner bewundernswerten vielseitigen theoretischen Fähigkeiten mit dem gleichzeitigen Bestreben, das in der Theorie erkannte der Praxis dienstbar zu machen. Er war nicht nur genialer Philosoph, Wissenschaftler und Gelehrter, sondern zugleich auch praktizierender Jurist, Diplomat, Politiker und Wissenschaftsorganisator. Er hatte das Bedürfnis, in das Geschehen der Zeit gestaltend einzugreifen und war als Jurist, Historiker und politischer Berater mit der komplizierten Verfassungsstruktur des Heiligen Römischen Reiches Deutscher Nation gründlich vertraut. Zwar hat er seine juristischen und diplomatischen Fähigkeiten und Kenntnisse in den Dienst mancher Fürsten gestellt, aber rückblickend glaubt er in einem Brief an den Zaren Peter doch feststellen zu müssen: »Ob ich nun wohl oft in publiquen affairen auch Justizwesen gebraucht worden und bißweilen von großen Fürsten darinn consultiret werde, so halte ich doch die Künste und Wissenschaften für höher, weil dadurch die Ehre Gottes und das Beste des ganzen menschlichen Geschlechts beständig befördert wird, denn in den Wissenschaften und Erkenntnissen der Natur und Kunst erzeigen sich vornehmlich die Wunder Gottes, seine Macht, seine Weisheit und Güte; und die Künste und Wissenschaften sind auch der rechte Schatz des menschlichen Geschlechts, dadurch die Kunst mächtig wird über die Natur und dadurch die wohlgefasseten Völker von den Barbaren unterschieden werden. Derowegen habe ich von Jugend auf die Wissenschaft geliebet und betrieben . . .«[1].

In allen seinen Plänen und Bemühungen zur Förderung der Künste und Wissenschaften nimmt das Buch eine hervorragende Stelle ein. Das Buch als Träger, Bewahrer und Verbreiter des Wissens, als Informationsquelle, als Mittel der Erziehung und Bildung, zugleich aber auch als mögliches Instrument zur Stiftung von Unfrieden und moralischer Zersetzung. Es kann daher nicht verwundern, daß Leibniz der Organisation des Bücherwesens seiner Zeit nicht nur ein genuines Interesse entgegenbrachte, sondern auch Zeit seines Lebens in unterschiedlichster Form kritisch und fördernd organisatorische Vorschläge zu seiner Gestaltung und Reform machte.

* Vollständige Nachweise der Quellen und Literatur, die nachfolgend nur abgekürzt zitiert werden, befinden sich am Ende des Beitrages.

1 *Leibniz.* Oeuvres. Foucher de Careil, T. 7, S. 510.

Unter dem Begriff Bücherwesen[2] war Anfang des 17. Jahrhunderts all das zusammengefaßt, was mit dem Herstellen und Vertreiben von Druckschriften zusammenhing: das Schreiben von Büchern und anderen Schriften, der Buchdruck, der Buchhandel, die Aufsicht darüber - insbesondere die Zensur - und die Erteilung von Privilegien für den Druck und den Handel mit Druckschriften. Dazu gehört auch die Vorzensur, die Prüfung von Schriften vor der Drucklegung sowie die Nachzensur, d. i. die Kontrolle bereits gedruckter und im Handel erhältlicher Schriften. Im Zusammenhang mit der Aufteilung des Reiches in Territorien und der damit verbundenen Aufspaltung von Rechten zwischen Kaiser und Landesherren stand das Recht und die Pflicht, eine Vorzensur über sämtliche in den Druck gehenden Schriften auszuüben, den Landesherren zu. In der Regel wurden in den sog. weltlichen Territorien einzelne Personen oder auch Kollegien mit der Wahrnehmung der Zensur beauftragt, wobei eine wichtige Rolle die Universitätsfakultäten spielten. In dem Nürnberger Reichsabschied von 1527 wurde den Reichsständen zum ersten Mal die Pflicht auferlegt, die auf ihrem Territorium tätigen Druckereien zu beaufsichtigen. Eine Verschärfung brachte der Reichsabschied von Speyer (1529), wonach alle Winkeldruckereien ab sofort abgeschafft werden sollten. Druckereien durften nur noch in den Reichsstädten und in solchen Orten unterhalten werden, in denen ein Fürst residierte oder in denen es eine Universität gab. Die Reichspolizeiordnung von 1577 sah vor, daß die kaiserlichen Organe direkt eingreifen und Bücher konfiszieren konnten, wenn sie der Meinung waren, daß ein Verstoß gegen Reichsgesetze vorlag. Dieses Aufsichtsrecht wurde von der in Wien residierenden Behörde des Reichshofrates wahrgenommen, sowie von der Frankfurter Bücherkommission und ihren Fiskalen. Die Einflußmöglichkeit des Kaisers auf dem Gebiet des Bücher- und Pressewesens beruhte auf dem kaiserlichen Bücherregal, das dem Kaiser das Recht verlieh, die Oberaufsicht im gesamten Reich auszuüben. Das Bücherregal verlieh dem Kaiser auch das Recht, Druckprivilegien (privilegia impressoria) zu erteilen, durch die es verboten wurde, ein geschütztes Werk nachzudrucken. Das kaiserliche Privileg wurde für einen Zeitraum von 30 Jahren erteilt und hatte Geltung für das ganze Reich. »Erteilungsbehörde« für Anträge auf Urheberschutz war der Wiener Reichshofrat. Wirksam wurde das privilegium impressorium erst dann, wenn die kaiserliche Bücherkommission in Frankfurt offiziell davon Kenntnis erlangt hatte. Dem Begünstigten wurde zur Auflage gemacht, eine festgelegte Anzahl von Exemplaren beim Reichshofrat abzuliefern. Neben dem Kaiser konnten eine Reihe von Landesherren privilegia impressoria erteilen, die jedoch den Schutz nur innerhalb der Grenzen des Territoriums gewährten. Die kaiserliche Bücherkommission in Frankfurt a. M., die zunächst eine reine Messekommission war, hatte die Funktion, auf den

2 In dem folgenden Abschnitt folge ich den Ausführungen von *U. Eisenhardt,* Die kaiserliche Aufsicht, S. 3 ff., die hier wiedergegeben werden, um die Situation im Bücherwesen zu verdeutlichen, die Leibniz zu seiner Zeit vorfand.

Frankfurter Buchmessen eine Art Messepolizei auszuüben. Seit 1596 wurde sie eine ständige Einrichtung mit der Aufgabe, darauf zu achten, daß die reichsgesetzlichen Bestimmungen eingehalten werden. Die Kommissare nahmen während der Messen »Visitationen« vor, und waren befugt, sich von den Buchhändlern eine Liste der bei ihnen zum Verkauf kommenden Schriften vorzeigen zu lassen. Ihre Kontrolle konnten sie mit Hilfe der »Meßkataloge« durchführen, in denen die Titel von Neuerscheinungen angezeigt wurden. Auf Weisung des Reichshofrates stellten die Kommissare auch regelmäßig Verzeichnisse verbotener und verdächtiger Bücher zusammen und sandten sie diesem zu. Die Tatsache, daß die Bücherkommission ausschließlich mit Katholiken besetzt war, die ihrer Kirche streng ergeben waren, hat immer wieder Anlaß zu schweren Auseinandersetzungen gegeben.

Das Schwergewicht bei der Überwachung des Schrifttums lag bis in die zweite Hälfte des 18. Jahrhunderts hinein auf der Kontrolle von Schriften religiösen Inhalts. Die Emotionen im religiösen Bereich führten nach der Spaltung der Konfessionen zur Entstehung von zahlreichen Hetzschriften und Pamphleten übelster Art, die den Religionsfrieden bedrohten. Der Reichsabschied von Nürnberg (1524) enthielt daher einen energischen Appell, die Flut von Schmähschriften einzustellen, und seit dem Reichstag von Augsburg (1570) wurde die Bücherzensur unter polizeiliche Aufsicht gestellt[3]. Auch die Wahlkapitulationen enthielten Vorschriften über das Bücher- und Pressewesen, in denen festgelegt wurde, daß Autoren, Buchdrucker und Händler, die Bücher erstellten, die geeignet waren, »Unruhe, Mißtrauen und Zank im Reich« anzustiften, gebührend zu bestrafen seien. Auch wissenschaftliche Werke mußten vor dem Druck der Zensur vorgelegt werden. Diesen Maßnahmen lag im 16. u. 17. Jahrhundert die Auffassung zugrunde, daß es eine Aufgabe des Staates sei, durch besondere Vorschriften, die auch weitgehend in das bürgerliche Leben eingriffen, für Recht und Ordnung zu sorgen. Er rechtfertigte dies mit dem Hinweis auf die Unvernunft des gemeinen Mannes, der nicht in der Lage sei, ohne obrigkeitliche Verbote Zucht und Ordnung zu wahren. Auch das wirtschaftliche Leben wurde von oben her reglementiert[4]. Nach dem Vorbild Frankreichs unter Finanzminister Colbert betrieben auch in Deutschland immer mehr absolutistisch herrschende Regenten, von vormerkantilistischen Vorstellungen geprägt, eine Wirtschaftspolitik, die auf Bereicherung des jeweiligen Landes zielte, die die Warenausfuhr zu steigern und ihre Einfuhr möglichst gering zu halten versuchte. Diese Theorien fanden in Deutschland in Johann J. Becher (1635-1687) ihren einflußreichsten Vertreter. Leibniz griff viele Anregungen Bechers auf, die in seinen eigenen wirtschafts- und handelspolitischen Überlegungen ihren Niederschlag fanden[5].

3 *U. Otto,* Die literarische Zensur, S. 33; *F. Schneider,* Pressefreiheit, S. 41 ff.
4 *F. Hartung,* Deutsche Verfassungsgeschichte, S. 66.
5 *A. Stein-Karnbach,* G. W. Leibniz und der Buchhandel, Sp. 1243.

Leibnizens ersten Versuch, reformierend in die Probleme des Buchhandels und der Informationsvermittlung einzugreifen, bildete sein Plan zur Herausgabe eines Nucleus librarius semestralis, einer halbjährlich erscheinenden Rezensionszeitschrift. Nachdem es nämlich der mit Auszeichnung zum Doctor juris utriusque promovierte junge Gelehrte abgelehnt hatte, eine ihm angebotene Professur an der Universität Altdorf bei Nürnberg anzunehmen, begab er sich nach einem kurzen Zwischenaufenthalt in Nürnberg nach Mainz, wahrscheinlich angezogen durch die Persönlichkeit des dort regierenden Kurfürsten Johann Philipp von Schönborn, eines auch mathematisch und physikalisch interessierten Mannes, Erzkanzler des Reiches, bei dem er ein offenes Ohr für die von ihm geplante Justizreform zu finden hoffte. Seine darauf bezüglichen Gedanken hatte Leibniz in einer schnell hingeworfenen Schrift *Methodus nova discendae docendaeque jurisprudentiae* niedergelegt, die er dem Kurfürsten widmete. Daraufhin wurde er gegen eine wöchentliche Vergütung dem Hofrat Hermann Andreas Lasser, der eine vereinfachte Fassung des corpus juris erstellen sollte, als Hilfe zugeordnet. Neben dieser Tätigkeit war er als Sekretär, Bibliothekar und Ratgeber bei Johann Christian von Boineburg beschäftigt, einem Staatsmann und Diplomaten mit gelehrten Neigungen. Dieser hatte die Begabung des jungen Leibniz sehr bald erkannt und ihn auf verschiedene Weise zu fördern versucht. Da das Tätigkeitsgebiet von Leibniz in Mainz zwar vielseitig und interessant aber keineswegs finanziell gesichert war, entwickelte er Pläne zu einem Projekt, mit dem er hoffte, sowohl seine persönliche Stellung zu festigen, als auch der Wissenschaft einen wichtigen Dienst zu erweisen.

Leibniz, der von einem unstillbaren Informationsbedürfnis erfüllt war, verfolgte die Neuerscheinungen auf den verschiedensten Gebieten der Wissenschaft mit großem Interesse. Sowohl die lückenhafte Berichterstattung der Meßkataloge, als auch der Wunsch nach einer gründlicheren inhaltlichen Information über die Neuerscheinungen, ließen in ihm den Plan entstehen, nach dem Vorbild des französischen *Journal des Sçavants* ein Rezensionsorgan für Deutschland zu schaffen. Er richtete am 22. Oktober 1668 eine Eingabe an den Kaiser, in der er um Gewährung eines Privilegs für eine solche, halbjährlich jeweils zu den Buchmessen erscheinende Publikation bittet. Sein Gesuch leitet er mit dem Hinweis ein, daß auf der Frankfurter Oster- und Herbstmesse eine so große Anzahl von Büchern erscheine, daß man nicht mehr wisse, was davon brauchbar sei, und wo man ein Buch suchen solle. Es genüge nämlich nicht, daß man die Namen der Autoren und die Titel aufführe, welche letztere überdies oft so kurz und nicht selten »verblümt«, bisweilen »hochtrabend« wiedergegeben würden, daß man daraus den Zweck des Werkes nicht erkennen könne. Da man indessen den Autoren das Schreiben nicht verbieten könne, so müsse man, um unwiederbringlichen Schaden zu vermeiden, von allen auf der Frankfurter Messe herauskommenden Büchern ein »Protocoll oder Inventarium« anfertigen, in dem der Kern, Inhalt, das Fachgebiet mit beigefügten »Bemerkungen« angegeben werden solle. Der Nutzen eines

solchen Nucleus Librarius semestralis würde in folgendem bestehen: Güte und Wert des besprochenen Werkes würden ohne Mühe und Nachschlagen bekannt, den Buchhändlern würden gute Bücher nicht liegen bleiben, der Käufer würde nicht enttäuscht werden. Wer indessen nicht die Mittel besitze, um Bücher zu kaufen oder wegen der großen Entfernung seines Wohnortes keine Möglichkeit zur direkten Einsicht in die Bücher habe, könne auf Grund eines solchen Auszuges hinreichende Kenntnis über den Inhalt eines Werkes erhalten. Dies seien die Gründe, so schreibt Leibniz weiter, die ihn bewogen hätten, ein solch nützliches und zugleich mühsames Unternehmen in Angriff zu nehmen, es auf der Frankfurter Messe drucken zu lassen, damit es auf der kurz darauf folgenden Leipziger Messe verbreitet werden könne. Voraussetzung für die Bearbeitung sei die Gewährung eines Privilegs, wodurch der Nachdruck im Reich und in den kaiserlichen Erblanden verboten würde. Außerdem müsse verfügt werden, daß dem Verfasser des Nucleus ein Exemplar von jedem neu erschienenen Werk kostenlos zur Verfügung gestellt würde. Der Umfang eines jeden Bandes sollte ein »Alphabet«, (also 23 Bogen, das sind etwa 350 Seiten) betragen.
Dieser in deutsch verfaßten ersten Denkschrift fügte Leibniz eine Beilage in lateinischer Sprache mit der Überschrift De scopo et usu Nuclei Librarii Semestralis (Über den Zweck und Nutzen eines halbjährlichen Bücherkerns) bei. Darin greift er in seiner Begründung etwas weiter aus, indem er auf den Patriarchen Photios von Konstaniopel (geb. um 820) verweist, der aus vielen Büchern, die im Tempel der Sophia vorhanden waren, Auszüge und Inhaltsangaben hinterlassen habe, während die Bücher selbst bei der Eroberung durch die Türken vollständig vernichtet worden seien. Zwar habe das französische Journal des Sçavans in jüngster Zeit eine ähnliche Aufgabe übernommen (die erste Nummer war am 5. Januar 1665 erschienen), doch würde diese Publikation nur wenige Bücher anzeigen und käme nur mit Verzögerung nach Deutschland. Warum solle man sich vom Ausland abhängig machen, da auf der Frankfurter Messe die meisten europäischen Bücher zusammenströmen, und man so die Möglichkeit habe, etwas weit Größeres als das Ausland zu bieten. Er geht noch näher auf den Nutzen ein, den ein solches Werk bieten könnte: Die Buchhändler könnten, sofern sie ihren Wohnsitz anderwärts hätten, diesen Bücherkern mit nach Hause nehmen und an ihre Freunde, Bekannten und Kunden verschicken. Auf diese Weise würde erreicht, daß jedermann sofort zu erkennen vermag, welches Buch für ihn geeignet sei. Ärger und Enttäuschungen, unnötige Ausgaben würden sowohl dem Buchhändler als auch dem Käufer erspart bleiben. Nicht jeder habe überdies die Zeit, ein Buch vollständig zu lesen. Hocherwünscht würde diese Publikation auch jenen sein, die, ohne ein Buch zu lesen, die Kenntnis von dessen Inhalt für Gespräche, für geschichtliche Betrachtungen oder für das praktische Leben nutzen würden. Für diejenigen indessen, die ein Buch lesen, würde der Auszug die Funktion einer Gedächtnisstütze übernehmen, sei es daß sie dadurch die Grundgedanken eines Werkes leichter behalten können, sei es, daß sie daraus mit geringer Mühe Ge-

meinplätze gewinnen. Aber noch eine weitergehende Funktion sollte der Nucleus erfüllen: Es sollten auch Zusammenfassungen bedeutender, schon früher erschienener Bücher angeschlossen werden, woraus nach und nach eine vollständige Geschichte der literarischen Erscheinungen in zeitlicher Reihenfolge, sowie ein lükkenloses Register der behandelten Stoffe in alphabetischer Reihenfolge erstellt werden könne. Auf diese Weise würde ein Inventar des in Büchern niedergelegten menschlichen Wissens entstehen, so wie es Francis Bacon bereits gefordert habe. Auch würde man durch diesen Kern der Neuerscheinungen zuverlässig erfahren, welche Bücher tatsächlich auf den Markt gekommen sind, während die üblichen Kataloge oft Bücher anzeigen, die nicht erschienen sind, oder deren Erscheinen gar nicht zu erwarten ist. Auch sei es im Interesse des Staates, daß auf jeder Messe ein Berichterstatter zugegen sei, der gewissenhaft über die Veröffentlichungen berichtet und auf »diese Weise Sorge trägt, daß Bücher, die gegen die Kirche, gegen den Staat oder gegen die guten Sitten verstoßen, nicht etwa zum allgemeinen Schaden für unsere Gegenwart veröffenlicht werden«. Er zweifelt nicht, daß für eine Sache, die soviel Nutzen bringt, das Privilegium erteilt wird und fügt seinen Anträgen eine Probe mit Auszügen des Inhalts einiger auf der letzten Frankfurter Messe erschienener Bücher bei, die sich jedoch in seinem Nachlaß nicht erhalten hat[6].

Trotz wiederholter Interventionen auch von seiten seines Gönners von Boinburg wurde das Privileg zur Herausgabe eines Nucleus librarius nicht erteilt. Man muß annehmen, daß die Wiener Behörde vermeiden wollte, die Verleger durch den Zwang zur Ablieferung eines weiteren Freiexemplars zusätzlich zu belasten, und daß man darüber hinaus wohl Sorge hatte, die Verleger durch Privilegierung eines Organs zu verärgern, das ihre Produkte einer qualitativen Wertung unterwarf. Auch befürchtete man, daß mit dem Organ eine zusätzlich Zensur ausgeübt würde und damit die ohnehin schwierigen Auseinandersetzungen zwischen dem Kaiser und den Reichsständen über Fragen der Zensur vermehrt würden. Obwohl Leibniz einerseits betont, daß er keine Zensur auszuüben gedenke, äußert er doch andererseits mehrmals deutlich, daß mit dem geplanten Organ eine Aufsichtsfunktion ausgeübt werden solle. Die kritische Einstellung von Leibniz gegenüber dem kommerziellen Buchhandel, die sich in diesen Plan erstmals andeutet, sollte sich in allen nachfolgenden das Bücherwesen betreffenden Entwürfen und Stellungnahmen wiederholen.

Bald nach dem Scheitern dieses ersten Versuches, aktiven Einfluß auf das Bücherwesen zu nehmen, hat sich für Leibniz eine neue Gelegenheit ergeben, in die Gestaltung der res literaria einzugreifen. Als er nämlich davon erfuhr, daß man in Wien wegen aufgetretener Mißstände beim Frankfurter Bücherkommissariat in Erwägung zog, diese Funktionen einem Reichsstand zu übertragen und man

6 *G. W. Leibniz.* Sämtliche Schriften und Briefe. Im Folgenden zitiert als Akademie-Ausgabe. AA R. 1. Bd 1, S. 3ff.

wegen der örtlichen Nähe von Mainz an den Kurerzkanzler dachte, nahm Leibniz diese Angelegenheit zum Anlaß, eine Vorlage an den Dompropst und Statthalter von Mainz, Johann von Heppenheim, genannt von Saal, zu richten, in der er vorschlägt, »die ober-direction des ganzen Bücherwesens und rei literariae durch ganz Deutschland an Maynz« zu ziehen[7]. Zu den Aufgaben, die dieser neu einzurichtenden Aufsichtsbehörde übertragen werden sollten, sollte nach den Vorstellungen von Leibniz die Zensur gehören. Diese sollte der nächsten Universität übertragen werden. (Wobei Leibniz wohl voraussetzt, daß die Universitätsangehörigen im eigenen Interesse eine unparteiische und sachliche Zensur ausüben.) Es würden nämlich so viele schädliche Schriften in »Staats- und Religonssachen« erscheinen, die gegen Frömmigkeit und gute Sitten verstießen, daß es nicht damit getan sei, bereits erschienene Schriften zu konfiszieren, sondern man müsse vielmehr »beyzeiten auf die Bücher kundschaft« legen. Durch öffentliche Konfiskation würden solche Bücher nur noch mehr bekannt, indessen sie bei vorhergehender Kenntnis ihres Inhalts in der Stille unterdrückt werden könnten. Während Leibniz einerseits zu Maßnahmen rät, die den Druck und die Verbreitung schlechter und überflüssiger Bücher verhindern, macht er zugleich Vorschläge, wie die Erstellung guter Werke gefördert werden kann, wozu die Anregung gehört, daß jeder Autor im Vorwort seines Werkes selbst angeben solle, was seine Schrift an Neuem und bisher Unbekanntem enthalte, auch daß die Verleger zu Kompanien zusammentreten sollen, um das Erscheinen großer und teurer Werke zu ermöglichen und daß schließlich der Kurfürst selbst mit Hilfe des neu einzurichtenden Bücheramtes gute Werke fördern könne. Man müsse, schreibt er, in dieser Angelegenheit jedoch behutsam vorgehen; wegen der Leipziger Messe sei mit dem Kurfürsten von Sachsen Verbindung aufzunehmen, auf strenge konfessionelle Unparteilichkeit müsse geachtet und eine Buchhandelsordnung für alle am Buchhandel beteiligten Berufszweige müsse erlassen werden[8].

In welch engem Zusammenhang Leibniz die Organisation des Bücherwesens mit seinem wissenschaftsorganisatorischen Plänen sieht, geht aus der Tatsache hervor, daß er mit der Neuordnung der res libraria zugleich auch die Förderung der res literaria, d. i. des gesamten wissenschaftlichen Lebens verknüpft und zur Stabilisierung des letzteren die Gründung einer Gelehrtengesellschaft (Societas eruditorum Germaniae) fordert, für die er zugleich ausführliche Arbeits- und Finanzierungsvorschläge macht. Die Gelehrtensozietät und der Buchhandel sollten also im Interesse der Steigerung der Leistung der deutschen Wissenschaft eng zusammenarbeiten, wobei der Buchhandel bestimmte staatliche Eingriffe im Hinblick sowohl auf die Erstellung als auch die Verbreitung von Büchern zu dulden hätte.

Auch in dem 1671 entworfenen Plan zur Gründung einer wissenschaftlichen Sozietät unter dem Titel »Grundriß eines Bedenckens von aufrichtung einer Societät

7 AA R. 1, Bd 1, S. 48.
8 A.a.O., S. 50.

in Teutschland zu auffnahme der Künste und Wißenschaften« nehmen die Vorschläge zur Organisation des Buchhandels und der »res literaria« eine wichtige Stelle ein. Da Bücher eine wichtige Funktion im Dienste des wissenschaftlichen Fortschritts erfüllen, dürfe ihre Herstellung nach Meinung von Leibniz nicht wie bisher allein den Buchhändlern überlassen bleiben. Es genüge nicht, im Namen des Kaisers und des Erzkanzlers auf das Bücherwesen bloß »ein wachendes Auge« zu haben, man müsse die Verleger zugleich dazu bringen, in ihren Entscheidungen »der raison zu folgen« und sie davon abzuhalten »mit chartequen und maculatur« die Welt zu füllen[9].

Die Klage, daß die Welt mit »unzählbaren, untüchtigen scharteken und anderen nuzenlosen büchern überhäuffet werde«[10], hat Leibniz wiederholt zum Ausdruck gebracht. In einem Brief an den Hofprediger Jablonski schreibt er, daß unter zehn Büchern kaum eines sei, daß gedruckt zu werden verdiene[11]. Viele der erscheinenden Bücher steigern die »verderbte menschliche natur«, die »bösen Neigungen, so die Menschen zu eitelkeit, verläumbdung und boßheit haben«. Die Schreibsucht wüchse mehr und mehr an, auch »guthe ingenia« würden sich von gründlichen Arbeiten abwenden und sich auf »unzeitiges oder übereiltes bücherschreiben legen«[12]. Viele hunderte ja tausende von Büchern kämen fast jährlich auf den Markt, sodaß in dem »abscheulichen Wald der unzehlbaren Bücher« nichts mehr gefunden werden könne[13]. Einen wichtigen Grund für den nach seiner Meinung beklagenswerten Zustand des Bücherwesens glaubt Leibniz in dem Verhalten der Verleger zu finden, die nur auf ihren wirtschaftlichen Vorteil bedacht seien, und in ihrer Gewinnsucht »zu wenig auf den gemeinen Nutzen sehen«, gute Werke unterdrücken, geringe Scribenten »zu autoren aufwerfen«, mit deren minderwertigen Arbeiten »die Welt anfüllen« und »die Käufer anführen«[14], sie würden »falsche, schädliche und ärgerliche Schriften«, verlegen, einführen und vertreiben, in denen »ehrliche Leute, ja hohe Personen selbst, angegriffen werden«[15]. Gute Leute könnten ihre Werke nicht erscheinen lassen, weil die Verleger sich nicht dazu verstünden, was Rechtes herauszugeben, sondern »sich mit Postillen, Calendern Schulbüchern und Scharteken behelfen wollen«. Es sei »unanständig«, daß sich die Gelehrten dem »eigensinn und eigennuz ungelehrter handelsleute« bei der Ausführung ihrer Werke und bei der Erlangung des verdienten Ruhmes unterwerfen sollen, wogegen »allerhand Lumpensachen in die welt bracht, viel nüzliche arbeiten zuruckgehalten und verlohren gehen«[16]. Im Interesse des Publikums und vor

9 AA R. 4, Bd 1, S. 530-543.
10 *A. Harnack,* Geschichte der Akademie der Wissenschaften, Bd 2, S. 99.
11 A.a.O., S. 158.
12 A.a.O., S. 99.
13 Foucher de Careil, T. 7, S. 589.
14 *E. Bodemann,* Leibnizens Plan, S. 194.
15 *A. Harnack,* Bd. 2, S. 94.
16 Denkschrift betr. die Gründung einer societas Literatorum Germaniae, gedruckt bei: *A. Stein-Karnbach,* Sp. 1387.

allem zum Nutzen des Autors sollten die Gelehrten und die Wissenschaft von ihrer schändlichen Abhängigkeit von den Buchhändlern befreit werden.[17]
Es ist nicht zuletzt diese kritische Einstellung gegenüber dem kommerziellen Buchhandel, die zur Folge hatte, daß Leibniz in allen Plänen zur Gründung wissenschaftlicher Societäten diesen zugleich eine Aufsichtsfunktion über diesen Berufsstand zuweisen und zu Organen obrigkeitlicher Zensur machen wollte. Am ausführlichsten hat er seine diesbezüglichen Vorstellungen in den Korrespondenzen und Denkschriften dargelegt, die zur Gründung der Berliner Societät der Wissenschaften führten.[18] In Berlin hatte der Plan zur Gründung eines astronomischen Observatoriums seit 1698 greifbare Formen angenommen und im Anschluß daran auf Betreiben von Leibniz die Einrichtung einer wissenschaftlichen Sozietät. Da sich diese finanziell selber tragen sollte, schlug er vor, ihr das Kalenderprivileg zu erteilen. Dieser Vorschlag geht in seinen Grundzügen auf Leibnizens Lehrer, den Jenaer Mathematiker Erhard Weigel, zurück und hängt mit den Bestrebungen zusammen, die Verschiedenheit des Kalenders der katholischen und evangelischen Stände im Reich zu beseitigen. Durch den Regensburger Reichsschluß des Corpus Evangelicorum von 1699 erfolgte die Annahme des sog. verbesserten Kalenders seitens der Evangelischen. Weigel hatte im Zusammenhang damit die Errichtung eines »Collegium artis consultorum«, also einer Art technischen Informations- und Beratungszentrums vorgeschlagen, das sich u. a. aus der Kalenderarbeit finanzieren sollte. Leibniz nahm diesen Gedanken auf und verband ihn mit dem sächsischen Verlegermonopol. Der sächsische Kurfürst hatte nämlich für sein Staatsgebiet - ein Novum in der deutschen Verlagsgeschichte - ein Kalendermonopol eingeführt, dieses einem bestimmten Verleger übertragen und zugleich jede Konkurrenz untersagt. Leibnizens »Kalendereinfall« bestand darin, das Herstellungsmonopol der Kalender mit dem Verlagsmonopol zu verbinden[19]. Leibniz wollte sich aber nicht damit allein begnügen, sondern schlägt vor, dieses Monopol in ein »edictum generalius« auszudehnen, eine allgemeine Bücherzensur, wonach »keine Bücher von Staats- und geistlichen Sachen ohne Censur zu drucken und zu debitieren (verteilen)« seien[20]. Drei Monate später greift Leibniz seinen bereits in Mainz entworfenen Plan zur Einrichtung eines Bücherkommissariates wieder auf, das als Aufsichtsbehörde über den gesamten Buchhandel fungieren sollte. Durch rechtzeitige Mitteilung über Verlag, Einfuhr und Vertrieb von Büchern an das Kommissariat sollten »schädliche Schriften abgehalten, hingegen nüzliche Werke und rechtschaffene Bücher von den Buchhändlern angeschaft« werden[21]. Leibniz hält den Plan zur Einrichtung eines Bücherkom-

17 *Leibniz* an Hansch v. 26.12.1715, *Dutens:* Leibnitii Opera, T. 5, S. 171. - *A. Stein-Karnbach,* Sp. 1371.
18 Publiziert bei *A. Harnack,* Bd. 2 und neuerdings bei *H. St. Brather,* Leibniz und seine Akademie.
19 *H. St. Brather,* S. 41.
20 *A. Harnack,* Bd. 2, S. 74.
21 A.a.O., S. 94.

missariats für so wichtig, daß er auch nach der Unterzeichnung des Stiftungsbriefes durch Friedrich III. in einem neuerlichen Entwurf darauf zurück kommt[22]. Deutlicher noch als im ersten Vorschlag wird darin formuliert, daß der Sozietät das Bücherkommissariat zugeordnet werden solle, mit dem Auftrag, die Aufsicht über das Bücherwesen Brandenburg-Preußens auszuüben, und sie »Macht habe, deswegen Anstalten und Verfassungen zu machen, nach Befindung Visitationes und Untersuchungen anzustellen«[23]. Alle Publikationsvorhaben sollten der Sozietät gemeldet und zur Überprüfung vorgelegt werden, wobei Leibniz damit nicht so sehr die Beschränkung, sondern vielmehr die Förderung des Bücherwesens in Brandenburg-Preußen zu erreichen glaubt. Eine Bücherkommission im Sinne von Leibniz wurde in Berlin nicht eingesetzt, wohl aber sein Vorschlag zur Übertragung der Zensur an die Sozietät verwirklicht und in einer königlichen Verordnung präzisiert. Danach soll die Sozietät darauf achten, daß nicht zugelassen werden Schriften, »worin der Ehre Gottes und der Würdigkeit der christlichen Religion zu nahe getretten und dieselben einigermaßen verletztet« werden. Verboten werden sollten ferner atheistische und gegen die gesunde Moral verstoßende Schriften, sowie solche, in denen gegen die Regierung oder die Obrigkeit »verächtlich und verfänglich« geredet wird[24]. In seinen Vorschlägen zur Gründung einer wissenschaflichen Sozietät in Sachsen ist Leibniz in seinen Forderungen nach Einführung strenger Zensurmaßnahmen zurückhaltender, da, wie er meint, dem »Mißbrauch nicht auf einmal ohne Gefahr der Zerrüttung dieses Handels gesteuert werden könne«. Wohl aber solle verordnet werden, daß die Sozietät die Veröffentlichungen überwachen, etwaig Strafbares ahnden und dabei von den örtlichen Magistraten Unterstützung erfahren solle[25]. Die Ausübung von Zensur durch die wissenschaftlichen Sozietäten sehen auch die Leibniz'schen Pläne der entsprechenden Gründung in Petersburg[26] und Wien vor[27].

Neben zahlreichen anderen Vorschlägen, die Leibniz zur Finanzierung der Sozietäten machte (Monopole, Privilegien, indirekte Steuern, Förderung der Seidenraupenzucht) findet sich immer wieder der Hinweis auf finanzielle Einnahmen, die auch durch das Bücherwesen betreffende Maßnahmen erzielt werden könnten. Mit einiger Verwunderung nimmt der heutige Leser zur Kenntnis, daß Leibniz aus dem Bücherwesen »den Fundum societatis scientiarum« zu verdoppeln glaubt[28]. Zur Begründung führt er an, »weil auch societas scientiarum pro literis arbeiten soll, so wäre nicht unbillig, daß sie ex literis und libris Nutzen zöge«[29]. Auch soll-

22 A.a.O. S. 98-101.
23 A.a.O., S. 100.
24 A.a.O., S. 182 ff.
25 *E. Bodemann,* Leibnizens Plan, S. 194.
26 *W. Guerrier,* Leibniz in seinen Beziehungen zu Rußland, T. 2, S. 98.
27 Foucher de Careil, T. 7, S. 301.
28 *A. Harnack,* Bd. 2, S. 74.
29 A.a.O., S. 74.

ten zur Entschädigung für die Mühe der Sozietät die aus dem Ausland importierten Bücher je Zentner mit Zoll belegt werden, wovon ein gewisser Teil an die Sozietät abzuliefern sei. Auch für die Ausübung der Zensur sollten die Mitglieder der Sozietät eine finanzielle Entschädigung erhalten.

Leibnizens lebenslange Geringschätzung des Beitrages, den der kommerzielle Buchhandel nach seiner Meinung für den Fortschritt der Wissenschaft erbracht habe, führt ihn zur Forderung nach Einrichtung sozietätseigener Verlage, die neben dem Kalendermonopol ein »privilegium generale« für alle von ihnen herausgegebenen Publikationen erhalten sollten. Das Spektrum dieser Publikationen ist nach den Vorstellungen von Leibniz ziemlich breit gefächert, es reicht von der Erstellung von Zins- und Steuerbüchlein, Schulbüchern, Schreib- und Rechenbüchern, Gebet- und Gesangsbüchern über Grammatiken, Wörterbücher, Ausgaben klassischer Autoren zu historischen, geographischen, genealogischen und heraldischen Publikationen[30]. In Sachsen fordert er die Ablieferung »von allem, was im Lande gedruckt, es sey groß oder klein, ein sauber exemplar« an die Sozietät der Wissenschaften[31]. Bei allen seinen Überlegungen zur Neuordnung des Bücherwesens, die bei ihrer vollen Verwirklichung zu drastischen Einschränkungen des herstellenden und vertreibenden kommerziellen Buchhandels geführt hätten, lag Leibniz immer die Absicht zugrunde, die Leistungsfähigkeit der Wissenschaft zu steigern, die allgemeine Aufklärung der Menschen zu befördern, Frieden im Staate und unter den Völkern zu stiften und zu erhalten. Er hat daher von Anfang an Pläne entwickelt, das Bücherwesen seiner Zeit so zu organisieren, daß es dem vom ihm erstrebten Ziele dienen könne. Bereits dem Plan zur Herausgabe des Nucleus librarius lag der Wunsch zugrunde, mit dieser Publikation das Qualitätsbewußtsein der Buchhändler zu steigern. In den »Notanda das Bücherkommissariat betreffend« weist er dem einzurichtenden Amt die Aufgabe zu, die Autoren bei der Verwirklichung ihrer Vorhaben zu unterstützen sowie den Verlgern »nüzliche Vorschläge an die Hand zu geben« damit sie die »verlegung realer wercke anstreben« und in Fällen, wo das Vorhaben zu groß sei, in »compagnien« d. h. Verlagsgesellschaften zusammentreten[32]. Die Herausgabe »nüzlicher Werke durch die Sozietäten, die nicht nach finanziellen, kaufmännischen Gesichtspunkten ausgewählt würden, sollte nicht nur der Wissenschaft und dem Käufer dienen, sondern auch zum Vorteil der Autoren erfolgen, die auf diese Weise von ihrer Abhängigkeit von den Buchhändlern befreit würden.

In die gleiche Richtung zielen die Pläne von Leibniz zur Einführung der im Ausland bereits florierenden Subskriptionspraxis[33]. In den 90er Jahren trug er sich mit dem Gedanken zur Gründung einer fächerübergreifenden Gelehrtengesell-

30 A.a.O., S.157 ff.
31 *E. Bodemann,* Leibnizens Plan, S. 194.
32 AA, R. 1, Bd 1, S. 51.
33 Ausführlich berichtet darüber *A. Stein-Karnbach,* G. W. Leibniz und der Buchhandel, Sp. 1345 ff.

schaft »societas Literatorum Germaniae«, einem privaten Zusammenschluß von Gelehrten, mit dem Ziel der Erlangung größerer Unabhängigkeit für die Herausgabe wissenschaftlicher Publikationen mit Hilfe von Subskriptionen. Die Subskribenten sollten in den Vorteil günstigerer Preise gelangen, die Verleger in die Erwartung der Sicherung ihrer Investitionen und ihres Gewinnes kommen. Ein weiterer Plan zur Gründung einer Gelehrten-Gesellschaft »Societas Carolina« von 1711 sieht die Gründung eines eigenen Verlages vor, der finanziell durch die feste Einrichtung von Subskriptionen getragen werden soll. In seinen Entwürfen zur »Societas Imperialis Germanica« von 1713 ist vorgesehen, daß sie sog. passive Mitglieder haben soll, die sich als Subskribenten auf die Abnahme einer bestimmten Anzahl der von der Gesellschaft herausgegebenen Bücher zu verpflichten hätten. Noch ein Jahr vor seinem Tode, 1715, entwickelt Leibniz einen weiteren Plan zur Gründung einer »Societas Subscriptoria«, in der die Mitglieder zwar nicht auf alle, aber doch die meisten der von der Sozietät herausgegebenen Bücher subskribieren sollen, die ihrerseits nach der Entscheidung durch einen besonderen Ausschuß herausgegeben werden. Mit diesen Vorschlägen glaubt Leibniz »den Wünschen des Publikums Nachdruck zu verleihen und die beherrschende Position des Buchhandels zu beschneiden, sein Preis-, Honorar- und Ausstattungsdiktat auch zugunsten der Autoren durch Selbsthilfe zu umgehen«[34].

Während Leibniz in allen seinen Plänen zur Organisation des Bücherwesens und der Wissenschaft die Zensur als wirksames Mittel für die Förderung der moralischen Kultur betrachtet, trat er zugleich lebenslang mit Nachdruck für die Freiheit der Entfaltung wissenschaftlicher Erkenntnis und für Toleranz in Fragen der religiösen Überzeugung ein. An den Landgrafen Ernst von Hessen-Rheinfels schreibt er in Bezug auf Kopernikus und den Versuch der Unterdrückung des neuen Weltbildes durch die katholische Kirche: »Es ist für die katholische Kirche von Bedeutung, daß man den Philosophen die vernünftige Freiheit beläßt, die ihnen zugehört. Man sollte nicht glauben, wieviel Schaden die Zensur des Kopernikus anrichtet, denn die gelehrten Männer . . . betrachten diese Zensur als eine ungerechte Sklaverei.«[35] Er verteidigt die Freiheit der Wissenschaft, auf vernunftgemäße Weise alle Grundfragen menschlichen Denkens zu behandeln, auch wenn sie mit der kirchlichen Dogmatik in Widerstreit gerät und schreibt in diesem Zusammenhang: »ich weiß, daß jeder die Freiheit hat, sich seine Meinung zu bilden und diese, wenn er von bissigen Bemerkungen absieht, auch öffentlich zu äußern«[36]. Gegenüber Häretikern zeigt er Toleranz, spricht ihnen prinzipiell Lebensberechtigung zu, wenn er auch, der allgemeinen Zeitvorstellung entsprechend, duldet, daß man sie des Landes verweisen dürfe[37]. Daß Leibniz dennoch

34 A.a.O. Sp. 1380.
35 AA, R. 1, Bd 5, S. 186.
36 AA, R. 2, Bd 1, S. 288.
37 AA, R. 1, Bd 4, S. 433.

bei allen seinen Plänen zur Organisation der Wissenschaft und des Bücherwesens die Zensur als wirksames Mittel zu Erhaltung der Ordnung im Staate und zum Zwecke der Abwendung des Schadens von der Gesellschaft glaubte fordern zu müssen, hängt einerseits mit dem absolutistischen Zug des damaligen Staatswesens zusammen, dessen bestimmenden Einflüssen sich selbst ein Geist wie Leibniz nicht zu entziehen vermochte. Zum anderen entspringt diese Forderung der Tatsache, daß Leibniz sich von früher Jugend an, ohne es direkt auszusprechen, als Praeceptor Germaniae, ja mehr noch als Praeceptor universalis generis humani verstanden hat, dem die menschliche Gesellschaft seiner Zeit noch nicht reif genug erschien, um selbst zu erkennen, was ihr frommt und daher der Führung und Lenkung bedurfte. Auch das Bücherwesen, als wichtiger Faktor im allgemeinen Wissenschafts- und Kulturprogramm von Leibniz[38], konnte nach seiner Überzeugung nicht ausschließlich dem freien Spiel der kommerziellen Kräfte überlassen werden, sondern mußte im Interesse der Förderung des Wohles des Staates und der Gesellschaft, um seine Aufgabe angemessen erfüllen zu können, einer vernünftigen Lenkung unterworfen werden.

Literatur

Bodemann, Eduard: Leibnizens Plan einer Societät der Wissenschaften in Sachsen. In: Neues Archiv für Sächsische Geschichte und Alterthumskunde. Bd 4 (1883) S. 177-222.

Brather, Hans-Stephan (Hrsg.): Leibniz und seine Akademie. Ausgewählte Quellen zur Geschichte der Berliner Sozietät der Wissenschaften 1697-1716. Berlin 1993. 471 S.

Eisenhardt, Ulrich: Die kaiserliche Aufsicht über Buchdruck, Buchhandel und Presse im Heiligen Römischen Reich Deutscher Nation (1496-1806). Ein Beitrag zur Geschichte der Bücher- und Pressezensur. Karlsruhe 1970. 168 S. (Studien und Quellen zur Geschichte des deutschen Verfassungsrechts. 3)

Guerrier, Woldemar: Leibniz in seinen Beziehungen zu Russland und Peter dem Großen. St. Petersburg, Leipzig 1873. 196 und 372 S.

Harnack, Adolf: Geschichte der Königlich-Preussischen Akademie der Wissenschaften zu Berlin. Bd 1-3. Berlin 1900.

Hartung, Fritz: Deutsche Verfassungsgeschichte vom 15. Jahrhundert bis zur Gegenwart. 9. Aufl. Stuttgart 1969. 384 S.

38 Er führt dazu aus: Der Hauptzweck des Bücherwesens besteht darin, daß »gottseelige lehren, gute gedancken, dienliche erfahrungen, unterricht und nachrichtungen durch den druck vervielfältiget, erhalten, in der welt ausgebreitet auf die nachwelt fortgepflanzet, mithin die gemüther erleuchtet, verbeszert, mit guthen lehren und instructionen versehen, und was einer guthes gethan, gedacht und bemercket, allen andern dadurch nüzlich beygebracht werden und zu statten kommen könne«. (Entwurf eines Auftrages eines Bücher-Commissariates für die Societät der Wissenschaften. *A. Harnack,* Bd. 2, S. 99.

Heymann, Ernst: Bücherprivilegien und Zensur in ihrer Bedeutung für die Sozietätsgründung durch Leibniz im Jahre 1700. In: Sitzungsberichte der Preußischen Akademie der Wissenschaften zu Berlin. Phil.-hist. Cl. Berlin 1932. S. 93-110.

Leibniz, Gottfried Wilhelm: Sämtliche Schriften und Briefe. Hrsg. von der Deutschen Akademie der Wissenschaften zu Berlin. Darmstadt. [später] Berlin, Reihe 1 ff. Bd 1 ff. 1923 ff.

Leibnitii Opera omnia, Studio L. Dutens. T. 1-6, Genevae 1786.

Leibniz: Oeuvres publiées par A. Foucher de Careil. T. 1-7, Paris 1859-75.

Otto, Ulla: Die literarische Zensur als Problem der Soziologie der Politik. Stuttgart 1968. 168 S.

Schneider, Franz: Pressefreiheit und politische Öffentlichkeit. Studien zur politischen Geschichte Deutschlands bis 1848. Neuwied 1966. 350 S.

Stein-Karnbach, Annegret: G. W. Leibniz und der Buchhandel. In: Archiv für Geschichte des Buchwesens. Bd 23 (1983) Sp. 1190-1418.

Der aufgeklärte Eigennutz

Manfred Linz

Einführung

Auf dem Bahnhofplatz der Stadt Soest, in den hohen Kastanien, die dort stehen, baute im Frühjahr ein Schwarm Krähen seine Nester. Es herrschte, so schien es, ein großes Durcheinander. Die Vögel flogen nicht nur von der Baumgruppe fort und mit gefülltem Schnabel wieder zu ihr hin; sie waren auch von einem Baum zum andern und von einem Nest zum andern unterwegs. Was das bedeutete, erfuhr ich etwas später aus dem Buch der beiden Tierverhaltensforscher Wolfgang Wickler und Uta Seibt »Das Prinzip Eigennutz«. Krähen, so berichten sie, bestehlen einander beim Nestbau. Während die eine unterwegs ist, um neues Material zu holen, zupfen andere schon in das Nest eingebaute Zweige wieder heraus und fügen es ihrem eigenen ein. An markierten Zweigen ließ sich feststellen, daß diese einen umständlichen Weg durch die Kolonie machten. Ohne solche Diebstähle, schreiben die Verfasser, wäre das Nestbauen viel weniger zeitraubend. Aber eine Krähe, die das Stehlen unterließe und nur neue Zweige herbeitrüge, würde von der ganzen Kolonie ausgebeutet. Wenn wiederum alle nur Zweige stehlen und keine heranschaffen, kann kein Nest fertigwerden. Also *holen* alle und *stehlen* alle Zweige, auch wenn dadurch der Nestbau verzögert wird. Man sieht, der Eigennutz kann sich durchaus im Wege stehen.

Es gibt einen wichtigen Grund, sich dem Thema Eigennutz neu zuzuwenden. Das ist der prekäre Zustand unserer Erde am Ende dieses 20. Jahrhunderts nach Christus. Die Menschheit - so wird uns beinahe täglich mit Worten und Bildern zugetragen - hat ihre Grenzen überschritten. Vor allem wir in den Industrie-Nationen sägen den Ast ab, auf dem wir sitzen. Wir vergiften Luft, Wasser und Erde, von denen wir leben. Wir dulden und wir schaffen eine wachsende Kluft zwischen Armen und Reichen. Sie macht Frieden unmöglich und begünstigt soziale Unruhen und Kriege, die immer bedrohlicher werden. Fast immer münden diese Unheilsbotschaften in einen Appell: Wir müssen uns ändern! Wir sollen die Natur schonen, mit größerer Voraussicht wirtschaften, unsere Ansprüche begrenzen, für die ganze Menschheit denken, und zwar einschließlich den nach uns Lebenden; wir sollen eine Kultur entwickeln, in der materielle Werte nicht mehr den obersten Rang einnehmen. Nur: Wo sind die Antriebe, wo die inneren Kräfte, die stark genug sind, so große Veränderungen zu tragen?

Wer sich auf die Suche nach solchen Aufbruch-Energien macht, wird zunächst an altbekannte Autoritäten verwiesen. Sie heißen Verantwortung, Ethik, Moral. Albert Schweitzer berichtet, wie er während einer Fahrt auf dem Ogowefluß im heu-

tigen Gabun den Zentralgedanken seiner Ethik fand. Sein Boot passierte eine Sandbank, auf der vier Nilpferde mit ihren Jungen den Fluß entlangzogen. Da sei er plötzlich auf das Wort »Ehrfurcht vor dem Leben« gekommen. Und so sei jener Kernsatz entstanden: »Ich bin Leben, das leben will, inmitten von Leben, das leben will.« Die Ethik - so lautet seine hohe Forderung - müsse eine ins Grenzenlose erweiterte Verantwortung übernehmen für alles, was lebt. Auch der Philosoph Hans Jonas hat seine Ethik so begründet. »Das Prinzip Verantwortung« heißt sein grundlegendes Buch. Aus Verantwortung müßten wir eine Verpflichtung gegenüber dem zukünftigen Leben auf dieser Erde übernehmen. Hans Jonas hat dem kategorischen Imperativ Immanuel Kants seinen ethischen Imperativ nachgebildet: »Handle so, daß die Wirkungen deiner Handlung verträglich sind mit der Permanenz echten menschlichen Lebens auf Erden.« Die heute Lebenden hätten kein Recht, um ihres Lebens willen den zukünftigen Generationen das Leben zu nehmen. Der Brundtland-Bericht schließlich, die Magna Charta des gegenwärtig so intensiv diskutierten *Sustainable Development,* definiert dauerhafte Entwicklung als eine »Entwicklung, die die Bedürfnisse der Gegenwart befriedigt, ohne zu riskieren, daß künftige Generationen ihre eigenen Bedürfnisse nicht befriedigen können«.
Solchen Gedanken ist viel Zustimmung sicher. Nur sagt das wenig über ihre Wirksamkeit. Die Lebenserfahrung ermutigt uns nicht, von ethischen Postulaten die entscheidende Wende im Verhalten der Menschen zu erwarten. Das Prinzip Verantwortung ist unentbehrlich, aber allein zu schwach, um die große Mehrzahl der Menschen zu dem zu bewegen, was in den nächsten Jahrzehnten geschehen muß.

Der mißdeutete Eigennutz

Der mächtige Gegenspieler von Verantwortung und Ethik ist schnell entdeckt. Es ist der Eigennutz. Er hat keinen guten Leumund bei den Ethikern. Denn der Eigennutz hat einen Jauskopf, dessen voneinander abgewandte Gesichter höchst ungleiche Züge haben. Das eine Gesicht ist der Eigennutz auf Kosten anderer. Wir kennen ihn als Habgier, Ausbeutung, Übervorteilung, Täuschung. In meinem Lesebuch stand die eindrucksvolle Geschichte der Strandräuber von Cornwall, die die Schiffe mit Laternen auf die Felsen lockten und dann die aus den Wracks ausgeschwemmten Ladungen plünderten. Das Beispiel war so schön weit weg und eignete sich darum für Entrüstung. Aber natürlich ist der Eigennutz auf Kosten anderer allgegenwärtig, von der Hackordnung in der Familie über den Steuerbetrug, das Doping im Sport, über Bestechung und Bestechlichkeit bis zu den Großformen der Unterwerfung und Ausrottung ganzer Völker. So kommt es, daß der Eigennutz vor allem als Selbstsucht benannt und als die Wurzel allen Übels verdammt wird. Gerade das Christentum hat den Eigennutz lange Zeit nur als Laster

gesehen und ihm die Nächstenliebe als Tugend entgegengesetzt. Die Überwindung des Eigennutzes wurde zur Aufgabe des christlichen Lebens, Selbstlosigkeit, ja Selbstverleugnung wurden zu christlichen Werten - ganz im Gegensatz zu dem Gebot der Bibel, auf das sich diese Haltung beruft. Denn das Gebot »Liebe deinen Nächsten wie dich selbst« verbindet ja gerade Nächstenliebe und Selbstliebe. Es mißt die Liebe zum andern an der Liebe zu sich selbst.
Wenn es eine Tugend ist, so sagt Erich Fromm, meinen Nächsten als menschliches Wesen zu lieben, muß es auch eine Tugend - und nicht ein Laster - sein, mich selbst zu lieben, da ich ja ein menschliches Wesen bin. Selbstsucht entsteht nicht, wenn ich mich zuviel, sondern zuwenig liebe. Wer sich selbst nicht annehmen kann, muß dauernd um sich kreisen und versuchen, das ersehnte Glück dem Leben zu entreißen. Inzwischen wissen das viele Theologen und lernen unterscheiden zwischen dem nackten Egoismus und dem ebenso berechtigten wie notwendigen Eigennutz.
Als Adam Smith über den »Wohlstand der Nationen« nachdachte, hat er seinen Lesern den Rat gegeben, sich die Eigenliebe ihrer Mitmenschen zunutze zu machen. »Nicht vom Wohlwollen des Metzgers, Brauers oder Bäckers erwarten wir das, was wir zum Essen brauchen, sondern davon, daß sie ihre eigenen Interessen wahrnehmen. Wir wenden uns nicht an ihre Menschen- sondern an ihre Eigenliebe, und wir erwähnen nicht die eigenen Bedürfnisse, sondern sprechen von ihrem Vorteil.« Unsere Frage heute heißt: Ist eine zukunftsfähige Gestalt dieses Vorteils denkbar? Gibt es einen überlebensfähigen Eigennutz, und wie könnte er aussehen? Es mag sinnvoll sein, nach Philosophie, Politikwissenschaft und Soziologie, die sich seit langem dieser Frage angenommen haben, jetzt die Biologie nach ihrem Beitrag zu fragen.

Der unausweichliche Eigennutz I

Evolutionsbiologen erklären uns den Eigennutz als das tragende Prinzip der Evolution und als den Grundantrieb im Verhalten aller Lebewesen. Leben ist auf seine Selbsterhaltung bedacht. Es will sich in die nächste Generation fortpflanzen, und es will sich ausbreiten. Der Mechanismus der Evolution begünstigt die Lebewesen, die zum Überleben am besten geeignet sind. Dieser Eigennutz des Überlebens, so sagen heute Evolutionsbiologen, richtet sich nicht auf die Erhaltung der Art. Die Gene eines bestimmten Lebewesens wollen sich erhalten und ausbreiten und treiben damit den Prozeß des Lebens an. Die Evolution hält sich freilich durch die beiden Faktoren Mutation und Isolation (räumliche Sonderung) darüberhinaus weite Möglichkeiten offen; denn gerade die Selektion kann auch zu folgenreichen Fehlentwicklungen führen. Indem durch Mutation immer neue Abweichungen entstehen und durch Isolation auch zunächst Schwächeres und

scheinbar Fehlerhaftes aufbewahrt wird, erhält die Evolution eine »Fehlerfreundlichkeit« (Christine und Ernst U. von Weizsäcker), die sie vor irreversiblen Schädigungen schützt.
Für unseren Zusammenhang sind zwei Eigenschaften dieses Prozesses wichtig. Einmal: Von Anfang an gibt es in der Evolution den Eigennutz auf Kosten der andern, und zwar auch auf Kosten der eigenen Artgenossen. Konkurrierender Eigennutz verspricht hier den höheren genetischen Vorteil. Wenn jedoch Kooperieren günstiger ist, können auch solche Anlagen dauerhaft ins Erbgut eingehen. Unter Tieren läßt sich soziales Verhalten vielfach beobachten. Sie wenden Zeit auf, um andere zu pflegen, sie geben anderen von der eigenen Nahrung ab, sie beschützen andere, auch wenn sie ihr eigenes Leben damit gefährden. Es ist sogar möglich, daß sie auf eigene Nachkommen verzichten, wenn sie durch Fürsorge für enge Verwandte ihrer Sippe das Überleben sichern. Der Bienenstaat mit seinen geschlechtslosen Arbeitsbienen wird so erklärt.
Soziales Verhalten bei Tieren kann ein angeborener Instinkt sein, es wird aber auch durch soziales Lernen vermittelt. Diese Fähigkeit zur Kooperation, die den Krähen abgeht, wird wechselseitiger Altruismus genannt. Er entsteht, wenn Lebewesen aufeinander angewiesen sind *und* sich darauf verlassen können, daß ihr Verhalten erwidert wird. Er funktioniert nur, wenn er den eigenen Nachkommen zugutekommt oder ihnen doch nicht schadet. Kooperierendes Verhalten ist an das Vorhandensein einer genügend großen Zahl gleicher Gene gebunden; denn das Motiv des Füreinander-Eintretens ist das Überleben der eigenen Gene. Je näher die Verwandtschaft, je mehr gleiche Gene also, desto sozialer kann das Verhalten sein. Wo die Verwandtschaft endet, hört auch die Kooperation auf.
Eine zweite Eigenschaft des Evolutionsprozesses ist für unser Thema ebenso wichtig: In der Durchsetzung ihres Eigennutzes fehlt den Genen die Voraussicht. Das war schon am Nestbau der Krähen erkennbar. »Die Evolution ist blind gegenüber der Zukunft«, sagt Richard Dawkins, der ein einflußreiches Buch mit dem Titel »Das egoistische Gen« geschrieben hat.

Der unausweichliche Eigennutz II

Über das Verhalten der Tiere und der in ihnen wirkenden Gene machen die Evolutionsbiologen eindeutige Aussagen. Sobald sie sich dem Menschen zuwenden, geraten sie ins Schwimmen. Was von den Gesetzen, die im Tierverhalten erkennbar sind, gilt auch für den Menschen? Arnold Gehlen hat in Aufnahme von und in Auseinandersetzung mit evolutionsbiologischen Befunden auf den »erstaunlichen Mangel an echten Instinkten« beim Menschen hingewiesen. An ihre Stelle treten kulturelle Verhaltensmuster und Institutionen, mit deren Hilfe Menschen Verhaltenssicherheit gewinnen und zum Zusammenleben befähigt werden. Dennoch: Von der Mitgift, die die Menschheit aus der vormenschlichen Evolution mitgebracht hat, bleibt sie stark geprägt. Aber wie stark? Was ist außer Kraft gesetzt oder doch überboten durch eigene Entwickungsprogramme der Gattung Mensch? Die Aussagen bleiben undeutlich. Soviel ist freilich sicher: Menschen ermitteln ihren Eigennutz sowohl biologisch als auch kulturell. Dabei ist leichter erkennbar, worin wir an der biologischen Evolution Anteil haben. Der Eigennutz auf Kosten anderer, aber auch die enge Begrenzung des gemeinschaftlichen Eigennutzes - das ist tägliche Erfahrung. Die Neigung etwa, Fremdes als bedrohlich zu empfinden, die unseren Gesellschaften gegenwärtig so schwer zu schaffen macht, wird zu dem Erbe gehören, das wir Menschen aus den Millionen Jahren der natürlichen Selektion mitgebracht haben. »Unser genetisches Erbe verfolgt uns«, heißt es besorgt im Bericht des Club of Rome von 1991 »Die globale Revolution«.

Aber Menschen haben weit über dieses Erbe hinausreichende Möglichkeiten. Sie sind kulturell vermittelt, werden als Traditionen weitergegeben und beruhen auf der Fähigkeit, Zusammenhänge zu erkennen und Voraussicht zu üben. Sie bedienen sich der Sprache, des Lernens, des Gedächtnisses. Diese kulturelle Entwicklung befähigt den Menschen, die Grenzen des biologischen Eigennutzes weit zu überschreiten. Er kann, wenn er will, Nachteile und Vorteile seines Handelns abwägen, er kann auf kurzfristigen Nutzen zugunsten des langfristigen verzichten. Um nur ein Beispiel zu nennen: Das ganze System des Sparens, der Versicherung, einer langjährigen Berufsausbildung beruht auf dieser Fähigkeit.

Manche Biologen denken sich das Wirken der kulturellen Evolution ähnlich dem der Gene. Sie stellen sich Informationseinheiten vor, in denen sich die kulturellen Fähigkeiten speichern, und durch die sie weitergegeben werden. Die Namen dieser Informations-Einheiten werden dem Begriff Gene nachgebildet und als Idene (von Ideen) oder Meme (von Memoria) benannt. Angenommen wird, daß sie durch die Sinne aufgefaßt und im Gehirn kopiert und aufbewahrt werden, allerdings nicht so automatisch, wie Gene sich reproduzieren, sondern in einem schöpferischen Vorgang, der Veränderungen zuläßt.

Damit wird erkennbar eine Hilfskonstruktion errichtet. Sie soll einen Vorgang beschreiben, der sich in den Kategorien der Biologie nicht erfassen läßt, aber als genau so prägend angesehen wird wie das Wirken der Gene. Ob man die soziale Evolution des Menschengeschlechtes wirklich in solchen kulturellen Partikeln angelegt finden will, mag offenbleiben. Die Forscher tun es, weil sie zeigen möchten, wie sich im Menschen Gene und Meme, biologische und kulturelle Ausstattung gegenseitig beeinflussen - obwohl sie gleich hinzufügen, daß die Biologie noch keine Vorstellung davon hat, wie dieses Zusammenwirken vonstatten geht. Und sie weisen auch darauf hin, daß die biologischen und die kulturellen Programme in elementaren Widerstreit geraten können. Die Empfängnisverhütung z.B. ist ein kulturelles Verhaltensprogramm und widerspricht dem genetischen Interesse, das auf den größtmöglichen Fortpflanzungserfolg gerichtet ist.

Manfred Linz

Der erleuchtete Eigennutz

Menschen werden von ungleichen, ja widersprüchlichen Kräften der Selbsterhaltung bewegt. Ihr kurzsichtiger und nahsichtiger Eigennutz ist inzwischen so erfolgreich geworden, daß die Menschheit ihr eigenes Überleben gefährdet. In dem schon zitierten Bericht des Club of Rome heißt es: »Erst wenn die Bewohner der Erde erkennen, daß sie von den gleichen unmittelbaren Gefahren bedroht werden, kann jene Zusammenarbeit entstehen, die für das Überleben der Menschheit notwendig ist.« Das muß unser Eigennutz heute lernen. Er muß sich so erweitern, daß er die ganze Menschheit einschließt, und er muß sich so verlängern, daß er die nach uns Lebenden einbezieht. Geht das? Können wir Menschen unseren Eigennutz so erleuchten, daß er unsere Existenz nicht bedroht sondern zu einer Kraft des Überlebens wird?
Ein aufgeklärter Eigennutz kann folgendes einsehen: Es gibt immer mehr Interessen und immer mehr Gefahren, die alle Menschen gemeinsam haben. Wen nach einem Reaktorunfall die Nuklearwolken erreichen, entscheidet der Wind. Gegen grenzüberschreitende Umweltzerstörungen kann sich kein Staat wehren. Kriege machen keinen Unterschied mehr zwischen Kämpfenden und Nichtkämpfenden und werden immer zerstörerischer. Wenn die brennenden Ölquellen in Kuwait den Monsunregen abgelenkt hätten, was Fachleute befürchtet haben, wären weite Teile Asiens in eine lang andauernde Hungersnot geraten, mit erheblichen politischen Rückwirkungen auf uns. Je größer die menschlichen Eingriffe in die Natur werden, desto häufiger betrifft, was in entfernten Regionen der Erde geschieht, auch uns. In elementaren Lebensbereichen wird es immer weniger möglich, sich auf Kosten der andern dauerhafte Vorteile zu verschaffen. Anders gesagt: Der Anteil am Ertrag unseres Eigennutzes, den wir nur mit anderen zusammen erreichen oder festhalten können, nimmt ständig zu. Und diese anderen sind nicht mehr nur einzelne Menschen oder wie früher ein Stamm oder eine Nation - das ist inzwischen die Menschheit.
Das Bild vom Raumschiff Erde zeigt uns unsere Grenzen und unsere Zusammengehörigkeit. Wenn die Staaten der ehemaligen Sowjetunion im Chaos versinken und damit die Atomwaffen und die maroden Reaktoren außer Kontrolle geraten, sind wir alle bedroht. Aus Eigennutz haben wir keine andere Wahl, als mit viel Geld dort für erträgliche soziale Verhältnisse zu sorgen. Den afrikanischen Kontinent kann der kurzfristige Eigennutz sich selbst überlassen, der langfristige nicht. Wenn sich dort die Wüsten ausbreiten, wird unser Klima verändert; wenn Hungerwanderungen beginnen, werden unsere Küsten ihr Ziel sein. Die Not entwickelt Chaosmacht, auch durch Drogenhandel und internationalen Terrorismus. Und auch Armut zerstört die Umwelt. Solange große Teile der Menschheit in äußerster Bedürftigkeit leben, läßt sich die natürliche Umwelt nicht erhalten, selbst wenn die Industrieländer ökologisch verantwortlich leben - wovon sie noch weit entfernt sind. Überhaupt: Wohlstandsinseln inmitten eines Meeres von Elend - das

ist eine hochgefährdete Existenz. Zwar laufen Szenarios um, die den wohlhabenden Ländern eine Fortsetzung ihrer Lebensweise versprechen. Mobile Streitkräfte könnten weltweit Unruhen frühzeitig ersticken, elektronisch gesicherte Grenzen den Zustrom der Armen aufhalten. Umweltschäden ließen sich bei funktionierender Wirtschaft nach und nach ausgleichen, ohnehin sei Anpassen billiger als vermeiden. Solche Vorstellungen verdanken sich einem Wunschdenken, dem es an Erleuchtung gerade fehlt. Wohlstand ist nur ungefährdet, solange er den Notleidenden unbekannt bleibt, von ihnen als schicksalhaft hingenommen wird oder aber für sie unerreichbar ist. Aber all dies trifft nicht mehr zu. In dieser vernetzten Welt wissen alle von allen inzwischen zuviel, sind auch die Mittel der Gegenwehr zu verfügbar, als daß sich große Teile der Weltbevölkerung in ein wachsendes Elend fügen werden. Eine Festung Europa etwa würde durch äußere Bedrohungen und innere Spannungen so belastet werden, daß soziale Stabilität nicht mehr zu erreichen sein wird.

Aber die Bewohner der Industrieländer spüren auch an sich selbst, wie die Gewinne ihrer Industriekultur aufgezehrt werden. Erwerbsarbeit, wie wir sie kennen, gibt es längst nicht mehr für alle, und sie wird noch knapper werden. Auch der Wohlstand wird zweideutig. Wir sind ja nicht nur Autofahrer, Käufer von Konsumgütern, Urlaubsreisende; wir sind auch Atmer und Esser und Schläfer. Wir brauchen also gesunde Luft, sauberes Wasser, ruhigen Schlaf. Alles zusammen werden wir nicht mehr lange haben können; viele haben es schon jetzt nicht mehr. Unser Eigennutz gerät immer stärker in Widerspruch zu sich selbst und wird wählen müssen. Und da wir in unserem Eigennutz hin- und hergerissen sind, brauchen wir Aufklärung, was uns zur Erhaltung des Lebens und zur Freude am Leben am meisten nützt.

Der verführbare Eigennutz

Der bisherige Befund heißt: Unsere Natur hindert uns Menschen nicht, unseren Eigennutz so aufzuklären, daß er überlebensfähig wird. Aber die Hürden davor sind hoch. Können wir wirklich ein Menschheitsgefühl entwickeln, das die bald sechs Milliarden Bewohner aller Kontinente einschließt? Noch läuft es doch anders: Solange Umweltschäden in der unmittelbaren Nähe zu bekämpfen sind, beteiligen sich viele daran. Niemand möchte eine Mülldeponie vor seiner Haustür haben. Sobald die räumliche oder zeitliche Entfernung wächst, wird die Bereitschaft, sich Mühe zu machen, merklich geringer. Was weit weg ist, geographisch oder biographisch, wird in seiner Bedeutung für meinen Nutzen kaum mehr wahrgenommen, oder es tritt doch hinter die näherliegenden Sorgen und Wünsche zurück. Die eigene Arbeitslosigkeit, der so sehnlich erwartete Urlaub auf Mallorca - das ist nahe und real. Die gefährlichen Verzerrungen in der Weltwirtschaft, die Klimakatastrophe und der Hautkrebs, den sie verursachen wird - das ist weit weg und ungewiß. Weiter: Muß ich nicht befürchten, daß *ich* zwar die Natur schone und den Wohlstand teile, aber andere tun das genaue Gegenteil? Wird sich, wer das Wohl der Menschheit bedenkt, nicht in der Situation einer Krähe wiederfinden, die sich gemeinschaftstreu verhält und derweil von den andern ausgenutzt wird? Unser Eigennutz drängt uns zuerst einmal, das zu behalten, was wir haben. Die Publizistin Hazel Henderson glaubt, zu einschneidenden Veränderungen könnten Menschen einzig und allein mit durchsichtigen und greifbaren Tatbeständen gebracht werden, die sie leicht verstehen, sich bildlich vorstellen und auf ihr eigenes Leben beziehen können. Man muß das nicht für unüberwindlich halten und kann doch anerkennen, wie leicht sich der Eigennutz verführen läßt, nur das Nächstliegende zu sehen, und wie mühsam es wird, und wieviel Zeit es braucht, ihn auf die Menschheit auszurichten.

Auch ein Seitenblick auf die Spieltheorie läßt nur eine gedämpfte Hoffnung auf einen seine Grenzen erweiternden Eigennutz zu, wie Rolf Schüssler in seinem Buch »Kooperation unter Egoisten« gezeigt hat. Kooperation aus Eigennutz funktioniert danach ungestört nur in kleinen Gruppen und im sozialen Nahbereich. Soll sie auf größere Zusammenhänge übertragen werden, müssen Sanktionen und damit eine übergeordnete Instanz hinzutreten.

Diese Schwierigkeiten wachsen noch einmal, wenn man den Eigennutz und den Fortbestand der Menschheit zusammenbringen will, wenn sich mein Nutzen auf ferne Generationen beziehen soll. Ist das nicht doch reine Ethik? Ist es nicht eine ausschließlich moralische Forderung, daß wir den nach uns Lebenden eine bewohnbare Welt hinterlassen sollen? Als Willy Brandt 1980 den ersten Bericht der Nord-Süd-Kommission vorstellte, schrieb er in seinem Vorwort: »Unser Bericht gründet sich auf das wohl einfachste gemeinsame Interesse: daß die Menschheit überleben will . . .«. Ich bin unsicher, ob es dieses einfachste gemeinsame Interesse gibt. Die Menschheit besteht aus lauter einzelnen Menschen. Deren Eigeninteresse muß keineswegs notwendig die Erhaltung des Menschengeschlechtes sein. Was hat die Nachwelt für mich getan? hat ein Kritiker der Verantwortungsethik gefragt. Und Max Frisch beginnt in seinen Tagebüchern den ersten Fragebogen mit der Frage: »Sind Sie sicher, daß Sie die Erhaltung des Menschengeschlechts, wenn Sie und alle Ihre Bekannten nicht mehr sind, wirklich interessiert?« Gewiß, nur wenige werden sagen: Nach uns die Sintflut! Aber ein genuines Interesse des Eigennutzes am Fortbestehen der Menschheit vermag ich nicht zu erkennen. Über die Generation der Kinder und – schon schwächer – der Enkel reichen Vorstellungsvermögen und Beteiligung nicht hinaus. Aber das ist auch nicht nötig. Wenn jede Generation ihren Eigennutz so weit aufklärt, daß sie die Erde für ihre Kinder und Enkel bewohnbar erhält, hat sie damit für das Bestehen der Menschheit getan, was ihr möglich ist.

Der unentschiedene Eigennutz

Seiner biologischen Herkunft nach ist der Eigennutz nicht eingerichtet auf Überlebensfragen, wie sie sich unserer Generation stellen. Hoimar von Ditfurth erzählt das Beispiel der Cholera-Bakterien, die einen Organismus befallen, ihn mehr und mehr in Besitz nehmen und nicht berücksichtigen können, daß sie mit der vollständigen Durchsetzung ihres Lebensantriebs sich selbst das Leben nehmen. Sie siegen sich zu Tode, indem sie ihren Wirt töten und damit ihre Lebensgrundlage verlieren. An diesen evolutionären Zwang ist der Eigennutz des Menschen nicht gekettet. Gerade Biologen betonen, daß wir Menschen von unserem biologischen Erbe geprägt, aber ihm nicht ausgeliefert sind. Wir können unseren Nutzen überlebensfähig bestimmen und damit dem Prinzip Verantwortung einen starken Bundesgenossen an die Seite stellen - wenngleich das erhebliche Mühen erfordert. Ob sich genug Menschen dieser Anstrengung aussetzen werden, das ist noch nicht entschieden.

Die Rolle der Medien in der freiheitlichen Demokratie zu Ende des 20. Jahrhunderts

Wolfgang Schäuble

I. Probleme der Politikberichterstattung

Das amerikanische Nachrichtenmagazin »Time« erschien am 12. Juli 1993 mit einer Fotomontage als Titelbild. Es zeigte die Regierungschefs der USA sowie von Indien, China, Japan, England, Frankreich und Deutschland in Anzügen, die ihnen mehrere Nummern zu groß waren. Man könnte auch sagen: Sie füllten sie nicht aus. Im Inneren des Blattes hieß es dazu: »Where have all the leaders gone?« Auf dem Titelblatt hätten, wäre mehr Platz gewesen, noch zahlreiche andere Politiker erscheinen können - zum Beispiel die Regierungschefs von Italien und Spanien, Rußland und Polen, Ägypten und Israel, um nur einige zu nennen. Einen Monat zuvor, am 7. Juni 1993, hatte das gleiche Blatt berichtet, daß die Zustimmung, die amerikanische Präsidenten vier Monate nach ihrem Amtsantritt fanden, seit den vierziger Jahren dramatisch verfallen ist: Von 92 Prozent zu Truman über 74 bis 78 Prozent zu Eisenhower, Kennedy und Johnson sowie 59 bis 64 Prozent zu Nixon, Carter, Reagan und Bush auf 36 Prozent zu Clinton.

Auch in der Bundesrepublik Deutschland ist in den vergangenen Jahren das Vertrauen in die etablierten Parteien - CDU/CSU, SPD und FDP - erheblich zurückgegangen. Der wichtigste Grund hierfür ist die sich ausbreitende Vorstellung, die Parteien seien zur Lösung der anstehenden Probleme nicht in der Lage.[1] Eine am 26. September 1993 veröffentlichte Umfrage des Meinungsforschungsinstituts EMNID weist aus, daß zu diesem Zeitpunkt nur knapp über 20 Prozent der Deutschen der Meinung waren, CDU/CSU und SPD seien ihren Aufgaben gewachsen. 46 Prozent hingegen gaben an, sie trauten keiner Partei die Kompetenz zur Lösung der drängenden Probleme zu. Dazu paßt, daß sich von 1983 bis 1990 der Anteil der Nichtwähler bei Bundestagswahlen von 11 auf 22 Prozent verdoppelt hat.

Für diese Entwicklung gibt es sicher nicht nur eine, alles erklärende Ursache. Und die Tatsache, daß auch in anderen westlichen Ländern ähnliche, zum Teil sogar sehr viel schärfer konturierte Trends zu beobachten sind, beweist die Internationalität des Phänomens. Aber das darf kein Grund zur Beruhigung sein. Die gestiegene Unzufriedenheit mit den politischen Führungskräften und den Parteien führt nämlich auf Dauer zu einem gefährlichen Reflex: Es wächst die Unzufriedenheit

1 *Rattinger, Hans* (1993): Abkehr von den Parteien? Dimensionen der Parteiverdrossenheit. In: Aus Politik und Zeitgeschichte, Nr. B 11 (12.03.93) 24-35.

mit der Demokratie.[2] Dabei handelt es sich nicht mehr nur um eine Protesthaltung von extremen Randgruppen. Ihre Unzufriedenheit mit der Demokratie bekunden vielmehr immer häufiger Personen, die man eher der breiten Mitte zurechnen könnte. Diese Verluste in der Mitte stärken letztlich die Extremisten an beiden Seiten des politischen Spektrums und fordern deshalb die Aufmerksamkeit aller Demokraten.

Nun ist unbestreitbar, daß ein Großteil des meßbaren Vertrauensverlustes in politische Führung etwas damit zu tun hat, daß nach dem Ende des Ost-West-Konflikts und den dadurch ausgelösten Umwälzungen eine verbreitete Verunsicherung die Menschen erfaßt hat. Und es ist ebenso unbestreitbar, daß die politischen Führungen der westlichen Welt den Menschen nicht das Gefühl zu geben vermochten, sie wüßten nun, wo es lang gehen soll. Insofern sind die Regierungen und die sie tragenden politischen Kräfte von den Umwälzungen und Verunsicherungen nicht minder betroffen als die jeweilige Bevölkerung und sehen deshalb unter den Maßstäben von Führung im Sinne von Orientierung-Geben nicht besonders gut aus. Doch das erklärt allenfalls den besonders tiefen Durchhänger in der Vertrauenskurve. Daß sie generell nach unten zeigt und dies schon seit langem, muß deshalb andere und tiefere Ursachen haben.

Waren die führenden Politiker früher fähiger als heute? Selbst wenn dies im Einzelfall zuträfe, erklärt das nicht den generellen Autoritätsverlust der Regierungen, das Anwachsen des politischen Desinteresses und den Rückgang der Wahlbeteiligung in praktisch allen westlichen Demokratien. Sind die anstehenden Probleme heute größer als früher? Hierfür gibt es, unabhängig von der Ost-West-Umbruchsituation, sicher Beispiele - die Finanzierung des Gesundheitswesens, den Immigrationsdruck und die Kriminalität, um nur einige zu nennen. Es fehlt jedoch auch nicht an Gegenbeispielen, an Problemen, die heute nicht mehr bestehen oder weniger drängend sind als früher - die Armut breiter Bevölkerungsschichten, die Verwüstung der Städte, der Kalte Krieg mit seinen verschiedenen Facetten. War die Lösung der anstehenden Probleme früher einfacher als heute? Hier muß man zwischen der politischen Entscheidungsfindung und den technisch-finanziellen Ressourcen für Problemlösungen unterscheiden. Die technisch-finanziellen Ressourcen etwa zur Verminderung von Kraftwerksemissionen sind heute zweifellos größer als früher. Insofern ist die Problemlösung einfacher. Die politischen Entscheidungen, die die Voraussetzungen hierfür bilden, sind heute aber oft schwieriger, weil mehr Interessen berücksichtigt werden müssen, die sich in den Regierungen, Parlamenten, Parteien und Massenmedien artikulieren.

Was die Menschen von der Politik wahrnehmen, wird nahezu ausschließlich über die Medien vermittelt. Deshalb ist eine zentrale Frage, die sich an das Phänomen

2 *Falter, Jürgen W., Siegfried Schumann* (1993): Nichtwahl und Protestwahl: Zwei Seiten einer Medaille. In: Aus Politik und Zeitgeschichte, Nr. B 11 (12.03.93) 36-49.

des stetigen Vertrauensverlustes in die Politik und in die Politiker knüpft, ob und in welcher Weise die Medien dafür mitverantwortlich sind.
Die technische Entwicklung mit ihrer geradezu explosionsartigen Ausbreitung weltumspannender Kommunikation hat dazu geführt, daß Information in der freiheitlich organisierten Gesellschaft heute jederzeit und unmittelbar verfügbar ist. Diese moderne Kommunikationsgesellschaft ist also nicht durch ein zuwenig, sondern eher durch ein zuviel an Information gekennzeichnet. Was täglich an Nachrichten auf die Menschen herunterprasselt, kann von ihnen kaum aufgenommen, geschweige denn verarbeitet werden. Deshalb stellt sich heute - anders als zu früheren Zeiten - nicht die Frage, ob man informiert wird, sondern welche Information man wahrnimmt. Dem Wirksamwerden von Wahrnehmungs- und Durchlässigkeitsfiltern im anschwellenden Informationsfluß kommt deshalb eine zunehmende Bedeutung zu. Der Endverbraucher von Information kann dies für sich selbst dadurch organisieren, daß er nur auf bestimmte Stichworte reagiert, die für ihn persönlich eine Bedeutung haben. Wesentlicher ist, daß bereits die Medien diese Filterfunktion ausüben, die zugleich ja für die »durchgelassenen« Themen auch eine Verstärkerfunktion ist. Denn filtern bzw. verstärken in dem hier gemeinten Kontext heißt auswählen und Prioritäten setzen.
Daß damit den Medien in der liberalen Demokratie eine hohe Verantwortung zukommt, braucht nicht eigens betont zu werden. »Der Staat wird«, wie Ernst Gottfried Mahrenholz formuliert, »durch die Verfassung, durch das Handeln der Staatsorgane, der Verwaltung und der Gerichte konstituiert; die Gesellschaft (wenn man diese Zweiteilung, die sich uns ja täglich nahelegt, hinnimmt) wird durch die Medien konstituiert.«[3] Die Massenmedien bilden ein Forum für eine wachsende Zahl von Interessenvertretern - Verbände, Bürgerinitiativen, Unternehmen usw. -, die über Presse, Hörfunk und Fernsehen die politische Willensbildung der Bevölkerung und die Entscheidungen von Regierungen und Parlamenten beeinflussen wollen. In einem Zeitalter, in dem politische Kommunikation nahezu ausschließlich über die Medien stattfindet, ist das eine Selbstverständlichkeit, immer vorausgesetzt, daß sich Massenmedien nicht für partikulare Interessen einseitig instrumentalisieren lassen. Doch trifft die von Mahrenholz definierte Zweiteilung nur einen Teil der Realität. Denn die durch den technischen Fortschritt revolutionär entwickelten Medienmöglichkeiten, insbesondere der elektronischen Medien, haben nicht nur die Grenzen verwischt und den Stil der Politik und das Verhalten der Politiker verändert. Das den Medien zugewachsene Vermittlungspotential für politische Information, das ja zum Teil bereits ein Vermittlungsmonopol ist - wer geht außer einer verschwindenden Minderheit heute noch auf eine politische Versammlung? -, macht darüberhinaus den Stellenwert und die Akzep-

3 *Mahrenholz, Ernst Gottfried* (1993): Medien und Macht - Wie sichern wir Pluralismus und Transparenz? In: Bertelsmann Briefe, Mai 1993, 4-9 (Zitat S. 5).

tanz von Politik in der Gesellschaft zu einer von den Medien unmittelbar beeinflußten Größe.
So werden die Gesetzmäßigkeiten, in denen die moderne Kommunikationsgesellschaft und mit ihr auch die Politik sich einrichten, immer stärker von den Medien bestimmt. Dabei werden vor allem zwei Faktoren wirksam. Zum einen die Unmittelbarkeit des Geschehens: Die elektronischen Medien haben die Zeitdistanz zwischen Ereignis und Nachricht bis auf Null reduzieren können. Der Golfkrieg oder auch die Landung der amerikanischen Truppen in Somalia fanden live in Rundfunk und Fernsehen statt. Zum zweiten die Wahrheitsvermutung: Die Zuschauer – dazu gehören Journalisten ebenso wie Politiker – messen Fernsehbildern höchsten Realitätsgehalt zu. Die Folge ist, daß zunehmend die Medien die politischen Fakten setzen. Nicht mehr die tatsächliche politische Tat, sondern die Berichterstattung darüber löst Reaktionen aus und beeinflußt damit den Fortgang der Dinge.
Das hat ganz unmittelbare Auswirkungen auf das Verhältnis von Medien und Politik und die Rezeption von Politik in der Bevölkerung. Über das Vermittlungsmonopol der Medien wird ein Mechanismus von Reaktion und Gegenreaktion in Gang gesetzt. Das ganze findet statt auf öffentlicher Bühne, das Drehbuch schreiben die Medien, und die Politiker neigen dazu, sich ihrer Regie zu unterwerfen. Der Medienfilter läßt durch, was interessant ist. Interessant ist vor allem das Konfliktträchtige. Auf diese Weise produziert die Allgegenwärtigkeit von Kameras und Mikrofonen eine verwirrende Vielstimmigkeit. Durch die Bevorzugung von »Rebellen«, »Abweichlern« oder kühl kalkulierenden Provokateuren werden dabei häufig die Gewichte so verschoben, daß die Abweichung mehr Bedeutung gewinnt als die mehrheitliche Zustimmung, was meistens nicht nur ein schiefes Gesamtbild ergibt, sondern darüber hinaus wiederum die Politik selbst und ihre Bewertung beeinflußt.
Ein weiteres: Die politischen Entscheidungsprozesse als solche sind in der Regel nicht wesentlich länger als früher und auch nicht unbedingt komplizierter. Wesentlich verändert aber hat sich die Berichtslage. Weil die enorme Zunahme der Zahl der elektronischen Medien einen Konkurrenzdruck dahingehend erzeugt, immer aktueller und möglichst mit Originalbildern und Originaltönen zu berichten, wird je nach Themenlage aus jedem selbst nur informellen Gespräch zwischen Politikern ein Medienereignis. Was früher bis zur Entscheidungsreife mehr oder weniger hinter verschlossenen Türen vorbereitet und verhandelt wurde, findet heute quasi vor aller Öffentlichkeit statt. Soweit das der Transparenz politischer Vorgänge dient, ist dagegen nichts einzuwenden. Beim Medienkonsumenten wird dadurch jedoch oft der Eindruck ungeheurer Geschäftigkeit erweckt, ohne daß wirklich etwas geschieht. Ein solcher Eindruck führt bei höherem Problemdruck dann schnell zu dem Verdikt, es werde ständig nur geredet, aber nicht entschieden. Eben das dürfte ganz entscheidend zu dem verbreiteten Urteil beigetra-

gen haben, die politischen Kräfte seien zur Lösung drängender Fragen nicht mehr in der Lage.
Schließlich, aber nicht zuletzt, haben die elektronischen Medien aus Gründen, die hier nicht zu erörtern sind, eine Unart in ihrer Berichterstattung entwickelt, die zwangsläufig Auswirkungen auf die Wahrnehmung von Politik durch die Bevölkerung haben muß. Es geht um den zunehmenden Magazin-Charakter von Nachrichtensendungen, deren Qualität weniger nach dem Informationsgehalt, sondern nach dem Unterhaltungswert beurteilt wird. So wenig wie sich die Welt in einem Satz erklären läßt, sowenig können komplizierte politische Sachverhalte in 30-Sekunden-Statements gepackt werden. Doch das ist die Masche, nach der immer mehr Nachrichtensendungen gestrickt werden. Die Folge ist eine Produktion von Überschriften auf Kosten des Erklärungsbedarfs. Wenn Politik heute oft als kurzatmig empfunden wird, hat das auch damit zu tun.
Nun sollte man sich trotz all dieser Befunde davor hüten, in pauschale Medienschelte zu verfallen und die Krisensymptome politischer und institutioneller Entwicklungen kurzerhand bei den Medien abzuladen. Denn der Großteil von Presse, Rundfunk und Fernsehen kommt seiner Verantwortung für die und in der Demokratie zweifellos nach. Erst recht sollten Politiker, die naturgemäß bevorzugte Beobachtungsobjekte der Medien sind, sich mit Generalverdikten zurückhalten, nicht nur, weil solche meist wieder auf sie selbst zurückfallen. Schließlich kann ja nicht geleugnet werden, daß in der Regel die Politiker selbst durch ihr Verhalten erst den Anlaß zur Kritik bieten.
Vor dem oben geschilderten Hintergrund erhalten jedoch einige Entwicklungen in der politischen Medienberichterstattung durchaus eine Bedeutung für den Autoritätsverfall von Politikern und Institutionen. Es gilt zunächst zu differenzieren: Nach wie vor ist es die vornehmste Aufgabe der Medien, ihrer – vom Bundesverfassungsgericht mehrfach bestätigten – Funktion als Hüter und Wächter der freiheitlich-demokratischen Grundordnung gerecht zu werden. Diese Kontrollfunktion äußert sich am augenfälligsten im Aufdecken von Mißständen. Damit verbindet sich zugleich aber auch immer wieder die Verpflichtung, die Stabilität der freiheitlich-demokratischen Grundordnung zu stützen, sie jedenfalls nicht zu unterminieren. Hier exakt setzen kritische Fragen ein. Denn offenbar haben sich gewisse Eigentümlichkeiten in der Politikberichterstattung eingeschliffen, die zumindest im Effekt den Verfall von Autorität und den Verlust an Vertrauen in Politiker und Parteien wenn nicht verursachen, so doch jedenfalls verstärken und verschärfen. Es geht, um es auf einen kurzen Nenner zu bringen, nicht so sehr um das Was, sondern um das Wie der Berichterstattung.
Grundsätzlich steht es den Medien frei, die Auswahl der berichtenswerten Stimmen und Ereignisse so zu treffen, wie sie es für richtig halten. Diese Freiheit, die die Freiheit der tendenzmäßigen Bewertung im Kommentar notwendigerweise einschließt, muß aber kompatibel bleiben zu dem Anspruch, in der Sache objektiv

zu informieren. Einfacher ausgedrückt lautet die entscheidende Frage: Was wird thematisiert - und was nicht? Wie wird es thematisiert und welche Auswirkungen hat dies auf die Bewußtseinsbildung der Bürger? Untersuchungen in den USA, die wahrscheinlich in Deutschland und in anderen westlichen Ländern ähnlich ausfallen würden, haben insbesondere bei den elektronischen Medien eine bemerkenswerte Wandlung der Kriterien für die Nachrichtenauswahl zutage gefördert: Der alte Grundsatz, es werde über das, was wichtig ist, berichtet statt über das, was nur interessant ist, wird mehr und mehr umgekehrt. Das aber heißt: Wenn - im Schielen auf Einschaltquoten und Auflagenzahlen - das Interessante vor dem Wichtigen rangiert, hat Kassandra Konjunktur: die schlechte Nachricht dominiert, die Berichterstattung durchzieht ein Negativtrend.

Seit etwa dreißig Jahren berichten die Massenmedien immer häufiger über negative Ereignisse - politische Fehlschläge, wirtschaftliche Rückschläge, Störfälle, Unglücke usw. Dies wird unter anderem in der Umweltberichterstattung deutlich, wo - neben ernsten Störfällen - immer kleinere Betriebsstörungen immer größer dargestellt werden. Diese Entwicklung zeigt sich auch in der Berichterstattung über nahezu alle anderen Themenfelder. So stieg nach einschlägigen Untersuchungen beispielsweise in den Nachrichtensendungen des Hessischen Rundfunks der Anteil negativer Meldungen an allen Meldungen seit Ende der fünfziger Jahre von 27 auf 41 Prozent an. Ähnliche Veränderungen kann man für andere Medien annehmen, für Schweden und die USA sind sie empirisch belegt. Dies hat nach Ansicht des Kommunikationswissenschaftlers Hans Mathias Kepplinger »zwei wesentliche Konsequenzen: Zum einen förderte sie eine negative Weltsicht; die Dinge schienen sich zunehmend zum Schlechten zu entwickeln. Zum anderen stärkte sie den Zweifel an der Problemlösungskapazität des politischen und wirtschaftlichen Systems. Die Verantwortlichen schienen immer weniger in der Lage zu sein, die anstehenden Probleme zu bewältigen.«[4]

Die zunehmende Häufigkeit von Sensationsberichten ist ebenfalls Ausdruck dieses generellen Trends - des wachsenden Negativismus der Berichterstattung zahlreicher Medien, vor allem jener natürlich, deren Markenzeichen der Enthüllungsjournalismus ist. Eine unvollständige Fallsammlung in Buchform dokumentiert auf über 300 Seiten derartige Berichte.[5] Weitere Beispiele finden sich in den Jahrbüchern des Deutschen Presserates, zuletzt für das Jahr 1992.[6] Dabei geht es nicht nur, aber eben auch um Politik. Die Sensationsberichte, die zuweilen Teile regelrechter Kampagnen sind, besitzen meist einen sachlichen Kern, eine Wahr-

4 *Kepplinger, Hans Mathias* (1992): Gesellschaftskritik und Kollegenkritik. In: *Kepplinger, Hans Mathias:* Ereignismanagement. Wirklichkeit und Massenmedien. Zürich: Edition Interfrom / Osnabrück: Fromm, 128-148 (Zitat S. 129).

5 *Kalt, Gero* (Hrsg.) (1992): Schlecht informiert. Wie Medien die Wirklichkeit verzerren. Eine Fallsammlung. Frankfurt am Main: Institut für Medienentwicklung und Kommunikation.

6 *Deutscher Presserat* (o.J.): Jahrbuch 1992. Bonn: Deutscher Presserat.

heit, die nicht zu bestreiten ist. Allerdings handelt es sich hierbei oft um relativ unbedeutende Sachverhalte, die früher kaum beachtet worden wären und heute nach kurzen Phasen künstlicher Erregung schnell vergessen sind. Dieser sachliche Kern, eine private Verfehlung oder ein politischer Fehler, wird immer häufiger zu Skandalberichten aufgebläht. In ihnen sind die substantiellen Vorwürfe oft nur noch Aufhänger für Anschuldigungen, die mit der Sache selbst nichts zu tun haben.

Wohlgemerkt: Es geht nicht darum, daß darüber berichtet wird. Es geht darum, wie berichtet wird. Es geht um die Einbettung richtiger Informationen in einen spekulativen Kontext, die Unterstellung von Motiven, die niemand prüfen kann, das Verschweigen und die Abwertung entlastender Fakten, die Konstruktion von diskreditierenden Zusammenhängen, die Vermischung von Tatsachen und Spekulationen, Fakten und Meinungen usw. Zur Diskussion steht nicht die Freiheit der Berichterstattung über tatsächliche Vorkommnisse, sondern die Art und die Verhältnismäßigkeit der Mittel zu ihrer Darstellung.

Man muß nicht die Meinung des Medienkritikers Josef Nyary teilen, der beklagt, daß seit den trübsten Tagen der Weimarer Republik über demokratisch gewählte Politiker nicht mehr eine solche Flut von Hohn und Häme ausgekübelt worden sei wie derzeit. Doch ein mehr oder minder deutlicher Trend zum Despektierlichen, selbst dort, wo es gar nicht in erster Linie um Personen geht, läßt sich nicht leugnen. Mokanz, die sich bereits in den Überschriften ausdrückt, macht es jedenfalls dem Konsumenten nicht leichter, unvoreingenommen zum objektiven Sachverhalt vorzustoßen. Da verkommt dann eine normale, sachliche und engagierte Diskussion etwa in der CDU/CSU-Fraktion zum »Streit« - man sieht als Zeitungsleser förmlich die verzerrten Gesichter und die geballten Fäuste, auch wenn das mit der Realität nicht das geringste zu tun hat. Da wird, wenn aus sachlich wohl erwogenen Gründen die Mineralölsteuer erhöht werden soll, bei den Autofahrern »abkassiert«. Da sind, wenn der Bundestag seiner gesetzlich vorgeschriebenen Pflicht zur jährlichen Diätenanpassung nachkommt, wieder die »Selbstbediener« am Werk. Diese verbreitete Leichtfertigkeit im Umgang mit manchen diskreditierenden Begriffen, die das Gehege der Kommentare längst verlassen und die vermeintliche Domäne der objektiven Information, die Nachricht erobert haben, produziert viele kleine Mosaiksteinchen, welche in der Summe den Negativtrend verstärken. Auch die Rolle der sogenannten »Trendsetter« ist in diesem Zusammenhang von Bedeutung. Dabei handelt es sich um einige Prestigemedien, die den Ton angeben und thematisch deshalb als »Trendsetter« fungieren, weil sie nicht nur ein Publikum, sondern drei Publika besitzen - die Journalisten anderer Medien, die Entscheidungsträger in Politik, Wirtschaft, Kultur usw., sowie die Masse der Leser, die zu keiner dieser Gruppen gehören.

Ihre Berichterstattung - ob richtig oder falsch, fair oder unfair - wird erst durch die Resonanz, die sie in anderen Medien findet, zu einem politisch relevanten

Faktum.[7] Wenn am Wochenende Nachrichtenmagazine wie der »Spiegel« mit Hilfe der Agenturen ihre News verbreiten und sich am Wochenanfang nahezu die gesamte Medienwelt darauf stürzt, sind sie infolge solcher Mechanismen in der Lage, die politischen Themen der Woche erheblich vorzuprägen und mitzubestimmen, gleichgültig, ob der jeweilige Sachverhalt dies verdient oder nicht. Ähnliche Mechanismen werden wirksam, wenn Nachrichtenagenturen in dem Bestreben, ihre Meldungen besonders interessant zu machen, Zuspitzungen vornehmen, die dem zugrundeliegenden Sachverhalt eine ihm in der Regel gar nicht angemessene Bedeutung geben. Dabei steht naturgemäß das Konfliktträchtige, Anrüchige, kurzum das Negative im Vordergrund. Es geht also letztlich immer vorrangig um die, die den Ton angeben, und es geht darum, ob die Art und Weise, wie sie das im Einzelfall tun, den journalistischen Berufsnormen, den rechtlichen Rahmenbedingungen und den Erfordernissen einer eigenständigen Meinungs- und Willensbildung der Bevölkerung entspricht.

II. Zwangsläufigkeiten der Medienentwicklung

Ist der zunehmende Negativismus der Berichterstattung nun ein unentrinnbares Schicksal? Nur wenige Faktoren, die dem entgegenwirken könnten, können außerhalb der Medienmechanismen gesetzt werden. Ein wichtiger ist zweifellos das Verhalten von Politikern. Sie sollten nicht darüber klagen, daß über Mängel und Fehler berichtet wird, sondern stets ihr persönliches Verhalten überprüfen. Je weniger Anlaß zu Kritik man dort gibt, desto stärker rückt die politische Sache in den Vordergrund und desto weniger Gelegenheit bietet man den Medien, bestimmte Verhaltensweisen zu Krisensymptomen der Politik hochzustilisieren.
Die wesentlichen Ursachen für den zunehmenden Negativismus wird man jedoch innerhalb der Medien orten müssen und den Bedingungen, denen sie und ihre Macher sich unterwerfen. Dazu gehört zum Beispiel eine Veränderung des Selbstverständnisses eines wesentlichen Teils der Journalisten. Bis weit in die sechziger Jahre haben sich nahezu alle Journalisten als neutrale Beobachter des aktuellen Geschehens verstanden. Ihr spezielles Ethos bestand darin, nicht in dieses Geschehen einzugreifen, sondern als distanzierte Beobachter nur darüber zu berichten. »Seit Mitte der sechziger Jahre sehen sich Journalisten (jedoch) zunehmend in der Rolle von engagierten Kritikern, die mit ihrer Berichterstattung aktiv in das Geschehen eingreifen. Sie wollen, um ein Zitat von Karl Marx abzuwandeln, die

7 *Kepplinger, Hans Mathias* (1992): Systemtheoretische Aspekte politischer Kommunikation. In: *Kepplinger, Hans Mathias:* Ereignismanagement. Wirklichkeit und Massenmedien. Zürich: Edition Interfrom / Osnabrück: Fromm, 33-45.

Welt nicht mehr nur darstellen, sie wollen sie verändern.«[8] Dieser Wandel des journalistischen Selbstverständnisses ist aus mehreren Gründen in Deutschland besonders folgenreich.

In Deutschland, Italien, Großbritannien und den USA halten Journalisten gleichermaßen Objektivität für ein wesentliches Ziel ihrer Berichterstattung. Vor allem in Deutschland sehen jedoch zahlreiche Journalisten keinen Widerspruch zwischen der Verpflichtung zur Objektivität und dem Vertrauen auf die subjektiven Sichtweisen. Das Vertrauen auf die subjektiven Sichtweisen erscheint ihnen vielmehr geradezu als eine Voraussetzung für ein höheres Maß an Objektivität.[9] Hierbei handelt es sich vermutlich weniger um eine spezifische Neigung von Journalisten als um eine besondere Eigenart der Deutschen, die sich auch bei den Angehörigen anderer geistiger Berufe - z.B. Philosophen und Sozialwissenschaftlern - findet.

Nahezu die Hälfte der deutschen Journalisten billigt das bewußte Hochspielen von aktuellen Informationen, die ihre eigenen Sichtweisen stützen. Fast ein Fünftel billigt sogar das Herunterspielen von Informationen, die ihren eigenen Überzeugungen widersprechen.[10] Das berufliche Selbstverständnis, das sich darin niederschlägt, bleibt nicht ohne Auswirkungen auf die aktuelle Berichterstattung sowie auf die politische Meinungs- und Willensbildung. Vorliegende Untersuchungen zeigen: Wenn große Teile der Bevölkerung durch die von ihnen bevorzugten Zeitungen, Zeitschriften und Magazinsendungen vor allem Ereignisse erfahren, die die Politik der USA diskreditieren,[11] wenn sie vorwiegend Politikerstimmen hören, die vor der Volkszählung warnen,[12] wenn sie überwiegend Experten vernehmen, die sich gegen die Kernenergie[13] oder gegen die Gentechnik[14] aussprechen

8 *Kepplinger, Hans Mathias* (1992): Gesellschaftskritik und Kollegenkritik. In: *Kepplinger, Hans Mathias:* Ereignismanagement. Wirklichkeit und Massenmedien. Zürich: Edition Interfrom / Osnabrück: Fromm, 128-148 (Zitat S. 128); vgl. auch *Schneider, Beate, Klaus Schönbach, Dieter Stürzebecher* (1993): Westdeutsche Journalisten im Vergleich: jung, professional und mit Spaß an der Arbeit. In: Publizistik 38, 5-30.

9 *Donsbach, Wolfgang, Bettina Klett* (1993): Subjective objectivity. How journalists in four countries define a key term of their profession. In: Gazette 51, 53-83.

10 *Kepplinger, Hans Mathias* (1992): Voluntaristische Grundlagen der Politikberichterstattung. In: *Kepplinger, Hans Mathias:* Ereignismanagement. Wirklichkeit und Massenmedien. Zürich: Edition Interfrom / Osnabrück: Fromm, 60-77.

11 *Kepplinger, Hans Mathias, Hans-Bernd Brosius, Joachim Friedrich Staab, Günter Linke* (1989): Instrumentelle Aktualisierung. Grundlagen einer Theorie publizistischer Konflikte. In: *Kaase, Max, Winfried Schulz* (Hrsg.): Massenkommunikation. Theorien, Methoden, Befunde. Opladen: Westdeutscher Verlag, 199-220.

12 *Hagen, Lutz* (1992): Die opportunen Zeugen. Konstruktionsmechanismen von Bias in der Zeitungsberichterstattung über die Volkszählungsdiskussion. In: Publizistik 37, 444-460.

13 *Kepplinger, Hans Mathias* (1988): Die Kernenergie in der Presse. Eine Analyse zum Einfluß subjektiver Faktoren auf die Konstruktion von Realität. In: Kölner Zeitschrift für Soziologie und Sozialpsychologie 40, 659-683.

14 *Kepplinger, Hans Mathias, Simone Christine Ehmig, Christine Ahlheim* (1991): Gentechnik im Widerstreit. Zum Verhältnis von Wissenschaft und Journalismus. Frankfurt am Main/New York: Campus.

- obwohl die Mehrheit der Experten in beiden Fällen anderer Ansicht ist - dann hat das zwangsläufig Auswirkungen auf die Meinungsbildung der Bevölkerung.
Zur Diskussion steht hier wie zuvor nicht die Freiheit der Presse. Zur Diskussion steht, wie einzelne Medien diese Freiheit wahrnehmen. Zu kritisieren sind deshalb auch nicht die Meinungen in Kommentaren. Zu kritisieren ist der Mißbrauch von Nachrichten als journalistisches Mittel in der politischen Auseinandersetzung. Durch die instrumentelle Aktualisierung von Informationen in Nachrichten und Berichten, die den Sichtweisen der Berichterstatter entsprechen, wird die Bevölkerung häufig unvollständig und damit einseitig informiert.
Eine weitere Ursache des zunehmenden Negativismus der Berichterstattung zahlreicher Medien bildet sicherlich der verstärkte Wettbewerb innerhalb der Presse, des Hörfunks und des Fernsehens, jedoch auch zwischen den genannten Medien. Er verleitet vor allem jene Blätter, die vorwiegend am Kiosk verkauft werden, dazu, ihre Berichte immer sensationeller aufzumachen, damit sie vom Publikum und von anderen Medien beachtet werden. Ähnliches trifft auf zahlreiche Fernsehmagazine zu, die um Zuschauerreichweiten, Sendezeiten und Werbeeinnahmen kämpfen. Der Wettbewerb rechtfertigt jedoch auch dann nicht jeden Beitrag, wenn hierfür eine Nachfrage besteht. Das Publikumsinteresse ist eine Voraussetzung für den Erfolg eines Mediums, jedoch kein Rechtfertigungsgrund für die Verletzung geltender Regeln und den Mißbrauch der vorhandenen Möglichkeiten. Dies gilt für die Massenmedien nicht weniger als für andere Wettbewerber.
Schließlich darf bei der Einkreisung der Ursachen der skizzierten Entwicklung Gesetzgebung und Rechtsprechung der vergangenen Jahrzehnte nicht außer Betracht bleiben. Sie haben die Pressefreiheit, die ursprünglich ein reines Individualrecht war, zunehmend zu einem Institutionenrecht entwickelt. Dadurch wurde das Presserecht immer mehr zum Recht der Massenmedien und ihrer Mitarbeiter, das sie sozusagen treuhänderisch wahrnehmen. Dabei bleiben aufgrund der natürlichen Eigeninteressen der Massenmedien Konflikte mit anderen Rechtsgütern nicht aus.
Die angesprochene Entwicklung hat sich zu Lasten der einzelnen Bürger und zu Lasten staatlicher Einrichtungen vollzogen. Ein Beispiel hierfür ist, wie der Rechtswissenschaftler Peter Lerche gezeigt hat,[15] die Güterabwägung zwischen der Notwendigkeit militärischer Geheimhaltung und dem Interesse der Öffentlichkeit, wobei erstere zunehmend durch letztere ausgehebelt wird, weil das Interesse der Öffentlichkeit eine Leerformel darstellt: Je gravierender der Sachverhalt, desto eher kann ein öffentliches Interesse unterstellt werden.
Auf ein anderes Beispiel hat der Kommunikationswissenschaftler Hans Mathias

15 *Lerche, Peter* (1992): Presserecht und Rechtsprechung: Darstellung wichtiger Urteile. In: Pressefreiheit Pressewahrheit. Kritik und Selbstkritik im Journalismus. Erlangen: Bürger fragen Journalisten e.V., 69-82.

Kepplinger hingewiesen,[16] die Ausweitung des Zeugnisverweigerungsrechtes von Journalisten bei gleichzeitiger Einschränkung des Identitätsschutzes von Informanten der Strafverfolgungsbehörden. Sie hat dazu geführt, daß der Staat heute seine Informanten weniger gut schützen kann als die Massenmedien. Einen Beleg für die fragwürdigen Konsequenzen dieser Entwicklung lieferte im Sommer 1993 der »Spiegel« (Nr. 27/1993). Geschützt durch das Zeugnisverweigerungsrecht präsentierte er einen anonymen Informanten, der behauptete, das RAF-Mitglied Grams sei durch GSG-9-Beamte geradezu »exekutiert« worden. Parallel dazu enttarnten der »Spiegel« und andere Medien den V-Mann, der die Festnahme des RAF-Mitglieds Birgit Hogefeld ermöglicht hatte. Dadurch wurde nicht nur dessen Leben zusätzlich gefährdet, sondern auch die zukünftige Anwerbung von V-Leuten erschwert. Nur am Rande sei vermerkt, daß dieser Bericht auch zum Ausgangspunkt für den Rücktritt eines Bundesministers und die Entlassung des Generalbundesanwaltes wurde. Hier sind Ungleichgewichtigkeiten eingetreten, die mit zu der Ansicht beitragen, der Staat, die Parteien und die führenden Politiker seien ihren Aufgaben nicht gewachsen.

III. Gegenmittel

Der Mißbrauch der Pressefreiheit durch einzelne Journalisten und Medien hat auch im Journalismus selbst Spuren hinterlassen. Reinhard Appel, damals noch Chefredakteur des ZDF, stellte bereits vor mehreren Jahren fest: »Die Funktion des Journalisten besteht darin, als Kommunikationshelfer zu wirken, der . . . die gebotene Neutralität wahrt und trotzdem Provokation durch Meinungen ermöglicht. Eine Rolle, die der öffentlichen Meinungsbildung besser dient als die manchmal zu beobachtende Tendenz einiger Kollegen, als Missionare oder Praeceptor Germaniae auftreten zu müssen.«[17] Nach mehreren eklatanten Verstößen gegen journalistische Berufsnormen, z.B. anläßlich der Geiselnahme von Gladbeck und des Grubenunglücks von Borken, wurde das Verhalten von Journalisten auch in Verbandszeitschriften wie dem »journalist« heftig kritisiert. Die Enttarnung des V-Mannes von Bad Kleinen und die Schuldzuweisungen an die Beamten der GSG 9 auf der Grundlage einer anonymen Zeugenaussage wurde ebenfalls von zahlreichen Kommentatoren mißbilligt.

Im Journalismus fehlt es also nicht an Kollegenkritik - es fehlt jedoch im Vergleich etwa zur Wissenschaft an einer Kollegenkritik, die die Verantwortlichen

16 *Kepplinger, Hans Mathias* (1992): Systemtheoretische Aspekte politischer Kommunikation. In: *Kepplinger, Hans Mathias:* Ereignismanagement. Wirklichkeit und Massenmedien. Zürich: Edition Interfrom / Osnabrück: Fromm, 33-45.

17 *Appel, Reinhard* (1977): Journalisten im Schlepptau von Parteien? In: *Heygster, Anna-Luise, Hans Joachim Lange* (Hrsg.): Fernseh-Kritik. Informationsvermittler Fernsehen. Mainz: v. Hase & Koeler, 33-46 (Zitat S. 46).

eindeutig identifiziert. Hierzu ist, wie eine neuere Untersuchung zeigt, selbst unter dramatischen Umständen nahezu kein Journalist bereit. Gleichgültig, ob es sich um sachliche Irrtümer von Kollegen, um die irreführende Darstellung von Expertenmeinungen oder um die Gefährdung von Menschenleben wie im Fall der Geiselnahme von Gladbeck handelt - Journalisten sind zwar häufig von der Notwendigkeit der Kritik an den Fehlern von Kollegen überzeugt, ihre Namen wollen sie jedoch der Öffentlichkeit, auf die es als kritische Kontrollinstanz letztlich ankommt, nahezu nie preisgeben.[18]

Was sind die Gründe für die Weigerung der meisten Journalisten, Kollegen beim Namen zu nennen, die berufliche Fehler begangen haben? Mangelnde Einsicht in die Fehler ist es wohl kaum, eher schon die Annahme, daß die namentliche Kritik von den meisten Kollegen als Verrat am eigenen Berufsstand verstanden wird. So berechtigt diese Annahme sein mag, so fragwürdig ist ihre Prämisse. In einer Zeit, in der sich die Angehörigen aller Berufe - nicht nur Politiker, sondern auch Mediziner, Physiker, Verfahrensingenieure usw. - im Falle von beruflichen Fehlern der namentlichen öffentlichen Kritik stellen müssen, können sich die Angehörigen jenes Berufes, die diese Öffentlichkeit dankenswerterweise herstellten, die Journalisten, dieser Kritik nicht entziehen. Dies wäre auf Dauer nicht mit dem legitimen Anspruch vereinbar, namentliche Kritik am beruflichen Fehlverhalten anderer zu üben. Hier ist auch die Tätigkeit des Deutschen Presserates angesprochen.

Die Tätigkeit des Deutschen Presserates wird offensichtlich von vielen Journalisten, vermutlich handelt es sich um die Mehrheit, nicht sonderlich ernst genommen, weil er über keine effektiven Sanktionsmöglichkeiten verfügt. Das Gremium selbst hält sich eher vornehm zurück und anonymisiert in seinen Jahresberichten die Urheber von Verstößen gegen die Grundsätze journalistischen Arbeitens: Die Dokumentationen enthalten zwar genaue Fallbeschreibungen und aufschlußreiche Statistiken über die Art der kritisierten Berichte. Sie erwähnen jedoch weder die Titel der kritisierten Blätter, noch die Namen der verantwortlichen Redakteure. Der Öffentlichkeit werden damit - trotz der verdienstvollen Dokumentation von Verstößen gegen journalistische Normen - genaue jene Informationen vorenthalten, die ein fundiertes Urteil über die Seriosität von Presseorganen ermöglichen würden.

Damit aber fehlt auch die entscheidende Voraussetzung, um ein kritischeres Bewußtsein beim Medienkonsumenten zu erzeugen und damit wiederum die Grundvoraussetzung für einen Einstellungswandel bei allen Beteiligten zu schaffen. In Einzelfällen kann dies durchaus einmal gelingen. Als seinerzeit der »Stern« sein Desaster mit den gefälschten Hitler-Tagebüchern erlebte, gingen in der Folgezeit Auflage wie Anzeigenaufkommen spürbar zurück. Das führte zu einer selbstkriti-

18 *Kepplinger, Hans Mathias* (1992): Gesellschaftskritik und Kollegenkritik. In: *Kepplinger, Hans Mathias:* Ereignismanagement. Wirklichkeit und Massenmedien. Zürich: Edition Interfrom / Osnabrück: Fromm, 128-148.

schen Bestandsaufnahme von geschäftlichen und journalistischen Praktiken in Redaktion und Verlag und zu einem spürbaren Anstieg des publizistischen Fairplay bei der inhaltlichen Gestaltung und Themenaufbereitung. Der disziplinierende Effekt des Desasters bei den Machern wie bei den Käufern war allerdings von begrenzter Haltbarkeit.

Nun sollte man grundsätzlich nicht allzu idealistischen Vorstellungen anhängen. So wenig wie es die absolute Objektivität bei der Berichterstattung gibt, so wenig läßt sich auch ein gleichermaßen souverän kritisches Urteilsvermögen der Konsumenten erzeugen. Allerdings lohnt es mehr als nur einen Gedanken darauf zu verschwenden, ob im Zeitalter der Allverfügbarkeit von Information und der unendlichen Vielfalt von konsumierbaren Medien eine bereits im Kindesalter einsetzende Medienpädagogik nicht helfen könnte, frühzeitig die Sinne zu schärfen für einen verantwortungsvollen Umgang mit den Medien. Das dürfte langfristig nicht ohne Auswirkung bleiben auf die Medien selbst und ihre Macher. Es wäre also zu wünschen, daß Publizisten, Medienwissenschaftler, Pädagogen und - soweit erforderlich - auch Politiker in einen möglichst intensiven und fruchtbaren Dialog über diese Fragen eintreten.

Den entscheidenden Beitrag auch im Sinne von permanenter und wirksamer Selbstkontrolle müssen freilich die Medien selber leisten. Hier kann ein Blick über die Landesgrenzen hinaus hilfreich sein. Das Berufsbild von Journalisten hat sich in Deutschland anders entwickelt als in den angelsächsischen Ländern. Dies betrifft zum einen die Berufsmotivation und das Aufgabenverständnis: Während sich englische Journalisten eher als neutrale Informanten betrachten, sehen sich deutsche Journalisten als engagierte Kritiker.[19]

Die Unterschiede erstrecken sich jedoch auch auf die Organisation der Berufsarbeit. In England und in den USA wird unter anderem zwischen Reportern, die Informationen beschaffen, Editoren, die sie zu Beiträgen verarbeiten, und Kommentatoren, die die Vorgänge bewerten, unterschieden. Der Reporter muß sich folglich vorwiegend am Editor orientieren und umgekehrt. Beide treten nicht einem anonymen Publikum gegenüber, sondern Berufskollegen, die etwas von ihrem Handwerk verstehen und eine entsprechende Qualitätskontrolle ausüben. Angelsächsische Journalisten berichten deshalb erheblich häufiger als deutsche Journalisten, daß ihre Texte von Kollegen abgeändert wurden, um das Publikumsinteresse zu erhöhen und die Faktengenauigkeit zu verbessern.[20] Eine ähnliche Qua-

19 *Köcher, Renate* (1986): Bloodhounds or Missionaries: Role Definitions of German and British Journalists. In: European Journal of Communication 1, 43-64.

20 *Donsbach, Wolfgang* (1992): Instrumente der Qualitätsmessung - Internationale Entwicklung. In: Pressefreiheit, Pressewahrheit. Kritik und Selbstkritik im Journalismus. Erlangen: Bürger fragen Journalisten e.V., 43-68; *Donsbach, Wolfgang:* Journalismus versus journalism - ein Vergleich zum Verhältnis von Medien und Politik in Deutschland und in den USA. In: *Donsbach, Wolfgang, Otfried Jarren, Hans Mathias Kepplinger, Barbara Pfetsch:* Beziehungsspiele - Medien und Politik in der öffentlichen Diskussion. Fallstudien und Analysen. Gütersloh: Verlag Bertelsmann Stiftung, 283-315.

litätskontrolle fehlt im deutschen Journalismus, wo in der Regel ein Mitarbeiter für den gesamten Beitrag zuständig ist, was viel eher dazu verleitet, die ermittelten Fakten entsprechend den eigenen Überzeugungen auszuwählen oder mit der eigenen Meinung zu vermischen. Hier wären bei allem Respekt vor den eigenen journalistischen Traditionen Anleihen bei den angelsächsischen Erfahrungen sinnvoll.

Zumindest bei renommierten Medien der angelsächsischen Länder ist es zudem undenkbar, daß ein Reporter auch Kommentare oder Glossen schreibt, oder daß ein Kommentator zugleich auch Reportagen verfaßt. In vielen Fällen sind die Kommentatoren nicht einmal Angestellte der Medien, für die sie schreiben, und falls sie es doch sind, gehören sie zu völlig verschiedenen Zweigen der Unternehmen. In Deutschland ist es dagegen durchaus üblich, daß ein Journalist allein einen Bericht verfaßt, zu dem er im gleichen Blatt noch einen eigenen Kommentar liefert. Dieser Rollen-Wechsel besitzt zwar sicherlich auch Vorteile. Er lädt jedoch geradezu zur Vermischung von Kommentar und Nachricht ein, weil - bewußt oder unbewußt - die Nachricht häufig schon auf den Kommentar hin geschrieben wird. Zudem dürfte der Wechsel zwischen den Stilformen eine Ursache dafür sein, daß sich in Deutschland (und anderen kontinentaleuropäischen Ländern) - anders als in den angelsächsischen Ländern - nie ein eigenständiger Nachrichtenstil entwickelt hat, der sich schon sprachlich eindeutig vom Kommentarstil abhebt.

Der deutsch-amerikanische Kommunikationswissenschaftler Lutz Erbring, der an der University of Chicago gearbeitet hat und jetzt an der Freien Universität Berlin lehrt, hat dies durch Vergleiche deutscher und amerikanischer Meldungen über den gleichen Vorgang anschaulich dargestellt. Während z.B. amerikanische Journalisten distanziert berichteten, was Reagan und Gorbatschow im November 1987 gesagt hatten, formulierten deutsche Journalisten ihre Berichte so, als wüßten sie, ob die Aussagen zutreffen oder nicht zutreffen würden.[21] Dadurch fand eine Vermischung von Tatsachen und Vermutungen statt, durch die sich die deutschsprachigen Journalisten eine Beweislast aufbürdeten, die sie genaugenommen nicht tragen konnten, weil es keine Möglichkeit gab, die Richtigkeit ihrer Annahmen zu prüfen. Deutschen Journalisten fehlt es zuweilen an kritischer Distanz zum Geschehen. Ob sie durch eine systematische Ausbildung geschaffen und durch eine ebenso systematische Trennung der Berichterstattung von der Kommentierung gewahrt werden könnte, erscheint mir zwar eher fraglich. Aber auch hier kommt es entscheidend auf Selbstkritik und Selbstkontrolle der Medien an.

Dasselbe gilt für die Frage, ob und wie Journalisten ihre Fehler erkennbar berichtigen. Im deutschen Journalismus geschieht dies, wenn überhaupt, eher zögernd

21 *Erbring, Lutz* (1988): Journalistische Berufsnormen in amerikanischen und deutschen Nachrichten. In: *Erbring, Lutz, Stephan Ruß-Mohl, Berthold Seewald, Bern Sösemann* (Hrsg.): Medien ohne Moral. Variationen über Journalismus und Ethik. Berlin: Argon, 73-104.

und versteckt. Im amerikanischen Journalismus ist es seit den siebziger Jahren eine weit verbreitete Praxis. Sie nötigt die Mitarbeiter zur größten Sorgfalt, sichert die Zuverlässigkeit der Blätter als Quellen der Zeitgeschichte, und sie trägt außerdem zu ihrer Glaubwürdigkeit und zu ihrem Prestige bei. Die großen amerikanischen Zeitungen - New York Times, Washington Post, Boston Globe und einige andere - veröffentlichen überwiegend in eigenen Rubriken pro Monat jeweils ca. 50 Korrekturen an eigenen Beiträgen. Die meisten Korrekturen betreffen Sachaussagen über Personen und Organisationen. Am häufigsten tangieren sie die Interessen von Privatpersonen. Erst mit erheblichem Abstand folgen Geschäftsleute und Politiker. Besonders häufig werden falsche Angaben zu Personen, falsche Statistiken und falsche Datumsangaben korrigiert. Bemerkenswert häufig finden sich jedoch auch Berichtigungen von Fehlern, die durch irreführende Auslassungen entstanden sind. Generell werden zwar nur Sachaussagen korrigiert. Was als Sachaussage zu betrachten ist, wird allerdings relativ großzügig zugunsten der Betroffenen ausgelegt.[22]
Das deutsche Presserecht hat sich in den vergangenen Jahrzehnten alles in allem bewährt. Dies gilt auch, wie der Presserechtler Martin Löffler schon in den sechziger Jahren zu Recht feststellte, für den Persönlichkeits- und Ehrenschutz.[23] Wenn dennoch die Klagen über Mängel des Persönlichkeits- und Ehrenschutzes zunehmen, dann liegt das weniger am geltenden Recht als an seiner Anwendung durch die Gerichte, die den Meinungs-Begriff inflationär ausgeweitet, die Grenzen der zulässigen Meinungsäußerungen immer weiter hinausgeschoben und dadurch das Persönlichkeitsrecht ausgehöhlt haben. Dies trifft in ähnlicher Weise auch auf das Gegendarstellungsrecht zu. Wenn es in der Öffentlichkeit zulässig ist, Soldaten, die ihre Pflicht tun, als potentielle Mörder zu bezeichnen, weil es sich hierbei angeblich nicht um eine falsche Tatsachenaussage und nicht um eine persönliche Beleidigung handelt, sondern um eine politische Meinungsäußerung, dann versagen nicht die Gesetze sondern die Gerichte. Mit dem Knüppel schärferer Gesetze zu drohen, nützt da im Zweifel wenig, weil das nur zur Verhärtung der Fronten beiträgt. Vor allem setzen sich Politiker, die dies tun, immer sofort dem Vorwurf aus, sie wollten die Pressefreiheit grundsätzlich einschränken. Auch hier kann gegenseitige Kontrolle der Medien untereinander durch offene Kritik sehr viel wirkungsvoller sein. Gleichwohl ist darüber nachzudenken, ob angesichts eines immer skrupelloser vorgehenden Enthüllungsjournalismus, von dem ja viele Menschen, beileibe nicht nur Politiker betroffen sind, der Persönlichkeitsschutz nicht doch verbessert werden müßte.

22 *Whitney, D. Charles* (1986): Begging Your Pardon: Corrections and Corrections Policies at Twelve U.S. Newspapers. New York: Gannett Center for Media Studies (Gannett Center Working Papers).

23 *Löffler, Martin* (1963): Der Verfassungsauftrag der Presse. In: *Wilke, Jürgen* (Hrsg.): Pressefreiheit. Darmstadt: Wissenschaftliche Buchgesellschaft, 343-356.

IV. Politikvermittlung und politische Führung in der Mediendemokratie

Politik und Medien, Politiker und Journalisten sind aufeinander angewiesen. Diese Tatsache ist allgemein bekannt und anerkannt. Fraglich ist jedoch, ob daraus immer die richtigen Konsequenzen gezogen wurden. Politik und Medien können langfristig nur dann ihre spezifischen Aufgaben erfüllen, wenn sie ihre Eigenständigkeit bewahren und die Eigenständigkeit der jeweils anderen respektieren. Dies war und ist nicht immer der Fall. Ein Beispiel hierfür ist der öffentlich-rechtliche Rundfunk. Er hat an der politischen Ausrichtung der Mehrheit seiner Journalisten und an der Politisierung seiner Aufsichtsgremien Schaden genommen, die dieser Parteilichkeit Einhalt gebieten sollten, dabei jedoch weitgehend gescheitert sind. Wenn zwei Drittel der befragten Rundfunk- und Fernsehräte aufgrund eigener Erfahrungen der These von Carlo Schmid zustimmen: »Öffentlich-rechtliche Unternehmen von der Größenordnung unserer Fernsehanstalten kann man in ihrem organisatorischen, finanziellen, personalpolitischen Gebaren nicht durch Gremien von Dilettanten kontrollieren, die sich einmal im Monat beraten«,[24] drängt sich die Frage auf, ob sich die Parteien nicht aus diesen Gremien zurückziehen sollten.

Ein wesentlicher Grund für die skizzierten Fehlentwicklungen ist jedoch die mangelnde Distanz von Politikern zu den Medien. Dies zeigt sich erstens in einer Vermischung von beruflichen und privaten Beziehungen, von offiziellen und inoffiziellen Kontakten. Hier geht nicht selten die notwendige berufliche Offenheit im Umgang miteinander in eine überflüssige Vertraulichkeit über, die unter Umständen für beide Seiten schädlich ist. Es zeigt sich zweitens in dem Versuch, die Medien ohne Rücksicht auf die Eigengesetzlichkeiten des Journalismus für die Politik einzuspannen. Vielfach fehlt Politikern sowohl die hinreichende Kenntnis der Arbeitsbedingungen von Journalisten, als auch ein angemessenes Verständnis für ihre Sichtweisen und Probleme. Und es zeigt sich drittens in der Absicht, mit Hilfe der Medien und unter Vernachlässigung der Parteibasis und der Bevölkerungsmehrheit politische Karriere zu machen.

Dies mag kurzfristig erfolgreich sein, ist langfristig jedoch – wie aktuelle Beispiele aus allen etablierten Parteien belegen – zum Scheitern verurteilt. Die Legitimation der Politiker beruht auf der Zustimmung der Wähler, der Parlamente, der Parteimitglieder. Es ist sicher kein Zufall, daß die demokratischen Politiker, die die Politik der letzten Dekade am längsten und nachhaltigsten geprägt haben – Ronald Reagan, Helmut Kohl und Margret Thatcher – ihre Politik gegen die Mehrheit der meinungsbildenden Medien durchgesetzt haben, wobei sich ihr Umgang mit den Medien deutlich unterschied. Wer versucht, die Zustimmung politischer Einrich-

24 Zitiert nach: *Kepplinger, Hans Mathias, Thomas Hartmann* (1989): Stachel oder Feigenblatt? Rundfunk und Fernsehräte in der Bundesrepublik Deutschland. Eine empirische Untersuchung. Frankfurt am Main: Institut für Medienentwicklung und Kommunikation, 75.

tungen - Parteien, Fraktionen, Parlamente - durch die Popularität zu kompensieren, wie sie die Medien verschaffen, unterwirft sich den Gesetzen der Medien und darf sich nicht wundern, wenn er ihnen zum Opfer fällt.
Natürlich ist es verständlich, wenn Politiker ihre Qualität auch daran messen, ob sie von den Medien wahrgenommen werden. Doch die Kehrseite der Medaille ist, daß sich viele für nahezu alles, auch für Dümmlichkeiten einspannen lassen, um überhaupt in einer Zeitungsspalte oder auf einem Bildschirm zu erscheinen. So kann persönliche Glaubwürdigkeit und personale Würde nicht wachsen. Man macht sich im Gegenteil häufig zum Spielball, um nicht zu sagen zum Depp der Medien. Die Glaubwürdigkeit von Politikern und der Politik insgesamt hängt nicht von der augenblicklichen Zustimmung der Medien ab, so verführerisch dieser Gedanke auch sein mag. Ein genauer Blick auf die strittigen Entscheidungen der letzten Jahre - die Verwirklichung des NATO-Doppelbeschlusses, die Durchführung der Volkszählung, die Einführung des fälschungssicheren Personalausweises, die Novellierung des Paragraphen 116 des Arbeitsförderungsgesetzes, die Verlängerung der Ladenöffnungszeiten am Donnerstag und vieles mehr - belegt, daß sich die künstliche Erregung schnell gelegt hatte, nachdem die politischen Entscheidungen durchgestanden waren.
Führungskraft in der Politik und damit deren Glaubwürdigkeit erweist sich heute mehr denn je in der Fähigkeit, notwendige Entscheidungen zu treffen und durchzustehen. Das verlangt Distanz zu den Medien und Widerstandskraft gegenüber einem von diesen erzeugten öffentlichen Druck. Es verlangt häufig Askese, um der Versuchung zu widerstehen, etwas in vorgehaltene Mikrofone zu sagen oder in bereitgehaltene Journalistenblöcke zu diktieren, ohne daß wirklich etwas zu verkünden wäre. Und es verlangt nicht zuletzt ein elitäres Bewußtsein, das mit Arroganz nichts, aber mit einem Gefühl für Verantwortung im Rahmen des vom Wähler übertragenen Vertrauens viel zu tun hat.
So sehr sich hier also ein Mehr an Diskretion und Zurückhaltung empfiehlt, das auch von den Medien akzeptiert werden müßte, so sehr ist andererseits ein größeres Maß an Disziplin bei den Politikern erforderlich. Das Ansehen der demokratischen Institutionen hängt maßgeblich ab vom Verhalten der sie verkörpernden bzw. repräsentierenden Personen. Wenn selbst bei wichtigen Debatten ein gähnend leerer Plenarsaal gezeigt wird, dann hat das auf Dauer Auswirkungen auf das Ansehen sowohl des Bundestages wie das seiner Abgeordneten. Das ist nicht den Medien vorzuwerfen, auch nicht die kritischen Anmerkungen, die diese oft an den ärgerlichen Tatbestand knüpfen. Natürlich spielt sich die Arbeit von Abgeordneten nicht nur im Plenarsaal ab, und natürlich gibt es immer tausend Gründe, die einen an der dauernden Präsenz im Plenum hindern. Aber die repräsentativen Institutionen der Demokratie, allen voran der Deutsche Bundestag und seine gewählten Abgeordneten, sind letztlich selbst für das Bild verantwortlich, das sie der Öffentlichkeit bieten.
Glaubwürdigkeit von Politik und Führungskraft setzen sachgerechte und konse-

quente Anwendung politischer Überzeugungen auf aktuelle Herausforderungen voraus. Dies verlangt Selbstbewußtsein mit Blick auf die langfristigen Ziele, es erfordert Diskretion als Voraussetzung für die Funktionsfähigkeit repräsentativer Demokratie und braucht Offenheit für die berechtigten Interessen der Massenmedien. Auf dem Jahrmarkt der Eitelkeiten, den Journalisten und Politiker bevölkern, läßt sich viel Kredit verspielen – zum Schaden des Gemeinwohls, das für beide an erster Stelle stehen sollte.

Radio und Fernsehen in der Zeit der Gegenaufklärung

Ernst Elitz

Am Rande der Berliner Funkausstellung saßen sie in der Akademie der Künste zusammen und diskutierten über Zustand und Zukunft der elektronischen Medien. Die Medien hätten die Aufgabe, die Menschen klüger zu machen, ohne dabei oberlehrerhaft zu wirken, sagte die prominente Radiojournalistin. Das Fernsehen, meinte der eine Intendant, diene als Massenmedium zuvörderst der Unterhaltung. Der andere Intendant auf dem Podium gab sich da skeptischer. Mit der Schrift gingen die Menschen seit ein paar tausend Jahren um, das bewegte Bild dagegen sei erst knapp hundert Jahre alt. Die Sprache dieses Mediums müßten die Menschen darum noch erlernen; wir wüßten noch gar nicht, wie die Bildsprache überhaupt wirke. Der Gewerkschaftsmann in der Runde klagte, daß die Arbeitnehmer die schwer erkämpfte Freizeit jetzt »einem Medium opfern, das immer weniger unseren kulturellen Vorstellungen entspricht«. Nur der Mann vom Privatfernsehen, der im Bentley vorgefahren war, mochte in diese Trauerreden nicht einstimmen. Er strahlte angesichts steigender Einschaltquoten und satter Renditen Zufriedenheit aus: Die Zuschauer seien nun mal mündige Bürger, denen die Medien ein »Dienstleistungsangebot machen und sie wählen dann aus - nach Qualität«. Kurz gesagt, Qualität definiert sich dann nur noch per Einschaltquote. Ins Literarische abgewandelt werden Hedwig Courths-Mahler und Karl May zu Heroen der schönen Literatur. Hölderlin und Marcel Proust lagern dagegen mangels Qualität nur noch in einem verstaubten Regal auf der Remise.

Die Fernsehfernbedienung, die dem durchschnittlichen Kabelhaushalt heute zwei Dutzend, demnächst an die zweihundert Programme ins Haus bringt, ist das Symbol dieses neuen Medienzeitalters mit seinem demokratisierten Qualitätsbegriff. Aufklärung, Bildung und Kunst sind in dem elektronischen Kiosk, der in rund 32 Millionen deutschen Haushalten steht, zum Minderheitenangebot geworden. Billige Ratespiele, in denen kreischende Hausfrauen Waschmaschinen gewinnen, Fernseh-Peep-Shows, in der sich auch noch die absonderlichste sexuelle Obsession den häuslichen Voyeuren anbietet, Unterhaltungs-Tingeltangel, Brüll-Shows und das Leporello der Werbebotschaften markieren die erfolgreiche Gegenbewegung zu den öffentlich-rechtlichen Idealen, die in den Rundfunkgesetzen und in den Köpfen einiger Programmverantwortlicher von ARD und ZDF noch ihr Dasein fristen. Aufklärung, kritische Öffentlichkeit und eine Gesellschaft, die sich durch »ein bestimmtes gemeinsames Interesse an Nachrichten« konstituiert (Mahrenholz), ist auf dem Rückzug vor der Invasion einer Unterhaltungsindustrie, die aus kaufmännischem Kalkül mit aggressiven Programmelementen die Grenzen des für den Zuschauer gerade noch Erträglichen austestet (Helmut Thoma). War das Buch das Medium der Aufklärung, so sind Radio und Fernsehen in den 90er Jahren unseres Jahrhunderts zum Medium der Gegenaufklärung geworden.

Die modernen Begriffe, nach denen die Mediengesellschaft funktioniert, heißen Fun and Business. Wer die Senderskala an seinem Radioapparat einmal von vorn nach hinten durchtastet, kommt sich vor wie auf einem Vergnügungsdampfer. Nun sei niemand das Vergnügen mißgönnt, sich morgens bei Dudelmusik zu rasieren, sich von Werbespots in den nächsten Supermarkt treiben zu lassen, im Dino-Fieber Kinokarten zu kaufen, sich schnell noch ein paar Meldungen über Massaker in Bosnien und Putsch in Moskau reinzuziehen und die Bücher für die Urlaubslektüre nach der Bestseller-Liste auszuwählen. Man kleidet sich nicht nur modisch. Man liest die Bücher und hört die Musik der Saison.

Die Medien weisen den Konsumenten dieser Wegwerfkultur einen bequemen Weg. Wer die schnellen Moden mitmacht, macht nichts falsch, eckt nicht an und weiß immer, was gerade in und was out ist. Er braucht sich keine eigenen Gedanken zu machen. Radio- und Fernsehprogramme für solche Anpasser gibt es genug.

Gerade deshalb stellt sich die Frage so dringend: Wieviel Aufklärung und Kultur brauchen die Medien? Die Produktion einer Mitläufergesellschaft, die gedankenleer und sprachlos dem Fun- und Business-Weg folgt, ist ein Programm gegen Verstand und Geschmack, gegen Kreativität, gegen Eigenständigkeit und Widerspruch.

Das erweiterte elektronische Angebot hat nicht – wie ursprünglich versprochen – zu mehr Meinungsvielfalt, sondern zur Vervielfältigung der Einfalt beigetragen. Die Menge an Nachrichten und Meinungen ist nicht unbegrenzt vermehrbar. Zweifellos gibt es nicht nur eine gültige Meinung zu den Maastrichter-Europaverträgen, zur Autonomie eines Kurden-Staates, zur Schuldfrage am Balkankonflikt, zur Drogenpolitik, zum Lauschangriff oder zur Verstrickung ehemaliger DDR-Bürger in das Stasi-Netz. Aber wenn »Spiegel TV« bei RTL die »Spiegel«-Meinung zu Stolpe ins Fernsehen überträgt, wenn das Loblied auf den Bundeskanzler nicht nur in Springers »Welt«, sondern auch im Springer/Kirch-Kanal SAT 1 erklingt, wenn eine Meinung nicht nur in einem Kommentar, sondern in hundert Talk-Sendungen verbreitet wird, dann wird die vielgefürchtete Meinungsmacht der Medien nicht aufgebrochen, sondern verstärkt. Auch das Bedürfnis des Zuschauers an der Aufnahme von Nachrichten und Meinungen ist nur begrenzt. Deshalb ist im Gesamtangebot des elektronischen Kiosk der Anteil an seriösen Informationssendungen rapide zurückgegangen. Unterhaltung ist Trumpf. Und gerade in Zeiten der Wirtschaftsmisere, zunehmender Arbeitslosigkeit und wachsender Existenzsorgen wählen viele Zuschauer ein Kontrastprogramm zu ihrer persönlichen Misere. Fern jenes »Sapere aude«, des »Habe Mut, dich deines eigenen Verstandes zu bedienen« (Immanuel Kant), lösen sie sich einen Freifahrschein für den Vergnügungsdampfer, der sie in eine Traumwelt ohne Probleme entführt.

Die Flucht vor der bedrängenden Wirklichkeit ist keine Eigenheit der Einfältigen.

Die Übermittlungs- und Übertragungstechnologie läßt uns an allen Ereignissen nahezu zeitgleich teilnehmen. Kaum ein Konfliktherd auf dieser Erde bleibt unbeobachtet, keine Katastrophe findet im Verborgenen statt. Es gibt heute nicht mehr Kriege, nicht mehr Hungersnöte, nicht mehr Erdbeben und Vulkanausbrüche auf dieser Erde als früher. Nur heute sind sie uns ständig präsent. Ein jeder von uns hat in seinem Seelenhaushalt aber nur begrenzten Raum für deprimierende Eindrücke, die die Hilflosigkeit anderer zeigen und uns selber hilflos machen. Wenn irgendwo auf der Welt Kinder hungern, Bomben fallen, Terroristen schießen und Naturkatastrophen Unheil anrichten, dann reagieren große Teile des Publikums ablehnend und möchten am liebsten ein Schild vor dem Bildschirm aufstellen: »Schlechte Nachrichten unerwünscht!« Es vergeht kaum ein Tag, an dem nicht ein treuer Tagesschau- oder »heute«-Zuschauer öffentlich kundtut, er schalte diese Sendungen aus Frust über das Bildschirmelend immer seltener ein. Die Einschaltquoten der Nachrichtensendungen gehen unübersehbar nach unten.
Kein anderes Medium zeigt die Wirklichkeit so unverblümt und schockierend wie das Fernsehen. Es ist schon ein Unterschied, ob ein Zeitungsreporter über die Kumpel von Bischofferode schreibt, oder ob die Streikenden ihre Verzweiflung per Bildschirm ins Wohnzimmer schreien. Fernsehbilder von einem Feuerüberfall in Sarajevo erschüttern uns mehr als ein schwarz-weißes Zeitungsfoto. Beim Fernsehen liegen die Nerven offen. Das erklärt auch die Abwehrbewegung. Deshalb schalten auch Sensible die Nachrichten manchmal ab. Der Realitätsschock des Fernsehens ist auf Dauer nur zu verkraften, wenn man ab und zu Fernsehpause macht.
Solche Einsichten sind neu. Und sie kontrastieren mit einem Hang, die Reizschwelle für Gewaltdarstellungen, Einblicke in die Intimsphäre und Verbreitung von Verdächtigungen immer weiter zu senken. Im »Reality TV« werden Verbrechen im Fernsehen nachgespielt. In den Vereinigten Staaten behaupten Fernsehkanäle ihren Marktanteil, indem sie Gerichtsverhandlungen über Mord, Totschlag und Vergewaltigung präsentieren. Es droht ein »24-Stunden-Kriegs-TV«, das den Golf-Krieg noch einmal in allen Einzelheiten darstellt und alte Kriegsfilme abspielt. Der elektronische Kiosk ermöglicht die Wirklichkeitsflucht und trägt bei zur Befriedigung voyeuristischer Lust. Er pflegt wie einst nur die Groschenblätter die Schadenfreude, wenn Mächtige stürzen und er spielt mit dem Rufmord.
Mit melancholischem Blick liest man angesichts dieser elektronischen Wirklichkeit Ernst Gottfried Mahrenholz Betrachtung über »Die Medien in der parlamentarischen Demokratie«: Auf der Agora, die Rundfunk schafft, werden nicht nur die Angelegenheiten der Polis sachkundig beraten. Diese Agora ist inzwischen voll von Marktplatzgewäsch. Wir müssen eingestehen, daß die Integrationskraft des Mediums nachgelassen hat. Wie am Presse-Kiosk am Hauptbahnhof wählt jeder nur das Produkt, das seine persönlichen Bedürfnisse befriedigt. Der eine wedelt im Slalom von einer Unterhaltungssendung zur nächsten, der zweite befriedigt seine Gewaltphantasien, der dritte genießt nur noch Klatsch und Schaden-

freude, der vierte interessiert sich vielleicht noch für Politik und Kultur, der fünfte wehrt sich gegen die übermächtige Flut der Bilder und Töne und schaltet ab.
Das öffentlich-rechtliche Fernsehen ist - das beweist uns auch jeder Blick auf die Einschaltquoten - kein Medium für die Masse mehr, aber es muß ein Medium bleiben, das Maßstäbe setzt für eine Öffentlichkeit, die sich nicht kritiklos vom Strom der Zeit mitreißen läßt, sondern die Aufklärung verlangt und an Entscheidungen mitwirken und die Zukunft mitgestalten will. Maßstäbe in diesen Mediendschungel zu setzen und Orientierungspunkte für die politische Aufklärung zu schaffen - das ist die eigentliche Aufgabe des öffentlich-rechtlichen Rundfunks in unserer Zeit. Die neuesten Meinungsumfragen belegen einen starken Glaubwürdigkeitsverlust der elektronischen Medien. Doch wenn die Demoskopen fragen, ob RTL oder SAT 1, ARD oder ZDF »glaubwürdig« sind, dann ist der Glaubwürdigkeitsvorsprung der Öffentlich-Rechtlichen noch unübersehbar. Satellitenbilder vom entferntesten Punkt des Globus kann sich heute jeder zusammenkaufen. Jeder kann aus dem Material der Nachrichtenagenturen Texte zusammenstellen, die den neuesten Faktenstand vermitteln. Aber in unserer immer komplizierter werdenden Welt ist Tiefenschärfe gefragt. Es geht darum, aktuelle Ereignisse einzuordnen, historische Bezüge aufzuzeigen, Entwicklungslinien zu verfolgen und Beurteilungsmaßstäbe zu vermitteln.
Die Öffentlich-Rechtlichen müssen nicht der neuesten Mode nachlaufen. Sie müssen sich ihrer prägenden Kraft für die politische Kultur bewußt bleiben. Ihr Bildungsauftrag liegt heute in der vertiefenden Information. Wer nur die aktuellen Zahlen der Asylbewerber vermeldet, aber nicht auch in eindringlichen Dokumentationen auf die Fluchtursachen verweist, wer nur gräßliche Bilder vom Balkankrieg zeigt, aber nicht die Ursachen der Konflikte darstellt, wer nur die Skinheads in schockierenden Bildern auftreten läßt, aber nicht zugleich Ursachen und Lösungsmöglichkeiten für den aufkommenden Rechtsradikalismus diskutiert, wer nur Oberfächenbilder bietet und sich nicht um Tiefenschärfe bemüht, der wird den Ansprüchen von politischer Bildung und aufklärendem Journalismus nicht gerecht. Eine Gesellschaft, die sich von aktuellen Bildern betäuben läßt, verliert ihre Urteilskraft. Öffentlich-rechtlicher Rundfunk darf nicht zur Sensationsmaschine verkommen. Er darf nicht Ängste schüren und Vorurteile verbreiten.

- Er muß der Politikverdrossenheit durch spannende innenpolitische Reportagen und Debatten entgegenwirken.
- Er muß gerade in einer Zeit des wirtschaftlichen Abschwungs durch intensive Berichterstattung über ökonomische und soziale Zusammenhänge Einsichten vermitteln und Orientierungen geben.
- Er muß in einer Zeit zunehmender internationaler Konflikte, die sich auf die Deutschen hautnah auswirken, seine Auslandsberichterstattung verstärken.

Professioneller Journalismus darf keine politischen Scheuklappen tragen. Natürlich werden politisch wache Journalisten auch ihre eigene politische Meinung haben. Es gibt genügend Plätze im Programm, wo pointierte Bekenntnisse ge-

fragt sind. Zum Beispiel beim Tagesthemen-Kommentar. Wenn nach der Sendung die Telefone klingeln und am nächsten Morgen ein Fax nach dem anderen mit Zustimmung oder Ablehnung eingeht, dann hat der Kommentator den politischen Nerv getroffen. Er hat zum Nachdenken angeregt, hat Stellungnahmen provoziert und Diskussionen angestoßen.
Der Rundfunk ist kein Hort ewiger Wahrheiten. Fernsehen und Radio sind Medien, in denen unterschiedliche Wahrheiten und konkurrierende Sichtweisen nebeneinanderstehen. Nicht einschläfernde Ausgewogenheit, sondern Konkurrenz der Meinungen muß die Devise heißen. Widerspruch ist erwünscht, Visionen sind gefragt. Das ist lebensnotwendig für ein Land, das sich Gedanken machen muß über seine Zukunft, über sein Verhältnis zu den Nachbarn und dem Rest der Welt, ein Land, das in Gedanken immer noch gespalten ist und erst noch zusammenwachsen muß. Mit möglichst viel Fun lassen sich solche Zukunftsaufgaben beiseite schieben, lassen sich Gegensätze verkleistern. Aber elektronische Medien, die sich als Aufklärungsinstanz verstehen, können die Menschen und ihre unterschiedlichen Erfahrungen zusammenführen. Sie müssen neugierig aufeinander machen. Rundfunk in Deutschland muß die Nation vereinen.
Wer kennt im Westen schon die literarische Tradition in der DDR, die sich auch neben den allseits bekannten Dissidenten fruchtbar entwickelt hat. Wer im Osten kennt die Kapitel der Geistesgeschichte, die im westlichen Teil des Landes von Adorno bis Bloch, Martin Buber und Hannah Ahrendt geschrieben und diskutiert wurden. Wer könnte das gegenseitige Kennenlernen besser vermitteln als Radio und Fernsehen, die auf die Kraft der Worte vertrauen und programatisch klarmachen, daß es auch Abenteuer im Kopf und nicht nur im Kino gibt. Mit den Medien läßt sich auch eine gemeinsame Geschichte entdecken. Wer im Westen kennt schon Thomas Müntzer, wer im Osten weiß mehr über die Weimarer Republik als ein bißchen vom Klassen- und Straßenkampf zwischen Faschisten und Kommunisten und dem dazu grinsenden Großkapital. Die Neugier auf eine gemeinsame Geschichte, die für ein paar Jahrzehnte gespalten war, kann geschürt und befriedigt werden - im Radio und im Fernsehen.
Es gibt ein Leitwort für diese Kultur des Kennenlernens. Es heißt: Das Eigene muß so gut gelernt sein, wie das Fremde. Das paßt - obwohl vor zweihundert Jahren von Hölderlin formuliert - ganz gut für den Rundfunk von heute. Vieles müssen die Deutschen sich aneignen, von dem was bisher fremd war, aber was auch zu ihrer gemeinsamen Vergangenheit gehört. Mit dem Einschaltknopf am Radio und der Fernbedienung seines Fernsehgeräts kann der Mediennutzer das Fenster zur Vergangenheit und zu den Nachbarn aufschlagen. Vor dem Mikrophon erteilt der Redakteur auch denen das Wort, die sich Gedanken machen über die Zukunft, die Widerspruch leisten und öffentliche Kontroversen anzetteln - über Politik und Geschichte, über Literatur, Theater und Musik.
In der Frage: »Was kosten solche Programme, wieviele schauen und hören überhaupt zu?« schwingt immer auch mit: muß es denn überhaupt sein? Das fragen die

Rechenmeister vor allem, wenn Kultur nicht nur für den Kopf gemacht wird, sondern wenn Sinfonie-Orchester spielen, wenn erstklassige Interpreten für ihre Kunst Honorare fordern, die über die von Tony Marshall hinausgehen und wenn Fernseh- und Hörspiele produziert werden, was allemal teurer ist als eine Lesestunde. Die simple Gleichung »was teuer ist, muß auch Einschaltquoten von Millionen haben« mag für die Fun- und Business-Branche gelten. Da wird Programm gemacht, um mit einer Vergnügungsmaschine von der Wirklichkeit abzulenken und um Geld zu verdienen. Für die Kultur gilt diese Quotengleichung nicht. Und wer das mit Nachdruck vertritt, muß keinesfalls ein schlechtes Gewissen haben. Ein Gedicht von Bobrowski, ein Essay von Popper, eine Oper von Henze, die Konzerte eines Radio-Sinfonie-Orchesters haben in einer Gesellschaft, die sich nicht nur vom Kapitalmarkt her definiert, einen anderen Wert als ihn der Kassier am Bankschalter ausrechnen kann. Lesen, Hören, Musizieren, die Herausbildung von Verstand und Geschmack, die Anstiftung öffentlicher Kontroversen sind unverzichtbar für eine Kulturnation.

Radio und Fernsehen sind Massenmedien. Die Fülle der Kanäle ist auch eine Chance. Keiner kann heute jedem alles bieten. Jeder hat seine Kundschaft. Jeder – ob durch Werbung oder durch Gebühren finanziert – bemüht sich, neue Zuschauer und neue Hörer zu gewinnen. Diese Chance dürfen im Fernsehen nicht nur Sex-Kanäle, im Funk nicht nur Rockmusik- und Dudelsender haben. Auch die Kultur und die politische Aufklärung müssen sich diesem Wettbewerb stellen und offensiv um Zuschauer und Hörer werben, und die Kultur müssen nicht gleich vor Scham im Boden versinken, wenn sich ihr Publikum nicht nach Millionen, sondern nur nach Zehn- oder Hunderttausenden rechnet.

Die Wirkung ihrer Programme läßt sich allein mit statistischen Methoden nicht messen. Wer anspruchsvolle Programme sieht oder hört zählt zu den Meinungsbildnern. Ob am Arbeitsplatz oder im Bekanntenkreis prägt er Diskussionen, nimmt Einfluß auf Stil und Geschmack. Radio und Fernsehen ist Kultur für die Gesellschaft. Sie ist keine Kultur für Eliten. Sie erreicht viele. Die einen direkt, andere erst auf Umwegen. Bei manchen kommt sie zugegebenermaßen gar nicht an. Aber sie ist ein Lebenselexier für die Gesellschaft.

Wenn unsere Programme sich an diesen Profilen orientieren, dann werden die Öffentlich-Rechtlichen auch künftig Verbündete für Gebührenanpassungen oder Erweiterung von Werbezeiten haben: In der Politik, die sich am selbst angerichteten Menü der privaten Fernsehprogramme schon übergessen hat, und vor allem in den Rundfunk- und Verwaltungsgeräten, die auf die Einhaltung eines Maßstabes pochen, der für die Öffentlich-Rechtlichen gerade in der Zeit der Gegenaufklärung gelten muß. Dieser Maßstab heißt Verstand und Geschmack. Das ist ein unverzichtbarer Maßstab für die ganze Gesellschaft, die ohne diese Orientierungsmarken sprachlos- und gedankenleer würde.

Kann der Rundfunk die Vorgaben des Bundesverfassungsgerichts einlösen?

Hermann Fünfgeld / Thomas Gebel

Die duale Rundfunkordnung in der Bundesrepublik Deutschland gehört inzwischen zum Bestand unseres Alltags. Das duale System, d.h. das Nebeneinander von öffentlich-rechtlichem und privat-rechtlich organisiertem Rundfunk, weist in rechtlicher, politischer, gesellschaftspolitischer und wirtschaftlicher Hinsicht eine Reihe von stabilisierenden Faktoren auf:

I. Hohe Legitimation des dualen Systems

Die Landesgesetze für den öffentlich-rechtlichen Rundfunk sowie für den privaten und kommerziellen Rundfunk werden ergänzt durch den Staatsvertrag unter den deutschen Bundesländern über den Rundfunk im vereinten Deutschland vom 31. August 1991. Dieser Staatsvertrag enthält eine einheitliche Rahmenordnung auf dem Gebiet des Rundfunks für die 16 Länder der neuen Bundesrepublik. Die für die Einzelstaatsverträge geltenden Kündigungsfristen lassen den politischen Willen erkennen, möglichst dauerhafte Leitlinien zu schaffen. Der Rundfunkstaatsvertrag und der Rundfunkgebührenstaatsvertrag enthalten grundsätzliche ordnungspolitische Elemente. Sie sind u.a. auf eine Mindestlaufzeit bis zum Jahresende 1998 angelegt. Erfolgt bis dahin keine Kündigung, ergibt sich die nächste Gelegenheit erst wieder vier Jahre später, also im Jahre 2002.[1] Den rundfunkrechtlichen Eckpfeilern des dualen Systems wird damit eine hohe Lebensdauer zumindest zugetraut.
Zwischen den maßgebenden politischen Parteien besteht ein Grundkonsens zur Fortführung des dualen Systems. Die wichtigen Institutionen der Gesellschaft wie Verbände, Kirchen, Gewerkschaften, auch die Printmedien respektieren und unterstützen diese Lösung.
Die bestehende Rundfunkordnung verfügt über eine hohe Legitimation durch die breite Nutzung der Radio- und Fernsehangebote der öffentlichen und der privaten Anbieter und durch eine hohe Akzeptanz der Rundfunkgebühr.
Das ökonomische Potential der werbungtreibenden Wirtschaft ermöglicht eine großzügige Finanzierung des kommerziellen Systems, vor allem auf dem Gebiet

1 Staatsvertrag über den Rundfunk im vereinten Deutschland vom 31.8.1991, Art. 1 Rundfunkstaatsvertrag § 37, Art. 4 Rundfunkgebührenstaatsvertrag § 11.

des Fernsehens, und ließe auch eine Verbesserung der Mischfinanzierung für den öffentlich-rechtlichen Rundfunk noch zu.[2]
Der letztlich wichtigste und wohl der eigentlich stabilisierende Faktor für den Rundfunk in der Bundesrepublik ist die ständige Rechtsprechung des Bundesverfassungsgerichtes in bislang vier Rundfunkentscheidungen zum dualen System.[3]

II. Die Rolle des Bundesverfassungsgerichts

Die überragende Rolle des Bundesverfassungsgerichtes auf dem Gebiet des Rundfunks liegt in den Eigentümlichkeiten der Rundfunkpolitik im föderalen System begründet. Die Zuständigkeit der Länder zur Schaffung einer »positiven Ordnung« für den Rundfunk[4] erfordert einen mühsamen Abstimmungsprozeß auf der Ebene des kooperativen Föderalismus, solange das Ziel einheitlicher Lebensverhältnisse[5] auch auf dem Gebiet des Rundfunks angestrebt wird. Konsens, Kompromiß und Scheitern sind gleichermaßen Kennzeichen von rundfunkpolitischen Verhandlungen der Länder untereinander.[6] Divergierende regionale Interessen und unterschiedliche politische Mehrheitsverhältnisse wirken sich bis heute auf die Rundfunkgesetzgebung aus. Wesentliche Fragen der Rundfunkverfassung sind und werden nicht abschließend beantwortet. Ein Beispiel dafür war die versäumte Klarstellung der Aufgaben von öffentlich-rechtlichem und privatem Rundfunk in einem Gesamtsystem.
Dreißig Jahre lang hatten die Länder der Bundesrepublik an dem System des gemeinnützigen und gesellschaftlich verantworteten binnenpluralen Rundfunks fest-

2 Die Bruttoumsätze des Werbefernsehens stiegen von 2.3 Mrd DM im Jahr 1988 auf 5.8 Mrd DM im Jahr 1992. Der Anteil von ARD und ZDF fiel von 2 Mrd DM auf 1,6 Mrd DM im gleichen Zeitraum. Quelle: ZAW-Jahrbuch 1993.

3 BVerfGE 73, 118 - 4.Rundfunkurteil vom 4.November 1986 zum Niedersächsischen Landesrundfunkgesetz: Einführung des Begriffes »unerläßliche Grundversorgung«.
BVerfGE 74, 297 - 5.Rundfunkentscheidung vom 24.März 1987 zum Landesmediengesetz Baden-Württemberg (LMedienG): einzelne Elemente der Grundversorgung, Grundlagen einer Bestands- und Entwicklungsgarantie, Finanzierungsgarantie, Spartenprogramme, Abonnementprogramme, rundfunkähnliche Kommunikationsdienste.
BVerfGE 83, 238 - 6. Rundfunkurteil vom 5.Februar 1991 zum WDR-Gesetz und zum Rundfunkgesetz für das Land Nordrhein-Westfalen (LRG NW): dynamischer Begriff der Grundversorgung, verfassungrechtliche Notwendigkeit der Bestands- und Entwicklungsgarantie, Mischfinanzierung, Randnutzung und gesellschaftliche Kontrolle.
BVerfGE 87, 181 - 7. Rundfunkentscheidung vom 6.Oktober 1992 zum Werbeverbot im Dritten Fernsehprogramm des Hessischen Rundfunks durch den Rundfunkstaatsvertrag vom 1./3. April 1987: Finanzierungsanspruch, Funktionsgerechtigkeit und Erforderlichkeit, Programmautonomie, Konkurrenzfähigkeit.

4 BVerfGE 73, 118, 152.

5 Staatsvertrag über den Rundfunk im vereinten Deutschland vom 31.8.1991, Begründung, A. Allgemeines.

6 *Glotz/Kopp,* Das Ringen um den Medienstaatsvertrag der Länder, 1987, mit Beiträgen von Hans Bausch, Wolfgang Hoffmann-Riem, Reinhold Kopp, Willibald Hilf, Reinhard Klimmt, Leo Giani u.a., Dokumentation der Beschlüsse der Ministerpräsidenten von 1978 bis 1987.

gehalten, obwohl auch eine privatrechtliche Organisation des Rundfunks möglich gewesen wäre.[7]
Die medienpolitische Entwicklung in den europäischen Nachbarländern und die Entwicklung neuer Verteiltechniken für den Rundfunk, insbesondere die grenzüberschreitende Satellitentechnik, machten Ende der siebziger Jahre eine Modifizierung erforderlich. Expertenkommissionen auf Bundes- und Länderebene erarbeiteten alle nur denkbaren wissenschaftlichen und medienpolitischen Grundlagen.[8] Eine konzeptionelle Weiterentwicklung der Rundfunkordnung, etwa nach dem Vorbild Großbritanniens, wurde jedoch nicht erreicht.
Die Verhandlungen über einen Staatsvertrag zur Neuordnung des Rundfunks blieben lange Jahre erfolglos. Die Einführung privaten Rundfunks erfolgte schließlich ohne ein in sich schlüssiges und übergreifendes Konzept. Mit Kabelpilotprojekten, dem extensiven Ausbau der Verkabelung durch die Deutsche Bundespost ab 1982 und durch einzelne Landesmediengesetze[9] wurden die Voraussetzungen für einen »Anbau« an das bestehende öffentlich-rechtliche System geschaffen. Während die gesetzlichen Grundlagen für den öffentlich-rechtlichen Rundfunk unangetastet blieben,[10] kamen nach und nach kommerzielle Hörfunk- und Fernsehanbieter hinzu. Die Frage eines Nebeneinander, Miteinander oder Nacheinander von öffentlich-rechtichen und kommerziellen Systemen blieb ausgespart.
Meinungsverschiedenheiten über die Konsequenzen aus der Zulassung von Privatfunk für die Zukunft des öffentlich-rechtlichen Systems beherrschten jahrelang die Tagesordnung der Beratungen der Länderchefs in Rundfunkfragen. Letztlich zählt aber nicht die subjektive Vorstellung der Rundfunkpolitiker, sondern der objektiv erkennbare Regelungsgehalt von Gesetzen. Die Rundfunkgesetzgebung darf ausschließlich der Sicherung der Rundfunkfreiheit aus Art. 5 Abs. 1 Satz 2 GG dienen.[11] Die Rundfunkfreiheit dient ihrerseits dem Prozeß der freien individuellen und öffentlichen Meinungsbildung - ein Prozeß, in dem die Grundrechte der Meinungsäußerungs-, Meinungsverbreitungs- und Informationsfreiheit aus Art. 5 Abs. 1 GG verwirklicht werden.
So blieb es zwangsläufig dem Bundesverfassungsgericht vorbehalten, die Konsequenzen aus der entstandenen Gesetzeslage nach Maßgabe von Art. 5 Abs. 1 Satz 2 GG aufzuzeigen. Mit der Niedersachsen-Entscheidung vom 4. November 1986 wurde der Programmauftrag für den öffentlich-rechtlichen Rundfunk bestätigt und

7 BVerfGE 12, 205, 262.
8 Bundesministerium für das Post- und Fernmeldewesen, (Hrsg.):Telekommunikationsbericht, Kommission für den Ausbau des technischen Kommunikationssystems - KtK Bonn 1976; Expertenkommission Neue Medien Baden-Württemberg (EKM) 1981.
9 Niedersächsisches Landesrundfunkgesetz vom 23. Mai 1984; Rundfunkgesetz für das Land Schleswig-Holstein vom 27. November 1984; Rundfunkgesetz für das Saarland vom 28. November 1984; Gesetz über die Erprobung und Entwicklung neuer Rundfunkangebote und anderer Mediendienste in Bayern vom 15. November 1984.
10 BVerfGE 73, 118, 125.
11 BVerfGE 74, 297, 334.

im Sinne der »unerläßlichen Grundversorgung« als Zulassungsvoraussetzung für privaten Rundfunk in der sich herausbildenden dualen Rundfunkordnung festgeschrieben. Weitere Konsequenzen wurden in den Entscheidungen zum Landesmediengesetz Baden-Württemberg 1987, zum WDR-Gesetz 1991 und zur Fernseh-Werbung beim Hessischen Rundfunk 1992 herausgearbeitet. Das Bundesverfassungsgericht hat sich bei der Grundversorgungssystematik weder als Obergesetzgeber noch als politische Instanz betätigt. Deshalb ist Kritik am Begriff der Grundversorgung und der Bestands- und Entwicklungsgarantie beim Bundesverfassungsgericht an der falschen Adresse. Es war der Gesetzgeber selbst, der sich für ein Nebeneinander von öffentlich-rechtlichem und kommerziellem Rundfunk entschieden und an die Programminhalte der kommerziellen Angebote nicht gleich hohe Anforderungen gestellt hat.
Die erste Entscheidung des Bundesverfassungsgerichts zum dualen System hatte großen Einfluß auf politische Entscheidungen. Das Niedersachsen-Urteil ebnete den Weg zum Abschluß des »Staatsvertrages zur Neuordnung des Rundfunkwesens« vom 1./3. April 1987. Mit diesem Rundfunkstaatsvertrag wurde ein jahrelanger rundfunkpolitischer Glaubensstreit beigelegt - eine Art »Westfälischer Friede« der deutschen Länder zur künftigen Ordnung des Rundfunks.
Im Ergebnis hat sich der Friedensschluß als tragfähig erwiesen: Mit dem Staatsvertrag über den Rundfunk im vereinten Deutschland vom 31. 8. 1991 wurde die duale Rundfunkordnung nach dem Muster von 1987 in allen 16 Ländern der neuen Bundesrepublik eingeführt.

III. Chancen der dualen Rundfunkordnung

In den sieben Jahren von 1987 bis 1993 wurde die Rundfunklandschaft der Bundesrepublik tiefgreifend umgestaltet. Für diese ersten Jahre kann noch von einer maßvollen Entwicklung gesprochen werden. Sowohl die öffentlich-rechtlichen als auch die kommerziellen Angebote finden ihr Publikum. Die unterschiedlichen Profile der Angebote beider Rundfunksysteme sind wahrnehmbar. Trotz aller Probleme im Detail und Unzufriedenheit in vielen Lagern hat sich das duale Rundfunksystem im großen und ganzen durchgesetzt, wie ein Blick auf Sendeprofile und Marktanteile zeigt:
Die Konvergenzthese von der zwangsläufigen Annäherung zwischen öffentlich-rechtlichen und kommerziellen Angeboten ist widerlegt worden. Die seit 1985 im Auftrag der ARD/ZDF Medienkommission durchgeführten Programmstrukturanalysen ergaben zum Beispiel für die Hauptsendezeit von 15.00 bis 23.00 Uhr in den drei Jahren von 1989 bis 1991 folgende Sendeprofile:[12]

12 *Krüger,* Rundfunktypen formieren ihre Profile, Programmanalyse 1991 in Media Perspektiven 8/92, S. 508, 523.

Sendedauer in Prozent	öffentlich-rechtlich 1989	1991	privat 1989	1991
Information/Bildung	47,1	49,9	12,6	10,0
Spielfilm/Serien (Fiction)	31,7	27,4	53,0	53,3
Werbung	1,4	1,3	10,9	18,2

Diese Programmschwerpunkte wurden auch in Untersuchungen für die Gesamtsendezeit im Vergleich 1986 bis 1992 belegt.[13]

Die Hörfunkprogramme des öffentlich-rechtlichen Rundfunks haben 1993 einen Marktanteil (= Anteil an der Hördauer) von 64,9 Prozent und werden von 95 Prozent der Bevölkerung genutzt. Die öffentlich-rechtlichen Fernsehprogramme (ohne die Satellitenprogramme EINS PLUS, 3sat und ARTE) kamen 1993 auf einen Marktanteil von 44 Prozent.[14]

Die gesetzlichen Regelungen zur dualen Rundfunkordnung bilden gemeinsam mit der Rechtsprechung des Bundesverfassungsgerichts im Prinzip eine gute Grundlage für die Zukunft. Die duale Rundfunkordnung enthält das Potential für die Entwicklung eines Mediensystems, das in publizistischer, kultureller und gemeinwohlorientierter Hinsicht als leistungsfähig bezeichnet werden kann. Es bietet die Chance,

die Funktionsfähigkeit des gemeinnützigen Rundfunks zu optimieren,

die produktiven Kräfte des Rundfunkmarktes zu nutzen,

die kulturelle Identität des Kommunikationsraumes Bundesrepublik trotz Globalisierung und weltweiter Kommerzialisierung zu bewahren.

Ist eine solche optimistische Perspektive heute noch vertretbar? Die in den letzten Jahren sichtbar gewordenen Fehlentwicklungen sprechen eher für eine pessimistische Prognose. Sind die Chancen des dualen Systems etwa schon verspielt?

IV. Vorgaben

Die Präambel zum Rundfunkstaatsvertrag enthält zwei Ziele, an denen der Erfolg des dualen Systems zu messen ist. Es geht um die Stärkung
- der Informationsvielfalt
- und des kulturellen Angebotes.

Sowohl das private als auch das öffentlich-rechtliche System sind der Förderung dieser Ziele verpflichtet. Wie weit das private System zur Erreichung dieser Ziele

13 *Krüger,* Kontinuität und Wandel im Programmangebot, Programmstrukturelle Trends bei ARD, ZDF, SAT1 und RTL 1986 bis 1992, Media Perspektiven 6/93, S. 245ff.

14 Medie Analyse (MA) 93 und GfK.

bisher beigetragen hat, muß an dieser Stelle offen bleiben. Mit Blick auf den öffentlich-rechtlichen Rundfunk kann jedoch gesagt werden, daß diese Ziele mit Sicherheit nicht erreicht werden, wenn dieser in wesentlichen Funktionen behindert wird. Die Zukunft des dualen Rundfunksystems hängt entscheidend von der Funktions- und Leistungsfähigkeit des öffentlich-rechtlichen Rundfunks ab. Deshalb muß er auch in der Lage sein, die Vorgaben, die das Bundesverfassungsgericht auf der Grundlage der Rundfunkgesetzgebung und der Verfassung entwickelt hat, zu erfüllen.

Zu den wesentlichen Vorgaben[15] gehören:
die Aufgabe der »Grundversorgung« mit den drei Elementen:

- Rundfunkversorgung für alle Bürger
- umfassendes Programmangebot im Sinne des klassischen Rundfunkauftrages
- Sicherung der gleichgewichtigen Vielfalt.

Damit umfaßt die Grundversorgung die Erfüllung des gesetzlichen Programmauftrages, wie er vom öffentlich-rechtlichen Rundfunk seit über vier Jahrzehnten erfüllt wird. In einem dualen System genügt jedoch die Fortschreibung der bisherigen Aufgaben nicht. Die Änderung eines Systems des publizistischen Wettbewerbs zu einem System mit ökonomischer Konkurrenz erfordert mehr.

Deshalb ist die Bestands- und Entwicklungsgarantie für das öffentlich-rechtliche System nicht nur eine politische Absichtserklärung der Präambel des Rundfunkstaatsvertrages, sondern in der konkreten Rundfunkordnung auch eine verfassungsrechtliche Bedingung.

Die Bestands- und Entwicklungsgarantie umfaßt ebenfalls drei Elemente.[16] Sie gewährleistet die Entwicklung des öffentlich-rechtlichen Rundfunks in

- programmlicher
- technischer
- und finanzieller Hinsicht.

Die Bestands- und Entwicklungsgarantie richtet sich dabei nicht nur an die Adresse des Gesetzgebers. Die einzelnen Elemente der Bestands- und Entwicklungsgarantie umschreiben die Aufgaben des öffentlich-rechtlichen Rundfunks in einem System, das durch ökonomische, technische und soziale Einflüsse verändert wird. Die Gegenstände der Bestands- und Entwicklungsgarantie sind zugleich Auftrag und Verpflichtung für die Rundfunkanstalten, nach ihrem eigenen Verständnis Funktions- und Entwicklungsfähigkeit zu sichern. Funktionserfüllung und Zukunftsfähigkeit des öffentlich-rechtlichen Rundfunks stehen nicht zur Disposition der vom Gesetzgeber im Rahmen der Selbstverwaltung für den Rundfunk berufenen Organe. Bei der Interpretation des abstrakt formulierten Programmauftrages sind die mehrfach ausformulierten Vorgaben des Bundesverfassungsgerichts zu beachten. Eine Umsetzung des Programmauftrages, die den öf-

15 BVerfGE 73, 118, 157f.; BVerfGE 74, 297, 326.
16 BVerfGE 83, 238, 299.

fentlichen Rundfunk auf eine Funktion als Vielfalts- und Qualitätsreserve beschränkt, wäre mit dem Gesetz nicht vereinbar.
Für die Funktion des öffentlich-rechtlichen Rundfunks sind zwei weitere Vorgaben des Bundesverfassungsgerichts hervorzuheben:
Die Programme des öffentlich-rechtlichen Rundfunks müssen ein eigenes und auch eigengestaltetes kulturelles Gegengewicht zu den Einflüssen eines europäischen Rundfunkmarktes darstellen. Der Erfüllung des klassischen Rundfunkauftrages durch die gebietsbezogenen Rundfunkanstalten kommt im Zeichen wachsender europäischer Programmeinflüsse besondere Bedeutung zu.[17]
Die Programmangebote des öffentlichen Rundfunks müssen konkurrenzfähig sein gegenüber den kommerziellen Angeboten. Konkurrenzfähigkeit ist dabei nicht nur ein Ziel, sondern ein Gebot der Rundfunkfreiheit aus Art. 5 Abs. 1 Satz 2 GG.[18] Konkurrenzfähigkeit bedeutet, daß die Programme des öffentlichen Rundfunks nicht in der Flut der kommerziellen Angebote untergehen dürfen. Andernfalls würde die »Grundfunktion« des öffentlich-rechtlichen Rundfunks für den gesellschaftlichen Kommunikationsprozeß gefährdet.

V. Anspruch und Wirklichkeit

Die genannten Funktionen sind Aufgabenstellungen, die sich direkt aus der Rundfunkfreiheit des Art. 5 Abs. 1 Satz 2 GG ergeben. Verfassungsanspruch und Verfassungswirklichkeit klaffen jedoch immer mehr auseinander. Für den öffentlich-rechtlichen Rundfunk wird es immer schwieriger, den Anforderungen des Bundesverfassungsgerichts zur Erfüllung des Rundfunkauftrages zu entsprechen. Der Gesetzgeber hat zwar zur Sicherung der Rundfunkfreiheit eine positive Ordnung geschaffen - sie muß aber auch in Ordnung gehalten werden. Dieses ist nicht mehr so einfach wie früher. Rundfunkpolitik im dualen System ist komplexer geworden. Es ist nicht nur notwendig, die unterschiedlichen Interessen in einem föderalen System zu integrieren, sondern auch Wirkungen einzukalkulieren, die sich aus ökonomischen, technischen und politischen Entwicklungen ergeben, die außerhalb des Einflußbereiches der Länder liegen. Das duale System ist kein Selbstläufer. Es bedarf eines permanenten Ist-Soll-Vergleiches und gegebenenfalls einer Korrektur und Nachsteuerung. Das duale System mit seinem Nebeneinander von gemeinnützigen und kommerziellen Elementen kann nicht sich selbst überlassen bleiben.

17 BVerfGE 73, 118, 158.
18 BVerfGE 87, 181, 203: ». . . was die Funktionserfüllung erfordert, läßt sich nicht ein für allemal bestimmen, sondern hängt von den Umständen ab. Diese sind im wesentlichen durch die technische Entwicklung und das Verhalten der privaten Anbieter geprägt, denen gegenüber der öffentlich-rechtliche Rundfunk im dualen System publizistisch konkurrenzfähig bleiben muß, . . .«.

Stabilisierende und destabilisierende Elemente für die zukünftige Entwicklung des dualen Systems sind auf drei Ebenen zu beobachten:

1. Innerhalb des dualen Systems gehen Einflüsse aus von den Ländern, den öffentlich-rechtlichen Rundfunkanstalten, den Landesmedienanstalten und den kommerziellen Anbietern.
2. Von außerhalb des dualen Systems sind Einflüsse spürbar, die aus dem Antagonismus zwischen Bund und Ländern herrühren und zusätzlich noch mit der Politik supranationaler und internationaler Organisationen verbunden sind.
3. Technische, wirtschaftliche und soziale Veränderungen können den Gegenstand der Rundfunkregulierung, wie er heute bekannt ist, grundlegend verändern und damit die Grundlage des dualen Systems in der heutigen Form in Frage stellen.

VI. Gegenkräfte innerhalb des Systems

Zu den Einflüssen innerhalb des dualen Systems, die sich unmittelbar auf die Produktionsweise und Leistungsfähigkeit des öffentlich-rechtlichen Rundfunks auswirken, gehören die Rückwirkungen des Marktes. Die immer stärker zunehmende Diskussion um den »Rundfunkmarkt«, um die »Reichweiten« und um »Marktanteile« haben neue Maßstäbe für die Beurteilung des Rundfunkangebotes gesetzt. Der öffentlich-rechtliche Rundfunk ist als »Public Corporation« zwar selbst eine marktunabhängige Einrichtung, jedoch gleichzeitig bei der Beschaffung von Produktionsressourcen von Marktentwicklungen abhängig, die außerhalb seines eigenen Einflußbereiches liegen.
Das Nebeneinander von gemeinnützigem und kommerziellem Rundfunk setzt den öffentlich-rechtlichen Rundfunk seit 1984 marktwirtschaftlichen Entwicklungen und Mechanismen aus. Auf eine derartige Entwicklung wurde von vielen Seiten rechtzeitig hingewiesen. Die politischen Entscheidungsträger haben solche Hinweise nicht oder nur unwillig zur Kenntnis genommen.
Seither ist der öffentlich-rechtliche Rundfunk einem doppelten Anspruch und Legitimationsdruck zwischen gesellschaftlichem Programmauftrag einerseits und marktwirtschaftlichen Wettbewerbsnotwendigkeiten andererseits ausgesetzt.[19] In drei Spannungsfeldern wird dieses erkennbar.

1. Zwischen gesellschaftlichem Anspruch als Forum des freien und öffentlichen Diskurses und faktischer Nutzung durch einen Großteil der Bevölkerung als Unterhaltungs- und Entspannungsmedium;
2. zwischen Gebührenlegitimation durch Erfüllung des gesellschaftlich vorgegebenen Programmauftrages und Gebührenakzeptanz durch den Radio- und TV-Nutzer;

19 ZDF Schriftenreihe Heft 45, S. 28.

3. zwischen einem publizistischen Meinungs- und Qualitätswettbewerb um Programme und einem ökonomischen Marktwettbewerb um Einschaltquoten und Marktanteile.

Immer mehr Rundfunkanbieter konkurrieren um die Aufmerksamkeit des Publikums (Absatzmarkt) mit der Konsequenz, daß bestehende Programmanbieter Reichweiten und Akzeptanz verlieren.

Laut der Prognos-Studie »Programmbedarf bis zum Jahr 2000, West- und Osteuropa«[20] vom Dezember 1992 hat sich das TV-Programmangebot Westeuropas in der Zeit von 1987 bis 1992 von insgesamt 78 TV-Programme auf 145 Programme erhöht. Von den 145 westeuropäischen Programmen wurden 77 von privaten Anbietern (= 53, 1 %) veranstaltet und 68 von öffentlich-rechtlichen Anbietern (46,9%).

Die privaten Veranstalter nahmen von 1987 bis 1992 um 114 % zu. 1987 wurden 54 % der Fernsehprogramme von öffentlich-rechtlichen Veranstaltern gesendet. 1992 ist das Verhältnis nahezu spiegelverkehrt. 53 % der TV-Programme sind privat, 47 % öffentlich-rechtlich.

Der gemeinnützige, zur umfassenden und flächendeckenden Versorgung aller Radio- und Fernsehnutzer verpflichtete Rundfunk muß sich zusehends mit einer einseitigen reichweitenorientierten Nachfragediskussion beschäftigen. Durch den neu entstandenen ›Rundfunkmarkt‹ wird ein Teil der Programmangebote zur Ware, das heißt zu einem Wirtschaftsgut. Der Auftrag eines gemeinwohlorientierten Anbieters von Informations- und Kulturleistungen ist aber mit den Mechanismen des Werbemarktes nicht kompatibel.

Die rein marktorientierte Reichweitenmaximierung gilt unstreitig für einen kommerziell betriebenen Rundfunksender.[21] Sie ist vorrangig von Rentabilitätsgesichtspunkten des eingesetzten Kapitals geleitet und damit gewinnorientiert. Privatrechtlich organisierte, das heißt kommerzielle Rundfunkveranstalter benötigen Programme, um Kapitalrendite zu erwirtschaften und zu sichern. Die sich aus der Werbefinanzierung ergebenden programmlichen Einschränkungen werden im dualen System in Kauf genommen, solange der öffentlich-rechtliche Rundfunk die Grundversorgung der Bevölkerung wirksam und ohne Einschränkung sicherstellen kann.[22] Öffentlich-rechtlicher Rundfunk bedarf daher einer sicheren, von Wirtschaftsschwankungen weitgehend unabhängigen Finanzierungsgrundlage,[23] um seinem Programmauftrag zu genügen.

20 Prognos-Studie S. 64.
21 BVerfGE 83, 238, 311.
22 BVerfGE 83, 238, 297.
23 BVerfGE 87, 181, 203: ». . . hat der Gesetzgeber jedenfalls alles zu finanzieren, was zur Aufrechterhaltung der Grundversorgung unerläßlich ist. . . . Die finanzielle Gewährleistungspflicht endet aber nicht bei der Grundversorgung. Diese muß gewährleistet sein, wenn der hinter den Anforderungen von Art. 5 Abs. 1 Satz 2 GG zurückbleibende Privatfunk verfassungsrechtlich hinnehmbar sein soll«.

Insbesondere die Vermehrung von Programmen und die Konkurrenz auf Rechte- und Lizenzmärkten sowie das Auftreten von Unternehmen, die ausschließlich Übertragungsrechte und Lizenzen kaufen und verkaufen, führen zu einem stetig zunehmenden Programmbedarf und damit zu einer Verknappung vorhandener und angebotener Güter.
Das duale Rundfunksystem ist von der Idee ausgegangen, daß mit der Vermehrung der Angebote die kreative Konkurrenz zunimmt, und ein Mehr an publizistischer Vielfalt dem Nutzer, das heißt dem Hörer und Seher zugute kommt.
Zwei Überlegungen blieben weitgehend unberücksichtigt:

1. Das kreative Potential ist nicht beliebig vermehrbar;
2. durch die Nachfrage nach begrenzten Programmangeboten (Sportereignisse, internationale Großveranstaltungen und Filmrechte) werden bei erhöhter Nachfrage zwar Kosten- und Preisentwicklungen in Gang gesetzt, aber keineswegs der Umfang der Berichterstattung oder gar die Programmqualität erweitert.

Einige Beispiele für marktbedingte Kostensteigerungen:
Die Rechtekosten für die Fußballbundesliga stiegen von 8 Mio. DM 1983 auf 140 Mio. DM[24] im Jahr 1993. Senderechte für die Übertragung des Tennis-Turniers aus Wimbledon wurden im gleichen Zeitraum um rund 1100 % teurer. Die Rechtekosten für die Übertragung der Olympischen Sommerspiele legten von 20 Mio. im Jahre 1984 auf 240 Mio. DM für 1996 zu.
Preissteigerungen mit Prozentsätzen von über 1100 % für die Übertragungsrechte der Olympischen Sommerspiele innerhalb von 10 Jahren zeigen, daß hier neue Märkte entstanden sind, weil viele zahlungskräftige Nachfrager für ein gleichbleibendes publikumswirksames Ereignis vorhanden sind. Durch den Markt wurden jedoch weder die Qualität des Produktes erhöht, noch das Angebot erweitert.
Diesen »Märkten« müssen sich die Rundfunkanstalten öffentlichen Rechts stellen, um ihre Verpflichtung für ein Vollprogramm nachkommen zu können. Mit der Preisentwicklung auf diesen Programmbeschaffungsmärkten kann der öffentlich-rechtlich finanzierte Rundfunk jedoch nicht mithalten. Denn die Gebühren- und Werbeentwicklung in den vergangenen Jahrzehnten bestand im wesentlichen in einer, die jeweilige Inflationsrate kompensierenden Ertragssteigerung. Der öffentlich-rechtliche Rundfunk erhält als Ausgleich für marktbedingte Zusatzausgaben bislang weder ein Äquivalent durch Gebühren noch eine Refinanzierungsmöglichkeit durch Werbung oder andere Ertragsquellen.
Die Konsequenz einer solchen Programmkostenentwicklung ist, daß die Rundfunkanstalten sich auf Dauer von publikumswirksamen Großveranstaltungen weitgehend verabschieden müssen und damit ihrem gesetzlichen Auftrag einer umfassenden Programmversorgung nicht mehr genügen können.

24 Die Sportrechtefirma ISPR hat die Bundesligarechte für 700 Mio. DM für fünf Jahre erworben.

Der drastische Rückgang der Werbeerträge, vor allem im Fernsehbereich, hat seine Ursache nicht in der Entwicklung des Werbemarktes, sondern in der ordnungspolitischen Entscheidung des Gesetzgebers, die Werbebegrenzungen im öffentlich-rechtlichen Fernsehen unverändert beizubehalten, obwohl bei sinkenden Marktanteilen zwangsläufig mit Ertragsminderungen zu rechnen war. Die eingetretenen Rückgänge - allein 2,5 Mrd.DM bei ARD und ZDF in der laufenden Gebührenperiode 1992-1996 - waren beim Abschluß des Staatsvertrages über den Rundfunk im vereinten Deutschland ebenfalls nicht in dieser Größenordnung voraussehbar. Trotzdem wurde 1993 auf eine notwendige Korrektur durch eine Vereinbarung der Länder gemäß § 16 Rundfunkstaatsvertrag zugunsten der Fernsehwerbung nach 20.00 Uhr verzichtet.[25] Die Abnahmen in der Fernsehwerbung haben den Effekt der Gebührenerhöhung vom 1.1.1992 aufgezehrt. In diesem Bereich erfolgt eine ordnungspolitisch bedingte Umverteilung von Einnahmen des öffentlich-rechtlichen und gemeinnützigen Rundfunks zugunsten von kommerziellen gewinnorientierten Anbietern, die keines Schutzes vor der öffentlich-rechtlichen Konkurrenz mehr bedürfen. Zugleich gefährdet die eingetretene Entwicklung das vom Gesetzgeber selbst festgelegte System der Mischfinanzierung.[26] Weitere rückläufige Werbeerträge erhöhen die Abhängigkeit von erforderlichen Gebührenentscheidungen der Länder und schwächen die Programmgestaltungsfreiheit.[27] Sie beeinträchtigen das Prinzip der Staatsfreiheit und sind mit dem Subsidiaritätsprinzip, das staatliche Eingriffe zugunsten öffentlicher Aufgaben gering halten soll, nur schwer zu vereinbaren.

Die Pflicht zur Versorgung aller Bürger, also auch jener, die sich weder Kabel noch Satellitenempfangsanlage leisten können oder von der Rundfunkgebühr befreit sind, besteht unverändert auch im dualen System. Die Programme des öffentlich-rechtlichen Rundfunks müssen auch dann die gesamte Bevölkerung erreichen, wenn sich der technische Standard wandelt und der Satellitendirektempfang vordringt. Neben der Aufrechterhaltung der terrestrischen Sendernetze verpflichtet die Grundversorgung den öffentlich-rechtlichen Rundfunk zur Verbreitung der Programme über Satellit.[28] Auf diese Weise muß ein immer größerer Teil der finanziellen Ressourcen in die Distribution gesteckt werden - zu Lasten der Programmproduktion, solange die Zusatzkosten weder durch Einsparungen noch durch weitere Erträge finanziert werden können.

25 Die Kommission zur Ermittlung des Finanzbedarfs (KEF) hat in ihrem Sondervotum vom 26. Mai 1993 eine Öffnung der FS-Werbegrenze für Sportübertragungen abgelehnt. Die Ministerpräsidentenkonferenz vom 27. bis 28. Oktober 1993 sah dann auch aufgrund des KEF-Votums »keinen Handlungsbedarf« hinsichtlich der Werbeerträge des öffentlich-rechtlichen Rundfunks.

26 § 11 Rundfunkstaatsvertrag.

27 BVerfGE 83, 238, 310f.

28 BVerfGE 83, 238, 299: »Die Garantie kann sich daher nicht auf die herkömmlichen Techniken der terrestrischen Übertragung beschränken. Wenn neben dieser andere Übertragungsformen treten oder sie verdrängen, wird auch die Nutzung der neuen Übertragungsformen von der Gewährleistung der Grundversorgung umfaßt«.

Die Entwicklung der Kommunikationstechnik erfordert Investitionen. Da die marktbedingten Kostensteigerungen und die ordnungspolitisch verursachten Ertragsrückgänge nur teilweise durch Rationalisierung und Leistungseinschränkung aufgefangen werden können, bleibt für neue Investitionen immer weniger Dispositionsraum. Da die Übertragungstechnik ein wesentlicher Faktor von Programmqualität ist, sind bei der Entwicklung von solchen Technologien die Kriterien öffentlich-rechtlicher Anbieter wichtig. Dieser Aufgabe der Qualitätssicherung bei der Anwendung künftiger Techniken kann der öffentlich-rechtliche Rundfunk zu Beginn der 90er Jahre nur ungenügend nachkommen. Die Entwicklungsgarantie in technischer Hinsicht kann vom öffentlich-rechtlichen Rundfunk bei abnehmender Finanzkraft nicht eingelöst werden.

Die Finanzierungsgarantie für die Aufgaben der Grundversorgung und die Aufgaben im Rahmen der Bestands- und Entwicklungsgarantie zur Sicherung der Grundversorgung bedeutet nicht, daß der finanzielle Rahmen automatisch und beliebig ausgedehnt werden muß.[29] Wirtschaftlichkeit, Sparsamkeit und Rationalisierung sind permanente Aufgaben der Rundfunkanstalten. Wo neue Aufgaben übernommen werden, können oder müssen möglicherweise andere Aufgaben wegfallen. Die weitgehende Einstellung der Fernsehrestversorgung im Zuge der Satellitenausstrahlung ist ein Beispiel dafür. Im Zuge des Aufbaus des dualen Systems kommen jedoch auf den öffentlich-rechtlichen Rundfunk im Zweifel mehr neue Aufgaben zu als andere wegfallen.

Wenn durch technische und organisatorische Maßnahmen die Produktivität erhöht werden kann, muß dieses geschehen. Doch Rationalisierung erfordert in der Regel auch Investition. Im Gegensatz zum industriellen Fertigungsbereich tragen Investitionen beim öffentlich-rechtlichen Rundfunk allerdings nicht zu einer Preisänderung oder zu erhöhter Rentabilität bei.

Angesichts real rückläufiger Erträge haben die Rundfunkanstalten der ARD für die kommenden Jahre sich selbst finanzielle Restriktionen auferlegt,[30] die den bislang für erforderlich gehaltenen Standard der Rundfunkversorgung erheblich einschränken. Es werden Leistungen überprüft, Vorhaben verschoben und Übernahmen und Kooperationen ausgeweitet. In einer Phase, in der nahezu alle öffentlichen Einrichtungen und privaten Institutionen von ihrem gewohnten Standard Abschied nehmen, wird auch der öffentlich-rechtliche Rundfunk für eine Übergangszeit seine Leistungen für die Gesellschaft einschränken müssen. Vorerst geschieht dies auch durch Kostensenkungen bei den Produktionen und teilweise durch Mengenreduzierung bei den Programmen im Hörfunk und im Fernsehen. Aufwandsreduktionen stoßen jedoch an Grenzen. Rundfunk ist ein Kulturangebot

29 BVerfGE 87, 181, 201, 206.

30 Die ARD-Intendanten einigten sich am 21. September 1993 auf eine drastisch reduzierte Mittelfristige Finanzplanung: Für die laufenden Gebührenperiode bis 1996 werden die ARD-Anstalten 2,6 Mrd. DM einsparen und 700 Planstellen abbauen.

im weitesten Sinn und gehört auch deshalb zum Kernbereich[31] der Länderzuständigkeit. Die Programme der Landesrundfunkanstalten sind zugleich wesentlicher Bestandteil der kulturellen Infrastruktur in der Bundesrepublik. Kulturelle Leistungen können auf finanziell unterschiedlich hohem Niveau erbracht werden. Letztlich muß die Gesellschaft die Grundentscheidung treffen, wieviel Kultur sie sich leistet und mit welchen Mitteln. Aufgrund der inzwischen eingetretenen Umverteilung der Werbeerträge müssen beim öffentlich-rechtlichen Rundfunk auch Mittel für Produktionen der Symphonieorchester, für Hörspiel, für Literaturverfilmung gekürzt werden. Es ist zu fragen, welcher kulturpolitische Zweck erreicht wird, wenn auf der einen Seite anspruchsvolle Produktionen unterbleiben und auf der anderen Seite mit den zusätzlichen Werbeerträgen amerikanische Sitcom-Formate nachgedreht werden, die dann als »europäische Produktionen« die Leistungsfähigkeit des kommerziellen Fernsehens unter Beweis stellen sollen.

Eine weitere Grenze für Aufwandsreduktionen ist durch die föderale Struktur des öffentlich-rechtlichen Rundfunks vorgegeben. Die föderale Struktur ist eine Grundvoraussetzung für die Erfüllung der Integrationsfunktion,[32] die der öffentlich-rechtliche Rundfunk für das Staatsganze erbringt - sowohl für die Integration innerhalb der Länder als auch für das Zusammenwachsen in der neuen Bundesrepublik und der dort lebenden Menschen.

Trotz der allgemeinen Tendenz zur Deregulierung des Rundfunks hat für den öffentlich-rechtlichen Rundfunk innerhalb des letzten Jahrzehnts die Regulierungsdichte zugenommen. Mit der Begründung, daß im grundrechtsrelevanten Bereich der Gesetzgeber alle wesentlichen Entscheidungen selbst treffen muß, wurden nach und nach im Kernbereich der Programmautonomie Einzelentscheidungen des Gesetzgebers über einzelne Fernsehprogramme und deren Konzeption getroffen. In einem anderen, den grundrechtsrelevanten Bereich des Rundfunks elementar berührenden Entscheidungsbereich hat die Regulierung jedoch nicht zugenommen. Die Grundlagen für die Finanzierung des öffentlich-rechtlichen Rundfunks bestehen nach wie vor in weitgefaßten unbestimmten Gesetzesbegriffen, die sich mit dem Hinweis auf die gesetzliche und verfassungsmäßige Aufgabenerfüllung begnügen.[33] Auch die Kommission zur Ermittlung des Finanzbedarfs (KEF), die auf der Grundlage von Beschlüssen der Ministerpräsidenten tätig ist, hat noch keine Kriterien für eine funktionsgerechte Finanzierung gefunden.

Die Frage der Finanzierung des öffentlich-rechtlichen Rundfunks wird zunehmend mit dem Kriterium »politische Durchsetzbarkeit« verknüpft. Dieses Krite-

31 BVerfGE 12, 205, 229: »Es kommt hinzu, daß Rundfunk jedenfalls auch ein kulturelles Phänomen ist. Soweit kulturelle Angelegenheiten überhaupt staatlich verwaltet und geregelt werden können, fallen sie aber nach der Grundentscheidung des Grundgesetzes . . . in den Bereich der Länder . . .«.

32 BVerfGE 31, 315, 329.

33 Rundfunkstaatsvertrag § 10 Abs. 1.

rium findet sich jedoch weder im Staatsvertrag über den Rundfunk im vereinten Deutschland, noch ist es durch die Rechtsprechung des Bundesverfassungsgerichts legitimiert. In der rundfunkpolitischen Diskussion wird auch das Argument verwendet, daß 8,3 Mrd. DM Gebühren »zu viel« seien. Die Grenze der Belastbarkeit für den Gebührenzahler sei bereits erreicht. An Kriterien für diese Beurteilungen fehlt es jedoch. Die statistischen Untersuchungen über die Haushaltsbudgets der privaten Haushalte zeigen, daß die Ausgaben für den öffentlich-rechtlichen Rundfunk zu den kleinsten Posten der monatlichen Ausgaben für die Medien gehören.[34] Wie wenig differenziert diese Diskussion geführt wird, zeigt die Unkenntnis über die tatsächliche Höhe der Rundfunkgebühr.

Was heißt viel, was heißt wenig? 8,3 Mrd.DM Rundfunkgebühren - das sind gerade zwei Jahresetats der Landeshauptstadt Stuttgart. Ein anderes Beispiel: Die Verschuldung der öffentlichen Haushalte betrug im Frühjahr 1993 rund 1,3 Billionen DM. Das bedeutet, daß mindestens 100 Mrd. DM pro Jahr von allen Bundesbürgern, d.h. über 1.000 DM pro Person an Zinsen für Banken und Kapitalanleger aufgebracht werden.[35] Welche essentiellen Funktionen für die Demokratie und die Kultur der Bundesrepublik haben diese 100 Mrd. DM an Zinszahlungen? Die Frage ist sicher nicht ganz zulässig, aber sie illustriert, daß die Gebührenzahlung für Leistungen des öffentlich-rechtlichen Rundfunks nicht der effektivste Ansatzpunkt sind, die Beitragslast des Bürgers für die Gemeinschaft zu lindern.

Der Auftrag des Rundfunkstaatsvertrages zur Entwicklung von objektivierbaren Kriterien zur Rundfunkfinanzierung ist noch nicht eingelöst.[36] Die wesentlichsten Entscheidungen über den Rundfunk zur Erfüllung seines Auftrages aus Art. 5 Abs. 1 Satz 2 GG werden nach einem Verfahren entschieden, wie es ein früherer Ministerpräsident beschrieb: »Inflationsausgleich plus einen Schnaps«. Die »Schnäpse« haben es dann auch regelmäßig in sich, sie sind mit Zweckbindungen verbunden, wie Kabelgroschen, Fernsehrestversorgung, europäischer Kulturkanal oder Deutschlandradio. Dabei handelt es sich wiederum um durchaus interessante externe Festlegungen, die allerdings die Aufgaben der vom Gesetzgeber im Rahmen der Selbstverwaltung berufenen Organe tangieren. Mit den vom Bundesverfassungsgericht entwickelten Kriterien der Funktionalität und der Erforderlichkeit[37] für die Aufgabenfinanzierung des öffentlich-rechtlichen Rundfunks wurde zumindest ein Stück mehr an Rationalität für die politische Entscheidung über die

34 Media Perspektiven, Basisdaten 1991, Aufwendungen für die Medien: Für Bücher und Zeitungen geben die Haushalte 3 bis 5 mal mehr aus als für den öffentlich-rechtlichen Rundfunk.

35 Vgl. Bundesbankbericht September 1993, allein zu den Schulden der Gebietskörperschaften Bund, Land, Gemeinden und ERP und Fond Deutsche Einheit. Einschließlich der Nebenhaushalte beläuft sich die Staatsverschuldung 1993 auf über 1,6 Billionen DM. 1995 wird jeder Bundesbürger statistisch mit 27.000 DM an der Staatsverschuldung beteiligt sein (Frankfurter Rundschau 5. Juni 1992). Die Zinslasten des Bundes, der etwa ein Drittel der Staatsschulden auf sich vereinigt, wird im Jahre 1997 auf 112 Mrd. DM ansteigen (Süddeutsche Zeitung vom 18. August 1993).

36 Rundfunkstaatsvertrag § 12 Abs. 3.

37 BVerfGE 87, 181, 7. Rundfunkentscheidung.

Höhe der Rundfunkgebühr und die Höhe der Werbeeinnahmen entwickelt. Mangels Konkretisierung der Entscheidungskriterien für die Finanzgarantie des öffentlich-rechtlichen Rundfunks wird das Bundesverfassungsgericht wohl ein weiteres Mal sich dieses Themas annehmen und damit die Hausaufgaben des Gesetzgebers erledigen müssen.

Die Entwicklungsgarantie gilt nicht nur in finanzieller und technischer Hinsicht, sondern auch für neue Formen des Rundfunks. Das Bundesverfassungsgericht hat schon 1987 klargestellt,[38] daß die Aufgaben des öffentlich-rechtlichen Rundfunks sich auch in die Bereiche Spartenprogramme, Pay-TV und neue Kommunikationsdienste verlagern werden, sollten diese Bereiche für den durch Art. 5 Abs. 1 Satz 2 GG geschützten gesellschaftlichen Kommunikationsprozeß der individuellen und öffentlichen Meinungsbildung Bedeutung erlangen. Dieser Entwicklungsoption, die letztlich der Sicherung der Voraussetzungen für die Grundversorgung dient, kann der öffentlich-rechtliche Rundfunk Mitte der 90er Jahre nicht gerecht werden, da die bestehenden Angebote eingeschränkt werden müssen und die erzielten Rationalisierungs- und Einsparungseffekte nicht für Innovationen, sondern zum Auffangen von Kostensteigerungen verwendet werden.

Der öffentlich-rechtliche Rundfunk hat Programmausweitungen und Programmverbesserungen in der Vergangenheit im wesentlichen durch Rationalisierung und Produktivitätserhöhung ermöglicht. Die Wirtschaftlichkeit der Anstalten kann heute nicht mehr in Frage gestellt werden. Unterhaltungssendungen werden von den öffentlich-rechtlichen Anstalten heute preisgünstiger hergestellt als Talkshows im kommerziellen Fernsehen.

Zu Beginn der 90er Jahre kann der öffentlich-rechtliche Rundfunk mit in jeder Hinsicht konkurrenzfähigen Programmen aufwarten. Diese Situation ist jedoch alles andere als gesichert. Die Marktanteile im Fernsehen für öffentlich-rechtliche Produktionen sinken zugunsten der Marktanteile für triviale Angebote. Im Bereich des Hörfunks ist diese Entwicklung noch nicht so ausgeprägt. Kriterien für die Beurteilung der Konkurrenzfähigkeit des öffentlich-rechtlichen Systems müssen weitgehend noch entwickelt werden. Es stellen sich hier einige wichtige Fragen:

Wie weit dürfen die Marktanteile von Hörfunk- und Fernsehprogrammen zurückgehen, bevor der gesellschaftliche Kommunikationsprozeß durch die Grundversorgung des öffentlich-rechtlichen Rundfunks nicht mehr ausreichend gefördert

38 BVerfGE, 74, 297, 344ff.: »Der in Art. 5 Abs. 1 Satz 2 GG verwendete Begriff ›Rundfunk‹ läßt sich nicht in einer ein für allemal gültigen Definition erfassen«. (S. 350). Zu den sogenannten neuen noch nicht bestehenden Diensten: »Zwar scheidet auch bei diesen Diensten die Notwendigkeit einer Grundversorgung vorerst aus. Doch kann eine solche Notwendigkeit sich dann ergeben, wenn die zukünftige Entwicklung in die Richtung führen sollte, wenn also rundfunkähnliche Kommunikationsdienste in erheblichem Umfang an die Stelle des herkömmlichen Rundfunks treten«. (S. 353).

wird? Wie weit sind weniger Marktanteile entscheidend als die regelmäßige Nutzung öffentlich-rechtlicher Angebote durch alle Schichten der Bevölkerung?
Programme des öffentlich-rechtlichen Rundfunks werden auf Dauer ihre Funktion für die Rundfunkfreiheit nur erfüllen können, wenn

- Mehrheitsangebote eine hohe Nutzung bei allen Bevölkerungsteilen erreichen
- Programmangebote für interessierte Zielgruppen ohne Rücksicht auf die Quoten verfügbar sind und bei den potentiellen Nutzergruppen einen maximalen Marktanteil erzielen
- und öffentlich-rechtliche Programme für alle Bürger ohne Rücksicht auf ihre soziale Stellung und Einkommensverhältnisse vorhanden sind.

Diese Funktion kann der öffentlich-rechtliche Rundfunk jedoch nur erfüllen, wenn die Vorgaben des Bundesverfassungsgerichts für die Aufgaben des öffentlichen Rundfunks im dualen System auch erfüllt werden können. Zu Beginn der 90er Jahre ist dies nur unzureichend der Fall und die Gefahr ist groß, daß die positiven Entwicklungschancen des dualen Systems unwiderruflich verspielt werden, indem der öffentlich-rechtliche Rundfunk auf eine Nebenrolle als »eingegrenzter Grundversorger« beschränkt wird.
Die Grundfunktion des öffentlich-rechtlichen Rundfunks für die freie individuelle und öffentliche Meinungsbildung besteht nicht in einem theoretischen Auftrag, sondern in einem realen Angebot. Die Beiträge des Rundfunks zum Meinungsbildungsprozeß wirken im Rahmen eines begrenzten Zeitbudgets des Bürgers für die Mediennutzung. Für die effektive Erfüllung der Grundversorgung sind damit sowohl die Hör- und Sehdauer pro Tag als auch die demographische Nutzungsstruktur als quantitative Kriterien wichtig.

VII. Äußere Einflüsse auf das System

Die Zukunft des dualen Systems wird auch durch äußere Einflüsse in Frage gestellt. Der Antagonismus zwischen Bund und Ländern hat die Rundfunkpolitik in der Bundesrepublik seit 40 Jahren gekennzeichnet. Unabhängig von den politischen Mehrheitsverhältnissen hat sich dieser Gegensatz institutionsbedingt erhalten. Die Aktivitäten der Bundespost auf dem Gebiet der Verkabelung in den 70er Jahren gehören nach dem Projekt des Deutschlandfernsehens von 1960 zu den herausragenden rundfunkpolitischen Initiativen des Bundes. Auch der Verkabelungsstop von 1979 hat die unübersehbare Rolle des Bundes bei der Rundfunkentwicklung nur betont. Die rundfunkpolitischen Initiativen der Bundesregierung, dokumentiert in zahlreichen Regierungserklärungen und Kabinettsbeschlüssen[39] in der Phase, als sich die Länder noch nicht auf eine Rahmenordnung für ein dua-

39 Dokumentiert in Ring, Medienrecht, Teil FI2.

les System einigen konnten, belegen die Gefahr, daß die Uneinigkeit der Länder in kulturpolitischen Fragen, zu denen nicht zuletzt auch der Rundfunk gehört, den Einfluß und den schleichenden Kompetenzzuwachs des Bundes für die elektronischen Medien unterstützt. Bei Entscheidungen über die Nutzung der Kanäle im Kabelsystem, so belegt die Erfahrung der Rundfunkanstalten, werden Entscheidungen der Landesmedienanstalten nicht selten durch technisch begründete Maßnahmen der TELEKOM beeinflußt. Auch wenn es um die Zulassung von neuen Fernsehveranstaltern für das sogenannte Ballungsraum-Fernsehen geht, muß die Öffentlichkeit den Eindruck erhalten, als sei die TELEKOM die wahre Lizenzierungsbehörde[40] für neue private Fernsehanbieter.
Die von den Ländern gegründeten Landesmedienanstalten haben es bisher nicht vermocht, Fehlentwicklungen in Bezug auf Programminhalte und die Konzentration von Meinungs- und Kapitalmacht auf dem Gebiet des privaten Rundfunks zu vermeiden. Vorschläge für eine Neuordnung auf Bundesebene werden bereits diskutiert.
Die Entwicklung der Kommunikationstechnik auf dem Gebiet des Rundfunks erhöht auch den Einfluß des Bundes, der für die Technologieförderung eine Zuständigkeit hat, für rundfunkpolitische Entwicklungen, die im technischen Fortschritt begründet sind. Beispiele sind DAB (Digital Audio Broadcasting) oder digitales Fernsehen.
Seit Vorlage des Grünbuchs der EG-Kommission für die Einführung einer EG-Fernsehrichtlinie 1984 wurde die Position vertreten, daß Fernsehen eine Dienstleistung[41] und ein Wirtschaftsgut wie jedes andere auch sei. Die Position der Länder und der Rundfunkanstalten wurden so gut wie nicht zur Kenntnis genommen. Der Bund hat mit der Zustimmung zur Fernsehrichtlinie[42] zugleich seinen Anspruch auf die Regelung des Rundfunks als Gegenstand des Rechts der Wirtschaft untermauert. Die noch anhängige Verfassungsbeschwerde des Landes Bayern, des Landes Baden-Württemberg und einiger anderer Länder wird zu diesem Ehrgeiz des Bundes sicher noch Aufhellung bringen. Die EG-Kommission hat die materielle Betrachtungsweise des Fernsehens in den Mitgliedsländern weitgehend durchgesetzt. Ergänzt wird diese Politik durch eine Reihe von Richtlinien, die öffentlich-rechtlichen Rundfunk entweder mit kommerziellem Rundfunk oder mit staatlichen Einrichtungen gleichsetzen – beides für das System eines gemeinnützigen staatsunabhängigen Rundfunks sachwidrige Gesichtspunkte.
Im Herbst 1993 waren jedoch zwei Ereignisse zu vermelden, die eine vollständige Unterwerfung des gemeinnützigen Rundfunks unter das Recht der Wirtschaft

40 Vgl. Stuttgarter Zeitung vom 20.4.1993.
41 EG-FS-Richtlinie zur Koordinierung bestimmter Rechts- und Verwaltungsvorschriften der Mitgliedstaaten über die Ausübung der Fernsehtätigkeit vom 3. Oktober 1989: »Die Fernsehtätigkeit stellt unter normalen Umständen eine Dienstleistung im Sinne des (EWG)-Vertrages dar«.
42 Am 3. Oktober 1989 aufgrund eines Kabinettsbeschlusses vom 4. April 1989.

möglicherweise noch abwenden. Unter Berufung auf die Position der EG-Kommission, Fernsehen sei eine grenzüberschreitende Dienstleistung, verlangt nun die amerikanische Filmindustrie von der EG-Kommission, die Anwendung der gleichen Rechtsposition für das weltweite GATT-Abkommen (Allgemeines Zoll- und Handelsabkommen).[43] Seit September 1993 bemühen sich nun hochrangige Vertreter der EG-Kommission darzulegen, daß Fernsehen in erster Linie ein Kulturereignis darstelle und kein materielles Gut wie jedes andere sei.[44]
Die EG-Kommission hat mit der Dienstleistungsargumentation den Welthandel auf den Plan gerufen, der nichts anderes fordert als die EG von ihren Mitgliedern verlangt. Selbst wenn es der EG-Kommission gelingen sollte, bei den abschließenden GATT-Verhandlungen eine kulturelle Ausnahme durchzusetzen: Die EG-Kommission hat mit Zustimmung des Bundes mit der Fernsehrichtlinie der Medienkultur Europas einen Bärendienst historischen Ausmaßes erwiesen.
Mit der Entscheidung des Bundesverfassungsgerichts vom 12. Oktober 1993 über den Vertrag von Maastricht wurde zwar nicht unmittelbar über den Rundfunk entschieden, aber zwei Grundvoraussetzungen für den Erhalt der Rundfunkverfassung der Bundesrepublik gefestigt. Einmal die Bestätigung der föderalen Struktur der Bundesrepublik und zum anderen die Letztzuständigkeit des Bundesverfassungsgerichts für Grundrechtsfragen und damit auch für die Rundfunkfreiheit des Art. 5 Abs. 1 Satz 2 GG. Der seit Jahren in Sachen Rundfunk auf Kollisionskurs rollende Zug des Europäischen Gerichtshofes scheint durch die Maastricht-Entscheidung des Bundesverfassungsgerichts gestoppt. Bleibt jedoch die Frage des Stuttgarter Verfassungsrechtlers Prof. Dr. Zuck: »Ob der Europäische Gerichtshof sich das gefallen läßt?«
Diese neuere und positivere Entwicklung für das System des gemeinnützigen Rundfunks droht aber dadurch unterminiert zu werden, daß die für den Rundfunk zuständigen Länder den öffentlich-rechtlichen Rundfunk weiter finanziell schwächen, dadurch die eigene Kulturhoheit untergraben und letztlich den Teilzuständigkeiten des Bundes für ein wirtschaftlich geprägtes Rundfunksystem entgegenkommen.

VIII. Vom Rundfunk zur Kommunikationsindustrie

Am 13. Oktober 1993 wurde die rundfunkpolitische Diskussion in Europa mit einem neuen Thema bereichert, das als zusätzliche Forderung zur Einschränkung des öffentlich-rechtlichen Rundfunks Verwendung findet. Die Verschmelzung von

43 Vgl. FUNK-Korrespondenz Nr. 39/1. Oktober 1993.
44 *Sir Leon Brittan,* Außenhandelsbeauftragter der EG erklärte am 29.9.1993 im Europa-Parlament, es sei ihm gelungen, den Amerikanern klar zu machen, »daß Kultur nicht das gleiche sei, wie gewöhnliche materielle Güter«, Financial Times (FT) 30.9.1993.

Telefon- und Kabelunternehmen in Amerika[45] in Verbindung mit den Verheißungen der digitalen Technik verspricht eine Zukunft von 500 bis 800 Fernsehkanälen für jeden. Die Kombination bestehender Netze und Verteiltechniken verspricht in naher Zukunft die Entwicklung eines Kommunikationssystems, das zu einem grundlegenden sozialen Wandel führen kann. Die Folgenabschätzung der neuen Techniken werden, je nach Interessenlage, unterschiedlich vorgenommen. Die amerikanische Regierung propagiert die Konstruktion des »Informations-Superhighways« mit dem Hinweis auf die sozialen Vorteile,[46] die vom ortsunabhängigem Schulunterricht via Kommunikationstechnik über die umweltfreundliche Substitution von Verkehrsleistungen bis zur Verbesserung des Gesundheitssystems reichen.

Die Wirtschaft sieht dagegen den Schwerpunkt in neuen Marktchancen. Tendenzen für eine Konvergenz verschiedener Industriebereiche, die Fernsehen, Kabel, Telefon, Computer, Computerprogramme, Geräte der Unterhaltungstechnik sowie Verlage und Filmstudios umfassen, sind bereits weit fortgeschritten.[47] Die Entwicklung ist wohl unaufhaltsam. Es gibt Prognosen, wonach dieser neue Industriebereich innerhalb der nächsten 10 Jahre 50 % des Bruttosozialproduktes der Vereinigten Staaten auf sich vereinigen wird. Der amerikanische Vizepräsident Al Gore sieht in diesem Zeitraum allein die amerikanische Kommunikationsindustrie mit einem Umsatz von 3,5 Billionen Dollar sich zum »größten Sektor der Weltwirtschaft« entwickeln.[48] Ob sich dies realisieren wird, hängt wesentlich vom Verbraucherverhalten ab. Die neuen Dienste lassen sich nicht nach dem her-

45 Bell Atlantic, eine regionale Telefongesellschaft, verkündete die vereinbarte Übernahme von TCI (Tele-Communications Inc.) dem größten Kabeloperator der USA. Die Transaktion mit einem Finanzvolumen von rund 30 Mrd. Dollar ist eine der größten Firmenübernahmen der Wirtschaftsgeschichte. Der geplante Konzern wird nicht nur Telefon- und Kabelnetze zusammenführen, sondern ist über Beteiligung auch am Erwerb von Hollywood-Filmstudios (Paramount) interessiert. (FT vom 14. Oktober 1993, Die Zeit vom 22. Oktober 1993).

46 The national information infrastructure. Agenda for Action, Tab. A: »People could live almost anywhere they wanted, without foregoing opportunities for useful and fulfilling employment, by »telecommuting« to their offices through an electronic highway; the best schools, teachers, and courses would be available to all students, without regard to geography, distance, resources, or disability; services that improve America's health care system and respond to other important social needs could be available on-line, without waiting in line, when and where you needed them«. Das Aktionsprogramm war am 17. September 1993 von Vize-Präsident Al Gore vorgestellt worden, vgl. FUNK-Korrespondenz Nr. 39/1. Oktober 1993 »US Medienwirtschaft auf den Sprung ins 21. Jahrhundert«. *Graeme Browning,* »Search for tomorrow« in National Journal 3/20/93, S. 674 ff. *Kirk Victor* »Road Warriors« National Journal 3/20/93 S. 680ff.

47 Übersichten zum Thema Konvergenz: TV-World June 1993, »Convergence is the entertainment industry's, new buzz word«: Überblick über gemeinsame Technologie-Projekte zwischen Fernsehgesellschaften, Chip-Herstellern, Software-Firmen, der Unterhaltungsgeräteindustrie bis hin zu den Filmstudios; *Raymond Snoddy,* »A five industry giant emerges« in Financial Times, Survey »Cable TV and Satellit Broadcasting« vom 6. Oktober 1993, *Uwe Jan Heuser,* »Der Computer übernimmt«, »Die Zeit« vom 29. Oktober 1993, Nr. 44.

48 National Journal 3/20/93, S. 677.

kömmlichen System aus der Werbung finanzieren, alle neuen Dienstleistungen müssen vom Konsumenten direkt bezahlt werden.
Als Schlüssel zur Finanzierung wird das interaktive Fernsehen angenommen. Der Begriff assoziiert zunächst die Verwandlung des passiven Fernsehzuschauers zum aktiven, kreativen Programmdirektor in eigener Sache - eine medienpädagogische Wunschvorstellung. Interaktion heißt jedoch in erster Linie Kauf von Geräten, Ablieferung von Gebühr zunächst beim Netzbetreiber und dann noch ein zweites Mal bei dem angerufenen Anbieter. Ob und wieviele Haushalte eine solche Multiplikation ihres monatlichen Medienbudgets in Kauf nehmen werden, bleibt abzuwarten.
Die Verheißung von 500 oder 800 Fernsehkanälen bedeutet nicht automatisch unendliche und unbeschränkte Außenpluralität und Vielfalt im Angebot. Die Multiplikation der Fernsehkanäle dient in erster Linie dazu, vorhandene Senderechte optimal auszunutzen. So werden jeweils 50 bis 60 Kanäle zur zeitversetzten Abspielung von aktuellen Unterhaltungsfilmen Verwendung finden, um auf diese Weise bei immer kleineren Fragmenten des Publikums noch Erlöse zu erzielen.[49] Je differenzierter Spartenprogramme werden, desto geringer ist die Möglichkeit, sie auf dem Weg zur herkömmlichen Werbefinanzierung zu unterhalten.
Anschaffungskosten und zusätzliche Gebühren werden der Akzeptanz der unbegrenzten Vielfalt an Kommunikationsangeboten Grenzen setzen. Der Weg ins »elektronische Nirwana« ist keine Kurzstrecke.[50]
Eine Entwicklung derart, daß die heute bekannten elektronischen Massenkommunikationsmittel ersetzt werden durch eine unbegrenzte Zahl von individuellen zeitversetzten Kommunikationsvorgängen mittels digitaler Technik, ist nicht zwangsläufig. Experten sehen eher eine komplementäre Entwicklung. Nicholas Negraponte, Direktor des Medieninstituts des MIT: »Die Zukunft ist digital. Wenn alles vom Fernseher bis zur Telekommunikation sich mit der digitalen Sprache der Computer verständigen kann, dann werden diese zusätzlichen Möglichkeiten sicher zu einer allmählichen Bewegung weg vom klassischen Konzept der Massenmedien führen hin zu einem Konzept der persönlichen Medien und der individuellen Auswahl. Dennoch werden die Leute auch in Zukunft die wichtigsten Tageszeitungen lesen, Magazine kaufen und die Hauptfernsehprogramme ansehen, um sich überraschen zu lassen, um zu erfahren, was sie noch nicht wissen

49 Diese »Video nearly on demand«-Dienste bilden für die bereits begonnenen und geplanten Projekte mit der Technik digitaler Kompression einen der kaufmännischen Hauptpfeiler, z.B. für das Hughes-Satellitensystem DirecTV (zwei Satelliten mit 150 Kanälen), ein bereits bestehendes Time-Warner-Kabelsystem mit 150 FS-Kanälen oder die für 1994 geplanten Kabelprojekte von Viacom und TCI, dem größten Kabelanbieter, mit 500 Kanälen (FT, 6. Oktober 1993).

50 So ein Time-Warner-Sprecher über die Grenzen der Finanzierbarkeit der herkömmlichen Abonnement-FS-Dienste. Der Weg zum »elektronischen Nirwana« führt wahrscheinlich über den direkten Zugang des individuellen Nutzers zu den riesigen Filmbibliotheken der Studios (FT, 6. Oktober).

und vor allem, das Bewußtsein zu erleben, Teil einer größeren Gesellschaft und Kultur zu sein.«[51]
Das Tempo der digitalen Revolution ist schwer abzuschätzen. Die Akzeptanz der Utopie des Kommunikationswesens, dem sogenannten »Kommunikopia« steht in den Sternen. Die in Amerika sichtbar werdenden Megatrends hin zu einer umfassenden Kommunikationsindustrie müssen jedoch auch aus europäischer Sicht, wo die Verhältnisse heute noch völlig anders gelagert sind, aufmerksam betrachtet werden. Bis 1998 werden, nach einem Termin der EG-Kommission, alle Postverwaltungen in Europa privatisiert sein. Auch die deutsche TELEKOM wird dann mit einem Umsatz von 50 - 60 Mrd. DM und einem breit gestreuten Anteilskapital von 30 bis 50 Mrd. den sich eröffnenden neuen Telekommunikationsmarkt ins Visier nehmen. Der TELEKOM-Vorstand hat während der internationalen Funkausstellung im August 1993 Strategien der TELEKOM für das digitale Zeitalter[52] vorgestellt, indem die Grenzen zwischen den angestammten Sektoren von Unterhaltungselektronik, Telekommunikation und Computerbranche nahezu völlig verschwinden werden. Seit Oktober 1993 propagiert die TELEKOM in ganzseitigen Anzeigen[53] in allen größeren Tageszeitungen ihre künftige Geschäftspolitik mit Hinweis auf die neuen Strategien der Mitbewerber in den Vereinigten Staaten, die sich auf neue Geschäftsfelder spezialisieren.[54] Hinzu kommt, daß schon heute, entgegen der Gesetzeslage, eine Medienkonzentration auf dem Gebiet des Rundfunks eingesetzt hat, die alle bisher gewohnten Vorstellungen übersteigt.

IX. Verantwortung der Länder

Die Rundfunkpolitik der Jahre 1994 und 1995 wird erkennen müssen, daß eine Schwächung des gemeinnützigen öffentlich-rechtlichen Rundfunksystems in eine Sackgasse führt, wenn gleichzeitig am Horizont sich die Konturen einer Kommunikationsindustrie abzeichnen, deren Einfluß volkswirtschaftlich und politisch eher wachsen wird und nach Prognosen der EG-Kommission bereits mittelfristig die Automobilindustrie überflügeln wird. Rundfunk als Geschäftszweig einer riesigen Kommunikationsindustrie? Die Weichen für diese Entwicklung werden

51 FT a.a.O.
52 Medienreport, Nr. 10, 1993.
53 Z.B. »Die Zeit« vom 20. Oktober 1993.
54 Am 7. November 1993 wurde bekannt, daß die Deutsche TELEKOM, die Telekom Frankreich und AT & T Gespräche mit der EG-Kommission geführt haben, zum Aufbau eines paneuropäischen »intelligenten Netzwerkes«. Die Kooperation der drei größten Telekommunikationsunternehmen der Erde umfaßt neben den herkömmlichen Leistungen auch Video-Dienste, nachdem aufgrund einer digitalen Technik auch über Kupferdraht Videobilder versandt werden können. (FT, 7. November 1993).

Mitte der 90er Jahre gestellt, sie müssen gesellschaftspolitisch bewertet und praktisch entschieden werden.
Es steht einiges auf dem Spiel. Rundfunkpolitik ist auch Kulturpolitik. Die Verantwortung für die Rundfunkfreiheit und die Kulturhoheit gehört zu den ureigenen Zuständigkeiten der Länder, bei denen ihnen auch noch maßgeblicher Gestaltungsspielraum geblieben ist. Wenn die Rundfunkpolitik der Länder aufgrund kurzfristiger Konzepte mit dem Abbau des öffentlich-rechtlichen Rundfunks fortfährt, dann wird sich über kurz oder lang die Frage stellen, wer im Zeichen des Erstarkens der Kommunikationsindustrie und im Zeichen der wirtschaftlichen Interessen von Welthandel und Binnenmarkt die Richtung des Medienzuges angibt. Diese Entwicklung wird durch den derzeit angesagten restriktiven Kurs auf dem Gebiet des öffentlich-rechtlichen Rundfunks gefördert. Wenn dieser Zug erst einmal an Fahrt gewonnen hat, dann wird im Konzert der Interessen eine Berufung der Länder auf ihre Zuständigkeiten, abgesichert in der Theorie auf das Beste durch das Bundesverfassungsgericht, so gut vernommen werden wie das Zirpen einer Grille neben der Autobahn Basel–Karlsruhe.
Rundfunkpolitik ist auch Gesellschaftspolitik. Neben der Familie und den Bildungseinrichtungen sind die Medien einer der wichtigsten Sozialisationsfaktoren. Innerhalb der Mediennutzung kommt dem elektronischen Angebot der zeitlich größte Anteil zu. Hörfunk und Fernsehen spielen eine zentrale Rolle bei der Vermittlung von Werten und bei dem ständigen Prozeß des Wertewandels. Die Breite der gebotenen Vielfalt an Information, sei es durch klassische Informationssendungen, sei es durch die Auswahl und Gewichtung von Programminhalten oder durch das Weglassen von Programminhalten, entscheidet mit darüber, wie die Menschen morgen Demokratie und soziales Zusammenleben gestalten.[55]
Die Themen der Rundfunkpolitik mögen sich von Zeit zu Zeit ändern. Die Funktion des Rundfunks selbst aber bleibt gleich. Sie dient dem Grundrecht auf freie Meinungsäußerung. Dieses »ist unmittelbarster Ausdruck der menschlichen Persönlichkeit in der Gesellschaft, eines der vornehmsten Menschenrechte überhaupt. Für eine freiheitlich demokratische Staatsordnung ist es schlechthin konstituierend . . .«[56]
Dieser Satz des Bundesverfassungsgerichts aus dem Jahre 1958 ist von zeitloser Bedeutung. Die Rundfunkpolitiker der 90er Jahre sollten diese Wahrheit nicht aus den Augen verlieren. Trotz aller Diskussion um Arbeitsplätze, Medienstandorte und weltanschauliche Gegensätze.

55 Hierzu eine nachdenkliche Stimme aus den 50iger Jahren: »In ›Schöne neue Welt‹ werden ununterbrochen Zerstreuungen der faszinierendsten Art (Fühlfilme, Rutschiputschi, Zentrifugalbrummbal) als Werkzeuge der Politik verwendet, um die Leute davon abzuhalten, den Wirklichkeiten der sozialen und politischen Lage zu viel Aufmerksamkeit zu schenken«, Aldous Huxley »Dreißg Jahre danach«, 1959.
56 BVerfGE 7, 198, 208 – Lüth.

Die Kommunikationsrechte im Lichte der Rechtsprechung der Organe der Europäischen Menschenrechtskonvention (EMRK)

Wolfgang Peukert

I. Vorbemerkung

Der Europarat (ER), dem die Bundesrepublik seit 1950 angehört, zählte 1988 nur 22 Mitgliedstaaten. Diese Zahl ist infolge des Wegfalls des Eisernen Vorhangs und des in Mittel- und Osteuropa einsetzenden Demokratisierungsprozesses inzwischen schon auf 32 angestiegen[1] und mit einer Erweiterung auf etwa 45 Mitgliedstaaten wird noch gerechnet. Damit ist der ER vor wesentliche neue Aufgaben gestellt. Es gilt in erster Linie, das Bemühen der neuen Mitgliedstaaten um die Erhaltung und den Ausbau der gerade erst errungenen demokratischen Freiheiten zu unterstützen und gleichzeitig demokratiefeindlichen Tendenzen wie etwa Ausländerhass, Radikalisierung des politischen Lebens, Parteienüberdrüssigkeit in der Bevölkerung auch in den gefestigteren Demokratien entgegenzuwirken. Demokratie setzt Pluralismus, Toleranz und Aufgeschlossenheit voraus. Dies hat der Europäische Gerichtshof für Menschenrechte (EGMR)[2] bereits im ersten Urteil hervorgehoben, in dem er sich mit dem im Art. 10 Abs. 1 EMRK garantierten Recht auf Meinungsfreiheit auseinanderzusetzen hatte.
Pluralismus, Toleranz und Aufgeschlossenheit gebieten, so der EGMR im zitierten Urteil, das Recht der freien Meinungsäußerung nicht nur hinsichtlich von Informationen und Auffassungen zuzugestehen, die von der Öffentlichkeit günstig aufgenommen oder als unschädlich oder unwichtig angesehen werden, sondern auch solche, die den Staat oder einzelne Teile der Bevölkerung verletzen, schokkieren oder verunsichern (offend, shock or disturb).[3]
Damit schloß sich der EGMR den Rechtsprechungstraditionen an, die in freiheitlichen Demokratien, insbesondere in der Rechtsprechung des Obersten Gerichtshofs (Supreme Court) der Vereinigten Staaten von Amerika und des deutschen Bundesverfassungsgerichts (BVerfG), entwickelt worden waren.

1 Seit 1989 wurden folgende Staaten als neue Mitglieder aufgenommen: Bulgarien, Estland, Finnland, Litauen, Polen, Slowakei, Slowenien, Tschechei, Ungarn und letztlich, am 4.11.1993, Rumänien.

2 Die Urteile des EGMR werden in den Amtssprachen englisch und französisch in der Serie A: Judgments and Decisions, Publications of the European Court of Human Rights, veröffentlicht. Der jeweilige Parteivortrag und wesentliche Dokumente werden in der entsprechenden Serie B veröffentlicht.

3 *Handyside*-Urteil vom 7.12.1976, Serie A Nr. 24 Ziff. 49 = EuGRZ 1977, 38.

Der Supreme Court hatte bereits in der grundlegenden Entscheidung *New York Times v. Sullivan* zum Ausdruck gebracht, daß die Diskussion über öffentliche Angelegenheiten unbeschränkt, kraftvoll und offenherzig geführt werden sollte und auch vehemente, ätzende, gelegentlich sogar unangenehm scharfe Angriffe auf Regierung und Träger politischer oder öffentlicher Ämter zu dulden seien.[4]
Auch das BVerfG ist dem Supreme Court folgend stets davon ausgegangen, daß das Grundrecht der freien Meinungsäußerung Lebenselement der freiheitlich-demokratischen Staatsordnung und damit im gewissen Sinne die Grundlage jeder Freiheit überhaupt ist, indem es nämlich die ständigen geistigen Auseinandersetzungen, den Kampf der Meinungen ermöglicht, so daß bei Beiträgen zum Meinungskampf in einer die Öffentlichkeit wesentlich berührenden Frage durch einen dazu Legitimierten die Vermutung für die Zulässigkeit der freien Rede spreche.[5]
Nach dem notstandsfesten Recht auf Leben (Art. 2 EMRK) und dem ebenfalls notstandsfesten Folterverbot (Art. 3 EMRK) steht das Recht auf freie Meinungsäußerung also von seiner Bedeutung her an der Spitze aller weiteren fundamentalen Rechte, denn letztere können ohne Freiheit der Meinungsäußerung nicht wirksam verteidigt werden.[6]
Dennoch sind gewisse Einschränkungen dieses Rechts zum Schutze anderer Rechtsgüter unvermeidbar. Auch ist es eine Erfahrungstatsache, dass sich gerade die Feinde von Demokratie und Rechtsstaatlichkeit energisch auf die Freiheit der Meinungsäußerung berufen. Daher stehen die staatlichen Organe und auch die deren Akte überprüfenden Gerichte oft vor schwierigen Abwägungsproblemen.
Wie diese in der bisherigen Rechtsprechung der europäischen Instanzen gelöst und ob bzw. inwieweit dabei die zitierten Ausgangssätze verwirklicht wurden, soll anhand einer Bestandsaufnahme der bisherigen Rechtsprechungspraxis unter Berücksichtigung markanter, paralleler Entwicklungen im nationalen Bereich skizziert werden. Den diesbezüglichen Informationsbedarf unterstreicht die inzwischen schon klassische Feststellung des 2. Senats des BVerfG, dem E. G. Mahrenholz seit dem 6. Juni 1981 angehört und in dem er seit dem 16. November 1987 den Vorsitz geführt hat, wonach »bei der Auslegung des Grundgesetzes auch Inhalt und Entwicklungsstand der EMRK in Betracht zu ziehen [sei], sofern dies nicht zu einer Minderung des Grundrechtsschutzes nach dem Grundgesetz führt« und wonach die Straßburger Rechtsprechung als Auslegungshilfe »für die Bestimmung von Inhalt und Reichweite von Grundrechten und rechtstaatlichen Grund-

4 84 S. Ct. 710, 721 (1964).

5 *Lüth* Urteil, BVerfGE 7, 198, 208 und 212; ähnlich das schweizerische Bundesgericht (BGer), BGE 96 I 592, und das spanische VerfG, STC. 62/1982, vom 15. Oktober, Bolletin de Jurisprudencia Constitucional (BJC) 1982, 919.

6 Das BVerfG zitiert a. a. O., S. 208 ein berühmt gewordenes Wort des amerikanischen Richters *Cardozo* aus der Entscheidung *Palko v. Connecticut*, 302 US 319 (327), (1937): »Freedom of speech is the matrix, the indispensable condition of nearly every other form of freedom«.

sätzen des Grundgesetzes« dienen könne.[7] Vizepräsident Mahrenholz hat gerade diese Regel konsequent gehandhabt und damit in vorbildlicher Weise sein besonderes Engagement für einen strikten und effektiven Grund- bzw. Menschenrechtsschutz zum Ausdruck gebracht.[8]

II. Der Schutzbereich des Art. 10 EMRK

Die Garantie der Meinungsfreiheit nach Art. 10 Abs. 1 EMRK ist wie folgt umschrieben:
»Jedermann hat Anspruch auf freie Meinungsäußerung. Dieses Recht schließt die Freiheit der Meinung und die Freiheit zum Empfang und zur Mitteilung von Nachrichten oder Ideen ohne Eingriffe öffentlicher Behörden und ohne Rücksicht auf Landesgrenzen ein. Dieser Artikel schließt nicht aus, daß die Staaten Rundfunk-, Lichtspiel- oder Fernsehunternehmen einem Genehmigungsverfahren unterwerfen.«

1. Persönlicher Geltungsbereich

Wie auch alle anderen Konventionsrechte steht das hier in Frage stehende jedermann zu und kann sowohl von Inländern als auch Ausländern in Anspruch genommen werden.[9]
Die Berufung auf Art. 10 EMRK ist nicht durch besondere Statusverhältnisse, wie sie z. B. bei Beamten, Schülern und Studenten oder Soldaten gegeben sind, und auch nicht durch besondere Gewaltunterworfenheit, wie bei Strafgefangenen, a priori aufgehoben oder eingeschränkt.[10] Allerdings können insofern durch Gesetz besondere Pflichtenbindungen begründet sein, die im Rahmen des Schrankenvorbehalts zu berücksichtigen sind (s. dazu noch unten IV., 1.).
Das Grundrecht steht auch Personenvereinigungen und juristischen Personen zu.[11]

7 BVerfGE 74, 358 (370).
8 S. z.B. die abweichende Meinung *Mahrenholz* zum Beschluß vom 29. Mai 1990, BVerfGE 82, 106, 122 ff.
9 Allerdings erlaubt Art. 16 EMRK, die politische Meinungsäußerung von Ausländern besonderen Beschränkungen zu unterwerfen. Mit Recht fordert *Bullinger*, daß diese Bestimmung restriktiv auszulegen ist: Freedom of expression and information: an essential element of democracy, HRLJ 1985, 339 (373).
10 S. z.B. EGMR, *Herczegfalvy*-Urteil, betreffend Beschwerde eines in einer psychiatrischen Anstalt untergebrachten Straftäters, Serie A Nr. 244 = EuGRZ 1992, 535; s. a. Bericht der Europäischen Kommission für Menschenrechte (EKMR) vom 30.06.1993 in der Sache *Vereinigung demokratischer Soldaten Österreichs und B. Gubi ./. A*, z. Zt. beim EGMR anhängig; Zulässigkeitsentscheidung (»ZE«) 1860/63, Yearbook of the European Convention on Human Rights (»YB«) 8, 204 (214) betr. Beschwerde eines Strafgefangenen.
11 EGMR, *Autronic AG* - Urteil, Serie A Nr. 178, 23 Ziff. 47. = EuGRZ 1990, 261 (262).

2. Sachlicher Geltungsbereich

Bei der Bestimmung des sachlichen Geltungsbereichs der Konventionsrechte werden im Interesse eines möglichst umfassenden Schutzes meist großzügige Maßstäbe angelegt.[12]

a. Meinungsfreiheit

Das in Abs. 1 S. 1 angesprochene Recht auf freie Meinungsäußerung umfaßt nach S. 2 die Meinungsfreiheit (freedom to hold opinions), d. h. das Recht, eine eigene Meinung zu bilden.
Der EGMR hat im Fall *Kjeldsen* u. a., in dem die Beschwerdeführer die integrierte Sexualerziehung an dänischen Volksschulen bekämpften, unter Verweisung auf Art. 10 das in Art. 2 des ersten Zusatzprotokolls (ZP) zur EMRK gewährleistete Recht auf Ausbildung dahin ausgelegt, daß der Staat bei Wahrnehmung der Aufgaben, die er auf dem Gebiet der Erziehung und des Unterrichts übernommen hat, darüber zu wachen habe, daß die Informationen und Kenntnisse, die zum Unterrichtsprogramm gehören, sachlich, kritisch und pluralistisch verbreitet werden. Es sei dem Staat verboten, Indoktrinierungsabsichten zu verfolgen.[13]
Daraus könnte abgeleitet werden, daß auch politische Indoktrinierung durch gezielt einseitige Berichterstattung und Beeinflussung durch staatliche Medienmonopole eine Verletzung der Meinungsfreiheit darstellen kann.[14] Das gilt auch für eine gezielte, nach dem Wortlaut des Art. 10 nicht ausdrücklich verbotene, aber dennoch der Vorschrift zuwiderlaufende staatliche Zensur der freien Presse, wie sie von der EKMR im Griechenland-Fall beanstandet wurde.[15]
Der EGMR hat in Bezug auf die Meinungsfreiheit das Recht der Öffentlichkeit besonders hervorgehoben, Information durch die Medien zu erhalten.[16] Damit ist nach richtiger Ansicht nur ein Recht auf unbehinderte Aufnahme von Informationen gemeint, die der Öffentlichkeit prinzipiell zugänglich sind oder nach dem Willen des Urhebers zugänglich sein sollen, nicht aber ein gegen den Staat gerichtetes allgemeines Recht auf Informationsverschaffung.[17] Daher kann z. B. ein Recht des einzelnen auf Information über ihn unmittelbar betreffende Verwaltungsvorgänge nicht aus Art. 10, unter Umständen aber aus anderen Konventions-

12 Vgl. EGMR, Niemitz-Urteil vom 16.12.1992, Serie A Nr. 251-B, zur Anwendung des Rechts auf Schutz des Privatlebens und der Wohnung (Art. 8 EMRK) bei in der Wohnung ausgeübter freiberuflicher Tätigkeit.
13 EuGRZ 1976, 478, (485) Ziff. 53.
14 Vgl. *Frowein,* in *Frowein/Peukert,* EMRK-Kommentar, 1985, Art. 10 Rdnr. 4.
15 YB 12, 164.
16 *Sunday Times,* Serie A Nr. 30, 40 ff = EuGRZ 1979, 386.
17 *Frowein,* Fn.14, Art. 10 Rdnr. 12; *Gornig,* Äußerungsfreiheit und Informationsfreiheit als Menschenrechte, 1988, S. 292, s. a. *Gallwas,* Der allgemeine Konflikt zwischen dem Recht auf informationelle Selbstbestimmung und der Informationsfreiheit, NJW 1992, 2785.

rechten, wie etwa dem Recht auf Schutz des Privatlebens, abgeleitet werden.[18] Auf jeden Fall werden bei derartigen Ansprüchen gerechtfertigte Geheimhaltungsinteressen hinreichend zu berücksichtigen sein.[19]

b. Äußerungsfreiheit

Die Äußerungsfreiheit bezieht sich nach dem Wortlaut der Vorschrift des Art. 10 Abs. 1 auf »Nachrichten oder Ideen« (informations and ideas). Was darunter zu verstehen ist, hat der EGMR bisher offen gelassen.[20] Die EKMR und das Schrifttum gehen aber davon aus, daß die Vorschrift nicht nur Meinungen im Sinne von Werturteilen schützt, sondern auch Tatsachenmitteilungen.[21] Eine genaue, abgrenzende Definition ist nicht notwendig, denn Empfang und Mitteilung von Informationen ist in umfassendem Sinne garantiert.
Eine besondere Art und Weise, in der die Mitteilung von Nachrichten und Ideen zu erfolgen hätte, wird von Art. 10 nicht festgelegt. Der EGMR hat anerkannt, daß alle Formen der Äußerung unter Art. 10 fallen, also nicht nur das gesprochene oder geschriebene Wort, sondern z. B. auch alle künstlerischen Ausdrucksformen,[22] womit im Ergebnis die Kunstfreiheit als Bestandteil der Meinungsfreiheit behandelt wird, oder symbolhafte Handlungsformen (symbolic speech) wie z. B. das Verbrennen der Nationalflagge als Ausdruck des Protestes[23] oder das Aufstellen von weißen Holzkreuzen entlang einer Autobahntraße als Protest gegen eine geplante Baumaßnahme.[24]
Daß auch kommerziellen Zwecken dienende Äußerungen (commercial speech) dem Art. 10 unterfallen, nahm der EGMR im Fall *Barthold* noch unter Hervorhe-

18 S. *Gaskin*-Urteil, Serie A Nr. 160, betr. Anspruch eines unter Amtsvormundschaft Aufgewachsenen, die über ihn bei den Jugendbehörden geführten Akten einzusehen. Vgl. a. High Court, London, EuGRZ 1993, 391.

19 EGMR, *Leander*-Urteil, Serie A Nr. 116 betr. Einstellungsverweigerung gegenüber einem Arbeitsplatzbewerber, der nach geheimen Informationen der Polizei ein Sicherheitsrisiko darstellte; s. auch BGer 104 Ia 92 = EuGRZ 1979, 3 (5).

20 *Radio Groppera*, Serie A Nr. 173, 22 Ziff. 22 = EuGRZ 1990, 255.

21 S. Bericht in der Sache *De Geillustreerde* ./. NL, Decisions and Reports (DR) 8, 5 (13); *Gornig*, Fn. 17, S. 144 f.; *Laeuchli - Bosshard*, Die Meinungsfreiheit gemäß Art. 10 EMRK, unter Berücksichtigung der neueren Entscheide und der neuen Medien, 1990, S. 14; *Frowein*, Fn.14, Art. 10 Rdnr. 5; *Berka*, Kommunikationsfreiheit, in: *Machacek/Pahr/Stadler* (Hrsg.), 40 Jahre EMRK, Grund- und Menschenrechte in Österreich, Bd. II, 1992, 396 (414). Auch in der nationalen Rechtsprechung ist anerkannt, daß die Mitteilung von Tatsachen durch die Meinungsfreiheit geschützt wird, weil und soweit sie Voraussetzung für die Bildung von Meinungen sind: BVerfGE, 71, 162 (179); VfGH vom 01.10.1991, B 182/90 - zitiert nach *Berka*, a.a.O., S. 415, Fn. 57.

22 Urteil *Müller* ./. CH., Serie A Nr. 133, 19 Ziff. 27 = EuGRZ 1988, 543. Das BGer läßt es in EuGRZ 1985, 720 f. offen, ob die Kunstfreiheit als ein eigenständiger Wert oder als Teil der Meinungsäußerungsfreiheit zu werten ist.

23 S. *US v. Eichmann*, 110 S. Ct. 2404 (1990) zur Verfassungwidrigkeit des Flag Protection Act; vgl. auch BVerfGE 81, 278.

24 S. den gütlich beigelegten Fall *Moosmann* ./. A, Nr. 14093/88, Bericht vom 07.09.1992 und die ZE vom 15.10.1991 zu diesem Fall, betr. Beschwerde über das von einem Amtsträger angeordnete Entfernen von auf Privatgrundstücken aufgestellten Holzkreuzen.

bung des rein informativen Teils des in Frage stehenden, als standeswidrige Werbung angesehenen Zeitungsberichts über ein Interview mit einem Tierarzt und Inhaber einer Tierklinik an,[25] und auch im Fall *Markt-Intern Verlag ./. D* ging es um eine kommerzielle, für einen beschränkten Kreis von Unternehmen bestimmte Mitteilung eines Handelsfachblatts, die einen nicht allein der Verfolgung eigener wirtschaftlicher Interessen dienenden Informationswert hatte.[26] Die EKMR hat allerdings Art. 10 auch bereits wiederholt auf reine Werbetexte angewandt.[27]
Die Äußerungsfreiheit gewährleistet nicht nur positiv das Recht, Informationen oder Ansichten kundzugeben, sondern auch negativ das Recht, unter bestimmten Voraussetzungen eine Aussage zu verweigern.[28] Das befand die EKMR bzgl. einer Beschwerde über Zeugniserzwingungsmaßnahmen eines österreichischen Strafgerichts gegenüber einem Beschwerdeführer, der sich in einem Prozeß gegen mutmaßliche Rauschgifthändler vergeblich auf ein Aussageverweigerungsrecht berufen hatte, obwohl gegen ihn in einem gesonderten Verfahren wegen Rauschgiftkonsums ermittelt wurde. Das Strafgericht hatte seine Entscheidung mit höherrangigen Interessen der Verfolgung schwerer Rauschgiftkriminalität begründet, denen gegenüber das an sich berechtigte aber nicht schwerwiegende Interesse des Zeugen an der Aussageverweigerung zurückzutreten habe, zumal das Verfahren gegen ihn vorläufig eingestellt worden und mit einer weiteren Strafverfolgung nicht zu rechnen sei. Der Fall wurde im Verlaufe des Verfahrens vor dem EGMR gütlich beigelegt, so daß die bedeutsame Frage der Interessenabwägung offenblieb.[29]

c. Massenkommunikation

Daß Art. 10 nicht nur die individuelle Kommunikation, sondern auch die Massenkommunikation und damit insbesondere die Pressefreiheit aber auch die Freiheit von Rundfunk, Fernsehen und Film umfaßt, folgt aus S. 3 des Abs. 1 und ergibt sich im übrigen aus den zwei *Sunday Times*-Urteilen, sowie dem *Observer and Guardian*-Urteil.[30] Daher kann das durch Art. 10 gewährleistete Recht auch umfassend mit Kommunikationsfreiheit bezeichnet werden.[31]

25 Serie A Nr. 90, 20 Ziff. 42. Der EGMR bejahte in diesem Fall eine Verletzung von Art. 10.
26 Serie A Nr. 165, 17 Ziff. 25. Die Mitteilung enthielt nach Ansicht der deutschen Gerichte herabsetzende, wettbewerbswidrige Aussagen über ein Unternehmen und wurde daher untersagt. Im Gegensatz zur EKMR sah der EGMR darin jedoch keine Verletzung des Art. 10.
27 S. z.B. ZE 7805/77, DR 16, 68 (73); ZE 17006/90 vom 02.07.1990. S. a. *Preslmayr*, Vergleichende Werbung und Äußerungsfreiheit gemäß Art. 10 EMRK, EuGRZ 1985, 221.
28 In diesem Sinne schon vorher *Berka*, Fn.21, S. 417.
29 *K ./. A*, Serie A Nr. 255-B, die österreichische Regierung verpflichtete sich u. a. in dem Vergleich, eine Änderung der einschlägigen Bestimmungen der StPO herbeizuführen.
30 Serie A Nrn. 30; 216 und 217.
31 Vgl. *Berka*, Fn. 21.

Besonderen Stellenwert hat nach der bisherigen Rechtsprechung des EGMR die Pressefreiheit. Die Bedeutung der Aufgaben der Presse, als »öffentlicher Wachhund« (public watchdog) die Öffentlichkeit informiert zu halten, wurde wiederholt betont und gefolgert, daß die Notwendigkeit von die Pressefreiheiten einschränkenden Maßnahmen einer besonders eingehenden und restriktiven Prüfung bedarf.[32] Das gilt für die gesamte öffentliche Angelegenheiten betreffende Berichterstattung der Presse und nicht nur den Bereich des politischen Meinungskampfes.[33] Auch nur vorübergehende, z. B. durch einstweilige Verfügung angeordnete Veröffentlichungsverbote, können die Pressefreiheit angesichts der Kurzlebigkeit der Aktualität von Nachrichten empfindlich beeinträchtigen.[34]

Die modernen Massenkommunikationsmedien erfahren teilweise noch Beschränkungen aus rein technischen Gründen (Frequenzmangel), so daß die Zahl der Lizenzträger zwangsläufig limitiert bleiben muß. Aus diesem Grunde ist in Art. 10 Abs. 1 S. 3 die Zulässigkeit von Genehmigungsverfahren vorgesehen, in denen aber neben der persönlichen Eignung nur die technischen Aspekte bei der Vergabe von Rundfunk- oder Fernsehlizenzen zu prüfen sind, wobei außerdem die Voraussetzungen des Art. 10 Abs. 2 für die Zulässigkeit einschränkender Maßnahmen beachtlich bleiben.[35]

Staatliche Monopole für Rundfunk und Fernsehen sind durch Art. 10 Abs. 1 S. 3 nicht grundsätzlich ausgeschlossen, was die EKMR unter anderem aus der Tatsache ableitete, daß bei Ausarbeitung der EMRK solche Monopole bereits bestanden und bekannt waren.[36]

Nach neuerer Rechtsprechung dürften staatliche Sendemonopole zumindest dann konventionsrechtlich nicht zu beanstanden sein, wenn durch die Existenz einer ausreichenden Zahl privater Medien ein angemessen weites Informationsangebot sichergestellt ist. Die EKMR hat Ende 1992 einen gegen Österreich gerichteten Fall an den EGMR verwiesen, in dem sie die Versagung von Lizenzen für private Rundfunksender beanstandet und damit indirekt das absolute Monopol des staatlichen österreichischen Rundfunks (ORF) in Frage stellt. Es wird allerdings im Bericht hervorgehoben, daß nicht zu prüfen sei, ob ein Rundfunkmonopol als solches mit der EMRK vereinbar ist. Wenn aber ein Staat ein Rundfunkmonopol errichte, habe es ausreichend Raum für Privatinitiativen zu belassen (z. B. in Form von privaten Programmen).[37]

32 EGMR, *Observer and Guardian*, Serie A Nr. 216, 30 Ziff. 59; *Sunday Times*(II), Serie A Nr. 217, 29 Ziff. 50.
33 EGMR, *Thorgeir Thorgeirson ./.* Island, Serie A Nr. 239, Ziff. 64.
34 S. *Sunday Times*-Urteil (II), Fn. 32, Ziff. 51.
35 *Autronic*-Urteil, Serie A Nr. 173, 24 Ziff. 61.
36 ZE 3071/67 YB, 456 (463 f); ZE 4750/71, Collection of Decisions (CD) 40, 29 f.
37 Bericht vom 09.09.1992, Nr. 13914/88 u.a., *Informationsverein Lentia, Jörg Haider* u.a.

d. Positive Gewährleistungspflichten

Der EGMR hat zwar anerkannt, daß die an sich nur vor staatlichen Eingriffen schützenden Konventionsrechte unter Umständen auch positive Schutzpflichten begründen können,[38] jedoch ergab die Fallpraxis zu Art. 10 bisher keine konkreten Anlässe zu einer Entwicklung in eine ähnliche Richtung wie sie z. B. in der Rechtsprechung des BVerfG zu beobachten ist.
Das BVerfG hat aus dem durch Art. 5 GG gewährleisteten Recht der Pressefreiheit u. a. die Verpflichtung des Gesetzgebers abgeleitet, durch Erlaß von Leitgrundsätzen sicherzustellen, daß bei der Programmgestaltung der öffentlichen Medien ein Mindestmaß von Ausgewogenheit, Sachlichkeit und gegenseitiger Achtung gewährleistet ist.[39] Es hat weiter aus Art. 5 GG eine Bestandsgarantie für die freien, unabhängigen Presseunternehmen abgeleitet.[40]
In diese Richtung tendiert ein Bericht der EKMR, in dem angedeutet wird, daß die Vertragsstaaten exzessive Pressekonzentrationen im Interesse der Meinungsvielfalt nicht allerdings allein im wirtschaftlichen Interesse der in Frage kommenden Unternehmen zu verhindern hätten.[41]
Andererseits hat die EKMR z. B. die Frage, ob der Staat Privatpersonen Zugang zu Radio und Fernsehen verschaffen müsse, verneint.[42] Sie hat weiter einen vom Beschwerdeführer behaupteten, aus Art. 10 im Zusammenhang mit Art. 1 abzuleitenden Anspruch darauf verneint, daß der beklagte Vertragsstaat (GB) bei einem Drittstaat (UdSSR) zu intervenieren habe, um die Zustellung von eingeschriebenen Briefsendungen einer privaten Organisation zum Schutze der Menschenrechte sicherzustellen.[43] Im belgischen Sprachenfall verneinte sie, daß aus Art. 10 in Verbindung mit Art. 2 des 1. ZP. (Recht auf Ausbildung) ein Anspruch auf Gewährleistung von Schulunterricht in der Muttersprache der Beschwerdeführer abgeleitet werden könne.[44]
Ob den Vertragsstaaten die Verpflichtung auferlegt ist, ein Recht auf Gegendarstellung vorzusehen, ist bisher nur in der Literatur erörtert und verneint worden.[45]

38 *Marckx* Urteil, Serie A Nr. 30, 15 Ziff. 31; Urteil *Plattform »Ärzte für das Leben«*, Serie A Nr. 139, 12 Ziff. 32.
39 S. BVerfGE 12, 205 f.; s. in diesem Zusammenhang auch die Kritik von *Mahrenholz* hinsichtlich des Parteieneinflusses auf die öffentlichrechtlichen Medien: Bundesverfassungsgericht und Parteienstaatlichkeit, in: *Stern* (Hrsg.), 40 Jahre Grundgesetz, 1990, S. 93 ff. (104).
40 S. z.B. BVerfGE 74, 297 (343) betr. Werbeverbot der öffentlichen Rundfunkanstalten zum Schutz der Tagespresse; BVerfGE 73, 118 (181) zur Erhaltung der Funktionsfähigkeit der freien Presse. Für Frankreich s. hierzu: Conseil Constitutionnel, Décision n° 84-181, Rec. 73, Art. 61 = Favoreu (éd.), Les Grandes Décisions du Conseil Constitutionnel, Sirey n° 38, 1984, S. 599, zur Verfassungmässigkeit des franz. Gesetzes gegen Pressekonzentration.
41 Nr. 5178/71 in der Sache *De Geillustreerde Pers. NW. ./. NL*, DR 8, 5 (14) Ziff. 88.
42 ZE 4515/70, YB 14, 538 (545); ZE 8132/78 vom 07.05.1979 unveröffentlicht.
43 ZE 7597/76, DR 14, 117 (123 f).
44 E 1474/62, YB 6, 332 (342).
45 *Frowein*, Fn. 14, Rdnr. 17 m. w. H.; s. auch Gornig, Fn. 17, S. 291 f.

e. Drittwirkung der Kommunikationsfreiheiten

Unter Drittwirkung versteht man gemeinhin die Auswirkungen von Grundrechten im Privatbereich.[46]
Mögliche Auswirkungen der Meinungsäußerungsfreiheit auf ein privatrechtliches Arbeitsverhältnis waren im kürzlich von der EKMR beschiedenen Fall *Rommelfanger ./.* D zu prüfen.[47] Der Beschwerdeführer war als Arzt in einem katholischen Krankenhaus tätig. Wegen seines öffentlichen Eintretens für ein Recht auf Abtreibung wurde ihm fristlos gekündigt. Eine Kündigungsschutzklage war erfolgreich. Die vom Arbeitgeber eingelegte Verfassungbeschwerde führte aber zur Aufhebung der angefochtenen Urteile und Zurückverweisung an das BAG.
Das BVerfG befand, daß das Grundrecht der Meinungsäußerungsfreiheit zulässigerweise durch die vertraglichen Rechtsbeziehungen eingeschränkt worden sei. Der Beschwerdeführer habe gegen Grundpositionen des christlichen Verständnisses von der Unantastbarkeit menschlichen Lebens Stellung bezogen und sich, gemessen an kirchlichen Normen, außerhalb der kirchlichen Gemeinschaft gestellt. Daher könne er sich nicht auf Art. 5 GG berufen, zumal seine Stellungnahme nicht als solche im »wechselseitigen Meinungskampf« zur Beurteilung stehe.[48]
Der betroffene Arzt legte daraufhin Menschenrechtsbeschwerde ein, die von der EKMR als offensichtlich unbegründet zurückgewiesen wurde. Die EKMR hob in dieser Entscheidung u. a. hervor, daß der Arbeitgeber im zu beurteilenden Fall eine Organisation sei, die auf bestimmten, achtbaren Überzeugungen und Wertvorstellungen basiere. Es sei daher konventionsgerecht, daß durch die Entscheidung des BVerfG auch dem Recht der Meinungsfreiheit des Arbeitgebers angemessen Rechnung getragen worden sei. Dieser könne sein Recht nicht wirksam ausüben, ohne seinen Arbeitnehmern insofern gewisse Treuepflichten aufzuerlegen.
In einer jüngeren Entscheidung hat das BVerfG der Meinungsfreiheit eines Arbeitnehmers den Vorrang gegenüber dem Prinzip der Vertragsfreiheit eingeräumt. Der Fall betrifft einen Lehrling, dem nach Abschluß der Ausbildung die Übernahme in ein festes Anstellungsverhältnis wegen eines von ihm verfaßten Artikels in einer Schülerzeitung verweigert worden war. Die Veröffentlichung schilderte Eindrücke von einer Demonstration gegen den Bau des Kernkraftwerkes Brokdorf. Das ausbildenden Unternehmen verstand diese als Billigung von Gewaltanwendung auch im Betrieb.
Eine auf Abschluß eines Arbeitsvertrages gerichtete Klage war in erster Instanz

46 Vgl. *Griller*, Drittwirkung und Fiskalgeltung von Grundrechten, ZfV 1983, 109; *Hermes*, Grundrechtsschutz durch Privatrecht auf neuer Grundlage? Das BVerfG zur Schutzpflicht und mittelbaren Drittwirkung der Berufsfreiheit, NJW 1990, 1764; zu dem Problem aus österreichischer Sicht s. *Novak*, Zur Drittwirkung der Grundrechte, EuGRZ 1984, 133.
47 ZE 12 242/86 vom 06.09.1989, DR 62, 151.
48 BVerfGE 70, 138 ff. (171 f.).

erfolgreich. In den folgenden Instanzen obsiegte aber das beklagte Unternehmen, wobei auf das Prinzip der Vertragsfreiheit abgestellt wurde.
In dem der Verfassungsbeschwerde des Lehrlings stattgebenden Urteil erkennt das BVerfG zwar an, daß wenn die Äußerungen eines Auszubildenden darauf schließen ließen, er halte unter bestimmten Umständen Gewaltanwendung auch im Betrieb für gerechtfertigt, die Vertragsfreiheit des Arbeitgebers den Vorrang vor der Meinungsfreiheit des Auszubildenden genieße. Das BAG habe aber gegen Art. 5 Abs. 1 GG verstoßen, weil es den Inhalt der in Frage stehenden Meinungsäußerung verkannt habe. Es sei nämlich keineswegs eindeutig, daß der fragliche Artikel in der Schülerzeitung ein Bekenntnis zu Gewalt enthalte. Selbst wenn er als Befürwortung von Gewalt gegen den Bau von Kernkraftanlagen zu deuten wäre, stünde damit noch nicht fest, daß der Autor auch die gewaltsame Lösung betrieblicher Konflikte befürworte. Es hätte nämlich bedacht werden müssen, daß der Beschwerdeführer seinerzeit ein Lernender war, von dem noch nicht erwartet werden konnte, daß er seine Auffassung mit der gebotenen Differenziertheit und Abgewogenheit wiedergebe. Engagierte, überzeichnete und inhaltlich angreifbare Meinungsäußerungen dürften daher bei Jugendlichen nicht in gleicher Weise auf die Goldwaage gelegt werden wie bei gereiften Menschen.
Ferner sei zu bedenken, daß es sich um einen in einer Schülerzeitung veröffentlichten Artikel handele. Schülerzeitungen bildeten ein Übungsfeld für die Teilnahme an der öffentlichen Meinungsbildung. Sie könnten diese wichtige Aufgabe nur erfüllen, wenn die Schüler nicht befürchten müssen, durch eine Beteiligung ihren späteren Berufsweg aufs Spiel zu setzen.[49]
Diese Entscheidung ist vom Ergebnis und den Konsequenzen her zu begrüßen, denn überspitzte Reaktionen von Unternehmen gegenüber sozialkritischen Einstellungen ihrer Lehrlinge dürften nur zu einer unnötigen Radikalisierung der letzteren führen und außerdem sind die Freiheitsrechte allumfassend erst wirksam gewährleistet, wenn sie nicht nur vom Staat, sondern auch den Mitmenschen respektiert werden. Daher erscheint es gerechtfertigt, daß die Gerichte gewisse Auswirkungen der Grundrechte auch im privatrechtlichen Bereich berücksichtigen.

III. Die Schrankenvorbehalte

Die Vorraussetzungen zulässiger Einschränkungen des in Art. 10 Abs. 1 gewährleisteten Rechts sind in Abs. 2 der Vorschrift wie folgt umschrieben:

> »Da die Ausübung dieser Freiheiten Pflichten und Verantwortungen mit sich bringt, kann sie bestimmten, vom Gesetz vorgesehenen Formvorschriften, Bedingungen, Ein-

49 BVerfGE 86, 122 (130 f); kritisch dazu *Berkemann*, Aus der Rechtsprechung des BVerfG, JR 1992, 453 (454).

schränkungen oder Strafdrohungen unterworfen werden, wie sie vom Gesetz vorgeschrieben und in einer demokratischen Gesellschaft im Interesse der nationalen Sicherheit, der territorialen Unversehrtheit oder der öffentlichen Sicherheit, der Aufrechterhaltung der Ordnung und der Verbrechensverhütung, des Schutzes der Gesundheit und der Moral, des Schutzes des guten Rufes oder der Rechte anderer, um die Verbreitung von vertraulichen Nachrichten zu verhindern oder das Ansehen und die Unparteilichkeit der Rechtsprechung zu gewährleisten, unentbehrlich sind.«

1. Vom Gesetz vorgesehen

Jede Beschränkung der Kommunikationsrechte bedarf als erstes einer gesetzlichen Grundlage. Das Gesetz muß grundsätzlich die Voraussetzungen für den Eingriff, die Grenzen der Eingriffsmöglichkeit und das anwendbare Verfahren klar regeln.

Unter Gesetz im Sinne der Konvention ist, bei notwendiger Berücksichtigung des angelsächsischen Common Law Systems, geschriebenes wie auch ungeschriebenes Recht zu verstehen, das im innerstaatlichen Bereich als solches anerkannt ist.[50] Verwaltungsvorschriften dürften nicht als gesetzliche Grundlage in Frage kommen wohl aber Verordnungen.[51]

Das Gesetz muß zugänglich und verständlich sein, damit jeder Bürger, gegebenenfalls nach entsprechender Beratung, in der Lage ist, sein Verhalten danach einzurichten.[52] Allerdings wurden selbst generalklauselartige Bestimmungen wie z. B. die des § 1 UWG in Verbindung mit standesrechtlichen Regeln als ausreichend bestimmt angesehen, denn es ist im Rechtsleben nicht immer möglich, absolut eindeutige Regelungen zu treffen. Vielmehr muß oft der Praxis ein Anwendungsspielraum belassen werden, um damit eine Erfassung vielfältiger oder sich ständig ändernder Lebensverhältnisse zu ermöglichen.[53]

Wichtige Anforderung an die gesetzliche Grundlage ist andererseits, wie der EGMR im Zusammenhang mit geheimen Abhörmaßnahmen zur Verbrechensbekämpfung hervorhob, daß sie mit den allgemeinen Prinzipien der Rechtsstaatlichkeit (Rule of Law), auf die die Präambel der Konvention ausdrücklich Bezug nimmt, vereinbar ist und keinen Raum für willkürliche Eingriffe läßt.[54]

50 EGMR, *Sunday-Times ./. GB* (I), Serie A Nr. 30 = EuGRZ 1979, 386 ff. Ziff 46; *Silver*, Serie A Nr. 61, 33 Ziff. 86 = EuGRZ 1984, 450.
51 EGMR, *Leander*, Serie A Nr. 116, 24.
52 Im Fall *Radio Groppera u. a. ./. CH*, Serie A Nr. 173, nahm der EGMR im Gegensatz zur EKMR sogar an, daß es einem Unternehmen, welches grenzüberschreitend Sendungen auszustrahlen beabsichtige, zuzumuten sei, sich über die die Materie regelnden internationalen, sehr technischen und höchst komplexen Rechtsvorschriften zu informieren.
53 Vgl. EGMR, *Barthold* Urteil, Fn. 25, Ziff. 44 ff.; *Markt Intern*, Fn. 26, Ziff. 30; *Castells ./. E*, Serie A Nr. 236 Ziff. 35 bis 37 bzgl. einer nur selten angewandten Bestimmung, die Beleidigung der Regierung unter Strafe stellt.
54 *Malone* ./. GB, Serie A Nr. 82, 32 Ziff. 67 = EuGRZ 1985, 17 ff.; *Kruslin* ./. F, Serie A Nr. 176-A und *Huvig* ./. F, Serie A Nr. 176-B.

2. Die Eingriffszwecke

Abs. 2 enthält einen erschöpfenden und weit gespannten Katalog von Schutzgütern, deren Sicherung Einschränkungen der Kommunikationsfreiheiten zulassen. In der Praxis haben sich bisher keine Schwierigkeiten gezeigt, den Eingriffszweck im konkreten Einzelfall zu präzisieren und die in Frage stehende Maßnahme zu subsumieren.

Besonders häufig dienen Einschränkungsmaßnahmen dem Ehrenschutz und/oder dem Schutz der Rechte anderer,[55] der Aufrechterhaltung der Ordnung,[56] dem Ansehen und der Unparteilichkeit der Rechtsprechung,[57] dem Schutz der Moral,[58] und letztlich dem Schutz der Gesundheit.[59]

Der jeweilige Schutzzweck ist hauptsächlich von Bedeutung im Zusammenhang mit der Frage, ob die im Einzelfall zu prüfende einschränkende Maßnahme in einer demokratischen Gesellschaft notwendig ist.

3. Notwendigkeit der Beschränkung

Der Eingriffsvorbehalt zu Art. 10 enthält, wie alle anderen Einschränkungsklauseln betreffend der in den Art. 9 bis 11 EMRK genannten Freiheitsrechte die Formel, daß die Maßnahme »in einer demokratischen Gesellschaft notwendig« sein muß. Dies setzt nach ständiger Rechtsprechung des EGMR ein »dringendes soziales Bedürfnis« (pressing social need) voraus. Es genügt also nicht, daß eine beschränkende Maßnahme als »normal«, »nützlich«, »vernünftig« oder »zweckmäßig« angesehen werden kann. Allerdings hat der EGMR anerkannt, daß die Frage der »Notwendigkeit« naturgemäß in erster Linie von den zuständigen nationalen Instanzen zu beurteilen ist, da diese die in den einzelnen Mitgliedsstaaten durchaus unterschiedlichen gesellschaftlichen Gegebenheiten genauestens kennen und daher besser in der Lage sind zu entscheiden, welche einschränkenden Maßnahmen aus gesellschaftspolitischen Gründen geboten sind. Daher wird den Ver-

55 S. die Urteile in den gegen Österreich gerichteten Beschwerdesachen *Lingens*, Serie A Nr. 103 = EuGRZ 1986, 424;*Oberschlick*, Serie A Nr. 204 = EuGRZ 1991, 216; und *Schwabe*, Serie A Nr. 242-A ; sowie *Thorgier Thorgeirson*, Serie A Nr. 239; *Casado Coca ./. E*, Bericht vom 01.12.1992, Nr. 1554/89, z. Zt beim EGMR anhängig, betr. Werbeverbot für Anwälte.

56 EGMR, *Castells ./. E*, Serie A Nr. 36 Ziff. 39 betr. Verurteilung wegen Beleidigung der Regierung, daher auch zum Zwecke des Ehrenschutzes; *Otto Preminger Institut ./. A*, Bericht vom 14.01.1993, Nr. 1374/87, z. Zt beim EGMR anhängig betr. Untersagung der Aufführung eines als gotteslästerlich beanstandeten Films; *Vereinigung demokratischer Soldaten Österreichs*, Bericht vom 30.06.1993, ebenfalls noch beim EGMR anhängig.

57 *Sunday Times-Urteile* (I) und (II); *Observer and Guardian*-Urteil, Fn. 30.

58 *Handyside* Urteil, Fn.3., Urteil *Müller ./. CH*, Serie A Nr. 133; EKMR, Bericht vom 14.01.1993, Nr. 17116/90, *S. ./. CH*, noch beim EGMR anhängig.

59 EGMR, *Colman ./. GB*, Serie A Nr. 258-D, betr. Werbeverbot für Ärzte. Hier hatte die EKMR Verletzung von Art. 10 verneint, der Fall wurde aber letztlich vor dem EGMR gütlich beigelegt.

tragsstaaten beziehungsweise deren Organen insofern ein Beurteilungsspielraum (margin of appreciation) zugestanden.[60]
Dessen Umfang hängt von den Zielsetzungen der Einschränkung und der Art der betroffenen Meinungsäußerung ab. Der EGMR hat z. B. bei der Überprüfung von Beschränkungsmaßnahmen, die dem Schutz der Moral dienen, weitaus großzügigere Maßstäbe angelegt[61] als bei Maßnahmen, die zu einer Beschränkung im politischen Meinungskampf führen[62].
Auch kann der den Organen der Vertragsstaaten eingeräumte Ermessensspielraum durch die gleichzeitig vom EGMR ausgeübte Verhältnismäßigkeitskontrolle Einschränkungen erfahren,[63] wenngleich dies bei Anwendung des Art. 10 bisher relativ selten geschah.
Im zuvor erwähnten Fall *Barthold* hat der EGMR die Beurteilung der deutschen Gerichte, wonach die Veröffentlichung eines Interviews mit einem Tierarzt und Tierklinikbesitzer wegen der Hinweise des Arztes auf die Notdienstbereitschaft seiner Tierklinik, standeswidrig sei, als unverhältnissmäßig angesehen, weil der beanstandete Artikel auch die Öffentlichkeit interessierende Informationen enthalte, ohne daß die deutschen Gerichte überhaupt die Pressefreiheit und das Interesse der Öffentlichkeit, die fraglichen Informationen zu empfangen, genügend in Betracht gezogen hatten.[64]
Eine Prüfung der Notwendigkeit hat sowohl im Hinblick auf die eine Einschränkung vorsehende gesetzliche Regelung und den Eingriffszweck als auch im Hinblick auf die jeweilige Einzelmaßnahme zu erfolgen.

IV. Einzelne Problembereiche

1. Konflikt zwischen Kommunikationsfreiheiten und öffentlicher Ordnung und Sicherheit

Inwieweit öffentliche Ordnung und Sicherheit besondere, die Meinungsfreiheit einschränkende Treuepflichten im öffentlichen Dienst rechtfertigen,[65] war in den Fällen *Glasenapp* und *Kosiek* zu prüfen. Sie betrafen die Weigerung deutscher Be-

60 So bereits *Handyside*, Fn.3. S. 22 Ziff. 48.
61 S. *Handyside*, Fn.3.; *Müller ./.* CH, Fn. 22.
62 S. insbesondere *Castells*, Fn.56, zur Bestrafung eines oppositionellen Parlamentsmitgliedes wegen Regierungsbeleidigung.
63 Siehe z. B. EGMR, *Dudgeon ./. GB*, Serie A Nr. 45 = EuGRZ 1983, 488, *Norris ./. IRL*, Serie A Nr. 142 = EuGRZ 1992, 477 und *Modinos ./. Zypern*, Serie A Nr. 259, alle bzgl. der Strafbarkeit männlicher, freiwilliger Homosexualität unter Erwachsenen.
64 S. Fn. 25.
65 Bzgl. der deutschen Rechtslage s. die grundlegende Entscheidung BVerfGE 36, 334; s. w. *Doehring/Bleckmann* u. a., Verfassungstreue im öffentlichen Dienst europäischer Staaten, 1980. Kritisch *Simon*, Verfassungsschutz oder Verfassungszerstörung, ZRP 1989, 175.

hörden, qualifizierte Beamtenanwärter als Beamte auf Lebenszeit einzustellen, und zwar im Fall *Glasenapp* wegen linksextremistischer und im Fall *Kosiek* wegen rechtsextremistischer Äußerungen und Aktivitäten. Die beiden Anwärter hatten sich um Posten im Bereich des Unterrichtswesens beworben. Die EKMR verneinte im Fall *Kosiek* eine Verletzung während sie im Fall *Glasenapp* mit knapper Mehrheit von 9 zu 8 Stimmen Art. 10 EMRK als verletzt ansah. Der EGMR ging dagegen in beiden Fällen davon aus, daß überhaupt kein Eingriff in das durch Art. 10 Abs. 1 EMRK gewährleistete Recht vorliege, weil die Ansichten und politischen Aktivitäten der Beschwerdeführer nur im Rahmen der Prüfung ihrer Eignung als Beamte berücksichtigt worden seien, während ein Recht auf Zugang zum öffentlichen Dienst aus der Konvention überhaupt nicht abgeleitet werden könne.[66]

Beide Urteile haben Kritik erfahren,[67] die insofern berechtigt erscheint, als der EGMR überhaupt einen Eingriff in das Recht der Meinungsfreiheit verneinte, obwohl, zumindest nach der Rechtsprechung des BVerfG, die Meinungsfreiheit nicht nur erst berührt wird, wenn das grundrechtlich geschützte Verhalten selber eingeschränkt oder untersagt wird, sondern auch bereits dann, wenn nachteilige Rechtsfolgen daran geknüpft werden.[68]

Das Problem stellt sich erneut im Zusammenhang mit einer am 19. Oktober 1992 für zulässig erklärten und noch bei der EKMR anhängigen Beschwerde.[69] Bei der Beschwerdeführerin, einer Lehrerin, handelt es sich im Gegensatz zu den vorerwähnten Fällen um eine Beamtin auf Lebenszeit, die aus disziplinarischen Gründen entlassen worden war, weil sie sich hartnäckig geweigert hatte, ihre Mitgliedschaft in und Tätigkeit für die DKP einzustellen, ohne daß man ihr allerdings den Vorwurf machen konnte, sie habe den Schulunterricht für politische Agitation benutzt oder sonst in ihrem Tätigkeitsbereich zu Beanstandungen Anlaß gegeben. Sie war auch nach einigen Jahren wieder in den Schuldienst aufgenommen worden.

Daß es in derartigen Fällen, auch wenn es nicht nur um Verweigerung der Zulassung zum sondern um den weitaus schwerwiegenderen Eingriff der Entfernung aus dem öffentlichen Dienst geht, auf eine differenzierende Betrachtungsweise ankommt, zeigt eine Entscheidung der EKMR vom 29.03.1993, mit der die Beschwerde eines deutschen Berufsoffiziers als offensichtlich unbegründet zurückgewiesen wurde. Der Beschwerdeführer hatte außerdienstlich vor Berufskollegen nationalsozialistische und antisemitische Ansichten geäußert und war deshalb entlassen worden. Soweit gegenüber dieser Disziplinarmaßnahme das Recht der

66 Serie A Nr. 104 und 105 = EuGRZ 1986, 497 ff. und 509 ff.

67 S. insbesondere *Lester*, Freedom of Speech, in: *Macdonald/Matscher/Petzold*, (eds.), The European System for the Protection of Human Rights, 1993, S. 465 ff. (475).

68 EuGRZ 1992, 144; BVerfGE 86, 122 (128).

69 Fall *Vogt ./. D*, Nr. 17851/91.

Äußerungsfreiheit angerufen wurde, ging die EKMR von einem als durch Art. 10 Abs. 2 EMRK gedeckten Eingriff aus.

Aus ähnlichen Gründen hat die EKMR verschiedene Beschwerden über Strafsanktionen zurückgewiesen, die wegen Veröffentlichungen verhängt wurden, welche zu Gewaltanwendung, Rassenhaß, Fremdenfeindlichkeit und ähnlichen Exzessen, d. h. verfassungsfeindlichem Verhalten, aufrufen oder anleiten.[70]

Auch das Verbot der früheren KPD in der Bundesrepublik wurde von der EKMR nicht beanstandet,[71] und im Fall *Purcell u. a. ./. IRL* wies die EKMR Beschwerden von Journalisten und Produzenten irischer Radio- und Fernsehprogramme zurück, die sich gegen das Verbot der Sendung von Interviews mit Sprechern und Mitgliedern verschiedener verbotener Organisationen, einschließlich der sog. I.R.A. aber auch der nicht verbotenen Partei *Sinn Fein* wandten.[72] Die EKMR stellte fest, daß *Sinn Fein* eng mit der sog. I.R.A., einer terroristischen Organisation, verbunden sei, so daß die Anwendung der in Frage stehenden, die Informationsfreiheit beschränkenden Regelung in bezug auf diese Partei ebenfalls im Interesse der nationalen Sicherheit und Ordnung gerechtfertigt sei.

Noch beim EGMR anhängig ist ein Beschwerdefall bzgl. der strafrechtlichen Verurteilung eines dänischen Journalisten wegen der Sendung eines Interviews mit rechtsradikalen Jugendlichen, in dem sich die Interviewten in mißbräuchlicher und diskriminierender Weise über Emigranten und ethnische Minderheiten in Dänemark äußerten. In ihrem Bericht vom 8. Juli 1993[73] vertritt die EKMR die Auffassung, daß die Verurteilung eine unverhältnismäßige Maßnahme dartstelle, denn ihrer Auffassung nach bezweckte die von den nationalen Strafverfolgungsbehörden beanstandete Sendung nicht die Verbreitung einer rassistischen Ideologie, sondern wegen der (erhofften) abschreckenden Wirkung genau das Gegenteil.[74]

Nach der Rechtsprechung des Supreme Court sind rassistische und diskriminierende Ansichten, selbst wenn sie als öffentliches Ärgernis und verfassungsfeindlich anzusehen sind, vom Prinzip der Meinungsfreiheit gedeckt, deshalb wurde z. B. das Verbot einer geplanten Demonstration von Neonazis als verfassungswidrig aufgehoben.[75] Allerdings kann das Recht der Freiheit der Meinungsäußerung auch in den USA nicht in Bezug auf »fighting words« bzw. »hate speech«, d. h.

70 ZE vom 12.05.1988, Nr. 12194/86, DR 56, 205, Michael Kühnen ./. D; s. a. ZE vom 11.10.1979, Nr. 8348/78 und 8406/78, DR 18, 187.

71 ZE 250/57, YB 1, 222 (224 f.); s. a. ZE 6741/74, DR 5, 83 zum Verbot der Reorganisation der faschistischen Partei in Italien.

72 ZE vom 16.04.1991, Nr. 15404/89.

73 Nr. 15890/89, *Jersild ./. DK*; s. a. span. VerfG, STC 159,86, Jurisprudencia Constitucional, Bd. XVI, 1986, S. 471 ff. zur Verurteilung eines Zeitungsredakteurs wegen Veröffentlichung eines Kommuniqués der terroristischen Organisation ETA.

74 Vgl. auch BVerfGE 47, 198: Rundfunk und Fernsehanstalten sind nicht befugt, die Ausstrahlung einer Wahlsendung lediglich deshalb zu verweigern, weil der vorgelegte Wahlspot verfassungsfeindliche Äußerungen enthält.

75 *National Socialist Party v. Skoki*, 439 US 916 (1978).

Verhalten, das an sich Verletzung zufügt oder geeignet ist, zu sofortiger Gewaltanwendung zu verleiten, in Anspruch genommen werden.[76]

2. Konflikt zwischen Kommunikationsfreiheiten und dem Ansehen und der Unparteilichkeit der Rechtsprechung

Der hier in Frage stehende Schutzzweck spielte bisher allein in gegen Großbritannien gerichteten Beschwerdefällen eine Rolle, wobei die inhärenten Grenzen der Eingriffsmöglichkeiten aufgrund des typisch englischen Rechtsinstituts »Contempt of Court« (Mißachtung des Gerichts) auszuloten waren, das an sich den durchaus berechtigten Zweck verfolgt, der Gefahr einer Beeinflussung der Rechtsprechung entgegenzuwirken. Der Zeitungsverlag *Sunday Times* beschwerte sich erfolgreich über gerichtlich ausgesprochene Veröffentlichungsverbote, die einmal Berichte im Zusammenhang mit dem seinerzeit anhängigen Contergan(Thalidomid)-Schadenersatzprozeß betrafen (die Einnahme des Schlafmittels Contergan während der Schwangerschaft hatte zu Mißbildungen bei Neugeburten geführt)[77] und zum anderen Abdrucke aus einem Buch mit dem Titel »Spycatcher«, das angebliche Mißstände im britischen Geheimdienst aufdeckt und dessen Veröffentlichung die britische Regierung durch gerichtliche Maßnahmen im In- und Ausland zu verhindern suchte. Dies gelang aber nicht, so daß nach Ansicht des EGMR ein Geheimhaltungsbedürfnis im Inland entfiel, nachdem der Inhalt des Buches durch Veröffentlichung im Ausland auch für Engländer zugänglich wurde.[78]
Im Fall *Harman ./. GB* wurde die Bestrafung wegen der Weitergabe einer in einer öffentlichen Gerichtsverhandlung verlesenen und damit publik gemachten Urkunde mit Erfolg beanstandet. Nachdem die EKMR die Beschwerde für zulässig erklärt hatte, fand sich die britische Regierung zu einem Vergleich bereit und verpflichtete sich zu einer Änderung der Rechtslage, um ähnliche Beschwerdesituationen in der Zukunft zu vermeiden.[79]

3. Konflikt der Kommunikationsfreiheiten mit dem Zweck des Schutzes der Moral

Im eingangs erwähnten Fall *Handyside*[80] wurde die Untersagung des Vertriebs und die Beschlagnahme der Matrizen und noch verfügbaren Auflage eines für Schüler

76 »Conduct that itself inflicts injury or tends to incite immediate violence«, s. *Chaplinsky v. New Hampshire*, 315 US 568, (572) (1942); s. a. *Beauharnais v. Illinois*, 343 US 250(1952); s. w. *Coliver* (ed.), Striking a Balance: Hate Speech, Freedom of Expression and Non-discrimination, 1992.
77 *Sunday Times* I, Serie A Nr. 30 = EuGRZ 1979, 386. Zum Stellenwert der EMRK im Common Law-System s. *Riedel*, Meinungsfreiheit und EMRK, in: *Schwardtländer/Willoweit* (Hrsg.), Meinungsfreiheit - Grundgedanken und Geschichte in Europa und USA, 1986, 275 (294).
78 S. *Sunday Times*-Urteil (II), Serie A Nr. 217; ebenso *Observer and Guardian*-Urteil, Serie A Nr. 216.
79 Nr. 10038/82, Bericht vom 15.5.1986.
80 Fn. 3.

bestimmten sog. »Little Red Schoolbook« aus Gründen der Moral als gerechtfertigt angesehen, weil das Buch neben allgemeinen Schulerziehungsfragen zu einem geringen Teil auch sexuellen Themen gewidmet war, so dass die englischen Richter ihre Ermessensfreiheit nicht mit der Annahme überschritten hätten, das Buch könne schädliche Auswirkungen auf die Moral von Kindern haben. Der Beschwerdeführer hatte vergeblich darauf verwiesen, daß das Buch in zahlreichen anderen Mitgliedstaaten des ER unbeanstandet geblieben war.

Ohne die Begriffe »Kunst«, »Pornographie« oder »Obszönität« genauer zu umschreiben, ging der EGMR im Fall *Müller ./. CH* davon aus, die Untersagung der Ausstellung und sogar die Beschlagnahme der Bilder eines anerkannten Schweizer Künstlers sei zum Schutze der Moral gerechtfertigt, weil die Bilder nach den Feststellungen der nationalen Gerichte in roher Weise sexuelle Praktiken, insbesondere zwischen Menschen und Tieren darstellten, und es daher den Ermessensspielraum der nationalen Gerichte nicht überschreite, wenn diese die Bilder als obszön gewertet hätten.[81]

In beiden vorerwähnten Fällen ging der EGMR davon aus, daß es z. Zt. nicht möglich sei, in der rechtlichen und sozialen Ordnung der Mitgliedstaaten eine einheitliche europäische Vorstellung von Moral aufzufinden. Vielmehr unterschieden sich die Anschauungen über die moralischen Erfordernisse zeitlich und örtlich. Er hob allerdings auch hervor, daß sich zur Zeit ein tiefgreifender Wandel der Auffassungen zu dieser Frage vollziehe.[82]

Daß aber der den nationalen Organen nach dieser Rechtsprechung eingeräumte weite Ermessensspielraum dennoch auch in Fragen der Moral nicht völlig unbegrenzt ist, zeigt das Urteil im Fall *Open Door and Dublin Well Woman ./. IRL*, der das ethische Problem der Abtreibung betrifft. Hier hat der EGMR das vom irischen Supreme Court ausgesprochene Verbot der aktiven Beratung von schwangeren Frauen über Abtreibungsmöglichkeiten im Ausland durch die beschwerdeführenden gemeinnützigen Vereinigungen als unverhältnismäßig und daher Art. 10 EMRK verletzend gewertet, wobei er berücksichtigte, daß Abtreibungen in anderen Staaten unter gewissen Voraussetzungen legal sind und das in Frage stehende Verbot ungeachtet eventueller schützenswerter Interessen schwangerer Frauen z. B. an der Erhaltung ihrer Gesundheit keinerlei Ausnahmen vorsah.[83]

Die besondere Kunstform der Satire ist Gegenstand des noch beim EGMR anhängigen Falles *Otto-Preminger-Institut ./. A* Er betrifft die Untersagung der Aufführung und Beschlagnahme des Filmes »Das Liebeskonzil« in Österreich, wo sein Inhalt als Herabwürdigung religiöser Lehren und damit § 188 StGB verletzend

81 Fn. 22; die EKMR hatte dagegen mit eindeutiger Mehrheit (11:3) die Beschlagnahme als Verletzung des Art. 10 EMRK angesehen: a.a.O., S. 41 ff.

82 A.a.O., EuGRZ 1988, 454 Ziff. 35; s. a. *Borgmann*, Kann Pornographie Kunst sein? - BVerfGE 83, 130, JuS 1992, 916; *Henschel*, Die Kunstfreiheit in der Rspr. des BVerfG, NJW 1990, 1937; *Würkner*, Wie frei ist die Kunst, NJW 1988, 317.

83 Urteil vom 29.10.1992, Serie A Nr. 246 = EuGRZ 1992, 584.

gewertet wurde, weil in Bild und Sprache Gottvater als seniler, impotenter Trottel, Christus als Kretin und die Gottesmutter Maria als lüsterne Dame mit ebensolcher Ausdrucksweise dargestellt werde. Die beklagte Regierung bestritt nicht, daß der Film der Kunstgattung zuzurechnen sei. Die EKMR erkannte den satirischen Charakter des Filmes an und hielt die Beschlagnahme für zu weitgehend, da dadurch nicht einmal mehr die Vorführung vor einem begrenzten Kreis des dem Thema aufgeschlossen gegenüberstehenden Publikums möglich sei.[84]

4. Konflikt zwischen Kommunikationsfreiheiten und Ehrenschutz

Die Ehre ist ein schillernder Begriff, dessen Sinngehalt von gesellschaftlichen Konventionen geprägt wird. *Theodor Fontane* bezeichnete in seinem Roman Effi Briest den Ehrenkultus seiner Zeit als Götzendienst und *Alexander S. Puschkin* beschreibt in Eugen Onegin die oft tragischen Konsequenzen dieses Kultus, der besonders in Offizierskreisen so weit getrieben wurde, daß schon ein herausfordernder Blick oder sonst eine Bagatelle als Vorwand für ein Duell mit scharfen Waffen diente. Heutzutage ist man in puncto Ehre nicht mehr derart sensibel und im öffentlichen Meinungskampf darf auf verbaler Ebene mit härtesten Bandagen gekämpft werden.

Dies wurde vom EGMR erstmals im Fall *Lingens* anerkannt. Er betraf gegen den ehemaligen österreichischen Regierungschef Kreisky gerichtete Äußerungen, mit dem diesem »niedrigster Opportunismus« »unmoralisches« und »unwürdiges« Handeln vorgeworfen wurde. Der EGMR betonte, daß der Presse nicht nur eine Informationsaufgabe zukomme, vielmehr die Pressefreiheit auch für die Wertung des mitgeteilten Sachverhalts gelte. Weiter hob er hervor, daß die Grenzen der zulässigen Kritik bei Politikern weiter gezogen sind als bei Privatpersonen. Politiker setzten sich unvermeidlich und wissentlich der eingehenden Kontrolle aller ihrer Worte und Taten durch die Presse und die allgemeine Öffentlichkeit aus und müßten daher ein größeres Maß von Toleranz zeigen.[85] Die inkriminierten Äußerungen müßten auch vor dem Hintergrund einer politischen Kontroverse nach Wahlen gesehen werden. Letztlich wurde aber die Verletzung von Art. 10 daraus abgeleitet, daß das erstinstanzliche innerstaatliche Strafgericht die inkriminierten Äußerungen nicht als Werturteile sondern Tatsachenaussagen behandelt und darauf abgestellt hatte, daß der Wahrheitsbeweis nicht erbracht sei.

Diese Rechtsprechung wurde in dem ebenfalls gegen Österreich gerichteten Fall *Oberschlick* fortgesetzt. Er betraf erneut eine Verurteilung wegen übler Nachrede,

84 Nr. 13470/87, Bericht vom 14.1.1993; s. a. den ebenfalls beim EGMR anhängigen Fall *S./. CH*, Nr. 17116/90, Bericht der EKMR vom 14.1.1993 zur Untersagung der Vorführung pornographischer Videofilme vor ausgewähltem, erwachsenen Publikum. Auch in diesem Fall bejaht die EKMR eine Verletzung von Art. 10.

85 A.a.O., Ziff. 42.

die im Hinblick auf die Veröffentlichung eines in Form einer Strafanzeige gehaltenen Zeitungsartikels erfolgt war. In der Anzeige waren gegen einen Politiker Charaktervorwürfe i. S. der Unterstellung nationalsozialistischer Gesinnung erhoben worden. Auch insoweit hatten die innerstaatlichen Gerichte in Art. 10 EMRK verletzender Weise darauf abgestellt, daß der Wahrheitsbeweis nicht gelungen sei, während es sich nach den Feststellungen des EGMR bei den inkriminierten Äußerungen um nicht beweisbare Werturteile handelte.[86]
Im Fall *Schwabe* hatte der Beschwerdeführer, ein Bürgermeister, in einem Zeitungsartikel auf eine Jahre zurückliegende Verurteilung eines Mitgliedes einer oppositionellen Partei wegen eines Straßenverkehrsdelikts, bei dem auch Alkoholisierung eine Rolle gespielt hatte, hervorgehoben, um damit einen Angriff auf ein Mitglied der eigenen Partei abzuwehren, dessen Geeignetheit zur Bekleidung eines öffentlichen Amtes mit dem Hinweis auf ein ähnliches Delikt zuvor in Frage gestellt worden war. Der vom Beschwerdeführer in dem beanstandeten Artikel vorgenommene Vergleich beruhte nach den Feststellungen des EGMR auf zutreffenden Tatsachen und stellte seinerseits ein Werturteil dar, hinsichtlich dessen die innerstaatlichen Gerichte zu Unrecht den Wahrheitsbeweis erfordert hatten.[87]
Die besondere Bedeutung der Freiheit der Meinungsäußerung für einen gewählten Volksvertreter (Senator) hob der EGMR im Fall *Castells ./. E* hervor, in dem es im Gegensatz zu den drei vorerwähnten österreichischen Fällen bei den inkriminierten Äußerungen um gegen die spanische Regierung gerichtete Tatsachenbehauptungen ging, hinsichtlich derer ein Wahrheitsbeweis hätte zugelassen werden müssen, um den Anforderungen des Art. 10 Abs. 2 zu genügen. Der EGMR hob aber außerdem hervor, daß die Grenzen des Erlaubten bei Kritik an der Regierung noch weiter seien als bei Kritik an Politikern. Handlungen und Unterlassungen der Regierung unterlägen nicht nur der Überwachung durch die gesetzgebenden und gerichtlichen Organe, sondern auch durch die Presse und die Öffentlichkeit. Angesichts der dominierenden Position der Regierung habe diese sich bei dem Gebrauch strafrechtlicher Schritte zur Abwehr von Angriffen und Kritiken seitens ihrer Gegner oder der Medien zurückzuhalten.[88]
Scharfe Angriffe gegen die Polizei (Bestien in Uniform), mit Schilderungen von behaupteten Fällen brutaler Gewaltanwendung, wurden im Fall *Torgeir Thorgeirson ./. Island* als hinnehmbar gewertet, wobei der EGMR davon ausging, der Beschwerdeführer habe in dem von den nationalen Gerichten als verleumderisch an-

86 Fn. 55.
87 Fn. 55.
88 Serie A Nr. 236, 23 Ziff. 46; unter Hinweis auf das *Castells*-Urteil verneinte das span. VerfG. eine Verletzung des Rechts der freien Meinungsäußerung im Falle der Verurteilung eines Lokalpolitikers, der den span. Regierungschef *Gonzales* als Folterer bezeichnet hatte. Das Gericht räumte ein, daß Folterungen in der Vergangenheit vorgekommen seien. Es lägen jedoch keine Anhaltspunkte dafür vor, daß der angegriffene Regierungschef hierfür in irgendeiner Weise verantwortlich zu machen sei: STC 190/1992, BJC 140 (1992), S. 151.

gesehenen Zeitungsbericht ersichtlich nur Fälle angesprochen, von denen ihm durch Dritte berichtet wurde, so daß es den Umständen nach nicht gerechtfertigt war, von ihm einen Wahrheitsbeweis zu verlangen. Auch ergebe eine Gesamtwürdigung der beanstandeten Äußerungen, daß nicht eine Beleidigung der Polizei sondern das berechtigte Anliegen verfolgt wurde, der Justizminister möge durch ein unabhängiges und unparteiliches Organ eine Untersuchung zu den Beschwerden über vereinzelte polizeiliche Übergriffe vornehmen lassen.[89]

Bevor die Straßburger Instanzen sich mit dem Konflikt zwischen Kommunikationsrechten und Ehrenschutz auseinanderzusetzen hatten, hat das BVerfG hierzu bereits eine umfangreiche Spruchpraxis entwickelt.[90]

In Deutschland wird die Ehre als Schranke der Kommunikationsfreiheiten im Grundgesetz erwähnt (Art. 5 Abs. 1). Verfassungsrechtlich wird sie nicht im ganzen sondern nur in ihrem Kernbereich als Ausprägung des allgemeinen Persönlichkeitsrecht geschützt, das heißt nur soweit, als durch Art. 1 Abs. 1 GG die menschliche Würde für unantastbar erklärt ist.[91]

Wie der EGMR geht auch das BVerfG davon aus, daß der Auslegung einer Äußerung eine Schlüsselfunktion für die rechtliche Lösung des Konfliktes zwischen Ehrenschutz und Freiheit der Meinungsäußerung zukommt.[92]

Es gilt zunächst, zwischen Tatsachenbehauptungen und Werturteilen zu unterscheiden. Erstere sind grundsätzlich zulässig, wenn sie Vorgänge von öffentlichem Interesse betreffen und sie erweislich wahr sind, wobei die Beweislast beim Angreifer liegt, die Anforderungen insoweit aber von den Umständen des Falles abhängen.[93] Auf die Richtigkeit einer Tatsachenbehauptung kommt es dagegen nicht an, wenn der Angreifer in Ausübung »berechtigter Interessen« gehandelt hat (§ 193 StGB).[94]

89 Serie A Nr. 239.

90 S. die eingehenden Darstellungen von *Nolte*, Beleidigungsschutz in der freiheitlichen Demokratie, 1990; *Mackeprang*, Ehrenschutz im Verfassungsstaat, 1990.

91 S. dazu *Häberle*, Die Menschenwürde als Grundlage der staatlichen Gemeinschaft, in: *Isensee/Kirchhof* (Hrsg.),Handbuch des Staatsrechts, Bd. I, 1987, § 20, Rdnr. 23. Die moderne spanische Verfassung dagegen garantiert die Ehre selbst als Grundrecht (Art. 18 Abs. 1). Das span. VerfG hat daher häufig eine Abwägung zwischen diesem Recht und den Kommunikationsrechten vorzunehmen, s. z.B. STC 123/1993, 19. April, BJC 145(1993), S. 149.

92 S. z.B. BVerfGE 82, 272 (280 ff.), Zwangsdemokrat; 82, 43 (50 f.), *Strauß*-Transparent; BVerfG NJW 1992, 2013, »Nazi«; NJW 1992, 2815, »Gestapo-Methoden«.

93 Zur Abgrenzung zwischen Tatsachenbehauptung und Werturteil s. z.B. BVerfGE 61, 1 (9), »CSU die NPD von Europa«; BGH NJW 1982, 2248 (2249), »Heimdialyse«; BGHSt 6, 357 (359), »Kanonenfutter«; BGHSt 6, 159, »FDJ«. Zu den Anforderungen hinsichtlich der Sorgfaltspflicht bei der Ermittlung der behaupteten Tatsachen und der Beweisbarkeit ihrer Richtigkeit s. BVerfGE 85, 1 ff. (21 f.) = JuS 1992, 961, »Bayer-Aktionäre«, mit Anm. *Hufen*: der einzelne darf sich auf unwidersprochene Pressemitteilungen berufen. Daß auch möglicherweise nachweisbare Tatsachen nicht unbedingt hingenommen werden müssen, verdeutlicht ein besonders drastischer Fall aus der Rspr. des span. VerfG. Dieses wies die Verfassungsbeschwerde eines Verlages zurück, der in einem Zeitungsartikel einen Architekten als AIDS-infiziert bloßgestellt hatte und deshalb zu Schadenersatz verurteilt worden war: STC 20/192, 14. Febr., BJC 131(1992), S. 101 ff.

94 S. dazu *Graul*, Tatbestand vor Rechtswidrigkeit? – Zum Freispruch aus § 193 StGB, NZSt 1991, 457 ff.

Bei Werturteilen wird die Grenze zur Rechtswidrigkeit erst überschritten, wenn es sich um »böswillige und gehässige Schmähkritik«, d. h. einen völlig unsachlichen, auf vorsätzliche Kränkung des Gegners gerichteten Angriff handelt.[95]
Anschaulich verdeutlicht wird die Abgrenzung zwischen hinnehmbarem Werturteil und Schmähkritik durch eine Entscheidung des BVerfG vom 25.03.1992, die sich mit einem Angriff eines satirischen Magazins auf einen querschnittgelähmten Reserve-Offizier zu befassen hatte. Dieser wollte trotz seines körperlichen Handicaps an einer militärischen Wehrübung teilnehmen. Deswegen hatte das Magazin ihn als »geb. Mörder« in eine ständige Rubrik der »Sieben peinlichsten Persönlichkeiten« aufgenommen. Er verlangte daraufhin Zahlung eines Schmerzensgeldes. Dieses Verlangen wies das Magazin in seiner ständigen Rubrik »Briefe an die Leser« zurück und bezeichnete ihn dabei als »Krüppel«. Die darauf folgende gerichtliche Auseinandersetzung führte bis zum BVerfG, welches eine »fallbezogene Abwägung zwischen dem Grundrecht der Meinungsfreiheit und dem grundrechtsbeschränkenden durch Gesetz geschützten Rechtsgut«, nämlich der »Ehre« vornahm. Es wertete die Bezeichnung »geb. Mörder« in der Rubrik »Die sieben peinlichsten Persönlichkeiten« als der Kunstgattung der Satire zugehörig an; dieser sei es wesenseigen, daß mit Übertreibungen, Verzerrungen und Verfremdungen gearbeitet werde. Die Satire müße daher ihres in Wort und Bild gewählten Gewandes entkleidet werden, um ihren eigentlichen Inhalt erkennen zu lassen. Der Aussagekern und ihre Einkleidung seien sodann gesondert daraufhin zu überprüfen, ob sie eine Kundgabe der Mißachtung der karikierten Person enthielten. Dies wurde hinsichtlich des Ausdrucks »geb. Mörder« verneint, da sich der gesamte in Frage stehende Text nicht nur gegen den Reserveoffizier richtete, sondern auch das Verhalten anderer Personen aufs Korn genommen wurde.
Anders wurde dagegen die Bezeichnung »Krüppel« bewertet, die in anbetracht des körperlichen Gebrechens des Angegriffenen zurecht als bewußte Demütigung und schwere Verletzung des Persönlichkeitrechts verstanden wurde.[96]

95 BVerfGE 42, 163 (170 f.), »*Echternach*«; s. a. Fn. 92. Strengeren Ehrenschutz fordern: *Otto*, Ehrenschutz in der politischen Auseinandersetzung, JR 1983, 1 ff.; *Tettinger*, Der Schutz der persönlichen Ehre im freien Meinungskampf, JZ 1983, 317 ff.; *ders.*, JZ 1990, 1073, Anm. zu BVerfG vom 26.06.1990, »Zwangsdemokraten«; *Schmitt Glaeser*, Meinungsfreiheit und Ehrenschutz, JZ 1983, 95 ff. Extrem konträr dagegen *Findeisen/Hoepner/Zünkler*, Der strafrechtliche Ehrenschutz - ein Instrument zur Kriminalisierung politischer Meinungen, ZRP 1991, 245 ff.; dagegen *Küpper*, Strafrechtlicher Ehrenschutz und politische Meinungsäußerung, ZRP 1991, 249 ff.

96 BVerfG in NJW 1992, 2073. Zur Frage der Beurteilung satirischer Angriffe ist auch auf eine Entscheidung des Tribunal de Grande Instance de Paris vom 09.01.1992, Gazette du Palais 1992, 182 zu verweisen, die eine Privatklage gegen einen bekannten franz. Kabarettisten zurückweist. Dieser hatte in einem Interview geäußert, Sadam Hussein habe der klagenden, rechtsradikalen Partei »Front National« Geld zukommen lassen und deshalb gehe ihr Vorsitzender *Le Pen* in den Irak, um dort den Bauchtanz aufzuführen. Als Satire dürfte auch ein Artikel der österreichischen Zeitschrift »News« vom 15.10.1992 angesehen werden, in dem unter dem Titel »Der Aufmarschplan der Nazis« von einem bekannten Schriftsteller über einen als rechtsextrem angesehenen Politiker folgendes bemerkt wird: »Einst hatten die Hauptvertreter dieser »Herrenrasse« Klumpfüße (*Goebbels*) oder waren fette Morphinisten (*Göring*). Jetzt sind es drüsengestörte Knaben, die ihre Angst vor

Während das BVerfG im Einzelfall eine Rechtsgüterabwägung vornimmt, werden z. B. nach US-amerikanischem Recht Werturteile jeder Art grundätzlich hingenommen, selbst wenn der Äußernde aus Haß oder Böswilligkeit handelt.[97]
Gemessen an der Rechtsprechung des BVerfG und des Supreme Court stellen die oben geschilderten Urteile des EGMR zum Konflikt zwischen Ehrenschutz und Meinungsäußerungsfreiheit keine bahnbrechende Neuerung dar, verschaffen aber für den europäischen Grundrechtsschutz wichtigen und durchaus nicht in allen Vertragsstaaten anerkannten Grundsätzen Geltung.
Daß die Rechtsgüterabwägung nicht immer eindeutige Ergebnisse zeitigt, verdeutlicht z. B. der vom EGMR entschiedene Fall *Barfod ./. DK*[98] Hier ging es um einen in der Presse veröffentlichten Artikel über die Teilnahme zweier öffentlich bediensteter Personen als Laienrichter in einem gegen den Staat gerichteten Steuerrechtsstreit. In dem Artikel wurde die Meinung vertreten, daß die fraglichen Laienrichter aus verfassungsrechtlichen Gründen wegen ihrer beruflichen Abhängigkeit von der beklagten Partei nicht an der Urteilsfindung hätten teilnehmen dürfen. Es wird dann weiter ausgeführt, daß die Entscheidung des Gerichts, das mit einem ordentlichen Richter als Vorsitzendem und den beiden Laienrichtern besetzt war, mit zwei zu einer Stimme zugunsten der beklagten Regierung ausgefallen sei, und es daher nicht viel an Phantasie bedürfe zu erraten, wer wie gestimmt habe.
In letzterer Äußerung sahen die nationalen Gerichte eine Beleidigung der Laienrichter, wenngleich in der Rechtsmittelentscheidung eingeräumt wurde, daß sie tatsächlich Veranlassung gehabt hätten, sich von Amts wegen für befangen zu erklären.
Die EKMR war in ihrem Bericht vom 16.07.1987 zu diesem Fall mit eindeutiger Mehrheit (14 zu 1) davon ausgegangen, daß die Verurteilung wegen Beleidigung Art. 10 EMRK verletze, da der beanstandete Zeitungsartikel lediglich als berech-

Mädchen überkompensieren, indem sie zeigen, daß ihnen, wenn schon sonst nichts, wenigstens die Uniform steht«. Das Landesgericht für Strafsachen Wien befand allerdings in einer Entscheidung vom 15.06.1993, AZ: Vr 13588/92 - Hv 7571/92, unter ausdrücklicher Berücksichtigung der Rechtsprechung des EGMR zu Art. 10 Abs 2 EMRK, daß der fragliche Angriff zu weit gehe. Jemanden als »impotent« zu bezeichnen sei ein Ausdruck der Mißachtung. Als besseres Beispiel einer das Erlaubte überschreitenden Satire, s. BVerfGE 75, 361 zur Darstellung des Politikers *Franz Joseph Strauß* als kopulierendes Schwein.

97 Vgl. die Supreme Court Entscheidung vom 24.02.1988 in der *Sache Hustler Magasin* and *Larry C. Flint v. Jerry Falwell*, EuGRZ 1988, 259 m.w.H. Die zitierte Entscheidung betrifft eine Karikatur, die den Angegriffenen, einen allgemein bekannten Prediger, und seine Mutter als betrunken und unmoralisch darstellt und suggeriert, daß er ein Heuchler sei, der nur in betrunkenem Zustand predige. Der Supreme Court hebt hervor, daß der Reiz der politischen Karikatur häufig in der Hervorhebung unglücklicher körperlicher Merkmale oder politisch peinlicher Ereignisse liege, eine Hervorhebung, die oft darauf angelegt sei, den Porträtierten zu verletzen. Er erkennt an, daß die Kunst des Karikaturisten häufig nicht maßvoll oder unparteiisch, sondern einschneidend und einseitig ist und sein kann; a. a. O., S. 261 l. Sp. S. a. die rechtsvergleichende Untersuchung von Nolte, Fn. 91, S. 94 ff.

98 Urteil vom 22.02.1989, Serie A Nr. 149.

tigte Kritik an der Teilnahme zweier Laienrichter zu verstehen sei, die wegen ihrer beruflichen Abhängigkeit von der beklagten Partei objektiv als befangen angesehen werden konnten.

Der EGMR befand dagegen, daß die beanstandete Aussage nicht nur berechtigte Kritik enthalte, soweit unter Hinweis auf Verfassungsrecht Bedenken gegen die Rechtmäßigkeit der Teilnahme der Laienrichter geäußert wurde, sondern daß sie darüberhinaus beleidigender Natur sei, indem außerdem angedeutet wurde, daß die beiden Laienrichter bewußt zugunsten der Regierung entschieden hätten, in deren Diensten sie standen.

5. Konflikt der Kommunikationsfreiheiten mit den Rechten anderer

Die Rechte anderer standen in den bereits erwähnten Fällen *Barthold* und *Markt Intern* in Frage, bei denen es um Äußerungen ging, die nach nationalem Recht als Verstoß gegen Wettbewerbsregeln angesehen wurden.[99] Um das standesrechtliche Werbeverbot für Anwälte, also ebenfalls Rechte anderer, nämlich aller Angehörigen des Berufsstandes, geht es in dem noch beim EGMR anhängigen Fall *Casado Coca ./. E*, bzgl. einer disziplinarischen Maßnahme der Verwarnung gegenüber einem Anwalt, der durch Zeitungsannoncen unter Angabe seines Namens und seiner Adresse ohne qualifizierende Zusätze Werbung für seine Praxis betrieben hatte. Die EKMR nahm mit äußerst knapper Mehrheit von 9 zu 9 Stimmen, wobei die Stimme des Präsidenten den Ausschlag gab, eine Verletzung von Art. 10 EMRK an.[100]

In einem weiteren das Werbeverbot für Ärzte betreffenden Fall befand die Kommission dagegen, daß die nationalen Gerichte zwingende soziale Interessen bei ihren Entscheidungen berücksichtigt hätten, und daher die innerstaatlichen Gerichtsentscheidungen, die das ärztliche Werbeverbot bestätigten, mit Art. 10 EMRK vereinbar seien. Dieser Fall wurde im Verlaufe des Verfahrens von dem EGMR gütlich beigelegt.[101]

Es sei noch hervorgehoben, daß u. a. auch das in Art. 6 Abs. 2 EMRK verankerte Prinzip der Unschuldsvermutung als Schranke der Kommunikationsfreiheiten in Frage kommt.[102]

99 S. Fn. 25, 26.

100 Bericht vom 01.12.1992, Nr. 15450/89; zum anwaltlichen Werbeverbot s. a. BVerfGE 76, 196.

101 Urteil vom 28.6.1993, *Colman ./. GB*, Serie A Nr.258-D; zum Werbeverbot für Ärzte s. a. BVerfGE 71, 162.

102 ZE 7986 vom 3.10.1978, *Krause ./. CH*, bzgl. der Stellungnahme eines Ministers im Fernsehen zur Verhaftung einer mutmaßlichen Terroristin; ähnlich ZE 8361/78 vom 17.12.1981, DR 27, 37.

Dies hat insbesondere das schweizerische BGer in mehreren Entscheidungen hervorgehoben und die Presse zu zurückhaltender Ausdrucksweise aufgefordert.[103]

V. Schlußbemerkung

Vorstehende Rechtsprechungsübersicht zeigt, daß die Straßburger Instanzen sich im Bereich der Kommunikationsfreiheiten bereits mit einer Vielzahl von Problemen zu befassen hatten und dabei in Übereinstimmung mit der in der höchstrichterlichen Rechtsprechung der Mitgliedstaaten des ER, insbesondere der des BVerfG, die besondere Bedeutung dieser Freiheiten als tragende und besonders zu schützende Elemente des demokratischen Rechtsstaates anerkannt haben. Vor allem der Äußerungsfreiheit im öffentlichen Meinungskampf wird besondere Bedeutung beigelegt.[104]
Dabei zeigt sich, daß der EGMR gelegentlich strengere Maßstäbe bei der Prüfung der Zulässigkeit von Eingriffen in die Meinungsäußerungsfreiheit anlegt als selbst nationale Verfassungsgerichte.[105] Dies kann im Interesse eines umfassenden und wirksamen Menschenrechtsschutzes nur befürwortet werden.
Andererseits ist aber auch festzustellen, daß der EGMR in Einzelfällen den Vertragsstaaten bei Beschränkungsmaßnahmen einen größeren Ermessensspielraum einräumt, als er im Hinblick auf die Rechtsprechung nationaler oberster Gerichte in Frage zu kommen scheint.[106] Zur Förderung einer einheitlichen und nach der Präambel der EMRK angestrebten Rechtsentwicklung in Europa[107] sollte insofern eine stärkere Beobachtung auch der nationalen höchstrichterlichen Rechtsprechung durch den EGMR und eine Auseinandersetzung mit derselben erwartet werden.
Durch die Aufnahme einer Reihe von neuen Mitgliedstaaten in den Europarat, die auf Grund jahrzehntelanger totalitärer Unterdrückung wenig Erfahrung in der Gewährleistung der Meinungs- und Medienfreiheit haben, und die der Gefahr eines Weiterwirkens der alten Kräfte und Mechanismen ausgesetzt sind,[108] kommt der Rechtsprechung der Konventionsorgane eine ständig wachsende Bedeutung zu.

103 BGer 116 IV, S. 31 (1990); 113 Ia, S. 309 (1987). Auf das Prinzip der Unschuldsvermutung verweist z. B. auch das span. VerfG bei der Zurückweisung der Beschwerde eines Journalisten, welcher zur Zahlung einer Entschädigung verurteilt worden war, weil er einen U-Häftling, der ein Kaufgeschäft mit einem ungedeckten Scheck getätigt hatte, vor Verurteilung in einem Zeitungsbericht als Betrüger bezeichnet hatte: STC 219/1992, 3. Dez., BJC 140 (1992), S. 259 ff.

104 S. insbesondere das *Castells-Urteil*, Fn. 88.

105 S. die Urteile *Barthold*, Fn. 25 und *Castells*,, Fn. 88.

106 *Barfod*-Urteil, Fn. 98 im Vergleich zu den in Fn. 92, 96, 97. zitierten Urteilen.

107 Vgl. *Frowein*, Der europäische Menschenrechtsschutz als Beginn einer Verfassungsrechtsordnung, JuS 1980, 845.

108 Vgl. *O'Boyle*, Right to Speak and Associate under Strasbourg Case-Law with Reference to Eastern and Central Europe, Connecticut Journal for International Law 1993, 1263 ff. (268 ff.).

Es ist nicht nur mit einem allgemeinen Ansteigen der Zahl von Beschwerden zu rechnen sondern auch mit häufigen, die Auslegung des Art. 10 betreffenden Problemen. Es bleibt zu hoffen, daß die bisher in der Rechtsprechung vorherrschende Tendenz einer restriktiven Auslegung der Schrankenvorbehalte bzgl. der Kommunikationsrechte nicht aufgegeben wird und daß die bisher positive Entwicklung zu einer europäischen Grundrechtsgemeinschaft gerade durch die Aufnahme junger Demokratien einen neuen Impetus erhält.

Meinungsäußerung durch Kunst

Friedrich Kübler

Gegenstand meines Beitrages[1] ist, wie Meinungsäußerungen rechtlich zu behandeln sind, die sich bestimmter Ausdrucksformen bedienen und deshalb mit dem Anspruch auftreten, Kunst zu sein. Es geht um »engagierte Kunst«, und zwar vor allem dort, wo sie in kritischer Absicht auftritt, wo sie angreift, aufreizt, schokkiert, herabsetzt, diffamiert. Wichtige Erscheinungsformen sind Karikatur und Satire, Schlüsselroman und Parodie, sowie eine weit zu verstehende Form der Collage von Bildern oder Texten, die ihre Wirkungen aus der Selektivität und dem Arrangement der Dokumentation bezieht.

Das Thema ist alt; Fallmaterial und einschlägige Fachliteratur abundieren. Es ist aktuell, weil neuere Entscheidungen, nicht zuletzt des Bundesverfassungsgerichts, ergangen sind und weil über Grundfragen wenig Einverständnis besteht. Deshalb läge es nahe, mit der Untersuchung dieser Judikatur und den durch sie genährten dogmatischen Fragen zu beginnen: wie denn »Kunst« im Sinne von Art. 5 Abs. 3 GG zu bestimmen ist und welchen Schranken sie sich zu unterwerfen hat.

Aus Gründen, von denen ich hoffe, daß sie im Laufe meiner Darlegungen plausibel werden, möchte ich einen anderen Weg einschlagen, den ich als Spekulation über Empirie bezeichnen möchte. Dazu will ich in einem ersten Schritt das Fallmaterial nach den Beteiligten befragen, die typischerweise in die einschlägigen Verfahren involviert sind: wer klagt, wer wird beklagt oder angeklagt, wer entscheidet. In einem zweiten Schritt will ich mich der rechtsvergleichenden Methode bedienen; es ist zu sehen, was aus dem Vergleich einer neueren Entscheidung des Bundesverfassungsgerichts mit einem nur wenige Monate später veröffentlichten Urteil des amerikanischen Supreme Court zu lernen ist. Im dritten und letzten Teil will ich versuchen, den erarbeiteten Einsichten einige generelle Folgerungen abzugewinnen.

1 Er ist aus mehreren Referaten und Vorträgen hervorgegangen: am 18. 6. 1991 vor dem - von den Frankfurter Kollegen Winfried Hassemer, Hans Meyer, Spiros Simitis sowie Ernst-Gottfried Mahrenholz und mir veranstalteten - Kolloquium zu aktuellen Fragen der Rechtspolitik; am 14. 5. 1993 vor dem Studienkreis für Presserecht und Pressefreiheit und am 16. 6. 1993 vor der Frankfurter Juristischen Gesellschaft.

I.

Die Durchsicht des Fallmaterials der letzten Jahrzehnte zeigt, daß einschlägige Verfahren keineswegs selten sind[2] und daß sie mit zunehmender Häufigkeit bis zum Bundesverfassungsgericht vordringen; während der letzten zehn Jahre sind nicht weniger als acht Senatsentscheidungen ergangen, in denen die Verurteilung wegen anstößiger Meinungsäußerungen am Grundrecht der Kunstfreiheit zu messen war[3]. Dieser Befund läßt auf die Neigung schließen, solche Konflikte gerichtlich auszutragen und von allen verfügbaren Rechtsbehelfen Gebrauch zu machen; er legt die Frage nahe, was die Beteiligten zu so hartnäckigem Prozessieren treibt.

1. Beginnen wir mit den involvierten Urhebern, die den Verfahren den Charme des Außergewöhnlichen verleihen. Das beruht freilich auf den causes célèbres, an die immer wieder erinnert wird. Honoré Daumier muß wegen zweier Karikaturen sechs Monate Gefängnis absitzen[4]. Das Preußische Oberverwaltungsgericht bestätigt das Verbot, *Ibsens* »Stützen der Gesellschaft« aufzuführen: Das Stück verbreite sozialdemokratische Vorstellungen in der Arbeiterbevölkerung[5]. Und das Reichsgericht sieht in der Zeichnung von George *Grosz,* die den gekreuzigten Christus mit Gasmaske und Militärstiefeln zeigt, eine strafwürdige Beleidigung der Kirche[6]. Die Verfahren der letzten Jahrzehnte haben indessen keine derartige Prominenz zu verzeichnen. Namen wie Felix *Salten*[7], Rainer *Hachfeld*[8] oder Klaus *Staeck*[9] werden kaum in die Literatur- oder Kunstgeschichte eingehen, das mag sich allenfalls für Henry *Miller*[10] anders verhalten. In den meisten Fällen bleiben die involvierten Autoren anonym: es sind angestellte Redakteure oder Herausgeber[11], unbedeutende Buchverlage und ihre Geschäftsführer[12], Hersteller von Scherzartikeln[13] und vor allem Aktivisten, meist wohl jugendlichen Al-

2 Über Entscheidungen der Instanzgerichte referieren *Würtenberger* NJW 1983, 1144 ff.; *Otto* NJW 1986, 1206 ff.; *Steffen,* Festschrift für Simon (1987) 359 ff.; *Roggemann* JZ 1992, 934 ff.; *Karpen/Hofer* JZ 1992 951 ff. und 1060 ff.

3 BVerfGE 67, 213 (»Anachronistischer Zug«); 75, 369 (»Strauß-Karikatur«); 77, 240 (»Herrnburger Bericht«); 81, 278 (»Bundesflagge«); 81, 298 (Bundeshymne«); 82, 1 (»T-Shirt«); 83, 130 (»Josefine Mutzenbacher«); 86, 1 (»Titanic«).

4 Dazu *Würtenberger* NJW 1982, 610. Die Verurteilung erfolgte wegen des Blattes »Gargantua« von 1831: der König Louis-Philippe frißt Geldsäcke, die den Armen abgepreßt werden. Zum Vollzug kam es wegen des Blattes »Die Weißwäscher« von 1842: es zeigt Militär, Polizei und Justiz bei dem Versuch, das Rot des bei der Unterdrückung der Opposition vergossenen Blutes aus der Trikolore herauszuwaschen.

5 Dazu *Leiss,* Kunst im Konflikt (1971) 112 ff. m.w.N.

6 RGSt 64, 121. *Grosz* wurde in anderen Fällen wegen Beleidigung der Reichswehr und wegen Angriffs auf die öffentliche Moral verurteilt; dazu *Leiss* a.a.O. S. 300 ff.; 330 ff.; 379 ff.

7 Als vermuteter Verfasser der »Josefine Mutzenbacher«; BVerfGE 83, 130, 133.

8 Als Urheber der Strauß-Karikatur; BVerfGE 75, 369.

9 Vgl. OLG Karlsruhe NJW 1972, 1810 und NJW 1982, 647.

10 Als Verfasser des »Opus Pistorum«; BGH NJW 1990, 3026.

11 BVerfGE 81, 298; 86, 1.

12 BVerfGE 81, 278, 280; 83, 130.

13 BVerfGE 82, 1.

ters, die sich an Demonstrationen in der Form des politischen Theaters beteiligen[14]. Vielen von ihnen ist gemeinsam, daß sie von den ordentlichen Gerichten verurteilt worden sind und nunmehr den verfassungsgerichtlichen Schutz des Grundrechts der Kunstfreiheit in Anspruch nehmen.

2. Aber: warum kommt es zu diesen Verfahren? Das ist aus zwei Gründen einigermaßen verwunderlich. Zunächst: die Sache geht am Ende fast immer zugunsten der Verfasser aus. Von den acht erwähnten Entscheidungen des Bundesverfassungsgerichts hat nur eine das Urteil der Justiz bestätigt: im Fall der »Strauß-Karikatur[15]«, auf den zurückzukommen ist. Und: die meisten Prozesse sind Strafverfahren. Das ist deshalb bemerkenswert, weil die Konflikte, die durch Presseartikel und Rundfunksendungen ausgelöst werden, d.h., Art. 5 Abs. 1 Satz 2 GG zum Thema haben, seit langem aus dem Strafrecht abgewandert und von einem zunehmend ausdifferenzierten zivilrechtlichen Normengefüge übernommen worden sind[16]; hier überläßt es die Staatsanwaltschaft den Betroffenen, ob sie gerichtlichen Schutz in Anspruch nehmen wollen. Warum ist es die Behörde, die die Karikaturisten eines bayerischen Ministerpräsidenten verfolgt[17], anstatt es ihm anheimzustellen, ob er Privatklage erheben oder zivilrechtlichen Schutz in Anspruch nehmen will? Häufig sind es freilich nicht Individuen, sondern - meist schwer bestimmbare - Kollektive, die geschützt werden sollen. Aber auch dann stellt sich die Frage nach den Kriterien, die den staatlichen Verfolgungsapparat in prima facie wenig aussichtsreichen Fällen in Bewegung setzen? Warum wird Anklage erhoben, wenn ein ersichtlich antimilitaristisch inspiriertes T-Shirt ein Hitlerportrait[18] oder wenn ein Theaterplakat auf dem Ärmel einer abgebildeten Figur das Emblem der FDJ zeigt[19]? Warum greift die Behörde ein, wenn ein publizistisch marginales Blättchen eine ebenso gutgemeinte wie mißglückte Parodie auf das Deutschland-Lied abdruckt[20]? Gibt es einen Zusammenhang mit einer Strafrechtsdoktrin, die die Rechtsprechung des Bundesverfassungsgerichtes ablehnt; die den strafrechtlichen Ehrenschutz zu den Fundamenten des menschlichen Zusammenlebens zählt[21]; die beklagt, daß der politische Ehrenschutz durch Kunst- und Meinungsfreiheit zurückgedrängt wird[22]; die den Karikaturisten und Satirikern einigermaßen pauschal vorwirft, ihr »inneres Verhältnis zu Gesetz, Recht und Moral« sei nicht selten gestört[23]; die beharrlich verlangt, auch die Kunst den

14 BVerfGE 67, 213, 218; 77, 240, 243.
15 BVerfGE 75, 369.
16 Dazu *Stürner* 58. DJT 1990 A. 59 ff.
17 OLG Hamm NJW 1982, 559; BVerfGE 67, 213 und 75, 369.
18 BVerfGE 82, 1, 2.
19 BVerfGE 77, 240, 243.
20 BVerfGE 81, 298, 299 f.
21 *Otto* NJW 1986, 1206, 1210.
22 *Würtenberger* NJW 1983, 1144, 1146.
23 *Würtenberger* a.a.O. S. 1145.

Schranken des Art. 5 Abs. 2 GG zu unterwerfen[24] und die den Entfaltungsraum der Äußerungsfreiheit durch die Straftatbestände bestimmen will[25]? Gibt es sozialpsychologische Bezüge zu der Empörung, die *Rembrandts* Gemälde des geschlachteten Ochsen oder Max *Liebermanns* Bild des Knaben Jesus im Tempel ausgelöst haben[26], weil hier die ikonographische Tradition verletzt, d.h., die Erwartung dessen, was Kunst zu sein habe, gröblich enttäuscht worden ist? Sind Karikatur und Satire besonders gefährlich und verwerflich, weil sie den Angriff auf die Autorität mit der Perfidie der Verfremdung, dem hinterlistigen Wechsel der Bedeutungsebenen und dem Verrat an den akzeptierten Normen der Aesthetik verbinden? Lassen sich historische Linien feststellen, die die erwähnte Bestrafung des George Grosz mit der späteren Verfremdung der »entarteten Kunst« verknüpfen? Sind es am Ende schichtspezifische Betroffenheiten, die Verunsicherungen bestimmter Milieus, die die Bestrafung der literarischen und künstlerischen Aggression verlangen?

3. Ähnliche Fragen drängen sich auf, wenn der Blick auf den zur Entscheidung berufenen Richter fällt. Ihm hängt das Verdikt von *Isensee* an, daß die Geschichte der richterlichen Bemühung um die Kunst die Geschichte der richterlichen Blamagen ist[27]. Zumindest in neuerer Zeit weist die Haltung der Gerichte bemerkenswerte Abstufungen auf, die dem Instanzenzug folgen. Die Chancen der verfolgten Urheber verbessern sich mit jedem Rechtsmittel: das zeigt sich im Verhältnis der Instanzgerichte zum Bundesgerichtshof[28] ebenso wie in dem der Justiz zum Bundesverfassungsgericht[29]. Dieser Befund gilt cum grano salis für den gesamten Bereich des Äußerungsrechts und für die Vereinigten Staaten von Amerika ebenso wie für Deutschland. Er bedeutet, daß die Betroffenheit und der von ihr inspirierte Wunsch nach Bestrafung von unten nach oben abnehmen und auf dem gleichen Wege den abstrakten Gütern nicht nur der Meinungs- und Kunstfreiheit, sondern auch der Funktionsfähigkeit des Prozesses der öffentlichen Meinungsbildung erheblich mehr Gewicht zugemessen wird. Diese Diskrepanz hat sich bislang als recht stabil erwiesen: die liberale Auffassung vor allem der Verfassungsjudikatur wird von den Untergerichten – wenn überhaupt – nur sehr zögernd rezipiert. Sie stehen den individuell Angegriffenen und den in ihrem Selbstverständnis tangierten Gruppen, dem verunsicherten Milieu, offensichtlich näher und empfinden mit diesen das Bedürfnis, dem Angriff auf Reputation und Über-

24 *Otto* a.a.O.; ebenso *Erman/Ehmann* BGB (9. Aufl. 1993) Anh. zu § 12 Rn. 183.
25 *Würtenberger* a.a.O.: die Satiriker und Karikaturisten überschreiten »die Grenzen des ihnen von der Verfassung gewährten Freiraums, indem sie durch strafbare Handlungen die Normen des Rechts verletzen«.
26 Dazu *Leiss* a.a.O. S. 20 und 95 ff.
27 Wer definiert die Freiheitsrechte (1980) 26.
28 BGHZ 84, 237 (»Horten/Delius«); BGH NJW 1990, 3026 (»Opus pistorum«).
29 Vgl. außer den Nachweisen in Fn. 3 schon BGHZ 50, 133 mit BVerfGE 30, 173 (»Mephisto«).

zeugung, auf die Maßstäbe der Moral und des Geschmacks mit dem Instrumentarium staatlicher Vergeltung zu begegnen[30].

II.

Damit läßt sich ein erster Befund festhalten: das Thema der engagierten Kunst beschäftigt die Gerichte vor allem deshalb, weil sich die Strafrechtspflege, insbesondere Staatsanwaltschaften und Strafrechtsdoktrin, aber vielfach auch die Instanzgerichte, einigermaßen beharrlich weigern, die grundgesetzlichen Vorgaben in *der* Fassung zu akzeptieren, in der sie von der dazu berufenen Instanz, dem Bundesverfassungsgericht, ausformuliert worden sind. Schon deshalb sind diese Maßstäbe einer näheren Betrachtung zu unterziehen. Das soll am Beispiel der erwähnten Strauß-Karikatur geschehen. Es ist der einzige Fall des letzten Jahrzehnts, in dem die Verurteilung durch das Untergericht Bestand hatte. Zugleich bietet sich diese Entscheidung zu einem Vergleich mit einem Urteil des Supreme Court an, dem ein sehr ähnlicher Sachverhalt zugrunde lag.

1. Zunächst ein kurzer Rückblick auf die deutsche Entscheidung. Der Karikaturist Rainer Hachfeld veröffentlichte in der Zeitschrift »konkret« eine Reihe von Zeichnungen sich sexuell betätigender Schweine, die entweder die Gesichtszüge des bayerischen Ministerpräsidenten Strauß oder die richterliche Amtstracht trugen; die späteren Karikaturen nahmen auf die Strafanzeigen Bezug, mit denen Strauß auf jede der Veröffentlichungen reagierte. Die Staatsanwaltschaft erhob Anklage wegen Beleidigung. Das Amtsgericht verurteilte; das Landgericht sprach frei; das OLG Hamburg hob auf und sprach schuldig[31]. Die von Hachfeld eingelegte Verfassungsbeschwerde blieb ohne Erfolg. Der Erste Senat sah in den Karikaturen »das geformte Ergebnis einer freien schöpferischen Gestaltung, in welcher der Beschwerdeführer seine Eindrücke, Erfahrungen und Erlebnisse zu unmittelbarer Anschauung bringt«; sie sind damit ein durch Art. 5 Abs. 3 GG geschütztes Kunstwerk, auch wenn mit ihnen eine bestimmte Meinung verbreitet werden soll[32]. Die Interpretation durch das OLG wird akzeptiert; sie habe sich werkgerechter Maßstäbe bedient. Beleidigender Aussagekern sei, Strauß mache sich »die Justiz in anstößiger Weise seinen Zwecken zunutze« und »empfinde an einer ihm willfährigen Justiz ein tierisches Vergnügen«; die Art der Einkleidung,

30 Das ist besonders auffällig in den USA, wo in erster Instanz meist das Geschworenengericht, die jury, entscheidet. Besonders eindrücklich ist der Sachverhalt, der der Leitentscheidung New York Times v. Sullivan, 376 U.S. 254, 84 S. Ct. 710 (1964) zugrundeliegt: durch die Zubilligung von exorbitanten finanziellen Sanktionen (»punitive damages«) sollte die überregionale liberale Presse davon abgehalten werden, sich mit den ethnischen Konflikten und der Bürgerrechtsbewegung in den Südstaaten zu befassen.

31 JR 1985, 429.

32 BVerfGE 75, 369, 377.

die Darstellung als kopulierendes Schwein, enthalte eine zusätzliche Ehrverletzung[33]. Die Verwendung der Tiergestalt sei ein »Angriff auf die personelle Würde des Karikierten«; die »Darstellung sexuellen Verhaltens« ziele darauf ab, ihn als Person zu entwerten, ihn seiner Würde als Mensch zu entkleiden. Die damit tangierte Schranke der Menschenwürde wirkt »absolut«, d.h. ohne »die Möglichkeit eines Güterausgleichs«; das Ergebnis ist »zwangsläufig«[34].

2. In dem vom Supreme Court entschiedenen Fall »Hustler Magazine and Larry C. Flynt v. Jerry Falwell«[35] hatte das von Flynt verlegte »Hustler Magazine«, ein dem »Playboy« vergleichbares Blatt, den Fernsehprediger und Gründer der »Moral Majority«-Bewegung Jerry Falwell zum Gegenstand eines ausdrücklich als Parodie bezeichneten Angriffs gemacht. Aufhänger war eine Anzeigekampagne der Firma Campari, die Interviews mit Prominenten über ihr »erstes Mal« brachten. Dieses »erste Mal« bezog sich auf den Genuß von Campari, spielte aber zugleich mit der sexuellen Bedeutung der beiden Worte. In der fingierten Anzeige wurde Falwell die Antwort in den Mund gelegt, sein »erstes Mal« habe in betrunkenem Zustand während einer inzestuösen Begegnung mit seiner Mutter in einem Klohäuschen stattgefunden. Falwell wurde in erster Instanz Schadensersatz wegen »intentional infliction of emotional distress«, d.h. wegen vorsätzlicher psychischer Beeinträchtigung, zugesprochen. Das Bundesberufungsgericht bestätigte dieses Urteil. Wegen der verfassungsrechtlichen Bedeutung des Falles ließ der Supreme Court Beschwerde gegen die Berufungsentscheidung zu, hob diese auf und wies die Klage ab. Dieses Urteil erging einstimmig; ein beim Supreme Court seltenes Ergebnis. Die Entscheidungsgründe wurden vom Chief Justice *Rehnquist* abgefaßt und vorgetragen, einem ebenso brillanten wie konservativen Juristen, der von *Nixon* an den Court berufen und von *Reagan* zum Präsidenten des Gerichts befördert worden war. Seine »opinion« bezeichnet die Anzeigenparodie als vulgär und abstoßend und als eindeutig beleidigend. Da das Interview offensichtlich fingiert ist, enthält sie keine Tatsachenbehauptung; sie ist Meinungsäußerung. Damit fällt sie in den Anwendungsbereich des in zahlreichen Entscheidungen entwickelten Grundsatzes, daß »public officials« und »public figures« - wir würden sagen: Personen der Zeitgeschichte - zwar gegen die grob schuldhafte Verbreitung unrichtiger Tatsachenbehauptungen, nicht aber gegen die Äußerung abträglicher Werturteile geschützt sind[36]. Karikatur und Satire sind Meinungsäußerung; sie bleiben

33 A.a.O. S. 379; Anführungsstriche im Original: die Formulierungen beziehen sich auf das Urteil des OLG Hamburg. Die Unterscheidung von »Aussagekern« und »Einkleidung« geht zurück auf RGSt 62, 183, 184.

34 A.a.O. S. 379.

35 485 U.S. 46, 108 S. Ct. 876 (1988). Vorzügliche Übersetzung durch *G. Nolte* in EuGRZ 1988, 259.

36 Leitentscheidung ist New York Times v. Sullivan a.a.O. Zu dieser Einbettung des Falwell-Falles in den verfassungsrechtlichen Kontext s. *Nolte,* Falwell v. Strauß: Rechtliche Grenzen politischer Satire, EuGRZ 1988, 253 ff.; *ders.*, Beleidigungsschutz in der freiheitlichen Demokratie (1991) 171 ff.

auch dann ein von der Verfassung geschützter Beitrag zur öffentlichen Meinungsbildung, wenn sie von Haß und Verletzungsabsicht inspiriert werden[37]. Die Falwell-Parodie ist gewiß nur ein unansehnlicher Abklatsch der politischen Satire; aber es gibt keine »principled standards«, keine justiziablen Maßstäbe, sie von dieser abzugrenzen. Vor allem liefert ihre Qualifikation als »anstößig« oder »empörend« (»outragious«) kein derartiges Kriterium: der Anstößigkeit (»outragesness«) haftet auf dem Gebiet der politischen und sozialen Auseinandersetzung ein Maß an Subjektivität an, das es den Gerichten erlauben würde, Sanktionen auf der Grundlage individueller Auffassungen oder Geschmackspräferenzen zu verhängen: die »Tatsache, daß die Gesellschaft eine Äußerung als anstößig empfindet, reicht nicht aus, sie zu verbieten«[38].

3. Beim Vergleich der beiden Entscheidungen dürfen gewiß spezifische Unterschiede des jeweiligen rechtlichen und soziokulturellen Kontextes nicht außer Betracht bleiben[39]. Trotzdem bietet das Urteil des Supreme Court einigen Anlaß zu Fragen an die deutsche Praxis:

a) Die amerikanische Bundesverfassung enthält keine besondere Gewährleistung der Kunstfreiheit. Trotzdem wird der künstlerische Wert von Elaboraten - etwa bei der Beurteilung von Pornographie - als Abgrenzungskriterium herangezogen[40]. Im Fall der politischen Karikatur und Satire wird darauf verzichtet; es bewendet bei einer knappen Interpretation, insbesondere der sorgfältigen Unterscheidung von Tatsachenbehauptungen und Meinungsäußerung, wie sie der Bundesgerichtshof ganz ähnlich im Fall »Horten/Delius«[41] vollzogen hat. Vor allem in diesem Punkt der Auslegung ist der Beschluß des Bundesverfassungsgerichts anfechtbar[42]. Es ist schon zu bezweifeln, daß die vom Reichsgericht inaugurierte strikte Trennung von »Aussagekern« und »Einkleidung« die angemessene Würdigung der einschlägigen Fälle gestattet; in den Worten von *Steffen* folgt aus dem Karikatur und Satire eigenen »kunstspezifischen Prinzip, daß Form und Inhalt sich wechselseitig bedingende Elemente einer nicht spaltbaren Einheit sind«[43]. Die Zeichnungen äußern die Meinung, »daß Strauß und die Justiz mit einträchtiger Lust Karikaturisten verfolgen, wenn diese Strauß zu nahe treten«[44]. Sie ma-

37 Auch das entspricht der ständigen Rechtsprechung des Supreme Court; *Rehnquist* zitiert Garrison v. Louisianna, 379 U.S. 64, 85 S.Ct. 209 (1964).

38 Hier beruft sich *Rehnquist* auf das (ebenfalls von ihm ausformulierte) Urteil FCC v. Pacifica Foundation, 438 U.S. 726, 98 S. Ct. 3026 (1978), das dem Rundfunk aus Gründen des Jugendschutzes größere Zurückhaltung gegenüber obszönen und abstoßenden Elementen auferlegt.

39 Dazu informativ und einfühlsam *Nolte* EuGRZ a.a.O.

40 Vgl. etwa die Leitentscheidung Miller v. California 413 U.S. 15, 93 S. Ct. 2607 (1973).

41 BGHZ 84, 237, 242; dazu *Steffen* a.a.O. (Fn. 2) S. 372; *Kübler* JZ 1984, 541, 544.

42 Dazu vor allem *Mahrenholz*, Das Grundrecht der Kunstfreiheit, Typoskript 1993 Rn. 77; der Text ist vorgesehen für die Neuauflage von *Benda/Maihofer/Vogel*, Handbuch des Verfassungsrechts. Begründete Kritik auch bei *Würkner* ZUM 1988, 171, 176 ff.

43 A.a.O.; ähnlich *Mahrenholz* a.a.O. Rn. 83.

44 *Mahrenholz* a.a.O. Rn. 79.

chen diese Einschätzung zum Gegenstand des Spotts: die kopulierenden Schweinchen sollen ridikülisieren und verhöhnen; sie lassen keinen Bezug zur Intimsphäre der involvierten Personen erkennen[45]. Die Form ist gewiß geeignet, nicht nur bei den unmittelbar Betroffenen Anstoß zu erregen; aber eben darauf, auf die provozierende Konfrontation, sind Karikatur und Satire angelegt.

b) Damit hängt eine weitere Frage eng zusammen: ob der erste Senat nicht zu rasch auf die für absolut erklärte Schranke der Menschenwürde rekurriert[46]. Er sieht selbst, daß es der Karikatur nicht generell verwehrt werden kann, sich der Tierwelt als Formelement der Darstellung menschlicher Eigenschaften oder Verhaltensweisen zu bedienen[47]. Dasselbe gilt für die Bezugnahme auf Sexualität; auch sie zählt zu den ältesten Techniken literarischer und künstlerischer Verfremdung. Beides kann freilich die Menschenwürde verletzen, das geschieht etwa dort, wo Menschen generell mit Tieren, mit zu exterminierenden Ratten oder Wanzen gleichgesetzt werden; oder wo die Person selbst mit sexuellen Handlungen identifiziert wird, die dem Intimbereich angehören. Das ist aber nicht der Fall, wo ein bestimmtes Verhalten oder ein konkreter sozialer Zustand das Ziel der satirischen Attacke bildet. Auch in diesem Fall kann Verfremdung, die sich dem Sexualbereich oder der Tierwelt entlehnter Chiffren bedient, beleidigend im Sinne des § 185 StGB sein. Aber die verfassungsrechtliche Beurteilung kann sich mit der strafrechtlichen Subsumtion nicht begnügen: wo sich der publizistische Angriff gegen das Verhalten von Institutionen wie der Justiz oder Personen wie des Ministerpräsidenten eines Bundeslandes richtet, darf die noch zu erörternde verfassungsrechtliche Frage nach dem legitimen Entfaltungsraum derartiger Kritik nicht planmäßig ausgeklammert werden. Günter *Dürig* hat schon vor mehr als drei Jahrzehnten davor gewarnt, die Menschenwürde auf diese Weise in »kleine Münze« umzusetzen: Art. 1 Abs. 1 GG hat »viel wichtigere und drängendere Aufgaben, als den persönlichen Ehrenschutz über das Strafrecht hinaus zu erweitern oder Sitte und Anstand zu wahren«[48].

c) Das ist das Stichwort zu einer dritten Überlegung, die der Vergleich der beiden Entscheidungen aufdrängt. Es gibt keinerlei Anlaß zu der Annahme, den Richtern des Supreme Court sei das anonyme parodistische Machwerk in einem seicht-pornographischen Magazin irgend sympathischer gewesen als den Verfassungsrichtern die Hachfeld-Zeichnungen in »konkret«. Anders als der Erste Senat waren sie auch nicht gezwungen, diesen Fall zu entscheiden. Sie haben ihn

45 A.a.O. Rn. 78.

46 Dazu Bedenken bei *Mahrenholz* a.a.O. Rn. 89 und bei *Nolte* a.a.O. S. 257. Mit dem Bundesverfassungsgericht einig die wohl h. M.; vgl. etwa *Denninger,* Freiheit der Kunst, in *Isensee/Kirchhof,* Handbuch des Staatsrechts Bd. VI (1989) Rn. 43; *Starck* in *v. Mangoldt/Klein/Starck,* GG (3. Aufl. 1985) Art. 5 Abs. 3 Rn. 208 ff., insbes. Rn. 210; ähnlich *Scholz* in *Maunz/Dürig/Herzog,* GG, Art. 5 Abs. 3 Rn. 67.

47 A.a.O. S. 379.

48 *Maunz/Dürig/Herzog* GG Art. 1 I Rn. 29.

an sich gezogen; und dies nicht nur, um eine abstrakte Rechtsfrage, die Anwendung der New York Times-Doktrin auf den Deliktstatbestand der »infliction of emotional distress«, zu klären. Die zentrale Botschaft ihrer Entscheidung ist, daß alle in einem sehr weiten Sinne politischen Meinungsäußerungen von rechtlichen Sanktionen frei bleiben sollten. Dahinter steckt nicht nur das liberal-progressive Bekenntnis zu einem unveräußerlichen Menschenrecht der Redefreiheit[49], sondern mehr noch die konservative Weisheit, daß ein demokratisches Gemeinwesen von solchen Sanktionen wenig zu gewinnen, die Justiz aber viel zu verlieren hat, wenn sie es auf sich nimmt, Verstöße gegen Anstand, Sitte, Takt und guten Geschmack zu verfolgen. Rainer Hachfeld ist kein bedeutender Graphiker, aber ein abgefeimter Karikaturist, dem die Angegriffenen prompt auf den Leim gegangen sind. Sie haben seinen Hervorbringungen dauerhafte Publizität und ihm die Genugtuung verschafft, daß seine Anspielung durch das Mitgefühl der Bundesverfassungsrichter mit der bekannten Empfindlichkeit des bayerischen Ministerpräsidenten bestätigt worden ist.

III.

Im letzten Teil dieses Beitrags will ich versuchen, meine bislang eher punktuellen Überlegungen in zwei Richtungen systmatisch zu erweitern. Zunächst ist nach der Legitimation der Schranken zu fragen, die sich in Kunstform vorgetragene Meinungsäußerungen gefallen lassen müssen; dann ist wenigstens kurz auf das unerschöpfliche Thema einzugehen, wie denn Kunst von der Nichtkunst abgegrenzt werden kann.

1. Das Dilemma, daß die Freiheit der Kunst bei korrekter Auslegung der drei Absätze des Art. 5 GG vorbehaltlos gewährleistet ist, die massiv gemeinschaftswidrige Ausübung künstlerischer Tätigkeit aber nicht geduldet werden kann, hat das Bundesverfassungsgericht schon im »Mephisto«-Beschluß dadurch entschärft, daß es die Grenzen der Kunstfreiheit im Grundgesetz selber sucht und findet[50].

a) Diese dogmatisch elegante Formel bewährt sich vor allem dort, wo es um nichtkommunikative Auswirkungen künstlerischer Aktivitäten geht: Ruhestörung durch nächtliches Trompetenblasen in Wohngebieten ist auch dem begnadeten Solisten untersagt. Solche Fälle spielen in der Praxis eine allenfalls marginale Rolle[51]. Die vor Gericht ausgetragenen Streitfälle haben fast immer mit den kom-

49 Dazu grundlegend *E. Baker*, Human Liberty and Freedom of Speech (1989) insbes. 47 ff.

50 BVerfGE 30, 173, 193; freilich wird schon dort in fragwürdiger Weise auf die Menschenwürde zurückgegriffen, um die Reputation des längst verstorbenen Schauspielers und Regisseurs Gustav Gründgens zu schützen.

51 Zu den Ausnahmen zählt die Entscheidung eines Vorprüfungsausschusses des BVerfG, NJW 1984, 1293, die sich mit dem »Sprayer von Zürich« zu befassen hatte. Zu ihr kritisch *Mahrenholz* a.a.O. Rn. 73 und *Denninger* a.a.O. Rn. 6.

munikativen Folgen ausgeübter Kunsttätigkeit zu tun; die konfligierenden Schutzgüter sind nicht körperliche Integrität, physische Bewegungsfreiheit und Eigentum, sondern ein soziales Interesse daran, daß bestimmte Botschaften nicht verbreitet werden. Diese Schutzgüter werden traditionell nicht von der Verfassung sondern vom Strafgesetzbuch umschrieben[52]; wir finden sie u.a. in den Straftatbeständen der Verunglimpfung des Staates, seiner Symbole und Verfassungsorgane (§§ 90 bis 90 b), der Gewaltdarstellung und Aufstachelung zum Rassenhaß (§ 131), der Religionsbeschimpfung (§ 166), der Verbreitung pornographaischer Schriften (§ 184) und der Beleidigung (§ 185). Mangels präziser verfassungsrechtlicher Vorgaben fällt es häufig nicht leicht, diese Straftatbestände im Grundgesetz zu verankern[53]. Die einschlägigen interpretatorischen Bemühungen konfrontieren mit einem grundlegenden Problem, das hier nur an vereinfachten Extrempositionen illustriert werden kann. Auf der einen Seite steht die eingangs erwähnte deutsche Strafrechtsdoktrin, die - aus Gründen, die nur sehr pauschal mitgeteilt werden - von der Notwendigkeit rigoroser Bestrafung kommunikativer Aggression überzeugt ist: diese gefährde den »Gemeinschaftsfrieden«[54]; und »mit dem strafrechtlichen Ehrenschutz schützt die Rechtsgemeinschaft unmittelbar die Fundamente menschlichen Zusammenlebens«[55]. Für diese Auffassung liegt es nahe, nach verfassungsgeschützten Gütern Ausschau zu halten, mittels derer die Anwendung der Straftatbestände legitimiert werden kann[56]. Auf der Gegenseite steht der amerikanische Supreme Court. Seine Judikatur wird von dem Verdacht inspiriert, daß Gesetze, die die Meinungsfreiheit beschränken, dazu geschaffen worden sind und geschaffen werden, unerwünschte Kritik mundtot zu machen[57]; daran wird deutlich, daß die Redefreiheit in der Demokratie vor allem als das Recht der Minderheit, der Außenseiter verstanden wird, die Mehrheit - und das sind auch die eingangs erwähnten Milieus - mit unerwünschten Botschaften zu beunruhigen und zu schockieren. Das Bundesverfassungsgericht steuert in den Entscheidungen zu den Staatssymbolen einen behutsamen Mittelkurs: der strafrechtliche Schutz von Bundesflagge und Bundeshymne wird mit dem Argument in der Verfassung verankert, daß die Bundesrepublik als freiheitlicher Staat auf die Identifikation ihrer Bürger mit den in Flagge und Hymne versinnbildlichten

52 Ein weiteres, hier nicht zu erörterndes Konfliktfeld eröffnet das Urheberrecht; dazu *Hess*, Urheberrechtsprobleme der Parodie (1993).

53 Beispielhaft ist auf BVerfGE 83, 130, 139 zu verweisen, wo für die Indizierung pornographischer Schriften primär auf das Elternrecht des Art. 6 Abs. 2 Satz 1 GG zurückgegriffen wird; dazu kritisch *Mahrenholz* a.a.O. Rn. 97; *Würkner* NVwZ 1992, 9.

54 So *Würtenberger* NJW 1983, 1144, 1151 zum Ehrenschutz; ähnlich zu § 90 a in JR 1979, 309, 311 ff., insbes. 313: aus dem »Gefühl der Angst und Ohnmacht« vieler Bürger »gewinnt gerade das Staatsschutzstrafrecht eine vertiefte Legitimation«.

55 *Otto* NJW 1986, 1206, 1210.

56 So etwa *Otto* a.a.O.

57 Vgl. etwa Miami v. Tornillo, 418 U.S. 241, 94 S. Ct. 2831 (1974): das Gegendarstellungsrecht des Staates Miami wird für verfassungswidrig erklärt, da es dazu geeignet ist, öffentlich Kritik durch die Presse zu unterbinden.

Grundwerten angewiesen ist[58]. In beiden Fällen wird aber die parodistische Verwendung der Symbole trotz ihrer anstößigen Form von der Bestrafung freigestellt, da sich die Kritik letztlich nicht gegen den Staat generell, sondern gegen konkrete politische Zustände richtet: »Erkennbare Absicht des Künstlers ist es, hinsichtlich der Lebensverhältnisse in der Bundesrepublik Widersprüche zwischen Anspruch und Wirklichkeit aufzuzeigen«[59].

b) Mit praktischen Problemen konfrontiert vor allem der Persönlichkeitsschutz. Auch die Rechtsprechung des Bundesverfassungsgerichts erliegt - wie die Fälle »Mephisto« und »Strauß-Karikatur« zeigen[60] - der bedenklichen Tendenz, Ehre und Menschenwürde miteinander zu vermengen. Was der in Art. 5 Abs. 2 GG erwähnte Begriff der Ehre meint, ist unklar und zunehmend streitig. Verfassungs- und Zivilrecht lassen sich von der Strafrechtsdogmatik leiten. Dort vertritt eine offensichtlich in der idealistischen Tradition des 19. Jahrhunderts verankerte Auffassung einen »normativen« Ehrbegriff, der auf die »innere« Ehre, die sittliche Integrität der Persönlichkeit abstellt[61]; es ist zu bezweifeln, daß ein so bestimmtes Rechtsgut durch kommunikative Angriffe tangiert werden kann. Eine eher soziologisch inspirierte Lehre bekennt sich zu einem »faktischen« Ehrbegriff, der auf die Außenseite des Rufs, des Ansehens, der gesellschaftlichen Anerkennung abstellt[62]; hier ist vor allem zu fragen, warum auch die unverdiente Anerkennung schutzwürdig sein soll. Die nunmehr herrschende Meinung[63], der die Judikatur folgt[64], entzieht sich diesen Schwierigkeiten, indem sie sich zu einem »dualistischen« nämlich »normativ-faktischen« Ehrbegriff bekennt, der auf den »sittlichen und sozialen Wert der Person«[65], auf den »verdienten guten Ruf«[66] abstellt; eine Ehrverletzung liegt vor, wenn dem Betroffenen »nicht der ihm gebührende Status eingeräumt«[67], wenn ihm die »Eignung zur Erfüllung der ihm obliegenden vielschichtigen Aufgaben abgesprochen« wird[68]. Nach dieser Definition ist es eine strafbare Beleidigung, wenn dem bayerischen oder irgend einem anderen Ministerpräsidenten die Eignung zur Erfüllung seiner Aufgaben, d.h. die zur Wahrnehmung des Amtes erforderliche Kompetenz oder Integrität bestritten wird. Derar-

58 BVerfGE 81, 278, 293; im Ergebnis ebenso BVerfGE 81, 298, 308.

59 BVerfGE 81, 298, 307; ähnlich BVerfGE 81, 278, 295: »Die Karikatur hat vorrangig antimilitaristische und nur insoweit antistaatliche Tendenz«.

60 BVerfGE 30, 173, 193; 75, 369, 379 f.

61 Vgl. etwa *Hirsch,* Ehre und Beleidigung (1967) 29 ff., 45 ff., 72 ff.; *Tenckhoff,* Die Bedeutung des Ehrbegriffs für die Systematik der Beleidigungstatbestände (1974) 43 ff.; SK StGB/*Rudolphi* (1981) Vor § 185 Rn. 1 ff.

62 Besonders ausgeprägt *Maurach/Schroeder,* Strafrecht Bes. Teil Teilbd. 1 (7. Aufl. 1988) 199 ff.

63 *E. A. Wolff* ZStW 81 (1969) 886 ff.; *Engisch,* Festschrift für Lange (1970) 401 ff.; *Schönke/Schröder/Lenckner* StGB (24. Aufl. 1991) Vorbem. §§ 185 ff. Rn. 1; *Dreher/Tröndle* StGB (46. Aufl. 1993) § 185 Rn. 2; *Lackner* StGB (20. Aufl. 1991) Vor § 185 Anm. 1.

64 BGHSt 11, 68, 70 f.

65 *Lackner* a.a.O.

66 *Arzt,* Der strafrechtliche Ehrenschutz, JuS 1982, 717 ff., 717.

67 *Arzt* in *Arzt/Weber,* Strafrecht Bes. Teil, Lehrheft 1 (3. Aufl. 1988) Rn. 417.

68 *Maurach/Schroeder* a.a.O. S. 201.

tige Beispiele verraten die Herkunft wie die Funktion der »dualistischen« oder »normativ-faktischen« Theorie: sie ist ein feudal-ständisches Relikt[69], das dazu dient, die öffentliche Kritik an den Inhabern der staatlichen Ämter und sozialen Machtpositionen zu kriminalisieren. Diese Konsequenz wird normativ stabilisiert, wenn man die Ehre mit der Menschenwürde identifiziert. Die nicht abreißenden Klagen über die Unzulänglichkeit des Ehrenschutzes zeigen, daß es engagierte Verfechter dieser Verfestigung gibt. Das ist nicht erstaunlich: es entspricht jedenfalls den Interessen derjenigen, die oben sind und dort bleiben möchten, und wohl auch den emotionalen Bedürfnissen des eingangs erwähnten Milieus, das sich davor scheut, allzu drastisch mit den Konflikten dieser Welt konfrontiert zu werden und deshalb für die Beibehaltung der judiziellen Regulierung des Meinungsklimas eintritt. Die damit bewirkte Verdinglichung der Reputation zu einem gegen »Eingriffe« schützenden subjektiven Recht widerspricht sowohl den normativen Prämissen wie den Funktionsbedürfnissen eines freiheitlich-demokratischen Gemeinwesens: diese verlangen, daß den in der Öffentlichkeit demonstrierten Geltungsansprüchen öffentlich entgegnet, die sich selbst erhöhende Zielperson der Kritik herabgesetzt werden darf. Das Bundesverfassungsgericht hat dieser Einsicht in zahlreichen Entscheidungen entsprochen, durch die die Verurteilung wegen Beleidigung eines Politikers oder sonstigen Prominenten aufgehoben worden ist[70]. Als Schranke fungieren nunmehr die Begriffe der »vorsätzlichen Kränkung« und der »Schmähkritik«[71], die dann anzunehmen ist, wenn nicht mehr die Auseinandersetzung, sondern die Diffamierung der Person im Vordergrund steht[72]. Es ist zu bezweifeln, daß diese generalklauselartigen Formeln die von ihnen erwartete Grenzziehung einigermaßen zuverlässig zu leisten vermögen. Dieser Verdacht wird durch Kammerentscheidungen wie die in Sachen *Böll* gegen *Henscheid* bestärkt: die vorbehaltlose Freiheit der Kunst bedingt die ebenso vorbehaltlose Freiheit, diese Kunst nach ganz subjektiven Maßstäben, und das heißt, auch in böser Absicht, herabsetzend und polemisch, zu rezensieren[73]. Die Rechtsprechung des amerikanischen Supreme Court vermittelt den Untergerichten wesentlich präzisere Vorgaben: sie beanstandet unrichtige Tatsachenbehauptungen und läßt der Kritik an den »public figurs« freien Raum[74].

69 Zutreffende Feststellung bei *E.A. Wolff* a.a.O. S. 894 f. Zum historischen Zusammenhang *Mahrenholz,* »Die Kritik ist der Tod des Königs« – Bemerkungen zur Öffentlichkeit, Festschrift für Simon (1987) 261, 264 ff.

70 Leitentscheidung ist BVerfGE 12, 113, 130 (»Schmidt/Spiegel«).

71 BVerfGE 61, 1, 12; 66, 116, 151; 82, 43, 52; 82, 272, 283 f.

72 BVerfGE 82, 272, 284.

73 BVerfG NJW 1993, 1462 f.; fundierte Kritik dieser Entscheidung durch *A. Schäffer,* FAZ 94/1993 (23. 4. 1993) S. 35 und durch *Isensee* AfP 1993, 619, 627.

74 Das läßt sich – vereinfachend – in zwei Grundsätzen resümieren, die das Gericht in Flynt v. Falwell (EuGRZ 1988, 260) zitiert: »Falsche Tatsachenbehauptungen sind ohne jeden Wert«, und: der Verfassung »ist der Begriff des ›falschen‹ Gedankens unbekannt«.

c) Diese Warnung vor dem unbedachten Gebrauch des Begriffs der Ehre darf nicht dahin mißverstanden werden, das Persönlichkeitsrecht und die Menschenwürde seien für das Äußerungsrecht irrelevant. Auf sie ist dort zurückzugreifen, wo Einzelnen oder ganzen Gruppen die Qualität des Menschseins abgesprochen oder ihre systematische gesellschaftliche Ausgrenzung, ihre Desozialisierung propagiert wird; § 131 StGB umschreibt einen Ausschnitt der zu beanstandenden Publikationen. Sie sind weniger in der Rechtsprechung als in der Wirklichkeit aktuell. Ein gegen die Türken gerichteter Song mit dem Titel »Kanaken« lautet:

»Steckt sie in den Kerker
oder steckt sie ins KZ,
von mir aus in die Wüste,
aber schickt sie endlich weg.
Tötet ihre Kinder,
schändet ihre Frauen,
vernichtet ihre Rasse,
damit könnt ihr sie vergraulen«[75].

Hier mag man sich streiten, ob das Strafrecht ein besonders geeignetes Instrument zum Schutz bedrohter Außenseiter oder Minderheiten abgibt, die sich anders als die »public figures« nicht wirksam in der Öffentlichkeit zur Wehr setzen können. Ich vermag aber nicht zu sehen, daß das Grundrecht der Kunstfreiheit eine Bestrafung oder andere Sanktionen generell ausschließen sollte. Hier geht es nicht um Kritik an Verhaltensweisen, Funktionen oder Zuständen; der Angriff verneint die Existenzberechtigung; er stiftet zu physischer Gewalt an und läßt keine Absicht satirischer Verfremdung erkennen; er verneint »die Würde des Menschen als Gattungswesen«[76]. Im »Titanic«-Fall hat das Bundesverfassungsgericht richtig differenziert: ein Querschnittsgelähmter, der darauf bestand, als Reserveoffizier an einer Wehrübung teilzunehmen, darf als »geb. Mörder«, aber nicht als »Krüppel« bezeichnet werden[77]. Ersteres ist ein satirischer Angriff, der sich »nicht nur gegen den Kläger richtet, sondern auch das Verhalten anderer Personen aufs Korn nimmt«[78]. Die Bezeichnung mit dem Wort »Krüppel« ist hingegen eine Demütigung, die den Betroffenen zum minderwertigen Menschen stempelt[79].

2. Was bedeuten diese Überlegungen für die Bestimmung des Begriffs der »Kunst« in Art. 5 Abs. 3 GG? Die einschlägige Diskussion, die nicht zuletzt durch die Bemühung beeindruckt, die Wandelbarkeit ästhetischer mit der Konsi-

75 Abgedruckt bei *Gräfin Dönhoff,* Die Zeit 11/93 (12. 3. 1993) S. 1.
76 BVerfG DVBl. 1992 1598, 1600 (»Horrorfilm«).
77 BVerfGE 86, 1 ff. Es ist zu hoffen, daß diese Entscheidung das Ende einer Kontroverse bedeutet, die vor allem die Frankfurter Gerichte beschäftigt hat; zu ihr *Hassemer* KJ 1990, 359 ff.
78 A.a.O. S. 12.
79 A.a.O. S. 13.

stenzbedürftigkeit rechtlicher Wertungen zu harmonisieren[80], kann und braucht hier nicht referiert zu werden. Für den interessierenden Teilbereich der engagierten Kunst wird in der Literatur beharrlich für eine restriktive Auslegung plädiert: sonst würde jede Beleidigung zulässig, »wenn sie nur in Knittelverse gekleidet wird«[81]; dem durch »Dilettantismus und Stümperhaftigkeit gekennzeichneten Machwerk« sei die Kunsteigenschaft zu versagen[82]. Noch weiter geht der schon erwähnte Vorschlag, die engagierte Kunst dem Vorbehalt des Art. 5 Abs. 2 GG zu unterwerfen, d.h. sie nicht als Kunst gemäß Abs. 3, sondern ausschließlich als Meinungsäußerung gemäß Abs. 1 Satz 1 zu behandeln[83]. Vor allem das Bundesverfassungsgericht hat sich auf diese Vorschläge nicht eingelassen. Sie weisen einen Weg, der unweigerlich zu den von *Isensee* apostrophierten »richterlichen Blamagen« zurückführt[84]. Jede Verurteilung satirischer oder karikierender Hervorbringungen, die sich im nachhinein nicht als sachlich völlig unbegründet und ästhetisch völlig illegitim erweisen, diskreditiert die Justiz im nachhinein als ein Instrument der Unterdrückung; das gilt selbst dann, wenn sich ihr Verdikt auf die Zustimmung einer breiten Mehrheit stützen kann. In demokratischen Gesellschaften sind Karikatur und Satire die Waffen der Außenseiter; die Meinungsfreiheit verbürgt das Recht zu sagen, was der Mehrheit und ihren Repräsentanten entschieden mißfällt. Das Problem der unterschiedlichen Behandlung öffentlich vorgetragener Kritik läßt sich nur in der Weise entschärfen, daß die Kollision der Äußerungsfreiheit mit den betroffenen Interessen und Empfindlichkeiten generell nicht länger nach korporativ-ständischen, sondern nach demokratisch-pluralistischen Systemprämissen gelöst wird. Der amerikanische Supreme Court braucht kein Grundrecht der Kunstfreiheit, um auch auf extreme Formen der öffentlichen Kritik mit der gebotenen Gelassenheit zu reagieren. Seine Haltung ist nicht von libertärem Überschwang inspiriert; sie beruht auf der nüchternen Einsicht in die Funktionsbedingungen eines hochentwickelten Gemeinwesens.

80 Dazu *Ridder,* Freiheit der Kunst nach dem Grundgesetz (1963); *Knies,* Schranken der Kunstfreiheit als verfassungsrechtliches Problem (1967); *Fr. Müller,* Freiheit der Kunst als Problem der Grundrechtsdogmatik (1969); *Denninger* a.a.O. Rn. 1 ff.; *Mahrenholz* a.a.O. Rn. 24 ff.; *Scholz* in *Maunz/Dürig/Herzog,* GG, Art. 5 III Rn. 22 ff.; *Henschel* Festschrift für Wassermann (1985) 351 ff.

81 *Erman/Ehmann* a.a.O. Rn. 183; ähnlich *Knies,* Kunst und Recht, Bitburger Gespräche 1977/78, 141, 153.

82 *Würtenberger* NJW 1982, 610, 614.

83 *Knies,* Schranken a.a.O. S. 230 ff.; *Otto* NJW 1986, 1210; in der Rechtsprechung ähnlich OLG Stuttgart NJW 1976, 628, 630 (»Unsere Siemens-Welt«).

84 Vgl. oben zu Fn. 28.

III. Parlament und Parteien - Deutsche Einigung

Die Fraktionen auf dem Weg zur Emanzipation von der Verfassung

Hans Meyer

I. Gesetzgebung in eigener Sache: die Fraktionsgesetze

Die Abgeordneten des Deutschen Bundestages haben am 12. November 1993 nach einer Debatte mit bemerkenswertem Niveau[1] mit großer Mehrheit ein »Fraktionsgesetz« beschlossen,[2] 44 Jahre nach Zusammentritt des ersten Deutschen Bundestages. Waren die ungelösten Rechtsprobleme so überwältigend, der Druck der öffentlichen Meinung so stark, das Vertrauen in die dirigierende Kraft des Geschäftsordnungsrechts so gering geworden, daß nun, nach einem halben Jahrhundert, ein Gesetz her mußte? Sind jetzt wenigstens die drängenden Rechtsprobleme gelöst, die bisher im Dunkel rivalisierender Rechtsmeinungen für Unruhe sorg-

1 Offensichtlich bis auf's Blut gereizt durch *Hans Herbert v. Arnim*, der freilich die publizistische Vermarktung seiner Thesen so gut beherrscht wie die Politiker, kann sich das Hohe Haus nicht genug tun, ein Scherbengericht abzuhalten und dabei die Grenzen des Geschmacks, geschweige denn des guten Geschmacks, weit hinter sich zu lassen. »Mode«, »Halbwahrheiten, Verdrehungen und mißgünstige Bemerkungen«, »unwissenschaftlich« und »unsachlich« (so der Berichterstatter und CDU/CSU-Abgeordnete Hörster) mag ja noch hingehen, wenn auch die Häufung der Invektiven in einer einzigen kurzen Rede anzeigt, welche Menge an »Balsam« die Parlamentarier offensichtlich nötig hatten. Den ironisch gemeinten Zuruf des Abgeordneten Dr. Lammert (CDU/CSU), man könne ja einen Sachverständigen über alle Parteien-, Fraktions- und Abgeordnetenfragen entscheiden lassen, nimmt der Berichterstatter Hörster mit Blick auf das Datum, einen Tag nach dem 11.11., auf, um dann endgültig den guten Geschmack zu verlassen und drohend und unter »Beifall bei der CDU/CSU, der F.D.P. und der SPD« auszurufen: »Wir müssen uns diesen Kritiker etwas genauer ansehen«. Kombiniert mit dem vorangegangenen Verweis auf »Weimar« schmeckt das ein wenig nach Verfassungsschutz, wenn man es denn ernst nehmen könnte. Der Abgeordnete Dr. Küster (SPD) ist sachlicher, was offensichtlich einen F.D.P.-Abgeordneten nicht mehr an sich halten läßt und den Zwischenruf provoziert: »Ist er überhaupt ein Wissenschaftler?«. Da trifft der F.D.P.-Abgeordnete Torsten Wolfgramm die Stimmung des Hauses viel besser. Er versteht es nicht nur, Herrn v. Arnim mit einer hübschen Geschichte als Quacksalber hinzustellen, was wiederum die Abgeordnete Matthäus-Maier von der SPD zu einem steigernden Zwischenruf veranlaßt, sondern auf dem Hintergrund der nun geschaffenen Stimmung über den Begriff Reflex wie folgt zu sinnieren: »Ein Reflex ist, wenn mir Hans Herbert »ohne Bindestrich« vors Schienbein tritt, und Torsten ohne »h« haut ihm dann auf die Nase«. Da kann das ganze Hohe Haus nicht mehr an sich halten: »Heiterkeit im ganzen Hause - lebhafter Beifall der F.D.P., der CDU/CSU und der SPD«. So lustig ist das Parlamentarierleben oder kann es jedenfalls gelegentlich sein - wenn die Späße auf Kosten eines abwesenden Dritten gemacht werden können. (Alle Fundstellen: BT-StenProt. 12/190 S. 16414 - 16421).

2 BT-StenProt. 12/190 S. 16421. Die Vorlage war von den Fraktionen CDU/CSU, SPD und F.D.P. als Novelle zum Abgeordnetengesetz eingebracht und verfolgt worden (s. BT-Drucks. 12/4756 u. 12/6067). Die beiden Gruppen im Bundestag hatten eigene Vorstellungen artikuliert (Bündnis 90/DIE GRÜNEN: BT-Drucks. 12/5788) oder Abänderungsanträge zum interfraktionellen Antrag gestellt (Gruppe PDS/Linke Liste: BT-Drucks. 12/6149 u. 6150). Das Gesetz ist am 19. März 1994 im BGBl. I S. 526 verkündet worden. Zur Gesetzgebung in den Ländern siehe unten FN 11.

ten? Wer die schier unüberwindliche Scheu der Politiker, gar der Parlamentarier kennt, sich selbst rechtliche Fesseln anzulegen,[3] weil sie, die Taube auf dem Dach als Wappentier fest im Visier, als die wenigstens jetzt noch oder doch hoffentlich bald Stärkeren die Freiheit lieben, der kann das erste nicht glauben, das zweite realistischerweise nicht hoffen.

Der Anlaß für das Gesetz ist so banal, wie es der Anlaß für das Parteiengesetz war und bestätigt auf diese sicherlich ungewollte Weise das Schlagwort von der Fraktion als der Partei im Parlament. Nicht der Auftrag des Grundgesetzes in Art. 21 Abs. 3 GG war nämlich der Anlaß für ein Parteiengesetz - achtzehn Jahre nach Auftragserteilung[4] wäre das auch etwas spät gewesen -, sondern der bis heute nicht gestillte Hunger nach Geld. Nur weil das Bundesverfassungsgericht im ersten großen Parteien-Finanzierungsurteil im Jahre 1966 den Parteien neben dem strikten Verbot staatlicher Parteienfinanzierung das Schlupfloch der Wahlkampfkostenerstattung ließ, aber zugleich einen Gesetzesvorbehalt reklamierte,[5] kam es 1967 zum Parteiengesetz. Aber es ist immerhin ein Parteiengesetz geworden, das seinen Namen verdient. Das Fraktionsgesetz ist ebenfalls ein Kind des Geldhungers,[6] aber es verdient den Titel nicht, den es trägt. Würden die Parlamentarier die Firmenwahrheit ihres Tuns wenigstens im Prinzip beherzigen, so müßte das Fraktionsgesetz »Gesetz über die Finanzierung der Fraktionen und einige damit zu-

3 Ein treffendes Beispiel ist das schon über 30 Jahre anvisierte, ja versprochene Bundesgesetz über die parlamentarische Untersuchung. Der letzte Höhepunkt taktischer und darum folgenloser Bußfertigkeit war die Erste Lesung (BT-StenProt. 11/95 S. 6506 ff.) zweier Gesetzentwürfe eine Woche - ein Schelm, wer sich bei der Terminierung etwas denkt - vor dem Deutschen Juristentag 1988 in Mainz, auf dem heftige Kritik der Untätigkeit des Parlaments drohte. Die Schelte in Mainz fiel so milde aus, und kaum waren die Parlamentarier wieder zu Hause, hieß es, die Potemkinschen-Entwürfe schleunigst wieder in den Schubladen verschwinden zu lassen. Und so warten wir im Bund heute noch auf eine rechtsstaatlich einwandfreie Grundlage für das so scharfe Instrument der parlamentarischen Inquisition.

4 Das Parteiengesetz stammt vom 24. Juli 1967. 18 Jahre lang haben die Parteien es ganz gut ohne das Gesetz aushalten können, obwohl das Bundesverfassungsgericht schon 1952 auf ein Regelungsbedürfnis hingewiesen hatte (E 2,1,77).

5 BVerfGE 20, 56, 115.

6 Schon die Nähe zum vorangegangenen Tagesordnungspunkt, bei der es um die Änderung des Parteiengesetzes, vulgo der Parteifinanzierung, ging, signalisiert das. Der Abgeordnete Dr. Küster reklamiert, daß man »gerade auf diesen Bereich (s.c.: die Finanzierung) besondere Sorgfalt verwandt« habe (BT-StenProt. 12/190 S. 16417 r. Spalte). Ob das Gesetz selbst die Finanzierungsmöglichkeiten erweitert, wurde ebenso empört wie wenig überzeugend bestritten. Ein schönes Beispiel bietet der Abgeordnete Hörster, der zunächst darauf hinweist, daß der Anteil an Öffentlichkeitsarbeit seiner CDU/CSU-Fraktion bei 5 % der Ausgaben 1993 liege, im nächsten Satz gegen den Vorwurf polemisiert, es handele sich um verdeckte Parteienfinanzierung, um dann den Satz anzuschließen: »Wir werden in Zukunft in sehr viel intensiverer und deutlicherer Weise die Öffentlichkeit noch über das unterrichten, was die Fraktionen machen« (a.a.O, S. 16416 r.Sp.). Richtig ist lediglich, daß das Gesetz selbst nichts über die Höhe der Zuwendungen sagt; das war aber, wegen des Fehlens einer Obergrenze, gerade ein Vorwurf gegen den Entwurf. So mußten die Landtagspräsidenten (s. zu FN 10) den Vorbehalt Hamburgs zur Kenntnis nehmen, das eine gesetzliche Regelung verlangte, »die im Gesetz für jeden nachvollziehbar festlege, was den Fraktionen im einzelnen zugewandt werde«.

sammenhängende Fragen« heißen und den zitierfähigen Untertitel »Fraktionsfinanzierungsgesetz«[7] haben.

Die gesetzliche Absicherung[8] ihrer Dotationen, das war der Anlaß und das Ziel der gesetzgeberischen Aktivität.[9] Das schien auf Landesebene so wichtig, daß man eine konzertierte Gesetzgebung initiierte, also jenen sanften antiföderalen Irrweg beschritt, der normalerweise jeden Rechtsfortschritt blockiert und im Gleichschritt - oft auf der Stelle - das höchste Ziel sieht. Daß dies hier nicht das Ergebnis war, ist wohl weniger dem guten Willen der Beteiligten als den Schwierigkeiten zu verdanken, vor denen man bei der Gesetzgebung stand. Die Präsidenten und Präsidentinnen der Landesparlamente einigten sich auf ihrer 70. Konferenz am 11.5.1992 auf einen Muster-Entwurf,[10] und nach Hause gekommen be-

7 Zu dieser geradlinigen Erkenntnis war die Gruppe Bündnis 90/DIE GRÜNEN gekommen, die das Thema des Fraktionsgesetzes in einem »Entwurf eines Gesetzes über die Finanzierung der Fraktionen (Fraktionsfinanzierungsgesetz)« (BT-Drucks. 12/5788) abhandelte.

8 Freilich folgte man dabei keinem Befehl oder Auftrag des Bundesverfassungsgerichts. Zwar hatte der Antragsteller im maßgeblichen Wüppesahl-Verfahren (E 80, 188 ff.) die Fraktionszuschüsse mangels einer »besonderen gesetzlichen Grundlage« für verfassungswidrig gehalten (S. 197), aber schon die Antragsgegner, der Bundestag und sein Präsident, hatten die Rüge für unzulässig gehalten, da der Antragsteller dies mangels Betroffenheit nicht rügen könne, und im übrigen das Haushaltsgesetz für ausreichend gehalten. Das Gericht selbst hat die Rüge mangelnder Gesetzesform im Organstreit für unzulässig gehalten, weil der Abgeordnete bei einem normalen Gesetzgebungsverfahren nicht wesentlich anders gestellt sei als beim Haushaltsgesetz (S. 215). Das Gericht hat sich aber zur Notwendigkeit eines besonderen Gesetzes nicht geäußert. Dagegen hat die vom Bundespräsidenten eingesetzte »Kommission unabhängiger Sachverständiger zur Parteienfinanzierung« (Präsidentenkommission) ein Fraktionsgesetz vorgeschlagen (BT-Drucks. 12/4425 S. 36), ohne sich freilich auch nur Gedanken über die Konkordanz zum Geschäftsordnungsrecht zu machen. So war schon vorher ihr Mitglied *Hans Herbert v. Arnim* (Staatliche Fraktionsfinanzierung ohne Kontrolle? Wiesbaden 1987 S. 29) verfahren. Der Abgeordnete Dr. Küster reklamiert für das Gesetz »Rechtssicherheit für die Fraktion« und Erfüllung des »Gebot(s) der Transparenz gegenüber der Öffentlichkeit« (BT-StenProt. 190/16418 l. Spalte). Der Abgeordnete Wolfgramm sieht nur eine Vereinheitlichung der bisherigen unterschiedlich akzentuierten Praxis und baut darauf, daß durch die gesetzliche Fixierung diese Praxis »der Öffentlichkeit besser vorgestellt werden könne« (a.a.O S. 16418 l. Spalte). Der Berichterstatter sagt zum Anlaß des Gesetzes wenig: »Wir halten es für ein gelungenes Gesetz, das sich in das Abgeordnetenrecht einfügt und dafür sorgt, daß auch die wichtige Gliederung der Abgeordneten im Parlament, nämlich die Fraktionen, auf eine eigenständige, in sich geschlossene rechtliche Grundlage gestellt werden« (MdB Hörster, a.a.O, S. 16416 r. Spalte). Siehe auch *derselbe* in FN 9.

9 Bei der ersten Beratung des Fraktionsgesetzes hat das der Abgeordnete Hörster in seiner einleitenden Rede mit dankenswerter Deutlichkeit gesagt: »Wir beraten heute erneut eine Änderung des Abgeordnetengesetzes, und zwar zu dem Zweck, die Regelungen über die Fraktionen des Deutschen Bundestages, die wir bisher im wesentlichen im jeweiligen Haushaltsgesetz (sic !) getroffen haben, in Form von eigenen gesetzlichen Vorschriften in das Abgeordnetengesetz einzufügen« (BT StenProt. 12/155. Sitzung S. 13214 l. Sp.). Daß man auch Rechtsstellungsfragen mitregelte, hängt wesentlich damit zusammen. Es geht dem Parlament auch darum, nun durch Gesetz abgesichert zu haben, daß die Fraktion ihr Geld auch völlig selbständig und z.B. mit allein sie bindenden Außenrechtsverträgen ausgeben könne.

10 Den man freilich nicht als solchen, sondern nur als »Formulierungsvorschläge« bezeichnete: Anlage zu Punkt 4 der Tagesordnung, Protokoll der 70. Sitzung S. 50-55. Im Folgenden wird vom »Musterentwurf der Landtagspräsidenten« gesprochen. Vorangegangen war ein Entwurf der Landtagsdirektoren (s. *Strauß-Zielbauer/Schnellbach*, Hessisches Fraktionsgesetz: Mehr Transparenz der staatlichen Finanzierung parlamentarischer Arbeit?, ZParl 1993 S. 588 ff. FN 9).

trieben die Präsidenten die Überzeugungsarbeit, die in Entwürfen endeten, welche dem Muster immerhin glichen.[11]
Am hessischen Beispiel läßt sich darstellen, wie einer der Landtage das Problem gemeistert hat. Die in diesem Punkte einmütigen vier Fraktionen des hessischen Landtages legten einen Gesetzentwurf vor.[12] Da jedoch Finanzierungsfragen im politischen Bereich immer heikel sind, suchte man die Öffentlichkeit, freilich in einer Form, die sich zunehmend als unschädlich erwiesen hat, nämlich die öffentliche Anhörung von Sachverständigen. Der Ältestenausschuß, dem der interfraktionell eingebrachte Gesetzentwurf überwiesen war, organisierte eine Anhörung, dessen einzige Grundlage die blanken acht Paragraphen des Gesetzes waren. Die Mühe, zu begründen, was man da wolle, hatten sich die vier Fraktionen nicht gemacht, obwohl man annehmen muß, daß sie sich über die eine oder andere Formulierung Gedanken gemacht haben. Eile kann auch nicht der Grund gewesen sein. Zumindest hätte man den Musterentwurf der Konferenz der Landtags-Präsidentinnen und Präsidenten beifügen können, der wenigstens eine kurze Begründung enthielt.[13] Die Sachverständigen waren also auf ihre eigene Spekulation angewiesen und zudem wegen der Kürze der Frist unter Zeitdruck.[14] Von dem Ergebnis der Anhörung nahm das Parlament nur unwillig[15] durch den Bericht des Landtagspräsidenten als Berichterstatter Kenntnis, und zwar zunächst in der globalen Feststellung, »daß in der öffentlichen Anhörung die bisher bekannten Argumente ausgetauscht wurden, jedoch grundsätzlich neue Argumente gegen den Ge-

11 Die Bayern waren der präsidialen Handreichung voraus geeilt (Gesetz zur Rechtsstellung und Finanzierung der Fraktionen im Bayerischen Landtag (Bayerisches Fraktionsgesetz) v. 16.3.1992, GVBl. S. 39). Nach dem Beschluß der Präsidentinnen und Präsidenten folgten Sachsen-Anhalt mit dem Gesetz über die Rechtsstellung und die Finanzierung der Fraktionen im Landtag von Sachsen-Anhalt (Fraktionsgesetz SAn) v. 5.11.1992 (GVBl. S. 768), Niedersachsen mit dem Zwölften Gesetz zur Änderung des Abgeordnetengesetzes v. 30.11.1992 (GVBl. S. 311), Hessen mit einem Fraktionsgesetz v. 5.4.1993 (GVBl. I S. 106-107) und Mecklenburg-Vorpommern mit einer Ergänzung des Abgeordnetengesetzes, (Drittes Änderungsgesetz v. 16.7.1993, GVOBl. S. 679), das in seiner ursprünglichen Fassung v. 20.12.1990 (GVOBl. 1991 S. 3) in § 48 schon »Zuschüsse zu den Fraktionskosten« geregelt hatte. Entwürfe zum Thema liegen vor in Berlin, Bremen, Hamburg (Alte Bürgerschaft), Rheinland-Pfalz und Schleswig-Holstein (s. Synopse des Landtagsdirektors von Nordrhein-Westfalen v. 11.11.1993).

12 LT-Drucks. 13/3153.

13 Aber das hätte auf Abweichungen aufmerksam gemacht. Schlafende Hunde weckt man tunlich nicht.

14 Der souverän leitende Präsident entschuldigte sich ebenso artig wie unsubstantiiert für das Fehlen einer Begründung wie für die Kürze der Zeit. Im übrigen enthält das hessische Gesetz, mit Sicherheit auch auf Drängen des Präsidenten, durchaus Bedenkenswertes; hier geht es nur um das Verfahren.

15 Der Präsident mußte seine Rede als Berichterstatter wegen der Unruhe im Saal unterbrechen, was den amtierenden Vizepräsidenten zu der Bemerkung an das Plenum veranlaßte, »sich bitte so zu verhalten, wie es dem Parlament gerecht wird«, um dann entwaffnend auf den Grund des Desinteresses zu kommen: »das ist ein Thema, das nicht kontrovers erörtert zu werden braucht, das aber (!) hier auch in der entsprechenden Würde abgehandelt werden soll«. (Hess.LT StenProt. 13/3605 l. Sp.; 62. Sitzung).

setzentwurf und seine Regelung nicht vorgebracht wurden«.[16] Diese Einwände waren einerseits teilweise fundamental und andererseits selbstverständlich dem Parlament als Ganzem unbekannt. Der Berichterstatter nennt zunächst zwei marginale Änderungen aufgrund der Anhörung, reklamiert dann eine haushaltsrechtliche Sonderstellung der Fraktionen als »Stellen außerhalb der Verwaltung«, was sowohl gegen eine inhaltliche Prüfung durch den Rechnungshof als auch, gekoppelt mit der Freiheit des Abgeordneten, gegen eine zu hohe Spezialisierung der Ausgabenansätze spreche. Gegenüber der in der Anhörung zum Teil sehr mißtrauisch angesehenen Öffentlichkeitsarbeit der Fraktionen wird darauf verwiesen, daß man zwischen der grundsätzlichen Zulässigkeit und der verfassungswidrigen Handhabung im einzelnen zu unterscheiden habe. Das Schlußresümee, die öffentliche Anhörung habe »die zum Teil vorhandenen Bedenken ausräumen können, zum anderen jedoch auch dazu geführt, die einzelnen Bestimmungen noch einmal kritisch zu prüfen und sie auch teilweise zu berücksichtigen«,[17] ist eine, gelinde gesagt, etwas sehr »vorhabendienliche« Bewertung der Anhörung und der dort vorgetragenen Argumente. Es paßt in das Bild unserer tapferen Parlamentarier und Föderalisten, wenn der Landtagspräsident darauf hinwies, daß die Hoffnung der parlamentarischen Geschäftsführer in den Landtagen, der Bund werde eine »Vorreiterrolle« einnehmen, enttäuscht worden sei:[18] »Hannemann, geh' du voran« als politische Lebens- oder gar Überlebensmaxime! Im Bundestag wiederum war man schlau genug, das außerordentlich schöne Resümee des hessischen Landtagspräsidenten, nämlich die angeblich unbestrittene »Zulässigkeit der Öffentlichkeitsarbeit von Fraktionen als Ergebnis der Anhörung« ohne jede Einschränkung als gutes Zeichen dafür zu zitieren, daß man auf dem sicheren Pfad der Tugend sich bewege.[19]

II. Grundfragen des Rechtsstatus der Fraktionen

Ein Fraktionsgesetz, das fast ausschließlich die Finanzierung der Fraktionen und ihre rechtliche Absicherung zum Ziel hat, erfaßt zwar ein für die Fraktionen selbst wichtiges Thema, aber ein Thema, das für die Rechtsstellung der Fraktionen eher peripher ist. Das Verhältnis der Fraktionen zu ihren Mitgliedern bleibt ebenso ausgeblendet wie das von Fraktion und Parlament, obwohl bei einigem Nachdenken auch hier finanzielle Bezüge nicht zu übersehen sind. Das Verhältnis von Fraktion und Partei hätte ins Blickfeld kommen können, wäre aber nur hinderlich gewesen, weil sich mit Sicherheit die Frage des Verhältnisses der Finanzierung

16 AaO, S. 3604 r. Sp.
17 AaO, S. 3607 l./r. Sp.
18 Protokoll der 21. (öffentlichen) Sitzung des Ältestenrates vom 19.1.1993, S. 62.
19 So der Abgeordnete Wolfgramm in der 2. Lesung (BT-StenProt. 190/16418 l. Sp.).

beider Institutionen stellt.[20] Ob die Rechtsstellung der Fraktionen eigentlich Gesetzesmaterie und nicht ausschließlich Geschäftsordnungsmaterie ist, haben die Parlamente erst gar nicht thematisiert, sondern zugunsten des ersten entschieden, wobei gelegentlich der Eindruck entsteht, das Geschäftsordnungsrecht solle die Funktion einer Ausführungsverordnung zum Gesetz haben.[21] Daß den Fraktionen eine höhere Selbständigkeit zugebilligt wird als dem Parlament, als dessen Gliederung sie nur verstanden werden können, ist ein Ergebnis dieser Gesetze, das niemanden stutzig gemacht hat. Die Chance, wenigstens aus dem außerordentlich traditionsverhafteten Geschäftsordnungsrecht[22] der Parlamente auszubrechen und eine eigenständige gesetzgeberische Leistung zu vollbringen, ist nicht genutzt worden.

Geht man die Probleme systematisch an, so stellt sich vorrangig die Frage, was Fraktionen rechtlich sind und welche Konsequenzen sich daraus für ihre Stellung zum einzelnen Abgeordneten und zum Parlament als solchem sowie zu den Parteien ergibt. Die folgende Untersuchung will sich einem Teil dieser Fragen zuwenden und fühlt sich dabei den Bemühungen verbunden, die Ernst Gottfried Mahrenholz als der für das Parlamentsrecht »zuständige« Richter des Bundesverfassungsgerichts und sein Vizepräsident dem Parlamentsrecht gewidmet hat.

Die Parlamentsfraktionen führen seit fast einem halben Jahrhundert unter den Bedingungen einer parlamentarischen Demokratie in der Bundesrepublik ein außerordentlich bedeutsames Eigenleben und üben beträchtliche politische Macht aus.[23] Gleichwohl führt die Frage nach ihrem rechtlichen Wesen oft genug zu Ratlosigkeit oder zu der diese Ratlosigkeit relativierenden Feststellung, man komme auch ohne eine Klärung zurecht.[24] Dabei wird davor gewarnt zu versuchen, die Fraktionen in privatrechtliche oder verwaltungsrechtliche Kategorien oder Organisationstypen zu pressen,[25] und angeboten, das Parlamentsrecht als eine eigen-

20 Siehe das eindrucksvolle »Plädoyer für eine integrierende Sichtweise von Parteien-Finanzen und Abgeordneten-Alimentierung« von *Göttrik Wewer* in dem von ihm herausgegebenen Sammelband »Parteienfinanzierung und politischer Wettbewerb«, Opladen 1990, S. 420–458.

21 Ein Ansatz von Überlegung zum Verhältnis von Gesetzes- und Geschäftsordnungsrecht findet sich in den Ausführungen des Abgeordneten Dr. Küster im Deutschen Bundestag, der auch im übrigen noch am seriösesten argumentiert hat. Küster ist der Ansicht, das Geschäftsordnungsrecht sei reines parlamentarisches Binnenrecht und könne keine Vorschriften enthalten, »die das Außenverhältnis der Fraktionen betreffen«. Siehe dazu den Hinweis in FN 110. Zur Haltung der »Präsidentenkommission« siehe oben FN 8. – Die Begründung zu § 1 Abs. 4 des Musterentwurfs der Landtagspräsidenten (s. oben FN 10) liest sich so, als sei die Geschäftsordnung Gesetzesausführungsrecht.

22 Siehe *Wolfgang Zeh*, Altersschichten in der Geschäftsordnung des Deutschen Bundestages, ZParl. 1986, 396 ff.

23 Die Macht kumuliert bei den Fraktionsführungen.

24 Siehe die wohl modernste Erörterung des Themas bei *Jürgen Jekewitz*, Politische Bedeutung, Rechtsstellung und Verfahren der Bundestagsfraktionen in: Schneider/Zeh, Parlamentsrecht und Parlamentspraxis, Berlin etc. 1989, § 37 RN 51 - 54.

25 *Jürgen Jekewitz*, a.a.O, RN 54 a.E.

ständige Kategorie aufzufassen, aus der die Rechtsstellung zu entwickeln sei.[26] Die neueren Gesetze und Entwürfe lassen freilich den Verdacht aufkommen, als werde das - unbekannte - Parlamentsrecht als die eigentliche Tarnkappe benutzt, unter der man erreichen könne, was das Recht sonst versagt, nämlich die fast vollständige Exemtion von der Rechtsordnung.

Das Parlamentsrecht als eine eigenständige Rechtskategorie zu begreifen, hat im Kern etwas für sich, führt aber im zweifachen Sinne nur begrenzt weiter. Zum einen gibt es Rechtskategorien, die der Verzweigung des Rechts in Zivilrecht, öffentliches Recht, öffentliches Organisationsrecht oder gar öffentliches Parlamentsrecht vorgelagert sind, weil sie prinzipiell in all diesen Gebieten wirken, wie der Vertrag oder der einseitige Rechtsakt, und zum anderen schottet ein eigenständiges Parlamentsrecht weder das Parlament noch die Fraktionen gegen die anderen Rechtsgebiete ab, wie der zivilrechtliche Anstellungsvertrag mit einem Bediensteten des Parlaments zeigt oder die beamtenrechtliche, also verwaltungsrechtlich festgelegte Position eines Parlamentsbeamten.

Dem Kern des Problems kommt man näher, wenn man man den relevanten Redewendungen zum Thema nachgeht, die zum Beispiel dem Bundesverfassungsgericht leicht über die Lippen gehen, hinter denen sich aber wohl mehr versteckt, als der Sprecher immer im Sinn hat. So bezeichnet das Bundesverfassungsgericht die Fraktionen schon seit 1959 und bis in die jüngste relevante Entscheidung aus dem Jahre 1991 als »notwendige Einrichtungen des Verfassungslebens«.[27] Eine weitere Aussage der ständigen Rechtsprechung des Bundesverfassungsgerichts ist die Feststellung, daß die Fraktionen zur organisierten Staatlichkeit gehören.[28]

Hält man sich an diese Rechtsprechung des Bundesverfassungsgerichts, dann kontrastiert sie mit der dritten sich durch die gesamte Rechtsprechung ziehenden Aussage, daß die Fraktionen auf der freien Entscheidung der Mitglieder des Bun-

26 *Gerald Kretschmer* in der Anhörung vor dem Ältestenrat des Hessischen Landtages mit der Warnung, »Exekutivrecht unbesehen auf Parlamentsrecht (zu) übertragen und ein eigenständiges Parlamentsrecht zu akzeptieren, das dem öffentlichen Recht angehöre, das aber neben dem Recht der Exekutive und ihrer Organisation und neben dem Recht der Justiz und ihrer Organisation stehe (Protokoll des Ältestenrates v. 19.1.1993 S. 62/63). Der Abgeordnete Dr. Küster nimmt diese Argumente auf (BT StenProt. 190/16417 l. Spalte).

27 BVerfGE 84, 304, 322 mit Verweis auf E 80, 188, 219; dort wiederum wird verwiesen auf E 70, 324, 350 ff., wo eine Zitatenkette mit E 2, 143, 160 beginnt, freilich inkorrekt, da dort nicht von notwendigen Einrichtungen die Rede ist, sondern davon, daß die Geschaftsordnung die Fraktionen als »ständige Gliederungen eingerichtet« habe. Dagegen spricht die ebenfalls zitierte E 20, 56, 104 von »notwendigen Einrichtungen des Verfassungslebens«, wobei das letzte Wort in Anführungszeichen gesetzt ist, weil der Begriff wohl zurecht für etwas unbestimmt gehalten wurde. Schon vorher hatte E 10, 4, 14 den Begriff (ohne Anführungszeichen) benutzt und dabei fälschlich ebenfalls auf E 2, 143, 170 verwiesen; der zusätzliche Verweis dort auf S. 167 bringt ebenfalls keine Entlastung.

28 Unter Zitat von BVerfGE 20, 56, 104 übernimmt E 70, 324, 350/351 die Formel, die Fraktionen seien als »Gliederungen des Bundestages der organisierten Staatlichkeit eingefügt«. BVerfGE 80, 188, 231 verweist zusätzlich auf E 62, 194, 202.

destages beruhen.[29] Wie etwas im staatsorganisatorischen Bereich notwendig sein kann und gleichwohl der Willkür der Beteiligten anheim gegeben, mutet jedenfalls auf den ersten Blick eigenartig an.[30] Und was die Finanzierung angeht, so drängte sich bei dieser These von der freiwilligen Kreation der Fraktionen durch die Abgeordneten doch wohl der Gedanke auf, daß die Abgeordneten dann jenes von ihnen freiwillig formierte Gebilde Fraktion zu finanzieren hätten, was ja eine Reihe von Vorteilen mit sich brächte. Sie würden entscheiden können, inwieweit sie die - dann natürlich zu erhöhenden - eigenen Dotierungen zur gemeinschaftlichen Verwendung zur Verfügung stellen und wieweit sie glauben, durch eine Eigenverwendung bessere Parlamentsarbeit zu leisten.[31]
Damit sind die wesentlichen Themen angesprochen, die zu erörtern sind. Die erste Grundfrage ist, ob die Fraktionen dem staatsorganisatorischen Bereich angehören oder, wie eine Extremmeinung annimmt, Vereinigungen des privaten Rechts sind oder aber, was eine realistischere Alternative zur letzten Ansicht wäre, wie die Parteien in den staatsorganisatorischen Bereich zwar nicht inkorporiert sind, aber ihm sehr nahe stehen.

III. Privatrechtliche Freiheit und öffentlich-rechtliche Privilegien?

Der VGH München hat im Falle eines Rechtsstreites über den Ausschluß eines Kreistagsmitglieds aus einer Fraktion des Kreistages den Verwaltungsrechtsweg für unzulässig gehalten, weil es sich nicht um eine öffentlich-rechtliche, sondern um eine bürgerliche Rechtsstreitigkeit handele.[32] Dabei hat er unterschieden zwischen den Außenrechtsbeziehungen der Fraktionen, die »Anteil an der öffentlich-rechtlichen Qualität der kommunalen Gebietskörperschaften und ihre Organe« hätten, und den »Innenrechtsbeziehungen«, für die das bayerische Kommunalrecht keine Regelungen enthalte. Die Fraktionen seien weder Körperschaften des öffentlichen Rechts noch Organe oder mittelbare Organe der kommunalen Körperschaft, auch nicht »Teile, Gliederungen oder Einrichtungen« der Volksvertre-

29 BVerfGE 84, 304, 322: »Ihre (s.c.: der Fraktionen) Bildung beruht auf der in Ausübung des freien Mandats getroffenen freien Entscheidung der Abgeordneten (Art. 38 Abs. 1 Satz 2 GG)«; bestätigend S. 324 sub 4 b. Vorher schon E 80, 188, 220.

30 BVerfGE 84, 304, 324 sieht das Dilemma und »löst es« sinngemäß mit einem bloßen »trotzdem«.

31 Zudem würde eine solche Finanzierungsmethode eine natürliche Bremse des unstillbaren Drangs der Fraktionen nach mehr Geld sein.

32 Urteil v. 9.3.1988, NJW 1988, 2754 ff. Bestätigt durch B. v. 24.11.1988, NVwZ 1989, 494, 495. - Daß es sich um eine Streitigkeit innerhalb einer kommunalen Volksvertretung handelt, schließt die Relevanz für unser Thema nicht aus, wie schon das Grundgesetz in Art. 28 Abs. 1 Satz 2 zeigt. Die Volksvertretung »in den Ländern, Kreisen und Gemeinden« sind dort ohne jede Abstufung in Funktion, Qualität oder Dignität gemeinsam genannt. Zum Parlamentscharakter auch kommunaler Volksvertretungen siehe demnächst *Yvonne Ott*, Der Parlamentscharakter der kommunalen Volksvertretungen, Baden-Baden 1994.

tungen, wobei der VGH zugibt, daß dies für die Staatsparlamente und für diejenigen Kommunalparlamente, für die das Fraktionenrecht jedenfalls rudimentär geregelt sei, anders gesehen werden könne. Die Überlegung, die Fraktion als parlamentarisches Organ der Partei anzusehen, spreche eher für eine Einordnung in das Zivilrecht, dem auch die Partei unterfalle. Die Regelung in § 2 Abs. 2 Nr. 2 des Vereinsgesetzes, wonach Fraktionen des Deutschen Bundestages und der Parlamente der Länder keine Vereine im Sinne dieses Gesetzes seien, bestätige die Ansicht, es seien von Hause aus Vereine. Der VGH kann sich dabei auf eine Äußerung in der Literatur berufen.[33]

Für die zivilrechtliche Sicht der Dinge ist entscheidend zum einen die Affinität zu den politischen Parteien, die rechtsfähige oder nicht rechtsfähige Vereine des Bürgerlichen Rechts sind, zum anderen die dogmatische Deklination der Organisationsmöglichkeiten des öffentlichen Rechts, die bei den Fraktionen nach dieser Ansicht zu einem negativen Ergebnis führt, und schließlich die Weigerung, »rechtspolitische Erwägungen und die tatsächliche Bedeutung mancher Fraktionen«[34] zum rechtlichen Maßstab zu machen.

Selbst wenn die Fraktion ein auf dem freien Mandat beruhender willkürlicher Zusammenschluß von Abgeordneten wäre, könnte es sich nicht um eine privatrechtliche Organisation handeln, da die Abgeordneten sich nicht als Privatleute, sondern als staatliche Funktionsträger[35] zusammenschließen. Die Aufgaben der Fraktionen beziehen sich alle auf die Arbeit der Abgeordneten im Parlament oder als

33 So hat *Norbert Achterberg* (Parlamentsrecht, Tübingen 1984, S. 274-78) die Fraktion als »innenrechtsfähigen Verein des Bürgerlichen Rechts« bezeichnet, wobei freilich der bürgerlich-rechtliche Charakter nicht positiv begründet wird, sondern sich aus der Tatsache ergibt, daß Achterberg, obwohl er für öffentlich-rechtliche Organisationsformen keinen Typenzwang annimmt, den Charakter als öffentlich-rechtlicher Verein - erstaunlich genug - ablehnt, weil es nicht angehe, eine (wohlgemerkt: im öffentlichen Recht) bisher nicht bekannte Organisationsform zu kreieren, solange »die« Rechtsordnung eine solche bereit stelle, und das sei der nicht rechtsfähige bürgerlich-rechtliche Verein. Daran ändere auch nichts, daß die Fraktionen öffentliche Aufgaben erfüllten, das kenne die Rechtsordnung bei bürgerlichen Rechtsträgern auch sonst.

34 VGH München a.a.O., S. 2756; ähnlich schon *Norbert Achterberg*, (s. FN 33), S. 277 zu und in Fußnote 12. - Auf die weitere Differenzierung des VGH, nur die Innenrechtsbeziehungen der Fraktionen dem bürgerlichen Recht zu unterwerfen, die Außenrechtsbeziehungen aber dem öffentlichen Recht, braucht hier nicht weiter eingegangen zu werden, da diese Zweiteilung den Senat nicht dazu bewegt, einen Einfluß auf die Rechtsnatur der Fraktion anzunehmen. Freilich erscheint es etwas inkonsequent, den zivilrechtlichen Charakter der Fraktionen ganz davon bestimmt sein zu lassen, daß das bayerische Kommunalrecht - anders zum Teil das Geschäftsordnungsrecht - die Fraktionen nicht erwähnt oder aber nur Außenrechtsbeziehungen im obigen Sinne regelt. Der VGH müßte annehmen, daß bei einer rechtlichen Regelung auch nur einzelner Aspekte der Innenrechtsbeziehungen, zum Beispiel des Entstehens der Fraktion oder des Fraktionsausschlusses, die Fraktion einen öffentlich-rechtlichen Status erhielte, obwohl selbstverständlich das Recht auch für privatrechtliche Vereine Regeln über den inneren Status kennt.

35 Daß der Abgeordnete auch wegen seiner Vertretungsfunktion »Funktionär« ist, darauf habe ich in Zeh/Schneider, Parlamentsrecht und Parlamentspraxis, Berlin 1989, dort § 4, Die Stellung der Parlamente in der Verfassungsordnung des Grundgesetzes, RN 12 FN 29 hingewiesen, was *Rupert Hofmann*, Offene Wahl des Regierungschefs? JfP 1993, 201, 206, in maßloser Begeisterung für das in Art. 38 GG gar nicht so genannte »freie Mandat« für eine »Pikanterie« hält.

Parlamentsmitglied,[36] nicht aber auf ihre Privatangelegenheiten. Dabei spielt es wie auch sonst keine Rolle, daß diese Arbeit für die privaten Angelegenheiten nützlich sein kann. Wenn der VGH München mit dem Hinweis auf eine von Abgeordneten gebildete Sport- oder Reisegruppe aufwartet, so ist die Prämisse richtig, daß diese Zusammenschlüsse keinen öffentlich-rechtlichen Charakter haben, auch wenn sie nur für Abgeordnete offen sind, die Folgerung aber falsch, das gelte für Fraktionen gleichermaßen. Der Unterschied besteht - ausschließlich - in der Funktion der Fraktionen. Sie ist auf die Arbeit im Parlament oder jedenfalls auf die Arbeit der Parlamentarier als solche bezogen. Nicht von ungefähr werden daher Grundfragen des Fraktionsrechts traditionell in den Geschäftsordnungen der Parlamente geregelt.[37]

Geht man dem einen Strang der Argumentation, die Nähe zu den privatrechtlich organisierten politischen Parteien nach, so stößt man auf freimütige Äußerungen des Bundesverfassungsgerichts,[38] die sich alle zurückführen lassen auf die Idee des von Leibholz propagierten Parteienstaats. Diese Rechtsprechung ist auch in die Phase übernommen worden, in der das Gericht anfängt, distanzierter über die Parteien nachzudenken.[39] Läßt man sich um des Kontrastes willen auf die plumpere Art der Darstellung ein, die die Fraktionen als »die Partei im Parlament«[40] bezeichnet, dann könnte man auf den Gedanken kommen, die Fraktionen mit den politischen Parteien ins Zivilrecht zu verweisen. Sagt doch schließlich § 2 Abs. 1 Satz 1 PartG, daß die politischen Parteien »an der Vertretung des Volkes im Deutschen Bundestag oder einem Landtag mitwirken« (wollen), wohlgemerkt die Parteien, nicht etwa die von ihnen als Kandidaten vorgeschlagenen und vom Volk gewählten Abgeordneten. Nähme man die Formulierung ernst, dann säßen

36 BVerfGE 80, 188, 231 betont bei der Rechtfertigung der Fraktionszuschüsse, daß sie »ausschließlich der Finanzierung von Tätigkeiten des Bundestages, die den Fraktionen nach Verfassung und Geschäftsordnung obliegen«, dienen dürfen und variert das drei Sätze weiter: »Die Fraktionszuschüsse sind für die Finanzierung dieser der Koordination dienenden Parlamentsarbeit bestimmt und insoweit zweckgebunden«. Die Finanzregeln aller Fraktionsgesetze setzen sich über diese Einschränkungen souverän hinweg.

37 Daß der VGH diesem Faktum keinerlei Bedeutung beimessen will, ist erstaunlich. Geschäftsordnungen können die Parlamente, wie für den Bundestag Art. 40 Abs. 1 S. 2 GG hinreichend klar ausdrückt, nur »sich« selbst als öffentlich-rechtliche Funktionsträger geben. Die Ansicht des VGH München ist denn auch durchweg von den anderen Gerichten abgelehnt worden. Siehe z.B. OVG Münster, NJW 1989, 1105 ff. und NVwZ 1993, 399, VGH Kassel, HessStGZ 1987, 209 sowie *Edzard Schmidt-Jortzig/Frank Hansen*, Rechtsschutz gegen Fraktionsausschlüsse im Gemeinderat, NVwZ 1994, 116 ff.

38 So formuliert der Zweite Senat, in dem Leibholz saß, in BVerfGE 10, 4, 14 zu den Fraktionen: »Mit der Anerkennung der Partei in Art. 21 erkennt das Grundgesetz auch sie an«. Als ob die Fraktionen nicht auch ohne einen Art. 21 GG »notwendige Einrichtungen des Verfassungslebens« wären, wie es im Satz vorher heißt.

39 So heißt es noch 1986, daß die Anerkennung der Fraktionen »aus der der Parteien in Art. 21 GG folgt« (BVerfGE 70, 324, 350). In BVerfGE 84, 304, 322 ist die Formulierung weicher: »Im Zeichen der Entwicklung zur Parteiendemokratie sind sie (s.c.: die Fraktionen) notwendige Einrichtungen des Verfassungslebens«.

40 So schon in der ersten Auflage *Wilhelm Henke*, Das Recht der politischen Parteien, Göttingen 1964, S. 110; er betont gleichwohl, daß die Fraktion ausschließlich Teil des Parlaments sei.

tatsächlich die Parteien (in Form von Fraktionen) im Parlament, und warum sollten sie dabei chamäleonartig ihren Rechtsstatus von einem zivilrechtlichen in einen öffentlich-rechtlichen ändern?
Da die Parteien zudem vom Bundesverfassungsgericht, und zwar unbeschadet ihrer zivilrechtlichen Form, in einer heute wohl als übersteigert empfundenen Rechtsprechung sozusagen ans Herz des Staates gedrückt worden sind,[41] wären solche Überlegungen keineswegs von vornherein als abwegig zu bezeichnen. Hinzu kommt ein weiteres. Schon im Musterentwurf der Landtagspräsidenten ist neben der Festlegung, daß die Fraktionen am allgemeinen Rechtsverkehr teilnehmen und unter ihrem Namen klagen und verklagt werden können, als Option die Formulierung aufgenommen: »Die Fraktionen üben keine öffentliche Gewalt aus«. Das Fraktionsgesetz des Bundes sieht im ursprünglichen Entwurf[42] diese Klausel ebenfalls vor. Auf Vorschlag des zuständigen Ausschusses wurde sie erweitert und der selbständige dritte Absatz des § 46 FraktionsG lautet nun: »Die Fraktionen sind nicht Teil der öffentlichen Verwaltung; sie üben keine öffentliche Gewalt aus«. Nun kann man einiges Verständnis für die emphatische Aussage aufbringen, »Fraktionen seien (keine) Teile der Verwaltungsorganisation des Staates«.[43] Schwieriger ist die schnelle Zustimmung zum anschließenden, sprachlich etwas holprigen Passus auszusprechen, sie dürften auch nicht »entsprechend wie Behörden der Exekutive oder der Justiz« behandelt werden. Daß ihre Akte lediglich »Parlamentsakte« seien, mag ja stimmen, außerhalb der Rechtsordnung sind sie damit aber nicht gestellt. Und wenn man sich an die jetzt als Halbsatz beibehaltene Formulierung »sie üben keine öffentliche Gewalt aus« hält, dann postuliert das Gesetz, und darauf wird gelegentlich in den Debatten hingewiesen, eine Exemtion von der Verwaltungsgerichtsbarkeit, die offensichtlich von den Parlamentariern besonders gefürchtet wird. Nimmt man diese Selbstdefinition ernst, dann drängt sich freilich die Frage auf, vor welchem Gericht denn nun ein Fraktionsausschluß zu behandeln ist, wenn die Fraktion dabei keine öffentliche Gewalt ausübt. Hat der VGH München doch recht, und zwar viel fundamentaler, als er es selbst angenommen hat?

41 Mit der Eröffnung der Organstreitigkeit für die politischen Parteien (BVerfGE 4, 27, 30: das Plenum folgte dabei dem Zweiten Senat, während der Erste Senat sich zurückgehalten hatte). Gelegentlich muß man, wenn man ans Herz gedrückt wird, nach Luft schnappen; so auch hier. Das wie ein Privileg anmutende Vorgehen des BVerfG hat drei frappante Nachteile. Da das Gericht die Parteien zur Organklage verpflichtet und die Verfassungsbeschwerde ausschließt, wenn nur der Gegner organstreitfähig ist, werden die Parteien zur Verteidigung ein und derselben Rechtsposition, z.B. der Gleichbehandlung bei der Wahl, einmal auf die Verfassungsbeschwerde (wie bei den Sendezeit-Streitigkeiten) und zum anderen auf die Organklage verwiesen (wie bei den Wahlgesetzen), zum zweiten ist die Organklage im Ergebnis schwächer, weil sie anders als die Verfassungsbeschwerde nie zur Nichtigerklärung z.B. eines Gesetzes führen kann, und zum dritten schneidet sie Landesparteien, falls sie in ihrem Land Organklage erheben können, die auf Art. 3 GG gestützte Verfassungsbeschwerde zum BVerfG ab.

42 Siehe BT-Drucks. 12/4756, dort § 46. So verfahren auch einige Landesgesetze.

43 Siehe die Begründung des zuständigen Ausschusses in: BT-Drucks. 12/6067 S. 10 sub. IV.

Die Antwort auf die damit aufgeworfenen Fragen ist einfach, weil sie kategorialer Art ist. Die Fraktion ist nicht die Partei im Parlament, sondern höchstens für die Partei im Parlament.[44] Die Fraktion ist weder nach den Satzungen ein Organ der Partei noch ist die Partei kraft Verfassung oder Geschäftsordnungsrecht Bestandteil des Parlaments.[45] Die Fraktion ist vielmehr Bestandteil des Parlaments. Sie ist außerhalb des Parlaments nicht denkbar, und sie ist daher, wie das Bundesverfassungsgericht zurecht in ständiger Rechtsprechung konstatiert, »in die Staatsorganisation eingefügt«.[46] Die Fraktionen gehören also zum Staat, sie sind daher selbstverständlich auch potentielle Träger öffentlicher Gewalt.[47] Eine andere Frage ist, welche Konsequenzen man daraus für den Rechtsweg zieht, während es keine Frage ist, daß Streitigkeiten etwa innerhalb von Fraktionen notwendig öffentlich-rechtliche Streitigkeiten sind.

An der kategorialen Unterscheidung zwischen Staatsorganisation und gesellschaftlicher Sphäre[48] ändert auch nichts, daß die Fraktionen am Schnittpunkt beider Bereiche stehen. Sie stehen am Schnittpunkt, aber auf der einen, nämlich der Staatsseite. Die Umschaltung des gesellschaftlichen politischen Willens, an dessen Bildung die politischen Parteien mitzuwirken haben, in staatsorganisatorische Machtpositionen geschieht durch die Wahl. Das Volk wählt nicht als Verfassungsorgan,[49] sondern als Respräsentant der Gesellschaft, aber es wählt Funktionsträger des Staates, nämlich Parlamentarier. Gerade weil die Unterscheidung so kategorial ist und zugleich die personelle, ideologische und funktionelle Verbindung

44 Es muß im übrigen gar keine Partei sein, wie gerade diejenigen anerkennen müssen, die von einem freien Fraktionsbildungsrecht, basierend auf dem freien Mandat, ausgehen. Und schließlich kennt das Landeswahlrecht die Möglichkeit, daß auch Wählervereinigungen an Parlamentswahlen teilnehmen und mit Zustimmung des Volkes Abgeordnete ins Parlament »entsenden«.

45 Sie könnte es auch nicht sein. Daß Parteisatzungen gelegentlich an Positionen der Fraktionsführung die Mitgliedschaft in Parteiführungsgremien anknüpfen (s. die Hinweise bei *Martina Mardini*, Die Finanzierung der Parlamentsfraktionen durch staatliche Mittel und Beiträge der Abgeordneten, Frankfurt 1990 S. 86), macht nicht die Fraktion zu einem Organ der Partei.

46 Siehe die Belege in FN 27.

47 Diese äußert sich nicht nur in Außenrechtsbeziehungen, wie offenbar die Gesetze und Entwürfe meinen, sondern kann sich auch in Innenrechtsbeziehungen manifestieren. Das hängt auch nicht davon ab, ob man in der Fraktion ein Organ des Parlaments sieht. Äußerst skeptisch zu den »organologischen« Konstruktionen ist *Walter Schmidt* (Chancengleichheit der Fraktionen unter dem Grundgesetz, Der Staat 9 (1970) S. 481, 488). Mit ihm halte ich die Konstruktion *Wolf-Dieter Hauenschilds* (Wesen und Rechtsnatur der parlamentarischen Fraktionen, Berlin 1968, S. 168), der den Organcharakter nur retten kann, wenn er das Erfordernis der Vertretung des Parlaments durch die Fraktion aufgibt und die Erfüllung sogenannter Sekundärfunktionen ausreichen läßt (a.a.O., S. 166), für überflüssig. Es ist auch ein Irrtum zu glauben, öffentliche Gewalt könne nur von Behörden ausgeübt werden.

48 Hier geht es nicht um den alten Streit über die Entgegensetzung von Staat und Gesellschaft, sondern es geht um das viel banalere Faktum, daß der Rechtsordnung, z.B. den Prozeßregeln, dem Verfahrensrecht, dem materiellen Recht oder der Grundrechtsbindung, diese Differenzierung zugrunde liegt.

49 Siehe *Hans Meyer*, Demokratische Wahl und Wahlsystem in: Kirchhof/Isensee, Handbuch des Staatsrechts, Bd. II, Heidelberg 1987 § 37 RN 4. Siehe auch BVerfGE 13, 54, 85 i.V.m. 70.

der Abgeordneten mit ihrer Partei so hoch ist, verlangt das System bei der rechtlichen Bewertung sowohl der Rechtsstellung als auch der Funktionen der Fraktion eine strikte Trennung zwischen Fraktion und Partei.[50] Die Verfassung oder der Staat können den Einfluß der politischen Parteien oder der Gesellschaft auf die Abgeordneten als Funktionsträger des Staates nicht verhindern, ja sie sollen es nicht, wie das Parteiengesetz überdeutlich klarstellt. Zur Definition der Aufgaben der Partei in § 1 Abs. 2 PartG gehört auch, »auf die politische Entwicklung im Parlament und Regierung Einfluß zu nehmen« und »die von ihnen erarbeiteten politischen Ziele in den Prozeß der *staatlichen* Willensbildung einzuführen«. Wegen dieser in einem erwachsenen politischen System selbstverständlichen Einflußnahme bedarf es andererseits jener strikten Trennung, die es verbietet, Parteiwillen und Staatswillen zu identifizieren.
Daraus folgt, daß Fraktionen von Volksvertretungen auf Staatsebene wie auf Kommunalebene Bestandteile der jeweiligen Volksvertretungen sind, sie an deren Rechtsnatur als Bestandteile staatlicher Organisation oder kommunaler Organisation voll teilhaben, daß sie Träger öffentlicher Gewalt sind und daß darum Rechtsstreitigkeiten, die auch innerhalb der Fraktionen entstehen können, immer öffentlich-rechtliche, möglicherweise verfassungsrechtliche,[51] aber nie bürgerlichrechtliche Streitigkeiten sind.[52]

50 Im übrigen zeigt die politische Wirklichkeit deutlich genug, daß Fraktionen und ihre Parteien auch nicht annähernd identifiziert werden können. Wenn man das aktuelle Beispiel des »Großen Lauschangriffs« nimmt, so zeigt sich bei der F.D.P., daß die Partei die Mehrheit in der F.D.P.-Fraktion davon abgebracht hat, den Gedanken weiter zu verfolgen, und in der SPD, daß die Fraktionsmehrheit mitgeholfen hat, die Parteimeinung auf einen konditionierten »Großen Lauschangriff« festzulegen, während wiederum im Hinblick auf den auswärtigen Einsatz der Bundeswehr umgekehrt die Partei die Fraktion gebremst hat. Solche Art osmotischer Bewegungen sind charakteristisch für das Verhältnis von Fraktion und Partei. Die Fraktionsgesetze bedeuten eine Stärkung der Fraktionen, also staatlicher Institutionen, gegenüber den Parteien, was bei einer verfassungspolitischen Bewertung auch bedacht werden sollte.

51 Der Ausschluß eines Fraktionsmitglieds in einem Kommunalparlament kann nie vor die Verfassungsgerichte des Landes führen, weil er einerseits nicht Verfassungsorganteil im strengen Verfassungssinne ist, andererseits in der Eigenschaft als Abgeordneter auch nicht verfassungsbeschwerdebefugt. Bei den Staatsparlamenten wird man verfassungsrechtliche Streitigkeiten annehmen müssen, wenn es, wie bei der Mitgliedschaft in einer Fraktion, um fundamentale Statusfragen des Abgeordneten geht. Hier sehe ich auch keine Probleme, die Fraktion als zulässigen Antragsgegner zu werten. Bei sonstigen Rechtsstreitigkeiten zwischen Fraktion und Mitglied hängt es angesichts der Generalklausel des § 40 VwGO davon ab, wie man die dort ausgeschlossenen verfassungsrechtlichen Streitigkeiten definiert. Es spricht meines Erachtens mehr dafür, sie so zu definieren, daß nicht - mangels Organrechten - jeglicher Rechtsschutz ausgeschaltet ist.

52 Daß die Fraktion Teil der staatlichen Organisation ist, schließt wie auch sonst, zivilrechtliche Rechtsbeziehungen *nach außen* nicht völlig aus.

IV. Fraktionen als notwendige Bestandteile des Verfassungslebens

Sind die Fraktionen notwendige Bestandteile des Verfassungslebens,[53] wie das Bundesverfassungsgericht nicht müde wird zu betonen? Was heißt das überhaupt? Verfassungsnotwendig oder nur praktisch notwendig? Daß letzteres sicher zutrifft, beweist der Befund, wonach kein demokratisch gewähltes Parlament ohne fraktionelle Gliederung auskommt. Es scheint aber mehr als unwahrscheinlich, daß der verfassungsgerichtliche Ausspruch von der Notwendigkeit nur diese Banalität meint. Es hat mehr den Anschein, das Gericht habe eine sich aus der Verfassungsorganisation ergebende Zwangsläufigkeit im Auge. Diesem Gedanken kommt man näher, wenn man schärfer das verfahrensrechtlich-organisatorische Scharnier zwischen der Volkswillensbildung und der Zusammensetzung des Parlaments ins Auge faßt, also das Wahlgesetz mit seinen Konditionen, und es auf seine materielle oder funktionale Bedeutung hin untersucht. Dieses außerordentlich bedeutsame Verbindungsstück kommt normalerweise nicht ins Blickfeld, weil man, wie auch das Bundesverfassungsgericht oft, von den politischen Parteien sofort auf die Fraktionen springt,[54] ohne sich Gedanken zu machen, wie denn die Verbindung im einzelnen funktioniert und welche anderen Stationen mit anderen Akteuren zwischengeschaltet sind.

Geht man davon aus, daß Demokratie die möglichst weitgehende Teilnahme des einzelnen an den Staatsgeschäften aus dem Gedanken der ihm zukommenden Würde und der Selbstbestimmung meint,[55] und diese Teilnahme auf die Wahl des Parlaments konzentriert[56] ist, dann liegt die Annahme nahe, daß die Binnenorganisation des Parlaments dem gerecht werden muß. Das krasse Mißverhältnis zwischen der Größe des Wahlkörpers und der des Parlaments bedeutet eine radikale Reduktion der Artikulationsmöglichkeiten für den Wähler, oder anders gesprochen, die Differenziertheit der politischen Ansicht im Wahlkörper kann nicht annähernd in derselben Weise im Parlament wiederkehren. Schon der Wähler ist also zur Konzentration auf das Wesentliche gezwungen. Aufgabe der Wahlvorschlagsberechtigten und der Wahlbewerber, und das sind bei der Bundestagswahl exklusiv die politischen Parteien und die von ihnen aufgestellten Kandidaten,[57] ist dem-

53 Lediglich BVerfGE 20, 56, 104 sagt wenigstens etwas näher, was inhaltlich mit dem »Verfassungsleben« gemeint ist: Die Fraktionen seien notwendige Einrichtungen »der durch Verfassung und Geschäftsordnung geregelten Tätigkeit des Bundestags«.

54 Eine Ausnahme macht der in sich sehr geschlossene Beitrag von *Hartmut Borchert*, Die Fraktion – eine eigenständige, demokratisch legitimierte Repräsentation im parteienstaatlichen parlamentarischen System, AöR 102 (1977) S. 220 ff.

55 Zu jenem s. *Hans Meyer*, Das parlamentarische Regierungssystem, VVDStRL 33, (1974), S. 69, 76. Ähnlich schon BVerfGE 5, 85, 204.

56 Selbst dort, wo Volksentscheide vorgesehen sind, werden sie nur sporadisch vorkommen können.

57 Den irrealen Fall eines unabhängigen und zugleich erfolgreichen Wahlkreisbewerbers kann man getrost außer acht lassen.

entsprechend, politische Ansichten zu bündeln, die Vielfalt zu reduzieren und den Wählern ein möglichst geschlossenes Konzept als Angebot zu machen. Dies geschieht auf der Grundlage der allgemeinen programmatischen Aussagen, die § 1 Abs. 3 PartG von den Parteien verlangt, unter Berücksichtigung der jeweiligen aktuellen Lage. Die Wahl selbst ist daher notwendig ein Richtungsplebiszit und nur in der Person des Kanzlers bzw. Kanzlerkandidaten können personale Vorlieben oder Abneigungen stärkeres Gewicht gewinnen.[58] Wenn der Wähler aber dafür votiert, daß die von ihm im Rahmen des Angebots präferierte politische Hauptrichtung einen entsprechend großen Anteil an Parlamentssitzen und damit an der Parlamentsmacht gewinnt und wenn die Abgeordneten gewählt werden, nur weil sie für eine bestimmte politische Richtung stehen, dann ist mit der Wahl die natürliche Binnengliederung des Parlaments in Fraktionen vorgegeben; sie ist der Sinn dessen, was die Wahlvorschlagsberechtigten wollen, sie ist der Sinn der Wahlbewerbung, die sich auch bei den Direktkandidaten der Bundestagswahl als Parteibewerbung ausweist, und sie ist der Sinn des Wählervotums.
Selbstverständlich spiegelt die Gliederung der Parlamente in Fraktionen angesichts ihrer Große auch den Bedarf an Praktikabilitat des parlamentarischen Lebens wider; nach dem Sinn der Parlamentswahl ist sie aber auch eine Notwendigkeit in strikterem Sinne, und es hat den Anschein, als habe das Bundesverfassungsgericht gerade dies mit der Formel vom »notwendigen Bestandteil des Verfassungslebens« gemeint.

V. Fraktionsbildung zwischen Zwang und Freiheit

Angesichts dieser Lage muß die dritte der ständigen Aussagen des Bundesverfassungsgerichts Verwunderung hervorrufen, daß nämlich die Fraktionsbildung Produkt des freien Mandats sei,[59] also auf dem freien, nur durch das Gewissen gebundenen Votum der einzelnen Abgeordneten beruhe. Nun ist nicht zu bezweifeln, daß die Entscheidungsfreiheit des Abgeordneten ein hoher verfassungsrechtlicher Wert ist, den sie aus funktionalen Gründen auch dann behält, wenn man realistisch genug ist anzuerkennen, daß der Abgeordnete nicht kraft seiner Persönlichkeit Parlamentarier wird, sondern kraft der Zugehörigkeit zu seiner Partei oder

58 Die Listenbewerber der politischen Parteien sind regelmäßig dem Wähler nicht bekannt, und auf den Wahlzetteln erscheinen nur die Spitzenkandidaten der Listen. Die Direktkandidaten vermögen es regelmäßig nicht, die Wähler kraft ihrer »Persönlichkeit« von der politischen Grundeinstellung abzubringen. Die Abgeordneten werden also als Träger einer politischen Richtung gewählt, nicht aber als Personen, geschweige denn als Persönlichkeiten.

59 Siehe oben FN 29. Darauf zu verweisen, daß Art. 38 Abs. 1 S. 2 GG gar nicht von einem »freien Mandat« spricht, sondern sehr viel speziellere und damit präzisere Festlegungen enthält, ist wohl ein Kampf gegen Windmühlenflügel (s. *Hans Meyer* in Schneider/Zeh, a.a.O. (s. FN 35) § 4 RN 9 bis 11 und VVDStRL 33 (1974) 69, 94).

genauer, kraft des Wahlvorschlages einer oder seiner Partei. Die Freiheit des Abgeordneten ist darum funktional von so hohem Wert, weil nur sie verhindern kann, daß das Parlament von Oligarchien, nämlich den Fraktionsführungen, vollständig beherrscht wird, eine Vorstellung, die mit der Demokratie schwer zu vereinbaren ist, wenn man schon in Rechnung stellt, daß die vielfältigen und differenzierten Wünsche des Wahlvolkes sich nur äußerst reduziert im Parlament niederschlagen, d.h. dort repräsentiert werden können. Eine weitere Reduzierung durch Konzentration auf einen kleinen Kreis von Abgeordneten würde dem Sinn demokratischer Mitbestimmung schweren Schaden zufügen. Diese Erkenntnis ist unabhängig von dem alten und wie ich meine etwas unfruchtbaren Streit über das Verhältnis von Art. 21 GG und Art. 38 GG. Aber selbst wenn man das freie Mandat auf diese Weise (nur) funktional legitimiert, muß es verwundern, wenn dasselbe Bundesverfassungsgericht, das die Fraktionsbildung als Ausfluß dieser Freiheit sieht, offensichtlich ohne Bedenken[60] akzeptiert, daß immer schon zum Beispiel in § 10 der Geschäftsordnung des Bundestages das freie Mandat auf das gröblichste verletzt wird, weil die Freiheit dort endet, wo ein Abgeordneter tatsächlich von ihr Gebrauch machen will, sich nämlich mit Abgeordneten anderer Parteien zusammenzuschließen. Hier wird die Zustimmung des Bundestages verlangt, ein Hemmnis, das mit einem auf Art. 38 Abs. 1 GG gestützten freien Fraktionsbildungsrecht nicht zu vereinbaren ist und daher, wenn man denn der These des Bundesverfassungsgerichts ernsthaft folgte, verfassungswidrig wäre.

Es kann also etwas nicht stimmen mit der These, das Fraktionsbildungsrecht ergebe sich aus dem freien Entscheidungsrecht des Abgeordneten. Im übrigen hält sich selbstverständlich die Praxis nicht an die hehre Theorie. Es ist unüblich, daß die Abgeordneten zu Beginn des Zusammentritts eines neuen Bundestages in der Freiheit ihres Mandats beschließen, eine Fraktion zu bilden, es wird vielmehr ohne jeden Beschluß als selbstverständlich angesehen, daß die Abgeordneten einer Partei[61] eine Fraktion bilden, deren bürokratischer Stab im übrigen die Diskontinuität des Bundestages ohne jede logische Sekunde überstanden hat. Sie agieren im übrigen schon als Fraktion, bevor das Parlament sich je konstituiert hat.[62]

60 Siehe ausdrücklich BVerfGE 84, 304, 322; da das Gericht hier das freie Mandat und § 10 Abs. 1 GO-BT in einem Satz nebeneinander stellt, hätte die Diskrepanz eigentlich auffallen müssen. Dieselbe Diskrepanz besteht zu der vom Gericht (nur mit einem kleinen Vorbehalt) vorgenommenen Privilegierung einer Gruppe von Abgeordneten, »die sich wegen gleicher Parteizugehörigkeit oder aufgrund eines Wahlbündnisses zusammengeschlossen haben« (a.a.O., S. 323).

61 Genauer: die von einer Partei als Kandidaten benannten Abgeordneten, gleichgültig, ob sie der Partei angehören, was selbstverständlich die Regel ist, oder nicht.

62 Die Vorbereitung schon der konstituierenden Sitzung ist ohne Fraktionen schwerlich denkbar. *Gerald Kretschmer* (Fraktionen, 2. Aufl. Heidelberg 1992, S. 52/53) hält das für »rechtlich nicht ganz unbedenklich«. So ist es, wenn man vor lauter tradierter Meinung mit der einzig sinnvollen Realität kollidiert und sie rechtlich nicht erklären kann. Wohin neuere Überlegungen zur entsprechenden Gesetzgebung tendierten, zeigt der Vorbehalt Hamburgs im Kreise der Landtagspräsidenten (s. FN 10), »es müsse möglich sein, die Fraktionen als dauerhaft selbständige Einrichtung des

Wie läßt sich diese Diskrepanz zwischen Grundannahme und kontinuierlicher Verfassungspraxis auflösen, ohne daß dem Verfassungsgrundsatz des »freien« Mandats ernsthaft Schaden zugefügt wird? Mir scheint, man kommt der Lösung des Problems näher, wenn man unterscheidet zwischen der Bildung der Fraktionen nach der Wahl, dem Ausschluß bzw. Austritt aus einer Fraktion, der Fraktionsspaltung und der Bildung neuer Fraktionen durch fraktionslose Mitglieder. Es liegt, wie gezeigt, in der Logik des demokratischen Prozesses und unseres Wahlystems, daß die Fraktionsbildung nach einer Wahl automatisch erfolgt. Das entspricht nicht nur der Realität, sondern scheint mir auch verfassungsrechtlich vorgegeben zu sein. Der Abgeordnete hat sich als Kandidat für einen bestimmten Wahlbewerber[63] und sein Programm, also im Bundesbereich für eine politische Partei und ihr Programm entschieden. Er wird vom Wähler wegen dieser Kombination und nicht wegen seiner Persönlichkeit, die der Wähler regelmäßig nicht kennt, gewählt. Aus diesem Grunde würde es einer Desavouierung des Wählerwillens gleichkommen, wenn dem Abgeordneten nach seiner Wahl freigestellt wäre, sich mit Abgeordneten einer anderen politischen Richtung zu dem fundamentalen politischen Arbeitsverband zusammenzuschließen, den die Fraktion darstellt. Es ist schon über 100 Jahre her, daß die Abgeordneten aus dem Reich mit Kutsche oder Eisenbahn nach Berlin fuhren, um dort in Kaffeehäusern und Clubs zu eruieren, mit wem sie denn zusammenarbeiten wollten.[64] Und es ist erstaunlich, daß das traditionsverhaftete Geschäftsordnungsrecht noch immer diesen vordemokratischen Geist atmet. Der Glaubwürdigkeit des Systems tut die Erkenntnis besser, daß die Fraktionen durch die Wahl gebildet werden.[65] Gelegentlich hat ein Gesetzgeber diese Erkenntnis auch schon ausgesprochen. So beginnt § 36 a Abs. 1 der hessischen Gemeindeordnung[66] zunächst mit der traditionellen Regelung

Parlamentsrecht anzusehen, die erst dann ihre Rechtsfähigkeit verlieren, wenn die Mitgliederzahl unter die für eine Fraktionsbildung vom Parlament gesetzte Grenze sinkt. Eine Bindung an die Dauer von Wahlperioden sei nicht geboten« (a.a.O., S. 50).

63 Selbstverständlich sind Wahlbewerber im rechtlichen Sinne nur Kandidaten, in Wirklichkeit sind es aber die hinter ihnen stehenden Parteien, wegen deren politischen Grundlinie die Kandidaten ihre Stimme erhalten. Die Kandidaten sind das personelle Angebot der sich als Richtungsgemeinschaften definierenden Parteien.

64 Der Abgeordnete Dr. Ullmann (Bündnis 90/DIE GRÜNEN) karikiert die Vorstellungen vom freien Zusammenschluß derer, die wie weiland Wolfram von Eschenbach auf der Wartburg sich nach trefflichen Leuten umschauen (BT-StenProt. 12/155 S. 13218 l. Sp.).

65 Zu ähnlichem Ergebnis kommen *Jürgen Jekewitz*, a.a.O. (s. FN 24) RN 37: Keine »Gründungsfreiheit« im eigentlichen Sinne, *Hartmut Borchert*, a.a.O. (s. FN 54) S. 229/230: »automatische Bildung«, *Walter Schmidt*, Chancengleichheit der Fraktionen unter dem Grundgesetz, Der Staat 9 (1970) S. 495 Anm. 68 und *Heinhard Steiger*, Organisatorische Grundlagen des parlamentarischen Regierungssystems, Berlin 1972, S. 108: unmittelbare Bestimmung der Fraktionsmitglieder durch die Wahl; Steiger versucht freilich, diese richtige Erkenntnis mit § 10 Abs. 1 GO-BT zu harmonisieren. Nahe kommt dem Ergebnis *Joachim Scherer*, Fraktionsgleichheit und Geschäftsordnungskompetenz des Bundestages, AöR 112 (1987), 189, 201: Zusammenschluß von Abgeordneten einer Partei unabhängig von geschäftsordnungsrechtlichen Quoren.

66 Der selbstverständlich auch nur der Finanzierung wegen in die Gemeindeordnung aufgenommen worden ist. Es ging nämlich um die Ausweitung der Entschädigungsregelungen nach § 27 HGO auch auf Fraktionssitzungen und Teilfraktionssitzungen.

»Gemeindevertreter können sich zu einer Fraktion zusammenschließen«; hier ist sogar dem freien Mandat, das auch die Gemeindeordnungen kennen, insofern Rechnung getragen, als die Freiheit nicht bei der Mitgliedschaft in einer politischen Partei endet. Satz 4 der Bestimmung[67] sagt aber, »Parteien oder Wählergruppen, die durch Wahl in der Gemeindevertretung vertreten sind, erhalten Fraktionsstatus«. Das ist genau die Realität und, wie ich glaube oben bewiesen zu haben, auch eine verfassungsrechtliche Notwendigkeit.[68] Erst wenn man dies als geboten ansieht, gäbe es wenigstens einen verfassungsrechtlichen Grund dafür, daß Zusammenschlüsse von Mitgliedern verschiedener politischen Parteien der Zustimmung des Parlaments bedürfen.[69] Er reicht freilich für den Normalfall nicht aus, wie sich ergeben wird.

Schließlich läßt sich nur mit der verfassungsrechtlich gebotenen Automatik der Fraktionsbildung durch die Wahl das Dilemma lösen, daß man zurecht für den Ausschluß eines Abgeordneten aus einer Fraktion gewichtige Gründe verlangt, die Nichtaufnahme eines Mitgliedes derselben Partei aber frei beschließen könnte. Wenn die Fraktionen Zusammenschlüsse von Abgeordneten auf der Basis der Freiheit des Mandats wären, dann gäbe es keine rechtliche Handhabe, die Nichtaufnahme eines Abgeordneten zu verhindern. Das heißt aber, daß die Parlamentarier in der Lage wären, nach Belieben den einen oder anderen von ihnen von Anfang an in die auch durch das Wüppesahl-Urteil[70] nicht wesentlich verbesserte Paria-Rolle zu drängen.[71]

Nun läßt sich mit dieser Automatik der Fraktionsbildung die in Art. 38 Abs. 1 Satz 2 GG verbürgte Freiheit des Mandats nicht ausschalten. Wie der Abgeordnete gegen die Meinung seiner politischen Partei oder auch seiner Fraktion im

67 Der Fortschritt versteckt sich manchmal schamhaft: Die Systematik geböte es, diesen Satz an den Anfang der Norm zu stellen.

68 Noch konsequenter, nämlich durchdachter, ist § 32 a der schleswig-holsteinischen Gemeindeordnung, der zusätzlich noch regelt, daß Mitglieder von Fraktionen, die auf einem Parteiticket in die Vertretung gelangt sind, aus der Fraktion ausscheiden, wenn sie aus der Partei ausscheiden.

69 Das Privileg, das § 10 Abs. 1 GO-BT für die CDU/CSU enthält, ist als eine solche, freilich auf Dauer gestellte Genehmigung anzusehen. Der Zusammenschluß bedarf lediglich der Zustimmung der Beteiligten.

70 Siehe BVerfGE 80, 188 ff. *Ernst Gottfried Mahrenholz* hat den Senat nicht überzeugen können, daß man zugunsten der fraktionslosen Abgeordneten von den Fraktionen etwas mehr Anstrengungen erwarten könne (S. 235 bis 240). Sein Sondervotum wird zurecht von *Hans-Heinrich Trute* (Der fraktionslose Abgeordnete, Jura 1990, 184, 191) für schon dogmatisch stringenter gehalten als die Mehrheitsmeinung. Ähnlich argumentiert *Martin Morlok* (Parlamentarisches Geschäftsordnungsrecht zwischen Abgeordnetenrechten und politischer Praxis, JZ 1989, 1035, 1041).

71 Gerade weil die Fraktion für die Arbeit des Parlaments insgesamt, aber auch für die Arbeit der einzelnen Abgeordneten von so dominanter Bedeutung ist, erscheint das ungehinderte Recht von Abgeordneten, sich gegenseitig die Mitgliedschaft in dieser Grundorganisation des Parlaments abzusprechen, untragbar. Daß damit keine aktuellen Gefährdungen beschrieben sind, ist offensichtlich, gleichwohl muß eine Theorie auch seltene Fälle sinnvoll zu lösen in der Lage sein. – Zur pariahaften Stellung der Fraktionslosen siehe auch *Hans-Heinricht Trute*, a.a.O. (s. FN 70) S. 185/186 sowie die Fülle der Zitate bei *Jörg Kürschner*, Die Statusrechte des fraktionslosen Abgeordneten, Berlin 1984, S. 90/91.

Parlament stimmen kann, so kann er auch in einen grundsätzlicheren Dissens mit seiner politischen Gruppierung kommen. Dann erlaubt ihm das freie Mandat, die Fraktion freiwillig zu verlassen. Auch weil hier die Gefahr besteht, daß es zu taktischen Fraktionsspaltungen kommt,[72] die zum Beispiel wegen der hohen Grundfinanzierung der Fraktionen durchaus von Interesse sein können, wird man in einem solchen Falle verlangen müssen, daß der Abgeordnete seine Abkehr von der politischen Linie seiner Partei auch nach außen manifestiert. Man wird also den Parteiaustritt[73] als hinreichende, aber auch notwendige Dokumentation dessen ansehen, daß das durch die Wahlbewerbung, die Wahlwerbung und den Wähler geknüpfte Band nun zerrissen ist, und die Legitimation dazu gibt dem Abgeordneten sein Gewissen, auf das ihn Art. 38 Abs. 1 S. 2 GG verweist.[74]

Der in den Geschäftsordnungen der Parlamente oder in den Geschäftsordnungen oder Satzungen der Fraktionen regelmäßig nicht geregelte Ausschluß aus einer Fraktion muß denselben Regeln folgen. Politisch bedeutet dies, daß Streitigkeiten innerhalb der Fraktionen nicht durch Ausschluß eines Mitgliedes gelöst werden können. Das durch den Wahlvorschlag der Partei zum Gewählten geknüpfte Band, das durch den Wähler bestätigt worden ist, läßt sich nicht von der Fraktion beliebig lösen. Eine solche Lösung setzt vielmehr voraus, daß nach den dafür geltenden Regeln das Band zu der wahlvorschlagsberechtigten Partei offiziell gelöst wird und zwar durch Ausschluß aus der Partei.[75] Das hat den Vorteil, daß der Ausschluß über § 10 Abs. 4 PartG rechtsstaatlichen Kautelen unterworfen ist, wobei der dort vorgesehene Grund des erheblichen Verstoßes »gegen Grundsätze oder Ordnung der Partei« selbstverständlich erfüllt ist, wenn der Verstoß sich gegen die Fraktion selbst richtet, da sie politisch gesehen der Arm der Partei im Parlament ist.

Verläßt jemand freiwillig die Partei, so löst das die oben beschriebene Automatik der Mitgliedschaft in einer Fraktion auf. In einem solchen Falle ist es selbstverständlich möglich, daß Fraktion und ausgetretenes Parteimitglied weiterhin die Fraktionsmitgliedschaft wünschen. Hier beginnt jene Freiheit des Mandats,[76] von der das Bundesverfassungsgericht in diesem Zusammenhang spricht.

72 Auch gegen eine solche Taktik hat die These, die Fraktionsbildung beruhe auf dem freien Mandat, keine rechtliche Handhabe.

73 In den seltenen Fällen eines Parteilosen, der auf Parteivorschlag in das Parlament gelangt ist, wird man eine entsprechende öffentliche Dokumentation verlangen müssen.

74 Darum vermögen mich auch Überlegungen, an einen freiwilligen Fraktions»wechsel« den Mandatsverlust automatisch zu koppeln (so *Christian Wefelmeier*, Repräsentation und Abgeordnetenmandat, Stuttgart etc. 1991, S. 176-181) nicht zu überzeugen. Sie würden den Abgeordneten zwingen, einen Fraktionsausschluß zu provozieren, für den *Wefelmeier* die Folge des Mandatsverlustes für unzulässig hält (a.a.O., S. 176/177).

75 Sehr nahe kommt dieser These *Dieter Grimm* in Schneider/Zeh, a.a.O. (s. FN 24) § 6 RN 28; eine entsprechende Andeutung findet sich auch bei *Martin Morlok*, a.a.O. (s. FN 70) Anm. 33. Ohne jeden Sinn für die durch den Wähler bestätigte Verbindung von Partei- und Fraktionsmitgliedschaft ist *Bilfried Hagelstein*, Die Rechtsstellung der Fraktionen im Deutschen Parlamentswesen (Heidelb.Diss.), Frankfurt 1990, S. 178 ff.

76 Und zwar sowohl der Parteilosen wie der Mitglieder der aufnehmenden Fraktion.

Auch die schwierigen Probleme der Fraktionsspaltungen lassen sich auf diese Weise lösen. Fraktionsspaltungen ohne Austritt aus der Partei sind unzulässig. Damit sind auch alle Umgehungsgeschäfte, um mehrfach an den nicht unerheblichen Grundbetrag für die Fraktionen zu kommen, ausgeschlossen.
Im Normalfall kann es in Parlamenten also unmittelbar nach der Wahl keine fraktionslosen Abgeordneten geben. Durch zulässigen Ausschluß oder Austritt aus einer Fraktion werden Abgeordnete aber fraktionslos und haben dann aufgrund der auch vom Bundesverfassungsgericht in diesem Zusammenhang betonten Freiheit des Mandats das Recht, sich zu Fraktionen zusammenzuschließen. Einer Zustimmung des Bundestages nach § 10 Abs. 1 S. 2 GO-BT bedarf es nicht; vielmehr ist diese Regel, weil sie gegen Art. 38 Abs. 1 S. 2 GG verstößt, insoweit verfassungswidrig.
Nicht geklärt ist damit die Berechtigung des Parlaments, eine Mindeststärke für freie Fraktionsbildungen vorzusehen. Im Normalfall ist das im Bund, wohl aber auch in allen Ländern unproblematisch, da die überall geltende Sperrklausel auf der einen Seite und die Dominanz des Verhältniswahlsystems als Verteilungsprinzip auf der anderen Seite fraktionsfähige Gruppierungen ins Parlament bringt, nämlich solche, die mindestens 5 % der Sitze umfassen.[77] Problematisch kann es werden bei Fraktionsspaltungen, Fraktionsaustritt oder Fraktionsausschluß und dem Versuch fraktionsloser Abgeordneter, eine eigene Fraktion zu bilden. Zudem könnte es beim Bundestagswahlrecht wegen der verfassungswidrigen[78] Grundmandats-Klausel problematisch werden, und es ist problematisch geworden nach den Sonderregeln des Wahlgesetzes im Zuge der Einigung.[79] Dieses brachte nämlich zwei Gruppierungen in den Bundestag, die nicht 5 % der Mitglieder umfaßten und die daher unter die Mindestklausel von § 10 Abs. 1 Satz 1 GO-BT fie-

77 Eine grobe Übersicht über die Regelungen zur Mindestfraktionsstärke in den einzelnen Bundesländern findet sich bei *Gerald Kretschmer*, Fraktionen, a.a.O. (s. FN 62) S. 52. – Unverständlich erscheint mir, daß das BVerfG andeutet, die Fraktionsmindeststärke könne (bei Bedarf? und welcher sollte es sein?) auch höher festgesetzt werden (BVerfGE 84, 304, 325). Könnten die beiden »Großparteien« beschließen, Fraktion sei man erst bei 20 % der Sitze, alles andere seien Gruppen, die selbstverständlich ordentlich behandelt werden? Was könnte das BVerfG auf seiner Basis dagegen einwenden?

78 Unter den Wahlrechtlern ist das herrschende Meinung; siehe die Belege bei *Hans Meyer*, Wahlgrundsätze und Wahlverfahren, a.a.O. (s. FN 49), § 38 RN 30. Man darf auf das Bundeswahlergebnis 1994 gespannt sein und darauf, wer nun auf einmal die Bedenken gegen diese Klausel entdecken wird.

79 Erst das BVerfG mußte die etablierten Fraktionen, die das Wahlgesetz anläßlich der Vereinigung ganz auf den Leib ihrer Parteien zugeschnitten hatten, an die Regeln der Fairneß gegenüber den Gruppierungen des beitretenden Teils erinnern (E 82, 322 ff.). Die eindrucksvolle Verhandlungsführung durch *Ernst Gottfried Mahrenholz*, die es auch den nicht beteiligten Bürgerrechtsbewegungen erlaubte, in der mündlichen Verhandlung Stellung zu nehmen, hat nicht nur zur Akzeptanz des BVerfG in der ehemaligen DDR wesentlich beigetragen. Auf dem Hintergrund des konzentrierten Ernstes der Ausführungen bekannter und unbekannter Bürgerrechtler beschlich angesichts der roten Köpfe der ertappten Fraktions-Buben den westlichen Zuhörer die Ahnung, wieviel an Sensibilität das politische Geschäft auf Dauer zerstört.

len. Unwahrscheinlich ist dagegen die Wahl von Direktkandidaten, die keiner Partei angehören.

Das Bundesverfassungsgericht hat auch für die Festsetzung der Fraktionsmindeststärke der Geschäftsordnungsautonomie weiten Spielraum gelassen. Das ist, gelinde gesagt, bei einem Gericht erstaunlich, das selbst von der Fraktion als einer notwendigen Einrichtung des Verfassungslebens gesprochen hat. Spätestens mit der nun flächendeckenden Bestrebung, zu eigenen Fraktionsgesetzen und damit auch zu gesetzlich fixierten Privilegien für die Fraktionen zu kommen, ist diese These nicht mehr aufrecht zu erhalten. Gerade wenn man mit dem Bundesverfassungsgericht die Fraktionen zu notwendigen Einrichtungen des Verfassungslebens macht und damit ihre fundamentale Bedeutung für den Parlamentarismus und die parlamentarische Arbeit unterstreicht, kann das Parlament selbst nicht autonom über die Bedingungen für die Gründung einer Fraktion entscheiden, vielmehr muß man dem Verfassungsrecht hier Vorgaben entnehmen.[80] Daß dabei Fraktionen mit höchst unterschiedlicher Größe entstehen können, ist kein Argument. Das ist auch unter der Herrschaft des § 10 Abs. 1 Satz 1 GO-BT der Fall. Die großen Fraktionen waren immer um ein Vielfaches stärker als die kleineren. Die unterschiedliche Größe wird ausgeglichen z.B. durch unterschiedliche Dotierungen, ihr wird dadurch Rechnung getragen, daß das Grundgesetz in einer Reihe von Bestimmungen bestimmte Quoren vorsieht, die nicht an den Fraktionsstatus gebunden sind, aus denen sich aber ergibt, daß kleinere Fraktionen sie nicht erfüllen können. Solche Formen der Differenzierung könnte die Geschäftsordnung, wenn es sich für den Arbeitsablauf als notwendig erweist, auch auf andere bisherige Fraktionsrechte übertragen. Das einzige verfassungsrechtlich zulässige Argument, den Fraktionsstatus zu verweigern, ist nämlich die Arbeitsfähigkeit des Parlaments, nicht etwa die Arbeitsmöglichkeit der Gruppierung oder des Zusammenschlusses. Der Status der Fraktionen kann also nicht davon abhängig gemacht werden, ob der Zusammenschluß der Abgeordneten in der Lage ist, zum Beispiel alle Ausschüsse des Bundestages zu beschicken. Lediglich die Arbeitsfähigkeit des Parlaments ist ein ebenso sinnfälliger wie plausibler Grund und legitimiert es, Klein-Zusammenschlüssen den Fraktionsstatus zu verweigern. Eine feste Grenze wird man nicht ziehen können; es wird von der jeweiligen sonstigen Gliederung des Parlaments abhängig sein, ob die Verleihung des Fraktionsstatus zu ernsthaf-

80 Das entspricht auch der Klausel des BVerfG, daß man die Beschränkung der Autonomie nach den einzelnen Feldern (dem jeweiligen Gegenstand) zu entscheiden habe (s. BVerfGE 80, 188, 220; 84, 304, 322). Dem Vorwurf, die »Gruppen« seien im Fraktionsgesetz gar nicht erwähnt, kontert im übrigen der Abgeordnete Hörster mit: »Das ist ja auch vorübergehend«, wobei man nicht weiß, ob er die Gruppen oder die Nichtregelung meint (BT-StenProt. 12/155 S. 13217 l. Sp.). Wenn BVerfGE 84, 304, 322 für die alte Rechtslage Fraktionen und Gruppen als zwei nicht sonderlich differente Weisen, »zu gemeinsamer Arbeit zusammenzufinden«, betrachtet, dann ist diese Naivität mit den Fraktionsgesetzen gründlich zerstört.

ten Störungen im parlamentarischen Betrieb führen kann. Dies allein ist der Ansatzpunkt für eine sinnvolle Nutzung der Geschäftsordnungsautonomie.[81] Zu welch verquälten Konsequenzen man sonst gelangt, zeigt die Behandlung der PDS/Linken Liste im 12. Deutschen Bundestag als »privilegierte« Gruppe. Das Bundesverfassungsgericht kommt zu der naheliegenden Erkenntnis, daß der Bundestag ihr »in weitgehendem Maße Rechte einräumt, die nach der Geschäftsordnung des Bundestages Fraktionen vorbehalten sind«.[82] Die sich aufdrängende Frage, ob es wirklich in der Autonomie des Bundestages liegt, wegen des Restbestandes von Differenzierungen einen genauso wie die Fraktion[83] angeblich auf Art. 38 Abs. 1 Satz 2 GG beruhenden Zusammenschluß von Abgeordneten des Bundestages zu diskrimieren, indem man ihm zwar nicht die wichtigsten Rechte der Fraktion, wohl aber den Namen vorbehält, bleibt unbeantwortet.[84] Daß es Zusammenschlüsse von Abgeordneten unterschiedlichen Rechts geben können soll, und zwar auf Feldern, auf denen die Unterschiede in der Größe wegen des Gebots proportionaler Beteiligung schon berücksichtigt ist,[85] entspricht weder dem Grundgesetz noch der Rechtsprechung des Bundesverfassungsgerichts selbst.[86]

81 Gelegentlich formuliert das BVerfG eine entsprechende Erkenntnis, wenn es z.B. »der Repräsentationsfähigkeit und der Funktionstüchtigkeit des Parlaments« einen hohen Stellenwert einräumt und den Gedanken abschließt mit dem Satz: »Richtmaß für die Ausgestaltung der Organisation des Geschäftsgangs muß das Prinzip der Beteiligung aller Abgeordneten bleiben«. (E 80, 188, 219).

82 BVerfGE 84, 304, 326 u. 328 sub 2, 329 sub a. Und es selbst räumt ihr noch weitergehende Rechte ein bzw. legt die Praxis als verfassungsgeboten fest (a.a.O., S. 323/324, 328, 329).

83 So die ausdrückliche Erklärung des Gerichts: E 84, 304, 322.

84 Es ist nicht zu verkennen, daß sich das Gericht bei seiner von den etablierten Parteien dominierten Besetzung schwer tut, konsequent zu bleiben, wenn es um Minderheitspositionen ungeliebter parlamentarischer Gruppierungen geht. Ein besonders krasses Beispiel ist BVerfGE 70, 324, 365, wo der Zweite Senat dem Diskriminierungswillen der Parlamentsmehrheit ohne Bedenken freien Lauf gibt. Ebenso konsequent wie nobel ist auch hier das Sondervotum von *Ernst Gottfried Mahrenholz* (a.a.O. S. 366 bis 380), dem in diesem Punkte *Ernst-Wolfgang Böckenförde* beigetreten ist (a.a.O. S. 380 bis 386).

85 Wie z.B. bei dem Recht auf einen Ausschußvorsitz nach Maßgabe der Stärke des Zusammenschlusses. Hierzu BVerfGE 84, 304, 328 sub c zu lesen (in E 88, 63, 69 aufgegriffen), macht ein besonderes Vergnügen. Die Behauptung, der Ausschußvorsitz selbst sei »kein spezifisch mitgliedschaftliches Recht« (unspezifisch aber doch?) und unterliege »daher« nicht dem Einfluß des Prinzips gleichberechtigter Teilnahme an den grundgesetzlichen Aufgaben des Bundestages, kann jedenfalls nicht mit dem Beleg E 80, 188, 217 f. begründet werden und ist auch nicht zu begründen. Der Ausschußvorsitz ist eine ungemein wichtige Funktionsstelle, die für die Arbeit des Bundestages zu besetzen ist. Der Bundestag selbst hat durch seine Geschäftsordnung (§ 12 S. 1) und die langjährige Praxis anerkannt, daß diese Stellen nicht nach Mehrheit, sondern nach Proporz zu besetzen sind, und darum hätte das Gericht sich überlegen müssen, ob bei diesen Proporzüberlegungen die Frage, ob es sich um eine Fraktion oder eine Gruppe handelt, eine Rolle spielen darf, oder aber, wie es dem Proporz entspricht, nur die Zahl der Mitglieder der jeweiligen Gruppierung. Statt dessen lautet der schönste Satz in diesem kurzen Abschnitt: »Beschränkt die Geschäftsordnung die Vergabe dieser Ämter auf die Vertreter der Fraktionen, so ist damit lediglich über die personale Wahrnehmung der mit dem Ausschußvorsitz verbundenen besonderen Leitungsbefugnisse eine Vorentscheidung getroffen«. Wirklich »lediglich«? Wirklich eine »Vor«-Entscheidung und nicht im allein hier interessierenden Blick auf die konkurrierende Gruppe eine endgültige? Im übrigen behält sich nicht der Bundestag die End-Entscheidung vor, sondern öffnet sie dem Zugriff der Fraktionen.

VI. Das Gesetz als Vehikel zur Emanzipation von der Rechtsordnung

Was folgt aus dem Vorangegangenen für die Rechtsnatur der Fraktion? Mit Sicherheit ist sie mit bürgerlich-rechtlichen Organisationsformen nicht nur nicht adäquat, sondern überhaupt nicht zu erfassen. Die Fraktionsgesetze wollen auch nicht auf eine Klärung des Rechtsstatus verzichten. Im Gegenteil haben sie sich alle darum bemüht, und die gefundenen Variationen zeigen die Schwierigkeit an, vor denen die Parlamente standen.

Am weitesten geht das Fraktionsgesetz des Bundes, das in § 46 Abs. 1 AbgG festlegt: »Die Fraktionen sind rechtsfähige Vereinigungen von Abgeordneten im Deutschen Bundestag«. Das Bundesparlament will also seinen eigenen Fraktionen unumschränkte Rechtsfähigkeit verleihen.[87] Vorsichtiger in der Aussage sind Bayern und Hessen, die in ihren Gesetzen davon sprechen, daß die Fraktionen mit eigenen Rechten und Pflichten ausgestattete Vereinigungen im[88] Bayerischen bzw. Hessischen Landtag seien, während die sachsen-anhaltinische Regelung noch restriktiver meint, daß es sich um »Vereinigungen des[89] Landtages« handelt. Sehr viel präziser, aber noch vorsichtiger ist die Regelung in Niedersachsen, wonach die Fraktionen »mit eigenen parlamentarischen[90] Rechten und Pflichten ausgestattete Vereinigungen von Abgeordneten« sind. Der Muster-Entwurf der Landtagspräsidenten fügt als möglichen Zusatz an: »und Gliederungen des« jeweiligen Landtages.[91]

Von den vorliegenden Entwürfen ist der der Fraktionen von CDU und SPD im Abgeordnetenhaus von Berlin[92] der interessanteste, weil er am differenziertesten

86 Gerade wenn man wie das Gericht die Zusammenschlüsse Fraktion und Gruppe gleichermaßen auf Art. 38 Abs. 1 S. 2 GG stützt (E 84, 304, 322). Wenigstens in der Frage des Zugangs zum Gemeinsamen Ausschuß nach Art. 53 a GG hat die Hälfte des Senats, zu der man getrost *Mahrenholz* rechnen kann, den vier anderen Richtern entgegengehalten (E 84, 304, 340 mit indirektem Bezug auf S. 335/336): »Die Auffassung der vier die Entscheidung tragenden Richter läßt die Zusammensetzung des Gemeinsamen Ausschusses in Abhängigkeit von wechselnden Zweckmäßigkeitserwägungen des Geschäftsordnungsgebers im Blick auf die Fraktionsstärke geraten« und eröffnet damit »Manipulationsmöglichkeiten, die mit dem demokratischen Prinzip schwerlich verträglich sind«. Der Vorwurf liegt nahe, daß der Senat in seiner Gesamtheit dieser Gefahr in der Grundfrage der Fraktionsbildung nicht gerade ausgewichen ist. Jegliche Sensibilität läßt die Arbeit von *Reinhold Kassing*. Das Recht der Abgeordnetengruppe, Berlin 1988, vermissen, der das Problem nicht einmal thematisiert.

87 Warum man dann noch ausdrücklich in § 46 Abs. 2 AbgG festlegt, daß die Fraktionen klagen und verklagt werden können, bleibt das Geheimnis der Autoren; diese Fähigkeiten sind bekanntlich mit der allgemeinen Rechtsfähigkeit verbunden.

88 »Im« Landtag soll wohl auf ein distanziertes Verhältnis der Fraktion zum Parlament hindeuten.

89 »Des« Landtages betont klar den Charakter der Fraktion als Gliederung des Parlaments.

90 Damit wird klargestellt, daß die Fraktionen ausschließlich parlamentsbezogene Rechte und Pflichten haben. § 1 Abs. 4 des Musterentwurfs (s. FN 10) verweist dagegen »das Nähere über die parlamentarischen Rechte und Pflichten der Fraktionen« in die Geschäftsordnungen.

91 Diesen Zusatz hat keines der Fraktionsgesetze ausdrücklich übernommen. Am nächsten kommt die Formulierung »Vereinigungen des Landtages«.

92 Drucksache 12/1961.

auf die in den Gesetzen nur angedeuteten Schwierigkeiten eingeht. In § 2 Abs. 4 des Entwurfs heißt es: »Die Fraktionen sind, soweit sie am allgemeinen Rechtsverkehr teilnehmen, juristische Personen des Parlamentsrechts mit originärem Rechtscharakter, die unter ihrem Namen klagen und verklagt werden können. Sie sind weder Teil der Bundes-[93] noch der Landesverwaltung und üben keine öffentliche Gewalt aus. Ihre verfassungsrechtliche Stellung und ihre parlamentarischen Rechtspflichten sowie die verfassungsrechtliche Stellung ihrer Mitglieder nach Art. 26 und 35 der Verfassung von Berlin werden hierdurch nicht berührt«.

Der Entwurf unterscheidet zum einem zwischen den Parlamentsagenden der Fraktion und dem allgemeinen Rechtsverkehr, an dem sie teilnehmen kann. Für den ersten Bereich ist offensichtlich noch das Gefühl vorhanden, daß es wohl nicht angehe, einer Untergliederung des Parlaments, das selbst keine juristische Person ist, durch gesetzgeberischen Federstrich eine allgemeine Rechtsfähigkeit zu verleihen und damit endgültig die Inkorporation der Fraktionen ins Parlament zu zerstören. Soweit die Fraktionen am parlamentarischen Rechtsverkehr teilnehmen, also ihre eigentliche Aufgabe erfüllen, sollen sie nach diesem Entwurf also keine juristischen Personen sein; selbstverständlich sind sie in diesem Rechtskreis Träger von Rechten und Pflichten, wie die Geschäftsordnungen der Parlamente mehr oder weniger übereinstimmend ausweisen.[94]

Mit dieser Konstruktion wäre das juristische Chamäleon erfunden, nämlich eine juristische Person, die je nach Auftreten keine ist. Damit man bei diesem Salto mortale nicht mit dem Kopf auf dem Boden landet und wohl auch, um Kompetenzprobleme erst gar nicht auftreten zu lassen,[95] wird er doppelt abgesichert: die nur für den allgemeinen Rechtsverkehr geschaffene juristische Person soll eine »des Parlamentsrechts« sein und eine »mit orginärem Rechtscharakter«. Letzteres klingt sehr bedeutend; was eine juristische Person »mit originärem Rechtscharakter« sein soll, beantwortet die Begründung des Entwurfs aber nicht. Ob der Satz in der Begründung »Damit ist auch klargestellt, daß die Fraktionen – nicht der Staat – Eigentümer der von ihnen erworbenen Gegenstände und Arbeitgeber des von ihnen beschäftigten Personals sind«[96] dem Verständnis weiterhelfen kann, erscheint mir zweifelhaft.

93 Es ist dunkel, wie jemand in Berlin auf eine solche Idee kommen könnte. Vielleicht ist das der Rest eines bundesweiten Entwurfs.

94 Darunter zählt das Geschäftsordnungsrecht des Bundes, Gesetze einzubringen (§§ 75, 76 GO-BT), Ausschußmitglieder und deren Stellvertreter zu benennen (§ 57 GO-BT), den Anspruch auf einen ihrer Stärke entsprechenden Anteil an der Zusammensetzung der Ausschüsse und der Besetzung der Ausschußvorsitze (§ 12 GO-BT) usw. Entsprechende Rechte finden sich in den Geschäftsordnungen der Landesparlamente.

95 So heißt es denn in der Begründung: »Die Regelungskompetenz auch (?) des Landesgesetzgebers folgt aus der Kompetenz zur Regelung des Parlamentsrechts«. Eins ist danach jedenfalls sicher, auch im allgemeinen Rechtsverkehr sollen die Fraktionen keine juristischen Personen des Zivilrechts sein. Daß es die Autoren dennoch anders meinen, ist bei dieser Materie freilich nicht auszuschließen.

96 Drucks. 12/1961 S. 5 zu § 2.

Dafür macht der Satz besonders klar, daß die Rechtsstellungsregelung in den Fraktionsgesetzen ausschließlich ein Abfallprodukt der Finanzierungsregeln ist. Die eigene »Dienstherreneigenschaft« als das Recht, im eigenen Namen Dienst- und Arbeitsverträge zu schließen, und die eigene Vermögensverwaltung, das ist es, worauf die Fraktionen aus sind. Wie das gemacht wird, ist für sie offensichtlich von weniger hohem Interesse und man hat gelegentlich den Eindruck, daß die Arbeit an den Gesetzen von der Überzeugung getragen ist, die Rechtsgemeinschaft solle doch gefälligst suchen, mit dem zurechtzukommen, was die Parlamentarier gemacht haben.[97]

Mit der Feststellung, daß die »Fraktionen rechtsfähige Vereinigungen von Abgeordneten im Deutschen Bundestag« sind (so § 46 AbgG), verläßt die Materie »Rechtsstellung der Fraktionen« notwendig das Geschäftsordnungsrecht und wird im Gesetzesrecht angesiedelt. Die Geschäftsordnung kann sich auf Art. 40 Abs. 1 Satz 2 GG stützen; es gibt also eine ausdrückliche verfassungsrechtliche Kompetenz des Bundestages für die Regelung der inneren Angelegenheiten. Woher eine Gesetzgebungskompetenz kommen soll, bleibt dagegen unklar. Dabei geht es nicht um die sonst dominierende Frage der Verteilung der Gesetzgebungskompetenzen zwischen Bund und Ländern. Mangels ausdrücklicher Zuweisung für den Bund ergäbe sich seine Gesetzgebungskompetenz für ein Fraktionsgesetz kraft Natur der Sache. Was die Landesgesetzgebungskompetenz angeht, so hat man offensichtlich in Schleswig-Holstein - wie in Berlin - Probleme gesehen, denn es wird darauf verwiesen, daß »die Kompetenz des Landesgesetzgebers ... eine Kompetenz des Parlamentsrechts« ist.[98] Die Frage ist aber, ob das Parlament über eine seiner Gliederungen eine Gesetzgebungskompetenz besitzt oder ob es in deren Angelegenheiten auf die Geschäftsordnungsautonomie verwiesen ist, was Konsequenzen für mögliche Regelungsinhalte hätte.

Bevor man sich dieser Kernfrage zuwendet, ist jedoch kurz auf die wahren Motive der gesetzlichen Aktivitäten einzugehen, weil sie Hinweise auf die eine oder andere Gesetzgebungskompetenz geben könnten. Selbstverständlich steht das Geld an der Spitze der Motive. Dabei geht es nicht darum, daß die Fraktionen bisher

97 So enthält etwa die Begründung des F.D.P.-Entwurfs in Schleswig-Holstein (LT-Drucks. 13/537) zu § 1 das entwaffnende Resümee: »Der Entwurf enthält im übrigen keine Festlegung der rechtstheoretischen Einordnung der Fraktionen«; als ob es um überflüssige Theorien und nicht um höchst praktische Festlegungen geht, wie der vorangehende Satz zeigt, der behauptet, »daß die Fraktionen auch keine - etwa der verwaltungsgerichtlichen Kontrolle unterliegende - öffentliche Gewalt ausüben« und dann fortfährt: »Dies ist die Konsequenz aus der rechtlich selbständigen Rechtsstellung der Fraktionen«. Meint das denn nun die Zuordnung zum Zivilrecht oder enthält es die Behauptung, daß die Selbständigkeit der Stellung den öffentlich-rechtlichen Charakter von Streitigkeiten ausschließe, was nun wirklich sehr verwunderlich wäre?

98 Begründung des F.D.P.-Entwurfs (LT-Drucks. 13/537) zu § 1. Da das bundesrechtlich geregelte bürgerliche Recht einen numerus clausus von Gestalten juristischer Personen kennt, könnte hier auch der prophylaktische Versuch liegen, auf jeden Fall einer Kollision mit dem Bundesrecht zu entgehen.

stiefmütterlich behandelt worden wären.[99] Die Fraktionen sind vielmehr außerordentlich reich dotiert worden, so reich, daß sie die staatliche Parteienfinanzierung überholt haben.[100] Es geht ihnen also, um das pardox auszudrücken, nicht um mehr Geld, sondern um besseres Geld. Der Haushalt, so wird gesagt, der vorher die Gelder ausgewiesen habe, erteile dem Staat nur eine Handlungsermächtigung, nicht aber eine Ausgabenverpflichtung, und daher sei es notwendig, den Fraktionen einen Anspruch auf die staatliche Finanzierung zu geben, was ein Gesetz erfordere. Da in diesem Punkte »der Staat« nichts weniger als die politischen Kräfte im Parlament ist und sich bisher auch kein Schatten des Verdachts zeigen konnte, daß der Staat die Gelder, die für die Fraktionen vorgesehen sind, nicht auszahlt, handelt es sich um ein vorgeschobenes Argument. Es geht den Fraktionen vielmehr um die nach außen dokumentierte Anerkennung eines Rechtsanspruchs auf Finanzierung und dabei natürlich um eine Grundlegung dessen, was finanziert werden kann, vor allem die Sicherung der strittigen Aufgaben »Öffentlichkeitsarbeit« und »Reisetätigkeit«,[101] damit man dem Publikum sagen kann, man habe sich, wie das Gesetz verlange, verhalten, alles andere wäre gesetzwidrig gewesen.

Das zweite Motiv ist, die Rechnungsprüfung zu regulieren, und das bedeutet notwendig, sie anders zu regulieren, als nach der bisherigen Gesetzeslage. Dafür bedarf man eines Gesetzes und insoweit dürften die Fraktionsgesetze auch kompetenzmäßig außer Zweifel stehen.[102]

99 Schon darum nicht, weil Stiefmütter sich selbst kaum stiefmütterlich behandeln werden.

100 Siehe die Darstellung der Präsidentenkommission (BT-Drucks. 12/4425 S. 34), wonach 1992 alle Fraktionen in Bund und Ländern ca. 231 Mio.DM erhalten haben, bei einer Obergrenze von 230 Mio.DM für die staatliche Parteienfinanzierung. Dabei fehlen noch die kommunalen Fraktions-Dotierungen, die bei einer Großstadt wie Frankfurt schon allein 4 Mio.DM ausmachen, so daß man wohl getrost von weiteren über 150 Mio.DM bundesweit ausgehen kann.

101 Es hätte dem Ältestenrat des Bundestages auffallen müssen, daß verwunderlicher Weise nur diese zwei Aufgaben der Fraktionen ausdrücklich und spezifisch genannt werden (§ 47 Abs. 2 und Abs. 3 AbgG). Dafür ist ihm eingefallen, die Öffentlichkeitsarbeit nicht nur für die Fraktionen selbst, sondern auch für »ihre Mitglieder« zu einer vom Staat zu finanzierenden Aufgabe zu machen. Das ist gelinde gesagt eine Chuzpe. Der Abgeordnete soll nicht mehr nur als Abgeordneter, sondern als Mitglied von Fraktionen Öffentlichkeitsarbeit betreiben! Auf die nächsten Wahlkämpfe und die Wahlanfechtungen darf man gespannt sein (s. auch FN 114). Weder die Fraktion noch der Abgeordnete als solcher stehen nämlich zur Wahl. Ihre Öffentlichkeitsarbeit unterfällt also dem Verbot staatlicher Wahlpropaganda. Die nationale und internationale Reisetätigkeit wird durch die Zusammenarbeit »mit Fraktionen anderer Parlamente und parlamentarischen Einrichtungen national und international« abgesichert.

102 Zu den inhaltlichen Punkten der Rechnungsprüfung wäre viel zu sagen (siehe die fundierte Kritik bei *Walter Schmidt-Bens,* Finanzkontrolle und Fraktionen, ZRP 1992, 281 bis 284, mit Gegenkritik von *Hans-Friedrich Fensch,* Die Veranschlagung der Fraktionskostenzuschüsse im Spannungsfeld zwischen freiem Mandat und Haushaltstransparenz, ZRP 1993, 209 bis 210). Hier mag ein Punkt genügen. Die Parlamentarier im Bund haben vehement jedes Ansinnen zurückgewiesen, die Rechnungsprüfung könne die Sinnhaftigkeit einer Ausgabe überprüfen. Das wird bei der Frage der Finanzierung einer Öffentlichkeitsarbeit der Fraktionen von nicht zu unterschätzender Bedeutung werden. – Die Gesetzgebungskompetenz des Bundes ergibt sich aus Art. 114 Abs. 2 S. 3 GG.

Nachdem man schon so weit war, ein Fraktionsgesetz zu machen, wollte man einige als unangenehm empfundene Dinge beseitigen, die man ohne Gesetz nicht glaubte beseitigen zu können. Der wichtigste dieser Punkte ist die eigene »Dienstherreneigenschaft« als das Recht, in eigenem Namen Dienst- und Arbeitsverträge zu schließen, und die eigene Vermögensverwaltung. Daher wird Wert gelegt auf die unumschränkte Rechtsfähigkeit und auf die zusätzliche überflüssige Betonung, daß die Fraktion selbst klagen und verklagt werden kann. Ob dafür eine Gesetzgebungskompetenz besteht, bedarf der Klärung.

Der vierte Punkt schließlich ist die erstaunliche Hoffnung, man könne durch einen Federstrich des Gesetzgebers autoritativ dekretieren, daß die Fraktionen keine öffentliche Gewalt ausüben, was vor allem mit Blick auf die gefürchtete Verwaltungsgerichtsbarkeit betont wird.

Sieht man sich die Motive an und die Form, in welcher sie verwirklicht werden sollen oder verwirklicht worden sind, dann drängt sich die oben schon gestellte Frage auf, ob das Parlament in der Lage ist, das Recht seiner eigenen Gliederung durch Gesetz zu regeln.

Vermutlich würde niemand die Gesetzgebungskompetenz des Parlaments für ein Gesetz akzeptieren, das bestimmte, die einer politischen Partei angehörenden oder für sie in das Bundeskabinett entsandten Minister bildeten eine Kabinettsgruppe, die ihrerseits rechtsfähig ist, also selbständig Bedienstete anstellen kann, die einen Anspruch auf finanzielle Dotierung durch den Staat hat und außerdem noch das natürliche Recht der Öffentlichkeitsarbeit besitzt, für die ebenfalls der Staat Gelder zur Verfügung zu stellen habe. Solche fraktionellen Gliederungen kann es in allen Gremien geben, die von einem politisch in Fraktionen gegliederten Parlament etabliert werden. Woran sollte nun ein solches Gesetz scheitern? Der seriöseste Einwand ist, daß das Grundgesetz die Bundesregierung in ihren Grundzügen fixiert und die zu regelnden Fragen über die innere Struktur und den Geschäftsgang einer Geschäftsordnung zu regeln anheim gibt, die die Bundesregierung beschließt.[103] Nun ist es keineswegs ausgeschlossen, daß der Gesetzgeber im Hinblick auf die Regierungsorganisation Legislativbefugnisse hat.[104] Hier ginge es aber darum, daß das Parlament eine Suborganisation im Kabinett verfügte und diese Suborganisation zudem noch mit mehr Rechten ausstattete, als das Kabinett selbst besitzt, nämlich mit der Rechtsfähigkeit oder dem allgemeinen Klagerecht. In Wirklichkeit maßte sich der Gesetzgeber in einem solchen Falle an, die grundgesetzlich festgelegte Verfassungsorganisation zu korrigieren, die nur *ein* Kabinett kennt und nicht erlaubt, das Kabinett in rechtlich verselbständigte Einheiten aufzuteilen. Dies und nicht der Gedanke, ein Organ könne nicht in die innere Struktur eines anderen Organes eingreifen, ist entscheidend.

103 Und die der Bundespräsident genehmigen muß.

104 Siehe dazu *Hans Meyer* in Schneider/Zeh (s. FN 35), § 4 RN 56-58; wie es ja auch Verfassungen gibt, die die Zahl der Ministerien festlegen, wie die bayerische.

Das Argument muß aber in gleicher Weise für das Parlament selbst gelten, da auch hier das Grundgesetz die Materie innere Organisation und Verfahren[105] in Art. 40 Abs. 1 Satz 2 GG in »eine Geschäftsordnung« verweist und damit dem Gesetzesrecht entzieht. Damit ist eine »verfassungsunmittelbare Sachkompetenz«[106] dem Bundestag in einer bestimmten Regelungsform zugewiesen. Die Geschäftsordnung ist auch kein Ausführungsrecht zu irgendeinem Gesetz, sondern nur zur Verfassung. Durch das Fraktionsgesetz wird sie aber zum Ausführungsrecht gemacht, da die Gesetze meist für das Zustandekommen der juristischen Person Fraktion auf die Geschäftsordnungen verweisen. Ernst Gottfried Mahrenholz hat zudem darauf hingewiesen, daß die Geschäftsordnung als Handlungsform heute nicht mehr die vorrangige Funktion hat, die Selbständigkeit des Parlaments zu schützen,[107] sondern dem Minderheitsschutz zu dienen.[108] Selbst wenn man sich auf die Mehrheitsmeinung des Senats in der wenig ruhmvollen Entscheidung zur Haushaltskontrolle stützt, die wenigstens einen »Kern der Geschäftsordnungsautonomie« für den Gesetzgeber für unzugänglich hält,[109] kommt man zu demselben Ergebnis, daß das Fraktionsgesetz des Bundes mangels Gesetzgebungskompetenz des Bundestages verfassungswidrig ist. Kerniger kann ein Gesetzesinhalt im Hinblick auf die Geschäftsordnungsautonomie nicht sein.[110] Es hat seinen guten Sinn, daß das Geschäftsordnungsrecht Außenrechtsbeziehungen nicht regeln kann; auf diese Weise sind zentrifugalen Kräften im Parlament jedenfalls die rechtlichen Möglichkeiten genommen, sich so zu verselbständigen, daß das Parlament nur noch als bloßes Gehäuse und nicht mehr als ein bestimmendes Verfassungsorgan erscheint.

An diesem Ergebnis können auch die Hoffnungen nichts ändern, die gelegentlich an das Gesetzgebungsverfahren geknüpft werden. So vertritt insbesondere v. Arnim einen Gesetzesvorbehalt für die Zahlungen, wobei er sich von der Öffentlichkeit des Verfahrens einiges verspricht.[111] Die Gesetze und Entwürfe unterlaufen durchweg das Argument, indem sie keinerlei Summen nennen, sondern nur Krite-

105 Das ist der traditionelle Inhalt von Geschäftsordnungen.

106 So *Ernst-Wolfgang Böckenförde*, BVerfGE 70, 324, 387.

107 Das ist im Hinblick auf den wenn auch nur relativen gewaltenteilenden Charakter des Systems (s. *Hans Meyer* in Schneider/Zeh (s. FN 35) zu § 4 RN 23 bis 47) durchaus auch weiterhin ein Argument.

108 BVerfGE 70, 324, 377. Für die Fraktionsgesetze besteht zudem wegen ihrer Finanzierungsregel nach Art. 113 Abs. 1 S. 1 ein Vetorecht der Bundesregierung. Daß auch im übrigen Bundesrat und Bundesregierung bei der Gesetzgebung über eine originäre Parlamentsmaterie beteiligt sind, ist mehr als nur ein Schönheitsfehler.

109 Siehe BVerfGE 70, 324, 361. – Zum mangelnden Ruhm s. FN 84.

110 Das Ergebnis gilt entsprechend für die Länder. Siehe die Erörterung des Problems bei *Jost Pietzcker,* Schichten des Parlamentsrechts: Verfassung, Gesetze und Geschäftsordnung, in: Hans-Peter Schneider/Wolfgang Zeh (Hrsg.), Parlamentsrecht und Parlamentspraxis, Berlin etc. 1989, § 10 RN 9–17.

111 *Hans Herbert v. Arnim*, Staatliche Fraktionsfinanzierung ohne Kontrolle, Wiesbaden 1987, S. 26 ff.

rien für die Bemessung der Fraktionszuschüsse. Im übrigen untersagt die Geschäftsordnungsform dem Parlament nicht, die Dotierungen in angemessener Weise öffentlich auszuweisen.
Dem Bedürfnis der Fraktionen, was ihr zum Teil außerordentlich umfangreiches Personal angeht,[112] wird schon unter der derzeitigen Rechtslage Rechnung getragen. Es steht nichts im Wege, daß der Staat einer nicht rechtsfähigen Suborganisation erlaubt, Verträge zu schließen, ja auch, in Bezug auf diese Verträge klagen und verklagt zu werden. Jetzt sollen die Bediensteten auch im strikten Rechtssinne solche der Fraktionen werden und sind im Falle der Liquidation, die nach jeder Wahlperiode droht, mehr oder weniger schutzlos. Auch in diesem Detail zeigt sich das ungehemmte Bedürfnis, die Rechtslage zu eigenen Gunsten möglichst angenehm zu gestalten.[113]
Was die selbständige Vermögensverwaltung angeht, die meist mit der sachlich nicht zu rechtfertigenden Ansparmöglichkeit bis zu einem hohen Prozentsatz[114] oder mit unbegrenzten Übertragungsmöglichkeiten für die staatlichen Mittel verbunden ist, so eröffnen sich hier weitere Möglichkeiten für eine dem Staat zuzurechnende Organisation, Schulden zu machen. Außer in den Fraktionen dürfte wohl niemand darin ein positives Faktum sehen.
Der entscheidende Einwand gegen die Gesetze und Entwürfe ist aber, daß die Fraktionen über die von ihnen meist im hohen Einverständnis gesteuerte Gesetzgebung endgültig den Schritt in die absolute Emanzipation vom Parlament tun wollen. Sie sind dann nicht mehr Gliederungen, sondern die Herren des Parlaments, was nicht nur Konsequenzen für das Verhältnis der Fraktionen zu den einzelnen Abgeordneten hat,[115] sondern auch für das Verhältnis zu den politischen Parteien haben wird. Sollten sich die Wünsche alle erfüllen und sollten die Verfassungsgerichte sich dem Druck beugen, so müßte man von der Formulierung, die Fraktionen seien die Parteien im Parlament, langsam umschalten zu der, daß die Parteien die Fraktionen in der Gesellschaft sind.

112 Im Bundestag beläuft sich zur Zeit die Zahl auf über 700 Mitarbeiter, wohlgemerkt ohne die persönlichen Mitarbeiter und Mitarbeiterinnen der Abgeordneten. Siehe im einzelnen *Dieter Engels* in: Graf von Westfalen, Parlamentslehre, München 1993, S. 246.

113 Nicht nur in diesem Punkte, sondern auch z.B. bei dem Versuch, die Verwaltungsgerichtsbarkeit auszuschalten, zeigt sich die unverhüllte Neigung des Parlaments, sich selbst von den Bindungen auszunehmen, die es im übrigen als Ausdruck - hoffentlich - einer Rechtskultur allen anderen auferlegt.

114 Wem fielen da nicht die periodisch auftretenden Wahlkämpfe ein? Siehe auch FN 101. Wie zur Bestätigung mußten vor kurzem (s. Der Spiegel 3/1994 S. 29) die Geschäftsführer der Fraktionen einräumen, daß mittlerweile ein nicht unerheblicher Teil der Fraktionszuschüsse thesauiert worden ist und jährlich Zinsen von insgesamt anderthalb Millionen DM abwirft. Der Geschäftsführer der SPD-Fraktion spricht, ohne einen Anflug von Bedenken davon, daß sich so im Wahlkampfjahr Werbeaktionen der Fraktion leichter finanzieren ließen.

115 Die mediatisierende Wirkung der Fraktionen wird durch die Fraktionsgesetze erheblich gesteigert, was das Fehlen jeglicher Regeln über die Stellung der Abgeordneten zu ihrer Fraktion als besonders krasse Disproportionalität erscheinen läßt.

Das Minderheitsrecht auf eine parlamentarische Untersuchung

Georg Hermes

Nach Art. 44 Abs. 1 GG hat der Bundestag auf Antrag eines Viertels seiner Mitglieder die Pflicht, einen Untersuchungsausschuß einzusetzen. Dieses Minderheitsrecht nimmt unter den parlamentarischen Mitwirkungs- und Kontrollrechten die herausragende Rolle ein. Das rührt nicht zuletzt daher, daß es in besonderer Weise *einer Minderheit* die Möglichkeit gibt, eine *öffentliche* Kontrolle von Regierung und Verwaltung zu erzwingen. Als Parlamentarier, als Minister und vor allem als Richter des Bundesverfassungsgerichts war *Ernst Gottfried Mahrenholz* mit der politischen Funktion parlamentarischer Öffentlichkeit und ihren Wirkungsbedingungen in der Rolle des Akteurs und des Kontrolleurs befaßt[1]. Seine Tätigkeit als Berichterstatter des Zweiten Senats für Fragen des Parlamentsrechts war von dem Bemühen um die Stärkung der Rechte einzelner Abgeordneter[2], Gruppen[3] und Fraktionen[4] als Bedingung und nicht als »Störfaktor« für das »Staatswohl«[5] oder die »Funktionsfähigkeit« des Parlaments[6] wesentlich bestimmt. Auch bei der Konkretisierung von Inhalt und Umfang des Rechts aus Art. 44 Abs. 1 GG stellt sich die grundlegende Aufgabe, Mehrheitsprinzip (Art. 42 Abs. 2 GG) und Minderheitsrecht durch die Präzisierung der Grenzen beider einander zuzuordnen und dabei den *Bezugspunkt der Gesamtheit* aller Abgeordneten im Blick zu behalten, die allein Vermittler der Repräsentationsfunktion des Parlaments sein kann - eine Aufgabe, die *E. G. Mahrenholz* mit Nachdruck angemahnt hat[7].

Die Spannungslage zwischen Mehrheitsregel und Minderheitsrecht, die sich in einer Fülle von Problem- und Gefährdungslagen der parlamentarischen Praxis gezeigt hat (dazu I.), ist für das Minderheitsrecht aus Art. 44 Abs. 1 GG noch nicht befriedigend gelöst und auch der Ruf nach einem Untersuchungsausschußgesetz hilft hier nicht weiter (dazu II.). Anknüpfend an eine Formulierung, die *E.G.*

1 *E. G. Mahrenholz,* »Die Kritik ist der Tod des Königs« - Bemerkungen zur Öffentlichkeit, in: Festschrift f. H. Simon, 1987, S. 261 ff.; zur herausragenden Bedeutung der Öffentlichkeit parlamentarischer Untersuchungsausschüsse vgl. *R. Kipke,* Die Untersuchungsausschüsse des Deutschen Bundestages, 1985, S. 92.
2 Vgl. BVerfGE 80, 188.
3 Vgl. BVerfGE 84, 304.
4 Vgl. BVerfGE 70, 324.
5 Vgl. BVerfGE 70, 324 (358 f.), und abw. Meinung *Mahrenholz* (366 ff.).
6 Vgl. BVerfGE 80, 188 (219), und abw. Meinung *Mahrenholz* (235 ff.).
7 In seiner abw. Meinung BVerfGE 70, 324 (366 ff., 368, 371 f.).

Mahrenholz in einem Schreiben des Zweiten Senats an die Parteien eines Organstreitverfahrens gebrauchte[8], läßt sich der Ansatz einer weiteren Klärung mit der Pflicht des Bundestages umschreiben, die von der Minderheit beantragte »Untersuchung zu seiner Sache« zu machen (dazu III.). Diese Verpflichtung bedarf der weiteren Konkretisierung (dazu IV.).

I. Die parlamentarische Untersuchung zwischen Verantwortung des gesamten Parlaments und Minderheitsherrschaft - Probleme und Gefährdungslagen

Wenn die Repräsentation des Volkes nur vom Parlament als Ganzem, d. h. durch die Gesamtheit seiner Mitglieder als Repräsentanten, bewirkt werden kann[9], und auch das parlamentarische Untersuchungsrecht nach Art. 44 GG an dieser Repräsentationsfunktion des Bundestages teilhat, so muß grundsätzlich auch hier die Mehrheitsregel (Art. 42 Abs. 2 GG) gelten, die allein die Entscheidung eines einzelnen Abgeordneten zu einer solchen als Teil der Gesamtheit werden läßt[10]. Andererseits sind verfahrensrechtliche Privilegierungen von Minderheiten, zu deren bedeutsamsten das Minderheitsrecht aus Art. 44 Abs. 1 GG gehört, ein unabdingbares Korrelat zum Mehrheitsprinzip, weil sie die Geltung und Akzeptanz von Mehrheitsentscheidungen ermöglichen und erträglich machen[11]. Wenn in diesem Sinne Mehrheitsprinzip immer auch Minderheitsprinzip heißt[12], so zwingt diese Spannungslage dazu, Inhalt und Reichweite der Minderheitsrechte zu präzisieren. Anlässe hierzu bestehen in großer Zahl angesichts der herausragenden Bedeutung des Minderheitsrechts aus Art. 44 Abs. 1 GG und der entsprechenden Vielfalt an Unsicherheiten, Gefährdungen und tatsächlichen Behinderungen, denen seine Durchsetzung in der parlamentarischen Praxis ausgesetzt ist[13].
Im parlamentarischen Verfahren über die *Einsetzung* eines von einer qualifizierten Minderheit beantragten Untersuchungsausschusses macht die Mehrheit verfassungsrechtliche Hinderungsgründe geltend[14], sie ergänzt oder ändert den beantragten Untersuchungsgegenstand[15] oder weigert sich, den Auftrag eines bereits

8 Abgedruckt in dem Einstellungsbeschluß BVerfGE 83, 175 (179 f.).
9 BVerfGE 80, 188 (217 f.); 84, 304 (321); *H. Hofmann/H. Dreier,* Repräsentation, Mehrheitsprinzip und Minderheitenschutz, in: Schneider/Zeh (Hrsg.), Parlamentsrecht und Parlamentspraxis, 1989, § 5, S. 166 ff., Rdn. 26 f.
10 *H. Hofmann/H. Dreier* (Fn. 9), Rdn. 5, 48 ff. und 54 ff.
11 Vgl. nur *H. Hofmann/H. Dreier* (Fn. 9), Rdn. 68; *W. Heun,* Das Mehrheitsprinzip in der Demokratie, 1983, S. 231 ff.
12 *R. A. Rhinow,* Grundprobleme der schweizerischen Demokratie, Zeitschr. f. Schweizerisches Recht 1984, II. Halbband, S. 111 (255).
13 Vgl. für den Bundestag zuletzt die politikwissenschaftliche Untersuchung von *W. Ismayr,* Der Deutsche Bundestag, 1992, S. 423 - 445.
14 Vgl. z.B. den Fall des bayerischen Untersuchungsausschusses zur Wiederaufarbeitungsanlage Wakkersdorf, den der BayVerfGH, DVBl. 1986, S. 233 ff., zu entscheiden hatte.
15 Beispiele, die die Gerichte beschäftigt haben, finden sich in BVerfGE 49, 70; BWStGH, ESVGH 27, 1; BayVerfGH, BayVBl. 1977, S. 597 ff.

eingesetzten Ausschusses entsprechend dem Antrag der Minderheit nachträglich - etwa aufgrund zwischenzeitlich neuer Erkenntnisse, die der Untersuchung eine neue Richtung geben - zu ändern oder zu ergänzen[16]. Unsicherheiten über das Verhältnis von Minderheitsantrag einerseits und Verantwortung der Gesamtheit des Parlaments für die Untersuchung andererseits werden auch an so scheinbar marginalen Verfahrensfragen deutlich wie der, ob es eines formalen Einsetzungsbeschlusses des Plenums bedarf oder ob die Feststellung genügt, daß der Minderheitsantrag von einer ausreichenden Anzahl von Abgeordneten unterstützt wird[17].

Die praktisch bedeutsamsten Schwierigkeiten aus dem Blickwinkel des Interesses der Minderheit an einer möglichst zügigen und lückenlosen Untersuchung, das sich typischerweise auf Fehlverhalten oder Mißstände im Verantwortungsbereich der Exekutive richten wird, treten aber erst im *Verlauf der Untersuchung* durch den Ausschuß auf: Diejenigen Mitglieder des Untersuchungsausschusses, die der regierungstragenden Mehrheit angehören und deshalb auch im Ausschuß über eine Mehrheit verfügen, haben typischerweise kein Interesse daran, Mißstände und Fehlverhalten im Verantwortungsbereich der von ihnen gestützten Regierung zügig und lückenlos aufzuklären[18]. Eine neuere politikwissenschaftliche Untersuchung weist zutreffend darauf hin, daß die Mehrheit in einem Untersuchungsausschuß typischerweise abwägt, ob die Prestige- und Glaubwürdigkeitseinbußen, die das offensichtliche Desinteresse an einer objektiven Sachverhaltsaufklärung mit sich bringt, diejenigen politischen Nachteile insbesondere in der Öffentlichkeit überwiegen, die das Aufdecken und Eingestehen von Mißständen und Fehlleistungen nach sich ziehen würde[19]. Eine Durchsicht der Minderheitsvoten in den Abschlußberichten jüngerer Untersuchungsausschüsse[20] vermittelt den Eindruck, daß diese Abwägung nicht selten zu dem Ergebnis führt, die Glaubwürdigkeitseinbußen durch ein offensichtliches Desinteresse an einer objektiven und zügigen Sachverhaltsaufklärung in Kauf zu nehmen: Die Ausschußmehrheit zieht die Verfassungsmäßigkeit des Untersuchungsauftrages in Zweifel und betreibt langwirige

16 Vgl. z.B. die zunächst vergeblichen Versuche der SPD-Fraktion im Bundestag, den Auftrag des U-Boot Untersuchungsausschusses nachträglich zu ändern und zu präzisieren: BTDrucks. 11/1684 (neu) und Plen.Prot. 11/58, S. 4048 A; BTDrucks. 11/3747 und Plen.Prot. 11/121, S. 8899 C - 8901 C.

17 In diesem sog. vereinfachten Beschlußverfahren wurden z.B. die Untersuchungsausschüsse zum »Fall Tiedge« (Plen.Prot. 10/162, S. 12132) und zum »Fall Transnuklear« (Plen.Prot. 11/55, S. 3779) eingesetzt. Über weitere Fälle aus den ersten Wahlperioden berichtet R. Kipke (Fn. 1), S. 52 mit Anm. 96.

18 Vgl. etwa Enquete-Kommission Verfassungsreform des Deutschen Bundestages, Schlußbericht Teil I, 1976, S. 122 f.

19 *Ismayr* (Fn. 13), S. 432.

20 Vgl. insbesondere BTDrucks. 11/7800 (Bericht des Untersuchungsausschusses »TRANSNUKLEAR«), S. 428 ff., sowie den Zwischen- und den Schlußbericht des Untersuchungsausschusses zur »U-Boot-Affaire« in BTDrucks. 11/6141, S. 63 ff., insbesondere S. 130 ff., 179 f., und BTDrucks. 11/8109, S. 95 ff., insbesondere S. 172 ff.

rechtsgutachterliche Vorprüfungen[21]. Sie lehnt Beweisanträge unter Berufung auf ihre Unerheblichkeit ab oder setzt einstimmige Beweisbeschlüsse nicht durch, wenn der Betroffene sich weigert, dem Beschluß freiwillig nachzukommen[22]. Sie gesteht Zeugen pauschal und in großem Umfang Zeugnisverweigerungsrechte zu oder legt gegen Gerichtsentscheidungen, die der Durchsetzung eines Beweisbeschlusses entgegenstehen, kein Rechtsmittel ein[23]. Schließlich bieten sich bei alltäglichen Verfahrensfragen wie der Terminierung von Ausschußsitzungen und der zeitlichen Behandlung von Beweisanträgen vielfache Verzögerungsmöglichkeiten. Vor allem die konkrete Handhabung von Verfahrensfragen durch die Mehrheit im ersten Untersuchungsausschuß der 11. Wahlperiode (U-Boot) ist zum Beleg dafür angeführt worden, »welche taktischen Möglichkeiten einer entschlossen agierenden Ausschuß-Mehrheit nach der gegenwärtigen Rechtslage zur Verfügung stehen«[24].

Diese Aufzählung beschreibt nicht die typische Situation von Untersuchungsausschüssen des Bundestages oder der Länderparlamente. Sie verdeutlicht lediglich die Möglichkeiten, die einer Mehrheit zur Verfügung stehen, und damit mögliche Konfliktlagen zwischen dem Minderheitsrecht auf eine Untersuchung und der Mehrheitsregel. Wenn in der Praxis die politische Abwägung der Mehrheit durchaus auch zu dem Ergebnis führen kann, daß sie die negativen Wirkungen eines offensichtlichen Desinteresses an einer Sachverhaltsaufklärung nicht in Kauf nehmen will, und es deshalb zu einer problemlosen Zusammenarbeit im Ausschuß kommt[25], so entbindet dies nicht von der verfassungsrechtlichen Aufgabe, Inhalt und Umfang des Minderheitsrechts als Grenze des Mehrheitsprinzips gerade im Hinblick auf die Fälle zu präzisieren, in denen es der Minderheit (noch) nicht gelungen ist, das Ausmaß an öffentlichem Interesse auszulösen, das die rechtliche Absicherung ihres Untersuchungsbegehrens überflüssig macht.

II. Offene verfassungsrechtliche Fragen und der Ruf nach dem Gesetzgeber

Sucht man nun nach Lösungen dieser durchgängig anzutreffenden Spannungslage, so stößt man im Grundsätzlichen häufig auf den wenig hilfreichen Hinweis,

21 BTDrucks. 11/7800, S. 18 f., 463 ff.

22 Darum ging es z.B. in BVerfGE 67, 100, und in dem Urteil des NdsStGH, DVBl. 1986, S. 238 f.

23 Weshalb z.B. die Minderheit im Ausschuß im Verfahren vor dem OLG Köln, NStZ 1986, S. 90, den vergeblichen Versuch unternahm, gegen die ein Akteneinsichtsbegehren des Ausschusses ablehnende Entscheidung des Vorsitzenden einer Strafkammer Beschwerde einzulegen.

24 *Ismayr* (Fn. 13), S. 437; vgl. auch die Klagen der Minderheit in: Bay. LTDrucks. 10/3015, S. 19, sowie rh.pf. LTDrucks. 10/2914, S. 67.

25 Vgl. z.B. das von *B. Frey*, Parlamentarische Kontrolle und Untersuchungsrecht, 1992, S. 178 f., beschriebene Verhältnis von Mehrheit und Minderheit im Hamburger Untersuchungsausschuß »Stolzenberg«.

es müsse ein »angemessener Ausgleich« zwischen dem effektiven Minderheitenschutz und den berechtigten Mehrheitsinteressen gefunden werden[26]. Ob derartige Ausgleichs- und Abwägungsregeln, die im Bereich der Grundrechtsgewährleistungen unausweichlich sind und deshalb dort ihren berechtigten Platz haben[27], bei der staatsorganisationsrechtlichen Zuordnung von Kompetenzen verschiedener Organe oder ihrer Teile Anwendung finden können, kann hier nicht erörtert werden[28]. Zweifel an der Tauglichkeit eines solchen Grundsatzes, zur Lösung verschiedener Detailprobleme im Sinne einer Leitlinie für die Auslegung des Art. 44 Abs. 1 GG beizutragen, drängen sich unabhängig davon auf: Die Aussagen zu Inhalt und Reichweite des Minderheitsrechtes auf Einsetzung eines Untersuchungsausschusses vermitteln nämlich ebenso wie die Antworten auf die Frage nach dem Berechtigten und dem Verpflichteten dieses Rechtes eher den Eindruck von Konzeptionslosigkeit.

1. So findet sich etwa zum Inhalt des Rechtes die grundsätzliche und stets betonte Aussage, daß das Recht der Minderheit die Befugnis umfasse, »grundsätzlich« allein den *Gegenstand der Untersuchung* zu bestimmen[29]. Andererseits soll aber die Mehrheit das Recht haben, durch Zusätze und Ergänzungen eine einseitige und verzerrende Untersuchung zu verhindern, weil anderenfalls das Ausschußverfahren »seinen Sinn« verlöre[30]. Zu der Frage, ob die Antragsminderheit eine nachträgliche Ergänzung, Erweiterung oder Änderung des Untersuchungsauftrages verlangen kann, nachdem der Untersuchungsausschuß bereits eingesetzt wurde, vertritt der wissenschaftliche Dienst des deutschen Bundestages offenbar in ständiger »Gutachtenpraxis« die fragwürdige Auffassung, ein solches Änderungs- oder Ergänzungsrecht sei prinzipiell abzulehnen, das Minderheitsrecht aus Art. 44 Abs. 1 GG also mit der einmaligen Einsetzung des Ausschusses »verbraucht«[31]. Diese Auffassung muß schon deshalb Überraschung auslösen, weil sie die Minderheit dazu berechtigt, aber auch verpflichtet, einen neuen Untersu-

26 Vgl. z.B. *H. v. Mangoldt/F. Klein/N. Achterberg/M. Schulte,* Das Bonner Grundgesetz, Bd. 6, 3. Aufl. 1991, Art. 44 Rdn. 159; *M. Schröder,* Empfiehlt sich eine gesetzliche Neuordnung der Rechte und Pflichten parlamentarischer Untersuchungsausschüsse ?, Gutachten E zum 57. DJT, 1988, S. 99; *C. Laage/L. Strube,* Das Untersuchungsrecht als Minderheitsrecht, in: *Bachmann/ Schneider* (Hrsg.), Zwischen Aufklärung und politischem Kampf, 1988, S. 9 (15 ff.).

27 Vgl. dazu *R. Alexy,* Theorie der Grundrechte, 1986.

28 Ablehnend für das Verhältnismäßigkeitsprinzip im Bund-Länder-Verhältnis - auf der Grundlage eines offenbar eher abwehrrechtlichen Grundrechtsverständnisses - BVerfGE 81, 310, 338.

29 BVerfGE 49, 79 (85 f., 87).

30 BVerfGE 49, 79 (87 f.); vgl. auch *M. Schröder* (Fn. 26), S. 105 - 107.

31 Vgl. die von RD Dr. Engels verfaßte Ausarbeitung der Wissenschaftlichen Dienste vom 24.2.1988 - WFX G 20/88, abgedr. in BTDrucks. 11/8109, S. 672, 674 (verwiesen wird dort auf eine frühere Ausarbeitung WFX G 9/88); krit. dazu *U. Bachmann,* Befugnis der (Einsetzungs-)Minderheit zur nachträglichen Änderung des Untersuchungsgegenstandes bei Minderheitsenqueten, in: Bachmann/Schneider (Hrsg.), Zwischen Aufklärung und politischem Kampf, 1988, S. 31 ff.

chungsausschuß zu verlangen, obwohl der zu untersuchende Gegenstand in engem Zusammenhang mit dem Auftrag des bereits eingesetzten Ausschusses steht.

2. Die praktisch bedeutsameren Schwierigkeiten betreffen die Frage, ob das Minderheitsrecht mit der antragsgemäßen Einsetzung des Ausschusses erschöpft ist oder auch die *Durchführung der Untersuchung*, insbesondere also die zu erhebenden Beweise und die tatsächliche Durchsetzung von Beweisbeschlüssen, erfaßt. Wenn hier auch noch im Grundsatz Übereinstimmung festzustellen ist, daß das Minderheitsrecht »weiterer Sicherungen« bedarf[32] und deshalb auf die Durchführung der Untersuchung nicht ohne Einfluß bleiben kann[33], so bestehen doch bei der Umsetzung dieses Grundsatzes erhebliche Probleme: Gilt bei der Entscheidung darüber, welche Beweise der Ausschuß zur Erfüllung seines Auftrages erhebt, das Prinzip der Mehrheitsentscheidung im Ausschuß uneingeschränkt oder ist der Ausschuß bei dieser Entscheidung durch das Minderheitsrecht gebunden[34]? Die gleiche Frage stellt sich in der Situation, daß zwar ein Beweisbeschluß vorliegt, der Ausschuß sich aufgrund einer Mehrheitsentscheidung aber weigert, diesen Beweisbeschluß gerichtlich durchzusetzen oder durch Einlegung von Rechtsmitteln die gerichtliche Durchsetzung weiterzuverfolgen[35].

3. Mit diesen Problemen aufs engste verknüpft ist die Frage danach, wer eigentlich *Berechtigter* des Minderheitsrechts aus Art. 44 Abs. 1 GG ist: Nur die qualifizierte Antragsminderheit im Plenum oder auch die ihr entsprechende (oder auch eine sonstige) Minderheit im Ausschuß[36]? Die Frage wird nur scheinbar gelöst durch die sog. IPA-Regeln[37], zu deren Beachtung »im Rahmen des geltenden Rechts« der Bundestag den Untersuchungsausschuß im Wege des Einsetzungsbeschlusses regelmäßig verpflichtet[38]. Diese Regeln können nämlich keine Ant-

32 BVerfGE 49, 70, 86 f.; *K. J. Partsch*, Empfiehlt es sich, Funktion, Struktur und Verfahren der parlamentarischen Untersuchungsausschüsse grundlegend zu ändern ?, Verhandl. des 45. DJT, Bd. I/3, 1964, S. 198 f.

33 Nach *H. v. Mangoldt/F. Klein/N. Achterberg/M. Schulte* (Fn. 26), Rdn. 158, muß sich »effektiver Minderheitenschutz« auf »die gesamte Durchführung des Untersuchungsauftrages erstrecken«; nach *R. Pietzner*, Untersuchungsausschüsse, in: EvStL, Bd. 2, 3. Aufl. 1987, Sp. 3673 (3678), »umschließt« der oppositionelle Einsetzungsanspruch auch das Beweisantragsrecht.

34 Dazu auf der Grundlage des speziellen Beweiserhebungsrecht der Einsetzungsminderheit nach Art. 11 Abs. 2 Satz 1 Nds. LV NdsStGH, DVBl. 1986, S. 238 f. (Willkürkontrolle); krit. dazu *M. Schröder* (Fn. 26), S. 110.

35 Vgl. oben bei Fn. 22

36 Vgl. OLG Köln, NStZ 1986, S. 90; *M. Schröder* (Fn. 26), S. 108 f., mit Verweis auf den rheinland-pfälzischen Parteispendenausschuß (LTDrucks. 10/2914, S. 9 ff.).

37 Entwurf eines Gesetzes über Einsetzung und Verfahren von Untersuchungsausschüssen des Bundestages, BTDrucks. 5/4209 (vgl. § 12 Abs. 2); der Gesetzentwurf beruhte auf einer Ausarbeitung der Interparlamentarischen Arbeitsgemeinschaft für das Recht der parlamentarischen Untersuchungsausschüsse.

38 Einzelheiten bei *M. Schröder*, Untersuchungsausschüsse, in: Schneider/Zeh (Hrsg.), Parlamentsrecht und Parlamentspraxis, 1989, § 46 Rdn. 12, und *W. Zeh*, Parlamentarisches Verfahren, in: Isensee/Kirchhof (Hrsg.), Hdb. des Staatsrechts, Bd. II, 1987, § 43 Rdn. 80.

wort auf die Frage geben, ob die dort vorgesehenen Minderheitsrechte im Ausschuß Verfassungsrang haben und deshalb bei ihrer Verletzung im Wege des Organstreitverfahrens vor dem Bundesverfassungsgericht oder etwa durch die selbständige Verfahrensposition der Minderheit im Ausschuß gegenüber Fachgerichten realisiert werden können. Damit rückt bereits die weitere Frage nach dem *Verpflichteten* des Minderheitsrechts aus Art. 44 Abs. 1 GG in das Blickfeld. Ist neben dem Bundestag als Ganzem (bei der Einsetzung) auch der Untersuchungsausschuß selbst (bei Durchführung der Untersuchung) Verpflichteter des Minderheitsrechts[39]? Die Frage stellte sich etwa, als der Flick-Untersuchungsausschuß sich weigerte, gegen einen die Herausgabe weiterer Akten ablehnenden Beschluß des Landgerichts Bonn Beschwerde einzulegen, und hierzu im Wege des Organstreitverfahrens verpflichtet werden sollte[40]. Schließlich bedarf die Frage einer Klärung, ob auch andere Organe des Bundes oder sogar private Dritte Verpflichtete des Minderheitsrechts sind. Das Bundesverfassungsgericht hat diese Frage für die Bundesregierung bejaht und deshalb die Antragsminderheit im Organstreitverfahren für berechtigt gehalten, von der Bundesregierung die Herausgabe von Akten an den Untersuchungsausschuß zu verlangen[41]. Andere Gerichte vertreten die gegenteilige Auffassung: Das Minderheitsrecht richte sich - soweit es nicht um die Einsetzung des Ausschusses, sondern um die Durchführung der Untersuchung gehe - nur gegen den Untersuchungsausschuß und begründe im Verhältnis zu den Gerichten und Verwaltungsbehörden kein Recht[42].

4. Angesichts dieser Unklarheiten wird von vielen die Notwendigkeit eines Gesetzes über die Einsetzung und das Verfahren von Untersuchungsausschüssen angemahnt[43]. Auf Art. 44 GG kann sich diese Mahnung nicht stützen. Das Grundgesetz enthält keinen Regelungsauftrag an den Gesetzgeber, sondern geht offensichtlich davon aus, mit den normativen Vorgaben in den vier Absätzen des Art. 44 GG eine ausreichend präzise Regelung getroffen zu haben. Diese Vorstellung, die den Beratungen des parlamentarischen Rates zugrunde lag[44], mag sich im Hin-

39 Gegen das Plenum als Verpflichtetem des Beweiserhebungs- und -erzwingungsrechts der Einsetzungsminderheit NdsStGH, DVBl. 1986, S. 237 f.

40 BVerfGE 71, 299; wegen Fristversäumnis brauchte das Bundesverfassungsgericht die Frage nicht zu entscheiden.

41 BVerfGE 67, 100 (126).

42 OLG Köln, NStZ 1986, S. 88 (89).

43 Vgl. zusammenfassend *Schröder* (Fn. 38), Rdn. 47, mit einer Übersicht über die bislang ausnahmenslos erfolglosen Vorschläge innerhalb und außerhalb des Parlaments; zahlreiche Stellungnahmen aus der Praxis finden sich in: *Thaysen/Schüttemeyer* (Hrsg.), Bedarf das Recht der parlamentarischen Untersuchungsausschüsse einer Reform?, 1988; aus der 12. Wahlperiode vgl. die Gesetzentwürfe in BTDrucks. 12/418 und BTDrucks. 12/1436; vgl. auch die Zusammenfassung der Reformbestrebungen bei *R. Pietzner* (Fn. 33), Sp. 3680 f.

44 Insbesondere der Verweis auf die Strafprozeßordnung beruhte auf der Erwägung, daß »der Untersuchungsauschuß nicht ein freies Beweisverfahren erfinden kann. Im Interesse der Rechtssicherheit müssen hier bestimmte Grenzen gezogen werden« (Abg. Frau Dr. Selbert, 20. Sitzung des Ausschusses für die Organisation des Bundes, Sten.Prot., S. 27).

blick auf die vielfachen Probleme, die Untersuchungen gegenüber Privaten (Betroffenenstatus, Umgang mit Zeugen etc.) aufgeworfen haben, nicht erfüllt haben. Die hier interessierende Frage nach Inhalt und Reichweite des Minderheitsrechts ist dagegen kein geeignetes Thema für eine gesetzliche Regelung. Sie könnte lediglich einen »Interpretationsversuch« für Art. 44 GG darstellen[45], weil es sich um eine interne Angelegenheit des Bundestages handelt, deren Regelung primär die Verfassung selbst und daneben konkretisierend die Geschäftsordnung besorgt[46]. Deshalb und nicht nur wegen der offensichtlichen Unfähigkeit des Bundestages, zu einer gesetzlichen Regelung zu finden, kann man der verfassungsrechtlichen Präzisierung des Minderheitsrechts aus Art. 44 Abs. 1 GG nicht ausweichen.

III. Die Pflicht des Bundestages, das Untersuchungsbegehren der Minderheit »zu seiner Sache« zu machen – Grundstruktur des Minderheitsrechts und verfassungsprozessuale Konsequenzen

Als Ausgangspunkt für den Versuch einer weiterführenden Klärung der aufgeworfenen Probleme soll hier eine Formulierung dienen, mit der *E.G. Mahrenholz* als Vorsitzender des Zweiten Senats und in dessen Auftrag in einem Schreiben an die Parteien eines Organstreitverfahrens eine außergerichtliche Einigung herbeiführen konnte[47]. Dort heißt es: »Das Minderheitsrecht nach Art. 44 Abs. 1 GG betrifft eine Initiative zur Aufklärung eines ›Sachverhalts‹ (vgl. § 1 Abs. 1 bwUAG). Mit der Einsetzung des Untersuchungsausschusses macht der Bundestag diese Untersuchung zu seiner Sache, auch wenn er damit nur dem Antrag einer Minderheit folgt.« Aus diesem Grundsatz könne die Verpflichtung des Bundestages folgen, bei nachträglich auftretenden Hindernissen, die aus der Formulierung des

45 *M. Schröder,* (Fn 26), S. 121; die von *W. Damkowski,* Gesetzliche Neuordnung der Rechte und Pflichten Parlamentarischer Untersuchungsausschüsse, ZRP 1988, S. 340 f., zusammengefaßten Reformüberlegungen zum Minderheitsschutz sind nichts anderes als Klarstellungen der geltenden Verfassungsrechtslage; nicht zufällig haben sich Entscheidungen von Verfassungsgerichten der Länder über den klaren Wortlaut von Untersuchungsausschußgesetzen hinweggesetzt, wenn der gesetzliche »Interpretationsversuch« neben die Verfassungsrechtslage traf: BWStGH, ESVGH 27, 1 (7 f.); BayVerfGHE 30, 48 (61 f.).

46 Vgl. abw. Meinungen *Mahrenholz* und *Böckenförde* BVerfGE 70, 324 (376 ff., 386 ff.); vertiefend dazu *H. Dreier,* Regelungsform und Regelungsinhalt des autonomen Parlamentsrechts, JZ 1990, S. 310 ff., der zutreffend darauf hinweist, daß Untersuchungsausschußgesetze zwangsläufig auch die Beziehungen zwischen dem Parlament und Dritten regeln und ihr Gegenstand deshalb dem Regelungskreis der Geschäftsordnung entzogen ist (S. 314 mit Anm. 47); dies gilt allerdings nicht für die Ausgestaltung des Minderheitsrechts gegenüber Plenum und Ausschuß. Einen Überblick über das Verhältnis von Geschäftsordnung und Untersuchungsausschußgesetzen in den Ländern geben *H. v. Mangoldt/F. Klein/N. Achterberg/M. Schulte* (Fn. 26), Rdn. 103 mit Anm. 259.

47 Das Organstreitverfahren wurde daraufhin durch Beschluß eingestellt; im Tatbestand dieses Beschlusses, BVerfGE 83, 175 (179 f.), ist das erwähnte Schreiben wiedergegeben.

Untersuchungsauftrages resultieren, den Auftrag so zu fassen, daß der Ausschuß seine Arbeit fortsetzen kann.

1. Der zitierte Grundsatz lenkt den Blick zunächst darauf, daß auch eine von einer *Minderheit erzwungene Untersuchung* eine solche des *gesamten Bundestages* bleibt. Diese Feststellung deckt sich mit dem allgemein anerkannten Grundsatz, daß Träger des Untersuchungsrechts und damit Herr des Verfahrens die Gesamtheit des Bundestages ist[48]. Ihren Grund hat diese trotz des Initiativrechts der Minderheit verbleibende Verantwortung der Gesamtheit des Bundestages darin, daß die repräsentative Funktion des Parlaments - trotz aller Einsichten in die Bedeutung der Fraktionen oder Gruppen als politisches Gliederungsprinzip - letztlich auf der durch den Wahlakt vermittelten Freiheit des Mandats (Art. 38 Abs. 1 GG) beruht[49] und deshalb nur durch das Parlament als Ganzem erfüllt werden kann[50]. Daraus folgt die Notwendigkeit, im parlamentarischen Verfahren die Möglichkeiten für Entscheidungen offenzuhalten, die von Mehrheiten jenseits der Grenzen zwischen Regierungsmehrheit und Opposition, zwischen Fraktionen oder zwischen sonstigen Untergliederungen des Parlaments getragen werden.
Dies gilt auch für die parlamentarische Untersuchung nach Art. 44 GG, wenn sie auf Initiative einer qualifizierten Minderheit durchgeführt werden muß: Eine solche Untersuchung als ein Instrument allein in der Hand »der« Opposition oder der Antragsminderheit zu verstehen und dementsprechend die einzelnen Minderheitsrechte zu konkretisieren, hieße, die aus der Repräsentationsfunktion des Bundestages in seiner Gesamtheit folgenden Prinzipien zu suspendieren. Diese Zusammenhänge werden in der parlamentarischen Praxis sichtbar, wenn z.B. auf Antrag einer Mehrheit des Bundestages der Gegenstand der Untersuchung mit Einverständnis einer Antragsminderheit ergänzt wird, so daß eine eindeutige Scheidung in Mehreits- oder Minderheitsenquête nicht möglich ist[51], wenn sich im Untersuchungsausschuß wechselnde Mehrheits- und Minderheitskonstellationen ergeben, so daß die typische Trennung zwischen »der« Antragsminderheit im Ausschuß und »der« Ausschußmehrheit verschwimmt, oder auch wenn die An-

48 BVerfGE 77, 1 (40 f.); *H. v. Mangoldt/F. Klein/N. Achterberg/M. Schulte* (Fn. 26), Rdn. 77 f. m.w.N.

49 Deswegen sind Fraktionen und Gruppen auch nicht als »verlängerter Arm« der Parteien im Parlament, sondern als auf der Ausübung des freien Mandats beruhender Zusammenschluß von Abgeordneten zu begreifen; vgl. nur BVerfGE 84, 304 (322).

50 BVerfGE 80, 188 (217 f.); 84, 304 (321); vgl. bereits oben bei Fn. 9 - 11.

51 Vgl. auch den 2. Untersuchungsausschuß der 11. Wahlperiode, dem zwei Einsetzungsanträge zugrundelagen (CDU/CSU und FDP: BTDrucks. 11/1680 - »TRANSNUKLEAR«; SPD: BTDrucks. 11/1683(neu) - »Atomskandal«) und dessen Auftrag später auf Antrag der Fraktionen der CDU/CSU, SPD, FDP und DIE GRÜNEN erweitert wurde (BTDrucks. 11/3911); interessant auch die von *J. Jekewitz,* Parlamentarische Untersuchungsausschüsse und Minderheitenrechte, RuP 1987, S. 23 ff., analysierte Konstellation des »Flick«-Ausschusses, der »weder ein klassischer Minderheits- noch ein Mehrheitsausschuß« war (S. 25).

tragsminderheit im Plenum das Interesse an der Untersuchung verliert, dann aber eine Mehrheit oder eine anders zusammengesetzte qualifizierte Minderheit die Fortführung verlangt[52]. Die auch bei Minderheitsenquêten wirksame Verantwortung des Gesamtparlaments für den Fortgang der Untersuchung zeigt sich also nicht zuletzt daran, daß die Antragsminderheit nicht aus eigener Kraft das vorzeitige Ende einer Untersuchung herbeiführen kann[53].
Aus diesen Gründen kann das Minderheitsrecht nicht als Recht auf eine »eigene« Untersuchung der Minderheit, über deren Verlauf sie allein bestimmt, begriffen werden[54]. Vielmehr ist die Grundstruktur des Minderheitsrechts, insbesondere die Frage nach dem Berechtigten und dem Verpflichteten, auf der Grundlage der »normalen«, von der Mehrheit des Bundestages »freiwillig« beschlossenen Untersuchung zu entwickeln.

2. Orientierungspunkt ist also zunächst der *Normalfall des Art. 44 Abs. 1 GG,* die Einsetzung eines Untersuchungsausschusses durch Mehrheitsbeschluß des Bundestages. Hier gilt, daß der Bundestag in seiner Gesamtheit verantwortlicher Träger des Untersuchungsrechts ist und sich des Ausschusses lediglich als Hilfsorgan bedient – wenn dieser auch die speziellen Untersuchungsrechte ausübt, die dem Bundestag selbst nicht zu Gebote stehen[55]. Dieses grundsätzliche Verhältnis zwischen dem Bundestag als Träger und dem Ausschuß als ausführendem Hilfsorgan des Untersuchungsrechts wirkt sich auf einzelne Fragen des Verfahrens aus: Zunächst bedarf es eines förmlichen Beschlusses des Bundestages über die Einsetzung des Ausschusses, weil es ohne diesen an der notwendigen Willensäußerung der Gesamtheit des Bundestages fehlt. In dem Beschluß muß der Gegenstand der Untersuchung genau bezeichnet sein, weil anderenfalls das Hilfsorgan nicht weiß, welche Sachverhalte es im Auftrag des Plenums zu erforschen hat[56]. Gleichzeitig übernimmt der Bundestag als Ganzes die politische und rechtliche Verantwortung für den auch aus diesem Grunde zu präzisierenden Untersuchungsgegenstand. Einwände gegen die Rechtmäßigkeit oder die politische Angemessenheit des Untersuchungsthemas stehen dem Ausschuß nicht zu[57]. Als Un-

52 Die vorzeitige Auflösung eines Untersuchungsausschusses kann jedenfalls nicht gegen den Willen der Antragsminderheit erfolgen; vgl. dazu *M. Schröder* (Fn.), Rdn. 42 m.w.N. Weniger klar ist dagegen, ob auch eine anders zusammengesetzte qualifizierte Minderheit den vorzeitigen Rückruf verhindern kann; dazu *A. Schleich,* Das parlamentarische Untersuchungsrecht des Bundestages, 1985, S. 87; *H. v. Mangoldt/F. Klein/N. Achterberg/M. Schulte* (Fn. 26), Rdn. 165, jew. m.w.N.

53 *H. v. Mangoldt/F. Klein/N. Achterberg/M. Schulte* (Fn. 26), Rdn. 85, 165.

54 In diese Richtung aber *H.-P. Schneider,* in: AK-GG, Bd. II, 2. Aufl. 1989, Art. 44 Rdn. 4 f.; dagegen mit Nachw. des älteren Schrifttums *A. Schleich* (Fn. 52), S. 84 f.

55 Vgl. nur BVerfGE 77, 1 (40 f.).

56 *H.-P. Schneider* (Fn. 54), Rdn. 6.

57 HessStGH, DÖV 1967, S. 51 (57); BayVerfGHE 30, 48 (61 f.). Durch das mehrheitlich beschlossene Rechtsgutachten zur Verfassungsmäßigkeit des Untersuchungsauftrages hat deshalb m.E. der Untersuchungsausschuß »TRANSNUKLEAR« unter Verstoß gegen Art. 44 Abs. 1 GG seine Kompetenzen überschritten (vgl. BTDrucks. 11/7800, S. 18 f.).

terorgan des Bundestages mit Funktionen und Befugnissen, die vom Gesamtparlament abgeleitet und demokratisch legitimiert sind[58], gilt auch für den Untersuchungsausschuß die Regel, daß seine Zusammensetzung die politischen Stärkeverhältnisse im Plenum widerspiegeln muß[59].
Damit ist zugleich - jedenfalls für den typischen Fall - sichergestellt, daß der Untersuchungsausschuß seinen Auftrag loyal und ohne vermeidbare Verzögerungen erfüllt. Sollte dies ausnahmsweise einmal nicht der Fall sein, stehen dem Bundestag Mittel zur Verfügung, die Untersuchung entsprechend seinen Vorstellungen und Erkenntnisinteressen zu steuern: Das Plenum kann den Untersuchungsgegenstand durch nachträglichen Beschluß ergänzen, präzisieren oder auch - z.B. im Interesse eines zügigen Abschlusses der Untersuchung - beschränken[60]. Da der zu untersuchende Sachverhalt neben seiner thematischen Umschreibung näher präzisiert werden kann durch die Benennung einzelner Sachfragen und der dazu voraussichtlich aussagekräftigen Beweismittel, kann der Bundestag dem Untersuchungsausschuß auch einzelne Beweiserhebungsgebote mit auf den Weg geben[61]. Üblich sind auch Vorgaben, die dem Ausschuß ein bestimmtes Verfahren vorschreiben[62]. Auf der Grenze zwischen verfahrensrechtlichen und thematischen Vorgaben liegt die mögliche Anweisung an den Ausschuß, zunächst einen Teilbericht zu einem abgegrenzten Fragenkomplex oder einen vorläufigen Zwischenbericht zum gesamten Untersuchungsgegenstand vorzulegen[63]. Auch zeitliche Vorgaben sind nicht ausgeschlossen, wenn etwa der Bundestag einen Bericht als Grundlage einer dringend anstehenden Entscheidung benötigt.

3. Der Zugang zum Verständnis von Inhalt und Reichweite des *Minderheitsrechts aus Art. 44 Abs. 1 GG* liegt nun darin, daß sich an dem aufgezeigten Ver-

58 BVerfGE 77, 1 (40).
59 BVerfGE 80, 188 (221 f.); 84, 304 (323).
60 *H. Rechenberg,* in: Bonner Kommmentar (Zweitbearb. 1977), Art. 44 Rdn. 8.
61 Dazu ausführlich BayVerfGH, BayVBl. 1981, S. 593 ff. Streitig war in diesem Verfahren nur, ob die Antragsminderheit das Plenum dazu zwingen kann, von dieser Möglichkeit Gebrauch zu machen; ein solches Recht der Minderheit hat der BayVerfGH im Ergebnis verneint. Zu eng dagegen der NdsStGH, DVBl. 1986, S. 237, der die Hilfsfunktion des Ausschusses verkennt, wenn er meint, das Gesamtparlament habe keinen Einfluß darauf, wie der Untersuchungsausschuß seinen Auftrag durchführt; ähnlich *M. Hilf,* Untersuchungsausschüsse vor den Gerichten, NVwZ 1987, S. 537 (540) m.w.N. der Rechtsprechung.
62 In dem Einsetzungsbeschluß heißt es dann etwa: »Dem Verfahren des Untersuchungsausschusses werden die sogenannten IPA-Regeln (Entwurf eines Gesetzes über Einsetzung und Verfahren von Untersuchungsauschüssen des Deutschen Bundestages - BTDrucks. V/4209) zugrundegelegt, soweit sie geltendem Recht nicht widersprechen und wenn nach übereinstimmender Auffassung der Mitglieder des Untersuchungsausschusses keine sonstigen Bedenken bestehen« (so z.B. der Einsetzungsbeschluß BTDrucks. 11/1680).
63 Vgl. nur *M. Schröder* (Fn. 38), Rdn. 41. Nach BVerfGE 49, 70 (87), soll die Entscheidung, ob z.B. ein Teilbericht vorgelegt wird, von dem Willen der Ausschußmehrheit abhängen. Diese Aussage betrifft aber wohl nicht den Fall, daß das Parlament im Einsetzungsbeschluß insoweit klare Vorgaben macht.

hältnis zwischen Plenum und Ausschuß auch dann grundsätzlich nichts ändert, wenn der Bundestag den Ausschuß nicht aufgrund eigenen politischen Wollens, sondern aufgrund seiner Verpflichtung gegenüber der qualifizierten Antragsminderheit eingesetzt hat.

a) Dies folgt bereits aus dem Wortlaut des Art. 44 Abs. 1 GG: Dort ist nicht etwa davon die Rede, daß die Antragsminderheit das Recht hätte, einen Untersuchungsausschuß einzusetzen. Vielmehr enthält die Norm nur die Verpflichtung des Bundestages in seiner Gesamtheit, auf Antrag der qualifizierten Minderheit einen Ausschuß einzusetzen. Auch ein solcher bleibt also ein Untersuchungsausschuß des Bundestages mit allen daraus folgenden Konsequenzen: Die Einsetzung bedarf auch hier eines förmlichen Beschlusses des Bundestages. Die Feststellung, daß der Antrag von einer ausreichenden Anzahl von Mitgliedern des Bundestages unterstützt wird, genügt nicht[64]. Mit diesem Beschluß kommt der Bundestag seiner Pflicht aus Art. 44 Abs. 1 GG nach, macht die Untersuchung zu seiner Sache und übernimmt - wenn auch verfassungsrechtlich erzwungen - die Verantwortung für das Untersuchungsthema, so daß auch hier der Ausschuß nicht berechtigt ist, rechtliche oder gar politische Bedenken gegen das Untersuchungsthema einzuwenden. Schließlich hat auch hier der Untersuchungsausschuß, in dem die Mehrheitsverhältnisse im Plenum spiegelbildlich repräsentiert sein müssen[65], die Untersuchung loyal und ohne vermeidbare Verzögerungen durchzuführen[66].

b) Mit dieser Annäherung an die Grundstruktur des Minderheitsrechts aus Art. 44 Abs. 1 GG verbunden ist die These zu dem *Berechtigten* und dem *Verpflichteten* des Minderheitsrechts: Es betrifft allein und ausschließlich die verfassungsrechtliche Organbeziehung zwischen einer Minderheit des Bundestages (Plenum), die sich durch einen konkreten Antrag als mit eigenen Rechten ausgestatteter Teil des Bundestages konstituiert hat, als Berechtigtem und dem Bundestag in seiner Gesamtheit als Verpflichtetem. *Verfassungsprozessual* hat dies zur Folge, daß im Organstreit allein diese beiden Beteiligten über den Umfang der Rechte und Pflichten aus Art. 44 Abs. 1 GG streiten können. Ist dagegen die Antragsminderheit der Auffassung, der auf ihren Antrag hin eingesetzte Untersuchungsausschuß komme seiner Verpflichtung nicht nach, den Auftrag loyal und ohne vermeidbare Verzögerungen zu erfüllen, betrifft dies das verfassungsrechtliche Verhältnis zwischen dem Bundestag als Ganzem und dem Ausschuß als sei-

64 So auch BayVerfGH, BayVBl. 1981, S. 593; *M. Schröder* (Fn. 38), Rdn. 26; *H. v. Mangoldt/F. Klein/N. Achterberg/M. Schulte* (Fn. 26), Rdn. 87 f. m.w.N.; *R. Pietzner* (Fn. 33), Sp. 3677, der zutreffend darauf hinweist, daß zwar allein die Minderheit berechtigt ist, über die politische Zweckmäßigkeit zu befinden, daß aber die Verantwortung für die Verfassungsmäßigkeit des Untersuchungsauftrags das Plenum - durch den Beschluß - übernehmen muß; a.A. *H. Rechenberg* (Fn. 60), Rdn. 6.

65 Vgl. *M. Schröder* (Fn. 26), S. 100; *H. v. Mangoldt/F. Klein/N. Achterberg/M. Schulte* (Fn. 26), Rdn. 159; a.A. *F. Edinger,* Wahl und Besetzung parlamentarischer Gremien, 1991, S. 262.

66 Zu weiteren Konsequenzen aus der Verantwortlichkeit des Gesamtparlaments vgl. bereits oben bei Fn. 51 - 53.

nem Hilfsorgan. In diesem Fall kann also die Antragsminderheit nicht aus eigenem Recht gegen den Untersuchungsausschuß vorgehen, weil der Bundestag ihr mit dem Einsetzungsbeschluß die Untersuchung aus der Hand genommen hat und aus der Hand nehmen mußte, indem er sie »zu seiner Sache« gemacht hat. Hier zeigen sich die verfassungsprozessualen Konsequenzen der Tatsache, daß auch die von einer Minderheit erzwungene Untersuchung eine solche des Bundestages bleibt. Eine Schmälerung des Minderheitsrechts liegt hierin keineswegs: Als mit eigenen Rechten ausgestatteter Teil des Bundestages kann die Antragsminderheit in Prozeßstandschaft für den Bundestag gegenüber dem Ausschuß dessen Verpflichtung durchsetzen (§ 64 Abs. 1 BVerfGG). Allerdings wird dabei zu beachten sein, daß der Bundestag zunächst die ihm gegenüber dem Ausschuß zu Gebote stehenden Mittel auszuschöpfen hat, bevor er verfassungsgerichtliche Hilfe in Anspruch nimmt. Dasselbe muß dann auch für die Antragsminderheit gelten: Sie hat zunächst das Plenum anzurufen und dieses zu veranlassen, etwa durch Präzisierungen des Untersuchungsgegenstandes oder auch durch Anordnung bestimmter Beweiserhebungen, den Untersuchungsausschuß »an die kurze Leine« zu nehmen[67].

c) Gegenüber *Dritten* gewährt das Minderheitsrecht aus Art. 44 Abs. 1 GG also kein Recht auf Erhebung von Beweisen oder auf Durchsetzung bestehender Beweisbeschlüsse. Das gilt entgegen der Auffassung des Bundesverfassungsgerichts[68] auch für das Recht auf Vorlage von Akten der Bundesregierung. Wie das Gericht im Flick-Urteil zunächst zutreffend ausführt, betrifft der Streit um den Umfang der Vorlage von Regierungsakten die verfassungsrechtliche Organbeziehung zwischen dem Bundestag als Träger des Untersuchungsrechts und dem Ausschuß als Hilfsorgan des Parlaments einerseits und der Bundesregierung und einzelnen Bundesministern auf der anderen Seite[69]. An dieser Organbeziehung ist die Antragsminderheit nicht beteiligt. Daß sie dennoch in der Lage war, die Verpflichtung der Bundesregierung verfassungsgerichtlich durchzusetzen, liegt allein daran, daß sie nach § 64 Abs. 1 BVerfGG in Prozeßstandschaft für den Bundestag dessen Untersuchungsrecht gegenüber der Bundesregierung geltend machen kann. Derartige prozessuale Möglichkeiten stehen ihr aber nicht zur Verfügung, wenn es z.B. um die Heranziehung von Akten bei Ländern und Gemeinden oder um die Durchsetzung eines Zeugenbeweises etc. geht[70]. Diese Beispiele zeigen, daß es sich bei der dem Flick-Urteil zugrundeliegenden Konstellation um einen besonderen Ausnahmefall handelte: Hier stand mit dem Organstreitverfahren und der Möglichkeit, für den Bundestag in Prozeßstandschaft aufzutreten, ein prozes-

67 Vgl. BayVerfGH, BayVBl. 1981, S. 593 (595 f.).
68 BVerfGE 67, 100 (126).
69 BVerfGE 67, 100 (123).
70 Vgl. z.B. OLG Köln, NStZ 1986, S. 88 und 90; dazu die Anmerkung von *M. Schröder,* ZParl 1986, S. 383 ff.

suales Mittel zur Verfügung, das der Antragsminderheit bei allen anderen Beweiserhebungen nicht zur Verfügung steht. Treten hier also Streitigkeiten über den gebotenen Umfang der Beweisaufnahme auf, bleibt nur der Weg, den Bundestag zunächst - notfalls verfassungsgerichtlich - mit Hilfe des Minderheitsrechts aus Art. 44 Abs. 1 GG zur notwendigen Einflußnahme auf den Untersuchungsausschuß zu veranlassen und die daraus resultierende verfassungsrechtliche Verpflichtung des Ausschusses gegenüber dem Plenum ebenfalls - im Wege der Prozeßstandschaft - gerichtlich durchzusetzen[71], wenn dies ausnahmsweise erforderlich sein sollte.

IV. Umfang der Verpflichtung des Bundestages

Die dargestellte Grundstruktur der mit dem parlamentarischen Untersuchungsrecht zusammenhängenden Organbeziehungen und ihre verfassungsprozessualen Konsequenzen für die gerichtliche Durchsetzung im Organstreitverfahren zeigen deutlich, daß die Effektivität des Minderheitsrechts aus Art. 44 Abs. 1 GG entscheidend davon abhängt, in welchem Umfang die Antragsminderheit den Bundestag dazu zwingen kann, sich ihr Anliegen zu eigen zu machen. Die These hierzu lautet: Der Bundestag ist auf Antrag einer qualifizierten Minderheit nach Art. 44 Abs. 1 GG nicht nur verpflichtet, einen Untersuchungsausschuß mit dem von der Minderheit bestimmten Untersuchungsgegenstand einzusetzen, sondern er ist auch verpflichtet, den Fortgang der Untersuchung in der Weise zu »seiner Sache« zu machen, daß er auf Antrag einer qualifizierten Minderheit dieselben Maßnahmen ergreift, die er einsetzen könnte, um den Fortgang einer »normalen« Mehrheitsenquête im Sinne seines Untersuchungsinteresses zu fördern und zu beeinflussen.

1. Zunächst umfaßt das Minderheitsrecht also das *»Ob«* der Einsetzung eines Untersuchungsausschusses einschließlich des Rechts, einen vorzeitigen »Rückruf« in der Form der Auflösung des Ausschusses zu verhindern, sowie das *»Was«,* also den Gegenstand der Untersuchung. Das Bestimmungsrecht über den Gegenstand der Untersuchung, das in Art. 44 Abs. 1 GG nicht ausdrücklich erwähnt ist, folgt bereits daraus, daß »ein« Untersuchungsausschuß definiert ist durch die präzise Umschreibung seines Gegenstandes. Ohne das Recht, diesen zu bestimmen, wäre das Recht auf Einsetzung ohne Gehalt. Dieses Recht der Antragsminderheit kann auch nicht unter Berufung auf den »Sinn« des Ausschußverfahrens geschmälert werden[72]. Denn dieser Sinn des Ausschußverfahrens kann

71 Vgl. BVerfGE 71, 299.
72 So aber BVerfGE 49, 70 (87 f.).

bei einem Ausschuß, der auf Verlangen einer Minderheit eingesetzt wird, nicht darin liegen, das Interesse der Mehrheit des Bundestages an der Aufklärung eines Sachverhalts zu befriedigen. Dann könnte nämlich das Grundgesetz getrost auf das Minderheitsrecht verzichten und es bei dem Recht des Bundestages belassen, mit Mehrheitsbeschluß einen Untersuchungsausschuß einzusetzen. Maßgeblich kann also nur das Aufklärungsinteresse der Minderheit sein. Dieses ist häufig einseitig und darf dies auch sein, weil es durch Art. 44 Abs. 1 GG gerade als Minderheitsrecht anerkannt ist. Ist dagegen ein weiterreichendes Interesse der Mehrheit an einer umfassenden und »wirklichkeitsgetreuen« Darstellung eines Sachverhalts groß genug, mag sie einen eigenen Untersuchungsausschuß einsetzen oder im Verhandlungswege das Einverständnis der Antragsminderheit mit einer Ergänzung des Untersuchungsgegenstandes zu erreichen suchen[73].

Die Grenzen des Rechts der Minderheit, den Gegenstand der Untersuchung zu bestimmen, werden also nicht durch einen ohnehin kaum zu präzisierenden Objektivitäts- oder Vollständigkeitsmaßstab aus der Sicht der Mehrheit, sondern allein durch die Verfassung selbst gezogen: Das Recht auf einen Untersuchungsgegenstand, der bereits durch seine Formulierung gegen Grundrechte verstößt, unter Verstoß gegen das Bundesstaatsprinzip in den Verantwortungsbereich der Länder eingreift oder die sonstigen Grenzen des Untersuchungsrechts des Bundestages überschreitet[74], kann Art. 44 Abs. 1 GG nicht vermitteln, weil anderenfalls das Grundgesetz mit sich selbst in Widerspruch geriete. Ob diese Grenzen beachtet sind, hat der Bundestag bei seiner Entscheidung über den Minderheitsantrag zu prüfen. Insoweit verbleibt es bei der Gesamtverantwortung des Parlaments, die es in dem förmlichen Einsetzungsbeschluß zum Ausdruck bringt. Dies hat zur unausweichlichen Konsequenz, daß im Streitfall die Minderheit ihre abweichende Auffassung von den verfassungsrechtlichen Grenzen einer Untersuchung im Wege des Organstreitverfahrens gegen den Bundestag verfassungsgerichtlich weiterverfolgen muß.

2. Die Folgerungen aus der Verpflichtung des Bundestages, die Untersuchung »zu seiner Sache« zu machen und dementsprechend auch den weiteren *Fortgang der Untersuchung* mit den ihm zu Gebote stehenden Mitteln zu *fördern,* lassen sich mit Hilfe der hypothetischen Überlegung präzisieren, wie sich der Bundestag (durch Mehrheitsentscheidung und ohne verfassungsrechtliche Verpflichtung) verhalten würde, wenn sich im Verlauf der Untersuchung herausstellt, daß die mit dem Einsetzungsbeschluß intendierte Untersuchung auf Hindernisse stößt - sei es, daß diese Hindernisse auf der Formulierung des Untersuchungsgegenstandes

73 I. E. ebenso *H. v. Mangoldt/F. Klein/N. Achterberg/M. Schulte* (Fn. 26), Rdn. 91; *H. Rechenberg* (Fn. 60), Rdn. 8; *L.-A. Versteyl,* in: v. Münch (Hrsg.), GG-Kommentar, Bd. 2, 2. Aufl. 1983, Art. 44 Rdn. 6; *C. Laage/L. Strube* (Fn. 26), S. 20 f.

74 Vgl. dazu die Übersicht bei *M. Schröder* (Fn. 38), Rdn. 15 ff.; *R. Pietzner* (Fn. 33), Sp. 3675 f.

beruhen, sei es, daß diese Hindernisse auf einer illoyalen oder zögerlichen Verfahrensweise des Ausschusses beruhen. Wie oben dargestellt[75], stehen dem Bundestag in einer derartigen Situation eine Reihe von Möglichkeiten zur Verfügung. Wenn nun der Kern des Minderheitsrechts aus Art. 44 Abs. 1 GG darin liegt, daß der Bundestag sich das Untersuchungsinteresse der Minderheit zu eigen machen und dementsprechend fördern muß, dann folgt daraus, daß die Antragsminderheit von einem »widerwilligen« Plenum die Nutzung eben dieser Möglichkeiten verlangen kann.

a) Sie kann daher den Verlauf des Untersuchungsverfahrens dadurch steuern, daß sie bereits im Einsetzungsantrag oder durch spätere Ergänzungsanträge den Gesamtkomplex der Untersuchung in Teil- oder Zwischenberichte aufteilt. Diese Verfahrensstufung eröffnet insbesondere die Möglichkeit, auf Zwischenergebnisse der Untersuchung z.B. durch Präzisierungen, Änderungen oder Ergänzungen des Untersuchungsgegenstandes zu reagieren. Diese Möglichkeit betrifft nicht nur den Fall, daß sich im Verlauf der Untersuchung Hindernisse herausgestellt haben, die mit der Formulierung des Untersuchungsgegenstandes zusammenhängen[76]. Denkbar sind auch Fälle, in denen sich z.B. aufgrund der bisherigen Untersuchung der Adressat des Vorwurfs eines eventuellen Fehlverhaltens ändert und auf diese Weise die Untersuchung eine andere Richtung nimmt, als zunächst vermutet.

Die Befugnis des Bundestages, als Herr der Untersuchung über ihren Gegenstand zu bestimmen, hängt untrennbar zusammen mit der Frage danach, welche Beweise erhoben und ggf. auch durchgesetzt werden müssen. Besteht hierüber Dissens zwischen dem Bundestag und dem Untersuchungsausschuß, so kann der Bundestag auch insoweit verbindliche Vorgaben machen[77]. Auch den Einsatz dieses Mittels kann die Antragsminderheit vom Plenum im Konfliktfall verlangen. Denn sie hat nach Art. 44 Abs. 1 GG in spezifischer Weise Anteil an der Herrschaftsrolle des Plenums gegenüber dem Ausschuß. Aus dieser nur über das Plenum vermittelten Befugnis der Antragsminderheit, auf den Verlauf der Untersuchung Einfluß zu nehmen, folgt zugleich die Obliegenheit, bei vermeintlichen Behinderungen der Untersuchung immer zunächst im Wege konkreter Anträge das Plenum anzurufen[78]. Es liegt auf der Hand, daß dieses Verfahren nur bei bedeutsamen Einzelfällen in Betracht kommen kann, insbesondere also bei Streitigkeiten über die Reichweite des Untersuchungsauftrages, bei grundsätzlichen Fragen des Umfangs der erforderlichen Beweiserhebung oder auch bei wichtigen Verfahrensfragen wie der nach der Erforderlichkeit von Teil- oder Zwischenberichten.

75 S.o. bei Fn. 60 – 63.
76 Vgl. BVerfGE 83, 175 (179 f.).
77 S.o. bei Fn. 61; vgl. auch *C. Laage/L. Strube* (Fn. 26), S. 21 f.
78 Vgl. BayVerfGH, BayVBl. 1981, S. 593 (595 f.).

b) Bezieht sich also der durch konkrete Vorgaben im Einsetzungs- oder in späteren Ergänzungsanträgen wahrzunehmende Einfluß der Antragsminderheit auf den Verlauf der Untersuchung schon aus Gründen der Praktikabilität[79] nur auf Fragen von grundsätzlicher Bedeutung, so scheint sie gegenüber den »kleinen« Behinderungen in der »alltäglichen« Handhabung des Verfahrens[80] durch die Mehrheit im Ausschuß schutzlos.
Zeigt sich dort bei einer Gesamtschau auf die Handhabung von Verfahrensfragen, daß die zügige Erfüllung des Untersuchungsauftrages durch die Summierung für sich genommen nicht gravierender Einzelentscheidungen des Ausschusses gefährdet wird, ist der Bundestag auf Antrag der qualifizierten Minderheit auch verpflichtet, verfahrensrechtliche Vorgaben zu machen, die einer solchen Gefahr entgegenwirken. Dabei ist zu berücksichtigen, daß es hier nicht um einzelne überraschende Hindernisse, sondern um vorhersehbare, nach über vierzig Jahren bundesrepublikanischer Erfahrung mit Untersuchungsausschüssen[81] typisierbare und deshalb durch Verfahrensvorschriften vermeidbare Hindernisse geht, die letztlich auf dem verständlicherweise geringen Interesse der Regierungsmehrheit beruhen, Fehlverhalten oder Versäumnisse im Bereich der von ihr getragenen Regierung aufzudecken. Diese Erfahrungen und die daraus resultierenden verfahrensrechtlichen Sicherungen haben ihren Niederschlag gefunden in Berichten von Enquête-Kommissionen[82], in den verschiedenen interfraktionellen Gesetzesinitiativen aus der Mitte des Bundestages[83], in den Untersuchungsausschußgesetzen einer Reihe von Ländern[84] und nicht zuletzt in neuen Landesverfassungen[85]. Aus dieser zu Verfahrensvorschriften geronnenen Parlamentserfahrung lassen sich die Minimalanforderungen herausfiltern, die das Parlament bei Einsetzung eines auf einer Minderheitsinitiative beruhenden Untersuchungsausschusses diesem zur Vermeidung von Behinderungen und Verzögerungen vorzugeben verpflichtet ist[86], wenn

79 Darüber hinaus wäre zu erwägen, ob den Steuerungsmöglichkeiten des Plenums gegenüber dem Ausschuß aufgrund dessen durch Art. 44 GG verselbständigten Stellung in dem Sinne Grenzen gezogen sind, daß das Plenum nicht bis ins letzte Detail alles vorgeben darf, weil es anderenfalls die gesamte Untersuchung an sich ziehen und dadurch Befugnisse selbst wahrnehmen würde, deren Ausübung Art. 44 GG nur dem Ausschuß zuweist.

80 Vgl. oben bei Fn. 20 - 24.

81 Der erste Untersuchungsausschuß des Bundestages wurde am 2.2.1950 beschlossen; vgl. dazu *R. Kipke* (Fn. 1), S. 117 ff.

82 Vgl. neben dem Schlußbericht der Enquête-Kommission Verfassungsreform des Bundestages (Fn. 18) auch den Schlußbericht der Enquête-Kommission Verfassungs- und Parlamentsreform des Schleswig-Holsteiner Landtags, 1989, S. 52 ff.

83 Eine Übersicht über die wichtigsten Reformmodelle gibt *L.-A. Versteyl* (Fn. 73), Rdn. 29; vgl. zuletzt BTDrucks. 12/418.

84 Vgl. die Synopse in: *Thaysen/Schüttemeyer* (Hrsg.), Bedarf das Recht der parlamentarischen Untersuchungsausschüsse einer Reform ?, 1988, S. 241 ff.

85 Vgl. etwa Art. 72 LV Brandenburg; Art. 34 LV Mecklenburg-Vorpommern; Art. 54 LV Sachsen; Art. 54 LV Sachsen-Anhalt; Art. 64 LV Thüringen; Art. 27 LV Niedersachsen; Art. 18 LV Schleswig-Holstein.

86 Daß dies nicht durch Gesetz erfolgen muß, wurde bereits erwähnt (vgl. oben bei Fn. 43 - 46).

die Antragsminderheit dies verlangt. Dazu gehören jedenfalls das Beweisantrags- und -erzwingungsrecht einer Minderheit der Ausschußmitglieder[87], das nur durch Rechtsgründe und nicht durch Zweckmäßigkeitserwägungen einer Mehrheit im Ausschuß begrenzt sein darf[88], sowie Verfahrensregeln, die die Einberufung von Sitzungen oder die zeitliche Behandlung von Beweisanträgen betreffen[89].

V. Fazit

Das Minderheitsrecht auf eine parlamentarische Untersuchung nach Art. 44 Abs. 1 GG bedarf angesichts des Spannungsverhältnisses zwischen der Verantwortung des Parlaments als Ganzem für die Untersuchung einerseits und dem Minderheitsrecht andererseits der verfassungsrechtlichen Präzisierung, die auch durch ein Untersuchungsauschußgesetz nicht entbehrlich würde. Diese Präzisierung setzt zunächst Klarheit darüber voraus, daß das Minderheitsrecht nur die konkrete Antragsminderheit im Plenum berechtigt und nur den Bundestag verpflichtet. Der Einfluß der Minderheit auf Gegenstand und Verlauf der Untersuchung vollzieht sich also stets vermittelt durch die Rolle des Bundestages als Herr des Verfahrens, der seinerseits über die notwendigen Instrumente verfügt, die loyale und zügige Erfüllung des Untersuchungsauftrages durch den Ausschuß als Hilfsorgan zu gewährleisten. Vor dem Hintergrund dieser Grundstruktur läßt sich der Inhalt des Minderheitsrechts aus Art. 44 Abs. 1 GG näher beschreiben durch die Pflicht des Bundestages, einen Untersuchungsausschuß mit dem von der Minderheit bezeichneten Gegenstand einzusetzen und den Fortgang der Untersuchung »zu seiner Sache« zu machen. Daraus folgt dann die Verpflichtung, auf Antrag der Minderheit durch nachträgliche Änderungen, Ergänzungen oder Präzisierungen des Untersuchungsgegenstandes auftretende Hindernisse zu beseitigen und durch Verfahrensregeln, die dem Untersuchungsausschuß durch den Einsetzungsbeschluß verbindlich vorzuschreiben sind, voraussehbare Behinderungen der Untersuchung zu vermeiden. Zwar können auch diese verfassungsrechtlichen Grenzen des Mehrheitsprinzips eine effektive Kontrolle der Exekutive nicht vollständig sicherstellen. Sie schaffen aber die Voraussetzungen dafür, daß die regierungstra-

87 Vgl. § 12 Abs. 2 der IPA-Regeln (Fn. 37): ein Viertel; Art. 72 Abs. 3 LV Brandenburg, Art. 54 Abs. 3 LV Sachsen, Art. 27 Abs. 2 LV Niedersachsen, Art. 64 Abs. 3 LV Thüringen: ein Fünftel; Entwurf der Fraktion der CDU/CSU, BTDrucks. 8/1181, § 13 Abs. 2: zwei Ausschußmitglieder; Gesetzentwurf der Fraktion der SPD, BTDrucks. 11/2025, § 13 Abs. 2: ein Viertel oder »Mitglieder des Untersuchungsausschusses, die zu den Antragstellern gehören«; vgl. auch *C. Laage/L. Strube* (Fn. 26), S. 23 ff. m.w.N., sowie den Abschlußbericht der Kommission der Landtagsdirektoren zum Recht der Untersuchungsausschüsse, ZParl 1991, S. 406 (409 f.).

88 Vgl. § 14 Abs. 2 des Musterentwurfs der Präsidenten der deutschen Länderparlamente (1972), abgedruckt in: Thaysen/Schüttemeyer (Fn. 84), S. 300 ff.; vgl. auch *A. Schleich* (Fn. 52), S. 85 f.

89 Entwurf der Fraktion der SPD, BTDrucks. 11/2025, § 7; vgl. auch *M. Hilf* (Fn. 61), S. 540.

gende Mehrheit mögliche Versäumnisse oder Mißstände dem Zugriff der Öffentlichkeit nicht vollständig entziehen kann, so daß deren kritische Funktion als wichtigste Sicherung des Minderheitsrechts auf eine parlamentarische Untersuchung wirksam werden kann.

Das isolierte Akteneinsichtsrecht – Abgeordnete zwischen Opposition und Kooperation*

Marion Eckertz-Höfer

»Mais si la puissance législative prend part à l'execution, la puissance exécutrice sera également perdue«
Charles de Montesquieu[1]

Die wichtigsten Impulse zur Verfassungsreform, insbesondere im Bereich des Parlamentsrechts kamen in den letzten Jahren nicht vom Bund, sondern aus den Ländern. Allen voran novellierte Schleswig-Holstein im Jahre 1990 - noch ganz unter dem Eindruck der Barschel-Affaire stehend - seine bisherige »Landessatzung«[2] und machte aus ihr eine Verfassung, die gerade im Bereich des Parlamentsrechts viele in Wissenschaft und Praxis in den letzten Jahren erhobene Forderungen aufgriff. Nach der deutschen Einigung wurde sie für die Verfassungsgebung in den neuen Ländern in vielem zum Vorbild[3].

Regelungen über die Information der Parlamente durch die Regierung nehmen in diesen Verfassungen einen ungewohnt breiten Raum ein.[4] Umfassende Informationsrechte des Parlaments[5] sollen - als Minderheitenrechte ausgestaltet - vor al-

* Für hilfreiche Beiträge danke ich *Rainer Eckertz*

1 *Montesquieu,* De l'Esprit des Lois, Liv. XI, chap. 6, in: oeuvres complètes, pres. par Roger Caillois, Paris 1951, Tom. II, p. 405.

2 Vom 13.12.1949, GVOBl. 1950, S. 3.

3 Ebenso offenbar für die Niedersächsische Verf. vom 19.5.1993; Vorbild für Schleswig-Holstein war im Bereich des Parlamentsrecht teilweise die 1971 novellierte Hamburger Verfassung (vgl. dazu Schlußbericht der Enquetekommission Verfassungs- und Parlamentsreform, 1989, S. 43, 50 sowie der Minister *H. P. Bull* im Sonderausschuß Verfassungs- und Parlamentsreform v. 12.5.1989, s. Protokolle SoAVP 9/22 und 16/28).

4 S. im einzelnen *Hölscheidt,* Information der Parlamente durch die Regierungen, DÖV 1993, S. 593 ff.

5 Die wichtigsten (Fremd-)Informationsmöglichkeiten in den genannten Verfassungen - in der Reihenfolge ihres Inkrafttretens bzw. ihrer Veröffentlichung - sind:
- Zitierrecht von Regierungsmitgliedern: Art. 21 Abs. 1 SchlHVerf.; Art. 66 Abs. 1 BrandbgVerf.; Art. 49. Abs. 1 SächsVerf.; Art. 52 Abs. 1 SachsAnhVerf.; Art. 43 Abs. 1 NdsVerf.; Art. 38 Abs. 1 MecklVoVVerf. (vorläuf. Verf., die Bestätigung durch Volksentscheid steht noch aus); 66 Abs. 1 ThürVVerf. (vorläuf. Verf., die Bestätigung durch Volksentscheid steht noch aus).
- Allgemeine Pflicht der Regierung zur Information des Parlaments über bestimmte Aktivitäten: Art. 22 SchlHVerf.; Art. 94 BrandbgVerf.; Art. 50 SächsVerf.; Art. 62 SachsAnhVerf.; Art. 25 NdsVerf.; Art. 39 MecklVoVVerf.; Art. 67 Abs. 4 ThürVVerf.
- Pflicht, parlamentarische Anfragen zu beantworten und Parlamentariern Auskünfte zu erteilen: Art. 24 HambgVerf.; Art. 23 SchlHVerf.; Art. 56 Abs. 2 bis 4 BrandbgVerf. Art, 51 SächsVerf.; Art. 53 SachsAnhVerf.; Art. 24 NdsVerf.; Art. 40 MecklVoVVerf.; Art. 67 Abs. 1 bis 3 ThürVerf.

lem die Rechte der Opposition stärken. Die Schleswig-Holsteinische Verfassung und ihr folgend die Verfassungen von Brandenburg, Sachsen, Sachsen-Anhalt und Niedersachsen sowie die beiden wegen Fehlens des erforderlichen Volksentscheids noch vorläufigen Verfassungen von Mecklenburg-Vorpommern und Thüringen verbürgen die Stellung der Opposition in einer eigenen Norm.[6] Damit wollen sie der heutigen Verfassungswirklichkeit gerecht werden, in der nicht - wie unter der Annahme eines rigiden Gewaltentrennungsprinzips - Regierung und Parlament, sondern typischerweise Regierung und Regierungsmehrheit auf der einen Seite und die parlamentarische Opposition auf der anderen Seite die politischen Antagonisten sind[7]. Kurzgefaßt sind die Funktionen der Regierung Initiative, Verantwortung und Entscheidung und die der Opposition Alternative, Kontrolle und Kritik.[8] Es liegt auf der Hand, daß die Qualität und Zielgenauigkeit einer Opposition, insbesondere ihrer Kontrolltätigkeit vor allem von einer umfassenden Information durch die Regierung abhängen. Zutreffend stellt *H.-P. Schneider* fest: »Information ist Macht, und so werden die Informationsrechte parlamentarischer Minderheiten praktisch auch zum Schlüsselproblem für politische Machtkontrolle«.[9]

Innerhalb von Informationsrechten nehmen Akteneinsichtsrechte als Kehrseite[10] exekutiver Aktenvorlagepflichten eine Sonderstellung ein, da sie - anders als die klassischen Frage- und Untersuchungsrechte - ein Recht auf Selbstinformation und nicht nur auf Fremdinformation durch die Regierung bedeuten. Wie schon im Zusammenhang mit parlamentarischen Untersuchungsausschüssen deutlich geworden ist, wirft dies Fragen der Gewaltenteilung auf.[11] Bisher wird aber kaum beachtet, daß zwischen dem Akteneinsichtsrecht von Untersuchungsausschüssen und dem durch einige Landesverfassungen eingeführten Recht von Abgeordneten, auch außerhalb von Untersuchungsausschüssen in Regierungsakten Einsicht zu nehmen, grundlegende Unterschiede bestehen. Im folgenden soll die spezifische Problematik dieser »isolierten« Aktenvorlagerechte bzw. Aktenvorlagepflichten untersucht werden.

6 Art. 12 SchlHVerf.; Art. 55 Abs. 2 BrandbgVerf.; Art. 40 SächsVerf.; Art. 48 SachsAnhVerf.; Art. 19 Abs. 2 NdsVerf.; Art. 26 MeckVoVVerf.; Art. 59 ThürVerf. - ebenso seit 1971 schon Art. 23 a HambgVerf.

7 Dies ist vielfach beschrieben worden, vgl. zB *H.-P. Schneider,* Verfassungsrechtliche Bedeutung und politische Praxis der parlamentarischen Opposition, in: *Schneider/Zeh* (Hg.), Parlamentsrecht und Parlamentspraxis, 1989, § 38. Gewiß hat auch die Parlamentsmehrheit einen Kontrollauftrag. Während aber die Opposition die Regierung mit dem Ziel des Machtwechsels kontrolliert, will die Mehrheit regelmäßig durch eine nichtöffentliche Kontrolle die Regierung stärken, ebenso *Schneider* in der 4. Öffentl. Anhörung der GVK am 10.9.92, Stenograph. Bericht S. 16.

8 So Art. 12 SchlHVerf. und Art. 26 MeckVoVVerf.

9 So *H.-P. Schneider,* Opposition und Information - Der Aktenvorlageanspruch als parlamentarisches Minderheitenrecht, AöR 99 (1974), S. 628, 629.

10 In der schleswig-holsteinischen Verfassungsdebatte wurde teilweise die Akteneinsicht nicht nur als Kehrseite der Aktenvorlagepflicht, sondern als etwas qualitativ anderes betrachtet, vgl. insb. den Abg. *H. W. Ahrens* im Prot. des SoAVP 17/7 v. 3.7.89.

11 So schon in dem von *E. G. Mahrenholz* als Berichterstatter geprägtem Flick-Urteil, BVerfGE 67, 100, 130, 139.

1. Isolierte Aktenvorlagerechte in Länderverfassungen

Ein als Minderheitenrecht ausgestaltetes »isoliertes Akteneinsichtsrecht« erscheint erstmals in der Hamburger Verfassung in der Fassung von 1971.[12] Als Mittel wirksamerer Kontrolle der Regierung empfahl es 1989 die Enquete-Kommission Verfassungs- und Parlamentsreform für Schleswig-Holstein.[13] Artikel 23 der Schleswig-Holsteinischen Verfassung vom 13. Juni 1990 folgte diesem Votum.

Die schleswig-holsteinische Regelung unterscheidet sich dabei von der hamburgischen vor allem durch eine bestimmtere Formulierung der *Schranken* der Aktenvorlagepflicht. Während in Hamburg die Vorlagepflicht entfällt, wenn gesetzliche Vorschriften oder das Staatswohl dem Bekanntwerden des Inhalts entgegenstehen, dürfen nach Art 23 Abs. 3 der Schleswig-Holsteinischen Verfassung die Akten nicht vorgelegt werden, wenn gesetzliche Vorschriften oder Staatsgeheimnisse oder schutzwürdige Interessen einzelner dem Bekanntwerden des Inhalts der Akten entgegenstehen oder wenn die Funktionsfähigkeit und die Eigenverantwortung der Landesregierung beeinträchtigt werden. Die - anders als in Hamburg - ausdrückliche Regelung der Aktenvorlagepflicht innerhalb eines Untersuchungsausschußverfahrens[14] verweist hinsichtlich der Schranken »entsprechend« auf die Schranken der isolierten Aktenvorlagepflicht (Art. 18 Abs. 3).

Wie Schleswig-Holstein haben im wesentlichen auch die Verfassungen von Sachsen-Anhalt[15] und Niedersachsen[16] das isolierte Akteneinsichtsrecht geregelt. Mecklenburg-Vorpommern hat es entgegen dem Vorschlag seiner Verfassungskommission als bloßes Mehrheitenrecht ausgestaltet.[17] Die Verfassungen von Sachsen und Thüringen haben dagegen auf ein solches Recht als Selbstinformationsrecht des Parlaments verzichtet. Eine besonders weitgehende Regelung findet sich in der Brandenburger Verfassung vom 20. August 1992. Ihr Art. 56 Abs. 3 gewährt jeder oder jedem Abgeordneten das Recht, Akten und amtliche Unterlagen von Behörden und Dienststellen des Landes vorgelegt zu erhalten. Adressat des Anspruchs ist im Regelfall die Landesregierung. Die Vorlage darf nur abge-

12 Zuvor gab es aber bereits ein entspr. Mehrheitenrecht - vgl. im übrigen *D. Haas,* Die Pflicht zur Aktenvorlage bei der Bürgerschaft, in: Aus dem Hamburger Rechtsleben, W. Reimers zum 65. Geburtstag, 1979, S. 321 ff., 325.

13 S. Schlußbericht der Enquete-Kommission Verfassungs-und Parlamentsreform, 1989, S. 48 ff. - vgl. auch den entspr. Prüfungsauftrag des Landtags im Einsetzungsbeschluß aufgrund Antrags vom 23.6.88, Drs. 12/14, abgedruckt a.a.O., S. 20.

14 Insoweit genügt das Verlangen eines Fünftels der Mitglieder des Untersuchungsausschusses, während die isolierte Aktenvorlage aufgrund des Verlangens eines Viertels der vorgesehenen Mitglieder des Landtags oder eines Ausschusses zu erfolgen hat - s. Art. 18 Abs. 5 und 23 Abs. 2.

15 Art. 53 Abs. 3 und 4 (mit anders formulierten Schranken).

16 Art. 24 Abs. 2 und 3.

17 Vgl. Art. 40 Abs. 3 und 4 gegenüber Art. 38 Abs. 2 und 3 des Entwurfs einer Verfassung - Drs. 1/2000 -, der noch wie in Schleswig-Holstein und Sachsen-Anhalt ein Antragsquorum von 1/4 vorsah.

lehnt werden, wenn überwiegende öffentliche oder private Interessen an der Geheimhaltung dies zwingend erfordern.
Die Gemeinsame Verfassungskommission von Bundestag und Bundesrat hat das Thema Parlamentsrecht einschließlich der Rechte parlamentarischer Minderheiten in verschiedenen Sitzungen erörtert[18]. In der Öffentlichen Anhörung vom 10. September 1992 sprach sich die Mehrheit der Sachverständigen für die Verankerung von Aktenvorlagepflichten zugunsten parlamentarischer Minderheiten aus.[19] Obwohl auch die Konferenz der Präsidentinnen und Präsidenten der deutschen Landesparlamente sich am 11. Mai 1992 für Aktenvorlagepflichten (allerdings in der schwächeren Form eines Mehrheitsrechts der Ausschüsse) ausgesprochen hat[20], wurde von keiner der in der Gemeinsamen Verfassungskommission vertretenen Parteigruppen das Thema Aktenvorlagepflichten der Regierung zu einem Antrag erhoben.[21] Dies ist damit begründet worden, ein Akteneinsichtsrecht müsse mit einer beamtenrechtsgleichen Geheimhaltungspflicht verbunden werden, die jedoch mit dem Status des Abgeordneten unvereinbar sei.[22]

2. Aktenvorlagepflichten inner- und außerhalb von Untersuchungsausschüssen - Unterschiede

Während Aktenvorlagepflichten der Regierung im Rahmen der Tätigkeit von Untersuchungsausschüssen[23] in der Literatur vor[24] und nach[25] dem Flick-Urteil des

18 Vgl. die Protokolle der GVK vom 9. 7., 10. 9., 26. 11. 1992 und 17. 6. 1993.
19 So *Degenhart* S. 3 f., 62; *Günther* S. 7, 45, 83 f.; *H.-P. Schneider* S. 17, 92; *Thaysen* S. 20, 51, 115; zweifelnd *Loschelder* S. 12; ablehnend *Isensee* S. 47 - jeweils Stenographischer Bericht d. Öff. Anh. v. 10.9.92.
20 S. Empfehlung der Präsidentinnen und Präsidenten der deutschen Landesparlamente zum Informationsrecht des Abgeordneten und des Parlaments sowie zu den Informationspflichten der Regierung, ZParl 92, S. 573, insb. S. 574 f. und 581.
21 Vgl. die wenigen noch zur Abstimmung gestellten Anträge zum Parlamentsrecht in der Anlage zum Stenographischen Bericht der GVK vom 17. 6. 1993, S 106 ff.
22 Schlußbericht der GVK BR-Drs. 800/93, S. 91.
23 Die teilweise vergleichbaren Aktenvorlagepflichten innerhalb anderer Ausschüsse mit gerichtsförmigen Beweisverfahren wie Wahl- und Rechnungsprüfungsausschuß sollen aus Platzgründen außer betracht bleiben.
24 Vgl. z.B. *E.-W. Böckenförde,* Parlamentarische Untersuchungsausschüsse und kommunale Selbstverwaltung, AöR 103 (1978), S. 1 ff.; *P. Düwel,* Das Amtsgeheimnis, 1965, S. 132 ff.; *H. Ehmke,* Parlamentarische Untersuchungsausschüsse und Verfassungsschutzämter, DÖV 1956, S. 417 ff.; *E. Fraenkel,* Diktatur des Parlaments? - Parlamentarische Untersuchungsausschüsse, öffentliche Meinung und Schutz der Freiheitsrechte, Zeitschrift f. Politik 1954, S. 99 ff.; *U. Keßler,* Die Aktenvorlage und Beamtenaussage in parlamentarischen Untersuchungsverfahren, AöR 88 (1963), S. 313 ff.; *J. Linck,* Zur Informationspflicht der Regierung gegenüber dem Parlament, DÖV 1983, S. 957 ff.; *H.-J. Mengel,* Die Auskunftsverweigerung der Exekutive gegenüber parlamentarischen Untersuchungsausschüssen, EuGRZ 1984, S. 97 ff.; *R. Scholz,* Parlamentarischer Untersuchungsausschuß und Steuergeheimnis, AöR 105 (1980), S. 564 ff.; *G. Seibert,* Parlamentarischer Untersuchungsausschuß und Steuergeheimnis, NJW 1984, S. 1001 ff.; *W. Steffani,* Funktion und Kompetenz parlamentarischer Untersuchungsausschüsse, PVS 1960/1961, S. 153 ff.

Bundesverfassungsgerichts vielfach behandelt wurden, ist über die isolierte Aktenvorlagepflicht bislang wenig geschrieben worden. Zwischen beiden Arten von Vorlagepflichten bestehen aber wesentliche Unterschiede, die auch verfassungsrechtlich und verfassungspolitisch relevant sind[26].

So setzen Untersuchungsausschüsse einen *Untersuchungsgegenstand* voraus, eine Angelegenheit, an deren parlamentarischer Behandlung ein *öffentliches Interesse* besteht.[27] In Landesverfassungen wird dies beispielsweise damit umschrieben, daß zur Aufklärung von Tatbeständen im öffentlichen Interesse ein Untersuchungsausschuß einzusetzen ist[28], oder es wird zumindest ausdrücklich vom Gegenstand der Untersuchung bzw. dem Untersuchungsauftrag[29] gesprochen. Dieser Untersuchungsgegenstand wird regelmäßig durch einen Beschluß des Parlaments festgelegt. Ob Beweise *erforderlich* sind (vgl. Art. 44 Abs. 1 GG), ist - notfalls durch eine dazu berufene Verfassungsgerichtsbarkeit[30] - an diesem Untersuchungszweck zu messen. Sowohl die Festlegung des Untersuchungsgegenstands als auch das Erfordernis öffentlichen Interesses an der Untersuchung, das diese legitimiert, zwingen zu einer Begründung. Das Parlament oder die die Einsetzung fordernde Minderheit werden unter einen besonderen Rechtfertigungszwang gesetzt.[31] Dazu müssen Gesichtspunkte genannt werden, die auf die Relevanz der Untersuchung für die Öffentlichkeit und Allgemeinheit bezogen sind. Daran kann eine (potentielle) Abwehrposition der Betroffenen gegen die Durchführung der Untersuchung ansetzen.[32] Die Exekutive wird oft erst an Hand einer solchen Konkretisierung erkennen können, ob der Untersuchungsausschuß in ihren Funktionsbereich eingreift.

Demgegenüber machen die Landesverfassungen ihrem Wortlaut nach die isolierten Akteneinsichtsrechte weder von einem bestimmten Untersuchungszweck noch von einer Begründung abhängig. Ob die Aktenanforderung im öffentlichen Interesse oder im Interesse konkreter Dritter oder aus persönlicher Neugier geschieht,

25 So z.B. die Dissertationen *B. K. Buchholz,* Der Betroffene im parlamentarischen Untersuchungsausschuß, 1990; *Ch. Meyer-Bohl,* Die Grenzen der Pflicht zur Aktenvorlage und Aussage vor parlamentarischen Untersuchungsausschüssen, 1992; *St. Studenroth,* Die parlamentarische Untersuchung privater Bereiche, 1992.

26 S. dazu schon *H.-P. Schneider* (Fn 9), AöR 99 (1974), S. 628 ff., 637 ff.; ansatzweise a. *D. Haas,* a.a.O. (Fn. 12), S. 346.

27 S. BVerfGE 77, 1, 44.

28 So Art. 18 Abs. 1 SchlHVerf.

29 Vgl. Art. 72 Abs. 1 BrandbgVerf; Art. 54 Abs. 1 SächsVerf.; Art 54 Abs. 2 SachsAnhVerf.

30 Zu einer etwaigen Zuständigkeit der Verwaltungsgerichte gegen die Einsetzung eines Untersuchungsausschusses vgl. *M. Schröder,* Gutachten E, 57. DJT, E 34 f.

31 Vgl. *H.-P. Schneider,* Referat a. d. 57.DJT, Sitzungsbericht M, S. 72 - für privatgerichtete Untersuchungsausschüsse; *M. Schröder* in: *Thaysen/Schüttemeyer* (Hg.), Parlamentsrecht und Parlamentspraxis, 1988, S. 36, 38. Daß es nicht gelungen ist, das öffentliche Interesse als Rechtsbegriff eindeutig zu konkretisieren - vgl. zur Diskussion *Ch. Meyer-Bohl,* a.a.O. (Fn 25), S. 83 ff. - ist kein durchschlagender Einwand.

32 So *Böckenförde* a.a.O. (Fn 24), wenn auch in einem Zusammenhang, der sich auf Untersuchungen gegen Private bezieht.

bleibt demnach mangels Nachprüfungsmöglichkeit im Dunkeln.[33] Immerhin mag das für den Akteneinsichtsantrag erforderliche Quorum[34] in der Regel gewährleisten, daß der Aktenanforderung überhaupt ein die Akteneinsicht rechtfertigendes Interesse zugrunde liegt, da die oder der einzelne Abgeordnete das Interesse an bestimmten Akten zumindest denjenigen Abgeordneten plausibel machen muß, deren Unterstützung sie oder er benötigt. Diese Sicherung baut aber auf seriöse Parteien; sie wird in Parlamenten brüchig, in denen extremistische Parteien für die Erfüllung des Quorums ausreichende Stimmenanteile haben. Die brandenburgische Verfassung, die bereits einzelnen Abgeordneten ein Recht auf Aktenvorlage zubilligt, enthält selbst eine solche Sicherung nicht. Ob auch die spätere Verwertung des Inhalts der Akten durch öffentliche Interessen bestimmt ist, entzieht sich außerdem nicht selten sogar der Kenntnis der Mitantragsteller/innen. Wenn angeforderte Akten faktisch nur einen einzelnen Abgeordneten interessieren, ist allenfalls die öffentliche Verwertung überprüfbar. Im übrigen verbleibt die Verbreitung von Informationen über den Akteninhalt und ihre Kommentierung in einer Grauzone, in der Gerüchte und Diffamierungen gedeihen können. Die Berufung auf die Akten als amtliche Quelle verleiht diesen aber den Schein der Authenzität.

Zudem fehlen bei der isolierten Akteneinsicht elementare rechtsstaatliche Sicherungen. Untersuchungsausschüsse arbeiten mit gerichtsförmigen Verfahren. So ist entweder bereits von Verfassungs wegen eine entsprechende Anwendung des Strafprozeßrechts vorgesehen[35] oder es werden einzelne Paragraphen der Strafprozeßordnung für entsprechend anwendbar erklärt oder ein rechtsstaatliches Verfahren wird in einem Gesetz festgelegt, dem die Verfassung die Regelung des Näheren überlassen hat.[36] Auch wenn die Voraussetzungen eines Untersuchungsausschußverfahrens im einzelnen umstritten sind und eine jahrzehntelange Reformdiskussion nicht einmal im Bundestag zur Statuierung fester Verfahrensregeln geführt hat, gibt es doch in der Praxis regelmäßig wohl auch eingehaltene Verfahrensweisen, durch die die Rechte der am Verfahren Beteiligten gewahrt werden. Besonders wichtig sind Sicherungen gegen eine unrichtige oder einseitige Tatbestandsfeststellung. Gegen Wertungen ist eine Verteidigung bekanntlich

33 Daß die Akten ihrer Art nach von der Zuständigkeit des Ausschusses, in dem sie angefordert werden, umfaßt sein sollten, um den Verdacht mißbräuchlicher Forderung nicht aufkommen zu lassen, stellt angesichts der beispielsweise im Prinzip umfassenden Querschnittszuständigkeit des Finanzausschusses kaum eine echte Schranke dar.

34 Vgl. Fn. 17: Lediglich in Mecklenburg-Vorpommern ist hierfür die Mehrheit der jew. Ausschußmitgieder erforderlich, im übr. können in Hamburg, Schleswig-Holstein und Sachsen-Anhalt je 1/4, und in Niedersachsen 1/5 der Mitglieder des jew. Ausschusses einen entspr. Antrag stellen.

35 Vgl. Art. 44 Abs. 2 GG – zur Bedeutung dieses Verweises vgl. etwa BVerfGE 67, 100, 133 ff.; 76, 363, 383 ff.; 77, 1, 51 ff.

36 Vgl. etwa in Schleswig-Holstein das Gesetz zur Regelung des Rechts der parlamentarischen Untersuchungsausschüsse, GVBl.Schl-H 1993, S. 145 ff.

leichter möglich als gegen angebliche Tatsachen. Ein wesentlicher Verfahrensschutz liegt darin, daß ein Gremium von mehreren Abgeordneten - idR aller im Parlament vertretenen Fraktionen - , in dem unterschiedliche Fachkenntnisse und Erfahrungen zusammenkommen, gezwungen ist, Feststellungen und Beweisergebnisse miteinander zu diskutieren. Ganz ohne eine solche Diskussion können die Untersuchungsausschußmitglieder nicht einmal entscheiden, ob am Ende ein gemeinsamer Bericht erstattet wird oder ob Sondervoten[37] erforderlich sind. Dadurch und durch die - grundsätzliche[38] - Öffentlichkeit des Verfahrens, die der Exekutive auch dann eine vorherige Stellungnahme zu den sie betreffenden Feststellungen ermöglicht[39], wenn ihr nicht ausdrücklich rechtliches Gehör gewährt wird[40], wird weitgehend verhindert, daß komplexe Sachverhalte in Akten allein wegen fehlender Fach- oder Verfahrenskenntnis irrtümlich falsch interpretiert werden. Außerdem wird die »unterlegene« Seite meist in einem Teil der Medien Gelegenheit erhalten, ihre Sicht der Dinge darzustellen.

Anders beim isolierten Akteneinsichtsrecht. Die Häufigkeit der Aktenvorlagebegehren[41], die Menge und der Umfang der angeforderten Akten und die Überlastung der Parlamentarier bringt es mit sich, daß trotz des erforderlichen Antragsquorums üblicherweise nur einer der Abgeordneter die Akten liest oder häufig auch nur kursorisch durchgeht[42]. Ob er den Akteninhalt fehlerhaft interpretiert hat, ist frühestens festzustellen, wenn eine entsprechend fehlerhafte Meldung in der Presse erscheint oder anderweitig bekannt wird. Zwar kann die Verwaltung dann versuchen, etwa durch eine Presseerklärung eine Richtigstellung herbeizuführen. Die Wahrscheinlichkeit, daß diese gedruckt wird oder zu einer richtigstellenden Meldung führt, ist aber bei wenig spektakulären und ein größeres Publikum jedenfalls nicht zweimal interessierenden Themen gering. Dies bedeutet indes keineswegs, daß auch der angerichtete Schaden gering bleibt. Zumindest langfristig ist ein Ansehensverlust der Exekutive, aber auch des Parlaments zu erwarten. Ebensowenig sollten die Auswirkungen auf die Motivation der betroffenen Mitarbeiterinnen und Mitarbeiter in der Verwaltung unterschätzt werden. In Politikberei-

37 § 24 Abs. 5 des schleswig-holsteinischen Untersuchungsausschußgesetzes gibt jedem UA-Mitglied das Recht, seine von der Mehrheitsmeinung abweichende Auffassung in einem eigenen Bericht niederzulegen, der dem Ausschußbericht angefügt wird.

38 Vgl. z.B. Art. 44 Abs. 1 GG.

39 Darauf werden idR auch die den Regierungsfraktionen angehörenden Abgeordneten hinwirken.

40 § 25 des schleswig-holsteinischen Untersuchungsausschußgesetzes gibt Personen, die durch die Veröffentlichung des Abschlußberichts in ihren Rechten erheblich beeinträchtigt sein können, Gelegenheit zur Stellungnahme.

41 *D. Haas*, a.a.O., S. 325, stellte in seinem 1979 erschienenen Beitrag fest, daß es seit 1971 in Hamburg 31 Aktenvorlageersuchen gegeben hatte - in Schleswig-Holstein liegt die Zahl von 1990 bis 1993 bei etwa 18 Ersuchen, wobei manche Einsichtsbegehren 20 oder auch mehr unterschiedliche Akten erfaßten.

42 Zum parlamentarischen Informationsdefizit durch Informationsüberfluß vgl. *W. Krebs*, Kontrolle in staatlichen Entscheidungsprozessen 1984, S. 160.

chen, die besonders mit weit verbreiteten Vorurteilen zu kämpfen haben (z.B. Ausländer, Minderheiten, Frauen), können auch Falschmeldungen zu scheinbar unwichtigen Einzelheiten solche Vorurteile verstärken. Zudem ist der Verwaltungsaufwand für derartige Bemühungen um eine Richtigstellung schlichtweg unproduktiv, da er mit den zu erledigenden Aufgaben nur wenig zu tun hat.
Das für die Funktionsfähigkeit von Regierung und Verwaltung einerseits, aber auch von Parlament und Opposition andererseits zentrale Problem ist die Gefahr einer Verwischung der Verantwortlichkeiten. Dieses Problem stellt sich bei Akteneinsichten inner- und außerhalb von Untersuchungsausschüssen. Denn beide Arten von Selbstinformation führen funktional zu einer Teilhabe des Parlaments an Verwaltungsaufgaben. Tendenziell bedeutet dies parlamentarische Mitregierung und Mitverwaltung.[43] So hat schon *Anschütz*[44] gesehen, daß Parlamentsausschüsse mit eigenem Aktenvorlagerecht »die Stellung von Behörden« erhalten. Wegen der geringeren Formalisierung des isolierten Akteneinsichtsrechts ist bei diesem aber die Gefahr wesentlich größer, daß der notwendig nicht-öffentliche Beratungs- und Entscheidungsbereich der Regierung, der eine freie und eigenverantwortliche Willensbildung erst ermöglicht[45], und die spezifische, durch Vertraulichkeit und Amtsverschwiegenheit im Interesse betroffener Dritter geprägte Arbeitsweise der Verwaltung funktionswidrig beeinträchtigt werden.

3. Die materiell-rechtlichen Schranken - insbesondere der Kernbereich der Exekutive

Die ein isoliertes Akteneinsichtsrecht verbürgenden Landesverfassungen normieren durchweg Schranken, durch die bestimmte Interessen geschützt werden. Durch eine fehlerhafte Informationsfeststellung und eine sachwidrige Verwertung der durch die Akteneinsicht erlangten Informationen kann jedes dieser Schutzobjekte beeinträchtigt werden. Insoweit stellt sich allgemein die Frage, inwieweit und auf welche Weise die durch ein isoliertes Akteneinsichtsrecht gefährdeten Interessen durch dessen materiell-rechtliche Begrenzungen geschützt werden (dazu unten b). Unter verfassungsrechtlichen Gesichtspunkten bildet aber die Gewaltenteilung das primäre Problem (dazu sogleich a). Einerseits spitzen sich hier die aus dem Untersuchungsausschußrecht bekannten Probleme wegen der fehlenden Verfahrenssicherungen zu. Andererseits war eine Stärkung der Rechte des Parlaments und der Opposition gegenüber der Regierung gerade das Ziel der Landesverfassungsgeber.

43 So zutreffend *H.-P. Schneider* (Fn 9), AöR 99 (1974), S. 628, 642 f, der darauf verweist, daß es gerade Ausschüsse mit spezifisch administrativen Kontrollaufgaben sind (auch Wahlprüfung, Rechnungsprüfung, Petitionsbearbeitung), die Aktenvorlagerechte haben.
44 Die Verfassung des Deutschen Reiches vom 11.8.1919, 14. Aufl. 1932, Anm. 4 zu Art. 34.
45 Dazu das HambgVerfGer DÖV 73, S. 747 f.

a) Der Gewaltenteilungsgrundsatz wird heute mit großer Selbstverständlichkeit zu den maßgeblichen Prinzipien der verfassungsmäßigen Ordnung des Grundgesetzes gerechnet.[46] Er gehört zu den nach Art. 28 Abs. 1 Satz 1 GG für das Landesrecht maßgeblichen Grundsätzen. Dabei läßt das Grundgesetz den Ländern in der Gestaltung ihrer Verfassung Spielraum und will nicht Konformität oder Uniformität, sondern nur eine gewisse Homogenität durch Bindung an die leitenden Prinzipien herbeiführen.[47]

Das Gewaltenteilungsprinzip hat aber ohnehin keinen über solche Leitprinzipien hinausgehenden normativen Gehalt.[48] Das *Bundesverfassungsgericht* sieht seinen »Sinn nicht darin, daß die Funktionen der Staatsgewalt scharf getrennt werden, sondern daß die Organe der Legislative, Exekutive und Justiz sich gegenseitig kontrollieren und begrenzen, damit die Staatsmacht gemäßigt und die Freiheit des Einzelnen geschützt wird. Die in der Verfassung vorgenommene Verteilung der Gewichte zwischen den drei Gewalten muß aufrechterhalten bleiben, keine Gewalt darf ein von der Verfassung nicht vorgesehenes Übergewicht über die andere Gewalt erhalten, und keine Gewalt darf der für die Erfüllung ihrer verfassungsmäßigen Aufgaben erforderlichen Zuständigkeiten beraubt werden.«[49] Und: »Nicht jede Einflußnahme des Parlaments auf die Verwaltung bedeutet schon einen Verstoß gegen die Gewaltenteilung. Selbst eine gewisse Gewichtsverlagerung auf Kosten der Exekutive zugunsten des Parlaments ist in der parlamentarischen Demokratie unbedenklich. Erst wenn zugunsten des Parlaments ein Einbruch in den Kernbereich der Exekutive erfolgt, ist das Gewaltenteilungsprinzip verletzt.«[50]

Die Bundesverfassung will damit nur ein Mindestmaß an Übereinstimmung des Staatsaufbaus sicherstellen[51]. Das Ziel der Gewaltenteilung ist die Verteilung der politischen Macht, das Ineinandergreifen der drei Gewalten und die daraus sich ergebende Mäßigung der Staatsherrschaft. Da die in der Verfassung vorgenom-

46 S. statt aller *K. Hesse,* Grundzüge des Verfassungsrechts der Bundesrepublik Deutschland, 19. Aufl. 1993, Rn. 476.

47 So BVerfGE 9, 268, 279; *U. Berlit,* Verfassunggebung in den fünf neuen Ländern - ein Zwischenbericht, KritJ 1992, S. 437 ff., 458; *U. Sacksofsky,* Landesverfassungen und Grundgesetz - am Beispiel der Verfassungen der neuen Bundesländer, NVwZ 1993, S. 235, 236; zum Verhältnis von Art. 28 Abs. 1 Satz 1 GG zu Art. 20 Abs. 2 Satz 2, Abs.3 GG s. *J. Kersten,* Homogenitätsgebot und Landesverfassungsrecht, DÖV 1993, S. 896, 900 ff.

48 Bei der Anhörung der GVK zum Parlamentsrecht am 10. 9. 1992 wurde von Sachverständigen bei der Frage, ob Akteneinsichtsrechte gegen den Gewaltenteilungsgrundsatz verstoßen, angemerkt, daß dieser eben »nicht über der Verfassung schwebt«, sondern durch diese ausgestaltet wird, vgl. z.B. *U. Günther,* S. 45; in and. Zusammenhang a. *J. Isensee,* S. 47 - jeweils Stenograph. Bericht der Öffentl. Anh.; gegen eine Verfassungsauslegung an Hand eines »ideell vorgestellten« Gewaltenteilungsschemas *E. G. Mahrenholz* in seinem Sondervotum zum Stationierungsbeschluß, BVerfGE 68, 1, 111 ff., 129; vgl. a. *F. E. Schnapp,* Der On-line Zugriff des Parlaments auf Datenbestände der Regierung, NWVBL 1990, S. 186 ff.

49 So BVerfGE 9, 268, 279 f; vgl. a. BVerfGE 22, 106, 111; 34, 52, 59.

50 So BVerfGE 9, 268, 280; s. a. BVerfGE 30, 1, 28; 67, 100, 139; 68, 1, 87.

mene Verteilung der Gewichte zwischen den Gewalten erhalten bleiben muß, hat sich das *Bundesverfassungsgericht* mehrfach gegen einen »aus dem Demokratieprinzip fälschlich abgeleiteten Gewaltenmonismus« in Form eines allumfassenden Parlamentsvorbehalts ausgesprochen.[52]

Demnach kann die Formulierung des Art. 10 Abs. 1 Satz 1 SchlHVerf., »der Landtag ist das vom Volk gewählte oberste Organ der politischen Willensbildung«, nicht als Ausdruck eines Gewaltenmonismus im Sinne parlamentarischer Vorherrschaft über die anderen Gewalten ausgelegt werden - mit der für unser Problem sonst naheliegenden Folge, daß isolierte Aktenvorlagepflichten allein in ihrer Funktion der vollständigen parlamentarischen Informationsbeschaffung zu sehen und die Schranken des Art. 23 Abs. 3 SchlHVerf. entsprechend eng auszulegen wären.[53] Der Gewaltenteilungsgrundsatz verlangt vielmehr, auf die Funktionsfähigkeit der Regierung als eigenständige und verantwortliche Entscheidungsträgerin Rücksicht zu nehmen.

Die Schranke der »Funktionsfähigkeit und Eigenverantwortung der Landesregierung« aus Art. 23 Abs. 3 SchlHVerf., Art. 53 Abs. 4 SachsAnhVerf.[54] und Art. 38 Abs. 3 MecklVoVVerf., die erkennbar in Ausformung des Gewaltenteilungsprinzips die in der Rechtsprechung des Bundesverfassungsgerichts verwandte Formulierung des »Kernbereichs exekutiver Eigenverantwortung«[55] aufgreift, hat danach vor allem die Funktion, das erforderliche Mindestmaß an Gewaltentrennung zu sichern. Die Staatswohlklausel der Verfassung Hamburgs (Art. 32) entspricht inhaltlich der Formel »Funktionsfähigkeit und Eigenverantwortung der Regierung«. Zwar ist sie als Begriff mißverständlich, da das Staatswohl Regierung und Parlament gemeinsam anvertraut ist.[56] Nach der jedenfalls insoweit zutreffenden Auslegung des *Hamburger Verfassungsgerichts*[57] besagt sie aber ebenfalls nur, daß der Kernbereich der Exekutive zu schützen ist. Auch der viel weitere Begriff des »öffentlichen Interesses«, der nach der Brandenburger Verfassung das Akteneinsichtsrecht beschränkt, wird so auszulegen sein, daß er die Funktionsfähigkeit und Eigenverantwortung der Landesregierung einschließt.

51 S. BVerfGE 36, 342, 361.

52 BVerfGE 49, 89, 124 ff.; 68, 1, 86 f; vgl aber auch hier die stärker differenzierende Meinung des Richters *Mahrenholz,* a.a.O., S. 111 ff., 131.

53 Anderes gilt für den durch einen Untersuchungszweck in seiner Kontrollaufgabe besonders legitimierten Untersuchungsausschuß - ähnl. *D. Haas,* a.a.O. (Fn. 12), S. 346.

54 Daß Art. 53 Abs. 4 SachsAnhVerf. als Alternative zu »Regierung« die »Verwaltung« ergänzend anfügt, führt m.E. zu keinem sachlichen Unterschied, da »Regierung« regelmäßig sämtliche Exekutivfunktionen meint.

55 Vgl. BVerfGE 9, 268, 280 und 67, 100, 139.

56 Vgl. BVerfGE 67, 100, 136 und schon vorher zu der Hamburger Regelung *H.-P. Schneider* (Fn 9), AöR 99 (1974), S. 628, 635, 645.

57 DÖV 1973, S. 747 f. und 765 ff.; *H. Bogs,* Beratungsbereich der Regierung - Grenze einer Selbstunterrichtung der Opposition anhand von Akten?, Der Staat 13 (1974), S. 209, 237 kritisiert an der Hamburger Rechtsprechung, daß sie der Regierung faktisch ein weitestgehendes Ermessen bei der Anerkennung des Informationsinteresses der Opposition beläßt und sich selbst auf eine Ermessensmißbrauchskontrolle beschränkt.

Durch die Statuierung einer solchen Schranke haben die Landesverfassungsgeber anerkannt, daß eine Regierung für eine ungestörte interne Entscheidungsbildung einen vertraulichen, also nicht ausforschbaren Initiativ-, Beratungs- und Handlungsbereich benötigt.[58] Nach dem Flick-Urteil des *Bundesverfassungsgerichts* erstreckt sich deshalb die Untersuchungskompetenz eines Untersuchungsausschusses grundsätzlich nur auf *bereits abgeschlossene* Vorgänge; sie umfaßt nicht die Befugnis, in laufende Verhandlungen und Entscheidungsvorbereitungen einzugreifen.[59] Dies muß erst recht für isolierte Akteneinsichtsrechte gelten, bei denen die Gefahr des Mitentscheidens und Mitregierens[60] noch größer ist. Als absoluten, grundsätzlich nicht ausforschbaren Eigenbereich der Regierung betrachtet das Gericht im Flick-Urteil im übrigen die Willensbildung der Regierung selbst, »sowohl hinsichtlich der Erörterungen im Kabinett als auch bei der Vorbereitung von Kabinetts- und Ressortentscheidungen.«[61] Auch dies muß um so mehr für isolierte Akteneinsichtsrechte gelten.[62] Daß Informationspflichten im Rahmen von Untersuchungsausschüssen ausnahmsweise auch Informationen über interne Entscheidungsvorgänge erfassen, kommt nur in Betracht, wenn der Ausschuß den speziellen Auftrag hat, wegen des Verdachts unkorrekten Verwaltungshandelns gerade die Entscheidungsfindung im internen Bereich der Regierung und Verwaltung aufzuklären.[63] Es muß dann zwischen einem absolut geschützten Kernbereich der Exekutive und einer Randzone unterschieden werden, bei der es darauf ankommt, zu welchem Zweck Informationen begehrt werden.

Bei der Auslegung der Schranken des isolierten Akteneinsichtsrechts muß aber auch im Blick behalten werden, daß durch die Verbesserung der Rechte des Parlaments in Schleswig-Holstein und den neuen Ländern dessen Eigenverantwortung

58 Vgl. a. HambgVerfGer. DÖV 1973, S. 745, 746; HessStGH, ESVGH 17, 1, 13 ff.; *H. Bogs*, a.a.O., 223 ff.; *S. Magiera*, Parlament und Staatsleitung in der Verfassungsordnung des Grundgesetzes, 1979, S. 320 ff.; *M. Schröder*, in: Bonner Kommentar, Art. 43 (Zweitbearbeitung), Rn 43 a m.w.N.; *H.-P. Schneider* (Fn 9), AöR 99 (1974), S. 628, 644 f.; *K. Vogelsang*, Die Verfassungsentwicklung in den neuen Bundesländern, DÖV 1991, S. 1045, 1052 f.

59 BVerfGE 67, 100, 139; s. a. HessStGH, ESVGH 17, 1, 15 f; *E.-W. Böckenförde* (Fn 24), AöR 103 (1978), S. 1 ff., 17; *H.-J. Mengel* (Fn 24), EuGRZ 1984, S. 97 ff., 102, der allerdings bei schwerwiegendem konkreten Anlaß eine Informationspflicht auch bei abgeschlossenen Teilvorgängen bejaht - eine für Untersuchungsausschüsse durchaus naheliegende Überlegung.

60 Auch der BremStGH sieht im Mitregieren und Mitentscheiden eine kompetenzrechtliche Grenze des exekutivischen Kernbereichs, vgl. NVwZ 1989, S. 953, 956.

61 BVerfGE 67, 100, 139.

62 Damit sind regelmäßig beispielsweise nicht nur die Protokolle des Kabinetts der Vorlagepflicht entzogen, sondern auch die der vorbereitenden Staatssekretärskonferenzen, die Kabinettsvorlagen selbst, sowie die Voten, die die Kabinettsmitglieder zur Sitzungsvorbereitung aus ihrem Haus erhalten; entsprechendes gilt für Aktenbestandteile, die in Vorbereitung von Kabinettsvorlagen oder Stellungnahmen dazu gefertigt wurden, wie etwa Entwürfe, Niederschriften oder Vermerke über Abstimmungen mit anderen Resorts und Verbänden u.ä.m.

63 So a. *H.-J. Mengel*, a.a.O. (Fn 24), S. 102; auch die Entscheidung des BremStGH, NVwZ 89, S. 953 ff., die sich ausführlich mit den Argumenten gegen die Offenlegung von Akten zur internen Meinungsbildung auseinandersetzt (S. 956 f.), rechtfertigt ihre Auffassung im wesentlichen mit dem Untersuchungszweck und der verfahrensmäßigen Ausgestaltung des Untersuchungsrechts.

und Funktionsfähigkeit gestärkt werden sollen. Die Verfassungsgeber wollten die interne Machtverschiebung, die in den alten Ländern zugunsten der Regierung festzustellen war, rückgängig machen oder gar nicht erst auftreten lassen.[64] Gerade hinter den Regelungen zur Ausweitung der Informationspflichten der Regierung steht der Gedanke, namentlich die Oppositionsfunktionen der Kritik, Kontrolle und Alternativenbildung zu stärken. Nicht von ungefähr haben deshalb auch Verfassungen wie die schleswig-holsteinische eine besondere »frühzeitige und vollständige« Unterrichtungspflicht der Regierung hinsichtlich bestimmter Daten angeordnet. So heißt es in Art. 22 Abs. 1 SchlHVerf.[65] u.a., daß die Landesregierung verpflichtet ist, den Landtag über die Vorbereitung von Gesetzen sowie über Grundsatzfragen der Landesplanung, der Standortplanung und Durchführung von Großvorhaben zu unterrichten; das gleiche gilt für die Vorbereitung von Verordnungen und Verwaltungsvorschriften, für die Mitwirkung im Bundesrat sowie für die Zusammenarbeit mit dem Bund, den Ländern, anderen Staaten, der Europäischen Gemeinschaft und deren Organen, soweit es um Gegenstände von grundsätzlicher Bedeutung geht. Damit sind in für die Funktionen der Opposition besonders wichtigen Bereichen Informationspflichten der Regierung im Rahmen nicht abgeschlossener Vorgänge statuiert. Da nicht abgeschlossene Vorgänge betroffen sind, hat die Verfassung hier zwar zu Recht nur Fremdinformationspflichten vorgesehen. Bei einem Verdacht, daß die Landesregierung ihre Informationspflichten nicht oder nicht vollständig erfüllt hat, muß die Opposition dies aber überprüfen können. Daher steht ihr hier auch bei nicht abgeschlossenen Vorgängen ein Akteneinsichtsrecht zu, das allerdings auf die eigentlichen Planungsdaten und dokumentierte Planungsalternativen zu beschränken ist.[66] Gerade in von Verfassungs wegen herausgehobenen Fällen dieser Art sollte sich die isolierte Aktenvorlagepflicht als flexibles Instrument im Vorfeld von Untersuchungsausschüssen bewähren.

b) Neben dem Schutz des Kernbereichs der Exekutive kennen die Landesverfassungen weitere Schranken des Akteneinsichtsrechts. So kann eine Aktenvorlage

64 So zutreffend *U. Berlit* (Fn 47), KritJ 1992, S. 437, 458 f.

65 Dem entsprechen im wesentlichen Art. 94 BrandbgVerf.; Art. 62 SachsAnhVerf.; Art. 25 NdsVerf.; Art. 37 Abs. 1 MecklVoVVerf.; Art. 67 Abs. 4 ThürVerf.; vgl a. Art. 50 SächsVerf., der allerdings eine Informationspflicht nur in der die Funktionsfähigkeit des Parlaments dem Good Will der Regierung überantwortenden Form vorsieht, »als dies zur Erfüllung seiner (scil.: des Landtags) Aufgaben erforderlich ist«.

66 Entsprechend der ratio des Art. 22 SchlHVerf, bei Regierungshandeln bestimmter Qualität – so geht es bei Planungentscheidungen idR um langfristige Wirkungen, die ggfs. mehrere Parlamente binden – den Landtag sehr frühzeitig mit den notwendigen Informationen für eine Alternativenbildung zu versehen, kann jedenfalls die Schranke dieser Informationspflicht, die lediglich »entsprechend« auf die Schranken auch der isolierten Aktenvorlagepflicht verweist (Art. 23 Abs. 3), nur so ausgelegt werden, daß der Bereich der Funktionsfähigkeit und Eigenverantwortung der Regierung hier der Funktionsfähigkeit des Parlaments anders zugeordnet wurde. Daß gerade Planungsentscheidungen nach einer stärkeren Beteiligung des Parlaments verlangen, wurde schon wiederholt gezeigt, vgl. etwa *R. Herzog/R. Pietzner,* Möglichkeiten und Grenzen einer Beteiligung des Parlaments an der Ziel- und Ressourcenplanung der Bundesregierung, 1979.

auch abgelehnt werden, wenn dem »Bekanntwerden des Inhalts gesetzliche Vorschriften oder Staatsgeheimnisse oder schutzwürdige Interessen einzelner, insbesondere des Datenschutzes, entgegenstehen«[67]. Nach der Verfassung Brandenburgs ist die Aktenvorlage abzulehnen, »wenn überwiegende öffentliche oder private Interessen an der Geheimhaltung dies zwingend erfordern.« Hier stellt sich allgemein die Frage, ob und wie diese Bestimmungen den Gefahren einer isolierten Aktenvorlage begegnen können, die aus dem Fehlen der Verfahrenssicherungen eines Untersuchungsausschusses resultieren. Zunächst wird in der Regel nicht schon in der Anwendung der Geheimschutzordnung des jeweiligen Landes eine ausreichende Gewähr für die Wahrung des Dienstgeheimnisses gesehen werden können. Da jede Weitergabe des Dienstgeheimnisses die Gefahr mehrt, daß es allgemein bekannt wird, hat das Bundesverfassungsgericht dies bei Untersuchungsausschüssen nur genügen lassen, wenn ohne Offenbarung der betreffenden Dienstgeheimnisse dem Kontrollauftrag des Parlaments nicht genügt werden kann.[68] Eine Übertragung dieser Rechtsprechung auf das isolierte Akteneinsichtsrecht würde voraussetzen, daß im Einzelfall dessen Zweck ähnlich konkret bestimmt ist.

Jedes der durch die Beschränkungen des Akteneinsichtsrechts geschützten Interessen kann durch eine fehlerhafte Informationsfeststellung und sachwidrige Informationsverwertung geschädigt werden. Da diese Gefahr beim isolierten Akteneinsichtsrecht wegen der fehlenden Verfahrenssicherungen immer gegeben ist, stellt sich die Frage, welche Anforderungen an den Grad der Wahrscheinlichkeit ihres Eintritts im Einzelfall zu stellen sind. Solange die Abgeordneten nicht verpflichtet sind, ihr Einsichtsbegehren zu begründen und darzulegen, zu welchen Zwecken sie die erlangten Informationen verwenden wollen, wird kaum feststellbar sein, ob diese Gefahr im Einzelfall konkret besteht. Allein wegen einer abstrakten Mißbrauchsgefahr darf aber die Aktenvorlage nicht verweigert werden. Andernfalls würde eine Vermutung für eine nicht sachgerechte Verwendung von Informationen aufgestellt, die der Akteneinsicht begehrende Abgeordnete zu entkräften hätte. Eine solche Vermutung wäre nicht nur völlig überzogen und unangemessen. Sie widerspräche auch der Grundintention der Einführung eines Akteneinsichtsrechts in den neuen Landesverfassungen.

Die Brandenburgische Verfassung beschränkt allerdings das Akteneinsichtsrecht durch eine Generalklausel, nach der die Interessen, um derentwillen im Einzelfall ein Abgeordneter die Aktenvorlage begehrt, mit entgegenstehenden öffentlichen und privaten Interessen abzuwägen sind. Diese Abwägung ist kaum durchführbar, wenn nicht die oder der Abgeordnete das verfolgte Interesse darlegt. Zumal da die

67 S. Art. 23 Abs. 3 SchlHVerf.; ebenso Art. 40 Abs. 3 MeckVoVVerf.; Art. 53 Abs. 4 SachsAnhVerf. sieht als weitere Schranke, wenn »das Bekanntwerden dem Wohl des Landes oder des Bundes Nachteile zufügt oder schutzwürdige Interessen Dritter verletzt werden«.

68 BVerfGE 67, 100, 134 ff.

Brandenburger Verfassung auf die verfahrensrechtliche Sicherung gegen einen Mißbrauch durch ein Antragsquorum verzichtet hat, dürfte die brandenburgische Regelung eine konkrete Prüfung erfordern. Die Frage, ob Abgeordnete ihr Akteneinsichtsbegehren zu begründen haben, um eine solche Prüfung zu ermöglichen, ist aber nicht mehr nur ein materiell-rechtliches, sondern zugleich ein verfahrensrechtliches Problem.

Die große Schwäche der materiellrechtlichen Beschränkungen des Akteneinsichtsrechts ist, daß sie zu einer Alles-oder-Nichts-Entscheidung zwingen. Dies hat einerseits zur Folge, daß die Regierung ein gewisses Übergewicht behält, da sie über die Aktenvorlage entscheidet und der Opposition im Streitfall nur der beschwerliche Weg zum Verfassungsgericht bleibt.[69] Andererseits ist nie auszuschließen, daß vorgelegte Akten falsch interpretiert und die erlangten Informationen mißbraucht werden. Daher stellt sich die Frage, ob durch Verfahrensregelungen sowohl die Stellung des Parlaments und der Opposition gestärkt als auch die Gefahren des isolierten Akteneinsichtsrechts verringert werden könnten.

4. Verfahrensbindungen isolierter Akteneinsichtsrechte

Verfahrensregelungen können auf verschiedenen Stufen mit einem unterschiedlichen Grad an Verbindlichkeit und Publizität getroffen werden. In Betracht kommen zunächst Verfahrensregelungen durch den Landesgesetzgeber. Die Verfassungen von Schleswig-Holstein, Niedersachsen und Mecklenburg-Vorpommern sehen in ihren Bestimmungen zur Aktenvorlagepflicht ausdrücklich vor, daß »das Nähere ein Gesetz regelt«.[70] In den Verfassungen von Brandenburg und Sachsen-Anhalt fehlt zwar ein solcher Regelungsvorbehalt. Dadurch ist aber nicht eine gesetzliche Verfahrensregelung ausgeschlossen, durch die das Aktenvorlagerecht nicht eingeschränkt, sondern nur ausgestaltet wird. Insoweit können keine strengeren Maßstäbe als für die Ausgestaltung von Grundrechten ohne gesetzlichen Regelungsvorbehalt[71] gelten. Weiterhin wären Regelungen in den Geschäftsordnungen der Landesparlamente möglich.[72] Schließlich bietet sich auch eine Vereinbarung zwischen Landtag und Landesregierung an, wie sie Ende 1992 in Schleswig-Holstein geschlossen worden ist.

69 Art. 23 Abs. 3 SchlHVerf. enthält demgegenüber für Streitigkeiten über Informationspflichten die Verpflichtung der Landesregierung, dem nach Einschaltung eines parlamentarischen Einigungsausschusses weiterhin streitigen Informationsverlangens unverzüglich zu entsprechen oder *selbst* eine gegenteilige einstweilige Anordnung des Bundesverfassungsgerichts (in seiner Zuständigkeit für landesinterne Streitigkeiten) zu erwirken – zu diesem »verfassungsrechtlichen Novum« *M. Gerhardt,* in: *Clemens/Umbach* (Hg.), BVerfGG, § 73 Rn. 14 ff.

70 S. Art. 23 Abs. 4 SchlHVerf.; Art. 24 Abs. 4 NdsVerf.; Art. 40 Abs. 4 MeckVoVVerf.

71 S. *Hesse,* a.a.O. (Fn 46), Rn 303 ff. m.w.N., vgl. a. BVerfGE 70, 324, 360 ff.

72 Vgl. *G. Kretschmer,* Geschäftsordnungen deutscher Volksvertretungen, Rn. 39 f., in: *Schneider/Zeh* (Hg.), Parlamentsrecht und Parlamentspraxis, 1989, § 9.

Es wäre allerdings ein Irrweg, durch Verfahrensregelungen einen perfekten Schutz vor den Gefahren des isolierten Akteneinsichtsrechts erreichen zu wollen. Einer rechtlichen Regelung sind nur die formalisierbaren Verhaltensanforderungen zugänglich. Eine sachgerechte Handhabung des Akteneinsichtsrechts hängt aber vor allem von der Verständigkeit und Fairness des einzelnen Abgeordneten ab. Dies gilt schon für die Würdigung des Akteninhalts. Akten entstehen bei der Erfüllung einer Regierungs- oder Verwaltungsaufgabe. An ihrem Zustandekommen ist häufig ein Team beteiligt. Das oberste Ziel hat die Erfüllung der Sachaufgabe, nicht die schlüssige und für Außenstehende verständliche Darstellung der Vorgänge in der Akte zu sein. Abgeordnete müssen daher bereit und fähig sein, die Verwaltungsvorgänge methodisch nachzuvollziehen. Welchen Gebrauch die oder der Abgeordnete von den durch die Akteneinsicht erlangten Kenntnissen macht, ist letztlich unkontrollierbar. Gegen Anspielungen und Indiskretionen en passant ist kaum eine Gegenwehr möglich. Durch verfahrensrechtliche Vorkehrungen gegen fehlerhafte Informationsfeststellungen und -verwertungen kann daher nur versucht werden, den Sinn für Fairness zu stützen.

Im Mittelpunkt von Verfahrensbindungen sollte die Idee der kollegialen Selbstkontrolle des Parlaments stehen. Insbesondere sollte über Zweifelsfragen und nicht im voraus normierbare Sonderfälle nicht die zur Aktenvorlage verpflichtete Exekutive entscheiden, sondern die Mehrheit des Parlaments oder des Ausschusses, in dem die Aktenvorlage begehrt wird. Bei Konflikten zwischen der die Regierung tragenden Mehrheit und der Opposition bleibt allerdings nur der Ausweg einer gerichtlichen Entscheidung.

Die Grundvoraussetzung dafür, daß Verfahrensbindungen greifen, wäre die Offen- und damit Festlegung des konkreten Zwecks eines bestimmten Akteneinsichtsbegehrens. Die Statuierung einer Begründungspflicht oder richtiger »Begründungslast«[73] wäre allerdings keine reine Verfahrensregelung, da sie materiell-rechtlich voraussetzt, daß das Einsichtsbegehren eines rechtfertigenden Grundes bedarf. Auch wenn die Landesverfassungen nur Schranken des Akteneinsichtsrechts normieren, so ist dieses Recht doch selbstverständlich den Abgeordneten nur zur Wahrnehmung ihrer parlamentarischen Kontrollfunktion eingeräumt. Wenn Anhaltspunkte dafür vorliegen, daß im konkreten Fall eine Schranke eingreift, werden Abgeordnete die Hindernisgründe oft nur dadurch entkräften können, daß sie den Zweck ihres Begehrens darlegen. Wie gesagt, ist die von der Brandenburgischen Verfassung geforderte Abwägung der von der oder dem die Aktenvorlage begehrenden Abgeordneten verfolgten Interessen mit entgegenstehenden öffentlichen und privaten Interessen gar nicht durchführbar, ohne daß die oder der einzelne Abgeordnete das eigene konkrete Interesse an der Aktenvorlage anführt.

73 Die Begründung wäre nur eine Obliegenheit, weil es den Abgeordneten freisteht, auf die Aktenvorlage zu verzichten.

Auch in dem oben erörterten Fall, daß die Regierung ausnahmsweise verpflichtet ist, die Akten über einen nicht abgeschlossenen Vorgang vorzulegen, weil der Verdacht besteht, daß sie einer verfassungsrechtlichen Unterrichtungspflicht nicht nachkommt, müssen die Abgeordneten zur Begründung ihres Einsichtsbegehrens diesen Verdacht darlegen.[74] In diesen Fällen ergibt sich die Begründungslast aber schon aus dem materiellen Landesverfassungsrecht. Ihre ausdrückliche Festsetzung in einer Norm niedrigeren Ranges hätte nur eine klarstellende Funktion. Im übrigen ist es verfassungsrechtlich zulässig, daß ein Verfahrensgesetz die Aktenvorlagepflicht von einer Begründung abhängig macht, weil dadurch die Funktionsfähigkeit dieses Instituts gesichert wird.[75]

Aufgrund der Angabe des Zwecks des Akteneinsichtsbegehrens könnte ähnlich wie aufgrund der vorherigen Festsetzung des Untersuchungszwecks bei der Kontrollenquete der Umfang der Informationsgewinnung eingegrenzt werden. Durch die Zweckbindung der Informationen würde zugleich eine zweckwidrige Informationsverwertung leichter erkennbar und benennbar.

Der Regierung und Verwaltung sollten Verfahrensregelungen es ermöglichen, sowohl bei der Gewinnung als auch bei der Verwertung der Informationen rechtzeitig Stellung zu nehmen, um Mißverständnisse ausräumen und aus ihrer Sicht einseitigen Wertungen entgegentreten zu können. In Untersuchungsausschüssen gewährleistet – wie eingangs ausgeführt – ein gerichtsförmiges Verfahren, daß Betroffene, also auch eine Regierung oder Teile einer Regierung, rechtliches Gehör erhalten. Unter dem Gesichtspunkt der Verhinderung einer fehlerhaften Informationsfeststellung ist das Prüfungsverfahren der Rechnungshöfe des Bundes und der Länder vorbildlich. Es sieht vor, daß die Prüfungsergebnisse den zuständigen Dienststellen zur Äußerung innerhalb einer vom Rechnungshof zu bestimmenden Frist mitgeteilt werden. Bleibt es nach einer Stellungnahme der Dienststelle bei Divergenzen, so ist vielfach ein der weiteren Aufklärung dienendes Gespräch zwischen Rechnungshof und Dienststelle üblich. Darüber hinaus erhalten die Regierungen Gelegenheit, zu dem jährlichen Prüfungsbericht auch als Kollegialorgan Stellung zu nehmen. Der Vergleich mit dem Rechnungsprüfungsverfahren läßt freilich zugleich den grundlegenden Unterschied eines parlamentarischen Akteneinsichtsrechts hervortreten. Rechnungshöfe sind in einem anderen Sinne unabhängig als für eine begrenzte Zeit gewählte Abgeordnete. Während die Rechnungshöfe zur politischen Neutralität verpflichtet sind[76], kämpft die Opposition

74 S. schon oben bei Fn. 68.

75 Spektakulärere Akteneinsichtsbegehren werden typischerweise auch heute schon begründet. So hat ein Abgeordneter in Schleswig-Holstein sein Begehren auf Vorlage von 27 Akten zu verschiedenen von der Landesregierung vergebenen Gutachten, damit begründet, daß die Vergabepraxis der Landesregierung überprüft werden solle (vgl. dazu Presseerklärungen der CDU Nr. 348/92 v. 5.11.92 und der SPD Nr. 169 v. 5.11.92).

76 Dies folgt bereits aus der Stellung der Rechnungshöfe als »unabhängiges Organ der Finanzkontolle«, das »nur dem Gesetz unterworfen« ist (s. für den Bundesrechnungshof § 1 BRHG) – vgl. *E. G. Mahrenholz,* in: Alternativ-Komm. GG, 2. Aufl., Art. 114 Rn 48 ff.; *K. Vogel/P. Kirchhof,* in:

mit der Regierung um die Macht. Es ist grundsätzlich kein Mißbrauch der ihr eingeräumten parlamentarischen Kontrollrechte, wenn sie diese im politischen Machtkampf einsetzt.

Verfahrensregelungen, durch die der Regierung eine Beeinflussung der Informationsfeststellung und -verwertung ermöglicht werden soll, setzen daher in besonderem Maße die Formalisierbarkeit des zu regelnden Vorgangs voraus. Regelmäßig fehlt es an einem - gar schriftlich festgehaltenen - »Prüfungsergebnis«, an das ein Recht zur Stellungnahme geknüpft werden könnte. Eine fehlerhafte Informationsfeststellung wird aber auch erst zur Gefahr, wenn sie in irgendeiner Weise, und sei es auch nur in einem nicht öffentlich tagenden Parlamentsausschuß, verbreitet wird. Die Abgeordneten sollten daher dazu verpflichtet werden, es der Regierung anzukündigen, wenn sie bestimmte Akteninhalte in Ausschüssen oder im Landtag oder in der Öffentlichkeit thematisieren wollen. Die Regierung wäre dann in der Lage, an Ort und Stelle darauf zu reagieren.

Außerdem bedarf eine Fülle technischer Einzelfragen der Regelung, bei denen aber ebenfalls kollidierende Interessen der aktenführenden Regierungs- oder Verwaltungsstelle und der Einsicht begehrenden Abgeordneten ausgeglichen werden müssen. Diese Fragen betreffen vor allem die Informationsfeststellung. Die Vereinbarung zwischen der Regierung und dem Landtag von Schleswig-Holstein vom 17. Dezember 1992 regelt beispielsweise, wie genau die betreffenden Akten zu bezeichnen sind und wie im übrigen die Zulässigkeit eines Aktenvorlagebegehrens festgestellt wird. Wenn die Aktenvorlage davon abhängig gemacht ist, daß die Akten nur in nichtöffentlicher Sitzung erörtert, vertraulich behandelt oder nach der Geheimschutzordnung eingestuft werden, entscheidet der damit befaßte Ausschuß mit Mehrheit über die zu treffenden Maßnahmen. Bei der ebenfalls geregelten, scheinbar nebensächlichen Frage, wo die Akteneinsichtnahme stattzufinden hat, muß das Interesse der Abgeordneten, sich dem Aktenstudium ungestört und in Ruhe widmen zu können, mit dem Interesse der Exekutive in Einklang gebracht werden, die Akten möglichst nur kurze Zeit zu entbehren, sie vollständig zurückzuerhalten und sich die Anlage von Aktendoppeln oder Teilakten zu ersparen. Hinter der noch kleinlicher wirkenden Regelung, daß bei der Einsichtnahme zwar Notizen und Abschriften, Kopien aber nur gefertigt werden dürfen, wenn der Ausschuß dies im Einzelfall mit Mehrheit gestattet, steht das für die Gefahren des Akteneinsichtsrechts symptomatische Problem, daß aus dem Zusammenhang der Akte gerissene Kopien den Schein der originalgetreuen Wiedergabe hervorrufen.

Bonner Komm., Art. 114 (Zweitbearbeitung), Rn 172 ff., 184 f., 198, 201; differenzierend *W. Sigg,* Die politische Neutralität des Rechnungshofs - eine Ideologie?, in: Die Stellung der Rechnungshöfe im politischen System der Bundesrepublik Deutschland, 1983, S. 72 ff.; s. a. *St. Pelny,* Die legislative Finanzkontrolle in der Bundesrepublik Deutschland und in den Vereinigten Staaten von Amerika, 1972, S. 158 f.

Als Resumée ist festzuhalten, daß das isolierte Akteneinsichtsrecht nur funktionsfähig ist, wenn auch die Oppositionsabgeordneten ein Stück weit in die Regierungsverantwortung eingebunden werden.[77] Dies bestätigt, daß Selbstinformationsrechte materiell als Teilhabe an der Regierungsfunktion zu qualifizieren sind.[78] Das isolierte Akteneinsichtsrecht fügt sich damit dem von *Friesenhahn*[79] entwickelten Konzept einer »Regierung zur gesamten Hand« ein, nach dem die Aufgabe der Staatsleitung den Organen Parlament und Regierung gemeinsam zugewiesen ist, um so den Aktions- und Einflußbereich des Parlaments gegenüber der Regierung zu erweitern.[80] Mag dieses Konzepts auch eine relative Berechtigung haben,[81] so sind doch die Folgen des isolierten Akteneinsichtsrechts für die Stellung der Opposition jedenfalls ambivalent. Nach dem Konzept einer »Regierung zur gesamten Hand« dürfte streng genommen den Abgeordneten ein Akteneinsichtsrecht in der Tat nur um den Preis ihrer Unterwerfung unter eine beamtenrechtsähnliche Geheimhaltungspflicht eingeräumt werden.[82] Es ist ebenso richtig, daß dadurch seine Rolle denaturiert würde. Das Parlament lebt von der Öffentlichkeit. Die öffentliche Kritik ist die ureigene Waffe der Opposition.[83] Der hier vorgeschlagene Weg ist ein Kompromiß, der es bei fairer Handhabung ermöglicht, das Akteneinsichtsrecht in den Dienst der öffentlichen Kritik an der Regierung im Parlament zu stellen.

77 S. schon *H.-P. Schneider* (Fn 9), AöR 99 (1974), S. 628, 644.
78 O. bei Fn 43.
79 Parlament und Regierung im modernen Staat, in: VVDStRL 16 (1958), S. 9 ff., 36 ff.
80 Eine der Denkvoraussetzungen dieses Modells ist, daß eine erfolgversprechende parlamentarische Kontrolle stets der Mehrheitsunterstützung bedarf.
81 Dazu *Schneider/Zeh,* Koalitionen, Kanzlerwahl und Kabinettsbildung, Rn. 18 f., in: *dies.* (Hg.), Parlamentsrecht und Parlamentspraxis, 1989, § 48.
82 S. o. bei Fn 22.
83 Vgl. *E. G. Mahrenholz,* »Die Kritik ist der Tod des Königs« - Bemerkungen zur Öffentlichkeit, in: Ein Richter, ein Bürger, ein Christ, Festschrift für H. Simon, 1987, S. 261 ff, 286 f.

Bemerkungen zum Recht des Bundestages auf Selbstauflösung

Burkhard Hirsch / Alexander Hirsch

Natürlich hat der Bundestag kein Recht, sich selbst aufzulösen. Die Verfassungseltern haben gem. Art. 39 GG die Legislaturperiode auf 4 Jahre festgelegt und die Entscheidung über ein vorzeitiges Ende, über Auflösung und Neuwahlen an ziemlich hohe Hürden gebunden.
Das hat den Bundestag unter Anführung zweier Bundeskanzler nicht daran gehindert, sich gleichwohl dieses Recht unter dem Stirnrunzeln des Bundesverfassungsgerichtes zu nehmen. Es hatte große Mühe, den Vorgang zu legitimieren. Sich - im Einvernehmen mit dem Bundespräsidenten oder im Vertrauen auf dessen politische Einsichten - eine Vertrauensfrage auf Bestellung ablehnen zu lassen, das war ein intelligenter Notbehelf. Aber es ist nicht gerade das Verfahren gewesen, das sich die Verfassungsväter und -mütter vorgestellt hatten.
Muß das so bleiben, obwohl die Entscheidung des Bundesverfassungsgerichtes vom 16. 2. 1983 den Weg für eine erneute Wiederholung ziemlich verbaut hat? Um welches politische Bedürfnis geht es, für das hier eine Lösung gesucht wurde? Wem nützt es, wenn Neuwahlen auf diese Weise zukünftig nicht mehr herbeigeführt werden können?

I. »Wir sind das Volk« und die plebiszitären Elemente unserer Verfassung

Die Bundesrepublik hat eine gute, erstaunlich stabile und doch ängstliche Verfassung. Ursprünglich wurde das Grundgesetz als ›Juristengesetz‹ verspottet, als ›von den Besatzungsmächten oktroyiert‹ gescholten, beides zu Unrecht. Heute wird es allgemein als Glücksfall betrachtet, der die Arbeiten der Verfassungsreform-Kommissionen oder gar die Forderung nach einer Totalrevision gottlob unbeschadet überstanden hat. Trotzdem sind immer wieder tiefgreifende und lesenswerte Debatten im Zusammenhang mit der sich ändernden Verfassungswirklichkeit, auch mit dem sich ändernden Selbstverständnis der Bundesrepublik geführt worden.
In Art.5 des Einigungsvertrages ist schließlich eine Reform vereinbart worden, die keinesfalls nur auf technische Folgerungen aus der Wiedervereinigung abzielte, sondern auf zentrale Entscheidungen des Grundgesetzes, auf die mögliche Einführung von Staatszielen, auf die mögliche Einführung einer Volksabstimmung im Rahmen des Art. 146 GG und - unausgesprochen - auf eine Überprüfung des mit größter Konsequenz durchgeführten Grundsatzes der repräsentativen Demo-

kratie, also auf die Einfügung plebiszitärer Elemente. Das war die deutliche Erwartung der »Runden Tische«, die eine auch in der alten Bundesrepublik immer wieder geführte Erörterung aufgriffen und verstärkten.
Die Formulierung des Verfassungsgerichts, das Grundgesetz habe »ein parlamentarisches System normiert, das stärker ausgeprägt und zugleich mehr auf Stabilität der Regierung angelegt ist als unter der Weimarer Verfassung«, ist eine bewunderungswerte Untertreibung.
Tatsächlich hatten die Verfasser des Grundgesetzes völlig im Banne ihrer Erinnerung an das Ende der Weimarer Republik gestanden und ihrer höchst subjektiven Analyse der Ursachen dieser Katastrophe. Politische Entscheidungen wollten sie dem wankelmütigen Volk nicht erneut überlassen. Das war auch der eigentliche Grund dafür, das Grundgesetz nicht etwa einer Volksabstimmung zu unterwerfen, sondern es von den Landtagen ratifizieren zu lassen. Man fürchtete die Agitation und man fürchtete geringe Mehrheiten.
»Wir sind das Volk« - das sagte und dachte damals niemand - viele Jahre lang.
Das Tabu plebiszitärer Elemente galt merkwürdigerweise nicht für die meisten Gemeindeordnungen und nicht für die Verfassungen der Bundesländer. Mit Ausnahme Bremens und Mecklenburg-Vorpommerns enthalten sie in reicher Vielfalt Volksbegehren und Volksentscheid mit unterschiedlichen Verfahren und unterschiedlichen Quoren. Die vorzeitige Beendigung der Legislaturperiode durch Mehrheitsbeschluß des Landtages oder sogar durch Volksentscheid (!), natürlich auch im Zusammenhang mit einer mißglückten Regierungsbildung, sind völlig normale Bestandteile dieser zwischen 1946 und 1993 verabschiedeten Verfassungen.
Niemand hat bisher behauptet, daß diese Regelungen dem Homogenitätsgebot des Art. 28 GG widersprechen, also mit den Grundsätzen der repräsentativen Demokratie unvereinbar seien. Die Verfassung fordert keine Lupenreinheit. Es steht ohnehin nirgendwo, daß die in Art. 20 Abs. 2 GG erwähnten Abstimmungen sich nur auf Fragen der Neugliederung beziehen müssen. Selbstverständlich haben auch diejenigen Parteien auf Landesebene von den plebiszitären Möglichkeiten heftigen Gebrauch gemacht - sofern sie dort in der Opposition waren - , die deren Einführung im Bund mit dem Argument ablehnen, sie schwächten den Zwang zur demokratischen Einigung. In Nordrhein-Westfalen kann man dafür beispielsweise an das von der CDU aufgegriffene Volksbegehren zur sog. Koop-Schule und an das sich zur Zeit entwickelnde, von CDU und F.D.P. betriebene Volksbegehren zur Gemeindeordnung erinnern.
Einfluß auf die geschriebene Verfassung des Bundes hat das alles nicht gehabt.
Dieser verfassungspolitischen Unbeweglichkeit standen allerdings massive gesetzgeberische und richterliche Eingriffe in die Substanz der Verfassung gegenüber, soweit sie zur Lösung konkreter politischer Probleme als erforderlich galten, wie die Wehr- und die Notstandsverfassung, die Entscheidungen zum Brief zur deutschen Einheit oder zur Gleichberechtigung. Ebenso wichtig waren die schlei-

chenden Veränderungen der Verfassungswirklichkeit, wie sie in einem »Parteienbundesstaat« nicht anders erwartet werden konnten: der allmähliche finanzielle und politische Bedeutungsverlust der Länder, die unverdrossen ihre Eigenstaatlichkeit behaupten; die Veränderung des Bundesrates zu einer Art zweiten Kammer, deren Mitglieder im Bundestag nicht als Mitglieder der Landesregierung sprechen, der sie angehören, sondern als Vertreter ihrer Parteien; die Auflösung der Gewaltenteilung zwischen Legislative und Exekutive im Bereich der »Regierungsparteien«, die die Gesetzgebung in den »Elefantenrunden« präjudizieren und deren Fraktionsvorsitzende und Generalsekretäre in aller Unschuld an den wesentlichen Kabinettssitzungen teilnehmen - wer kontrolliert hier wen ? - ; und schließlich das massive Aufblühen der Parteien, die nach Art. 21 GG an der politischen Willensbildung des Volkes eigentlich nur »mitwirken« sollten. Sie haben durch ihre politische Hierarchisierung die Arbeitsweise der Parlamente gründlich verändert. Sie bemächtigen sich auch der Plebiszite, wo sie zugelassen sind. Sie haben - was für unser Thema von Bedeutung sein wird - das Volk nicht nur mediatisiert. Sie haben es in der Verfassungswirklichkeit weitgehend substituiert.

II. Die Bemühungen der Gemeinsamen Kommission zur Reform der Verfassung

Auf die wesentlichen Veränderungen der Wirklichkeit hat die sog. Gemeinsame Kommission zur Reform der Verfassung mit viel gutem Willen, mit vielen Anträgen und mit nur wenigen Ergebnissen reagiert.
Der Umfang der Neuformulierungen einzelner Artikel steht in einem deutlichen Spannungsverhältnis zu ihrem Inhalt, abgesehen von Folgerungen aus dem Maastrichter Vertrag. Die sind umfangreich, bedeutend und problematisch. Die Verfahrensregelung, die Reformkommission müsse mit Zwei-Drittel-Mehrheit entscheiden, verschaffte der CSU-Landesgruppe und damit der bayerischen Landesregierung eine Sperrminorität. Denn im Fraktionsvertrag der CDU/CSU war vereinbart worden, daß die Gesamtfraktion einer Verfassungsänderung widersprechen müsse, wenn die CSU-Landesgruppe das fordert. So hat sie sich im wesentlichen auch verhalten.
Die Einfügung eines Rechtes des Deutschen Bundestages zur Selbstauflösung schien zunächst von allen Seiten bejaht zu werden. Die Verfassungsreformkommission veranstaltete dazu am 10.9.1992 eine breite öffentliche Anhörung.
Sie zeigte eine erstaunliche breite Übereinstimmung der Sachverständigen für diesen Gedanken, übrigens auch zur Einführung plebiszitärer Elemente in die Verfassung bei gemäßigten Quoren. Darum entstand die allgemeine Erwartung, daß - unabhängig von zu klärenden Einzelheiten - im Prinzip eine derartige, den Erfahrungen der Verfassungswirklichkeit entsprechende Regelung in die Verfassung aufgenommen werden würde.
Konkreter Ausgangspunkt war ein Antrag der Mitglieder der SPD-Fraktion zu

Art. 39 Abs. 1 a GG, der Bundestag solle auf Antrag eines Viertels seiner Mitglieder mit einer Mehrheit von zwei Dritteln seiner Mitglieder beschließen können, die Wahlperiode vorzeitig zu beenden. Dabei sollten zwischen Antrag und Abstimmung 72 Stunden liegen. Eine besondere Mitwirkung des Bundeskanzlers oder des Bundespräsidenten war nicht vorgesehen. Der Vorschlag entsprach den Verabredungen der Berichterstatter aller Fraktionen, nachdem ein Antrag der Gruppe Bündnis 90 / Die Grünen zurückgezogen worden war.
Plötzlich und ohne erkennbaren äußeren Anlaß entwickelte sich eine heftige öffentliche Polemik.
Robert Leicht brandmarkte die Absicht als einen Anschlag auf die Rechte des Bundespräsidenten. Wilhelm Hennis erweckte den Eindruck, die ganze Kommission wolle ohne ausreichende Diskussion und handstreichartig zu einer ganz anderen Republik kommen, eine erstaunliche und mißglückte Karikatur dieser harmlosen und eher enttäuschenden als phantasievollen Veranstaltung. Und der Parlamentarische Geschäftsführer der CDU/CSU-Fraktion, Dr. Jürgen Rüttgers, selbst nicht Mitglied der Reformkommission und auch an anderer Stelle als Bremser auffallend, meinte, der Vorschlag könne den »heilsamen Druck zu Mehrheitsfindung und Kompromiß deutlich schwächen«. Andere wiesen darauf hin, daß eine geschickte Opposition durch die ständige Forderung nach Neuwahlen die Regierungsmehrheit in den Geruch bringen könne, Wahlen zu scheuen. Dazu könne sie ständig Grundsatzdebatten vom Zaun brechen. Man wies abschreckend darauf hin, daß in der Weimarer Republik keine einzige Legislaturperiode normal zu Ende gegangen sei, und übersah alle Erfahrungen, die man selbst in den Bundesländern gemacht hatte.
Dementsprechend erreichte der Vorschlag nicht die erforderliche Zwei-Drittel-Mehrheit.

III. Welches Problem soll eigentlich gelöst werden?

Der Vorschlag, ein Selbstauflösungsrecht des Deutschen Bundestages in der Verfassung zu verankern, war nicht neu.
Schon die Enquete-Kommission Verfassungsreform des 7. Deutschen Bundestages hatte 1976 den Vorschlag gemacht, ein Selbstauflösungsrecht in Art. 39 GG aufzunehmen, das wortgleich mit der oben erwähnten Regelung sein sollte.
Damit sollte die Wiederholung des Vorganges vermieden werden, der sich 1972 ereignet hatte.
Der damalige Bundeskanzler Willy Brandt stellte die Vertrauensfrage, die erwartungsgemäß verneint wurde und damit den Weg zu Neuwahlen über Art. 68 GG freimachte. Der negative Ausgang der Vertrauensfrage wurde dadurch gesichert, daß einige Regierungsmitglieder demonstrativ an der Abstimmung nicht teilnahmen, obwohl sie das als Abgeordnete hätten tun können.

Es war sachlich völlig berechtigt, daß der damalige Bundeskanzler die Vertrauensfrage stellte und es war auch durchaus verständlich, daß er Neuwahlen herbeiführen wollte. Noch unmittelbar vor der Abstimmung über die Vertrauensfrage war ein wichtiger Gesetzentwurf zur Rentenreform mehrheitlich gegen die Bundesregierung entschieden worden. Der Bundeskanzler konnte also nicht mehr mit einer sicheren Mehrheit im Bundestag rechnen.

Gleichwohl gab es in der Folgezeit eine verfassungsrechtliche Diskussion darüber, ob das Verfahren zulässig war, insbesondere, ob der Bundeskanzler die Vertrauensfrage nur in der Hoffnung stellen dürfe, das Vertrauen werde ihm verweigert, oder ob er - wie hier geschehen - dem negativen Ergebnis etwas nachhelfen dürfe. Politisch hatte er durch Neuwahlen das Spiel einiger Abgeordneter mit wechselnden Mehrheiten beendet. Tatsächlich hatte er Neuwahlen herbeigeführt, obwohl vermutlich die erforderliche Mehrheit von Abgeordneten bereit war, ihm das »Vertrauen« auszusprechen, teils aus Überzeugung, teils um eben diese Neuwahlen zu verhindern. Es ist naheliegend, daß der Bundespräsident sich in einer solchen Lage ebenfalls für Neuwahlen entscheidet. Denn dem Bundestag bleibt es ungenommen, sie durch die Wahl eines anderen Kanzlers abzuwenden und damit wieder »ehrliche« Verhältnisse zu schaffen. Der sonst drohende Weg in den Gesetzgebungsnotstand ist sicherlich nicht besser geeignet, das Gemeinwesen vor einer Krise zu bewahren.

Der Makel des gewählten Verfahrens liegt allein in dem Umstand, daß die bestellte Verweigerung des ›Vertrauens‹ als Manipulation erscheint. Das ist aber nur dann der Fall, wenn man unterstellt, daß Abgeordnete wegen des Ziels der Neuwahlen ein tatsächlich vorhandenes Vertrauen nicht ausgesprochen haben, sei es aus eigenem Entschluß oder verabredungsgemäß. Daß ein ausreichendes parlamentarisches Vertrauen aber ›eigentlich‹ und entgegen dem Abstimmungsverhalten tatsächlich vorhanden gewesen war, bleibt eine nicht belegbare Unterstellung. Man kann in Köpfe nicht hineinsehen.

Dieses Problem würde entfallen, wenn man die Entscheidung des einzelnen Abgeordneten nicht an seiner vermuteten inneren Einstellung, sondern an ihrem tatsächlich erklärten Inhalt messen würde. Der tatsächliche Regelungsinhalt des Art. 68 GG ist nicht, daß der einzelne Abgeordnete seine Sympathie oder Antipathie zum Regierungschef offenbaren solle. Jeder Abgeordnete, der an der Abstimmung nicht teilnimmt oder die Vertrauensfrage verneint, entscheidet damit, daß er entweder eine Neuwahl des Parlaments oder eine Neuwahl des Kanzlers erreichen möchte. Diese Frage kann man dem Parlament aber auch positiv stellen, ohne auf den subjektiven Sachverhalt des »Vertrauens« zurückgreifen zu müssen. Ohne Änderung des wesentlichen Regelungsinhaltes könnte man den Art. 68 GG wie folgt formulieren :

Art. 68 Auflösung des Bundestages

(1) »Stimmt der Bundestag einem Antrag des Bundeskanzlers (mit der Mehrheit seiner Mitglieder) zu, die Legislaturperiode zu beenden, so kann der Bundes-

präsident binnen (nach) 21 Tagen den Bundestag auflösen. Eine Abstimmung über den Antrag des Bundeskanzlers oder die Auflösung des Bundestages findet nicht statt, wenn der Bundestag mit der Mehrheit seiner Mitglieder einen anderen Bundeskanzler wählt.«

(2) »Zwischen dem Antrag des Bundeskanzlers und der Abstimmung müssen (acht Tage) 24 Stunden liegen.«

Die Klammern sollen denkbare Varianten darstellen, wobei die geänderten Fristen es der Minderheit ermöglichen sollen, realistische Gespräche über ein konstruktives Mißtrauensvotum zu führen.

Eine solche Formulierung hätte es dem Bundeskanzler erlaubt, ohne problematische Verabredungen über Stimmenthaltungen den beabsichtigten Weg zu Neuwahlen zu öffnen. Ihm bliebe unverändert das volle Risiko, daß der Bundestag ihn abwählt oder der Bundespräsident den Bundestag in Abschätzung des Abstimmungsergebnisses nicht auflöst.

Bedauerlicherweise ist eine entsprechende gesetzgeberische Klarstellung nicht erfolgt. Die Enquete-Kommission wählte den bis heute beibehaltenen Ansatz, Bundeskanzler und Bundespräsident aus dem Verfahren auszuschalten und die Sicherung gegen Mißbrauch in einem entsprechenden Quorum zu suchen.

Verfassungsrechtlich noch problematischer war der prompt folgende Vorgang im Jahr 1982. Noch im Frühjahr hatte der Deutsche Bundestag mit Mehrheit eine Vertrauensfrage des damaligen Bundeskanzlers Helmut Schmidt bestätigt. Bald danach, am 1. 10. 1982 wurde er durch ein konstruktives Mißtrauensvotum zugunsten des neuen Bundeskanzlers Helmut Kohl gestürzt. Dieser hatte schon 10 Tage zuvor alsbaldige Neuwahlen angekündigt. Tatsächlich sah sich die neugebildete Bundesregierung einer tiefen Legitimationskrise gegenüber. Obwohl politische Fragen der Innen- und Rechtspolitik streitig geblieben waren, verfügte sie zwar über eine eindeutige Mehrheit im Bundestag. In der Öffentlichkeit wurde aber insbesondere das Verhalten der F.D.P. vielfach als ein Bruch ihrer Wahlaussage gewertet. Sie wurde mit vernichtenden Wahlergebnissen aus den Landtagen von Hessen und Bayern herausgewählt.

Tatsächlich hatten sich die neuen Koalitionspartner schon vor dem konstruktiven Mißtrauensvotum vom 1.10.82, vor der Regierungsbildung und volle drei Monate vor Stellung der Vertrauensfrage auf Neuwahlen im März 1983 geeinigt. Die Vertrauensfrage wurde also keineswegs wegen einer zweifelhaften parlamentarischen Mehrheit, sondern deswegen gestellt, um einem vorzeitigen Versprechen des zukünftigen Bundeskanzlers und der zukünftigen Koalition Rechnung zu tragen.

Aus dem Sondervotum des Richters Rottmann ergibt sich, daß dem Verfassungsgericht das auch bekannt war. Trotzdem versuchte das Gericht, den erneuten Weg über Art.68 GG und ein verabredungsgemäß scheiterndes Vertrauensvotum damit zu rechtfertigen, der Bundeskanzler habe sich seiner parlamentarischen Mehrheit nicht sicher sein und der Bundespräsident habe sich fehlerfrei dessen Urteil zu eigen machen können. Das war um so unsinniger, als die F.D.P. überhaupt keine

Wahl mehr hatte. Denn eine erneute »Wende« - und wohin? - hätte mit Sicherheit das absolute politische Ende dieser Partei bedeutet.
Robert Leicht hat damals in einem Artikel »Die Richter haben sich gebeugt« zutreffend bemerkt, daß diese Ausführungen das Zwerchfell strapazieren müßten, weil jeder wisse, daß die F.D.P. in ihrer damaligen Verfassung nur allzugern bereit war, bis zum Ende der Legislaturperiode mitzumachen.
Auch diese Entscheidung des Bundesverfassungsgerichtes zeigt im übrigen, welche Probleme entstehen, wenn das Gericht aus dem äußeren Verhalten einzelner Abgeordneter, aus parlamentarischen Reden oder sonstigen Indizien nachträglich rekonstruieren will, was sie sich damals wohl gedacht oder beabsichtigt haben. Bei diesem Urteil könnte man ebensogut die Frage stellen, was wohl in dem Kopf des einzelnen Richters bei seinem Votum tatsächlich vorgegangen sein mag, und es ist besser, das nicht zu wissen.
Wenn das Gericht anfangen will, die Motive der einzelnen Abgeordneten zu erforschen und retrospektive Prognosen darüber anzustellen, ob die Mehrheiten wohl gereicht hätten oder nicht, dann gerät es auf Abwege und überschreitet die Grenzen juristischer Möglichkeiten.
Allerdings läßt diese höchst merkwürdige Entscheidung erkennen, daß das Gericht ein drittes Mal diesen trickreichen Weg nicht akzeptieren möchte.

IV. Wie geht es weiter?

Um so dringender stellt sich die Frage, welche politische Wirkung die Tatsache hat, daß auch dieser Vorgang den Verfassungsgesetzgeber bisher nicht dazu veranlaßt hat, das Problem der Selbstauflösung in befriedigender Weise zu regeln. Der von dem Abg. Rüttgers beschworene demokratische Einigungszwang ist weder zu erkennen, noch hat er bisher, unter tätiger Mitwirkung der CDU/CSU-Fraktion die Notwendigkeit vorzeitiger Neuwahlen jemals abgewendet.
Vizepräsident Zeidler hat in seinem Sondervotum zur Entscheidung des Bundesverfassungsgerichtes von 1983 darauf hingewiesen, daß der Wähler in der Verfassungswirklichkeit die Vorstellung erlangt habe, er wähle nicht nur einen Bundestag, sondern er entscheide gleichzeitig über eine Koalition und über den Bundeskanzler, der sie führen soll. Das ist zutreffend.
Die Bundestagswahlen haben plebiszitären Charakter angenommen. Was die Parteien eigentlich verhindern wollten, haben sie durch die Massivität ihrer Tätigkeit herbeigeführt. Der Vorsitzende und Spitzenkandidat ist zum programmatischen Symbol geworden.
Er wird gewählt, an *ihn* knüpfen sich die Hoffnungen und Erwartungen. Das war auch beim Bundestagswahlkampf im Herbst 1980 der Fall gewesen, in dem die Koalitionsaussage eine ausschlaggebende Rolle gespielt hatte: F.J. Strauß oder Schmidt / Genscher? Beim konstruktiven Mißtrauensvotum nur zwei Jahre später

wurde die Legitimation dieser Entscheidung ohne demokratische Wahlen darum sowohl im Parlament wie in der Öffentlichkeit massiv bezweifelt und angegriffen. Das ist der Kern: Der plebiszitäre Charakter der Bundestagswahl entwertet das konstruktive Mißtrauensvotum, wenn ihm nicht alsbald Neuwahlen folgen können. Keine noch so hartgesottene Parlamentsmehrheit würde es aushalten, jahrelang einen Kanzler zu stützen, von dem viele Wähler den Eindruck haben müßten, er sei ihnen durch den Wortbruch einer Partei aufgezwungen worden. Wenn in einer solchen Lage der Weg zu Neuwahlen verbaut wird, dann werden die Parteien entweder zu heuchlerischen Vorkehrungen gezwungen, um doch noch ein »Mißtrauen« im Sinne des Verfassungsgerichtes begründen zu können, oder sie werden von einem konstruktiven Mißtrauensvotum kaum noch Gebrauch machen können. Dann wäre ein einmal gewählter Kanzler auf vier Jahre im Prinzip unabsetzbar.

Die Enquete-Kommission des 7.Deutschen Bundestages hatte 1976 vorgeschlagen, den Antrag auf Auflösung des Bundestages an ein Viertel seiner Mitglieder, den Auflösungsbeschluß an zwei Drittel der Mitglieder zu binden.

Friedrich Schäfer hatte vorgeschlagen, daß der Bundespräsident den Bundestag innerhalb von sieben Tagen auflösen kann, wenn ein Drittel der Mitglieder des Bundestages es verlangt und seitdem 21 Tage vergangen sind. Dabei kann der Bundestag die Auflösung verhindern, wenn er vor der Entscheidung des Präsidenten dem Bundeskanzler mit derselben Mehrheit das Vertrauen ausspricht oder einen anderen Kanzler wählt. Stimmen dem Auflösungsverlangen allerdings zwei Drittel der Mitglieder zu, dann muß der Präsident nach diesem Vorschlag den Bundestag auflösen.

Frank Neubauer schlägt vor, daß der Präsident innerhalb von 21 Tagen auflösen kann, wenn die gesetzliche Mehrheit es fordert und der Kanzler zustimmt.

Wolfgang Ullmann hatte in der Gemeinsamen Reformkommission vorgeschlagen, daß der Auflösungsantrag von einem Viertel der Mitglieder gestellt werden müsse, die der Opposition angehören und daß zum Auflösungsbeschluß eine Mehrheit von drei Vierteln erforderlich sein müsse.

Der Antrag des Abg. Dr. Jochen Vogel für die SPD in der Verfassungskommission wurde schon oben zitiert.

Man kann daraus zwei wesentliche Befürchtungen erkennen.

Die eine wird vor allem von Robert Leicht vertreten, es gehe um die Entmachtung des Bundespräsidenten, der im Rahmen des Art. 68 GG eine wesentliche Funktion habe. Robert Leicht übersieht dabei, daß die komplizierte Konstruktion des Art. 68 GG von den Verfassungseltern nicht gewählt wurde, um den Präsidenten zu stärken, sondern genau umgekehrt, weil sie das Auflösungsrecht des Reichspräsidenten der Weimarer Verfassung in Erinnerung hatten. Der hatte den Reichstag mit Zustimmung des Reichskanzlers auflösen können und hat das oft genug getan. Da der Präsident den Reichskanzler nach eigener Entscheidung ent-

lassen konnte, blieb diesem auch gar nichts anderes übrig, als einer vom Reichspräsidenten gewünschten Auflösung des Reichstages seinerseits zuzustimmen.
Das zweite Bedenken liegt offenkundig darin, daß die Abgeordneten der Mehrheit eine günstige Gelegenheit wählen würden, den Bundestag vorzeitig aufzulösen, um einen für sie genehmen Wahltermin herauszuschinden. Das ist ziemlich theoretisch. Zum einen geht die Absicht der Parteien und mancher Abgeordneter nicht dahin, die Wahlperiode zu verkürzen, sondern sie nach Möglichkeit zu verlängern. Dafür sind die hohen Kosten der Wahlen und ihre Häufung verantwortlich, von der gesonderten Wahl des Bürgermeisters, über Kommunal- und Kreistagswahlen, Landtags- und Bundestagswahlen bis zur Europawahl, das alles in 16 Bundesländern zu unterschiedlichen Terminen.
Auch für den einzelnen Abgeordneten sind Wahlen kein besonderes Vergnügen, ob er nun zur Koalition oder zur Opposition gehört. Sie kosten viel Geld und ihr Ausgang ist ungewiß. Erfahrungsgemäß fallen bei Kandidatenaufstellungen und Wahlen jeweils fast ein Drittel der Abgeordneten aus dem Parlament heraus und jeder einzelne wird sich das auch unabhängig von der Meinungsbildung seiner Fraktion im stillen Kämmerlein sorgfältig überlegen. Dabei ist es durchaus menschlich, daß er auch darüber nachdenkt, daß ein Versorgungsanspruch zur Zeit erst beginnt, wenn der Abgeordnete länger als eine Legislaturperiode im Parlament sitzt. Zuletzt denkt auch der brave Mann an sich selbst. So groß wie vermutet, ist die Mißbrauchslust ganz bestimmt nicht.
Schließlich fällt es auf, daß keiner dieser Vorschläge die in Landesverfassungen durchaus übliche Regelung übernimmt, die vorzeitige Beendigung der Legislaturperiode und damit Neuwahlen durch ein Volksbegehren und Volksentscheid zu ermöglichen. Dieser Gedanke ist aber gerade deswegen so verlockend, weil ihm nicht entgegengehalten werden kann, der Volksentscheid verführe zu einer Ja/Nein-Entscheidung und damit zu undifferenzierten Antworten auf einzelne zusammenhanglose Fragen. Das genau geschieht bei der Forderung nach Neuwahlen eben nicht, weil sie die ganze Breite der Politik und das gesamte Personal zur Disposition stellen: Wir sind das Volk!

So läßt sich für die zukünftige Diskussion festhalten:

1. Eine ausdrückliche Regelung der vorzeitigen Auflösung des Bundestages sollte in die Verfassung aufgenommen werden.
2. Die Entscheidung sollte in einem positiven Votum des Bundestages, und nicht nur in der Ablehnung einer vom Bundeskanzler gestellten Vertrauensfrage getroffen werden können.
3. Das erforderliche Quorum braucht nicht größer zu sein als die Mehrheit der gesetzlichen Mitglieder, wenn der Bundespräsident ein eigenes Ermessen behält, ob er dem Votum folgt oder nicht.
4. Der Bundestag muß die mit nur gesetzlicher Mehrheit beschlossene Auflösung durch Wahl eines neuen Kanzlers abwenden können.

5. Die Auflösung des Bundestages sollte auch durch Volksbegehren und Volksentscheid verlangt und entschieden werden können. Mindestens aber sollte es möglich sein, daß der Antrag auf Auflösung des Bundestages, über den der Bundestag dann entscheiden muß, auch durch ein Volksbegehren gestellt werden kann, dem mindestens ein Drittel der Wahlberechtigten zustimmt.

Wird das in der folgenden Verfassungsdebatte des Bundestages beschlossen werden? Wohl nicht. Man wird Geduld brauchen.

Krisendiskussion, politische Alternativlosigkeit, Parteienstaatsübermaß - Drei Gegenwartsaspekte zur Funktion der politischen Parteien nach Art. 21 Abs. 1 GG -

Dimitris Th. Tsatsos

I. Die Funktion der politischen Parteien in der europäischen Verfassungskultur Ein Idealbild verliert seinen Glanz

1. Das Grundgesetz für die Bundesrepublik Deutschland war Vorbild für das Verfassungsrecht der Nachkriegszeit.[1] Das gilt nicht nur, aber ganz besonders, für Art. 21 GG. Nach Deutschland haben Spanien, Portugal, Griechenland und Frankreich, wenn auch mit unterschiedlichen Akzenten, den politischen Parteien das Tor der Verfassung geöffnet.[2] Damit begann in Europa für die politischen Parteien und somit für die parlamentarische Demokratie eine neue verfassungsgeschichtliche Epoche. Den Werdegang der politischen Parteien hat eindrucksvoll H. Triepel im Jahre 1928 wie folgt zusammengefaßt[3]:

> »Geschichtlich angesehen, hat sich das Verhalten des Staats gegenüber den politischen Parteien in einer vierfachen Stufenfolge bewegt. Wir können von einem Stadium der Bekämpfung, dann von einem Stadium der Ignorierung sprechen. An dieses schließt sich die Periode der Anerkennung und Legalisierung, und als letzte würde die Ära der verfassungsmäßigen Inkorporation folgen, die uns freilich zunächst noch in Existenz und Eigenart problematisch ist.«

2. Der Nationalsozialismus in Deutschland - genauso die Diktaturen in Spanien, Portugal, Italien und Griechenland - hat diese Entwicklung unterbrochen. Es ist kein Zufall, daß die von H. Triepel vorausgesagte vierte Ära der politischen Parteien in Europa, die der *verfassungsmäßigen Inkorporation,* die geschichtliche Folge des Umsturzes der Diktatur war. Diese parteigeschichtlich und parteitheo-

1 Vgl. die Länderberichte und *U. Battis,* Schlußwort, S. 279ff., in: U. Battis/E. G. Mahrenholz/D. Th. Tsatsos (Hrsg.), Das Grundgesetz im internationalen Wirkungszusammenhang der Verfassungen, Berlin 1990.

2 Siehe dazu *D. Th. Tsatsos,* Rechtsvergleichende Ausblicke, in: D. Th. Tsatsos/D. Schefold/H.-P. Schneider (Hrsg.), Parteienrecht im europäischen Vergleich, Baden-Baden 1990, S. 763ff. Italien hatte die erste Verfassung der Nachkriegszeit, die den Parteien verfassungsrechtliche Relevanz zusprach; siehe *F. Lanchester,* Die Institution der politischen Partei in Italien, in: D. Th. Tsatsos/D. Schefold/H.-P. Schneider, a.a.O., S. 370 (381).

3 *H. Triepel,* Die Staatsverfassung und die politischen Parteien, Berlin 1928, S. 12.

retisch interessante zeitliche und historisch-kausale Folge hängt damit zusammen, daß die Diktaturen in Europa sofort darangingen, die politischen Parteien aufzulösen und zu diskriminieren. Das ist eine geschichtliche Bestätigung dafür, daß die politischen Parteien das unersetzliche Bollwerk der Demokratie gegen die Diktatur sind.[4]

3. In der parlamentarisch-demokratischen Verfassungskultur Europas[5], sowohl in den Staaten, die, dem Grundgesetz folgend, die politischen Parteien ausdrücklich verfassungsrechtlich gefestigt haben, als auch in solchen, wo sich ihre Rolle durch die Verfassungswirklichkeit ergibt[6], kann man von einer *gemeinsamen europäischen Parteienrechtskultur* sprechen.[7] Dieses ist nicht unabhängig von den geschichtlich vergleichbaren Situationen, die zur verfassungsrechtlichen Verfestigung der Parteiinstitution geführt haben.[8] Unter Federführung des deutschen Bundesverfassungsgerichts[9] und der deutschen Staatsrechtslehre[10] hat sich ein Funktionsbild - oder genauer: eine Verfassungstheorie der Parteienfunktion - gebildet. Von den wichtigsten Momenten jenes Bildes bzw. jener Theorie seien folgende in Erinnerung gerufen:

a) Parteien sind *Vereinigungen besonderer Art,* die - kraft Verfassung - die organisierte Mitwirkung der Bürger an der politischen Willensbildung im Gemeinwesen ermöglichen, fördern und aktivieren.[11] Sie haben die Funktion, den nicht kon-

4 *D. Th. Tsatsos,* Zu einer gemeinsamen europäischen Parteienrechtskultur?, DÖV 1988, S. 1 (4).

5 Siehe dazu nur *P. Häberle,* dem wir den Begriff »Gemeineuropäisches Verfassungsrecht« und die Ausarbeitung der Dimension der Verfassungskultur Europas zu verdanken haben, in: Gemeineuropäisches Verfassungsrecht, EuGRZ 1991, S. 261ff.

6 Siehe dazu *D. Th. Tsatsos,* a.a.O. (Fn. 2), S. 775ff.

7 *D. Th. Tsatsos,* a.a.O. (Fn. 4), S. 1ff.

8 *D. Th. Tsatsos,* a.a.O. (Fn. 4), S. 3f.

9 Z.B. BVerfGE 1, 208 (228); 3, 19 (22); 5, 85 (112); 6, 273 (277); 6, 367 (372); 8, 51 (63); 11, 239 (241); 20, 56 (101 und 107); 24, 260 (264); 79, 379 (384); BVerfG, EuGRZ 1992, S. 153 (159).

10 *W. Grewe,* Zum Begriff der politischen Partei, in: Festgabe für E. Kaufmann, Stuttgart/Köln 1950, S. 65ff.; *W. Henke,* Das Recht der politischen Parteien, 2. Aufl., Göttingen 1972, S. 21ff.; *G. Leibholz,* Der Parteienstaat des Bonner Grundgesetzes, RStW III 1951, S. 99 (111f.); *Chr. F. Menger,* Zur verfassungsrechtlichen Stellung der deutschen politischen Partei, AöR, Bd. 78 (1955), S. 151ff. Einen wissenschaftlichen Höhepunkt erfährt die Diskussion auf der Tagung der Vereinigung der Deutschen Staatsrechtslehrer in Wien im Jahre 1958, die zum ersten Beratungsthema »Die verfassungsrechtliche Stellung der politischen Parteien im modernen Staat« hatte. Dort hat *K. Hesse* mit seinem Bericht, VVDStRL 17, 1959, S. 11-52, die Grundlage der zukünftigen Auseinandersetzung hergestellt, vgl. auch den Mitbericht von *G.-E. Kafka,* ebenda, S. 53-102; *H. Schmitt-Lermann,* Die Entwicklung des Parteibegriffs in der deutschen Staatsphilosophie der Romantik und des Frühliberalismus, DÖV 1962, S. 1ff.; *W. Seuffert,* Zu den Grundlagen des Begriffs der politischen Partei, in: Festgabe für Carlo Schmid, Tübingen 1962, S. 199ff.; *W. Thiele,* Zum Begriff der politischen Partei, DVBl. 1964, S. 660ff. Siehe auch den Überblick bei *H.-R. Lippert,* Die Gleichheit der politischen Parteien vor der öffentlichen Gewalt, Berlin 1975, S. 648, Fn. 5 und zur neueren Diskussion: *M. Stolleis,* Parteienstaatlichkeit - Krisensymptome des demokratischen Verfassungsstaats?, VVDStRL 44, 1986, S. 7 ff.

11 *K. Hesse,* a.a.O. (Fn. 10), S. 25 u. 50; *H.-P. Schneider,* Die Institution der politischen Partei in der Bundesrepublik Deutschland, in: D. Th. Tsatsos/D. Schefold/H.-P. Schneider, a.a.O. (Fn. 2), S. 151 (181-183); *D. Th. Tsatsos/M. Morlok,* Parteienrecht, Heidelberg 1982, S. 18f.; vgl. § 1 Abs. 2 PartG.

kret artikulierten, meistens auch nicht artikulierbaren und wie immer zu verstehenden »Volkswillen« so umzusetzen, daß er aus seiner politischen Unlesbarkeit zu konkreter Politik und somit - auf der Ebene der Institutionen - auch anwendbar wird.

b) Aber auch umgekehrt ist den Parteien auferlegt, die gesellschaftlichen Probleme in die Bevölkerung hineinzutragen, sie dort vorzustellen und zu diskutieren, um dann Meinungen, Tendenzen usw. aufzunehmen und aufzuarbeiten, um sie wiederum, im Rahmen des demokratischen innerparteilichen Verfahrens, »nach oben« zu den Staatsorganen zu bringen.[12]

4. Die Erfüllung der eben geschilderten politischen Arbeit, die die Grundgesetzordnung, aber auch andere Verfassungsordnungen Europas,[13] den politischen Parteien abverlangt, hat zur Bedingung, ihnen einen Status der *Freiheit,* der *Gleichheit* und der *Öffentlichkeit* zuzuerkennen.[14] Aus der Funktionserwartung des Grundgesetzes ergibt sich aber auch ein status institutionis und somit eine *institutionelle Verantwortung der Parteien,* die - unbeschadet der kaum vorhandenen Sanktionsmöglichkeiten bei ihrer Nichterfüllung - einen durchaus verfassungsrelevanten Charakter hat. Aus dieser Verantwortung ist den Parteien u.a. auch folgendes aufgegeben:

a) ein Vertrauensverhältnis zwischen Institutionen und Volk herzustellen, d.h. die *Glaubwürdigkeit des institutionellen Geschehens zu fordern,* zu *fördern* und zu *schützen*[15],

b) die Grenze zwischen *privatem und öffentlichem* Interesse in aller Deutlichkeit zu wahren und zu schützen[16],

c) bei aller - völlig legitimen - Förderung auch gesellschaftlicher Sonder- oder Klasseninteressen *den Blick auf das Gemeinwohl nicht zu verlieren.* Unter »Gemeinwohl« wird hier die funktionsimmanente Pflicht der politischen Parteien verstanden, sich selbst bei der legitimen Wahrnehmung der Interessen ihrer Wählerschaft Zumutbarkeitsgrenzen zugunsten der anderen Interessengruppen zu setzen.[17]

12 Vgl. BVerfGE 20, 56 (59); *K. Hesse,* a.a.O. (Fn. 10), S. 25 u. 50; *H.-P. Schneider,* a.a.O. (Fn. 11), S. 181-183; vgl. auch § 1 Abs. 2 PartG.

13 Vgl. oben (Fn. 2).

14 So *K. Hesse,* a.a.O. (Fn. 10), S. 27ff.

15 Zum Problem der Glaubwürdigkeit der Politik vgl. *D. Th. Tsatsos,* Von der Würde des Staates zur Glaubwürdigkeit der Politik, Berlin 1987, insb. S. 38ff.

16 Siehe statt vieler *H. H. v. Arnim,* Ist die Kritik an den politischen Parteien berechtigt?, in: Aus Politik und Zeitgeschichte, Beilage zur Wochenzeitung Das Parlament, B 11/93, S. 14 (17).

17 Auf die altbekannte Diskussion über die Gemeinwohlausrichtung entweder als Begriffsmerkmal oder als Pflicht der Parteien kann hier nicht eingegangen werden. Der Begriff wird hier benutzt in dem im Text angegebenen Sinn und nicht im Sinne einer willkürlichen und somit fiktiven Vorgegebenheit, die genauso viele Gefahren enthält wie die Fiktion der volonté générale. Siehe zum Begriff des Gemeinwohls: *W. Grewe,* Zum Begriff der politischen Partei, in: Festgabe für E. Kaufmann, Stuttgart/Köln 1950, S. 65 (78ff.); *H. Krüger,* Allgemeine Staatslehre, 2. Aufl., Stuttgart/Berlin/Köln/Mainz 1966, S. 375ff.; Bericht der Parteienrechtskommission, Rechtliche Ordnung des Par-

All das bedeutet: In der Geschichte des Verfassungsstaates vollzieht sich, vor allem durch die demokratische Bewegung der Nachkriegszeit, gerade durch die Institutionalisierung und der damit verbundenen Verantwortung der politischen Parteien, *ein Prozeß des Abbaus einer durch die monarchische Tradition geprägten Trennung von Staat und Gesellschaft.*[18]

5. Dieses *Idealbild* von der Funktion und der Verantwortung der politischen Parteien in der europäischen Verfassungskultur, und ganz besonders in der Bundesrepublik Deutschland, *wäre wirklichkeitsfremd,* würde man die Augen vor bestimmten neuen Gegebenheiten schließen; ihre Vergegenwärtigung könnte Anlaß zu einer Neubesinnung auf die im Jahre 1949 begonnene und von Heinrich Triepel vorangekündigte vierte Epoche der Parteien, nämlich ihre feierliche Institutionalisierung, sein.[19] Aus der reichhaltigen Diskussion sollen hier drei gegenwärtige Gegebenheiten untersucht werden, die den Blick auf das tatsächliche Parteifunktions*bild* schärfen und eine Aussage über die Abweichungen vom Idealbild des grundgesetzlichen Parteifunktionsverständnisses ermöglichen. Diese, hier anzusprechenden Gegebenheiten, sind folgende:

a) Eine *allgemeine »Krisen«diskussion,* die empfindlich die Institution der politischen Parteien tangiert (unter II.),

b) die *Verringerung politischer Alternativen und ihrer Artikulierbarkeit* (unter III.) und

c) das *Parteienstaatsübermaß* (unter IV.).

II. Die »Krisen«diskussion

1. Unsere Zeit in Europa - nicht nur in der Bundesrepublik Deutschland - ist gekennzeichnet durch eine *neuartige Kluft zwischen Institutionen bzw. Institutionsträgern und Gesellschaft.* In der Regel wird das institutionelle Geschehen von der öffentlichen Meinung so aufgefaßt und aufgenommen, als ob sich das politisch *Sichtbare* nicht mehr mit dem politisch *Wahren* decken würde. Anders ausgedrückt: ein Glaubwürdigkeitsverlust des institutionellen Bereichs prägt immer mehr das Bewußtsein des Bürgers.[20] Skandale[21], Transparenzlosigkeit wichtiger Entscheidungen und somit Ausschaltung des Volkes, mangelnde Problemlö-

teiwesens, Frankfurt a.M./Berlin 1957, S. 131f.; *W. Henke,* Bonner Kommentar zum Grundgesetz, Art. 21, 63. Lfg., Heidelberg 1991, Rn. 27ff. mit Zusammenfassung des einschlägigen Theorienstreits.

18 *D. Th. Tsatsos/M. Morlok,* a.a.O. (Fn. 11), S. 24ff.

19 *H. Triepel,* a.a.O. (Fn. 3).

20 Zur Glaubwürdigkeit des Institutionellen: *D. Th. Tsatsos,* a.a.O. (Fn. 15), insb. S. 37ff.

21 Vgl. *U. v. Alemann/W. Tönnesmann,* Die Dinosaurier werden immer trauriger: Ein kleiner Essay über große Parteien, in: Neue Politik in alten Organisationen, alte Politik in neuen Organisationen, Reihe polis-Hefte, Nr. 20, FernUniversität Hagen 1991, S. 28f.

sungskompetenz der Staatsführung[22], schlechte Gesetze[23], das Unvermögen internationaler Organisationen, blutigen Konflikten ein Ende zu bereiten und vieles andere, schaffen ein trübes Bild des öffentlichen Lebens. Sogar in England, dem Geburtsort der parlamentarischen Demokratie, werden jahrhundertealte Tabus nun ausdrücklich in Frage gestellt; dort nämlich fängt sogar das Königtum spürbar zu wackeln an, und zwar nicht aus Anlaß einer prinzipiellen Überlegung, sondern aus dem Glaubwürdigkeitsdefizit von Personen heraus.

2. Empfindlich betroffen von diesem Glaubwürdigkeitsdefizit sind die politischen Parteien.[24] Hier sind die letzten Kommunalwahlen in Hessen ein wichtiges Indiz unter sehr vielen. Die deutliche Stellungnahme des Bundespräsidenten Richard von Weizsäcker[25] faßt eine ohnehin vorhandene öffentliche Meinung zusammen. Die »Fallsammlung« wird täglich durch die Nachrichten bereichert. Mit dieser Entwicklung, die mit der inzwischen veralteten Flick-Affäre[26] schon damals europäische Resonanz gefunden hat, befassen sich sowohl die Wissenschaft[27] und die Medien[28] als auch die Politik.[29] Diese viel- oder sogar ausdiskutierte »Krisendebatte« kreist in letzter Zeit immer mehr und immer wieder um dieselben Fallgruppen. Hier sind einige davon:

a) Skandale oder Skandalbehauptungen oder Aufdeckung von länger zurückliegenden, dem Gegner auch längst bekannten Skandalen, die man »für die geeignete Stunde« konserviert hat.

22 *H. H. v. Arnim,* a.a.O. (Fn. 16), S. 16.

23 Siehe die Diskussion um den § 218 StGB; *F.-Chr. Schroeder,* Unaufrichtigkeit des Gesetzes, ZRP 1992, S. 409ff.; *S. Rahardt-Vahldieck,* Unaufrichtigkeit des Gesetzes?, ZRP 1993, S. 41ff.

24 Siehe zur Lage in Deutschland dazu aus neuester Zeit: *U. v. Alemann/W. Tönnesmann,* a.a.O. (Fn. 21), S. 27ff.; *H. H. v. Arnim,* a.a.O. (Fn. 16), S. 14ff.; *W. Hennis,* Der Parteienstaat des Grundgesetzes - Eine gelungene Erfindung, Der Spiegel, Dokument 5, Oktober 1992.

25 *R. von Weizsäcker,* in: R. v. Weizsäcker im Gespräch mit G. Hofmann und W. A. Perger, Frankfurt a.M. 1992, S. 135ff. Siehe zur Diskussion, die die Stellungnahme auslöste, die Beiträge in *G. Hofmann/W. A. Perger* (Hrsg.), Die Kontroverse. Weizsäckers Parteienkritik in der Diskussion, Frankfurt a.M. 1992.

26 Siehe die Darstellung der Flick-Affäre bei *H. W. Kilz/J. Preuss,* Flick - Die gekaufte Republik, Hamburg 1983 und *Chr. Landfried,* Parteienfinanzen und politische Macht, Baden-Baden 1990, S. 173ff.

27 Auf die »Krisendiskussion« geht die Staatsrechtslehre während der Jahrestagung der deutschen Staatsrechtslehrervereinigung 1985 in Freiburg i.Ue. durch die Referate von *M. Stolleis/H. Schäffer/R.-A. Rhinow* ein (siehe VVDStRL, Heft 44, 1986, S. 7-168). Siehe dazu *W. Frotscher,* Die Parteienstaatliche Demokratie - Krisenzeichen und Zukunftsperspektiven, DVBl. 1985, S. 917ff.; *K. M. Meessen,* Parteienstaatlichkeit - Krisensymptome des demokratischen Verfassungsstaats?, NJW 1985, S. 2289ff. Aus der akutellen politikwissenschaftlichen Diskussion vgl. beispielhaft: *U. v. Alemann,* Korruption ist Vertrauenssache, Capital, April 1993, S. 113ff.; *H.-G. Betz,* Krise oder Wandel?, Zur Zukunft der Politik in der postindustriellen Moderne, Aus Politik und Zeitgeschichte, Beilage zur Wochenzeitschrift Das Parlament, B 11/93, S. 3ff.; *K. Scheuch/U. Scheuch,* Cliquen, Klüngel und Karrieren, Reinbek bei Hamburg 1992.

28 Siehe statt vieler *K. Adam,* Ich kenne nur noch Parteien, Frankfurter Allgemeine Zeitung vom 03.09.1992; *Th. Dainstädt/G. Spörl,* Streunende Hunde im Staat, Der Spiegel vom 29.03.1993, Heft 13, S. 142-159.

29 Insbesondere *R. von Weizsäcker,* a.a.O. (Fn. 25), S. 135ff.

b) Umgehung der demokratischen Transparenzpflicht bei innerparteilichen Verfahren unter Ausschaltung der öffentlichen Meinung der Parteibasis.[30]
c) Ein Parteienfinanzierungsrecht, welchem das Bundesverfassungsgericht in seinem weit über die Grenzen der Bundesrepublik Deutschland bedeutenden Urteil vom 09.04.1992[31] die Grundlage entzogen hat, und zwar mit einer Argumentation, die der bisherigen Regelung schwerwiegende Demokratiedefizite vorhält.[32]
d) Eine rechtsstaatswidrige Unterwerfung der Personalpolitik des Staates unter das Parteiinteresse.[33]
e) Unzulängliche Kompetenz für die Lösung von dringenden Problemen; Schulbeispiel: die Asylfrage.[34]
f) Ausschaltung der öffentlichen Meinung bei eminent wichtigen Entscheidungsprozessen; Schulbeispiel: Maastricht-Vertrag wie auch die Vorbereitung einer Verfassungsreform für die Bundesrepublik Deutschland unter Ausschluß der Öffentlichkeit.

3. Die von solchen Vorgängen sicher nicht unabhängige massive Verringerung der Parteienmitgliederzahlen, die parteipolitische Lustlosigkeit des Durchschnittsbürgers, den parteipolitischen Disput zu verfolgen, geschweige denn an ihm mitzuwirken, geben zu folgender Befürchtung Anlaß: Das Grundrecht nach Art. 21 Abs. 1 GG auf aktive Mitwirkung der Bürger am politischen Willensbildungsprozeß durch Mitgliedschaft in politischen Parteien verliert im Bewußtsein des Bürgers seinen ursprünglichen Glanz. Immer mehr entsteht der Eindruck, daß die Parteien sich zu Selbstzweckorganisationen entwickeln, die den homo politicus nicht mehr brauchen, als existierten und handelten sie an ihm vorbei. Das ist das herrschende Bild.

4. Gegen die eben geschilderte Fallgruppierung der Krisenphänomenologie, gegen das Unbehagen und gegen die Kritik aus der Wissenschaft, der Medien und der Politik, ist nichts einzuwenden. Es wäre auch ohne diese Kritik um all diese

30 Beispielhaft: Vorwahlen im Hinterzimmer, Der Spiegel vom 22.03.1993, Heft 12, S. 102f.; siehe auch das Urteil des Hamburgischen Verfassungsgerichts, HVerfG 3/92, vom 4. Mai 1993.

31 BVerfG, EuGRZ 1992, S. 153ff., auch veröffentlicht in: NJW 1992, S. 2545ff. = DÖV 1992, S. 664ff. = DVBl. 1992, S. 764ff. = JZ 1992, S. 794ff. Siehe auch die Literatur zum Urteil: *J. Ipsen,* Globalzuschüsse statt Wahlkampfkostenerstattung, JZ 1992, S. 753ff.; *W. Kaltefleiter/K.-H. Naßmacher,* Acht Leitsätze für ein neues Parteiengesetz, ZParl 1992, S. 452ff.; *Chr. Landfried,* Parteienfinanzierung: Das Urteil vom 9. April 1992, ZParl 1992, S. 439ff.; *D. Th. Tsatsos,* Zur Demokratisierung des Parteienstaates, ZRP 1992, S. 95ff.; *D. Th. Tsatsos/H.-R. Schmidt/P. Steffen,* Das Bundesverfassungsgericht verwirft das bisherige Parteienfinanzierungsmodell, Jura 1993, S. 194ff. u. 243ff.; *U. Volkmann,* Verfassungsrecht und Parteienfinanzierung, ZRP 1992, S. 325ff. Siehe auch »Empfehlungen der vom Bundespräsidenten berufenen Kommission unabhängiger Sachverständiger zur Finanzierung der Parteien« vom 17. Februar 1993, 2. Kapitel, BT-Drs. 12/4425 (zitiert als: Bundespräsidentenkommission).

32 BVerfG, EuGRZ 1992, S. 153 (159).

33 *H. H. v. Arnim,* a.a.O. (Fn. 16), S. 17.

34 Siehe statt vieler *R. Wassermann,* Plädoyer für eine neue Asyl- und Ausländerpolitik, Aus Politik und Zeitgeschichte, Beilage zur Wochenzeitschrift Das Parlament, B 9/92, S. 13 (16ff.)

Bereiche des kulturellen Lebens schlecht bestellt. Allerdings scheint es mir an der Zeit, einige Aspekte zur Diskussion zu stellen, die vielleicht zu einer gewissen Ernüchterung beitragen könnten, damit »die Kirche im Dorf bleibt«. Anders ausgedrückt: Die Konkretisierung des Krisenfeldes läßt den gesunden Teil auch gesund erscheinen; aber durch ein überzogenes Krisenbild könnte sich die so geführte »Krisen«diskussion selbst zum Bestandteil der Krise entwickeln, d.h. krisenreproduktiv wirken. In diesem Zusammenhang möchte ich mich auf folgendes beschränken:

a) Die Partei als Institution ist nicht beliebt. Das gilt vor allem für Deutschland. »Die Fratze des Parteigeistes ist mir mehr zuwider als irgendeine andere Karikatur«, schrieb Goethe an Schiller.[35] »Ein großer Staat regiert sich nicht nach Parteiansichten«, warnte Bismarck.[36] Die parteienfeindliche Tradition des deutschen Konservativismus - aber nicht nur des deutschen - resultiert u.a. aus einer geradezu wehmütigen Erinnerung an die Romantik der »guten monarchischen Ordnung«. Eng damit zusammen hängt eine grundsätzliche geistige Haltung, die durch die Rechtswissenschaft in das Verständnis der Institutionen eingedrungen ist. Es handelt sich um die Anerkennung der parteipolitischen Neutralität als die - angeblich - große Tugend im öffentlichen Leben.[37]

b) Uns Bürger erreicht ein Bild, das die Massenmedien, aber vor allem die Parteien selbst, durch die gegenseitigen Vorwürfe produzieren. Hier spielt *der Mangel an wirklich konfliktfähigen Sachfragen* eine Rolle. Auf diese Frage aber komme ich noch einmal zurück.[38]

c) Setzt nicht der Krisenbegriff die Aufstellung eines verfassungsrechtlich für alle Zeiten festgelegten Parteivorbildes voraus?[39] Außerdem ist Krise - vergessen wir doch nicht die Herkunft des Begriffs aus der Medizin - kein Dauerzustand, sondern ein *vorübergehender,* aber auch an die Substanz gehender, *lebensbedrohender* Mißstand. Treffen diese Merkmale hier zu? Handelt es sich nicht lediglich um einige »Fehlentwicklungen«, um die zutreffende begriffliche Alternative von Stolleis in Erinnerung zu bringen?[40]

d) Damit sollte auf die Gefahr hingewiesen werden, die die Überbetonung des Bildes einer unüberwindbaren Krise der Parteien birgt, da sie zur Wiederbelebung *einer Sehnsucht nach der Harmonie durch Überparteilichkeit* beiträgt. Vor dieser Fiktion, die eng mit der Fiktion einer volonté génerale verbunden ist, und die das

35 Goethe an Schiller am 17.05.1797.

36 Bismarck im Preußischen Herrenhaus am 15.01.1867.

37 Bezeichnend für die Weimarer Zeit: *C. Schmitt,* Der Hüter der Verfassung, Tübingen 1931, S. 149ff.; *A. Köttgen,* Das deutsche Berufsbeamtentum und die parlamentarische Demokratie, Berlin/Leipzig 1928, S. 58; *W. Weber,* Parlamentarische Unvereinbarkeit, AöR n.F., Bd. 19 (1930), S. 161 (226f.).

38 Siehe unten III 1.

39 *R. Stettner,* Aussprache und Schlußworte, in: Parteienstaatlichkeit - Krisensymptome des demokratischen Verfassungsstaats?, VVDStRL, 44 (1986), S. 114 (132f.).

40 Siehe M. Stolleis, a.a.O. (Fn. 10), S. 16.

Freund-Feind-Denken von Carl Schmitt aktualisiert, sollte man die Radikalkritiker warnen.

5. Trotzdem bleibt es bei den Fakten, die eben erwähnt worden sind[41], und die gewiß eine Kluft zwischen Parteien und Gesellschaft entstehen lassen. Bei der Hinterfragung jener Lage aber sollte man einen Schritt über die Diabolisierung der Politiker, über die Skandaldiskussion und über die Panikmache durch den verzweifelten Ruf nach der Rettung des Staates vor den Parteien hinausgehen[42] und versuchen, die Krise zu präzisieren und ihr Wirkungsfeld zu lokalisieren.

a) In der geschichtlichen Entwicklung europäischer Rechts- und Verfassungskultur stellt der Übergang von der Macht zum Recht die bisher wichtigste historische Wende dar. Die Einschränkung der Macht des Monarchen *durch das Recht* und die Ersetzung der persönlichen Entscheidung *durch ein Verfahren* ist die Geburtsstunde des Verfassungsstaates.[43] Die Entpersonifizierung der staatlichen Macht, d.h. ihre *Unterwerfung unter das Recht und das Verfahren,* schafft eine neue Beziehung zwischen dem einzelnen und dem Staat. Hier beginnt die Wendung vom Untertan zum Bürger.[44] Der Legitimationsprozeß geht von der Person über zur Institution.[45] Die Personenhuldigung wird zugunsten eines Vertrauens in die Institution verdrängt. In einem Satz: Es geht um den Übergang von der Würde des personifizierten Staates zur Glaubwürdigkeit entpersonifizierter Institutionen. Das sind Momente aus dem Bild der demokratischen Verfassungsbewegung, an der gerade die progressiven Parteien Europas sehr wesentlich mitgewirkt haben.

b) Trotzdem: Bei aller Entpersonifizierung der Macht haben auch die Institutionen, ganz besonders die politischen Parteien, einen stark personellen Bezug. Denn es sind immer die *konkreten Menschen,* die das institutionelle Sollen in eine konkrete politische Wirklichkeit umsetzen.[46] Die Verfassungsverwirklichung als Konkretisierung der Politik ist und bleibt Sache der demokratisch legitimierten *Personen.* Diese Art Personenbezogenheit hat nichts mit der eben erwähnten, aber überwundenen personifizierten Macht und der damit verbundenen Personenhuldigung zu tun. Denn damals war die Person des Mächtigen das Maß des »Rechts«; heute sind die demokratischen Institutionen der Rahmen und das Maß des politischen Verhaltens der Personen, die Funktionsträger im konstitutionellen Willensbildungsprozeß sind.

41 Vgl. oben II 1 - 3.

42 *K. Scheuch/U. Scheuch,* Parteien und Politiker in der Bundesrepublik (alt) heute, Dokumentation, Düsseldorf 1991, S. 4.

43 *D. Grimm,* Die Zukunft der Verfassung, Frankfurt a.M. 1991, S. 31ff.

44 Vgl. *R. Smend,* Bürger und Bourgeois im deutschen Staatsrecht, in: Staatsrechtliche Abhandlungen und andere Aufsätze, 2. Aufl., Berlin 1968, S. 309 (324); *M. Stolleis,* Staat und Staatsräson in der frühen Neuzeit, Frankfurt a.M. 1990, S. 299ff.

45 *D. Th. Tsatsos,* a.a.O. (Fn. 15), S. 20ff.

46 *D. Th. Tsatsos,* a.a.O. (Fn. 15), insb. S. 46ff.

c) Eine immer deutlicher werdende Wirklichkeit aber scheint das eben geschilderte Bild vor allem dadurch zu trüben, daß parteigebundene Institutionsträger in den Augen der öffentlichen Meinung den Eindruck erwecken, sie würden mit institutionellen Mitteln (Kompetenz, Amtsimage, Stellenvergabe, Mittelvergabe usw.) *die demokratisch legitimierte Macht als Personen und nicht als Institutionsträger benutzen.* Man hat den Eindruck einer Art »Privatisierung« der Politik; sicherlich stärker in Italien und Griechenland als in Deutschland - aber auch hier gibt es sie. Diese »Privatisierung« der Politik ist der Hauptgrund für die Kluft zwischen Parteien und öffentlicher Meinung.

6. Das Glaubwürdigkeitsdefizit von Personen ist aber i.d.R. kein Grund, die Institution zu reformieren. *An der Bedeutung, auch an der Formulierung des Art. 21 Abs. 1 GG ist nicht zu rütteln.* Die Umsetzung der Institutionen in konkrete Politik, also auch das parteipolitische behavior, *kann nur begrenzt durch Recht korrigiert werden.* Die Demokratie als System ist auch nur begrenzt durch Androhung rechtlicher Sanktionen durchsetzbar. Die Verfassung, will sie ihre normative Kraft nicht aufs Spiel setzen - das gilt auch und ganz besonders für Art. 21 Abs. 1 GG -, *muß sich auf ihre Rahmenfunktion beschränken.* Übrigens: In einem demokratischen Staat, und das ist die Bundesrepublik Deutschland in einer weltvorbildlichen Weise, geschieht so viel, wie die Bürger, die Presse und die Medien dulden. Sie sind Korrekturinstrumente par excellence, wenn es um die Personen und nicht um die Strukturen geht. All das mag nach Resignation des Verfassungsrechtlers klingen, ist aber nichts anderes als die Einsicht in die Grenzen der normativen Möglichkeiten des Rechts.

7. Es ergibt sich: Soweit die Krisendiskussion einer totalen, die Partei als Institution umschließenden Krise das Wort spricht, wirkt sie krisenreproduktiv und verlagert sich selbst in das Krisenfeld hinein. Sie wird Bestandteil der Krise.

III. Zur Verringerung politischer Alternativen und ihrer Artikulierbarkeit

1. Eine weitere parteifunktionsrelevante Gegebenheit ist auch der *Wandel der Politikinhalte.* Damit ist hier gemeint, daß es Bereiche gibt, in denen sich die Anzahl der politischen Alternativen reduziert hat; und dort, wo sie noch vorhanden sind, hat sich der Grad ihrer Komplexität so erhöht, daß sie mit den gewohnten Mechanismen nur schwer zu artikulieren und damit schwer zu vermitteln sind.

a) Dies könnte einmal mit der verstärkten Rolle der Fachkompetenzen im politischen Entscheidungsprozeß zusammenhängen. Man denke an Fragen der Wirtschaftspolitik, der Verkehrspolitik u.a. Die zentrale Folge einer so verstandenen Reduktion von Konfliktmöglichkeiten für die politischen Parteien ist, *daß der Wähler vor mehr Parteien steht als es politische Grundsatzalternativen gibt.* Nun sucht er nach neuen Kriterien für seine Stimmabgabe. *Die politischen Sachgegensätze geben zum Teil Platz dem Vergleich zwischen Personen, die den Politik-*

vorschlag artikulieren. Es geht jetzt mehr um das Image, die persönliche Integrität und die politische Glaubwürdigkeit der Politiker.

b) Zum andern erleben wir eine *Entschärfung der ideologischen Gegensätze,* die noch vor dem Zusammenbruch der kommunistischen Welt das Konfliktfeld prägten. *Die Wende in Osteuropa hatte deutliche Folgen für die politischen Auseinandersetzungen in den Staaten Westeuropas;* auf sie kann im einzelnen hier nicht eingegangen werden. Doch eines ist für die Funktion der politischen Parteien unmittelbar relevant: Die entscheidungsbedürftigen Bereiche der Politik sind seltener geeignet, als Spannungsfeld zwischen zwei Weltanschauungen herangezogen zu werden. Gegensätze in der Entspannungs-, Verteidigungs- und Sozialpolitik sowie viele andere Bereiche haben viel von ihrer alten ideologischen Schärfe verloren und bieten sich weniger als in der Vergangenheit für eine überzeugende Profilierung einer Partei gegenüber einer anderen Partei an. Die Bereiche der vielen politischen Alternativen sind weniger geworden, und der Konflikt, selbst dort, wo er vorhanden ist, verliert an Schärfe und Echtheitswirkung.

2. Diese Feststellung wirft eine alte Frage auf, nämlich die, *ob die Parteien »Personenparteien« oder »Programmparteien« sind*[47], und somit, welche »Art« Partei dem Parteibild des Grundgesetzes entspricht. Das Problem liegt allerdings weniger in der Sache und mehr in der Fragestellung. Das dürfte sich aus folgenden Überlegungen ergeben:

a) »Partei« ist ein Begriff im geschichtlichen Wandel. Das gilt auch und gerade für die hier angesprochene Frage. Parteien sind - auch im Sinne des Art. 21 Abs. 1 GG - so sehr Bestandteil und Motor der Dynamik der sozialpolitischen Entwicklung, daß die Gewichtsverlagerung innerhalb des Parteibildes von den Personen auf die Sachfragen und umgekehrt ein Prozeß ist, *der sich auch im ständigen Wandel befindet.* Das Parteiengesetz hat in dieser Frage den Art. 21 Abs. 1 GG zutreffend konkretisiert, wenn es einmal »schriftliche Satzung« und »schriftliches Programm« als Pflicht der Partei in § 6 Abs. 1 PartG festlegt und zum anderen einer Personifizierung Grenzen setzt, indem nach § 11 Abs. 1 PartG der Vorstand mindestens in jedem zweiten Kalenderjahr neu gewählt werden und aus mindestens drei Mitgliedern bestehen muß.

b) Eine Aufwertung der Rolle und der Bedeutung der Person, d.h. des Parteipolitikers - dies wurde oben angesprochen[48] -, vollzieht sich bei der Überzeugungskraftkonkurrenz zwischen den Parteien. Die Wahlen werden weniger durch die Programme und mehr durch die Politiker selbst, weniger durch die Programmunterschiede als durch ein »Mehr« oder »Weniger« an politischer Glaubwürdigkeit des Politikers entschieden. *Unter dem Begriff der politischen Partei nach Art. 21 Abs. 1 GG gewinnen die personellen Momente an Bedeutung.*

47 Vgl. *H. Krüger,* a.a.O. (Fn. 17), S. 376ff.

48 Siehe oben III 1a.

c) Diese neue Personalisierung der Politik beeinflußt das Funktionsbild der politischen Partei und fördert die Personifizierung der Gegensätze. *Je geringer im modernen Staat die Sachalternativen werden, desto stärker werden in der Parteipolitik die personellen Alternativen dominant.* Und das - freilich - bis die Geschichte uns vor neue, große Sachalternativen stellt. Daß daraus aber die Gegenstandslosigkeit des Parteipluralismus resultiere[49], ist eine sehr voreilige, unzutreffende und auch gefährliche Übertreibung.

IV. Parteienstaatsübermaß

1. Art. 21 Abs. 1 GG enthält ein Grundrecht für die Bürger auf Gründung von und auf Mitwirkung in politischen Parteien; dieselbe Bestimmung normiert den Status von Gleichheit und Freiheit der Parteien als institutionelle Garantie, durch die das Grundgesetz den Funktionsbereich der Parteien bestimmt: Sie »wirken bei der politischen Willensbildung mit«. *Hier geht es darum, ob diese verfassungsrechtlich gefestigte politische »Domäne« der Parteien nicht nur positiv, sondern auch negativ bestimmbar ist.* Wie weit kann das Mitwirkungsrecht der Parteien nach ihrem institutionellen Status reichen?[50]

2. Wie bereits erwähnt[51], knüpft hieran ein großer Teil der öffentlichen Kritik an der Praxis der politischen Parteien in Deutschland an: Eliminierung der Gewaltenteilung zwischen Legislative und Exekutive durch zu starke Disziplinierung des Abgeordneten, Ämterpatronage und vieles andere.[52] Auch wenn der Gedanke, daß der Staat die Beute der Parteien sei[53], übertrieben ist, scheint mir hier ein echtes Problem vorzuliegen. *Daher sollte man doch die Frage stellen, ob aus dem Grundgesetz eine Art »Parteienstaatsübermaßverbot« ableitbar ist.* Hier geht es nicht um die unumstrittene Grenze, die im öffentlichen Dienst das Leistungsprinzip nach Art. 33 Abs. 2 und der Gleichheitssatz nach Art. 3 Abs. 3 GG setzen[54], sondern darum, *ob aus dem Grundgesetz parteifunktionsimmanente Schranken ableitbar sind.* Die Antwort könnte mit folgender Begründung bejaht werden:

a) Der alten Rechtsprechung des Bundesverfassungsgerichts zur Parteienfinanzierung lag ein dualistisches Parteienverständnis zugrunde. Danach sei das Betätigungsfeld der politischen Parteien in zwei Bereiche gespalten: in den Bereich der *Volkswillensbildung,* wo der status libertatis der Partei keine unabhängigkeitsgefährdende Regelung zuließe (Beispiel: staatliche Finanzierung), und in den Bereich der *Staatswillensbildung,* wo der status institutionis, vor allem wegen der

49 So aber *K. Koch,* Vakuum Europa, »Die Zeit« vom 20.09.1991.
50 Vgl. *M. Stolleis,* a.a.O. (Fn. 10), S. 25f.
51 Siehe oben II 2.
52 Siehe *H. H. v. Arnim,* a.a.O. (Fn. 16), S. 17.
53 Vgl. *H. H. v. Arnim,* Der Staat als Beute, München 1993.
54 Siehe statt vieler *M. Stolleis,* a.a.O. (Fn. 10), S. 25.

Mitwirkung an den Parlamentswahlen, die Parteien sehr nahe an das institutionelle Geschehen bringe und deshalb auch Unabhängigkeitsgefährdungen durch staatliche Finanzierung hingenommen werden.[55]

b) Diese, einem monarchisch geprägten Staatsverständnis verpflichtete Theorie, wird durch das neue Urteil des Bundesverfassungsgerichts vom 09.04.1992 von Grund auf aufgegeben.[56] Nun bildet das Staatspolitische mit dem Gesellschaftspolitischen nicht - wie bisher - zwei voneinander trennbare Bereiche der politischen Ordnung; die politische Partei ist ein gesellschaftliches Gebilde, durch dessen Vermittlung sich die Transformation des Volkswillens zum Staatswillen vollzieht. *Diese Transformation ist kein zerlegbarer, sondern ein kontinuierlicher Prozeß, dessen verschiedene Phasen ineinander wirken und voneinander abhängig sind.* Danach ist die Mitwirkung der politischen Parteien an der politischen Willensbildung nicht mehr in »Wahlvorbereitung« und »allgemeine Parteitätigkeit« zerlegbar.[57]

c) Mit diesem Urteil befreit sich das Parteiverständnis vom herkömmlichen Funktionsdualismus; es ergibt sich damit eine neue, nun *einheitliche* Basis für die Qualifizierung ihrer Funktion in der Grundgesetzordnung. Denn nach dem neuen Urteil bildet der status libertatis mit dem status institutionis der Partei eine dialektische Einheit. Für die Parteienfinanzierung bedeutet diese verfassungsgerichtliche Neubestimmung der Funktion der politischen Parteien, daß sie für die gesamte, nun als Einheit zu verstehende Parteitätigkeit zulässig ist.[58] Der Staat also fördert die Parteitätigkeit, *einerlei,* ob sie im institutionellen oder im gesellschaftlichen Bereich stattfindet.

d) Das Urteil aber - und darauf kommt es hier an - setzt auch mehrfache Grenzen für die staatliche Subventionierung; *sie soll der Wahrung, oder besser der Wiederherstellung der gesellschaftlichen Verwurzelung der politischen Parteien dienen.*[59] Mit anderen Worten: Die Verwicklung von Partei und Staat hat dort ihre Grenzen, wo der Parteieinfluß nicht mehr der gesellschaftlichen Verwurzelung entspricht.[60] Das Gericht hat eine fruchtbare *demokratische Grenzentheorie* aufgestellt.

e) Diese demokratische Grenzentheorie, die das Gericht für die Funktion der politischen Parteien *in bezug auf die Parteienfinanzierung* entwickelt hat, geht *weit über den Bereich der staatlichen Parteienfinanzierung hinaus;* sie ist von grundsätzlicher Bedeutung, denn die Argumentation des Gerichts enthält Gedanken,

55 BVerfGE 20, 56ff.
56 BVerfG, EuGRZ 1992, S. 153ff.
57 *D. Th. Tsatsos,* a.a.O. (Fn. 31), S. 95f.; *D. Th. Tsatsos/M. Morlok,* a.a.O. (Fn. 11), S. 30ff. So auch schon *D. Th. Tsatsos,* Die Finanzierung politischer Parteien, ZaöRV 1966, S. 371 (377) und *P. Häberle,* Unmittelbare staatliche Parteienfinanzierung unter dem Grundgesetz - BVerfGE 20, 56 -, JuS 1967, S. 64 (67).
58 BVerfG, EuGRZ 1992, S. 153 (Ls. 2 und S. 159).
59 BVerfG, EuGRZ 1992, S. 153 (159).
60 BVerfG, EuGRZ 1992, S. 153 (159 und 161).

die mutatis mutandis auch für die *Beziehung von Staat und Partei schlechthin* und somit auch für die Präzisierung ihrer Funktion gelten müssen. Die Grenzen der Parteidomäne liegen danach dort, wo die Partei den Staat so in Anspruch nimmt, daß sie ihren politischen Einfluß weniger ihrer »gesellschaftlichen Verwurzelung« und mehr der Inanspruchnahme staatlicher Mittel verdankt. Dazu gehört aber *nicht nur* die Parteienfinanzierung, sondern auch die Vergabe von Stellen, der Parteieinfluß auf Subventionen, auf die Vergabe von Forschungsmitteln und Staatsaufträgen sowie vieles andere dieser Art. Man kann daher aus Art. 21 Abs. 1 GG ein - sicher konkretisierungsbedürftiges - Prinzip des *Parteienstaatsübermaßverbots* ableiten.

3. Im Rahmen dieser Bemühungen muß auf eine weitere Präzisierung des Parteienstaatsübermaßes verzichtet werden. Ohnehin wird eine Definition schwieriger sein als die jeweilige Feststellung der Verletzung jenes Prinzips. Trotzdem sollte man in diesem Zusammenhang auf einen Gedanken hinweisen, der als Grundlage für eine zukünftige Einschränkungs-, vor allem aber Selbsteinschränkungspraxis der Parteien dienen könnte: Einer demokratischen und politischen Legitimation bedarf jede Entscheidung im demokratischen Staat. Politische Legitimation und parteipolitische Legitimation sind aber nicht deckungsgleich. *Genuine Parteiaufgaben im Sinne des Art. 21 GG finden sich hauptsächlich im politischen Willensbildungsprozeß in den parlamentarischen Vertretungskörperschaften auf allen Ebenen - Bund, Länder und Kommunen - wie auch in den Regierungen. Auch ist sicherlich Aufgabe der Parteien der offene Diskurs in der Gesellschaft.* Jedoch stellt, obwohl legitimationsbedürftig, weder die *staatliche Verwaltung* noch die *Justiz* ein genuines Parteienfeld dar. Auf diese Funktionsgrenze hat schon im Jahre 1958 Konrad Hesse hingewiesen: Der legitime und verfassungsmäßig vorgesehene Ort der Einflußnahme der Parteien sei die politische Führung; die politische Führung, wie die an ihr mitwirkenden Parteien wären um ihr Wesen und ihre eigentliche Aufgabe gebracht, würden sie in die Verwaltung und in die Rechtsprechung ausweichen.[61] Besonders vorsichtig muß man auch bei solchen Institutionen sein, die den Parteipluralismus unter der Bedingung der Chancengleichheit und des freien Meinungsaustausches gewährleisten, wie z.B. die Medien.

4. Im Bereich der Parteienfinanzierung zieht hier die Bundespräsidentenkommission den konsequenten Schluß, indem sie für solche »unzulässige Parteitätigkeiten« die Parteienfinanzierung ausschließt.[62] Die Tatsache, daß darüber hinaus eine Sanktionsmöglichkeit nicht vorliegt, spricht nicht gegen das Ergebnis. Die Ableitung eines speziellen Übermaßverbots aus dem Grundgesetz könnte neben dem Eigenwert, den die Einhaltung der Verfassung haben sollte, *auch als Anlaß für die politischen Parteien dienen, sich selbstkritisch auf ihre eigene Funktion neu zu besinnen.* Denn Parteienrecht entsteht hauptsächlich durch Parlamentsgesetze

61 *K. Hesse,* a.a.O. (Fn. 10), S. 26f.; vgl. ähnlich *M. Stolleis,* a.a.O. (Fn. 10), S. 25ff.
62 Siehe Bundespräsidentenkommission, a.a.O. (Fn. 31), S. 28ff.

und wird somit durch die Parteien selbst geprägt. Ein Appell an den Gesetzgeber kann daher nur als Aufforderung an die Parteien zur selbstkritischen Einschränkung verstanden werden.

V. Schlußbemerkung

1. Das gegenwärtige Funktionsbild der politischen Parteien ist unter anderem durch folgende Merkmale gekennzeichnet:
a) durch eine stark reduzierte Glaubwürdigkeit der Politiker und ihres Ansehens in der Bevölkerung,
b) durch ein Parteienstaatsübermaß, in den letzten Jahren auch als Auswirkung einer gewissen Aussichtslosigkeit bzw. einer parteipolitischen Unergiebigkeit des gesellschaftlichen Sachkonfliktstoffes.
2. An die Adresse der Radikalkritiker sollte man vielleicht bemerken: Ihre Töne fälschen das *sicher nicht erfreuliche Bild.* Allerdings, der immer lauter werdende Ruf nach der »Rettung der Demokratie vor den Parteien« ist gefährlich und reproduziert die Krise. Eine *demokratische Bewegung gegen die politischen Parteien* kann es einfach nicht geben. Der Parteienstaat ist die Form der Demokratie, die die europäische Kultur hervorgebracht hat. So etwas wie eine totale Reform der Kultur - hic et nunc - gibt es freilich nicht. *Die Geschichte bleibt immer stärker als das Recht.*
3. Im Rahmen dieser geschichtlichen Wirklichkeit kann das Recht neue Erwartungen und Wertvorstellungen aufnehmen, um die Auswüchse bei der Entwicklung des Parteienstaates zu hemmen oder sogar zu korrigieren. Das neue Parteienfinanzierungsurteil des Bundesverfassungsgerichts ist ein bahnbrechendes, europaweit zukunftsweisendes Beispiel dafür, *wie das Recht, ohne einen aussichtslosen Kampf gegen die Wirklichkeit aufzunehmen, einen wertvollen Beitrag leisten kann.*
4. In der Demokratie entsteht das Recht im Parlament, das Parlament wird durch Wahlen besetzt, die Wahlen werden durch die politischen Parteien geprägt. Und die Parteien? Ja, die Parteien sind wir, zumindest *können wir es werden;* denn die Qualität der Parteipolitik hängt auch vom Mitwirkungswillen der Bürger ab. Diesen Lösungsweg ist man in den Parteienstaaten Europas noch nicht gegangen. Er bleibt offen, und er ist eine Hoffnung.

Aufklärung, Fortschritt und Menschenrechte – Einige Bemerkungen zu den geistigen Wurzeln der Arbeiterbewegung und des demokratischen Sozialismus

Hans-Jochen Vogel

Der entscheidende Ausgangspunkt der modernen Verfassungsgeschichte war die Französische Revolution. Sie war ihrerseits durch und durch ein Kind der Aufklärung, jenes tiefgreifend neuen Denkens, das von England und Frankreich ausgehend - zum Teil auf dem Umweg über Amerika - die Geister in Europa revolutioniert und das Bewußtsein der Menschen verändert hat wie kaum eine andere Epoche zuvor.

Das 18. Jahrhundert, die Epoche der Aufklärung, ist das »Sokratische Jahrhundert« genannt worden. Diese Bezeichnung trifft den Kern der Sache. Denn tatsächlich ging es ja den Protagonisten der Aufklärung, den großen Vordenkern Voltaire, Montesquieu, Diderot, Rousseau, d'Alambert, und ihren Mitstreitern in Frankreich, England, Deutschland und anderswo um nichts Geringeres als um die kritische Neuverhandlung der Geltungsansprüche aller überkommenen Traditionen, Ideen und Urteile, die ja oft genug nur Vorurteile waren, vor dem Gerichtshof der menschlichen Vernunft, gegen dessen Urteile es keinen anderen Berufungsgrund mehr geben sollte als das überzeugendere Argument.

In der Epoche der Aufklärung kulminierten alle Entwicklungen, die seit der Renaissance das Denken aus den Fesseln von Überlieferung, Gewohnheit, angemaßter Autorität und Aberglauben befreien und den Menschen, seine Vernunft, seine unveräußerlichen Rechte und sein Verlangen nach Glück in den Mittelpunkt zuerst einer neuen geistigen und dann mit revolutionärer Entschiedenheit auch einer neuen gesellschaftlichen Ordnung stellen wollten.

»Aufklärung« - das ist die Bezeichnung einer Epoche und ein Programm zugleich. Das Programm der Aufklärung, das in ihrer Epoche, dem 18. Jahrhundert, die großen Geister aller europäischen Länder bewegt und angespornt hat, ist im deutschen Sprachbereich von keinem anderen so genau und leidenschaftlich auf den Begriff gebracht worden wie von Immanuel Kant. In seiner berühmt gewordenen Schrift »Was ist Aufklärung« beantwortet er 1784 - also 5 Jahre vor der Französischen Revolution - die Frage mit den großartigen Sätzen: »Aufklärung ist der Ausgang des Menschen aus seiner selbstverschuldeten Unmündigkeit. Unmündigkeit ist das Unvermögen, sich seines Verstandes ohne Leitung eines anderen zu bedienen. Selbstverschuldet ist diese Unmündigkeit, wenn die Ursache derselben nicht am Mangel des Verstandes, sondern der Entschließung und des Mutes liegt, sich seiner ohne Leitung eines anderen zu bedienen. Sapere aude! Habe

Mut, Dich Deines eigenen Verstandes zu bedienen, ist als der Wahlspruch der Aufklärung.«

Kant teilte den radikalen Anspruch seines Zeitalters, daß die Vernunft allein zur obersten Richterin über alle Geltungsansprüche legitimiert ist, sei es bei der Deutung der Welt, der Natur, bei der Begründung der Moral oder der Rechtfertigung der Rechtsnormen des menschlichen Gemeinschaftslebens. Nichts sollte mehr Bestand haben oder Respekt beanspruchen können, was der kritischen Prüfung der Vernunft nicht mit überzeugenden Argumenten standhalten konnte. Das »natürliche Licht der Vernunft«, wie es hieß, sollte an die Stelle bloßer Tradition und bloßer Autorität treten.

Während bis ins 18. Jahrhundert hinein ehrwürdige Traditionen oder amtierende Autoritäten als die Quellen galten, denen Wahrheit, Moral und soziale Ordnung entsprangen, klagte die Aufklärung, oft mit ätzender Kritik und scharfzüngiger Argumentation gegen beide, den Anspruch des modernen Individuums ein, seinem eigenen Urteil vorzubehalten, was es für anerkennungswürdig halten kann und was nicht. Die Vernunft sollte nun das allgemeine Medium der Kritik und der Rechtfertigung sein.

Die Französische Revolution, die sich direkt aus den Ideen der Aufklärung legitimierte, verstand sich als Triumph der Vernunft über die Unvernunft, als Sieg des aufgeklärten menschlichen Geistes über dumpfe Traditionen und Vorurteile, durch die die Menschen jahrhundertelang erniedrigt und daran gehindert wurden, ein Leben zu führen, wie allein es vernunftbegabten Wesen würdig sei. Sie galt ihren Protagonisten, wie Robespierre, Danton und Marat, als der unmittelbar praktische Ausdruck der Theorien der Aufklärung.

Der enge Zusammenhang zwischen dem neuen Menschenbild, das die Aufklärung begründete und verbreitete, dem überschwenglichen Vertrauen in die Kraft der Wissenschaft als reinstem Erzeugnis der unbehinderten Tätigkeit des menschlichen Verstandes und dem Verlangen nach einer grundlegenden Neugestaltung von Staat und Gesellschaft stand den Akteuren selbst von Anbeginn klar vor Augen. Nachdem die Ideen der Aufklärung erst einmal die Köpfe erobert hatten, konnten Feudalgesellschaft und Absolutismus, deren Lebensprinzip die Unmündigkeit war, der Revolutionierung des Geistes, der Entdeckung der Vernunftfähigkeit des Menschen und seines darin begründeten Anspruches auf Selbstbestimmung nicht lange mehr standhalten. Kant hatte lakonisch formuliert: »Zu dieser Aufklärung aber wird nichts erfordert als Freiheit . . .«. Das eben war aber das unerhört Neue, das sich in jener Epoche Bahn brach, eine Ordnung zu begründen, die auf Freiheit beruht, damit Menschenwürde und Mündigkeit möglich werden.

Das große Programm einer Veränderung von Wirtschaft, Staat, Gesellschaft und Kultur, das die jahrhundertealten Bande der Leibeigenschaft, der Hörigkeit, der Willkür und der geistigen Vormundschaft beseitigen wollte, war der politische Liberalismus. Er war das legitime politische Kind des Zeitalters der Aufklärung. Viele der großen Gestalten der Aufklärung waren zugleich bedeutende Theoretiker oder gar Organisatoren des politischen Liberalismus. Das gilt für John Locke in England ebenso wie für Voltaire und Montesquieu in Frankreich und Immanuel Kant in unserem Land.

Der politische Liberalismus hat auf diese Weise einen entscheidenden Beitrag zur Herausbildung des Rechtsstaats und der modernen Gesellschaft geleistet. Er verstand sich vom Augenblick seiner Entstehung in der Mitte des 18. Jahrhunderts als eine notwendige politische Konsequenz aus den Ideen der Mündigkeit, der Freiheit, der Gleichheit und der vernunftgemäßen gesellschaftlichen Ordnung, die von der Aufklärung formuliert und begründet worden waren. Punkt für Punkt setzte er zunächst in seinen politischen Programmen und, wo er die alten Mächte besiegen konnte, auch in der Praxis diese Ideen in Normen für eine gute Ordnung des Zusammenlebens der Bürger um.

Für die Kultur und das Geistesleben konnten die Aufklärung und der Liberalismus konsequenterweise nur zur Idee der Toleranz führen. Denn wenn jeder Mensch als vernunftbegabtes Wesen gleichermaßen Anspruch auf Mündigkeit und auf den eigenen Gebrauch seiner Verstandeskräfte hatte, dann konnten die Wahrheit, das Gute, das Richtige, nicht länger der unanzweifelbare Besitz einer Gruppe oder eines Einzelnen sein. Sie hatten sich vielmehr zuerst und dann immer wieder im öffentlichen Austausch der Argumente und in der öffentlichen Prüfung aller Ansprüche zu erweisen. Die Idee der Toleranz ist der unmittelbarste Ausdruck des Menschenbildes der Aufklärung. Sie hatte in allen Bereichen die weitreichendsten Wirkungen, da sie mit der weltlichen Herrschaft von Dogmen, der politischen Willkür und den Monopolansprüchen bestimmter politischer Philosophien auf Dauer nicht vereinbar ist. Die Idee der Toleranz, die nach heutiger Auffassung auch in den christlichen Religionen verwurzelt ist, zielte übrigens auch in der Epoche der Aufklärung nicht gegen die Religion als solche, sie zielte jedoch gegen das Institut verbindlicher Staatsreligionen und gegen jeden Absolutheitsanspruch einer einzigen Religion im Verhältnis zu allen übrigen.

Diese Einsicht aufgeklärten Denkens hat in der deutschen Literatur ihren klassischen Ausdruck in Lessings »Nathan« gefunden. In ihm wird auch deutlich, was später mitunter in Vergessenheit geriet: daß das moderne Toleranzgebot gegenüber dem Glauben und der Überzeugung des Einzelnen nicht Gleichgültigkeit bedeutet, sondern beidem und damit den Individuen selbst in ihrem unbedingten Wert tiefen Respekt erweisen will. Nicht umsonst ist daher die Glaubens- und Gewissensfreiheit zu einem der zentralen Menschenrechte geworden. Die so verstandene Toleranz meint nicht die Nivellierung, die Bedeutungslosigkeit oder gar die Auflösung persönlicher Überzeugung und persönlicher Glaubenskraft, sondern die Sicherung des Freiraumes, in dem sie sich unbeeinflußt von äußerem Zwang in eigenverantwortlicher Entscheidung entfalten kann. Daran muß auch in unserer Zeit immer wieder erinnert werden.

Die Toleranz im Sinne der Aufklärung wollte aber mehr als das. Es ging ihr um den Dialog, ja geradezu den Wettstreit der Glaubensüberzeugungen und Religio-

nen im Dienst am Menschen und seiner Würde und in der Suche nach dem Sinn des Lebens. Eine Vorstellung, der sich auch die katholische Kirche zwei Jahrhunderte später auf dem Zweiten Vatikanischen Konzil mit der dogmatischen Konstitution über die Kirche (»Lumen Gentium«) und der Erklärung über die Religionsfreiheit (»Dignitatis humanae«) geöffnet hat.
Die zentrale rechtliche Konsequenz, die die Aufklärung aus ihrer Anthropologie des mündigen Menschen zog, war eine Bündelung und Verstärkung von Gedanken, deren normsetzende Wirkung seit der Renaissance im Kampf gegen den Absolutismus wachsende Bedeutung erlangt hatte. Es war die Idee unveräußerlicher und unverjährbarer Menschenrechte, wie sie gegen Ende des 18. Jahrhunderts in die Verfassung von Virginia, in die amerikanische Unabhängigkeitserklärung und sodann in die französischen Revolutionsverfassungen, aber auch in die polnische Verfassung von 1791 zum ersten Mal in der Menschheitsgeschichte in eindrucksvoller Klarheit Eingang fanden.
Mündig kann, das war der neue Rechtsgedanke, der Mensch nur sein, wenn er über einen zuverlässig geschützten Raum für seine Person, für die Entfaltung und Äußerung seiner Überzeugungen und Meinungen und für die Teilhabe am öffentlichen Leben verfügt. Mündigkeit ist ohne Überwindung der Willkür, zumal der staatlichen, nicht denkbar. Daß jeder Mensch ein unbedingtes Recht habe, seine Persönlichkeit in Freiheit zu entfalten, seine Meinung öffentlich zu äußern, sich aus den öffentlich zugänglichen Quellen zu informieren, frei von willkürlicher Verfolgung zu bleiben, gilt seither als die Bedingung dafür, daß er sein eigenes Urteil bilden und als Glied einer freien Gemeinschaft an der politischen Willensbildung der Gemeinschaft mitwirken kann.
Daraus folgte zugleich jene Revolutionierung des Staatslebens, die zum Bauplan für die Errichtung der modernen Staaten geworden ist. Da zur Mündigkeit nicht nur der garantierte Freiraum für die Entfaltung der persönlichen Überzeugungen gehört, sondern ebenso die Chance der politischen Mitbestimmung über die Lebensbedingungen der Gesellschaft, kann nur das souveräne Volk als der von der Vernunft legitimierte Gesetzgeber auftreten. Die liberalen Verfassungsentwürfe des Zeitalters der Aufklärung ersetzten daher alle bis dahin gültigen Legitimationen staatlicher Herrschaft, insbesondere das Gottesgnadentum, durch die Idee des sich selber die Gesetze gebenden mündigen Volkes. Und sie verbanden diese Idee mit dem im Vertragsdenken des 17. Jahrhunderts vorbereiteten System der Gewaltenteilung und des Parlamentarismus. Diese Verfassungsprinzipien und die gewaltige Zustimmung, die sie in den Volksmassen jener Epoche fanden, sind zum Hebel für die Beseitigung der Herrschaft des alten Regimes und für die Errichtung einer neuen politischen Ordnung geworden, die ungeachtet aller Rückschläge bis heute ihre Anziehungskraft bewahrt hat.
Gewiß, das Zeitalter der Aufklärung hat die Menschenrechte weder neu entdeckt noch erstmalig begründet. Die Idee universeller, unveräußerlicher Menschen-

rechte, die jedem Menschen als Menschen zukommen, ist bereits in der Antike entwickelt und in Humanismus und Renaissance wieder aufgegriffen und überzeugend begründet worden. Pufendorf und Grotius haben schon im 17. Jahrhundert den entscheidenden Durchbruch in der Grundlegung der Idee universeller Menschenrechte vollzogen. In der Frontstellung sowohl gegen theologische Dogmen wie gegen den absolutistischen Machtstaat hat schon Hugo Grotius gezeigt, daß es die menschliche Vernunft selber ist, die unabhängig von aller Autorität und Erfahrung die natürlichen Rechte des Menschen erkennen kann, die jedem positiven Recht vorausgehen und ihre Geltung letztlich keiner anderen Quelle verdanken als der reinen Vernunfterkenntnis des Rechts. Wenn Grotius feststellte, daß die Sätze des Naturrechts ihre Geltung auch dann behalten würden, wenn man annähme, daß es keinen Gott gäbe, so wollte er damit nur die Autonomie der vernünftigen Rechtserkenntnis unabhängig von allen Traditionen und Autoritäten betonen. Diese Autarkie der Rechtserkenntnis mit den Mitteln allein der menschlichen Vernunft ist es, was in seiner Zeit den Begriffsinhalt von »Natur«, den Begriff des »Naturrechts« kennzeichnet. »Natur« bedeutete für Grotius und seine Zeitgenossen nicht das, was in physischer Form vorzufinden war, sondern das, was eine Wahrheit beanspruchen kann, die einer rein immanenten Begründung fähig ist und der transzendenten Offenbarung nicht bedarf.

Diesen Gedanken hat das Zeitalter der Aufklärung zur vollen Entfaltung gebracht. Das war für die Wirkungsgeschichte der Idee der Menschenrechte von ausschlaggebender Bedeutung. Es hat sie zu einer wirksamen Losung des politischen Kampfes um die Neubegründung von Staat und Gesellschaft gemacht.

In dieser Tradition, die vom großen englischen Aufklärer John Locke in seiner berühmten »Abhandlung über die Regierung« deutlicher akzentuiert wurde, indem er darauf beharrte, daß nicht nur der Gesellschaftsvertrag, sondern neben ihm auch die natürlichen Rechte der Menschen eine autonome Rechtsquelle der gesellschaftlichen Verfassung sind, haben Montesquieu und Voltaire, aber ebenso Leibniz und Kant für die Idee natürlicher universeller Menschenrechte in Theorie und Praxis gestritten. Sie beharrten darauf, daß die Menschenrechte universell sind, in dem Sinne, daß sie für jeden gelten, der menschliches Antlitz trägt.

Ihren historischen Niederschlag fand diese Tradition in der Französischen Erklärung der Rechte des Menschen und Bürgers von 1789.

Von hier aus hat die Norm der Menschenrechte auf die Verfassungen Europas und der Welt gewirkt, bis sie schließlich in der Allgemeinen Erklärung der Menschenrechte durch die Vereinten Nationen im Dezember 1948 dem Anspruch nach zu einer wirklich universellen Rechtsnorm geworden sind. Freilich nur zur Norm, wie wir alle wissen, denn die Praxis selbst solcher, die sich zur Norm bekennen, steht nicht selten vielerorts auf einem ganz anderen Blatt. Aber es war schon eine der wegweisenden Einsichten der Epoche der Aufklärung, die ansonsten ja von einer stark empiristischen Orientierung ihres Erkenntnisideals geprägt war, daß

nicht die schlechte Praxis die Norm der Menschenrechte widerlegen könne, sondern daß es die Norm ist, die die schlechte Praxis widerlegt und nach ihrer Veränderung schreit.
Die Wirkungen der Aufklärung haben sich nicht auf die Normierung der Menschenrechte und die Umwälzung der Staatsverfassungen beschränkt. Sie haben sich vielmehr auch auf andere Felder erstreckt. So hat der politische Liberalismus aus den Ideen der Aufklärung, freilich ebenso aus den Erfordernissen der sich im Zeitalter des Handels, der Manufakturen und der beginnenden technischen Revolution mehr und mehr bahnbrechenden Wirtschaftspraxis gefolgert, daß nur ein System der vollständigen Gewerbefreiheit und des ungestörten Wettbewerbs die Freiheit eines jeden mit dem Wohlstand der ganzen Gesellschaft vernünftig und harmonisch verbinden könne. Zwar wurden schon bald auch Zweifel laut, ob die Annahme vernünftig sei, die unsichtbare Hand des Marktes werde die Vielzahl egoistischer Einzelentscheidungen zu einer dem Gemeinwohl dienenden Summe zusammenfassen. Aber im Vergleich mit dem traditionellen Zunftwesen und den willkürlichen Eingriffen des Merkantilismus erschien den meisten aufgeklärten Geistern jener Epoche ein System der freien, wirtschaftlichen Selbstbestimmung als ein wesentlicher Fortschritt.
Die Epoche der Aufklärung hat ferner der Vorstellung einer unbegrenzt voranschreitenden Naturwissenschaft entscheidenden Auftrieb gegeben; der Vorstellung, der Wissenschaft könne auf die Dauer keines der Geheimnisse der Natur verborgen bleiben. Nach der Entzifferung aller Funktionsmechanismen der Natur und nach der Besiegung der letzten Reste von Aberglauben und Vorurteil werde sie fast zwangsläufig gesellschaftliche Harmonie und menschliches Glück herbeischaffen.
Das überschwengliche, inzwischen auch durch die neueren Erkenntnisse der Physik erschütterte Vertrauen in die vollständige Berechenbarkeit und Beherrschbarkeit der Natur auf der Grundlage einer sich zunehmend perfektionierenden, erfahrungsorientierten Naturwissenschaft, das die moderne Wissenschaft, die moderne Industrie und unsere Gesellschaft im Ganzen seither lange geleitet haben, wurde damals begründet. Die großen Utopien des Bürgertums und der beinahe unbegrenzte Optimismus, die in jener Epoche hervorgebracht wurden, haben in diesem überschwenglichen Wissenschaftsverständnis ebenso ihre Grundlage wie in dem Vertrauen darauf, daß eine sich zunehmend selbst aufklärende Öffentlichkeit, wenn die Bedingungen dafür erst einmal hergestellt wären, eine ständige Verbesserung des Menschen selbst und seiner gesellschaftlichen Lebensverhältnisse fast unausweichlich nach sich ziehen müßten. Heckels »Welträtsel« erinnern noch heute daran, zu welch grenzenlosen Übersteigerungen dieser Optimismus fähig war.
Das entsprach allerdings nicht dem eigentlichen Vernunftsbegriff der Aufklärung. Sein Sinn bestand nicht darin, anstelle der durch die rastlose Kritik der Aufklärung niedergerissenen dogmatischen Denkgebäude der Vergangenheit neue

Zwingburgen des Geistes zu errichten, die ebenso fertig, vollendet und ihrer selbst gewiß wären wie die alten. Aufklärung wurde von den Aufklärern selbst vielmehr als ein andauernder, im Prinzip unvollendbarer Prozeß verstanden. Dieses dynamische, prozeßhafte Verständnis von Vernunft ist vom Historiographen der Aufklärung, Ernst Cassirer, beschrieben worden: »Die Vernunft ist weit weniger ein Besitz, als sie eine bestimmte Form des Erwerbs ist. Sie ist nicht . . . die Schatzkammer des Geistes, in der die Wahrheit, gleich einer geprägten Münze, wohlverwahrt liegt; sie ist vielmehr die geistige Grund- und Urkraft, die zur Entdeckung der Wahrheit und zu ihrer Widmung und Sicherung hinführt. Dieser Akt der Sicherung ist der Keim und die unentbehrliche Voraussetzung für alle wahrhafte Sicherheit. Das gesamte 18. Jahrhundert faßt die Vernunft in diesem Sinne. Es nimmt sie nicht sowohl als einen festen Gehalt von Erkenntnissen, von Prinzipien, von Wahrheiten, als vielmehr als eine Energie; als eine Kraft, die nur in ihrer Ausübung und Auswirkung völlig begriffen werden kann. Was sie ist und was sie vermag, das läßt sich niemals vollständig an ihren Resultaten, sondern nur an ihren Funktionen messen.«

Aus demselben Grund hatte Kant auf die Frage, ob er in einem aufgeklärten Zeitalter lebe, geantwortet: »Nein, aber wohl in einem Zeitalter der Aufklärung.« In diesem Sinne ist entsprechend ihrem eigenen Vernunftsbegriff Aufklärung ein unabschließbarer Prozeß. Wir wissen heute, daß er die Aufklärung der Aufklärung über sich selbst, ihre Grenzen, Bedingtheiten und Folgen mit einschließen muß, wenn Aufklärung nicht zu einer Selbstüberschätzung der Vernunft auf Kosten des Lebens der Menschen und der Natur werden soll.

Eine gewisse Parallelität dieses dynamischen, für Selbstkorrekturen offenen Begriffs der Vernunft mit der zuerst im Godesberger Programm vollzogenen Definition des demokratischen Sozialismus als dauernder Aufgabe liegt auf der Hand. Sie ist kein Zufall, sondern ein Anzeichen einer inneren Verwandtschaft. Bei aller Nähe zum Optimismus des naturwissenschaftlichen Denkens des 19. Jahrhunderts hat die sozialistische Arbeiterbewegung doch den Fortschrittsbegriff der Aufklärung übernommen. Sie hat sich vom Augenblick ihrer Entstehung an bewußt in die Tradition der Aufklärung gestellt und deren Vertrauen in die Kraft der von äußeren Zwängen befreiten menschlichen Vernunft, in die Unveräußerlichkeit der Menschenrechte, in die befreiende Wirkung von Naturwissenschaft und Naturforschung geteilt. Sie hat sich als die soziale Kraft verstanden, die dazu berufen sei, die Verheißungen des Zeitalters der Aufklärung für alle Menschen, nicht nur für eine auserwählte Minderheit zu erfüllen und damit in entscheidender Weise die Vorstellungswelt des politischen Liberalismus nach vorn überwunden.

Die erniedrigenden und nicht selten sogar existenzbedrohenden Erfahrungen, die die Arbeiterklasse im Frühkapitalismus, in den ersten Jahrzehnten nach der praktischen Umsetzung des liberalen Wirtschaftsprogramms in Europa machte, die Erfahrung der Ausbeutung, der Erniedrigung und der Entfremdung hatten den Betroffenen vor Augen geführt, daß das liberale Wirtschaftsprogramm des Frühkapitalismus nicht der geeignete Weg war, die Verheißungen der Aufklärung für alle Menschen Wirklichkeit werden zu lassen. Während die Arbeiterbewegung als Konsequenz dieser historischen Erfahrung am Geist der Aufklärung, am Fortschrittsglauben und am technisch-industriellen Programm der unbegrenzten Entfaltung der Produktivkräfte festhielt, nahm sie am Programm des Liberalismus wesentliche Korrekturen vor. Sie verstand Gleichheit nicht nur als formale Gleichbehandlung, die beispielsweise Reichen und Armen in gleicher Weise verbot, unter Brücken zu nächtigen. Sondern als Chance gleicher materieller Teilhabe im Sinne materieller Gerechtigkeit.

Die Arbeiterbewegung wußte auch, daß nicht nur staatliche, sondern auch wirtschaftliche Macht, insbesondere das Eigentum an Produktionsmitteln, zu unangemessener Herrschaft über Menschen führen kann. Deshalb beschäftigte sie sich intensiv mit der Eigentumsfrage und setzte die Sozialisierung des Eigentums an den Produktionsmitteln sogar geraume Zeit mit dem Sozialismus in dem Sinne gleich, daß das eine das andere, also den Übergang zu einer herrschaftsfreien Gesellschaftsordnung notwendigerweise zur Folge habe. Diese Schlußfolgerung hat schon Eduard Bernstein problematisiert. Im Berliner Grundsatzprogramm von 1989 sind in Übereinstimmung mit dem Godesberger Programm von 1959 der Markt als Instrument und das Eigentum an Produktionsmitteln als ein Faktor der wirtschaftlichen Ordnung anerkannt, die allerdings nicht verabsolutiert werden dürfen, sondern der gesamtgesellschaftlichen Rahmensetzung und - wo notwendig - auch der gesamtgesellschaftlichen Einflußnahme unterliegen. »Wettbewerb soweit wie möglich - Planung soweit wie nötig« - dieser schon in den fünfziger Jahren entwickelte Satz umreißt diese Position auch heute noch am treffendsten.

Anders als der politische Liberalismus hat also die Arbeiterbewegung den Zusammenhang zwischen der Gestaltung der Wirtschaftsordnung und der Einlösung der Menschenrechte stets gesehen. Dennoch: Ihr großes Selbstvertrauen und ihr Bewußtsein, eine historische Mission im Interesse der ganzen Menschheit zu erfüllen, das die Arbeiterbewegung von ihren Anfängen bis weit hinein in unser Jahrhundert beseelte, war Geist vom Geist der Aufklärung. Der Bildungshunger, der Wissensdrang, das große Vertrauen in die befreiende Wirkung der Naturwissenschaften und in die Beherrschbarkeit der Natur sowie die fast unbegrenzte Zuversicht, daß eine freie Gesellschaft von Menschen, die sich vernünftig selbst bestimmen und nach einem gemeinsamen Plan den Austausch von Gesellschaft und Natur vernunftgemäß regeln, eine Gesellschaft der Harmonie, der Konfliktfreiheit, des Wohlstandes, des Glücks und der vollendeten Freiheit sein würde - August Bebel sprach in diesem Zusammenhang vom Zukunftsstaat - haben die Arbeiterbewegung in den schwierigsten Jahrzehnten ihrer Existenz mit Siegeszuversicht erfüllt. Das hat ihr eine Motivationskraft verliehen, die weit über ihre tatsächlichen politischen Kräfte hinausreichte und ohne die sie die Zeiten der Verfolgung und der gesellschaftlichen Ächtung kaum so kraftvoll hätte überstehen können. Hier lag allerdings auch der Grund, warum sie jedenfalls in Deutschland jede Teilhabe an der politischen Macht bis zum Ende des Kaiserreichs auch da mit ihren theoretischen Grundsätzen für unvereinbar erklärte, wo sie de facto möglich war, ja in der Praxis sogar genutzt wurde.

Aus heutiger Sicht mag es scheinen, als habe die Arbeiterbewegung durch ihre rückhaltlose Übernahme des bürgerlichen Fortschrittsoptimismus und durch das Festhalten an ihm auch noch in einer Zeit, in der er im Bürgertum selbst schon zu verblassen begann, wesentliche Einsichten in bestimmende Faktoren der jüngeren Entwicklung erst spät gewonnen. Als um die Jahrhundertwende die bürgerliche Kultur- und Zivilisationskritik begann, auf die Zerstörung hinzuweisen, die die technisch-industrielle Form der Naturbeherrschung schon damals für die Natur, aber auch für die Kultur und die Gesellschaft mit sich brachte, setzte ihr die Arbeiterbewegung ihren Geschichtsoptimismus entgegen. Die neue Form der Beherrschung der Produktivkräfte, wie sie die Arbeiterbewegung erstrebte, würde - so glaubte sie - all die zerstörerischen Wirkungen der modernen Produktivkräfte auf Mensch, Gesellschaft und Natur überwinden und allein die positiven Wirkungen der modernen Technik und der industriellen Großorganisationen zum Tragen kommen lassen.

Dieser Glaube hat insbesondere bewirkt, daß sich die Sozialdemokratie der Umweltproblematik und den Gefahren der Großtechnologie erst zu Beginn der siebziger Jahre zugewandt hat. Damit allerdings noch immer lange vor den Kräften der Verabsolutierung des ökonomischen und technologischen Selbstlaufs. Seitdem ist die Diskussion über einen neuen Fortschrittsbegriff, über das richtige Verhältnis von Technik, Mensch und Natur, über Chancen und Grenzen der Vernunft mit großer Leidenschaft und selbst um den Preis von Reibungen zwischen der Partei und der von ihr gestellten Regierung, aber auch innerhalb der Partei und mit einzelnen Gewerkschaften geführt worden. Katastrophen wie in Bophal und in Seveso, in Three Miles Island und in Tschernobyl sowie die beginnende Zerstörung der lebenserhaltenden Ozonschicht der Erde und die sich anbahnende Klimakatastrophe haben dieser Diskussion zusätzliche Impulse gegeben.

Ihr Ergebnis ist nicht der Abschied vom Fortschritt und von der Aufklärung, von der Vernunft und von den Naturwissenschaften, ist nicht die Flucht in einen neuen Mystizismus, in halbverdaute östliche Weisheiten, in romantische Idylle oder neue Naturmythen. Das würde nicht Ansätze zu besseren Lösungen eröffnen, sondern nur die neuen Probleme unlösbar verschärfen. Aber die Einsicht ist gewachsen, daß die Vernunft allein die Orientierung, nach der die Menschen suchen, nicht bieten kann. Daß sich - um mit Hans Jonas Worten zu sprechen - mit dem Prinzip der Rationalität das Prinzip Verantwortung verbinden muß.

Wir wissen heute, daß die Natur mehr ist als eine Maschine, in die wir mit immer wirkungsvolleren Techniken nach Belieben eingreifen, deren Bausteine wir nach Belieben auseinandernehmen und wieder zusammensetzen, deren Evolution wir nach Belieben selbst in die Hand nehmen können, ohne daß das Ganze gestört, ja zerstört wird. Wir wissen, daß der Mensch nicht als unbeschränkter Herrscher über die Natur gesetzt, sondern ein Bestandteil der natürlichen Ordnung ist. Wir haben auch gelernt, daß eine umfassende und lückenlose Beherrschung der Natur wegen der Fülle, der Unüberschaubarkeit und der zeitlichen Erstreckung der Begleitwirkungen unserer Eingriffe gar nicht möglich ist, ja, daß schon die Meßbarkeit und räumliche Fixierung von Vorgängen – zumindest im subatomaren Bereich – an Grenzen stößt. Und wir wissen ebenso, daß wir alldem nicht durch Preisgabe der Naturwissenschaften, sondern nur durch ständige Besinnung auf ihre Grenzen und durch einen Umgang mit ihren Ergebnissen gerecht werden können, der ihre Auswertung nicht dem von individuellen Interessen angetriebenen Selbstlauf überläßt, sie vielmehr zum Gegenstand sorgfältiger Abwägungen und bei entsprechender Relevanz auch zum Gegenstand gesellschaftlicher Entscheidungsprozesse macht und dann auch Mögliches aus besserer Einsicht unterläßt. Carl Friedrich von Weizsäcker faßt diesen Aspekt pointiert in die Worte zusammen: »Wenn Askese bedeutet, auf Güter zu verzichten, die man technisch haben könnte, so wird eine asketische Weltkultur notwendig.«

Wir lernen, daß die Überflußgesellschaft, die die Befriedigung aller Bedürfnisse und das Ende aller Konflikte brächte, weder ein realistisches noch auch nur ein wünschenswertes Ziel ist. Wir wissen aber ebenso, daß gerecht verteilter Wohlstand eine Bedingung für ein erfüllteres, selbstbestimmtes Leben ist. Und das im weltweiten Maßstab, nicht nur bezogen auf die entwickelten Industrienationen der nördlichen Hemisphäre. Die soziale Frage hat heute eine weltweite Dimension.

Wir wissen heute schließlich, daß Fortschritt weder von selbst kommt noch das Ende menschlichen Leids und menschlichen Versagens mit sich bringt. Wir halten an der Geltung der Menschenrechte und an dem Willen fest, die Gesellschaft gerechter zu gestalten, mehr Freiheit, mehr Chancengleichheit für alle zu schaffen. Die Sozialdemokratie versteht sich auch heute angesichts neuer Herausforderungen in einer tiefgreifend veränderten Welt als Vorkämpferin dieser Ideale. Heute jedoch sehen wir deutlicher als vor ein oder zwei Jahrzehnten, daß die grenzenlose Entfesselung der Produktivkraft, die endlose Steigerung des Wirtschaftswachstums uns diesem Ziel nicht näherbringt, ja uns von ihm entfernt.

Im Berliner Grundsatzprogramm der deutschen Sozialdemokratie sind, auf diese Einsichten gestützt, Antworten gefunden worden, die unser Angebot für eine Neubesinnung unserer Gesellschaft sind. Antworten, die Wege aus der Gefahr, nicht nur Wege in der Gefahr aufzeigen. Die Ängsten begegnen und Hoffnungen begründen. Ich möchte deshalb zum Schluß einige dieser Antworten im Wortlaut zitieren. Unter anderem heißt es dort: »In der Sozialdemokratischen Partei Deutschlands arbeiten Menschen verschiedener Grundüberzeugungen und Glaubenshaltung zusammen. Ihre Übereinstimmung beruht auf gemeinsamen Grundwerten und gleichen politischen Zielen. Der demokratische Sozialismus in Europa hat seine geistigen Wurzeln im Christentum und in der humanistischen Philosophie, in der Aufklärung, in Marx'scher Geschichts- und Gesellschaftslehre und in den Erfahrungen der Arbeiterbewegung.«

Und weiter: »Bloßes Fortschreiben bisheriger Entwicklungen ergibt keine Zukunft mehr.«
Wir wollen Fortschritt, der nicht auf Quantität, sondern auf Qualität, auf eine höhere Qualität menschlichen Lebens zielt. Er verlangt Umdenken, Umsteuern, Auswählen und Gestalten, vor allem in Technik und Wirtschaft.
Je gefährdeter die Welt, desto nötiger der Fortschritt. Wer Bewahrenswertes erhalten will, muß verändern. Wir brauchen einen Fortschritt, der den Frieden nach innen und außen sichert, das Leben von Mensch und Natur bewahrt, Angst überwindet und Hoffnung weckt. Wir brauchen einen Fortschritt, der unsere Gesellschaft freier, gerechter und solidarischer macht.«
Das macht deutlich: Aufklärung, Menschenrechte, humaner Fortschritt und demokratischer Sozialismus dürfen und sollen auch weiterhin in einem Atemzug genannt werden.

Der Beitrag des Einigungsprozesses und der neuen Bundesländer zur Verfassungsentwicklung in Deutschland

Rudolf Steinberg

I. Einleitung

Alle fünf neuen deutschen Bundesländer besitzen inzwischen entweder neu erarbeitete Verfassungen, die bereits in Kraft getreten (Brandenburg, Sachsen und Sachsen-Anhalt) oder vom Landtag verabschiedet und bis zu ihrer Ratifizierung durch das Volk vorläufig in Kraft sind (Mecklenburg-Vorpommern und Thüringen). Auch die Gemeinsame Verfassungskommission, die gemäß Art. 5 Einigungsvertrag eingerichtet wurde, hat ihren Bericht vorgelegt.
Es besteht damit die Möglichkeit eines vorläufigen Resümees, welche Auswirkungen der Prozeß der deutschen Einigung und die neuen Landesverfassungen der ostdeutschen Bundesländer - Berlin bleibt wegen seiner Sonderrolle ausgespart - auf die deutsche Verfassungsentwicklung haben. Dabei ist insbesondere danach zu fragen, ob nach der Herstellung der deutschen Einheit grundsätzlich neue verfassungsrechtliche Elemente das überkommene (west-)deutsche Konzept des Verfassungsstaates verändert haben. Dieses war bekanntlich in der Bundesrepublik vor dem 3. Oktober 1990 praktisch unangefochten. Aus dem anfänglichen Provisorium »für eine Übergangszeit« - wie es in der Präambel hieß - und der ausdrücklichen zeitlichen Begrenzung in Art. 146 GG war längst eine echte Verfassung geworden.[1] Das Grundgesetz erwies sich sehr schnell nicht nur als geglückte, sondern auch als glückliche Verfassung, die in ungewöhnlich hohem Maße die Zustimmung der Bürgerinnen und Bürger gefunden hatte.
Die Fortentwicklung der deutschen Verfassung wird lediglich unter dem Aspekt der Auswirkungen der Verfassungsdiskussion in der Endphase der DDR sowie der neuen Landesverfassungen betrachtet. Auch diese muß sich aus Raumgründen auf Fragen der Grundprinzipien und Grundrechte beschränken und organisatorische und institutionelle Probleme ausklammern. Dahinstehen muß an dieser Stelle aber vor allem auch die Notwendigkeit eines verfassungsrechtlichen Neubeginns nach der Herstellung der deutschen Einheit. Es sind inzwischen deutliche Zeichen erkennbar, wonach die Einigung Deutschlands zu einer Erschütterung des Selbstverständnisses des vereinten Deutschlands geführt hat. Die in dieser Si-

1 Etwa *Herzog*, Art. Grundgesetz, II. Das Grundgesetz als Verfassung, in: Staatslexikon, Bd. 2, 7. Aufl. 1986, Sp. 1097; ähnlich *Hesse*, Das Grundgesetz in der Entwicklung der Bundesrepublik Deutschland; Aufgabe und Funktion der Verfassung, in: Handbuch des Verfassungsrechts, 1983, S. 11.

tuation geforderte Vergewisserung seiner staatlichen Existenz hätte auch durch eine verbindliche Grundentscheidung des gesamten Volkes oder seiner in einer solchen Grundentscheidung legitimierten Vertreter in einer neuen Verfassung erfolgen können.[2] Offensichtlich ist die Bereitschaft dazu gering. Ob und inwieweit die neuen Landesverfassungen diese befördert haben, wird zu zeigen sein.

II. Die Verfassungsfrage im Einigungsprozeß

Die erste Antwort auf diese Frage könnte sich finden lassen, wenn die Verfassungsfrage im Prozeß der Herstellung der deutschen Einheit betrachtet wird. Eine Rolle spielte sie auf drei miteinander zum Teil durchaus verflochtenen Ebenen: bei dem genuinen Versuch einer Verfassungsgebung in der Endphase der DDR (1.), bei den aktuellen Schritten der verfassungsrechtlichen Konstituierung des »Beitrittsgebietes« (2.) und schließlich bei der Diskussion um die verfassungsrechtliche Form der Herstellung der Einheit (3.).

1. Am 7. Dezember 1989 trat in Berlin der sog. Runde Tisch zusammen - paritätisch zusammengesetzt aus den neuen Kräften der friedlichen Revolution und den etablierten Parteien der Volkskammer unter Moderation von Vertretern der Kirchen. Er stellte den respektablen, aber schnell gescheiterten Versuch einer umfassenden Erneuerung der DDR dar.[3] Hierzu sollte auch die Erarbeitung einer neuen Verfassung gehören, wozu bereits in der ersten Sitzung des Runden Tisches eine Arbeitsgruppe eingesetzt wurde. Wegen der Vorverlegung der Volkskammerwahl vom 6. Mai 1990 auf den 18. März 1990 gelang es der Arbeitsgruppe nicht mehr, dem Runden Tisch auf dessen letzter Sitzung am 12. März 1990 einen fertigen Verfassungsentwurf vorzulegen. Es gibt deshalb genau genommen keinen Verfassungsentwurf *des* Runden Tisches, sondern lediglich einen seiner Arbeitsgruppe, die den endgültigen Text erst nach der Volkskammerwahl am 4. April 1990 zu dem Zeitpunkt nachlieferte, als die - wie auch immer begründete - Legitimation des Runden Tisches längst erloschen war.

Der Verfassungsentwurf läßt sich mit einigen groben Strichen wie folgt skizzieren.[4] Neben den klassischen Menschen- und Bürgerrechten finden sich neue

2 So *Grimm*, Zwischen Anschluß und Neukonstitution, FAZ vom 5.4.1990, S. 35; vgl. auch *ders.*, Verfassungsreform in falscher Hand? Zum Stand der Diskussion um das Grundgesetz, Merkur H. 525, 1993, S. 1059 ff.

3 Vgl. die ausführliche Darstellung bei *Thaysen*, Der Runde Tisch. Oder: Wer war das Volk?, ZParl 1990, S. 71 ff., 257 ff., insbesondere S. 296 ff.

4 Abgedruckt in: KJ 1990, S. 226 ff. u. JÖR 39, 1990, S. 350 ff.; vgl. dazu *Häberle*, Der Entwurf der Arbeitsgruppe »Neue Verfassung der DDR« des Runden Tisches (1990), ebd., S. 319 ff.; *Preuß*, Der Entwurf der Arbeitsgruppe »Neue Verfassung der DDR« des Runden Tisches für eine Verfassung der Deutschen Demokratischen Republik, KJ 1990, S. 222 ff.; *ders.*, Auf der Suche nach der Zivilgesellschaft. Der Verfassungsentwurf des Runden Tisches, in: *Guggenberg/Stein* (Hrsg.), Die Verfassungsdiskussion im Jahr der deutschen Einheit, 1991, S. 357 ff.; *Schlink*, Deutsch-

Rechte, die sich als Ausprägung des Menschenwürde-Grundsatzes und grundsätzlicher Freiheitsverbürgungen verstehen. Mit dem Satz »Jeder schuldet jedem die Anerkennung als Gleicher« klingt Kant'sches Erbe an.[5] Der Gleichheitssatz wird über die bekannten Diskriminierungsverbote hinaus erweitert, um die Merkmale der Sprache, der sexuellen Orientierung, des Alters und der Behinderung. Der Gedanke der Gleichberechtigung wird durch einen Verfassungsauftrag unterstrichen, der den Staat verpflichtet, auf die Gleichstellung der Frau in den unterschiedlichen Lebensbereichen hinzuwirken (Art. 3 Abs. 2). Neben dem Recht auf Leben und körperliche Unversehrtheit wird ein Recht auf Achtung der Würde im Sterben (Art. 4 Abs. 1), ein Recht auf selbstbestimmte Schwangerschaft - ergänzt um die Verpflichtung des Staates, das ungeborene Leben durch das Angebot sozialer Hilfen zu schützen - gewährleistet (Art. 4 Abs. 3); ferner: der Anspruch auf Achtung und Schutz der Persönlichkeit und Privatheit abgesichert durch Datenschutz-, Dateien- und Akteneinsichtsrechte (Art. 8). Diese und andere[6] Verbürgungen gehen in ihrer Struktur, wenn auch nicht ihrer Reichweite, nicht über die Freiheits- und Gleichheitsrechte des Grundgesetzes hinaus.

Von ganz anderer Art sind demgegenüber eine Reihe sozialer Grundrechte, wie das Recht auf soziale Sicherung (Art. 23 Abs. 3), ein Anspruch auf Sozialfürsorge bei besonderen Notlagen (Art. 23 Abs. 4), das Recht auf gleichen, unentgeltlichen Zugang zu den öffentlichen Bildungs- und Ausbildungseinrichtungen (Art. 24 Abs. 1); der Anspruch auf Ausbildungsförderung von Studenten und Schülern (Art. 24 Abs. 5); die Verpflichtung des Staates zur Förderung von Kinderkrippen und -gärten sowie Schulhorten (Art. 24 Abs. 3) sowie zur Kulturförderung (Art. 20); das Recht auf angemessenen Wohnraum - verbunden mit dem Auftrag für ein Kündigungsschutzgesetz, für das die maßgeblichen Abwägungsgesichtspunkte angegeben werden, und der Verpflichtung zur Förderung des sozialen Wohnungsbaus (Art. 25); das Recht auf Arbeit oder Arbeitsförderung (Art. 27) sowie auf Mitbestimmung (Art. 28); hierzu kommt eine umfangreiche Ausgestaltung der Tarifautonomie (Art. 39) mit der Gewährleistung des Streikrechts sowie des Verbots von lösenden und Angriffsaussperrungen.

Bei einigen dieser sozialen Grundrechte sind deutliche Anklänge an ähnliche Regelungen der DDR-Verfassung von 1968/74 spürbar.[7] Sie griff die Forderungen

deutsche Verfassungsentwicklungen im Jahr 1990, in: ebd., S. 19 ff.; *R. Will*, Verfassung und deutscher Einigungsprozeß. Zum Entwurf des Runden Tisches, in: *Th. Kreuder* (Hrsg.), Der orientierungslose Leviathan. 1992, S. 17 ff.

5 So *Häberle* (FN 4), S. 332 Fn. 46; ähnlich *Will* (FN 4), S. 21; schwer verständlich deshalb die Kritik *G. Rölleckes*, Dritter Weg zum zweiten Fall. Der Verfassungsentwurf des Runden Tisches würde zum Scheitern des Staates führen, in: *Guggenberg/Stein* (Hrsg.) (FN 4), S. 373, dieser Satz erinnere an die DDR-Verfassung von 1968/74 und sei »in totalitären Verfassungen so beliebt«.

6 Art. 13: Gewissensfreiheit; Art. 21: Recht auf politische Mitgestaltung; Art. 26: Schutz von Familie und Lebensgemeinschaften.

7 Art. 24: Recht auf Arbeit; Art. 25: Gleiches Recht auf Bildung; Art. 34: Recht auf Freizeit und Erholung; Art. 35: Recht auf Schutz der Gesundheit und Arbeitskraft; Art. 37: Recht auf Wohnraum.

auf, die der Runde Tisch am 5. Februar 1990 als »Sozialcharta« mit einer rechtlich einklagbaren Garantie sozialer Standards bereits beschlossen hatte.[8] Für die Wirtschaftspolitik wurde der Vorrang des Ziels der Vollbeschäftigung angeordnet (Art. 27). Die Wirtschaftsordnung betreffen weitere Bestimmungen über die Gewährleistung des Privateigentums, bei dem hinsichtlich Schutzwürdigkeit und Enteignungsvoraussetzungen zwischen persönlich genutztem Eigentum auf der einen Seite und sonstigem Eigentum unterschieden wird; ferner Kartellverbote (Art. 30). Neben dem vertrauten Sozialisierungsartikel wird nicht nur die Teilnahme von Staat und Kommunen am Wirtschaftsleben anerkannt, sondern werden auch Monopole der öffentlichen Hand aus bestimmten Gründen zugelassen (Art. 31). Für die Nutzung von Grund und Boden werden Sonderregelungen getroffen. Das Eigentum Privater an land- und forstwirtschaftlichen Flächen mit mehr als 100 ha wird ausgeschlossen. Damit wird an die Bodenreform nach dem 2. Weltkrieg angeknüpft, die allerdings in der damaligen SBZ nach anderen Regeln verlief.[9] Die Veräußerung und Überlassung von Nutzungsrechten an Ausländer wird unter Genehmigungsvorbehalt gestellt; schließlich findet sich der zu Zeiten der sozial-liberalen Koalition gescheiterte Gedanke des Planungswertausgleichs in Art. 32 Abs. 2.

Völlig neue Wege geht der Entwurf vor allem auch mit der weitreichenden verfassungsrechtlichen Inkorporierung von gesellschaftlichen Gruppen und Verbänden. Hier findet die besondere Bedeutung der »Bürgerbewegungen« als Träger der friedlichen Revolution von 1989 ihren Niederschlag. Ihnen werden besondere Interpellationsrechte in den Parlamenten und besondere Informationsrechte gegenüber den Verwaltungen zugebilligt (Art. 35). Hinzu kommen Bestimmungen über die innere demokratische Ordnung von Verbänden (Art. 36). Zu diesem Regelungskomplex zu rechnen sind aber auch neben den in anderem Zusammenhang genannten Normierungen von Gewerkschaften und Tarifvertragsparteien - eingehende Bestimmungen über die Massenmedien (Art. 15), die Parteien (Art. 37) und - die staatskirchenrechtliche Tradition der Weimarer Reichsverfassung (WRV) und des Grundgesetzes fortentwickelnd - der Kirchen.[10]

Damit sollen - so einer der westdeutschen Berater der Arbeitsgruppe - »Elemente einer Gesellschaftsverfassung«[11] entworfen werden, der Verfassungsentwurf sei »konsequenter als das Grundgesetz nicht nur als Staats-, sondern als Gesellschaftsverfassung konzipiert.«[12]

Der Verfassungsentwurf hat heftige Kontroversen hervorgerufen. Ihm ist auf der einen Seite bescheinigt worden, sich »in den großen Traditionsbestand von ›Geist‹

8 Dazu *Thaysen* (FN 4), S. 295 f.
9 *Steinberg*, Die Verfassungsmäßigkeit des Restitutionsausschlusses sowjetzonaler Enteignungen im Einigungsvertrag, Neue Justiz 1991, S. 1 ff.
10 Dazu insgesamt positiv *Häberle* (FN 4), S. 340 ff.
11 *Preuß* (FN 4), S. 223.
12 *Ders.*, in: *Guggenberg/Stein* (Hrsg.) (FN 4), S. 359.

und Formen des Typus ›Verfassungsstaat‹ sowie der Menschenrechtserklärungen ein(zureihen)«, ja die Entwicklung dank kenntnisreicher Rechtsvergleichung um formale Verbesserungen und inhaltliche Formen voranzutreiben.[13] Umgekehrt wurde ihm vorgehalten, den Verfassungsvorstellungen einer rot-grünen Koalition zu entsprechen, und auf dem Umweg über die DDR-Verfassung einen verfassungsrechtlichen Coup in ganz Deutschland zu unternehmen.[14] Der Verfassungsentwurf des Runden Tisches versteht sich selber nicht als Alternative zum Grundgesetz. »In erster Linie ist er«, so Ulrich K. Preuß, »eine problembewußte Fortschreibung seiner vor allem durch die Rechtsprechung des Bundesverfassungsgerichts und durch die Verfassungsrechtslehre entfalteten demokratischen, rechts-, sozial- und bundesstaatlichen Möglichkeiten; in einigen Teilen ist er allerdings durchaus als Antwort auf Defizite und Fehlentwicklungen des Grundgesetzes zu verstehen. Insgesamt ist dabei eine Verfassung mit durchaus eigenständigem Profil entstanden.«[15]

Genauer: hätte entstehen können. Der Verfassungsentwurf stellt in der Tat ein eigenständiges Produkt der die friedliche Revolution im Herbst 1989 tragenden politischen Kräfte dar.[16] Sein Ziel stellte nicht die staatsrechtliche Neuordnung der DDR dar, sondern vielmehr den Versuch, in den unmittelbaren bestehenden Einigungsprozeß eine eigenständige Position als gleichberechtigter Partner einzubringen.[17] Dieses Plädoyer »für eine vorübergehende möglichst perfekte Zweistaatlichkeit als bestem Weg zur Einstaatlichkeit«[18] war präzise von Gert Poppe, einem Bürgerrechtler der Initiative Frieden und Menschenrechte, Einberufer der Arbeitsgruppe Neue Verfassung und inzwischen seit dem 5. Februar auch Minister der »Regierung der nationalen Verantwortung«, in der Abschlußsitzung des Runden Tisches formuliert worden:

»Dabei handelt es sich um eine Verfassung für die DDR, mit deren Annahme wir eine gegenüber der durch das Grundgesetz für die Bundesrepublik gegebenen gleichrangige und damit gleichberechtigte Ordnung schaffen. Mit diesem Entwurf einer neuen Verfassung tritt der Runde Tisch Bestrebungen entgegen, sich durch die Abgabe von Beitrittserklärungen einer anderen Verfassungsordnung, dem Grundgesetz der BRD, nach Art. 23 zu unterwerfen. Wer auf einen solchen Weg

13 *Häberle* (FN 4), S. 348 f.

14 *Röllecke* (FN 5), S. 369; kritisch auch *Ladeur*, Verfassungsgebung als Katharsis, Der Entwurf des »Runden Tisches«, in: *Guggenberg/Stein* (Hrsg.) (FN 4), S. 376 ff.

15 In: *Guggenberg/Stein* (Hrsg.) (FN 4), S. 359.

16 Im Hinblick auf die Hilfe westdeutscher Verfassungsrechtler nennt es das Mitglied der Verfassungskommission *Richard Schröder*, Repräsentationsauffassungen und Parlamentarisierung in der DDR: Quellen, Formen und Folgen, in: *Thaysen/Kloth* (Hrsg.), Wandel durch Repräsentation, 1992, S. 145 ff., 148, »nicht korrekt, daß dieser Verfassungsentwurf das Vermächtnis der Revolution ist. Fast könnte man sagen, die Bürgerbewegungen des Runden Tisches haben diesen Entwurf vor seiner Geburt adoptiert. Das ist aber insofern ungerecht, als damit das Engagement unterschlagen wird, das die östlichen Mitglieder dieser Kommission aufgeboten hatten.«

17 Vgl. die Zitate bei *Thaysen* (FN 4), S. 298 f.

18 *Thaysen* (FN 4), S. 298 f.

der Einheit Deutschlands strebt, verletzt ... das Selbstwertgefühl und damit die Würde dieses Volkes ...«[19]
Das Schicksal des Verfassungsentwurfes ist bekannt. Nach der Marginalisierung der Kräfte der Novemberrevolution in den März-Wahlen wurde er von der neugewählten Volkskammer nicht mehr zur Kenntnis genommen.[20] Hier wurde deutlich, daß die neuen Mehrheitsparteien entweder sich überhaupt nicht (CDU/DA/DSU) oder nur sehr abwehrend (SPD) an der Verfassungsdiskussion des Runden Tisches beteiligt hatten.[21] Mit diesem Scheitern »waren die Kraft und der Wille zu eigenständiger Verfassungsgestaltung erschöpft.«[22] »Der politische Gestaltungswille für Neues fehlte.«[23]
Dies mußte auch Auswirkungen für die gesamtdeutsche Verfassung und die neuen Länderverfassungen haben. An den Verfassungsentwurf des Runden Tisches knüpft ausdrücklich nur der Verfassungsentwurf für den Bund Deutscher Länder an, der am 29.6.1991 von einem »Kuratorium für einen demokratisch verfaßten Bund deutscher Länder« vorgelegt wurde. Vermittelt über diesen Verfassungsentwurf wirkte die Verfassung des Runden Tisches allerdings ohne erkennbaren Erfolg auf die Diskussion zur Reform des Grundgesetzes ein.
2. Nach dem Fall der Mauer wurde statt einer bewußten Neukonstituierung der DDR der Weg einer punktuellen Revision der alten DDR-Verfassung von 1968/74 gewählt.[24] Manchen hat es erstaunt, daß es den Revolutionären in der DDR gerade darauf ankam, die alte Verfassung legal in eine neue zu überführen.[25] Mag dies zu Anfang als Versuch der Behauptung eigener verfassungsrechtlicher staatlicher Identität zu deuten sein, so dürfte in der Spätphase der Revolution nach dem 18. März 1990 der fehlende Wille zu einer eigenständigen politischen verfassungsrechtlichen Gestaltung maßgeblich gewesen sein. Die Märzwahlen waren der deutliche Ausdruck der Entscheidung der überwältigenden Mehrheit der DDR-Bürger für die verfassungsrechtliche, aber noch mehr ökonomische Ordnung der Bundesrepublik. Diese Ordnung mußte zu den Bürgern kommen, wenn nicht diese - wie viele ihrer Mitbürger noch während der Revolution - wortwörtlich für diese Ordnung mit den Füßen stimmen sollten.[26] So wurde die verfassungsrechtliche und verfassungspolitische Diskussion schon vor der Vereinigung eine Diskussion in Richtung Grundgesetz. Folgende Wegmarken lassen sich auf diesem Weg ausmachen.[27]

19 Zitat bei *Thaysen* (FN 4), S. 298.
20 *Will* (FN 4), S. 18; *Schlink* (FN 4), S. 27.
21 *Thaysen* (FN 4), S. 299 f.; vgl. auch *Schröder* (FN 16), S. 148 ff.
22 *Schlink* (FN 4), S. 29.
23 *Will* (FN 4), S. 19.
24 Zu den unterschiedlichen Positionen in der Verfassungsfrage vgl. *Schröder*, a.a.O., S. 150.
25 Dazu *Schlink* (FN 4), S. 30.
26 Ähnlich *Ladeur* (FN 14), S. 378 f.
27 Zum folgenden *Hohmann*, Etappen des verfassungsrechtlichen Diskurses und der Verfassungsgesetzgebung der revolutionären Wende in der DDR, in: *Guggenberger/Stein* (Hrsg.) (FN 4), S. 87 ff.

(1) Einsetzung einer Verfassungskommission der Volkskammer am 18.11.1989;
(2) Verfassungsänderung am 1.12.1989: Streichung der führenden Rolle der Arbeiterklasse und ihrer Partei aus Art. 1 Abs. 1;[28]
(3) Verfassungsänderung vom 12.1.1990 mit der Möglichkeit gesetzlicher Begründung von Privateigentum an allen Eigentumsobjekten;[29]
(4) Die dritte Verfassungsänderung vom 20.2.1990 schuf die verfassungsrechtlichen Grundlagen eines demokratischen Wahlrechts für die durchzuführenden freien Wahlen zur Volkskammer und zu den Kommunalparlamenten.[30]
(5) Mit der vierten Verfassungsänderung ebenfalls vom 20.2.1990 wurde ein ziviler Ersatzdienst eingeführt.[31]
(6) Mit der letzten Verfassungsänderung vor der Wahl im März 1990 wurde die Stellung der Gewerkschaften neu gestaltet.[32] Hervorzuheben ist neben der Gewährleistung des Streikrechts das strikte Aussperrungsverbot.

Diese Praxis einer partiellen Änderung der alten DDR-Verfassung wurde auch in der neugewählten Volkskammer fortgeführt entgegen einer deutlichen Empfehlung der Arbeitsgruppe Neue Verfassung des Runden Tisches, der »Inkraftsetzung ihres Verfassungsentwurfs der Beschlußfassung über weitere verfassungsändernde Einzelgesetze« den Vorrang zu geben.[33]

Die Entscheidung für die Fortführung der punktuellen Anpassungen gegen die umfassende Konstitution dokumentierte dann vor allem das Verfassungsgrundsätzegesetz vom 17. Juni 1990. Mit ihm wurden für eine Übergangszeit »in der Erwartung einer baldigen Herstellung der staatlichen Einheit Deutschlands« (Präambel) die Verfassungsprinzipien des freiheitlichen, demokratischen, föderativen, sozialen und ökologisch orientierten Rechtsstaates (Art. 1 Abs. 1 S. 1) anerkannt.[34] Alle diesen Verfassungsprinzipien entgegenstehenden Bestimmungen des sozialistischen Staates, der Verfassung und sonstiger Rechtsvorschriften wurden aufgehoben (Art. 1 Abs. 2). In weiteren Artikeln wurden Wirtschaftsgrundrechte gewährt und neben der Rechtswegegarantie der Schutz der Umwelt und der Arbeit verbürgt. Zweck dieses Gesetzes zur Änderung und Ergänzung der Verfassung stellte jedoch vor allem die Ermächtigung zur Übertragung von Hoheitsrechten auf die Bundesrepublik Deutschland und die Zulässigkeit von Verfassungsänderungen durch Staatsverträge dar (Art. 8 und 9).

Damit konnte der bereits am 18. Mai 1990 vereinbarte Staatsvertrag über die Schaffung einer Währungs-, Wirtschafts- und Sozialunion am 1.7.1990 in Kraft treten.[35] Dessen wichtigste Bestimmungen sahen bei seinem Inkrafttreten - also

28 GBl. DDR I, S. 265.
29 GBl. DDR I, S. 15.
30 GBl. DDR I, S. 59.
31 GBl. DDR I, S. 60.
32 GBl. DDR I, S. 109.
33 Zitat bei *Hohmann* (FN 27), S. 97.
34 GBl. DDR I, S. 299 f.
35 GBl. DDR I, S. 449.

vor Abschluß des Einigungsprozesses - die Bildung einer Währungsunion mit einem einheitlichen Währungsgebiet und der Deutschen Mark als gemeinsame Währung vor. Zum gleichen Zeitpunkt wurde die Soziale Marktwirtschaft Westdeutschlands auch zur Wirtschaftsordnung der DDR mit ihren Wesenselementen des Privateigentums, des Leistungswettbewerbs, der freien Preisbildung und der grundsätzlich vollen Freizügigkeit von Arbeit, Kapital, Gütern und Dienstleistungen erklärt. Die ebenfalls vereinbarte Sozialunion sah die Schaffung einer der Sozialen Marktwirtschaft entsprechenden Arbeitsrechtsordnung und ein System der Sozialversicherung nach westdeutschem Muster vor. Zusätzlich wurden Regelungen im Umweltschutz sowie zu Haushalts- und Finanzfragen getroffen. In mehreren Anlagen zum Staatsvertrag wurden die Gesetze aufgeführt, die - in erster Linie - von der DDR zum 1.7.1990 in Kraft gesetzt, aufzuheben oder zu ändern oder neu zu erlassen waren. Im großen und ganzen wurde damit - mit geringfügigen Modifikationen und bloßen Absichtserklärungen im Umweltrecht - Anlage 6 - das gesamte Wirtschafts- und Sozialrecht der Bundesrepublik Deutschland zum 1.7.1990 in der DDR eingeführt.

Mit diesen weitreichenden Bestimmungen enthält der Staatsvertrag deshalb auch Züge verfassungsrechtlicher Ordnung. So findet sich in Art. 2 Abs. 1 das Bekenntnis »zur freiheitlichen, demokratischen, föderativen, rechtsstaatlichen und sozialen Grundordnung«. Zur Gewährleistung der in diesem Vertrag begründeten Rechte werden mit der Vertragsfreiheit, der Gewerbe-, Niederlassungs- und Berufsfreiheit, Freizügigkeit, Koalitionsfreiheit und Eigentumsgarantie grundrechtsähnliche Garantien geschaffen. In Art. 6 wird ein umfassender Rechtsschutz gegen Rechtsverletzungen durch die öffentliche Gewalt vorgesehen. Und die durch den Vertrag auftretenden Kollisionen mit der DDR-Verfassung werden dadurch gelöst, daß deren Bestimmungen »über die Grundlagen ihrer bisherigen sozialistischen Gesellschafts- und Staatsordnung nicht mehr angewendet werden dürfen«.

Als letzte bedeutsame Verfassungsänderung ist das Ländereinführungsgesetz vom 22. Juli 1990 zu nennen.[36] Damit wurden fünf neue Länder in der DDR mit Wirkung vom 14. 10. 1990 neu gebildet. In diesem Ländereinführungsgesetz wurde nicht nur der territoriale Bestand der Länder umschrieben, sondern wurden auch die Grundzüge ihrer rechtlichen Ordnung normiert: in § 3 Abs. 2 die Grundprinzipien der verfassungsmäßigen Ordnung, in §§ 6 ff., 12 ff. die Verteilung der Gesetzgebungs- und Verwaltungskompetenzen auf die Republik und die Länder, in §§ 21 f. die Übernahme von sachlichen und persönlichen Mitteln. In § 23 LEinfG werden wesentliche Fragen der Konstituierung der staatlichen Organe der neuen Länder geregelt: der Vorbehalt eines Wahlgesetzes der Republik (Abs. 1), die Bil-

36 GBl. DDR I, S. 955. Dazu *v. Mutius/Friedrich*, Verfassungsentwicklung in den Neuen Bundesländern, in: Staatswissenschaft und Staatspraxis, 1991, S. 243 ff., 246; *R. Steinberg*, Organisation und Verfahren bei der Verfassungsgebung in den Neuen Bundesländern, ZParl 1992, S. 496 f.

dung der Landesregierung (Abs. 3), die Übertragung der Aufgabe einer Verfassungsgebenden Landesversammlung auf den erstgewählten Landtag (Abs. 2).

3. Die deutsche Einheit wurde bekanntlich nach Art. 23 GG a.F. vollzogen. Als zentrale Bestimmung des Einigungsvertrages vom 31. August 1990 wurde in Kap. II das Grundgesetz in den fünf wiedergebildeten Ländern mit geringfügigen einigungsbedingten Modifikationen in Kraft gesetzt. Damit war das Grundgesetz der Bundesrepublik Deutschland die Verfassung des vereinten Deutschlands. Zugleich war damit aber auch ein anderer Weg ausgeschieden, den das Grundgesetz in Art. 146 für die Wiedervereinigung vorgesehen hatte. Nach dieser Vorschrift wäre eine neue Verfassung für das vereinte Deutschland entweder von einer Verfassungsgebenden Nationalversammlung beraten und beschlossen oder von einem Verfassungsrat beraten und anschließend einer Volksabstimmung unterworfen worden.[37] Damit war die sich nach Ansicht der Befürworter dieses Weges bietende historische Chance, »in freier Selbstbestimmung die Einheit und Freiheit Deutschlands zu vollenden«, jeden Anschein der verfassungsrechtlichen »Einvernahme« der DDR zu vermeiden und den Menschen in beiden Teilen Deutschlands die Gelegenheit zu eröffnen, ihre Vorstellungen von Einheit und von verfassungsformiger Gemeinsamkeit zur Geltung zu bringen, verspielt.[38]

Heute erscheint es klar, daß es für den gewählten Weg des Art. 23 GG in der konkreten historischen Situation des Einigungsprozesses kaum eine Alternative gab. Der Verfall aller Institutionen der DDR beschleunigte sich derart rapide, auch die neue demokratisch gewählte Regierung vermochte es nicht, die nötige Autorität zu gewinnen. Angesichts des rapiden Zerfalls der DDR und der Vorverlegung des Beitritts auf den 3. Oktober 1990 schied das langwierige Verfahren einer Neukonstituierung nach Art. 146 GG aus. Diese Lage liefert aber auch den entscheidenden Hinweis dafür, daß die Situation einer Wiedervereinigung, welche Art. 146 a.F. GG voraussetzte, nicht vorlag. Diese Vorschrift ging nämlich von einem freiwilligen Zusammentritt der getrennten Teile zum Zwecke der gemeinsamen Fortführung des deutschen Gesamtstaates aus.[39] Die Herstellung der deutschen Einheit ist aber nicht durch einen Zusammenschluß der west- und ostdeutschen Teilstaaten zu einem neuen - oder dem alten - Gesamtdeutschland erfolgt, sondern durch den Beitritt der DDR zur Bundesrepublik und die grundsätzliche Erstrekkung der gesamten Staats-, Rechts- und Wirtschaftsordnung der Bundesrepublik auf das Gebiet der früheren DDR. Dies gilt - wie gezeigt - in besonderem Maße

37 *Maunz*, in: *ders./Dürig u.a*, GG-Kommentar, Bd. IV, Art. 146 Rnr. 10 u. 20; *Tomuschat*, Wege zur deutschen Einheit, in: VVDStRL 49 (1990), S. 70 ff., Leitsatz 25.

38 Plädoyer für eine verfassungsgebende Versammlung, abgedruckt in: Kritische Justiz 1990, S. 265. - Dagegen etwa *Stark*, Deutschland auf dem Wege zur staatlichen Einheit, JZ 1990, S. 349 ff., 355; *Isensee*, Staatseinheit und Verfassungskontinuität, in: VVDStRL 49 (1990), S. 39 ff., 45 insbes. FN 15; *ders.*, Verfassungsrechtliche Wege zur deutschen Einheit, ZParl, 1990, S. 309 ff., 314.

39 So *Maunz*, in: *ders./Dürig u.a.*, GG-Kommentar, Bd.IV, Art. 146 Rn. 3.

auch für die Verfassungsordnung des Grundgesetzes, der die DDR nach dem Scheitern des Entwurfes des Runden Tisches kein Alternativprogramm entgegenzusetzen vermochte. Der schnelle Beitritt der DDR zur Bundesrepublik stellte somit nicht zuletzt auch eine mit der überwältigenden Mehrheit der DDR-Bürger getroffene Entscheidung für die freiheitlich-demokratische Ordnung des Grundgesetzes dar. Genausowenig wie der rapide Zusammenbruch der DDR Zeit für eine stufenweise Realisierung der Einigung gelassen hatte, wie sie Bundeskanzler Kohl noch am 28. November 1989 in einem Zehn-Punkte-Programm zur Überwindung der Teilung Deutschlands und Europas vorgeschlagen hatte,[40] genausowenig hatte sich die DDR verfassungsrechtlich »paritätisch eingebracht«[41] und damit Raum für eine gemeinsame Ausarbeitung einer gesamtdeutschen Verfassung geschaffen. Ein eigenes, verfassungsrechtliches Kontrastprogramm ist von der DDR in den Vereinigungsprozeß nicht eingebracht worden.
So hat sich am Ende die Diskussion zu der Frage verlagert, ob *zusätzlich* zum Verfahren nach Art. 23 GG der Weg nach Art. 146 GG offenstehe, d.h. also, ob auch *nach* Herstellung der deutschen Einheit eine neue Verfassung durch eine verfassungsgebende Versammlung oder einen Verfassungsausschuß geschaffen und eine anschließende Volksabstimmung unterworfen werden sollte.[42] Die Gemeinsame Verfassungskommission hat sich zu einem derartigen Verfahren nicht verstehen können, eine angesichts der Bescheidenheit ihrer Änderungsvorschläge verständliche Haltung.

III. Die neuen Landesverfassungen

1. Bei der Betrachtung der Verfassungen der neuen Bundesländer ist zu bedenken, daß deren Verfassungsgebung in erheblichem Maße durch die Verfassungsordnung des Bundes bestimmt und begrenzt wird. Mit dem Wirksamwerden des Beitritts der neuen Bundesländer zur Bundesrepublik Deutschland am 3.10.1990 waren für die neuen Bundesländer die wesentlichen Züge ihrer verfassungsrechtlichen Ordnung vorgegeben. Dazu gehörte die Verbindlichkeit der Grundrechte (Art. 1 Abs. 3 GG), die Grundprinzipien der verfassungsmäßigen Ordnung, vor

40 Bulletin der Bundesregierung Nr. 134 vom 29.11.1989, S. 1144 ff.
41 So aber *Peter Häberle*, Verfassungspolitik für die Freiheit und Einheit Deutschlands, JZ 1990, S. 358 ff., 359.
42 Dafür *Mahrenholz*, Das Volk muß »Ja« sagen können, Die Zeit vom 8.6.1990, S. 10 und grundlegend *ders.*, Die Verfassung und das Volk, 1991, S. 27 ff.; ferner *Frowein*, Die Verfassungslage Deutschlands im Rahmen des Völkerrechts, in: VVDStRL 49 (1990), S. 7 ff., 34 (Ls. 7); *Grimm*, Das Risiko Demokratie, Die Zeit vom 10.8.1990, S. 34; *Simon*, »Vom deutschen Volk in freier Selbstbestimmung« . . . Die geeinte Nation braucht ihre Verfassung, Die Zeit vom 13.7.1990, S. 8; dagegen *Isensee* (FN 38), Ls. 13a und *Tomuschat* (FN 37), Ls. 23. – Vgl. jetzt auch *Würtenberger*, Wiedervereinigung und Verfassungskonsens, JZ 1993, S. 749 f. m.w.N.

allem auch die Verteilung der Kompetenzen. Es bestehen zwar verfassungsrechtliche Spielräume der Länder für eigene Gestaltung, wie auch das Bundesverfassungsgericht anerkannt hat.[43] Doch besitzen diese eher den Charakter einer »Ergänzungs- und Komplementärfunktion zum GG«[44] als den einer prinzipiell eigenständigen Ordnung. Schon von daher kann der Beitrag von Landesverfassungen zur Fortentwicklung des gesamtstaatlichen Verfassungsrechts immer nur begrenzt sein.

2. Bei der Lektüre der neuen Landesverfassungen fällt als erstes das deutliche Bekenntnis zu einem ökologischen Staat auf. Die Formulierungen der Verfassungen gehen in diesem Punkte noch über den Text des Verfassungsentwurfs des Rundes Tisches hinaus, der sich in seiner von Christa Wolff verfaßten Präambel zu einem Gemeinwesen bekannte, das »unsere natürliche Umwelt schützt«. So erklären sich die Bürgerinnen und Bürger des Landes Brandenburg in der Präambel der BrandVerf »von dem Wille beseelt, u.a. Natur und Umwelt zu bewahren und zu schützen«. Bei der Verankerung der Grundsätze der Verfassung wird Brandenburg u.a. als »dem Schutz der natürlichen Umwelt und der Kultur verpflichtetes demokratisches Land« bezeichnet (Art. 2 Abs. 1). Ähnliche Formulierungen in Präambeln und Verfassungsgrundsätzen finden sich in den anderen Verfassungen. Sprachlich wirkt das Umweltschutzprinzip ein wenig umständlich. Insofern erscheint es bedauerlich, daß die griffige Formulierung des »demokratischen, ökologischen und sozialen Rechtsstaats«, die in Thüringen das Neue Forum vorgeschlagen hatte, sich nicht durchsetzen konnte.

Doch abgesehen von dem sprachlichen Geschick sind damit in allen neuen Bundesländern die Grundprinzipien der Verfassung um einen bedeutsamen neuen Gesichtspunkt erweitert, der sich zum ersten Male im Verfassungsgrundsätzegesetz vom 17. Juni 1990 fand. Damit heben die neuen Verfassungen erstmals in einer deutschen Verfassung - eine entsprechende Bestimmung findet sich auch nicht in der grundlegend überarbeiteten Schleswig-Holsteinischen Verfassung von 1990 - den Schutz der natürlichen Umwelt auf dieselbe herausgehobene Ebene wie die klassischen Prinzipien des Verfassungsstaates, das Demokratie- und das Rechtsstaatsprinzip, und wie das im Grundgesetz seinerzeit neu formulierte Sozialstaatsprinzip.[45] Inzwischen ist dem die neue Niedersächsische Verfassung v. 19. Mai 1993 gefolgt (Art. 1 Abs. 2). Die Erweiterung der Verfassungsgrundsätze um den Ökologiegrundsatz reagiert damit auf die Bedrohungen, ja Zerstörungen der Um-

43 BVerfGE 36, 342, 361; 83, 37, 58.

44 *Wahl*, Grundrechte und Staatszielbestimmungen im Bundesstaat, AöR 112 (1987), S. 26 ff., S. 31.

45 Ebenfalls enthalten in Art. 20 Abs. 1 und anderen Bestimmungen des Verfassungsentwurfs des Kuratoriums für einen demokratisch verfaßten Bund deutscher Länder; dazu Denkschrift zum Verfassungsentwurf, abgedr. in: Eine Verfassung für Deutschland, hrsg. v. *Guggenberg/Preuss/Ullmann*, 1991, S. 61 ff.

welt, die in der ehemaligen DDR besonders greifbar sind und die - allerdings nicht nur dort - die dauerhafte Existenz allen Lebens in Frage stellen. Derartige Bekundungen, über die in den Verfassungsberatungen wohl völlige Einmütigkeit bestand, als Ausdruck »der Tagesmode« abzutun,[46] verrät Blindheit gegenüber der von den Bürgerinnen und Bürgern der neuen Bundesländer unmittelbar erlebten grundlegenden Bedrohung ihrer natürlichen Lebensgrundlagen und der sich daraus ergebenden »besonderen Verantwortungsbereitschaft . . . für ihre Umwelt«.[47]
Natürlich ist auch der Ökologiegrundsatz als Verfassungsprinzip nicht unmittelbar subsumtionsfähig, sondern bedarf wie die anderen Prinzipien auch der Entfaltung, Aktualisierung und Konkretisierung auf allen Ebenen der Rechtsordnung durch alle staatlichen Organe. Er unterscheidet sich hierin nicht prinzipiell von anderen Verfassungsgrundsätzen oder Sätzen der Präambel, deren Umsetzung allerdings auf eine teilweise lange Tradition zurückblicken kann und dadurch zu Konkretisierungen geführt hat. Er teilt deren Funktion der Vergewisserung über die Grundlagen der Existenz des Gemeinwesens und gibt deren Tun Ziel und Richtung. Damit besitzen diese Verfassungen Züge einer ökologischen Verfassung; ob und in welcher Weise sie damit den ökologischen Verfassungsstaat einleiten, bedarf der Begründung durch eine noch zu entwickelnde ökologische Verfassungstheorie.
Der Ökologiegrundsatz findet in allen Verfassungen eine Konkretisierung in Form eines Umweltartikels, am ausführlichsten in Art. 39 f. der BrandVerf.[48] Hier wird der Schutz der natürlichen Lebensgrundlagen objektivrechtlich als Schutzpflicht (Abs. 1) nicht nur des Landes, sondern aller Menschen sowie subjektiv-rechtlich als Umweltgrundrecht (Abs. 2) gewährleistet. Deutlich über den anthropozentrischen Umweltschutzbegriff hinaus regelt Abs. 3 die Achtung von Tier und Pflanze. Weitere Bestimmungen betreffen den sparsamen Umgang mit Ressourcen, insbesondere mit Energie und Grund und Boden, die Umweltverträglichkeitsprüfung, die Beschränkung der Eigentumsgarantie, die Entsorgung, Umweltinformationen, die Verbandsbeteiligung und -klage, die Erhaltung des Zugangs zu Naturschönheiten. Vielen dieser Regelungen lagen noch weitergehende Vorstellungen der linken und »Bürgerrechts-« Fraktionen zugrunde; sie sind das Ergebnis eines Kompromisses. Der Schutz der natürlichen Lebensgrundlagen wird auch noch in einer anderen Vorschrift gesichert: als Schranke der Forschungsfreiheit, die einem Gesetzesvorbehalt unterliegt, wenn die Forschungen geeignet sind, die Menschenwürde zu verletzen oder die natürlichen Lebensgrundlagen zu zerstören.[49] Darin liegt kein Verstoß gegen das vorbehaltslos gewährleistete Grundrecht

46 So *Merten*, Über Staatsziele, DÖV 1993, S. 368 ff., 376.
47 *Heitmann*, Die neue sächsische Verfassung - zwischen Aufbruch und Bewahrung, Sächs.VBl. 1993, S. 2 ff., 7.
48 Vgl. *Berlit*, Verfassungsgebung in den fünf neuen Bundesländern - ein Zwischenbericht, KJ 1992, S. 437 ff., 452 f.
49 Ähnlich Art. 19 Abs. 2 S. 1 VE Runder Tisch; Art. 5b KuratoriumsE.

der Forschungsfreiheit des Art. 5 Abs. 3 GG, das - wie auch das Bundesverfassungsgericht hervorgehoben hat[50] - nicht schrankenlos gewährt wird, sondern eine deklaratorische Begrenzung durch kollidierende, gleichfalls verfassungsrechtlich geschützte Rechtsgüter erfährt. Und schließlich findet sich eine wirtschaftsverfassungsrechtliche Grundnorm in Art. 42 Abs. 2, derzufolge sich das Wirtschaftsleben »nach den Grundsätzen einer sozial gerechten und dem Schutz der natürlichen Umwelt verpflichteten marktwirtschaftlichen Ordnung« gestaltet. Deutlich schwächer, aber nicht unbedeutend erscheint die Gewährleistung des Schutzes der natürlichen Lebensgrundlagen als Staatszielbestimmung in der Verfassung von Sachsen (Art. 10), von Sachsen-Anhalt (Art. 35) und von Thüringen (Art. 31). Die Verbandsbeteiligung und Verbandsklage ist in die Sächsische Verf. (Art. 10 Abs. 2) gegen erhebliche Bedenken der CDU aufgenommen worden; dieselbe Frage war in Thüringen hochkontrovers, am Ende konnte sich die CDU/F.D.P.-Mehrheit mit ihrer ablehnenden Haltung durchsetzen. In Sachsen-Anhalt (Art. 6 Abs. 2) wird ebenso wie in Thüringen (Art. 33) ein Umweltinformationsgrundrecht gewährt. In Art. 10 Abs. 3 Verf.Sachsen-Anhalt findet die Freiheit der Forschung ihre Grenze in der Achtung der Menschenwürde und der Wahrung der natürlichen Lebensgrundlagen. Sowohl in der Verfassung von Sachsen als auch der von Sachsen-Anhalt wird die dem GG bekannte Sozialbindung des Eigentums (Art. 14 Abs. 2 GG) um eine Umweltschutzbindung erweitert.[51] Sowohl die Aufnahme einer Schrankenbestimmung zur Forschungsfreiheit[52] als auch die Umweltschutzbindung bei der Eigentumsgarantie wurde in Thüringen abgelehnt. Demgegenüber wird - ähnlich wie in Brandenburg - die Ordnung des Wirtschaftslebens auf die »Grundsätze einer sozialen und der Ökologie verpflichteten Marktwirtschaft« verpflichtet (Art. 38).

3. Die letzten Bemerkungen leiten bereits über zu den Grundrechten und Staatszielbestimmungen. In allen Verfassungen und Verfassungsentwürfen findet ausdrücklich Aufnahme als Grundrecht das im Grundgesetz durch die Rechtsprechung des Bundesverfassungsgerichts[53] entwickelte Datenschutzgrundrecht.[54] Hierüber scheinen auch nirgendwo Kontroversen geführt worden zu sein, so daß es sich bei ihm inzwischen um ein allseits anerkanntes Grundrecht handelt, das auch nach Auffassung einer einfachen Mehrheit der Verfassungskommission des Bundesrates[55] in das Grundgesetz hätte aufgenommen werden sollen. Die gele-

50 BVerfGE 47, 327, 369 ff.

51 Art. 18 Abs. 2 S. 2 Verf.Sachsen-Anhalt und Art. 31 Abs. 2 S. 2 Sächs. Verf.: »Sein Gebrauch soll zugleich dem Wohl der Allgemeinheit dienen, insbesondere dem Schutz der natürlichen Lebensgrundlagen dienen.«

52 Ein Konsens wäre hier nur zu erzielen gewesen um den Preis einer Schrankenbestimmung bei der Kunstfreiheitsgarantie. Um dies zu vermeiden, beließ man es dann bei dem Wortlaut des GG.

53 BVerfGE 65, 1.

54 Art. 33 Sächs.Verf.; Art. 6 Abs. 1 Verf.Sachsen-Anhalt; Art. 11 Brand.Verf.; 6 Verf. Thür.

55 Bericht der Kommission Verfassungsreform des Bundesrates, hrsg. v. Bundesrat, 1992, Rnrn. 162 ff.

gentlich geäußerte Kritik, damit drohe der dynamische Grundrechtsschutz der Rechtsprechung des Bundesverfassungsgerichts zu erstarren und zu veralten,[56] richtet sich im Grunde gegen jede Positivierung von Grundrechten und verkennt, daß selbstverständlich auch ein geschriebenes Grundrecht durch die Rechtsprechung fortentwickelt werden kann.

Hier ist es nicht möglich, die vom Grundgesetz abweichenden Formulierungen von Schutzbereichen und Schranken der Landesgrundrechte zu analysieren und insbesondere auf ihre Vereinbarkeit mit Art. 31, 142 GG zu untersuchen. Wichtiger erscheint etwas anderes: In den neuen Bundesländern stand es wohl außer Frage, daß in die Verfassungen volle eigenständige Grundrechtskataloge verbunden mit der Einführung einer Verfassungsbeschwerde zu den überall eingerichteten Landesverfassungsgerichten aufgenommen werden sollten.[57] Auch die pauschale Inkorporierung der grundgesetzlichen Grundrechte nach dem Vorbild von Baden-Württemberg und Nordrhein-Westfalen, die immerhin auch die Landesverfassungsbeschwerde erlaubt und die Probleme unterschiedlicher, u.U. auch kollidierender Bundes- und Landesgrundrechte vermieden hätte, wurde - mit der bemerkenswerten Ausnahme von Mecklenburg-Vorpommern, das insoweit dem schleswig-holsteinischen Vorbild folgte[58] - abgelehnt. Offensichtlich bestand nach den Jahrzehnten des Unrechtsstaates ein starkes Bedürfnis, sich selber des Grundes und der Grenzen der Freiheit als Mensch und als Bürger zu vergewissern. Diese Befindlichkeit unterscheidet sich deutlich von der der Bürgerinnen und Bürger in den alten Bundesländern. Auch in der grundlegend überarbeiteten Schleswig-Holsteinischen Verfassung von 1990 und in der Niedersächsischen Verfassung vom 19. Mai 1993[59] fehlen umfassende Grundrechtskataloge, wie sie in den süddeutschen Verfassungen aus der Zeit vor 1949 zu finden sind.

Die stärkste Ausprägung einer eigenen »sozio-ökonomischen Identität«[60] lassen die neuen Verfassungen jedoch nicht bei den Grundrechten, sondern bei einer Vielzahl von Staatszielbestimmungen erkennen, von denen einige aus dem Bereich des Umweltschutzes bereits genannt worden sind. Beispiele für andere Staatszielbestimmungen sollen aus der sächsischen Verfassung zitiert werden, die auch das Vorbild für den in Thüringen lange umstrittenen Kompromiß darstellt:

56 *v. Mutius/Friedrich* (FN 36), S. 261; *Stark*, Verfassungsgebung in den neuen Ländern, ZG 1992, S. 23; *Feddersen*, Die Verfassungsgebung in den neuen Ländern: Grundrechte, Staatsziele, Plebiszite, DÖV 1992, S. 996 f.

57 Vgl. auch *Berlit* (FN 48), S. 444 f.

58 Dazu *Erbguth/Wiegand*, Über Möglichkeiten und Grenzen von Landesverfassungen im Bundesstaat, DÖV 1992, S. 770 ff.

59 GVBl., S. 107. Niedersachsen hat nunmehr in Art. 3 Abs. 2 die Bundesgrundrechte rezipiert; besondere Ausprägung haben lediglich das Recht auf Bildung (Art. 4), die Selbstverwaltungsgarantie der Hochschulen im Rahmen der Gesetze (Art. 5) und die Kunstförderung (Art. 6) gefunden.

60 So *Graf Vitzthum*, Auf der Suche nach einer sozio-ökonomischen Identität?, VBlBW 1991, S. 404 ff.; ähnlich *Würtenberger*, JZ 1993, S. 748 f.

Art. 7: Das Land erkennt das Recht eines jeden Menschen auf ein menschenwürdiges Dasein, insbesondere auf Arbeit, auf angemessenen Wohnraum, auf angemessenen Lebensunterhalt, auf soziale Sicherung und auf Bildung, als Staatsziel an.

Art. 8: Die Förderung der rechtlichen und tatsächlichen Gleichstellung von Frauen und Männern ist Aufgabe des Landes.

Art. 9: Das Land erkennt das Recht eines jeden Kindes auf eine gesunde seelische, geistige und körperliche Entwicklung an.

Weitere Staatszielbestimmungen betreffen die Gewährleistung und den Schutz von nationalen und ethnischen Minderheiten, insbesondere der Sorben (Art. 5 f.), den Jugendschutz, Kultur, Sport, Denkmalschutz und die grenzüberschreitende Zusammenarbeit.

Derartige Staatzielbestimmungen oder Aufgabennormen fanden sich in den Entwürfen aller Parteien in mehr oder weniger stark ausgeprägter Form. Am größten erschien die Zurückhaltung bei der F.D.P., weitergehende Forderungen zur Aufnahme sozialer Grundrechte nach dem Vorbild des Verfassungsentwurfs des Runden Tisches, mit denen nach Auffassung des Justizministers von Sachsen, Heitmann, »das sozialistische Versorgungsdenken zu neuen Ehren« kam,[61] konnten damit in den meisten Fällen abgelehnt werden. Sie finden sich noch vereinzelt im Bildungsbereich.[62]

Insbesondere die Sächsische, aber auch die Verfassung von Sachsen-Anhalt suchen durch die Systematik, aber auch durch klarstellende Regelungen den Unterschied von Grundrechten und Staatszielbestimmungen hervorzuheben und vor allem deren gelegentlich befürchtete individualrechtliche Umformung zu verhindern.[63] In beiden Verfassungen wird der Sache nach übereinstimmend das Land verpflichtet, »nach seinen Kräften die in dieser Verfassung niedergelegten Staatsziele anzustreben und sein Handeln danach auszurichten« (Art. 13 Sächs.Verf.; ähnlich Art. 3 Abs. 3 Verf.Sachsen-Anhalt). An diese Formulierungen knüpft Art. 43 Verf. Thür. an, läßt aber durch den Hinweis »im Rahmen seiner Zuständigkeiten« noch größere Vorsicht erkennen.

61 Entstehung und Grundgedanken der Verfassung des Freistaates Sachsen, in: *Caesar et al.*, Die Entwicklung der Rechtsstaatlichkeit in den neuen Bundesländern, 1992, S. 11 ff., 22; ähnlich *ders.* (FN 47), S. 5.

62 Art. 29 Abs. 1 und 3 Brand.Verf.: »(1) Jeder hat das Recht auf Bildung. (3) Jeder hat das Recht auf gleichen Zugang zu den öffentlichen Bildungseinrichtungen, unabhängig von seiner wirtschaftlichen und sozialen Lage und seiner politischen Überzeugung. . . .«
Vgl. auch Art. 27 Abs. 7: Anspruch auf Kindertagesstätte; Art. 32 Abs. 2: Hochschulzugang und Art. 33 Abs. 2: Weiterbildung.
Vgl. auch Art. 20 Verf.Thür.: »Jeder hat das Recht auf Bildung. Der freie und gleiche Zugang zu den öffentlichen Bildungseinrichtungen wird gewährleistet. . . .«

63 Dies geschieht in Art. 81 Abs. 1 Nr. 4 Sächs.Verf. auch durch die Enumeration der mit der Verfassungsbeschwerde zu verteidigenden Grundrechte.

Die große Breite der Staatszielbestimmungen bis hin zur Förderung von Kindertageseinrichtungen - so Art. 19 Abs. 3 der Thüringischen Verfassung - dürfte ohne die eigene gesellschaftliche und verfassungsrechtliche Tradition der Länder der ehemaligen DDR nicht verständlich sein. Sie verfolgen damit das Ziel, - so wiederum Justizminister Heitmann zur sächsischen Verfassung - »die integrierende Kraft der Verfassung des neuen Bundeslandes für die darin lebende Bevölkerung zu erhöhen, ohne ihr jedoch zuviel - und damit Unehrliches - zu versprechen.«[64] Ob dieses Ziel mit allen Regelungen erreicht wird, ob nicht durch zu umfassende Kataloge - auch wenn diese teilweise ausdrücklich Leistungen nach Maßgabe der Gesetze versprechen - Erwartungen geweckt und notwendig enttäuscht werden müssen, bleibt abzuwarten. Hier deutet sich die Gefahr einer Überforderung und damit letztlich einer Schwächung der normativen Kraft der Verfassung an.[65] Dagegen scheint die zitierte Formulierung von Art. 7 Abs. 1 Sächs.Verf. im Grunde gelungen. Denn sie bedeutet nichts anderes als die Konkretisierung des Menschenwürdegrundsatzes und des Sozialstaatsprinzips für die wichtigsten Felder der menschlichen Existenz, ohne daß damit die Gefahr einer Juridifizierung der Politik verbunden sein müßte. Daß diese Gefahr auch ohne Staatszielbestimmungen bei den klassischen Grundrechten besteht, zeigt die aktuelle Diskussion um die grundrechtlichen Schutzpflichten.[66] Den hier bestehenden Gefahren ist durch eine angemessene Grundrechts- und Staatszieldogmatik sowie eine Zurückhaltung der Rechtsprechung gegenüber den Versuchen zum richterlichen Aktivismus zu begegnen. Der bunte, vielfältige Katalog der Staatszielbestimmungen der neuen Landesverfassungen dürfte - soweit zur Zeit erkennbar ist - nur geringen Einfluß auf die Verfassungsentwicklung in Deutschland haben. Der Auftrag in Art. 5 Einigungsvertrag an die gesetzgebenden Körperschaften, sich mit den im Zusammenhang mit der deutschen Einigung aufgeworfenen Fragen zur Änderung oder Ergänzung des Grundgesetzes u.a. »mit den Überlegungen zur Aufnahme von Staatszielbestimmungen in das GG« zu befassen, wird voraussichtlich nur äußerst bescheidene Früchte zeitigen. Dies läßt der Abschlußbericht der Gemeinsamen Verfassungskommission erkennen, der sich lediglich zur Aufnahme von drei Staatszielen[67] verstehen konnte und weitergehende Anträge vor allem der SPD ablehnte. Insoweit werden die Bestimmungen der Verfassungen der neuen

64 *Heitmann* (FN 61), S. 23.

65 Ob es dies rechtfertigt, »trojanischen Gefahren« zu beschwören, wie es *Merten* (FN 46), S. 375 ff. tut, erscheint doch zweifelhaft, wie ein Blick in die Kataloge sozialer Grundrechte in den »alten« Landesverfassungen der alten Bundesländer deutlich macht. - A.A. *Berlit* (FN 48), S. 449 ff.

66 Vgl. auf der einen Seite *Hermes*, Das Grundrecht auf Schutz von Leben und Gesundheit, 1987, S. 266 ff. und auf der anderen Seite *E. W. Böckenförde*, Grundrechte als Grundsatznormen. Zur gegenwärtigen Lage der Grundrechtsdogmatik; Der Staat 1990, S. 1 ff. - Auf die strukturelle Parallele von grundrechtlichen Schutzpflichten und Staatszielbestimmungen macht zufreffend *Sterzel*, Staatsziele und soziale Grundrechte, ZRP 1993, S. 13 ff. aufmerksam.

67 Art. 3 Abs. 2 S. 2: Gleichberechtigung; Art. 20a: Umweltschutz; Art. 20b: Minderheitenschutz; vgl. BT-Drs. 12/6000, S. 15.

Bundesländer keinen Einfluß auf die Verfassungsentwicklung jedenfalls des GG haben. Sie sind - so noch einmal Justizminister Heitmann - »als Mittel des Landesverfassungsrechts bei der Bewältigung der spezifischen Lage ... der neuen Bundesländer konzipiert, nicht dagegen als politisches Material für die Debatte um eine GG-Reform«.[68] Das Grundgesetz soll mit den polemisch zugespitzten Worten von Isensee in der Anhörung der Gemeinsamen Verfassungskommission eine Juristenverfassung bleiben und nicht zur Pastorenverfassung werden, welche dem verfassungspolitischen Ideal der Volkskatechese entspricht, das er nicht nur in der WRV, sondern auch den Verfassungen der neuen Bundesländer verwirklicht findet.[69]

IV. Schluß

Es ist deutlich geworden, daß die Verfassungsgebung in den neuen Bundesländern durch eine eigene verfassungsrechtliche Tradition geprägt worden ist, die nicht nur in die Zeit des demokratischen Umbruchs zwischen dem Fall der Mauer und dem Tag der deutschen Einheit, sondern auch in die Epoche der DDR-Verfassung hineinreicht. Soweit es der vorgegebene grundgesetzliche Rahmen erlaubte, sind in den neuen Verfassungen eigene Erfahrungen verarbeitet worden, in ihnen kommt ein Stück Identität der Bürgerinnen und Bürger der neuen Bundesländer zum Ausdruck. Eindrucksvoll hat dies der Abg. Lippmann bei der Zweiten Lesung der Verfassung von Thüringen zum Ausdruck gebracht:

> »Die Verfassung eines Landes widerspiegelt immer den Geist der Zeit, die geschichtlichen und die geographischen Besonderheiten des Landes, den Zustand der Gesellschaft schlechthin. Das war bei der französischen Verfassung so, das war in der Weimarer Verfassung so, und das ist auch in den Landesverfassungen der Nachwendezeit in den jungen Bundesländern nicht anders - vielleicht sogar besonders ausgeprägt. Gestatten Sie mir, dafür einige Beispiele zu nennen - vielleicht die ausgeprägte Sensibilität für den Datenschutz, vielleicht das Beschäftigungsverbot im öffentlichen Dienst für ehemalige MfS-Angehörige, vielleicht, sicher das Bedürfnis, den Schutz der Umwelt besonders zu betonen, die moralische Verpflichtung der Wendezeit, plebiszitäre Elemente einzubeziehen und last, but not least, die besondere Betonung sozialer Grundrechte und ihre Definierung als Staatsziele. Dies alles geht, so meine ich, auf die geschichtlichen Erfahrungen der jüngsten Zeit zurück. Deshalb können, am Rande bemerkt, die Verfassungen der neuen Bundesländer eigentlich auch von den Betroffenen selbst nur gestaltet werden.«[70]

68 *Heitmann* (FN 61), S. 17.
69 Gemeinsame Verfassungskommission, 2. Öffentliche Anhörung »Staatsziele und Grundrechte«, 16.6.1992, S. 7 f.
70 LT/Prot. 1/79 v. 21.4.1993, S. 5837.

Wer deshalb vermutet, die geistigen Urheber der Verfassungen der neuen Bundesländer seien im Westen der Bundesrepublik zu suchen,[71] kennt nicht den Prozeß der Verfassungsberatungen.
Die neuen Verfassungen, die insoweit auch ein Stück Sinn- und Erlebniszusammenhang[72] der ostdeutschen Bevölkerung darstellen, erlauben deshalb keine Übertragung der in ihnen enthaltenen Regelungsmuster auf die westdeutschen Länder und die Bundesrepublik Deutschland. Dies bringt auch der sächsische Justizminister Heitmann in einer Würdigung der prägenden Faktoren der Verfassung des Freistaates Sachsen zum Ausdruck: »Die Verfassung versteht sich nicht als Beitrag zur Belebung der verfassungstheoretischen und verfassungsrechtlichen Diskussion in Deutschland. Insbesondere will sie nicht Keimzelle oder Treibsatz einer Ergänzung des Grundgesetzes, um dort bislang unbekannte Elemente, namentlich der direkten Demokratie und der Zurückdrängung des Parlamentarismus einzuführen, sein.«[73] Und mit dem Argument, diese Bestimmungen seien allein als Mittel des Landesverfassungsrechts zur Bewältigung der besonderen Probleme in den neuen Bundesländern, nicht jedoch als Material für die Debatte um eine Grundgesetzreform konzipiert, wurden die Bestrebungen der Fraktionen von Bündnis 90/Grüne und Linke Liste/PDS, aber auch der SPD, unter Hinweis auf die zahlreichen Staatszielbestimmungen auch in den ostdeutschen Landesverfassungen die Aufnahme ähnlicher Regelungen in das Grundgesetz zu fordern, abgelehnt.[74] In diesem Sinne haben sich auch die CDU-geführten neuen Bundesländer in der Verfassungskommission des Bundes verhalten. Lediglich in Brandenburg dürfte der Wunsch noch zu verspüren sein, sich mit den eigenen verfassungsrechtlichen Lösungen in die gesamtdeutsche Verfassungsdiskussion einzubringen[75] – personell wie programmatisch ein Stück Vermächtnis des Runden Tisches.
Davon abgesehen, ist letztlich schon mit dem Scheitern des Verfassungsentwurfs des Runden Tisches der Versuch einer paritätischen verfassungspolitischen Einbindung der ehemaligen DDR beendet gewesen. Das schließt ein punktuelles Hineinwirken in die gesamtdeutsche Verfassungsdiskussion nicht aus. Die erwähnte Aufnahme des Ökologiegrundsatzes in die neue Niedersächsische Verfassung belegt dies.
Diese läßt aber auch erkennen, daß für die Verfassungsentwicklung in Deutschland weniger die in allen Verfassungen der neuen Bundesländer enthaltenen Elemente direkter Demokratie oder die Staatszielbestimmungen bestimmend werden dürften. Bemerkenswerter erscheinen vielmehr die deutlichen Elemente eines

71 So *Deter*, Frauenrechte in den Verfassungsentwürfen der neuen Länder, ZRP 1993, S. 22, 29.
72 *Smend*, Verfassung und Verfassungsrecht, in: *ders.*, Staatsrechtliche Abhandlungen, 2. Aufl. 1968, S. 158, 187 ff.
73 *Heitmann* (FN 61), S. 16; ähnlich *ders.* (FN 47), S. 6.
74 S.o., Fn. 68.
75 So ausdrücklich der ehemalige stellvertretende Vorsitzende der Brandenburgischen Verfassungskommission, der Abg. Reiche auf den Frankfurter Tagen der Rechtspolitik am 20. Nov. 1992.

ökologischen Verfassungsstaates. Hier wird sichtbar, daß zu den traditionellen Voraussetzungen des westlichen Verfassungsstaates ein neues Element hinzukommt: die Verfassung des Umweltstaates. Damit wird auf dem Gebiet der Verfassung anerkannt, daß diese mit neuen verfassungsrechtlichen Aussagen auf die Herausforderung der Zeit antwortet: die Bewahrung der natürlichen Lebensgrundlagen. Ohne diese Aufgabe zu meistern wird auch der Verfassungsstaat keine Zukunft haben.

Zur Aufnahme von Staatszielbestimmungen in die Verfassungen

Helmut Simon

Lange Zeit haben sich Juristen gerne damit gerühmt, sie hielten nicht viel von der verfassungskräftigen Verbürgung sozialer Rechte. Die Beratungen der Verfassungen für die fünf neuen Länder und auch die Verhandlungen in der gemeinsamen Kommission des Bundestages und des Bundesrates über die Aufnahme von Staatszielbestimmungen in das Grundgesetz lösten eine neue Nachdenklichkeit aus. In diesem Beitrag soll über Erfahrungen und Ergebnisse bei der Beratung der brandenburgischen Landesverfassung berichtet werden, zu der sich kurz vor ihrer Verabschiedung auch E.G. Mahrenholz auf einer Veranstaltung im Potsdamer Landtag geäußert hatte.

I. Staatszielbestimmungen und Gesetzgebungsaufträge im Meinungsstreit

Der zweite Hauptteil der brandenburgischen Landesverfassung trägt die Überschrift »Grundrechte und Staatsziele«. Darin kommt zum Ausdruck, daß die Verfassung neben den Organisationsvorschriften und den grundlegenden Strukturprinzipien wie Demokratieprinzip, Rechtsstaatsidee und Sozialstaatsgebot sowohl Grundrechte als auch besondere Staatszielbestimmungen enthält, die sich in ihrer Geltung von den Grundrechten unterscheiden. Dieser Unterschied wurde in allen Entwürfen - vom ursprünglichen Diskussionsentwurf vom 31. Mai 1991[1] bis zur Beschlußempfehlung des Verfassungsausschusses für die dritte Lesung[2] - in Art. 5 Abs. 1 wie folgt umschrieben:

> Die dem Einzelnen und den gesellschaftlichen Gruppen in dieser Verfassung gewährleisteten Grundrechte binden Gesetzgebung, vollziehende Gewalt, Rechtsprechung und, soweit diese Verfassung das bestimmt, auch Dritte als unmittelbar geltendes Recht. Staatszielbestimmungen sind von den Staatsorganen zu verwirklichen und bei der Gesetzesanwendung zu berücksichtigen.

Erst während der dritten Lesung am 14. April 1992 wurde der zweite Satz auf Antrag der CDU-Fraktion gestrichen, da diese befürchtete, die Staatszielbestimmungen würden auf diese Weise zu sehr den Grundrechten angenähert. Erhalten blie-

1 GVBl. 1991, S. 96.
2 LTDrucks. 1/925.

ben aber – wenn auch in veränderter Verfassung – die noch zu erörternden konkreten Staatszielbestimmungen.
Der Streichungsantrag verrät Unsicherheiten über die Bedeutung von Staatszielbestimmungen. Diese hat als einer der ersten Ulrich Scheuner untersucht, der in seinem Beitrag aus dem Jahre 1972 das Vordringen von Staatszielbestimmungen einleitend im Zusammenhang damit würdigt, daß politische Gestaltungen zunehmend durch die Ordnung der Verfassung bestimmt und wichtige politische Entscheidungen als Verfassungsverwirklichung beurteilt würden. Nach seiner Meinung[3] soll für Staatszielbestimmungen kennzeichnend sein, daß sie Grundsätze und Richtlinien für das staatliche Handeln aufstellen und ihm in bestimmten Richtungen durch Gebote und Weisungen Orientierungen und sachliche Aufgaben geben. Als verbindliche und richtunggebende Verfassungsprinzipien unterschieden sie sich von bloßen Programmsätzen, beließen allerdings den Staatsorganen eine sehr weitgehende gesetzgeberische und politische Gestaltungsfreiheit. Während die Grundrechte eher zur Begrenzung des staatlichen Handelns dienten und bestimmte individuelle oder kollektive Rechtspositionen auf fest umrissene Ansprüche gewährleisteten, trügen die Staatszielbestimmungen einen dynamischen Zug; sie wiesen der gesetzgeberischen Aktivität die Bahn und dienten der Rechtsprechung als Auslegungsrichtlinien.
Um eine Klärung der Begriffe hat sich in den achtziger Jahren namentlich eine von den Bundesministern des Innern und der Justiz eingesetzte Sachverständigenkommission bemüht. In ihrem 1983 vorgelegten abschließenden Bericht »Staatszielbestimmungen/Gesetzgebungsaufträge« unterscheidet sie[4] zwischen Grundrechten, die dem Einzelnen unmittelbar geltende und einklagbare subjektive Rechte gegenüber der öffentlichen Gewalt gewährten, und Gesetzgebungsaufträgen und Staatszielbestimmungen, die zwar für die Staatsorgane, vorab den Gesetzgeber verbindlich sind und auch für die Auslegung der vom Gesetzgeber erlassenen Gesetze relevant werden können, die aber grundsätzlich nur als objektivrechtliche Verfassungsnormen wirken. Art und Maß der rechtlichen Bindung solcher Verfassungsaufträge könnten sehr verschieden sein, je nachdem wie bestimmt die Vorgaben der Verfassung die Staatsorgane festlegten; sie reichten von mehr programmatischen Leitlinien bis hin zu strikt bindenden Verfassungsanordnungen für eine bestimmte Gesetzgebung. Grundsätzlich müsse nach dem demokratischen Prinzip der gesetzgeberischen Gestaltungsfreiheit dem Gesetzgeber die Entscheidung vorbehalten bleiben, in welcher Weise und zu welchem Zeitpunkt er die eingeschärften Staatsaufgaben erfüllen wolle und ob dabei auch Ansprüche Einzelner auf öffentliche Leistungen entstehen sollten. Auf dieser Linie bewegt sich auch das Schrifttum.[5]

3 Festschrift für Forsthoff, 1972, S. 325 <335>.
4 Vgl. etwa S. 13, 19 ff., 49 f.
5 Vgl. etwa *Klaus Lange,* Soziale Grundrechte in der deutschen Verfassungsentwicklung und in den derzeitigen Länderverfassungen, in: *Böckenförde/Jekewitz/Ramm,* Soziale Grundrechte, 1981,

Die Aufnahme von Staatszielbestimmungen in die Verfassung, namentlich die Anerkennung sozialer Rechte, ist nach wie vor umstritten. Die Kritik daran ist extrem widersprüchlich. Die einen kritisieren, solche Vorschriften seien uneffektive Verfassungslyrik und stünden nur auf dem Papier. Die anderen befürchten im Gegenteil, die verfassungsrechtliche Anerkennung von Staatszielbestimmungen könnte höchst weitreichende Auswirkungen haben, daß sich nämlich nun auch noch im sozial-, wirtschafts- und kulturpolitischen Bereich die Letztentscheidungen auf die Gerichte, vornehmlich auf das Bundesverfassungsgericht, verlagerten. Am beliebtesten ist der Einwand, durch Staatszielbestimmungen, etwa das soziale Recht auf Arbeit, seien noch keine zusätzlichen Arbeitsplätze geschaffen worden. Aber bedarf nicht jedes Recht über seine rechtliche Anerkennung hinaus der Durchsetzung? Wie lange hat es gedauert, bis beispielsweise das Grundrecht der Meinungsfreiheit volle Wirksamkeit erlangt hat? Staatszielbestimmungen sind allerdings im besonderen Maße auf praktische Umsetzung angewiesen, da zu ihrer Verwirklichung im Unterschied zu Abwehr- und Freiheitsrechten ein bloßes Unterlassen nicht genügt, sondern ein Tun erforderlich ist.

Die Aufnahme von Staatszielbestimmungen in die Verfassung setzt eine Vorentscheidung voraus: Soll sich der Grundrechtsteil einer Verfassung auf unmittelbar geltende einklagbare Rechte beschränken oder soll er darüber hinaus auch allgemeine Verfassungspostulate in Gestalt von Staatszielbestimmungen und Verfassungsaufträgen enthalten? Das Grundgesetz hatte sich im wesentlichen mit einem Katalog klassischer Freiheits- und Abwehrrechte begnügt, die - wie die Meinungs-, Handlungs- und Berufsfreiheit oder die Eigentumsgarantie - dem Staat Grenzen setzen, also festlegen, was der Staat *nicht* darf und deren Einhaltung notfalls durch Anrufung von Gerichten erzwungen werden kann. In dieser Selbstbeschränkung hat sich das Grundgesetz sicherlich als handhabbares Instrument für den Aufbau einer freiheitlichen Demokratie bewährt. Damit können sich namentlich solche Bürger zufrieden geben, deren Lebenszuschnitt nichts zu wünschen übrig läßt und denen die Garantie der klassischen Freiheits- und Abwehrrechte genügt, um ein selbstbestimmtes menschenwürdiges Leben abzusichern. Aber soll sich eine Verfassung stets nur auf das beschränken, was die Staatsorgane *nicht* dürfen und was einklagbar ist? Wäre das überhaupt erwünscht? Dann hätte in allen verfassungsrechtlich relevanten Fragen das Verfassungsgericht, also gegebenenfalls eine Mehrheit von fünf Richtern, stets das letzte Wort. Für die

S. 49; *Jörg Lücke,* Soziale Grundrechte als Staatszielbestimmungen und Gesetzgebungsaufträge, AöR Bd. 107 <1982>, S. 15; *Ulrich Scheuner,* Staatszielbestimmungen, in: Festschrift für Forsthoff, 1972, S. 325; *Dieter Sterzel,* Staatsziele und soziale Grundrechte, ZRP 1993, S. 13; *Wolfgang Graf Vitzthum,* Auf der Suche nach einer sozio-ökonomischen Identität, Staatszielbestimmungen und soziale Grundrechte in Verfassungsentwürfen der neuen Bundesländer, VBl. BW 1991, S. 404; *Rainer Wahl,* Grundrechte und Staatszielbestimmungen im Bundesstaat, AöR Bd. 112 <1987>, S. 26. *Claus Arndt,* Soziale »Grundrechte« als Staatsziele in einer künftigen deutschen Verfassung, in: *C. Arndt,* Amt und Mandat, Bd. 2, 1991, S. 183.

Verwirklichung der Verfassung sind aber nicht allein die Gerichte, sondern vor allem das vom Volk legitimierte Parlament und die Exekutive verantwortlich. Es ist durchaus sinnvoll, diese Staatsorgane auch durch positive Zielsetzungen von Verfassungs wegen in die Pflicht zu nehmen und für die Staatspraxis Prioritäten zu setzen. Sie haben zumindest eine wertvolle Impuls-, Integrations- und Edukationsfunktion. »Ihre Bedeutung liegt darin, die für den Zusammenhalt einer Gesellschaft und für ihre Zukunftsgestaltung existentiell bedeutsamen Fragesstellungen bzw. Problemstellungen als gesamtgesellschaftlich relevant zu indizieren und hierfür allgemein verbindliche Zielvorstellungen in der Form von Verfassungsdirektiven zu benennen«.[6]

II. Vorbilder und Entstehungsgeschichte der brandenburgischen Regelung

In der Kritik an Staatszielbestimmungen bleibt häufig außer acht, daß solche Vorschriften, namentlich auch sogenannte soziale Rechte, seit langem in mehreren, in Art. 2 Abs. 3 der brandenburgischen Verfassung genannten internationalen Vereinbarungen ausdrücklich als rechtsverbindlich anerkannt worden sind. Bereits die Europäische Sozialcharta vom 18. Oktober 1961[7] enthält u.a. Rechte auf Arbeit, Berufsausbildung und soziale Sicherheit mit konkreten Handlungspflichten der Vertragsparteien, welche die wirksame Ausübung dieser Rechte gewährleisten sollen. Solche Rechte und ferner ein allgemeines Recht auf Bildung sowie die Pflicht zur Sicherstellung der Gleichberechtigung von Männern und Frauen werden ebenfalls im Internationalen Pakt über wirtschaftliche, soziale und kulturelle Rechte vom 19. Dezember 1966[8] anerkannt. Es geht also lediglich darum, solche Vereinbarungen auf die Ebene des nationalen Verfassungsrechts anzuheben. Dies stünde durchaus in Einklang mit europäischem Rechtsdenken, das trotz aller Schwierigkeiten und Rückschläge auf eine Fortentwicklung der europäischen Gemeinschaften zur Sozialgemeinschaft zielt.[9]
Der brandenburgische Verfassungsausschuß konnte bei seinen Beratungen nicht nur auf die zuvor genannten internationalen Vereinbarungen zurückgreifen, sondern auch auf die kultur- und sozialpolitischen Verfassungsprinzipien in älteren westdeutschen Länderverfassungen wie die bayerische aus dem Jahre 1946 und

6 *Sterzel,* ZRP 1993, S. 13 <14>.
7 BGBl. II 1965, S. 1122.
8 BGBl. II 1973, S. 1569.
9 Vgl. dazu *Zuleeg,* EuGRZ 1992, S. 329. Am 9. Dezember 1989 haben die Staats- bzw. Regierungschefs von elf Mitgliedstaaten (außer Großbritannien) die Gemeinschaftscharta der sozialen Grundrechte der Arbeitnehmer unterzeichnet. Der Wille, auf dem durch diese Sozialcharta vorgezeichneten Weg weitergehen zu wollen, wird in dem dem Maastrichter-Vertrag über die Europäische Union beigefügten Protokoll mit dem Abkommen über die Sozialpolitik (Bulletin Nr. 16 vom 12. 2. 1992, S. 175) ausdrücklich bekräftigt.

die bremische aus dem Jahre 1947 und insbesondere auf den Verfassungsentwurf des Runden Tisches sowie auf mehrere Vorwürfe für neue ostdeutsche Länderverfassungen. Entgegen einer weit verbreiteten Vorstellung enthält auch das Grundgesetz neben den grundlegenden Strukturprinzipien und den unmittelbar geltenden Grundrechten eine Reihe Verfassungsaufträge und Staatszielbestimmungen, welche die Staatsorgane verpflichten und als Auslegungsgehilfe wirken, etwa das inzwischen überholte Wiedervereinigungsgebot (Präambel a.F.), das Friedensstaatsgebot (Präambel und Art. 26), die Erhaltung des gesamtwirtschaftlichen Gleichgewichts (Art. 104 a Abs. 4, Art. 109), die Herstellung einheitlicher Lebensverhältnisse (Art. 72 Abs. 2 Nr. 3, Art. 106 Abs. 3 Nr. 2) und neuerdings Hinwirkungsdirektiven für die europäische Integration (Art. 23 Abs. 1 Satz 1 n.F.). Weitergehende Verfassungsaufträge hat die Rechtsprechung im Wege der Auslegung aus den in den Grundrechten verkörperten objektiven Grundentscheidungen hergeleitet, etwa die Pflicht zum Schutz und zur Förderung von Leben und Gesundheit,[10] die kulturstaatliche Pflicht zur Förderung von Wissenschaft und Kunst[11] und sozialstaatliche Vorkehrungen zum Schutz der Berufsfreiheit.[12] Bestrebungen, den Schutz der natürlichen Lebensgrundlagen, einen möglichst hohen Beschäftigungsstand, eine ausreichende Versorgung mit menschenwürdigem Wohnraum, die Gewährleistung eines Systems der sozialen Sicherheit sowie die tatsächliche Gleichstellung von Frauen und Männern als weitere Staatsziele in das Grundgesetz aufzunehmen, blieben in der gemeinsamen Kommission des Bundestages und des Bundesrates zur Reform des Grundgesetzes bislang im wesentlichen erfolglos.[13]

Es ist wohl kein Zufall, daß die Anstöße für eine verfassungskräftige Anerkennung sozialstaatlicher Zielvorstellungen vor allem aus dem Bereich der neuen Bundesländer kamen: Für die Masse der Staatsbürger, namentlich auch für viele Bürger aus der früheren DDR, ist es von erheblicher existentieller Bedeutung, ob und in welchem Umfang sich das staatliche Handeln an diesen Zielen orientiert. Im Staatsvertrag über die Schaffung einer Währungs-, Wirtschafts- und Sozialunion vom 18. Mai 1990 hatte die DDR die soziale Marktwirtschaft als Grundlage der Wirtschaftsunion anerkannt, aber zugleich den gemeinsamen Willen bekundet, diese Wirtschaftsform »als Grundlage für die weitere wirtschaftliche und gesellschaftliche Entwicklung mit sozialem Ausgleich und sozialer Absicherung und Verantwortung gegenüber der Umwelt« einzuführen. Nach dem weltweiten Sieg der Marktwirtschaft und dem Zusammenbruch »realsozialistischer« Gegenmodelle entstand ein vermehrtes Bedürfnis, sowohl die umweltverträgliche als auch

10 BVerfGE 39, 1 - Schwangerschaftsunterbrechung; 56, 54 - Fluglärm; 77, 170 - Lagerung chemischer Waffen.
11 BVerfGE 35, 79 <114>; 36, 321 <331>.
12 BVerfGE 81, 242 <154 ff.>.
13 Vgl. den Kommissionsbericht BTDrucks. 12/600 vom 5. 11. 1993, S. 65.

die soziale Ausrichtung der Rechtsordnung unmißverständlich und verfassungskräftig zum Ausdruck zu bringen. Jedenfalls wurde in den Beratungen des brandenburgischen Verfassungsausschusses und ebenso in den Stellungnahmen nach Veröffentlichung des Diskussionsentwurfs erkennbar, daß die ausdrückliche Anerkennung von Staatszielbestimmungen neben der erweiterten Beteiligung der Bürger an der Staatswillensbildung besonders charakteristisch für das Selbstverständnis des Landes Brandenburg und eines seiner identitätsstiftenden Merkmale sein dürfte.[14]

Schon der von den Regierungsbevollmächtigten vorgelegte Vorentwurf für eine brandenburgische Landesverfassung enthielt im Kapitel über das Gemeinschaftsleben Vorschriften über die Förderung der wirtschaftlichen und tatsächlichen Gleichstellung von Frauen und Männern (Art. 22 Abs. 3), den Anspruch auf Bildung und die Möglichkeit zur Berufsausbildung (Art. 24 Abs. 2 und Art. 27), über Rechte auf Arbeit (Art. 42 Abs. 1) und auf angemessene Wohnung (Art. 47) sowie über den Schutz der natürlichen Umwelt (Art. 48), die als Verfassungsaufträge oder Staatszielbestimmungen charakterisiert werden konnten. Daran wurde auch im Verlauf der weiteren Beratungen festgehalten. Es schwankten lediglich die konkreten Formulierungen, die sich an einem doppelten Regelungsprinzip orientierten: Einerseits sollte dem Gesetzgeber ein ausreichender politischer Gestaltungsspielraum erhalten bleiben und zur Vermeidung von Enttäuschungen dem Irrtum vorgebeugt werden, Staatszielbestimmungen könnten in ähnlicher Weise wie die klassischen Freiheits- und Abwehrrechte als unmittelbar geltendes Recht vor Gericht erzwingbar sein. Zugleich sollte dem umgekehrten Eindruck entgegengewirkt werden, Staatszielbestimmungen seien bloße unverbindliche Deklamationen und Programmsätze. Ein solcher Eindruck hätte fatale Erinnerungen an die marxistische Geringschätzung des Rechts als Überbau geweckt und an die uneingelösten Verheißungen in kommunistischen Verfassungstexten. Demgemäß war das Bestreben darauf gerichtet, die objektiv-rechtlichen Staatszielbestimmungen mit einklagbaren flankierenden Ansprüchen zu verbinden.

III. Regelungsgehalt und Verbindlichkeit

1. Im Unterschied zu den Programmsätzen der Weimarer Verfassung sind die Staatszielbestimmungen der brandenburgischen Verfassung verbindliche Verfassungspostulate, welche die gesetzgeberische und vollziehende Gewalt in einer bestimmten Richtung festlegen und auch von der Rechtsprechung als Auslegungsrichtlinie zu beachten sind. Diese Festlegung engt die Offenheit der Verfassungsordnung und die politische Handlungsfreiheit der Staatsorgane schon deshalb

14 In der dritten Lesung des Verfassungsentwurfs am 14. April 1992 befaßten sich alle Redner mit der Ausrichtung der brandenburgischen Politik auf Staatszielbestimmungen.

nicht übermäßig ein, weil es sich inhaltlich um Pflichten von existentieller Bedeutung handelt, deren Mißachtung sich keine Mehrheit leisten könnte. Es geht im wesentlichen um konkrete und unverzichtbare Folgerungen aus den in Art. 2 genannten Verfassungsgrundsätzen, zu denen sich alle im Verfassungsausschuß und im Landtag vertretene politische Kräfte bekennen: »Brandenburg ist ein freiheitliches, rechtsstaatliches, soziales, dem Frieden und der Gerechtigkeit, dem Schutz der natürlichen Umwelt und der Kultur verpflichtetes demokratisches Land . . .« (vgl. auch die nähere Kennzeichnung der marktwirtschaftlichen Ordnung in Art. 42 Abs. 2). Die in Art. 45, 47 und 48 behandelten Verpflichtungen, für die Verwirklichung des Rechts auf soziale Sicherung, auf Wohnung und Arbeit zu sorgen, sind nichts anderes als elementare Konkretisierungen des ohnehin verbindlichen Sozialstaatsgebotes. Daß jeder ein Recht auf Bildung hat (Art. 29), gilt in modernen Kulturstaaten schon länger als unbezweifelbare Selbstverständlichkeit. Die Sicherung der Überlebensfähigkeit unserer Gesellschaft durch Schutz der Umwelt, der Natur und der Kulturlandschaft (Art. 39) und die Durchsetzung der Gleichstellung von Frauen und Männern (Art. 12 Abs. 3) haben sich als Verfassungspostulate zwar erst in jüngerer Zeit durchgesetzt, gehören aber zu den vorrangigen Aufgaben der Gegenwart. Zu den Staatszielbestimmungen können ferner die in weiteren Vorschriften genannten Schutz- und Förderpflichten gezählt werden, wie z.B. Hilfe für Behinderte (Art. 12 Abs. 4, Art. 45 Abs. 3), Schutz der sorbischen Minderheit (Art. 25), Verschaffung freien Zugangs zur Natur (Art. 40 Abs. 3), die zwar nicht alle von gleich hohem Rang sein mögen, deren gesellschaftspolitische Relevanz aber unbestreitbar ist.[15]

2. Für diese Staatszielbestimmungen ist charakteristisch, daß sie zwar verbindlich sind, daß sie aber im Unterschied zu Grundrechten keine individuellen Ansprüche gewährleisten, die vom Staatsbürger notfalls vor Gericht eingeklagt werden könnten. Vielmehr müssen sie vom Gesetzgeber und der vollziehenden Gewalt erst in konkrete Aktivitäten umgesetzt werden. Die Verfassung bestimmt, *daß* die Politik im Sinne der Staatszielbestimmungen zu handeln hat, überläßt aber das *Wie* ihrer Durchsetzung der Eigenverantwortung der zuständigen Staatsorgane. Rechtlich relevant werden die Staatszielbestimmungen namentlich dann, wenn

15 Der Bericht der Sachverständigenkommission warnt (S. 46) vor dem Versuch, durch eine Fülle von Staatszielbestimmungen jedes irgendwie aktuelle politische Wunschziel verfassungsmäßig festzuschreiben. Dem Rang einer Verfassung entspreche eine Beschränkung auf Zielfestlegungen von elementarer Gemeinwohlbedeutung. Dem dürfte die brandenburgische Verfassung gerecht werden. Außer den genannten enthält sie noch Staatszielbestimmungen und Verfassungsaufträge zum Schutz ungeborenen Lebens (Art. 8 Abs. 2), zur Medienvielfalt (Art. 19 Abs. 2), zum Schutz von Ehe und Familie und von Alleinerziehenden (Art. 26 Abs. 1), zum Kinderschutz (Art. 27), zur Förderung von Kunst, Kultur und Sport (Art. 34, 35), zur Lagerung atomarer Waffen (Art. 39 Abs. 3), zur zivilen Nutzung militärischen Geländes (Art. 40 Abs. 5), zur Förderung der Eigentumsbildung (Art. 41 Abs. 3), der Landwirtschaft (Art. 43 Abs. 2) und der Struktur (Art. 44).

der Gesetzgeber oder andere Staatsorgane für ihre Maßnahmen eine verfassungsrechtliche Legitimation brauchen oder wenn einschlägige Vorschriften im Lichte dieser Bestimmungen anzuwenden und auszulegen sind. Ihre Legitimationsfunktion ist besonders wichtig, wenn und soweit durch die Verwirklichung der Staatszielbestimmungen in entgegenstehende Grundrechtspositionen eingegriffen werden soll.
Die Unterschiede zwischen Staatszielbestimmungen und Grundrechten wirken sich namentlich auf die Kontrolldichte im verfassungsgerichtlichen Verfahren aus. Insoweit ist die Rechtsprechung des Bundesverfassungsgerichts noch nicht ausreichend abgeklärt. In einigen Fällen ist das Gericht sehr weit gegangen in der Konkretisierung der in den Grundrechten verkörperten objektiven Grundentscheidungen und hat sich dadurch dem Vorwurf ausgesetzt, es setze sich in unzulässiger Weise an die Stelle des Gesetzgebers.[16] Im allgemeinen geht das Gericht aber davon aus, Verfassungsaufträge und Staatszielbestimmungen unterschieden sich - ähnlich wie das Sozialstaatsgebot - gerade dadurch von den unmittelbar geltenden Grundrechten, daß ihre Verwirklichung dem vom Volk legitimierten Gesetzgeber zur eigenverantwortlichen Gestaltung vorbehalten sei; diesem könne das Bundesverfassungsgericht nicht die Art und Weise der Verwirklichung vorschreiben. Diese Zurückhaltung erscheint - so heißt es in der Fluglärm-Entscheidung (BVerfGE 56, 54 <81>) - deshalb geboten, »weil es regelmäßig eine höchst komplexe Frage ist, *wie* eine positive staatliche Schutz- und Handlungspflicht, die erst im Wege der Verfassungsinterpretation aus den in den Grundrechten verkörperten Grundentscheidungen hergeleitet wird, durch aktive gesetzgeberische Maßnahmen zu verwirklichen ist. Je nach der Beurteilung der tatsächlichen Verhältnisse, der konkreten Zielsetzungen und ihrer Priorität sowie der Eignung der denkbaren Mittel und Wege sind verschiedene Lösungen möglich. Die Entscheidung, die häufig Kompromisse erfordert, gehört nach dem Grundsatz der Gewaltenteilung und dem demokratischen Prinzip in die Verantwortung des vom Volk unmittelbar legitimierten Gesetzgebers und kann vom Bundesverfassungsgericht in der Regel nur begrenzt nachgeprüft werden, sofern nicht Rechtsgüter von höchster Bedeutung auf dem Spiele stehen«. Im Hinblick auf die dem Gesetzgeber zustehende Gestaltungsfreiheit könne das Bundesverfassungsgericht erst dann eingreifen, wenn dieser seine Pflichten evident verletzt habe (a.a.O., S. 80 f.), sei es, daß dieser Schutzvorkehrungen überhaupt nicht getroffen habe oder daß die getroffenen Maßnahmen offensichtlich gänzlich ungeeignet oder völlig unzulänglich seien (BVerfGE 77, 170 <174 f.> - Lagerung chemischer Waffen). In der Entscheidung zum numerus clausus wird ein Verfassungsauftrag zur Bereitstellung ausreichender Ausbildungskapazitäten als denkbar unterstellt, jedoch betont, ein

16 Vgl. dazu etwa die Abweichenden Meinungen BVerfGE 39, 1 <71 f.>- Fristenlösung; 35, 79 <152 ff.> - Gruppenuniversität.

solches Teilhaberecht stehe unter dem Vorbehalt des Möglichen im Sinne dessen, was der Einzelne vernünftigerweise von der Gesellschaft beanspruchen könne; dies habe in erster Linie der Gesetzgeber in eigener Verantwortung zu beurteilen, der bei seiner Haushaltswirtschaft auch andere Gemeinschaftsbelange zu berücksichtigen habe und dem gegenüber verfassungsrechtliche Konsequenzen erst bei evidenter Verletzung jenes Verfassungsauftrages in Betracht kämen (BVerfGE 33, 303 <333 f.>).[17]

Der Charakter als verbindliches, aber nicht einklagbares Verfassungsgebot kam noch deutlicher in derjenigen Fassung einiger wichtiger Staatszielbestimmungen zum Ausdruck, die der Entwurf der brandenburgischen Verfassung bei seiner Einbringung in den Landtag enthielt.[18] So lautete der Absatz 1 der einschlägigen Vorschriften: »Das Land anerkennt als Staatsziel das Recht eines jeden auf Bildung . . ., auf soziale Sicherheit . . ., auf eine angemessene Wohnung . . ., auf Arbeit . . .« Im Absatz 2 hieß es dann jeweils: »Das Land ist verpflichtet, im Rahmen seiner Kräfte für die Verwirklichung dieses Rechts zu sorgen . . .« Diese Fassung machte unmißverständlich klar, daß die Staatszielbestimmungen keine unmittelbar geltenden Ansprüche beinhalten. Im Verlauf der Landtagsberatungen sind diese klaren Formulierungen zwar verwässert worden. Sachlich hat sich dadurch aber zumindest bei den sozialen Rechten nichts an der Rechtsnatur der Staatszielbestimmungen geändert.

3. Nicht zureichend geklärt ist bislang die Frage, was geschehen kann, wenn die zuständigen Staatsorgane die ihnen obliegende Verwirklichung der Staatszielbestimmungen trotz deren Verbindlichkeit unterlassen. Muß diese Problematik der Selbstregulierung im politischen Prozeß überlassen bleiben? Oder kann und muß dann nicht doch das Verfassungsgericht - gegebenenfalls inzident in einem anderen Verfahren - eine evidente Verletzung der Staatszielbestimmung feststellen? Nach der zitierten bisherigen Rechtsprechung des Bundesverfassungsgerichts erscheint dies nicht gänzlich ausgeschlossen. Die brandenburgische Verfassung versucht, der Gefahr einer Mißachtung der Staatszielbestimmungen auf doppelte

17 Vgl. ferner BVerfGE 12, 45 <51 f.>; 36, 1 <17> - zum Wiedervereinigungsgebot; 39, 169 <194> - Verfassungsauftrag zur Neuordnung der Witwerrente; 39, 96 <114 f.> - zur Auslegung des unbestimmten Rechtsbegriffs »Störung des gesamtwirtschaftlichen Gleichgewichts«. Diese Rechtsprechung entspricht der Zurückhaltung des Bundesverfassungsgerichts bei der Anwendung des Sozialstaatsgebots, das mitunter ebenfalls zu den Staatszielbestimmungen gerechnet wird. Dieses Gebot verpflichtet zwar den Gesetzgeber, für eine gerechte Sozialordnung zu sorgen; infolge seiner Weite und Unbestimmtheit lassen sich diesem Gebot aber nach Meinung des Gerichts regelmäßig keine unmittelbaren Handlungsanweisungen entnehmen, die durch die Gerichte ohne gesetzliche Grundlage umgesetzt werden könnten (vgl. BVerfGE 1, 97 <105>; 22, 180 <204>; 36, 73 <84>; 50, 57 <108> und insbesondere 59, 231 <262>; 65, 182 <193>). Diese Rechtsprechung widerlegt die Befürchtung, die Anerkennung von Staatszielbestimmungen verstärke den Bedeutungsverlust des Parlaments und die Juridifizierung der Politik (so zutreffend *Sterzel,* a.a.O., S. 15).

18 LTDrucks. 1/625 vom 13. 12. 1991.

Weise zu begegnen: Das geschieht einmal dadurch, daß die Staatszielbestimmungen als Verpflichtung des Landes inhaltlich näher präzisiert werden, beispielsweise die sozialen Staatszielbestimmungen in folgender Weise:[19]

»Das Land ist verpflichtet, im Rahmen seiner Kräfte . . .«
»durch eine Politik der Vollbeschäftigung und Arbeitsförderung für die Verwirklichung des Rechts auf Arbeit zu sorgen . . .« (Art. 48),
»für die Verwirklichung des Rechts auf soziale Sicherung bei Krankheit, Unfall, Invalidität, Behinderung, Pflegebedürftigkeit und im Alter zu sorgen . . .« (Art. 45),
»für die Verwirklichung des Rechts auf eine angemessene Wohnung zu sorgen, insbesondere durch Förderung von Wohneigentum, durch Maßnahmen des sozialen Wohnungsbaus, durch Mieterschutz und durch Mietzuschüsse . . .« (Art. 47).

Darüber hinaus sieht die brandenburgische Verfassung soweit wie möglich als flankierende Maßnahmen einklagbare Ansprüche vor. So wird beispielsweise das Recht auf Arbeit abgestützt durch die Gewährleistung von Berufsberatung und Arbeitsvermittlung sowie durch Ansprüche auf Umschulung, berufliche Weiterbildung und insbesondere auf Unterhalt, soweit eine angemessene Arbeitsgelegenheit nicht nachgewiesen werden kann. Das bedeutet: Zwar gibt es kein einklagbares Recht auf einen Arbeitsplatz, wohl aber einklagbare flankierende Maßnahmen, welche die allgemeine Pflicht des Landes effektuieren, durch eine Politik der Vollbeschäftigung und Arbeitsförderung für eine Verwirklichung des Rechts auf Arbeit zu sorgen. Schon angesichts dieser Ausgestaltungen wird sich der Einwand, die sozialen Rechte stünden ja nur auf dem Papier, nicht länger aufrechterhalten lassen.
Schwierigkeiten könnten sich bei den flankierenden Maßnahmen dann ergeben, wenn sie mit entgegenstehendem Bundesrecht kollidieren würden. Alsdann hätte das übergeordnete Bundesrecht zwar Vorrang, jedoch würde das nicht ohne weiteres zur Nichtigkeit des kollidierenden Landesrechts führen. Vielmehr würden sich in einem solchen Falle die Staatszielbestimmungen und die sie flankierenden Maßnahmen in Hinwirkungspflichten verwandeln, welche die Landesorgane verpflichten, auf Bundesebene für eine Änderung des entgegenstehenden Bundesrechts einzutreten.[20] Im übrigen verpflichtet die brandenburgische Landesverfassung das Land nur zu solchen Staatszielen und sieht im wesentlichen nur solche flankierenden Maßnahmen vor, die bereits im geltenden Arbeits-, Sozial-, Wohnungs- und Ausbildungsrecht anerkannt sind. Entgegen einer gelegentlich geäu-

19 Zum Recht auf Bildung vgl. Art. 29 Abs. 2 und zur Gleichstellung der Frauen Art. 12 Abs. 3.
20 Ausdrückliche Hinwirkungspflichten enthält die Verfassung in Art. 39 Abs. 9 zur Lagerung atomarer Waffen, und in Art. 40 Abs. 5 zur zivilen Nutzung militärischen Geländes. Die in den Landtag eingebrachte Fassung LTDrucks. 1/625 enthielt weitere Hinwirkungspflichten zur Straffreiheit von Schwangerschaftsunterbrechungen (Art. 9 Abs. 2), zur Gleichstellung des sozialen Schutzes kirchlicher Mitarbeiter (Art. 37 Abs. 2) und zur Aussperrung (Art. 52 Abs. 3).

ßerten Kritik bedeutet dies nicht, daß die verfassungsrechtlichen Gewährleistungen als bloße Wiederholungen des einfachen Rechts überflüssig wären. Träfe diese Meinung zu, wären nahezu alle Grundrechtsverbürgungen, auch die klassischen Freiheits- und Abwehrrechte entbehrlich. (Die Verfassung des Ersten Deutschen Reiches glaubte auf einen Grundrechtsteil verzichten zu können, weil die Grundrechte ausreichend durch einfaches Recht geschützt seien!) Ob eine Materie in die Verfassung gehört, kann nicht davon abhängen, wie weit die übrige Rechtsordnung ebenfalls entsprechende Einzelregelungen enthält. Vielmehr geht es darum, welche Entscheidungen ein Gemeinwesen für so elementar hält, daß sie von Verfassungs wegen als richtungweisend festzuschreiben sind. Es kann nicht ernsthaft zweifelhaft sein, daß dazu neben den überlieferten Freiheits- und Abwehrrechten auch der Umweltschutz, das Recht auf Bildung, die sozialen Rechte und die Gleichstellung der Frauen gehören.

Die »Einheitlichkeit der Lebensverhältnisse« als Verfassungsgebot

Wolfgang Däubler

I. Das Problem

Ob die Verfassung einheitliche Lebensverhältnisse im ganzen Bundesgebiet verlangt, war noch geraume Zeit nach der Einheit ein kaum wahrgenommenes Problem.[1] Zumindest aus der Sicht des unbeteiligten Beobachters machte es keinen Unterschied, ob man im armen Saarland oder im reichen Baden-Württemberg wohnte. Auseinandersetzungen um den Finanzausgleich[2] schienen eher an ein vorübergehendes Donnergrollen zu erinnern.

Die Zeit dieser Idylle ist vorbei. Die deutsche Einheit hat sehr Unterschiedliches unter einem Dach zusammengefügt (unten 1); auch werden die Defizite des traditionellen Ausgleichssystems angesichts verringerten Steueraufkommens und wachsender Soziallasten ungleich deutlicher wahrgenommen (unten 2). Damit gewinnt die verfassungsrechtliche Dimension neue Bedeutung; ist das, was bisher selbstverständlich war, ganz oder zumindest in einem »Kernbereich« verfassungsgeboten (unten 3)?

1. Einige Daten zur Situation in den neuen Bundesländern

Der wirtschaftliche Niedergang im Gebiet der früheren DDR läßt sich mit einigen wenigen Zahlen hinreichend deutlich machen. Eine Bevölkerung von gut einem Fünftel des »Bundesvolks« erzeugt nur 9 % des Bruttosozialprodukts[3]. Dieses liegt in den neuen Bundesländern noch immer um etwa 10 % unter dem Stand des Jahres 1990. Die Zahl der in der Industrie Beschäftigten ist von 2,3 Mio. im 4. Quartal 1990 auf 743.000 im Juni 1993 gesunken. Die Ausdehnung des Dienstleistungssektors ist an ihre Grenzen gestoßen, weil es an Zuliefermöglichkeiten für den industriellen Sektor fehlt. Als besonders gravierend gilt die Tatsache, daß die Zahl der Industriewissenschaftler von 75.000 auf 15.000 gesunken ist; ein

1 *Arndt,* Zur verfassungsrechtlichen Problematik der Herstellung einheitlicher Lebensverhältnisse in der Bundesrepublik Deutschland, JuS 1993, S. 360: »Bisher von eher geringer Bedeutung«; ähnlich *Selmer,* Grundsätze der Finanzverfassung des vereinten Deutschlands, VVDStRL 52 (1993), S. 22.

2 Siehe insbesondere BVerfGE 72, 330 ff. (vom 24.6.1986).

3 *Nolte-Schäfer* u.a., Ein Aufbauprogramm für Ost-Deutschland, WSIMitt. 1993, S. 635, auch zum folgenden.

durch Innovationen induzierter Aufschwung aus eigener Kraft erscheint schon von daher denkbar unwahrscheinlich. Die Arbeitslosigkeit liegt bei gut 30 % – nimmt man zu den offiziellen Arbeitslosen die ABM-Kräfte, die Umschüler und die Vorruheständler hinzu. Man würde ein Wirtschaftswachstum von 15 % pro Jahr benötigen, um innerhalb von 6 Jahren das Niveau der schwächsten Arbeitsmarktregion im Westen zu erreichen; bei einem Wachstum von 10 % würde sich diese Frist auf 10 Jahre verlängern.[4] Ähnlich sind die Prognosen im Hinblick auf den Anteil am Bruttosozialprodukt: 20 Jahre lang müßte die Wirtschaft der neuen Bundesländer um ca. 9 % wachsen, ehe ein vergleichbares Bruttosozialprodukt pro Erwerbstätigem erreicht wäre.[5]

2. Defizite des Finanzausgleichs

Der vertikale wie der horizontale Finanzausgleich haben in der alten Bundesrepublik nicht dazu geführt, daß die Disparitäten in der Wirtschaftskraft der einzelnen Länder abgebaut worden wären.[6] Im Gegenteil: Die Unterschiede sind gewachsen, die Engpässe für die »armen« Länder größer geworden.[7] Dies hängt damit zusammen, daß gerade strukturschwache Länder mit hoher Arbeitslosigkeit besonders stark durch Sozialabgaben belastet sind, was sich nicht in einer entsprechend höheren Zuwendung seitens des Bundes oder der anderen Länder niederschlägt. Dort, wo es am dringendsten wäre, fehlen deshalb die Mittel, um durch Wirtschaftsförderung neue Arbeitsplätze zu schaffen.[8] Die Bundesergänzungszuweisungen werden als Auffangnetz zwar immer wichtiger[9], reichen als solche jedoch bei weitem nicht für eine »Umsteuerung« aus. Die »politische Gestaltungsohnmacht« der ärmeren Bundesländer[10] geht so weit, daß oft nicht einmal die geforderten Komplementärmittel für Förderungsprogramme der Bundesregierung oder der EG bereitgestellt werden können. Zu Recht ist von einer »schleichenden Aushöhlung der Länderstaatlichkeit« die Rede[11], die bis zu der doch wohl von der Verfassung nicht gewollten Erscheinung führen kann, sich das Abstimmungsverhalten im Bundesrat durch einige Staatsaufträge abkaufen zu las-

4 *Ziegler,* Angleichung der Lebensbedingungen zwischen den ost- und westdeutschen Regionen als Herausforderung der Strukturpolitik, WSIMitt. 1992, S. 732.
5 *Nolte-Schaaff,* Aufbau Ost und Umbau West – »Qualitatives Wachstum« unter veränderten Rahmenbedingungen – WSIMitt. 1993, S. 733.
6 *Harald Schneider,* Die Grenzen der Leistungsfähigkeit des bundesstaatlichen Finanzausgleichs, Gedächtnisschrift Geck, Köln u.a. 1989, S. 712. Vgl. auch Ziegler WSIMitt. 1992, S. 734: Keine regionalwirtschaftliche Annäherung in 30 Jahren.
7 *Franke,* Zur Einbeziehung der neuen Bundesländer in den Finanzausgleich, StuW 1991, S. 313.
8 Richtig *Selmer* VVDStRL 52 (1993), S. 29: circulus vitiosus. Vgl. auch *Reissert,* Die finanzielle Beteiligung des Bundes an Aufgaben der Länder und das Postulat der »Einheitlichkeit der Lebensverhältnisse im Bundesgebiet«, Bonn 1975, S. 18.
9 *Franke* StuW 1991, 317; *Selmer,* a.a.O., S. 53.
10 *Harald Schneider,* GS Geck, S. 719.
11 *Selmer,* a.a.O., S. 14.

sen. In der Literatur wird deshalb schon in bezug auf die alten Bundesländer die Diagnose gestellt, die Einheitlichkeit der Lebensbedingungen sei nicht annähernd gewahrt.[12]

3. Ein Beitrag des Verfassungsrechts?

Legt man diesen Befund zugrunde, so drängt sich die Frage auf, wieviel Ungleichheit und Heterogenität das föderative System verträgt und wann der Punkt erreicht ist, wo nicht nur politisch, sondern auch von Verfassungs wegen Handlungsbedarf entsteht. Dies soll hier unter dem Stichwort der »Einheitlichkeit der Lebensverhältnisse« diskutiert werden, das bisweilen als regionalpolitische Staatszielbestimmung schlechthin bezeichnet wird[13], und das prima vista die größte »Problemnähe« aufweist.

II. Verfassungsrechtliche Bestandsaufnahme

1. Die »Einheitlichkeit der Lebensverhältnisse« im Verfassungstext

a. Die »Einheitlichkeit der Lebensverhältnisse« taucht im Wortlaut des Grundgesetzes nur an zwei weniger bedeutsamen Stellen auf.
Nach Art. 72 Abs. 2 Nr. 3 GG ist im Bereich der konkurrierenden Zuständigkeit von Bund und Ländern eine bundesgesetzliche Regelung dann zulässig, wenn »die Wahrung der Rechts- oder Wirtschaftseinheit, insbesondere die Wahrung der Einheitlichkeit der Lebensverhältnisse über das Gebiet eines Landes hinaus sie erfordert.« Die bisherige Handhabung der Vorschrift fördert wenig Einsichten darüber zu Tage, was denn wohl unter »Einheitlichkeit« und was unter »Lebensverhältnissen« zu verstehen ist. Das Bundesverfassungsgericht läßt dem Gesetzgeber bewußt einen sehr weiten Spielraum: Seine politische Vorentscheidung, auf den Gebieten der konkurrierenden Gesetzgebung Einheitlichkeit herstellen zu wollen, sei grundsätzlich zu respektieren.[14] Nur bei evidentem Mißbrauch könne eine Korrektur erfolgen.[15] In der Literatur wurde zu Recht darauf hingewiesen, es sei kaum vorstellbar, daß ein Bundesgesetz nicht der Einheitlichkeit diene oder diese aus schlichter Willkür anstrebe.[16] Die »Offenheit« der Bestimmung hat dazu ge-

12 *Harald Schneider,* GS Geck, S. 711.
13 *Carl,* Kompetenz und Pflicht des Bundes zur Unterstützung strukturschwacher Regionen. Eine Untersuchung am Beispiel der Stahlregionen, AöR 114 (1989), S. 458.
14 BVerfGE 26, 338, 382.
15 BVerfGE 4, 115, 127; siehe auch die Ladenschluß-Entscheidung BVerfGE 13, 230, 232.
16 *Kisker,* Neuordnung des bundesstaatlichen Kompetenzgefüges, Der Staat 1975, 188; vgl. auch *Schmidt-Bleibtreu/Klein,* GG-Kommentar, 7. Aufl., Köln 1990, Art. 72 Rn. 6; *Stern,* Staatsrecht, Bd. 1, § 19 III 3.

führt, daß eine inhaltliche Präzisierung weithin unterblieb.[17] Auch würde es relativ schwerfallen, aus einer Zusatzvoraussetzung für das Eingreifen des Bundesgesetzgebers (und mehr ist Art. 72 Abs. 2 Nr. 3 GG nicht) auf einen übergreifenden Verfassungsgrundsatz zu schließen.[18]

Die zweite ausdrückliche Erwähnung findet sich in Art. 106 Abs. 3 Satz 4 Nr. 2 GG. In Art. 106 Abs. 3 geht es um den sog. vertikalen Finanzausgleich, d.h. um die Verteilung des Steueraufkommens zwischen Bund und Ländern. Während die Beteiligung an der Einkommen- und Körperschaftsteuer in Art. 106 Abs. 3 Satz 2 unmittelbar festgelegt ist, sieht die Verfassung bei der Umsatzsteuer ein besonderes Gesetz vor. Bei seinem Erlaß sind u.a. »die Deckungsbedürfnisse des Bundes und der Länder so aufeinander abzustimmen, daß ein billiger Ausgleich erzielt, eine Überbelastung der Steuerpflichtigen vermieden und die Einheitlichkeit der Lebensverhältnisse im Bundesgebiet gewahrt wird.« In der Literatur wird diese Bestimmung als »Fundgrube unbestimmter Rechtsbegriffe« apostrophiert.[19] Weiter wird darauf verwiesen, daß es bei Art. 106 Abs. 3 Satz 4 GG um das Verhältnis zwischen dem Bund und der Gesamtheit der Länder gehe; die »Einheitlichkeit der Lebensverhältnisse« werde aber in erster Linie beim sog. horizontalen Finanzausgleich, d.h. beim Abbau von Gefällesituationen zwischen den einzelnen Ländern zum Problem.[20] In der Tat ist die bundesgesetzliche Verteilung der Umsatzsteuer bislang nie mit dem Argument bekämpft worden, sie stehe im Widerspruch zum Ziel der »Einheitlichkeit der Lebensverhältnisse«. Zu beachten ist allerdings, daß es sich anders als bei Art. 72 Abs. 2 Nr. 3 GG um eine normative Größe handelt, die einen gewünschten Zustand umschreibt.

b. An drei anderen Stellen der Finanzverfassung werden im Grundgesetztext Begriffe verwandt, die zumindest in eine ähnliche Richtung gehen.

- Art. 91a GG, der die Gemeinschaftsaufgaben von Bund und Ländern regelt, definiert diese in Abs. 1 als Aufgaben, die für die Gesamtheit bedeutsam sind und bei denen die Mitwirkung des Bundes »zur Verbesserung der Lebensverhältnisse« erforderlich ist. Als einen der drei Anwendungsfälle nennt Abs. 1 Nr. 2 die »Verbesserung der regionalen Wirtschaftsstruktur«. In der Tat war es der Bundesregierung bei Schaffung dieser Vorschrift um eine Beseitigung unangemessener Unterschiede innerhalb des Staatsgebiets gegangen.[21]

17 Vgl. jedoch *Gruson,* Die Bedürfniskompetenz. Inhalt und Justitiabilität des Art. 72 Abs. 2 des Grundgesetzes, Berlin 1967, S. 49 ff.

18 Richtig *Herzog,* in: *Maunz/Dürig/Herzog/Scholz,* GG-Kommentar, Loseblatt (Stand: September 1980) Art. 20 Abschn. IV Rn. 87.

19 *Fischer-Menshausen,* Unbestimmte Rechtsbegriffe in der bundesstaatlichen Finanzverfassung, in: *Dreißig* (Hrsg.), Probleme des Finanzausgleichs I, Berlin 1978, S. 138.

20 *Vogel-Walter,* in: Bonner Kommentar zum GG, Zweitbearbeitung, Art. 106 Rn. 184. Kritisch zu Art. 106 Abs. 3 Satz 4 GG auch *Korioth,* Die Finanzausstattung der *neuen* Bundesländer. Übergangsprobleme der bundesstaatlichen Finanzverfassung, DVBl. 1991, S. 1057.

21 *Carl,* AöR 114 (1989), S. 463; *Hettlage,* Diskussionsbeitrag, VVDStRL 31 (1973), S. 100.

- Zu verweisen ist zum zweiten auf Art. 104a Abs. 4 GG, wonach der Bund den Ländern Finanzhilfen für besonders bedeutsame Investitionen gewähren kann, »die zur Abwehr einer Störung des gesamtwirtschaftlichen Gleichgewichts oder zum Ausgleich unterschiedlicher Wirtschaftskraft im Bundesgebiet oder zur Förderung des wirtschaftlichen Wachstums erforderlich sind.« In der Literatur wird auch hier der enge Zusammenhang mit der »Einheitlichkeit der Lebensverhältnisse« betont.[22]
- Schließlich wird die Vorschrift des Art. 109 Abs. 2 GG herangezogen, wonach Bund und Länder bei ihrer Haushaltswirtschaft »den Erfordernissen des gesamtwirtschaftlichen Gleichgewichts Rechnung zu tragen« haben. Dies impliziert ersichtlich einen einheitlichen Wirtschaftsraum[23]; insbesondere dann, wenn die Einheitlichkeit der Lebensverhältnisse in einem größeren Teil des Staatsgebiets nicht mehr gewährleistet ist, können sich gesamtwirtschaftliche Störungen ergeben.[24]

2. Die »Einheitlichkeit der Lebensverhältnisse« in der Rechtsprechung und der verfassungsrechtlichen Diskussion

Daß die Einheitlichkeit der Lebensverhältnisse von der Verfassung gewollt wird, ist in der Literatur so gut wie unbestritten.[25] Dies besagt nicht, daß damit auch der Inhalt dieses Prinzips von allen in identischer Weise bestimmt würde. Abschwächende Formulierungen dominieren. Die Lebensverhältnisse müßten »wenigstens annähernd einheitlich«[26] bzw. »annähernd vergleichbar« sein[27]. Anderwärts ist von einem »Mindeststandard an öffentlichen Einrichtungen«[28] bzw. einem Mindeststandard für »wesentliche Lebensverhältnisse« die Rede.[29] Der Staat habe für eine »Grundversorgung« mit öffentlichen Leistungen für Einwohner und Wirtschaft zu sorgen.[30] Je stärker die Relativierung, um so eher werden wirtschaftliche und soziale Disparitäten verfassungsrechtlich hinnehmbar. In der Li-

22 *Arndt*, JuS 1993, S. 360; *Fischer-Menshausen* (oben Fn. 19), S. 147.
23 *F. Kirchhof*, Grundsätze der Finanzverfassung des vereinten Deutschlands, VVDStRL 52 (1993), S. 83 f.
24 *Harald Schneider*, GS Geck, S. 732.
25 *Arndt*, JuS 1993, S. 361; *Carl* AöR 114 (1989), S. 458; *Franke* StuW 1991, S. 312; *Friauf* VVDStRL 27, S. 1, 6; *F. Kirchhof*, VVDStRL 52 (1993), S. 83; *Korioth* DVBl. 1991, S. 1048; *Mahrenholz*, Alternativkommentar zum Grundgesetz (AK-GG), 2. Aufl., Neuwied 1989, Art. 109 Rn. 14 ff.; *Hans-Peter Schneider*, Die bundesstaatliche Ordnung im vereinigten Deutschland, NJW 1991, S. 2453; *Wieland*, Einen und Teilen. Grundsätze der Finanzverfassung des Vereinten Deutschlands, DVBl. 1992, S. 1182.
26 *Wieland* DVBl. 1992, S. 1182.
27 *Arndt* JuS 1993, S. 361.
28 *Korioth* DVBl. 1991, S. 1057.
29 *P. Kirchhof*, Der Verfassungsauftrag zum Länderfinanzausgleich als Ergänzung fehlender und als Garant vorhandener Finanzautonomie, Köln 1992, S. 17; *Selmer*, VVDStRL 52 (1993), S. 26.
30 *F. Kirchhof*, VVDStRL 52 (1993), S. 84.

teratur ist kritisch angemerkt worden, die Überlegungen zum Schutz der finanzstärkeren Länder seien recht ausgeprägt.[31]
Besondere Aufmerksamkeit fand der Grundsatz der »Einheitlichkeit der Lebensverhältnisse« im Rahmen des horizontalen Finanzausgleichs, wo er im Grundgesetz allerdings nicht ausdrücklich erwähnt ist. Nach Art. 107 Abs. 2 Satz 1 GG ist durch Gesetz sicherzustellen, »daß die unterschiedliche Finanzkraft der Länder angemessen ausgeglichen wird.« Nach der Rechtsprechung des Bundesverfassungsgerichts ist bei der Bestimmung des »Angemessenen« auf den bundesstaatlichen Gedanken der Solidargemeinschaft zurückzugreifen. In Art. 107 Abs. 2 GG komme das »bündische Prinzip des Einstehens füreinander« zum Ausdruck, das »zu gewissen Hilfeleistungen« an andere, finanziell leistungsschwache Länder verpflichte.[32] Wie weit der Gesetzgeber hier gehen will, ist grundsätzlich ihm überlassen.[33]
Die Rechtsprechung nennt jedoch eine Reihe von Grenzen. Zum einen darf der Finanzausgleich (sowie die Ergänzungszuwendungen des Bundes) nicht dazu führen, daß alle Länder über die gleiche Finanzkraft verfügen: Es gilt ein sog. Nivellierungsverbot.[34] Grundgedanke ist die Erwägung, daß andernfalls jeder Leistungsanreiz sowie der Wille der Schwächeren zur Selbsthilfe ausgehöhlt würden.[35] Zum zweiten - und dies kann in der Gegenwart noch wichtiger werden - darf durch den horizontalen Finanzausgleich die Leistungsfähigkeit der gebenden Länder nicht entscheidend geschwächt werden[36]. Die Solidarität findet ihre Grenze an wesentlichen Eigeninteressen. Zum dritten steht die Leistungspflicht unter dem Vorbehalt des »Möglichen«, was angesichts des Rechts zur Erhebung von Steuern und Abgaben allerdings nur das Problem verschiebt: Es ist zu fragen, welche Opfer dem reicheren Teil des Staatsvolkes zumutbar sind.[37] In der Literatur spricht man gleichwohl davon, die Einheitlichkeit der Lebensverhältnisse sei die »eigentliche Ratio« des Art. 107 Abs. 2 GG.[38] Die Tatsache, daß 1969 vergeblich versucht wurde, bei der Neuordnung der Finanzverfassung einen entsprechenden Hinweis im Verfassungstext unterzubringen, sei ohne wesentliche Bedeutung.[39]
Die Frage, was geschieht, wenn die »Belastungsgrenze« der reicheren Länder erreicht ist, die ärmeren aber gleichwohl keine vergleichbaren Lebensverhältnisse

31 *Harald Schneider,* GS Geck, S. 723.
32 BVerfGE 72, 330 LS 1.
33 BVerfGE 72, 330, 386.
34 BVerfGE 1, 117, 134, bestätigt in BVerfGE 72, 330, 398.
35 BVerfGE 72, 330, 404.
36 BVerfGE 72, 330, 398. Dazu auch *Eckertz,* Der gesamtdeutsche Finanzausgleich im System des geltenden Verfassungsrechts, DÖV 1993, S. 286.
37 *Eckertz,* Die Aufhebung der Teilung im gesamtdeutschen Finanzausgleich, ZRP 1993, S. 300.
38 *Lerche,* Finanzausgleich und Einheitlichkeit der Lebensverhältnisse, FS Berber, München 1973, S. 313.
39 *Fischer-Menshausen* (oben Fn. 19), S. 147.

schaffen können, wird nicht angesprochen; in der bisherigen Geschichte der Bundesrepublik bestand hierfür auch wenig Anlaß. Im Jahre 1952 hatte das Bundesverfassungsgericht lediglich darauf verwiesen, es sei nicht Sache des Finanzausgleichs, lebensunfähige Länder am Leben zu erhalten; notfalls müsse die Neugliederung nach Art. 29 GG in Angriff genommen werden.[40] Ob dies auch heute noch zutrifft, wo Art. 29 GG nur noch als Kann-Vorschrift weitergilt, erscheint höchst zweifelhaft[41]; wegen wirtschaftlicher Zwänge das politische Ermessen der entsprechenden Bevölkerung zu verrechtlichen und gleichzeitig quasi auf Null schrumpfen zu lassen, erscheint nicht angängig. Faktisch kommt den derzeit bestehenden Ländern Bestandsschutz zu.[42]

3. Regelungen im Einigungsvertrag

Der Einigungsvertrag, der nach seinem Art. 45 Abs. 2 als einfaches Bundesrecht weitergilt,[43] erwähnt die »Einheitlichkeit der Lebensverhältnisse« nur in einem spezifischen Zusammenhang. Art. 34 Abs. 1 erklärt es zur Aufgabe der Gesetzgeber, die natürlichen Lebensgrundlagen des Menschen zu schützen und »die Einheitlichkeit der ökologischen Lebensverhältnisse auf hohem, mindestens jedoch dem in der Bundesrepublik Deutschland erreichten Niveau zu fördern.« Abs.2 derselben Vorschrift sieht ökologische Sanierungs- und Entwicklungsprogramme für das Beitrittsgebiet vor. Offensichtlich war man der Auffassung, daß die »Gefällesituation« im Bereich des Umweltschutzes am deutlichsten sei.

Im übrigen enthält der Einigungsvertrag eine Reihe von Übergangsvorschriften, aus denen sich mittelbar ergibt, daß die Einheitlichkeit der Lebensverhältnisse nicht sofort herzustellen ist. Deutlich wird dies insbesondere an Art. 7, der in Abs. 2 Nr. 1 die auf die Umsatzsteuer bezogene Vorschrift des Art. 106 Abs. 3 Satz 4 GG bis 31. Dezember 1994 suspendiert, d.h. eine der beiden Vorschriften, in denen die »Einheitlichkeit der Lebensverhältnisse« ausdrücklich erwähnt ist. Der horizontale Finanzausgleich ist nach Art. 7 Abs. 3 gleichfalls bis Ende 1994 ausgesetzt. Daß auch Ergänzungszuweisungen des Bundes nach Art. 107 Abs. 2 Satz 3 GG ausgeschlossen sind (und durch den »Fonds Deutsche Einheit« ersetzt werden), ist zu Recht kritisiert worden.[44] Art. 7 Abs. 6 des Einigungsvertrags sieht eine gemeinsame Prüfung durch Bund und Länder vor, wenn sich wegen grundlegender Veränderung der Gegebenheiten weitere Hilfe als erforderlich erweist, um zu einem angemessenen Ausgleich der Finanzkraft der Länder zu kommen. Ob damit auch ein weiteres Hinausschieben des horizontalen Finanzaus-

40 BVerfGE 1, 117, 134.
41 Ablehnend *Selmer* VVDStRL 52 (1993), S. 60.
42 *Wieland* DVBl. 1992, S. 1184.
43 Zu den Schranken der Abänderbarkeit siehe *Däubler*, Die Verlängerung der Sonderkündigungsgründe nach dem Einigungsvertrag - ein Verfassungsverstoß? ZTR 1993, S. 135 ff.
44 *Hans-Peter Schneider* NJW 1991, S. 2452.

gleichs und seine Ersetzung durch eine spezifische Finanzierung erreichbar gewesen wäre, erscheint zweifelhaft; mittlerweile hat man sich darauf verständigt, daß die Grundsätze über den vertikalen wie den horizontalen Finanzausgleich wie vorgesehen am 1.1.1995 voll wirksam werden.[45] Allerdings besitzen die beigetretenen Länder im Bundesrat keine Sperrminorität, so daß etwa die grundgesetzlichen Regelungen über den Finanzausgleich bei völliger Einigkeit der West-Länder auch gegen ihr Votum veränderbar wären.[46]
Der Erwähnung bedürftig ist im vorliegenden Zusammenhang noch der durch Art. 4 des Einigungsvertrags eingefügte Art. 143 GG; er läßt in seinem Abs. 2 Abweichungen von bestimmten Grundgesetzvorschriften bis zum 31. Dezember 1995 zu. Erfaßt ist damit auch der Abschn. X des Grundgesetzes über das Finanzwesen (Art. 104a ff.), doch dürfte Art. 7 des Einigungsvertrags bezüglich aller Fragen des Finanzausgleichs lex specialis sein. Immerhin macht Art. 143 GG deutlich, daß auch die Rechtseinheit durchaus vorübergehende Durchbrechungen erträgt.

III. Bundesstaatsprinzip und »Einheitlichkeit der Lebensverhältnisse«

1. Der verfassungsrechtliche Ausgangspunkt

Die Diskussion um die verfassungsrechtliche Bedeutung der »Einheitlichkeit der Lebensverhältnisse« weist in verschiedener Hinsicht Schwächen auf. Sie ist zum einen unentwickelt in dem Sinn, daß das Staatsziel »Einheitlichkeit der Lebensverhältnisse« zwar im Grundsatz anerkannt wird, seine normative Verankerung jedoch weithin im Dunkeln bleibt oder relativ kurzschlüssig aus einzelnen Bestimmungen hergeleitet wird.[47] Weiter ist der konkrete Inhalt etwas diffus; die verwandten Formeln, die zusätzliche semantische Spielräume eröffnen,[48] machen dies hinreichend deutlich. Schließlich ist eine Konzentration auf Probleme des Finanzausgleichs zu verzeichnen, die in Situationen großer regionaler Disparitäten zwangsläufig in eine Sackgasse führt: Allzu hohe Ausgleichszahlungen können notwendige Investitionen der reicheren Länder unmöglich machen, gleichzeitig aber auch die Empfängerländer lediglich in die Lage versetzen, ihre notwendigen konsumtiven Ausgaben einigermaßen zu finanzieren.[49] Diese Einseitigkeit ist um so bedauerlicher, als »Lebensverhältnisse« schon von ihrem Wortlaut her nicht nur durch öffentliche Dienstleistungen und anderes ausgabenwirksames staatli-

45 Dazu *Eckertz* ZRP 1993, S. 300.
46 Kritisch dazu *Hans-Peter Schneider* NJW 1991, S. 2452.
47 Vgl. etwa *Hettlage* VVDStRL 31 (1973), S. 100, der sich ausschließlich auf Art. 72 Abs. 2 Nr. 3 GG stützt.
48 Dazu oben bei Fn.26 - 30.
49 *Franke* StuW 1991, S. 331.

ches Tun konstituiert werden: Die staatliche Daseinsvorsorge hat zwar zentrale Bedeutung, doch gehört zu den »Lebensverhältnissen« u.a. auch die Chance, einen angemessenen Arbeitsplatz zu finden und ohne unzumutbare Umweltbelastungen zu leben.[50]
Die genannten Defizite lassen sich reduzieren, wenn man im Einklang mit der Rechtsprechung des Bundesverfassungsgerichts zum horizontalen Finanzausgleich das Problem an der Stelle verortet, wo es hingehört: im Prinzip des Bundesstaats. Dieser kann als solcher nicht funktionieren, wenn sich auf Dauer zwei Kategorien von Ländern etablieren - wirtschaftlich selbständige und wirtschaftlich abhängige. Die Mitwirkung der Länder an der Gesetzgebung, aber auch ihre sonstigen, in der Verfassung vorgesehenen Aufgaben setzen »Gebilde« mit eigenständiger Willensbildung voraus. Eine mit wirtschaftlichen Mitteln praktizierte mittelbare Steuerung durch den Bund oder andere Ländern läßt sich damit nicht vereinbaren. Der Bundesstaat lebt von der Gleichberechtigung seiner Teile, er kennt keine internen »Protektorate« im ursprünglichen Sinne des Wortes. Ohne innere Homogenität kann er nicht funktionieren und gerät aus dem Gleichgewicht; Extremformen dieser Art lassen sich im früheren Jugoslawien und in der früheren Sowjetunion beobachten. Bei der »Einheitlichkeit der Lebensverhältnisse« geht es um nichts anderes als diese innere Homogenität, gewissermaßen um jene »Essentialia« der Gemeinsamkeit, die weder durch bewußten politischen Akt noch durch die wirtschaftliche Entwicklung in Frage gestellt werden dürfen. Inhaltlich werden sie letztlich durch die Funktionsvoraussetzungen des Bundesstaats bestimmt.[51]
Eine so verstandene »Einheitlichkeit« ist zugleich vor dem Vorwurf gefeit, auf Uniformität zu zielen.[52] Entgegen einem vordergründig verstandenen Wortsinn geht es nicht darum, alle vorhandenen Unterschiede einzuebnen; eine gut dosierte Vielfalt ist die notwendige zweite Seite des Bundesstaatsprinzips, die bislang viel stärker im Blickpunkt des Interesses stand. Dazu zählen - um ein gewissermaßen elementares Beispiel aufzugreifen - die Verschiedenheiten in der Landschaft, im Klima, in der Mentalität der Bevölkerung und ihrem Dialekt. Sie sind in Deutsch-

50 Weitergehend deshalb mit Recht *Mahrenholz,* AK-GG, Art. 109 Rn. 14. Seine Kommentierung zu Art. 109 GG ist in der reichhaltigen Diskussion zum vorliegenden Thema weithin unbeachtet geblieben - warum verzichtet die Staatsrechtslehre darauf, solche Schätze zu heben? Muß man einen »AK« immer noch mit spitzen Fingern (wenn auch nicht mehr mit der Kohlenzange) anfassen?

51 Die Verbindung zum Bundesstaatsprinzip findet sich auch bei *Arndt* JuS 1993, S. 361; *Eckertz* ZRP 1993, S. 297; *Korioth* DVBl. 1991, S. 1048; *Wieland* DVBl. 1992, S. 1189. Zu ökonomischen und politischen Funktionsvoraussetzungen von Bundesstaaten schlechthin siehe *Preuß,* Sozialökonomische und politisch Aspekte des Verhältnisses von Föderalismus und Demokratie, in: *Stuby* (Hrsg.), Föderalismus und Demokratie, Baden-Baden 1992, S. 58 ff.; *Ladeur,* Die Organisation der post-kommunistischen multinationalen Sowjetunion zwischen Föderalismus, Supra-Nationalität und Völkerrecht, in: *Stuby* (Hrsg.), a.a.O., S. 67 ff.

52 Richtig *Harald Schneider,* GS Geck, S. 708: Es geht nicht um Gleichförmigkeit, sondern um ein ausreichendes Korsett für den Bundesstaat.

land nicht so groß, daß sich zur Wahrung des allen gemeinsamen »Rahmens« ein spezifischer Handlungsbedarf ergeben würde.[53]

2. Konkretisierungen des Bundesstaatsprinzips in der Verfassung

Das Grundgesetz hat das Bundesstaatsprinzip nicht lediglich als zu interpretierende Formel in Art. 20 Abs. 1 verankert und nach Art. 79 Abs. 3 GG gegen Veränderungen abgesichert. Vielmehr hat es selbst eine Reihe von Bedingungen genannt, die für die Existenz eines funktionierenden Bundesstaats notwendig sind. Insoweit hat die Verfassung selbst ein Stück »Einheitlichkeit der Lebensverhältnisse« festgelegt, ohne damit allerdings eine abschließende Normierung zu erstreben.

a. Zur Einheitlichkeit gehört nach Art. 1 Abs.3 GG einmal, daß die Grundrechte auch in den Ländern gelten und die Landesstaatsgewalt binden. Überall kann sich der Bürger auf den Gleichheitssatz, auf die allgemeine Handlungsfreiheit des Art. 2 Abs. 1 GG und auf andere Freiheitsrechte berufen. Unterschiede wären nur insoweit denkbar, als in den einzelnen Ländern von bestehenden Gesetzesvorbehalten ein unterschiedlicher Gebrauch gemacht würde - eine Konstellation, die angesichts umfangreicher Bundesgesetzgebung wenig alltäglich sein dürfte.

b. »Einheitlichkeit« besteht zum zweiten insoweit, als die verfassungsmäßige Ordnung in den Ländern nach Art. 28 Abs. 1 GG den Grundsätzen des republikanischen, demokratischen und sozialen Rechtsstaats im Sinne des Grundgesetzes entsprechen muß.[54] Nach Art. 28 Abs. 2 GG muß es in allen Ländern eine kommunale Selbstverwaltung geben, auch wenn deren konkrete Gestalt von Bundes wegen nicht vorgegeben ist (und nicht vorgegeben werden kann). Art. 33 Abs. 1 GG gibt jedem Deutschen in jedem Lande die gleichen staatsbürgerlichen Rechte und Pflichten; auch der Zugang zu öffentlichen Ämtern darf nicht etwa auf »Landeskinder« beschränkt werden.

c. Auf bestimmten Gebieten, die Art. 73 GG im einzelnen aufführt, kommt dem Bund eine ausschließliche Gesetzgebungskompetenz zu. Dazu zählen so wichtige Dinge wie die auswärtigen Angelegenheiten, aber auch die Währung, Maße und Gewichte sowie die Zeitbestimmung. Weiter sind Eisenbahnen und Post erfaßt,

53 Unbefriedigend *Neumark*, Bemerkungen zu einigen ökonomischen Aspekten der grundgesetzlichen Vorschriften über die Einheitlichkeit der Lebensverhältnisse in der Bundesrepublik Deutschland, in: *Dreißig* (Hrsg), Probleme des Finanzausgleichs, Berlin 1978, S. 166 ff., der wegen der schwierigen Erfaßbarkeit dieser Größen die »Einheitlichkeit der Lebensverhältnisse« von vornherein auf Bereiche beschränken will, die durch staatliche Leistungen determiniert sind. Der Schluß ist wenig zwingend; außerdem wäre es denkbar, daß z.B. extreme Klimaunterschiede staatliche Schutzmaßnahmen erfordern, um die »Einheitlichkeit« sicherzustellen.

54 Dazu im einzelnen *Kersten*, Homogenitätsgebot und Landesverfassungsrecht, DÖV 1993, S. 896 ff.

die zugleich in einer spezifischen Form von bundeseigener Verwaltung durchgeführt werden. Die »Einheitlichkeit« wäre auch dann nicht mehr gewahrt, wenn gewerbliche Schutzrechte wie z.B. Patente oder Urheberrechte auf das Gebiet eines Landes beschränkt wären.

d. Art. 74 GG unterwirft einen sehr viel größeren Katalog der konkurrierenden Gesetzgebungskompetenz des Bundes, von der er im Interesse der »Einheitlichkeit der Lebensverhältnisse« im Regelfall Gebrauch gemacht hat. Das Grundgesetz ist allerdings insoweit außerordentlich flexibel; niemand könnte den Bundesgesetzgeber daran hindern, einzelne seiner Befugnisse zurückzunehmen oder die Länder ausdrücklich zur Regelung bestimmter Bereiche zu ermächtigen. Die konkrete Gestalt der »Einheitlichkeit« unterliegt also durchaus politischer Entscheidung.

e. Zu den wirtschaftlichen und sozialen Verhältnissen in den einzelnen Ländern macht das Grundgesetz über die Sozialstaatsklausel des Art. 28 Abs. 1 hinaus keine Aussagen. Dies deckt sich mit seiner sonstigen Abstinenz auf diesem Gebiet; hätte das Grundgesetz in nennenswertem Umfang soziale Grundrechte aufgenommen, wäre von Verfassungs wegen auch insoweit eine größere Homogenität hergestellt. Wo das Grundgesetz ausnahmsweise auch »Lebensordnungen« geregelt hat - etwa bei der Gleichstellung der nichtehelichen Kinder in Art. 6 Abs. 5 GG und bei den Grundstrukturen des Beamtenrechts in Art. 33 Abs. 5 GG - ist auch faktisch der Effekt eingetreten, daß insoweit ein hohes Maß an Uniformität herrscht. Die Tatsache, daß das Grundgesetz ansonsten keine präzisen Vorgaben enthält, bedeutet nicht, daß Wirtschaft und Soziales ohne Relevanz für die Einheitlichkeit der Lebensverhältnisse wären; die Verfassung hat sich insoweit eben auf sehr allgemeine Festlegungen beschränkt.

f. Die Finanzverfassung ist eine Art »Folgeverfassung« der staatsrechtlichen Ordnung.[55] Rechtlich abgesicherte Entscheidungsbefugnisse sind ohne Wert, wenn die Finanzmittel fehlen, um von ihnen Gebrauch zu machen; erst durch eine entsprechende finanzielle Ausstattung wird staatliche Selbständigkeit real.[56] Diesem Grundgedanken wollen die Regeln über den Finanzausgleich Rechnung tragen[57]; daß sie dieses Ziel nicht immer erreichen, ist bereits betont worden.[58] Soweit dadurch die Funktionsvoraussetzungen des Bundesstaats in Frage gestellt werden, ist Abhilfe zu schaffen - sei es durch Veränderung der Verteilungsrelationen, sei es durch andere Mittel, die an dieser Stelle noch nicht näher zu bezeichnen sind.

55 *F. Kirchhof,* VVDStRL 52 (1993), S. 80.
56 *Eckertz* DÖV 1993, S. 288.
57 Gesamtüberblick bei *Böttcher,* Aspekte der Finanzverfassung der Bundesrepublik Deutschland, in: *Stuby* (Hrsg.), Föderalismus und Demokratie, a.a.O., S. 163 ff.
58 Oben I 2.

g. Zur »Einheitlichkeit der Lebensverhältnisse« zählen möglicherweise auch einzelne kulturelle Phänomene. Feiertage wird man etwa dazu rechnen können.[59] So wäre es etwa schwer vorstellbar, daß es in einem Land überhaupt keine kirchlichen Feiertage gäbe oder daß ein Land den Geburtstag von Adolf Hitler, ein anderes den von Josef Stalin begehen würde. Auf der anderen Seite finden wir gerade im kulturellen Bereich ein besonderes Maß an regionaler und lokaler Autonomie; die Einheitlichkeitsvorgaben können nach der Kompetenzverteilung des Grundgesetzes deshalb nur sehr allgemeiner Art sein.

3. Zwischenergebnis

Die »Einheitlichkeit der Lebensverhältnisse« hat im Grundgesetz eine Reihe wichtiger Konkretisierungen erfahren. Zu ihnen tritt der Grundsatz des bundesfreundlichen Verhaltens hinzu[60], der überall dort ein kooperatives Verhalten vorschreibt, wo es das Miteinander von Bund und Ländern notwendig macht und ausdrückliche Regelungen fehlen. Auch diesem Prinzip liegt wie den andern beschriebenen Phänomenen der Gedanke zugrunde, den Bundesstaat funktionsfähig zu machen und eine flexible Grenze zwischen notwendiger Einheitlichkeit und erwünschter oder hingenommener Vielfalt zu ziehen.[61]

IV. Die Sondersituation der deutschen Einheit

1. Die partielle Einheitlichkeit

Der Beitritt der fünf neuen Bundesländer und Ost-Berlins hat eine Lage geschaffen, die unbestrittenermaßen nicht dem Leitbild einer Einheitlichkeit der Lebensbedingungen entspricht. Die eingangs genannten Zahlen[62] vermögen dies hinreichend zu illustrieren. Damit ist eine neuartige Situation entstanden, da die einzelnen Bundesländer im Jahre 1949 vergleichsweise homogen waren und auch der Beitritt des Saarlands weder in quantitativer noch in qualitativer Hinsicht einen vergleichbaren Problemdruck schuf.
Der Einigungsvertrag hat das Grundgesetz mit wenigen Ausnahmen auf die neuen Bundesländer übertragen und dasselbe nach seinem Art. 8 grundsätzlich auch mit dem sonstigen Bundesrecht getan. Ob diese Radikallösung in jeder Hinsicht ver-

59 Siehe *Häberle,* Feiertagsgarantien als kulturelle Identitätsmerkmale des Verfassungsstaates, Berlin 1987.
60 Grundlegend BVerfGE 12, 239 ff.
61 Vgl. auch *Harald Schneider,* GS Geck, S. 724: Die Einheitlichkeit der Lebensverhältnisse als »Verdichtung« des Bundesstaatsprinzips.
62 Oben I 1.

nünftig war, kann man mit guten Gründen in Zweifel ziehen.[63] Was den Gedanken der »Einheitlichkeit« angeht, ist insoweit natürlich das Feld bestens bestellt, zumal Art. 143 GG in der Praxis kaum Bedeutung erlangt hat. Im wirtschaftlich-sozialen wie wohl auch im kulturellen Bereich liegen die Dinge anders. Müssen hier neue Mittel angewandt werden, um der Verfassung Genüge zu tun?

2. Die Parallele zur Bewältigung der Kriegsschäden

In der Geschichte der Bundesrepublik gibt es entgegen dem ersten Anschein doch eine Parallele: Die Bewältigung von Kriegs-, Besatzungs- und Reparationsschäden nach 1945. Obwohl es ausschließlich um Eingriffe fremder Staatsgewalten ging, für deren Tun die Bundesrepublik grundsätzlich nicht verantwortlich ist, bekannte sich das Bundesverfassungsgericht zu einer unmittelbar aus der Verfassung folgenden Ausgleichspflicht. Im Leitsatz 2 der Entscheidung zu den Besatzungsschäden[64] heißt es dazu:

> »Die Wertordnung des Grundgesetzes verlangt besonders im Hinblick auf das Sozialstaatsprinzip (Art. 20 Abs. 1 GG), daß die staatliche Gemeinschaft Lasten mitträgt, die aus einem von der Gesamtheit zu tragenden Schicksal entstanden sind und nur zufällig einen bestimmten Personenkreis treffen.«

Die nähere Ausgestaltung dieser Pflicht zu einem innerstaatlichen Ausgleich sei dem Gesetzgeber überlassen. Konkrete Ansprüche der einzelnen Geschädigten könnten sich erst auf der Grundlage einer solchen gesetzlichen Regelung ergeben.[65] Bemerkenswert ist weiter, daß das Bundesverfassungsgericht eine verfassungsrechtliche Vorgabe auch insoweit annahm, als der Gesetzgeber bei der Auswahl der zu entschädigenden Nachteile zu sozialen Erwägungen nicht nur berechtigt, sondern auch verpflichtet sei. Es war daher korrekt, daß bevorzugt Hausrat, Wohnungseigentum usw. entschädigt wurden, während größere Vermögen vergleichsweise weniger Berücksichtigung fanden[66]. Die personale Existenz des einzelnen wurde so zum entscheidenden Bezugspunkt - jedem die Möglichkeit zum Aufbau einer neuen Existenz einzuräumen, war ein Stück Herstellung einheitlicher Lebensverhältnisse.
Bei der Bewältigung von Kriegsschäden ging es primär um den Ausgleich zwischen denen, die die Ereignisse unbeschadet überstanden hatten, und den übrigen, die Gesundheit oder Vermögen opfern mußten. Es ging - wenn man so will - um einen Ausgleich zwischen Reich und Arm, genauer: arm Gewordenen, und da-

63 Vgl. *Däubler,* Bundesdeutsches Arbeitsrecht in der ehemaligen DDR, KJ 1992, S. 259 ff. mwN.
64 BVerfGE 27, 253, bestätigt in BVerfGE 41, 126.
65 BVerfGE 27, 253.
66 BVerfGE 27, 253, 291.

mit um ein traditionelles sozialstaatliches Thema. Heute besteht lediglich die Besonderheit, daß eine regionalpolitische Komponente hinzutritt; der betroffene Personenkreis ist in bestimmten Bundesländern angesiedelt. Dies kann jedoch nichts am Grundsatz der Ausgleichspflicht ändern; sie besteht in gleicher Weise. Wer dies in Zweifel zieht, muß sich daran erinnern lassen, daß die deutsche Teilung Folge des Zweiten Weltkriegs war - die Beseitigung ihrer Folgen hat deshalb keine andere Qualität als die der Kriegs-, Besatzungs- und Reparationsschäden. Im Ergebnis bedeutet dies, daß die »Opfergrenze« auch für den Bürger in den alten Bundesländern erst später als bisher angenommen erreicht ist. Ein neuer »Lastenausgleich« ist geboten, wobei sich die konkrete Form keineswegs am historischen Vorbild orientieren muß. Auch in der Literatur gibt es Ansätze in dieser Richtung, wenngleich die Parallele zu den Kriegsschäden nicht gezogen wird. Speziell die neuen Bundesländer hätten gegenüber der übrigen Solidargemeinschaft des Bundesstaats einen Anspruch auf hinreichende Finanzierung, um so ihre Eigenstaatlichkeit bewahren zu können.[67] Lebensbedingungen und Verwaltungsleistungen seien schrittweise anzunähern.[68] Der staatlichen Einheit müsse mit Rücksicht auf das Wiedervereinigungsgebot und das Sozialstaatsprinzip nunmehr die Einheit der wirklichen Lebensverhältnisse folgen.[69] Sogar von einem verfassungsunmittelbaren Gebot sozialstaatlicher Egalität in allen Ländern ist die Rede.[70] Dies läßt sich unter den gegebenen Umständen nur verwirklichen, wenn man die bisherigen Maßstäbe nicht mehr unbesehen fortschreibt.

V. Überlegungen zu einigen praktischen Schritten

Der Status quo bleibt ersichtlich hinter den normativen Vorgaben der Verfassung zurück. Sowohl die neuen Bundesländer als auch die finanzschwachen alten Bundesländer (insbesondere Saarland und Bremen) sind nicht in der Lage, sich aus eigener Kraft von ihrer desolaten finanziellen Situation zu befreien. Sie hängen auf Dauer am »Tropf« des Bundes und der reicheren Länder, ihr politischer Gestaltungsspielraum geht gegen null. Von Eigenständigkeit kann nicht mehr die Rede sein. Dies berührt auch den einzelnen Bürger: Das durch Art. 28 Abs.1 GG vorgeschriebene Demokratieprinzip verliert umso mehr an Wert und praktischer Be-

67 *Kilian,* Das System des Länderfinanzausgleichs und die Finanzierung der neuen Bundesländer, JZ 1991, 425, S. 429; ähnlich *Hohmann,* Der Verfassungsgrundsatz der Herstellung einheitlicher Lebensverhältnisse im Bundesgebiet - Erläutert anhand der fünf neuen Bundesländer - DÖV 1991, S. 195.
68 *Lerche* (oben Fn. 38), S. 305, 314 (bezogen auf die Zeit vor der Wiedervereinigung).
69 *Plander,* Vereinheitlichung der Lebensverhältnisse durch Transfer und Fortentwicklung bundesrepublikanischen Arbeitsrechts, in: *Muszynski* (Hrsg.), Deutsche Vereinigung. Probleme der Integration und der Identifikation, Gegenwartskunde - Sonderheft 7 - 1991, S. 149.
70 *Schmidt-Bleibtreu/Klein* (oben Fn. 16), Art. 72 Rn. 6.

deutung, je weniger die gewählten Instanzen zu entscheiden haben. Das Prinzip der Einheitlichkeit der Lebensverhältnisse ist verletzt.
Die Verfassung sieht keine konkreten Maßnahmen vor, die in einer solchen Situation zu ergreifen wären. Insoweit sind die politischen Instanzen gefordert.

1. Entkoppelung von Bund und Ländern oder Neugliederung?

Zwei »Radikalkuren« werden bisweilen diskutiert, kommen aber nicht ernsthaft in Betracht.
- Eine wachsende finanzwirtschaftliche Entkoppelung von Bund und Ländern, wie sie bisweilen diskutiert wird, mag zwar der Eigeninitiative und dem Wettbewerb förderlich sein, setzt jedoch einigermaßen vergleichbare Ausgangssituationen voraus. Da sie nicht bestehen, wäre die Folge, daß sich die Situation der ärmeren Länder noch weiter verschlechtern, daß also den verfassungsrechtlichen Vorgaben noch weniger entsprochen würde.[71]
- Keine Lösung verspricht auch die Neugliederung des Bundesgebiets. Abgesehen davon, daß sich die Probleme in einigen neugebildeten Ländern genauso wiederfinden würden (Mecklenburg-Vorpommern und Schleswig-Holstein würden auch gemeinsam nicht zu den reichen Ländern gehören) und daß sich die Disparitäten in einzelne Länder hineinverlagern würden (Niedersachsen nimmt Teile von Sachsen-Anhalt auf), gibt es nach der geltenden Fassung des Art. 29 GG keine Rechtspflicht zur Umorganisation. Auch das Bundesverfassungsgericht hat in seiner Entscheidung vom 27. Mai 1992 lediglich auf diese Möglichkeit hingewiesen, aber auf weitergehende Vorgaben verzichtet.[72] Faktisch bedeutet dies, daß der verfassungsändernde Gesetzgeber aktiv werden müßte - eine rein theoretische Möglichkeit, da sich viele Länder nach einer solchen Prozedur in einer schlechteren Situation als zuvor befinden würden.

2. Das Instrumentarium im Falle einer »extremen Haushaltsnotlage«

Befindet sich ein Land in einer »extremen Haushaltsnotlage«, trifft den Bund (und die besser gestellten Länder) eine Beistands- und Sanierungspflicht.[73] Sie wird »insbesondere« durch die Aktivierung von Gemeinschaftsaufgaben nach Art. 91a und 91b GG, durch Investitionshilfen nach Art. 104a Abs.4 GG, durch Leistungen nach Art. 106 Abs.8 GG sowie durch Standortentscheidungen erfüllt, für die der Bund zuständig ist oder an denen er mitwirkt.[74] Zusätzlich nannte das Bundesverfassungsgericht die verstärkte Gewährung von Bundesergänzungszuweisun-

71 Vgl. *Selmer* VVDStRL 52 (1993), S. 40: Arme Länder noch mehr ins Abseits.
72 BVerfGE 86, 148, 270. S. auch oben II 2.
73 BVerfGE 86, 148, 263 ff.
74 BVerfGE 86, 148, 267.

gen nach Art. 107 Abs.2 Satz 3 GG.[75] Welcher dieser Wege beschritten wird, liegt im Ermessen des Bundes.
In der Literatur hatte Mahrenholz diese Möglichkeiten bereits zuvor um einen entscheidenden Hinweis ergänzt: Es komme auch eine Verlagerung der Auftragsvergabe in leistungsschwächere Länder in Betracht.[76] Angesichts des in Rede stehenden wirtschaftlichen Volumens, das die im horizontalen Finanzausgleich und über Bundesergänzungszuweisungen gezahlten Summen um ein Mehrfaches übersteigt[77], liegt hier ein ganz entscheidendes Steuerungsmittel. Sein Einsatz setzt allerdings meist voraus, daß in den weniger prosperierenden Regionen zuvor die nötigen Investitionen getätigt wurden - auch darauf läßt sich Einfluß nehmen. Dies gilt insbesondere für die Förderung von Forschung und Entwicklung. Entscheidend ist, daß in diesem Bereich der Finanzausgleich im engeren Sinne verlassen wird - mit Recht geht das BVerfG stillschweigend davon aus, daß von einer noch stärkeren finanziellen Belastung der übrigen Länder oder des Bundes keine wirksame und Akzeptanz findende Abhilfe zu erwarten ist.[78] Die bewährten Grundsätze des horizontalen Finanzausgleichs bis hin zum Nivellierungsverbot können so auch in der »Notstandssituation« unangetastet bleiben. Daß staatliche Auftragsvergabe und Standortentscheidungen auf diese Weise in gewissem Umfang verrechtlicht werden,[79] ist nicht zu kritisieren, hat es doch den wichtigen Nebeneffekt, eine wenig sachgerechte Begünstigung derjenigen Interessengruppen zu verhindern, die über den besten Zugang zu den Entscheidungsträgern verfügen. Privatunternehmen lassen sich allerdings unter den gegebenen Bedingungen nicht zu Investitionen zwingen - hier kommen nur finanzielle Anreize und politische Appelle in Betracht.[80]
Die Vielzahl der Instrumente schließt es im Regelfall aus, daß ein »sanierungsbedürftiges« Land einen gerichtlich durchsetzbaren Anspruch auf eine bestimmte Maßnahme wie z. B. die Ansiedlung einer Bundesbehörde hat. Kommt allerdings der Bund seinen Pflichten nicht oder nur so schleppend nach, daß sich auch nach ein bis zwei Jahren keine Besserung zeigt, ändert sich die Situation: Das Ermessen z.B. bei der Auftragsvergabe kann auf null schrumpfen, wenn das in Not befindliche Bundesland die gewünschte Leistung erbringen kann. Auch in anderen Fällen können Ansprüche eingeräumt werden; die Beseitigung des politischen Ermessens ist vom GG her eher hinnehmbar als der Fortbestand eines ein ganzes Bundesland treffenden verfassungswidrigen Zustands.

75 BVerfGE 86, 148, 268 ff.
76 *Mahrenholz,* AK-GG, Art. 109 Rn. 19.
77 Dazu die Zahlenangaben bei *Harald Schneider,* GS Geck, S. 705.
78 *P. Kirchhof,* a.a.O., S. 18 verweist zu Recht auf die beschränkte Funktion des Finanzausgleichs bei der Herstellung einheitlicher Lebensverhältnisse.
79 Vgl. auch BVerfGE 86, 148, 267.
80 *Mahrenholz,* AK-GG, Art. 109 Rn. 19.

3. Übertragung auf die aktuelle Situation

Was das Bundesverfassungsgericht für den Fall einer »extremen Haushaltsnotlage« annahm, kann nicht auf diesen Fall beschränkt bleiben[81]. Auch in allen übrigen Konstellationen, in denen das Funktionieren des Bundesstaats gefährdet ist, ist eine solche Abhilfe geboten. Nicht anders als im Fall der unmittelbaren Kriegsschäden muß sich das Grundgesetz auch heute als Verfassung bewähren, die die Entwicklung eines »Bewältigungsinstrumentariums« ermöglicht - und zwar gerade angesichts des unerhörten Problemdrucks. Der Grundsatz der Einheitlichkeit der Lebensverhältnisse erweist sich dabei als eine Art Sozialstaatsprinzip in der horizentalen Dimension - er verlangt die möglichst umgehende Herstellung der Eigenstaatlichkeit der bislang finanzschwachen Länder. Daß trotz des Ausbaus von Verkehrswegen und Telefonnetzen die Investitionen in den neuen Bundesländern pro Einwohner noch immer nur 75 % des »Westniveaus« erreichen[82], ist nachgerade ein Skandal. Hier muß die öffentliche Hand verstärkt auch eigene Möglichkeiten nutzen, wofür die Treuhandanstalt an sich einen guten institutionellen Rahmen abgeben würde[83]. Schließlich sollte man sich mehr als bisher daran erinnern, daß Neuaufbau auch Chance ist[84] - warum sollte man alle Fehler und Umständlichkeiten der Verwaltung in den neuen Bundesländern wiederholen? Auch Kosten sind keine Konstante, mit der man sich auf alle Zeiten abzufinden hätte.

81 Ähnlich *Mahrenholz,* AK-GG, Art. 109 Rn. 19.

82 *Nolte-Schäfer* u.a. WSIMitt. 1993, S. 636.

83 Zur Verpflichtung der Treuhandanstalt, durch Wirtschaftsförderung die Arbeitslosigkeit zu bekämpfen, s. *Bleckmann,* Zur verfassungsrechtlichen Sanierungspflicht der Treuhandanstalt, Köln u.a. 1992, S. 17 ff.

84 Vgl. *Tettinger,* Rechtliche Grundlagen einer »Verwaltung des Mangels« in den neuen Bundesländern, DÖV 1993, S. 236 ff.

Die Treuhandanstalt im System der Finanzverfassung

Dieter Birk

Vorbemerkung: Ernst Gottfried Mahrenholz hat nicht nur als Richter des Bundesverfassungsgerichts bei grundlegenden Entscheidungen zur Finanzverfassung mitgewirkt[1], er hat sich auch als Wissenschaftler finanzverfassungsrechtlichen Fragen zugewandt. Da wir uns u. a. über die gemeinsame Bearbeitung des X. Abschnitts des Grundgesetzes (Finanzwesen) näher gekommen sind - *Mahrenholz* hat die Kommentierung der Art. 109 - 115 übernommen -, möchte ich ihm in dieser Festschrift einen Beitrag widmen, der sich mit der aktuellen, aber wenig diskutierten Problematik der finanzverfassungsrechtlichen Vorgaben für die Treuhandanstalt befaßt.[2]

I. Entstehung, Aufgaben und rechtliche Grundlagen der Treuhandanstalt

1. Entstehung der Treuhandanstalt und gesetzliche Grundlagen

Die Gründung der Treuhandanstalt erfolgte am 1.3.1990 (also noch unter der Regierung Modrow) durch einen Beschluß des Ministerrates der DDR, den »Beschluß zur Gründung der Anstalt zur treuhänderischen Verwaltung des Volkseigentums (Treuhandanstalt)«[3]. Die Treuhandanstalt erhielt die Rechtsform einer Anstalt des öffentlichen Rechts. Zur Konkretisierung des Aufgabenkreises der Treuhandanstalt erging am 15.3.1990 das »Statut der Anstalt zur treuhänderischen Verwaltung des Volkseigentums«, ebenfalls durch Beschluß des Ministerrates der DDR[4]. Darin heißt es in § 2 Abs. 3: »Inhalt der Treuhandschaft ist die Verwaltung des volkseigenen Vermögens im Interesse der Allgemeinheit«.
Am 1.7.1990 trat das von der neu gewählten Volkskammer erlassene »Gesetz zur Privatisierung und Reorganisation des volkseigenen Vermögens (Treuhandgesetz)«[5] in Kraft, durch das die Beschlüsse des Ministerrates zur Gründung und zum Statut der Treuhandanstalt aufgehoben wurden. In § 1 Abs. 1 Satz 1 heißt es ganz lapidar: »Das volkseigene Vermögen ist zu privatisieren.« Am 18.7.1990 er-

1 Z.B.: BVerfGE 70, 366 (Budgetrecht des Parlaments; Sondervotum), E 72, 330 (Finanzausgleich); E 79, 311 (Grenzen der Staatsverschuldung).
2 Das Manuskript wurde im August 1993 abgeschlossen. Für wertvolle Unterstützung danke ich meiner Mitarbeiterin Petra Bahlau.
3 GBl. I 1990, S. 107.
4 GBl. I 1990, S. 167.
5 GBl. I 1990, Nr. 33 S. 300.

ging die »Satzung der Treuhandanstalt«[6] durch Beschluß des Ministerrates, in der die Sanierungs- und Privatisierungspflicht näher umschrieben sowie die Organisationsstruktur der Treuhandanstalt geregelt wird. Sie wurde von der Volkskammer bestätigt und trat am 3.8.1990 in Kraft.

Durch Art. 25 Abs. 1 Satz 2 des Vertrages »zwischen der Bundesrepublik Deutschland und der Deutschen Demokratischen Republik über die Herstellung der Einheit Deutschlands (Einigungsvertrag)«[7] wurde die Treuhandanstalt in eine *rechtsfähige bundesunmittelbare Anstalt des öffentlichen Rechts* umgewandelt. Zugleich wurde die Fortgeltung des Treuhandgesetzes angeordnet[8].

Bedingt durch die infolge der Wiedervereinigung notwendige Eingliederung der Treuhandanstalt in das Verwaltungssystem der Bundesrepublik wurden einige Änderungen notwendig. So wurde die Treuhandanstalt der Rechts- und Fachaufsicht des Bundesministers der Finanzen unterstellt, wobei dieser die Fachaufsicht im Einvernehmen mit dem Bundesminister für Wirtschaft und dem jeweils zuständigen Bundesminister wahrzunehmen hat[9]. Außerdem wurde die Zahl der Verwaltungsratsmitglieder erhöht und den neuen Ländern je ein Sitz zugewiesen[10]. Die Mitglieder des Verwaltungsrats werden – abweichend von der Regelung des Treuhandgesetzes – von der Bundesregierung berufen[11].

Vor der Vollendung der Deutschen Einheit wurde von bundesdeutscher Seite zunächst angenommen, daß das von der Treuhandanstalt übernommene volkseigene Vermögen der DDR einen Wert von ca. 1000 Mrd. DM habe. Später wurde dieser Wert auf 600 Mrd. korrigiert[12]. Danach hoffte man, daß nach Abzug aller Verbindlichkeiten der ursprünglich etwa 8.500 Kombinate und Betriebe zumindest kein Fehlbetrag vorliegen würde. Auch mit dieser Annahme hat man sich verkalkuliert.

Durch das DM-Bilanzgesetz vom September 1991 wurden alle ehemaligen DDR-Betriebe verpflichtet, ein Inventar und eine DM-Eröffnungsbilanz für den 1. 7. 1990 zu erstellen[13]. Die Ende 1992 erschienene *Eröffnungsbilanz* der Treuhandanstalt weist für den 1. 7. 1990 einen *Fehlbetrag von 209,3 Mrd. DM* aus[14].

Schon in Art. 27 Abs. 1 des Vertrages »über die Schaffung einer Währungs-, Wirtschafts- und Sozialunion zwischen der Bundesrepublik Deutschland und der Deutschen Demokratischen Republik (Staatsvertrag)« vom 18. 5. 1990[15] war

6 GBl. I 1990, S. 809.
7 BGBl. II 1990, S. 889.
8 Art. 25 Einigungsvertrag vor Abs. 1.
9 Art. 25 Abs. 1 Satz 3 Einigungsvertrag.
10 Art. 25 Abs. 2 Sätze 1 und 2 Einigungsvertrag.
11 Art. 25 Abs. 2 Satz 3 Einigungsvertrag.
12 So noch *Rohwedder* zit. Nach Möschel, Treuhandanstalt und Neuordnung der früheren DDR-Wirtschaft, ZGR 1991, S. 181. In der vom BM herausgegebenen Broschüre »Die Tätigkeit der THA« (Stichtag 31. 10. 91) wird als Bruttovermögen 200 Mrd. angegeben.
13 § 1 Abs. 1 DM-BilanzG (Anlage I, Kap. III, Sachgebiet D, Abschnitt I des Einigungsvertrages).
14 Zur Finanzlage der THA s. etwa BMF-Finanznachrichten 35/91, S. 4; 61/91, S. 2; 70/91, S. 2.
15 BGBl. II 1990, S. 537.

eine *Kreditfinanzierung* der Treuhandanstalt vorgesehen, wobei man in Verkennung der wirtschaftlichen Lage davon ausging, daß die Kreditaufnahme lediglich zur Vorfinanzierung zu erwartender Erlöse erfolgte. Der im Staatsvertrag vorgesehene Kreditermächtigungsrahmen wurde in Art. 25 Abs. 4 des Einigungsvertrages und dann erneut im »Gesetz zur Regelung der Aufnahme von Krediten durch die Treuhandanstalt (Treuhandkreditaufnahmegesetz)« vom 3. 7. 1992[16] erhöht.[17]

2. Aufgaben

a) Aufgaben nach Treuhandgesetz und Treuhandsatzung

Nach Treuhandgesetz und Treuhandsatzung besteht die Aufgabe der Treuhandanstalt darin, das ehemals volkseigene Vermögen, also vor allem die früheren volkseigenen Unternehmen, zu *privatisieren*[18], erforderliche *Sanierungsmaßnahmen* durchzuführen[19] und nicht mehr sanierungsfähige Unternehmen - als ultima ratio - *aufzulösen*[20].

Privatisierung ist die Überführung öffentlichen Eigentums auf private Wirtschafteinheiten[21]. Sie hat das Ziel, öffentliche Unternehmen durch Übertragung auf private Rechtsträger effizienter zu gestalten[22]. Der der Treuhandanstalt erteilte Privatisierungsauftrag findet sich sowohl in § 1 Satz 1 Treuhandgesetz als auch in Art. 25 Abs. 1 Satz 1 des Einigungsvertrags. Wie die Treuhandanstalt hierbei vorzugehen hat, ist in Treuhandgesetz und Treuhandsatzung nur ansatzweise geregelt[23]. Der Treuhandanstalt bleibt daher ein relativ großer Handlungsspielraum. Kriterien für die Privatisierungsentscheidung sind der gebotene Kaufpreis sowie Zusagen des Kaufinteressenten über Art und Umfang zukünftiger Investitionen und die Erhaltung bzw. Neuschaffung von Arbeitsplätzen[24]. Da ein festes Rangverhältnis zwischen diesen Kriterien nicht besteht, kann ein schlüssiges Unternehmenskonzept u.U. stärker ins Gewicht fallen, als die Erzielung eines hohen Kaufpreises[25]. Die durch die Privatisierung erzielten *Erlöse* werden in erster Linie für die Sanierung anderer Betriebe verwendet.

16 BGBl. I 1992, S. 1190.
17 Siehe hierzu ausführlich unter 3.
18 Vgl. die Präambel und die §§ 1 Abs. 1 S. 1, 2 Abs. 1 S. 1 Treuhandgesetz sowie die §§ 2 und 3 Treuhandsatzung.
19 Vgl. § 2 Abs. 6 und 7 Treuhandgesetz und die §§ 2 und 3 Treuhandsatzung.
20 Vgl. § 2 Abs. 1 S. 1 Treuhandgesetz und § 2 Treuhandsatzung.
21 *Bleckmann/Erberich,* in: Rädler/Raupach/Bezzenberger, Vermögen in der ehemaligen DDR, Teil 2 C Rn. 23; ähnl. *Hamer,* in: Staatslexikon Bd. IV, Spalte 568.
22 *Blankart,* Privatisierung, in: Dichtl/Issing, Vahlens Großes Wirtschaftslexikon, Bd. 2. 2. Aufl., 1993, S. 1702.
23 Vgl. § 2 Abs. 6 Treuhandgesetz, § 3 Treuhandsatzung.
24 *Schütte,* Praktische Fragen des Unternehmenskaufs von der Treuhandanstalt, DStR 1992, 1070, 1071.
25 *Schütte,* DStR 1992, 1070, 1071; Bericht des Vorstandes zur DM-Eröffnungsbilanz Ziff. 8.

Unter dem Begriff der *Sanierung* versteht man die Gesamtheit aller Maßnahmen, die erforderlich sind, um die Existenzfähigkeit und damit die wirtschaftliche Leistungsfähigkeit eines in finanzielle Schwierigkeiten geratenen Unternehmens wiederherzustellen[26]. Sanierung bedeutet daher nicht nur Verbesserung der finanziellen Situation, sondern auch Reorganisation und Neustrukturierung des betreffenden Unternehmens. Die Sanierung der ehemals volkseigenen Unternehmen durch die Treuhandanstalt dient der *Vorbereitung der Privatisierung,* sie ist praktisch die Herstellung der Privatisierungsfähigkeit.
Ist ein Unternehmen nicht sanierbar, so ist es nach § 3 der Treuhandsatzung *aufzulösen.* Der Auflösung schließt sich die Verwertung des betrieblichen Vermögens an. Schon nach dem Wortlaut des § 3 Treuhandsatzung kann die Auflösung und Verwertung nur das *letzte Mittel* sein.

b) Sonstige der Treuhandanstalt zugewiesene Aufgaben

Neben den in Treuhandgesetz und Treuhandsatzung normierten Aufgaben sind der Treuhandanstalt noch *weitere Verpflichtungen* auferlegt worden. So ist ihr z.B. die treuhänderische Verwaltung des Sondervermögens der Parteien und Massenorganisationen übertragen worden.[27] Finanziell belastet wird die Treuhandanstalt durch die Verpflichtung zu Ausgleichszahlungen nach § 6 des Gesetzes »zur Regelung offener Vermögensfragen«[28] und durch die Abwicklungslasten der staatlichen Versicherung der DDR[29]. Weitere finanzielle Belastungen entstehen der Treuhandanstalt dadurch, daß sie nach Art. 23 Abs. 3 Einigungsvertrag und § 6 des Gesetzes über die Errichtung des Kreditabwicklungsfonds[30] verpflichtet ist, 50 % der laufenden Zinslasten aus dem Kreditabwicklungsfonds zu übernehmen.
Bei Abschluß des Staatsvertrages und des Einigungsvertrages ging man davon aus, daß die Treuhandanstalt aus ihrer Tätigkeit Erlöse erzielen würde[31]. Das ehemals volkseigene Vermögen ist nach Art. 25 Abs. 3 Satz 1 Einigungsvertrag, unabhängig von der haushaltmäßigen Trägerschaft, ausschließlich zugunsten der neuen Länder einzusetzen. Der erwartete Einnahmeüberschuß sollte nach Art. 27 Abs. 3 Satz 1 Staatsvertrag und Art. 23 Abs. 4 Satz 1, Art. 25 Abs. 3 Satz 2 Einigungsvertrag daher zur teilweisen Tilgung der Schulden des Kreditabwicklungfonds herangezogen werden. Da jedoch inzwischen feststeht, daß die Treuhandanstalt keine Überschüsse erzielen wird, ist diese Regelung hinfällig geworden.

26 *Bleckmann/Erberich,* (Fn. 21) Rn. 25.
27 Anlage II Kapitel II Sachgebiet A Abschnitt III Nr. 1 lit. d) des Einigungsvertrages.
28 Anlage II Kapitel III Sachgebiet B Abschnitt I Nr. 5 des Einigungsvertrages.
29 § 9 des »Gesetzes über die Errichtung der ›Staatlichen Versicherung der DDR in Abwicklung‹«, Anlage I Kapitel IV Sachgebiet B Abschnitt II Nr. 45 des Einigungsvertrages.
30 Anlage I, Kap. IV, Sachgebiet B Abschnitt II Nr. 47 des Einigungsvertrages.
31 S. oben I.1.

c) Zeitlicher Rahmen

Eine gesetzliche Regelung, die festlegt, bis wann die Treuhandanstalt die ihr zugewiesenen Aufgaben erfüllt haben muß, existiert nicht. Der Vorstand der Treuhandanstalt strebte eine Erfüllung der Privatisierungsaufgabe bis Ende 1993 an[32]. Das Treuhandkreditaufnahmegesetz, das die Finanzierung der von der Treuhand wahrzunehmenden Aufgaben sicherstellt, enthält eine *Kreditermächtigung* für die Wirtschaftsjahre 1992 bis (einschließlich) 1994. Es ist daher davon auszugehen, daß die Treuhandanstalt in ihrer jetzigen Form zumindest bis Ende 1994 bestehen wird.[33]

3. Finanzierung der Aufgaben

Die Erwartung, die Treuhandanstalt könne ihre Aufgaben mit den von ihr erzielten Privatisierungserlösen finanzieren, hat sich inzwischen als grob unrichtig erwiesen. Die Privatisierungserlöse sind geringer als erwartet und werden von den Kosten, die aus der Sanierung und Auflösung von Unternehmen entstehen, bei weitem überschritten. Hinzu kommen die bereits angesprochenen finanziellen Verpflichtungen sowie finanzielle Belastungen durch von den Unternehmen übernommene Altkredite[34].

Die Treuhandanstalt finanziert ihre Tätigkeit daher in erster Linie durch die *Aufnahme von Krediten* am inländischen und ausländischen Kapitalmarkt. Die erste Ermächtigung zur Aufnahme von Krediten, die sich in Art. 27 Abs. 1 Satz 2 Staatsvertrag findet, erfolgte - da man von der Erzielung eines Überschusses ausging - »zur Vorfinanzierung zu erwartender Erlöse« und betrug für 1990 sieben, für 1991 zehn Milliarden DM. Dieser erste Kreditermächtigungsrahmen in Höhe von insgesamt 17 Milliarden DM wurde in Art. 25 Abs. 4 Satz 1 Einigungsvertrag auf 25 Milliarden DM erhöht.

Eine weitere Erhöhung für die Jahre 1992 bis 1994 erfolgte durch das Treuhandkreditaufnahmegesetz, das rückwirkend ab 1. Januar 1992 in Kraft trat. In § 1 dieses Gesetzes ist für die Jahre 1992 bis 1993 ein Kreditrahmen von jeweils 30 Milliarden DM vorgesehen. Dieser kann unter den in § 3 Treuhandkreditaufnahmegesetz aufgestellten Voraussetzungen bei unabweisbarem Mehrbedarf um bis zu 8 Milliarden DM pro Jahr überschritten werden.

Das Treuhandkreditaufnahmegesetz gilt bis Ende 1994. Bis dahin beläuft sich die Gesamtverschuldung der Treuhandanstalt voraussichtlich auf ca. 250 Milliarden DM[35]. Wer diese Schulden endgültig übernehmen wird, steht heute noch nicht

32 Bericht des Vorstandes zur DM-Eröffnungsbilanz Ziff. 8.

33 Vgl. auch FAZ v. 19. 2. 1993, S. 16.

34 Begr. zum Treuhandkreditaufnahmegesetz, BT-Drucks. 12/2217, S. 5; *Weimar,* Das Treuhandkreditaufnahmegesetz, DtZ 1992, 317.

35 *Weimar,* DtZ 1992, 317, 318.

fest. Eine entsprechende Regelung findet sich weder im Staatsvertrag noch im Einigungsvertrag[36]. Im Rahmen des Gesetzes zur Umsetzung des Förderalen Konsolidierungsprogramms (FKPG) vom 23.6.1993[37] hat der Bund jedoch ein Gesetz über die Errichtung eines Erblastentilgungsfonds (ELFG) beschlossen[38]. Dieser neu errichtete Fonds übernimmt ab 1.1.1995 als Mitschuldner die bis zum 31.12. 94 aufgelaufenen Verbindlichkeiten der Treuhandanstalt (s. § 2 Abs. 4). Nach § 4 Treuhandkreditaufnahmegesetz haftet der Bund zudem für die von der Treuhandanstalt aufgenommenen Kredite.

II. Die verfassungsrechtlichen und haushaltsrechtlichen Rahmenbedingungen

1. Bundesunmittelbare Anstalt, Art. 87 Abs. 3 Satz 1 GG

Die Treuhandanstalt wurde durch Art. 25 Abs. 1 Satz 2 Einigungsvertrag in eine rechtsfähige bundesunmittelbare Anstalt des öffentlichen Rechts umgewandelt. Der Einigungsvertrag enthält keine ausdrückliche Ergänzung der die bundeseigene Verwaltung betreffenden Vorschriften des Grundgesetzes (Art. 86 ff. GG), so daß sich die Treuhandanstalt in das System der grundgesetzlich geregelten Verwaltungskompetenzen einzugliedern hat.

Art. 87 Abs. 3 Satz 1 GG bestimmt, daß durch Bundesgesetz selbständige Bundesoberbehörden und neue bundesunmittelbare Körperschaften und Anstalten des öffentlichen Rechts errichtet werden können, wenn dem Bund die *Gesetzgebungskompetenz* für die von der neugeschaffenen Einrichtung wahrzunehmenden Angelegenheiten zusteht. Die Errichtung der Treuhandanstalt durch den Bund, der die »Übernahme« nach Art. 25 Abs. 1 Satz 2 Einigungsvertrag gleichzustellen ist, war folglich zulässig, wenn die Treuhandanstalt Angelegenheiten wahrnimmt, die unter die ausschließliche oder die konkurrierende Gesetzgebungskompetenz des Bundes fallen. Die Hauptaufgabe der Treuhandanstalt besteht darin, das zentralgesteuerte, planwirtschaftliche System der ehemaligen DDR in das System der sozialen Marktwirtschaft zu überführen[39], insbes. das volkseigene Vermögen zu privatisieren (§ 2 Abs. 1 Treuhandgesetz). In Betracht kommt daher eine Zuständigkeit des Bundes nach Art. 74 Nr. 11 (Recht der Wirtschaft) i.V.m. Art. 72

36 Unverständlich daher der Hinweis im Finanzbericht 1993, S. 32, der Einigungsvertrag sehe vor, daß Bund und junge Länder 1995 jeweils die Hälfte der verbleibenden Treuhandverbindlichkeiten übernehmen würden. Lediglich in Art. 27 Abs. 3 des Staatsvertrags findet sich eine Schuldenverteilungsregelung, die aber nur die Verschuldung des Republikhaushalts und nicht der Treuhandanstalt betrifft.

37 BGBl. I 1993, S. 944.

38 BGBl. I 1993, S. 984.

39 *Bleckmann/Erberich,* (Fn. 21) Vorbemerkung; *Hohmeister,* Handlungsbefugnisse der Treuhandanstalt und Rechtsschutzmöglichkeiten Betroffener, BB 1992, 285.

Abs. 2 GG[40]. Der Begriff »Recht der Wirtschaft« ist weit zu verstehen[41] und gibt dem Bund eine allgemeine Zuständigkeit für wirtschaftslenkende und -fördernde Maßnahmen. Art. 74 Nr. 11 GG ermöglicht daher auch Gesetze, die »die Wirtschaft als Ganzes betreffen«[42]. Die Anpassung des Wirtschaftssystems der ehemaligen DDR an das bundesdeutsche Wirtschaftssystem durch Privatisierung des volkseigenen Vermögens fällt damit unter Art. 74 Nr. 11 GG. Da die Vorraussetzungen des Art. 72 Abs. 2 GG ebenfalls erfüllt sind, hat der Bund die Treuhandanstalt nach Art. 87 Abs. 3 Satz 1 GG als Anstalt des öffentlichen Rechts errichten (übernehmen) können.

2. Der Haushalt der bundesunmittelbaren Anstalt

Nach Art. 110 Abs. 1 GG sind alle Einnahmen und Ausgaben des Bundes in den Haushaltsplan einzustellen. Dieser *Grundsatz der Einheit und Vollständigkeit des Haushaltsplans* ist - so hat es *Mahrenholz* zutreffend formuliert - »die erste grundlegende Bedingung dafür, daß der Regierung keine Möglichkeit bleibt, mit anderen Finanzquellen, Sonderhaushalten oder sog. ›schwarzen Kassen‹, die dem Bundestag unbekannt bleiben und über deren Bestand er also keine politischen Entscheidungen treffen kann, Politik zu machen«[43]. Der Grundsatz reicht aber nur soweit, wie der *Bund* als Rechtssubjekt angesprochen ist. Nur wenn es sich um eine Einnahme oder Ausgabe des »Bundes« handelt, besteht die Verpflichtung zur Einstellung in den Haushaltsplan; *andere Rechtssubjekte* verfügen über einen *eigenen Haushalt* und führen eine vom Bundeshaushalt getrennte Haushaltswirtschaft[44]. Im Bundeshaushaltsplan erscheinen nur die Zuführungen des Bundes an die bundesunmittelbaren juristischen Personen und die Abführungen der bundesunmittelbaren juristischen Personen an den Bund[45].

Allerdings sind auch die bundesunmittelbaren juristischen Personen des öffentlichen Rechts in ihrer Haushaltswirtschaft nicht frei. Vielmehr gelten nach § 48 HGrG die Regelungen des Haushaltsgrundsätzegesetzes grundsätzlich entsprechend und § 105 Abs. 1 BHO ordnet die entsprechende Anwendung der wesentlichen Normen der Bundeshaushaltsordnung an. Für *Unternehmen* in der Rechtsform einer juristischen Person des öffentlichen Rechts enthalten § 48 Abs. 2

40 Ob es im Rahmen der Prüfung des Art. 87 Abs. 3 Satz 1 GG auf Art. 72 Abs. 2 HH ankommt, ist umstritten (verneinend z.B. *Broß*, in: v. Münch Art. 97 GG Rn. 27; bejahend z.B. *Maunz*, in: Maunz/Dürig Art. 87 GG Rn. 86); dieser Streit ist hier nicht von Bedeutung.

41 BVerfGE 28, 119, 146; 29, 402, 409; 55, 274, 308.

42 *Maunz*, in: Maunz/Dürig Art. 74 GG Rn. 62; v. Münch Art. 74 Rn. 39.

43 AK-GG-*Mahrenholz*, 2. Aufl., Art. 110 Tz. 47.

44 *Piduch*, Bundeshaushaltsrecht Bd. I, Art. 110 Rz.37.

45 Vgl. aber § 26 Abs. 3 BHO, der anordnet, daß grundsätzlich Übersichten der Einnahmen und Ausgaben der vom Bund unterstützten juristischen Personen des öffentlichen Rechts dem Bundeshaushaltsplan als Anlage beizufügen oder in die Erläuterung aufzunehmen sind.

HGrG und § 112 Abs. 2 BHO hingegen Sonderregelungen, die nur vereinzelt auf das Haushaltsrecht verweisen und u.a. die Prüfung durch den Bundesrechnungshof anordnen.
Der *Begriff des Unternehmens* in der Rechtsform einer bundesunmittelbaren juristischen Person ist weder im HGrG noch in der BHO definiert. Im Schrifttum werden vor allem das Merkmal eigenständiger erwerbswirtschaftlicher Zielsetzung[46] und die Teilnahme am Wirtschaftsleben[47] als für den Unternehmensbegriff wesentlich angesehen. Die Treuhandanstalt soll nach ihrem gesetzlichen Auftrag die Privatisierung und Verwertung des ehemals volkseigenen Vermögens herbeiführen[48]. Zur Erfüllung dieser Aufgabe nimmt sie am Wirtschaftsleben teil. Ihre Tätigkeit ist zudem - auch wenn dieses Ziel nicht erreicht wurde - auf die Erzielung von Erlösen angelegt. Die Treuhandanstalt ist daher als bundesunmittelbares *Unternehmen* i.S.d. § 112 Abs. 2 BHO anzusehen[49]. Die Folge ist, daß nach § 112 Abs. 2 BHO der Bundesrechnungshof über den Jahresabschluß zu unterrichten ist (§ 69 BHO); er hat die Haushalt- und Wirtschaftsführung der bundesunmittelbaren juristischen Person zu überprüfen (§ 111 Abs. 1 BHO).

3. Kreditaufnahme durch bundesunmittelbare Anstalten

Das Grundgesetz verlangt in Art. 109 eine Koordinierung der grundsätzlich selbständigen und unabhängigen Haushaltspolitik von Bund und Ländern[50]. Die übrigen Vorschriften über die Haushaltswirtschaft (Art. 110 - 115 GG) sprechen nur den »Bund« an. Da bundesunmittelbare juristische Personen des öffentlichen Rechts vom Bund zu unterscheidende Rechtssubjekte sind, unterfallen sie folglich nicht den verfassungsrechtlichen Haushaltsvorschriften. Das bedeutet auch, daß Art. 115 Abs. 1 GG, der die Aufnahme von Krediten durch den Bund begrenzt und von einer entsprechenden gesetzlichen Kreditermächtigung abhängig macht, jedenfalls dem Wortlaut nach keine Anwendung findet.
Allerdings ordnet § 105 Abs. 1 Nr. 2 BHO für bundesunmittelbare Personen des öffentlichen Rechts die entsprechende Anwendung des § 18 BHO an. § 18 Abs. 1 BHO stimmt inhaltlich mit Art. 115 Abs. 1 Satz 2 GG überein und besagt, daß die Einnahmen aus Krediten die Ausgaben für Investitionen grundsätzlich nicht überschreiten dürfen. Da jedoch die Treuhandanstalt ein *Unternehmen* in der Rechts-

46 *Piduch,* Haushaltsrecht des Bundes und der Länder, Bd. III, § 112 BHO Rn. 3.
47 Vgl. *Patzig,* § 112 BHO Rn. 5; *Weimar,* Haushaltsrechtliche Instrumente der Treuhandanstalt gegenüber ihren Beteiligungsunternehmen, DÖV 1993, 2, 4.
48 Vgl. § 2 Abs. 1 Treuhandgesetz.
49 BT-Drucks. 12/2217, S. 5, Piduch, § 112 BHO Rn. 3; *Schuppert,* Öffentlich-rechtliche Vorgaben für die Treuhandanstalt bei der Leitung der Treuhandunternehmen, ZGR 1992, 454, 474; *Weimar,* Zum Wirkungsbereich der Treuhandanstalt gegenüber ihren Gesellschaften, DtZ 1991, 105, 106; *ders.,* DÖV 1993, 2. 4.
50 S. AK-GG-*Mahrenholz,* Art. 109 Rz. 1.

form einer bundesunmittelbaren juristischen Person des öffentlichen Rechts ist[51], gilt die Sonderregelung des § 112 Abs. 2 BHO. Diese verweist nicht auf § 18 Abs. 1 BHO.
Das einfachgesetzliche Haushaltsrecht sieht also für Unternehmen, die wie die Treuhandanstalt bundesunmittelbare juristische Personen des öffentlichen Rechts sind, keine Kreditobergrenze vor.

III. Finanzverfassungsrechtliche und haushaltsrechtliche Vorgaben und Schranken für die Treuhandanstalt

1. Finanzverfassungsrechtliche Vorgaben für Aufgabenstellung der Treuhandanstalt

Nach einer im Schrifttum vertretenen Auffassung ist der Sanierungspflicht der Treuhand der Vorrang vor der Privatisierungsplicht einzuräumen[52]. Zwar sagten die einfachgesetzlichen Vorschriften nichts über das Verhältnis von Privatisierung und Sanierung aus, aus *Art. 104a Abs. 4* und *Art. 109 Abs. 2 GG* lasse sich jedoch eine Pflicht des Bundes zu einer verstärkten Sanierungstätigkeit auf dem Gebiet der ehemaligen DDR ableiten. Dabei - so wird argumentiert - sei im Rahmen der Auslegung dieser Verfassungsnormen von einer »Ermessensreduzierung auf Null« auszugehen[53], die zu einer »primären Pflicht zur Sanierung«[54] führe.
Aber abgesehen davon, daß die »Ermessensreduzierung auf Null« im Verfassungsrecht - wie es *Püttner* ausgedrückt hat - ein »äußerst dubioses Rechtsinstitut« ist[55], lassen sich weder aus Art. 104 a Abs. 4 noch aus Art. 109 Abs. 2 GG konkrete Handlungsanweisungen für den Bund, erst recht nicht für bundesunmittelbare Körperschaften des öffentlichen Rechts entnehmen. Beide Verfassungsbestimmungen sind schon von ihrem Gegenstand für eine Aufgabenbestimmung der Treuhandanstalt nicht tauglich: Art. 104a Abs. 4 GG ist die Grundlage für die Gewährung von Finanzhilfen des Bundes an die Länder und trifft eine Teilaussage zur Frage eines gerechten Finanzausgleichs im Bundesstaat. Art. 109 Abs. 2 GG regelt ein Grundprinzip der Haushaltswirtschaft im Bundesstaat und stellt sich insoweit - so hat es *Mahrenholz* formuliert - »als eine Art ›binärer Norm‹ dar, die erst in Verbindung mit anderen Vorschriften . . . eine Wirkung zu entfalten vermag«[56].

51 S.o. II. 2.
52 *Bleckmann,* Zur verfassungsrechtlichen Sanierungspflicht der Treuhandanstalt, Köln/Berlin/Bonn/München 1992, S. 38 ff.; Bleckmann/Erberich, (Fn. 21) Rn. 30 f.
53 *Bleckmann,* S. 42 ff.
54 *Bleckmann,* S. 85.
55 So *Püttner,* in seiner Besprechung des Buches von Bleckmann, DVBl. 1993, 69.
56 AK-GG-*Mahrenholz,* Art. 109 Rz. 30.

Aus der Finanzverfassung läßt sich somit *kein Rangverhältnis* für die Aufgaben der Treuhandanstalt ableiten. Es bleibt deshalb bei der Aufgabenbestimmung, die das Treuhandgesetz vorschreibt, welches in § 2 Abs. 1 die Privatisierungspflicht an erster Stelle nennt[57].

2. Haushaltskontrolle

Die Errichtung der Treuhandanstalt als bundesunmittelbare juristische Person des öffentlichen Rechts führt dazu, daß deren Einnahmen und Ausgaben nicht im Bundeshaushalt eingestellt werden. Da die Treuhandanstalt auch keine Ausgleichszahlungen aus dem Bundeshaushalt erhält, taucht sie im Bundeshaushaltsplan nicht auf.

Allerdings verpflichtet § 15 Treuhandsatzung die Treuhandanstalt zur Aufstellung eines jährlichen *Wirtschaftsplanes,* der die voraussichtlichen Einnahmen und Ausgaben sowie die Deckung des Finanzbedarfs durch Fremdmittel veranschlagt. Nach § 6 Treuhandgesetz und § 16 Treuhandsatzung hat der Vorstand der Treuhandanstalt zudem einen *Jahresabschluß* und einen *Lagebericht* aufzustellen.

Nach § 17 Treuhandsatzung und § 111 BHO wird die Treuhandanstalt durch den *Bundesrechnungshof* geprüft. Auf parlamentarischer Ebene wird die Tätigkeit der Treuhandanstalt zudem von einem *Unterausschuß des Haushaltsausschusses* kontrolliert. Ein Schwerpunkt der Arbeit dieses Ausschusses liegt in der Überprüfung der Wirtschaftspläne der Treuhandanstalt[58].

Festzuhalten bleibt jedoch, daß die Übernahme der Treuhandanstalt in der Rechtsform einer bundesunmittelbaren Anstalt des öffentlichen Rechts grundsätzlich zu einer *Nichtanwendbarkeit der finanzverfassungsrechtlichen Haushaltsvorschriften* führt. Insbesondere ist der Haushalt der Treuhandanstalt dem Budgetbewilligungsrecht des Parlaments entzogen. Zwar läßt Art. 110 Abs. 1 GG grundsätzlich eine solche »Flucht aus dem Budget« zu, da er sich nur an den Haushalt des *Bundes* richtet und keine Regelung hinsichtlich anderer Rechtsträger trifft. Dennoch können solche »Ausgliederungen« aus dem Bundeshaushalt mit finanzverfassungsrechtlichen Prinzipien in Konflikt geraten. Sie sind deshalb nicht beliebig möglich.

Die Gründung einer bundesunmittelbaren juristischen Person, die über einen selbständigen Haushalt verfügt, steht stets in einem Spannungsverhältnis zu den in Art. 110 Abs. 1 Satz 1, 1. HS GG festgeschriebenen Grundsätzen der *Einheit und der Vollständigkeit des Bundeshaushalts*[59]. Danach sind alle Einnahmen und

57 Für den Vorrang der Privatisierung auch *Hohmeister,* BB 1992, 285, 286; *Kerber/Stechow,* Das Treuhandaußenrecht, DWiR 1991, 105, 109; *Schmidt-Preuß,* Die Treuhandanstalt und ihr gesetzlicher Auftrag, Verw 1992, 327, 328.

58 *Cloes,* Die parlamentarische Kontrolle der Treuhandanstalt, DtZ 1991, 291, 292.

59 Vgl. z.B. *Fischer-Menshausen,* in: v. Münch Art. 110 GG Rn. 9; *Schemmel/Borell,* Verfassungsgrenzen für Steuerstaat und Steuerhaushalt, Wiesbaden 1992, S. 181.

Ausgaben des Bundes in *einen* Haushaltsplan einzustellen. Auf diese Weise soll die Führung von Nebenhaushalten verhindert und sichergestellt werden, daß der für finanzpolitische Entscheidungen erforderliche Gesamtzusammenhang erhalten bleibt[60]. Der Grundsatz der Einheit und Vollständigkeit des Haushalts sichert damit eine durchdachte Haushaltsplanung und -kontrolle[61].

Die Übertragung staatlicher Aufgaben auf bundesunmittelbare juristische Personen führt nun zum einen dazu, daß ein neuer, neben dem Bundeshaushalt bestehender Haushalt begründet wird; zum anderen werden die von der bundesunmittelbaren juristischen Person getätigten Ausgaben und die von ihr erzielten Einnahmen nicht im Bundeshaushaltsplan erfaßt.[62] Die Übertragung staatlicher Aufgaben auf selbständige Rechtssubjekte führt damit im Ergebnis zu einer *Umgehung parlamentarischer Haushaltskontrolle* und bedarf daher aus haushaltrechtlicher Sicht einer *Rechtfertigung*[63].

Eine Rechtfertigung ist dann gegeben, wenn vernünftige verwaltungsorganisatorische Gründe für eine rechtliche Verselbständigung sprechen[64]. Hier wird man dem Bund einen weiten *Ermessens- und Gestaltungsspielraum* einräumen müssen.

Hingegen wäre es verfassungsrechtlich *nicht zulässig,* wenn die Ausgliederung von Einnahmen und Ausgaben aus dem Bundeshaushalt über die Errichtung einer juristischen Person nur zu dem Zweck erfolgte, bestimmte Einnahmen und Ausgaben den Regeln über die Feststellung des Staatshaushalts zu entziehen. In diesem Fall würde sich der Bund mißbräuchlich eines Instruments der Verwaltungsorganisation (Einsatz mittelbarer Bundesverwaltung) zur *Ausschaltung parlamentarischer Haushaltskontrolle* bedienen. In diesen Fällen müßte Art. 110 Abs. 1 GG für den Haushalt der bundesunmittelbaren Körperschaft entsprechend angewandt werden, d. h. die Einnahmen und Ausgaben müßten in den Bundeshaushalt eingestellt werden[65].

Eine Rechtfertigung käme auch dann nicht in Betracht, wenn die »Flucht aus dem Budget« *Haushaltsposten betrifft, die für die finanzielle Situation des Bundes von zentraler Bedeutung sind.* In diesem Falle wiegt das periodische Budgetbewilligungsrecht des Parlaments schwerer als etwaige verwaltungsorganisatorische Vorteile.

Für eine rechtliche Verselbständigung der Treuhandanstalt sprechen gute Gründe: Die Treuhandanstalt wurde gem. § 1 Abs. 4 Treuhandgesetz Anteilseignerin aller

60 *Piduch,* Art. 110 GG Rn. 32.

61 *Kisker,* in: Handbuch des Staatsrechts, Bd. IV, § 89 Rn. 62; *Piduch,* Art. 110 GG Rn. 33.

62 *Fischer-Menshausen,* in: v. Münch Art. 110 GG Rn. 9; *Heuer,* Kommentar zum Haushaltsrecht, Bd. I Art. 110 GG Rn. 7; *Kisker,* in: Handbuch des Staatsrechts, Bd. IV, § 89 Rn. 65; *Piduch,* Art. 110 GG Rn. 37; *Schemmel/Borell,* S. 181.

63 *Kirchhof,* in: Handbuch des Staatsrechts, Bd. IV. § 88 Rn. 25.

64 *Fischer-Menshausen,* in: v. Münch Art. 110 GG Rn. 9; ausführlich zu den Vorteilen rechtlicher Verselbständigung *Patzig,* § 11 BHO Rn. 7.

65 *Kisker,* in: Isensee/Kirchhof, Handb. des Staatsrechts, Bd. 4, § 89 Rz. 65.

Kapitalgesellschaften, die aus den ehemaligen Kombinaten und volkseigenen Betrieben entstanden sind. Sie hat eine immense unternehmerische Aufgabe, nämlich die Privatisierung der Unternehmen. Es liegt auf der Hand, daß es wenig effizient sein dürfte, die Durchführung dieser Aufgabe der Bundesverwaltung - etwa dem Bundeswirtschaftsministerium - zu überlassen. Wenn bei der Wahrnehmung der Aufgaben der Treuhandanstalt *unternehmerische Kompetenz* gefragt ist, so spricht alles dafür, die Tätigkeit einer selbständigen Einheit der mittelbaren Staatsverwaltung anzuvertrauen, die sich im Management der Führungskräfte der Wirtschaft bedienen kann und in der Lage ist, im Einzelfall auch politisch schmerzhafte Sanierungs- und Stillegungsentscheidungen zu treffen.[66]
Dazu kommt ein weiteres: Bei Abschluß des Einigungsvertrages nahm man an, die Treuhandanstalt werde in der Lage sein, ihre Tätigkeit aus eigener Kraft zu finanzieren. Die auf der Grundlage von Art. 27 Abs. 1 Satz 2 Staatsvertrag und Art. 25 Abs. 4 Satz 1 Einigungsvertrag aufgenommenen Kredite sollten aus den Privatisierungseinnahmen zurückgeführt werden. Hätten sich diese Erwartungen erfüllt, so wäre eine zukünftige Belastung des Bundeshaushalts nicht zu befürchten gewesen. Zwar hätte die Treuhandanstalt auch in diesem Falle nicht der finanzverfassungsrechtlichen Kontrolle des Parlaments unterlegen. Angesichts der »finanzwirtschaftlichen« Neutralität der Treuhandanstalt wäre ein Konflikt mit Grundsätzen des Finanzverfassungsrechts jedoch nicht entstanden.
Daß die Treuhandanstalt schließlich (aus oben dargelegten Gründen) gezwungen war, zur Finanzierung der von ihr zu bewältigenden Aufgaben eine hohe Verschuldung einzugehen, war für den Bundesgesetzgeber im Zeitpunkt der Übernahme durch den Einigungsvertrag nicht vorhersehbar. Auch wenn man *heute* davon ausgehen muß, daß aufgrund des enorm hohen Finanzierungsbedarfs der Treuhandanstalt eine »Flucht aus dem Budget« nicht gerechtfertigt ist, da das Parlament wegen der Auswirkung auf den Bundeshaushalt Gelegenheit haben muß, sich mit dem Ausgabenvolumen auseinanderzusetzen, so gilt das jedenfalls nicht für den Zeitpunkt, in dem die Treuhandanstalt bundesrechtlich konstituiert wurde. Art. 110 Abs. 1 GG ist danach für den Haushalt der Treuhandanstalt nicht einschlägig.

3. Kreditfinanzierung

Art. 115 Abs. 1 Satz 1 GG macht die Kreditaufnahme des *Bundes* von einer gesetzlichen Ermächtigung abhängig. Die Vorschrift richtet sich nicht an bundesunmittelbare juristische Personen des öffentlichen Rechts. Es wird jedoch zu Recht darauf hingewiesen, daß in den Fällen, in denen die Kreditaufnahme Dritter einer Kreditaufnahme des Bundes wirtschaftlich gleichkommt, ebenfalls eine *bundesgesetzliche Ermächtigung* erforderlich sei, um eine Umgehung des Art. 115 Abs. 1

66 *Schuppert*, ZGR 1992, S. 458 f.

GG auszuschließen[67]. Dies ist der Fall, wenn der Bund Dritte (wie z.B. die Treuhandanstalt) Kredite im eigenen Namen aufnehmen läßt und dabei den Schuldendienst übernimmt. Das Treuhandkreditaufnahmegesetz[68] hat eine solche Ermächtigung geschaffen und die Kreditaufnahme für die Jahre 1992 und 1993 auf je 30 Mrd. DM begrenzt.

Die Treuhandanstalt ist durch § 1 Treuhandkreditaufnahmegesetz für die Jahre 1992 - 1994 zur Aufnahme von Krediten in Höhe von jeweils 30 Milliarden DM pro Jahr ermächtigt worden. Die Gesamtverschuldung der Treuhandanstalt wird sich bis Ende 1994 voraussichtlich auf 250 Milliarden DM belaufen. Bedingt durch die Anstaltsform unterliegt die Kreditaufnahme durch die Treuhandanstalt nicht der Kreditobergrenze des Art. 115 Abs. 1 Satz 2 GG. § 18 Abs. 1 Satz 1 BHO, der eine inhaltlich identische Regelung enthält, ist auf die Treuhandanstalt nicht anwendbar, da sie als Unternehmen i.S.d. § 112 Abs.2 Satz 1 BHO zu qualifizieren ist, und für diese nur die in § 112 Abs. 2 Satz 1 BHO genannten Normen der BHO gelten[69].

Daß die Bundeshaushaltsordnung für Unternehmen in der Rechtsform einer bundesunmittelbaren juristischen Person des öffentlichen Rechts die Kreditobergrenze nach § 18 Abs. 1 BHO anordnet, ist nachvollziehbar, weil Unternehmen als eigenständige Rechtssubjekte ohnehin nur im Rahmen ihrer Liquidität Kredite aufnehmen können.

Die Kreditaufnahme durch die Treuhand dient jedoch gar nicht eigenen unternehmerischen Zwecken, sondern finanziert den Wirtschaftsaufbau in den neuen Bundesländern. Die Treuhand hat *kein eigennütziges unternehmerisches Ziel.* »Ihre Tätigkeit ist« - wie es in einer Broschüre des Bundesfinanzministers heißt - »vorübergehend, sie endet mit der Erfüllung ihres gesetzlichen Auftrags«[70]. Durch die Kreditaufnahme werden also politische Maßnahmen und Ziele des Bundes finanziert, es handelt sich *wirtschaftlich gesehen* um eine Kreditaufnahme des Bundes.

Damit gilt, was schon zur Notwendigkeit der gesetzlichen Ermächtigung gesagt wurde: Der Bund kann nicht durch eine Verlagerung der Kreditaufnahme auf Unternehmen in der Rechtsform einer bundesunmittelbaren juristischen Person des öffentlichen Rechts die Kreditobergrenze des Art. 115 Abs. 1 Satz 2 GG unterlaufen. Dennoch ist damit noch nicht gesagt, daß die Kreditaufnahme durch die Treuhand verfassungswidrig ist. Denn zum einen werden damit in erheblichem Umfang *Investitionsausgaben* - also »Ausgaben für Maßnahmen, die bei makroökonomischer Betrachtung die Produktionsmittel der Volkswirtschaft erhalten,

67 *Piduch,* GG, Art. 115 Rz. 14; s.a. *Heuer,* Art. 115 GG, Rz. 2. Auch der Bundesgesetzgeber ging davon aus, daß es erforderlich sei, der Treuhandanstalt eine gesetzliche Obergrenze für die Kreditaufnahme vorzugeben, s. BT-Ds. 12/2217, S. 5.

68 V. 3. 7. 92, BGBl. 1992, S. 1190.

69 S. oben II. 3.

70 Die Tätigkeit der Treuhandanstalt, hrsg. vom Bundesministerium der Finanzen, 1991, S. 28.

vermehren oder verbessern«[71] - finanziert, zum anderen läßt Art. 115 Abs. 1 Satz 2 GG Ausnahmen von der Kreditobergrenze »zur Abwehr einer Störung des gesamtwirtschaftlichen Gleichgewichts« zu[72].
Auch wenn die Kreditaufnahme durch die Treuhandanstalt den Bundeshaushalt im Ergebnis bis zur Grenze der Belastbarkeit treffen wird, wird man dieser Praxis nicht mit Art. 115 Abs. 1 GG Einhalt gebieten können. Art. 115 Abs. 1 stellt wie es *Mahrenholz* treffend formuliert hat - »den Staatskredit . . . in den Dienst einer auf das gesamtwirtschaftliche Gleichgewicht nach Art. 109 Abs. 2 ausgerichteten Stabilitätspolitik«.[73] Und daß dieses Gleichgewicht durch die Wiedervereinigung der beiden deutschen Staaten erheblich gestört wurde - wer wollte dies leugnen?

71 AK-GG-*Mahrenholz*, Art. 115 Rz. 17.
72 Dazu AK-GG-*Mahrenholz*, Art. 115 Rz. 21 ff.
73 AK-GG-*Mahrenholz*, Art. 115 Rz. 3.

Haushaltsnotlage und Sanierung von Ländern der Bundesrepublik Deutschland

Matthias Stauch

Einleitung

Das Bundesverfassungsgericht hat - unter Vorsitz und Mitwirkung seines Vizepräsidenten Prof. Dr. Mahrenholz - in zwei grundlegenden Entscheidungen zum verfassungskräftigen Anspruch einzelner Länder (und ggf. auch des Bundes) auf finanzwirtschaftliche Sanierung durch die anderen Glieder der bundesstaatlichen Gemeinschaft entschieden.
Dabei ist insbesondere das Urteil vom 27. Mai 1992 (BVerfGE 86, 148 ff.) nicht nur für die beiden antragstellenden Länder Bremen und Saarland von entscheidender Bedeutung, sondern für die Struktur des Bundesstaates insgesamt. Die Entscheidung hat eine Bedeutung und Ausstrahlungswirkung, die in der finanzverfassungsrechtlichen Diskussion noch nicht hinreichend deutlich geworden ist. Sie erfordert eine weitreichende Umsetzung durch den Bund, die bisher nur gegenüber den beiden z. Z. betroffenen Ländern aufgenommen worden ist.

I. Problem

Das Bundesverfassungsgericht (im folgenden: BVerfG) begründet aus dem Bundesstaatsprinzip den Anspruch auf Hilfe durch die bundesstaatliche Gemeinschaft, wenn sich ein einzelnes Glied dieser Gemeinschaft in einer extremen Haushaltsnotlage befindet, aus der es sich aus eigener Kraft nicht befreien kann.[1]
Die Notlage besteht in einer übermäßigen sich selbst verstärkenden Zinsvorbelastung des Haushalts, die die Erfüllung der durch die Verfassung übertragenen Aufgaben in Frage stellt. Sie kann zugleich auch auf einer besonderen regionalen Wirtschafts- und Finanzkraftschwäche beruhen, der dann ihrerseits durch spezielle Sanierungsmaßnahmen zu begegnen ist.
Zur Definition der extremen Haushaltsnotlage werden im einzelnen finanzwirtschaftliche (1) und finanzverfassungsrechtliche (2) Maßstäbe benannt:

1 BVerfGE 86, 148 ff., 264 f.

1. Finanzwirtschaftliche Maßstäbe

Die die Notlage markierende übermäßige Zins-Vorbelastung wird durch die Zins-Steuer-Quote und die Kreditfinanzierungsquote festgestellt. Dieser Teil der Begriffs- und Tatbestandsbildung durch das BVerfG geht auf das Gutachten von Prof. Dr. Littmann und Frau Dr. Färber[2] zurück, das in dem Normenkontrollverfahren, das dem Urteil vom 27. Mai 1992 zugrundelag, durch das Saarland vorgelegt worden ist.

Diese beiden Quoten sind keine alternativen Indikatoren: Die Kreditfinanzierungsquote zeigt *jährlich* an, welcher prozentuale Anteil der bereinigten Gesamtausgaben des Haushalts durch Nettokreditaufnahme gedeckt wird. Diese Kreditfinanzierung schlägt sich beginnend mit dem Folgejahr bei den Zinsausgaben des Haushalts nieder. Deren Verhältnis zu den Steuereinnahmen drückt die Zins-Steuer-Quote aus. Maßgeblich für die Diagnose der *Notlage als langfristiger Zustand* ist danach die Zins-Steuer-Quote. Die Kreditfinanzierungsquote - als kurzfristiger Indikator -zeigt auf, wo sich eine Notlage aufbaut bzw. wo sie durch strukturelle Verbesserung des Deckungsverhältnisses tendenziell reduziert wird.

Das BVerfG hat selbst während des Verfahrens umfangreiche Informationen zu den verschiedenen Zinslastquoten und ihrer Entwicklung beim Bund und den Ländern einholt.[3] Aufgrund einer intensiven Sachaufklärung hat das Gericht festgestellt, daß die Zins-Steuer-Quoten beider antragstellenden Länder trotz entschiedener Konsolidierungsbemühungen stetig angestiegen sind und dazu durch die steigende Zinsvorbelastung des Haushalts die Tendenz zur Selbstverstärkung haben. Aus diesen tatsächlichen finanzwirtschaftlichen Feststellungen ergab sich als Quintessenz, daß beide Länder *aus eigener Kraft nicht mehr in der Lage* waren und sind, *sich zu helfen.* Das Bundesverfassungsgericht hat keine bestimmte Höhe der Zinsvorbelastung festgeschrieben, von der ab definitiv vom Vorliegen einer extremen Haushaltsnotlage auszugehen ist. Bei einer doppelt so hohen Zins-Steuer-Quote wie im Länderdurchschnitt sei dies allerdings der Fall. Es hat sich daneben bei den »jährlichen« Quoten (Kreditfinanzierungsquote, Zins-Ausgaben-Quote, Zins-Einnahmen-Quote) nicht auf eine bestimmte als maßgebliche festgelegt. Hierin liegt keine Offenheit oder gar Unbestimmtheit der Entscheidung[4]. Es kann letztlich dahinstehen, auf welche dieser Quoten man abstellt, denn sie drükken unter nur leicht unterschiedlichen Gesichtspunkten nur ein und denselben Tatbestand aus: die jährliche Unterdeckung des Haushalts. Bei jeder dieser Quo-

2 *Prof. Dr. Konrad Littmann/Dr. Gisela Färber,* Haushaltsnotlagen und Bundesergänzungszuweisungen - Gutachten erstattet dem Finanzminister des Saarlandes, Speyer Mai 1988.

3 Wiedergegeben bei: *Prof. Dr. Rolf Grawert,* Haushaltsnotlagen der Länder - Rechtsgutachten erstattet für das Land Schleswig-Holstein, Bochum März 1993, veröffentlicht durch Umdruck des Finanzministeriums Schleswig-Holstein, S. 34-45.

4 A.A. offenbar Grawert, a.a.O. S. 19 ff., 33, 51 ff.

ten läßt sich für ein Haushaltsnotlagenland eine strukturelle und dauerhafte Unterdeckung des Haushalts durch ordentliche Einnahmen im Verhältnis zur Ländergesamtheit feststellen. In einer solchen Lage bleibt zur Erfüllung der übertragenen Aufgaben nur der Weg in weitere überdurchschnittliche Nettokreditaufnahme. Nur kurzfristige und schnell verbrauchte Effekte lassen sich durch Vermögensveräußerungen oder die Auflösung von Rücklagen erzielen.

Das Entstehen von Haushaltsnotlagen ist bei Betrachtung der Deckungsquoten der Länder über einen längeren Zeitraum relativ verläßlich festzustellen. Eine dauerhaft erheblich unter dem Länderdurchschnitt liegende Deckungsquote führt unweigerlich in die Haushaltsnotlage, wenn nicht aus eigener Kraft noch eine Trendumkehr gelingt. Unter Zugrundelegung der eigenen Finanzplanungen der Länder befindet sich danach Berlin in einer bedrohlichen, aber derzeit noch steuerbaren Lage, während die Finanzwirtschaft in Schleswig-Holstein und auch in den neuen Ländern - jedenfalls nach eigenen Zahlen dieser Länder - mittelfristig als stabil angesehen werden können. Letztlich geht es um die Deckung der notwendigen Ausgaben von Bund und Ländern.

Das Entstehen von Haushaltsnotlagen zeigt an, daß die in der Finanzverfassung eingesetzten Instrumente zur Zuordnung des Finanzaufkommens auf die staatlichen Gebietskörperschaften und der bundesstaatliche Finanzausgleich in der Praxis nicht in jedem Fall zu einem Ergebnis führen, das als aufgabenangemessene Finanzausstattung bezeichnet werden könnte. Im Rahmen der Haushaltsnotlagenprävention sind insoweit Änderungen erforderlich.

Dagegen könnte nun vordergründig eingewandt werden, daß das Entstehen von Haushaltsnotlagen in den betroffenen Ländern durch Entscheidungen des autonomen Haushaltsgesetzgebers selbst verschuldet worden sein könnte. Und in der Tat hat das Bundesverfassungsgericht im Urteil vom 24. Juni 1986[5] ausgeführt, daß Bundesergänzungszuweisungen nicht dazu dienten, ». . . finanziellen Schwächen abzuhelfen, die *eine unmittelbare und voraussehbare Folge* von politischen Entscheidungen bilden . . .«. Dies gelte aber nicht, wenn die Haushaltssituation eine Unterstützung im Wege der Ergänzungszuweisungen nachweislich fordere[6]. Unabhängig davon, daß diese Ausschlußgründe für Bundesergänzungszuweisungen jedenfalls für die Freie Hansestadt Bremen bereits deshalb nicht greifen, weil die Haushaltsnotlage in einem Zeitraum von mehr als zwanzig Jahren entstanden ist und sich nicht auf bestimmte einzelne politische Entscheidungen des Landes zurückführen läßt, deren unmittelbare und absehbare Folge die extreme Notlage sein müßte, sind die Ursachen für die Haushaltsnotlage der beiden betroffenen Länder im Normenkontrollverfahren - insbesondere in der mündlichen Verhandlung - ausführlich erörtert worden. Die Verhandlungsgliederung des Gerichts enthielt

5 BVerfGE 72, 330 ff., 405.
6 A.a.O.

zur Haushaltsnotlage den Gliederungspunkt »Erheblichkeit autonom gesetzter Ursachen«. Beide Länder haben zu diesem Punkt in ihren Antragsschriften vorgetragen. Bremen hat darüber hinaus zur mündlichen Verhandlung ein Kurzgutachten von Prof. Dr. Kitterer sowie eine eigene eingehende Erläuterung zu den strukturellen Ursachen, die zur Notlage geführt haben, vorgelegt. Das Bundesverfassungsgericht hat im Urteil beiden Ländern entschiedene Konsolidierungsbemühungen bestätigt. Ein Verschulden wurde also – unabhängig davon, ob und ggf. unter welchen Voraussetzungen es für den Hilfsleistungsanspruch tatsächlich rechtlich erheblich wäre[7] – nicht festgestellt.
So bleibt die Frage offen, weshalb das bundesstaatliche Finanzsystem in diesen Fällen offenbar versagt hat und inwieweit Änderungen bzw. Anpassungen im Rahmen der nach dem Urteil verfassungsrechtlich gebotenen Vorsorge des Gesetzgebers gegen das Entstehen erneuter und weiterer Haushaltsnotlagen geboten sind. Dazu sollen unten einige zentrale Punkte zur »Diagnose« genannt werden.

2. Finanzverfassungsrechtliche Maßstäbe

Die finanzverfassungsrechtlichen Maßstäbe für Beginn, Maß, Struktur, Ziel, Umsetzung und Verfahren der durch die bundesstaatliche Gemeinschaft im Zusammenwirken mit den betroffenen Ländern gebotenen Sanierungsmaßnahmen und die Verpflichtung des Bundesgesetzgebers zu »Vorsorgeregelungen« gegen weitere Fälle hat das Bundesverfassungsgericht aus dogmatischen Ansätzen hergeleitet, die bereits die bisherige Rechtsprechung zur Finanzverfassung und zum Bundesstaatsprinzip bestimmt haben. Finanzverfassungsrechtlich ist der Begriff der Haushaltsnotlage und der Anspruch auf Hilfe durch die bundesstaatliche Gemeinschaft danach im wesentlichen aus der Funktionsfähigkeit von Bund und Ländern als Gebietskörperschaften und damit letztlich aus dem Bundesstaatsprinzip (Art. 20 Abs. 1 GG) zu folgern. Die finanzwirtschaftliche Handlungsfähigkeit der Länder in dem von der Finanzverfassung vorgesehenen Rahmen ist ein Kernpunkt in der Rechtsprechung des Bundesverfassungsgerichts zum bundesstaatlichen Finanzausgleich und zur Steuerverteilung: Durch die in der Finanzverfassung und den ergänzenden Bundesgesetzen geregelte Verteilung des Finanzaufkommens müssen Bund und Länder finanziell in die Lage versetzt werden, die ihnen verfassungsrechtlich zukommenden Aufgaben auch wahrnehmen zu können[8];

7 Verneinend mit Begründung aus dem Bundesstaatsprinzip: *Prof. Dr. Joachim Wieland,* Gutachten zur Neugestaltung der Finanzbeziehungen . . . im vereinten Deutschland . . . abgedruckt in: Der Senator für Finanzen der Freien Hansestadt Bremen (Hrsg), Neuordnung des Finanzausgleichs zwischen Bund und Ländern, Bremen 1993, S. 161 ff., S. 206; so auch: Grawert, a.a.O., S. 66.

8 BVerfGE 55, 274 ff., 300 f.; 72, 330 ff., 383 f.: »Ziel dieser Verteilung ist, Bund und Länder finanziell in die Lage zu versetzen, die ihnen verfassungsrechtlich zukommenden Aufgaben auch wahrzunehmen; erst dadurch kann die staatliche Selbständigkeit von Bund und Ländern real werden . . .«; 86, 264 f.: »Die finanzverfassungsrechtlichen Normen des GG sollen insgesamt eine Fi-

sie müssen im Rahmen der durch die Finanzverfassung den Ländern übertragenen Kompetenzen und Pflichten finanzwirtschaftlich auch tatsächlich handlungsfähig sein. Daß heißt, die Einhaltung dieser Pflichten muß ihnen faktisch möglich sein. Bei andauernder Funktionsunfähigkeit eine Gliedes der bundesstaatlichen Gemeinschaft folgt die Pflicht zur Hilfeleistung aus dem Bundesstaatsprinzip selbst, weil der Bundesstaat als Ganzes nur dann funktionsfähig ist, wenn dies auch für seine einzelnen Glieder gilt.

Das BVerfG hat diesen Ansatz seiner Rechtsprechung im Urteil vom 27. Mai 1992 näher bestimmt und auch weiter ausdifferenziert[9]. Die Länder sind durch ihre Beteiligung am gesamtstaatlichen Finanzaufkommen in zweierlei Hinsicht in die Lage zu versetzen, ihre Aufgaben erfüllen zu können:

a) Eigenständigkeit und Eigenverantwortlichkeit zur Aufgabenwahrnehmung und der Haushaltswirtschaft (Art. 109 Abs. 1 GG) und
b) Fähigkeit, der gemeinsamen Verpflichtung auf die Erfordernisse des gesamtwirtschaftlichen Gleichgewichts auch nachkommen zu können (Art. 109 Abs. 2 GG)[10].

a) Buchstabe a) richtet sich auf die Erfüllung der Staatsaufgaben im engeren Sinne; er fordert, daß im Rahmen der durch orginäres Steueraufkommen, Steuerverteilung und Finanzausgleich bestimmten Finanzausstattung eine *ordnungsgemäße Deckung* dieser gebotenen Aufgabenerfüllung gegeben ist. Der Anspruch richtet sich dabei nicht allein auf die Erfüllung der Aufgaben, zu denen die Länder rechtlich verpflichtet sind. Die Staatlichkeit der Länder erschöpft sich nicht in diesen Aufgaben, sondern wird erst wesentlich geprägt durch verwaltende und gesetzgeberische Tätigkeit, die nicht durch Entscheidungen des Bundesgesetzgebers vorgegeben ist. Sie kann erst dann »real werden«, wenn die Länder auch die ihnen fakultativ obliegenden Aufgaben erfüllen können. Auch Art. 106 Abs. 3 GG versteht unter Deckung der »notwendigen Ausgaben« ebenfalls beide Bereiche - die ein- und mehrjährigen Finanzplanungen des Bundes und der Länder, die die Gesamtheit der Ausgaben umfassen, werden grundsätzlich als anerkennenswert akzeptiert[11]. Art. 109 Abs. 1 GG verbietet, daß einzelne Einnahmen oder Ausgabestellen eines Landeshaushalts einer isolierten Bewertung durch den Bund oder

nanzordnung sicherstellen, die . . . Ihr Sinn und Zweck ist nicht allein, eine geordnete öffentliche Finanzwirtschaft der verschiedenen staatlichen Aufgabenträger zu ermöglichen, sondern ebenso, die Voraussetzungen dafür zu schaffen, daß die staatliche Selbständigkeit von Bund und Ländern real werden, ihre politische Autonomie sich in der Eigenständigkeit und Eigenverantwortlichkeit der Aufgabenwahrnehmung und der Haushaltswirtschaft (Art. 109 Abs. 1 GG) entfalten (vgl. auch BVerfGE 72, 330 (383)) und die gemeinsame Verpflichtung auf die Erfordernisse des gesamtwirtschaftlichen Gleichgewichts (Art. 109 Abs. 2 GG) erfüllt werden kann.« siehe auch Grawert, a.a.O., S. 56.

9 Siehe wörtliches Zitat in FN 8.

10 BVerfGE 86, 264.

11 *Fischer-Menshausen,* in: von Münch: GG-Kommentar, Art. 106, Rdnr. 27; *Maunz,* in: *Maunz/Dürig/Herzog/Scholz,* Art. 106, Rdnr.52 ff.

durch andere Länder unterzogen werden[12]. Rechtlich gebundene und fakultative Ausgaben der Länder bilden daher eine nicht auflösbare Einheit. Die so verstandene Gesamtheit der föderalen Staatsfunktion der Länder ist auch nicht anhand eines starren Maßstabs zu messen und zu bewerten, sie ist in ihren leistenden, versorgenden und ordnenden Aufgaben und Dienstleistungsstandards allein als historisch - kulturelle Größe faßbar. Daß heißt, in einer bestimmten Qualität der Aufgabenerfüllung durch die Länder drückt sich ein allgemein im Bundesstaat historisch erreichtes Niveau der Staatstätigkeit aus. Würde ein einzelnes Land generell ein über diesen durchschnittlichen Standards liegendes Niveau der Aufgabenwahrnehmung pflegen, würde selbstverständlich insoweit kein Anspruch auf Dekkung durch Beteiligung am gesamtstaatlichen Finanzaufkommen bestehen[13].

An einer i. S. der Finanzverfassung »ordnungsgemäßen Deckung« der Aufgabenwahrnehmung und Haushaltswirtschaft fehlt es dann, wenn ein oder mehrere Länder bei im Ergebnis durchschnittlicher Aufgabenerfüllung nach dem Maß der Gebietskörperschaften mit vergleichbarer Struktur (Flächenländer/Stadtstaaten/vergleichbare Großstädte in Flächenländern) eine *dauerhafte Unterdeckung des Haushalts* durch ordentliche Einnahmen aufweisen. Da der Länderfinanzausgleich die Finanzausstattung der Länder nach dem abstrakten Bedarfsmaßstab der Einwohnerzahl[14] einander annähert, tritt eine Unterdeckung - bei durchschnittlich gleichartiger Aufgabenwahrnehmung - abweichend vom abstrakten Bedarfsmaßstab dort auf, wo überdurchschnittliche Lasten - also Sonderlasten - vorliegen. Diesem eine *strukturelle Deckungslücke* eröffnenden Tatbestand hat die Rechtsprechung des Bundesverfassungsgerichts bereits mit dem Urteil vom 24.6.1986 ansatzweise Rechnung getragen:

Dort ist die Berücksichtigung von Sonderlasten bei den Bundesergänzungszuweisungen (BEZ) ausdrücklich zugelassen worden[15]. Die überproportionalen Kosten der politischen Führung kleiner Länder werden seither bei den BEZ ausgeglichen, auch die Haushaltsnotlage mit ihrer überproportionalen Zinsvorbelastung ist im Anschluß an das Urteil von 1986 zunächst - wenn auch nicht angemessen - mit Beträgen von 50 Mio DM (Bremen) und 75 Mio DM (Saarland) berücksichtigt worden.

Andere Ausgabelasten, die unter den Ländern stark differieren (streuen) - also einzelne Länder je Einwohner weit stärker belasten als andere - bleiben nach wie vor unausgeglichen. Dies sind insbesondere die Sozialhilfelasten. Sie bewegen sich in den Ländern (alle Daten: 1990, nach: Statistisches Bundesamt, Wirtschaft und Statistik 1/1992, S. 33) in den Ländern zwischen 242 DM je Einwohner

12 So bereits BVerfGE 1, 117 ff., 133, siehe auch BVerfGE 79, 311 ff., 340.
13 Solche generell erhöhten Standards können nur bei überdurchschnittlicher Finanzkraft eines Landes unterhalten werden.
14 BVerfGE 72, 385,386.
15 BVerfGE 72, 404 ff.

(Bayern) und 929 DM je Einwohner (Hamburg). Und um das Gewicht dieses Ausgabepostens z.B. für das Land Bremen zu verdeutlichen: Die Sozialhilfelasten betragen dort 8,4 % der bereinigten Gesamtausgaben. Hätte z.B. das Land Bayern Sozialhilfelasten je Einwohner wie Bremen müßten dort statt 2.692 Mio. DM 8.910 Mio. DM oder in %: statt 3,8 % der bereinigten Gesamtausgaben 12,7 % dieser Ausgaben aufgewandt werden. Vorliegende Untersuchungen zeigen, daß es sich bei hohen Sozialhilfelasten um ballungsraumtypische Erscheinungen handelt. Für die Stadtstaaten liegt darin eine unverfügbare, im Rahmen der Landespolitik kaum beeinflußbare Struktureigenschaft, die von vornherein den finanzwirtschaftlichen Rahmen für andere Landesaufgaben einschränkt. Die in der Finanzwissenschaft verschiedentlich vertretende Auffassung[16], es gäbe unter den Ländern eine ganze Reihe von Sonderlasten, die sich im Ergebnis praktisch ausglichen, ist unzutreffend. Die angeführten Beispiele halten einer Überprüfung nicht stand. Außer den Sozialhilfelasten gibt es keine *unabgegoltenen* Sonderlasten von auch nur annäherndem finanzwirtschaftlichen Gewicht.

Ein weiteres besonderes Strukturproblem des bundesstaatlichen Finanzausgleichs, das in einzelnen Ländern zu einer dauerhaften Unterdeckung des Haushalts und auch zur Haushaltsnotlage führen kann und einem Fall bereits geführt hat[17], sind konzentrierte wirtschaftliche Strukturprobleme in einem Land, die einzeln oder in ihrer Summe staatliche Reaktionen erfordern, die die finanzwirtschaftlichen Möglichkeiten des Landes überfordern. Solchen besonderen Problemlagen müßte insbesondere durch entschiedene Schwerpunktsetzung bei den Mischfinanzierungen gegengesteuert werden. Die bisherige Ausgestaltung und Praxis der Mischfinanzierungen zwischen Bund und Ländern (Art. 91 a, 91 b, 104 a, Abs. 4 GG), insbesondere aber im Rahmen von Art. 104 a Abs. 4 GG, wird dem nicht gerecht. Nach der Rechtsprechung des Bundesverfassungsgerichts sollen sie in Ergänzung des Finanzausgleichs insbesondere strukturellen Defiziten in einzelnen Ländern abhelfen, die im Finanzausgleich unberücksichtigt bleiben. Dort wird der Ausgleich - wie dargelegt - ohne Berücksichtigung z.B. wirtschaftlicher oder sozialer Sonderlagen durchgeführt. Nach dieser mehrfach bekräftigten Rechtsprechung[18] müßte man also davon ausgehen, daß Länder mit besonderen Wirtschaftsstrukturproblemen und deren Folgelasten (hohe Arbeitslosenquote, starke überproportionale Sozialhilfelasten) schwerpunktmäßig gefördert werden, um z.B. das Entstehen und die Verschärfung der Haushaltsnotlagen zu verhindern. Das ist nicht der Fall. Eine Analyse der Umverteilungswirkungen der

16 *Prof. Dr. Rolf Peffekoven*, Finanzausgleich und Sonderbedarf, in: *F.K. Bea/W. Kitterer*, Finanzwissenschaft im Dienste der Wirtschaftspolitik, Tübingen 1990, S. 323 ff., 326 ff.; ders., Zur Neuordnung des Länderfinanzausgleichs, Finanzarchiv 1987, S. 181 ff., 204 ff.

17 Siehe ausführlich die Antragsschrift des Saarlandes im Normenkontrollverfahren gegen das FAG vom 31.3.1989, S. 76 ff. und BVerfGE 86, 198.

18 BVerfGE 39, 96 ff., 112; 72, 330 ff., 387 f.; 86, 148 ff., 266 ff.

Mischfinanzierungen unter den Ländern für die Jahre 1970 bis 1991 - also fast während ihrer gesamten bisherigen Geltungsdauer - zeigt eindeutig, daß im Ergebnis fast genauso verteilt worden ist, als wenn dieses Gesamtvolumen über eine Erhöhung des Umsatzsteueranteils der Länder verteilt worden wäre.
Daraus ist die falsche Schlußfolgerung gezogen worden, man könne die Mischfinanzierungen auch abschaffen und den Ländern dieses Volumen über die Umsatzsteuerverteilung als ungebundene Mittel zukommen zu lassen. Das Gegenteil ist richtig:
Die Mischfinanzierungen müssen wieder ihrer vom Bundesverfassungsgericht eindrücklich beschriebenen Funktion zugeführt werden. Ihr praktisches Leerlaufen führt zu einem gefährlichen Defizit in den Bund-Länder-Finanzbeziehungen. Besonders bemerkenswert und charakteristisch ist dabei, daß das insoweit wichtigste Instrument der Mischfinanzierungen nach Art. 104 a Abs. 4 GG, nämlich die Finanzhilfen zum Ausgleich unterschiedlicher Wirtschaftskraft im Bundesgebiet, bisher praktisch überhaupt nicht zum Tragen gekommen sind. Finanzhilfen dieser Art sind bis zum Inkrafttreten des - mißglückten - Strukturhilfegesetzes nicht in nennenswertem Umfang ergriffen worden. Dieses Gesetz ist seinerzeit in den Bund-Länder-Verhandlungen über die sogenannte »Albrecht-Initiative« zum Ausgleich der unterschiedlichen Sozialhilfelasten als Kompromiß zwischen Bund und Ländern vereinbart worden. Die Verteilung der Gesamtmittel erfolgte im Wege des politischen Kompromisses und nicht nach sachgerechten dem Zweck von Art. 104 a Abs. 4 GG entsprechenden Indikatoren. Nach der inzwischen erfolgten Aufhebung des Strukturhilfegesetzes fehlt es jedenfalls für die strukturschwachen alten Länder weiterhin an diesen im Rahmen der Finanzverfassung zentralen Finanzhilfen. Es ist daher in Zukunft auch nicht ausgeschlossen, daß in einzelnen Ländern über längere Zeiträume wirtschaftlich und sozial geprägte Notlagen entstehen, die das betroffene Land im Rahmen der durch die Finanzverfassung vorgegebenen geringen finanzwirtschaftlichen Handlungsmöglichkeiten nicht ausgleichen kann. Interpretiert man die Finanzverfassung als in sich funktionsfähiges Instrumentarium, so sind die Mischfinanzierungen als Ergänzung eines von Bedarfen abstrahierenden Länderfinanzausgleichs unverzichtbar. Sie müssen gerade, ihrer Funktion entsprechend, gezielt umverteilen. Dies hat eine stabile Interessentengemeinschaft strukturstärkerer Länder - wie im übrigen zuvor auch über lange Jahre bei den BEZ - verhindert. Diese unzureichende Umsetzung der Rechtsprechung des Bundesverfassungsgerichts wird voraussichtlich über kurz oder lang Gegenstand eines erneuten Normenkontrollverfahrens werden müssen.

b) Der Punkt b) stellt in der Folge der Entscheidung BVerfGE 79, 311 ff. eine Erweiterung der bisherigen Rechtsprechung des BVerfG dar. Die spezifischen finanzverfassungsrechtlichen Pflichten werden als Maßstab für die Wiederherstellung der Handlungsfähigkeit der beiden Notlagenländer in Bezug genommen. Die Unfähigkeit, Art. 109 Abs. 2 GG einzuhalten, liegt nach Auffassung des Gerichts in der langjährig angestiegenen Schuldenlast, die »zunehmend jeden haushaltswirtschaftlichen Handlungsspielraum einschnürt«[19]. Es besteht dabei ein untrennbarer Zusammenhang zwischen Art. 109 Abs. 2 und Art. 115 Abs. 1 S. 2 GG[20]. Die Sanierung hat im Ergebnis sicherzustellen, daß die beiden Länder in extremer Haushaltsnotlage in Zukunft nicht mehr gezwungen sind, ohne Rücksicht auf die Konjunkturlage und die Erfordernisse des gesamtwirtschaftlichen Gleichgewichts eine Nettokreditaufnahme zu tätigen, die beständig die Höhe der Investitionsausgaben überschreitet[21]. Sie müssen also im Ergebnis in die Lage versetzt werden, die Regel aus Art. 115 Abs. 1 S. 2 GG, die ihnen nach § 18 ihrer Landeshaushaltsordnungen obliegt, wieder einzuhalten. Art. 115 Abs. 1 S. 2 ist Teil des für Bund und Länder geltenden, das gesamte Haushaltsrecht prägenden Deckungsprinzips[22]. Die Haushaltsnotlagenländer müssen wieder in die Lage versetzt werden, ihre Aufgaben im Rahmen materiell ausgeglichener Haushalte, also nicht durch eine die Zinslasten erneut potenzierende Nettokreditaufnahme, zu tragen. Sie müssen darüberhinaus noch über einen gewissen Handlungsspielraum verfügen, der es zuläßt, daß sie sich konjunkturgerecht i.S. von Art. 109 Abs. 2 GG verhalten können. Vorher wird man vom Erreichen des durch das Urteil des BVerfG vom 27. Mai 1992 aufgegebenen Sanierungszieles - Wiederherstellung der Handlungsfähigkeit der beiden Notlagenländer - nicht sprechen können.

II. Lösungsansätze

Lösungen sind nach dem Urteil des BVerfG vom 27.5.1992 in zweierlei Hinsicht verfassungsrechtlich geboten:

a) die bereits eingetretenen extremen Haushaltsnotlagen in Bremen und dem Saarland müssen durch koordinierte den Notlagen angemessene Maßnahmen mittelfristig beseitigt werden - kurative Maßnahmen.
b) durch Regelungen im Haushaltsgrundsätzegesetz (HGrG) und ggf. in weiteren Bundesgesetzen muß Vorsorge gegen das erneute Entstehen von Haushaltsnotlagen getroffen werden - präventive Maßnahmen.

Diese verfassungsrechtlichen Handlungspflichten obliegen nach dem Urteil zunächst dem Bund. Er hat sie als Bundesgesetzgeber zu veranlassen und er verfügt über die weiteren Instrumentarien, die zur Lösung eingesetzt werden könnnen. Dem Bund kommt entsprechend Art. 28 Abs. 3 GG praktisch eine »Garantenstellung« zu. Den Ländern obliegen Mitwirkungspflichten. Sie haben die Lasten der

19 BVerfGE 86,148.
20 BVerfGE 79, 311, ff., 332.
21 *Joachim Wieland,* Kurzgutachten über »Die Bedeutung von Art. 109 Abs. 2 GG für die Hilfspflicht des Bundes in extremen Haushaltsnotlagen«, in: Der Senator für Finanzen Bremen, Neuordnung des Finanzausgleichs (FN 7), S. 416 ff., 418.
22 BVerfGE 79, 311 ff., 334.

Sanierung mitzutragen, und sie sind zu konstruktiver Mitwirkung im Gesetzgebungsverfahren verpflichtet[23]. Dies hat das BVerfG deutlich zum Ausdruck gebracht[24].

Der Verlauf des Gesetzgebungsverfahrens ist eingehend in dem Band »Neuordnung des Finanzausgleiches . . .« (FN5), Seiten 26 ff. dargestellt. Darauf muß im Rahmen dieses Beitrags verwiesen werden. Die Haushaltsnotlagenhilfe für die Länder Bremen und Saarland ist auf der Grundlage der von beiden Ländern vorgelegten Sanierungsprogramme[25] durch den Bundesgesetzgeber mit Beginn des Jahres 1994 aufgenommen worden (Art. 32 Nr. 2 c des Gesetzes über das Föderale Konsolidierungsprogramm - FKP-G - vom 26.6.1993, BGBl. I, S. 944 sowie die Neufassung von § 11 Abs. 6 Finanzausgleichsgesetz - FAG - in Art. 33 des FKP-G). Der Gesetzgeber hat sich für Sanierungszahlungen im Rahmen von Sonder-BEZ entschieden (1,8 Mrd. DM jährlich für Bremen, 1,6 Mrd. DM für das Saarland).

Dabei sind Beträge gewählt worden, die in etwa dem Volumen entsprechen, das im Urteil des BVerfG vom 27.5.1992 im Rahmen einer überschlagsmäßigen Modellrechnung ermittelt wurden. Eine exakte Vorausberechnung ist nicht möglich gewesen[26]. Dementsprechend sieht § 11 Abs. 6 S. 2 FAG vor, daß Bund und Länder im Jahre 1997 (also im 4. Jahr des zunächst auf fünf Jahre angelegten Sanierungszeitraums) überprüfen, ob zur Haushaltsstabilisierung weitere Sanierungshilfen erforderlich sind (Revisionsklausel). Diese Überprüfung wird sich nach dem Urteil vom 27.5.1992 auf zwei Gesichtspunkte erstrecken müssen:

1. Wird das aufgegebene Sanierungsziel mit den bis 1998 vorgesehenen Zahlungen aller Voraussicht nach erreicht? Dies setzt nach den oben dargestellten Maßstäben voraus, daß beide Länder finanzwirtschaftlich und finanzverfassungsrechtlich wieder handlungsfähig sind. Sie müssen wieder aus eigener Kraft in der Lage sein, im Rahmen eines rechtlich noch zulässigen Maßes von Neuverschuldung (Art. 115 Abs. 1 S. 2 GG/§ 18 LHO) die Haushaltswirtschaft des Landes so steuern zu können, daß sich das Land i.S. von Art. 109

23 Anders und insoweit nicht überzeugend: Grawert, a.a.O., S. 98: »Ein solcher Gedanke (d.i. positive Mitwirkungs- und Zustimmungspflicht, M.S.) geht jedoch schon deshalb fehl, weil die Mitwirkung an der Bundesgesetzgebung in generell-abstrakter Hinsicht und nicht für den jeweils kritischen Fall erfolgt.« Dies verkennt, daß auch jedem einzelnen Land gegenüber den Haushaltsnotlagenländern eine Beistandpflicht obliegt, die sich u. a. in einer konkreten Verhaltenspflicht im Verfahren konkretisiert.

24 BVerfGE 86, 265.

25 Das Sanierungsprogramm Bremens liegt mit allen Anlagen und sämtlichen Stellungnahmen von Verbänden und Institutionen in Buchform vor: Der Senator für Finanzen der Freien Hansestadt Bremen (Hrsg.), Die Finanzen Bremens und die Zukunft des Landes, Bremen 1992.

26 Bericht der Bund-Länder-Arbeitsgruppe zur Sanierung vom 20.1.1993, abgedruckt in: Der Senator für Finanzen Bremen, Neuordnung des Finanzausgleichs (FN.7), S. 406 ff., 408: »Da es wegen der dargelegten Probleme unmöglich ist, das für eine Haushaltsstabilisierung erforderliche Sanierungsvolumen zu bestimmen, bleibt nur die Möglichkeit, das Sanierungsvolumen auf eine nach der Rechtsprechung des BVerfG realistische Größenordnung festzusetzen und es zu einem späteren Zeitpunkt (Vorschlag des Bundes: im vierten Jahr des Sanierungszeitraums) zu überprüfen.«

Abs. 2 GG konjunkturgerecht verhalten kann. Anhand finanzwirtschaftlicher Modellrechnungen ist belegbar, daß zwischen der Höhe der Zins-Steuer-Quote und der Fähigkeit, die haushaltsrechtliche Verschuldungsgrenze einzuhalten, ein unmittelbarer Zusammenhang besteht: Für Bremen ist bei einer Zins-Steuer-Quote von etwa 16 1/2 % unter den Annahmen einer durchschnittlichen Haushaltsentwicklung eine Einhaltung von Art. 115 Abs. 1 S. 2 GG/§ 18 LHO nicht mehr möglich, an einer Handlungsfähigkeit nach Art. 109 Abs. 2 GG fehlt es in einer solchen Lage ohnehin. Als Sanierungsziel wird danach zumindest das Erreichen eines Niveaus der Zins-Steuer-Quote von etwa 16 % anzunehmen sein. Dies entspricht auch etwa dem Niveau des nächstschwächeren Landes, das sich noch nicht in einer Haushaltsnotlage befindet (Schleswig-Holstein). Dieses Ergebnis wird bestätigt durch die Modellrechnung, die das BVerfG in dem Urteil[27] zur Berechnung des Sanierungsvolumens dargelegt hat. Danach werden die Sanierungsbeiträge durch Bund und Länder so bemessen, daß der Wiederanschluß an die Ländergesamtheit - nämlich an das nächstschwächere Land (Schleswig-Holstein) - erreicht wird. Dieses Land wird deshalb auch als Referenzland bezeichnet. Dafür daß gegenüber diesem Land ein irgendwie gearteter Abstand einzuhalten wäre, wie es Grawert in seinem Gutachten für das Land Schleswig-Holstein vertritt[28], gibt es im Urteil des BVerfG keinerlei Anhaltspunkte. Die Bezugnahme auf das Nivellierungsverbot überzeugt nicht, weil es hier nicht um den Finanzkraftausgleich unter den Ländern geht. Die Sanierung richtet sich beim Aspekt der Teilentschuldung auf die Reduzierung der Zinsvorbelastung des Haushalts und die dadurch wiederherzustellende Handlungsfähigkeit. Sachliche Gründe, auf diesen Sachverhalt das Nivellierungsverbot i.S. eines »Armuts-Abstandsgebots« zu übertragen, sind nicht erkennbar. Es würde als solches ja auch unabhängig davon gelten, ob die finanzverfassungsrechtlich geforderte Handlungsfähigkeit bereits wieder erreicht ist und ggf. bereits vor Erreichen des verfassungsrechtlich gebotenen Zustands die Einstellung der Hilfeleistung erzwingen. Dies überzeugt nicht, der Ansatz ist mit den übrigen Ausführungen des BVerfG's nicht vereinbar.

2. Bei der Bemessung der Sanierungsbeiträge ist zwischen den beiden Haushaltsnotlagenländern der Grundsatz der förderativen Gleichbehandlung zu beachten. Maßstab hat insoweit allein das Ausmaß der Haushaltsnotlage und seine Belastungswirkung auf den jeweiligen Haushalt zu sein. Das BVerfG hat bereits früher wegen Nichtberücksichtigung dieses Gesichtspunktes die Verfassungswidrigkeit der insoweit nicht angemessenen Haushaltsnotlagendotationen festgestellt[29]. Der Gesetzgeber ist danach gehalten, die Hilfeleistung dem

27 BVerfGE 86, 263.
28 Gravert, a.a.O., S. 106.
29 BVerfGE 86, 273.

Maß der Notlagen anzupassen. Im Ergebnis müssen beide Länder am Schluß der Sanierung eine gleiche Zins-Steuer-Quote erreicht haben, nur dann entsprechen - unter dem Gesichtspunkt der Gleichbehandlung - die Sanierungsleistungen dem Maß der Notlage. Sollte sich im Fortgang des Sanierungsprozesses zeigen, daß die bisher vom Bundesgesetzgeber festgelegte Zuteilung der Sanierungsleistungen zu deutlich abweichendenden Konsolidierungsfortschritten führen, wird ggf. nach § 11 Abs. 6 S. 2 FAG im Rahmen der Revision nachkorrigiert werden müssen. Es liegen bereits jetzt Indizien dafür vor, daß dies der Fall sein könnte. Der Bundesminister der Finanzen hat im Rahmen des Zwischenberichts der Bund-Länder-Arbeitsgruppe zur Sanierung vom 11.12.1992[30] eine gegenüber der Berechnung des BVerfG's aktualisierte Modellrechnung vorgelegt, die bei am Schluß der Sanierung annähernd gleicher Zins-Steuer-Quote beider Länder (18,2 %/18,4 %) ein Aufteilungsverhältnis der Sanierungsleistungen Bremen/Saarland im Verhältnis 1.700:800, später korrigiert auf 1.500:1.000, errechnet hat.

In § 11 Abs. 6 FAG hat der Bundesgesetzgeber dagegen die Sanierung mit Leistungen im Verhältnis 1.800:1.600 aufgenommen. Sollte sich insoweit ein gravierendes Ungleichgewicht im Lauf der jetzt noch nicht konkret absehbaren Entwicklung herausstellen, werden die Sanierungsleistungen für Bremen spätestens im Jahre 1997 nach oben korrigiert werden müssen.

Die bisherigen Regelungen zur Haushaltsnotlagenhilfe beschränken sich auf § 11 Abs. 6 FAG und die Verwaltungsvereinbarung zur Sanierung zwischen dem Bund und den Ländern Bremen und Saarland vom 30.7.1993[31]. In § 11 Abs. 6 FAG ist die Höhe der Zahlungen, ihre Zweckbestimmung sowie eine jährliche Berichtspflicht der beiden Empfängerländer gegenüber dem Bund und den anderen Ländern geregelt. Die Verwaltungsvereinbarung bestimmt darüberhinausgehend, daß Bremen und das Saarland als Eigenbeitrag zur Sanierung im Zeitraum 1994 bis 1998 ihre jährlichen Ausgaben gegenüber dem Vorjahr um nicht mehr als 3 % erhöhen. Dies entspricht der derzeitigen Empfehlung des Finanzplanungsrats. Sollte sie sich erhöhen oder reduzieren, gilt die jeweils empfohlene Ausgabenlinie als bindende Beschränkung für die beiden Länder. Diese Regelungen werden ergänzt durch die oben bereits angesprochene Revisionsklausel (§ 11 Abs. 6 Satz 2 FAG). Damit sind die gegenseitigen Rechte und Pflichten der beiden Haushaltsnotlagenländer zum Bund und zu den anderen Ländern im Grundsatz geregelt. Die beiden Länder haben im Kern ihre Ausgaben im Rahmen einer Steigerungsrate von 3 % zu halten und jährlich über den Stand der Konsolidierung zu berichten.

Es fehlt allerdings in Umsetzung des Urteils vom 27.5.1992 noch an einer *generellen* gesetzlichen Regelung für den Fall eingetretener Haushaltsnotlagen. Rege-

30 Abgedruckt in: »Neuordnung des Finanzausgleichs . . .« (FN 7), S. 387 ff., 390 bis 393.

31 Abgedruckt in: »Neuordnung des Finanzausgleiches . . .« (FN 7), S. 384 ff.

lungsbedürftig wären über die vorliegenden Einzelfälle hinaus das Sanierungsziel, das Sanierungsvolumen, die Verpflichtung, ein Sanierungsprogramm aufzustellen, der Eigenbeitrag der betroffenen Länder, die Sanierungsmaßnahmen im einzelnen, die Dauer und das Verfahren (einschl. Berichtspflicht und Revision). Ein Regelungsbedarf besteht aber auch zu den beiden vorliegenden Einzelfällen noch zu den Sanktionsmöglichkeiten für den Fall, daß sich ein Land nicht an die getroffenen Regelungen hält. Über die möglichen Sanktionen besteht Unklarheit. Zwar hat das BVerfG im Urteil darauf hingewiesen, daß der Bund die Gewährung von Hilfsleistungen von der Vorlage von Sanierungsprogrammen abhängig machen darf.[32] Daraus wird man aber nicht die Schlußfolgerung ziehen können, daß die Verweigerung von Hilfen generell als Sanktionsmöglichkeit zulässig wäre. Der Sachverständigenrat (SVR) hat zu Recht darauf hingewiesen[33], daß die Verweigerung von Hilfen lediglich weiter in die Haushaltsnotlage führen und zu einem späteren Zeitpunkt Hilfe in wesentlich erweitertem Umfang erfordern würde. Der durch die Sanierung zu beseitigende verfassungswidrige Zustand würde also noch weiter verschärft werden. Eine solche weitere Verschlechterung will das BVerfG aber offenbar selbst nicht zulassen. An mehreren Stellen des Urteils wird mindestens Überbrückungshilfe gefordert, damit sich die Notlage jedenfalls nicht noch verschärft[34]. Auch ist vom BVerfG der unverzügliche Beginn der Sanierung eingefordert worden[35]. Diese Anhaltspunkte sowie die nach dem Bundesstaatsprinzip geforderte finanzverfassungsrechtliche Handlungsfähigkeit des Landes sprechen dafür, daß eine Sanktion nicht in einer Maßnahme bestehen darf, die den beanstandeten Zustand noch verschärft.

Die Lösung kann nur in verstärkten Aufsichtsbefugnissen des Bundes liegen. Der Bund muß auch Befugnisse haben, die ihm *im Konfliktfall* die Wahrnehmung seiner Pflichten als »zuvörderstes« Handlungssubjekt gestatten. Und für den Fall einer mangelnden Kooperation von seiten eines Landes – für den bisher allerdings keinerlei Anhaltspunkte vorliegen – werden sich diese Handlungspflichten nicht nur auf gewährende Leistungen beschränken können, sondern müssen beaufsichtigende und regulierende Befugnisse einschließen. Gesetzgeberische Vorsorge in dieser Richtung hat das BVerfG ausdrücklich und dringlich gefordert:

32 BVerfGE 86, 269.

33 Jahresgutachten 1993/94 zur Begutachtung der gesamtwirtschaftlichen Entwicklung (BT-Drucks. 12/6170 vom 15.11.1993), Rdnr. 297 und 167, hier: Seite 214 – im übrigen beruht die Bewertung der Regelungen zur Sanierung durch den SVR auf einer Reihe unzutreffender Annahmen (und Vermutungen) und kann daher insgesamt nicht geteilt werden: Die Haushaltsnotlage wird im wesentlichen an der Kreditfinanzierungsquote und nicht an der Zins-Steuer-Quote festgemacht. Kurzfristige Unterdeckungen eines Landeshaushalts sprechen noch nicht für eine Haushaltsnotlage. Die Sanierungshilfen durch Sonder-BEZ werden gerade nicht ungebunden vergeben: § 11 Abs. 6 FAG und die Verwaltungsvereinbarung enthalten eine genaue Zweckbestimmung und über die Verwendung ist jährlich eingehend zu berichten. Die Berichte werden im Finanzplanungsrat erörtert werden.

34 BVerfGE 86, 261 f., 274.

35 A.a.O. 271.

»Zuvörderst nötig und besonders dringlich ist es, Bund und Länder gemeinsam treffende Verpflichtungen und Verfahrensregelungen festzulegen, die der Entstehung einer Haushaltsnotlage entgegenwirken und zum Abbau einer eingetretenen Haushaltsnotlage beizutragen geeignet sind. . . . Normative Vorkehrungen hiergegen – etwa im Rahmen des Haushaltsgrundsätzegesetzes – sind daher durch Art. 109 Abs. 2 GG *nicht nur nahegelegt sondern geboten*«[36]

Da die Entstehung von Haushaltsnotlagen ein Problem der strukturellen Unterdeckung eines Haushalts ist, werden sich die verfassungsrechtlich gebotenen Regelungen vor allem auf die Grenzen der Kreditfinanzierung beziehen müssen[37]. Neben den materiellen Regelungen werden Bestimmungen über ein abgestuftes Verfahren zur »Abmahnung« besondere Bedeutung erlangen können. Die erforderlichen konsolidierenden Maßnahmen sind von den Ländern selbst zu veranlassen und durchzuführen, eine Einwirkung durch den Bund und die anderen Länder wird niederschwellig beginnen können (Beratung der finanzwirtschaftlichen Lage auch einzelner Länder im Finanzplanungsrat, wie bereits für die Sanierungsberichte Bremens und des Saarlands vorgesehen). Der Vertrag über die Europäische Union[38] gibt insoweit nützliche Anhaltspunkte, im bundesstaatlichen Rahmen wird man aber darüber hinausgehend zu weitergehenden Regelungen kommen müssen.

Neben diesem regulierenden Teil wird die Haushaltsnotlagenprävention durch zielgerichtete *unterstützende* Maßnahmen ebenfalls durch Bundesgesetz geregelt werden müssen. Soweit die Verschuldungssituation eines Landes noch in einem gewissen Umfang Konsolidierungsbemühungen aus eigener Kraft aussichtsreich erscheinen läßt, werden besonders – wie oben angesprochen – Strukturhilfen im Rahmen der Mischfinanzierungen als geeignete Maßnahmen zur Notlagenprävention in Betracht kommen. Insbesondere Art. 104 a Abs. 4 GG »Ausgleich unterschiedlicher Wirtschaftskraft« wird i.S. der Rechtsprechung des BVerfG wirksam ausgestaltet werden müssen.

Die gebotenen gesetzlichen Maßnahmen, die der Bund – auch im eigenen Interesse – dringend einleiten muß, werden das Bund-Länder-Verhältnis verändern. Dem Bund können mit der ihm zugewiesenen Verantwortung auch erweiterte Befugnisse gegenüber den Ländern zuwachsen. Wenn sich die nicht von Notlagen betroffenen oder bedrohten Länder dem Gesetzgebungsverfahren im Hinblick auf Art. 109 Abs. 1 GG verweigern werden, wird verfassungsrechtlich zu fragen sein, ob ihre Mitwirkungspflicht bei bestehenden Haushaltsnotlagen sich nicht auch auf die gebotenen gesetzgeberischen Maßnahmen zur Haushaltsnotlagenprävention erstreckt.

36 A.a.O. 266.
37 A.a.O.
38 Art. 104 c des Vertrages über die Europäische Union.

IV. Grundrechte - Menschenrechte

»DAZ EIN RECHT MAC FROMEN...«
Der Sachsenspiegel - ein Rechtsbuch von europäischem Rang

Hans-Peter Schneider

Europa ist im Umbruch begriffen. Es durchlebt heute auf vielen Gebieten eine Entwicklung, welche die Besinnung auf seine Identität, seine historischen Wurzeln und seine Zukunftschancen notwendig macht; auf dem Feld der Politik: die Rückkehr der östlichen Nachbarn nach Europa, ihr Wiedereintritt in den Kreis moderner Verfassungsstaaten und ihre Reintegration in die westeuropäisch-atlantische Völkergemeinschaft; im Bereich der Wirtschaft: der Siegeszug der sozialen Marktwirtschaft, die Vollendung des gemeinsamen europäischen Binnenmarktes, die Schaffung eines einheitlichen Währungssystems und die Ausrichtung nationalstaatlichen Eigeninteresses auf ein europäisches Gemeinwohl; schließlich auf dem Gebiet der Kultur: der Heimfall des osteuropäischen Erbes, der Niedergang einer totalitären Ideologie sowie - für uns Deutsche besonders erfreulich - die Renaissance der fünf ostdeutschen Länder als »Kulturlandschaften« mit ihren Zentren Weimar und Eisenach, Dresden und Leipzig, Berlin und Potsdam, Rostock und Greifswald, nicht zuletzt auch Halle, Magdeburg, Quedlinburg und Reppichau, dem mutmaßlichen Geburtsort des Sachsenspieglers.

Blicken wir achthundert Jahre zurück: Damals befand sich das »Heilige Römische Reich Deutscher Nation« und mit ihm ebenfalls ein Großteil von Europa im Umbruch: Die Kreuzzüge als wichtigster Faktor der Unitarisierung und Integration kamen aus der Mode. Nach dem Tode Heinrichs VI. (1197) zerbrach die staufische Universalmonarchie. Die unheilvolle Doppelwahl Philipps von Schwaben und Ottos IV. von Braunschweig im Jahre 1198 leitete jenen zermürbenden Hegemonialkrieg zwischen Staufern und Welfen ein, in dessen Verlauf das Reichsgut zerteilt und verschleudert, die kaiserlichen Rechte mißachtet, das Reich nördlich der Alpen zerstört und die moderne europäische Staatenwelt geboren wurde. Mit der Krönung Friedrich II. (1212) wanderte die Macht an den Papst und die weltliche Herrschaft nach Süditalien ab. Um so größer war in den nördlichen Teilen des Reiches das Bedürfnis nach Frieden und Ordnung. Die Reichseinheit stand auf dem Spiel und mit ihr zugleich die Rechtseinheit in Deutschland. Nur wenn man sich diese existentielle Bedrohung des Reiches von innen heraus vor Augen führt, ist die ungeheuere, geradezu explosionsartige Verbreitung und bis in unsere Zeit anhaltende Wirkung jenes niederdeutschen Rechtsbuches zu erklären, das als »Spiegel der Sachsen« nicht nur von seinem Einflußbereich her, sondern auch seinem Inhalt nach rasch zu einer Rechtsquelle von europäischem Rang aufgestiegen ist.

I. Der Sachsenspiegel und das Reichsgericht

Szenenwechsel: Versetzen wir uns in das Jahr 1932 und betreten das Reichsgericht in Leipzig. Im Großen Saal wird gerade ein Urteil verkündet. Viel Prominenz ist anwesend, denn Herzog Ernst II. von Sachsen-Altenburg hatte gerade das Land Thüringen auf Herausgabe seines Domänenfideikommisses verklagt und in erster Instanz vor dem Landgericht Altenburg verloren, in der zweiten Instanz vom Oberlandesgericht Jena aber Recht bekommen. In der Sache ging es um die Wirksamkeit eines Vertrages, durch den der Herzog nach seiner Abdankung im Jahre 1919 gezwungenermaßen auf dieses Domänenvermögen zugunsten des Landes Thüringen verzichtet hatte, nun aber den Vertrag für unwirksam erklären lassen wollte, weil er nicht - wie in § 1821 Abs. 1 Nr. 1 BGB vorgeschrieben - hinsichtlich der Anwartschaft seiner Söhne durch das Vormundschaftsgericht genehmigt worden war.
Und siehe da: Die Richter greifen in ihrem Urteil auf den Sachsenspiegel zurück, um zu begründen, daß die Anwartschaftsrechte der Söhne dinglicher Natur sind und daher deren Übertragung auf das Land Thüringen der vormundschaftsgerichtlichen Genehmigung bedurft hätte. »Entscheidend aber kommt in Betracht«, so stellt der Senatspräsident zur allgemeinen Überraschung fest, »daß der Sachsenspiegel, die Grundlage des gemeinen Sachsenrechts, in Buch I Art. 52 § 1 die Bestimmung enthält, niemand dürfe ohne der Erben Erlaubnis sein ›Eigen‹ (ererbten Grundbesitz) vergeben; tue er es dennoch, so könnten die Erben das Gut mittels Klage von dem Besitzer herausverlangen und an sich nehmen, gleich als ob der Veräußerer gestorben wäre und ihnen das Gut hinterlassen hätte. Diese das Beispruchsrecht der Erben anerkennende Vorschrift bildet gerade eine der wesentlichen gesetzlichen, deutschrechtlichen Grundlagen für die den Fideikommißanwärtern zustehende Revokationsklage und damit für die Auffassung, daß den Anwärtern dingliche Rechte am Familienfideikommiß zustehen«. Auch das Problem der Fortgeltung des Sachsenspiegels bis in die Gegenwart bereitet dem Reichsgericht offenbar keine Probleme. »Dafür«, so fährt der Vorsitzende fort, »daß diese Grundanschauung gerade in der Fortbildung des gemeinen Sachsenrechts im Gegensatz zum gemeinen Recht durch die Rechtsprechung aufgegeben worden wäre, erhellt nicht das mindeste. Daher ergibt sich für den vorliegenden Fall die Notwendigkeit der vormundschaftsgerichtlichen Genehmigung aus § 1821 Abs. 1 Nr. 1 BGB«[1].
Soweit das Reichsgericht im Jahre 1932. Man wird ihm auf den ersten Blick großen Respekt zollen und ein hohes Maß an historischem Wissen bescheinigen wollen, wie es heute sonst kaum noch vorhanden zu sein scheint. Dennoch stellt sich die Frage, ob der entscheidende Senat den betreffenden Paragraphen des Sachsen-

1 Vgl. das Urteil des VI. Zivilsenats des Reichsgerichts vom 09. Juli 1932 - VI 205/32 - (RGZ 137, 324 ff. [343 f.]).

spiegels überhaupt gelesen hat. Denn bei genauer Prüfung hätte man aufgrund des Originaltextes unmittelbar und ohne über den Umweg einer dinglichen Anwartschaft zu dem Ergebnis gelangen können, daß es in diesem Fall einer gerichtlichen Entscheidung bedurfte. Die betreffende Bestimmung im Landrecht I 52 § 1 lautet nämlich:

> »Ane erben gelubde unde ane echt ding enmus nimant sin eigen noch sine lute vorgebn«[2].

Danach war also für die Übertragung von erbhöffigem Grundeigentum nicht nur eine Erlaubnis der Erben, sondern auch ein »echt ding«, ein rechtmäßiges Gerichtsurteil, erforderlich, wie es auch vom geltenden Vormundschaftsrecht noch verlangt wird. Der Sachsenspiegel war also in diesem Punkte eigentlich viel klüger als seine späten »Jünger« im Reichsgericht.
Immerhin zeigt jenes Beispiel, welch nachhaltige und langdauernde Wirkung dem Sachsenspiegel bis in unsere Tage beschieden war. Sie ist nur zu verstehen, wenn man zum einen bedenkt, daß in der damaligen Zeit die Deutsche Rechtsgeschichte noch zu den Kernfächern des juristischen Lehrstoffs gehörte, und zum anderen berücksichtigt, daß der Sachsenspiegel als Rechtsquelle bis weit in die Neuzeit hinein auch noch förmlich in Kraft war. In Sachsen selbst galt er bis zur Schaffung des »Sächsischen Bügerlichen Gesetzbuchs« im Jahr 1865, in Thüringen sogar bis zum Inkrafttreten des BGB am 1. Januar 1900. Das Lehnsrecht blieb offiziell noch bis zum Jahre 1919 maßgeblich. In Preußen wurde der Sachsenspiegel allerdings schon durch das »Allgemeine Landrecht« von 1794 abgelöst, hatte aber bis dahin über ein halbes Jahrtausend auch dort die Rechtskultur bestimmt.

II. Der Sachsenspiegel in Europa

Von europäischem Zuschnitt war vor allem die Wirkung und Verbreitung des Sachsenspiegels[3]. Im Jahre 1498 stellte man im Reichstag fest, daß fast ein Drittel

2 »Ohne Zustimmung der Erben und ohne echtes Ding (gesetzlichen Richter) darf niemand sein Grundeigentum oder seine Leute veräußern« (so die Faksimile-Ausgabe des Wolfenbütteler Sachsenspiegels, Textband, hrsg. von Ruth Schmidt-Wiegand, Berlin 1993, S.141; dieser Ausgabe sind auch alle folgenden Zitate aus dem Sachsenspiegel entnommen).

3 Vgl. dazu *Otto Stobbe,* Geschichte der deutschen Rechtsquellen, 1. Abt., Braunschweig 1860, S.355-390; *Hans Planitz,* Art. »Sachsenspiegel«, in: Handwörterbuch der Rechtswissenschaft, hrsg. von F. Stier-Somlo und A. Elster, Berlin 1928, 5. Band, S.229 ff.; *Heinrich Kaspers* (Hrsg.), Vom Sachsenspiegel zum Code Napoléon. Kleine Rechtsgeschichte im Spiegel alter Rechtsbücher, Köln 1972, S.34 ff.; *Friedrich Ebel,* Art. »Sachsenspiegel«, in: Handwörterbuch zur Deutschen Rechtsgeschichte, hrsg. von A. Erler und E. Kaufmann, IV.Band, Berlin 1990, Sp. 1228-1238; *Rolf Lieberwirth,* Eike von Repgow und sein Sachsenspiegel, Köthen 1980, S.35 ff.; *Karl Kroeschell,* Rechtswirklichkeit und Rechtsbücherüberlieferung. Überlegungen zur Wirkungsgeschichte des Sachsenspiegels, in: Text-Bild-Interpretationen. Untersuchungen zu den Bilderhandschriften

des deutschen Volkes nach dem Sachsenspiegel lebte. Rasch hatte er sich vom Zentrum seiner Entstehung: Magdeburg, aus über einen Großteil Europas verbreitet. Dies bewirkte zu einem die Spruchtätigkeit des Magdeburger Schöppenstuhls, zum anderen seine Übernahme in die Magdeburger Stadtrechte (Weichbild, Schöffenrecht), welche für viele zeitgenössische lokale Rechtsbildungen vor allem in Osteuropa Pate standen.

Hier waren es wiederum die Unterzentren Görlitz, Breslau, Oppeln und Krakau, die noch im 13. Jahrhundert das Sachsenrecht rezipierten. Über das Breslauer Landrecht von 1356 dehnte es sich bald über das gesamte Herzogtum Schlesien aus. Von dort aus gelangte es über Thorn und Ölmütz bis nach Krakau, Lemberg und Sandomierz, also in weite Teile des heutigen Polen und Rußland.

Im Norden führte der Weg des Sachsenspiegels nach Berlin - so war das Schöffenrecht des Berliner Stadtbuchs von 1397 stark von ihm geprägt - und vor allem in die baltischen Länder Livland und Estland, wie seine livländische Bearbeitung von 1322/27 beweist. Starke Wirkung hatte er auch in den Hansestädten zunächst des Nordostens (Danzig, Riga), später auch des Nordwestens (Hamburg, Lübeck, Bremen), wozu seine niederdeutsche Sprache nicht unerheblich beigetragen haben mag.

Schon im 13. Jahrhundert drang der Sachsenspiegel aber auch nach Westen vor, wobei Köln als Handelsmetropole eine besondere Rolle spielte. So ist z.B. die jülich-bergische Rechtsordnung bis zur Einführung des Code Civil weitgehend durch ihn geprägt worden[4]. Über den Niederrhein und das Münsterland gelangte der Sachsenspiegel nach Holland und Seeland, wo er ebenfalls alsbald umgearbeitet und in die Landessprache übersetzt wurde. Seit 1479 können wir daher auch von einem holländischen Sachsenspiegel sprechen.

Den größten Einfluß erlangte das Sachsenrecht aber im Süden, vor allem über Augsburg, wo es in den Deutschenspiegel und später auch in das kaiserliche Land- und Lehensrecht, den sog. Schwabenspiegel, Eingang fand. Diese späteren Rechtsbücher wiederum verbreiteten sich rasch nach Bayern und in die tschechischen Gebiete auf der einen, nach Württemberg, Baden und in französische Grenzlande auf der anderen Seite.

Seine Hauptbedeutung behielt der Sachsenspiegel jedoch in den Kernlanden um Magdeburg, Leipzig und Halle, dem heutigen Sachsen-Anhalt[5]. Hier prägte es eine Rechtskultur, die über Schöffensprüche, Stadtrechte, Fakultätsgutachten und vor allem über fahrende Kaufleute, die danach handelten, in weite Teile des heuti-

des Sachsenspiegels, I. Textband, hrsg. von Ruth Schmidt-Wiegand, München 1986, S.1 ff.; *ders.*, Der Sachsenspiegel in neuem Licht, in: Rechtsgeschichte in den beiden deutschen Staaten (1988-1990), hrsg. von H. Mohnhaupt, Frankfurt/M 1991, S.232 ff. (242 ff.).

4 Vgl. *Hermann Frohnhaus,* Die Einwirkung des Sachsenspiegels auf das »Bergische Land- und Ritterrecht« des 13. und 14. Jahrhunderts und dessen Einfluß auf die Jülich-Bergische Rechtsverordnung von 1555, Diss. Köln 1987.

5 Vgl. *Walter Möllenberg,* Eike von Repgow und seine Zeit, Burg b.M. 1934.

gen Mitteleuropa ausstrahlte. Erst im 15. Jahrhundert trat ein gewisser Stillstand ein, nachdem der Sachsenspiegel im Osten die Weichsel-San-Linie, im Norden die Eider, im Westen den Rhein und im Süden die Grenzen von Main und Donau erreicht hatte: wahrhaft ein Rechtsbuch von europäischem Rang.

III. Der Sachsenspiegel als deutsche »Magna Charta«

Noch bedeutsamer als seine Verbreitung und territoriale Wirkung scheinen gewisse materielle Regelungen im Sachsenspiegel zu sein, die man dort niemals vermuten und ohne dessen Kenntnis schlicht für Errungenschaften des modernen Rechtsstaats halten würde.

1. Zu denken ist hier zunächst an die *Freiheitsrechte,* wie sie seit der Aufklärung überliefert sind. Während im gesamten Früh- und Hochmittelalter stets nur von »Freiheiten« (im Plural) die Rede war, womit man die konkrete Rechtsstellung des Einzelnen innerhalb seines Standes umschrieb, findet sich im Sachsenspiegel erstmals der Singular *»vriheit«,* und zwar in einem ganz allgemeinen Sinn dort, wo sich Eike mit der Unfreiheit unter den Menschen auseinandersetzt. Ähnlich wie die Patristik geht er zunächst aus von dem Satz, daß Gott die Menschen ohne Ansehen des Standes frei und gleich geschaffen und durch seinen Kreuzestod erlöst hat. Sodann wendet er sich den klassischen Begründungen der Unfreiheit unter den Menschen zu, wie sie sich noch bei Augustinus finden: Einige führten die Knechtschaft auf Kain und den Mord an seinem Bruder Abel zurück, andere auf Noah und wieder andere auf Ismael, den Sohn Abrahams, oder Esau. All dies aber sei unrichtig, denn es habe niemand das Recht, sich selbst jemandem zu eigen zu geben; also könne er auch keinen Dritten in Knechtschaft stürzen[6].
Aus der Bibel lasse sich sogar der Beweis erbringen, daß die Unfreiheit ihren Ursprung nicht von Gott oder aus der Heiligen Schrift habe: Nach Vollendung der Schöpfung habe Gott am siebenten Tage geruht, also selbst die »Freiheit« von Lasten und Mühen in Anspruch genommen. So solle es daher auch sein in jeder siebenten Woche, in jedem siebenten Monat und in jedem siebenten Jahr. Nach siebenmal sieben Jahren, also dem neunundvierzigsten Jahr habe ein jeder Mensch das Recht auf Freilassung, gleichviel ob er Gefangener, Leibeigener, Sklave oder Knecht sei und - so fügte Eike mit feiner Ironie hinzu - ob er wolle oder nicht. Und dann folgen die geradezu »revolutionären«[7] Sätze (Ldr. III 42 § 6):

6 Vgl. dazu auch *Erik Wolf,* Eike von Repgow, in: Große Rechtsdenker der deutschen Geistesgeschichte, 4. Aufl., Tübingen 1963, S.1 ff. (10 f.).

7 *Hans Thieme,* Eike von Repgow, in: Die Großen Deutschen, hrsg. von H. Heimpel, Th. Heuß und B. Reifenberg, Bd.1, Berlin 1956, S.187 ff. (198).

»Nach richtigem und wahrem Verständnis hat Unfreiheit ihren Ursprung in Zwang und Gefangenschaft und unrechter Gewalt, die man von alters her zu unrechter Gewohnheit hat werden lassen und nun für Recht erachten will«.

Zwar war auch das Mittelalter schon voll von theologischen oder philosophischen Bekenntnissen zur Freiheit und Gleichheit des Menschen im Naturzustand; niemand hatte aber bisher gewagt, die konkrete Unfreiheit im Rechtsleben so fundamental in Frage zu stellen wie der Sachsenspiegler[8]. So ist denn auch die Bewunderung im heutigen Schrifttum groß: Von »kühner Unabhängigkeit des Denkens«[9] ist die Rede, von »weiter Vorausschau«[10], ja sogar von »neuzeitlichem« Gedankengut[11]. Und doch wird man feststellen können, daß es sich bei dieser Passage über das Unrecht der Leibeigenschaft keineswegs nur um eine zufällige, eher marginale Textstelle handelt, sondern um einen ganz zentralen Leitsatz, der sich unmittelbar aus der Begründung des Rechts im Sachsenspiegel selbst ergibt. Denn »Freiheit« ist letztlich nichts anderes als ein Erzeugnis des Rechts, und Recht ist handelnde Vernunft. Die Vernunft aber ist es, die den Menschen als Ebenbild Gottes zum Selbstzweck macht - oder wie Kant sagt: Der Mensch dient keinem anderen Zweck außer sich selbst. In jeder Tyrannei aber lebt der Mensch außerhalb des Rechts, fremdem Willen und fremden Zwecken unterworfen, in Unfreiheit und Knechtschaft. »Freiheit« ist also für Eike nichts anderes als der »durch das Recht vor Willkür geschützte persönliche Lebensraum«. Insofern kann man durchaus in dieser Textstelle »die berühmteste Passage« des ganzen Rechtsbuches erblicken.

2. Ein ähnlich moderner Satz - vielleicht als Konsequenz des Freiheitsbegriffs gedacht - findet sich in der nicht minder wichtigen Passage über das *Widerstandsrecht*. Nach Eike hat auch das gegenseitige Treueverhältnis zwischen Lehnsherren und Lehnsmann seine Grenzen. So dürfen der König und jeder Richter über Hals und Hand jedes ihrer Mannen richten, ohne damit gegen ihre Treuepflicht zu verstoßen, während umgekehrt ein Lehnsmann sich rechtswidrigem Verhalten seines Herrn, auch wenn es der König ist, widersetzen darf. Wörtlich heißt es (Ldr. III 78 § 2):

8 Ebenso *Lieberwirth*, a.a.O. (Fn.3), S.29: »Diese und ähnliche Gedanken sind zwar schon bei antiken Philosophen und bei Kirchenvätern zu finden, wirken aber in einem auf Verbreitung angelegten Werk wie dem Sachsenspiegel besonders nachhaltig. Sie bleiben in ihrer revolutionären Art für Gerenationen lebendig. Deutliche Anklänge an den Sachsenspiegel und seine Ablehnung der Knechtschaft finden sich noch zwei Jahrhunderte später in ähnlichen Bestimmungen der Reformatio Sigismundi«.

9 *Siegfried Brie*, Eike von Repgow, in: ADB, Bd.5, S.753.

10 *Hans Christoph Hirsch*, Einleitung zu: Eike von Repgow, Der Sachsenspiegel (Landrecht), Berlin 1936, S.10.

11 Zum Ganzen: *Alexander Ignor*, Über das allgemeine Rechtsdenken Eikes von Repgow, Paderborn 1984, S.234 ff., der freilich anrät, »mit dem Prädikat des ›Neuzeitlichen‹ und ›Revolutionären‹ ... etwas vorsichtig« zu sein.

»Der Mann muß wohl auch seinem König und seinem Richter widerstehen, wenn sie Unrecht tun, und wehren helfen in jeder Weise, selbst wenn es sein Verwandter oder sein Herr sei, und er verstößt dabei nicht gegen seine Treuepflicht«.

Man fühlt sich dabei unmittelbar an Art. 20 Abs.4 des Grundgesetzes erinnert, wonach »gegen jeden, der es unternimmt, die freiheitliche demokratische Ordnung zu beseitigen«, allen Deutschen gleichfalls ein Widerstandsrecht eingeräumt wird. Gewiß befand sich Eike bei seiner Forderung noch überwiegend im Einklang mit den mittelalterlichen Vorstellungen von den wechselseitigen Schutz- und Treuepflichten; aber er ging zugleich weit über die traditionelle Lehre vom Tyrannenmord[12] hinaus, und zwar in dreifacher Hinsicht: Er trat erstens nicht nur für ein Widerstandsrecht ein, sondern sprach sich sogar für eine Widerstands*pflicht* aus (»muz . . . wedersten«); zum zweiten ließ er diese Pflicht nicht erst im Falle völligen Rechtsverfalls gelten, sondern gegenüber jeder ungerechten Behandlung; und drittens schließlich betrachtete Eike das Widerstandsrecht als Teil eines Rechtsverhältnisses, und nicht nur als bloßes Notrecht in Extremsituationen. Auch damit näherte er sich bereits modernem Rechtsdenken, das den Widerstand aus seinem revolutionären Sinnzusammenhang herauslöst und rechtlich einzuhegen versucht.

3. Weitere wichtige und gerade für Juristen besonders interessante Aussagen im Sachsenspiegel, die ebenfalls von verblüffender Aktualität zu sein scheinen, betreffen das *gerichtliche Verfahren*[13], genauer: die Gleichheit im Prozeß. Schon damals galt offenbar das Prinzip der Gleichheit vor dem Richterstuhl. So lautet ein fast schon sprichwörtlicher[14] Satz (Ldr. III 30 § 2):

»Der Richter muß allen Leuten ein gleicher Richter sein«.

Damit wurde auch zum Ausdruck gebracht, daß er ein *gerechter* Richter sein müsse, somit »Gerechtigkeit gegenüber jedermann walten« zu lassen habe, dies umso mehr, als nach den Verfahrensregeln des Sachsenspiegels den Schöffen die eigentliche Rechtsfindung oblag und der Richter das Urteil nur zu bestätigen und zu verkünden hatte, es also weder selbst fällen, noch kritisieren durfte. Aber auch die Schöffen waren an den Gleichheitssatz gebunden, wie aus einer anderen Textstelle deutlich hervorgeht, wo es heißt (Ldr. III 69 § 2):

12 Dazu *Fritz Kern,* Gottesgnadentum und Widerstandsrecht im frühen Mittelalter, 1914.

13 Vgl. *Alexander Ignor,* Indiz und Integrität. Anmerkungen zum Gerichtsverfahren des Sachsenspiegels, in: Text-Bild-Interpretationen. Untersuchungen zu den Bilderhandschriften des Sachsenspiegels, I. Textband, hrsg. von Ruth Schmidt-Wiegand, München 1986, S.77 ff.;

14 Vgl. *Brigitte Janz,* Rechtssprichwörter im Sachsenspiegel. Eine Untersuchung zur Text-Bild-Relation in den Codices picturati, Frankfurt/M 1989, S.318 ff.

»Urteil sollen sie nüchtern finden über jedermann, er sei deutsch oder wendisch, leibeigen oder frei«.

Bemerkenswert ist hier zusätzlich, daß auch die Heimat der Parteien keine Rolle spielen durfte, ja noch nicht einmal ihr Stand. Sogar Leibeigene hatten vor Gericht die gleichen Rechte und den gleichen Anspruch auf Gehör wie eine Person freien Standes. Dem entspricht heute das Gleichheitsgebot in Artikel 3 des Grundgesetzes, wo es ebenfalls nicht nur heißt, daß »alle Menschen . . . vor dem Gesetz gleich« sind, sondern auch bestimmt wird, daß »niemand wegen . . . seiner Heimat und Herkunft . . . benachteiligt oder bevorzugt werden« darf. Und überall steht zu lesen, der Gleichheitssatz in dieser allgemeinen Form sei eine Errungenschaft erst der Französischen Revolution!

Sehr detailliert und überraschend modern geregelt ist auch die Frage, nach welchem *Recht* denn zu entscheiden sei. Zunächst hat jedermann vor dem König seinen allgemeinen Gerichtsstand. Und er bringt gleichsam sein eigenes Recht mit, d.h. ihm wird in der Regel nach den Gesetzen Recht zuteil, die in seinem Heimatland herrschen. Das gilt auch für den Angeklagten, der sich nach seinem angestammten Recht zu verantworten hat. Nur bei einem Streit um Liegenschaften soll das Recht desjenigen Ortes maßgebend sein, an dem sich das Grundstück befindet. So heißt es im Ldr. III 33 § 5:

»Der König soll auch über Grundeigentum richten, nicht jedoch nach des Mannes Rechten, sondern nach denen des Landes, in dem es gelegen ist«.

Damit ist praktisch nichts anderes geregelt als das, was man heute in § 24 der Zivilprozeßordnung den »Gerichtsstand der belegenen Sache« (forum rei sitae) nennt. Zugleich wird aber bei all diesen Bestimmungen deutlich, daß die Richter streng an das mündlich oder schriftlich überlieferte Recht gebunden waren, also jedenfalls nicht eigenmächtig davon abweichen konnten.

Diese strikte Rechtsunterworfenheit, wie sie uns im Mittelalter schon für die Volksrechte überliefert ist, hat ihren Grund in der tiefen Überzeugung vom sakralen Ursprung allen Rechts[15], der jeglichen Gedanken an eine Verfügbarkeit durch irdische Gesetzgeber oder Richter, wie sie später in der Epoche des Absolutismus vorausgesetzt wurde, von vornherein ausschloß. Daß die rechtsprechende Gewalt in Gestalt des Königs unabhängig und »nur dem Gesetz unterworfen« sei, wie dies in Artikel 97 des Grundgesetzes formuliert ist, gehörte also schon im Mittelalter zum festen Bestand einer Rechtskultur, die – danach lange Zeit in Vergessenheit geraten – erst vor etwas mehr als hundert Jahren »neu« entdeckt worden zu sein

15 So heißt es gerade im Sachsenspiegel (W 9v Prologus): »Got is selve recht, dar umme is im recht lip« (Gott ist selbst Recht/gerecht, drum ist ihm das Recht lieb). Vgl. dazu auch *Janz,* a.a.O. (Fn.14), S.344 ff.

schien und heute unter dem Banner des freiheitlichen Rechtsstaats wieder allgemeine Anerkennung gefunden hat.

4. Auch auf den Gebieten des Straf- und Strafprozeßrechts stellte der Sachsenspiegel eine bewundernswerte Pionierleistung dar, die in der Folgezeit von manch umfassenderer Kodifikation bis zum Beginn des 19. Jahrhunderts kaum wieder erreicht wurde. So kannte Eike v. Repgow bereits den Gedanken der *Schuldunfähigkeit*. Über schwangere Frauen durfte keine Todes- oder Leibesstrafe verhängt werden. Geisteskranke etwa konnten sich nicht strafbar machen; für sie haftete ihr Vormund (Ldr. III 3):

> »Man soll über keine Frau, die ein lebendes Kind trägt, höher als zu Haut und zu Haar richten. Über Geisteskranke und über Schwache soll man auch nicht richten; wem sie aber Schaden zufügen, dem soll es ihr Vormund bezahlen«.

Ähnlich bestimmt auch heute § 20 des Strafgesetzbuches, daß »ohne Schuld handelt, wer bei Begehung der Tat wegen einer krankhaften seelischen Störung, wegen einer tiefgreifenden Bewußtseinsstörung oder wegen Schwachsinns oder einer anderen seelischen Abartigkeit unfähig ist, das Unrecht der Tat einzusehen oder nach dieser Einsicht zu handeln«. Auch wenn zu Zeiten des Sachsenspiegels die Dogmatik des Strafrechts noch nicht entfernt soweit entwickelt war, daß man wie heute zur Strafbarkeit ein tatbestandsmäßiges, rechtswidriges und schuldhaftes Handeln verlangte, ist doch jedenfalls schon ein Bewußtsein vom Mindesterfordernis der Schuldfähigkeit vorhanden, das später in den Grundsatz: »Keine Strafe ohne Schuld« (nulla poena sine culpa) einmündet, wie ihn gegen Ende des 18. Jahrhunderts erstmals der große italienische Strafrechtsreformer *Caesare Beccaria* formuliert hat.

Besonders einfühlsam ging Eike mit der durch *Gefangenschaft* hervorgerufenen Zwangssituation um: Versprechen, Gelöbnisse oder sonstige Rechtshandlungen eines Gefangenen, in der Unfreiheit abgegeben, sollten wirkungslos sein (Ldr. III 41 § 1):

> »Eines jeden Gefangenen Versprechen – während der Gefangenschaft gelobt – ist nach bestehendem Recht nicht bindend«.

Geständnisse im Gefängnis brauchten also gar nicht erst widerrufen zu werden; sie hatten für ein Gerichtsverfahren schon von vornherein keinerlei Beweiskraft[16].

16 Die einzige Ausnahme bildete ein »Treuwort« des Gefangenen, nach einer Beurlaubung zur Teilnahme am Gerichtstag freiwillig in die Gefangenschaft zurückzukehren. Auch Gefangene waren danach ehr- und treuefähig. *Ernst Gottfried Mahrenholz,* dem diese Festschrift gewidmet ist, hat sich als Verfassungsrichter ebenfalls energisch für rechtsstaatliche Haftbedingungen eingesetzt und ist in seinem ersten »Sondervotum« mit Entschiedenheit der Auffassung entgegengetreten, bei der Gewährung von Hafturlaub dürfe auch die Schwere der Tatschuld noch mitberücksichtigt werden (vgl. BVerfGE 64, 285 ff.).

Heute ist man da durchaus großzügiger. Es wird in solchen Fällen höchstens ein Beweisverwertungsverbot angenommen, und zwar namentlich dann, wenn sich die Strafverfolgungsbehörden verbotener Vernehmungsmethoden bedient haben, d.h. wenn etwa ein Geständnis durch Täuschung, Quälerei oder Zwang erlangt worden ist (vgl. § 136 a der Strafprozeßordnung). Welche Untiefen an Rechtsvergessenheit mußte die Entwicklung des Strafverfahrens, namentlich im sog. Inquisitionsprozeß mit dem offiziell anerkannten Instrument der Folter, noch durchschreiten, bis sie wieder zu den humanen und menschenwürdigen Strafverfolgungsmethoden der Moderne zurückfand.

5. Das gilt nicht zuletzt auch für den Anspruch auf *rechtliches Gehör,* wie er heute in Artikel 103 Absatz 1 des Grundgesetzes verankert ist und der nicht nur das Recht umfaßt, mit seinem Anliegen bei Gericht selbst Gehör zu finden, sondern auch die Bedingungen der Möglichkeit, das gegnerische Vorbringen verstehen und dem Verlauf der Verhandlungen folgen zu können. Auch in diesem Punkte kann der Sachsenspiegel als Vorbild bezeichnet werden. Denn nach Ldr. III 71 §§ 1, 2 brauchten schon damals fremdsprachige Angeklagte, also Ausländer, die kein Deutsch verstanden, nur am Verfahren teilzunehmen, wenn das Gericht in ihrer Muttersprache verhandelte:

> »Jedermann, den man beschuldigt, kann sich weigern zu antworten, wenn man ihn nicht in seiner Muttersprache beschuldigt, wenn er Deutsch nicht versteht und dies beschwört. Beschuldigt man ihn dann in seiner Sprache, so muß er antworten oder es muß sein Vorsprecher dies für ihn tun, so daß es der Kläger und der Richter verstehen. Hat er aber auf Deutsch geklagt oder geantwortet oder Urteil gefunden vor Gericht, und kann man ihm dies nachweisen, so muß er auf Deutsch antworten, außer vor dem König, denn dort hat jeder das Recht nach seiner Geburt«.

Ähnlich wird das Verständigungsproblem vor Gericht auch heute noch geregelt, wobei man den Anspruch auf eine Verhandlung in der Muttersprache sogar als modernes Menschenrecht feiert. Nach § 185 des Gerichtsverfassungsgesetzes hat das Gericht die Pflicht, einen Dolmetscher hinzuzuziehen, wenn »unter Beteiligung von Personen verhandelt« wird, »die der deutschen Sprache nicht mächtig sind«. Diese Beiziehung kann nur unterbleiben, wenn die beteiligten Personen sämtlich in der fremden Sprache bewandert sind. Der gleiche Gedanke liegt seit dem Jahre 1952 inzwischen sogar der »Europäischen Konvention zum Schutze der Menschenrechte und Grundfreiheiten« zugrunde, wonach gemäß Artikel 6 Abs. 3 Buchst. d jeder Angeklagte das Recht hat, die unentgeltliche Beiziehung eines Dolmetschers zu verlangen, wenn er die Verhandlungssprache des Gerichts nicht versteht oder sich nicht darin ausdrücken kann. Gerade dieses letztgenannte Beispiel bestätigt erneut jene schon für die territoriale Verbreitung des Sachsenspiegels gewonnene Erkenntnis: auch seinem Inhalt nach ist es ein - im wahrsten Sinne des Wortes - »europäisches« Rechtsbuch.

IV. Ausblick

Häufig ist zu lesen, daß die Geschichte der Menschen- und Bürgerrechte im neuzeitlichen Sinn mit der »Magna Charta Libertatum« von 1215 auf englischem Boden begonnen habe[17]. Erst später seien einzelne Staaten des Kontinents gefolgt, allen voran die Mark Brandenburg im »Vergleich mit den brandenburgischen Ständen« von 1472 und das Herzogtum Württemberg mit dem »Tübinger Vertrag« von 1514. Zieht man in diesem Zusammenhang jedoch die genannten Regelungen des Sachsenspiegels mit in Betracht, der kurz nach der »Magna Charta« entstanden ist, so hätte dieses Rechtsbuch eigentlich viel eher als jene anderen Herrschaftsverträge die Auszeichnung verdient, Vorläufer der modernen Rechtskultur mit ihren Menschen- und Bürgerrechten zu sein. Ging es doch in den genannten Verträgen weniger um Individualrechte, als um Freiheiten der Stände, um Privilegien, die dem einzelnen nur kraft Standeszugehörigkeit verbürgt waren, also »um die Verteidigung herkömmlicher Rechtsgewohnheiten«[18]. Dagegen kannte der Sachsenspiegel, wie im einzelnen dargestellt, längst schon derartige *individuelle* Menschenrechte, die jedermann insbesondere allem vor Gericht für sich in Anspruch nehmen konnte - gleichgültig, zu welchem Stand er gehörte, und unabhängig davon, ob er frei oder leibeigen, In- oder Ausländer, Christ oder Heide war. So gesehen müßten vermutlich einige Geschichtsbücher umgeschrieben werden. Denn gerade im Hinblick auf die moderne Geschichte der Menschen- und Bürgerrechte läßt sich sagen, daß uns heute der Sachsenspiegel rückblickend in vieler Hinsicht als Vorbild erscheint, so daß es keineswegs übertrieben ist, abschließend festzustellen: der »Spegel der Sassen« war in wesentlichen Teilen die *Magna Charta* des Heiligen Römischen Reiches Deutscher Nation.

17 Vgl. *Fritz Hartung*, Die Entwicklung der Menschen- und Bürgerrechte von 1776 bis zur Gegenwart, 3. Aufl., Göttingen 1964, Einführung S. 10, der hier immerhin von einem »Ansatz zu der späteren Entwicklung der individuellen Menschenrechte« spricht.

18 So *Dietmar Willoweit*, Deutsche Verfassungsgeschichte, 2. Aufl., München 1992, S. 115.

Ausnahmslos und vorbehaltlos geltende Grundrechtsgarantien

Peter Lerche

I. Die Schutzrolle des Staates und die Ausnahmelosigkeit von Grundrechtsgarantien

Der Betrachter der deutschen Grundrechtsordnung vermag sich nur vordergründig an klaren, handfesten Aussagen zu erfreuen. Blickt er hinter den Text, begegnet ihm ein dichtes Interpretationsgespinst, das die meisten Grundrechtsnormen einhüllt und schwer überschaubar macht. Für die Beurteilung künftig aktuell werdender Einzelfälle wird ein Anwalt seine Hand nur selten ins Feuer legen, selbst dann nicht, wenn scheinbar präzise Präjudizien vorhanden sind; muß er doch damit rechnen, daß Deutungen, die bislang etwa nur in Sondervoten niedergelegt sind, zumal einem solchen aus der Feder von *Mahrenholz,* demnächst triumphieren und zur - vorerst - maßgeblichen Auslegung erstarken.
Verantwortlich für diese Unsicherheit sind Umstände sehr unterschiedlicher Provenienz und ungleichen Ranges. Fast alle von ihnen befördern die Einzelfallbezogenheit der Grundrechtsauslegung. Der normale Grundrechtsalltag wird zwar nach wie vor durch generelle Rechtsgewährleistung und ebenso generelle Grenzziehung beherrscht. Wo aber wie in den meisten *Streit*fällen Einzelfall-Beurteilung dominiert, überwindet sie manche Kanten der Grundrechtsnormen. Sie kann die Potenz gewinnen, grundrechtliche Aussagen zu bloßen Richtpunkten herabzustufen. Hauptursache dürfte sein, daß der Staat immer intensiver in seiner tragenden *Schutz*rolle hervortritt: Er wird ganz zentral als Schützer von rechtlich als schutzbedürftig anerkannten Positionen begriffen, gleich woher die Bedrohung kommt.[1] Da diese Positionen (namentlich der Bürger selbst) von Fall zu Fall in unabsehbarer Weise kollidieren können, wird die einzelfallbezogene Handhabung der Grundrechtsordnung zur unentwegten Suche nach verhältnismäßigem Ausgleich.
Eine solche Gewichtsverlagerung kann »ausnahmelose« Grundrechtsbastionen nur ausnahmsweise anerkennen. Soweit sie bestehen, wird zwar ein sicherer Halt geboten. Unterschätzt werden sollte dies nicht. Quantitativ bleibt ihre Zahl aber tatsächlich gering. Selbst wenn der Text der Verfassung starre, einschränkungslose Grundrechtssubstanzen vorgibt - zumeist regen sich kollidierende Schutzbedürfnisse. Die Art, wie die vorherrschenden Betrachtungsweisen dem begegnen,

1 Umfassend *Isensee,* Das Grundrecht als Abwehrrecht und als staatliche Schutzpflicht, in HStR, V, 1992, § 111, bes. Rn. 77 ff. m.v.w.A.

befriedigt allerdings nicht vollständig. Dies etwas aufzuschlüsseln, legt es nahe, im folgenden verschiedene Schichten einschlägiger Grundrechtsaussagen zu unterscheiden.

II. Ostentativ ausnahmslos geltende Garantien

Zunächst seien jene Grundrechts- (oder grundrechtsgleiche) Normen herausgehoben, denen die Verfassung ihre Ausnahmslosigkeit sozusagen auf die Stirn geschrieben hat.

1. Neben der Unantastbarerklärung der Menschenwürde (Art. 1 Abs. 1 Satz 1) ist vor allem zu denken an die Abschaffung der Todesstrafe (Art. 102), das Zensurverbot (Art. 5 Abs. 1 Satz 3), das Verbot des Entzugs der deutschen Staatsangehörigkeit (Art. 16 Abs. 1 Satz 1), das Auslieferungsverbot (des Art. 16 Abs. 2), wie aber auch - textlich zusätzlich unterstrichen - an die allgemeine Wesensgehaltssperre (des Art. 19 Abs. 2). Trotz sektoraler Einschränkung läßt sich wohl auch die Rechtsweggarantie des Art. 19 Abs. 4 GG in dieser herausgehobenen Kategorie befestigen. Weitere Beispiele finden sich in Gestalt von Annexaussagen, wie etwa im absoluten Verbot des Waffendienstes von Frauen (Art. 12 a Abs. 4 S. 2). Bei diesen Annexaussagen wird allerdings die Grenze flüssig zu bloßen Tatbestandsmerkmalen (innerhalb eigenständiger Grundrechtsnormen), und zwar solchen, die für sich selbst keinen staatlichen Zugriff ermöglichen. - Trotz geringer Quantität bildet dies ein, im Ganzen gesehen, stattliches Gerüst auf Ausnahmslosigkeit pochender Grundrechtsaussagen. Im Meere des Relativierens und Ausgleichens dürfte es eher zu gering geachtet werden. Unzuträgliche Konsequenzen können durch einengende Interpretationen des Schutzbereichs regelmäßig vermieden werden.[2] Das ist noch keine wirkliche Relativierung.

2. Indessen frißt sich sogar bei diesen ostentativ als ausnahmslos garantierten Grundrechtspositionen die wirkliche, die substantielle Relativierung hier und da schon ein. So ist es etwa die Frage, ob die vom Bundesverfassungsgericht bestätigte (und durch restriktive Auslegung des Zensurbegriffs und des sonstigen Schutzbereichs erkaufte[3]) Ausnahmslosigkeit des *Zensurverbots*[4] tatsächlich durchgehalten werden kann; vor allem dann, wenn zwingenden Gründen des Jugendschutzes durch bloße Verbreitungsbeschränkungen nicht mehr Herr zu werden ist. Auch die *Rechtsweggarantie* muß ihrer Natur nach Relativierungen durch die Tatsache mehrpoliger Rechtsverhältnisse und ähnliche Bedingtheiten hinneh-

2 So etwa wird betont, daß Art. 16 Abs. 1 Satz 1 dadurch entschärft ist, daß der Bestand der deutschen Staatszugehörigkeit ohnehin (gemäß S. 2) unter Gesetzesvorbehalt steht.

3 Siehe bes. BVerfGE 33, 52 (71 f.: nur Vorzensur); 27, 88 (102: kein Anspruch für Rezipienten).

4 BVerfGE 33, 52 (72: »keine Ausnahmen«, »kategorisches Verbot«). Die umstrittene Frage, ob das Zensurverbot ein eigenständiges Grundrecht darstellt oder zu den Annexaussagen gerechnet werden muß (vgl. BVerfGE 27, 88, 102), darf auf sich beruhen bleiben.

men;[5] hier kann aber wohl noch ein »Kern verfassungsfester Unverzichtbarkeiten« festgehalten werden, um den sich »Zonen verfassungskonkretisierender einfachgesetzlicher Ausgestaltung« lagern.[6]
Zu hoffen bleibt, daß insbesondere das Verbot der *Todesstrafe* allen Anfechtungen standhält. In ihm äußert sich die verbindliche Bewertung der Verfassung, daß seine Aufhebung unter keinen Umständen auch nur »geeignet« sein könnte, legitimen Schutzbedürfnissen Rechnung zu tragen - wie immer man das Verhältnis zu Art. 1 Abs. 1 GG sehen mag. Eben deshalb ist es unrichtig, ja verfälschend, Vorgänge wie etwa die Ermöglichung des sogen. finalen Rettungsschusses in die Nähe der Todesstrafe zu rücken.
Widersetzen sollte man sich auch den Versuchen, das durch den Verfassungstext als absolut unterstrichene Verbot der *Antastung des Wesensgehalts* im Sinne des Art. 19 Abs. 2 GG zu relativieren und in den Strudel der Abwägungen hineinzuziehen. Das geschieht häufig; insbesondere dann, wenn dieses Verbot auf die Beachtung des Verhältnismäßigkeitsprinzips reduziert wird. Zwar neigen Stimmen von besonderem Gewicht zu einer solchen Lesart.[7] Zu solchen oder ähnlichen Verflüssigungen ist man gezwungen, bezieht man das Verbot der Wesensgehaltsantastung auf den einzelnen Grundrechtsträger. Das ist in der Tat nicht als kategorische Schranke aufrechtzuerhalten.[8] Deutet man den Wesensgehalt nur im »institutionellen« Sinn und koppelt dieses zurückhaltende Verständnis andererseits mit der ohnehin hier überall eingreifenden Geltung des Verhältnismäßigkeitsgebots, dürfte dem Richtigen nähergekommen sein. Weder ist man gezwungen, die Härte der Sperre preiszugeben, noch zeigt sich der Schlund einer unzuträglichen Lücke.[9] Namentlich ist mit diesem Verständnis die Auffassung verträglich, daß unter besonderen Umständen auch die Beseitigung nur einzelner subjektiver Grundrechtspositionen das Institut des Grundrechts als Ganzes erschüttern kann.[10]
3. Eine besondere Position innerhalb dieser Kategorie nimmt die Gewährleistung der *Menschenwürde* ein. Die dafür streitenden Gründe müssen nicht unterstrichen werden. Indessen sollte man sich darüber klar sein, daß das derart für

5 Dazu *Schmidt-Aßmann* in Maunz/Dürig, Grundgesetz, Art. 19 Abs. IV, bes. Rn. 3 f., 273, 275. In seinen Augen verpflichtet Art. 19 Abs. 4 GG zu »ausgewogenem Rechtsschutz« (Rn. 4).
6 *Schmidt-Aßmann* a.a.O., Rn. 4.
7 Siehe *K. Hesse,* Grundzüge des Verfassungsrechts der Bundesrepublik Deutschland, 18. Aufl., 1991, Rn. 332, der dem Übermaßverbot allerdings seinerseits »absoluten Schutz« abgewinnen will.
8 Bei der Frage der lebenslangen Freiheitsstrafe (BVerfGE 45, 187, 270 f.) konnte das Gericht der Problematik noch durch spezielle entstehungsgeschichtliche Erwägungen ausweichen. Auf diese Entscheidung beruft sich - in anderen Zusammenhängen - das Sondervotum *Mahrenholz* BVerfGE 64, 261 (285 ff., 297 ff.); zum Problem der lebenslangen Freiheitsstrafe siehe auch sein Sondervotum BVerfGE 86, 288 (340 ff.).
9 Näher *Lerche,* Grundrechtsschranken, in HStR, V, 1992, § 122, Rn. 27 ff.
10 A.a.O., Rn. 29.

»unantastbar« Erklärte[11] seine schärfste Herausforderung und Bewährungsprobe noch nicht bestanden hat - vielleicht nicht die Kraft finden wird, sie bestehen zu können: Wie, wenn sich Fälle ereignen sollten, bei denen die strikte Wahrung des hiernach absolut Gebotenen unausweichlich mit der Gefahr des Verlusts einer größeren, u.U. sehr großen Zahl von Menschenleben verknüpft ist? Derartige Sachverhalte, die sich nicht nur bei terroristischen Unternehmen denken lassen, sind uns bislang erspart geblieben; daß die Wahrscheinlichkeit ihrer künftigen Verwirklichung ansteigt, wird verdrängt. Verdrängt wird auf diese Weise der wohl früher oder später auf den Staat zukommende entscheidende Härtetest. Wird uns die Sicherheit, in einem Staate zu leben, der jedem einzelnen die absolute Gewähr der Achtung seiner Würde auch tatsächlich bietet, mehr wert sein als ein zu besorgendes unermeßliches Opfer?

Aushilfen durch Konstruktionen über Staatsnotwehr oder private Notwehr u.ä. müssen hier, nimmt man die Absolutheit ernst,[12] versagen.[13] Einen gewissen Spielraum kann sich der Staat allerdings durch die Analyse verschaffen, daß ein und dasselbe staatliche Einwirken, je nachdem unter welchen näheren Bedingtheiten es zu verantworten ist, in dem einen Fall als Verstoß gegen Art. 1 Abs. 1 GG gewertet werden müßte, in anderen Fällen diesem Verdikt entgeht.[14] Damit erhält man Luft. Daß aber auch diese Relativierung auf Grenzen stößt, liegt auf der Hand.

Gelegentlich wird zwar daran gedacht, daß Kollisionen der Achtung der Menschenwürde des einen mit jener des anderen entstehen könnten.[15] Dies mag nicht unvorstellbar sein,[16] eine »Ausgleichs«lösung dürfte freilich dadurch kaum Konturen gewinnen. Jedenfalls bietet diese Konstruktion für die viel wahrscheinliche-

11 *Kloepfer,* Grundrechtstatbestand und Grundrechtsschranken in der Rechtsprechung des Bundesverfassungsgerichts, in BVerfG-Festgabe, II, 1976, S. 405 ff., 412 ff., vermag wohl kaum zu überzeugen, wenn er der Judikatur zu Art. 1 Abs. 1 GG ein schrankenähnliches Denken entnehmen möchte (vgl. auch Fn. 18).

12 Textvergleiche bei *Häberle,* Die Menschenwürde als Grundlage der staatlichen Gemeinschaft, in HStR, I, 1987, § 20, Rn. 1 ff.

13 Zu Recht weisen etwa *Podlech* im AK-GG, Art. 1 Abs. 1, Rn. 73, *Starck* in v. Mangoldt/Klein/Starck, GG, Bd. 1, 3. Aufl. 1985, Art. 1 Abs. 1, Rn. 20 u.a. derartige Vorstellungen von Staatsnotwehr bzw. Staatsnotstand (vgl. etwa *H. C. Nipperdey,* Die Würde des Menschen, in: Die Grundrechte, II, 1954, S. 1 ff., 22) zurück. Auf private Notwehr u.ä. vermag man sich bei Ausübung hoheitlicher Befugnisse nicht zu berufen, da hier das öffentlich-rechtliche Sonderrecht das allgemeine Recht überlagert; daher kommt es nicht darauf an, ob mit der Vorstellung privater Eingriffe dieser Art operiert werden könnte, was ohnehin in Konflikt mit dem absoluten staatlichen Schutzgebot aus Art. 1 Abs. 1 S. 2 GG geraten dürfte.

14 Zur Situationsbedingtheit der Berufung auf Menschenwürde etwa *Starck* a.a.O. (Fn. 13), Rn. 20.

15 Siehe etwa *Starck* a.a.O. (Fn. 13), Rn. 21; vgl. auch *Pieroth/Schlink,* Grundrechte, Staatsrecht II, 8. Aufl. 1992, Rn. 418.

16 Schlechthin keinen Raum für derartige Konflikte sehen wohl zu Unrecht *Jarass,* in Jarass/Pieroth, GG, 2. Aufl. 1992, Art. 1, Rn. 10; *Kunig* in v. Münch/Kunig (Hrsg.), GG-Kommentar, 4. Aufl., 1992, Art. 1 Rn. 4.

ren Sachverhalte der vorbezeichneten Art keine Hilfe. Trotz einiger etwas unklarer Formulierungen in der Judikatur[17] beeinträchtigt die Opferung von Menschenleben als solche nicht automatisch Art. 1 Abs. 1 GG.[18] Andernfalls wäre für den Gesetzesvorbehalt des Art. 2 Abs. 2 Satz 3 GG kein Platz.

Man mag auch folgendes erwägen: Der staatliche Bewegungsraum für das Ob und das Wie des Schutzes, wie er u.U. sogar bei Gefährdung des Lebens einzelner Personen besteht,[19] könnte sich bei Gefährdung zahlreicher Personen (z.B. bei Erpressungsversuchen mit Drohung der Vernichtung ganzer Stadtteile) zu einem zwingenden staatlichen Schutzgebot[20] umwandeln. Ob die Annahme eines solchen Umschlagens von Quantität in Qualität, eine Art zusätzliches »Untermaßverbot«, wirklich überzeugt, ist allerdings schon von Haus aus fraglich. Doch darf dies dahingestellt bleiben; denn selbst das zwingendste, konkreteste und gravierendste staatliche Schutzgebot kann nicht mit dem Instrument des Einbruchs in die Menschenwürde operieren, soll die Absolutheit deren Schutzes bewahrt bleiben. Kann sie es wirklich? Eine Scheinlösung ist es, darauf zu verweisen, hier seien die Grenzen des rechtlich zu Ordnenden erreicht. Im vorstellbaren Einzelfall bedarf es der rechtlichen Entscheidung. Der Staat kann sich nicht auf die Vorstellung einer Art Letztverantwortung zurückziehen, die auch Rechtswidriges hinnimmt.[21]

Die Schwierigkeit der hier vor Augen stehenden Konstellationen unterstreicht eines: Bedenklich ist es, das Schutzgut des Art. 1 Abs. 1 GG auslegungsmäßig in einer Weise auszudehnen, die Kollisionsverhältnisse geradezu aufdrängen muß. Das will namentlich bedacht sein, reagiert man auf neue Entwicklungen und Möglichkeiten in Wissenschaft und Technik durch alsbaldigen Rückgriff auf Art. 1 Abs. 1 GG. Einer solchen Verführung sind aus jüngerer Zeit beispielsweise Versuche erlegen, für den Bereich der Humangenetik gewisse Grenzziehungen spe-

17 Siehe bes. BVerfGE 39, 1 (41).

18 Erst recht ist das Leben der Güter höchstes nicht, woran etwa *Stern,* Menschenwürde als Wurzel der Menschen- und Grundrechte, in: Scupin-FS, 1983, S. 627 ff. = Der Staat des Grundgesetzes, 1992, S. 219 ff., 225 erinnert; anders *Kloepfer* a.a.O. (Fn. 11), S. 412, der das menschliche Leben über Art. 1 Abs. 1 GG hinausheben will (hiergegen etwa - für viele - *Kunig* a.a.O., Fn. 16, Rn. 4, *Starck* a.a.O., Fn. 13, S. 41; *Stern* a.a.O. sowie in Das Staatsrecht der Bundesrepublik Deutschland, III/1, 1988, S. 23 f.).
Zutreffend wird das Verhältnis zwischen Art. 2 Abs. 2 und Abs. 1 GG gesehen etwa von *D. Lorenz,* Recht auf Leben und körperliche Unversehrtheit, in HStR, VI, 1989, § 128, Rn. 40.

19 Vgl. den Fall Schleyer BVerfGE 46, 160, der seine Verwandtschaft mit dem allgemeinen Aufopferungsprinzip nicht verhehlen kann. Wiewohl die Argumentation der Entscheidung (a.a.O. 164 f.) den Eindruck erweckt, der staatliche Bewegungsraum entfalte sich nur beim Wie, nicht beim Ob des Schutzes, zeigt das Ergebnis für diesen wie für andere Fälle der Aufopferung das Gegenteil.

20 Allgemein zu staatlichen Schutzpflichten für das Leben etwa *Stern* (Fn. 18), Staatsrecht, III/1, S. 1054 ff.

21 So aber die Situation für die Frau nach der Abtreibungsentscheidung BVerfGE 88, 203 (mit Sondervotum *Mahrenholz/Sommer* a.a.O., 338 ff.).

ziell aus Art. 1 Abs. 1 GG zu gewinnen.[22] Solche Schranken können an sich wünschenswert sein; ihre Einbettung in Art. 1 Abs. 1 GG wirkt aber vorschnell und gefährlich. Damit leistet man keinen guten Dienst; denn häufig werden dann besondere Konstellationen Ausnahmen zu erzwingen trachten. Auch hat man etwa bei der Absicherung des ungeborenen Lebens mitunter zu voreilig auf Art. 1 Abs. 1 zurückgegriffen.

Die Konturen des Art. 1 Abs. 1 GG sind also von Haus aus eng zu halten. Verwischt wird dies nicht zuletzt durch einen unkontrollierten Gebrauch der beliebten Formel: Art. 2 (Abs. 1 bzw. Abs. 2) usw. *»in Verbindung mit* Art. 1 Abs. 1« GG.[23] Die Formel wird an sich legitim verwendet, soll sie zur Sprache bringen, daß übergreifende Lebenssachverhalte teilweise auch vom absoluten Schutzbereich des Art. 1 Abs. 1 GG erfaßt werden. Und ebenso, wenn gemeint ist, daß sich ein geschütztes Verhalten in besonderer Nähe zu Art. 1 Abs. 1 GG befinde und daher für Einschränkungen besonders schwerwiegende Gründe vorliegen müßten. Aber schon diese Mehrdeutigkeit der Formel widerrät ihrer nicht näher präzisierten Verwendung. Besonders abträglich ist ihr Gebrauch dann, wenn eine vage Zwischenzone suggeriert werden soll, bei der nicht klar ist, ob man nun die Absolutheit des Art. 1 Abs. 1 GG beanspruchen will oder nicht.

III. Sonstige ausnahmslos geltende Garantien

Eine zweite Dimension an ausnahmslos geltenden (oder doch so postulierten) grundrechtsrelevanten Garantien kennzeichnet sich in etwas anderer Weise. Der Verfassungstext betont die Ausnahmelosigkeit hier nicht eigens; der zutreffend verstandene Inhalt der einzelnen Norm jedoch läßt für einen anderen als einen ausnahmslosen Geltungsanspruch keinen Raum.

1. Das gilt, abgesehen von Sonderfällen,[24] vor allem für alle diejenigen Normen, die sich als Konkretisierungen des durchgreifenden *Willkürverbots* darstellen – aber auch nur, soweit sie dies tun. Daß der Staat aus irgendwelchen Schutzgründen heraus zu willkürlichem Verhalten verpflichtet sein könnte, wäre ein Widerspruch in sich. Das setzt aber sozusagen nackte Willkür voraus. Schon die Absolutheit des Gleichheitssatzes ist nur unter dieser Voraussetzung hinzunehmen: absolut ist die Gleichheitsverpflichtung nur, soweit sie sich als reines Willkürver-

22 Dazu meine Kritik: Verfassungsrechtliche Aspekte der Gentechnologie, in: Lukes/Scholz (Hrsg.), Rechtsfragen der Gentechnologie, 1986, S. 88 ff., 99 ff. Zu unterstreichen ist aber die Feststellung *Baduras,* Staatsrecht, 1986, S. 87: »Soweit die Grenzen der ›Gentechnologie‹ (Humangenetik) durch Grundrechte bestimmt werden, übernimmt Art. 1 Abs. 1 GG die Rolle eines allgemeinen Indikators der unabweisbaren ethischen Bedingungen des wissenschaftlichen Fortschritts«.

23 Material etwa bei *Schmitt Glaeser,* Schutz der Privatsphäre, in HStR, VI, 1989, § 129, Rn. 7 ff.; siehe aber auch etwa *Häberle* a.a.O. (Fn. 12), Rn. 21.

24 Siehe etwa Art. 17 GG (ungeachtet Art. 17 a Abs. 1 GG).

bot begreifen läßt. Dort, wo dies zweifelhaft werden kann, wie teilweise innerhalb des Feldes des Art. 3 Abs. 3 GG, sind einige Auslegungskunststücke, zu denen sich die Judikatur gezwungen glaubte, um die Rigidität der Norm durchzuhalten, in eher unguter Erinnerung.[25]

Absolute Geltung beanspruchen in ihrem Bereich normalerweise auch die *justiziellen Grundrechte.*[26] Auch dies scheint schon dann und insoweit glatt aufzugehen, als sie sich lediglich als Konkretisierungen des Willkürverbots begreifen lassen - so sollen z.B. unrichtige judikative Bestimmungen des gesetzlichen Richters (Art. 101 Abs. 1 S. 2 GG) nur im Willkürfall verfassungsrechtlich relevant werden.[27] Indessen darf man dies nicht zu sehr verallgemeinern und unbesehen auf weitere justizielle Grundrechte ausdehnen. Die Willkürformel sollte die in den Einzelgrundrechten angelegten, jeweils unterschiedlichen Schutzgrenzen nicht nivellieren.[28] Soweit aber tatsächlich eine Reduzierung auf Willkür angezeigt ist, kann es nicht gleichzeitig richtig sein, diese im Ergebnis aufzuweichen. Man erinnert sich, daß dem Bundesfinanzhof bescheinigt wurde, eine einschlägige Entscheidung, die gewiß nicht nur als schlechthin unvernünftig empfunden werden konnte, führe in Gestalt »objektiver Willkür« zum Verlust des gesetzlichen Richters.[29]

2. Besonders angreifbar wirkt die (zurückliegende) Rechtsprechung des Bundesverfassungsgerichts an einer zugespitzten Stelle; und zwar dort, wo versucht wird, Ausnahmen von der Formalität der grundrechtsgleichen Prinzipien der *»gleichen« und »allgemeinen« Wahl* zu begründen. Zunächst wird einleuchtend die Formalität dieser Prinzipien in Abhebung vom allgemeinen Gleichheitssatz betont.[30] Die anzuerkennenden Ausnahmen werden aber dann dadurch - der Sache nach - zu legitimieren gesucht, daß sich eben wegen der Verbindung mit dem allgemeinen Gleichheitssatz letztlich »ein gewisser Spielraum« für sachdienliche Ausnahmen auftue; - wobei diese aber allerletztlich doch wiederum einer »besonderen« Rechtfertigung bedürften.[31] Diese mehrfach in sich verschlungene Argumentation ist offenbar prozessual motiviert, vermag indes nicht zu befriedigen.[32]

25 Wenn freilich etwa BVerfGE 75, 40 (70) erklärt, das Verbot des Art. 3 Abs. 3 GG gelte »nicht absolut«, so soll damit nur die Bedeutung des Tatbestandsmerkmals »wegen« unterstrichen werden.

26 Nach *Schmidt-Aßmann* (in Maunz/Dürig, GG, Art. 103 Abs. II, Rn. 177) ist »Art. 103 Abs. 2 GG selbst einer begrenzten Abwägung nicht zugänglich« (freilich nur innerhalb seines wohlverstandenen Schutzbereichs).

27 Z.B. BVerfGE 67, 90 (95).

28 *Schmidt-Aßmann* a.a.O. (Fn. 26), Art. 103 Abs. II, Rn. 175 (vgl. auch Art. 103 Abs. I, Rn. 11) mit Hinweis auf *P. Kirchhof,* Objektivität und Willkür, in Geiger-FS, 1989, S. 82 ff., 109; vgl. auch die Kritik *Kirchhofs,* Der Europäische Gerichtshof als gesetzlicher Richter im Sinne des Grundgesetzes DStR 1989, 551 ff., 553 f.

29 Siehe BVerfGE 75, 223 (245).

30 Z.B. BVerfGE 4, 375 (382).

31 Z.B. a.a.O., 382 f.

32 Für viele siehe z.B. kritisch *H. Meyer,* Wahlgrundsätze und Wahlverfahren, in HStR, II, 1987, S. 38, Rn. 23 f.

Sie setzte voraus, daß man sich die Verbindung zum Gleichheitssatz chamäleonhaft vorzustellen hätte. Doch schließt es die Betonung der Formalität aus, im selben Atem auf jene Grenzen des allgemeinen Gleichheitssatzes zurückzugreifen (wenn auch nur in eingeschränkter Weise), die mit dieser Formalität unvereinbar sind. (Die Rechtfertigung muß und kann in anderer Gestalt gelingen.)

IV. Garantien mit unzureichenden Gesetzesvorbehalten

Eine dritte Kategorie sei hier nur kurz berührt. Sie wird durch jene Fälle gebildet, in denen ein geschriebener Gesetzesvorbehalt zwar vorhanden, sein Gebrauch indes an *speziellere Bedingungen* geknüpft ist. Soweit diese konkreteren Voraussetzungen ausscheiden, scheint die Garantie, siegessicher kraft Umkehrschlusses, ausnahmslos zu wirken. Gleichwohl kann sich die Situation einstellen, daß die vorgesehenen Möglichkeiten nicht ausreichen, um wirklich zwingenden Schutzpflichten des Staates zu genügen. Das kommt – etwa bei Art. 11 Abs. 2, wohl auch bei Art. 13 Abs. 3 GG[33] – vor allem dann in Betracht, wenn sich die historische Ausgangslage, unter deren Einfluß der Grundgesetzgeber die Einschränkungsmodalitäten formulierte, gewandelt hat. Dann können neue stringente Schutzbedürfnisse entstanden sein. Ihnen kann u.U. nicht anders als durch zusätzliche Einschränkungen Rechnung getragen werden. In diesen Fällen mag jener normale Umkehrschluß versagen. Der Panzer des grundrechtlichen Schutzbereichs läßt hier wohl Lücken.[34]

Gleichwohl wäre ein verfrühter Einsatz dieser Konstruktion unzulässig; namentlich ist die Möglichkeit von Verfassungsänderungen in die Gesamtrechnung einzubeziehen. Wollte man etwa ungeschrieben die Ermächtigung des Art. 10 Abs. 2 S. 2 GG (mit Art. 19 Abs. 4 S. 3 GG) zu erweitern suchen, stieße dies zu Recht auf Ablehnung; so gewichtig die Gründe auch immer sein mögen.

V. Vorbehaltlos geltende Garantien

Als vierte (und letzte) Kategorie seien jene Grundrechtsnormen genannt, die häufig mit der Formel *»vorbehaltlos, aber nicht schrankenlos«* zusammengefaßt werden. Gemeinsam ist ihnen, daß der Verfassungstext Einschränkbarkeiten nicht kennt, sie dennoch nicht als eherne, ausnahmslose Sätze begriffen werden wollen.

1. Die Schicht dieser Grundrechtssätze ist allerdings schon in sich vielgestaltig. Die Garantie der freien Wahl des Berufs (Art. 12 Abs. 1 Satz 1 GG) ist wegen ihrer spezifischen Verknüpfung mit der Ermächtigung zur Berufsausübungsregelung

33 Vgl. beschränkt auf kollidierendes Verfassungsrecht etwa *Jarass* (Fn. 16), Art. 13, Rn. 14.
34 Dazu *Lerche,* a.a.O. (Fn. 9), Rn. 14 f., 23.

(Satz 3) vorweg ein Sonderfall. Weniger interessant ist auch die hier gelegentlich angeführte Versammlungsfreiheit in geschlossenen Räumen (Art. 8 Abs. 1 GG). Daß sie von Einschränkungen nichts weiß, beruht wohl darauf, daß das Grundgesetz für kollidierende Schutzbedürfnisse hier keine Substanz zu sehen brauchte. Die aufgeworfenen Probleme,[35] wie es etwa mit der Versammlungsfreiheit von Insassen von Strafanstalten u.ä. steht, dürften schon durch vernünftige Abgrenzung des tatbestandlichen Schutzbereichs gelöst werden können.[36] Eine Frage für sich ist es, ob bzw. wieweit die Grundrechte des Art. 4, Abs. 1, 2 (Bekenntnisfreiheit etc.) angesichts Art. 140 GG in Verb. mit Art. 136 WRV als vorbehaltlos garantiert betrachtet werden können.[37] Soweit das angenommen werden kann, erhebt sich aber das eigentliche Problem der Schrankenziehung. Dieses ist von *Mahrenholz* namentlich schon mit Blick auf Art. 4 Abs. 3 (Kriegsdienstverweigerung) aufgerollt worden.[38] Vor allem ist es auch unmittelbar bei den Grundrechten des Art. 5 Abs. 3 GG (Kunst- und Wissenschaftsfreiheit) zu spüren: Wenn hier vorbehaltlose, wiewohl nicht ausnahmslose, Gewährleistung einen Sinn haben soll, kann dies nur bedeuten, daß beim konkreten Zusammenstoß mit kollidierenden Gütern dem vorbehaltlos gewährten Gut zumindest unter gewissen Bedingungen eine Art »Bonus« verbleiben muß. Das Problem wird in der grundlegenden Darstellung der Kunstfreiheit von *Mahrenholz*[39] deutlich.

2. Die besondere Mühe, diesen Bonus zu bestimmen, liegt darin, daß die Möglichkeit versagt, vorbehaltlos gewährleistete Grundrechte dieser Art mit einem abstrakten Vorrang etwa gegenüber anderen Grundrechtsgütern auszustatten.[40] Aber auch eine Lösung, die umgekehrt darauf hinauszulaufen droht,[41] die vorbehaltlos gewährten Grundrechte der allgemeinen Rechtsordnung zu unterstellen, befriedigt wenig, wenn es damit sein Bewenden haben soll; denn auf diese Weise verschwindet die Besonderheit der Gewährleistung völlig - irgendein Plus ist dann nicht mehr erspürbar.

35 Siehe z.B. *Kriele,* Grundrechte und demokratischer Gestaltungsspielraum, in HStR, V, 1992, § 110, Rn. 71. Über die Palette der grundrechtsdogmatischen Einstufungen des Art. 8 Abs. 2 GG unterrichtet etwa *Alexy,* Theorie der Grundrechte, 1985, S. 264, Rn. 31.

36 Daß Art. 8 ohnehin keine Tätigkeiten in Versammlungsform schützt, die dem einzelnen verboten sind (*Herzog* in Maunz/Dürig, GG, Art. 8, Rn. 101), ist davon allerdings zu sondern.

37 Übersicht über die Problematik etwa bei *Jarass* (Fn. 16), Art. 4, insbes. Rn. 17.

38 Siehe Sondervotum *Mahrenholz/Böckenförde* BVerfGE 69, 1 (57 ff., 59 ff.).

39 Für die Neuauflage des Handbuchs des Verfassungsrechts; bisher erst im Manuskript vorliegend, vgl. dort Rn. 64 ff.

40 Vgl. *Mahrenholz* (Fn. 39), Rn. 68.

41 Vgl. wohl auch *Kriele* (Fn. 35), Rn. 61 ff., bes. 69 ff. Gleichzeitig hebt *Kriele* aber als besondere Schranke die »Funktionsfähigkeit« von Staatsfunktionen u.ä. hervor (Rn. 65 ff.) - wobei die Gefahr unterschätzt werden dürfte, mit dieser Formel plakativ zu arbeiten. In: Vorbehaltlose Grundrechte und die Rechte anderer, JA 1984, 629 ff., bes. 636, weist *Kriele* allerdings die Konstruktion eines allgemeinen Gesetzesvorbehalts zurück; es könne nur um die Konkretisierung von vornherein bestehender Schranken gehen. Vgl. zur Problematik auch etwa *Berka,* Kunst im Konflikt mit dem Recht, in Ermacora-FS, 1988, S. 361 ff., 372 ff.

Zwar ist es sicherlich richtig, daß etwa die Berufung auf die Wisssenschafts- oder die Kunstfreiheit nicht schlicht als Werkzeug zum Einbruch in fremde Rechtsgüter benützt werden darf, etwa in entgegenstehendes Eigentum. Aber sogar schon hier, bei scheinbar ganz klaren Grenzen, können wirkliche Probleme auftreten; etwa dann, wenn »durch« unzulässige Beanspruchung fremden Eigentums ein Produkt der Kunst oder der Wissenschaft tatsächlich entstanden ist, das seinerseits nach Schutz und u.U. Förderung verlangt.

Mit den Begrenzungen des Schutzbereichs sind die hier entstehenden Probleme nicht vollständig abzufangen; auch nicht dadurch, daß - wie ich an anderer Stelle vorgeschlagen habe[42] - die genauere Bestimmung des Schutzbereichs sowie der anzuwendenden Schranken je nach typischem Funktionszusammenhang differenziert erfolgt (so daß u.a. zwischen den Funktionen einer Abwehr staatlichen Kunstrichtertums, einer gebotenen staatlichen Kunstpflege, einer Positionsbehauptung gegenüber einzelnen Dritten oder gegenüber dem Staat als Verteidiger genereller gesellschaftlicher Güter, z.B. Jugendschutz, usw. zu unterscheiden ist). Derartige Unterscheidungen dürften zwar notwendige Voraussetzungen schaffen, sich der gegenwärtigen Problematik zu nähern; die Frage aber, wie bei Kollisionen mit anderen schutzbedürftigen Rechtsgütern jene Besonderheit bewahrt werden kann, die sich in der vorbehaltlosen Garantie äußert, ist dadurch nicht beantwortet.

3. Primär ist man wohl darauf angewiesen, die Besonderheit des vorbehaltlos garantierten Schutzguts bei der *Einzelabwägung selbst* zur Sprache zu bringen. Auf Einzelfallbewertung wird nicht verzichtet werden können. Ohne Maßstäbe heißt sie freilich wie auch sonst: Kapitulation. Maßstäbe, um die Besonderheit etwa der Kunstfreiheit einzufangen, lassen sich immerhin in der jeweiligen näheren Materie, also sozusagen typologisch, entwickeln. Beispielsweise zeugt es von geringem staatlichem Selbstbewußtsein, wenn bei (nicht breitflächigen) Angriffen »durch Kunst« auf staatliche Symbole überempfindlich reagiert wird.[43] Auch im übrigen lassen sich gewisse materienzugewandte Kriterien denken.[44]

Als zusätzliche Hilfe, jene Besonderheit zur Sprache zu bringen, läßt sich etwa vorstellen: Die in Art. 5 Abs. 3 GG zugleich enthaltene Pflicht staatlicher *Förderung* freiheitlicher Wissenschaft und Kunst gebietet es dem Gesetzgeber, bei der normativen (typisierenden) Lösung typischer Konfliktsituationen auf eben diesen Gehalt Rücksicht zu nehmen. Die allgemeine Rechtsordnung sieht sich auf diese

42 Vgl. dazu *Lerche,* Ausgewählte Fragen der Kunstfreiheit nach deutschem Verfassungsrecht, demnächst in Kunst und Recht im In- und Ausland; ansatzweise schon in Schranken der Kunstfreiheit, AfP 1973, 496 ff. = BayVBl. 1974, 177 ff.

43 Siehe hierzu *Mahrenholz* (Fn. 39), Rn. 108 ff.

44 *Berka* (Fn. 41), S. 374, der an sich von der Beschränkung durch die allgemeinen Gesetze ausgeht, billigt es zugleich (im Anklang an *Smend*), daß der Kunst »auch dort, wo sie mit der bürgerlichen Ordnung kollidiert, jenes Stück Atemluft erhalten« bleibt, »das sie braucht, um zu existieren«. Zur Problematik siehe aus dem jungen Schrifttum ferner etwa *Henschel,* Die Kunstfreiheit in der Rechtsprechung des BVerfG, NJW 1990, S. 1937 ff., 1940 ff.

Weise durch das Gebot zu wissenschafts- und kunst»freundlichen« Adaptionen angereichert und modifiziert.[45] Der Gesetzgeber ist allerdings zu derartigen typisierenden Modifikationen nur begrenzt in der Lage; in die Lücken tritt dann wieder notgedrungen der Einzelfallrichter ein.

4. Demgegenüber vermag eine in diesem Zusammenhang vom Bundesverfassungsgericht bevorzugte Konstruktion kaum zu befriedigen. Hiernach könnten als kollidierende Normen nur *Verfassungsnormen* geeignet sein. Das Bundesverfassungsgericht hat dies beispielsweise für das Feld der Kunstfreiheit erklärt.[46] Indessen ist dies teils zu pauschal, teils zu eng. *Insoweit* folgen wir im Ergebnis teilweise der vorhandenen Kritik.[47] Abschließend seien hierzu einige Bemerkungen gestattet.

VI. Zur Begrenzung möglicher Kollisionen auf Verfassungskollisionen

1. Genährt wird die Begrenzung auf kollidierende Verfassungsnormen hauptsächlich durch die übergreifende methodische Vorstellung der »Einheit der Verfassung« (oder des verfassungsrechtlichen »Wertsystems«).[48] Dergestalt werden nur andere Verfassungsgüter gewissermaßen satisfaktionsfähig. Legt man diese Konstruktion auf den Prüfstand, entblättert sie sich schnell. Denn höchst relevante Schutzbedürfnisse, also solche, die abwägungswürdig und -bedürftig sind, können auch dann ausgelöst werden, wenn ihnen kein ausgeformtes Verfassungsgut den Rücken stärkt. Mit der Begrenzung auf Verfassungsnormen werden Funktion und Bedeutung der unterverfassungsrechtlichen Rechtsgebiete unterschätzt; namentlich die Eigenständigkeit des Zivilrechts gegenüber dem Verfassungsrecht. Daß sich das unterverfassungsrechtliche Recht von den Direktiven der Verfassung nicht entfernen darf, ist sicher, trifft das Problem aber nicht. Nicht hinreichend gewürdigt bleibt insbesondere, daß sich diese Rechtsgebiete seit langem im feinen Abmessen und Ausdifferenzieren des wirklich Schutzbedürftigen erprobt und bewährt haben. Eben hiervon lebt das notwendigerweise pauschalierende verfassungsnormative Recht, wenn es auch von sich aus eigenständige Akzente und Grenzen setzt.

45 Hierzu näher im Bereich der Wissenschaftsfreiheit *Lerche* a.a.O. (Fn. 22), S. 93 ff.

46 Bes. BVerfGE 81, 278 (292 f.) unter vorsichtiger Korrektur der noch engeren Aussagen in BVerfGE 33, 52 (71); siehe dazu auch *Mahrenholz* a.a.O. (Fn. 39), Rn. 93.

47 Siehe zu *Kriele* oben Fn. 35; vgl. bes. auch *Isensee,* Die Staatlichkeit der Bundesrepublik Deutschland, in HStR, I, 1987, § 13, Rn. 43; *derselbe,* Gemeinwohl und Staatsaufgaben im Verfassungsstaat, ebendort, III, 1988, § 57, Rn. 111, 126 (materielle Verfassung sei relevant). Nach *W. Schmidt,* Der Verfassungsvorbehalt der Grundrechte, AöR 106 (1981), S. 497 ff., 507 ergäben sich eher umgekehrt Gefahren für den Grundrechtsschutz (aus der dort berichteten Judikatur), wenn schon die Behauptung eines »mit Verfassungsrang ausgestatteten Rechtswerts« ausreichen soll, die Grundrechtsbegrenzung im konkreten Fall zu rechtfertigen; insoweit ähnlich Sondervotum *Mahrenholz/Böckenförde* (Fn. 38), 60.

48 Deutlich in BVerfGE 30, 173 (193).

2. Darüber hinaus wäre die Gegenansicht nur dann in sich stimmig, könnte die Verfassung als möglichst vollständiger Reflektor der im politischen Gemeinwesen als schutzwürdig anerkannten Wertvorstellungen begriffen werden. Vielleicht könnte eine Verfassung tatsächlich von einer solchen Vorstellung her besondere Integrationskraft gewinnen. Aber das Grundgesetz geht diesen Weg nicht. Es fügt sich zwar auch nicht der extremen Gegenkategorie möglicher Verfassungsmodelle ein; d.h. einer solchen, die im Grundrechtsteil durch Ausbau nur von bestimmten *Mindest*bastionen definiert ist (die sich ihrerseits aus geschichtlich erfahrenen oder vorausgesehenen speziellen Gefahrenlagen erklären lassen). Das ist ebenfalls nicht der Duktus des Grundgesetzes. Wenn sich also das Grundgesetz auch nicht so eng begreifen läßt, gehört es andererseits doch nicht der erstgenannten Kategorie an; also nicht der Kategorie umfassender Spiegelung. Der Grundrechtsteil des Grundgesetzes folgt vielmehr einem mittleren Duktus. Er ist regelmäßig durch eher karge Einzelausformung klassischer Grundrechte bestimmt, angereichert durch einige wichtige Zusatzstücke (z.B. Informationsfreiheit, Rechtsschutzgarantie) wie vor allem aber auch durch gewisse weit ausdehnungsfähige Generalklauseln (Art. 2 Abs. 1 GG; grundrechtsrelevante Inhalte der Sozialstaatsklausel). Eine Vervollständigung des Wertegehalts der Grundrechtsordnung im Sinne des erstgenannten Verfassungsmodells, insbesondere durch Aufnahme möglichst flächendeckender Staatszielbestimmungen, ist auch nachträglich nicht eingetreten. Ihr hat auch die Gemeinsame Verfassungskommission des Deutschen Bundestages und des Bundesrates widerstanden. Das Grundgesetz steht also zwischen den Extremen.

3. Sieht man die so gegebene Struktur des Grundgesetzes vor sich, nimmt die Begrenzung möglicher Kollisionsgüter auf nur solche, die verfassungsnormativer Natur sind, den Charakter des etwas Zufälligen oder Unsicheren an.[49] Das ist eine zwangsläufige Folge. Denn so gute Gründe dafür sprechen mögen, nur bestimmte Güter in der Verfassung selbst konkret auszuformen, so unbefriedigend ist es, staatliche Schutzpflichten nur von ihnen ausgehen zu lassen. Das zeigt sich an manchen Bewandtnissen. Beispielsweise hat sich das Grundgesetz als gesamtstaatliche Verfassung eine gewisse föderalistische Zurückhaltung dort auferlegt, wo Rechtsgüter in Rede stehen, deren Erhebung zu Verfassungsgütern den Landesverfassungen überlassen blieb. Das ist im kulturellen Bereich besonders spürbar. Sollen etwaige aus derartigen Gütern erwachsende Schutzbedürfnisse gegenüber den vorbehaltlos garantierten Grundrechten des Grundgesetzes vorweg keine Chance haben? Das wird schwerlich behauptet werden wollen.

Und außerdem: Die strikte Begrenzung der Kollisionsnormen nur auf Verfassungsnormen findet sich auch in weiteren Beziehungen auf eher schwankendem Boden. Ist sie einerseits zu schwach, kann sie andererseits zu pauschal wirken. Wenn beispielsweise das Rechtsstaatsprinzip als Kollisionsnorm erscheint, wird

49 Vgl. insoweit auch *Isensee* a.a.O. (Fn. 47).

das Problem damit nur zurückgeschoben; denn sicherlich reicht es nicht aus, dieses Prinzip ohne nähere Konkretisierung zu verwerten;[50] damit gerät man aber praktisch zumindest in die Nähe der Dimension des einfachen (stets an der Verfassung ausgerichteten) Gesetzgebers. Ähnlich liegt es angesichts des global verstandenen Art. 2 Abs. 1 GG.[51] In welche Turbulenzen die herrschende Betrachtungsweise (der Abwägung Verfassungsgut nur gegen Verfassungsgut) gerät, läßt sich modellhaft beobachten, sieht man die wechselreichen Bemühungen vor sich, den Jugendschutz gegenüber der Kunstfreiheit als Kollisionsgut in Griff zu nehmen. Da im Ansatz Art. 5 Abs. 2 GG als allgemeine Schranke des Art. 5 Abs. 3 GG ausscheidet, steht der bequeme Weg, auf das dort enthaltene Verfassungsgut des Jugendschutzes zurückzugreifen, nicht offen. Gleichwohl werden - wie *Mahrenholz*[52] teilweise kritisch referiert - als Verfassungsstützen mit letztlich demselben Ergebnis das elterliche Erziehungsrecht (Art. 6 Abs. 2 Satz 1 GG) sowie Art. 1 Abs. 1 in Verb. mit Art. 2 Abs. 1 GG herangezogen.[53] Diese etwas gekünstelt anmutende und auch in sich nicht voll tragfähige Gesamtkonstruktion[54] ersparte man sich, folgte man dem oben (V 2, 3) angedeuteten Weg.
Die verfassungsgerichtliche Art der Begrenzung möglicher Kollisionsgüter vorbehaltloser Grundrechtsgarantien sollte nach alledem überdacht werden.

50 Dazu insbesondere Sondervotum *Mahrenholz* BVerfGE 86, 288 (340 ff., 347), u.a. mit Hinweis auf BVerfGE 80, 367 (375); vgl. auch Sondervotum *Mahrenholz/Böckenförde* (Fn. 38), 59 ff.

51 Handhabt man diese Verfassungsnorm so, daß über sie sämtliche Freiheitsbezirke zu Verfassungsgütern aufsteigen, zumindest soweit sie einfachgesetzlich ausgeformt sind, wird die referierte Beschränkung der Kollisionen des Art. 5 Abs. 3 GG mit (nur) »Verfassungsnormen« der Sache nach hinfällig. Betrachtet man aber nur solche Bestandteile des Art. 2 Abs. 1 GG als abwägungsfähig, die sich ungeschrieben zu näheren Rechtskomplexen zusammengeschlossen haben, wie etwa das Persönlichkeitsrecht, wird die Berufung auf »Verfassungs«normen kaum minder aussageschwach - denn die Bildung zu Rechtskomplexen dieser Art wird durch die verfassungsmäßige Ordnung begrenzt und liegt damit letztlich wiederum in der Hand des einfachen Gesetzgebers, so er sich nur - wie stets nötig - an die sonstigen Verfassungsinhalte, namentlich die allgemeinen rechtsstaatlichen Grundsätze der Angemessenheit hält.

52 A.a.O. (Fn. 39), Rn. 96 ff.

53 Vgl. BVerfGE 83, 130 (139 f.).

54 Siehe *Mahrenholz* a.a.O. (Fn. 39), Rn. 96 ff.

Schutzrecht und Schutzpflicht

Zur Rundfunkrechtsprechung in Amerika und Deutschland

Dieter Grimm

I.

Vergleicht man die Rechtsprechung des Supreme Court und des Bundesverfassungsgerichts zur Rundfunkfreiheit, so kommen trotz zahlreicher Gemeinsamkeiten im Ansatz erhebliche Unterschiede im Ergebnis zum Vorschein. Die Erklärung dafür ergibt sich nicht schon aus den Unterschieden der Verfassungstexte. Zwar fehlt der amerikanischen Verfassung eine ausdrückliche Garantie der Rundfunkfreiheit, wie sie das Grundgesetz als wesentlich jüngere Verfassung enthält. Doch bestand in Amerika niemals Zweifel, daß Rundfunk und Fernsehen unter den Schutz des First Amendment fallen und an der Garantie teilnehmen, die dort für die Freiheit der Rede und der Presse gegeben wird. Ebenso selbstverständlich war in Deutschland der Schutz der Rundfunkfreiheit auf das neue Medium des Fernsehens erstreckt worden. Näheren Aufschluß, wie diese Freiheit zu verstehen sei, geben aber beide Verfassungen nicht. Da die Differenzen auch nicht auf gegensätzliche Auslegungsmethoden zurückgeführt werden können, liegt es nahe, den Grund in unterschiedlichen Auffassungen über die Funktion der Grundrechte und der Verfassungsgerichtsbarkeit sowie das damit verbundene Verhältnis von Recht und Politik zu suchen. Darauf zielt der Vergleich.

Am Beginn der Rundfunkrechtsprechung steht sowohl in Amerika als auch in Deutschland die Sondersituation des Rundfunks[1]. Im Unterschied zu anderen Kommunikationsmedien war er auf terrestrische Frequenzen angewiesen, die nur begrenzt zur Verfügung standen und sich nicht nach Bedarf vermehren ließen. Daraus ergab sich ein Regulierungsbedürfnis, das bei anderen Kommunikationsmedien, namentlich der Presse, nicht in derselben Weise auftrat. Die knappen Ressourcen mußten verteilt werden. Dieses Bedürfnis erwachte in Amerika, wo sich der Rundfunk privatwirtschaftlich entwickelte, früher als in Deutschland, wo er als öffentliche Veranstaltung unter der Regie der staatlichen Postverwaltung entstand. In Amerika war es daher die Frage, in welchem Umfang und mit welchem Ziel der Staat den Zugang privater Interessenten zum Rundfunk regulieren dürfe, die Anlaß zu den ersten Rundfunkentscheidungen des Supreme Court gab. Dagegen mußte in Deutschland das Bundesverfassungsgericht zuerst auf die Frage antworten, in welchem Umfang der Staat im Bereich des Rundfunks selber

1 Ein Vergleich, der noch weitere Länder einbezieht, bei *E. Barendt,* Broadcasting Law, 1993; ein Überblick über die amerikanische Judikatur bei *L.A. Powe,* American Broadcasting and the First Amendment, 1987; *M.A. Franklin/D.A. Anderson,* Mass Media Law, 4. Aufl. 1990.

als Veranstalter tätig werden dürfe. Diesen sehr unterschiedlichen Fragen näherten sich die beiden Gerichte aber von ganz ähnlichen Ausgangspunkten.

II.

1. Im amerikanischen Rundfunkwesen hatte der ungehinderte Zugriff auf die verfügbaren Frequenzen in den zwanziger Jahren zu chaotischen Zuständen geführt. Aus diesem Grund erließ der Kongreß im Jahr 1927 ein Rundfunkgesetz, den Radio Act, der die Rundfunkveranstaltung von einer staatlichen Genehmigung abhängig machte. Die Erteilung der Genehmigung wurde einer Kommission übertragen, die nicht nur die Befugnis zur Lizenzierung, sondern auch zur Regulierung des Rundfunks erhielt. Maßstab ihrer Tätigkeit war »the public interest, convenience, or neccessity«. Dabei blieb es auch, nachdem 1934 der Communications Act an die Stelle des Radio Act getreten war. Sein erklärtes Ziel bestand darin, der gesamten Bevölkerung der Vereinigten Staaten den größtmöglichen Nutzen des Radios zu sichern. Die Wahrnehmung dieser Aufgabe wurde der Federal Communications Commission (FCC) übertragen, die zu diesem Zweck weitreichende Befugnisse einschließlich der untergesetzlichen Rechtsetzung im Rundfunkbereich erhielt. Besondere Bedeutung kam dabei der »fairness doctrine« zu, die von den Rundfunkveranstaltern verlangte, in ihrem Programm Fragen von öffentlichem Interesse angemessen zu berücksichtigen und ausgewogen zu behandeln[2]. Sie war von der FCC in einer langen Reihe von Einzelfallentscheidungen entwickelt worden, ehe sie 1959 auch Eingang in den Communications Act fand.

Die Entscheidungen der FCC und die ihnen zugrundeliegenden gesetzlichen Bestimmungen waren mehrmals Gegenstand gerichtlicher Nachprüfung. Die maßgebliche Entscheidung traf der Supreme Court 1943 in dem Fall National Broadcasting Co. v. United States[3]. Anlaß des Falles war eine Erhebung der FCC über die Verbindung der einzelnen Radiostationen zu den landesweit operierenden »networks«, die zu dem Ergebnis führte, daß diese sich eine beherrschende Stellung im Rundfunkwesen verschafft hatten. Die FCC antwortete darauf mit einer Reihe von »Regulations«, die im öffentlichen Interesse die Programm- und Wettbewerbsfreiheit der einzelnen Stationen stärken und den Einfluß der »networks« beschränken sollten. Der Supreme Court ging in seiner Entscheidung von »certain basic facts about radio« aus: Die Übertragungskapazitäten seien beschränkt; sie stünden nicht jedem zur Verfügung, der sie nutzen möchte. Die Anzahl der Stationen, die Programme ausstrahlen könnten, ohne sich gegenseitig zu behindern, stoße daher auf natürliche Grenzen. Daraus ergab sich für den Supreme Court die

2 Vgl. Report on Editorializing by Broadcasting Licensees, 13 F.C.C. 1246 (1949).
3 319 U.S. 190 (1943).

Notwendigkeit unterschiedlicher Behandlung von Rundfunk und Presse, obwohl beide gleichermaßen unter dem Schutz des First Amendment der Verfassung standen, das den Erlaß von Gesetzen verbietet, die die Freiheit der Rede oder der Presse beschneiden.

Die Presse genießt in Amerika aufgrund einer langen Rechtsprechung des Supreme Court heute fast unbeschränkte Freiheit. Obwohl der Sinn des First Amendment nicht allein, ja nicht einmal in erster Linie in individueller »self-determination«, sondern vor allem in kollektivem »self-government« erblickt wird[4], soll diese Wirkung gerade aus der Nichtregulierung folgen. In öffentlichen Angelegenheiten reichen daher weder falsche Tatsachenbehauptungen noch beleidigender Inhalt aus, »to remove the constitutional shield from criticism of official conduct«[5]. Diese Rechtsprechung ist Ausdruck eines »profound national commitment to the principle that debate on public issues should be uninhibited, robust, and wide-open, and that it may well include vehement, caustic, and sometimes unpleasantly sharp attacks«[6]. Auch der Rehnquist-Court hat die erwartete Rückwendung bisher nicht vollzogen. Vielmehr gilt nach wie vor die von Justice Holmes in seinem berühmt gewordenen Dissent in Abrams v. United States[7] formulierte Überzeugung, daß dem öffentlichen Interesse am besten gedient ist, wenn »free trade in ideas« herrscht und auch für Meinungen ein Markt besteht, der jedem zugänglich ist und sich nicht durch staatliche Kontrolle, sondern nur durch die Überzeugungskraft der Argumente reguliert.

Beim Rundfunk war dagegen dieses Ziel wegen der Frequenzknappheit nicht mit den gleichen Mitteln zu erreichen. »With everybody on the air, nobody could be heard«[8]. Der Supreme Court nannte daher die Regulierung des Rundfunks »as vital to its development as traffic control was to the development of the automobile«[9]. Da das öffentliche Interesse sich hier nicht aus der Freiheit aller Beteiligten von selbst ergab, war der Staat berechtigt, es mit Zwangsmitteln zu sichern. Das Tatbestandsmerkmal des öffentlichen Interesses, an dem sich die Rundfunkkontrolle nach dem Willen des Gesetzgebers ausrichten sollte, verstand der Supreme Court als »interest of the listening public«[10]. Ein wesentliches Element sei dabei, wie schon in einer früheren Entscheidung festgestellt worden war, die »ability of the licensee to render the best practical service to the community reached by his broadcasts«[11]. Daher könne sich die Kommission nicht auf die technische Seite der Regulierung beschränken, sondern müsse auch die programmliche Seite erfas-

4 Vgl. *L. Tribe,* American Constitutional Law, 2. Aufl. 1988, 785 ff.
5 New York Times Co. v. Sullivan, 376 U.S. 254, 273 (1964).
6 Ebenda, 270.
7 250 U.S. 616, 630 (1919).
8 National Broadcasting Co. v. United States, 319 U.S. 190, 212.
9 Ebenda, 213.
10 Ebenda, 216.
11 Federal Communications Commission v. Sanders Brothers Radio Station, 309 U.S. 470, 475 (1940).

sen, weil sie anders keine sinnvolle Auswahl zwischen finanziell und technisch gleich qualifizierten Bewerbern treffen könne.
Auf der Grundlage dieser Prämissen bedurfte es in der NBC-Entscheidung nur noch weniger Worte, um einen Verfassungsverstoß zu verneinen. Nicht nur besaß die FCC das Recht, Vorschriften zu erlassen, die die bei ihrer Untersuchung zutage getretenen Praktiken des »chain broadcasting« unterbinden sollten. Auch der Inhalt ihrer »regulations«, die eine Lizenzvergabe ausschlossen, wenn diese Praktiken beibehalten wurden, verletzte nicht das First Amendment. Hätten die Kläger recht, so bedeute dies, daß jeder abgelehnte Bewerber um sein Recht auf freie Meinungsäußerung gebracht wäre. Das verkenne aber die besondere Lage im Rundfunk. »Unlike other modes of expression, radio inherently is not available to all. That is its unique characteristic, and that is why, unlike other modes of expression, it is subject to governmental regulation«[12]. Der Supreme Court stellte daher fest, das Recht der freien Meinungsäußerung umfasse nicht das Recht, Radiosendungen ohne Genehmigung zu verbreiten. Der Maßstab des »public interest«, an dem die Lizenzentscheidung auszurichten sei, stehe im Einklang mit dem First Amendment. »Denial of a station license on that ground . . . is not a denial of free speech«[13].

2. Das Bundesverfassungsgericht mußte sich in seiner ersten Rundfunkentscheidung[14] nicht mit der Frage befassen, ob der Staat den privaten Rundfunk regulieren darf, sondern ob der Grundsatz der Rundfunkfreiheit mit staatlich betriebenem Rundfunk vereinbar ist. Auch dabei kam der Sondersituation des Rundfunks ausschlaggebende Bedeutung zu. Zwar unterscheidet er sich nach seiner Funktion nicht von anderen Kommunikationsmitteln, namentlich der Presse. Er ist Medium und Faktor der öffentlichen Meinungsbildung. Auch für ihn sind daher institutionelle Sicherungen erforderlich, wie sie für die Presse bereits zuvor aus Art. 5 Abs. 1 Satz 2 GG abgeleitet worden waren. Die Sondersituation, die nicht allein auf die Frequenzknappheit, sondern zusätzlich auf den hohen Finanzaufwand zurückgeführt wird, macht aber andere Mittel der Freiheitssicherung notwendig als im Pressewesen, wo eine »relativ große Zahl von selbständigen und nach ihrer Tendenz, politischen Färbung und weltanschaulichen Grundhaltung miteinander konkurrierenden Presseerzeugnissen« existiere[15]. Als ein zulässiges Mittel der Freiheitssicherung betrachtet das Bundesverfassungsgericht einen öffentlichrechtlich organisierten, aber dem staatlichen Einfluß entzogenen Rundfunk, der von Repräsentanten aller bedeutsamen gesellschaftlichen Gruppen kontrolliert wird.

12 National Broadcasting Co. v. United States, 319 U.S. 190, 226.
13 Ebenda, 227.
14 BVerfGE 12, 205 (1961).
15 Ebenda, 261.

Allerdings verpflichtet Art. 5 Abs. 1 Satz 2 GG den Gesetzgeber nicht auf diese Lösung. Das öffentlichrechtliche Monopol stelle nicht die einzige Möglichkeit zur Sicherung der Rundfunkfreiheit dar. Nach Auffassung des Bundesverfassungsgerichts können vielmehr auch Private Träger von Rundfunkveranstaltungen sein. Doch müßten sie nach ihrer Organisationsform hinreichende Gewähr bieten, daß in ähnlicher Weise wie in den öffentlichrechtlichen Anstalten alle gesellschaftlichen Kräfte zu Wort kämen und die Freiheit der Berichterstattung unangetastet bliebe. Art. 5 Abs. 1 Satz 2 GG schreibe kein bestimmtes Rundfunkmodell vor, er verlange nur, daß dieses moderne Instrument der Meinungsbildung weder dem Staat noch einer gesellschaftlichen Gruppe ausgeliefert werde. »Die Veranstalter von Rundfunkdarbietungen müssen also so organisiert werden, daß alle in Betracht kommenden Kräfte in ihren Organen Einfluß haben und im Gesamtprogramm zu Wort kommen können, und daß für den Inhalt des Gesamtprogramms Leitgrundsätze verbindlich sind, die ein Mindestmaß von inhaltlicher Ausgewogenheit, Sachlichkeit und gegenseitiger Achtung gewährleisten«[16].

Nach Ansicht des Bundesverfassungsgerichts lassen sich diese Anforderungen nur gesetzlich sicherstellen. Es zieht daraus die Konsequenz, daß Art. 5 Abs. 1 Satz 2 GG den Erlaß solcher Gesetze verlangt. Der Gesetzgeber ist folglich zur Regelung des Rundfunks nicht nur ermächtigt, sondern verpflichtet. Andernfalls stünde es in seinem Belieben, ob die Anforderungen des Grundrechts erfüllt würden oder nicht. Nicht nur gesetzgeberisches Handeln, sondern auch gesetzgeberisches Unterlassen kann daher die Verfassung verletzen. Danach mußte die vom Bund gegründete und von ihm beherrschte Deutschland-Fernsehen-GmbH, um deren Zulässigkeit es in dem Rechtsstreit ging, schon deswegen an Art. 5 Abs. 1 Satz 2 GG scheitern, weil sie ihre Rechtsgrundlage ausschließlich in einem Gesellschaftsvertrag fand, der von den Gesellschaftern jederzeit geändert werden konnte und deswegen keinen ausreichenden Schutz der Rundfunkfreiheit bot. Die Vertragsform mit ausschließlich staatlichen Beteiligten lieferte den Rundfunk vielmehr dem Staat aus. Sie war daher mit dem Grundgesetz nicht vereinbar.

Von dieser im ersten Fernsehurteil begründeten Unterscheidung zwischen Presse und Rundfunk ist das Bundesverfassungsgericht auch nicht abgerückt, nachdem die Sondersituation des Rundfunks sich durch die Entwicklung neuer Übertragungstechniken zu lockern begann. Es hat die besonderen Erfordernisse für die Veranstaltung von Rundfunk im Gegenteil auf eine in der ersten Entscheidung schon angelegte, aber von der Sondersituation noch überdeckte Grundlage gestellt und weiter ausgearbeitet. Im zweiten Rundfunkurteil, in dem es um die Umsatzsteuerpflicht der öffentlichrechtlichen Rundfunkanstalten ging, wird vor allem betont, daß der Rundfunk »Sache der Allgemeinheit« sei und in voller Unabhängigkeit überparteilich betrieben und von jeder Beeinflussung frei gehalten werden

16 Ebenda, 262 f.

müsse[17]. Seit dem dritten Rundfunkurteil, das sich erstmals mit der Zulassung privater Veranstalter beschäftigen mußte, wird die Medienfreiheit des Art. 5 Abs. 1 GG ausdrücklich als »dienende Freiheit« bezeichnet[18]. Sie ist weder Selbstzweck noch besteht sie im subjektiven Interesse der Rundfunkveranstalter oder -mitarbeiter. Sie dient vielmehr der freien Meinungsbildung, und zwar der individuellen wie auch der öffentlichen.

Freie Meinungsbildung ist für das Bundesverfassungsgericht Voraussetzung sowohl der Persönlichkeitsentfaltung des Einzelnen als auch der Aufrechterhaltung einer demokratischen Ordnung. Unter den Bedingungen der modernen Massenkommunikation ist sie auf Medien, die Informationen und Meinungen verbreiten und selber Meinungen äußern, angewiesen. Freie Meinungsbildung als Normziel von Art. 5 Abs. 1 Satz 2 GG kann daher nur gelingen, wenn der Rundfunk als führendes Kommunikationsmedium seinerseits frei, umfassend und wahrheitsgemäß informiert. Das setzt voraus, daß im Rundfunk alle bedeutsamen Meinungen zum Ausdruck kommen und alle Bereiche des gesellschaftlichen Lebens Berücksichtigung finden. Es geht um ein qualitatives Ziel: gegenständliche und meinungsmäßige Vielfalt. Dieses Ziel wäre gefährdet, wenn die Rundfunkfreiheit sich in der Abwehr staatlicher Einflußnahmen erschöpfte und den Rundfunk im übrigen den gesellschaftlichen Kräften überließe. Die auf die Meinungsbildung bezogene Freiheit verlangt vielmehr Vorkehrungen zur Sicherung der Vielfalt und Schutz gegen jede Indienstnahme zu anderen Zwecken, gleich ob sie von staatlicher oder privater Seite droht.

Da der Markt nach Auffassung des Bundesverfassungsgerichts die Erfüllung der Rundfunkfunktion nicht zu garantieren vermag, muß der Staat tätig werden, um die Voraussetzungen für die Funktionserfüllung zu schaffen und diese gegen Verfälschungen zu schützen. Es wird daher bekräftigt, daß der Staat zum Erlaß von Gesetzen, die dies bewirken können, grundrechtlich verpflichtet ist. Dabei schreibt die Verfassung nicht nur das Ziel der Gesetzgebung vor, sondern bestimmt auch den Bereich, in dem der Gesetzgeber tätig werden muß und andere Regelungsformen nicht ausreichen. Wie die Regelungspflicht im einzelnen erfüllt wird, ist dagegen Sache seiner politischen Entscheidung. Jede Ausgestaltungsform des Rundfunks, die der Zielerreichung dient, ist mit dem Grundgesetz vereinbar. Auf dieser Basis hat das Bundesverfassungsgericht mehrfach Rundfunkgesetze für verfassungswidrig erklärt, und zwar nicht nur, weil sie die Rundfunkfreiheit übermäßig eingeschränkt hatten, sondern vor allem, weil sie nicht genügend zum Schutz der Rundfunkfreiheit unternommen hatten.

In späteren Entscheidungen kommt noch deutlicher zum Vorschein, daß der Grundrechtsschutz sich im Kern auf die Vermittlungsfunktion des Rundfunks bezieht und gewährleisten will, daß diese sich nach publizistischen Kriterien vollzie-

17 BVerfGE 31, 314, 327 (1971).
18 BVerfGE 57, 295, 320 (1981).

hen kann und nicht außerpublizistischen Zwecken dienstbar gemacht werden darf[19]. Dem entspricht es, wenn die Träger des Grundrechts der Rundfunkfreiheit nach Auffassung des Gerichts nicht in der Wahrnehmung eigener Interessen, sondern in der treuhänderischen Wahrnehmung von Interessen der Allgemeinheit geschützt werden[20]. Auch wenn in der Rechtsprechung des Bundesverfassungsgerichts die vom Supreme Court getroffene Feststellung fehlt, daß die Rundfunkfreiheit kein subjektives Jedermanns-Recht auf Rundfunkveranstaltung enthält, deutet doch alles auf die Vorstellung von einem Funktionsgrundrecht hin. Für die Rundfunkveranstalter ergibt sich daraus eine Mischung aus Freiheit und Pflicht. Was die Funktion angeht, die der Rundfunk zu erfüllen hat, sind sie nicht frei, sondern verfassungsrechtlich gebunden; was die Art und Weise der Funktionserfüllung angeht, unterliegen sie nur publizistischen Kriterien, die sie aufgrund ihrer professionellen Maßstäbe anwenden. Insoweit sind sie von jeder staatlichen Beeinflussung frei gestellt.

3. Ebensowenig wie das Bundesverfassungsgericht ist der Supreme Court von der Unterscheidung zwischen Printmedien und elektronischen Medien abgerückt, als die Frequenzknappheit durch den technischen Fortschritt an Gewicht verlor. In der Red Lion-Entscheidung von 1968[21] beharrte er nicht nur auf den Aussagen der NBC-Entscheidung, sie treten im Gegenteil, ähnlich wie in Deutschland, noch schärfer in Erscheinung. In dem Programm der Red Lion Broadcasting Co. war der Autor eines Buches über Barry Goldwater scharf angegriffen und unter anderem der Tätigkeit für ein kommunistisches Publikationsorgan bezichtigt worden. Der Beschuldigte verlangte daraufhin unter Berufung auf die »fairness doctrine« kostenlose Sendezeit zur Entgegnung. Die FCC gab ihm recht. Die Rundfunkveranstalter hielten die »fairness doctrine« und die darauf basierenden Gegendarstellungsvorschriften der FCC für verfassungswidrig. »Their contention is that the First Amendment protects their desire to use their allotted frequencies continuously to broadcast whatever they choose, and to exclude whomever they choose from ever using that frequency«[22]. Niemand könne gehindert werden zu sagen, was er für richtig halte, und niemand sei verpflichtet, bei seinen Äußerungen auch die Auffassung seiner Gegner zu berücksichtigen. Das gelte auch im Rundfunk.

Der Supreme Court bestätigte die FCC-Entscheidung. Er hielt daran fest, daß angesichts der Frequenzknappheit aus dem First Amendment kein Anspruch auf eine Genehmigung folgt. Das bedeutete für das Gericht zugleich, daß der Inhaber einer Genehmigung kein verfassungsmäßiges Recht zur Rundfunkveranstaltung erwirbt. Verfassungsrechtlich steht er vielmehr nicht besser als der abgewiesene Bewerber. Der Staat kann folglich ohne Verstoß gegen das First Amendment von

19 Vgl. BVerfGE 59, 231, 258 (1982); 83, 238, 296 (1991); 87, 181, 201 (1992); Urteil vom 22. Februar 1994 - 1 BvL 30/88 -, S. 36 des Umdrucks.

20 Vgl. BVerfGE 83, 238, 300.

21 Red Lion Broadcasting Co. v. Federal Communications Commission, 395 U.S. 367 (1969).

22 Ebenda, 386.

ihm verlangen, daß er seine Frequenz mit anderen teilt und sich als »proxy or fiduciary« verhält, »with obligations to present those views and voices which are representative of his community and which could otherwise, by necessity, be barred from the airwaves«[23]. Daher darf der Staat die Inhaber einer Genehmigung zugunsten derer beschränken, deren Anschauungen in diesem »unique medium« ebenfalls zum Ausdruck kommen sollten. Andernfalls wäre es den Inhabern einer Genehmigung möglich, Sendezeit nur den zahlungskräftigsten Interessenten zu überlassen oder ausschließlich ihre eigenen Auffassungen zu propagieren. Der Supreme Court bezeichnet ein solches Verhalten als private Zensur und folgert: »There is no sanctuary in the First Amendment for unlimited private censorship operating in a medium not open to all«[24].
Dieses Ergebnis wird auf den Zweck des First Amendment gestützt. Er erschöpft sich nicht in individueller Selbstentfaltung. Die Freiheitsgarantie hat vielmehr den Zweck »of producing an informed public capable of conducting its own affairs«[25]. Das verlangt einen »uninhibited marketplace of ideas in which truth will ultimately prevail, rather than to countenance monopolization of that market, whether it be by government itself or a private licensee«[26]. Das Grundrecht wird daher mit den Interessen der Gesamtheit in Verbindung gebracht und als kollektives Recht interpretiert. »The people as a whole retain their interest in free speech by radio and their collective right to have the medium function consistently with the ends and purposes of the First Amendment«[27]. Das Recht der Gesamtheit besteht darin, »to receive suitable access to social, political, esthetic, moral, and other ideas and experiences«[28]. Geraten die individuellen Rechte eines Rundfunkveranstalters und die kollektiven Rechte des Volkes in Widerspruch, so ist es »the right of viewers and listeners, not the right of the broadcasters which is paramount«[29]. In der Presse wurde ein ähnliches Gegendarstellungsverlangen dagegen nur wenig später ohne Bezugnahme auf Red Lion abgelehnt[30].
Auch im Rundfunk war der Supreme Court allerdings nicht bereit, aus der Red Lion-Entscheidung den Schluß zu ziehen, daß Rundfunkveranstalter Dritten gegen Entgelt Werbezeit zur Verfügung stellen müßten, damit diese ihre Ansichten zu »public issues« verbreiten könnten[31]. Eine derartige, aus dem First Amendment folgende Pflicht hatte das Democratic National Committee behauptet, weil in der Vietnam-Berichterstattung von CBS die Auffassung der Kriegsgegner zu kurz ge-

23 Ebenda, 389.
24 Ebenda, 392.
25 Ebenda, 392.
26 Ebenda, 390.
27 Ebenda, 390.
28 Ebenda, 390.
29 Ebenda, 390.
30 Miami Herald Publishing Co. v. Tornillo, 418 U.S. 241 (1974). Zur unterschiedlichen Behandlung von Rundfunk und Presse vgl. *L.C. Bollinger,* Freedom of the Press and Public Access: Toward a Theory of Partial Regulation of the Mass Media, 75 Michigan L. Rev. 1 (1978).
31 Columbia Broadcasting System, Inc. v. Democratic National Committee, 412 U.S. 94 (1973).

kommen sei. Der Supreme Court hob die stattgebende Vorentscheidung auf und berief sich dabei vor allem auf die vom First Amendment geschützte publizistische Freiheit der Rundfunkveranstalter. Zwar gehe es bei diesem Grundrecht um die zuverlässige Information des Publikums in öffentlich interessierenden Angelegenheiten. Die Art und Weise, in der diese Aufgabe erfüllt würde, liege aber in der publizistischen Verantwortung der Journalisten. Der Staat fungiere als »ultimate arbiter and guardian of the public interest«, der Rundfunkveranstalter als »journalistic ›free agent‹«[32]. Erforderlich sei eine faire, ausgewogene Berichterstattung über alle relevanten Meinungen, nicht aber die Meinungskundgabe der verschiedenen Gruppen selbst. »The public interest would no longer be paramount but, rather, subordinate to private whim«[33].
Während die Red Lion-Entscheidung einstimmig ergangen war, gab es zur CBS-Entscheidung zahlreiche Sondervoten. Justice Stewart nannte die Auffassung des Court of Appeals, »that the First Amendment *requires* the Government to impose controls upon private broadcasters - in order to preserve First Amendment ›values‹«, in seiner concurring opinion gespenstisch (»a frightening specter«)[34]. Daß er damit nicht nur den Klägern entgegentreten wollte, enthüllt die dissenting opinion von Justice Brennan, der sich auf »First Amendment values« berief. Brennan leitete aus dem First Amendment nicht nur eine Erlaubnis, sondern eine Verpflichtung des Staates her, Privaten Sendezeit zur Verfügung zu stellen. Zwar verlange die fairness doctrine, daß Themen von öffentlichem Interesse angemessen behandelt und gegenteilige Auffassungen berücksichtigt würden. Doch reiche das zum Schutz der Meinungsfreiheit nicht aus, weil darüber allein die Rundfunkveranstalter befänden. Da diese in Gewinninteresse handelten, sei es »almost naive to expect the majority of broadcasters to produce the variety and controversiality of material neccessary to reflect a full spectrum of viewpoints«[35]. Daher verlange das First Amendment, »that citizens be permitted at least some opportunity to speak directly for themselves as genuine advocates on issues that concern them«[36].

III.

Das Bundesverfassungsgericht hätte sich bei seiner Rundfunkrechtsprechung also in weitem Umfang auf den Supreme Court berufen können. Die Vorstellung, daß die Mediengrundrechte einen Zweck haben, der über die Interessen der Kommunikatoren hinausweist und die Information der Rezipienten sowie den gesell-

32 Ebenda, 117.
33 Ebenda, 124.
34 Ebenda, 133.
35 Ebenda, 187.
36 Ebenda, 190 f.

schaftlichen Diskurs betrifft, war hier ebenso ausgebildet wie die Annahme, daß der eigentliche Schutzgegenstand dieser grundrechtlichen Gewährleistungen die Vermittlungsfunktion ist, die nur professionell erfüllt werden kann und durch jede Instrumentalisierung für außerpublizistische Zwecke gestört wird. Es fehlte auch nicht an der Einsicht, daß das Ziel der Rundfunkfreiheit ohne staatliche Intervention nicht erreichbar ist. Die Differenz zwischen den beiden Rechtsordnungen liegt folglich nicht darin, daß die Grundrechte in Amerika nur als subjektive Ansprüche zur Abwehr staatlicher Freiheitsbeschränkungen wirkten, während sie in Deutschland zusätzlich in ihrem objektiven Gehalt erkannt worden wären und auch Zielvorgaben für die Sozialordnung enthielten. All das ist dem Supreme Court keineswegs fremd, wie die dargestellten Entscheidungen zeigen.
Die Kluft tut sich erst bei den Schlußfolgerungen auf, die aus dem objektivrechtlichen Gehalt des Grundrechts gezogen werden. Hier geht das Bundesverfassungsgericht weiter als der Supreme Court. Während dieser dem Zweck des First Amendment nur eine Rechtfertigung für Beschränkungen der Rundfunkfreiheit im Interesse der Meinungsbildungsfreiheit, welcher sie dient, entnimmt, gewinnt das Bundesverfassungsgericht daraus Handlungspflichten des Gesetzgebers. Der deutsche Gesetzgeber kann also zur Erfüllung grundrechtlicher Zielvorgaben angehalten werden. Ist er zu ihrer Erfüllung tätig geworden, muß er sich auch die Prüfung gefallen lassen, ob seine Maßnahmen ausreichenden Grundrechtsschutz bewirken. Die amerikanische Grundrechtsjudikatur hat dagegen kein Instrument entwickelt, das den objektiven Gehalt der Grundrechte auch gegenüber einem unwilligen oder zögernden Gesetzgeber durchsetzte. Die Trennlinie verläuft also zwischen Schutzrecht und Schutzpflicht. Zwar ist sie in der abweichenden Meinungen des Richters Brennan im CBS-Fall überschritten. Der Supreme Court war aber nicht bereit ihm zu folgen. Grundrechtliche Schutzpflichten, die den Gesetzgeber binden, sind in Amerika nach wie vor nicht anerkannt.
Der Unterschied ist nicht nur grundrechtsdogmatisch bedeutsam, sondern auch praktisch folgenreich. Der amerikanische Gesetzgeber, der die Verwirklichung einer grundrechtlichen Zielvorgabe unterläßt, verletzt nicht die Verfassung und kann vom Supreme Court auch nicht zur Tätigkeit angehalten werden. Er ist an den negatorischen Gehalt der Grundrechte gebunden, nicht an den positiven. Welche Konsequenzen damit verbunden sind, kann man an der Deregulierung während der Reagan-Ära ablesen, die auch den Rundfunk erfaßte und dort zur Aufhebung aller Programmbindungen, 1987 auch zur Abschaffung der fairness-doctrine führte[37]. Die Entscheidung der FCC, daß diese nicht mehr im »public interest« läge, wurde von den Gerichten bestätigt, von einzelnen Richtern sogar als grundrechtsgeboten hingestellt[38]. Der Supreme Court nahm den Fall nicht zur

37 Vgl. *W. Hoffmann-Riem,* Deregulierung als Konsequenz des Marktrundfunks, AöR 110 (1985), 528; *Barendt,* a.a.O., 105 ff., 157 ff.
38 Syracuse Peace Council v. Federal Communications Commission, 867 F. 2d 654 (1989).

Entscheidung an. In der Tat bieten die Grundrechte von seinem Standpunkt gegen Deregulierung keine Handhabe, auch wenn er die Red Lion-Linie nicht verläßt[39]. Das First Amendment deckt einen Gesetzgeber, der Vorkehrungen zur Verwirklichung der Rundfunkfreiheit unternimmt, es hindert aber nicht einen Gesetzgeber, der solche Vorkehrungen beseitigt. Die vom Supreme Court aus dem First Amendment abgeleiteten Ziele sind unter diesen Umständen im amerikanischen Rundfunkwesen kaum wiederzuerkennen.

Allerdings weitet sich durch den Verzicht auf verfassungsrechtliche Schutzpflichten, die der Gesetzgeber zu erfüllen hat, der Bereich, in dem politisch entschieden werden kann, gegenüber demjenigen aus, in dem rechtsförmig entschieden wird. Darin liegt in der Regel ein Gewinn an Öffentlichkeit, Partizipation, Verantwortlichkeit und Flexibilität. Dieser Gewinn zählt aber im Verfassungsstaat nur dort, wo die Verfassung politische Gestaltungsräume eröffnet. Wo sie die Politik hingegen bindet, ist der Verzicht auf die Durchsetzung der Bindungen ein Verlust, der sich nicht demokratisch rechtfertigen läßt. Wenn den Grundrechten nicht nur Grenzen der Staatstätigkeit, sondern auch Zielvorgaben zu entnehmen sind, wie sie der Supreme Court aus dem First Amendment entwickelt hat, dann gibt der Verzicht auf die grundrechtliche Schutzpflicht der Politik die Freiheit, verfassungsrechtliche Gebote außer acht zu lassen. Die Kosten fallen in der Regel in dem grundrechtlich geschützten Sozialbereich an, wo Machtstrukturen die Funktionserfordernisse überlagern und die Freiheit verkürzen. Dafür gibt es auch in der amerikanischen Rechtswissenschaft Verständnis, doch bislang nur bei einer Minderheit von Verfassungsrechtlern[40].

39 So City of Los Angeles v. Preferred Communications, Inc., 476 U.S. 488 (1986), wo die Frage, ob der Übergang zum Kabelrundfunk Änderungen erforderlich macht, ausdrücklich offen gelassen wurde.

40 Vgl. etwa *O. Fiss,* Free Speech and Social Structure, 71 Iowa L. Rev. 1405 (1986); *P.E. Quint,* Free Speech and Private Law in German Constitutional Theory, 48 Maryland L. Rev. 247 (1989); *M.A. Glendon,* Rights Talk. The Impoverishment of Political Discourse, 1991; zum Ganzen *D.P. Currie,* Positive and Negative Constitutional Rights, 53 Chicago L. Rev. 864 (1986).

Die verfassungsgerichtliche Kontrolle der Wahrnehmung grundrechtlicher Schutzpflichten des Gesetzgebers

Konrad Hesse

I. Grenzen der Verfassungsgerichtsbarkeit

Eines der Grundprobleme der Verfassungsgerichtsbarkeit tritt in neuester Zeit wieder besonders deutlich hervor: die Frage nach der Grenze zwischen Verfassungsgerichtsbarkeit und Gesetzgebung. Die Antwort entscheidet zu einem nicht unwesentlichen Teil über die Freiheit politischer Gestaltung durch den Gesetzgeber; sie ist von kaum zu überschätzender Tragweite für die Wirklichkeit der demokratischen und rechtsstaatlichen Ordnung des Grundgesetzes. Ähnlich wie in den Fragen des Umfangs verfassungsgerichtlicher Kontrolle von Akten der übrigen Gerichtsbarkeiten ist die Rechtsprechung des Bundesverfassungsgerichts indessen über Ansätze einer Lösung bislang kaum hinausgelangt. Sie hat bei der Kontrolle von Gesetzen Grundsätze und Gesichtspunkte eingeschränkter Überprüfung entwickelt, läßt jedoch bei deren Heranziehung und Anwendung eine klare und einheitliche Linie nicht erkennen. Die Folgen sind Unsicherheit und mangelnde Vorhersehbarkeit; Überraschungen sind immer zu erwarten.

Allerdings fällt Kritik leichter als Abhilfe: Die Aufgabe kann nicht darin bestehen, jene Grenze in einer starren, ein für alle Male gültigen Formel zu ziehen. Dies wäre von vornherein verfehlt. Es bestehen zwar gleichbleibende Grenzen institutioneller Art in Regelungen der Organisation, der Zuständigkeit und des Verfahrens des Bundesverfassungsgerichts[1]. Die Wirksamkeit dieser wie auch sonstiger Grenzen hängt indessen weitgehend von der - weiten oder restriktiven - Interpretation der einschlägigen Verfassungsnormen ab, und je nachdem erweitert oder verengt sich das Maß verfassungsgerichtlicher Kontrolle[2]. Die Grenzen sind fließend, was freilich nicht bedeuten kann, daß es sie nicht gibt.

Der Appell an die richterliche Selbstbeschränkung (judicial self-restraint)[3] und die Berufung auf die Gestaltungsfreiheit des Gesetzgebers vermögen an dieser Lage nichts zu ändern.

Bei der Forderung richterlicher Zurückhaltung bleibt außer acht, daß die Kontrolltätigkeit des Verfassungsgerichts sich nach seinen Funktionen richten muß. Die wichtigste Funktion: die Sorge für die Wahrung der Verfassung, besonders

1 Vgl. dazu *K. Hesse,* Funktionelle Grenzen der Verfassungsgerichtsbarkeit, in: Festschrift für Hans Huber, 1981, S. 262.
2 Neuerdings etwa Urteil vom 12. Oktober 1993 - Maastricht (DVBl. 1993, 1254 [1255 f.]).
3 BVerfGE 36, 1 (14) - Grundlagenvertrag - umschreibt ihn als Verzicht, »Politik zu treiben«, d.h. in den von der Verfassung geschaffenen Raum freier politischer Gestaltung einzugreifen.

auch den Schutz der Grundrechte, kann jedoch durchaus das Gegenteil von Zurückhaltung, nämlich entschlossenes Eingreifen erfordern. Es bedarf also, ganz abgesehen von weiteren Einwänden gegen den Grundsatz[4], differenzierender Lösungen.

Die »Gestaltungsfreiheit des Gesetzgebers«, deus ex machina zahlreicher verfassungsgerichtlicher Entscheidungen, ist zunächst nicht mehr als eine Leerformel; als bloßer Begriff enthält sie keinen eigenständigen und gleichbleibenden Topos, der weitere Begründung entbehrlich macht. Vollends ist sie keine Freiheit, die das Bundesverfassungsgericht »zuerkennen« oder »zugestehen« kann[5]. Sie kann immer erst das Ergebnis einer verfassungsrechtlichen Prüfung sein. Im wesentlichen muß wie folgt unterschieden werden:

(1) Unzweifelhaft besteht Gestaltungsfreiheit des Gesetzgebers, wo die Verfassung keine Regeln enthält, an welche der Gesetzgeber kraft des Vorrangs der Verfassung (Art. 20 Abs. 3 GG) gebunden wäre.

(2) Ebenso unzweifelhaft besteht keine Gestaltungsfreiheit des Gesetzgebers, wenn und soweit die Verfassung seine Aufgaben und deren Erfüllung eindeutig, d.h. bestimmt, geregelt hat. Diese Eindeutigkeit wird sich oft bereits aus dem Wortlaut der Verfassung ergeben. Sie kann indessen auch das Resultat systematischer, historischer oder teleologischer Auslegung sein.

(3) Gestaltungsfreiheit des Gesetzgebers kann sich ferner aus »offenen«, also aus Normen der Verfassung ergeben, welche nur unbestimmte oder fragmentarische Regelungen enthalten und im konkreten Falle näherer Bestimmung ihres Inhalts bedürfen. Diese obliegt dem Gesetzgeber; er hat darüber in einer dem Sinn und Zweck der Norm entsprechenden Weise zu entscheiden, ist jedoch innerhalb dieser Grenzen frei.

(4) »Gestaltungsfreiheit« kann schließlich als Resultat einer Begrenzung der verfassungsgerichtlichen Kontrolle verstanden werden. In den beiden zuletzt genannten Konstellationen ist es die »Handlungsnorm« selbst, welche dem Gesetzgeber Freiheit versagt oder einräumt; dies wird durch Auslegung ermittelt. Anders verhält es sich, wenn der Regelungsgehalt der Verfassungsnorm (Handlungsnorm) weiter reicht als derjenige der für das Verfassungsgericht maßgeblichen »Kontrollnorm«, beide sich also nicht decken. Hier ist der Gesetzgeber *seiner* Bindung an die Verfassungsnorm nicht enthoben; er ist jedoch frei von verfassungsgerichtlicher Kontrolle und trifft deshalb die Letztentscheidung über die Verfassungsmäßigkeit seines Handelns.

Für die verfassungsgerichtliche Kontrolle bedeutet das: Im ersten Falle ist eine Kontrolle ausgeschlossen; im zweiten entspricht der Bestimmtheit oder eindeutigen Bestimmbarkeit der Verfassungsvorschrift eine volle gerichtliche Nachprü-

4 Zu diesen näher *Hesse* (Anm. 1) S. 263 f., 271; vgl. auch *U. Scheuner*, Verfassungsgerichtsbarkeit und Gesetzgebung, DÖV 1980, 473 f.

5 Z.B. BVerfGE 80, 109 (118); 81, 156 (205).

fung. Im dritten und vierten Falle stellt sich hingegen die Frage einer Beschränkung des Umfangs und der Intensität der verfassungsgerichtlichen Kontrolle. Sie läßt sich nicht durch den bloßen Hinweis auf die Gestaltungsfreiheit des Gesetzgebers beantworten, sondern macht ausführliche verfassungsrechtliche Begründungen notwendig. Es kommt darauf an, bereichsspezifisch für die jeweiligen Problem- und Fallkonstellationen funktionsgerecht abgestufte normative Grundsätze und Leitlinien herauszuarbeiten, welche in ihrer Gesamtheit neben den institutionellen Grenzen bestehende immanente Grenzen der Verfassungsgerichtsbarkeit markieren.

Erst auf diese Weise werden die Maßstäbe bestimmbar und einsichtig, nach denen sich Umfang und Intensität der jeweiligen Kontrolle des Bundesverfassungsgerichts zu richten haben. Statt des undifferenzierten Vorwurfs der Grenzüberschreitung bieten sie Ansatzpunkte für eine rechtliche, auch für das Gericht selbst hilfreiche Kritik.

Ein exemplarisches Beispiel hierfür bietet die verfassungsgerichtliche Kontrolle der Wahrnehmung grundrechtlicher Schutzpflichten des Gesetzgebers[6]. Die folgenden Ausführungen beschränken sich auf eine Darstellung der Problematik, der bisherigen Praxis der Verfassungsrechtsprechung und den Versuch eines Beitrags zur Lösung[7].

II. Die Problematik

In ihrer Bedeutung als individuelle Abwehrrechte des Bürgers gegen den Staat sind die im Grundgesetz gewährleisteten Freiheitsrechte negatorische Rechte. Um wirksam zu werden, bedürfen sie oft gesetzlicher Ausgestaltung; prinzipiell verpflichten sie jedoch (ausschließlich) den Staat - und damit auch den Gesetzgeber - zu einem Unterlassen. Insoweit unterliegt ihre Sicherung durch gerichtlichen Rechtsschutz nicht oder doch nur in geringem Maße der Gefahr von Grenzüberschreitungen. Als objektive Grundlage staatlicher Schutzpflichten verlangen Freiheitsrechte hingegen das Gegenteil des Unterlassens: ein Tätigwerden. Be-

6 Der Begriff wird in dem engeren Sinn einer aus grundrechtlich gewährleisteten Freiheitsrechten abgeleiteten Pflicht des Gesetzgebers verwendet, ein durch diese Rechte geschütztes Rechtsgut, zumeist Leben und körperliche Unversehrtheit (Art. 2 Abs. 2 S. 1 GG), vor Gefährdungen und Beeinträchtigungen durch private oder nicht-staatliche Mächte zu bewahren (in Anlehnung an *E. Klein*, Grundrechtliche Schutzpflichten des Staates, NJW 1989, 1633, der allerdings den Schutz vor auswärtigen Staaten in die grundrechtliche Schutzpflicht einbezieht. Insoweit mit Recht ablehnend: *J. Isensee*, Das Grundrecht als Abwehrrecht und Schutzpflicht, HdBStR V, 1992, § 111, Rdn. 79). Unabhängig hiervon bestehende, verfassungsrechtlich explizit (z.B. Art. 6 Abs. 1 und 4 GG) oder implizit (z.B. Art. 7 Abs. 4 GG) normierte staatliche Schutz- und Förderungspflichten bleiben außer Betracht (vgl. dazu *Isensee*, Rdn. 93 ff.).

7 Fragen der Nicht-Wahrnehmung grundrechtlicher Schutzpflichten, also eines Unterlassens des Gesetzgebers, werden vom Thema nicht umfaßt und bleiben unerörtert.

reits darin liegt ein grundsätzlicher, auch für den Rechtsschutz folgenreicher Unterschied, und das gilt vollends, wenn auf jenes Tätigwerden ein Anspruch des Bürgers besteht.

1. Vom grundrechtlich gewährleisteten Abwehrrecht gegen Eingriffe des Staates zur grundrechtlichen Gewährleistung staatlichen Schutzes: Eine solche ausweitende Fortentwicklung ist keineswegs eine überflüssige, wenn nicht gefährliche Frucht deutscher Grundrechtseuphorie, sondern ein folgerichtiger Versuch, den geschichtlichen Wandel zu bewältigen, der zu tiefgehenden Veränderungen der Voraussetzungen der Sicherung menschlicher Freiheit geführt hat.

Im demokratischen und sozialen Rechtsstaat der Gegenwart erfordert die Aufgabe, Freiheit und Leben in menschlicher Würde zu sichern, Grundrechte als Abwehrrechte gegen staatliche Eingriffe. Aber das Prinzip der Ausgrenzung einer staatsfreien Sphäre individueller Freiheit reicht hierzu nicht mehr aus: Freie und autonome Lebensgestaltung hängt unter heutigen Verhältnissen nicht nur von dem Unterlassen staatlicher Eingriffe ab, sondern in wachsendem Maße auch von der Schaffung und Erhaltung ihrer *Voraussetzungen* durch staatliche Planung, Lenkung und Vorsorge, ohne welche grundrechtliche Freiheit wertlos werden kann. Ebensowenig vermag bloße Ausgrenzung einer staatlichen Eingriffen entzogenen Sphäre vor Beeinträchtigungen oder Gefährdungen menschlicher Freiheit zu bewahren, welche nicht vom Staat ausgehen und in der Gegenwart bedrohlicher werden können als die Gefährdungen durch den Staat. Es kommt deshalb darauf an, Freiheit auch insofern, namentlich gegen die Ausübung gesellschaftlicher oder wirtschaftlicher Macht zu schützen und hierbei kollidierende Freiheitsrechte einander zuzuordnen. Unter beiden Aspekten läßt sich grundrechtliche Freiheit nicht mehr, gleichsam automatisch, durch Abstinenz der staatlichen Gewalt gegenüber einer autonomen gesellschaftlichen Sphäre sichern. Sie muß in einer zunehmend komplexer werdenden Welt aktiv bewirkt werden, und dies ist Sache des Staates[8].

Ob daher die Freiheitsrechte des Grundgesetzes heute eine Verpflichtung des Staates zu jener Schaffung und Erhaltung der Voraussetzungen grundrechtlicher Freiheit begründen, ob sie möglicherweise sogar auch als subjektive Leistungs- oder Teilhaberechte zu verstehen sind, hat eine abschließende Antwort noch nicht gefunden. Vieles spricht dafür, daß diese Frage hinter diejenige nach der Bedeutung von Staatszielbestimmungen zurückgetreten ist. Das ist hier nicht weiter zu verfolgen[9]. In der Frage des Verständnisses der Freiheitsrechte als *grundrecht-*

8 Dazu näher *K. Hesse,* Verfassung und Verfassungsrecht, Handbuch des Verfassungsrechts, 2. Aufl. 1994, § 1 Rdn. 25 ff.; *ders.,* Bedeutung der Grundrechte, ebd. § 5 Rdn. 24 ff. Vgl. auch *U. Scheuner,* Die Funktion der Grundrechte im Sozialstaat. Die Grundrechte als Richtlinien und Rahmen der Staatstätigkeit, in: Staatstheorie und Staatsrecht, 1978, besonders S. 749 f., 753 ff.

9 Die neueste umfassende Darstellung und Erörterung bei *D. Murswiek,* Grundrechte als Teilhaberechte, soziale Grundrechte, HdBStR V, 1992, § 112.

liche Gewährleistungen staatlicher Schutzpflichten sind hingegen die Würfel bereits gefallen. Die in diese Richtung gehende Lösung entspricht inzwischen ständiger Rechtsprechung des Bundesverfassungsgerichts; das Schrifttum ist ihr im Ergebnis ganz überwiegend gefolgt[10].

2. Zu den Bedeutungsschichten der Grundrechte tritt damit eine weitere hinzu, und diese unterscheidet sich grundlegend von der Bedeutung der Grundrechte als Abwehrrechte gegen den Staat. Der Unterschied ist ausschlaggebend für die Tragweite, die Eigenart und Wirksamkeit grundrechtlicher Schutzpflichten sowie für den gerichtlichen Rechtsschutz. Er begründet die Problematik der verfassungsgerichtlichen Kontrolle der Wahrnehmung jener Pflichten durch den Gesetzgeber. Diesem verwehren die Freiheitsrechte in ihrer abwehrrechtlichen Bedeutung als negative Kompetenzvorschriften Eingriffe in die von ihnen gewährleisteten Rechte des Bürgers. Das Verhalten des Gesetzgebers ist insoweit eindeutig und abschließend verfassungsrechtlich bestimmt. Anders im Falle der grundrechtlichen Schutzpflicht: Bei dieser läßt sich den Freiheitsrechten zwar eindeutig entnehmen, ob der Gesetzgeber zum Schutz verpflichtet ist; daran ist er gemäß Art. 20 Abs. 3 und Art. 1 Abs. 3 GG verfassungsrechtlich gebunden. Alles weitere indessen ist verfassungsrechtlich teils überhaupt nicht, teils nur fragmentarisch normiert oder läßt sich nur aus allgemeinen, dem positiven Verfassungsrecht immanenten Grundsätzen herleiten[11]. Darüber, welche Vorkehrungen der Gesetzgeber zu treffen hat, um dem verfassungsrechtlichen Gebot zu genügen, enthält die Verfassung keine inhaltliche Regelung; die Frage läßt sich deshalb auch nicht im Wege der Interpretation beantworten. Allerdings gilt das nur, sofern jene Mittel wirksam sind. Diese Notwendigkeit gehört untrennbar zu der verfassungsrechtlich gebotenen Schutzpflicht, weil eine Pflicht, unwirksame Maßnahmen zu ergreifen, widersinnig wäre. Als Element der Schutzpflicht zählt die Wirksamkeit ihrer Wahrnehmung zu den eindeutigen verfassungsrechtlichen Normierungen, an welche der Gesetzgeber gebunden ist.

Das bedeutet indessen nicht, daß mit gleicher Eindeutigkeit normiert sei, wann eine Vorkehrung des Gesetzgebers als wirksam zu betrachten ist. Hierzu müssen zwar die Mittel zum Schutz des grundrechtlichen Rechtsgutes geeignet, also zwecktauglich und ausreichend sein. Ob das der Fall ist, wird sich jedoch nicht immer mit Sicherheit feststellen lassen. Zumeist wird es einer Prognose bedürfen, deren Wesen gerade in ihrer Unsicherheit besteht[12]. Die Konturen werden unscharf.

10 Repräsentativ *Isensee* (Anm. 6) § 111, besonders Rdn. 83 ff., dort auf der »außergrundrechtlichen Basis« der Staatsaufgabe Sicherheit begründet als Schließung »der offenen Flanke des Grundrechtsschutzes« (Rdn. 85).

11 Vgl. BVerfGE 56, 54 (81) - Fluglärm.

12 Vgl. BVerfGE 50, 290 (331) - Mitbestimmungsgesetz.

Noch schwerer als die Frage der Eignung der gesetzlichen Vorkehrung läßt sich die Bedeutung einer Kollision grundrechtlicher Abwehrrechte mit den staatlichen Schutz gewährleistenden Freiheitsrechten beurteilen. Eine solche Kollision muß entstehen, wenn wirksamer staatlicher Schutz der Grundrechte der einen nur durch einen Eingriff in abwehrrechtliche Grundrechtspositionen der anderen gewährt werden kann, der für sich genommen nur nach Maßgabe des Grundsatzes der Verhältnismäßigkeit zulässig wäre, wenn sich also eine »mehrdimensionale« Konstellation im Sinne des bekannten Dreiecks ergibt, an dessen zwei Enden einander widerstreitende Freiheitsrechte von Grundrechtsberechtigten, am dritten Ende der Staat steht[13].

Hier kann die unterschiedliche Bedeutung der auf dem Spiel stehenden Rechtsgüter[14] und die daraus sich ergebende Abstufung Anhaltspunkte geben. Soll verfassungsrechtlich gewährleistete Freiheit sich nicht in ihr Gegenteil verkehren, kann dies allerdings nicht zu einem absoluten Vorrang des zu schützenden Grundrechts vor den kollidierenden Abwehrrechten, insbesondere derjenigen von Minderheiten, führen. Beide sind durch dieselbe Verfassung gewährleistet. Beide begrenzen sich gegenseitig mit der Folge, daß Abstriche auf beiden Seiten – damit auch bei dem Erfordernis der Wirksamkeit der schützenden Vorkehrung – nötig werden[15]. Von einer auch nur annähernd eindeutigen verfassungsrechtlichen Regelung dieser Lage kann keine Rede mehr sein. Gleichwohl muß der Gesetzgeber eine verfassungsmäßige Lösung suchen, mag die »Richtigkeit« dieser Lösung auch nicht rechtlich erwiesen werden können.

Damit wird die komplexe Problematik der Wahrnehmung grundrechtlicher Schutzpflichten sichtbar. Sowohl unter dem Aspekt der Eignung der grundrechtsschützenden gesetzlichen Vorkehrungen als auch dem der Beurteilung von Grundrechtskollisionen stellt sie den Gesetzgeber vor eine denkbar schwer zu lösende Aufgabe[16]. Sie wird auch zur Crux des gerichtlichen Rechtsschutzes, im besonderen der verfassungsgerichtlichen Kontrolle, für die insoweit feste normative Maßstäbe fehlen. Die entscheidende Frage lautet: Quis judicabit? Die Antwort hängt ab von dem Umfang und der Intensität der verfassungsgerichtlichen Kontrolle.

13 *G. Hermes,* Das Grundrecht auf Schutz von Leben und Gesundheit. Schutzpflicht und Schutzanspruch aus Art. 2 Abs. 2 S. 1 GG, 1987, S. 201 ff., 204 ff.; *R. Wahl/J. Masing,* Schutz durch Eingriff, JZ 1990, 553 (556 ff.).

14 Vgl. BVerfGE 50, 290 (333).

15 So für den Schwangerschaftsabbruch: abweichende Meinung der Richter *Mahrenholz* und *Sommer,* BVerfGE 88, 338 (339, 340 ff.).

16 Vgl. auch die abweichende Meinung *Mahrenholz/Sommer,* BVerfGE 88, 338.

III. Die Rechtsprechung des Bundesverfassungsgerichts

Die Verfassungsrechtsprechung hat hierzu, wie bereits erwähnt, Ansätze, jedoch noch keine festen und einheitlichen Maßstäbe entwickelt, die immer erst aus einer längeren und gefestigten Judikatur hervorgehen können. Der heutige Stand läßt sich nur anhand einer Übersicht über die entschiedenen Fälle erfassen.

1. Die Reihe der Entscheidungen beginnt mit dem grundlegenden Urteil vom 25. Februar 1975 zum Schwangerschaftsabbruch (»Fristenlösung«)[17].

In diesem wird die Pflicht des Staates, jedes menschliche Leben zu schützen, unter Berufung auf die Entstehungsgeschichte des Grundrechts unmittelbar aus Art. 2 Abs. 2 GG abgeleitet; die Schutzpflicht ergebe sich darüber hinaus auch aus der ausdrücklichen Vorschrift des Art. 1 Abs. 2 GG, da das sich entwickelnde Leben auch an dem Schutz teilnehme, den Art. 1 Abs. 1 GG der Menschenwürde gewähre. Ob die grundrechtliche Schutzpflicht nur ein objektives Gebot enthalte oder auch ein subjektives Recht begründe, wird offen gelassen. Die Schutzpflicht sei umfassend; sie verbiete nicht nur staatliche Eingriffe in das sich entwickelnde Leben, sondern gebiete dem Staat auch, es vor rechtswidrigen Eingriffen anderer zu bewahren. Das gelte grundsätzlich auch gegenüber der Mutter. Deren Recht auf freie Entfaltung der Persönlichkeit könne zwar ebenfalls Anerkennung und Schutz beanspruchen. Da Schwangerschaftsabbruch aber immer Vernichtung des ungeborenen Lebens bedeute, müsse nach dem Prinzip des schonendsten Ausgleichs grundrechtlich geschützter Positionen unter Berücksichtigung des Grundgedankens des Art. 19 Abs. 2 GG[18] dem Lebensschutz der Vorzug gegeben werden (S. 41 ff.).
Wie der Staat seine Verpflichtung zu einem effektiven Schutz des sich entwickelnden Lebens erfülle, sei in erster Linie vom Gesetzgeber zu entscheiden. Dieser befinde darüber, welche Schutzmaßnahmen er für zweckdienlich und geboten halte. Entscheidend sei, ob die Gesamtheit der Schutzmaßnahmen einen der Bedeutung des zu sichernden Rechtsgutes entsprechenden tatsächlichen Schutz gewährleiste. Im äußersten Fall, wenn der von der Verfassung gebotene Schutz auf keine andere Weise zu erreichen sei, könne der Gesetzgeber verpflichtet sein, das Mittel des Strafrechts einzusetzen (S. 46 f.). Freilich könne ein Abbruch in Fällen der Unzumutbarkeit straffrei gelassen werden (S. 48 f.).
Nachdem das Gericht diese Maßstäbe entwickelt hat, geht es zu deren Anwendung über. In diesem Zusammenhang äußert es sich zu der Frage der verfassungsgerichtlichen Kontrolle: Das Verfassungsgebot, das sich entwickelnde Leben zu schützen, richte sich zwar in erster Linie an den Gesetzgeber. Dem Bundesverfassungsgericht obliege jedoch die Aufgabe, in Ausübung der ihm vom Grundgesetz zugewiesenen Funktion festzustellen, ob der Gesetzgeber dieses Gebot erfüllt habe. Das Gericht müsse den Spielraum des Gesetzgebers sorg-

17 BVerfGE 39, 1.
18 Ähnlich in dem etwas späteren Satz, der Gesetzgeber müsse den hierbei (sc. der Berührung der Freiheitsbereiche anderer Grundrechtsträger) entstehenden Konflikt »durch eine Abwägung der beiden einander gegenüberstehenden Grundwerte oder Freiheitsbereiche nach Maßgabe der grundgesetzlichen Wertordnung und unter Beachtung des rechtsstaatlichen Verhältnismäßigkeitsgrundsatzes lösen« (S. 47).

fältig beachten, der diesem bei der Beurteilung der seiner Normierung zugrunde liegenden tatsächlichen Verhältnisse, der etwa erforderlichen Prognose und der Wahl der Mittel zukomme. Es dürfe sich nicht an die Stelle des Gesetzgebers setzen; es sei aber seine Aufgabe, zu überprüfen, ob der Gesetzgeber im Rahmen der zur Verfügung stehenden Möglichkeiten das Erforderliche getan habe, um Gefahren von dem zu schützenden Rechtsgut abzuwenden (S. 51).

Die Betonung der Gestaltungsfreiheit des Gesetzgebers hat sich auf das Urteil nicht ausgewirkt: Das Gericht hat eine vollständige Prüfung der Vereinbarkeit der gesetzlichen Norm mit dem Grundgesetz vorgenommen und hierbei, wie auch die abschließende Anordnung gem. § 35 BVerfGG zeigt, dem Gesetzgeber weitgehend vorgeschrieben, wie er zu handeln habe.

2. Die späteren Entscheidungen zur grundrechtlichen Schutzpflicht aus Art. 2 Abs. 2 S. 1 GG nehmen bei der Bestimmung des Inhalts der verfassungsrechtlichen Schutzpflicht des Gesetzgebers Bezug auf das Urteil vom 25. Februar 1975. Fortentwicklungen enthalten sie im wesentlichen zu der in diesem offen gelassenen Frage eines Anspruchs des Bürgers auf Wahrnehmung der Schutzpflicht durch den Gesetzgeber, zu den Anforderungen, welche an diese zu stellen sind, und den Grenzen verfassungsgerichtlicher Kontrolle[19].

In der C-Waffen-Entscheidung vom 29. Oktober 1987[20] hat das Gericht ausgesprochen, daß in der Verletzung verfassungsrechtlicher Schutzpflichten aus Art. 2 Abs. 2 S. 1 GG zugleich eine Verletzung dieses Grundrechts liege, gegen die sich der Betroffene zur Wehr setzen könne. Dem Gesetzgeber wie der vollziehenden Gewalt komme bei der Erfüllung dieser Schutzpflichten ein weiter Einschätzungs-, Wertungs- und Gestaltungsbereich zu, der auch Raum lasse, etwa konkurrierende öffentliche und private Interessen zu berücksichtigen. Im Blick auf diese Gestaltungsfreiheit sei der mit der Schutzpflicht verbundene grundrechtliche Anspruch nur darauf gerichtet, daß die öffentliche Gewalt Vorkehrungen zum Schutz des Grundrechts treffe, die nicht gänzlich ungeeignet oder völlig unzulänglich seien. Nur unter ganz besonderen Umständen könne sich diese Gestaltungsfreiheit in der Weise verengen, daß allein durch eine bestimmte Maßnahme der Schutzpflicht Genüge getan werden könne. Auf diese Entscheidung nimmt der in einem Verfassungsbeschwerdeverfahren ergangene Beschluß vom 30. November 1988 Bezug[21].

19 Im herkömmlichen Rahmen hält sich der Beschluß zum Kontaktsperregesetz (BVerfGE 49, 24), der sich eingehend mit der Frage der Zulässigkeit eines mit der Wahrnehmung der staatlichen Schutzpflicht verbundenen Eingriffs in die Grundrechte der Gefangenen, also der Kollision dieser Rechte mit dem zu schützenden Grundrecht auseinandersetzt; das Gericht hat die angegriffene gesetzliche Regelung für verhältnismäßig erachtet und sie auch im übrigen nicht beanstandet (S. 55 ff.).

20 BVerfGE 77, 170 (214 f.). Das Schleyer-Urteil vom 16. Oktober 1977 (BVerfGE 46, 160 [163 ff.]) ist auf die Frage eines individuellen Schutzanspruchs ebensowenig eingegangen, wie die Fluglärmentscheidung vom 14. Januar 1981 (BVerfGE 56, 54 [80 f.]); beide Entscheidungen haben aber das Bestehen eines subjektiven Rechts auf Wahrnehmung der Schutzpflicht vorausgesetzt.

21 BVerfGE 79, 174 (201 f.) – Verkehrslärm.

Entwickelt wurden weiterhin die Anforderungen an die Wahrnehmung grundrechtlicher Schutzpflichten.

Das Schleyer-Urteil umschreibt diese Anforderungen ebenso wie das Urteil zu § 218 StGB; das Gericht hat sich jedoch gehindert gesehen, dem Staat eine bestimmte Entschließung vorzuschreiben, weil Art. 2 Abs. 2 S. 1 GG eine Schutzpflicht nicht nur gegenüber dem Einzelnen, sondern auch gegenüber der Gesamtheit aller Bürger begründe; eine wirksame Wahrnehmung dieser Pflicht schließe die Festlegung auf ein bestimmtes Mittel aus[22]. In drei Entscheidungen zum Atomgesetz hat das Gericht ferner die Frage eines Verstoßes der gesetzlichen Regelung gegen die Schutzpflicht aus Art. 2 Abs. 2 S. 1 GG kurz erörtert und verneint, weil jene Regelungen ausreichenden Schutz gewährten[23]. Welche Forderungen an die Wirksamkeit der Wahrnehmung der Schutzpflicht zu stellen waren, ist in den Entscheidungen nicht näher spezifiziert; sie dürften, wie sich aus dem Zusammenhang ergibt, nicht allzu hoch gewesen sein.
Ausdrücklich zu der Frage Stellung genommen ist in der C-Waffen-Entscheidung, nach welcher der mit der Schutzpflicht verbundene grundrechtliche Anspruch im Blick auf die Gestaltungsfreiheit des Gesetzgebers nur darauf gerichtet ist, daß die öffentliche Gewalt Vorkehrungen zum Schutze des Grundrechts trifft, die nicht gänzlich ungeeignet oder völlig unzulänglich sind. Nur unter ganz besonderen Umständen könne sich diese Gestaltungsfreiheit in der Weise verengen, daß allein durch eine bestimmte Maßnahme der Schutzpflicht Genüge getan werden kann[24]. Diese Sätze sind Bestandteil der Prüfung der Zulässigkeit mehrerer Verfassungsbeschwerden. Daß sie sich nur auf den subjektivrechtlichen Schutzanspruch, nicht hingegen auf die objektivrechtliche Pflicht des Gesetzgebers bezögen[25], aus der sich dann weitergehende Pflichten des Gesetzgebers ergäben als aus dem Individualrecht, wäre ungereimt und wird nicht angenommen werden können. Der Beschluß vom 30. November 1988[26], der zwar ebenfalls in einem Verfassungsbeschwerdeverfahren ergangen ist, die genannten Sätze aber im Rahmen der materiellrechtlichen Prüfung wörtlich übernimmt, hat sie erkennbar nicht so verstanden.

Wo dem Gesetzgeber verfassungsrechtlich nur eine begrenzte Schutzpflicht obliegt, kann auch dem Bundesverfassungsgericht keine weitergehende Prüfung und Entscheidung aufgegeben sein. Die letztgenannten Entscheidungen führen daher zugleich zu einer begrenzten verfassungsgerichtlichen Kontrolle und innerhalb der (materiellrechtlich) gezogenen Grenzen zu einer Letztentscheidungskompetenz des Gesetzgebers.

22 BVerfGE 46, 160 (165).
23 BVerfGE 49, 89 (142 f.) - Kalkar; 53, 30 (57 ff.) - Mülheim-Kärlich; 77, 381 (402 f.) - Gorleben.
24 BVerfGE 77, 170 (214 f.); vgl. auch BVerfGE 85, 191 (212) - Nachtarbeitsverbot.
25 Im Urteil vom 28. Mai 1993 - Schwangerschaftsabbruch II - hat das Gericht sich gegen ein Verständnis dieser Sätze dahin gewehrt, es »genügten der Schutzpflicht des Staates gegenüber menschlichem Leben schon Maßnahmen, die nicht gänzlich ungeeignet oder völlig unzulänglich« seien (BVerfGE 88, 203 [262 f.]).
26 BVerfGE 79, 174 (202).

Einen anderen Weg geht der Fluglärm-Beschluß vom 14. Januar 1981[27].

Er äußert sich in erster Linie zu der Frage der Prüfungsintensität und damit zu den Grenzen verfassungsgerichtlicher Kontrolle. Nach dem Beschluß hat der Gesetzgeber eine etwaige, aus Art. 2 Abs. 2 GG folgende Schutzpflicht nicht durch das Unterlassen von Nachbesserungen verletzt. Dieses Ergebnis bedeute nicht, daß auf dem Gebiet der Fluglärmbekämpfung bereits befriedigende Verhältnisse erreicht und alle denkbaren Schutzmaßnahmen schon verwirklicht worden seien. Es beruhe vielmehr darauf, daß das Bundesverfassungsgericht im Rahmen einer Verfassungsbeschwerde der vorliegenden Art erst dann eingreifen könne, wenn der Gesetzgeber die genannte Pflicht evident verletzt habe. Diese Begrenzung der verfassungsgerichtlichen Nachprüfung erscheine deshalb geboten, weil es regelmäßig eine höchst komplexe Frage sei, wie eine positive staatliche Schutz- und Handlungspflicht, die erst im Wege der Verfassungsinterpretation aus den in den Grundrechten verkörperten Grundentscheidungen hergeleitet werde, durch aktive gesetzgeberische Maßnahmen zu verwirklichen sei. Je nach der Beurteilung der tatsächlichen Verhältnisse, der konkreten Zielsetzungen und ihrer Priorität sowie der Eignung der denkbaren Mittel und Wege seien verschiedene Lösungen möglich[28]. Die Entscheidung, die häufig Kompromisse erfordere, gehöre nach dem Grundsatz der Gewaltenteilung und dem demokratischen Prinzip in die Verantwortung des vom Volk unmittelbar legitimierten Gesetzgebers und könne vom Bundesverfassungsgericht nur begrenzt nachgeprüft werden, sofern nicht Rechtsgüter von höchster Bedeutung auf dem Spiele stünden. Diese Erwägungen fielen verstärkt ins Gewicht, wenn es nicht allein um die Frage gehe, ob der Gesetzgeber eine aus den Grundrechten herleitbare Schutzpflicht verletzt habe, sondern darüber hinaus um die weitere Frage einer Verletzung durch unterlassene Nachbesserung.

Insgesamt hat das Bundesverfassungsgericht in keiner der Folgeentscheidungen zu dem Urteil vom 25. Februar 1975, also innerhalb von 17 Jahren, die Art und Weise der Wahrnehmung einer grundrechtlichen Schutzpflicht durch den Gesetzgeber beanstandet; vollends hat es den Gesetzgeber nicht zu einem bestimmten Handeln verpflichtet.

3. Darüber geht das Urteil vom 28. Mai 1993[29] weit hinaus.

Verfassungsrechtliche Angelpunkte der umfangreichen Entscheidung sind die denkbar weit verstandene Schutzpflicht des Staates für das ungeborene Leben und das erstmals in der

27 BVerfGE 56, 54 (80 f.), in Bezug genommen in BVerfGE 79, 174 (202) – Offensichtlichkeit des Umstands, daß die getroffenen Regelungen und Maßnahmen nicht gänzlich ungeeignet oder völlig unzulänglich sind.

28 Schon zuvor hat der Beschluß den wesentlichen Unterschied zwischen Gesetzgebungsaufträgen und Schutzpflichten hervorgehoben. Während Gesetzgebungsaufträge Inhalt und Umfang der Pflichten des Gesetzgebers im wesentlichen bestimmten, seien die Schutzpflichten erst im Wege der Verfassungsinterpretation aus den in den Grundrechten verkörperten Grundentscheidungen herleitbar. Gerade hier hänge die Entscheidung, ob und mit welchem Inhalt das Gesetz zu erlassen sei, von mannigfaltigen wirtschaftlichen, politischen und haushaltsrechtlichen Gegebenheiten ab, die sich rechtlicher Nachprüfung im allgemeinen entzögen (S. 70 f.).

29 BVerfGE 88, 203 – Schwangerschaftsabbruch.

Verfassungsrechtsprechung auftauchende »Untermaßverbot«[30], nach dem der Staat zur Erfüllung seiner Schutzpflicht ausreichende Maßnahmen normativer und tatsächlicher Art ergreifen muß, die dazu führen, daß ein - unter Berücksichtigung entgegenstehender Rechtsgüter - angemessener und als solcher wirksamer Schutz erreicht wird (S. 203, LS 6, S. 254).
Während das Gericht die verfassungsrechtliche Grundlage der staatlichen Schutzpflicht nunmehr in Art. 1 Abs. 1 GG erblickt, werden nach dem Urteil der Gegenstand dieser Pflicht - und von ihm her - ihr Maß durch Art. 2 Abs. 2 GG bestimmt (S. 203, LS 1, S. 251). Wie sich aus dieser Gegenstands- und Maßbestimmung die folgenden Anforderungen an die Wahrnehmung der Schutzpflicht durch den Gesetzgeber ableiten lassen, bleibt offen. Das Urteil stellt vielmehr, insbesondere unter Berufung auf das Untermaßverbot, unvermittelt einen weitreichenden, bis ins Detail gehenden Katalog von »Mindestanforderungen« an die Ausgestaltung des Schutzes durch die Rechtsordnung auf (S. 255), die dem Gesetzgeber vorschreiben, wie er seiner Pflicht zu genügen habe. Das ist hier nicht näher darzustellen[31]. Einer knappen Wiedergabe bedürfen hingegen die in die Entscheidungsgründe eingestreuten Äußerungen zur verfassungsgerichtlichen Überprüfung.
Art und Ausmaß dieser Überprüfung ergeben sich im wesentlichen aus der Umschreibung der Aufgabe des Gesetzgebers: Sie bestehe, wie in dem einleitenden Abschnitt der Entscheidungsgründe ausgeführt wird, darin, Art und Umfang des Schutzes im einzelnen zu bestimmen. Die Verfassung gebe den Schutz als Ziel vor, nicht aber seine Ausgestaltung im einzelnen. Allerdings habe der Gesetzgeber das Untermaßverbot zu beachten; insofern unterliege er der verfassungsgerichtlichen Kontrolle. Die Vorkehrungen des Gesetzgebers müßten für einen angemessenen und wirksamen Schutz ausreichend sein und »zudem« auf sorgfältigen Ermittlungen und vertretbaren Einschätzungen beruhen (S. 254). Auf diese Ausführungen kommt das Gericht später wieder zurück: Die Aufstellung eines die Elemente des präventiven wie des repressiven Schutzes verbindenden Schutzkonzeptes und dessen normative Umsetzung sei Sache des Gesetzgebers. Nach den bestehenden verfassungsrechtlichen Anforderungen sei er dabei nicht frei, den Schwangerschaftsabbruch über verfassungsrechtlich unbedenkliche Ausnahmetatbestände hinaus als nicht rechtswidrig, also erlaubt, anzusehen. Er könne allerdings »nach noch näher auszuführenden Maßstäben« entscheiden, wie er das grundsätzliche Verbot des Schwangerschaftsabbruchs im übrigen in den verschiedenen Bereichen der Rechtsordnung zur Wirkung bringe. Insgesamt müsse aber das Schutzkonzept so ausgestaltet sein, daß es geeignet sei, den gebotenen Schutz zu entfalten, und nicht in eine - zeitlich begrenzte - rechtliche Freigabe des Schwangerschaftsabbruchs übergehe oder als solche wirke (S. 261 f.).
Der Gesetzgeber müsse der Wahl und Ausgestaltung seines Schutzkonzepts die verfassungsrechtlich tragfähige Einschätzung zugrunde legen, daß er mit ihm den Schutz des ungeborenen Lebens so gewährleisten werde, wie es das Untermaßverbot verlange. Soweit seinen Entscheidungen zugleich Prognosen über tatsächliche Entwicklungen, insbesondere die Wirkungen seiner Regelungen zugrunde lägen, müßten diese Prognosen verläßlich sein;

30 Aus der Literatur etwa: *Isensee* (Anm. 6) § 111 Rdn. 165 f.; *V. Götz,* Innere Sicherheit, HdBStR III, 1988, § 79 Rdn. 30 f.; *K.-E. Hain,* Der Gesetzgeber in der Klemme zwischen Übermaß- und Untermaßverbot, DVBl. 1993, 982 ff.

31 Vgl. dazu *G. Hermes/S. Walther,* Schwangerschaftsabbruch zwischen Recht und Unrecht, NJW 1993, 2377 ff.

das Bundesverfassungsgericht prüfe, ob sie nach Maßgabe der nachfolgenden Kriterien vertretbar seien.

Ein Einschätzungs-, Wertungs- und Gestaltungsspielraum komme dem Gesetzgeber zu, wenn er - wie hier - verpflichtet sei, wirksame und ausreichende Maßnahmen zum Schutz eines Rechtsgutes zu ergreifen. Der Umfang dieses Spielraums hänge von Faktoren verschiedener Art ab, im besonderen von der Eigenart des in Rede stehenden Sachbereichs, den Möglichkeiten, sich - zumal über künftige Entwicklungen wie die Auswirkungen einer Norm - ein hinreichend sicheres Urteil zu bilden und der Bedeutung der auf dem Spiel stehenden Rechtsgüter. Ob sich hieraus für die verfassungsrechtliche Überprüfung drei voneinander unterscheidbare Kontrollmaßstäbe herleiten ließen, bedürfe keiner Erörterung; die verfassungsrechtliche Prüfung erstrecke sich in jedem Fall darauf, ob der Gesetzgeber die genannten Faktoren ausreichend berücksichtigt und seinen Einschätzungsspielraum »in vertretbarer Weise« gehandhabt habe (S. 262). - Auf ausländische Erfahrungen lasse sich wegen der nicht gesicherten Vergleichbarkeit der jeweiligen Verhältnisse nur bedingt zurückgreifen. In solcher Lage müsse sich der Gesetzgeber des erreichbaren, für die gebotene verläßliche Prognose der Schutzwirkung des Konzepts wesentlichen Materials bedienen und es mit der gebotenen Sorgfalt daraufhin auswerten, ob es seine gesetzgeberische Einschätzung hinreichend zu stützen vermöge (S. 263).

Zu der zentralen verfassungsrechtlichen Frage nach der Bedeutung kollidierender Grundrechte der Frau für die Beurteilung durch den Gesetzgeber nimmt das Gericht bereits im einleitenden Abschnitt der Gründe im Zusammenhang mit der Erörterung zulässiger Ausnahmen (Unzumutbarkeit) Stellung: Um das Untermaßverbot nicht zu verletzen, müsse der Gesetzgeber in Rechnung stellen, daß die kollidierenden Rechtsgüter hier nicht zu einem verhältnismäßigen Ausgleich gebracht werden könnten, weil auf der Seite des ungeborenen Lebens in jedem Falle nicht ein mehr oder weniger an Rechten, sondern alles, nämlich das Leben selbst, in Frage stehe (S. 255).

Mehr noch als in dem Urteil vom 25. Februar 1975 läßt dieses Urteil den Eindruck entstehen, daß die Ausführungen zu der Aufgabe und zur Gestaltungsfreiheit des Gesetzgebers und daraus sich ergebende Grenzen verfassungsgerichtlicher Kontrolle ohne praktische Bedeutung bleiben, vor allem deshalb, weil stets sogleich der vereinfachende, der komplexen Problematik unangemessene grobe Keil des Untermaßverbotes eingesetzt wird; das gilt namentlich an den neuralgischen Punkten: der Einschätzung der Wirksamkeit der Schutzvorkehrungen des Gesetzgebers und der Zuordnung kollidierender Freiheitsrechte (vgl. oben II. 2.). Durchgängig nimmt das Gericht eine uneingeschränkte Prüfung vor. Den seit dem Urteil vom 25. Februar 1975[32] in mehreren Entscheidungen zu der Schutzpflichtproblematik wiederkehrenden Satz, die Gestaltungsfreiheit des Gesetzgebers könne sich nur unter ganz besonderen Umständen in der Weise verengen, daß allein durch eine bestimmte Maßnahme der Schutzpflicht Genüge getan werden könne, erwähnt das Urteil nicht mehr; er hätte zur Begründung des Ausnahmecharakters der Verfahrensweise nahegelegen. Insgesamt gerät die dem Gericht

32 BVerfGE 39, 1 (46 f.): »Im äußersten Falle« . . .

kraft seiner Kontrollaufgabe nur zukommende kassatorische Entscheidung der Sache nach, wenn nicht ausdrücklich, zu einer präskriptorischen Entscheidung. Auch hier wird das deutlich in den Nummern 2 bis 9 der umfangreichen Anordnung gemäß § 35 BVerfGG (S. 210 ff.).

IV. Umfang und Intensität der verfassungsgerichtlichen Prüfung

Die augenfälligen Unterschiede zwischen den Schutzpflicht-Entscheidungen der Zeit nach 1975 und dem Urteil vom 28. Mai 1993 dürften mit der singulären Fallkonstellation des Schwangerschaftsabbruchs zusammenhängen. Dies kann indessen die weitgehende Preisgabe der bisherigen Kontinuität der Rechtsprechung nicht ohne weiteres begründen. Die neueste Rechtsprechung wird der oben (II. 2.) dargelegten Problematik nicht gerecht.

Wer entscheidet letztverbindlich über das Bestehen einer grundrechtlichen Schutzpflicht, die gebotenen gesetzlichen Vorkehrungen und die Zuordnungsfrage im Falle kollidierender Grundrechtspositionen? Die Frage läßt sich nur differenzierend beantworten. Ein alleiniges Recht zur Letztentscheidung kommt weder dem Gesetzgeber noch dem Bundesverfassungsgericht zu. Grundsätzlich ist die Entscheidung zwar Sache des Gesetzgebers[33]. Aber der Gesetzgeber unterliegt der Kontrolle des Bundesverfassungsgerichts. Werden seine Entscheidungen vor dem Bundesverfassungsgericht angegriffen, hat dieses das letzte Wort, allerdings nur, wenn und soweit es nicht durch eine Grenze der Verfassungsgerichtsbarkeit an einer Sachentscheidung gehindert ist. Das gilt für die institutionellen Grenzen (oben I.), an denen nicht statthafte und unzulässige Anträge scheitern. Es gilt auch für die immanenten Grenzen der Verfassungsgerichtsbarkeit, die in Fällen der grundrechtlichen Schutzpflichten besonders solche funktioneller Art sind.

1. Nach der Funktionenteilung des Grundgesetzes[34] ist politische Gestaltung prinzipiell Aufgabe der Gesetzgebung, rechtliche Kontrolle prinzipiell Aufgabe der Rechtsprechung, auch der Verfassungsgerichtsbarkeit, die als Ausübung rechtsprechender Gewalt allein anhand normativer Maßstäbe in dem durch die rechtliche Grundordnung vorgezeichneten Rahmen zu entscheiden hat[35]; dies findet in der geläufigen Formel Ausdruck, das Bundesverfassungsgericht dürfe sich

33 BVerfGE 39, 1 (44): »in erster Linie« . . .

34 Über deren Zusammenhang mit der Organisation, der Struktur und dem Verfahren der Organe, denen die Funktionen verfassungsrechtlich zugewiesen sind, sowie die Notwendigkeit, das eigene Wirken eines Organs auf dasjenige anderer Organe abzustimmen, vgl. *Hesse* (Anm. 1) S. 265 f., 270.

35 Vgl. *Scheuner* (Anm. 4) S. 477. Zur Bedeutung der Gerichtsförmigkeit der Organstruktur des Bundesverfassungsgerichts für die Begrenzung seiner Funktion: *W. Heun*, Funktionell-rechtliche Schranken der Verfassungsgerichtsbarkeit, 1992, S. 13.

nicht an die Stelle des Gesetzgebers setzen. Eine trennscharfe Grenze gibt es nicht: Auch in den Ergebnissen verfassungsgerichtlicher Kontrolle findet sich häufig ein Element politischer Gestaltung; Gesetzesrecht und Richterrecht können gleich oder ähnlich normierende Wirkung entfalten.
Mit der Funktionenteilung des Grundgesetzes ist es jedoch nicht vereinbar, wenn das Verfassungsgericht über die Erklärung der Verfassungswidrigkeit (Nichtigkeit oder Unvereinbarkeit mit dem Grundgesetz) einer geprüften Gesetzesbestimmung hinaus dem Gesetzgeber in den Entscheidungsgründen Handlungsanweisungen erteilt, ihm damit die Möglichkeit eigener Gestaltung nimmt und selbst (positiv) gestaltet. Dem kommt es gleich, wenn das Gericht zwar explizite Handlungsanweisungen unterläßt, die Voraussetzungen einer verfassungsmäßigen Lösung jedoch so eng umschreibt, daß dem Gesetzgeber eigene Gestaltungsmöglichkeiten versperrt werden. Ähnliche Wirkungen können von einer sehr weitgehenden verfassungskonformen Auslegung ausgehen.
Ebensowenig ist es mit der Funktionenteilung zwischen Gesetzgebung und Rechtsprechung vereinbar, wenn und soweit das Gericht über Fragen urteilt, welche sich nicht im Wege der Rechtsprechung, d.h. aufgrund *rechtlicher* Prüfung und Begründung entscheiden lassen. Über derartige Fragen haben nach dem Grundgesetz im Rahmen ihrer Kompetenzen der Gesetzgeber, die Regierung oder Organe der Verwaltung zu entscheiden. Dem Verfassungsgericht als einem Organ der rechtsprechenden Gewalt ist das verwehrt.
Politische Gestaltung durch das Bundesverfassungsgericht und verfassungsgerichtliche Entscheidung von Fragen, welche einer rechtlichen Beurteilung nicht zugänglich sind, können zu Verschiebungen in der verfassungsrechtlichen Ordnung des Grundgesetzes führen. Sie können, namentlich dann, wenn sie ins Detail gehen, aus der Freiheit des Gesetzgebers zu politischer Gestaltung verfassungsrechtliche Handlungsgebote werden lassen und damit den Charakter der Verfassung als einer (zukunfts-)offenen Grundordnung oder Rahmenordnung in Frage stellen. Da beides der Verfassung nicht entsprechen kann, bestehen hier Grenzen der Verfassungsgerichtsbarkeit, denen bei der Kontrolle der Wahrnehmung grundrechtlicher Schutzpflichten um so größere Bedeutung zukommt, als diese den Gesetzgeber zu einem Handeln verpflichten, Fehlentwicklungen mithin in erhöhtem Maße zu besorgen sind[36].

2. Die daraus sich ergebenden Beschränkungen[37] der Befugnis zu verfassungsgerichtlicher Prüfung und Entscheidung können in einem gänzlichen oder teilweisen

36 In diesem Sinne schon die abweichende Meinung der Richterin *Rupp von Brünneck* und des Richters *Simon,* BVerfGE 39 (69 f., 72 f.), mit dem berechtigten Hinweis auf eine Gefährdung auch der Stellung der Verfassungsgerichtsbarkeit.

37 Von ihnen zu unterscheiden sind »Beschränkungen« der verfassungsgerichtlichen Kontrolle, welche, wie in der C-Waffen-Entscheidung und dem Beschluß vom 30. November 1988 angenommen, bereits daraus folgen, daß die zum Schutz verpflichtende Verfassungsnorm selbst den Gesetzgeber

Ausschluß der verfassungsgerichtlichen Kontrolle oder in Begrenzungen ihrer Intensität bestehen.

Ausgeschlossen ist eine verfassungsgerichtliche Kontrolle der Wahl der Mittel, mit denen der Gesetzgeber seiner Schutzpflicht nachkommen wollte. Da die Verfassung hierzu keine inhaltliche Regelung enthält, ist er insoweit verfassungsrechtlich nicht gebunden und kann allein und abschließend entscheiden. Allerdings ist er, wie dargelegt (II. 2.) zu wirksamen Schutzvorkehrungen verpflichtet; das kann eine freie Wahl erheblich einschränken und ist verfassungsgerichtlicher Kontrolle zugänglich.

Begrenzungen der Intensität der verfassungsgerichtlichen Kontrolle gewinnen Bedeutung vor allem für die Beurteilung der Eignung der gesetzlichen Vorkehrungen sowie für die Nachprüfung der Zuordnung kollidierender Grundrechtspositionen.

Ob eine Schutzvorkehrung des Gesetzgebers nicht geeignet, d.h. zweckuntauglich oder nicht ausreichend ist, läßt sich mit hinreichender Sicherheit feststellen, wenn sie offenkundig »gänzlich ungeeignet oder völlig unzulänglich« ist. Davon abgesehen ist indessen im Wege einer gerichtlichen Kontrolle ein zuverlässigeres Urteil als dasjenige des Gesetzgebers nur bedingt zu gewinnen. Das gilt schon für die Voraussetzung eines zumindest gleichen Informationsstands des Gerichts über die zugrunde liegenden komplexen Sachverhalte. Weitere Schwierigkeiten birgt die Nachprüfung der Einschätzung ungewisser künftiger Entwicklungen, von denen die Wirksamkeit der Schutzvorkehrungen abhängen wird. Hier fehlt es an einem inhaltlichen normativen Maßstab, anhand dessen das Wahrscheinlichkeitsurteil des Gesetzgebers überprüft werden könnte. Nach der Rechtsprechung ist das Verfassungsgericht auf eine Beurteilung der Grundlagen der Prognose des Gesetzgebers beschränkt, die je nach der Eigenart des in Rede stehenden Sachbereichs, den Möglichkeiten, sich ein hinreichend sicheres Urteil zu bilden, und der Bedeutung der auf dem Spiel stehenden Rechtsgüter von einer Evidenz- über eine Vertretbarkeits- bis hin zu einer intensivierten inhaltlichen Kontrolle reichen[38]. Auch die letztgenannte Stufe kann freilich nicht zu unbeschränkter verfassungsgerichtlicher Nachprüfung führen. Eine solche liefe auf nichts anderes hinaus als auf eine eigene Prognose des Gerichts, könnte also nur zur Ersetzung der einen unsicheren Prognose durch die andere unsichere Prognose führen. Nuancen größerer Wahrscheinlichkeit könnten einen Anspruch des Bundesverfassungsgerichts nicht rechtfertigen, »richtiger« zu entscheiden als das Parlament. Die schwerwiegenden

zwar zum Tätigwerden, nicht jedoch zu näher bestimmten oder bestimmbaren Vorkehrungen verpflichtet. Unter dieser Voraussetzung decken sich »Handlungsnorm« und »Kontrollnorm«: Die verfassungsgerichtliche Prüfung und Entscheidung kann nicht über die Frage hinausgehen, ob die Vorkehrungen, welche der Gesetzgeber getroffen hat, gänzlich ungeeignet oder völlig unzulänglich sind (oben III. 2.).

38 BVerfGE 50, 290 (332 f.); vgl. auch BVerfGE 88, 203 (262).

Schritte einer Annullierung oder sogar Korrektur einer Entscheidung des Gesetzgebers und damit eines Eingriffs in die diesem zugewiesene Funktion setzen mehr voraus: Die Fehlerhaftigkeit jener Entscheidung muß anhand des positiven Verfassungsrechts klar erweisbar sein.

Die Befugnis des Verfassungsgerichts, die Eignung von Schutzvorkehrungen des Gesetzgebers zu überprüfen, beschränkt sich hiernach grundsätzlich auf die Frage, ob der Gesetzgeber mit seiner Entscheidung seine Schutzpflicht offensichtlich verletzt hat[39], ob eine Vorkehrung also evident ungeeignet oder völlig unzulänglich ist. Hält das Gericht eine intensivere Nachprüfung für geboten, so kann es eine Überprüfung der Vertretbarkeit der zugrunde liegenden Prognosen vornehmen. Bedenken unterliegt hingegen jede mehr oder weniger intensivierte inhaltliche Kontrolle[40]. Denn es handelt sich hier wie bei allen Prognosen um ein Wahrscheinlichkeitsurteil über den prinzipiell ungewissen Eintritt von Tatsachen, das sich anhand rechtlicher Kategorien nicht treffen läßt. Es kann deshalb nicht Grundlage einer gerichtlichen Entscheidung sein, die immer auf einem eindeutig festgestellten Sachverhalt beruhen muß. Insoweit muß es bei der Entscheidung des Gesetzgebers sein Bewenden haben. Im Falle eines anderen Verlaufs der Entwicklung als desjenigen, von dem er ausgegangen ist, ergibt sich dann für ihn die Pflicht zu einer Nachbesserung. Ob er dieser nachkommt, unterliegt der verfassungsgerichtlichen Kontrolle.

Ähnliche Probleme ergeben sich bei einer verfassungsrechtlichen Nachprüfung der Zuordnung kollidierender Grundrechtspositionen durch den Gesetzgeber. Dafür, wie dieser die Zuordnung vorzunehmen hat, gibt es, wie gezeigt (oben II. 2.) nur umrißhafte verfassungsrechtliche Vorgaben: Der Eingriff in die abwehrrechtliche Grundrechtsposition, welche mit der Schutzvorkehrung des Gesetzgebers verbunden ist, muß ebenso verhältnismäßig sein wie die Minderung der Wirksamkeit jener Vorkehrung. Auf beiden Seiten bedarf es also einer dahingehenden Prüfung. Hierzu kann die Bedeutung der auf dem Spiele stehenden Rechtsgüter einen Anhalt geben; sie kann jedoch keinen absoluten Vorrang des zu schützenden Rechtsguts vor den Rechtsgütern begründen, die durch die Vorkehrung des Gesetzgebers beeinträchtigt werden.

Für die verfassungsgerichtliche Verhältnismäßigkeitsprüfung stellen sich zunächst auf beiden Seiten die Fragen der Eignung und der Erforderlichkeit. Hat die vorangehende Prüfung bereits ergeben, daß die Schutzvorkehrung zwecktauglich und ausreichend ist oder ist wegen der beschränkten Nachprüfbarkeit dieser Frage die Entscheidung des Gesetzgebers als maßgeblich zu erachten, sind damit auch

39 BVerfGE 56, 54 (80 f.).

40 Sie ist in der Rechtsprechung erkennbar im Blick auf den besonderen Fall des Schwangerschaftsabbruchs vorgesehen worden. So sehr das durch die hohe Bedeutung des zu schützenden Rechtsgutes nahegelegt ist, so wenig vermag es die Annahme einer Prärogative des Verfassungsgerichts schlüssig zu begründen.

Eignung und Erforderlichkeit des Eingriffs in die abwehrrechtliche Grundrechtsposition bejaht.
Die zentrale Problematik der verfassungsgerichtlichen Nachprüfung tritt dann bei der Frage nach der Verhältnismäßigkeit im engeren Sinne, also der Angemessenheit des Ausgleichs zwischen den widerstreitenden Grundrechtspositionen zutage. Hier fehlt sowohl für den Gesetzgeber wie für das Gericht ein hinreichend dichter normativer Maßstab. Der Gesetzgeber muß zwar die Kriterien beachten, welche sich aus der Bedeutung der zu schützenden und der mit diesen kollidierenden Freiheitsrechte ergeben; hier bestehen Unterschiede, welche von der mehr oder minder großen Nähe der grundrechtlichen Gewährleistung zum Kern der Menschenrechte, dem Schutz der Würde und der Freiheit der menschlichen Person, abhängen. Dieser Weg ist jedoch nicht gangbar, wenn Grundrechte gleicher Bedeutung aufeinander treffen. Davon abgesehen beruht die zu treffende Entscheidung des Gesetzgebers unvermeidlich auf Wertungen, deren »Richtigkeit« sich verfassungsrechtlich nur beschränkt widerlegen und nicht erweisen läßt[41].
Bei dieser Sachlage könnte das nachprüfende Verfassungsgericht die Bewertung des Gesetzgebers nur durch eine eigene ersetzen, für die, ähnlich wie bei Prognosen, ein inhaltlicher normativer Maßstab fehlt. Das wäre mit der ihm allein obliegenden Aufgabe rechtlicher Kontrolle unvereinbar. Auch hier bleibt nur eine Beschränkung der Prüfungsintensität auf eine Vertretbarkeits- oder Evidenzkontrolle.
Im Rahmen einer Vertretbarkeitskontrolle wäre zu prüfen, ob bei der Wertung des Gesetzgebers hierfür wesentliche Faktoren wie beispielsweise die Art und Intensität der Grundrechtsbeeinträchtigung des Abwehrrechts unberücksichtigt geblieben sind. Mit hinreichender Gewißheit ließe sich auch feststellen, ob die Wertungen des Gesetzgebers evident fehlerhaft sind. Eine volle inhaltliche Prüfung seiner Wertungen und der sich hieraus ergebenden Folgen ist dem Verfassungsgericht hingegen verwehrt. Auch insoweit muß es bei der Entscheidung des Gesetzgebers sein Bewenden haben.

3. Damit ergibt sich: Bei der verfassungsgerichtlichen Kontrolle der Wahrnehmung grundrechtlicher Schutzpflichten durch das Bundesverfassungsgericht reicht die Kontrollnorm weniger weit als die für den Gesetzgeber verbindliche (materielle) Handlungsnorm[42].
Ebensowenig wie Art. 3 Abs. 1 GG den Gesetzgeber allein dahin bindet, daß er nur nicht-willkürliche Gesetze beschließen müsse, kann seine Bindung an grundrechtliche Schutzpflichten lediglich darin bestehen, daß er zum Schutz der Freiheitsrechte nur Vorkehrungen zu treffen habe, welche nicht gänzlich ungeeignet

41 Vgl. auch die abweichende Meinung *Mahrenholz/Sommer*, BVerfGE 88, S. 338.
42 Vgl. auch *Isensee* (Anm. 6) Rdn. 162.

oder völlig unzulänglich sind[43]. Damit wäre dem Grundgedanken der Schutzpflicht: der Verwirklichung personaler Freiheit auch unter den veränderten Bedingungen der Gegenwart ein schlechter Dienst erwiesen. Ein solches Verständnis der grundrechtlichen Schutzpflichten wird indessen durch die Rechtsprechung gefördert, wenn sie - vielleicht uneingestanden um einer Begrenzung der verfassungsgerichtlichen Kontrolle willen - den (materiellen) normativen Gehalt der Schutzpflichten und die Bindung des Gesetzgebers an diesen Gehalt einschränkend bestimmt. Der Gesetzgeber ist verfassungsrechtlich zu mehr verpflichtet als zu dem, was das Bundesverfassungsgericht kontrollieren kann. Er hat Gesetze zu schaffen, die eine gerechte Gleichbehandlung normieren, und er hat grundrechtliche Freiheit im erforderlichen Maße und in jeder Hinsicht zu sichern. Daran ändert es nichts, wenn diese Aufgabe nur einer begrenzten verfassungsgerichtlichen Kontrolle zugänglich ist, eine Kongruenz zwischen materieller und Kontrollnorm also nicht besteht.

Diese Kongruenz läßt die heutige Grundrechtsentwicklung nicht mehr zu. Gewiß liegt der Einwand nahe, materielles Verfassungsrecht, das nicht verfassungsgerichtlich kontrollier- und sanktionierbar sei, enthalte nicht mehr als einen bloßen Appell und tauge zu nichts[44]. Die Konzeption des Grundgesetzes ist, wie oft mit Recht betont worden ist[45], prinzipiell diejenige eines vollziehbaren und gerichtlich durchsetzbaren Rechtsgesetzes. Die Auflösung der Kongruenz von materieller Verfassungsnorm und verfassungsgerichtlicher Kontrollnorm muß von hier aus zu einer Schwächung der Leistungsfähigkeit der Verfassung und damit zu einem grundlegenden Wandel führen.

Ein solcher Wandel ließe sich, wenn auch nur dem Anschein nach, vermeiden, indem die Wahrnehmung grundrechtlicher Schutzpflichten des Gesetzgebers voller verfassungsgerichtlicher Kontrolle unterstellt und damit der Versuch unternommen wird, dem Postulat der Kontrollier- und Sanktionierbarkeit auch im Rahmen dieser neuen Bedeutungsschicht der Freiheitsrechte Rechnung zu tragen. Nur müßte dies zu einem anderen folgenschweren Wandel führen: einer tiefgehenden Einschränkung und Verkürzung der demokratischen Ordnung des Grundgesetzes. In dem freien politischen Prozeß dieser Ordnung entscheidet die nach den wesentlichen politischen Gruppierungen zusammengesetzte Volksvertretung aufgrund demokratischer Legitimation, in einem demokratischen Verfahren, in voller Publizität und unter Berücksichtigung der unterschiedlichen Interessen und Bestrebungen über die Gesetze. Ihr steht der Zugang zu umfassender Information über die oft komplexen Sachverhalte offen, welche es zu regeln gilt. Das alles gilt nicht in gleicher Weise für das Verfassungsgericht. Mit einer vollen inhaltlichen

43 BVerfGE 77, 170 (215).
44 Etwa *Heun* (Anm. 35) S. 48, vgl. auch S. 50.
45 Aus neuerer Zeit: *H.H. Klein,* Staatszielbestimmungen im Verfassungsgesetz - Empfiehlt es sich, ein Staatsziel Umweltschutz in das Grundgesetz aufzunehmen? DVBl. 1991, 729 (736).

Nachprüfung der Entscheidungen des Gesetzgebers greift es in die Funktionen des Gesetzgebers über, dies vor allem, wenn seine Entscheidungen aus kassatorischen zu präskriptorischen werden, wie dies bei den ein positives Verhalten des Gesetzgebers gebietenden Schutzpflichten nahegelegt ist. Der Preis unbegrenzter verfassungsgerichtlicher Kontrolle besteht dann in einer Umbildung des demokratischen Staates zu einem Jurisdiktionsstaat.

Der Ausweg eines »Zurück zu den Grundrechten als ausschließlich subjektiven Abwehrrechten« würde es zwar ermöglichen, diese Konsequenzen zu vermeiden. Doch bliebe damit ein entscheidender Aspekt der Sicherung menschlicher Freiheit (oben II. 1) außerhalb der Verfassung, welche die zentralen Fragen des Gemeinwesens nur noch zu einem immer geringer werdenden Teil erfassen und zu einer Ordnung von Teil- und Randfragen herabsinken würde[46]; die Grundrechte würden weitgehend leerlaufen.

Im ordnungsgestaltenden[47] demokratischen und sozialen Rechtsstaat der Gegenwart und der nahen Zukunft gehört es zu den Aufgaben der Grundrechte in ihrer objektiven Dimension, dem staatlichen Handeln »Richtlinien und Impulse« zu geben[48]. Diese in geltendes Recht umzusetzen, obliegt prinzipiell dem demokratischen Gesetzgeber, dem die Grundrechte keine bestimmten Lösungen vorschreiben[49]. Die Ausführung der Gesetze, wie sie namentlich im Umweltschutz zunehmend Bedeutung gewinnt, unterliegt der Überprüfung der Fachgerichte, auch hier freilich mit den bekannten - umstrittenen - Einschränkungen. Der Gesetzgeber selbst kann jedoch nur begrenzter verfassungsgerichtlicher Kontrolle unterliegen, wenn es nicht zu der erwähnten Umbildung kommen soll.

Wahrnehmung grundrechtlicher Schutzpflichten als primäre Aufgabe des Gesetzgebers bei begrenzter verfassungsgerichtlicher Nachprüfung: Das kann die Verfassung leisten, ohne ihren Charakter als rechtliche *Grund*ordnung oder als Rahmenordnung zu verlieren. In der neuen Bedeutungsschicht der Freiheitsrechte als Gewährleistung staatlichen Schutzes mag sie ein Stück ihrer umfassenden gerichtlichen Durchsetzbarkeit einbüßen. Soweit die Realisierung dieses Schutzes allein dem demokratischen Gesetzgeber anvertraut ist, liegt sie indessen nicht in schlechteren und schon gar nicht in unberufenen Händen. Kontrolle ist gut, Vertrauen auf den demokratischen Prozeß ist besser.

46 Vgl. *D. Grimm,* Rückkehr zum liberalen Grundrechtsverständnis?, in: ders., Die Zukunft der Verfassung, 1991, S. 221 ff.

47 Hierzu *D. Grimm,* Verfassung (Anm. 46) S. 24 f.

48 BVerfGE 7, 198 (205) - Lüth.

49 Grundlegend dazu *Scheuner* (Anm. 8) S. 748 ff.

Vom Elend des Gesetzgebers zwischen Übermaßverbot und Untermaßverbot

Erhard Denninger

I. Schwangerschaftsabbruch - ein rechtlich »unlösbares« Problem

Kaum ein Thema in der Endphase der Amtszeit des Jubilars hat soviel kritisches Echo in der Öffentlichkeit erregt, hätte zugleich auch soviel Chancen zu wirklicher ›Aufklärung‹ geboten wie das Normenkontrollverfahren zum Schwangeren- und Familienhilfegesetz vom 27. Juli 1992. Angela Merkel, Bundesministerin für Frauen und Jugend, hat das am 28. Mai 1993 ergangene Urteil des Zweiten Senats unlängst als »weise« bezeichnet. Immerhin sieht auch sie die Notwendigkeit dringender Änderungen im Standesrecht der Ärzte, um Verunsicherungen bei diesen, aber auch bei den Beraterinnen, abzubauen.[1] Mir scheint die »Weisheit« der Entscheidung nicht so groß, als daß nicht wesentliche Zweifelsfragen offengeblieben wären. Die beiden Abweichenden Meinungen, einerseits die des Jubilars und des Richters Sommer, andererseits die des Richters Böckenförde, machen deutlich, daß die »Lösung« der Senatsmehrheit so glatt nicht aufgeht.
Die folgenden Bemerkungen aus verfassungsrechtlicher Sicht sollen nicht nur zum besseren Verständnis des Urteils und seiner rechtspraktischen Konsequenzen beitragen, sondern auch die Gefahren aufzeigen, welche die Weiterentwicklung der »Schutzpflicht«-Theorie durch das Bundesverfassungsgericht mit sich bringt.[2]

II. Das »allgemeine Rechtsbewußtsein« und die individuelle Not

Der Begründungsgang des Gerichts erscheint zunächst durchaus nachvollziehbar; die Bedenken kommen bei der inhaltlichen Ausfüllung der angelegten formalen Maßstäbe. Das Gericht beginnt, insoweit an die Ausführungen des Ersten Senats im Urteil von 1975 anknüpfend,[3] mit der Bestimmung des *Schutzgutes.* Dem folgt die Begründung der staatlichen *Schutzpflicht* aus dem Menschenwürdesatz des Art. 1 Abs.1 GG; Gegenstand und Maß dieser Pflicht erfahren ihre genaueren Grenzen aus dem Grundrecht des Ungeborenen auf Leben, Art. 2 Abs.2 Satz 1

1 S. Sonntagszeitung der Frankfurter Allgemeinen, Nr.28 R, vom 18.7.1993, S.5.

2 Text des Urteils und erste Kommentare sind erschienen in KritV, Sonderheft 1/1993: Das Urteil zu § 218 StGB - in Wortlaut und Kommentar. Im Folgenden wird aus dem Urteil nach dieser Ausgabe zitiert.

3 BVerfGE 39, 1 ff.

GG. Sodann entwickelt das Gericht lehrbuchartig und abstrakt, d.h. ohne überhaupt schon auf die konkreten Normen des Schwangeren- und Familienhilfegesetzes (SFHG) einzugehen, die verfassungsrechtlichen Anforderungen an ein normatives *Schutzkonzept,* das den Vorstellungen des Gerichts (und damit dem Grundgesetz) genügen kann.

Hier zum ersten Mal erscheint, was man als einen geringen »Fortschritt« des Urteils gegenüber der bisherigen Rechtsprechung bezeichnen kann: nämlich die grundsätzliche verfassungsrechtliche Billigung eines Schutzkonzepts, welches jedenfalls in der Frühphase der Schwangerschaft (Zwölfwochenfrist) den Lebensschutz des Embryos der letztverantwortlichen Entscheidung der sorgfältig informierten und beratenen Schwangeren anvertraut, ohne auf der grundsätzlichen Strafbarkeit des Abbruchs zu beharren. Zwar hatte auch der Erste Senat 1975 das Mittel des Strafrechts nur als »ultima ratio« im Instrumentarium des Gesetzgebers ansehen wollen[4], doch blieb im Ergebnis der Schwangerschaftsabbruch außerhalb der gesetzlich anerkannten Indikationslagen »in allen anderen Fällen« *»strafwürdiges Unrecht«.*[5]

Zugespitzt könnte man sagen, der Fortschritt der 1993er Entscheidung gegenüber derjenigen von 1975 beschränke sich auf die Streichung eines einzigen Wörtchens, nämlich »strafwürdiges«.

Denn auch nach dem Urteil vom 28.Mai muß der Abbruch »für die ganze Dauer der Schwangerschaft grundsätzlich als Unrecht angesehen und demgemäß rechtlich verboten sein« (Urteil, Leitsatz 4). Die abbrechende Frau, bei der keine Indikationslage gegeben ist, gerät also auch bei Einhaltung aller gesetzlichen Bestimmungen über das Beratungsverfahren *ins Unrecht und bleibt darin.*

Hier liegt, nicht nur sozialpolitisch und rechtspsychologisch, sondern auch verfassungsrechtlich, das wohl größte Problem des Urteils, an welchem seine »Weisheit« zuschanden wird.

Das Gericht verwendet viel Mühe darauf, sowohl die familialen als auch die weiteren sozialen Randbedingungen eines *»Beratungskonzeptes«,* wenn es denn im Sinne des Lebensschutzes Erfolg versprechen soll, auszuleuchten; und es bescheinigt dem Gesetzgeber des SFHG, daß er mit seinen »flankierenden sozialen Maßnahmen« prinzipiell auf dem richtigen Wege sei.[6] Besonders eingehend läßt sich der Senat über die nach seiner Auffassung gebotene Ausgestaltung der *Beratung* hinsichtlich ihres Inhaltes und Zieles, ihrer Durchführung und Organisation aus. Hier kehrt nicht nur die früher schon oft beobachtete (und ebenso oft kritisierte) Lust des Gerichts wieder, selbst den Gesetzgeber bis ins Detail zu spielen, vielmehr findet hier offenbar die Sorge der Senatsmehrheit Ausdruck, wenn man schon die »Beratungslösung« zulasse, dann müsse man sie doch wenigstens ge-

4 BVerfGE 39, 1, 47.
5 A.a.O. S. 50.
6 Urteil D.I.3., KritV 47.

genüber einer verfassungswidrigen bloßen Fristenregelung durch eine Fülle von Kautelen und mehr oder weniger hohen Hürden für die abbruchsgeneigte Frau abheben und absichern. In diesem Kontext widmet das Gericht immerhin zehn von 183 Seiten (des Original-Urteils) der *Stellung des Arztes* und seinen Pflichten, erstaunlicherweise jedoch, ohne mit der gebotenen, jeden Zweifel ausräumenden Klarheit festzustellen, daß und ob und wann der abbrechende Arzt in seinem Handeln gerechtfertigt ist oder nicht. Oder soll gar auch der Arzt, wegen des ›versari in re illicita‹ im Unrecht sitzen bleiben?
Die Pflicht des Staates, das ungeborene Leben zu schützen, richtet sich nicht allein gegen die Schwangere, sondern auch gegen Dritte: gegen den Vater des Kindes, die Eltern der Frau, den Arbeitgeber oder den Vermieter. Der Gesetzgeber soll dafür sorgen, daß diese Personen des familiären und sozialen Umfeldes keinen unzulässigen Druck auf die Schwangere ausüben und daß sie zumutbaren Beistand nicht »in verwerflicher Weise« versagen.
Strafbewehrte Verhaltensgebote und -verbote hält das Gericht in diesem Zusammenhang für unerläßlich.[7]
Nachdem das Gericht auf diese umfassende und ums Detail bemühte Weise sein den Anforderungen der Verfassung entsprechendes Modell einer Beratungskonzeption entwickelt hat, fällt es ihm nicht schwer, die Vorschriften des SFHG daran zu messen und einige zu verwerfen. Insbesondere die Ausgestaltung des § 218 a Abs.1 StGB n.F., also die »Beratungslösung« als *strafrechtlicher Rechtfertigungsgrund* mußte dem Prinzipiendenken des Gerichts zum Opfer fallen. Denn eine Rechtfertigung des Abbruches soll nur ausnahmsweise dann in Betracht kommen, wenn eine »objektiv« feststellbare und festzustellende besondere Notlage vorliegt, welche der Frau das Austragen des Kindes, das als Rechtspflicht angesehen wird, »objektiv« unzumutbar macht. Die medizinische, die embryopathische und die kriminologische Indikation waren als solche Notlagen anerkannt; nach dem seit dem 15. Juni 1993 geltenden Recht, welches sich aus den nicht angegriffenen Vorschriften des SFHG und der Vollstreckungsanordnung = Übergangsgesetzgebung des Gerichts in II. des Urteilstenors zusammensetzt (s. § 35 BVerfGG), bestehen die medizinische und die embryopathische Indikation als Rechtfertigungsgründe weiter (§ 218a Abs. 2 und 3 StGB n.F.). Für die kriminologische Indikation wird dies nicht ausdrücklich gesagt, doch läßt das Gericht bei besonderer amts- oder vertrauensärztlicher Bescheinigung die Gewährung von gesetzlichen Versicherungsleistungen und Beihilfeleistungen zu (Nr. II.9. des teilstenors). Hieraus darf man in Verbindung mit den übrigen Ausführungen des Gerichts zu § 24 b SGB V schließen, daß der Abbruch in diesen Fällen nicht als rechtswidrig angesehen werden soll. Dagegen gibt es die Indikation aus allgemeiner psycho-sozialer Notlage als besonderen Tatbestand oder Rechtfertigungs-

7 KritV 71.

grund nicht mehr; sie geht in der großen Zahl der (wie der Richter Böckenförde kurz, aber sprachlich mißlungen sagt:) »beratenen Abbrüche« auf.
Eben dies bringt die Frau ins Dilemma: Zwar kann sie den Abbruch, für sich und den Arzt straflos, vornehmen lassen. Doch bleibt sie im Unrecht sitzen, und zwar auch dann, wenn bei ihr »an sich« eine psycho-soziale Notlage vorlag, die jedoch nach der gesetzlichen Ausgestaltung des Beratungsverfahrens nicht festgestellt wurde und auch nicht festgestellt werden konnte. Ein solches Feststellungsverfahren (durch den Staat oder einen »objektiven Dritten«) sei aber nach »unverzichtbaren rechtsstaatlichen Grundsätzen«[8] die unerläßliche Voraussetzung für die Annahme eines Rechtfertigungsgrundes. Anderenfalls würden »die Frauen . . . dann in eigener Sache über Recht und Unrecht befinden.«[9] Diese Sicht der Dinge ist ist eine abstrakte, juristisch-konstruktive, welche die Lebenswirklichkeit der betroffenen Frauen verkennt. Denn diese bilden sich nicht erst einen Maßstab von Recht und Unrecht, an welchem sie dann ihre konkrete Situation messen (»subsumieren«), bevor sie entscheiden, sondern sie treffen eine höchst komplexe, existenzielle Entscheidung über ihr Leben und das des Embryos. Das Problem, das sich der Rechtsordnung stellt, ist hier nicht das der »Objektivierung« der Maßstäbe und »Subsumtion«, sondern, ob das Entscheidungsverfahren (die »Beratung«) so gestaltet werden kann, daß der individuellen Entscheidung der Frau dann mutmaßlich ein solches Maß an reflektierter Verantwortlichkeit innewohnt, daß die Rechtsordnung dieses Verfahren und sein Ergebnis (wie immer es ausfallen mag) als »lebensschützend« anerkennen kann. Die Notwendigkeit des Verzichts auf vollständige »objektive Überprüfbarkeit« – die doch nie eine wirklich objektive sein könnte – liegt hier ähnlich wie in den Fällen der Anerkennung einer Gewissensnot durch die Rechtsordnung, in denen auch nur durch ein Indizienverfahren auf die »Ernsthaftigkeit« der Gewissensentscheidung geschlossen, nicht aber ihr Inhalt selbst zum Gegenstand einer »objektiven« Beurteilung gemacht werden kann.
Soll aber andererseits, so sagt das Gericht, das Beratungsverfahren erfolgversprechend verlaufen, indem die Frau sich dem Gespräch öffnet und ihren Konflikt mit ihren wahren Ängsten und Beweggründen darlegt, so sei dies mit der autoritativen Ermittlung und Feststellung einer Indikationslage unvereinbar. Also müsse die Frau, die sich dem Beratungsverfahren unterwerfe, aber nachher doch für den Abbruch entscheide, »auf die persönliche Entlastung . . . verzichten, die in einer Entscheidung über die Rechtmäßigkeit des von [ihr] beabsichtigten Abbruchs liegen kann, auch wenn bei [ihr] eine allgemeine Notlage ohne weiteres nachvollziehbar erscheinen mag.«[10] Insoweit stehen nicht nur alle Frauen, für die bisher das aufgrund des Einigungsvertrages (Art.31 Abs.4 EV) fortgeltende frühere DDR-

8 KritV 56. Leider werden diese »Grundsätze« weder näher bezeichnet noch irgendwie erläutert.
9 KritV 57.
10 KritV 54.

Recht anwendbar war, *rechtlich schlechter da*, sondern auch die große Zahl der abbruchwilligen Frauen in den alten Bundesländern, die nach den alten Strafrechtsvorschriften (§ 218 a Abs.2 Nr.3 StGB a.F.) aufgrund einer allgemeinen Notlagenindikation den Eingriff hätten vornehmen lassen dürfen. Diese Verschlechterung der Rechtssituation der Frau ist von der Mehrheit des Senats gewollt und sie beschränkt sich keineswegs auf die Versagung der Möglichkeit, daß sich die Frau ein »gutes Rechts-Gewissen« verschafft.
Vielmehr geht es den Richtern - eine Richterin ist auch dabei - um die Durchsetzung des Prinzips der »positiven Generalprävention«: Der verfassungsrechtliche Rang des ungeborenen menschlichen Lebens müsse dem allgemeinen Rechtsbewußtsein weiterhin gegenwärtig bleiben. Der strenge Ausnahmecharakter eines rechtmäßigen Abbruches müsse deshalb auch in der Rechtsordnung unterhalb der Verfassung zum Ausdruck kommen. Eine wesentliche Konsequenz dieser Forderung zieht die Senatsmehrheit dahin, daß für Abbrüche nach erfolgtem Beratungsverfahren keine Leistungen der Gesetzlichen Krankenversicherung gewährt werden dürfen: § 24 b SGB V setzt einen nicht rechtswidrigen Abbruch voraus; erfaßt mithin die bloß »beratenen Abbrüche« nicht. Das Gericht geht gleich noch einen Schritt weiter und versagt auch *privatrechtlichen Versicherungsverträgen*, die die Kosten eines solchen Abbruches zum Gegenstand hätten, die rechtliche Wirksamkeit.[11]

III. Unbestimmtheit des »Untermaßverbotes«

Nach gutem journalistischem Brauch soll man Bericht und Kritik (möglichst) trennen.
1. Die *Kritik*, die nunmehr angezeigt ist, soll mit dem Problem der *»normativen Orientierung«* des allgemeinen Rechtsbewußtseins beginnen. Wenn ernstzunehmende demoskopische Analysen schon in den achtziger Jahren bezüglich des alten, in den alten Bundesländern geltenden Strafrechts feststellen mußten, daß nur 21 % der Bevölkerung das grundsätzliche Verbot der Abtreibung kannten, hingegen 2/3 der Bevölkerung von ihrer grundsätzlichen Erlaubtheit überzeugt waren, dann spricht dieser Befund über die rechtsbewußtseinsbildende Kraft des Strafrechts auf diesem Felde ein deutliches, ja vernichtendes Urteil.[12] Man könnte hier a fortiori argumentieren: Wenn schon Strafrechtsnormen nicht in der Lage sind, in diesem Bereich das allgemeine Rechtsbewußtsein zu prägen, dann vermögen sanktionslose Unrechtserklärungen dies erst recht nicht, und zumal dann nicht,

11 KritV 83, 84.
12 Vgl. *Renate Köcher,* Schwangerschaftsabbruch - Betroffene Frauen berichten, in: Aus Politik und Zeitgeschichte, B 14/1990, S.32, zitiert bei *Denninger/Hassemer,* in KritV Heft 1/1993, 78 ff., 90, Fn.30.

wenn sie nur einen Teil der in Betracht kommenden Rechtsbeziehungen treffen. Denn nach Auffassung des Gerichts sollen ja Leistungen der Gesetzlichen Krankenversicherung für die Abbruchhandlung unzulässig sein, weil der Rechtsstaat »eine Tötungshandlung nur zum Gegenstand seiner Finanzierung machen (darf), wenn sie rechtmäßig ist und der Staat sich der Rechtmäßigkeit mit rechtsstaatlicher Verläßlichkeit vergewissert hat«.[13] Andererseits sollen aber *Arzt- und Krankenhausverträge über »beratene Abbrüche«* durchaus rechtswirksam sein, obwohl sie doch auch »Tötungshandlungen« zum Gegenstand haben, deren Rechtmäßigkeit nicht feststeht. Und ebenso soll nach dem *Lohnfortzahlungsgesetz* die Arbeitnehmerin ihren Lohnanspruch behalten, auch wenn sie wegen des rechtswidrig bleibenden Abbruches für einige Tage »krank geschrieben« wird.[14]
Die Senatsmehrheit geht bei der Normierung der rechtlichen Konsequenzen des grundsätzlich als Unrecht bewerteten Abbruches einen ihr pragmatisch sinnvoll erscheinenden, von Rechtsgebiet zu Rechtsgebiet wechselnden Weg. Daß die theoretische Kohärenz des Gesamtduktus darunter leidet, darf nicht verwundern. Der Jubilar und der Richter Sommer vertreten in ihrer Abweichenden Meinung demgegenüber die wohl die Wirklichkeit genauer treffende Auffassung, »daß rechtliche Mißbilligungen außerhalb des Strafrechts im Bereich des Lebensschutzes die Rechtsüberzeugungen der Bevölkerung nicht eigenständig prägen.«[15]
2. Über die Bedeutung, die das Strafrecht für den Schutz vorgeburtlichen Lebens haben kann, kommen im Urteil unterschiedliche, einander tendenziell widersprechende Auffassungen zum Ausdruck. Einerseits soll das erstmalig vom Gericht als solches eingeführte Kriterium des *Untermaßverbotes* es nicht erlauben, »auf den Einsatz auch des Strafrechts und die davon ausgehende Schutzwirkung frei zu verzichten,« andererseits lesen wir wenig später, jedenfalls in der Frühphase der Schwangerschaft bewirke eine Strafdrohung wenig, so daß es um so näher liege, der Frau mit präventiven Mitteln des Rechts bei der Bewältigung ihres Konflikts zu helfen, damit sie ihrer Verantwortung für das Ungeborene gerecht werden könne.[16]
Das »Untermaßverbot«, das in diesem Zusammenhang als ein verfassungsrechtlicher Maßstab eingesetzt wird, um dem Gesetzgeber bei der Wahrnehmung seiner Grundrechts-Schutzpflicht ein unteres Limit zu ziehen, ist eine kritische verfassungsdogmatische Nachfrage wert. Es präsentiert sich als Gegenstück zum »Übermaßverbot«, jenem Haupt-Maßstab zur Begrenzung und Rechtfertigung staatlicher Eingriffe in die Freiheitssphäre des Bürgers, mit welchem wir Juristen, mühsam genug, einigermaßen verläßlich umzugehen gelernt haben. Dies war deshalb möglich, weil das Übermaßverbot dem Staat »nur« aufgibt, bestimmte Handlungen

13 KritV 83.
14 KritV 70 und 88.
15 KritV 107.
16 KritV 45 und 51.

zu unterlassen, die als »übermäßig« oder »unverhältnismäßig« zu qualifizieren sind. Das Prinzip hat abwehrenden, defensiven Charakter; es zieht der staatlichen Aktivität eine Grenze. In dieser Funktion entspricht es genau dem *Verbots*-Charakter des liberalen rechtsstaatlichen Strafrechts, das seinerseits der Bürgeraktivität Grenzen setzt, dessen Legitimität mithin darauf beruht, »daß es in einer liberalen Gesellschaft *nur eng begrenzte Unterlassungspflichten* geben soll«.[17]
Ganz anders verhält es sich mit dem »Untermaßverbot«, welchem im Sinne der rechtstheoretischen Unterscheidung von »Prinzip« und »Regel« allenfalls der Charakter eines durch weitere normative Prämissen zu konkretisierenden Prinzipes zukommt.[18] Dieses Prinzip soll, nunmehr durch das Gericht in Verfassungsrang erhoben, dem Gesetzgeber nicht eine Grenze ziehen, sondern ihn im Gegenteil *zum Handeln verpflichten*; nicht Unterlassungs-, sondern *Handlungsgebote* gehen von ihm aus. Was aber alles sinnvollerweise zum Schutze eines Grundrechtsgutes, hier des ungeborenen Lebens, präventiv oder repressiv oder auch kombiniert getan werden kann, entzieht sich richterlicher, auch verfassungsrichterlicher Erkenntnis. D.h., es kann auf keine intersubjektiv stringent nachvollziehbare Weise aus der Grundrechtsnorm selbst und aus dem allgemeinen Schutzgebot des Art.1 Abs. 1 GG »abgeleitet« werden. Und dies ist gut so. Wäre es anders, so wäre der demokratische politische Prozeß, an dessen Ende der *Gesetzgeber* die erforderlichen konkretisierenden Normen zu produzieren hat, überflüssig und sinnlos. Dies wird auch von Josef Isensee, dem scharfsinnigen Analytiker der grundrechtsfundierten Schutzpflicht so gesehen. Ihre Funktion als richterliche Kontrollnorm bleibe an Umfang und Dichte hinter der Handlungsnorm zurück. »Der praktische Interpretationsprimat liegt im System der demokratischen Gewaltenteilung bei der Legislative.«[19]
Der Zweite Senat hat diese *normstrukturelle Situation*, daß nämlich inhaltlich genau bestimmte Handlungspflichten über eine bloße allgemeine Zielbestimmung hinaus, hier: Lebensschutz, aus der Verfassung selbst schlechterdings nicht ableitbar sind, nur im Ansatz zutreffend erkannt. Die allgemeine Definition, mit welcher er den normativen Gehalt des Untermaßverbots zu umschreiben versucht, ist ebenso plausibel wie unbestimmt: »Die Vorkehrungen, die der Gesetzgeber trifft, müssen für einen angemessenen und wirksamen Schutz ausreichend sein und zudem auf sorgfältigen Tatsachenermittlungen und vertretbaren Einschätzungen beruhen.«[20] Diese Formel wäre im Hinblick auf den Gewaltenteilungsgrundsatz akzeptabel, wenn man sie dahin verstehen dürfte, daß der Gesetzgeber nicht

17 *Monika Frommel*, in: KritV, Sonderheft 1/1993, S.146.
18 Vgl. *R.Alexy*, Theorie der juristischen Argumentation, 1978, S.299, N.81 m.w.Nachw.; derselbe, Theorie der Grundrechte, 1985; *K.Günther*, Der Sinn für Angemessenheit, 1988, S. 335 ff.
19 *J.Isensee*, Das Grundrecht als Abwehrrecht und als staatliche Schutzpflicht, in: HdBStR Band V, 1992, § 111, Rdnr. 162.
20 KritV 43.

nur solche »angemessenen und wirksamen« Schutzvorkehrungen zu erlassen hat, sondern daß auch *er* es ist, dem der »Interpretationsprimat« zukommt, der mithin, im Rahmen äußerster Grenzen, selbst bestimmen kann, was er als »angemessen« (soll das mehr sein als nur »ausreichend«? Wieviel mehr?) und ausreichend wirksam ansieht. Im »C-Waffen-Stationierungs-Beschluß« hatte der Zweite Senat dem Gesetzgeber eine »weite Gestaltungsfreiheit« und den Gerichten nur eine begrenzte Kontrollbefugnis eingeräumt. Der grundrechtliche Schutzanspruch wurde auf Maßnahmen begrenzt, »die nicht gänzlich ungeeignet oder völlig unzulänglich sind.«[21] Im Urteil zum Verbot der Nachtarbeit übernimmt der Erste Senat diese Grenzmarke der »gänzlichen Ungeeignetheit« offensichtlich als Kontrollmaßstab.[22]

Wenn der Zweite Senat jetzt[23] seine Ausführungen im C-Waffen-Beschluß noch einmal klarstellend erläutert, dann vermißt man gerade dabei die Unterscheidung der Maßstäbe für die Handlungspflicht einerseits und die Kontrolldichte andererseits. Die Schwelle der Handlungspflicht mag durchaus über der Minimalmarke der nicht völligen Unzulänglichkeit bzw. gänzlichen Ungeeignetheit liegen; das bedeutet aber noch keineswegs, daß sich die richterliche *Kontrollbefugnis* auch über diese Marke hinaus erstreckt.

Man kann dem Senat zustimmen, wenn er dem Gesetzgeber bei seiner Prognostik »vertretbare Einschätzungen« abverlangt, umgekehrt aber wird man auch von dem Gericht eine ausreichende Begründung erwarten dürfen, warum es seine eigenen Prognosen für fundierter halten darf, wenn es die des Gesetzgebers als Fehleinschätzungen verwerfen und dessen Norm deshalb für nichtig erklären will.

Ob das Urteil dieser Begründungslast genügt, soll hier nicht untersucht werden. Vielmehr ist in methodischer Hinsicht ein anderes Bedenken geltend zu machen. Das Untermaßverbot fordert, folgt man dem Gericht (aaO.,43), eine Ausgestaltung des Schutzes, welche »Mindestanforderungen« entspricht. Dann ist aber nicht einzusehen, daß im Folgenden unter diesem Titel ein komplettes Normenprogramm nicht nur für das Beratungsverfahren und das ärztliche Berufsrecht einschließlich des Berufsstrafrechts, sondern auch bis in Bereiche des Arbeitsrechts, des Versicherungsrechts und des Sozialhilferechts entwickelt wird. Dies geht so weit, daß das Gericht nicht nur dem Gesetzgeber Vorschriften für die Ausgestaltung der Lehrpläne an öffentlichen Schulen macht, sondern daß es sogar auch die »staatsfreien« öffentlichrechtlichen und die erst recht staatsfreien privaten Rundfunkanstalten programmlich auf die Erfüllung der Aufgabe »Lebensschutz« verpflichtet![24] Dies alles soll nicht mehr als »Mindestanforderungen« sein! Jedenfalls sind es verhängnisvolle, den Gewaltenteilungsgrundsatz und möglicherweise auch

21 BVerfGE 77, 170, 215.
22 BVerfGE 85, 191, 212: »Daran muß sich auch die Neuregelung ... messen lassen.«
23 KritV 49.
24 KritV 48.

Grundrechte verletzende Konsequenzen des Ansatzes, aus der Grundrechts-Schutzpflicht des Staates konkrete Handlungspflichten für diesen und wohl gar auch für die Bürgerinnen herzuleiten. Die vom Gericht statuierte »Gebärpflicht« der Schwangeren sprengt, mit allen ihren realen Konsequenzen, den Rahmen einer bloßen Schädigungs-Unterlassungspflicht ja bei weitem.[25]

Verfassungsdogmatisch muß man »Übermaßverbot« und »Untermaßverbot« in ihrer jeweils entgegengesetzten Stoßrichtung zusammen sehen.[26] Wirkt das erste als Bremse, so wirkt das zweite als Motor legislativen Handelns. Wirkt das erste als Schutz der Bürgerfreiheiten (jedenfalls sollte es so wirken!), so wirkt das zweite als Titel für Eingriffe in eben diese Freiheiten, mindestens indirekt, indem es den Gesetzgeber aktiviert und dynamisiert, zum Schutze des einen Rechtsgutes in ein anderes einzugreifen. Die schwierige Aufgabe, hier zwischen »Übermaß« und »Untermaß« das (richtige) *Maß* zu finden, diese eigentliche Aufgabe des *Sozialstaates*, kann nicht das Gericht im Wege bloßer Verfassungskonkretisierung leisten. Hierzu bedarf es der Beteiligung der Bürger, der citoyens, in Gestalt des politisch-parlamentarischen Prozesses. Nur in diesem Verfahren kann das »Maß als Mitte von Freiheit und Zwang« ›er-mittelt‹ werden.[27]

Wie wenig das »Untermaßverbot« als *Kriterium*, als ein auch nur ein Minimum an Rechtssicherheit verbürgender Leitfaden taugt, dafür liefert der Zweite Senat mit seinem Urteil samt Abweichenden Voten selbst den fatalen Beweis: Sieben Richter und eine Richterin kommen in drei zentralen Fragen zu drei ganz unterschiedlichen Ergebnissen, wobei allerdings nicht *alle* logisch denkbaren Kombinationen vertreten werden.

a) Zur Frage der »Gebärpflicht« äußern sich die Senatsmehrheit (= M) und die Abweichende Meinung Böckenförde (= AM 2) bejahend, die Abweichende Meinung Mahrenholz/Sommer (= AM 1) verneinend.

b) Zur Frage der Qualifikation des Abbruches als grundsätzliches Unrecht, auch nach Durchführung des Beratungsverfahrens, ergibt sich die gleiche Verteilung (s.KritV 104 für AM 1 und KritV 111 f. für AM 2).

c) Zur Frage der verfassungsrechtlichen Zulässigkeit (nicht: Gebotenheit!) sozialversicherungsrechtlicher Leistungen bei »beratenen Abbrüchen« ergibt sich folgende Konstellation: M = verneinend, AM 1 und AM 2 bejahend, wobei AM 2 die »Lösung« dem Gesetzgeber anheimstellen will.[28]

Bevor man mit der Autorität des höchsten Gerichts ein neues »Kriterium« einführt, wäre es vielleicht nützlich zu fragen, welche hinreichend rechtssicheren Un-

25 Vgl. KritV 42.

26 Dies wird deutlich erkannt von *Isensee,* HdBStR Band V, 1992, § 111, Rdnr.165. Er übernimmt den Terminus »Untermaßverbot« von *V.Götz,* HdBStR Band III, 1988, § 79, Rdnr.30. Dort bezieht er sich auf den Polizeiauftrag zur Gewaltabwehr und wird von Götz in Anführungszeichen gesetzt. So machen Begriffe Karriere.

27 Vgl. *E.Denninger,* Das Maß als Mitte von Freiheit und Zwang, ARSP 1962, 315 ff.

28 KritV 113, 114.

terscheidungsleistungen - denn dies ist Aufgabe eines »Kriteriums« - dieses überhaupt zu erbringen vermag.

3. Die innere Widersprüchlichkeit der Position der Senatsmehrheit, einerseits den Vorrang des Lebensschutzes durch das durchgängige Unrechts-Unwerturteil auszudrücken und andererseits die verantwortliche Entscheidung der informierten und beratenen Frau anerkennen zu wollen, kommt mit geradezu tragischer Klarheit und Aufrichtigkeit in der Abweichenden Meinung des Richters Böckenförde zum Ausdruck. Einerseits sieht er, mit den übrigen Mitgliedern der Mehrheit, die Möglichkeit verbaut, der Frau, die das Beratungsverfahren gesetzestreu durchlaufen hat, »eine förmliche Rechtfertigung« zuteil werden zu lassen.[29] Andererseits erkennt er, daß in der großen Zahl der »beratenen Abbrüche« - es werden in Zukunft sicher 90 % und mehr aller Abbrüche sein - viele enthalten sind, in denen eine psycho-soziale Notlage und damit »materiell-rechtlich« eine Rechtfertigung gegeben ist. »Die Frau soll sich an den Anforderungen der Rechtsordnung zum Schutz des ungeborenen Lebens orientieren, aber in jedem Fall, auch wenn sie das tut, ist und bleibt ihr Handeln - kraft Verfassungsgebots - Unrecht. Das ist nicht nur sachwidrig, es trifft auch die Frauen als Person, in ihrer Ehre und Rechtschaffenheit.« Für rechtmäßig dürfe ihr Handeln nicht erklärt werden, aber die Behandlung als Unrecht sei ihrerseits grundrechtswidrig. Einen Ausweg aus diesem Dilemma weist Böckenförde nicht; er könnte es unter Beibehaltung seiner Prämissen auch gar nicht. Vielmehr verweist er an den Gesetzgeber.[30] Dieser ist durch die Unbestimmtheit des Untermaßverbotes schon reichlich verunsichert. Immerhin könnte ein Ausweg dahin erwogen werden, daß, *unabhängig vom Beratungsverfahren*, jedenfalls im Hinblick auf die Leistungspflicht der Sozialversicherung noch ein weiteres »Notlagen-Feststellungsverfahren« eingerichtet würde. Aber abgesehen davon, daß die meisten Frauen gerade dies nicht wollen, würde es das generelle Beratungsverfahren objektiv entwerten und zur Farce werden lassen. Der nur »beratene Abbruch« würde dann erst recht als »Unrechts-Abbruch«, als einer des »schlechten Gewissens« erscheinen.[31]

Es zeigt sich, und damit stößt die Rechtsordnung an die Grenzen des ihr Möglichen, daß eben beides gleichzeitig nicht zu haben ist: die scheinbar »objektive« Bewertung der Abbruchhandlung als Recht oder Unrecht je nach Vorliegen eines objektivierten »Unzumutbarkeits«-Tatbestandes *und* die Mitwirkung der Frau beim Lebensschutz durch vorbehaltlose Anerkennung ihrer verantwortlich getroffenen und entsprechend vorbereiteten Entscheidung.

Wenn die Rechtsordnung hier die Frau wirklich ernst nehmen will, dann gilt der Satz der Richter Mahrenholz und Sommer: »Die Rechtfertigung der nach Bera-

29 KritV 112.
30 KritV 114.
31 Dies auch kritisch zu den Vorschlägen von *Schlink/Bernsmann*, KritV 180, 183.

tung erfolgenden Abbrüche ist der unentbehrliche Schlußstein der Beratungsregelung.«[32]

IV. Die Rolle des Arztes

Betrachten wir abschließend die *Rolle des Arztes* und ihre Einordnung durch das Gericht. Er muß, wenn er den Abbruch »für ärztlich verantwortbar« hält, daran mitwirken können, ohne daß ihm Strafe droht.[33] Es sei ausreichend, wenn die Verpflichtung zur verantwortlichen Entscheidung, gegebenenfalls auch gegen den Abbruch, in den ärztlichen Berufsordnungen geregelt werde. Darüber, inwiefern das Untermaßverbot gerade *diese* Grenze zwischen Berufsrecht und Strafrecht zu ziehen vermag, erfährt man nichts. Man vermißt in diesem Zusammenhang auch eine klare Aussage, daß der verantwortlich entscheidende und seinen Berufspflichten gemäß handelnde Arzt, der den Abbruch vornimmt, *gerechtfertigt* und nicht nur straflos ist.

Stattdessen fordert das Gericht einen Kranz von Strafvorschriften im Vorfeld des Eingriffs: Der Arzt muß sich die Gründe der Frau für ihren Entschluß darlegen lassen, er muß sich über den ordnungsgemäßen Ablauf des vorangegangenen Beratungsverfahrens vergewissern; er muß seine eigene Aufklärungs- und Beratungspflicht erfüllen; er muß das Alter der Schwangerschaft feststellen und er darf über das Geschlecht des künftigen Kindes keine Mitteilung machen. Alles dies muß strafrechtlich abgesichert werden. Hinzu kommen der Situation anzupassende allgemeine ärztliche Berufspflichten wie etwa die Dokumentationspflicht.

Durch alle diese Vorgaben und insbesondere durch die ihm auferlegte »erweiterte Aufklärungs- und Beratungspflicht«[34] wird der Arzt zu einer zweiten Beratungs- und Beeinflussungsinstanz für die Frau. Weshalb dies verfassungsrechtlich geboten sein soll, wenn doch schon das erste Beratungsverfahren mit allen vom Gericht geforderten Kautelen durchgeführt worden ist, bleibt unverständlich und ist jedenfalls dem »Untermaßverbot« nicht ohne weiteres zu entnehmen. Nicht der Arzt, sondern die Frau, das sagt auch das Gericht, soll doch letztlich entscheiden, ob der Abbruch stattfinden darf oder nicht.

Selbstverständlich kann der Arzt nicht gegen seine Überzeugung und gegen sein Gewissen verpflichtet werden, Abbrüche überhaupt oder in einem bestimmten Fall vorzunehmen. (Vgl. Art.2 des 5.StrRG). Dem abhängig beschäftigten Arzt dürfen aus seiner Mitwirkungs-Verweigerung beruflich keine Nachteile erwachsen. Allerdings wird man, im Hinblick auf den in Art.4 des 5. StrRG i.d.F.des Art.15 Nr.2 SFHG normierten, restriktiv auszulegenden, im Grundsatz aber vom

32 KritV 104.
33 KritV 68.
34 KritV 69.

Gericht anerkannten Sicherstellungsauftrag an die Länder, einer Kommune, die in einer ihrer Kliniken Schwangerschaftsabbrüche vornehmen lassen will, künftig nicht mehr verwehren können, bevorzugt solche Fachärzte einzustellen, die ihre generelle Bereitschaft, an Abbrüchen mitzuwirken, erklärt haben. Dies entspricht auch der Rechtsprechung des Bundesverwaltungsgerichts.[35] Daß im übrigen nur gynäkologisch ausgebildete Ärzte, die außerdem über die notwendigen Kenntnisse zur ärztlichen Beurteilung von Schwangerschaftskonflikten verfügen, tätig werden dürfen, versteht sich für das Bundesverfassungsgericht von selbst.

35 Vgl. BVerwGE 89, 260 = JZ 1992, 525, mit abl. Anm. von *Mayer-Maly*.

Lob der Unvollständigkeit - Zur Dialektik der Transparenz personenbezogener Informationen

Spiros Simitis

I. Spuren

Am 20. Mai 1993 schlug Olympique Marseille den FC Valenciennes mit 1-0. Nur wenig später erreichte die lange und wechselvolle Geschichte des südfranzösischen Vereins ihren Höhepunkt. Auf den Sieg im Endspiel um den Europapokal der Landesmeister folgte der Gewinn der französischen Meisterschaft. Doch die Feiern währten nicht lange. Bereits an jenem 20. Mai hatte Jacques Glassmann, der zur Mannschaft des FC Valenciennes gehörte, dem Schiedsrichter während der Halbzeitpause berichtet, einer seiner Gegenspieler, Jean-Jacques Eydelie, habe versucht, ihn zu bestechen. Eydelie leugnete nicht lange, gab an, zwei andere Spieler hätten das angebotene Geld sofort genommen und bestätigte, den gesamten Betrag von Jean-Pierre Bernès, dem Generaldirektor von Olympique Marseille, bekommen zu haben. Der Europäische Fußballverband schloß Marseille aus dem Europapokal aus, der Französische Fußballverband erkannte kurz darauf, am 22. September 1993, dem Verein den Meister-Titel ab.

Auf den ersten Blick ein zwar spektakulärer, aber nicht sonderlich aufregender Fall. Jede Fußballiga hat nun einmal ihre Skandale. In aller Regel interessieren sich jedoch nur diejenigen dafür, die sich kaum ein Spiel entgehen und erst recht nicht den jeweiligen Tabellenstand unkommentiert lassen. Der Fall hat freilich noch eine andere Seite. Jean-Pierre Bernès streitet zwar nach wie vor, wenn auch immer schwächer, alles ab. Doch die Staatsanwaltschaft hält ihn für überführt. Sie stützt sich dabei vor allem auf drei, scheinbar völlig unbedeutende Vorgänge. Jean-Pierre Bernès hatte kurz vor jenem 20. Mai die Autobahn benutzt, unterwegs getankt und schließlich von seinem Hotelzimmer aus ein anderes Zimmer angerufen. Die Tankstelle hatte die bargeldlose Zahlung, das Lesegerät an der Autobahn seine Abonnentenkarte und die Telefonanlage den Anruf registriert. Alle drei Anhaltspunkte bestätigten die Angaben von Jean-Jacques Eydelie. Ort und Zeitpunkt der Übergabe des Geldes stimmten genau mit seinen Aussagen überein.

Noch einmal: Nichts daran war außergewöhnlich oder gar nur für Jean-Pierre Bernès typisch. Zur selben Zeit telefonierten unzählige andere Hotelgäste, riefen Bekannte, Kollegen, Geschäftspartner und Familienangehörige an, informierten sich über Flugverbindungen und Veranstaltungen, verabredeten sich geschäftlich oder privat, berichteten über ihre Verhandlungen oder erzählten schlicht, wie ihr Tag verlaufen war. Und genauso wie Jean-Pierre Bernès benutzten Tausende anderer Kunden ihre Kreditkarten, um zu tanken, Lebensmittel einzukaufen, einen Fahrschein zu bezahlen, ihre Restaurantrechnung zu begleichen oder ein Ferngespräch zu führen. Neue Verwendungsmöglichkeiten kommen ständig hinzu. So bereitet es mittlerweile, dank der »Calling-Cards«, weiter keine Schwierigkeiten, bargeldlos von jedem beliebigen Telefonapparat auf der Welt anzurufen. Komplizierte Bedienungsanleitungen und die lästige Suche nach genügend Kleingeld gehören endgültig der Vergangenheit an. Man braucht nur eine gebührenfreie Servicenummer zu wählen, dem allerdings mehr und mehr von Computern ersetzten Vermittler der Telefongesellschaft die Kartennummer, den Sicherheitscode sowie den gewünschten Anschluß zu nennen und allenfalls noch anzugeben, ob man ein R-Gespräch wünscht. Die Gebühren werden einfach über die Telefonrechnung oder die Kreditkarte abgerechnet. Ähnlich ist es bei Fernsehprogrammen, die besonders bezahlt werden müssen. Das Gerät mag in der eigenen Wohnung oder im Hotelzimmer stehen, die Karte aktiviert den Zugang. Und ebenso wie sonst werden Zeitpunkt, Ort, Gegenstand und Entgelt exakt aufgezeichnet. Kaum verwunderlich, wenn es unter diesen Umständen kein Kreditkartenunternehmen versäumt, auf die geradezu einmalige Chance hinzuweisen, den eigenen Alltag dank der bargeldlosen Zahlung jederzeit minutiös zu rekonstruieren und gleich noch den Rat hinzufügt, am besten zwei Karten zu verwenden, um Geschäftliches und Privates klar zu trennen und so Mißverständnissen sowie Zweifeln rechtzeitig vorzubeugen.

Aber auch die Zahl der Autofahrer, die, wie Jean-Pierre Bernès, vor allem bei Fahrten auf der Autobahn registriert werden, nimmt ständig zu. »Intelligente«, an der Windschutzscheibe angebrachte, mit einem Sender versehene Karten und genauso »intelligente«, mit Sensoren ausgestattete Straßen ergänzen sich gegenseitig. Die von der Karte ausgestrahlten Signale geben die Straße frei und erlauben es zugleich, die Gebühren direkt vom Konto des Halters abzubuchen[1]. »Road-pricing« und »télépéage« garantieren so nicht nur die angesichts der steigenden Straßenbaukosten erforderlichen zusätzlichen Einnahmen, sondern machen es auch möglich, auf die traditionellen, überaus aufwendigen Kontrollstellen zu verzichten. Wie hoch die Vorteile solcher Systeme eingeschätzt werden, zeigt nicht zuletzt die Bereitschaft, sich nicht an nationale Grenzen zu halten. Die französischen, italienischen und spanischen Autobahngesellschaften arbeiten gegenwärtig an einem gemeinsamen System (VITA: Vehicle Information and Transaction Aid), das in allen drei Ländern eingeführt werden und die Durchfahrt auf Sonderbahnen mit einer Geschwindigkeit bis zu 150 km/h erlauben soll. Projekte wie Adept (Automatic Debiting and Electronic Payment for Transport) illustrieren zudem, daß die EG durchaus vergleichbare Ziele verfolgt.

Ähnlich operieren übrigens auch Informationssysteme, die, wie etwa »Lojack« in

1 Vgl. etwa den Bericht im Economist v. 7.8.1993, 79 f.; aber auch den 14. Tätigkeitsbericht der Baden-Württembergischen Landesbeauftragten für den Datenschutz 23 ff.

Boston und »Tracker« in Großbritannien[2], vor Autodiebstählen schützen sollen. Der Systemanbieter baut in den Wagen einen Sender an eine aus Sicherheitsgründen selbst dem Halter unbekannte Stelle ein. Die Signale werden durch besondere sei es mobile, sei es in den Straßen angebrachte Empfänger entweder fortlaufend aufgefangen oder zentral in den Fällen ausgelöst, in denen der Halter seinen Wagen vermißt. Der Erfolg ist, so heißt es, verblüffend. So sollen in Boston die Diebstähle um fast ein Drittel zurückgegangen sein[3]. Kaum verwunderlich, wenn deshalb die Versicherungsgesellschaften den Systembenutzern inzwischen beachtliche Ermäßigungen anbieten. Die Entwicklung ist im übrigen keineswegs abgeschlossen. So werden zur Zeit Überwachungssysteme erprobt, die über Satelliten laufen. Die einzelnen Autos lassen sich auf diese Weise nicht nur sehr viel schneller aufspüren, sondern auch über besondere Signale anhalten[4].
Allen Beispielen ist, so unterschiedlich sie im übrigen sein mögen, eines gemeinsam: Niemand kann die jeweilige Anlage oder das einzelne Informationssystem unbemerkt benutzen. Wer immer telefoniert, tankt, fernsieht, Auto fährt, hinterläßt eine klare, jederzeit abrufbare Spur. Die Betroffenen mögen sich beim besten Willen nicht mehr daran erinnern können, das Informationssystem kennt keine Gedächtnislücken und zeichnet sich überdies durch ein immer präziseres Wissen aus. »Handies«, »Porties« und »Bi-pops« machen es eben nicht nur ungemein leichter, anzurufen. Sie halten vielmehr neben einer Reihe von Daten über die Gesprächsteilnehmer unter anderem auch fest, über welche Relaisstation das Gespräch weitervermittelt worden ist. Je dichter deshalb das Relaisnetz, desto leichter fällt es, das Gespräch bis auf wenige Meter zu lokalisieren. Handtelefone maximieren, so gesehen, zwar die Chance, frei zu bestimmen, von wo aus man telefoniert, minimieren jedoch umgekehrt die Möglichkeit, das Telefongespräch unbeobachtet zu führen. So paradox es daher zunächst klingen mag: Steigende Mobilität verwischt nicht die Spuren, sondern markiert sie weitaus deutlicher.

II. Das Ende des Zufalls

Wohlgemerkt, keines der Systeme verfolgt repressive Zwecke. Nirgendwo geht es also darum, Daten über ganz bestimmte Personen zu sammeln, um etwa, wie bei polizeilichen Informationssystemen, Straftaten aufzuklären oder zu verhindern. Ebensowenig kann davon die Rede sein, daß sich die Systeme lediglich auf einzelne mehr oder weniger klar abgrenzbare Personengruppen beziehen. Parallelen

2 Dazu die Berichte in Police Review v. 16.7.1993, 18 f., und v. 30.7.1993, 20 f.; The Guardian Weekend v. 17.7.1993, 61.
3 Police Review v. 16.7.1993, 18.
4 Police Review aaO., 19; vergl. auch die Gemeinsame Erklärung der 14.Internationalen Konferenz der Beauftragten für den Datenschutz und den Schutz der Privatsphäre am 29.10.1992, abgedr. im Jahresbericht 1992 des Berliner Datenschutzbeauftragten 167 ff.

zur Verarbeitung von Arbeitnehmer- oder Versichertendaten lassen sich insofern nicht ziehen. Im Gegenteil, ob jemand vom System erfaßt wird, richtet sich nicht nach gewissen, von vornherein festgelegten individuellen Merkmalen. Entscheidend ist vielmehr einzig und allein die bloße Inanspruchnahme einer mit dem System verbundenen Leistung. Anders und konkreter ausgedrückt: Wer mit der Karte telefoniert, bezahlt oder ein spezifisches Fernsehprogramm abruft, spielt weiter keine Rolle. Mehr als daß angerufen oder eine Rechnung beglichen wird, ist nicht erforderlich. Trotzdem wäre es falsch, die Registrierung nur als Nebenprodukt anzusehen. Sie zählt in Wirklichkeit zu den konstitutiven Voraussetzungen für die Erbringung der jeweiligen Leistung. Wenn etwa die Zahlungsrisiken nicht einfach ignoriert werden sollen, dann muß der Verzicht auf die Barzahlung einen Verlust der Anonymität zu Folge haben, kurzum mit einer fortschreitenden Personalisierung des Zahlungsvorgangs einhergehen. Die Karte holt den Zahlenden aus seiner Anonymität heraus und bahnt den Weg für die persönliche Zurechnung der Schuld. Je nachhaltiger sich allerdings die Zahlungs- und Kommunikationsmodalitäten ändern, je selbstverständlicher also die Verwendung von Karten zu den unterschiedlichsten Zwecken wird, desto mehr normalisiert sich die Verarbeitung personenbezogener Daten. Genauso wie sich der Griff zur Karte banalisiert, trivialisiert sich der Rückgriff auf die Daten zur Person des Karteninhabers. Einmal mehr wird aber damit deutlich: Der Verarbeitung haftet nichts Exzeptionelles an. Sie spiegelt, genaugenommen, nur bestimmte strukturelle Veränderungen industrialisierter Gesellschaften wider, wie sich überhaupt Informations- und Kommunikationtechnologie am ökonomischen und sozialen Wandel entlang entwickeln, nicht zuletzt mit dem Ziel, die damit verbundenen administrativ-organisatorischen Anforderungen aufzufangen[5]. Der Kreditkarte geht ein tiefgreifender Wechsel im Waren- und Dienstleistungsangebot verbunden mit einer nicht minder nachhaltigen Änderung des Konsumverhaltens voraus, der Krankenversicherungskarte eine graduelle Generalisierung und Institutionalisierung der Gesundheitsvorsorge, dem »road-pricing« eine scheinbar unbegrenzte Motorisierung sowie der kontinuierliche Ausbau der dafür erforderlichen Infrastruktur.
Mit jeder neuen Karte nimmt freilich das Bild der Inhaber immer schärfere Konturen an. Ihre persönlichen Eigenheiten zeichnen sich klar vor dem Hintergrund ihrer minutiös dokumentierten Verhaltensweisen und ihres exakt rekonstruierbaren Alltags ab. Die verschiedenen Informationssysteme sind, so gesehen, manifeste Zeichen einer latenten »Veröffentlichung« der Betroffenen. Wer über sie etwas wissen will, braucht sich weder mit Spekulationen abzugeben noch auf eine glückliche Fügung zu hoffen. Die Information ist keine Frage des Zufalls, sondern des Zugangs zu den vorhandenen Daten. Die höchst unterschiedlichen Verarbeitungsanlässe haben zwar zur Folge, daß sich die Angaben an sehr verschiedenen Stellen befinden. Ebensowenig läßt sich leugnen, daß die je spezifischen Interessen der

5 Dazu *Simitis,* in *Simitis u.a.,* BDSG, 4. Aufl., § 1 Rdnr. 3 ff.

jeweiligen speichernden Stelle sowohl den Erhebungsvorgang als auch den gesamten Verarbeitungsverlauf bestimmen. Ein stereotypes Erhebungsschema gibt es mit anderen Worten genausowenig wie davon die Rede sein kann, daß die Daten als allgemeines Informationsmaterial betrachtet und behandelt werden. Sie sind, im Gegenteil, eine, zunächst jedenfalls, der speichernden Stelle vorbehaltene Informationsquelle, die deshalb zuvörderst ihren Erwartungen entsprechen muß.
In dem Maße aber, in dem sich die Verarbeitung ausweitet und automatisiert, nimmt auch der organisationsinterne Druck zu, das Informationspotential der Daten möglichst auszuschöpfen, sich also weder mit dem ursprünglichen Verwendungszweck noch mit einer wie auch immer begrenzten Benutzung zufriedenzugeben. Die Daten verwandeln sich mehr und mehr in eine multifunktionale Informationsbasis, die nicht zuletzt kommerziell genutzt werden kann. So ist es ohne weiteres möglich, Angaben, die ursprünglich nur die jeweilige Verwendung der Kreditkarte dokumentieren sollten, nach nahezu jedem gewünschten Kriterium zusammenzustellen, angefangen bei Berufs- und Einkommensgruppen bis hin zum »life-style«, kurzum, eine ebenso differenzierte wie fortlaufend komplettierte Information über Ärzte, Hochschullehrer, Bankangestellte, Anwälte und Installateure zu bekommen wie über Personen, die, um in der Sprache eines der größten Kartenemittenten zu bleiben, den Ansprüchen des »Rodeo-Drive-Chic« genügen, genauso wie über weniger konsumbewußte und ausgabefreudige, freilich nicht minder sorgfältig eingeteilte Personengruppen. Die Vorteile liegen auf der Hand: Die eigenen Absatzstrategien können durch die konsequent individualisierte Ansprache der verschiedenen Kundentypen beträchtlich verfeinert werden; die Kunden lassen sich enger an das Unternehmen binden, etwa über ein »Co-Branding« mit Banken, Fluggesellschaften, Hotelketten, Leihwagenunternehmen und Telefongesellschaften, das zu gemeinsamen Kreditkarten oder zu einem ebenso gemeinsamen »Calling-Card-Service« führt; die gezielte Veräußerung der ansonsten brachliegenden Daten bahnt schließlich den Zugang zum Informationsmarkt und erschließt so eine neue, in ihrer Ergiebigkeit kaum zu unterschätzende Einnahmequelle.
Genauso bieten Angaben, die, wie beispielsweise Mitgliederdaten, primär organisatorisch-administrativen Zwecken dienen, die Chance, gleichsam in einem Zug finanziell zu profitieren und das Leistungsangebot zu erweitern. »Affinity-Karten« sind das probate Mittel dafür. Gewerkschaften, Automobil-Clubs, Sportvereine und Berufsverbände bringen die Mitglieder, die Banken und Kreditkartenunternehmen die Karten ein. Konsequenterweise sind schon Design und Logo ganz auf die jeweilige Zielgruppe abgestellt, versuchen also dem »Image« des Kriminalbeamten, Fußballfans, Golfers, Zahnarztes, Sportschützen oder Autofahrers Rechnung zu tragen. Erst recht unterstreichen Sonderleistungen die Exklusivität der Karte, so etwa die mit mancher »Golfer-Karte« verbundene »As«-Versicherung, die eine Übernahme der Kosten für die Feier nach einem »hole in one« Schlag garantiert. Überhaupt löst die Vermarktung der Daten eine immer intensivere Suche

nach neuen, bislang nicht berücksichtigten Zielgruppen aus. Grenzen gibt es wohl nicht. So hebt die in New York ansässige Strub Media Group in einem Rundschreiben zunächst das vergleichsweise hohe Einkommen homosexueller Haushalte hervor, betont dann, in den vergangenen Jahren mehr als zwanzig Millionen Dollar für die Bekämpfung von AIDS sowie die Unterstützung verschiedener Organisationen von Homosexuellen gesammelt zu haben und weist schließlich auf die von ihr mit Hilfe der dabei erhobenen Angaben sowie der Daten über die Abonnenten einschlägiger Zeitschriften aufgebaute Datenbasis hin, die ganz nach den Vorstellungen des jeweiligen Interessenten ausgewertet werden könnte. »Sie (die Homosexuellen) abonnieren. Sie spenden. Sie kaufen. Sie gehören Ihnen«. Kruder, aber auch zutreffender lassen sich die Folgen der schleichenden Normalisierung der Verarbeitung kaum beschreiben: Die informationellen Spuren werden gesammelt, gesichtet, geordnet, verknüpft und vermarktet.
Ganz gleich, welchen der Beispielsfälle man nimmt, die Akkumulation der Daten und ihre systematische Verarbeitung sind durchweg Teil einer evident privatwirtschaftlichen Tätigkeit. Parallel dazu und mit ähnlich steigender Intensität erheben staatliche Stellen für ihre Zwecke personenbezogene Daten. Eine öffentliche Verwaltung, die ein immer dichteres Netz von Leistungsverpflichtungen knüpft, in möglichst verläßlichen, längerfristig angelegten Vorausplanungen mit die wichtigste Erfolgsvoraussetzung ihrer Aktivität sieht und den Schwerpunkt ihrer Betätigung mehr und mehr von nachträglichen Korrekturen auf präventive Interventionen verschiebt, fordert genauso einen wachsenden Datentribut. Gezielte Verknüpfungen, ein systematischer Abgleich und die Entwicklung von Profilen zählen deshalb längst genauso zum staatlichen Informationsinstrumentarium. Anders aber, als man zunächst meinen könnte, richtet sich die Aufmerksamkeit des Staates keineswegs lediglich auf die unmittelbar von der öffentlichen Verwaltung erhobenen Angaben und deren effiziente Verarbeitung. Im Gegenteil: Die unter privatwirtschaftlichen Aspekten eingerichteten und betriebenen Informationssysteme sind latent stets potentielle Ergänzungen der staatlichen Datensammlungen.
Je detaillierter individuelle Verhaltensweisen registriert werden, desto wahrscheinlicher ist der Zugriff staatlicher Instanzen. Systeme, die, sei es Angaben über die Benutzung bestimmter Straßen, sei es die Verbindungsdaten bei Telefongesprächen festhalten, mögen in erster Linie dazu dienen, die jeweils fälligen Gebühren zu berechnen. Sie lassen sich aber genausogut für Fahndungszwecke verwenden oder auch, um ein möglicherweise strafrechtlich relevantes Verhalten zu rekonstruieren. Nicht von ungefähr hat sich die Staatsanwaltschaft bei Jean-Pierre Bernès gleich für die von der Telefonanlage des Hotels und den an der Autobahn angebrachten Kontrollsystemen aufgezeichneten Daten interessiert. Ebensowenig überrascht es, daß die britischen Behörden gar nicht erst lange gezögert haben, sich neben dem Systemanbieter und dem größten Automobilclub an der Gesellschaft »Tracker-UK« zu beteiligen. Alle 51 Polizeiregionen in England, Schottland und Wales können sich so direkt in die Suche nach den vermißten Autos ein-

schalten[6]. »Tracker« wird damit unmittelbar in das polizeiliche Fahndungssystem inkorporiert. Daß noch mehr Wege zum selben Ergebnis führen, zeigt das Beispiel von »Tracers Worldwide«, einer US-amerikanischen Gesellschaft mit Sitz in Elmhurst, Illinois. Sie bedient sich bestimmter von öffentlichen und nicht-öffentlichen Stellen erhobener Daten und verarbeitet sie mit dem Ziel, flüchtige Schuldner, verschwundene Ehegatten und unbekannt verzogene Personen wiederaufzufinden. »Tracers Worldwide« wirbt nicht zuletzt mit dem im übrigen nie bestrittenen Hinweis, das einzige von den Behörden bei der Suche nach vermißten Personen regelmäßig eingeschaltete Unternehmen zu sein[7]. Alles andere als verwunderlich sind schließlich die Bestrebungen, Daten, die beim Gebrauch von Kreditkarten anfallen, für die Steuerermittlung zu benutzen[8]. Durchweg zeigt sich insofern: Der Aufbau scheinbar strikt privater Systeme ist zugleich tendenziell immer auch Ausbau der staatlichen Informationsverarbeitung. Die Systemeigner mögen ihre Ziele ganz anders definieren und sich durchaus konsequent daran halten, die bloße Existenz der Datensammlung genügt, um ihre mögliche Verwendungen von Grund auf zu verändern. Für die Betroffenen verschärft sich so die Lage noch einmal beträchtlich. Ihre latente Veröffentlichung erreicht einen kaum noch zu überbietenden Punkt.

III. Barrieren

Die Bilanz mag bedrücken. Doch wie immer man darauf reagiert, eines darf nicht übersehen werden: Die latente Veröffentlichung des einzelnen ist die Kehrseite einer nicht nur hingenommenen, sondern im Gegenteil bewußt akzeptierten Umstrukturierung des individuellen Verhaltens. Mobiltelefone und Kreditkarten mögen eine zeitlang noch reichlich exotisch und unsolide angemutet haben, beides wird mittlerweile als ein höchst willkommenes Mittel angesehen, um den eigenen Alltag einfacher zu gestalten. Die Parallelen drängen sich auf: Der Weg vom Photoapparat zur Videokamera oder von der Schreibmaschine zum notebook ist nicht viel anders verlaufen. Gewiß lassen sich die Folgen nicht vergleichen, informationelle Spuren entstehen eben nicht überall. Dennoch, Mobiltelefone sind ebensowenig verordnet worden wie Videokameras und für Kreditkarten gilt genauso wie für notebooks, einen Benutzungszwang gibt es nicht. Man kann sicher lange darüber argumentieren, welche Faktoren sich wie auf die Rezeption welcher Produkte und Dienstleistungen ausgewirkt haben, nicht jedoch in Abrede stellen, daß sie durchweg letztlich unter just den Bedingungen erfolgt ist, die auch ansonsten den

6 Guardian Weekend (Fußn. 2) 61.
7 Vgl. *Rothfeder,* Privacy for Sale, 1992, 81 f.
8 Dazu insb. Personal Privacy in an Information Society - The Report of the Privacy Protection Study Commission, 1977, 52 ff.

Entscheidungsprozeß in einer hochindustrialisierten Marktwirtschaft bestimmen. Mit anderen Worten: Ganz gleich welche Bedeutung man dem Einfluß sozialer und wirtschaftlicher Anpassungszwänge beimißt, die latente Veröffentlichung des einzelnen ist nicht integraler Bestandteil einer auf seine Domestizierung und Steuerung angelegten staatlichen Aktivität, vielmehr Nebenprodukt einer gesellschaftlichen und wirtschaftlichen Entwicklung, die sich freilich ganz im Zeichen einer sich als Garant individueller Autonomie und demokratischer Willensbildung verstehenden politischen Ordnung vollzieht.

Genau dieser ordnungspolitische Hintergrund verbietet es aber, die latente Veröffentlichung einfach abzuhaken. Eine Feststellung, die allerdings solange merkwürdig, ja deplaciert klingt, wie der ungehinderte Informationszugang zu den zentralen Merkmalen einer »offenen«, dem Wettbewerb verpflichteten Gesellschaft gezählt, dem »Spähen« also der unbedingte Vorrang vor dem »Abschotten« eingeräumt wird[9]. Nur: »Offenheit« der Gesellschaft und »Veröffentlichung« des einzelnen sind keine Synonyme, sondern echte Antonyme. Während die Fähigkeit, ungestört und für sich die eigene Meinung zu bilden sowie die eigene Lebenswelt nach den eigenen Vorstellungen zu konstruieren, den Kern einer offenen Gesellschaft ausmacht, ist die möglichst reibungslose Anpassung an vorgegebene mit Hilfe der verarbeiteten Daten entworfene und immer weiter verfeinerte Verhaltensmodelle das Ziel einer, sei es auch nur latenten, Veröffentlichung. Die Welt des latent veröffentlichten einzelnen ist fest eingezäunt. Gefragt ist nicht seine Kommunikations- und Diskurskompetenz, sondern die Fertigkeit, auf Signale korrekt zu reagieren, die Leistungen auslösen und zugleich das jeweilige Informationssystem mit neuen Daten versorgen.

Mit jedem Schritt in diese Richtung ändert sich jedoch mehr als nur die Stellung des einzelnen. Weil dessen Kommunikationsfähigkeit tangiert und ausgehöhlt wird, gerät auch die demokratische Substanz der Gesellschaft zunehmend in Gefahr. Nicht von ungefähr hat das BVerfG schon in der Mikrozensus-Entscheidung den Widerspruch zwischen einer systematischen Katalogisierung sowie Registrierung des einzelnen und seiner Menschenwürde angesprochen[10] und fast fünfzehn Jahre später, im Volkszählungsurteil, die informationelle Selbstbestimmung zur konstitutiven Bedingung einer freiheitlich-demokratischen Gesellschaft erklärt[11]. Die Datenschutzgesetze haben seither offen den Rang eingenommen, der ihnen früher nur widerstrebend zugestanden wurde: Sie sind die Magna Charta der Informationsgesellschaft[12]. Beides, die Rechtsprechung des BVerfG und die gesetzlichen Regelungen, stellt gleichermaßen klar: Personenbezogene Daten sind kein frei zugängliches, jederzeit beliebig verarbeitbares Informationsmaterial. Die In-

9 Statt aller *Posner,* The Right of Privacy, 12 Georgia Law Review 393 ff. (1978).
10 BVerfGE 27, 1 (6).
11 BVerfGE 65, 1 (43).
12 Dazu *Simitis,* Zwanzig Jahre Datenschutz in Hessen, abgedr. im 19. Tätigkeitsbericht des Hessischen Datenschutzbeauftragten 146 ff.

formationswünsche mögen noch so ausgeprägt sein, der Weg zu den Daten führt stets über eine besondere rechtliche Grundlage. Solange sie fehlt, verletzt die Verarbeitung die Verfassung.
Spätestens an der zuweilen fast explosionsartigen Expansion neuer Kommunikationsmittel und den sich unablässig ausweitenden Nutzungsmöglichkeiten technisch ständig verbesserter Karten zeigt sich jedoch, daß die scheinbar so klaren Verarbeitungsprämissen weit weniger halten, als sie versprechen. Das Verarbeitungsnetz wird dichter und dichter, die Datenbestände nehmen zu, die Verarbeitungsmethoden schöpfen den potentiellen Informationsgehalt der Daten besser und zielsicherer ab. Fast alles freilich Entwicklungen, die sich keineswegs in offenem Widerspruch zu den Verarbeitungsvorgaben des Bundesverfassungsgerichts und der Datenschutzgesetze vollziehen, sondern sich, zumindest auf den ersten Blick, durchaus noch innerhalb des von beiden tolerierten Spielraums bewegen. Nur die Akzente werden ganz anders gesetzt. Der immer deutlichere Verzicht auf die Reduktion der Daten, die extensive Interpretation des Gemeinwohls und die Restriktion der Zweckbindung sind drei von mehreren Beispielen dafür.

IV. Verarbeitung als zweiter Schritt

Das BVerfG hat gesetzliche Vorschriften gefordert, die einerseits verbindliche Verarbeitungsvorgaben festlegen und andererseits mögliche Einschränkungen der informationellen Selbstbestimmung exakt umschreiben müssen[13]. Über die Notwendigkeit gesetzlicher Regelungen läßt sich insofern nicht mehr streiten, wohl aber über ihre konkrete Bedeutung. Anders und präziser ausgedrückt: Man kann die Anwendung der jeweiligen Bestimmungen durchaus als den zweiten Schritt betrachten, also davon ausgehen, daß zunächst und vor allem geprüft werden muß, ob es eine Alternative zur Verarbeitung personenbezogener Daten gibt. Man kann jedoch auch davon absehen, kurzum gleich zur Verarbeitung übergehen, sofern sie nur von den gesetzlichen Vorschriften abgedeckt ist. Genau diese Einstellung setzt sich mehr und mehr durch. Kaum verwunderlich, bedenkt man die Vorteile, die damit für jeden verbunden sind, der sich für personenbezogene Angaben interessiert. Die Verarbeitung wird gar nicht erst in Frage gestellt, sondern bleibt ein selbstverständliches, im Prinzip ohne weiteres nutzbares Informationsinstrument. Die Verpflichtung, bestimmten gesetzlich fixierten Anforderungen Rechnung zu tragen, belastet zudem weit weniger, als man meinen könnte. Schon deshalb, weil die Datenschutzgesetze, aller Kritik zum Trotz, nach wie vor davon ausgehen, daß die Einwilligung der Betroffenen völlig ausreicht, um die Verarbeitung zu rechtfertigen[14]. Komplizierter Überlegungen über die Anwendungsvorausset-

13 BVerfGE 65, 1 (44).
14 Vgl. *Simitis* (Fußn. 5) § 4 Rdnr. 19 ff., m.w.Nachw.

zungen der gesetzlichen Vorschriften bedarf es daher nicht. Gelingt es, die Betroffenen für die Verarbeitung zu gewinnen, können die Daten ganz nach den Wünschen der speichernden Stelle verwendet werden. Daß es aber nicht sonderlich schwer fallen dürfte, sie zu überzeugen, zeigt das Beispiel der Karten. Je stärker die Betroffenen auf die jeweils angebotene Leistung angewiesen sind oder auch nur den Eindruck haben, es zu sein, desto schneller werden sie sich einverstanden erklären. Abgesehen davon haben die gesetzlichen Regelungen längst nicht jenen Grad an Präzision erreicht, ohne den es, jedenfalls nach den Vorstellungen des BVerfG, keine wirksame Einschränkung der Verarbeitung geben kann. Die zumeist nur leicht geänderten Generalklauseln der Datenschutzgesetze beherrschen nach wie vor das Feld. Bereichsspezifische Vorschriften sind vor allem im nichtöffentlichen Bereich immer noch Mangelware und erschöpfen sich zuweilen in bloßen Verweisungen auf die Datenschutzgesetze[15].

Der Verzicht auf die Frage nach einer Alternative zur Verarbeitung hat weitreichende Folgen. Reflexionen über die Notwendigkeit, Daten überhaupt zu erheben, bleiben aus, die Aufmerksamkeit richtet sich statt dessen ganz auf eine ordnungsgemäße, also den gesetzlichen Vorgaben entsprechende Verwaltung der Angaben. Der eigentliche Ansatz sowohl des Volkszählungsurteils als auch der Datenschutzgesetzgebung wird damit ins Gegenteil verkehrt. Wenn die vom BVerfG skizzierten und im Gesetzgebungsprozeß immer wieder betonten Verarbeitungskonsequenzen wirklich bedacht werden sollen[16], dann genügt es nicht, die Benutzung personenbezogener Daten an eine Reihe gesetzlich geregelter Voraussetzungen zu binden. Vielmehr gilt es, so lange von einer Verwendung personenbezogener Angaben abzusehen, wie das je spezifische Verarbeitungsziel auch ohne sie erreicht werden kann. Einen wirksameren Schutz vor den Verarbeitungsfolgen als den Verzicht auf den Gebrauch personenbezogener Daten gibt es nicht.

Daß sich diese Erwartung durchaus erfüllen läßt, ohne im übrigen die Verarbeitung dort zu gefährden, wo sie wirklich erforderlich ist, zeigt sich an der Entwicklung der Telefonkarten. Die Zeiten, in denen etwa integrierte Chips lediglich dazu dienten, die Telefongebühren auf das Kartenkonto umzuleiten, sind längst vorbei. Mittlerweile gibt es Karten, die dem Benutzer lediglich einen bestimmten im voraus bezahlten Betrag zur Verfügung stellen. Ihre Benutzung hinterläßt grundsätzlich keine Spuren. Wer angerufen hat, wird jedenfalls nicht festgehalten. Technisch ist es zudem inzwischen möglich, die Karten aufzuladen. Der Aufwand ist denkbar gering: Ein Anruf aus einer entsprechend ausgestatteten Telefonzelle und die Eingabe einer Geheimnummer genügen, um die Chipkarte sofort mit dem jeweils vorgesehenen Betrag auszustatten. Registriert werden lediglich der Zeitpunkt und die angeforderte Summe. Genauso läßt sich im übrigen beim Road-Pri-

15 Vgl. *Simitis* (Fußn. 5) § 1 Rdnr. 193 ff., m.w.Nachw.
16 BVerfGE 65, 1 (42 f.); *Simitis* (Fußn. 4) § 1 Rdnr. 6 ff., 167 ff., m.w.Nachw.

cing verfahren[16a]. Kurzum, die Ausgabe der Karte gleicht sich weitgehend der Geldausgabe an den Automaten und Schaltern der Banken an, eine Entwicklung, die jedoch ebenso klar illustriert, daß »elektronische Geldbörsen«, ohne Rücksicht im übrigen darauf, ob es sich noch um einfache Kredit- oder »intelligente«, mit allen Vorteilen eines Chips ausgestattete Karten handelt[17], letztlich erst mit der informationellen Selbstbestimmung kompatibel sind, wenn sie zumindest annähernd die für Bargeldzahlungen typische Anonymität garantieren. Selbst dort aber, wo sich eine Anonymisierung nicht erreichen läßt, erlauben es digitalisierte Unterschriften und kryptographische Verfahren, den Verarbeitungsprozeß gezielt zu segmentieren und damit von vornherein allen Tendenzen vorzubeugen, personenbezogene Daten zusammenzuführen[18]. An Widerständen fehlt es freilich nicht. Die Gründe sind unschwer auszumachen. Vor allem die Beschränkung auf eine genau festgelegte, wenngleich ständig auffüllbare Summe versperrt den Zugang zu nahezu allen ansonsten automatisch anfallenden Daten. Dem Kartenemittenten wird so die Möglichkeit genommen, auf die Vielzahl der bei jeder Benutzung der Karte besonders zum Konsumverhalten des Inhabers vermittelten Angaben, sei es für eigene, sei es für kommerzielle Zwecke, zurückzugreifen.

Mehr denn je erweist sich zugleich, daß den Folgen einer ständig weiterentwickelten Informations- und Kommunikationstechnologie am besten mit den Mitteln der Technologie selbst begegnet werden kann. Sollen also die Verarbeitungskonsequenzen rechtzeitig aufgefangen werden, dann muß, mit anderen Worten, eine datenschutzfreundliche Gestaltung des Informations- und Kommunikationsinstrumentariums ebenso selbstverständlich sein, wie es etwa der Einbau eines Katalysators im Interesse des Umweltschutzes ist. Deutlich wird aber auch: Die informationelle Selbstbestimmung läßt sich nur mit Hilfe einer Minimierung der Verarbeitung personenbezogener Daten wirksam schützen. Noch so einleuchtende Informationserwartungen entbinden daher nicht von der Pflicht, Verarbeitungsmodalitäten den Vorzug zu geben, die eine Verwendung personenbezogener Daten vermeiden, ohne Rücksicht im übrigen darauf, ob die intendierte Verarbeitung durch das Einverständnis der Betroffenen oder eine bestimmte gesetzliche Regelung abgesichert werden soll. Wohlgemerkt, nicht etwa deshalb, weil es sich um das schonendere, vielmehr, mit Rücksicht darauf. daß es sich um das einzig wirklich verläßliche Mittel handelt, den verfassungsrechtlichen Anforderungen zu genügen.

16a Dazu auch *Müller/Schoder/Stoll,* Datenschutzprobleme bei automatischer Erhebung von Straßennutzungsgebühren, CR 1993, 785 ff.

17 Dazu *Tinnefeld,* in *Tinnefeld/Philipps/Weis* (Hrsg.), Die dunkle Seite des Chips, 1993, 53 ff.

18 Vgl. insb. *Chaum,* Achieving Electronic Privacy, Scientific American, August 1992, 96 ff.

V. Von der »amtshilfefesten« zur »gemeinwohlfesten« Verarbeitung

Das BVerfG hat keinen Zweifel an der Möglichkeit gelassen, die informationelle Selbstbestimmung einzuschränken und auch gleich den Maßstab geliefert. Der einzelne muß Eingriffe in sein Recht hinnehmen, selbst über den Umgang mit seinen Daten zu bestimmen, wenn sie im »überwiegenden Allgemeininteresse« geboten sind[19]. Dahinter steht eine ebenso klassische wie nach wie vor aktuelle Vorstellung über den Verarbeitungsablauf. Die öffentliche Verwaltung kann ihre Aufgaben ohne ein Mindestmaß an personenbezogenen Daten nicht erfüllen. Gleichviel jedoch, ob man traditionelle Verwaltungsbereiche, wie die Steuerverwaltung und die Polizei, manifeste Beispiele der Leistungsverwaltung, wie die Sozialämter, oder statistische Erhebungen nimmt, der Staat formuliert seine Informationsansprüche entweder direkt an die Adresse der Betroffenen oder verarbeitet, sei es bereits von den Behörden gespeicherte, sei es eigens an den Betroffenen vorbei erhobene Daten. Nicht von ungefähr hat das BVerfG die zunächst an der Volkszählung demonstrierte Anwendung seiner Regelungsprämissen wenig später im Zusammenhang mit der Steuererhebung bekräftigt[20]. Anders als früher ist jedoch die öffentliche Verwaltung immer weniger darauf angewiesen, personenbezogene Angaben selbst zu erheben. Im Gegenteil, nie zuvor waren die Chancen so gut, die eigenen Dateien mit Hilfe der wachsenden Datenbestände im nicht-öffentlichen Bereich zu komplettieren. Noch einmal: Mobiltelefone, Kreditkarten, Road-Pricing und Anti-Diebstahl-Systeme generieren Datensammlungen, die auch und gerade eine stille Informationsreserve für die öffentliche Verwaltung aufbauen. Je lückenloser sich freilich die Registrierung des einzelnen dank solcher Systeme gestaltet, desto mehr fragt es sich, ob der Rekurs auf die »überwiegenden Allgemeininteressen« wirklich genügen kann, um einen Zugriff auf die Daten zu rechtfertigen.

Das BVerfG hat gewiß versucht, Barrieren gegen alle Bestrebungen zu errichten, das »Gemeinwohl« zu oft und zu schnell ins Spiel zu bringen. Bereits der Anknüpfungspunkt für mögliche Einschränkungen der informationellen Selbstbestimmung ist deutlich restriktiv formuliert. Bloße Hinweise auf »Allgemeininteressen« oder das »Gemeinwohl« genügen nicht. Die Verarbeitung setzt vielmehr einen unmittelbar auf die Verwendung der je spezifischen Daten bezogenen Abwägungsprozeß voraus. Nur »überwiegende« Allgemeininteressen rechtfertigen es, das Entscheidungsvorrecht der Betroffenen zu übergehen. Einschränkungen mögen mithin unvermeidlich sein, sie bleiben dennoch eine streng begrenzte, durchweg legitimationsbedürftige Ausnahme. So klar aber die Vorgaben sind, so deutlich zeichnet sich die Tendenz ab, sie mehr und mehr aufzuweichen, also Restriktionen der informationellen Selbstbestimmung immer weniger für eine höchst vor-

19 BVerfGE 65, 1 (44).
20 BVerfGE 84, 239 (279 f.).

sichtig handzuhabende Ausnahme zu halten. Die Erfahrung zeigt beispielsweise, daß die Hemmschwelle merklich sinkt, sobald auf vorhandene Angaben zugegriffen werden soll, sicher auch deshalb, weil der Aufwand geringer ist. Eigene Recherchen sind nun einmal normalerweise weitaus zeit- und kostenintensiver. Sehr viel mehr fällt freilich ins Gewicht, daß es entschieden einfacher ist, Informationsansprüche in den Fällen durchzusetzen, in denen die gewünschten Daten gleichsam bereitliegen. Kaum jemand dürfte sich dafür aussprechen, sie den Behörden vorzuenthalten, wenn damit Autodiebstähle endlich verhindert und Steuersünder überführt werden sollen. Kurzum, Widerstände, mit denen fest zu rechnen ist, sollten staatliche Stellen ihre Absicht kundtun, Konsumdaten zu Steuerfahndungs- oder Bewegungsdaten zu präventivpolizeilichen Zwecken zu erheben, schwinden in dem Maße, in dem die Zwecke zwar gleichbleiben, die Verarbeitung sich jedoch lediglich auf bereits gespeicherte Angaben erstreckt.
Genauso bezeichnend sind die Bestrebungen, jede sich bietende interpretatorische Möglichkeit zu nutzen, um gesetzliche Regelungen auszudünnen, die Einschränkungen der informationellen Selbstbestimmung präzisieren. So hat der Gesetzgeber in § 100a StPO, ganz im Sinne des BVerfG, versucht anzugeben, wann »überwiegende Interessen der Allgemeinheit« dazu berechtigen, den Fernmeldeverkehr aufzuzeichnen und zu überwachen. Die in der StPO festgeschriebenen Verarbeitungsvoraussetzungen kommen freilich bei den Verbindungsdaten gar nicht erst zum Zuge. Sie sagten, so heißt es immer wieder, nichts über den Inhalt des Gesprächs aus. Von einer »Überwachung« oder gar von einer »Aufzeichnung« könne deshalb keine Rede sein. Staatsanwaltschaft und Polizei seien daher nicht verpflichtet, sich an die engen, in § 100a StPO vorgesehenen Zugriffsgrenzen zu halten. Konsequenterweise beschränkt sich die Telekom-Datenschutzverordnung (§ 5) darauf festzustellen, daß neben der angerufenen Rufnummer, dem Beginn und Ende der jeweiligen Verbindung bei mobilen Anschlüssen auch die Standortkennung registriert werden darf und sieht für die Verarbeitung weiterer Daten ein besonderes Verfahren vor. Das Fernmeldeanlagengesetz beläßt es ebenfalls bei einer völlig undifferenzierten, die Veränderungen der Kommunikations- und Informationstechnologie schlicht ignorierenden Auskunftspflicht über den »Fernmeldeverkehr« (§ 12)[21]. Wie verfehlt eine solche Einstellung ist, zeigt der eingangs erwähnte Fall. Kein Zweifel, die Staatsanwaltschaft hat Jean-Pierre Bernès nicht abgehört, dank der Verbindungsdaten aber trotzdem erfahren, mit wem er sich wo wann unterhalten hat. Der Aussagewert dieser Informationen ist aus der Perspektive des Betroffenen letztlich kaum weniger wichtig als der Mitschnitt des Gesprächs. Seine Äußerungen bleiben, genaugenommen, nur solange unzugänglich, wie auch auf die Verbindungsdaten nicht zugegriffen werden darf. Der verfas-

21 Vgl. dazu den Beschluß der Konferenz der Datenschutzbeauftragten des Bundes und der Länder v. 8.3.1991, »Telekommunikation und Datenschutz«, abgedr. in *Simitis/Dammann/Mallmann/Reh*, Dokumentation zum Datenschutz F 61; sowie die Gemeinsame Erklärung (Fußn.4) 162 ff.

sungsrechtlich gebotene Respekt vor der informationellen Selbstbestimmung zwingt, so gesehen, dazu, die Verbindungsdaten voll in den Anwendungsbereich der Strafprozeßordnung einzubeziehen und sie nicht umgekehrt zur Verarbeitung freizugeben[22].
Die vom BVerfG geforderte gesetzliche Regelung der Einschränkungen gerät schließlich zunehmend zur reinen Formalität. Statt die eigentliche Aufgabe des Gesetzgebers in der Verabschiedung gezielt restriktiver Vorschriften zu sehen, einer Regelung also, die den Zugriff auf die wirklich erforderlichen Daten begrenzt, wird die legislative Intervention ihrer materialen Funktion beraubt und lediglich als formale Absicherung der jeweiligen Verarbeitungsabsichten verstanden. Am Ende des Gesetzgebungsprozesses steht unter diesen Umständen nicht nur die Legalisierung der bestehenden Verarbeitungspraxis. Der Gesetzgeber läßt sich vielmehr auch auf Formulierungen ein, die der öffentlichen Verwaltung einen möglichst weiten Verarbeitungsspielraum einräumen. Besonders typisch dafür ist die Bereitschaft, eine Verarbeitung zu präventivpolizeilichen Zwecken immer dann zuzulassen, wenn eine Straftat von »erheblicher Bedeutung« vorliegt[23]. Die gesetzliche Regelung bewirkt so im Ergebnis genau das Gegenteil dessen, was mit ihrer Hilfe erreicht werden sollte: Die Eingriffe in die informationelle Selbstbestimmung werden ausgebaut und nicht eingeschränkt.
An Versuchen, diese Entwicklung zu legitimieren, fehlt es nicht. Vom »kooperativen Staat« ist ebenso die Rede wie von der staatlichen »Informationsvorsorge«[24]. Auf den ersten Blick eher merkwürdig. Informationelle Selbstbestimmung und »kooperativer Staat« schließen sich keineswegs aus. Das Recht der Betroffenen, selbst über den Umgang mit ihren Daten zu entscheiden, spricht im Gegenteil deutlich für einen kooperativ angelegten Informationsprozeß. Gelegenheiten, ein kooperatives Informationsmodell zu erproben, gab es durchaus. So hatten BVerfG[25] und Bundestag[26] aus Anlaß der Volkszählung 1983 ausdrücklich angeregt, die traditionellen Erhebungsmodalitäten nicht zuletzt mit dem Ziel zu überprüfen, die Auskunftspflicht durch eine freiwillige Auskunft zu ersetzen. Doch die anschließende Diskussion stand weit eher unter dem Vorzeichen neuer Legitimationsstrategien für die alten Methoden[27]. So überrascht es auch nicht, daß sie alsbald versandete[28] und kaum noch von »Kooperation«, dafür aber um so mehr von

22 Vgl. den Beschluß aaO. III 5.
23 Vgl. dazu den 19. Tätigkeitsbericht des Hessischen Datenschutzbeauftragten 72 ff.
24 Vgl. statt aller *Scholz/Pitschas,* Informationelle Selbstbestimmung und staatliche Informationsverantwortung, 1984, 103 ff., 125 ff.; *Pitschas/Aulehner,* Informationelle Sicherheit oder »Sicherheitsstaat«, NJW 1989, 2353 ff.; *Pitschas,* Innere Sicherheit und internationale Verbrechensbekämpfung, JZ 1993, 857 ff.
25 BVerfGE 65, 1 (55 f.).
26 Vgl. die Entschließungen v. 15.12.1982, BTDrucks. 9/2261 und 14.5.1985, BTDrucks. 10/3328.
27 Vgl. den 12, 19 ff., 13., 62 ff., 14., 82 ff. und 16. Tätigkeitsbericht des Hessischen Datenschutzbeauftragten 50 f.
28 Vgl. den Beschluß des BVerfG, 1 BvR 970/87, NJW 1987, 2085.

einer »Informationsschuld« gesprochen wurde, die nicht anders als durch einen Auskunftszwang erfüllt werden könnte, wie überhaupt, »Kooperation« mittlerweile wohl in erster Linie als Verpflichtung verstanden wird, die angeforderten Daten zur Verfügung zu stellen, und nicht als Bereitschaft zu einer von den Betroffenen mitgetragenen sowie durch ihre freiwillige Beteiligung gekennzeichneten Erhebung.

Was freilich bei der »Kooperation« nicht ohne weiteres erkennbar ist, tritt bei der »Informationsvorsorge« deutlich zutage. Die informationelle Selbstbestimmung rückt in den Hintergrund, eine um der Prävention willen maximierte staatliche Verarbeitung beherrscht das Feld. Sie soll möglichen Entwicklungen ebenso vorbeugen wie die Wiederholung bestimmter Erfahrungen ausschließen. Ganz in diesem Sinn war etwa in Frankreich schon zu Beginn der siebziger Jahre das Informationssystem »GAMIN« entwickelt worden. Medizinische und soziale Daten über Neugeborene sollten zu »Risikoprofilen« verarbeitet werden, um »kriminogenes« Verhalten rechtzeitig zu erkennen und durch geeignete »Hilfen« zu vermeiden[29]. Durchaus vergleichbare Überlegungen stehen auch hinter der fortschreitenden Umwandlung präventivpolizeilicher Tätigkeit in eine »Gefahrenvorsorge« und der damit verbundenen Expansion der Verarbeitung personenbezogener Daten[30]. Von einem Regel-Ausnahme-Verhältnis kann unter diesen Umständen schwerlich noch die Rede sein. Die »Informationsvorsorge« ist, genaugenommen, der Schlüssel zu einem tendenziell unbegrenzten Zugang der öffentlichen Verwaltung zu allen von ihr gewünschten Daten. Kaum verwunderlich, wenn sich deshalb der Reflexions- und Argumentationsschwerpunkt von der Zulässigkeit auf die Verhältnismäßigkeit der Verarbeitung verschiebt. Zur Debatte steht nicht mehr, ob überhaupt auf die Daten zugegriffen werden darf, sondern lediglich, wie weit die konkret beabsichtigte Verwendung noch verhältnismäßig ist[31]. Die prinzipielle Disponibilität der Daten scheitert mithin allenfalls an einer punktuellen Unverhältnismäßigkeit.

Der Kontrast zu jener vor allem im Votum der vier die »Tagebuch-Entscheidung« des BVerfG[32] nicht mittragenden Richter konsequent verteidigten Forderung nach einem »absolut geschützten Bereich privater Lebensgestaltung« drängt sich auf. Nun kann man sicherlich sehr verschiedener Meinung über die konkrete Bedeutung solcher Aussagen sein[33]. Eines läßt sich allerdings wohl kaum in Abrede stellen: Sie drücken unmißverständlich die Erwartung aus, den Zugriffsmöglichkeiten Außenstehender, mögen es Behörden oder Private sein, eindeutige und unüberwindliche Grenzen zu ziehen. Gerade deshalb gilt es zu fragen, ob die gefor-

29 Vgl. Commission Nationale Informatique et Libertés, 2ème Rapport d'activité, 1982, 28 ff.
30 Dazu insb. *Denninger*, in *Lisken/Denninger*, Handbuch des Polizeirechts, 1992, E 31; *Bäumler*, ebenda J 359 ff.
31 Vgl. insb. *Pitschas* (Fußn. 24) 864 f.
32 BVerfGE 80, 367 (380 ff.).
33 Vgl. *Simitis* (Fußn. 5) § 1 Rdnr. 199 m.w.Nachw.

derte Unzugänglichkeit Fallkonstellationen vorbehalten sein muß, die mehr oder weniger auf einer Ebene mit der Verwendung höchstpersönlicher Aufzeichnungen liegen, oder ob nicht im Gegenteil die wachsenden Datenbestände dazu zwingen, ähnlich klare Schranken dort aufzurichten, wo personenbezogene Angaben verarbeitet werden sollen, die im Unterschied zum »Tagebuch«, in der Sprache des BVerfG, durchaus einen »Sozialbezug« aufweisen[34]. Kurzum, das veränderte Umfeld, angefangen beim systematischen Ausbau der nicht-öffentlichen Informationssysteme bis hin zur offenkundigen Tendenz der öffentlichen Verwaltung, auch und gerade die dort verarbeiteten Angaben für eigene Zwecke zu nutzen, ist Anlaß genug, um sich zu überlegen, inwieweit es bei der im Volkszählungs-Urteil bekundeten Bereitschaft bleiben darf, »überwiegende Allgemeininteressen« generell für Einschränkungen der informationellen Selbstbestimmung ausreichen zu lassen.

Anders und pointierter ausgedrückt: Es genügt nicht, den Datenschutz, um noch einmal das BVerfG zu zitieren[35], »amtshilfefest« zu gestalten, mithin Regeln vorzusehen, die einen möglichst freien Datenfluß innerhalb einer als Informationseinheit verstandenen öffentlichen Verwaltung unterbinden. Genauso erforderlich ist vielmehr eine, so irritierend es zunächst klingen mag, »gemeinwohlfeste« Verarbeitung personenbezogener Angaben. Wohlgemerkt, keineswegs kann es darum gehen, jede Einschränkung auszuschließen. Zur Debatte steht lediglich, wie in Anbetracht einer offenkundig viel zu leichten Instrumentalisierung der »überwiegenden Allgemeininteressen« oder des »Gemeinwohls« die Grenzen potentieller Restriktionen der informationellen Selbstbestimmung schärfer und wirksamer gezogen werden können als durch die bloße Verpflichtung, die beabsichtigte Einschränkung gesetzlich festzuschreiben. Erst recht spricht die Tendenz dafür, beide Formeln »prozeßhaft« zu interpretieren[36]. Variierende Inhalte machen beide noch anfälliger für die Verarbeitung immer neuer Daten, wie sich allein schon an den Auswirkungen des Gesundheitsstrukturgesetzes[37] oder der im Zeichen einer besseren Bekämpfung der Kriminalität geforderten Fahndungs- und Ermittlungsmethoden[38] zeigt. Gerade ein material verstandener, demokratischer Rechtsstaat muß der Versuchung widerstehen, die Zulässigkeit der Verarbeitung dem wechselnden Gehalt des »Gemeinwohls« schlicht anzupassen. Statt also Verarbeitungsbarrieren einfach abzubauen, weil sie den neu definierten »Allgemeininteressen« widersprechen, gilt es, sich zunächst und vor allem an der Verpflichtung zu orientieren, die entscheidenden Funktionsvoraussetzungen eines materialen Rechtsstaates, also auch und gerade die informationelle Selbstbestimmung, zu garantie-

34 BVerfGE 65, 1 (46).
35 BVerfGE 65, 1 (46).
36 Vgl. *Pitschas* (Fußn. 24) 866.
37 Vgl. den 15. Jahresbericht des Bremischen Datenschutzbeauftragten 49 ff.; sowie den 21. Tätigkeitsbericht des Hessischen Datenschutzbeauftragten 59 ff.
38 Vgl. den 21. Tätigkeitsbericht des Hessischen Datenschutzbeauftragten 32 ff.

ren. Nicht von ungefähr hat Justice Brandeis bemerkt[39], mit die größte Gefahr für die Freiheitsrechte ginge von den vielen Wohlmeinenden aus, die stets nur das Beste wollten. »Gemeinwohl« und »Allgemeininteressen« haben ihre eigene Dialektik, die allzuoft über das jeweilige durchaus überzeugende Verarbeitungsziel verdrängt zu werden pflegt.

VI. Unvollständigkeit als Prinzip

Welchen Weg es einzuschlagen gilt, läßt sich dem Volkszählungsurteil des BVerfG[40] ebenso entnehmen wie den meisten Landesdatenschutzgesetzen[41] oder der Datenschutzkonvention des Europarates[42] und der vorgeschlagenen EG-Richtlinie[43]. Personenbezogene Angaben dürfen danach immer nur für bestimmte, für die Betroffenen erkennbare Zwecke verarbeitet werden. Die Zweckbindung ist mit anderen Worten Erhebungssperre und Verwendungsschranke, deshalb aber auch Grundbedingung eines nicht nur gezielt eingegrenzten, sondern zugleich transparenten und kontrollierbaren Verarbeitungsprozesses. Der Bundesgesetzgeber hat sich freilich nur partiell bereitgefunden, die Zweckbindung gesetzlich abzusichern. Während sich das BDSG im öffentlichen Bereich, wenngleich mit etlichen Einschränkungen, durchaus für die Zweckbindung ausspricht (§ 14), gerät sie im nicht-öffentlichen Bereich, vor allem unter dem Eindruck der in den §§ 28, 29 BDSG enthaltenen Generalklauseln, weitgehend zur Fiktion und kann überdies, wie schon erwähnt, jederzeit mit Hilfe einer Einwilligung der Betroffenen unterlaufen werden. Aus genau diesem Grund ist der Verarbeitungsspielraum bei Daten, die bei der Verwendung von Karten anfallen, so groß. Vorschriften wie § 28 Abs. 2 Nr. 1 b BDSG bieten zudem, allen mit einer Fülle interpretatorischer Risiken behafteten Einschränkungen zum Trotz, die Chance einer systematischen kommerziellen Nutzung, ein Vorteil, der wiederum den Kartenemittenten besonders zugutekommt.

Wenn deshalb die Folge der alltäglichen, »normalen« Akkumulation personenbezogener Daten, jene latente »Veröffentlichung« des einzelnen, wenigstens partiell vermieden werden soll, dann muß die Zweckbindung ihre volle Wirkung entfalten können. Die Versuche, sie als ein ausschließlich öffentliche Stellen vorbehaltenes

39 In Olmstead v. United States, 277 U.S. 438, 479 (1928).

40 BVerfGE 65, 1 (46).

41 Vgl. etwa die §§ 12 LDSG-BW; 11 BlnDSG; 13 BbgDSG; 13 HDSG; 13 SDSG; 9 LDSG-SH.

42 Übereinkommen zum Schutz des Menschen bei der automatischen Verarbeitung personenbezogener Daten (Konvention 108) v. 28.1.1981, BGBl. II 1985, 538, Art. 5 b.

43 Kommission der Europäischen Gemeinschaften, Geänderter Vorschlag für eine Richtlinie des Rates zum Schutz natürlicher Personen bei der Verarbeitung personenbezogener Daten und zum freien Warenverkehr, v.15.10.1992, KOM (92) 422 endg. - SYN 287, Art. 6 b.

Regulativ auszugeben[44], sind gescheitert. Das BVerfG hat den hartnäckigen Bestrebungen, die im Volkszählungsurteil formulierten Verarbeitungsvorgaben nur auf den öffentlichen Bereich anzuwenden[45], eine eindeutige Absage erteilt[46]. Sowohl die Datenschutzkonvention des Europarates als auch die geplante EG-Richtlinie sehen im übrigen in der Zweckbindung ein Verarbeitungsprinzip, das von allen verarbeitenden Stellen beachtet werden muß. Manches läßt sich sicherlich über eine konsequent auf die Restriktion der Verwendung personenbezogener Daten bedachte Interpretation vor allem des § 28 BDSG erreichen. Je extensiver beispielsweise die »überwiegenden schutzwürdigen Interessen« des Betroffenen (§ 28 Abs. 1 Nr. 2) ausgelegt werden, desto mehr schrumpfen die Möglichkeiten der speichernden Stelle, sich auf »berechtigte Interessen« zu berufen. Eine wirklich enge Umschreibung der jeweiligen Vertragsziele kann zudem den beträchtlichen Verarbeitungsspielraum empfindlich reduzieren, den die »Zweckbestimmung des Vertragsverhältnisses« (§ 28 Abs. 1 Nr. 1) einräumt. Die Auslegung kann freilich die strukturellen Mängel des Gesetzes bestenfalls mildern, nicht jedoch beheben. Die Generalklauseln des § 28 BDSG bieten genug Chancen, um alle Bemühungen, die Verarbeitung einzuschränken, leerlaufen zu lassen. Nicht von ungefähr weichen die allgemeinen Datenschutzgesetze mehr und mehr bereichsspezifischen Regelungen. Nur solange der konkrete Verarbeitungskontext feststeht, kann es auch gelingen, die Verarbeitungsanforderungen hinreichend klar und nachvollziehbar zu formulieren, damit aber auch potentiellen Zweckentfremdungen wirklich vorzubeugen. Die BDSG - Vorschriften sind, so gesehen, eine allenfalls vorläufig hinnehmbare Regelung. Der verfassungsrechtlich gebotene Schutz der informationellen Selbstbestimmung ist nur über Verarbeitungsvorgaben zu erreichen, die unmittelbar an den eigentlich problematischen Vorgang anknüpfen: die Proliferation der Karten und die veränderten Kommunikationsbedingungen. Ziel der legislativen Intervention muß es sein, der wachsenden Zahl an Daten eine verbindliche Festlegung der Verwendungszwecke entgegenzusetzen und zugleich interne wie externe Zugriffsmöglichkeiten konsequent einzuschränken.

Notwendig ist mit anderen Worten eine doppelte Konkretisierung. Die Verknüpfung der gesetzlichen Bestimmungen mit dem jeweiligen Verarbeitungszusammenhang reicht für sich genommen nicht aus. Vielmehr gilt es, die anfallenden Daten genauso präzise auseinanderzuhalten, um entsprechend variierende, nicht zuletzt in Kenntnis der je spezifischen Erhebungsumstände und des besonderen

44 Statt aller *Zöllner,* Die gesetzgeberische Trennung des Datenschutzes für öffentliche und private Datenverarbeitung, RDV 1985, 13; *Ehmann,* Informationsschutz und Informationsverkehr im Zivilrecht, AcP 188 (1989) 311 ff.

45 Vgl. etwa *Zöllner* (Fußn. 44) 3 ff., Die Nutzung DV-gestützter Personalinformationssysteme im Schnittpunkt von Datenschutzrecht und Betriebsverfassung, DB 1984, 246; *Ehmann* (Fußn. 44) 230 ff.; *Schmitt Glaeser,* HdbStR VI § 129 Rdrn. 90, 93.

46 BVerfGE 84, 192 (194 f.).

Aussagewerts der Angaben festzulegende Zugangsbarrieren vorzusehen. Vorschriften wie etwa die Sonderregeln für die Verarbeitung von »Protokolldaten«, der Angaben also, die zum Zweck der Datensicherung oder der Datenschutzkontrolle gespeichert werden, weisen bereits in diese Richtung. So schließt § 13 Abs. 5 HDSG jede Verwendung für andere Zwecke generell aus[47]. Ganz in diesem Sinn bekräftigt § 20 Abs. 2 HSOG das Verarbeitungsverbot für den polizeilichen Bereich und stellt § 34 Abs. 7 HDSG klar, daß »Protokolldaten« auch nicht zur Leistungs- und Verhaltenskontrolle der Beschäftigten benutzt werden dürfen[48].

Jeder dieser Regelungen ist eine lange und mühsame Debatte vorausgegangen, die ganz im Zeichen des Vorwurfs stand, die Informationsmöglichkeiten der speichernden Stellen in einer für sie unannehmbaren Weise zu verkürzen[49]. Richtig ist daran so viel: Der Gesetzgeber hat damit nicht nur die Zweckbindung veranschaulicht, sondern zugleich ausdrücklich auf die üblichen Ausnahmeklauseln verzichtet. Die Polizei kann sich infolgedessen ebensowenig wie irgend eine andere Behörde sei es auf das »Gemeinwohl«, sei es auf ein wie immer formuliertes »Allgemeininteresse« berufen, um auf die »Protokolldaten« zurückzugreifen ohne Rücksicht im übrigen darauf, ob es dabei um den Zugang zu Angaben geht, die der jeweiligen Stelle niemals zur Verfügung gestanden haben, oder die mittlerweile gelöscht worden sind. Keine dieser Regelungen garantiert freilich einen absolut unzugänglichen Bereich. Die gesetzlichen Vorschriften beschränken sich vielmehr darauf, streng kontextgebundene und strikt abgeschottete Informationszonen zu schaffen. Die Information wird, anders ausgedrückt, gezielt unvollständig gehalten und zudem gerade dann versagt, wenn Daten durchaus vorhanden sind, die sie vermitteln könnten. Genauso muß bei der Verarbeitung all jener Angaben verfahren werden, die bei der Verwendung von Karten oder im Zusammenhang mit den verschiedenen Kommunikationsmitteln anfallen. Ganz gleich also, ob es um Bewegungs-, Verbindungs- oder überhaupt Konsumdaten geht, überall gilt es zu prüfen, ob und in welchem Umfang die Unzugänglichkeit mit Hilfe einer Zweckbindung garantiert werden muß, die sich nicht durchbrechen läßt.

Kurzum, eine Gesellschaft, in der die minutiöse Registrierung individuellen Verhaltens längst selbstverständliches Beiwerk ihrer technologischen Infrastruktur ist, kann ihren demokratischen Charakter nur bewahren, wenn sie Unkenntnis bewußt dort fördert, wo Kenntnis möglich wäre. Sie muß, mit anderen Worten, um der Kommunikations- und Partizipationsfähigkeit des einzelnen willen die Risi-

47 Vgl. auch die §§ 14 Abs. 4 BDSG; 11 Abs. 5 BlnDSG; 12 Abs. 4 BrDSG; 10 Abs. 4 NDSG; 10 Abs. 4 DSG LSA; 9 Abs. 5 LDSG-SH; 2 Abs. 4 ThürDSG.

48 Vgl. auch die §§ 29 Abs. 5 BbgDSG; 22 Abs. 8 BrDSG; 28 Abs. 7 HmbDSG; 31 Abs. 7 DSG MV; 24 Abs. 5 NDSG; 29 Abs. 5 DSG NW; 29 Abs. 5 SDSG; 28 Abs. 5 DSG LSA; 30 Abs. 6 LDSG-SH.

49 Vgl. insb. den 12., 65 ff., 14., 57 ff. und 15. Tätigkeitsbericht des Hessischen Datenschutzbeauftragten 182 ff.

ken der Unvollständigkeit hinnehmen, den Informationsverzicht also, so schwer es fallen mag, aushalten. Unvollständigkeit ist, so gesehen, nicht Mangel, sondern Tugend, Informationsverzicht nicht Eskapismus, sondern freiheitssicherndes Prinzip.

Der Anspruch auf Überdenken hoheitlicher Entscheidungen

Norbert Niehues

I. Grundrechtsschutz durch verfahrensmäßige Beteiligung der Bürger/Effektivität der Verwaltung

Am 17. April 1991 erblickte ein neues Recht das Licht der Welt:
- Geboren von dem ersten Senat des Bundesverfasssungsgerichts in geordneten Verhältnissen anläßlich einer Grundsatzentscheidung zum Prüfungswesen nach etwa zehnjährigem Überdenken,
- registriert unter der Nummer 419/81 und dokumentiert im 84. Bande der amtlichen Sammlung auf Seite 48,
- sein Name: »Der Anspruch auf Überdenken«,
- sein Inhalt: Der von der hoheitlichen Maßnahme betroffene Bürger muß auf vermeintliche Irrtümer und Rechtsfehler rechtzeitig und wirkungsvoll hinweisen und damit ein Überdenken anstehender oder bereits getroffener Entscheidungen erreichen können.

Man kann trefflich darüber streiten, ob es wirklich eine Neugeburt oder vielleicht nur die Wiedergeburt eines irgendwann und irgendwie in dieser oder früheren Welten schon vorhandenen Wesens sei.[1] Immerhin war die »Gegenrede« des Bürgers, dem eine ihn belastende hoheitliche Maßnahme mißfiel, auch ehedem nicht nur das schlichtweg belanglose Murren des ohnmächtigen Untertans. Die rechtliche Dimension ist hier keineswegs neu. Schon das Preußische Allgemeine Landrecht enthielt eine normative Regelung, die es dem Individuum erlaubte, seine Zweifel, Einwendungen und Bedenklichkeiten gegen Anordnungen im Staate der Obrigkeit mitzuteilen (II 20 § 156 ALR). Suppliken (Bittschriften), desideria (Wünsche) und gravamina (Beschwerden) sind die ersten Formen und Ansätze eines Petitionsrechts, das nunmehr als ein Grundrecht in Art. 17 GG verankert ist.[2] Das damit verbürgte Recht, sich mit Bitten und Beschwerden an die zuständigen Stellen zu wenden, erlaubt nicht etwa nur die Kritik an hoheitlichen Maßnahmen; sein besonderes Merkmal ist vielmehr das »petitum«, welches eine Handlung des Petitionsadressaten fordert.[3] Die Pflicht der Behörde zur sachlichen Prüfung

1 Wer meint, es seien wie im Märchen nur »des Kaisers neue Kleider«, sollte einräumen, daß auch die rechte Einbildung zu guten Taten motivieren kann.

2 Dazu insgesamt und insbesondere zu der historischen Entwicklung im einzelnen: Ulli F.H. *Rühl*, Der Umfang der Begründungspflicht von Petitionsbescheiden, DVBl. 1993,14 mit weiteren Hinweisen.

3 *Dürig*, in: Maunz/Dürig, Grundgesetz, Art.17 Rdnr. 5 ff.<15>.

der Petition[4] umfaßt ein »Überdenken« der kritisierten hoheitlichen Maßnahme gerade auch im Hinblick darauf, ob die Forderung des Petenten inhaltlich gerechtfertigt ist.[5] Reagiert die Behörde damit, daß sie dem Petenten anbietet, sein Anliegen mit ihm gesprächsweise zu erörtern, ist dies nur ein (zulässiger) Zwischenschritt; wenn aber eine Einigung auf diese Weise nicht gelingt, muß das Verfahren fortgeführt und formell abgeschlossen werden.[6] Daraus ergibt sich insgesamt, daß der Bürger - abgesehen von seinen stärkeren förmlichen Beteiligungs- und Widerspruchsrechten, auf die noch einzugehen ist, - unter der Geltung des Art.17 GG im Grunde immer schon befähigt war, ein »Überdenken anstehender oder bereits getroffener Entscheidungen zu erreichen«.

Allerdings soll nicht verkannt werden, daß nicht-förmliche Eingaben dieser Art in der Praxis durchweg weniger Gewicht haben als förmliche Rechtsmittel. Insbesondere bloße Gegenvorstellungen gelten im allgemeinen als »frist-, form- und fruchtlos«. Deshalb ist es verständlich, daß das Bundesverfassungsgericht[7] zur Wahrung von Grundrechten die Möglichkeit einer »rechtzeitigen und wirkungsvollen« Gegenrede verlangt. Die Gründe dafür und die Folgerungen im einzelnen, sind dort zwar speziell auf das Grundrecht der Berufsfreiheit (Art. 12 GG) und im Zusammenhang damit auf den bei berufsbezogenen Prüfungen zu gewährleistenden - immer noch reduzierten - gerichtlichen Rechtsschutz (Art.19 Abs.4 GG) bezogen. Es liegt indes nahe, diese verfassungsrechtlichen Erwägungen und Konsequenzen auch auf andere Grundrechtsbereiche zu übertragen, da der »Grundrechtsschutz durch angemessene Verfahrensgestaltung«[8] nicht auf *ein* Grundrecht beschränkt ist.[9] Zu denken ist dabei etwa an den verfassungsrechtlichen Eigentumsschutz (Art.14 GG) gegenüber hoheitlichen Planungen z.B. von Fernstraßen, Eisenbahnlinien oder Flughäfen, zumal auch insofern die gerichtliche Kontrolle inhaltlich auf die Einhaltung des Abwägungsgebotes reduziert ist,[10] so daß auch hier eine entsprechende Kompensation durch ein eigenständiges verwaltungsinternes Kontrollverfahren nahe liegt. Doch ist dabei Vorsicht geboten und zunächst zu erkunden, welche mehr oder weniger »wirkungsvollen« Einflußmöglichkeiten des Bürgers auf die anstehenden oder bereits getroffenen Entscheidungen der Verwaltung allgemein oder speziell in dem betroffenen Sach- und

4 BVerfG, Beschl. v. 15.5.1992 - 1 BvR 1553/90 - NJW 1992, 3033 und Beschl. v. 22.4.1953 - 1 BvR 162/51 - BVerfGE 2, 225<230>.

5 Zu der umstrittenen, hier jedoch nicht erheblichen Rechtsfrage, ob und in welchem Umfang ein Petitonsbescheid zu begründen ist, s. *Rühl* a.a.O.

6 BVerwG, Beschl. v. 25.11.1992 - 6 B 69.92 - Buchholz 11 Art. 17 GG Nr.7.

7 Beschluß vom 17.4.1991 - 1 BvR 419/81 und 213/83 - BVerfGE 84, 34<48> = NJW 1991, 2005.

8 Vgl. BVerfGE 73, 280<296>; 53, 30<65> und 52, 380<389>.

9 Für den Bereich von hoheitlichen Prüfungen kann auch Art. 2 Abs. 1 GG einschlägig sein, etwa soweit schulische Leistungsbewertungen keine berufliche Relevanz haben. Vgl. dazu meine Ausführungen in NJW 1991, 3001: »Stärkere gerichtliche Kontrolle von Prüfungsentscheidungen«.

10 Ständige Rechtsprechung des Bundesverwaltungsgerichts s. BVerwGE 45, 309; 47, 144; 48, 56; 61, 307; 64, 33 und 67, 74.

Rechtsbereich ohnehin bestehen. Es darf nämlich nicht aus dem Auge verloren werden, daß vermehrte Einflußnahmen einzelner zur Wahrnehmung ihrer individuellen Interessen andererseits für das Gemeinwohl auch übermäßig negative Folgen haben können. Wenn etwa die Ortsumgehung einer Fernstraße, die zu der Beseitigung unerträglicher Zustände im Ortsinnern alsbald gebaut werden muß, durch die vielen verfahrensrechtlichen Einflußmöglichkeiten einzelner Bürger allzu lange blockiert werden kann, zeigt sich, daß die Individualinteressen und die Gemeinwohlinteressen schon auf der Ebene des Verfahrensrechts - speziell bei der Ausgestaltung der Einwendungsrechte - unausgewogen sind.[11] Der »Grundrechtschutz durch Verfahren« und das Gebot der »hinreichenden Effizienz der Verwaltung«[12] kollidieren nicht selten in dieser Weise, so daß ein Ausgleich gesucht werden muß, bei dem beiden Anliegen angemessen Rechnung getragen wird. Zu berücksichtigen ist dabei, daß die »bedarfsgerechte Beschleunigung« als ein Verfassungsgebot auch im individuellen Interesse der Bürger gilt, deren allgemeine Handlungsfreiheit (Art. 2 Abs.1 GG) z.B. in den unerträglich häufigen und langen Staus auf den Verkehrswegen oder deren Gesundheit (Art. 2 Abs.2 Satz 1 GG) oder Eigentum (Art. 14 Abs.1 GG) etwa als Anlieger von Ortsdurchfahrten nicht selten schwer beeinträchtigt werden.[13]

Aktuell ist dies gegenwärtig besonders in den neuen Bundesländern. Ökonomische Probleme größten Ausmaßes und damit verbundene hohe Arbeitslosigkeit verlangen möglichst schnelle Strukturverbesserungen bei den Verkehrswegen und die Beschleunigung der Investitionsvorhaben. Die damit aus Gründen eines öffentlichen Interesses von hohem Rang geforderte effiziente Erfüllung öffentlicher Aufgaben bedeutet hier eine besonders schnelle Erledigung der Genehmigungs- oder Planfeststellungsverfahren für Bauwerke, Autobahnen und Straßen, Bahnli-

11 Gegenstand der Erörterungen ist hier nur die »Gegenrede« in der Verwaltungsinstanz. Daß die sich häufig anschließenden gerichtlichen Streitverfahren weitere Verzögerungen bewirken, so daß insbesondere größere Vorhaben insgesamt viel zu lange blockiert werden, soll auch hier nicht verkannt werden. Allerdings sollte die Hoffnung nicht aufgegeben werden, daß eine sachkundige Erörterung in der Verwaltungsinstanz manche Prozesse vermeiden oder zumindest abkürzen kann.

12 Die vollziehende Gewalt (Art. 20 Abs.3 GG) kann die ihr verfassungsrechtlich zugewiesenen Aufgaben nur erfüllen, wenn sie hinreichend funktionsfähig ist. Geboten ist daher z.B. die Aufrechterhaltung der Funktionsfähigkeit öffentlicher Einrichtungen, auch wenn dem Gesetzesvorbehalt noch nicht entsprochen worden ist: BVerfGE 33, 1 und 40, 276 (Strafvollzug); 41, 251 (Schulausschluß). BVerwGE 41, 261 (ärztl. Notfalldienst); 42, 296 (Hochschulzulassung); 56, 155 (schulische Versetzung); 69, 53 und 84, 375 (Datenschutz). Dadurch kommt zum Ausdruck, daß das Gebot hinreichender Effizienz der Verwaltung verfassungsrechtlich verankert ist; denn es geht nicht allein um ein notdürftiges Funktionieren, sondern um eine wenigstens ausreichende Erfüllung der anstehenden öffentlichen Aufgaben. Dazu insgesamt: Rainer *Wahl*, VVDStRL 41 (1983), S.151 ff. und Jost *Pietzcker*, VVDStRL, a.a.O. S.194 ff.

13 Zu der »bedarfsgerechten Beschleunigung« als Verfassungsgebot s. insbesondere: Martin *Bullinger*, Beschleunigung von Investitionen durch Parallelprüfung und Verfahrensmanagement, JZ 1993, 492, mit Hinweisen auf die einschlägige Rechtsprechung des BVerfG.

nien und Industrieanlagen.[14] Freilich liegt es auf der Hand, daß diesem Anliegen ohne eine Eingrenzung der Beteiligung von Bürgern und Interessenverbänden kaum hinreichend entsprochen werden kann. Die »Gegenrede« in ihren - hier noch darzulegenden - vielfältigen Ausgestaltungen und das von ihr ausgelöste »Überdenken« des Vorhabens in allen möglichen Details führt nicht selten zu einer Verzögerung von mehreren Jahren. Der notwendig baldige Aufbau und die Angleichung der Verhältnisse in den neuen Bundesländern dürften so kaum zu realisieren sein. Die drohenden Schäden erreichen nicht nur ökonomische, sondern auch politische Dimensionen. Da in ungewöhnlichen Situationen ungewöhnliche Maßnahmen erlaubt sein können, sind Verkürzungen der »Gegenrede« auch hier kein Tabu. Entscheidend ist, in welchem Ausmaß dies geschieht. Prinzipiell ist auch hier - wie vorab bereits entwickelt wurde - ein Ausgleich der widerstreitenden Belange zu suchen. Dabei darf das besonders hohe Interesse an einer baldigen Erfüllung der genannten öffentlichen Aufgaben mit dem ihm dadurch zukommenden Gewicht in die Abwägung eingestellt werden. Auch das unterschiedliche Gewicht möglicher Gegeninteressen ist differenziert zu erfassen: Die Beteiligung (Anhörung) der nach dem Straßenbauvorhaben zu enteignenden Personen kann auch im Hinblick auf »unerträgliche Verzögerungen« kaum oder jedenfalls wesentlich schwerer vernachlässigt werden, als die Anhörung von Personen, die lediglich Einschränkungen ihrer persönlichen Handlungsfreiheit (z.B. durch Umwege bei der Bewirtschaftung landwirtschaftlich genutzter Flächen) oder etwa Lärmbelästigungen geltend machen. Insgesamt ist zu beachten, daß auch der notwendig effiziente Vollzug der Planung nicht unbedingt zur Ausgrenzung einzelner Kreise von betroffenen Bürgern als Beteiligte im Verwaltungsverfahren führen muß, sondern zumeist schon durch gesetzliche Ausschlußfristen erreicht werden kann.[15] Das planungsnahe »Überdenken« der jedenfalls kurzfristig möglichen »Gegenrede« hat zudem den Vorteil, daß so nicht selten Probleme gelöst werden, die sonst - mit häufig noch größeren Verzögerungen - erst im gerichtlichen Streitverfahren vorgebracht werden.

Es wird unternommen, schädliche Verzögerungen dadurch zu vermeiden, daß die Maßnahme nicht in dem sonst üblichen Verwaltungsverfahren, deren Ergebnis einer - wenngleich reduzierten - gerichtlichen Kontrolle unterliegt (Art. 19 Abs.4 GG), sondern als förmliches Gesetz ergeht.[16] Die Bürgerbeteiligung ist sodann

14 Johannes *Leithäuser*, FAZ v. 12.10.1993 S.16, schildert sehr anschaulich, wie sehr die Verzögerungen insbesondere beim Autobahnbau in den neuen Bundesländern verfahrensmäßige Ursachen haben.

15 So z.B. § 3 des Verkehrswegeplanungsbeschleunigungsgesetzes vom 16.12.1991, BGBl.I S.2174. Dazu im einzelnen: *Bullinger* a.a.O. sowie Michael *Ronellenfitsch*, Verkehrswegeplanung in Deutschland, LKV 1992, Heft 4, S.115.

16 Den dornigen Weg solcher Investitionsmaßnahmegesetze und die dort ebenfalls durch Schwierigkeiten im Verfahren entstehenden Verzögerungen beschreibt Leithäuser (a.a.O.). Auf die durchaus nicht unbedenkliche Zulässigkeit solcher Maßnahmegesetze kann im Rahmen dieses Beitrages nicht eingegangen werden.

auf die repräsentativ-demokratischen Formen beschränkt, die Parlament und Fachausschüsse einschließlich der von ihnen etwa durchgeführten öffentlichen Anhörungen leisten können. Freilich ist die Hoffnung, daß der Zeitaufwand der Verwaltungsstreitverfahren somit eingespart werden könne, trügerisch.[17] Denn die gerichtliche Kontrolle der angefochtenen Maßnahme führt so nur in andere Richtung, nämlich sogleich zum Bundesverfassungsgericht.

Die generelle Frage, ob die Möglichkeiten des Bürgers, seine individuellen Belange gegenüber der - anstehenden oder bereits getroffenen - behördlichen Entscheidung zur Geltung zu bringen und auf vermeintliche Irrtümer oder Rechtsfehler rechtzeitig hinzuweisen, hinreichend »wirkungsvoll« sind, ist in der *Gesamtschau* aller ihm zur Verfügung stehenden Einflußmöglichkeiten zu beantworten. Das eingangs angeführte Petitionsrecht ist im Rahmen dieser Bestandsaufnahme nur eine von mehreren Varianten der von der Behörde zu beachtenden und sachlich zu würdigenden »Gegenrede«. Ein anderer - in der Sache ohne Zweifel bedeutenderer - Weg der Einflußnahme führt über das konkrete Beteiligungsrecht des Bürgers im Verwaltungsverfahren, insbesondere soweit dieses Verfahren gerade darauf abzielt, die abwägungserheblichen Belange der betroffenen Bürger zu erkunden und so in den Abwägungsvorgang einfließen zu lassen.

Die Form und die Intensität der Beteiligung sind in den einzelnen Verwaltungsverfahren unterschiedlich ausgestaltet. Der Anspruch auf rechtliches Gehör, den Art. 103 Abs.1 GG den Beteiligten vor Gericht gewährt, gilt mit vergleichbaren Funktionen generell auch für das Verwaltungsverfahren. Dies war im Grundsatz immer schon anerkannt,[18] ist jedoch nunmehr durch § 28 VwVfG einfachgesetzlich geregelt: Bevor ein Verwaltungsakt erlassen wird, der in Rechte eines Beteiligten eingreift, ist diesem Gelegenheit zu geben, sich zu den für die Entscheidung erheblichen Tatsachen zu äußern.[19] Der Bürger darf nicht bloßes Objekt der behördlichen Entscheidung sein, die ihn unvermittelt und völlig unerwartet als eine »Überraschungsentscheidung« trifft. Die Anhörung im Verwaltungsverfahren hat deshalb den Zweck, eine Einflußnahme des Betroffenen auf das Verfahren und das Ergebnis der Entscheidung zu ermöglichen, zur Vervollständigung des der Entscheidung zugrunde liegenden Sachverhalts beizutragen und damit auf eine inhaltlich richtige Entscheidung hinzuwirken.[20] Verstärkt wird die Chance zur Einflußnahme durch das Recht des Beteiligten, von der Behörde Einsicht in die das Verfahren betreffenden Akten zu verlangen (vgl. § 29 VwVfG).

17 Bemerkenswert ist, daß das BVerwG nach § 5 Abs.1 Verkehrswegeplanungsbeschleunigungsgesetz bei der Anfechtung von Verwaltungsentscheidungen im Planfeststellungsverfahren erst- und letztinstanzlich entscheidet. Künftig wird daher über einzelne Abschnitte einer Autobahn teils das BVerfG, teils das BVerwG jeweils erstinstanzlich entscheiden, je nachdem ob dieser oder jener Teilabschnitt auf einem Gesetz oder auf einem Verwaltungsakt beruht.

18 Dazu im einzelnen: *Bonk*, in Stelkens/Bonk/Sachs, Verwaltungsverfahrensgesetz, 4. Aufl. München 1993 Rdnr. 2 und 7 ff.

19 Wegen der vom Gesetz zugelassenen Ausnahmen s. § 28 Abs. 2 und 3 VwVfG.

20 Vgl. Bonk, a.a.O. Rdnr.3 mit weiteren Hinweisen.

Dieses Anhörungsrecht ist insbesondere hinsichtlich der Beteiligung betroffener Bürger an der Aufbereitung des Sachverhalts einschließlich der Beweisaufnahme noch stärker ausgeprägt, wenn durch Rechtsvorschrift ein förmliches Verwaltungsverfahren angeordnet ist (vgl. §§ 63, 66 VwVfG).[21] Bei der Planung von Großvorhaben (z.B. Autobahnen und sonstigen Fernstraßen, Flugplätzen, Eisenbahnlinien) gehört zu dem in den Fachplanungsgesetzen vorgeschriebenen Planfeststellungsverfahren ein förmliches Anhörungsverfahren, das in § 73 VwVfG näher geregelt ist. Hauptmerkmale dieses Verfahrens sind die Veröffentlichung (Auslegung) des Plans, die Gewährung hinreichender Einsichtsmöglichkeiten einschließlich der Möglichkeit, innerhalb bestimmter Frist Einwendungen zu erheben, die Durchführung eines Erörterungstermins mit allen Betroffenen einschließlich der weiter beteiligten Behörden sowie der Pflicht der Anhörungsbehörde, zum Ergebnis des Anhörungsverfahrens gegenüber der Planfeststellungsbehörde eine Stellungnahme abzugeben.[22]

Die wohl stärkste Form der Einflußnahme auf Verwaltungsmaßnahmen ist die erhebliche Mitwirkung von Privatpersonen an der Entscheidung selbst, wie sie in letzter Zeit vor allem im Schul- und Hochschulbereich üblich geworden ist. Wo die verfassungsrechtlichen Grenzen einer solcher Form der Partizipation verlaufen, ist noch nicht hinreichend scharf erkundet und kann im Rahmen dieses Beitrags nicht näher dargelegt werden. Grundsätzlich[23] sind Maßnahmen der vollziehenden Gewalt nach dem Demokratieverständnis des Grundgesetzes nicht durch ein Zusammenwirken der unmittelbar Interessierten, sondern nur durch den gesetzlichen Auftrag oder eine hinreichend bestimmte Ermächtigung des Parlaments legitimierbar.[24] Damit sind indes entscheidungserhebliche Mitwirkungen Privater nicht schlechterdings ausgeschlossen. So verbieten etwa auf dem Gebiet des Schulwesens weder das Prinzip der repräsentativen parlamentarischen Demokratie noch das des gesicherten staatlichen Einflusses auf das Schulwesen (Art. 7 Abs. 1 GG), den Lehren, Schülern und Eltern eigenverantwortliche Gestaltungsspielräume zu überlassen, soweit die Erfüllung des staatlichen Schulauftrages dadurch nicht in Frage gestellt wird und die Grundrechte einzelner, die selbst gegenüber dem Willen der parlamentarischen Mehrheit standhalten können, nicht zur Disposition einer »Gruppenmehrheit« gestellt werden.[25]

21 Beispiele dazu nennt: *Sachs*, in Stelkens/Bonk/Sachs, a.a.O § 63 Rdnr. 8 ff.

22 Wegen der Einzelheiten s. *Bonk*, a.a.O § 73 Rdnr. 3 ff.

23 Die Bereiche verfassungsrechtlich ausdrücklich legitimierter Selbstverwaltung insbesondere der Gemeinden und Gemeindeverbände sind hier nicht Gegenstand der Erörterung.

24 Walter *Schmidt*, Organisierte Einwirkungen auf die Verwaltung – Zur Lage der zweiten Gewalt, VVDStRL 33, S. 183 ff.; Walter *Schmitt Glaeser*, Partizipation an Verwaltungsentscheidungen, VVDStRL 31, S. 179 ff.; *Dagtoglou*, Partizipation Dritter an Verwaltungsentscheidungen, DVBl. 1972, 712.

25 Als gegensätzliche Beispiele seien erwähnt: einerseits die Einführung der Fünf-Tage-Woche und andererseits die Entscheidung, welche Lehrinhalte angeboten und welche Anforderungen in der Reifeprüfung gestellt werden. Dazu im einzelnen meine Ausführungen in: Schul- und Prüfungsrecht, 2. Aufl. München 1983, Rdnr. 43 ff.

Bei der Aufzählung und kurzen Darstellung der Einflußmöglichkeiten Privater auf Verwaltungsentscheidungen ist schließlich auf das sogenannte Widerspruchsverfahren hinzuweisen, das in den §§ 68 ff. VwGO näher geregelt ist. Danach sind sowohl die Rechtmäßigkeit als auch die Zweckmäßigkeit des Verwaltungsaktes auf den Widerspruch des Betroffenen hin nachzuprüfen. Mit dieser Vorschrift ist nicht nur zur Entlastung der Gerichte ein prozessuales Hindernis für allzu prozeßfreudige Bürger, sondern auch im Interesse einer möglichst sachgerechten Entscheidung ein verwaltungsinternes Kontrollverfahren eingerichtet worden. In der Regel kann der Bürger mit seinem Widerspruch nicht nur erreichen, daß die erlassende Behörde ihr Vorgehen überdenken muß, sondern auch, daß die nächsthöhere Behörde einzuschalten ist, damit sie ihre Aufsichtfunktionen wahrnimmt.
Betrachtet man diese durchweg gesetzlich abgesicherten Einfluß- und Beteiligungsrechte der Bürger sowohl in dem der Entscheidung vorangehenden Verfahren als auch bei der Überprüfung der getroffenen Verwaltungsentscheidung, so ist ein Bedarf für einen zusätzlichen und eigenständigen »Anspruch auf Überdenken« jedenfalls generell nicht vorhanden. Im allgemeinen wird der von einer Maßnahme der Verwaltung Betroffene auf dem einen oder anderen aufgezeigten Wege die Behörde anhalten können, seiner »Gegenrede« die gebührende Aufmerksamkeit zu widmen. Daher wäre jede weitere Belastung des Entscheidungsprozesses durch verfahrensmäßige Anforderungen solcher Art eine sachlich nicht zu rechtfertigende übermäßige Einschränkung der gebotenen Effizienz hoheitlicher Verwaltung. Auch der Gesetzgeber hat bei der Gewährleistung von Beteiligungsrechten in der Form der Anhörung deren grundsätzlich zu beachtende Grenzen markiert, indem er in § 28 Abs.2 Nr.1 bis 5 VwVfG Möglichkeiten genannt hat, in denen von einer Anhörung abgesehen werden kann, und in Abs.3 angeordnet hat, daß eine Anordnung unterbleibt, wenn ihr ein zwingendes öffentlichen Interesse entgegensteht. Dieser durch Gesetz geregelte Ausgleich gegenläufiger Belange darf nicht durch die »Neugeburt« der gleichen oder ähnlichen Beteiligungsrechte in der Weise umgangen werden, daß die aufgezeigten Grenzen damit aus dem Blickfeld geraten.

II. Prüfungsrechtliche Besonderheiten

Was im allgemeinen richtig ist, muß jedoch unter den besonderen Bedingungen des Einzelfalls nicht immer das letzte Wort sein. Für hoheitliche Prüfungen gilt § 28 VwVfG ausdrücklich nicht (vgl. § 2 Abs.3 Nr.2 VwVfG), so daß die Prüfer nicht aufgrund dieser Vorschrift verpflichtet sind, dem Prüfling die von ihnen beabsichtigte Bewertung seiner Leistungen zu eröffnen und ihm Gelegenheit zu geben, sich dazu zu äußern. Klarzustellen ist, daß diese Vorschrift eine solche Praxis, die gelegentlich gehandhabt wird, nicht etwa verbietet.[26] Es ist aber bei der rechtlichen Würdigung der Beteiligungsmöglichkeiten des Prüflings davon auszugehen, daß dieser regelmäßig erst nach dem Erlaß des Prüfungsbescheides in ausreichendem Umfang erfährt, wie seine Leistungen bewertet worden und welche Erwägungen dafür maßgeblich gewesen sind.[27] Die so hinzunehmende Situation macht es aber nötig, dafür Sorge zu tragen, daß auch unter diesen Umständen eine »rechtzeitige« und »wirkungsvolle« Überprüfung von substantiierten Einwendungen des Prüflings in der Verwaltungsinstanz stattfindet.

Es ist dem *Gesetzgeber* vorbehalten, das verwaltungsinterne Kontrollverfahren bei Prüfungen so zu gestalten, daß es den genannten Anforderungen entspricht.[28] Dazu ist er aus zweifachem Grunde gehalten: Erstens ist der bezeichnete notwendige Ausgleich zwischen dem »Grundrechtsschutz durch Verfahren« und dem »Gebot hinreichender Verwaltungseffizienz« keine Angelegenheit der Verwaltung selbst; diese ist vielmehr mit ihrem verständlichen Eigeninteresse an hoher Effizienz gleichsam Partei und muß daher als »Schiedsrichter in eigener Sache« ausscheiden. Zweitens folgt aus der vom BVerfG[29] betonten »wesentlichen« Bedeutung der eigenständigen verwaltungsinternen Kontrolle von Prüfungsentscheidungen für die Verwirklichung des Grundrechts aus Art. 12 Abs.1 GG, daß es Aufgabe und Pflicht des Gesetzgebers ist, die erforderlichen Regelungen über die konkrete Ausgestaltung des Verfahrens des »Überdenkens« der Prüfungsentscheidung als ein Teil des Prüfungsverfahrens zu schaffen.[30] Das gilt hier in besonderem Maße deshalb, weil den Anforderungen der Verfassung auf unterschiedliche Weise genügt werden kann und somit unterschiedliche Lösungen zur Auswahl stehen. Diese Auswahl steht allein dem Gesetzgeber zu, der somit auch das Verfahren des »Überdenkens« von Prüfungsentscheidungen, soweit dies für einen rechtzeitigen und wirkungsvollen Schutz des Grundrechts der Berufsfreiheit erforderlich ist, in seinen wesentlichen Merkmalen festzulegen hat.[31]

Die vom BVerfG für die Ausgestaltung dieses Verfahrens bezeichneten Maßgaben »rechtzeitig« und »wirkungsvoll« sind sehr abstrakt gefaßt und geben daher zu Interpretationen Anlaß. Hier erschließt sich daher ein Feld für die konkretisierende Rechtsprechung der Fachgerichte in der Verwaltungsgerichtsbarkeit, die allerdings in den Ländern unterschiedliche Wege gegangen sind, so daß das BVerwG seiner Aufgabe zur Vereinheitlichung der Rechtsprechung nachkommen mußte.[32]

26 Vgl. dazu BVerwG, U. v. 24.2.1993 - 6 C 35.92 - Buchholz 421.0 Prüfungswesen Nr. 313 = NVwZ 1993, 681.
27 So auch das BVerfG in der bezeichneten Grundsatzentscheidung vom 17.4.1991 a.a.O S.47.
28 BVerwG, U. v. 24.2.1993 - 6 C 35.92 - a.a.O.
29 BVerfGE 84, 34 <45, 50>.
30 Ähnlich schon: BVerfGE 73, 280 <296>.
31 BVerwG, U. v. 24.2.1993 a.a.O.
32 Neben dem bereits erwähnten Urteil vom 24.2.1993 - 6 C 35.92 - a.a.O sind dazu an demselben Tage in den Verfahren 6 C 32.92 (Buchholz a.a.O. Nr. 312 = NVwZ 1993, 689) und 6 C 38.92 - (Buchholz a.a.O Nr.314 = NVwZ 1993, 686) einschlägige Entscheidungen getroffen worden.

Das Gebot des »rechtzeitigen« Grundrechtsschutzes verlangt, daß das »Überdenken« möglichst zeitnah zur Prüfungsentscheidung stattfindet. Wie dies zu realisieren ist, läßt sich nicht einheitlich für alle in Betracht kommenden Prüfungssituationen beantworten. Es muß zum einen möglich sein, alsbald nach dem Ende der mündlichen Prüfung über Prüfungsinhalte und Antworten des Prüflings zu sprechen, die sodann noch vor Augen stehen und nicht etwa nach schon geringer Zeit aus der Erinnerung entschwunden sind. Zum anderen setzt die Erörterung der Bewertung schriftlicher Arbeiten regelmäßig die Einsicht der Bewertungsvermerke durch den Prüfling voraus, so daß hier ein gewisser Zeitablauf im allgemeinen nicht zu vermeiden ist. Diese erheblichen Unterschiede sprechen für ein flexibles Kontrollverfahren, das je nach Lage der Dinge möglichst schnell zu einem klärenden Gespräch zwischen Prüfer und Prüfling führt. Damit könnte zugleich auch der zweiten Maßgabe, nämlich der des »wirkungsvollen« Schutzes, optimal entsprochen werden; denn Mißverständnisse und Fehlinterpretationen auf der einen oder der anderen Seite werden wohl am ehesten dann beseitigt werden, wenn man alsbald und sine ira et studio miteinander spricht.
Diese Erwägungen könnten Anlaß zu der Annahme geben, der Gesetzgeber sei durch Art. 12 Abs. 1 GG gehalten, für berufsbezogene Prüfungen ein situationsgerecht-flexibles Verfahren des »Überdenkens« von Prüfungsentscheidungen einzuführen. Dazu wäre das sonst übliche - oben näher beschriebene - Widerspruchsverfahren kaum geeignet. Es ist von Natur aus distanzierter, auf schriftsätzliche Auseinandersetzungen angelegt und trägt daher insgesamt mehr bürokratische Züge; die maßgeblichen Prüfer werden im allgemeinen nur indirekt beteiligt. Sein schlechter Ruf als eine zeitaufwendige, schwerfällige und häufig erfolglose Durchgangsstation zur Klageerhebung mag dazu geführt haben, es durch besondere gesetzliche Regelung bei Prüfungen allgemein auszunehmen (vgl. § 68 Abs. 1 Satz 2 VwGO) oder etwa deshalb von ihm absehen zu können, weil das Prüfungsamt (vorsorglich?) einer obersten Landesbehörde eingegliedert worden ist (vgl. § 68 Abs. 1 Satz 2 Nr. 1 VwGO).
Die hiernach keineswegs zu leugnenden Schwächen des Widerspruchsverfahrens als verwaltungsinternes Kontrollinstrument in Prüfungsangelegenheiten sind jedoch insgesamt nicht so gravierend, daß von ihm Abstand genommen werden müßte. Der Gesetzgeber ist nämlich nicht gehalten, den in jedem Einzelfall denkbar besten Schutz zu gewähren, sondern er darf - den Regelfall ins Auge fassend - pauschalieren und eine Regelung treffen, die generell geeignet ist, Defizite der gerichtlichen Kontrolle auszugleichen. Zwar mag auch hier - im Bilde gesprochen - der handgeschneiderte Maßanzug die optimale Bekleidung sein, jedoch ist ausreichend bekleidet ebenso der Träger eines Anzugs »von der Stange«, zumal nicht jeder einen Maßanzug besitzen kann. Es darf hierbei auch berücksichtigt werden, daß das Widerspruchsverfahren als das klassische Verwaltungskontrollverfahren allgemein eingeführt ist, seine Handhabung geläufig ist und daß die Vereinheitlichung der Kontrollverfahren in den mannigfachen Bereichen öffentlicher Verwal-

tung zur Rechtssicherheit beiträgt. Letztlich entscheidend ist, daß das Widerspruchsverfahren in seiner typischen Form (vgl. § 68 Abs.1 Satz 1 VwGO) eine umfassende Richtigkeitskontrolle der vorangegangenen Verwaltungsentscheidung ermöglicht, weil die Überprüfung sich nicht nur auf ihre Rechtmäßigkeit, sondern auch auf ihre »Zweckmäßigkeit« erstreckt. Die Kontrolle der Zweckmäßigkeit läßt hinreichenden Raum für das gebotene »Überdenken« der prüfungsspezifischen Wertungen durch die zu beteiligenden Prüfer mit dem Ziel einer größtmöglichen Bewertungsgerechtigkeit und ermöglicht daher den unerläßlichen Ausgleich für den bei Prüfungsentscheidungen nur unvollkommenen gerichtlichen Rechtsschutz.[33] Dabei muß freilich sichergestellt sein, daß hinreichend substantiierte Einwendungen[34] des Prüflings den beteiligten Prüfern zur Berücksichtigung und Nachkorrektur zugeleitet werden, daß die Prüfer sich sodann mit diesen Einwänden auseinandersetzen und daß sie schließlich auf dieser Grundlage über die Beibehaltung oder eine Änderung der angefochtenen Bewertung befinden.

Darüberhinaus verlangt der Grundrechtsschutz bei berufsbezogenen Prüfungen (Art. 12 Abs.1 GG) besondere verwaltungsinterne Kontrollen, wenn die Struktur des Prüfungsverfahrens oder die Art der Entscheidungsfindung spezielle Gefahren typischer und absehbarer Fehler mit sich bringt. In diesem Fall sind - soweit dies möglich ist - Maßnahmen zur vorbeugenden Fehlerkontrolle einzuführen, um typische Fehler, die die Behörde schneller und besser erkennen kann als der Prüfling, von vornherein zu vermeiden oder nicht zur Wirkung kommen zu lassen. Deshalb erfordern z.B. die zentralen Prüfungen etwa für Medizinstudenten in der Form des Antwort-Wahl-Verfahrens solche besonderen verfahrensmäßigen Vorkehrungen mit dem Ziel, die Folgen fehlerhaft gestellter Aufgaben auszugleichen und auf diese Weise hinreichenden Grundrechtsschutz zu gewährleisten.[35] Dem entspricht das durch § 14 Abs.4 der Approbationsordnung für Ärzte eingeführte Eliminierungsverfahren.

Wenn also das Widerspruchsverfahren im allgemeinen - also von Ausnahmen etwa der vorgenannten Art abgesehen - einen hinreichenden Standard verwaltungsinterner Kontrolle auch in Prüfungsangelegenheiten bieten kann, so darf es dennoch nicht dazu mißbraucht werden, ein anderweitig ausgestaltetes Kontrollbegehren von vornherein abzuweisen, obwohl es nach Lage der Dinge im Einzelfall gerechtfertigt oder zum Zwecke eines rechtzeitigen und wirkungsvollen Grundrechtsschutzes sogar geboten ist. In Betracht kommen hier insbesondere

33 BVerwG, U. v. 24.2.1993 - 6 C 35.92 - a.a.O.

34 Voraussetzung ist, daß der Prüfling konkret darlegt, in welchen Punkten die Bewertung Mängel enthält, indem die Bemerkungen des Prüfers oder seine abschließenden Bewertungsvermerke Ungereimtheiten oder gar Widersprüche enthalten. Es genügt nicht, pauschal eine zu strenge Bewertung zu rügen. Macht der Prüfling geltend, daß eine als falsch bewertete Antwort in Wahrheit vertretbar sei und auch so vertreten werde, so hat er dies unter Hinweis auf entsprechende Fundstellen darzulegen.

35 BVerfG, Besch. v. 17.4.1991 - 1 BvR 1529/84 - BVerfGE 84, 59 = NJW 1991, 2008 <2010>.

Fälle, in denen ein Prüfling unmittelbar im Anschluß an eine mündliche oder praktische Prüfung mit substantiierten Einwendungen etwa auf Ungereimtheiten oder Mißverständnisse hinweist und um ein Überdenken der Bewertung bittet und diese Bitte überhaupt nur dann Erfolg haben kann, wenn das »Überdenken« auf der Grundlage der noch vorhandenen (»frischen«) Eindrücke unverzüglich stattfindet. Er darf dann nicht etwa unter Hinweis auf die Möglichkeit eines förmlichen Widerspruchs, den er zunächst ausführlich und schriftlich zu begründen habe, zurückgewiesen werden. Das zulässige Widerspruchsverfahren schließt nämlich gezielte Gegenvorstellungen des Prüflings nicht aus, zumal wenn diese wegen der Nähe zur Prüfungssituation allein »wirkungsvoll« oder jedenfalls deutlich »wirkungsvoller« sind als der Widerspruch, über den unter diesen Umständen nach der durch Zeitablauf verschlechterten Beweislage kaum noch »rechtzeitig« befunden werden kann.
Trotz einzelner Nachteile hat das Widerspruchsverfahren insgesamt gewichtige Vorteile, die etwa auch darin zu sehen sind, daß die verwaltungsinterne Überprüfung im allgemeinen vor dem Beginn eines gerichtlichen Verfahrens abgeschlossen ist.[36] Diese Regelung verhindert nicht nur voreilige Klagen vor Gericht, sondern trägt auch dazu bei, daß unbelastet von einer Verfestigung der Fronten zwischen Kläger und Beklagten zunächst einmal außergerichtlich nach einer Einigung gesucht wird und diese so möglicherweise leichter gefunden wird. Diese Erwägungen rechtfertigen es freilich nicht, aus verfassungsrechtlichen Gründen ein stets noch vor der Klageerhebung abgeschlossenes förmlichen Widerspruchsverfahren zur Nachprüfung einer Prüfungsentscheidung zu verlangen.[37] Die verfassungsrechtlichen Anforderungen an eine »rechtzeitige« und »wirksame« verwaltungsinterne Kontrolle dürfen nämlich nicht überzogen werden. Die bereits angesprochene »Versteifung der Fronten« nach Klageerhebung mag nicht auszuschließen sein, hat aber generell nicht die Bedeutung einer wesentlichen Einschränkung verwaltungsinterner Korrekturbereitschaft. Die Rechtsprechung geht auch in anderen Fällen davon aus, daß die nicht aus besonderen Gründen als befangen geltenden Prüfer befähigt sind, eine vom Gericht beanstandete Bewertung selbst nachzuholen und auf diese Weise einen früheren Bewertungsmangel zu korrigieren. Das Recht des Prüflings und seine Chance auf eine wirksame nachträgliche Kontrolle werden dadurch nicht unzulässig verkürzt.[38] Das ist in dem hier ge-

36 § 68 Abs. 1 Satz 1 VwGO fordert dies grundsätzlich. Nach § 74 VwGO muß die Klage innerhalb eines Monats nach der Zustellung des Widerspruchsbescheids erhoben werden.

37 Das OVG NW hatte so in ständiger Rechtsprechung entschieden (z.B. U. v. 16.7.1992 - 22 A 2549/91 - DVBl.1993, 63). Dem ist das BVerwG jedoch entgegengetreten: U. v. 24.2.1993 - 6 C 38.92 - Buchholz 421.0 Prüfungswsen Nr.314 = NVwZ 1993, 686, betr. die Nachholung des verwaltungsinternen Kontrollverfahrens während des verwaltungsgerichtlichen Streitverfahrens (hier: Klageerhebung vor dem 17.4.1991).

38 BVerwG, U.v.9.12.1992 - 6 C 3.92 - BVerwGE 91,262 = NVwZ 1993,677 = Buchholz a.a.O. Nr.307.

gebenen Zusammenhang nicht anders zu beurteilen. Die Fähigkeit des Prüfers, Kritik zu ertragen und auf sachliche Einwendungen sachlich zu reagieren, kann nicht grundsätzlich, sondern nur dann in Frage gestellt werden, wenn im Einzelfall konkrete Anhaltspunkte gegeben sind. Allein die Anhängigkeit eines Gerichtsverfahrens, mit dem eine Prüfungsentscheidung angefochten worden ist, reicht dazu nicht aus.[39]

Auch letzte Zweifel müssen jedenfalls dann als unberechtigt gelten, wenn die Klage nur vorsorglich - etwa zur Fristwahrung - erhoben und zugleich der Antrag gestellt wird, das gerichtliche Verfahren bis zum Abschluß des verwaltungsinternen Kontrollverfahrens auszusetzen. Dazu bedarf es keiner näheren Klagebegründung, die den möglicherweise allzu empfindlichen Prüfer verletzen könnte. Für die vor den Beschlüssen des BVerfG vom 17.4.1991 (a.a.O.) anhängigen gemachten gerichtlichen Verfahren ist dies ohnehin die einzige Möglichkeit, ein verwaltungsinternes Kontrollverfahren der gerichtlichen Rechtsfindung vorzuschalten. Dies ist für eine Übergangszeit, in der es noch an der erforderlichen gesetzlichen Ausgestaltung dieses Kontrollverfahrens fehlt, so zu praktizieren.[40]

In den übrigen Fällen kommt es darauf an, welche Regelung der Gesetzgeber getroffen hat. Hat er sich für eine durchgängige Einführung des Widerspruchsverfahrens entschieden,[41] ist damit der Abschluß der verwaltungsinternen Kontrolle vor Beginn des gerichtlichen Verfahrens im allgemeinen gewährleistet. Der Prüfling kann abwarten, bis ihm ein Widerspruchsbescheid zugeht. Die Ausnahme der Untätigkeitsklage (§ 75 VwGO) führt übrigens in aller Regel auch zu der bereits angeführten Aussetzung des gerichtlichen Verfahrens.

In allen anderen Fällen muß eingeräumt werden, daß innerhalb der Monatsfrist zwischen der Bekanntgabe der Prüfungsentscheidung[42] und der Klageerhebung (vgl. § 74 Abs.1 Satz 2 VwGO) eine »wirkungsvolle« verwaltungsinterne Kontrolle vielfach noch nicht abgeschlossen sein wird. Eine gesetzliche Regelung des verwaltungsinternen Kontrollverfahrens, die dies in Kauf nimmt, muß sich daran

39 Anders ist die Rechtslage zu beurteilen, wenn ein Prüfer zum Ausdruck gebracht hat, nunmehr sei er zu einer Änderung der Prüfungsnote in keinem Fall bereit; vgl. auch dazu: BVerwG, U.v.24.2.1993 - 6 C 38.92 - a.a.O.

40 Dem vom OVG NW (a.a.O. und U.v.18.3.1992 - 22 A 1342/90 -) eingeschlagenen Weg, in diesem Fall die Prüfungsentscheidung aufzuheben und derart die Sache an die Prüfungsbehörde zurückzuverweisen, so daß das gesamte Verfahren ganz von vorn beginnen muß, ist das BVerwG nicht gefolgt (U.v.24.2.1993 - 6 C 32.92 - Buchholz a.a.O. Nr.312 und - BVerwG - 6 C 35.92 - a.a.O.).

41 So z.B. der nordrhein-westfälische Landesgesetzgeber in einer Reaktion auf die dort als unerträglich empfundenen Folgen der Rechtsprechung des OVG NW (a.a.O.) durch § 19 i.d.F des 10. Gesetzes zur Änderung des JAG NW vom 16.12.1992 , GV.NW. S.529. Auch im übrigen ist zu vermuten, daß die Gesetzgeber sich für das übliche Widerspruchsverfahren entscheiden und nicht etwa anders gestaltete Kontrollverfahren entwickeln.

42 Es ist unzulässig, die gebotene Rechtsmittelbelehrung zu unterlassen, um auf diese Weise mehr Zeit für ein vorgeschaltetes verwaltungsinternes Kontrollverfahren zu erlangen: BVerwG, U.v.24.2.1993 - 6 C 38.92 - a.a.O.

messen lassen, ob die genannten verfassungsrechtlichen Anforderungen auch unter diesen Umständen erfüllt sind. Die Lösung führt hier ebenso über die vorsorgliche, fristwahrende Klageerhebung in Verbindung mit dem Antrag auf Aussetzung des gerichtlichen Verfahrens. Damit stellen sich zwar dem Prüfling zusätzliche Anforderungen, die aber schließlich jeden Bürger zugemutet werden, wenn es darum geht, die Bestandskraft eines Verwaltungsaktes zu vermeiden. Der Aufwand ist nicht erheblich, weil die Klage vorerst nicht begründet werden muß. Das Gericht muß dem Aussetzungsantrag stattgeben, um so die verfassungsrechtlich verbürgte verwaltungsinterne Kontrolle zu ermöglichen. Fällt diese für den klagenden Prüfling günstig aus, kann er die Erledigung der Hauptsache erklären und sich damit von Gerichtskosten freistellen lassen. Dies alles erscheint für jeden Bürger, der an der Wahrung seiner Rechte interessiert ist und daran auch selbst angemessen mitwirken muß, wohl nicht unzumutbar. Jedenfalls dürfte in aller Regel auszuschließen sein, daß ein Prüfling allein wegen dieser Anforderungen seinen Grundrechtsschutz, den das verwaltungsinterne Kontrollverfahren in der dargelegten Weise komplettiert, nicht in ausreichendem Umfang wahrnehmen kann. Dieser Schutz bleibt daher auch unter diesen Umständen hinreichend »wirkungsvoll«. Eine gesetzliche Regelung, die einen Weg beschreitet, der solche Anforderungen an den Prüfling mit sich bringt, ist daher mit Art. 12 Abs. 1 GG zu vereinbaren.

Fazit: Der »Anspruch auf Überdenken« hat im Prüfungswesen seine Berechtigung, weil hier anders als in den meisten anderen Bereichen öffentlicher Verwaltung eine Beteiligung - insbesondere Anhörung - des Betroffenen vor oder bei der Entscheidung im allgemeinen nicht stattfindet. Daher ist der »Gegenrede« des Prüflings, die dazu führen soll, daß persönliche Wertungen des Prüfers ein wenig mehr kontrollierbar werden, hier ein verfahrensmäßig gesicherter Raum zu geben.

Damit sollte es aber auch sein Bewenden haben. Es besteht keine Veranlassung, den »Anspruch auf Überdenken« als ein neues allgemeines Rechtsinstitut zu entwickeln, weil dadurch die Balance zwischen dem »Grundrechtsschutz durch Verfahren« und dem »Gebot der Verwaltungseffizienz« nachhaltig gestört würde.

Frauenträume nach dem zweiten Urteil des Bundesverfassungsgerichts zu § 218 StGB

Sibylle Raasch

Träume fördern eher das unterschwellig Verborgene denn das alltäglich Sichtbare zutage. Daher soll es im folgenden auch mehr um Schlaglichter auf das Urteil des Zweiten Senats des Bundesverfassungsgerichts vom 28. Mai 1993 über die Verfassungsmäßigkeit von Vorschriften des Schwangeren- und Familienhilfegesetzes (SFHG)[1] im ersteren Sinne gehen. Die durch andere bereits geleistete kritische Aufarbeitung des Urteils[2] im Kernbereich soll also erweitert werden um eine Reflexion von Urteilspassagen, die auf den ersten Blick eher randständige Bedeutung haben.

In einer Rückschau auf den Entwicklungsstand der in Recht gegossenen Frauenemanzipation nach 40 Jahren Grundgesetz haben Bettina Sokol und ich bereits 1989 auf eine eminente Gespaltenheit der Rechtsprechung des Bundesverfassungsgerichts zu Frauenfragen hingewiesen: Den positiven Entwicklungstendenzen in der rechtsdogmatischen Diskussion zum Gleichberechtigungsgebot des Art. 3 Abs. 2 GG und insbesondere bei seiner Durchsetzung im Erwerbsbereich wehe mit der Negation weiblicher Sexualität und der Funktionalisierung der Frau als (Gebär)Mutter ein scharfer Wind entgegen[3]. Damals hatten wir die Gegenläufigkeit der Rechtsprechungsentwicklung noch anhand verschiedener Entscheidungen herausgearbeitet. Frau hätte deshalb glauben können, jene sei auf Gegensätze zwischen Erstem und Zweitem Senat des Bundesverfassungsgerichts oder auf frühere und spätere Entscheidungszeitpunkte zurückführbar.

In der § 218 StGB-Entscheidung 1993 treten die Gegensätze jedoch jetzt selbst innerhalb ein und desselben Urteils unverändert scharf zutage: Wie schon im § 218 StGB-Urteil des Ersten Senats 1975[4] beharrt nunmehr auch der Zweite Senat darauf, die Frau selbst gegen ihren Willen so weit als möglich in eine biologische und anschließend soziale Mutterrolle zu zwingen. Lediglich die Zwangsmöglichkeiten werden negativer, nämlich weniger effektiv, eingeschätzt als 1975. Dem stehen jedoch Aussagen zu einer von Verfassungs wegen gebotenen Veränderung

1 Vgl. BVerfGE 88, 203 ff.

2 Z.B. *G. Hermes/S. Walter*, Schwangerschaftsabbruch zwischen Recht und Unrecht, NJW 1993, S. 2337 ff.; *M. Frommel*, § 218: Straflos aber rechtswidrig, zielorientiert aber ergebnisoffen – Paradoxien der Übergangsregelungen des Bundesverfassungsgerichts, KJ 1993, S. 324 ff.

3 Vgl. *S. Raasch/B. Sokol*, Emanzipation nach 40 Jahren Grundgesetz? in: Zwischen Gehorsam und Widerstand, 40 Jahre einer vorläufigen Verfassung, Sonderheft Demokratie und Recht 1989, S. 56 ff., S. 67 unter Bezugnahme auf BVerfGE 6, 389; 36, 41; 39, 1.

4 Vgl. BVerfGE 39, 1 ff.

des Erwerbsbereichs gegenüber, die Frauen zumindest aufhorchen lassen sollten. Denn hier werden, wenn auch in der Form nicht entscheidungserheblicher obiter dicta, aktuelle Forderungen der Frauenbewegung in die Verfassungsdiskussion eingebracht. Anlaß genug also, als Frau zwischen Alp- und Wunschträumen hin und her gerissen zu werden.

I. Alptraum: Recht auf Selbstbestimmung der Frau und moralisch haltlose »Mütter«

Das § 218-Urteil des Bundesverfassungsgerichts 1993 hat auf Seiten der Frauen zu Recht einen Sturm der Entrüstung, des Unverständnisses und der Kritik ausgelöst. Denn es trägt dem Anspruch der schwangeren Frau auf Schutz und Achtung ihrer Menschenwürde (Art. 1 Abs. 1 GG), vor allem aber ihrem Recht auf Leben und körperliche Unversehrtheit (Art. 2 Abs. 2 GG) sowie ihrem Persönlichkeitsrecht (Art. 2 Abs. 1 GG) nur höchst widerstrebend und einzig aus dem Motiv heraus zeitweise Rechnung, daß in der Frühphase der Schwangerschaft ein wirksamer Schutz des »ungeborenen Lebens« nur mit der Schwangeren, aber nicht gegen sie möglich sei. Gleich zweimal läßt das Gericht mit deutlichem Bedauern anklingen, daß die Schwangerschaft in ihrer Frühphase oft nur der Schwangeren bekannt und der Fötus daher ihrem Schutz in jeder Hinsicht anvertraut sei[5].
Im Interesse der Frauen und ihrer Rechte kann nur gehofft werden, daß es trotz Reproduktionsmedizin und ausgebauter Gesundheitsüberwachung, die immer auch in Kontrolle umschlagen können, bei dieser weiblichen Übermacht zu Beginn der Schwangerschaftsphase auch künftig bleiben wird; zumindest solange die Frau bei Bewußtsein ist, wie der Fall des Erlanger Babys bereits einschränkend nahelegt. Denn könnten Frauen durch Recht und Staatsgewalt in die Schwangerschaft und anschließende Mutterschaft gezwungen werden, dann würde zumindest die Mehrheit des Zweiten Senats des Bundesverfassungsgerichts diesen Weg offenbar auch beschritten sehen wollen.
Ein Selbstbestimmungsrecht der Frau, auch der schwangeren, über ihren Körper und ihr Leben, wie es die Frauenbewegung gegenüber der bürgerlichen Gesellschaft und ihren Gerichten seit über hundert Jahren einfordert und wie es dem grundgesetzlichen Schutz von Menschenwürde und Persönlichkeitsrecht der Frau eigentlich entspräche, mag der Zweite Senat des Bundesverfassungsgerichts noch nicht einmal begrifflich anpacken. Statt dessen spricht er vage von »Grundrechten der Frau«, die gegenüber dem grundsätzlichen Verbot des Schwangerschaftsabbruchs nicht durchgriffen,[6] oder nennt einzelne Grundgesetzartikel[7]. Auch die

5 Vgl. BVerfGE 88, 203 <263, 266>.
6 Vgl. BVerfGE 88, 203 <255>.
7 Vgl. BVerfGE 88, 203 <254>.

dissentierenden Richter Mahrenholz und Sommer lassen ein Selbstbestimmungsrecht der Frau ausdrücklich nicht zu[8]. Der Erste Senat hatte da 1975 geringere Berührungsängste, sprach offen vom »Lebensschutz für die Leibesfrucht«, der »dem Selbstbestimmungsrecht der Schwangeren« vorgehe[9]; - vielleicht unter dem Eindruck einer Frauenbewegung, die damals noch kämpferischer für das Selbstbestimmungsrecht der Frau eintrat?

Von einem Respektieren der »Weigerung der Schwangeren, die Menschwerdung ihrer Leibesfrucht in ihrem Körper zuzulassen«, wie es die 1975 dissentierende Richterin Rupp-von Brünneck begrifflich einmalig scharf und treffend formulierte[10], ist die Gerichtsmehrheit, darunter ebenfalls eine Frau, 1993 unverändert weit entfernt. Die Richterin Graßhof erläuterte die Mehrheitsmeinung des Zweiten Senats anschließend mit dem markanten Satz: »Die Frau entscheidet nicht mehr, *ob* sie das Kind bekommt, sie *hat* es bereits« (Hervorhebungen im Original)[11]. Welche Kluft zwischen den Bewußtseinswelten selbst der Verfassungsrichterinnen, wie verräterisch die Sprache: Nicht von Leibesfrucht, Fötus oder Nasciturus, sondern bereits vom »Kind« wird gesprochen, wenn es um die befruchtete Eizelle nach der Nidation geht. Ebenso spricht die Senatsmehrheit 1993 überwiegend nicht von »Schwangeren«, sondern bereits von »Müttern«[12]. Der Zeitpunkt der Geburt hat sich also in den Köpfen der Richter erkennbar auf den Zeitpunkt der Empfängnis hin vorverlagert. Das ist für die juristische Stringenz der Urteilsbegründung irrelevant, könnte jedoch für die persönliche Wahrnehmung und Bewertung der Abtreibungsproblematik durch die einzelnen Richter erhebliche Bedeutung gehabt haben. 1975 war man hier begrifflich noch sorgfältiger, sprach von »Frauen« und dem »werdenden«, »ungeborenen« oder »sich entwickelnden Leben«[13]; was auch Rückschlüsse auf einen anderen Bewußtseinshintergrund zuläßt. Die Beendigung werdenden Lebens und die Tötung eines ungeborenen Kindes müssen sich in gleicher Weise unter Art. 2 Abs. 2 Satz 1 GG subsumieren lassen. Die durch die Begriffswahl ausgedrückten oder erst ausgelösten Interpretationen und Emotionen unterscheiden sich jedoch stark.

Die Senatsmehrheit sieht der Schwangeren, nach ihrer Terminologie der »Mutter«, die Rechtspflicht »zum Austragen und Gebären« der Leibesfrucht, nach ihrer Terminologie des »Kindes«, auferlegt und eine daran anschließende »Handlungs-, Sorge- und Einstandspflicht . . . über viele Jahre«[14]. Wer dächte da nicht an die alte patriarchalische Vorstellung von der Frau als Gefäß und spätere Versorgerin

8 Vgl. BVerfGE 88, 338 <344, 350>.
9 Vgl. BVerfGE 39, 1 <43, 44>.
10 BVerfGE 39, 68 <80>.
11 *K. Graßhof*, Jenseits von Applaus und Schelte - Anmerkungen zum Urteil des Bundesverfassungsgerichts zu § 218 StGB, in: *H. Thomas/W. Kluth* (Hrsg.), Das zumutbare Kind, 1993, S. 289 ff., S. 292.
12 Vgl. BVerfGE 88, 203 <253, 255, 256>.
13 BVerfGE 39, 1 <41, 43, 44, 45, 48, 51>.
14 BVerfGE 88, 203 <256>.

für den Samen des Mannes, wie übrigens auch die Richter Mahrenholz und Sommer in ihrer abweichenden Stellungnahme[15] anklingen lassen. Dieses Gefäß nun erscheint der Mehrheit als böswillig oder doch zumindest charakterlich höchst gefährdet; die »Mutter« konturiert sich im ersten Teil der Urteilsbegründung als Bedrohung, wie wir alle sie aus Grimm's Kindermärchen als unberechenbare, gar Kinder tötende (Stief)Mutter[16] kennengelernt haben. Es besteht nach Ansicht der Senatsmehrheit »kein Erfahrungssatz, daß sie den Abbruch der Schwangerschaft nur dann auf sich nehmen, wenn ihnen in einer Ausnahmelage das Austragen des Kindes aus schwerwiegenden Gründen unzumutbar ist«. Frauen, argwöhnt die Senatsmehrheit, dürften »vielfach ihre eigenen Lebensvorstellungen überbewerten und diese auch dann nicht zurückzustellen« bereit sein, wenn ihnen dieses nach Gerichtsmeinung objektiv zumutbar wäre. Es geht der Senatsmehrheit darum, zu »verhindern, daß Frauen sich einseitig an ihren persönlichen Interessen orientieren«[17].

Einem derartig moralisch ungefestigten Wesen können Gesellschaft und Recht kein Selbstbestimmungsrecht zubilligen. Seine Moral muß durch Strafrecht und Seelenmassage mühsam gestärkt werden. Gegen die bisherige Indikationslösung führt die Senatsmehrheit - vor diesem Argumentationshintergrund denn auch konsequent - ins Feld, sie entlaste die Frau noch weiter von Verantwortung, indem zusätzlich noch ein Dritter das Erlaubtsein ihres moralisch verwerflichen Tuns feststelle[18].

Daß nach derartigen Ausbrüchen unterbewußter Ängste - die empirische Sozialforschung zeigt ein anderes Bild von weiblicher Schwangerschaftskonfliktbewältigung[19] - dennoch auch die Senatsmehrheit künftig in den ersten Schwangerschaftswochen stärker auf das Verantwortungsbewußtsein der Frau selbst gesetzt sehen will[20], erleichtert, aber überrascht. Es mag ein juristischer Erfolg für Frauen sein, sogar auf der Basis eines derartigen Frauenbildes künftig in den ersten drei Schwangerschaftsmonaten nach Beratung selbst bestimmen zu dürfen, ob frau Mutter werden will oder nicht. Anlaß zu Freude und großem Optimismus ist dieser »Sieg« nicht.

Insofern ist es bedauerlich, daß die Richter Mahrenholz und Sommer einerseits sowie Böckenförde andererseits in ihren abweichenden Stellungnahmen nur verfassungsrechtliche Dünnstellen des Urteils offenlegten, sich aber bei dieser Gele-

15 Vgl. BVerfGE 88, 338 <343, 353>.

16 Vgl. Kinder und Hausmärchen der Brüder Grimm. Vollständige Ausgabe in der Urfassung, hrsg. von *F. Panzer:* Die drei Männlein im Walde (S. 86 ff.); Hänsel und Gretel (S. 90 ff.); Die sechs Schwäne (S. 186 ff.); Schneewittchen (S. 196 ff.); Der liebste Roland (S. 207 ff.); Der Okerlo (S. 248 ff.).

17 BVerfGE 88, 203 <267 f., 277>.

18 Vgl. BVerfGE 88, 203 <268>.

19 Vgl. *C. Gilligan,* Die andere Stimme. Lebenskonflikte und Moral der Frau, 1984, insbesondere S. 83 - 131.

20 Vgl. BVerfGE 88, 203.

genheit nicht von dem Frauenbild der Senatsmehrheit distanzierten. In einer gesellschaftlichen Entwicklungsphase, in der mit schwindender existentieller Sicherheit und wachsender Arbeitsmarktkonkurrenz zwischen den Geschlechtern die männliche Gewaltbereitschaft nicht nur gegenüber Minoritäten, sondern auch gegenüber Frauen allgemein anzusteigen droht[21], könnten Frauenbilder, wie sie die § 218-Entscheidung mittransportiert, eine gefährliche Soziallast für Frauen werden.

Das »gewandelte Verständnis von der Personalität und Würde der Frau«, an welches die Dissenter appellieren[22], ist in der Gesellschaft offenkundig nur wie eine brüchige Eisschicht über dunkler Wassertiefe verankert[23]. Das Urteil von 1993 trägt nichts dazu bei, emanzipative Frauenbilder gesellschaftlich zu stärken. Selbst die nunmehr zugelassene Beratungsregelung ist den Frauen noch nicht auf Dauer sicher. Das Bundesverfassungsgericht verlangt vom Gesetzgeber, »die Auswirkungen seines neuen Schutzkonzepts im Auge zu behalten (Beobachtungs- und Nachbesserungspflicht.«[24] Die Frauen stehen damit quasi unter Bewährungsaufsicht. Was werden die Konsequenzen sein, wenn künftig die Abbruchquoten bei Schwangerschaften ansteigen oder auch nur die Zahl der Geburten weiter sinkt?

II. Wunschtraum: Recht der Frauen und Männer auf Erwerbstätigkeit und Elternschaft

Das vom Zweiten Senat des Bundesverfassungsgerichts entwickelte Schutzkonzept zugunsten des Nasciturus enthält für die Frauen, zwar eher als Reflex, aber zum Teil auch als eigenes Recht wichtige Komponenten, die in der allgemeinen Urteilsschelte völlig unterzugehen drohen:

21 Der empirische Beweis kann an dieser Stelle nicht umfassend geführt werden. Steigende Fallzahlen mögen auch gesteigerter gesellschaftlicher Sensibilität und Publizität für dieses Problem geschuldet sein. Die Forschung zu diesen Fragen steht erst am Anfang; vgl. zu diesem Problemkomplex *Bundesministerium für Frauen und Jugend* (Hrsg.), Frauen in der Bundesrepublik Deutschland, 1992, S. 101 ff. Auffällig ist jedoch, daß Rechtsradikale häufiger auch »die Emanzen« als politisch-soziales Feindbild benennen und in rechtsradikalen Wählerpotentialen bei Befragungen neben Ausländerfeindlichkeit auch eine signifikante Emanzipationsfeindlichkeit erkennbar wird, vgl. *M. Winter* unter Berufung auf *Hofmann-Göttig*, Vor allem junge Männer geben Republikanern und NPD ihre Stimme; FR 17.05.1989, S. 1; *D. Roth*, »Republikaner« - keine Partei für Frauen, taz 17.07.1989, S. 9. Besonders deutlich ist der Zusammenhang zwischen Männern, Gewaltbereitschaft und Rechtsextremismus sowie zwischen einem konservativ bis reaktionären Frauenbild, Männern und Rechtsextremismus belegt durch die Jugendstudie von *H. Utzmann-Krombholz* (polis), Rechtsextremismus und Gewalt: Affinitäten und Resistenzen von Mädchen und jungen Frauen, Düsseldorf 1994.

22 BVerfGE 88, 338 <341 f.>.

23 Vgl. die insofern bedenklichen Ergebnisse der Untersuchung von *Utzmann-Krombholz* (polis) 1994 (Fn. 21), S. 21 ff. Dort wird festgestellt, daß die befragten männlichen Jugendlichen insgesamt gesehen »noch nicht einmal Lippenbekenntnisse zur Emanzipation der Frau« ablegten.

24 BVerfGE 88, 203 <269>.

> Der Staat könne - und müsse gegebenenfalls - »an einem wirksamen Schutz auch Dritte beteiligen«. Eltern unternähmen »mit der Erziehung ihrer Kinder zugleich Aufgaben, deren Erfüllung sowohl im Interesse der Gemeinschaft als ganzer als auch jedes Einzelnen gelegen« sei. Darum sei »der Staat gehalten, eine kinderfreundliche Gesellschaft zu fördern. Was auch auf den Schutz des ungeborenen Lebens« zurückwirke. Der Schutz des ungeborenen Lebens, der Schutzauftrag für Ehe und Familie (Art. 6 GG) und die Gleichstellung von Mann und Frau in der Teilhabe am Erwerbsleben (vgl. Art. 3 Abs. 2 GG sowie Art. 3, 7 des Internationalen Pakts über wirtschaftliche, soziale und kulturelle Rechte vom 19. Dezember 1966) verpflichteten »den Staat und insbesondere den Gesetzgeber, Grundlagen dafür zu schaffen, daß Familientätigkeit und Erwerbstätigkeit aufeinander abgestimmt werden können und die Wahrnehmung der familiären Erziehungsaufgabe nicht zu beruflichen Nachteilen führt. Dazu zählen auch rechtliche und tatsächliche Maßnahmen, die ein Nebeneinander von Erziehungs- und Erwerbstätigkeit für beide Elternteile ebenso wie eine Rückkehr in eine Berufstätigkeit und einen beruflichen Aufstieg auch nach Zeiten der Kindererziehung ermöglichen . . .«. Die Bedeutung von Leistungen wie Erziehungsgeld, Erziehungsurlaub und Unterhaltsvorschuß »als Maßnahmen präventiven Lebensschutzes hat der Gesetzgeber in Rechnung zu stellen, wenn es erforderlich wird, staatliche Leistungen im Hinblick auf knappe Mittel zu überprüfen.«[25]

Bereits der Erste Senat des Bundesverfassungsgerichts hat wiederholt entschieden, daß Art. 3 Abs. 2 GG für die Zukunft die Gleichberechtigung der Geschlechter durchsetzen wolle und auf eine Angleichung der Lebensverhältnisse ziele. So müßten Frauen die gleichen Erwerbschancen haben wie Männer[26]. Wie diese »gleichen« Erwerbschancen allerdings realisiert werden können, ist bisher eine ungeklärte Frage geblieben.

Würden Frauen lediglich dieselben Erwerbschancen eröffnet, die Männer bereits heute wahrnehmen können, wäre zwar etwas, aber noch längst nicht genug gewonnen. Das zeigen Erfahrungen aus Staaten, die seit vielen Jahren über ein rechtlich ausdifferenzierteres und besser sanktioniertes Verbot von Geschlechtsdiskriminierung verfügen als die Bundesrepublik Deutschland, insbesondere Schweden, die USA und Australien[27]. Dort haben Frauen trotz gravierenden Sanktionseinsatzes im Einzelfall bei nachgewiesener Geschlechtsdiskriminierung, eines personell aufwendigen Kontrollapparates und auch einiger Förderanstrengungen staatlicher und privater Stellen ihre Arbeitsmarktposition im Vergleich zu Frauen in der Bundesrepublik Deutschland zwar verbessern können. Der Durchbruch zur Angleichung der Lebensverhältnisse zwischen den Geschlechtern ist im Erwerbs-

25 BVerfGE 88, 203 <259 ff.>.

26 Vgl. BVerfGE 6, 55 <82>; 85, 191 <207>; Beschluß des Ersten Senats vom 16. November 1993 - 1 BvR 258/86 C I. 1. (S. 14 f.).

27 Zu einer zusammenfassenden Auswertung der schwedischen und US-amerikanischen Erfahrungen vgl. *S. Raasch,* Frauenquoten und Männerrechte, 1991, S. 48 ff.; zu Australien vgl. *M. Thornton,* The liberal promise, 1990.

bereich jedoch auch dort immer noch ausgeblieben[28]. Die Erwerbsquoten der Frauen liegen überall immer noch unter denen der Männer, ihr Anteil an Teilzeitarbeit hingegen ist signifikant höher, ebenso ihr Anteil an den Erwerbslosen, während ihre Löhne deutlich unter denen der Männer liegen, um nur die gängigsten sozialen Indikatoren für Frauendiskriminierung im Erwerbsbereich zu nennen.

Bisherige Gleichstellungspolitik mußte deshalb scheitern, weil sie vorrangig die Frauen den Männern angleichen wollte. Bei genauerer Betrachtung bedeutete Chancengleichheit nach bisher praktizierter Antidiskriminierungspolitik und dem entsprechenden Rechtsverständnis nämlich: Chancengleichheit bestenfalls für die Frauen, die bereit und in der Lage sind, zu leben und zu arbeiten wie ein Mann. Diese Bereitschaft ist jedoch bei der Mehrheit der Frauen nicht gegeben. Ihre Lebensentwürfe zielen auf eine Balance zwischen beruflicher und familiärer Perspektive[29]. »Familie« darf angesichts der Auflösung tradierter Lebensformen dabei nicht zu eng verstanden werden. Sie umfaßt faktisch vielfältige Formen des Zusammenlebens unter der Perspektive, nicht nur für sich selbst, sondern auch für andere Verantwortung zu übernehmen und Fürsorge zu leisten. Selbst wenn inzwischen auch Männer »Familie« sogar höher bewerten als »Beruf«[80], sind die daraus gezogenen Konsequenzen in der Realität unverändert geschlechtsspezifisch unterschiedlich. Männer propagieren »Familie« und ein Leben in sozialer Bindung, Frauen praktizieren solches immer noch stellvertretend für die Mehrheit der Männer mit. Das illustriert besonders deutlich die leidige Hausarbeitsdebatte[31]. Eine Angleichung der Frauen an das heute für Männer normale Erwerbsverhalten ist zudem gesellschaftlich weder wünschenswert noch machbar. Denn die Frage der privaten Reproduktion einer derartigen Erwerbstätigen-Gesellschaft, also die Geburt und Erziehung von Kindern, die Versorgung der Erwerbstätigen und vor allem der Alten und Kranken, bliebe völlig ungelöst.

Soll die Frauenfrage gelöst werden, muß sich das Geschlechterverhältnis auch auf Seiten der Männer ändern. Individuen können ihr Verhalten jedoch nur dann ändern, wenn die gesellschaftlichen Strukturen, in denen sie leben, dieses zulassen. Insofern ist auch der Erwerbsbereich einer grundlegenden Veränderung zu unterziehen. Er muß sich den Anforderungen aus dem Bereich der privaten Reproduktion öffnen und stellen. Insbesondere das Heranwachsenlassen von Kindern und

28 Vgl. *F. Maier*, Frauenerwerbstätigkeit und berufliche Gleichstellungspolitik: Ein internationaler Vergleich, in: Internationale Chronik zur Arbeitsmarktpolitik 28, April 1987, S. 1 f.; *Kommission der Europäischen Gemeinschaften* (Hrsg.), Die Lage der Frauen auf dem Arbeitsmarkt, Entwicklungstendenzen in den zwölf Ländern der Europäischen Gemeinschaft 1983-1990, Sonderheft Frauen Europas Nr. 36 ohne Jahr.

29 Vgl. *Institut für Demoskopie Allensbach* (Hrsg.), Frauen in Deutschland, 1993.

30 Vgl. *Institut für Demoskopie Allensbach* 1993 (Fn. 29) S. 21 f.

31 Vgl. *S. Metz-Göckel/U. Müller*, Der Mann, 1985; dies., Die Partnerschaft der Männer ist (noch) nicht die Partnerschaft der Frauen, WSI Mitteilungen 1986, S. 549 ff.

die Versorgung kranker oder alter Menschen darf nicht länger Privatangelegenheit der abhängig Beschäftigten bleiben, welche das Arbeitsverhältnis mit seiner Struktur und der Arbeitgeber mit seinen Anforderungen an die Arbeitskraft ignorieren darf.

Das heute noch als Orientierung für Schutz und Privilegien wirkende Normalarbeitsverhältnis[32] - Vollzeit und kontinuierlich bis zur Rente ausgeübt innerhalb eines Mittel- oder Großbetriebes - sollte aufgelöst werden zugunsten einer »optionalen« Konstruktion. Statt einer starren Normvorgabe für alle müßten es variable Versatzstücke in Form rechtsförmig abgesicherter Optionen den Angehörigen beiderlei Geschlechts erlauben, die für sie jeweils relevanten Anforderungen aus beruflicher, privater und öffentlich-gesellschaftlicher Sphäre eigenen Vorstellungen entsprechend miteinander zu kombinieren[33]. Der Vorteil einer Einführung von Optionalität in das Arbeitsrecht im Vergleich zu bloßen Sonderrechten für Beschäftigte mit Reproduktionspflichten läge darin, daß es weniger Ansatzpunkte und Anlaß gäbe, gerade diese Beschäftigtengruppe, also zumeist die Frauen, wegen ihrer Sonderrolle zu benachteiligen und auszugrenzen. Statt des Satzes, jede Frau ist eine potentielle Mutter, gälte der Satz, jede und jeder Beschäftigte ist potentiell Optionalisierer/in.

Von derartigen Entwicklungsperspektiven ist das § 218 StGB-Urteil des Zweiten Senats in seiner den Erwerbsbereich betreffenden Passage allerdings noch weit entfernt. Immerhin jedoch verlangt das Gericht in diesem Zusammenhang vom Staat unter Einbeziehung gegebenenfalls auch Dritter - in Betracht kämen in erster Linie die Arbeitgeber -, den Erwerbsbereich umzustrukturieren, so daß Familien- und Erwerbsarbeit nebeneinander oder im Wechsel über längere Zeitspannen hinweg möglich wird. Angesprochen sind ausdrücklich beide Elternteile.

Sämtliche mit dieser Zielsetzung verbundenen Konsequenzen können an dieser Stelle nicht aufgezeigt werden[34]. Statt dessen soll am Beispiel der Arbeitszeit gezeigt werden, wohin eine »traumhafte« Entwicklung aus Sicht der Frauen gehen könnte und wo die arbeitsgerichtliche Rechtsprechung bereits erste Ansätze reflektiert. Vereinbarkeit von Beruf und Familie ist vor allem ein Zeitproblem. Statt einer Normalarbeitszeit, heute in der Regel acht Stunden täglich verteilt über fünf Werktage, benötigen Eltern vor allem in dreierlei Hinsicht Gestaltungsmöglich-

32 Zum Begriff vgl. *U. Mückenberger,* Die Krise des Normalarbeitsverhältnisses - Hat das Arbeitsrecht noch Zukunft? Zeitschrift für Sozialreform 1985, S. 424 ff.; ders., Der Wandel des Normalarbeitsverhältnisses unter den Bedingungen einer »Krise der Normalität«, Gewerkschaftliche Monatshefte 1989, S. 211 ff.

33 Dieses Konzept, das über einen bloß kinderfreundlichen Erwerbsbereich weit hinausweist, wurde zum erstenmal skizziert bei *U. Mückenberger/S. Raasch/H. Matties/E. Peter,* Niemand darf wegen seiner Arbeitszeitoptionen benachteiligt werden, Die Mitbestimmung 6/1992, S. 11 ff.; ausführlicher der unveröffentlichte Abschlußbericht des Forschungsprojekts *U. Mückenberger/Cl. Offe/S. Raasch/H. Matties/E. Peter,* Gesellschaftspolitische Anforderungen an die Neugestaltung des Arbeitsverhältnisses, Juni 1993.

34 S. hierzu *Mückenberger* u.a. 1993 (Fn. 33), S. 173 ff., 365 ff.

keiten: Reduzierte Arbeitszeiten bis hin zur vorübergehenden Vollbeurlaubung; eine Arbeitszeitfestlegung entsprechend dem jeweils zwischen den Eltern getroffenen Arbeitszeitarrangement; schließlich kurzfristige Veränderungsmöglichkeiten bei unvorhergesehenen Ereignissen, insbesondere der Erkrankung des Kindes. Dabei ist nach schwedischen Erfahrungen, wo man mit dieser Arbeitszeitoptionalisierung schon weiter fortgeschritten ist, eine Generallösung für alle Eltern oder auch nur für alle Eltern von Kindern einer bestimmten Altersgruppe nicht möglich. Das jeweils günstigste Arbeitszeitarrangement ergibt sich vielmehr erst aus dem Zusammenwirken verschiedener Faktoren wie Arbeitsmöglichkeiten beider Eltern in ihrem jeweiligen Betrieb, externe Betreuungsmöglichkeiten für die Kinder, Verkehrsverbindungen und Anforderungen durch die Kinder[35].

1. Bestimmt werden Länge und Lage der Arbeitszeit heute von gesetzlichen und kollektivvertraglichen Regelungen. In diesem Rahmen erfolgen einzelvertragliche Vereinbarungen, vor allem aber wird das Direktionsrecht des Arbeitgebers ausgeübt. Bei den zwischen 1985 und 1988 neu abgeschlossenen Arbeitsverträgen wurde beispielsweise in jedem sechsten Arbeitsvertrag keine regelmäßige Arbeitszeit festgelegt[36]. Der Arbeitszeitflexibilisierung entsprechend dem jeweiligen Arbeitsanfall setzt seit 1985 § 4 Beschäftigungsförderungsgesetz (BeschFG) einige wenige Grenzen. Insgesamt sind die gesetzlichen Rahmenvorgaben aber weiterhin so weit gefaßt, daß in den alten Bundesländern nur noch etwa 24 % aller Beschäftigten in »Normalarbeitszeit« - Vollzeit, verteilt auf fünf Werktage, tagsüber - arbeiten. Die restlichen 76 % arbeiten in Gleitzeit, Teilzeit, Schicht, regelmäßiger Nachtarbeit, Kurzarbeit bzw. Wochenendarbeit oder leisten regelmäßig Überstunden[37].

Eltern können ihre aus dem familiären Bereich kommenden Arbeitszeitanforderungen nur sehr eng begrenzt über eigene Rechte durchsetzen. Die Entscheidungen des Bundesverfassungsgerichts zum Hausarbeitstag[38] und zum Nachtarbeitsverbot[39] für Frauen legen es nahe, daß alle Arbeitszeitregelungen, die heute noch Frauen wegen ihrer familiären Belastung als Geschlechtsgruppe privilegieren, verfassungswidrig sind. Denn sie knüpfen in derselben Weise wie die Regelungen, über die das Gericht entschieden hat, an die Geschlechtszugehörigkeit an. Es bleibt der spezielle Mutterschutz, da biologisch begründet. Nach § 616 Abs. 1 BGB oder den an seiner Stelle geltenden tarifvertraglichen Regelungen sowie § 45 SGB V haben Eltern Anspruch, zur Pflege ihrer erkrankten Kinder einige Tage bezahlt oder über Krankengeld abgesichert freigestellt zu werden. Der Erziehungs-

35 Vgl. *G. Pettersson* (Hrsg.), Zeit-Puzzle 1990.
36 Vgl. *J. Schupp,* Teilzeitarbeit als Möglichkeit der beruflichen (Re-)Integration, in: *U. Mayer/J. Kröger* (Hrsg.), Befristungspraxis in Hamburg, 1991, S. 207 ff., S. 214.
37 Vgl. *H. Groß/C. Thoben/F. Bauer:* Arbeitszeit 89, 1989, S. 34 f.
38 Vgl. BVerfGE 52, 369 ff.
39 Vgl. BVerfGE 85, 191 ff.

urlaub von maximal drei Jahren im Anschluß an die Geburt des Kindes wird nur über maximal zwei Jahre mit höchstens DM 600 monatlich finanziell abgesichert. Wollen Eltern diesen Zeitrahmen überschreiten, müssen sie auf Einkommen oder Erholungsurlaub verzichten und riskieren zudem ihren Arbeitsplatz, wenn der Arbeitgeber nicht einverstanden ist. Gegenüber Beschäftigten, die Veränderungswünsche hinsichtlich Dauer oder Lage ihrer Arbeitszeit angemeldet haben, trifft den Arbeitgeber nach § 3 BeschFG lediglich eine Informationspflicht, falls entsprechende Arbeitsplätze im Betrieb frei sind.
Sehr weitgehenden Flexibilisierungsmöglichkeiten im Arbeitgeberinteresse umgesetzt über das Direktionsrecht stehen also auf Seiten der Eltern geringe, unzureichend finanziell abgesicherte und nicht sehr variable Gestaltungsmöglichkeiten gegenüber. Von optional dem jeweiligen Betreuungsbedarf der Eltern angepaßten Arbeitszeitregelungen wie im schwedischen Modell von Elternteilzeit und Elternurlaub[40] ist Deutschland noch weit entfernt.
Auch der jüngste Gesetzentwurf der Bundesregierung zur Vereinheitlichung und Flexibilisierung des Arbeitszeitrechts (ArbZRG)[41] bringt lediglich einen Umsetzungsanspruch von Nachtarbeit auf Tagesarbeit, wenn der oder die Beschäftigte ein Kind unter zwölf Jahren oder einen schwer pflegebedürftigen Angehörigen zu versorgen hat, sofern dem nicht dringende betriebliche Erfordernisse entgegenstehen (§ 6 Abs. 4 b und c ArbZRG-Entwurf). Ansonsten sind, ganz entgegen dem Hinweis des Bundesverfassungsgerichts im Abtreibungs-Urteil, zum 01.01.1994 Kürzungen beim Kindergeld, dem Erziehungsgeld und dem Bundeszuschuß für das Mutterschaftsgeld eingetreten[42]. Regierung und Gesetzgeber haben sich durch die Ausführungen des Bundesverfassungsgerichts zu familienfreundlicher Gesellschaft und Arbeitswelt bisher also unbeeindruckt gezeigt.

3. Auch die Rechtsprechung selbst ist jedoch Teil der staatlichen Gewalt, an die sich der Schutzauftrag aus Art. 1 Abs. 1, 2 Abs. 2, 3 Abs. 2 und 6 GG zugunsten einer Vereinbarkeit von Familientätigkeit und Erwerbstätigkeit richtet[43]. Hier sind positive Ansätze auszumachen. In seiner richtungsweisenden Entscheidung zur Unwirksamkeit der Mittagspausenregelung in Baden-Württemberg vom 19.05.1992 hat das Bundesarbeitsgericht dem Direktionsrecht des Arbeitgebers bei der Festlegung der Arbeitszeit immanente Grenzen gesetzt. Bei der Ausübung seines Direktionsrechts zur Arbeitszeitgestaltung müsse der Arbeitgeber nach § 315 Abs. 1 BGB die Grundsätze billigen Ermessens wahren. Eine Leistungsbestimmung - hier die Arbeitszeitanordnung - entspreche billigem Ermessen, wenn sie die wesentlichen Umstände des Falles abgewogen und die beiderseitigen Inter-

40 Vgl. hierzu *Pettersson* 1990 (Fn. 31).
41 BTDrucks. 12/5888 vom 13.10.1993.
42 Vgl. Frankfurter Rundschau vom 29.12.1993, S. 4.
43 Vgl. BVerfG, Erster Senat, Beschluß vom 16.11.1993 - 1 BvR 258/86 zu Art. 3 Abs. 2 GG.

essen angemessen berücksichtigt habe. Ob das geschehen sei, unterliege der vollen gerichtlichen Kontrolle[44]. Hier öffnet sich also ein Tor, durch das der Schutzauftrag des Grundgesetzes in das Privatrecht einstrahlen könnte, so daß Eltern auch ohne ausdrückliche Rechte in einem Arbeitszeitgesetz ihre familiären Belange dem Arbeitgeber als berechtigt entgegenhalten könnten.
Bereits mit Urteil vom 12.01.1989 hatte das Bundesarbeitsgericht entschieden, daß ein öffentlicher Arbeitgeber Sonderurlaub zur Kinderbetreuung nach § 50 Abs. 2 BAT nicht einfach mit der Begründung ablehnen dürfe, daß er keine Präzedenzfälle schaffen wolle. Die Klägerin habe vielmehr einen Anspruch auf Entscheidung über ihren Beurlaubungsantrag nach billigem Ermessen. Die Betreuung der Kleinkinder sei ein wichtiger Grund für die Bewilligung von Sonderurlaub. Die Verweigerung des Sonderurlaubs sei unbillig gewesen angesichts der Tatsache, daß dienstliche Interessen nicht entgegengestanden hätten, insbesondere der Arbeitsplatz sofort nach Ausscheiden der Klägerin habe wieder besetzt werden können[45]. Diese Entscheidung ließe sich auch auf andere gleichlautende Tarifverträge im Bereich des öffentlichen Dienstes übertragen und dürfte Rückwirkungen auf die Verhältnisse in der Privatwirtschaft haben[46].
Interessant ist in diesem Zusammenhang auch ein Beschluß des Hessischen Verwaltungsgerichtshofs vom 05.04.1991, nach welchem im Anschluß an eine Beurlaubung im öffentlichen Dienst »Kinderbetreuungszeiten im Einzelfall zu berücksichtigen sind, soweit bei Beförderungsentscheidungen als Hilfskriterium auf die Dauer von Dienstzeiten zurückgegriffen wird«[47]. Auf diesem Wege könnte der Karriereknick, der nach einer Beurlaubung zur Kindererziehung zumeist eintritt, wenigstens etwas abgemildert werden.
Ein nicht rechtskräftiges Urteil des Arbeitsgerichts Bielefeld schließlich geht noch weiter. Es führte die grundgesetzlichen Wertungen aus Art. 6 GG über § 242 BGB in das Arbeitsrecht ein und erklärte deswegen eine Kündigung für nach dem Kündigungsschutzgesetz sozial ungerechtfertigt. Eine Mutter hatte nach Ablauf ihres Erziehungsurlaubes ihre Teilzeitarbeit entgegen dem Wunsch des Arbeitgebers von nachmittags auf vormittags verlegt und war deshalb gekündigt worden, obwohl andere Arbeitnehmerinnen bereits seit langem nur vormittags arbeiteten und sie geltend gemacht hatte, nachmittags keine Kinderbetreuungsmöglichkeit zu haben. Noch radikaler als das Bundesarbeitsgericht argumentierte das Arbeitsgericht Bielefeld:

> »Die verfassungsrechtliche Pflicht einer Arbeitnehmerin zur Pflege und Erziehung ihres Kindes bzw. ihrer Kinder hat Vorrang vor den Pflichten aus dem Arbeitsverhältnis . . . Insoweit besteht im Ergebnis tatsächlich ein Rechtsanspruch des Arbeitnehmers, daß

44 BAG NZA 1992, S. 978, 981 f.
45 BAG ZTR 1989, S. 273 f.
46 *M. Löwisch,* Sonderurlaub für Kinderbetreuung, ZTR 1989, S. 346 ff., S. 348.
47 HessVGH, Arbeit und Recht 1992, S. 381.

Arbeitszeiten vom Arbeitgeber so festgelegt werden, daß kindererziehende Arbeitnehmer den Arbeitsplatz tatsächlich einnehmen können, ohne ihre Pflicht zur Pflege und Erziehung der Kinder verletzen zu müssen.«[48]

III. Ausblick

Durch Einstrahlung über die Generalklauseln des Zivilrechts, aber auch durch verfassungskonforme Interpretation dort, wo der grundgesetzliche Schutzauftrag eine von mehreren an sich vertretbaren Gesetzesauslegungen nahelegt[49], könnten die Gerichte also das einseitige, starre Arbeitszeitregiment der Arbeitgeberseite zugunsten einer besseren Vereinbarkeit von Beruf und Familie aufbrechen. Der Zweite Senat des Bundesverfassungsgerichts hat hierfür deutliche Weichen über sein Abtreibungsurteil gestellt - allerdings in einen Bereich hinein, in dem er selbst aufgrund der gerichtsinternen Geschäftsverteilung nicht zuständig ist. Seine Chance, zugunsten der Frauen zu entscheiden, käme allein mit der Entscheidung über die Verfassungsmäßigkeit von Frauenquoten im öffentlichen Dienst. Die untergerichtliche Vorlage erreichte das Bundesverfassungsgericht schon im Sommer 1992.[50] An dieser neuerlichen Entscheidung über verfassungsmäßige Frauenrechte jedoch wird der Vorsitzende Richter Mahrenholz, den die vorliegende Festschrift ehren will, allen Verzögerungen bei der Findung einer geeigneten Nachfolgerin zum Trotz, wohl dennoch nicht mehr mitwirken oder, wie im § 218 StGB-Urteil, eine abweichende Meinung formulieren müssen.
Ledig seiner richterlichen Verpflichtung auf Neutralität und Mäßigung im öffentlichen Meinungsstreit wird der Verfassungsrichter a.D. Mahrenholz andererseits noch freier und deutlicher als bisher schon die frauenpolitischen Entwicklungsvorgaben des Bundesverfassungsgerichts analysieren und gegebenenfalls auch kritisieren können. Daß letzteres künftig nicht mehr vonnöten sein werde - auch ein Frauentraum.

48 Arbeitsgericht Bielefeld, BB 1989, S. 558 und Streit 1989, S. 61 f.
49 Vgl. BVerfG, Erster Senat, Beschluß v. 16.11.1993 - 1 BvR 258/86.
50 Inzwischen hat das Bundesarbeitsgericht - BAG DB 1993, S. 1422 und Streit, 1993, S. 115 - die Grundgesetzkonformität der Frauenquote bestätigt und die Frage dem Gerichtshof der Europäischen Gemeinschaften vorgelegt, ob die Frauenquote mit EG-Recht vereinbar sei.

Zum verfassungstheoretischen Begriff des Bürgers in der modernen Gesellschaft

Ulrich K. Preuß

I. Staatsbürgerschaft als soziales Gut

Im letzten Jahrzehnt ist Westeuropa das Ziel drastisch verstärkter Zuwanderung vor allem aus Ost- und Südosteuropa, z.T. aber auch aus Afrika geworden. Das ungeheure Reichtumsgefälle zwischen Westeuropa und seinen Nachbarn im Osten und das Niederreißen des eisernen Vorhangs, durch das die östlichen Grenzen Westeuropas zu Ländern durchlässig wurden, deren Bevölkerungen bislang praktisch keinen Zugang zu Westeuropa hatten, bilden dabei die beiden hauptsächlichen Ursachen[1]. Weltweit jedoch werden Millionen von Menschen in fast allen Teilen der Welt aus wirtschaftlichen, sozialen und ökologischen Gründen, nicht zuletzt auch als Folge von Kriegen und Bürgerkriegen zu Flüchtlingen. Westeuropa übt dabei auf viele von ihnen einen ähnlichen Sog aus wie die Vereinigten Staaten auf die dem Elend preisgegebenen Bevölkerungen jenseits ihrer Südgrenzen. Neben ganz elementarer physischer Sicherheit beanspruchen die Wanderer in beiden Fällen einen gewiß immer noch äußerst bescheidenen Anteil an dem Reichtum der fortgeschrittenen Industrieländer des Nordens[2]. Damit sind Verteilungsfragen aufgeworfen, für deren Lösung eine internationale Wirtschafts- und Sozialpolitik erst noch entwickelt werden muß.

Gegenwärtig beruhen alle Konzepte der Verteilung und Umverteilung der Weltressourcen auf dem Prinzip des Nationalstaates, und so vermittelt sich der individuelle Zugang zu Lebensgütern so gut wie vollständig über die Zugehörigkeit zu einem Nationalstaat[3]. Damit wird die Staatsangehörigkeit zu einem individuellen Gut, dessen unterschiedlich hoher Wert von der Stellung des betreffenden Staates in der Weltwirtschaft abhängt. Die Staatsbürgerschaft in einem der reichen Länder des industrialisierten Nordens Europas oder auch Amerikas ist deshalb so kostbar, weil sie den Schlüssel zum Zugang zu den vielfältigen Lebenschancen darstellt, die in derartigen Ländern für die Masse ihrer Staatsbürger auch effektiv existieren. Es ist nicht verwunderlich, daß die Staaten ihrerseits äußerst restriktiv

1 Vgl. hierzu die Studie von *R. Layard* et al. East-West Migration. The Alternatives. Cambridge/ Mass. - London 1992.

2 Vgl. zu diesem Problemkomplex *O. Stark* The Migration of Labour. Cambridge/Mass. - Oxford 1991.

3 Hierzu die instruktive Skizze von *D. Oberndörfer* Wert der Staatsbürgerschaft in Geschichte und Gegenwart, in Senatsverwaltung f. Gesundheit und Soziales - Die Ausländerbeauftragte (Hrsg.) Doppelte Staatsbürgerschaft - ein europäischer Normalfall?. Berlin 1989, S. 55 ff.

mit der Verteilung dieses Gutes umgehen, zumal ihre Regierungen von der Zustimmung ihrer Bürger abhängen und der Leistungsstress, unter den sich diese Gesellschaften durch ihre Wirtschaftssysteme selbst setzen, es kaum gestattet, ihnen allzuviel Altruismus zuzumuten. Dies gilt um so mehr, je attraktiver die mit dem Staatsbürgerstatus verbundenen Chancen und Leistungen sind - jeder neu aufgenommene Staatsbürger ist für die ›beati possidentes‹ ein weiterer unwillkommener Konkurrent um knappe Güter. Aus diesem Grunde ist das Staatsbürgerrecht der Tendenz nach zu einer Bastion geworden, mit der Zuwanderer und damit die wirtschaftlich und sozial unerwünschten Folgen der Zuwanderung abgewehrt werden. »Staatsbürgerschaft ist nicht nur ein Rechtsstatus, sondern ein soziales Gut«[4].

Dank dieser beiden Qualitäten überschneiden sich im Staatsbürgerstatus Fragen der philosophischen und sozialtheoretischen Grundlagen des modernen Staates, der seit dem Ende des 18. Jahrhunderts nationaler Staatsbürgerstaat ist, mit denen der Verteilungs- und Sozialpolitik. Dadurch gerät der Begriff der Staatsbürgerschaft unter den Druck von Rechtfertigungen, die ihren universalistischen Ursprung zu verschütten drohen. Darüber wird in der folgenden Skizze zu sprechen sein. Dagegen muß hier eine andere, nicht minder folgenreiche Entwicklung unerörtert bleiben, durch die die klassische nationalstaatliche Staatsbürgerschaft möglicherweise ebenfalls ihre klaren Konturen verliert, nämlich die allmähliche Herausbildung supranationaler Strukturen und die Ankündigung einer europäischen Unionsbürgerschaft durch die Einfügung des Zweiten Abschnitts in den EG-Vertrag durch den Vertrag über die Europäische Union. Welche Folgen diese Ankündigung hat oder doch haben kann, ist einstweilen noch völlig offen. Allerdings ist absehbar, daß der hier angeschnittene Doppelcharakter der Staatsbürgerschaft als Rechtsstatus und als soziales Gut auch für diese Entwicklung von erheblicher Bedeutung sein wird.

II. Drei Bedeutungen des Begriffs ›Bürger‹

Bereits im traditionellen nationalstaatlichen Kontext ist der Begriff der Staatsbürgerschaft mehrdeutig. Er enthält sowohl die Bedeutung von »Staatsangehörigkeit« wie auch die von »Staatsbürgerschaft« im Sinne der aktiven Teilhabe und Teilnahme am Politikum einer Gesellschaft[5]. Daneben tritt noch die dritte Bedeutung

4 *R. Bauböck* Staatsbürgerschaft und Immigration, in U. K. Preuß (Hrsg.) Staatsbürgerschaft und Zuwanderung, ZERP-Diskussionspapier 5/93, S. 39 ff., 39, unter Hinweis auf *M. Walzer* Sphären der Gerechtigkeit. Frankfurt/M. 1992, S. 66 ff.

5 Vgl. *R. Grawert* Staatsangehörigkeit und Staatsbürgerschaft, in: Der Staat, Bd. 23 (1984), S. 179-204; vgl. auch *ders.* Staat und Staatsangehörigkeit. Verfassungsgeschichtliche Untersuchung zur Entstehung der Staatsangehörigkeit. Berlin 1973, S. 156 ff.

der Teilhabe an der »Civil Society«, der »Zivilgesellschaft« oder, in der Terminologie von Dahrendorf, der Bürgergesellschaft[6]. Mangels eines unzweideutigen deutschen Begriffs wird diese Dimension häufig durch den Rückgriff auf den anglo-amerikanischen und französischen Ursprung ausgedrückt: der Bürgerstatus wird hier im Sinne von ›citizenship‹ bzw. ›citoyenneté‹ verstanden. In dieser zuletzt genannten Bedeutung drückt sich eine Existenzform des Individuums aus, die man, gemessen an unseren gängigen Begriffen, nur in einem weiteren Sinne als politisch kennzeichnen würde. Sie umschließt keine Zugehörigkeit oder Mitgliedschaft zum Staat, sondern die Verwurzelung des Individuums in einem gesellschaftlichen Gewebe, das unabhängig von den formalen Institutionen des Staates existiert und dessen politische Qualität darin liegt, daß es in Gestalt von freiwilligen Assoziationen, kirchlichen Gemeinden, sozialen Initiativen, professionellen Netzwerken und ähnlichen Gestaltungen spontaner gesellschaftlicher Verbindungen die sozialen und kulturellen Ressourcen für die Fähigkeit der Individuen zu gemeinwohlbezogenem Handeln bereitstellt[7].
Diese drei Bedeutungsfelder des Begriffs der Staatsbürgerschaft stehen nicht isoliert und unverbunden nebeneinander. Sie beziehen sich alle auf den Sachverhalt der Zugehörigkeit des einzelnen zu einer Gruppe oder doch wenigstens zu einem Milieu, das für die Fremd- und Selbstdeutung des Individuums von großer Bedeutung ist. Sie bezeichnen Zugehörigkeiten des Individuums von unterschiedlicher Intensität und damit auch von unterschiedlich dichter existentieller Qualität.

1. Nehmen wir zunächst die Bedeutung von Staatsbürgerschaft im Sinne von Staatsangehörigkeit, so handelt es sich hierbei zweifellos um den formalsten Begriff: Er bezeichnet eine rechtliche Eigenschaft oder auch einen rechtlichen Status des einzelnen Individuums, nämlich den der Mitgliedschaft in einem Staat[8]. In diesem formalen Sinne hat der Begriff eine völkerrechtliche wie auch eine innerstaatliche Funktion. Völkerrechtlich insofern, als er im Pluriversum der modernen Staatenwelt die Personalhoheiten der Staaten gegeneinander abgrenzt und auf diese Weise klare Herrschaftsbeziehungen in bezug auf Personen herstellt. Das schließt nicht aus, daß es Mehrfachstaatsangehörigkeiten gibt. Weil diese aber leicht zum Ausgangspunkt für Konflikte zwischen den Staaten werden kann, ist das internationale Recht darauf bedacht, Mehrfachstaatsangehörigkeiten nach

6 *R. Dahrendorf* Der moderne soziale Konflikt. Stuttgart 1992, S. 46 ff.

7 Zum Begriff der Civil Society vgl. neuestens *J. Cohen/A. Arato* Civil Society and Political Theory. Cambridge/Mass., 1992; zu den theoretischen Grundlagen einerseits einer unpolitischen, andererseits einer politischen, aber nicht staatlich dominierten Konzeption von ›civil society‹ vgl. *Ch. Taylor* Die Beschwörung der *Civil Society*, in K. Michalski (Hrsg.) Europa und die Civil Society. Stuttgart 1991, S. 52 ff.

8 Vgl. A.N. Makarov Art. »Staatsangehörigkeit«, in: Strupp-Schlochauer (Hrsg.) Wörterbuch des Völkerrechts Bd. III 2. Aufl. Berlin 1962, S. 323-329.

Möglicheit zu vermeiden[9]. Freilich läßt sich dieses Ziel nicht vollständig erreichen, da die Festlegung der Staatsangehörigkeit als ein klassisches Souveränitätsrecht der einzelnen Staaten angesehen wird; es ist daher unvermeidlich, daß verschiedene Staaten kraft ihrer Definition der Staatsangehörigkeit gleichzeitig Herrschaftsansprüche in bezug auf ein und dieselbe Person erheben.
Innerstaatlich dient die Definition der Staatsangehörigkeit der Abgrenzung der einheimischen Bevölkerung von Ausländern oder Fremden. Diese Unterscheidung gewinnt in dem Maße an Bedeutung, in dem der Status der Staatsbürgerschaft den Schlüssel für die Öffnung des Zugangs zu einer ganzen Zahl von einzelnen Rechten darstellt, die die Staaten ihren eigenen Staatsangehörigen vorbehalten. So reserviert z.B. der Grundrechtskatalog des Grundgesetzes die Grundrechte der Versammlungsfreiheit und der Berufsfreiheit für Deutsche, während überraschenderweise das der politischen Sphäre sehr nahe Grundrecht der Meinungsfreiheit als Menschenrecht auch Ausländern zusteht. Es hat immer wieder Versuche gegeben, bestimmte individuelle Rechte als untrennbar und damit gewissermaßen »wesenhaft« mit dem Status der Staatsangehörigkeit verbunden zu begründen, so z.B. das Wohn- und Bleiberecht im eigenen Staat, die Aufnahmepflicht des Staates gegenüber seinen Staatsangehörigen, die Schutzpflicht des Staates gegenüber seinen Staatsangehörigen und schließlich die Gehorsams- und Treuepflicht der Staatsangehörigen gegenüber ihrem Staat[10]. Ob dieser Inhalt der Staatsangehörigkeit universal für alle Staaten dieser Welt Geltung hat, ist jedoch zweifelhaft, da es bekanntlich bis auf den heutigen Tag Staaten gibt, die z.B. das Recht der Ausweisung ihrer eigenen Staatsangehörigen für sich beanspruchen oder die zwar für sich die Befugnis in Anspruch nehmen, Schutz gegenüber ihren Staatsangehörigen im Ausland auszuüben, aber keineswegs den einzelnen Staatsangehörigen dieses Recht einräumen wollen.
Die Frage mag hier auf sich beruhen, denn entscheidend ist, daß in jedem Falle die Staatsangehörigkeit als ein Mitgliedschaftsrecht den Zugang zu einer Vielzahl von Rechtspositionen eröffnet, die nicht universal jedem Menschen, sondern nur den Angehörigen des eigenen Staates eingeräumt werden, so z.B. das Recht auf Einreise, auf Ausreise, das Recht, nicht an einen anderen Staat ausgeliefert zu werden, das Recht, bestimmte Berufe zu ergreifen, ganz zu schweigen natürlich von den politischen Rechten wie dem Wahl- und Abstimmungsrecht, dem Zugang zu öffentlichen Ämtern, aber auch dem Recht auf Versammlung, Vereinigung und Meinungsäußerung.

9 Hierzu *G. Breunig* Zur rechtlichen Problematik der mehrfachen Staatsangehörigkeit, in DVBl. 1975, S. 758 ff.; *H. Rittstieg* Doppelte Staatsangehörigkeit im Völkerrecht, sowie *W. Löwer* Doppelte Staatsangehörigkeit als Gefahr für die Rechtssicherheit, in: Doppelte Staatsbürgerschaft - ein europäischer Normalfall? (FN 3) S. 112 ff. bzw. 149 ff., jeweils m.w.N.

10 Vgl. z.B. *G. Jellinek*: System der subjektiven öffentlichen Rechte (1905) Darmstadt 1963, S. 117 f.; *A. Makarov* Allgemeine Lehren des Staatsangehörigkeitsrechts. 2. Aufl. Stuttgart 1962, S. 28 ff.; *S. Wiessner:* Die Funktion der Staatsangehörigkeit. Tübingen 1989, S. 8 ff.; *G-R. de Groot* Staatsangehörigkeitsrecht im Wandel. Köln/Berlin etc. 1989, S. 13 ff.

2. Die Funktion der Staatsangehörigkeit, den Zugang zu bestimmten Rechten innerhalb eines bestimmten Staates zu vermitteln, führt uns zu der zweiten, für die politisch-theoretischen Debatten der Gegenwart bedeutsameren Dimension, die der Staatsbürgerschaft. Der Begriff verweist auf eine Entwicklung, aus der man die Verfassungskämpfe des modernen konstitutionellen Staates seit seinem Ursprung vor 200 Jahren ablesen kann. Aus ständischen Verhältnissen hervorgewachsen, rangen die tragenden Kräfte des Verfassungsstaates an der Wende vom 18. zum 19. Jahrhundert um begriffliche Klarheit für den Tatbestand, den wir heute als »staatsbürgerliche Gesellschaft« zu bezeichnen gewohnt sind. In der politischen Sprache Deutschlands taucht der Begriff »Staatsbürger« erstmals am Ende des 18. Jahrhunderts auf[11]. Da war der damit bezeichnete Tatbestand in Frankreich bereits revolutionär-geschichtsmächtig geworden. Die Entwicklung zum Staatsbürgerstatus hatte sich hier - wie das dann im 19. Jahrhundert in Deutschland ebenso geschah - als Umwandlung ständisch-korporativer Vielfalt und Buntscheckigkeit der Untertänigkeiten in die einheitliche, gleiche, staatsunmittelbare und passive Rechtsstellung der Staatsuntertanen im absolutistischen Territorialstaat vollzogen; den entscheidenden letzten Schritt zum aktiven Status der ›Citoyenneté‹ taten dann die französischen Revolutionäre mit ihrer Deklaration der Menschen- und Bürgerrechte vom 26. August 1789.

Die Deklaration unterschied zwischen den Rechten des Menschen und denen des Bürgers. Hierin drückte sich aber nicht etwa ein Gegensatz zwischen einer menschenrechtlich-universalistischen und einer bürgerrechtlich-partikularistischen Orientierung aus. Kein Mensch sollte Vorrechte gegenüber seinem Mitmenschen haben, nur weil er Bürger einer bestimmten Nation war, der sein Mitmensch nicht angehörte. Der Bürger sollte nicht mehr Rechte haben als der Mensch. In der Logik der Deklaration waren Mensch und Bürger aufeinander bezogen: der Bürger war Mitglied eines politischen Verbandes und hatte die Rechte eines Mitgliedes, weil er der Träger der universalen Menschenrechte war. Er konnte nur Citoyen (citizen, Staatsbürger) werden, weil er Mensch war, und er mußte frei und gleichgeborener und mit natürlichen Rechten ausgestatteter Mensch sein, um Bürger werden zu können. So wie der dritte Stand sich seiner ständischen Befangenheit entledigen mußte, um das Prinzip des Standes selbst aufzuheben und sich zur Nation erklären zu können, so mußten auch die Individuen die Partikularität ihrer ständischen Existenz abstreifen, um Staatsbürger werden zu können. Das Bürgerrecht ist keine partikularistische Verkapselung des selbstsüchtigen Bourgeois, der

11 Vgl. *R. Grawert* Staat und Staatsangehörigkeit (Anm. 5), S. 22 ff.; *P.-L. Weinacht* »Staatsbürger«. Zur Geschichte und Kritik eines politischen Begriffs, in: Der Staat, Bd. 8 (1969), S. 41-63; vgl. auch die weit ausholende begriffsgeschichtliche Analyse von *M. Riedel* Art. »Bürger, Staatsbürger, Bürgertum«, in: Geschichtliche Grundbegriffe. Historisches Lexikon zur politisch-sozialen Sprache in Deutschland (hrsgg. v. O. Brunner - W. Conze - R. Koselleck). Bd. 1. Stuttgart 1972, S. 672-725; *M. Stolleis* Untertan-Bürger-Staatsbürger. Bemerkungen zur juristischen Terminologie im späten 18. Jahrhundert, in R. Vierhaus (Hg.) Bürger und Bürgerlichkeit im Zeitalter der Aufklärung, 1980, S. 65-99.

sich von den menschenrechlich-universalistischen Solidarpflichten lossagt. Es ist vielmehr der spezifisch politische Status im republikanischen Nationalstaat, der seinerseits auf der menschenrechtlichen Grundlage gleicher Freiheit und Würde der Individuen beruht[12].

Als politische Kategorie hat damit der Begriff des Staatsbürgers auch durchaus eine polemische Tendenz, nur freilich nicht die ihm häufig zugeschriebene nationalistische, sondern eine soziale. Sie geht in dreierlei Richtung. Der Begriff wendet sich zum einen gegen ständische Ungleichheit, zum anderen gegen die Passivität des absolutistischen Untertanenstatus, während die dritte polemische Stoßrichtung recht eigentlich erst im 19. Jahrhundert virulent wird, obwohl sie bereits in der Geburtsstunde dieses Begriffs latent vorhanden ist: sie richtet sich gegen die aus der bürgerlichen Ordnung selbst hervorgehende Ungleichheit. Immer deutlicher kontrastiert im 19. Jahrhundert das egalitäre Pathos des Staatsbürgerstatus mit seiner sozialen Exklusivität.

Die Diskrepanz zwischen dem Kreis der Staatsangehörigen und dem der Staatsbürger - die soziale Exklusivität des Staatsbürgertums - hat es bekanntlich seit seinen Ursprüngen gegeben. Bei Kant drückt sie sich in der Unterscheidung zwischen dem aktiven und dem passiven Staatsbürger aus. Die »zur Gesetzgebung vereinigten Glieder einer . . . Gesellschaft, d.i. eines Staats, heißen Staatsbürger«, und ihre wesentlichen Attribute sind Freiheit und Gleichheit. Er fügt dann aber das dritte Attribut, nämlich das der »bürgerlichen Selbständigkeit« hinzu, worunter er die Fähigkeit versteht, »seine Existenz und Erhaltung nicht der Willkür eines anderen im Volke, sondern seinen eigenen Rechten und Kräften als Glied des gemeinen Wesens verdanken zu können«. Nur wer diese Fähigkeit habe, sei (aktiver) Staatsbürger, »nicht bloß Staatsgenosse«[13]. An anderer Stelle heißt es: »Derjenige nun, welcher das Stimmrecht in dieser Gesetzgebung hat, heißt ein Bürger (Citoyen, d.i. Staatsbürger, nicht Stadtbürger, Bourgeois). Die dazu erforderliche Qualität ist, außer der natürlichen (daß es kein Kind, kein Weib sei), die einzige: daß er sein eigener Herr . . . sei, mithin irgendein Eigentum habe . . ., welches ihn ernährt«[14].

Während der Begriff der Staats*angehörigkeit* die Grenze zu den Fremden und Ausländern zieht, zieht der Begriff der Staats*bürgerschaft* im Innern die soziale Grenze zwischen denjenigen, die die »dazu erforderliche Qualität« besitzen, und allen anderen Staatsangehörigen. Im Grunde war damit gewissermaßen ein eigenständiger politischer Stand, der »allgemeine Staatsstand«, geschaffen worden, der

12 Hierzu *J. Habermas* Staatsbürgerschaft und nationale Identität. St. Gallen 1991; *Oberndörfer* Wert der Stastsbürgerschaft (FN. 3), S. 62 ff.; *U. K. Preuß* Revolution, Fortschritt und Verfassung. 2. erw. Aufl. Frankfurt/M. 1993, Kap. 7.

13 Metaphysik der Sitten, Werkausgabe Bd. VIII, S. 432 f.

14 Über den Gemeinspruch . . ., Werkausgabe XI, S. 151.

als Träger politischer Herrschaft fungiert[15]. Es ist die »Aktivbürgerschaft«, die auch heute Trägerin der politischen Demokratie ist und durchaus nicht mit dem Volk, das der Ursprung aller Staatsgewalt ist, identisch ist. Die Trennung zwischen aktiven und passiven Staatsbürgern, zwischen Untertanen und Bürgern oder zwischen Staatsangehörigen und Staatsbürgern - dies sind jeweils nur unterschiedliche Bezeichnungen für denselben Sachverhalt der sozialen Beschränkung des Staatsbürgertums - machte es staatstheoretisch und verfassungsrechtlich möglich, politische Herrschaft durch »das Volk« zu legitimieren, ohne die soziale Exklusivität der Herrschenden aufzugeben. »(U)nter ›Volk‹ versteht man immer nur diejenigen Menschen, die in Betracht kommen. In Betracht kommt aber bis zu der großen Demokratisierung des 19. Jahrhunderts immer nur ein kleiner Kreis«[16].

Die Geschichte des 19. Jahrhunderts ist dann in der Tat auch eine Geschichte der Beseitigung der sozialen Exklusivität des Staatsbürgerstatus. Der allmähliche Abbau von Vermögens-, Eigentums-, Bildungs-, Alters- und schließlich Geschlechtsqualifikationen für den Zugang zum staatsbürgerlichen Status und der mit ihm verbundenen Rechte - die Rechte des ›einfachen status civitatis‹, d.h. der Mitwirkung an der politischen und an der Staatswillensbildung - ist das Kennzeichen der Entwicklung zur egalitären staatsbürgerlichen Gesellschaft des 20. Jahrhunderts. Zu erinnern ist in diesem Zusammenhang schließlich auch an eine weitere mühevoll erkämpfte Garantie staatsbürgerlicher Gleichheit, die sich bereits in einigen Verfassungen des süddeutschen Frühkonstitutionalismus, aber auch in der preußischen Verfassung von 1848 findet und die schließlich auch in Art. 33 Abs. 3 des Grundgesetzes Eingang gefunden hat, nämlich die Gewährleistung gleicher bürgerlicher und staatsbürgerlicher Rechte unabhängig vom religiösen Bekenntnis[17]. Das richtete sich einerseits gegen konfessionelle Diskriminierungen, zum anderen aber auch gegen den Ausschluß der Juden aus dem Staatsbürgertum. Die Erweiterung des Staatsbürgertums, gewissermaßen der Prozeß der Verallgemeinerung des »Staatsstandes«, ist nicht nur in Frankreich, wo dies ganz augenfällig ist, sondern durchaus auch in Deutschland aufs engste mit der Herausbildung des säkularen und demokratischen Verfassungsstaates verbunden.

3. Noch sehr undeutliche Konturen hat jenes Bedeutungsfeld des Bürgerbegriffes, das mit dem Konzept der Bürgergesellschaft bzw. der Civil Society assoziiert ist. Dieses ist freilich selbst keineswegs geklärt. Orientiert man sich an seiner politisch-polemischen Bedeutung für die Formierung und das Selbstverständnis der gegen die kommunistischen Regime kämpfenden dissidenten Gruppen in Ost-

15 Vgl. *R. Grawert* Staatsvolk und Staatsangehörigkeit, in: HdBdStR I, § 14, S. 663-690, 685 [Rz. 47].
16 *H. Krüger* Allgemeine Staatslehre. Stuttgart 1964, S. 158.
17 Vgl. AK-GG-*Ridder*, 2. Aufl., Rz. 16 zu Art. 33 Abs. 1-3.

und Mitteleuropa, so wird immerhin klar, daß die Idee der Zivilgesellschaft zuallererst ein Aufstand der Einzelnen und ihrer Gewissen gegen das Zwangsgehäuse des Etatismus darstellt. Zugleich läßt sie sich wohl auch als die begriffliche Umschreibung für die immer wieder lebendig werdende Sehnsucht der Menschheit verstehen, durch wechselseitige vernünftige Verständigung, Konsens und herrschaftsfreie Kommunikation ihre gemeinsamen Angelegenheiten zu ordnen. Die Teilnahme an diesen Prozessen der Vergesellschaftung durch vernünftige Verständigung konstituiert die Rolle des Bürgers.

Im Konzept der Bürgergesellschaft wird das Politische dem Staat und seiner allwissenden und allmächtigen Souveränität entzogen und in der Lebenssphäre der Individuen verankert. Angesichts der offenkundigen Krise der sozialen und politischen Gestaltungsfähigkeit des Staates ist die Idee einer politischen Ermächtigung der Bürger in dem Sinne, daß die Lösung der Ordnungsprobleme moderner komplexer Gesellschaften deren Selbstordnungsfähigkeit anvertraut wird, nicht unplausibel. Ob das Konzept tatsächlich tragfähig ist, muß hier unerörtert bleiben[18]. Falls dies der Fall sein sollte, sei auf eine mögliche Konsequenz für den Begriff des Bürgers hingewiesen. Es könnte dann nämlich zu einer Erosion des Egalitarismus des in der französischen Revolution erkämpften Staatsbürgertums kommen. Der Bürger der Zivilgesellschaft definiert ja seine politische Existenz nicht mehr primär und ausschließlich über die Zugehörigkeit zu einer egalitären Staatsbürgernation, sondern über die Mitgliedschaft zu partikulären Gruppen, kulturellen Milieus, Traditionen und Wertgemeinschaften mit je spezifischen Selbstverständnissen und Identitäten, durch die sie auch gleichzeitig ein Recht auf Anderssein und auf Partikularität zur Geltung bringen.

Die Entmachtung, oder, neutraler ausgedrückt, der Bedeutungsschwund der ökonomisch und kulturell homogenisierenden und politisch egalitären Staatsnation zugunsten der Selbstorganisationsfähigkeit der Individuen muß daher mit innerer Notwendigkeit die Auflösung des Staatsbürgerstatus und seines Kernelementes, der Gleichheit, zur Folge haben. Wenn ganz im Sinne der Rousseau'schen Konstruktion politischer Herrschaft der Bürgerstolz in der Staatsbürgernation und die daraus resultierende Kraft zur Solidarität darauf beruhte, daß jeder Staatsbürger im Anderen stets auch sich selbst begegnete und daß er Pflichten, die er Anderen auferlegte, kraft jener elementaren staatsbürgerlichen Gleichheit auch stets sich selbst auferlegte, so ist für den Bürger der Zivilgesellschaft das Gegenteil wahr: der Andere ist und bleibt auch als Mit-Glied derselben politischen Gesamtheit ein Anderer, ja häufig genug ein Fremder, und als einander Fremde müssen sie doch *ein* Gemeinwesen bilden. Das ist der politische Kern des Konzepts der Zivilgesellschaft.

Bürger dieser Zivilgesellschaft zu sein bedeutet nichts weniger als die Bürde der

18 Vgl. hierzu die Arbeit von *B. Peters* Die Integration moderner Gesellschaften. Frankfurt/M. 1993, insbes. S. 230 ff.

Herstellung gesellschaftlicher Kohärenz und Handlungsfähigkeit auf den eigenen Schultern tragen zu müssen, d.h. das unentbehrliche Maß politischer Einheit kraft der Anstrengung der eigenen Vernunft- und Verständigungsfähigkeit herstellen und dabei die Eigenheit, den Eigensinn, die Fremdheit und das Anderssein der Mit-Bürger respektieren zu müssen. Vielleicht liegt die heutige Krise der Politik ja darin, daß der Egalitarismus und Zentralismus der Staatsbürgergesellschaft gegenüber den gesellschaftlichen Bedürfnissen nach Differenzierung, Individualisierung, Pluralität und Partikularität zunehmend versagt, während sich aber gleichzeitig die zivilgesellschaftliche Alternative eines repolitisierten Bürgerstatus als viel zu anspruchsvoll erweist, als daß sie in der Lage wäre, das staatsbürgerliche Ordnungsmodell abzulösen. Es scheint, daß wir trotz seiner unübersehbaren Krise noch einige Zeit auf seine schützenden Leistungen angewiesen sein werden.

III. Die Spannung zwischen der politischen und der sozialen Dimension des Staatsbürgerstatus

Die enge Verbindung mit einem fragwürdig gewordenen Etatismus ist nicht der einzige Ansatzpunkt für eine kritische Untersuchung der Tragfähigkeit des seit dem Ende des 18. Jahrhunderts als Errungenschaft gefeierten Staatsbürgerstatus. Es gibt darüberhinaus noch eine andere problematische Entwicklung, die mit der polizei- und sozialstaatlichen Tradition zusammenhängt, innerhalb der sich das Staatsbürgerrecht in Deutschland entwickelt hat.

1. Hier spielt zunächst wiederum mehr die oben als erste erwähnte Dimension der Staatsangehörigkeit eine prominente Rolle. Im Allgemeinen Landrecht für die Preußischen Staaten (ALR) aus dem Jahre 1794, das einen wichtigen Schritt im Prozeß der Umwandlung der ständisch-zersplitterten Gesellschaft in einen egalitären Untertanenverband darstellte, findet sich im 19. Titel des 2. Teils unter der Überschrift »Von Armenanstalten und anderen milden Stiftungen« eine Vielzahl von – in der damaligen Zeit höchst modernen – Regelungen über Armenfürsorge. Repressiv-polizeiliche Maßnahmen wie das Verbot der Bettelei stehen neben armenfürsorgerischen Pflichten des Staates, »für die Ernährung und Verpflegung derjenigen Bürger (sic!) zu sorgen, die sich ihren Unterhalt nicht selbst verschaffen ... können«[19]. Was in unserem Zusammenhang jedoch bedeutsamer ist, ist der Versuch des ALR, in den Haufen von Armut und Elend so etwas wie eine Ordnung dadurch hereinzubringen, daß es zwischen »einheimischen Armen« und »fremden Bettlern« unterscheidet und darüber hinaus die Verantwortlichkeit für die Bewältigung des Problems unter Familien, Korporationen, Kommunen und dem Staat gerecht zu verteilen trachtet.

19 § 1 II 19.

Diese Sorge um die Armen, die Bettler, Heimatlosen, Gestrauchelten, kurz: den »Pöbel« ist durch jene Mischung aus polizeilich-repressiven und polizeistaatlich-eudämonistischen Motiven gekennzeichnet, die vor allem für den preußischen Absolutismus charakteristisch ist. Aber es verbirgt sich dahinter das viel größere Problem eines seit der Mitte des 18. Jahrhunderts stetig steigenden Bevölkerungswachstums, das im Verein mit der allmählichen Erosion ständischer Bindungen und Lebenszusammenhänge nicht nur zu massenhafter Pauperisierung, sondern vor allem auch zu vielfältigen Wanderungen führt. Auswanderungen nach Übersee, in andere Staaten sowie Binnenwanderungen, durch die die überkommene feste Zuordnung von Personen zu familiären Gemeinschaften, Korporationen und Gemeinden in großem Umfange durcheinander gewirbelt wird, ist das Charakteristikum der Zeit seit der Mitte des 18. Jahrhundert, und im Grunde sind diese Wanderungen auch am Ende des 19. Jahrhunderts in Europa noch keineswegs abgeschlossen.
Darauf bezog sich Hegels Beobachtung, daß die bürgerliche Gesellschaft die Familie als die Quelle der Subsistenz und Versorgung des Individuums zerstöre und daß »die allgemeine Macht . . . die Stelle der Familie bei den Armen« übernehme[20]. Mit innerer Notwendigkeit stellte sich dann die Frage, wer denn nun unter den Trägern der »allgemeinen Macht« für wen verantwortlich sei. Nach dem ALR mußten die Stadt- und Dorfgemeinden für die Ernährung sowohl ihrer eigenen verarmten Mitglieder und Einwohner wie auch für die ausdrücklich Aufgenommenen sorgen, während für alle übrigen, die nicht unter diese Kategorien fielen, der Staat aufkommen mußte. Das Konzept der Armenverantwortlichkeit der Heimatgemeinden mußte jedoch in dem Maße versagen, in dem durch die Wanderungen die Heimatverbundenheit mit der Ursprungsgemeinde für eine immer größere Zahl von Menschen verlorenging, so daß aufgrund dieser sozialstrukturellen Entwicklung der Staat notwendigerweise in die Verantwortung hineinwuchs. Aber ebenso wie die Abgrenzung zwischen gemeindlicher und staatlicher Verantwortung sich aufgrund der Wanderung verschob, ergaben sich auch Abgrenzungsprobleme auf der Ebene der Staaten selbst, weil ja die Staaten allenfalls Verantwortung für ihre »einheimischen« Armen und Bettler zu übernehmen bereit waren, nicht aber für Fremde. Wer aber Fremder war und wer einheimisch, ließ sich mangels klarer und zwischen den Staaten verbindlicher Kriterien keineswegs sicher feststellen, so daß der Wanderungsdruck die Notwendigkeit klarer Zugehörigkeitsregeln erzeugte. Sie wurden dann auch zunächst auf rein zwischenstaatlicher Ebene in meist bilateralen Heimat- und Auslieferungsverträgen zwischen den Einzelstaaten geschaffen[21].

20 *G.F.W. Hegel* Rechtsphilosophie, §§ 238, 241.
21 *Grawert* Staat und Staatsangehörigkeit (Anm. 5), S. 135 f.

2. Hier zeigt sich nun erneut, daß, wie wir das bereits bei Kant gesehen haben, die Begriffe der Staatsbürgerschaft und der Staatsangehörigkeit im Sinne der Herrschaftsunterworfenheit nicht notwendigerweise deckungsgleich sind. Schon Napoleon hatte in Frankreich zum Zwecke der Vermehrung der Steuer- und Wehrpflichtigen einen möglichst großzügigen Begriff der Staatsangehörigkeit vertreten, indem er das einfache ›ius soli‹ durchzusetzen versuchte, während umgekehrt im Hinblick auf die politischen Mitwirkungsrechte des Staatsbürgertums eine intensivere, engere Beziehung zum Land erforderlich war, so daß hier das engere Kriterium des ›ius sanguinis‹ bestimmend war[22]. Offenkundig kollidierten hier machtstaatliche und demokratische Prinzipien miteinander. Im Falle der Bewältigung des Wanderungsdrucks trafen polizei- und wohlfahrtsstaatliche Gesichtspunkte auf solche der politischen Integration, aber hier lag zunächst eine durchaus gleichsinnige Interessenlage vor. Denn ebenso wie es für die Integration des Untertanenverbandes - von einem Staatsbürgerverband kann man in den deutschen Staaten in der ersten Hälfte des 19. Jahrhunderts noch nicht sprechen - wichtig war, auf jene Bindungen des Individuums zum Staat zu verweisen, die sich aus der Abstammung und dem dauerhaften Wohnsitz ergaben, so war es auch das Interesse des Staates, Vagabundierende und nirgends Verankerte, Arme und Bettler nach Möglichkeit abzuweisen. In beiden Fällen ergab sich also eine Tendenz zu einer Verengung sowohl des Staatsangehörigen- wie auch des Staatsbürgerbegriffs. Dennoch blieben beide Begriffe aufgrund ihrer unterschiedlichen Funktionalität in einem Spannungsverhältnis zueinander und wurden in Deutschland erst mit der Reichsverfassung von 1871 kongruent. Denn die Festlegung der Kriterien der Staatsangehörigkeit in den erwähnten Heimat- und Auslieferungsverträgen diente dem Zweck einer rationalen Verteilung der nicht-seßhaften verarmten Massen unter die jeweiligen Staaten, und nach diesen Kriterien mußten auch Heimat- und Staatenlose zugeordnet werden. Der Staatsbürgerbegriff dagegen ist, was sich natürlich im besonderen auch im Zensuswahlrecht ausdrückt, ein Begriff für die Seßhaften und »Situierten«, d.h. für den »politischen Stand« der in Deutschland noch darum kämpft, zum Träger der politischen Herrschaft zu werden: Das Bürgertum. Zwischen diesen beiden Gruppen gab es die seßhaften Armen, für die die Vorenthaltung des Staatsbürgertums naturgemäß am deutlichsten und schmerzlichsten spürbar war.

3. Wir stoßen damit auf ein Grundmotiv der Kategorie des »Staatsbürgers«, nämlich den inneren Widerspruch zwischen seiner politischen und seiner sozialen Dimension. Im liberalen Konzept des Staatsbürgertums, wie es klassisch in der Rechtslehre Kant's zum Ausdruck kommt, hängt der Zugang zu dieser exklusiven Rolle von der sozial-ökonomischen Selbständigkeit ab. In der Staatspraxis am Ende des 18. und vor allem in der ersten Hälfte des 19. Jahrhunderts wird zwar

22 Vgl. *Grawert* Staat und Staatsangehörigkeit (Anm. 5), S. 159 f.

aus den genannten zweckspezifischen Gründen der Verteilung der Armut der Kreis der »Staatsangehörigen« relativ großzügig gezogen, dafür aber verengt sich der Begriff der Staatsbürgerschaft insofern, als mit dem Begriff des Heimatrechtes das Element der dauerhaften Verankerung, um nicht zu sagen der Verwobenheit mit der Gemeinde als zusätzliches Kriterium hinzutritt. Allenthalben dominiert das Abstammungsprinzip, das noch am ehesten zu garantieren scheint, daß die zum Privileg degenerierende Staatsbürgerschaft ihre Grundlage letztlich in Seßhaftigkeit und Heimatbindung hat. Damit verschärft sich natürlich die soziale Exklusivität des Staatsbürgerstatus. Denn die soziale Entwurzelung, die der Prozeß der Industrialisierung und Urbanisierung für breite Schichten erzeugt, wird damit zugleich auch zur massenhaften Entrechtung, nämlich zum massenhaften staatsbürgerlichen Rechtsausschluß. Marx begreift diese innere soziale Begrenzung des Begriffs des Staatsbürgers als ein Strukturmerkmal der bürgerlichen Gesellschaft, wenn er in der Kritik der Hegel'schen Rechtsphilosophie die Aufspaltung des Individuums in »den Menschen« und in »den Staatsbürger« als Ausdruck der für die bürgerliche Gesellschaft charakteristischen Abstraktion angreift, die das Individuum an der realen Aneignung seiner gesellschaftlichen Beziehungen hindere[23]. Soweit Marx mit dieser Kritik den Ausschluß des Proletariats aus dem Staatsbürgertum des bürgerlichen Staates geißeln wollte, hat sich diese Kritik heute erledigt. Wie erwähnt, ist die Rolle des Staatsbürgers im Verlaufe der letzten 100 Jahre sozial immer inklusiver geworden. Fortschreitende Inklusion ist aber nur das Kennzeichen *einer* Entwicklungslinie. Es gibt auch die entgegengesetzte Tendenz zur Exklusivität. Die Unterscheidung der französischen Deklaration von 1789 in Menschen und Bürger hat gleichzeitig auch zunehmend den Charakter einer Abgrenzung angenommen, und paradoxerweise desto mehr, je demokratischer die Staaten im Verlaufe der letzten 200 Jahre geworden sind. In dem Maße nämlich, in dem die Zugehörigkeit zu einem Staat ihre überwiegend kompetenzrechtliche Bedeutung im Sinne der staatlichen Zuständigkeit für die Objekte seiner Fürsorge und polizeilichen Kontrolle verliert und den Ausdruck einer inneren Verbindung des Individuums zu »seinem« Staat annimmt, aus der sich – gegebenenfalls emotional angehauchte – wechselseitige Verbindlichkeiten ergeben, entstehen Kriterien der Mitgliedschaft, die womöglich schwerer zu erfüllen sind als die für das bürgerlich-liberale Konzept charakteristischen sozial-ökonomischen Voraussetzungen für das volle Staatsbürgerrecht. Die mit der Staatsangehörigkeit, vor allem aber dem Staatsbürgerstatus häufig assoziierte Treuepflicht als Ausdruck einer inneren Verbindung zwischen dem Staatsmitglied und »seinem« Staat mag zwar auf vordemokratischen Traditionen beruhen; sie läßt sich jedoch durchaus auch mit bestimmten demokratischen Elementen des modernen Staates verbinden, dann nämlich, wenn nicht der *Demos*, sondern der *Ethnos* zur Grundlage des

23 *K. Marx* Kritik der Hegel'schen Rechtsphilosophie, in Marx/Engels Werke, Bd. 2.

Volksbegriffs der Demokratie gemacht wird[24]. Wenn die Mitgliedschaft des Individuums im Staat und die daraus resultierenden wechselseitigen Rechte und Pflichten nicht mehr primär nach erworbenen, sondern nach zugeschriebenen und für das Individuum nicht verfügbaren Kriterien definiert wird, dann wird der Begriff des Staatsbürgertums definitiv zu einem Instrument der Ausgrenzung. »Ethnischer Säuberung« und physischer Vernichtung gehen nicht selten juristische Grenzziehungen voraus. So diente die im nationalsozialistischen Reichsbürgergesetz vom 15. Sept. 1935[25] vorgenommene Unterscheidung zwischen Staatsangehörigen und Reichsbürgern als juristisches »Vehikel der Diskriminierung und Entrechtung von ... ›Nichtariern‹«[26], da nur ethnisch besonders qualifizierte Staatsangehörige (= Herrschaftsunterworfene), nämlich »Staatsangehörige deutschen oder artverwandten Blutes«, den Status des Reichsbürgers (= Staatsbürger im hier erörterten Sinne) erwerben konnten.

4. Aber nicht nur die ethnische Perversion des Volksbegriffs der Demokratie führt zur Exklusivität des Staatsbürgerbegriffs. Auch der wohlfahrtsstaatlichen Dimension der modernen Demokratie wohnt eine derartige Tendenz inne, obwohl deren historischer Ausgangspunkt eindeutig auf staatsbürgerliche Inklusion gerichtet war.
Bereits im 19. Jahrhundert hatte Lorenz von Stein in Deutschland die Idee, die für das politische System desintegrativen Wirkungen des sozialen Konflikts zwischen Bürgertum und Proletariat durch das Konzept eines sozialen Königtums zu überwinden[27]. Dem lag offenkundig der Gedanke zugrunde, durch die soziale zur politischen Inklusion zu gelangen. Knapp 100 Jahre später entwickelte der englische Soziologe und Sozialpolitiker T.H. Marshall das Konzept, durch die Erweiterung der bürgerlichen und staatsbürgerlichen um soziale Rechte des Einzelnen den Begriff ›Citizenship‹ sozial zu unterfangen und damit den für das 19. Jahrhundert charakteristischen und auch in der ersten Hälfte des 20. Jahrhunderts noch keineswegs überwundenen Widerspruch zwischen den universalistischen Prämissen des Staatsbürgertums und seiner realen sozialen Exklusivität zu beseitigen[28].
Marshall machte die Annahme, daß die sozialpolitisch beförderte Integration der Unterklassen sie letztlich zur Wahrnehmung der anspruchsvollen Rolle des

24 Vgl. *E. Francis* Ethnos und Demos. Soziologische Beiträge zur Volkstheorie. Berlin 1965 sowie dazu *M. R. Lepsius* Ethnos und Demos, in ders. Interessen, Ideen und Institutionen. Opladen 1990, S. 247 ff.; vgl. auch *G. Leibholz* Volk, Nation und Staat im 20. Jahrhundert. 3. Aufl. Hannover 1958.

25 RGBl. I, 1146.

26 AK-GG-*Ridder*, 2. Aufl., Art. 16 Abs. 1 Rz. 5.

27 Vgl. hierzu *E.-W. Böckenförde* Lorenz von Stein als Theoretiker der Bewegung von Staat und Gesellschaft zum Sozialstaat, in ders. Staat, Gesellschaft, Freiheit. Studien zur Staatstheorie und zum Verfassungsrecht. Frankfurt/M. 1976, S. 146-184.

28 *T. H. Marshall Class, Citizenship, and Social Movement* (Garden City, 1965), dt. Bürgerrechte und soziale Klassen. Zur Soziologie des Wohlfahrtsstaates. Frankfurt/New York 1992.

Staatsbürgers befähigen werde: die Anerkennung eines *Rechtes* auf Teilhabe am Reichtum der Gesellschaft schaffe eine Verbindung und eine wechselseitige Loyalität unter den Berechtigten, die zu einem wichtigen Bestandteil des politischen Integrationsprozesses werde[29]. Man kann sich allerdings auch einen anderen, umgekehrten Zusammenhang zwischen der Verteilung sozialer Wohltaten einerseits und dem Staatsbürgerstatus andererseits vorstellen[30]. Danach würde der Einzelne wohlfahrtsstaatliche Leistungen nur dann und nur deshalb bekommen, weil er bereits aufgrund anderer Kriterien in einer engeren Bindung zum Gemeinwesen, d.h. zum Staat steht und aufgrund dieser engeren Bindung es gewissermaßen »verdient«, sozialstaatliche Wohltaten der Gemeinschaft zu empfangen. In Zeiten verschärfter Verteilungskonflikte ist dieses Muster der Zuteilung sehr naheliegend, und so ist es nicht erstaunlich, daß die allenthalben in Westeuropa stattfindende Abschließung gegenüber Immigranten aus ärmeren Weltgegenden mit dieser Kombination von wohlfahrtsstaatlichen und staatsbürgerschaftlichen Argumenten gerechtfertigt wird.

Im Grunde wird damit für wohlfahrtsstaatliche Leistungen wiederholt, was für die Verteilung politischer Rechte als selbstverständlich angesehen wird. Auch in bezug auf die Ausübung des Wahlrechts und des Zugangs zu öffentlichen Ämtern läßt sich fragen, ob der Einzelne Mitglied der politischen Gemeinschaft dadurch wird, d.h. in eine innere Loyalitätsbeziehung zu ihr tritt, daß man ihm staatsbürgerliche Rechte wie z.B. das Wahlrecht gewährt, oder ob umgekehrt nur derjenige einen Anspruch auf die Zuweisung staatsbürgerlicher Rechte erhält, der sie deswegen »verdient« und ihrer würdig ist, weil er bereits zuvor aufgrund anderer Kriterien Mitglied ist, d.h. in einer vorpolitisch begründeten inneren Beziehung zum politischen Verband steht. Das Zensuswahlrecht beruhte ersichtlich auf dieser letzteren Prämisse: wer sich in der vorpolitischen Sphäre der Gesellschaft durch Besitz und Bildung qualifiziert hatte, erfüllte damit die Eintrittsbedingungen für die Mitgliedschaft im politischen Verband und erhielt daher die aus der Mitgliedschaft fließenden politischen Rechte. Hierauf beruhte die für viele bürgerliche Verfassungsstaaten des 19. Jhdts. charakteristische Spaltung in passive und aktive Staatsbürger, oder, in anderer Terminologie, in Staatsangehörige und Staatsbürger.

In der egalitären Demokratie des 20. Jhdts. ist diese Spaltung natürlich nicht mehr möglich, da jeder Staatsangehörige zugleich Staatsbürger und damit nach Maßgabe bestimmter gesetzlicher Voraussetzungen im Besitz der staatsbürgerlichen Rechte ist. Umgekehrt bedeutet das auch, daß Nicht-Staatsangehörige vom Genuß staatsbürgerlicher Rechte ausgeschlossen sind[31]. So wiederholt sich wo-

29 *Marshall* Bürgerrechte und soziale Klassen (Anm.28), S. 62.
30 Vgl. hierzu *R.E. Goodin* Reasons for welfare. The political theory of the welfare state. Princeton N.J. 1988, S. 83 ff.
31 Vgl. *BVerfGE* 83/37.

möglich die für das 19. Jhdt. dominierende Spaltung in Staatsangehörige und Staatsbürger heute in der noch schärferen Unterscheidung zwischen Staatsangehörigen und Fremden. Wie sich der passive Untertan und bloße Staatsangehörige im bürgerlichen Verfassungsstaat des 19. Jahrhundert durch Bildung und Besitz als mitgliedschaftsfähig für den Staatsbürgerverband qualifizieren mußte, so muß sich heute ein Individuum als Staatsangehöriger qualifizieren, um dadurch die Mitgliedschaft im Staatsbürgerverband zu erwerben. Man wird nicht dadurch zum Mitglied des Staatsbürgerverbandes, daß man die Rechte auf Mitwirkung und Gestaltung erhält, sondern umgekehrt: man muß Mitglied sein, um die im Verband geltenden Rechte auf Mitwirkung im politischen Verband genießen zu können.
Dieser Unterschied wäre an sich nicht weiter bedeutsam, wenn dadurch nicht eine erneute Spaltung in passive Untertanen und aktive Staatsbürger entstünde. Die durch die weltwirtschaftlichen Verflechtungen und Ungleichheiten ausgelösten modernen transnationalen Wanderungen haben bekanntlich die Zahl derjenigen erheblich wachsen lassen, die als Fremde – und mithin als bloße »Untertanen« – der politischen Gewalt ihres Aufnahmestaates unterworfen sind, ohne selbst aktiv an der Ausübung der Herrschaft beteiligt zu sein. Sie werden von der aus den Staatsangehörigen bestehenden Aktivbürgerschaft beherrscht, die kraft des demokratischen Prinzips Träger der staatlichen Herrschaft sind. In einigen westeuropäischen Staaten sind damit bereits ca. 8 % der erwachsenen Bevölkerung von der Ausübung staatsbürgerlicher Rechte und damit von der Mitbestimmung über den Charakter der Herrschaft, der sie unterliegen, ausgeschlossen. Die fragwürdige Rechtfertigung für diese demokratietheoretische Anomalie liegt in der immer häufiger und immer deutlicher ausgesprochenen Voraussetzung, daß sich für die Staatsangehörigkeit nicht jeder qualifiziert, der dem Staat physisch und sozial angehört, sondern nur diejenigen, die aufgrund des Merkmals der biologischen Abstammung gewissermaßen kraft Natur einer sei es ethnisch, sei es kulturell oder religiös, jedenfalls einer vorpolitisch definierten Nation angehören.
Der vielfach erhobenen Forderung, dauerhaft in der Gesellschaft lebenden, d.h. physisch und sozial ihr angehörenden Fremden die Staatsbürgerschaft ihres Aufnahmelandes zu geben und sie damit auch rechtlich-politisch zu Mitgliedern zu machen, liegt die entgegengesetzte Logik der politisch definierten Staatsbürgernation zugrunde[32]: wer dauerhaft einer Herrschaft unterworfen ist, muß nach demokratischen Prinzipien an ihrer Konstitution und Ausübung beteiligt sein; er erwirbt dadurch den Anspruch auf die Verleihung elementarer demokratischer Mitwirkungsrechte, und wenn dies aus verfassungsrechtlichen Gründen die vorgängige Verleihung der Staatsangehörigkeit voraussetzt, so gebietet dann also das demokratische Prinzip die Einbürgerung – die Staatsangehörigkeit (und die daran geknüpften staatsbürgerlichen Rechte) beruht nicht auf der vorgängigen Mitglied-

32 Vgl. hierzu *M. R. Lepsius* Der europäische Nationalstaat, in ders. Interessen, Ideen und Institutionen. Opladen 1990, S. 256 ff.

schaft in einer vorpolitischen Nation, sondern das auf den universellen Menschenrechten der Freiheit und Gleichheit beruhende Recht auf demokratische Teilhabe begründet den Anspruch auf Mitgliedschaft im politischen Verband, d.h. auf Staatsangehörigkeit. Dies ist die Logik des Arguments von T. H. Marshall: die Ausstattung des Individuums mit den Rechten des Staatsbürgers schafft »die Loyalität freier Menschen, die mit Rechten ausgestattet sind und durch ein gemeinsames Recht geschützt werden«[33].
Die tatsächliche Entwicklung weist freilich in die entgegengesetzte Richtung. Politische Rechte beruhen auf vorpolitischen Qualifikationen. Zunehmend zeigt sich die Tendenz, den Zugang zur Staatsangehörigkeit nach dem Prinzip des ›ius sanguinis‹ zu regeln, d.h. die engere und emotional als verbindlicher angesehene Beziehung zu einem politischen Gemeinwesen über die Abstammung zu regeln und damit den Status des Fremden selbst dort noch aufrechtzuerhalten, wo infolge sozialer Integration gar keine Fremdheit mehr besteht. So kann es dazu kommen, daß, wie eine amerikanische Autorin mit verwundertem Blick auf Deutschland bemerkt, »ein Bauer aus Kasachstan, dessen Vorfahren von 250 Jahren das Rheintal verließen, . . . als Deutscher (gilt). Auch ein Pole, dessen Großvater in der Wehrmacht diente, ist nach dem Grundgesetz ein Deutscher, nicht dagegen ein Berliner in der zweiten Generation, dessen Großeltern aus Ankara kamen«[34].

IV. Die rechtliche Ambivalenz der Staatsbürgerschaft

Die staatsrechtliche Konstruktion der Staatsbürgerschaft erscheint paradox. Einerseits ist sie - als Mitgliedschaft in einem konkreten politischen Verband, der, wie ein Club, nicht jedermann aufnimmt - exklusiv; die mit ihr verbundenen Rechte und Pflichten lassen sich allem Anschein nach nur partikularistisch begründen. Andererseits beruht sie aber, wie die französische Déclaration von 1789 bezeugt, auf einer menschenrechtlichen und damit universalistischen Rechtfertigung. Tatsächlich liegt darin jedoch kein Widerspruch. Der Universalismus der Menschenrechte und der Partikularismus der einzelnen Staatsnationen und der an sie geknüpften Mitgliedschaftsrechte können nicht nur miteinander koexistieren, sondern sie bedingen einander. Es macht keinen Sinn, die Kategorie des Weltbürgers als Beleg dafür herbeizuzitieren, daß das Staatsbürgertum eine historisch obsolete Kategorie sei. Es ist nicht so, daß der Weltbürger universalistisch begründet sei, der Staatsbürger sich aber nur partikularistisch legitimieren lasse. Das Ideal des Weltbürgers ist staatsrechtlich gesprochen lediglich eine Metapher. Bürgerrechte, d.h. Rechte auf politische Freiheit, können nur existieren, weil es einen durch sie verpflichteten Adressaten gibt, und dieser ist nicht die Weltgemein-

33 *Marshall*, a.a.O. (Anm. 28), S. 62.
34 Zit. nach FAZ v. 14. Nov. 1992, S. 30.

schaft, sondern stets nur die moderne Nation. Wie Hanna Arendt und Ramond Aron übereinstimmend festgestellt haben, war in den 30er und 40er Jahren dieses Jahrhunderts der Entzug der Staatsbürgerschaft für ungezählte Menschen das erste Glied einer langen Kette von Entrechtungen, an deren Ende für viele die physische Vernichtung stand[35].

Der Schutz der Rechte des Einzelnen durch die Menschheit funktioniert nur dann, wenn es einen auf die Staatsbürgerschaft verpflichteten Nationalstaat gibt. Das haben zuletzt erst wieder die muslimischen Bewohner von Bosnien-Herzegowina erfahren müssen. Das erklärt, warum die Vereinten Nationen in ihrer Allgemeinen Erklärung der Menschenrechte vom 10. Dezember 1948 in Artikel 15 das Menschenrecht auf Staatsangehörigkeit proklamiert haben.

Andererseits kann man deutlich erkennen, daß der Status der Staatsbürgerschaft um so exklusiver wird, je mehr er mit sozialen Berechtigungen aufgefüllt wird. Nicht zufällig haben die neu entstandenen Verfassungen der postkommunistischen Länder Ost- und Mitteleuropas, die im Gegensatz zu den meisten westeuropäischen Verfassungen soziale Rechte kodifizieren, diese Verbürgungen den eigenen Staatsangehörigen vorbehalten. Die sozialen Rechte übernehmen hier die gleiche Funktion, die im 19. Jahrhundert die staatsbürgerlichen Rechte, insbesondere das Wahlrecht eingenommen haben[36]. Sie sind Modi der politischen Integration, verstärken damit aber gleichzeitig den exklusiven Charakter des staatsbürgerlichen Status. Diese Länder sind extrem arm und häufig auch innerlich zerrissen, und so kann man diese Strategie immerhin verstehen. Aber in den reichen Industrienationen ist die Staatsbürgerschaft nicht weniger exklusiv. Was einmal in der Theorie von T. H. Marshall als eine Strategie der Inklusion in den Status der Staatsbürgerschaft gedacht war, nämlich die Erweiterung der politischen Freiheitsrechte um soziale Grundrechte, wendet sich in ein besonders wirkungsvolles Mittel der Exklusion. War im 19. und im beginnenden 20. Jahrhundert die soziale Deprivierung die Ursache für die staatsbürgerliche Rechtlosigkeit, so ist es am Ende des 20. Jahrhunderts umgekehrt: Der Mangel an staatsbürgerlicher Berechtigung führt zu sozialer Benachteiligung, nicht selten Deprivierung. Die in allen wohlhabenden Industriestaaten zu beobachtende Tendenz, die Sozialleistungen für Asylbewerber zu kürzen, ist nur das aktuellste Beispiel für diesen Zusammenhang.

In dem heutigen Zustand weltwirtschaftlicher Verflechtung, intensiver Wanderungen, politischer Integrationsprozesse (vor allem in Europa), weltweiter Arbeitsteilung und intensivster ökonomischer und sozialer Ungleichheit im globalen Maßstab befindet sich die Kategorie der Staatsbürgerschaft im Umbruch. Daß sich

35 *R. Aron* ›Is Multinational Citizenship Possible?‹, in *social Research,* 41 (1974), 638-656; *H. Arendt* The Origins of Totalitarianism. New York/London 1973, S. 290 ff., 296 f.

36 Hierzu *U. K. Preuß* Patterns of Constitutional Evolution and Change in Eastern Europe, in J. J. Hesse/N. Johnson (eds.) Constitutional Change in Europe. Oxford 1993 (im Erscheinen).

ihre im Zeitalter der Nationalstaaten unangefochtene Ordnungsfunktion, den Umfang der Personalhoheit des Staates und seiner Verantwortlichkeiten in den internationalen Beziehungen zu definieren, abschwächt, erkennt man beispielhaft daran, daß inzwischen Regierungen für ihre dauerhaft im Ausland lebenden Staatsbürger die doppelte Staatsbürgerschaft fordern[37]. Auch in ihrer innerstaatlichen Funktion der Vermittlung politischer Freiheit, demokratischer Teilnahme und sozialstaatlicher Teilhabe ist die Staatsbürgerschaft Belastungen ausgesetzt, denen sie kaum noch gewachsen ist. Allenthalben wird diese Grundkategorie des egalitär-demokratischen Verfassungsstaates zu einem Instrument der Abgrenzung, des Ausschlusses, der Ungleichheit bis hin zur Diskriminierung. Dank dieser sozialen Exklusivität droht sie den Zusammenhang mit der Idee der politischen Freiheit zu verlieren. Am Ende des 20. Jahrhunderts sind wir von einer Welt von Bürgergesellschaften, in denen die dauerhafte physische Zugehörigkeit zu einer politischen Gemeinschaft stets zugleich auch eine soziale Teilhabe bedeutet und schließlich das Recht auf politische Mitgliedschaft einschließt, noch weit entfernt.

37 So die türkische Ministerpräsidentin lt. einer Meldung der FAZ v. 22. Sept. 1993.

Verfassungsfragen multikultureller Gesellschaften

Ingo Richter

Multikulturelle Gesellschaften zeichnen sich durch die Gleichzeitigkeit einander widerstrebender Tendenzen aus, der gesellschaftsbildenden integrationistischen und der gesellschaftszerstörenden segregationistischen Tendenz.[1] Auf der einen Seite beobachten wir die Entstehung und Entwicklung einer durch den Massenkonsum und die Massenkommunikation bedingten Universalkultur, mag es sich nun um die sogenannte Hochkultur oder die sogenannte Popularkultur handeln: Das neue »Album« von Michael Jackson erscheint weltweit gleichzeitig - United Colors of Benetton; der Gast, der in einem Hyatt- oder Marriott-Hotel aufwacht, weiß nicht, in welcher Stadt, in welchem Land, ja in welchem Erdteil er sich befindet - die internationale postmoderne Architektur. Andererseits führt der facettenreiche »Fundamentalismus« immer neu zu grundsätzlicher kultureller Divergenz: Khomeinis Mordbefehl gegen Salman Rushdie stellt die weltweite Geltung der liberalen Geistesfreiheit grundsätzlich in Frage; Polizeibehörden verbieten in den USA den Rap in den Discos, weil sie dessen disruptive Gewalt fürchten; die »wiedergeborenen Christen« gründen Privatschulen, weil sie ihre Kinder der Darwin'schen Evolutionstheorie nicht aussetzen wollen.[2]

Europa ist im doppelten Sinne eine multikulturelle Gesellschaft:

1. Die Europäische Gemeinschaft besteht aus einer Mehrzahl von Nationalkulturen und bildet dennoch starke universalkulturelle Strukturen aus.

1 Die Diskussion um die multikulturelle Gesellschaft hat in den vergangenen zehn Jahren in Deutschland eine Fülle gesellschaftspolitischer Veröffentlichungen hervorgebracht; zusammenfassend mit weiteren Literaturhinweisen *Schulte:* Multikulturelle Gesellschaft: Chance, Ideologie oder Bedrohung, Aus Politik und Zeitgeschichte, B 23-24 1990, S. 3, insbesondere Anmerkung 2; in der juristischen Diskussion wird das Thema dagegen selten so formuliert, sondern vielmehr in den traditionellen juristischen Kategorien des Ausländerrechts, des Staatskirchenrechts und der Religionsfreiheit, allenfalls im Rahmen der Rechtsstellung traditioneller kultureller Minderheiten abgehandelt. Vgl. aber z.B. *Huber:* Multikulturelle Gesellschaft und Grundgesetz, Die Neue Gesellschaft/Frankfurter Hefte 1990, S. 914 ff.; *Füssel:* Multikulturelle Erziehung in Deutschland, Recht der Jugend und des Bildungswesens (RdJB) 1993, S. 228 ff. In den USA gibt es seit Jahren eine vehemente Debatte, die insbesondere um das multikulturelle Curriculum geführt wird; so bereits von *Lynch:* The Multicultural Curriculum 1983, einem Engländer, oder *Sleeter/Grant:* An Analysis of Multicultural Education in the United States, Harvard Educational Revue 1987, S. 421 ff.; zu den USA und Kanada neuerdings *Moran:* Die Zukunft multikultureller Erziehung in den Vereinigten Staaten von Amerika, RdJB 1993, S. 236 ff.; und *Masemann:* Canada: Ausschau nach pluralistischen Bildungsformen, RdJB 1993, S. 248 ff. Die neueste politische Debatte um die multikulturelle Gesellschaft wurde in den USA durch die Veröffentlichung von *Schlesinger Jr.:* The Disuniting of America, 1992, ausgelöst.

2 *Hufen* hat kürzlich die Erscheinungsformen des Fundamentalismus und ihre Eigenschaften dargestellt, verfassungsrechtlich bewertet und verfassungstheoretisch erklärt: Fundamentalismus als Herausforderung des Verfassungsrechts und der Rechtsphilosophie, Staatswissenschaften und Staatspraxis 1992, S. 455 ff.

2. Die Mitgliedsländer, die - zum Teil nach heftigen Kämpfen - im Laufe von Jahrhunderten diese Nationalkulturen geschaffen haben, lassen neuerdings wieder starke desintegrative Tendenzen erkennen, die zum Teil auf traditionalen regionalkulturellen und zum Teil auf neuerlichen migrationsbedingten Gründen beruhen.

Ich will in diesem - Ernst Gottfried Mahrenholz gewidmeten - Beitrag der folgenden Frage nachgehen:

Unter welchen Voraussetzungen läßt das Grundgesetz eine multikulturelle Gesellschaft zu und welche Grenzen setzt es ihr? (Die - insbesondere nach Maastricht - reizvolle Perspektive des EG-Rechts lasse ich dagegen fallen.)

Mahrenholz hat sich in seinen frühen staatskirchenrechtlichen Arbeiten[3] zwar nicht mit der Multikulturalität, wohl aber eingehend mit der Multikonfessionalität des Staates beschäftigt, eine negatorische Neutralität des Staates gegenüber den Kirchen abgelehnt, eine verbandspluralistische Konzeption vertreten, folglich die Bi-Konfessionalität der Bundesrepublik und die konfessionelle Parität in der Kulturpolitik kritisiert und demgemäß die Gewährung gleicher kultureller Entwicklungsmöglichkeiten und die gleiche Teilhabe am öffentlichen Bereich für alle (Religionsgemeinschaften!) gefordert. Würde er dies heute wohl auch für alle Kulturgemeinschaften verlangen?

I. Der Kulturstaat - drei Modelle

Die Bundesrepublik ist nach Art. 20 Abs. 1 GG ein demokratischer und sozialer Bundesstaat, - als »Kulturstaat« wird sie ausdrücklich jedenfalls nicht bezeichnet. Das Land Bayern ist dagegen nach Art. 3 seiner Verfassung von 1946 ein »Rechts-, Kultur- und Sozialstaat«. Bedeutet dieser Unterschied etwas? Wohl eher nicht, denn eine »Zusammenschau« aller kulturverfassungsrechtlichen Regelungen des Grundgesetzes ergibt sehr wohl ein Ergebnis, das es rechtfertigt, auch die Bundesrepublik nach ihrer Verfassung als Kulturstaat zu bezeichnen.[4] Nur was bedeutet dies? - Was ist ein »Kulturstaat«? Welche Folgerungen ergeben sich hierfür für das »Verfassungsrecht der multikulturellen Gesellschaft«?

Diese Frage will ich beantworten, bevor ich die Bedeutung einzelner verfassungsrechtlicher Regelungen für die multikulturelle Gesellschaft untersuche.

3 Die Kirchen in der Gesellschaft der Bundesrepublik, 2. Aufl. 1971; Kirchen als Korporationen, Zeitschrift für evangelisches Kirchenrecht 1975, S. 43 ff.; Kulturpolitik und konfessionelle Neutralität, Neue Sammlung 1964, S. 164 ff.

4 So auch zusammenfassend die Analyse von *Haeberle* in seinem Einleitungsaufsatz zu dem von ihm herausgegebenen Sammelband »Kulturstaatlichkeit und Kulturverfassungsrecht« 1982, S. 1 ff. sowie die auf der Staatsrechtslehrertagung 1983 gehaltenen Referate von *Steiner* und *Grimm*, s. VVdStRL 42, S. 7 ff.; 38 ff.; 46 ff.; 63 ff.

Ich will drei Modelle aus der Literatur aufnehmen, die das Verhältnis des Staates zur Kultur angesichts der Existenz einer multikulturellen Gesellschaft auf unterschiedliche Art und Weise zu formulieren geeignet sind.

I.1 Der Kulturstaat als Nationalstaat

In diesem Modell besteht eine Einheit von Staat und Kultur, die jede Form der Multikulturalität ausschließt oder jedenfalls folgerichtig in den Bereich des Privaten verweist, wo sie den Schutz der kulturellen Grundrechte genießt. Angehörige anderer Kulturen sind nach diesem Modell Fremde, die einen Gaststatus genießen oder gegebenenfalls sich eines verfassungsrechtlichen Minderheitenstatus erfreuen mögen.

In der Staatstheorie hat Ernst Rudolf Huber den Begriff des »Kulturstaates« im Anschluß an die politische Romantik, insbesondere an Fichte, herausgearbeitet und ihn seinen verfassungsgeschichtlichen Analysen zugrunde gelegt.[5] Huber stellt fünf Bedeutungen des Begriffs fest[6], nämlich erstens den Grundsatz der Staatsfreiheit der Kultur, zweitens die staatliche Förderung der Kultur, drittens die Gestaltung der Kultur durch den Staat, viertens die Gestaltung des Staates durch die Kultur und schließlich - als Krönung sozusagen - die Selbstdarstellung des Staates als Kulturgebilde. Huber hat sich nicht für eine der fünf - durchaus einander widersprechenden - Auffassungen entscheiden können, sondern einer zukünftigen Integration aller fünf Bedeutungen das Wort geredet, bei der sich ihre Widersprüchlichkeit »in der Selbstverwirklichung des Staates als Kulturgebilde aufhebt«[7].

Dieser Staat als Kulturgebilde ist für Huber der Nationalstaat, der auf einer staatlichen Entscheidung für ein bestimmtes »Wertsystem«, für eine »Wertordnung« beruht, die den Bürgern im Staat gemeinsam ist. Angesichts der »Verspätung« des Nationalstaates in Deutschland im 19. Jahrhundert vermochte dieser Kulturstaat allerdings sogar als »Kulturnation« zu existieren, ja die Einheit der Kulturnation erwies sich - nach Huber - stärker als der Partikularismus der deutschen Kleinstaaten. Dieser Kulturstaat setzte sich nach seiner Vollendung als Nationalstaat im »Kulturkampf« gegen die gesellschaftlichen Mächte, die seine Hoheit und Einheit in Frage stellten, also insbesondere gegenüber dem politischen Katholizismus, politisch durch. Zwar soll sich der Kulturstaat nicht in der Nationalkultur erschöpfen, sondern der ihm zugrunde liegende Kulturbegriff beansprucht universelle Geltung, was nichts anderes heißen kann, als daß das Wertsystem des deutschen Nationalstaates universelle Geltung beansprucht. Das von Huber als einzig-

5 *Huber:* Zur Problematik des Kulturstaats (1958) sowie ders., Deutsche Verfassungsgeschichte seit 1789, Bd. IV (1969), S. 637 ff.

6 *Huber:* Zur Problematik des Kulturstaats, in: *Haeberle:* a.a.O., S. 122 ff.

7 *Huber:* a.a.O. (1969), S. 638.

artig bezeichnete Phänomen der Entstehung des deutschen Staates aus der deutschen Kulturnation und der damit begründete Anspruch wird auch »nicht aus der Welt der geschichtlichen Tatsachen verdrängt, daß er der heutigen Generation durch die Zwischenepoche einer verhängnisvollen Re-Barbarisierung verdunkelt erscheint«, - womit offensichtlich der Nationalsozialismus, der nun in der Tat seine nationale Kulturstaatsidee hegemonial durchzusetzen versuchte, als »Unfall der Geschichte« erscheint.
Für eine Multikulturalität ist in diesem Kulturstaat kein Platz; Multikulturalität ist der Einheit der Kultur in einem Kulturstaat geradezu entgegengesetzt. Das Verfassungsrecht mag Minderheiten kulturelle Rechte einräumen, den Polen und Sorben, den Dänen und Elsässern im Staatsgebiet des Deutschen Reiches von 1871, gründen läßt sich der Staat auf die Vielfalt der Kultur nicht. Dennoch gab es diese Vielfalt der Kultur sogar in Preußen, das Huber als Prototyp des Kulturstaates vorstellt: das römisch-katholische Köln und das protestantisch-junkerische Ostpreußen, die »habsburgischen« Schlesier und die »dänischen« Schleswig-Holsteiner und mittendrin die brodelnde Multikulturalität der schnellwachsenden Reichshauptstadt Berlin; selbst die preußische Gesellschaft am Ende des 19. Jahrhunderts spiegelt eine Wirklichkeit dieser Kulturstaatsidee nicht, sondern verweist sie in den Bereich der deutschen Ideologie. Das mag in Frankreich anders gewesen sein und noch heute anders sein: Die Durchsetzung des Nationalstaates gegen den Partikularismus, die strikte Trennung von Kirche und Staat und die Begründung der Nationalkultur als »religion civile« mögen eine Einheitlichkeit und Universalität französischer Kultur prägen, die im französischen Staat nach wie vor ihre Heimstatt findet. Es ist deshalb durchaus bezeichnend, daß die französische Hegemonial- und Kolonialpolitik als Kulturpolitik gewirkt und viele Völker zu »Kulturfranzosen« gemacht hat und daß deshalb heute islamische Kopftücher in der französischen Grundschule eine wesentlich stärkere Herausforderung darstellen als in jedem anderen Land der Erde, um an einen neuerlichen Konflikt in Paris zu erinnern.

I.2 Der Kulturstaat als immerwährender Integrationsvorgang

Dieses Modell setzt nicht die Einheit der Kultur, sondern ganz im Gegenteil die Vielfalt der Kultur voraus, es ist ein pluralistisches, aber integrationistisches Modell. In der Gesellschaft gibt es eine bunte Vielfalt kultureller Strömungen und Interessen, mögen sie nun ethnisch oder religiös, künstlerisch oder populistisch geprägt sein. Der Kulturstaat gestattet diese Vielfalt, gewährleistet aber gleichzeitig die Ausübung staatlicher Herrschaft und die Handlungsfähigkeit der staatlichen Organe, ja man kann sogar die Vielfalt der Kultur geradezu als eine Voraussetzung staatlicher Macht bezeichnen.
Der Staat als Integration kultureller Vielfalt hat in der Geschichte der Staatstheorie viele »Väter«. In der Weimarer Republik haben - angesichts der Zersplitterung

der politischen Kräfte - insbesondere Rudolf Smend und Hermann Heller die Integrationsfunktion des Staates als Kulturaufgabe beschrieben und beschworen. Da für die Geschichte der Bundesrepublik insbesondere die Integrationslehre Rudolf Smends bedeutsam geworden ist, will ich mich hier auf seinen Ansatz beschränken.[8] Smends Ausgangspunkt ist nun freilich nicht die Kultur, und schon gar nicht die Multikulturalität, sondern die theoretische Begründung und Begründbarkeit des Staates, den er weder als rein normatives Gebilde im Sinne Kelsens noch als Teil der sozialen Wirklichkeit im Sinne Hellers und auch nicht als Entscheidung nach Carl Schmitt, sondern als geistige Wirklichkeit rein geisteswissenschaftlich verstanden wissen will. Diese geistige Wirklichkeit des Staates besteht nach Smend nun in Integrationsvorgängen, die er als personale Integration (»Führertum«), als funktionelle Integration (Verfahren) und als sachliche Integration (Sinn) versteht und beschreibt. Die sachliche Integration wird von Smend auch als Kultur verstanden. Es berührt heute etwas merkwürdig, wenn diese kulturelle Integrationsfunktion zunächst anhand von Symbolen wie Fahnen und Wappen, an Staatsoberhäuptern, bei Zeremonien und Festen festgemacht wird. Das Kaiserreich war eben noch nicht lange vorüber, und wir entdecken heute die integrative Funktion von Symbolen auch durchaus wieder. Grundlegend und wesentlich für den Kulturstaat ist jedoch die Bestimmung der Grundrechte als Elemente der sachlichen Integration: »Sie richten das Zeichen auf, in dem das deutsche Volk einig sein soll . . .«[9]. Der Sinn des Grundrechtskataloges besteht darin, »ein Wert- oder Güter-, ein Kultursystem (zu) normieren und er normiert es als nationales, als das System gerade der Deutschen, das allgemeinere Werte national positiviert, eben dadurch aber den Angehörigen dieser Staatsnation etwas gibt, einen materialen Status, durch den sie sachlich ein Volk, untereinander und im Gegensatz gegen andere, sein sollen. Dieser Doppelsinn des Kultursystems und der Volksintegration ist die positive Orientierung der Grundrechte, . . .«[10]

Wie können nun die Grundrechte ein solches »Zeichen« nationaler Einigkeit setzen, wo sie doch wesentlich Freiheitsrechte sind, die der Vielfalt der politischen, wirtschaftlichen und eben auch kulturellen Interessen Ausdruck verleihen? Die Meinungsfreiheit z.B. ist doch die Freiheit der Vielfalt unterschiedlicher Meinungen, die Koalitionsfreiheit z.B. die Freiheit antagonistischer sozialer Kräfte und die Privatschulfreiheit - um nur ein Beispiel aus dem kulturellen Bereich zu wählen - die Freiheit zur Gründung katholischer wie evangelischer, aber auch muslimischer oder atheistischer oder sonstiger religiöser oder nicht-religiöser Schulen. Soll die Einigkeit in der Freiheit zur Nicht-Einigkeit bestehen? - Nein, Rudolf

8 Grundlegend für die Integrationslehre »Verfassung und Verfassungsrecht« (1928), abgedruckt in: *Smend:* »Staatsrechtliche Abhandlungen« 1955, S. 119 ff.; zu *Heller:* Staatslehre (1934), 6. Aufl. 1983, S. 12 ff.

9 *Smend:* a.a.O. (1955), S. 262.

10 Ebd., S. 264.

Smend vertrat kein pluralistisches, sondern ein integrationistisches Modell der Demokratie, in dem Freiheit die Freiheit zur Herstellung nationaler, auch kultureller Einheit, aber nicht die Freiheit zur Entwicklung und Aufrechterhaltung nationaler Zwietracht und kultureller Divergenz sein sollte. Die Grundrechte verstand Smend als »Werte-, Güter- und Kultursystem«, und zwar durchaus in einem materialen Sinne, d.h. daß die Freiheit im Grunde nur darin bestand, die nationalen, ökonomischen und kulturellen Divergenzen zu überwinden und sich auf die »allgemeinen Werte« des deutschen Volkes zu einigen.
Smend löste den Widerspruch zwischen der Freiheit zur Vielfalt und der Freiheit zur Einheit durch die Vorgabe eines Wertesystems, dessen Akzeptanz das Ziel des Integrationsprozesses sein sollte. Eine multikulturelle Gesellschaft, in der die Vielfalt der Werte erhalten und staatlich gefördert wird, lag weit außerhalb der Smend'schen Vorstellung. Smend ging es - ebenso wie Huber - um ein nationales, ein deutsches Wertesystem, nur daß dieses nicht - wie bei Huber - vorgegeben war, sondern im Prozeß der Integration erst erreicht werden sollte.
Wesentliche Bestandteile der Smend'schen Integrationslehre hat das Bundesverfassungsgericht in seiner Rechtsprechung zur Auslegung und Anwendung des Grundgesetzes der Bundesrepublik übernommen. Die Rechtsprechung insbesondere zu den politischen Grundrechten atmet den Smend'schen Geist: der Parteienwettbewerb als Grundlage der parlamentarischen Demokratie; die Vereinigungs- und Versammlungsfreiheit als Ausdruck vorparlamentarischer Interessenkonflikte; der Wettstreit der Meinungen als Voraussetzung der Bildung der öffentlichen Meinung. Ebenso wie bei Smend sollen die Grundrechte, auch nach der Rechtsprechung des Bundesverfassungsgerichts, der Bildung eines Wertesystems dienen; d.h., die Entscheidung über ein solches Wertesystem ist grundsätzlich offen. So bleibt es ein Geheimnis, wie angesichts der Vielzahl und Vielfalt der »Werte« ein Wertekonsens gewährleistet werden kann. Im Bereich des parlamentarischen Systems ist die Entscheidungsfindung einfach; es gilt das Mehrheitsprinzip. Im Bereich der politischen Meinungsbildung kann das Bundesverfassungsgericht im Grunde nur durch Organisations- und Verfahrensregelung Einfluß nehmen, gewährleisten kann die Rechtsprechung weder die Bildung eines Konsenses noch gar die Herstellung eines bestimmten Konsenses. Die Integration ist deshalb eigentlich nichts mehr als eine Hoffnung, die sich - überraschenderweise - immer wieder erfüllt und die wohl nur durch den Glauben an die einigende Kraft der Vernunft begründet erscheint.
In einer multikulturellen Gesellschaft kann man nun nicht davon ausgehen, daß sich ein Wertekonsens durch »die einigende Kraft einer gemeinsamen Vernunft« herstellen wird, denn gerade an einer solchen »gemeinsamen Vernunft« fehlt es, wenn die »Kulturen« über das Wertesystem grundsätzlich unterschiedliche Auffassungen haben. In den USA, in denen jahrzehntelang die Vorstellung des »melting-pot« herrschte, in dem die verschiedenen Meinungen und Werte zu einer »amerikanischen« zusammengeschmolzen werden, scheint sich ein grundlegender

Wandel zu vollziehen, der die gesellschaftliche Integration grundsätzlich in Frage stellt.[11] In den westeuropäischen Gesellschaften steht das Aufbrechen weiterer multikultureller Gegensätze möglicherweise noch bevor, in den osteuropäischen hat es bereits begonnen.

I.3 Der paritätische Kulturstaat

Fehlen in einer multikulturellen Gesellschaft die unitarischen Voraussetzungen für den »Kulturstaat als Nationalstaat« und läßt sich der »Kulturstaat als Integration« in einer solchen Gesellschaft ebenfalls nicht begründen, so bleibt die Frage, ob der Kulturstaat auf der Grundlage der Parität der Kulturen denkbar ist. Der »paritätische Kulturstaat« ist - ebenso wie der »integrationistische Kulturstaat« - auf die Vielzahl der Kulturen gegründet, doch im Gegensatz zu diesem sucht jener sie nicht zu integrieren, sondern sie zu erhalten und ihnen ihren je eigenen Teil (Parität) zu geben. Nicht nur die Unterschiedlichkeit der Kulturen wird anerkannt, sondern auch ihre grundsätzliche Unvereinbarkeit und damit ihr eigenständiges Lebensrecht innerhalb der Gemeinschaft.

Eine universelle Theorie der Parität läßt sich nicht ohne weiteres begründen; wohl aber gibt es wohlbegründete partikulare Theorietraditionen, nämlich im Staatskirchenrecht und im kollektiven Arbeitsrecht. Die verfassungsrechtliche Aufhebung der Einheit von Thron und Altar (Art. 137 Abs. 1 Weimarer Verfassung: »Es besteht keine Staatskirche«) verwies die Religion nicht in den Bereich des Privaten, sondern regelte das Verhältnis von Staat und Kirche im Wege der Koordination, wobei der sogenannte Öffentlichkeitsauftrag der Kirchen und ihre Parität mehr unterstellt als begründet wurden.[12] So konnte Mahrenholz für die Bundesrepublik sagen, daß zwar der Satz gilt: »Es besteht keine Staatskirche«, daß an seine Stelle jedoch der Satz getreten sei: »Es bestehen zwei Staatskirchen«, der »paritätische Kirchenstaat« sozusagen.

Die Gestaltung der Wirtschafts- und Arbeitsbedingungen in der Bundesrepublik überläßt das Grundgesetz in Art. 9 Abs. 3 der Gestaltung durch frei gebildete Vereinigungen. Das Bundesarbeitsgericht und das Bundesverfassungsgericht haben es jedoch zugelassen, daß sich das paritätische Tarifvertragssystem der Sozialpartner entwickeln konnte: Kapital und Arbeit stehen sich gleichberechtigt und waffengleich gegenüber; die Koalitionen müssen »gegnerfrei« und nicht nur tariffähig, sondern auch »tarifmächtig« sein.[13] Da die Arbeitgeber- und Arbeitnehmerorganisationen - weit über die tarifvertragliche Regelung der Wirtschafts- und Arbeitsbedingungen hinaus - an der Gestaltung der staatlichen Wirtschafts-

11 So z.B. *Schlesinger Jr.*: a.a.O.

12 Zusammenfassende Charakterisierung durch *Hollerbach:* Grundlagen des Staatskirchenrechts, in: *Isensee/Kirchhof:* Handbuch des Staatsrechts, Bd. VI 1989, S. 546 ff.

13 Grundlegend BVerfGE 58, 233 - Deutscher Arbeitnehmerverband.

und Arbeitspolitik und -verwaltung beteiligt werden, entsteht ein »paritätischer Wirtschafts- und Sozialstaat«, in dem Arbeitgeber- und Arbeitnehmerorganisationen neben den Kirchen die wesentlichen Pfeiler der sogenannten neo-korporativistischen Gesellschaft sind.[14]
In einer multikulturellen Gesellschaft könnte man sich die Ausdehnung neo-korporativistischer Elemente auf den Bereich der Kultur durchaus vorstellen. In Ansätzen zeichnet sie sich bereits ab.[15] Es werden Ausländerbeauftragte, Ämter für multikulturelle Angelegenheiten geschaffen; Kommunen gründen Beiräte für Ausländerfragen; Ausländer werden - als solche - in pluralistisch zusammengesetzte Gremien berufen, bei den Kirchen, den Rundfunkanstalten, in Schulen und Hochschulen, - zusammenfassende Darstellungen fehlen einstweilen;[16] doch der Trend ist deutlich.
Für die traditionellen kulturellen Einheitsstaaten Europas stellte die aus der Regionalisierung und der Migrationspolitik folgende multikulturelle Entwicklung eine Herausforderung dar, von der man noch nicht sagen kann, ob sie zur Herausbildung »paritätischer Kulturstaaten« führen wird. Nach dem Dahinschmelzen der auf die multikulturelle Integration gegründeten »melting-pot«-Ideologie müssen wir jetzt wohl eher davon ausgehen, daß die »paritätischen Kulturstaaten« Schweiz und Belgien das Vorbild abgeben könnten, in denen - bei allen Schwierigkeiten - die multikulturelle Staatenbildung gelungen ist.[17]

II. Multikulturalität

Verfassungsfragen der multikulturellen Gesellschaften lassen sich weder stellen noch beantworten, wenn man nur kulturstaatliche Modelle der bezeichneten Art im Kopf hat; die Verfassung verzichtet weitgehend auf globale Bekenntnisse, und wo immer sie Zielbestimmungen nennt, wie insbesondere in Art. 20 Abs. 1 GG, bedürfen diese der Konkretisierung. Der Begriff der multikulturellen Gesellschaft eignet sich nur wenig, um konkrete Rechte und Pflichten, Organisations- und Verfahrensregelungen herauszuarbeiten. Die verschiedenen Begriffe sind vielmehr

14 Zur Konzeption des Neo-Korporativismus, s. *von Alemann* (Hrsg.): Neokorporativismus, 1981.
15 Verfassungsrechtlich z.B. für das Schulrecht begründet von *Jach:* Schulvielfalt als Verfassungsgebot, 1991.
16 So z.B. die Übersicht von *Geiss:* Mittler zwischen den Kulturen. Zur Arbeit des Ausländerbeauftragten der Bundesregierung in: *Micksch:* Deutschland - Einheit in kultureller Vielfalt, 1991, S. 48 ff.; *Kallenbach:* Vietnamesen, Angolaner und Mosambikaner - Erfahrungen aus Erfurt, in: *Micksch:* a.a.O., S. 54 ff.; ein Modell stellt vor *Wolf-Almanasreh:* Migrationspolitik in der Verwaltung? Multikulturelle Politik in öffentlichen Institutionen, in: *Micksch:* a.a.O., S. 66 ff.; ausführlich für Frankfurt am Main: *Cohn-Bendit/Schmid:* Heimat Babylon, 1992, S. 283 ff.
17 Zur schweizerischen multikulturellen Politik s. *Steiner:* Gewaltlose Politik und kulturelle Vielfalt, 1970; zur belgischen Staatspraxis s. *McRae, Kenneth:* Conflict and Compromise in Multilingual Societies - Belgium, 1986.

verfassungspolitisch geprägt - entweder durch pluralistische Ausgangspositionen[18] oder durch nationale Traditionen[19]. Konkrete juristische Antworten lassen sich dagegen besser geben, wenn man an die verschiedenen sozialen Lagen anknüpft, in denen multikulturelle Fragen eine Rolle spielen und aus denen der Begriff der multikulturellen Gesellschaft »herausdestilliert« wurde. So läßt sich der Rechtsstatus der Ausländer in Deutschland relativ gut bestimmen; über den Rechtsstatus der Religionsgemeinschaften und ihrer Mitglieder wurden ganze Bibliotheken geschrieben; auch über die nationalen Minderheiten gibt es eine kleine, aber aussagekräftige juristische Literatur. Schwieriger wird es zwar, wenn man den Begriff auf die Geschlechterdifferenz oder auf die sexuelle Orientierung überträgt; doch auch hierzu enthält die Rechtsordnung deutliche Aussagen. Wo aber liegt das Problem? - Die Schwierigkeit besteht darin, daß der Begriff der multikulturellen Gesellschaft einerseits als politisches Schlagwort im Zusammenhang mit der Migrationspolitik verwandt wurde und wird und dort der Alternative »Integration oder Rotation« entgegengesetzt wird und daß er andererseits historische und aktuelle gesellschaftspolitische Divergenzerscheinungen - wie insbesondere Multikonfessionalität oder Geschlechterdifferenz - gemeinsam zu erklären und zu regeln vorgibt, was die Kraft des Begriffes hoffnungslos überfordert.
Ich möchte an dieser Stelle anders vorgehen, indem ich den Begriff auf die Kultur im engeren Sinne beschränke und deshalb die politischen und ökonomischen Verhältnisse ausklammere. Ich unterscheide zu diesem Zweck vier Dimensionen der »Kultur«:

1. *Werte* (Ich gehe davon aus, daß kulturelle Unterschiede in unterschiedlichen Einstellungen zu Grundfragen des gesellschaftlichen Zusammenlebens zum Ausdruck gelangen).
2. *Kreativität* (Die Herstellung künstlerischer Produkte, die Gestaltung der Lebenswelten, der Gebrauch der Konsumartikel sind Ausdruck individueller und kollektiver kultureller Identität).
3. *Kommunikation* (Der Ausdruck der Wertordnung und die Vermittlung von Kulturbedürfnissen der Medien, insbesondere der gesprochenen Sprache, aber auch der Massenkommunikationsmittel wie Literatur, Presse, Rundfunk und Fernsehen).
4. *Sozialisation* (Jede Generation versucht, die jeweils nächste Generation auf die individuellen und kollektiven Lebensbedingungen vorzubereiten und in sie einzuführen).

Ich gehe davon aus, daß sich die Menschen in multikulturellen Gesellschaften in diesen vier Dimensionen wesentlich voneinander unterscheiden.

18 *Micksch:* Multikulturelles Zusammenleben, Theologische Erfahrungen, 1983, S. 33 ff.
19 Etwa sogenanntes Heidelberger Manifest, Frankfurter Rundschau vom 4. 3. 1982; zitiert nach *Schulte:* a.a.O., S. 6.

III. Die kulturelle Freiheit und ihre gesellschaftlichen Grenzen

Die kulturelle Freiheit der Bürger wird durch die Grundrechte geschützt, und zwar unabhängig von der Staatsangehörigkeit, denn nur die »politischen Grundrechte« der Art. 8, 9 Abs. 1 und 11 GG sind an die Staatsbürgerschaft gebunden, und auch das Wahlrecht hat der Gesetzgeber den Deutschen vorbehalten[20] - von dem merkwürdigen Fall des Art. 12 GG, der Berufsfreiheit ausdrücklich nur den Deutschen gewährt, einmal abgesehen. Diese kulturelle Freiheit aller Bürger wird durch das Diskrimierungsverbot des Art. 3 Abs. 2 und 3 GG zusätzlich abgesichert, das jedenfalls Benachteiligungen aus Gründen des Geschlechtes, der Abstammung, Rasse, Sprache, Heimat und Herkunft sowie des Glaubens und der Religion untersagt, also aus Gründen, die sehr wohl eine kulturelle Identität und damit eine kulturelle Divergenz zu begründen geeignet sind. Der allgemeine Gleichheitssatz gebietet - in seiner Ausprägung als Willkürverbot - darüber hinaus, daß die kulturelle Divergenz auch durch den Staat gewährleistet bleibt, denn der Staat darf - nach der berühmten Formel, daß Gleiches nicht ungleich, Ungleiches aber auch nicht gleich behandelt werden darf[21] - kulturelle Unterschiede ohne sachlichen Grund nicht vernachlässigen und deshalb auch nicht einebnen. Die kulturelle Freiheit der Bürger darf durch den Staat vielmehr nur begrenzt werden, wenn das Grundgesetz ihre Einschränkung aus gesellschaftlichen Gründen gestattet. Die oben bezeichneten Dimensionen der Kultur lassen sich nun dergestalt auf einer »Skala« anordnen, daß der Staat in der vierten Dimension, der Sozialisation, die kulturelle Freiheit am ehesten und am weitesten einschränken darf und in der ersten Dimension, der Werte, am seltensten und am wenigsten. Es gilt also ein »Gesetz der gestuften kulturellen Freiheit«, das der sogenannten Stufentheorie der Berufsfreiheit[22] nachgebildet ist. Für multikulturelle Gesellschaften bedeutet dies, daß auch die Freiheit von kulturellen Minderheiten im Bereich der Werte am größten ist und in den Dimensionen der Kreativität, Kommunikation und Sozialisation zunehmend aus gesellschaftlichen Gründen eingeschränkt werden kann. Dies gilt es, im einzelnen darzustellen.

III.1 Die kulturelle Freiheit im Bereich der Werte

Alle Menschen in der Bundesrepublik sind frei, bestimmte Deutungen der Welt und des Lebens (Sinn) und bestimmte Urteile über menschliches Verhalten (Moral) zu haben; dies gilt auch und insbesondere, wenn diese Deutungen und Urteile kulturell bestimmt sind. Diese Freiheit wird durch das Grundgesetz als Mei-

20 Vom Bundesverfassungsgericht auch auf das kommunale Wahlrecht ausgedehnt und grundsätzlich gebilligt, BVerfGE 83, 37.
21 BVerfGE 3, 58, 135 ff. und seither in ständiger Rechtsprechung.
22 BVerfGE 7, 377 und seither in ständiger Rechtsprechung.

nungsfreiheit, als Glaubens- und Gewissensfreiheit sowie als Freiheit der Persönlichkeitsentfaltung nach den Art. 5, 4 und 2 Abs. 1 GG geschützt; sie ist zugleich Ausdruck der Würde des Menschen und fällt dann auch unter den Schutz des Art. 1 Abs. 1 GG. Daraus folgt, daß nicht nur die Glaubens- und Gewissensfreiheit, die nach Art. 4 GG unbeschränkt gilt, sondern daß auch die Meinungsfreiheit aufgrund von Art. 5 Abs. 2 GG durch die »allgemeinen Gesetze« nicht beschränkt werden kann, soweit es sich wirklich nur darum handelt, bestimmte Deutungen und Urteile zu haben, ohne sie zu kommunizieren. Es folgt daraus weiterhin, daß diese Existenz divergierender Werte weder die »Rechte anderer« noch die »verfassungsmäßige Ordnung« noch gar das »Sittengesetz« im Sinne von Art. 2 Abs. 1 GG beeinträchtigen kann, daß die Existenz divergierender Werte vielmehr Ausdruck der »Rechte anderer« und Sinn dieser »verfassungsmäßigen Ordnung« ist. Diese »verfassungsmäßige Ordnung« bedeutet freilich auch die Absage an ein »einheitliches Sittengesetz«, das eine universalistische Moral vorschreibt.

Der freiheitliche Charakter des Grundgesetzes erlaubt nun in der Tat eine Vielfalt kulturell begründeter Werthaltungen; zum rechtlichen Prüfstein wird die Verfassung jedoch erst, wenn die Einstellungen vom normativen Konsens des Grundgesetzes abweichen. Sind »unverfassungsmäßige« Sinndeutungen und Werturteile erlaubt? Darf man der Auffassung sein, daß für Gotteslästerung die Todesstrafe gelten sollte, daß Frauen kein Wahlrecht haben sollten, daß die Bibel die allein zulässige Deutung der Schöpfungsgeschichte enthält und daß die Juden auf ewig verdammt sind, weil sie Jesus umgebracht haben? – Die Todesstrafe ist bekanntlich durch Art. 102 GG abgeschafft worden; das Frauenstimmrecht ist in allen europäischen Ländern eingeführt (seit kurzem auch in Appenzell!); die Evolutionstheorie ist eine durch die Wissenschaftsfreiheit geschützte Deutung der Entwicklung der Lebewesen; jede völkische Diskriminierung aus religiösen Gründen ist verboten. Dennoch: Man kann auch Meinungen haben, deren Umsetzung in die gesellschaftliche Wirklichkeit verfassungswidrig wäre; handelt es sich um religiös begründete Meinungen, genießen diese sogar den erhöhten Schutz des Art. 4 GG.

Dies ist so selbstverständlich nicht; es ist noch nicht sehr lange her, daß Menschen in Mitteleuropa umgebracht wurden, weil sie bestimmte kulturell und/oder religiös begründete Werte vertraten, und es ist in vielen Ländern der Erde gang und gäbe. Es ist auch durchaus bezeichnend, daß das Thema der Divergenz kultu-rell/religiöser Werte auch bei uns immer noch unter dem Thema der Toleranz abgehandelt wird, so als ob es um die Duldung von etwas an sich »Unangebrachtem«, »Falschem«, »Abwegigem« geht, wo es sich doch in Wirklichkeit um die Wahrnehmung von Grundrechten, also um die gleiche kulturelle Freiheit aller handelt.

Mag es auch in Mitteleuropa zwar keinen »Kulturkampf« geben, dessen Ziel die Beseitigung der multikulturellen Gesellschaft ist; Fälle der Diskriminierung aus kulturellen/religiösen Gründen gibt es trotz Art. 3 Abs. 3 GG zuhauf, und von einer Förderung der kulturellen Divergenz nach Maßgabe des »Ungleichbehandlungsgebotes« des Art. 3 Abs. 1 GG kann keine Rede sein. Das Problem liegt allerdings nicht so sehr im Bereich der ersten Dimension der obigen »Skala«, der Werthaltung an sich, sondern in der Kommunikation derselben, - dazu sogleich mehr!

III.2 Kreativität als Ausdruck kultureller Freiheit

Faßt man »Kultur« in einem weiten Sinne auf, so gehört dazu nicht nur die Kunst im Sinne der »hohen Kunst«, sondern auch die populäre Kultur, früher Volkskunst genannt, die Gestaltung des Alltags insbesondere durch das sogenannte Kunstgewerbe. Schließlich gehört dazu auch die Teilnahme an der Konsumwelt, denn in den alltäglichen Auswahlentscheidungen manifestiert sich Individualität und Identität. Mit dem Begriff der multikulturellen Gesellschaft verbinden viele Menschen sogar in erster Linie Volkskultur und Konsumwelt - Fandango und Falafel sozusagen. In diesen Bereichen ist die multikulturelle Gesellschaft heutzutage nun weitgehend unproblematisch geworden - vorbei sind die Zeiten, in denen Volkslieder für staatsgefährdend gehalten wurden. Problematisch bleibt die Inanspruchnahme kultureller Freiheit durch Kreativität jedoch immer dann, wenn sie sich mit politischen und/oder religiösen Motiven mischt. Sie kann dann allzu leicht die Rechte anderer und/oder die Interessen der Allgemeinheit beeinträchtigen.
Weltanschauliche Gruppen neigen nun einmal dazu, sich scharf gegeneinander abzugrenzen; so liegt es nahe, daß sie Werke und Umwelten schaffen, die den Glauben anderer Weltanschauungsgemeinschaften beeinträchtigen. Die Kulturgeschichte ist voll von blasphemischen Werken der Literatur und der bildenden Kunst, sei es nun, daß diese sich von atheistischer Seite gegen jede Religion oder von einer Religionsgemeinschaft gegen die andere richten. Die Freiheit der Kunst wird durch Art. 5 Abs. 3 GG unbeschränkt geschützt; nach der bekannten Rechtsprechung des Bundesverfassungsgerichts[23] findet sie ihre Grenze jedoch in den verfassungsmäßigen Rechten anderer, insbesondere den Grundrechten - und dazu gehört auch das Recht der ungestörten Religionsausübung nach Art. 4 Abs. 2 GG, das vom Staat - z.B. durch die Bestrafung der Gotteslästerung (heute § 166 StGB) - geschützt wird. Beispiele für die Beeinträchtigung von Gemeinwohlinteressen durch die Ausübung der Religionsfreiheit finden sich ebenfalls in Geschichte und Gegenwart, so z.B. in dem Exklusivitätsanspruch kirchlicher Friedhöfe zu Lasten von Atheisten, denen seuchenpolitische Gesichtspunkte entgegenstehen, oder in der gewaltsamen Durchsetzung des Sabbats, die den Arbeitsfrieden und die Verkehrssicherheit, z.B. auf den Straßen Jerusalems, beeinträchtigt. Der an sich unbeschränkten Freiheit der Religionsausübung nach Art. 4 Abs. 2 GG stehen hier verfassungsrechtlich anerkannte Schutzgüter des Art. 2 Abs. 1

23 BVerfGE 30, 173 und seither in ständiger Rechtsprechung.

und 2 GG entgegen, die im Allgemeininteresse liegen.[24] Die weitgehende Säkularisierung scheint die Probleme multireligiöser Gesellschaften verringert, wenn auch nicht gelöst zu haben. Doch mit dem Auftauchen und der schnellen Verbreitung eines religiösen Fundamentalismus in vielen Religionen kam das längst gelöst geglaubte Problem der religiös bedingten kulturellen Divergenz wieder zum Vorschein.

III.3 Kommunikation im Rahmen kultureller Freiheit

Zur Freiheit, Meinungen zu haben, gehört nach Art. 5 Abs. 1 GG auch die Freiheit, sie zu äußern und zu verbreiten; zur Freiheit, einen Glauben zu haben, gehört nach Art. 4 Abs. 1 GG auch die Freiheit, ihn zu bekennen und nach Art. 4 Abs. 2 GG die ungestörte Ausübung. Kreativität manifestiert sich in der Regel nicht im stillen Raum, sondern im öffentlichen Raum, will vermittelt und verbreitet werden. Die Freiheit der Kunst, soweit es sich denn wirklich darum handelt, umfaßt nach Art. 5 Abs. 3 GG auch die Freiheit zur Reproduktion und Dissemination der Werke. Multikulturelle Gesellschaften zeichnen sich deshalb nicht nur dadurch aus, daß sie Minderheiten gegenüber Toleranz zeigen und ihrer Kreativität Raum gewähren, sondern daß sie die Kommunikation zwischen den Kulturen und in der Öffentlichkeit im allgemeinen gestatten, gestalten und fördern. Die gesellschaftlichen Grenzen dieser Kommunikation werden nun jedoch sehr schnell deutlich.

Die Meinungsfreiheit, die in der ersten Dimension Sinndeutung und moralische Urteile schützt, wird nach Art. 5 Abs. 2 GG durch die sogenannten allgemeinen Gesetze begrenzt, die so ausgestaltet werden können, daß sie den Bürgern zwar ihre privaten Deutungen und Urteile lassen, ihnen die Kommunikation jedoch verwehren. Die Religions- und die Kunstfreiheit, die an sich schrankenlos gewährleistet sind, finden - wie bereits erwähnt - ebenso wie das Recht auf freie Entfaltung der Persönlichkeit ihre Grenze in den verfassungsrechtlich gesicherten Rechten anderer und in der verfassungsmäßigen Ordnung - das besondere Problem »eines Sittengesetzes« im Sinne von Art. 2 Abs. 1 GG soll hier einmal außer Betracht bleiben. Wer den Glauben bekennen und wer künstlerisch wirken will, um dadurch sich selbst darzustellen und andere im Wege der Kommunikation für sich einzunehmen, wird sehr bald an die so gezogenen Grenzen stoßen.

Die wichtigste Aufgabe, die geschützten Rechte der Bürger und den Schutz der verfassungsmäßigen Ordnung zu konkretisieren, übernimmt insbesondere das Strafrecht, das als Rechtsgüterschutzrecht ein allgemeines Gesetz im Sinne von Art. 5 Abs. 1 GG ist. Es schützt z.B. das Leben und die Gesundheit gegen religiös motivierte »Menschenopfer« und kulturell durchgesetzte Körperverletzung, wie z.B. bei Mensuren oder Frisuren. Das Strafrecht schützt das freiheitliche Zusammenleben der Menschen, insbesondere die Gewaltfreiheit, indem es sowohl

24 AK-GG-*Richter*, 2. Aufl., Art. 7, Rz. 18.

die Aggression unter bestimmten Voraussetzungen als Volksverhetzung in § 130 StGB unter Strafe stellt als auch den Gruppenzwang, das Proselytenmachen als Nötigung i.S. des § 240 StGB strafrechtlich erfassen kann - mag die Volksverhetzung auch - wie so häufig - »interkulturell« bedingt sein, und mag die bedrohliche Werbung für die eigenen kulturellen Gruppen auch noch so idealistisch motiviert sein. Kulturelle Minderheiten neigen dazu, die Symbole der anderen kulturellen Mehrheit anzugreifen, ihre Denkmäler, Hymnen, Fahnen, Repräsentanten; das Strafrecht stellt Normen bereit, die diese Symbole schützen, z.B. in den §§ 90 bis 90b StGB; doch diese Normen bedürfen einer einschränkenden Interpretation - bedingt durch die Kommunikationsfreiheit der kulturellen Minderheiten. Im Unterschied zu den ersten beiden Dimensionen der kulturellen Freiheit im Bereich der Werte und der Kreativität wird in der dritten Dimension, der Kommunikation, deutlich, daß der Staat nicht nur die Aufgabe hat, die kulturelle Freiheit der einen zu schützen, sondern auch die kulturelle Freiheit der anderen, wenn sie bedroht ist, so daß der Staat - um eine multikulturelle Gesellschaft möglich zu machen - die Kommunikation regeln muß, z.B. durch eine Rundfunk- und Fernsehverfassung, die allen relevanten Gruppen in multikulturellen Gesellschaften einen angemessenen Zugang zu den Massenmedien sichert.

III.4 Sozialisation in der multikulturellen Gesellschaft

Kommunikation mag in der multikulturellen Gesellschaft ein Problem sein; in einer freiheitlichen multikulturellen Gesellschaft sollte sie jedoch letztlich kein Problem sein, weil wir von der Autonomie und Kompetenz aller Beteiligten ausgehen. Ganz anders ist es jedoch, wenn wir die Frage der Sozialisation in der multikulturellen Gesellschaft stellen, denn jede Form von Erziehung impliziert eine Normfrage: Welches Modell wird der Gesellschaft zugrunde gelegt, für die der Mensch erzogen werden soll? In einer multikulturellen Gesellschaft stellt sich deshalb ganz schlicht die Frage, ob es einer kulturellen Gruppe gestattet wird, ihr eigenes Bild der Gesellschaft der Sozialisation vorzugeben, ob es der - so vorhanden - Mehrheitskultur gestattet werden soll, ihr Gesellschaftsbild für alle Bürger in der Erziehung verbindlich zu machen, oder ob es denkbar ist, der Sozialisation eine »gespaltene Gesellschaft« mit universalistischen und partikularistischen Elementen gleichzeitig vorzugeben. In der gesellschafts- und bildungspolitischen Debatte der Gegenwart scheint dies die zentrale Frage zu sein.
Juristisch sind die Ausgangspositionen klar: Die Kinder und Jugendlichen haben nach Art. 2 Abs. 1 GG ein Recht auf die freie Entfaltung ihrer Persönlichkeit und das bedeutet, daß sie »ihre Persönlichkeit« im Sinne der »kollektiven Persönlichkeit« ihrer kulturellen Gruppe entfalten können, wenn sie dies denn wollen. Die Eltern haben nach Art. 6 Abs. 2 GG das Recht und die Pflicht, ihre Kinder zu erziehen und können sich dabei an ihren kulturellen Vorbildern, nach den Gesellschaftsmodellen ihrer Gruppe orientieren, wenn sie dies wollen. Schon dies allein

impliziert einen Konflikt, wenn - wie so häufig - die Kinder den kulturellen Zusammenhang ihrer Eltern verlassen wollen, um sich anders zu orientieren, und wenn die Eltern dies verweigern. Doch das mag nicht die Regel, sondern die Ausnahme sein. Das eigentliche Sozialisationsproblem multikultureller Gesellschaften besteht darin, daß die Mehrheitskultur der Minderheitskultur ihr Gesellschaftsbild aufoktroyieren will - nicht den Erwachsenen, sondern den Kindern, die sie zu integrieren trachtet. Art. 7 Abs. 1 GG - ein häufig mißverstandener Artikel des GG - gibt dem Staat das Recht, die Sozialisation nach bestimmten Grundsätzen auszurichten; Art. 7 Abs. 1 GG ist eine inhaltliche, nicht nur eine organisatorische Norm des Bundesverfassungsrechts.[25] Das »Dreieck« der Art. 2 Abs. 1 GG (Kinder), Art. 6 Abs. 2 GG (Eltern), und Art. 7 Abs. 1 GG (Staat) bezeichnet das Spannungsverhältnis der Sozialisation in einer multikulturellen Gesellschaft.

Die Lösung, die das Bundesverfassungsgericht für diesen Sozialisationskonflikt im allgemeinen erarbeitet hat, taugt für multikulturelle Gesellschaften nicht, weil das Bundesverfassungsgericht einen gesellschaftspolitischen Grundkonsens unterstellt, dessen Abwesenheit gerade das Grundproblem multikultureller Gesellschaften darstellt. Den möglichen Widerspruch zwischen Kindes- und Elterninteressen (Art. 2 Abs. 1/Art. 6 Abs. 2 GG) löst das Bundesverfassungsgericht grundsätzlich zugunsten des Elternrechts, dessen Ausübung jedoch durch die inhaltliche Bindung an das Kindeswohl begrenzt wird.[26] Kinder und Jugendliche können ihre Interessen jedenfalls mit Hilfe öffentlicher Instanzen (Jugendamt, Vormundschaftsgericht) gegen die Eltern nur durchsetzen, wenn das Wohl des Kindes bzw. des Jugendlichen durch die Ausübung des Elternrechts gefährdet ist (Art. 6 Abs. 2 Satz 2 GG; §§ 42 ff. KJHG; § 1666 BGB). Eine Anwendung dieses Grundsatzes auf die Ausübung des Kindes- und Elternrechts in multikulturellen Gesellschaften zeigt, daß sich typische Konfliktlagen so nicht regeln lassen: die Eltern verharren in ihrer kulturellen Tradition, z.B. als langjährige Gastarbeiter in der Bundesrepublik oder als Mitglieder ihrer religiösen Gemeinschaft; die Kinder wollen sich in die Mehrheitskultur der Deutschen integrieren oder sich einer anderen religiösen Gemeinschaft anschließen. Wenn die Eltern im ersten Fall türkische Mädchen z.B. dazu zwingen, den Schador zu tragen und alle Regeln des Islam zu beachten, würde dies eine Entziehung des Sorgerechts rechtfertigen? Wohl kaum! Wenn die Eltern im zweiten Fall den Jugendlichen daran hindern, sich einer anderen religiösen Gemeinschaft anzuschließen, käme eine Entziehung des Sorgerechts wohl nur in Frage, wenn die Eltern einer Religionsgemeinschaft angehören, z.B. einer extremen Sekte, die für das Aufwachsen der Jugendlichen schädlich ist, so daß die Bindung der Jugendlichen an diese Religion durch die Eltern eine Gefährdung des Kindeswohls sein könnte, - was wohl nur sehr selten

25 BVerfGE 24, 119 - Adoption; 59, 360 - Schweigepflicht.
26 Die Dimension der Kinderrechte bleibt hier einmal ausgeklammert.

der Fall sein wird und jedenfalls für multikulturelle Gesellschaften als gänzlich untypisch angesehen werden kann. Soweit das Problem multikultureller Gesellschaften zu innerfamiliären Konflikten führt, wird dies zugunsten des Elternrechts gelöst und nicht zugunsten multikultureller Familien, d.h. der Schutz der Familie geht der freien Entfaltung der Persönlichkeit in multiklturellen Gesellschaften vor.

Bei der Lösung der Konflikte zwischen der familiären Erziehung einerseits und den staatlichen Erziehungsinteressen andererseits unterscheidet das Bundesverfassungsgericht streng zwischen dem familiären und dem schulischen Bereich. Im familiären Bereich dominiert nach Art. 6 Abs. 2 GG ganz eindeutig das Elternrecht.[27] Wenn und soweit das Wohl des Kindes nicht beeinträchtigt wird (s.o.), bestimmen die Eltern über die kulturelle Prägung der Sozialisation im familiären Bereich. So ist es dem Staat also grundsätzlich verwehrt, Interessen der Mehrheitskultur im familiären Bereich gegen die Minderheitskultur durchzusetzen. Halten Eltern und Kinder z.B. an ihren aus dem Ausland mitgebrachten kulturellen Traditionen fest und leben sie danach innerhalb der Familie, so ist es dem Staat verwehrt, sie daran zu hindern. Dasselbe gilt auch im Bereich religiöser Bindung; die Religionsfreiheit und das Elternrecht lassen den Oktroi eines bestimmten anderen Glaubens durch den Staat nicht zu. Insoweit ist also Multikulturalität verfassungsrechtlich gewährleistet.

Problematisch wird es nun allerdings im Bereich der schulischen Erziehung, und deshalb war und ist dieser Bereich immer strittig gewesen, und er wird es immer sein. Das Bundesverfassungsgericht hat für die Lösung dieses Problems bekanntlich ein Koordinationsmodell bereitgestellt, das auf den folgenden Grundsätzen beruht:[28]

- Der Staat besitzt aufgrund von Art. 7 Abs. 1 GG ein eigenes Erziehungsrecht.
- Das Elternrecht des Art. 6 Abs. 2 GG bezieht sich auch auf die schulische Erziehung.
- Familiäre und schulische Erziehung lassen sich nicht voneinander trennen; im Bereich der schulischen Erziehung ist deshalb eine Koordination von elterlichem und schulischem Erziehungsrecht erforderlich.
- Bei der Gestaltung der schulischen Bildung kommen dem elterlichen und dem staatlichen Erziehungsrecht unterschiedliche Bedeutung zu, und zwar je nach der mehr oder weniger großen Nähe zum familiär/persönlichen oder zum öffentlich/unterrichtlichen Bereich.[29] Immer aber hat der Staat den sogenannten »Gesamterziehungsplan« der Eltern zu beachten.

Wendet man diese Grundsätze auf die Probleme in multikulturellen Gesellschaften an, so ergibt sich folgendes:

27 Grundlegend nach wie vor BVerfGE 34, 165 - Förderstufe.
28 Insoweit konkretisiert in BVerfGE 47, 46 - Sexualkunde.
29 BVerfGE 41, 29; 41, 65; 41, 88 - Gemeinschaftsschule - Bekenntnisschule.

- Der Staat hat das Recht und die Pflicht, aufgrund des staatlichen Erziehungsrechts in den öffentlichen und privaten Schulen eine Sozialisation zu gewährleisten, die die jeweils nächste Generation mit den Kenntnissen, Fähigkeiten und Einstellungen ausstattet, die für das Leben in der Gesamtgesellschaft erforderlich sind. Hierzu gehört insbesondere die Vermittlung der Verkehrssprache sowie die Kenntnis der gesellschaftlichen und staatlichen Einrichtungen und Verfahren und die Fähigkeit, sich in ihnen zurechtzufinden; hierzu gehört auch der Versuch, Einstellungen in Kindern und Jugendlichen zu entwickeln, die den Zusammenhalt der Gesamtgesellschaft erlauben. In der Regel werden diese Kenntnisse, Fähigkeiten und Einstellungen inhaltlich durch die Mehrheitskultur bestimmt.
- Es ist dem Staat jedoch untersagt, den kulturellen Minderheiten durch die Ausgestaltung der schulischen Bildung und Erziehung die Mehrheitskultur zu oktroyieren; die Eltern haben nicht nur ein Recht darauf, daß ihre kulturellen Interessen in der staatlichen Erziehung berücksichtigt werden, sondern auch darauf, daß ihre kulturelle Orientierung (»Gesamterziehungsplan«) in der Schule repräsentiert wird.
- Der Staat kann die Aufgabe, einerseits die Lebensbedingungen im Rahmen der Mehrheitskultur zu gewährleisten und andererseits die »Gesamterziehungspläne« der unterschiedlichen kulturellen Minderheiten zu berücksichtigen, auf unterschiedliche Art und Weise erfüllen, und zwar je nach den örtlichen und gesellschaftlichen Verhältnissen unter Berücksichtigung der Interessen der Beteiligten; Vorbild könnte hier die vom Bundesverfassungsgericht für die religiöse Bestimmung und Differenzierung der Schulen gefundene Lösung sein:[30]

1. Will der Staat die »multikulturelle Gemeinschaftsschule«, die für alle Schüler verpflichtend ist, so muß die curriculare Organisation die Berücksichtigung und den Ausgleich der unterschiedlichen kulturellen Interessen gestatten. Den Eltern bleibt das Recht, Privatschulen ihrer kulturellen Orientierung zu gründen und zu unterhalten, in denen der Staat dann die allgemeinen öffentlichen Bildungs- und Erziehungsinteressen im Wege der Schulaufsicht durchsetzen muß.
2. Will der Staat eine pluralistische multikulturelle Organisationsform, in der er öffentliche »Mehrheits- und Minderheitsschulen« schafft und unterhält, so muß in den Mehrheitsschulen zumindestens die Orientierung über die multikulturelle Gesellschaft und das Leben der kulturellen Minderheiten gewährleistet sein, während in den öffentlichen Minderheitsschulen - ähnlich wie in den soeben genannten Privatschulen - die Mehrheitskultur Berücksichtigung finden muß. Das Recht, außerdem Privatschulen zu gründen, bleibt selbstverständlich auch in diesem System erhalten.

30 Ebd.

Die Verfassung überläßt dem Staat die Entscheidung zwischen den beiden Modellen; sie müssen jedoch beide in ihrer Ausgestaltung den verfassungsrechtlichen Anforderungen entsprechen.

IV. Multikulturalität im paritätischen Kulturstaat

Wenn man davon ausgeht, daß der Sinn multikultureller Gesellschaften nicht die Einebnung kultureller Unterschiede, sondern die Erhaltung der kulturellen Vielfalt ist, wenn also nicht der integrationistische, sondern der paritätische Kulturstaat das Modell ist, dann läßt sich feststellen, daß das Grundgesetz durchaus Raum für die Parität im Bereich der Kultur läßt, so wie es im Bereich der Religion und der Arbeits- und Wirtschaftsbeziehungen paritätische Lösungen ermöglicht hat. Das Grundgesetz ist die Verfassung einer offenen Gesellschaft, d.h. einer Gesellschaft, in der die Organisationsform der Gesellschaft nicht ein für allemal festgelegt ist, sondern der Gestaltung durch die gesellschaftlichen Kräfte selber anheim gegeben ist. Die Multikulturalität findet deshalb auch verfassungsrechtlich in den unterschiedlichen Dimensionen der Kultur unterschiedlich Ausdruck:

- Das Grundgesetz gewährleistet, daß die kulturellen Unterschiede im Bereich der *Wertordnung* geschützt sind; der Wertpluralismus ist Verfassungsprinzip. Dies gilt selbst dann, wenn es sich um Werte handelt, die im Widerspruch zu den Wertentscheidungen des Grundgesetzes stehen.
- Das Grundgesetz gewährleistet auch, daß die kulturellen Unterschiede in der Gestaltung der Lebensumwelt, im Massenkonsum und in der Kunst durch *Kreativität* Ausdruck finden können; diese findet allerdings ihre Grenzen in den geschützten Interessen anderer, insbesondere in den Grundrechten, aber auch in den verfassungsrechtlich legitimierten Gemeinwohlinteressen.
- In den offenen Gesellschaften des Westens verbleiben Wertordnung und Kreativität nicht in der Sphäre des Privaten, sondern werden öffentlich wahrgenommen und verhandelt; *Kommunikation* ist das Lebenselement insbesondere multikultureller Gesellschaften. Die verfassungsrechtlich geschützte Freiheit der Kommunikation wird nun in der Sphäre der Öffentlichkeit nicht nur durch die Rechte anderer und durch Gemeinwohlinteressen begrenzt, sondern sie bedarf einer multikulturell ausgestalteten gesetzlichen Organisationsform, wie es insbesondere im Bereich der Massenkommunikation augenfällig ist.
- Im Bereich der *Sozialisation* wird die pluralistische Struktur multikultureller Gesellschaften besonders deutlich. Über die familiäre Erziehung bestimmen die Eltern nach Maßgabe ihrer kulturellen Orientierung; der Staat darf nur zum Schutz der Kinder und Jugendlichen eingreifen, nicht aber zum Schutz der Durchsetzung bestimmter kultureller Interessen; die kulturellen Interessen der Eltern setzen sich auch gegenüber denjenigen der Kinder und Jugendlichen durch. Durch die Schule gewährleistet der Staat dagegen, das »kulturelle Mini-

mum«, die funktionalen gesamtgesellschaftlichen Notwendigkeiten, muß jedoch dabei die durch die Multikulturalität bedingten unterschiedlichen kulturellen Interessen berücksichtigen. Dies kann binnenpluralistisch in gemeinschaftlichen Schulen für alle, aber auch außenpluralistisch in getrennten Schulen für die unterschiedlichen kulturellen Gruppen geschehen.

Das Grundgesetz zwingt nicht zur kulturellen Integration, es ermöglicht sie; das Grundgesetz erlaubt auch die kulturelle Parität, wenn die politische Integration gewährleistet bleibt.

Kommunales Wahlrecht für Ausländer grundgesetzwidrig?

Gerhard Seibert

Mit Urteilen vom 31. Oktober 1990 hat der Zweite Senat des Bundesverfassungsgerichts unter dem Vorsitz des Jubilars landesgesetzliche Regelungen von Schleswig-Holstein und Hamburg, die ein Wahlrecht für Ausländer bei Wahlen zu kommunalen »Volks«-Vertretungen eingeführt hatten, als mit dem Grundgesetz unvereinbar für verfassungswidrig erklärt[1]. Diese Urteile sind zwar einstimmig ergangen; der Autor dieses Beitrags weiß jedoch um die Zweifel des Jubilars, ob die Entscheidung des Senats denn wohl richtig sei. Es darf daher unterstellt werden, daß er auch zu dieser Problematik eine öffentliche Gegenrede in Form eines Sondervotums zumindest »in seinem Herzen bewegt« hat, auch wenn sie letztendlich unterblieben ist. Wie eine mögliche Widerrede hätte begründet werden können, soll im folgenden aufgezeigt werden. Dabei kann aus Raumgründen lediglich eine grobe Skizze geliefert werden; der Kundige weiß ohnehin, wo er die Nachweise für die hier vertretene Auffassung findet.

Die Antinomie von Freiheit und Demokratie

Für die dem Bundesverfassungsgericht abverlangte Prüfung und Entscheidung, ob die Einführung eines kommunalen Wahlrechts für Ausländer mit dem Grundgesetz vereinbar ist, boten sich - zumindest auf den ersten Blick - zwei sehr unterschiedliche Ausgangspunkte an: Zum einen die Gewährleistung kommunaler Selbstverwaltung in Art. 28 Abs. 2, zu deren Verwirklichung auch in den Gemeinden und Kreisen »Volks«-Vertretungen gewählt werden müssen, wie dies Art. 28 Abs. 1 Satz 2 in Ergänzung von Art. 28 Abs. 2 vorsieht[2]; zum anderen das in Art. 20 Abs. 1 und 2 für die Ebene des Bundes und in Art. 28 Abs. 1 Sätze 1 und 2 für die verfassungsmäßige Ordnung in den Ländern vorgeschriebene demokratische Prinzip. Man kann diese unterschiedlichen Ausgangspunkte auch anders charakterisieren, nämlich die Gewährleistung *örtlicher Eigenständigkeit* und Eigenverantwortung durch Art. 28 Abs. 2 als Mittel, auch auf der untersten, örtlichen Ebene der Erfüllung öffentlicher Aufgaben der Freiheit und Eigenverantwortung aller davon betroffenen Menschen größtmöglichen Entfaltungsspielraum zu geben, dagegen das demokratische Prinzip als Herrschaftsprinzip, das die Bildung

1 BVerfGE 83, 37, 50 ff. und 83, 60, 71 ff.
2 Dies war auch die frühere Rechtsprechung des Bundesverfassungsgerichts zum kommunalen Wahlrecht, vgl. insbes. BVerfGE 11, 266, 273 ff., 275/76.

des (zentralen) *Staatswillens,* repräsentiert durch die obersten Staatsorgane, regelt (vgl. Art. 20 Abs. 2 GG: »Alle Staatsgewalt geht vom Volke aus. Sie wird vom Volk in Wahlen . . . und durch besondere Organe der Gesetzgebung, der vollziehenden Gewalt und der Rechtsprechung ausgeübt«); dieses Herrschaftsprinzip muß dann allerdings, soweit auch auf der örtlichen Ebene jedenfalls vom Staat abgeleitete öffentliche Gewalt ausgeübt wird, hinsichtlich der Wahl der örtlichen »Volks«-Vertretungen zumindest mit seinen formalen Kriterien auf diese erstreckt werden. Diese »Antinomie« von Freiheit und Demokratie, wie sie insbesondere der Schweizer Verfassungsrechtler Kägi[3] anschaulich und eindringlich dargestellt hat, markiert also die beiden gegensätzlichen Pole, von denen das Bundesverfassungsgericht ausgehen konnte und die es beide im Blick haben mußte bei seiner Prüfung und Entscheidung, ob ein kommunales Wahlrecht *auch* für Ausländer mit dem Grundgesetz vereinbar ist.

Tatsächlich hat sich das Bundesverfassungsgericht bei seinen Entscheidungen vom 31. Oktober 1990 einseitig auf das in Art. 20 Abs. 1 und 2 sowie in Art. 28 Abs. 1 Sätze 1 und 2 geregelte demokratische Prinzip konzentriert und darüber den »Gegenpol« des Art. 28 Abs. 2 weitestgehend aus dem Blick verloren. Das zeigt augenfällig der Leitsatz 5 der Entscheidung zu Schleswig-Holstein, in dem das Bundesverfassungsgericht feststellt, daß »auch soweit Art. 28 Abs. 1 Satz 2 GG eine Vertretung des Volkes für die Kreise und Gemeinden vorschreibt, ausschließlich Deutsche das Volk (bilden) und dessen Vertretung (wählen); die Vorschrift gewährleistet für alle Gebietskörperschaften auf dem Territorium der Bundesrepublik Deutschland die Einheitlichkeit der demokratischen Legitimationsgrundlage und trägt damit der besonderen Stellung der kommunalen Gebietskörperschaften im Aufbau des demokratischen Staates Rechnung«[4].

Hier werden unter dem Blickwinkel der »Einheitlichkeit der demokratischen Legitimationsgrundlage« unterschiedslos »alle Gebietskörperschaften auf dem Territorium der Bundesrepublik Deutschland«, die Gemeinden und Kreise also mit den staatlichen Ebenen des Bundes und der Länder, in einen Topf geworfen; gleichzeitig wird die Behauptung aufgestellt, daß Art. 28 Abs. 1 Satz 2 *»damit (?) der besonderen Stellung* der kommunalen Gebietskörperschaften im Aufbau des demokratischen Staates Rechnung (trägt)«. Mit dieser Auffassung wird das Wesen örtlicher Eigenständigkeit und Eigenverantwortung, wie es – um der Freiheit der von der Erfüllung öffentlicher Aufgaben auf der örtlichen Ebene betroffenen Menschen willen – in Art. 28 Abs. 2 durch eben dieselbe Bundesverfassung und mit dem gleichen Verfassungsrang wie Art. 28 Abs. 1 Satz 2 gewährleistet ist, grundlegend verkannt. Das soll kurz skizziert werden:

3 Die Verfassung als rechtliche Grundordnung des Staates, Zürich 1945.
4 BVerfGE 83, 37.

Die kommunale Selbstverwaltung als das Ergebnis einer eigenständigen historischen Entwicklung

Inhalt und Reichweite des in Art. 28 Abs. 2 Sätze 1 und 2 gewährleisteten Rechts der kommunalen Selbstverwaltung, mit dem Vorrang des »Typus« der gemeindlichen Selbstverwaltung und diese ergänzt durch die Selbstverwaltung der Landkreise[5], lassen sich allein als Ergebnis einer zwar in Einzelaspekten wechselvollen, insgesamt gesehen aber doch konsequenten historischen Entwicklung, ausgehend von der preußischen Städteordnung des Reichsfreiherrn vom Stein aus dem Jahre 1808, richtig verstehen und einordnen; dies war bis zu den Urteilen vom 31. Oktober 1990 auch die ständige Rechtsprechung des Bundesverfassungsgerichts[6]. So hat es noch in dem Beschluß vom 23. Juni 1987[7] betont, daß die Befugnis des Gesetzgebers zur Ausgestaltung des Bereichs gemeindlicher Selbstverwaltung seine Grenze am Kernbereich der Selbstverwaltungsgarantie finde, wobei das, was zum Kernbereich zähle, sich nicht allgemein, sondern nur von Fall zu Fall und unter Berücksichtigung vor allem der geschichtlichen Entwicklung und der verschiedenen historischen Erscheinungsformen der kommunalen Selbstverwaltung feststellen lasse[8]. Die hier kritisierten Urteile vom 31. Oktober 1990 haben allerdings einen Vorläufer in dem Beschluß vom 15. Februar 1978[9], der ebenfalls Fragen des kommunalen Wahlrechts betraf; diese Entscheidung stellte indessen einen »Fremdkörper« in der sonstigen Rechtsprechung zum Recht der kommunalen Selbstverwaltung dar.

Augenfälligen Niederschlag hat die maßgebliche Berücksichtigung der historischen Entwicklung und damit der historischen Inhalte der kommunalen Selbstverwaltung durch die Qualifizierung der Regelung des Art. 28 Abs. 2 (und somit auch deren Ergänzung durch Art. 28 Abs. 1 Satz 2) als einer »institutionellen Ga-

5 Vgl. dazu jüngst den »Rastede«-Beschluß vom 23. November 1988, BVerfGE 79, 127, Leitsatz 3a und S. 150 ff.; zur Problematik insgesamt *Seibert,* Die Gewährleistung gemeindlicher Selbstverwaltung durch das Grundgesetz, Marburger Dissertation 1966.

6 Vgl. hierzu die kraftvollen Formulierungen in BVerfGE 11, 266, 274 und 275/76: »Die Anfänge der modernen Selbstverwaltung sind unlösbar mit der Steinschen preußischen Städteordnung vom 19. November 1808 verknüpft. Ihr Ziel war es, das bürgerliche Element enger mit dem Staat zu verbinden, den Gegensatz zwischen Obrigkeit und Untertan zu mildern und durch selbstverantwortliche Beteiligung der Bürgerschaft an der öffentlichen Verwaltung in der Kommunalebene den Gemeinsinn und das politische Interesse des Einzelnen neu zu beleben und zu kräftigen . . . Kommunale Selbstverwaltung - wie sie heute verstanden wird - bedeutet ihrem Wesen und ihrer Intention nach Aktivierung der Beteiligten für ihre eigenen Angelegenheiten, die die in der örtlichen Gemeinschaft lebendigen Kräfte des Volkes zur eigenverantwortlichen Erfüllung öffentlicher Aufgaben der engeren Heimat zusammenschließt mit dem Ziel, das Wohl der Einwohner zu fördern und die geschichtliche und heimatliche Eigenart zu wahren . . . Die örtliche Gemeinschaft soll nach dem Leitbild des Art. 28 GG ihr Schicksal selbst in die Hand nehmen und in eigener Verantwortung solidarisch gestalten . . .«.

7 BVerfGE 76, 107, 118.

8 So auch noch BVerfGE 78, 331, 340 ff. sowie 79, 127, 143 ff.; 146.

9 BVerfGE 47, 253, 271 ff.

rantie« gefunden[10]. Schon dieser Befund schließt es aus, die kommunale Selbstverwaltung lediglich als Fortsetzung der Erfüllung *staatlicher* Aufgaben und die Ausübung staatlicher Macht auf der örtlichen Ebene sowie die Wahlen zu den örtlichen »Volks«-Vertretungen vorrangig als Ausdruck des Herrschaftsprinzips »Demokratie« zu begreifen[11].

Die gemeindliche Selbstverwaltung wurde in Preußen zu Beginn des 19. Jahrhunderts nämlich nicht als Bestandteil oder Konsequenz eines »einheitlichen«, insbesondere für den staatlichen Bereich geltenden demokratischen Prinzips eingeführt; vielmehr war sie für den Reichsfreiherrn vom Stein ein Mittel, Bürgersinn und bürgerlichen Sachverstand für die überschaubaren örtlichen Belange in die Pflicht zu nehmen und zum Nutzen des - weiterhin unangefochten monarchisch regierten - Staates auf der örtlichen Stufe wirksam werden zu lassen. Damit wurde zwar auf der örtlichen Ebene (auch) ein Ventil für in Ansätzen vorhandene oder auch nur befürchtete demokratische Bestrebungen geschaffen, und das Bürgertum griff die Möglichkeit begierig auf, um auf diese Weise die dem Staat entgegengesetzte »freie Gesellschaftssphäre« auszuweiten[12]. Dennoch war die Einrichtung einer Mitwirkung und Mitbestimmung der betroffenen Bürger bei der Erfüllung der im örtlichen Bereich anfallenden öffentlichen Aufgaben in der Form gemeindlicher Selbstverwaltung nicht sozusagen der erste Schritt bei der Einführung eines einheitlichen demokratischen Prinzips in die Staatsverfassung, sondern im Gegenteil ein Mittel zur Abwehr demokratischer Bestrebungen im staatlichen Bereich. Insofern war Anknüpfungspunkt für die Gewährung eines Wahlrechts zu den örtlichen »Volks«-Vertretungen nicht die durch die Staatsangehörigkeit dokumentierte Zugehörigkeit zum (preußischen) Staatsvolk - auch der Zweite Senat muß einräumen, daß jedenfalls die Steinsche Städteordnung als Urbild der kommunalen Selbstverwaltung »allen Bürgern, ohne Rücksicht auf ihre Nationalität, das Wahlrecht gewährte«[13] -, sondern es war die konkrete Betroffenheit als Mitglied der örtlichen Gemeinschaft, wenn es um die Erfüllung der (öffentlichen) Aufgaben der örtlichen Gemeinschaft ging. In diesem Sinne charakterisiert auch das Bundesverfassungsgericht noch im »Rastedde«-Beschluß die Angelegenheiten der örtlichen Gemeinschaft als »diejenigen Bedürfnisse und Interessen, die in der örtlichen Gemeinschaft wurzeln oder auf sie einen spezifischen Bezug haben, die also den Gemeindeeinwohnern gerade als solchen gemeinsam sind, indem sie das Zusammenleben und -wohnen der Menschen in der Gemeinde betreffen«[14].

Das Grundgesetz hat mit seiner Gewährleistung gemeindlicher Selbstverwaltung in Art. 28 Abs. 2 Satz 1 unmittelbar an diesen historischen Ausgangspunkt an-

10 Zu deren Inhalt, aber auch Problematik vgl. *Seibert*, a.a.O., S. 99 ff.
11 So aber fälschlich auch schon die bereits angeführte Entscheidung BVerfGE 47, 253.
12 Vgl. hierzu auch BVerfGE 11, 266, 274/75.
13 BVerfGE 83, 56/57.
14 BVerfGE 79, 127, Leitsatz 4 und S. 151/52.

geknüpft, wenn es diese definiert als »das Recht, alle Angelegenheiten der örtlichen Gemeinschaft im Rahmen der Gesetze in eigener Verantwortung zu regeln«. Dabei wird den Belangen des Staates durch die Einschränkung »im Rahmen der Gesetze« hinreichend Rechnung getragen; denn sie erlaubt ihm nicht nur eine verbindliche »Vorregelung« aller derjenigen »örtlichen Angelegenheiten«, bei denen er dies im »überörtlichen« = staatlichen Interesse für notwendig hält, durch staatliches Gesetz[15]; vielmehr ermöglicht sie ihm auch die Überwachung und erforderlichenfalls die Durchsetzung der Erfüllung der durch staatliche Gesetze vorgeregelten örtlichen öffentlichen Aufgaben mit den Mitteln der staatlichen »Kommunalaufsicht«[16]. Insofern ist dann auch eine durchgängige demokratische Legitimation der Ausübung jeglicher staatlicher Gewalt einschließlich der vom Staat abgeleiteten öffentlichen Gewalt vom (deutschen) Staatsvolk, nämlich über den staatlichen Gesetzgeber und über die für die Kommunalaufsicht zuständige staatliche Exekutive bis hin zur Erfüllung der betreffenden öffentlichen Aufgabe auf der örtlichen Ebene, gewährleistet. Ein Bedürfnis oder gar eine Notwendigkeit, zur Wahrung der staatlichen Belange auf der örtlichen Ebene der Erfüllung öffentlicher Aufgaben - zusätzlich - sicherzustellen, daß an der örtlichen Selbstverwaltung ausschließlich deutsche Staatsangehörige beteiligt werden, ist unter diesen Umständen nicht erkennbar.

Entscheidung aus Gründen der »Staatsraison«?

Unter diesen Umständen erwecken die Entscheidungen vom 31. Oktober 1990 den Eindruck, daß es dem Bundesverfassungsgericht weniger um den sachlichen Gehalt der Gewährleistung kommunaler Selbstverwaltung durch das Grundgesetz und dessen Konsequenzen auch für das kommunale Wahlrecht als vielmehr darum ging, sozusagen aus übergeordneten Gründen der »Staatsraison« gefürchtete Auswirkungen eines kommunalen Wahlrechts für Ausländer auf den staatlichen Bereich abzuwehren. Anders ist nicht zu verstehen, daß es bei der Auslegung und Anwendung der einschlägigen Bestimmungen des Grundgesetzes nicht mit der »Grundregelung« der kommunalen Selbstverwaltung in Art. 28 Abs. 2, sondern mit Art. 20 Abs. 1 und 2 (für die Ebene des Bundes) sowie mit Art. 28 Abs. 1 Satz 1 (für die Ebene der Bundesländer) begonnen hat und auf diesem Wege zu der einschlägigen Bestimmung des Art. 28 Abs. 1 Satz 2 gelangt ist. Diese Vorschrift, wonach »in den Ländern, Kreisen und Gemeinden das Volk eine Vertretung haben (muß), die aus allgemeinen, unmittelbaren, freien, gleichen und geheimen Wahlen hervorgegangen ist«, enthält nämlich, wenn man von vornherein die

15 Vgl. dazu BVerfGE 79, 127, insbes. Leitsatz 3 a und b sowie S. 143 ff., 146, 150 ff.
16 Vgl. insoweit anschaulich BVerfGE 76, 107, 117 ff. und 78, 331, 340 ff.

gleichrangige Norm des Art. 28 Abs. 2 mit in den Blick nimmt, bei der gebotenen Zusammenschau dieser beiden Vorschriften nicht *eine* einheitliche, durchgängige Regelung »für alle Gebietskörperschaften auf dem Territorium der Bundesrepublik Deutschland«, d.h. für den staatlichen *und* den kommunalen Bereich, wie der Zweite Senat meint. Vielmehr handelt es sich bei Art. 28 Abs. 1 Satz 2, ungeachtet der unmittelbaren sprachlichen Verbindung in nur einem Satz, um zwei inhaltlich durchaus unterschiedliche Regelungen, die allein in bezug auf die *formalen* Kriterien der »allgemeinen, unmittelbaren, freien, gleichen und geheimen Wahl« übereinstimmen, nicht hingegen bezüglich der *inhaltlichen* Voraussetzungen; insoweit ist die Regelung des Art. 28 Abs. 1 Satz 2 hinsichtlich der Wahlen zu den kommunalen »Volks«-Vertretungen unvollständig und wird erst durch die »Grundnorm« des Art. 28 Abs. 2 inhaltlich ausgefüllt und konkretisiert.
Indem der Zweite Senat - ausgehend von Art. 20 Abs. 1 und 2 und Art. 28 Abs. 1 Satz 1 sowie unter Ausblendung von Art. 28 Abs. 2 - der Vorschrift des Art. 28 Abs. 1 Satz 2 das Gebot einer auch inhaltlich einheitlichen demokratischen Legitimationsgrundlage für alle Gebietskörperschaften einschließlich der kommunalen Gebietskörperschaften entnommen hat, hat er das Ergebnis seiner Prüfung, nämlich die Unvereinbarkeit eines kommunalen Wahlrechts für Ausländer mit dem Grundgesetz, bereits »vorprogrammiert«; insbesondere fiel damit das Anliegen der Länder Schleswig-Holstein und Hamburg, das sie mit der Einführung eines kommunalen Wahlrechts auch für Ausländer verfolgt hatten, nämlich auf diese Weise ausländische Mitbürger an der eigenverantwortlichen Erfüllung der sie an ihrem Wohnort unmittelbar betreffenden örtlichen öffentlichen Aufgaben zu beteiligen und derart ihre Integration jedenfalls auf der kommunalen Ebene zu fördern, praktisch ungeprüft »unter den Tisch«.

Art. 28 Abs. 2 als Schutz örtlicher Eigenständigkeit vor Eingriffen des Staates

Gerade dieses Anliegen aber hätte eine eingehendere Auseinandersetzung des Bundesverfassungsgerichts mit der Gewährleistung kommunaler Selbstverwaltung durch Art. 28 Abs. 2 geboten. Wenn sich der Zweite Senat insoweit mit der Behauptung begnügt, die Gemeinden seien »im Laufe der Entwicklung, bei Aufrechterhaltung oder Ausbau ihres Rechts auf Selbstverwaltung (eben!), zunehmend in den staatlichen Bereich einbezogen und eingefügt worden; vollends in der parlamentarischen Demokratie des Grundgesetzes steht die kommunale Selbstverwaltung nicht mehr in Abwehrstellung zur Staatsorganisation«[17], so ist das nicht nur ein Widerspruch in sich; vielmehr verkennt er damit ganz offensichtlich die auch unter der Verfassungsordnung des Grundgesetzes unverändert fortbestehende,

17 BVerfGE 83, 54.

sich aus der Natur der Sache ergebende Abwehrstellung der auf Eigenständigkeit und Eigenverantwortung bedachten »örtlichen Gemeinschaften« gegenüber dem Staat; anderenfalls wäre eine besondere Gewährleistung kommunaler Selbstverwaltung durch das Grundgesetz überflüssig, und im übrigen wäre nicht verständlich, wieso das Bundesverfassungsgericht immer wieder von Gemeinden angerufen wird, die sich unter Berufung auf Art. 28 Abs. 2 gegen Eingriffe des demokratisch verfaßten Staates wehren. Insbesondere die Vorstellung, daß »vollends in der parlamentarischen Demokratie des Grundgesetzes die kommunale Selbstverwaltung nicht mehr in Abwehrstellung zur Staatsorganisation (steht)«, ist nicht nur realitätsfremd, sondern verschließt die Augen vor der eingangs angeführten Antinomie von Freiheit und Demokratie: Das Gebot einer demokratischen Staatsverfassung bedingt nämlich keineswegs örtliche Eigenständigkeit und Eigenverantwortung, sondern steht ihr im Gegenteil grundsätzlich entgegen, weil auch der demokratisch gebildete Staatswille, zumal unter dem Gesichtspunkt der Gleichheit aller vor dem Gesetz, zu örtlicher »Gleichmacherei« ohne Rücksicht auf die jeweiligen örtlichen Besonderheiten und die Wünsche und Vorstellungen der örtlich betroffenen Menschen tendiert; gerade hiervor aber soll Art. 28 Abs. 2 die örtlichen Gemeinschaften oder genauer: die in diesen örtlichen Gemeinschaften lebenden Menschen schützen[18]. Ohne das Recht der kommunalen Selbstverwaltung könnte der demokratisch gebildete Staatswille sich ungehindert auch auf der örtlichen Ebene durchsetzen; nur wegen der Gewährleistung kommunaler Selbstverwaltung durch Art. 28 Abs. 2 muß der demokratisch legitimierte Staatswille örtliche Eigenständigkeit und Eigenverantwortung respektieren.

Tatsächlich fällt der Zweite Senat mit seiner Auffassung, in der parlamentarischen Demokratie des Grundgesetzes stehe die kommunale Selbstverwaltung nicht mehr in Abwehrstellung zur Staatsorganisation, auf den Stand der Diskussion zur Zeit der Schaffung der Weimarer Reichsverfassung zurück. Damals wurde nämlich, nachdem sich das demokratische Prinzip (im Sinne von Mitsprache in eigenen Angelegenheiten) im staatlichen Bereich durchgesetzt hatte, eine besondere Garantie örtlicher Selbst-Verwaltung zunächst für überflüssig gehalten; radikaldemokratische Kräfte hielten sie sogar für demokratiewidrig, weil nämlich dadurch dem demokratisch gebildeten Staatswillen auf der örtlichen Ebene Schranken gesetzt wurden. Dennoch hat sich schließlich schon die Weimarer Reichsverfassung[19] und erst recht und im vollen Bewußtsein der Konsequenzen das Grundgesetz der Bundesrepublik Deutschland für die Gewährleistung kommunaler Selbstverwaltung und damit für eine entsprechende Beschränkung der Kompetenzen

18 Besonders anschaulich ist die durch Art. 28 Abs. 2 gewährleistete örtliche Eigenverantwortung als das Recht bezeichnet worden, »auf eigene Kosten Dummheiten zu machen«.

19 Vgl. Art. 127: »Gemeinden und Gemeindeverbände haben das Recht der Selbstverwaltung innerhalb der Schranken der Gesetze«.

und Befugnisse der demokratisch legitimierten Staatsorgane gegenüber örtlicher Eigenständigkeit und Eigenverantwortung entschieden[20].

Die Erfahrungen von Gemeinden und Kreisen bei kommunalen Gebietsreformen

Daß die spezifischen örtlichen Belange der einzelnen Gemeinden und Kreise beim parlamentarischen Gesetzgeber alles andere als »gut aufgehoben« sind, haben schließlich die Erfahrungen bei kommunalen Gebietsreformen in den verschiedenen (alten) Bundesländern seit den sechziger Jahren anschaulich gezeigt[21]; denn das, was allgemein dem Schutz der kommunalen Selbstverwaltung und speziell dem Schutz der spezifischen örtlichen Belange aller betroffenen Gemeinden und Landkreise dienen sollte, nämlich die Verlagerung der sogenannten Gebietsverfügungshoheit über kommunales Gebiet von der staatlichen Exekutive auf das unmittelbar demokratisch gewählte Landesparlament als Gesetzgeber, erwies sich in der Praxis als schlimmste Gefährdung örtlicher Selbstbestimmung: Hier wurde fürwahr der Bock zum Gärtner gemacht. Von diesen traumatischen Erfahrungen, dem »Überfahrenwerden« von einem Gesetzgeber, der allein seine Legitimation als Organ des übergeordneten Staates im Blick hatte und sich gerade nicht als Sachwalter örtlicher Eigenständigkeit und Selbstbestimmung berufen fühlte, haben sich – nach dem Eindruck des Verfassers – die betroffenen Gemeinden und Kreise sowie insbesondere die in ihnen lebenden »Ortsbürger« bis heute nicht erholt; die Idee örtlicher Eigenständigkeit und Eigenverantwortung hat dadurch einen nicht wiedergutzumachenden Schaden erlitten. Mit dieser Erfahrung ist man dann auch vor der Fehleinschätzung gefeit, in der parlamentarischen Demokratie des Grundgesetzes stehe die kommunale Selbstverwaltung – soweit sie überhaupt noch am Leben ist – nicht mehr in Abwehrstellung zur Staatsorganisation.

Die enge Verwandtschaft von kommunaler und funktionaler Selbstverwaltung

Wie sehr das Bundesverfassungsgericht in seinen Urteilen vom 31. Oktober 1990 das Besondere der grundgesetzlichen Gewährleistung örtlicher Eigenständigkeit und Eigenverantwortung gegenüber (auch) dem demokratisch regierten Staat aus dem Blick verloren hat, zeigt zum einen die Hervorhebung der – nur abstrakt vorhandenen – Parallelen zu den staatlichen Gebietskörperschaften Bund und Ländern (»Gemeinden und Kreisen sind Strukturelemente eigen, wie sie auch einen

20 Vgl. hierzu die in Fußnote 6 zitierten Formulierungen des Bundesverfassungsgerichts in BVerfGE 11, 266, 275/76.
21 Dazu *Seibert,* Selbstverwaltungsgarantie und kommunale Gebietsreform, Frankfurt 1971.

staatlichen Verband kennzeichnen . . .«[22]), zum anderen das betonte Abheben der kommunalen Selbstverwaltung von der sogenannten funktionalen Selbstverwaltung (etwa in der Form der berufsständischen Kammern wie Industrie- und Handelskammern, Handwerkskammern, Ärztekammern, aber z.B. auch der Selbstverwaltung der Sozialversicherungsträger). Dabei verkennt das Bundesverfassungsgericht, daß die kommunale Selbstverwaltung sowohl ihrer Idee als auch ihrem Wesen nach der sogenannten funktionalen Selbstverwaltung sehr viel näher steht als den staatlichen Ebenen von Bund und Land, vor deren Eingriffen in die örtliche Eigenständigkeit und Eigenverantwortung die verfassungskräftige Gewährleistung kommunaler Selbstverwaltung die betroffenen örtlichen Gemeinschaften gerade schützen soll. Deshalb muß man die nicht weiter begründete Aussage, »Art. 28 Abs. 1 Satz 2 GG will mithin nicht die mitgliedschaftlich-partizipatorische Komponente, die aller Selbstverwaltung, auch der funktionalen, eigen ist, von Verfassungs wegen zusätzlich stärken, sondern die Einheitlichkeit der demokratischen Legitimationsgrundlage im Staatsaufbau sicherstellen«[23], als schlicht falsch bezeichnen. Sie nimmt nicht zur Kenntnis, daß die in Art. 28 Abs. 1 Satz 2 angesprochenen »Volks«-Vertretungen in den Kreisen und Gemeinden nicht abstrakt und auch nicht erst aufgrund der Regelung des Art. 28 Abs. 1 Satz 2 existieren, sondern bereits in der Gewährleistung kommunaler »Selbst«-Verwaltung durch die jeweilige örtliche Gemeinschaft eingeschlossen sind, von ihr vorausgesetzt werden, so daß Art. 28 Abs. 1 Satz 2 die Grundregelung des Art. 28 Abs. 2 insoweit lediglich ergänzt. Daraus folgt dann, daß Art. 28 Abs. 1 Satz 2 hinsichtlich der in den Kreisen und Gemeinden zu wählenden »Volks«-Vertretungen allein noch sicherstellen will, daß diese nicht nach anderen, sondern nach den gleichen Kriterien zu wählen sind wie die »Volks«-Vertretungen im staatlichen Bereich; mehr ist ihm nicht zu entnehmen, schon gar nicht das Gebot der »Einheitlichkeit der demokratischen Legitimationsgrundlage im Staatsaufbau« mit der Folge, daß von Bundesverfassungs wegen nur deutschen Staatsangehörigen ein kommunales Wahlrecht eingeräumt werden könnte. Vielmehr wird die kommunale Selbstverwaltung durch die gleichen Prinzipien geprägt wie die ihr auch entwicklungsgeschichtlich verwandte sogenannte funktionale Selbstverwaltung insbesondere der berufsständischen Kammern. Für diese aber hat das Bundesverfassungsgericht - zutreffend - festgestellt, »daß sich die Frage der verfassungsrechtlichen Zulässigkeit eines Wahlrechts von Ausländern . . . anders stellt« als für die Wahlen zu den Parlamenten des Bundes und der Länder[24]. Tatsächlich wird Ausländern im Bereich der sogenannten funktionalen Selbstverwaltung im Hinblick auf ihre gleiche sachliche Betroffenheit wie Deutsche in gleicher Situa-

22 BVerfGE 83, 54.
23 BVerfGE 83, 55.
24 BVerfGE 83, 55.

tion ein Wahlrecht zugestanden, ohne daß bisher hiergegen durchgreifende Bedenken erhoben worden sind.

Keine Beeinträchtigung von Belangen des deutschen Volkes durch ein kommunales Wahlrecht für Ausländer

Das von den Müttern und Vätern des Grundgesetzes mit der Schaffung einer besonderen, verfassungskräftigen Gewährleistung kommunaler Selbstverwaltung verfolgte Anliegen, örtliche Eigenständigkeit und Eigenverantwortung bei der Erfüllung der örtlich anfallenden öffentlichen Aufgaben zu ermöglichen und zu sichern, und zwar in bewußter Abwehrstellung gegenüber dem gleichermaßen demokratisch verfaßten Staat, steht der Einräumung eines kommunalen Wahlrechts auch für Ausländer nach alledem nicht entgegen. Insbesondere ist als Folge eines solchen Wahlrechts keinerlei Beeinträchtigung von Belangen des deutschen Volkes zu befürchten, und zwar weder auf der Ebene des Bundes noch auf der des jeweiligen Bundeslandes, deren Volks-Vertretungen ausschließlich von deutschen Staatsangehörigen gewählt werden. Zum einen lassen sich diejenigen öffentlichen Aufgaben, die als rein örtliche zum »Kernbereich« der örtlichen Angelegenheiten im Sinne von Art. 28 Abs. 2 gehören und die von der örtlichen Gemeinschaft in alleiniger eigener Verantwortung zu regeln sind, von den staatlichen Aufgaben klar abgrenzen; hierzu gibt es eine reichhaltige Rechtsprechung, auch des Bundesverfassungsgerichts[25]. Zum anderen haben der Bund und das jeweilige Bundesland aufgrund des Vorbehalts in Art. 28 Abs. 2 Satz 1 »im Rahmen der Gesetze«, wie bereits dargelegt, ein breitgefächertes Instrumentarium an Möglichkeiten, angefangen bei dem Erlaß von Gesetzen über das »ob« und das »wie« der Erfüllung öffentlicher Aufgaben bis hin zu den abgestuften Kontroll- und Eingriffsrechten im Rahmen der »Kommunalaufsicht«, um derart die staatlichen Belange hinreichend zur Geltung zu bringen[26]. Hinzu kommt, daß die für die Erfüllung aller auf der örtlichen Ebene zu erfüllenden öffentlichen Aufgaben zuständigen örtlichen Amtsträger, für die wie für staatliche Amtsträger das vom Staat geschaffene Dienstrecht gilt, zusätzlich einer Dienstaufsicht mit ihren vielfältigen Möglichkeiten bis hin zum Disziplinarrecht unterliegen. Auf diese Weise ist im Rahmen der Gesamtregelung des Rechts der kommunalen Selbstverwaltung sichergestellt, daß eine Beeinträchtigung von Belangen des deutschen Staatsvolkes nicht zu besorgen ist, wenn auch Ausländern ein kommunales Wahlrecht eingeräumt wird.

25 Vgl. dazu die bereits angeführten Entscheidungen BVerfGE 76, 107, 117 ff. und 78, 331, 340 ff. sowie insbes. 79, 127, 143 ff.

26 Vgl. insoweit aus jüngster Zeit z.B. die Entscheidung des Bundesverwaltungsgerichts BVerwGE 87, 228 (Erklärung des Gemeindegebiets zur »atomwaffenfreien Zone«) sowie BVerwGE 87, 237.

Als Ergebnis läßt sich festhalten: Im Hinblick darauf, daß das Wahlrecht zu den kommunalen »Volks«-Vertretungen unselbständiger, in Art. 28 Abs. 1 Satz 2 nur in Teilaspekten geregelter Bestandteil der Gewährleistung kommunaler »Selbst«-Verwaltung durch Art. 28 Abs. 2 ist, schließt das Grundgesetz ein Wahlrecht für Ausländer zu den kommunalen »Volks«-Vertretungen - anders als bei den Wahlen zu den staatlichen Parlamenten - nicht aus.

Menschenwürde- und Rechtsschutz bei der verfassungsrechtlichen Gewährleistung von Asyl Art. 16 a Abs. 2 und Art. 79 Abs. 3 GG*

Bodo Pieroth/Bernhard Schlink

Durch das Gesetz zur Änderung des Grundgesetzes (Artikel 16 und 18) vom 28. Juni 1993[1] ist der bisherige Art. 16 Abs. 2 Satz 2 GG durch Art. 16 a GG ersetzt worden. Der Text »Politisch Verfolgte genießen Asylrecht«, der die verfassungsrechtliche Gewährleistung von Asyl seit 1949 abschließend geregelt hat, ist in Art. 16 a Abs. 1 GG zwar übernommen, aber durch eine Fülle detaillierter Regelungen in den folgenden vier Absätzen modifiziert worden. Es handelt sich um einen der nachhaltigsten Eingriffe des verfassungsändernden Gesetzgebers in die Entwicklung der Grundrechte seit Bestehen des Grundgesetzes. Die gegenüber der bisherigen Rechtslage einschneidendste Neuregelung ist Art. 16 a Abs. 2 GG, durch den das vorläufige Bleiberecht und der verwaltungsgerichtliche Eilrechtsschutz derjenigen Asylbewerber ausgeschlossen werden sollen, die aus sog. sicheren Drittstaaten einreisen, zu denen alle an Deutschland grenzenden Staaten gehören. Im folgenden wird untersucht, ob Art. 16 a Abs. 2 GG die Grenzen überschreitet, die Art. 79 Abs. 3 GG dem verfassungsändernden Gesetzgeber zieht.

I. Art. 16 a Abs. 2 GG und Menschenwürdeschutz

1. Art. 1 Abs. 1 GG als Maßstab

Die Unantastbarkeit der Menschenwürde gehört zu den Grundsätzen, deren Berührung Art. 79 Abs. 3 GG für unzulässig erklärt. Mit dem Verweis auf Art. 1 GG neben dem auf Art. 20 GG setzt Art. 79 Abs. 3 GG dem verfassungsändernden Gesetzgeber neben staatsorganisationsrechtlichen Grenzen auch die Schranke der grundrechtlichen Fundamentalnorm. Allerdings wird davon ausgegangen, daß Art. 79 Abs. 3 GG die in Bezug genommenen Grundsätze nicht schlechthin unabänderlich stellt, sondern systemkonforme Modifikationen einzelner Grundsätze

* Die Abhandlung ist aus einem Rechtsgutachten hervorgegangen, das die Verfasser im Auftrag der Deutschen Sektion von Amnesty International erstellt haben. Rechtsreferendar Ralf Poscher, Berlin, hat die Überlegungen des Rechtsgutachtens zum Menschenwürdeschutz unterstützt, Wissenschaftlicher Assistent Siegmar Kemm, Münster, die zum Rechtsschutz; die Verfasser danken beiden für ihre Unterstützung.

1 BGBl. I S. 1002.

zuläßt[2]. Es fragt sich, was diese einschränkende Auslegung der Ewigkeitsgarantie für den Grundsatz der Unantastbarkeit der Menschenwürde bedeutet. Ist auch die Menschenwürde durch den verfassungsändernden Gesetzgeber modifizierbar?

Das Schrifttum ist sich in dieser Frage weitgehend einig: Eine Unterscheidung zwischen dem Schutz der Menschenwürde durch Art. 1 Abs. 1 GG und einem in Art. 79 Abs. 3 GG geschützten, reduzierten Grundsatz der Menschenwürde ist nicht möglich[3]. Es finden sich lediglich Warnungen, Art. 1 Abs. 1 GG aufzuladen und aufzublähen. Nicht alles, was Rechtsprechung und Schrifttum gelegentlich mit Art. 1 Abs. 1 GG in Verbindung gebracht hätten, sei tatsächlich durch Art. 1 Abs. 1 GG geschützt. Das, was nach einer diesem Problem Rechnung tragenden Auslegung in Art. 1 Abs. 1 GG als unantastbarer Bereich menschlicher Freiheit und Gleichheit angelegt sei, sei aber auch dem verfassungsändernden Gesetzgeber entzogen[4]. Welche Grenzen Art. 79 Abs. 3 GG dem verfassungsändernden Gesetzgeber mit seinem Verweis auf Art. 1 Abs. 1 GG setzt, ist somit keine Frage der Auslegung des Art. 79 Abs. 3 GG mit seinen Begriffen des Grundsatzes und der Berührung, sondern entscheidet sich allein in Auslegung von Art. 1 Abs. 1 GG.

Mit dem Schrifttum trifft sich das Bundesverfassungsgericht. Auch wenn es prinzipiell davon ausgeht, daß Art. 79 Abs. 3 GG die Grundsätze, die er erwähnt, nicht vor systemkonformen Modifikationen schützt, stellt es hinsichtlich Art. 1 Abs. 1 GG klar: »Was den in Art. 1 GG genannten Grundsatz der Unantastbarkeit der Menschenwürde anlangt, der nach Art. 79 Abs. 3 GG durch eine Verfassungsänderung nicht berührt werden darf, so hängt alles von der Festlegung ab, unter welchen Umständen die Menschenwürde verletzt sein kann«[5]. Es hängt nicht von der Auslegung des Art. 79 Abs. 3 GG ab, wann der verfassungsändernde Gesetzgeber die Menschenwürdegarantie berührt, nicht davon, was ein Grundsatz und was eine Berührung im Sinn von Art. 79 Abs. 3 GG ist, sondern allein davon, ob die Menschenwürde mit der Verfassungsänderung angetastet ist. Wer die Menschenwürde antastet, berührt auch den unabänderlichen Grundsatz des Art. 1 GG. Das Gericht spricht daher davon, daß das Gebot der Achtung der Menschenwürde »nach Art. 79 Abs. 3 GG auch durch ein verfassungsänderndes

2 Vgl. BVerfGE 30, 1 ff. (24); 84, 90 ff. (121).

3 Vgl. *Bryde,* in: von Münch, Grundgesetz-Kommentar, Bd. 3, 2. Aufl. 1983, Art. 79 Rn. 33 mit Verweis auf den absolut gefaßten Wortlaut »unantastbar«; *Pieroth,* in: Jarass/Pieroth, Grundgesetz, 2. Aufl. 1992, Art. 79 Rn. 6; aus dem naturrechtlichen Verständnis der Ewigkeitsgarantie *Maunz,* in: Maunz/Dürig, Grundgesetz, Stand: 1992, Art. 79 Rn. 42; *Stern,* Die Bedeutung der Unantastbarkeitsgarantie des Art. 79 III GG für die Grundrechte, JuS 1985, 329 ff. (334); *Evers,* in: Kommentar zum Bonner Grundgesetz (Bonner Kommentar), Stand: 1993, Art. 79 Abs. 3 (Zweitbearbeitung Oktober 1982) Rn. 165 ff.

4 A.A. jedoch *Kirchhof,* in: Isensee/Kirchhof, Handbuch des Staatsrechts (HdbStR), Bd. I, 1987, § 19 Rn. 66; *Bleckmann,* Verfassungsrechtliche Probleme einer Beschränkung des Asylrechts, 1991, S. 59.

5 BVerfGE 30, 1 ff. (25).

Gesetz *nicht antastbar*« ist[6]. Bedeutet Unberührbarkeit im Sinn von Art. 79 Abs. 3 GG sonst nur, daß die fundamentalen Grundsätze der Verfassung vor systemwidrigen Modifikationen geschützt sind, nicht aber, daß sie überhaupt nicht angetastet werden dürfen, so behauptet sich die Menschenwürdegarantie auch gegenüber dem verfassungsändernden Gesetzgeber.

Das Bundesverfassungsgericht setzt sich damit nicht in Selbstwiderspruch zu der sonst angenommenen Modifizierbarkeit der Grundsätze des Art. 79 Abs. 3 GG. Art. 79 Abs. 3 GG kann die systemkonforme Modifikation von Grundsätzen nur insoweit zulassen, als die Grundsätze einer Modifikation überhaupt zugänglich sind.

Schon sprachlich zeigt sich der Grundsatz der Menschenwürde modifikationsfeindlich. Art. 1 Abs. 1 GG formuliert die Menschenwürde nicht nur als Leitidee der Verfassung, die auf die eine oder andere Weise, mehr oder weniger erreicht werden kann. Art. 1 Abs. 1 GG formuliert vielmehr kategorisch. Er statuiert die Unantastbarkeit der Menschenwürde. Durch die Unantastbarkeit ist der Grundsatz der Menschenwürde qualifiziert und gegenüber den Grundsätzen des Art. 20 GG auch für Art. 79 Abs. 3 GG in eine Sonderstellung gebracht. In Art. 1 Abs. 1 GG treffen Unberührbarkeit und Unantastbarkeit zusammen.

Auch inhaltlich sperrt sich die Menschenwürde gegen Modifikationen. So mag unter besonderen Umständen in parlamentarischer Kontrolle der Verwaltung eine systemkonforme Modifikation des rechtsstaatlichen Grundsatzes gerichtlicher Kontrolle der Verwaltung gesehen, parlamentarische Kontrolle als funktionales Äquivalent gerichtlicher Kontrolle verstanden werden. Entsprechende Überlegungen lassen sich zu Art. 1 Abs. 1 GG nicht anstellen. Die Menschenwürde hat keine funktionalen Äquivalente. Sie ist nicht Mittel, sondern Zweck. An ihr müssen sich Funktionalitäten ausrichten und ausweisen. »In der freiheitlichen Demokratie ist die Würde des Menschen der oberste Wert.«[7] Daher fragt das Bundesverfassungsgericht auch danach, ob das in der parlamentarischen Kontrolle gefundene Äquivalent gerichtlicher Kontrolle noch den Anforderungen der Menschenwürde entspricht, und nicht danach, ob es dem verfassungsändernden Gesetzgeber gelungen ist, ein Äquivalent der Menschenwürde zu konstruieren[8]. »Der Satz ›Der Mensch muß immer Zweck an sich bleiben‹ gilt uneingeschränkt für alle Rechtsgebiete«[9] - auch für das Gebiet des Rechts der Verfassungsänderung.

6 BVerfGE 30, 1 ff. (26) - Hervorhebung durch die Verfasser.

7 BVerfGE 5, 85 ff. (204). Vgl. ferner BVerfGE 6, 32 ff. (36) - »tragendes Konstitutionsprinzip« -; BVerfGE 45, 187 ff. (227) - »höchster Rechtswert« -; *Dürig,* in: Maunz/Dürig, oben Fn. 3, Art. 1 Abs. 1 Rn. 14; *Hesse,* Grundzüge des Verfassungsrechts der Bundesrepublik Deutschland, 19. Aufl. 1993, Rn. 116 - »das unbedingte und in der Art seiner Realisierung unverfügbare oberste Prinzip der verfassungsmäßigen Ordnung«.

8 BVerfGE 30, 1 ff. (27).

9 BVerfGE 45, 187 ff. (228).

Die Grenzen zulässiger Verfassungsänderung können für den Grundsatz der Unantastbarkeit der Menschenwürde nicht in der Unterscheidung von unzulässiger Berührung und zulässiger Modifikation gefunden werden, weil diese Unterscheidung für die Menschenwürde nicht getroffen werden kann. Von der Unantastbarkeit der Menschenwürde gilt mit einem Wort Max Frischs, daß es Maßstäbe gibt, die man nicht verändern, sondern nur verlieren kann. Wo Art. 79 Abs. 3 GG auf einen Grundsatz verweist, der der Modifikation unzugänglich ist, bestimmt sich der Gehalt der Ewigkeitsgarantie allein nach dem Inhalt des Grundsatzes. Keine Verfassungsänderung kann eine Antastung der Menschenwürde als deren nach Art. 79 Abs. 3 GG zulässige Modifikation ausgeben. Die in Art. 1 Abs. 1 GG garantierte Unantastbarkeit der Menschenwürde ist Maßstab und Grenze auch für den verfassungsändernden Gesetzgeber.

2. Die Bedeutung von Art. 1 Abs. 1 GG für die Zurückweisung und Abschiebung von Flüchtlingen

Die Garantie der Unantastbarkeit der Menschenwürde dient in erster Linie der Sicherung des Eigenwerts, der Subjektqualität des Menschen. Der Mensch darf nicht zum bloßen Objekt der Staatsgewalt herabgewürdigt werden[10]. Wann eine vor Art. 1 Abs. 1 GG unzulässige Objektivierung des Menschen vorliegt, läßt sich über diese richtungweisende, aber hochabstrakte Überlegung hinaus nur schwer allgemein beschreiben. Die einzelnen Ausprägungen der Menschenwürdegarantie lassen sich erst »in Ansehung des konkreten Falles« bestimmen[11]. Die Konkretisierungen der Menschenwürde werden dabei von Evidenzen über das geleitet, was als staatliches Handeln unter keinen Umständen von der Rechtsordnung hingenommen werden kann.

Für die unmittelbare Kontrolle deutscher Staatsgewalt ist Art. 1 Abs. 1 GG kaum je bedeutsam geworden. Mit den Phänomenen, deren Ächtung Art. 1 Abs. 1 GG evidentermaßen dient – Folter, staatlicher Mord, archaische Strafsanktionen etc. –, wird die Bundesrepublik im wesentlichen nur über das Schicksal ausländischer Flüchtlinge konfrontiert, die in der Bundesrepublik Schutz suchen. Die entsprechenden Menschenwürdeverletzungen begegnen der Rechtsordnung nur als Grausamkeiten anderer Staaten und anderer Staatsgewalt. Für Art. 16 a GG, der den Flüchtlingsschutz auf eine neue Grundlage stellt, wird die Menschenwürde mit den Maßstäben relevant, die sie zum Umgang mit Flüchtlingen, deren Zurückweisung und Abschiebung enthält.

a) *Zurückweisung und Abschiebung in den Verfolgerstaat.* Die Maßnahme, die den direkten Zusammenhang zwischen Menschenwürdeverletzung in anderen

10 BVerfGE 9, 89 ff. (95); 57, 250 ff. (275); *Dürig*, oben Fn. 3, Rn. 2; *Kunig*, in: von Münch/Kunig, Grundgesetz-Kommentar, Bd. 1, 4. Aufl. 1992, Art. 1 Rn. 23.

11 BVerfGE 30, 1 ff. (25).

Staaten und dem Handeln deutscher Staatsgewalt herstellt, ist die Zurückweisung oder Abschiebung eines Flüchtlings in den verfolgenden Staat. Stellt sich die im Verfolgerstaat drohende Menschenwürdeverletzung als Folge des Handelns grundrechtlich gebundener deutscher Staatsgewalt dar, so ist das entsprechende Handeln nicht mit Art. 1 Abs. 1 GG vereinbar.

Art. 1 Abs. 3 GG bindet die deutsche Staatsgewalt an die Grundrechte. Diese Bindung endet indes nicht an der Staatsgrenze. Hinsichtlich des Handlungsorts greift er über das deutsche Staatsgebiet hinaus, indem er Träger deutscher Staatsgewalt auch bei ihrer Tätigkeit im Ausland verpflichtet[12]. Gleiches gilt für die Handlungsfolgen. Entscheidend ist nicht, wo der grundrechtswidrige Erfolg eintritt, sondern ob das Grundrecht den Erfolg als Folge des Handelns deutscher Staatsgewalt mißbilligt. »Die Grundrechte binden in ihrem sachlichen Geltungsumfang die deutsche öffentliche Gewalt auch, soweit die Wirkungen ihrer Betätigung außerhalb des Hoheitsbereichs der Bundesrepublik Deutschland eintreten.«[13]

Für die Beurteilung von aufenthaltsbeendenden Maßnahmen ist maßgeblich, daß Art. 1 Abs. 1 GG der deutschen Staatsgewalt verwehrt, sich an Menschenwürdeverletzungen zu beteiligen. Ist die Folge des Handelns deutscher Staatsgewalt ein Verstoß gegen die Menschenwürde, so verbietet Art. 1 Abs. 1 GG das Handeln um seiner Folgen willen, unabhängig davon, ob diese sich noch auf deutschem Territorium einstellen oder erst jenseits der Grenzen. Der im Ausland liegende Erfolgsort schließt nicht aus, daß die Folgen der Zurückweisung oder Abschiebung für deren grundrechtliche Beurteilung herangezogen werden.

Darin trifft sich Art. 1 Abs. 3 GG mit dem modernen Eingriffsverständnis. Die sich aus der Zurückweisung oder Abschiebung ergebenden Menschenwürdeverletzungen sind auch als nicht unmittelbar beabsichtigte Folge deutscher Hoheitsakte grundrechtsrelevant. Auch die nur mittelbaren Folgen staatlichen Handelns müssen für dessen grundrechtliche Beurteilung mit herangezogen werden. Anders als für den klassischen Eingriffsbegriff wird unter dem Grundgesetz an der Unmittelbarkeit als Eingriffskriterium nicht mehr festgehalten[14]. Dies gilt zumal für Maßnahmen, die alle übrigen Anforderungen auch des klassischen Eingriffsbegriffs erfüllen, d.h. bei denen es sich um Rechtsakte handelt, die mit Befehl und Zwang angeordnet bzw. durchgesetzt werden und zumindest insoweit finale Folgen sind, als die grundrechtsrelevanten Konsequenzen vorhergesehen werden können. Die Zurückweisung bzw. die Abschiebung in den Verfolgerstaat erfüllt all

12 *Kunig,* oben Fn. 10, Rn. 52 ff.; *Starck,* in: von Mangoldt/Klein, Das Bonner Grundgesetz, Bd. 1, 3. Aufl. 1985, Art. 1 Abs. 3 Rn. 140.

13 BVerfGE 57, 9 ff. (23). Vgl. auch BVerfGE 6, 290 ff. (295); 51, 1 ff. (22); 75, 1 ff. (1); einschränkend nur BVerfGE 66, 39 ff. (60).

14 BVerfGE 6, 55 ff. (82); 13, 230 ff. (232 f.); *Gallwas,* Faktische Beeinträchtigungen im Bereich der Grundrechte, 1970; *Pieroth/Schlink,* Grundrechte - Staatsrecht II, 9. Aufl. 1993, Rn. 271 ff.

diese Voraussetzungen. Sie ist ein Rechtsakt, der mit Befehl angeordnet und mit Zwang durchgesetzt wird. Die Menschenwürdeverletzungen lassen sich absehen, wenn der Flüchtling dem Staat ausgeliefert werden soll, in dem er verfolgt wird oder von dem ihm entsprechende Maßnahmen drohen.

Ein aus Art. 1 Abs. 1 GG abgeleiteter Schutz vor Zurückweisung und Abschiebung in den Verfolgerstaat entspricht der einhelligen Auffassung der Verwaltungsgerichte, angeführt vom Bundesverwaltungsgericht, und des Schrifttums[15]. Sie wird vom Bundesgesetzgeber geteilt, der in § 53 AuslG 1990 die wesentlichen Fälle der sich aus Art. 1 Abs. 1 GG ergebenden Abschiebungshindernisse positiviert hat, die vormals über die Auslegung von § 14 AuslG 1965 in das einfache Recht eingeflossen sind[16].

Auch das Bundesverfassungsgericht geht selbstverständlich davon aus, daß Folter »eine als Abschiebehindernis relevante menschenunwürdige Behandlung« darstellt[17]. Dabei ist das Abschiebungshindernis unabhängig von den Asylrechtsgewährleistungen zu beachten. Im Falle einer syrischen Lehrerin hat das Gericht entschieden: »Auch wenn das Begehren der Beschwerdeführerin . . ., als Asylberechtigte anerkannt zu werden, im Asylverfahren erfolglos geblieben war, weil eine politische Verfolgung nicht festgestellt werden konnte, kann der Beschwerdeführerin dennoch in ihrem Heimatland die Gefahr menschenunwürdiger Behandlung in der Gestalt der Folter drohen. In einem solchen Fall geböte es die Verpflichtung der deutschen Hoheitsträger zur Achtung der Menschenwürde der Beschwerdeführerin, von einer Abschiebung der Beschwerdeführerin in ihr Heimatland abzusehen.«[18] Es zählt »wegen Art. 1 Abs. 1 und Art. 2 Abs. 1 GG zu den unabdingbaren Grundsätzen der deutschen verfassungsrechtlichen Ordnung, daß eine angedrohte oder verhängte Strafe nicht grausam, unmenschlich oder erniedrigend sein darf; die zuständigen Organe der Bundesrepublik Deutschland sind deshalb gehindert, an der Auslieferung eines Verfolgten mitzuwirken, wenn dieser eine solche Strafe zu gewärtigen oder zu verbüßen hat«[19].

Dem steht die Rechtsprechung des Bundesverfassungsgerichts im Falle drohender Todesstrafe nicht entgegen. Zum einen hat sich das Bundesverfassungsgericht von seiner frühen Rechtsprechung, nach der eine drohende Todesstrafe die Auslieferung nicht ausschließt[20], bereits deutlich distanziert[21]. Zum anderen beruhte die

15 BVerwGE 67, 184 ff. (194); NVwZ 1988, 260; Bayerischer VGH, DVBl. 1988, 292; Gemeinschaftskommentar zum Ausländerrecht, Stand: 1992, § 53 Rn. 68; *Kanein/ Renner,* Ausländerrecht, 5. Aufl. 1992, § 53 Rn. 13 ff.; *Schnapp,* in: von Münch/ Kunig, oben Fn. 10, Art. 16 Rn. 33.

16 Vgl. zum Zusammenhang zwischen § 53 AuslG 1990 und Art. 1 Abs. 1 GG BVerfG, NVwZ 1992, 660; zu § 14 AuslG *Hailbronner,* Ausländerrecht, 2. Aufl. 1989, S. 454; *Kloesel/Christ,* Deutsches Ausländerrecht, 2. Aufl. 1990, § 14 Anm. 2.

17 BVerfG, 2. Senat, 3. Kammer, B. v. 22.3.1993, 2 BvR 237/93.

18 BVerfG, NVwZ 1992, 660 ff. (661).

19 BVerfGE 75, 1 ff. (16).

20 BVerfGE 18, 112 ff. (116).

21 BVerfGE 60, 348 ff. (354).

ältere Entscheidung wesentlich darauf, daß die Todesstrafe noch keine allgemein zivilisatorisch diskreditierte Form strafrechtlicher Sanktion sei[22]. Für die Folter verhält sich dies anders; sie steht in offenem Widerspruch zum zivilisatorischen Stand der Staatengemeinschaft[23].

Soll ein Flüchtling in einen Staat zurückgewiesen oder abgeschoben werden, in dem ihm Menschenwürdeverletzungen drohen, steht Art. 1 Abs. 1 GG der Zurückweisung oder Abschiebung entgegen. Über Art. 79 Abs. 3 GG ist eine Einschränkung dieses Zurückweisungs- und Abschiebungsschutzes auch dem verfassungsändernden Gesetzgeber entzogen.

b) *Zurückweisung oder Abschiebung in einen unsicheren Drittstaat.* Neben der Zurückweisung und Abschiebung eines Flüchtlings in den Verfolgerstaat kommt die Zurückweisung oder Abschiebung in einen anderen Staat, der selbst nicht Verfolgerstaat ist, in Betracht. Eine solche Abschiebung ist aus denselben Gründen wie die Abschiebung in den Verfolgerstaat grundrechtlich dann problematisch, wenn der sog. Drittstaat zwar selbst keine Menschenwürdeverletzungen begeht, dem Flüchtling aber auch keinen Aufenthalt gewährt, sondern ihn in den Verfolgerstaat weiterleitet. Gegenüber der Abschiebung in den Verfolgerstaat verlängert sich in einem solchen Fall nur die Kausalkette, durch die das Handeln deutscher Staatsgewalt einen Flüchtling menschenunwürdiger Behandlung aussetzt. Für die Abschiebung in einen unsicheren Drittstaat kann sich somit nichts anderes ergeben als für die Abschiebung unmittelbar in den Verfolgerstaat. Durch Kettenabschiebungen oder womöglich sogar durch Kettenschubabkommen mit anderen Staaten kann die Bundesrepublik der Grundrechtsbindung nicht ausweichen[24].

Das sich aus Art. 1 Abs. 1 GG ergebende Zurückweisungs- und Abschiebungsverbot ist bei Drittstaaten voraussetzungsvoller als beim Verfolgerstaat. Der Flüchtling muß nicht nur in dem Verfolgerstaat Menschenwürdeverletzungen ausgesetzt sein. Darüber hinaus muß der Drittstaat, in den die Zurückweisung oder Abschiebung beabsichtigt ist, für den Flüchtling insoweit unsicher sein, als ihm von dort die Weiterleitung in den Verfolgerstaat droht.

c) *Verhältnis zwischen Zurückweisungs- und Abschiebungsschutz nach Art. 1 Abs. 1 GG und nach Asylrecht.* Der durch Art. 1 Abs. 1 GG gewährte und der Verfassungsänderung entzogene Zurückweisungs- und Abschiebungsschutz unterscheidet sich sowohl in seinen Voraussetzungen als auch in seiner Rechtsfolge von dem Asylrecht, das Art. 16 Abs. 2 Satz 2 GG a.F. gewährte und das Art. 16 a Abs. 1 GG n.F. gewährt.

22 BVerfGE 18, 112 ff. (116).

23 Vgl. die Übereinkommen gegen Folter und andere grausame, unmenschliche oder erniedrigende Behandlung oder Strafe, vom 10. Dezember 1984 (BGBl. 1990 II S. 246).

24 Das Bundesverwaltungsgericht hat den in Art. 16 Abs. 2 Satz 2 GG a.F. enthaltenen Schutz vor Kettenabschiebungen als zum Kernbereich des Asylrechts gehörenden Ausdruck der Menschenwürdegarantie ausgewiesen: BVerwGE 49, 202 ff. (206); vgl. auch BVerfG, InfAuslR 1992, 226 ff. (229).

Die Voraussetzungen sind teils anspruchsvoller und teils allgemeiner. So verlangt Art. 1 Abs. 1 GG eine größere Verfolgungsintensität. Art. 1 Abs. 1 GG vermittelt nur dann Zurückweisungs- und Abschiebungsschutz, wenn dem Flüchtling Behandlungen drohen, die seine Menschenwürde verletzen. Dies ist nicht bei jeder politischen Verfolgung, die einen Asylanspruch begründet, der Fall. Eine Haft oder ein Arrest aus politischen Gründen muß, etwa als Festungshaft oder Hausarrest, nicht notwendig auch die Menschenwürde berühren. Der politische Gegner muß nicht erniedrigt, sondern kann auch als Gegner geachtet und selbst bei der Verfolgung in seiner Würde anerkannt werden.
Andererseits setzt der Zurückweisungs- und Abschiebungsschutz aus Art. 1 Abs. 1 GG nicht voraus, daß die Menschenwürdeverletzung durch politische Verfolgung veranlaßt wird. Art. 1 Abs. 1 GG ist gegenüber dem Anlaß der Menschenwürdeverletzung indifferent, während das Asylrecht nur vor politisch veranlaßter Verfolgung schützt. Auch dem Kriminellen, dem wegen gemeiner Straftaten die Folter droht, gilt der Schutz der Menschenwürde, obwohl er sich nicht auf politische Verfolgung berufen könnte.
Während dem politisch Verfolgten aus dem Asylrecht ein Bleiberecht zusteht, d.h. das Recht, gerade in der Bundesrepublik Deutschland Schutz zu finden[25], vermittelt Art. 1 Abs. 1 GG nur einen Schutz davor, nicht in den Verfolgerstaat oder einen unsicheren Drittstaat abgeschoben zu werden. Er hindert die deutsche Staatsgewalt nicht, einen Flüchtling abzuschieben oder zurückzuweisen. Zurückweisung und Abschiebung dürfen lediglich nicht in den Verfolgerstaat oder einen unsicheren Drittstaat erfolgen.
Art. 1 Abs. 1 GG ist kein kleines Asylrecht, sondern hat einen anderen, teils allgemeineren, teils spezielleren Regelungsgegenstand. Während das Asylrecht politisch Verfolgten Aufnahme gewährt, verbietet Art. 1 Abs. 1 GG der deutschen Staatsgewalt lediglich, sich durch aufenthaltsbeendende Maßnahmen an Menschenwürdeverletzungen zu beteiligen. Dieser unterschiedliche Regelungsgegenstand schließt jedoch nicht aus, daß die, denen politisch veranlaßte Verletzungen ihrer Menschenwürde drohen, sich im Fall aufenthaltsbeendender Maßnahmen auf den geringeren Schutz des Art. 1 Abs. 1 GG berufen können. Hierin liegt der Menschenwürdekern des Asylrechts, der auch dem verfassungsändernden Gesetzgeber entzogen ist.

3. Inhalt und Funktion der Drittstaatenregelung des Art. 16 a Abs. 2 GG

Art. 16 a Abs. 2 GG regelt in Satz 1 und 2 das Asylrecht für Flüchtlinge, die nicht unmittelbar aus dem Verfolgerstaat in die Bundesrepublik Deutschland einreisen. Als Rechtsfolge sieht er den Ausschluß der Berufung auf das Asylgrundrecht vor.

25 *Schnapp*, oben Fn. 15, Rn. 34; *Randelzhofer*, in: Maunz/Dürig, oben Fn. 3, Art. 16 Rn. 11 ff.

Im Tatbestand legt er Staaten fest, in denen die Einhaltung der Genfer Flüchtlingskonvention und der Europäischen Menschenrechtskonvention sichergestellt sein soll, und ermächtigt den Gesetzgeber, weitere solche Staaten festzustellen. In Satz 3 knüpft er an die Rechtsfolge des Satz 1 eine weitere, prozessuale Rechtsfolge.

a) *Der Ausschluß der Berufung auf das Asylgrundrecht.* Diese Rechtsfolge knüpft an die bisherige Rechtslage an. Diese kannte bereits auf einfach-gesetzlicher Ebene eine Drittstaatenregelung. Zunächst führte das Ausländergesetz 1965 durch das Kriterium des anderweitigen Schutzes (§ 28 AuslG 1965), dann das Asylverfahrensänderungsgesetz 1987 durch das Kriterium der anderweitigen Sicherheit (Art. 1 Nr. 2 AsylVfÄndG 1987) eine dritte Staaten berücksichtigende Einschränkung des Asylrechts ein. Während aber bisher für die Beurteilung anderweitiger Sicherheit ein subjektives, die Perspektive des Flüchtlings berücksichtigendes Element mitherangezogen wurde[26], macht Art. 16 a Abs. 2 Satz 1 GG nunmehr allein ein objektives Element, die Einreise aus dem Drittstaat, maßgeblich. Das leicht operationalisierbare Kriterium der Einreise tritt an die Stelle der anhand individueller Fluchtpläne und -abläufe oft nur schwer bestimmbaren anderweitigen Sicherheit.

Mit der anderweitigen Sicherheit verloren Flüchtlinge nur die Möglichkeit, als Asylberechtigte anerkannt zu werden. Gegenüber Abschiebungen in den Verfolgerstaat oder in unsichere Drittstaaten genossen sie, soweit dessen Voraussetzungen vorlagen, immer noch den aus Art. 1 Abs. 1 GG abgeleiteten Schutz vor aufenthaltsbeendenden Maßnahmen. Ihnen stand kein Asylrecht zu, sie durften aber auch nicht in den Heimatstaat abgeschoben werden. Sie bildeten eine Gruppe innerhalb der sog. De-facto-Flüchtlinge.

Auch der Ausschluß der Berufung auf das Asylgrundrecht durch Art. 16 a Abs. 2 Satz 1 GG schließt die aus Drittstaaten des Art. 16 a Abs. 2 GG eingereisten Flüchtlinge nur von der Berufung auf das Asylgrundrecht des Art. 16 a Abs. 1 GG aus. Er verwehrt ihnen nicht generell die Berufung auf den Menschenwürdeschutz[27]. Jedes weitergehende Verständnis schösse über das Ziel der Verfassungsänderung hinaus. Die neue Drittstaatenregelung soll der Bundesrepublik Deutschland zum einen die Zurückweisung und Abschiebung von Flüchtlingen in andere Staaten der Europäischen Gemeinschaft ermöglichen, wenn dies deren mit der Ersteinreise des Flüchtlings gegebener Zuständigkeit nach dem Schengener Zusatzabkommen und dem Vertrag von Dublin entspricht[28]. Zum anderen soll die

26 Vgl. BVerwGE 78, 332 ff. (344); 84, 115 ff. (117 ff.); 88, 226 ff. (229 ff.); *Kanein/Renner,* oben Fn. 15, § 53 Rn. 13 ff.; vgl. auch BVerfGE 71, 276 ff. (298); InfAuslR 1992, 226 ff. (229).

27 Vgl. *Henkel,* Das neue Asylrecht, NJW 1993, 2705 ff. (2707).

28 Übereinkommen zur Durchführung des Übereinkommens von Schengen vom 14. Juni 1985 vom 19.6.1990; Übereinkommen über die Bestimmung des zuständigen Staates für die Prüfung eines in dem Mitgliedstaat der Europäischen Gemeinschaft gestellten Asylantrags vom 15.6.1990.

Möglichkeit eröffnet werden, durch weitere völkerrechtliche Abkommen oder die Erweiterung der bestehenden eine entsprechende Zurückweisungs- und Abschiebungspraxis insbesondere in die osteuropäischen Anrainerstaaten der Bundesrepublik zu etablieren[29]. Unter beiden Aspekten bedarf es nicht des Ausschlusses jedes Abschiebungsschutzes, der eine Zurücknahme auch des Menschenwürdekerns des Asylrechts bedeuten würde. So soll Flüchtlingen nicht etwa der Schutz vor Abschiebungen in den Verfolgerstaat genommen werden. Die Funktion des Ausschlusses der Berufung auf das Asylgrundrecht besteht vielmehr darin, politisch Verfolgten, die aus den Staaten des Art. 16 a Abs. 2 GG einreisen, den Anspruch zu nehmen, ihr Asyl gerade in der Bundesrepublik zu finden.

b) *Die Feststellung und Ermächtigung zur Feststellung sicherer Drittstaaten.* Allein durch den Ausschluß der Berufung auf das Asylgrundrecht wird das Ziel der Verfassungsänderung aber noch nicht erreicht. Solange Flüchtlinge, die sich nicht mehr auf Art. 16 a Abs. 1 GG berufen können, gegenüber ihrer Abschiebung in die in Art. 16 a Abs. 2 GG festgestellten Drittstaaten noch den aus Art. 1 Abs. 1 GG ableitbaren Schutz vor Kettenabschiebungen geltend machen können, ist die Überprüfung eines Zurückweisungs- oder Abschiebungsschutzes aus Art. 1 Abs. 1 GG mit einem zumindest vorläufigen Aufenthalt des Flüchtlings verbunden und kann, soweit die Voraussetzungen des Schutzes aus Art. 1 Abs. 1 GG vorliegen, auch endgültig einer Abschiebung in den Drittstaat entgegenstehen. Das Ziel der Verfassungsänderung, ein auch nur vorläufiges Bleiberecht auszuschließen und die Möglichkeit zu eröffnen, »die Betroffenen zurückzuweisen und unverzüglich in den sicheren Drittstaat zurückzubringen«[30], wäre verfehlt. Dem Ausschluß jeglicher diesem Ziel entgegenstehenden Rechtsposition dienen die Feststellung und die Feststellungsermächtigung des Art. 16 a Abs. 2 GG.

Art. 1 Abs. 1 GG verbietet die Zurückweisung oder Abschiebung von Flüchtlingen in Drittstaaten unter zwei Voraussetzungen: Zum einen müssen dem Flüchtling im Verfolgerstaat Menschenwürdeverletzungen drohen, und zum anderen muß zu besorgen sein, daß der Flüchtling im Drittstaat keine Sicherheit hat, daß ihm vielmehr die Weiterleitung in den Verfolgerstaat droht. Das Fehlen der zweiten Voraussetzung will Art. 16 a Abs. 2 GG gewährleisten, indem er feststellt, in welchen Staaten die Einhaltung der Genfer Flüchtlingskonvention und der Europäischen Menschenrechtskonvention sichergestellt ist. Mit dem Verweis auf die Europäische Menschenrechtskonvention neben der Genfer Flüchtlingskonvention macht Art. 16 a Abs. 2 GG deutlich, daß die Feststellung nicht nur dem Schutz vor politischer Verfolgung, sondern allgemein der Sicherheit vor Menschenrechts- und auch Menschenwürdeverletzungen gilt. Auch Flüchtlinge, die nicht mit politischer Verfolgung in Zusammenhang stehende Menschenwürdeverletzungen befürchten, sollen der Zurückweisung oder Abschiebung in die in Art. 16 a

29 Vgl. BT-Drucks. 12/4152, S. 3.
30 BT-Drucks. 12/4152, S. 4.

Abs. 2 GG festgestellten Drittstaaten nichts mehr entgegenhalten können. Wenn sie in diesen Staaten vor Abschiebungen in den Verfolgerstaat sicher sind, können sie gegenüber Zurückweisungen und Abschiebungen in diese Staaten auch nicht mehr den aus Art. 1 Abs. 1 GG ableitbaren Schutz vor Kettenabschiebungen geltend machen. Wo es keine Kettenabschiebungen geben kann, verliert auch der Schutz vor Kettenabschiebungen seinen Sinn.

c) *Der Vollzug aufenthaltsbeendender Maßnahmen unabhängig von einem dagegen eingelegten Rechtsbehelf.* Mit dem Ausschluß der Berufung auf das Asylgrundrecht verbinden sich die Feststellung und die Feststellungsermächtigung, die den Zurückweisungs- und Abschiebungsschutz zwar noch gegenüber dem Verfolgerstaat und anderen Drittstaaten gewährleisten, gegenüber den Drittstaaten des Art. 16 a Abs. 2 GG aber umfassend ausschließen. Nur durch diese Kombination von Ausschluß der Berufung auf das Asylgrundrecht und verfassungsrechtlicher Definition sicherer Drittstaaten kann das Ziel der Verfassungsänderung erreicht werden. Nur vor dem Hintergrund der Kombination kann Art. 16 a Abs. 2 Satz 3 GG das mit der Verfassungsänderung erstrebte Ziel, ein auch nur vorläufiges Bleiberecht auszuschließen und die Möglichkeit zu eröffnen, »die Betroffenen zurückzuweisen und unverzüglich in den sicheren Drittstaat zurückzubringen«[31], dadurch erreichen, daß er in den Fällen von Satz 1 aufenthaltsbeendende Maßnahmen unabhängig von einem dagegen eingelegten Rechtsbehelf zu vollziehen gestattet.

Es wird kontrovers beurteilt, ob Art. 16 a Abs. 2 Satz 3 GG einstweiligen Rechtsschutz auch dann ausschließt, wenn nicht nur politische Verfolgung und das Asylgrundrecht, sondern drohende Verletzung der Menschenwürde und deren in Art. 1 Abs. 1 GG verbürgte Unantastbarkeit geltend gemacht werden[32]. Gegen den Ausschluß einstweiligen Rechtsschutzes bei der Geltendmachung von Art. 1 Abs. 1 GG wird eingewandt, Art. 16 a Abs. 2 Satz 3 GG beziehe sich schon nach seinem Wortlaut nur auf die Fälle des Satz 1, d.h. nur auf die Fälle, in denen zwar die Berufung auf das Asylgrundrecht, nicht aber die Berufung auf den Menschenwürdeschutz verwehrt sei[33]. Außerdem könne der Ausschluß einstweiligen Rechtsschutzes bei der Geltendmachung von Art. 1 Abs. 1 GG die Verfassungsänderung des Art. 16 a GG in Probleme mit Art. 79 Abs. 3 GG bringen[34].

31 BT-Drucks. 12/4152, S. 4.

32 Vgl. einerseits etwa *Renner,* Schriftliche Stellungnahme für die Anhörung im Rahmen der 56. Sitzung des Innenausschusses vom 24.3.1993, S. 2 f., der einen Ausschluß einstweiligen Rechtsschutzes auch in diesem Fall annimmt; andererseits *Gusy,* Neuregelung des Asylrechts, Jura 1993, 505 ff. (513); *Huber,* Das Asylrecht nach der Grundgesetzänderung, NVwZ 1993, 736 ff. (737); *Heinhold,* in: Das neue Asylrecht, Schriftenreihe der zentralen Dokumentationsstelle der Freien Wohlfahrtspflege für Flüchtlinge e.V. (ZDWF-Schriftenreihe) Nr. 55, August 1993, S. 19; *Funke-Kaiser,* Der Art. 16 danach, Referat, gehalten auf einer Tagung im August 1993 in Bad Herrenalb, S. 7, die insoweit von einer weiter bestehenden Möglichkeit einstweiligen Rechtsschutzes ausgehen.

33 *Huber,* NVwZ 1993, 736 ff. (737); *Funke-Kaiser,* oben Fn. 32, S. 7.

34 *Funke-Kaiser,* oben Fn. 32, S. 7.

In der Tat birgt der Ausschluß einstweiligen Rechtsschutzes bei der Geltendmachung von Art. 1 Abs. 1 GG verfassungsrechtliche Probleme besonderer Art und besonderen Gewichts. Es geht nicht nur um die allgemeine Frage, inwieweit einstweiliger Rechtsschutz schlechthin durch das Rechtsstaatsprinzip gefordert und über Art. 20 GG durch Art. 79 Abs. 3 GG verfassungsänderungsfest verbürgt ist[35]. Es geht auch nicht nur um die allgemeine Frage, inwieweit einstweiliger Rechtsschutz schlechthin um der Subjektqualität des in seiner Würde geschützten Menschen willen geboten und über Art. 1 GG durch Art. 79 Abs. 3 GG verfassungsänderungsfest gewährleistet ist[36]. Die Versagung einstweiligen Rechtsschutzes gegen eine drohende Verletzung der Menschenwürde verwehrt dem Betroffenen nicht nur, den Rechtsstaat im einstweiligen Rechtsschutz zu erfahren und sich im einstweiligen Rechtschutz als Subjekt zur Geltung zu bringen, sondern liefert ihn eher der Verletzung der Menschenwürde aus, die ihm droht und gegen die der einstweilige Rechtsschutz versagt. Sie ist damit selbst eine Antastung seiner Menschenwürde.

Aber dieses Problem meinte der verfassungsändernde Gesetzgeber vermieden zu haben, indem er den Ausschluß der Berufung auf das Asylgrundrecht mit der verfassungsrechtlichen Definition sicherer Drittstaaten kombiniert hat. Er ging davon aus, daß, wer aus einem sicheren Drittstaat einreist, dort nicht nur vor politischer Verfolgung, sondern auch vor drohender Verletzung der Menschenwürde sicher war, denn die Anwendung nicht nur des Abkommens über die Rechtsstellung der Flüchtlinge, sondern auch der Konvention zum Schutze der Menschenrechte und Grundfreiheiten ist es gerade, was die Sicherheit eines Drittstaats ausmacht, was den sicheren Drittstaat kennzeichnet. In der Konsequenz seines Ansatzes mußte der verfassungsändernde Gesetzgeber nicht befürchten, durch den Ausschluß einstweiligen Rechtsschutzes bei Einreise aus einem sicheren Drittstaat mit dem Schutz der Menschenwürde und mit Art. 79 Abs. 3 GG in Konflikt zu geraten. Die Berufung auf Art. 1 Abs. 1 GG, die er in der Tat verwehren wollte, um ein auch nur vorläufiges Bleiberecht auszuschließen und die Möglichkeit zu eröffnen, »die Betroffenen zurückzuweisen und unverzüglich in den sicheren Drittstaat zurückzubringen«[37], meinte er, in den Fällen der Einreise aus einem sicheren Drittstaat durchweg als unbegründet und keiner Berücksichtigung wert ansetzen zu können.

Ebenso wie die Systematik von Art. 16 a Abs. 2 GG und die Absicht des verfassungsändernden Gesetzgebers spricht, genau besehen, auch der Wortlaut von Art. 16 a Abs. 2 GG für den Ausschluß einstweiligen Rechtsschutzes auch bei Geltendmachung von Art. 1 Abs. 1 GG. Die Fälle des Satz 1, auf die Satz 3 Bezug nimmt, sind die Fälle, in denen sich jemand nicht auf Art. 16 a Abs. 1 GG berufen

35 Vgl. unten II. 1. b) und c).
36 Vgl. unten II. 1. d).
37 BT-Drucks. 12/4152, S. 4.

kann, weil er aus einem sicheren Drittstaat einreist. Kann sich jemand nicht auf Art. 16 a Abs. 1 GG berufen, weil er aus einem sicheren Drittstaat einreist, dann sollen seinen Aufenthalt beendende Maßnahmen trotz Einlegung eines Rechtsbehelfs vollzogen werden können - Satz 3 statuiert dies umfassend und ohne danach zu differenzieren, was bei Einlegung des Rechtsbehelfs gegen die aufenthaltsbeendende Maßnahme und deren Vollzug rechtlich vorgebracht wurde. Da Art. 16 a Abs. 2 Satz 1 GG die Berufung auf das Asylgrundrecht ausschließt, spricht alles dafür, daß die Einlegung des Rechtsbehelfs gerade unter Berufung auf den Menschenwürdeschutz geschehen ist.
Das alles bedeutet nicht, daß Art. 16 a Abs. 2 GG tatsächlich ohne Probleme mit Art. 79 Abs. 3 GG i.V.m. Art. 1 Abs. 1 GG zusammenstimmt. Es schließt auch nicht aus, daß Art. 16 a Abs. 2 GG zur Lösung allfälliger Probleme gegen seinen Wortlaut, gegen seine Systematik und gegen die Absicht des verfassungsändernden Gesetzgebers in verfassungskonformer Interpretation korrigiert und modifiziert wird. Aber zunächst hat die verfassungsrechtliche Bewertung von Art. 16 a Abs. 2 GG davon auszugehen, wie diese Bestimmung sich nach Wortlaut, Systematik und gesetzgeberischer Absicht präsentiert.

4. Verfassungsrechtliche Bewertung

Der Ausschluß der Berufung auf Absatz 1 in Art. 16 a Abs. 2 Satz 1 GG bezieht sich nur auf das Asylgrundrecht. Er allein bewirkt noch nicht, daß Flüchtlinge aus Drittstaaten im Sinn von Art. 16 a Abs. 2 GG sich gegenüber ihrer Zurückweisung oder Abschiebung nicht auf Art. 1 Abs. 1 GG berufen können. Er allein verkürzt den Menschenwürdeschutz von Flüchtlingen nicht. Art. 16 a Abs. 2 Satz 1 GG ist daher insoweit mit Art. 1 Abs. 1 GG und also auch mit Art. 79 Abs. 3 GG vereinbar.
Die Feststellung sicherer Drittstaaten betrifft hingegen auch die Menschenwürde von Flüchtlingen. Ist verfassungsrechtlich verbindlich festgestellt, daß Flüchtlinge in den Staaten des Art. 16 a Abs. 2 GG in doppelter Hinsicht sicher sind, durch Anwendung des Abkommens über die Rechtsstellung der Flüchtlinge in Hinsicht politischer Verfolgung und durch Anwendung der Konvention zum Schutze der Menschenrechte und Grundfreiheiten in Hinsicht drohender Verletzung der Menschenwürde, so kann sich insoweit kein Zurückweisungs- oder Abschiebungsschutz aus der Menschenwürdegarantie ergeben. Denn dieser setzt voraus, daß die Unsicherheit des Staats geltend gemacht werden kann, in den zurückgewiesen oder abgeschoben werden soll bzw. aus dem eingereist wurde. Die verfassungsrechtliche Definition von Drittstaaten als sicheren Staaten hat zur Folge, daß aus diesen Drittstaaten eingereiste Flüchtlinge sich gegenüber ihrer Zurückweisung oder Abschiebung in diese Staaten auch nicht mehr auf Art. 1 Abs. 1 GG berufen können. Wie sollen sie Unsicherheit geltend machen, wo die Verfassung Sicherheit statuiert? Der Schutz vor menschenwürdebedrohenden Ket-

tenabschiebungen wird im wesentlichen auf Flüchtlinge beschränkt, die nicht aus den in Art. 16 a Abs. 2 GG bezeichneten Staaten einreisen. Jedenfalls können nur diese Flüchtlinge den Vollzug aufenthaltsbeendender Maßnahmen durch Einlegung eines Rechtsbehelfs verhindern.

Art. 1 Abs. 1 GG verbietet der deutschen Staatsgewalt nicht grundsätzlich die Zurückweisung oder Abschiebung in Drittstaaten. Er verlangt indes, daß sich die Bundesrepublik Deutschland vor einer Zurückweisung oder Abschiebung vergewissert, daß der Flüchtling durch die Zurückweisung oder Abschiebung keinen Menschenwürdeverletzungen ausgesetzt wird. Anders als in Fällen, in denen die Bedrohung der Menschenwürde unmittelbar von deutscher Staatsgewalt ausgeht und Art. 1 Abs. 1 GG als Verbot des menschenwürdewidrigen Erfolgs verstanden werden kann, bedeutet Art. 1 Abs. 1 GG für Zurückweisungen und Abschiebungen in andere Staaten eine Vergewisserungspflicht. Die deutsche Staatsgewalt, die einen Flüchtling einer anderen Staatsgewalt über- und damit auch unterstellt, begibt sich verbindlicher Einwirkungsmöglichkeiten auf das Schicksal des Flüchtlings. Nach erfolgter Zurückweisung oder Abschiebung kann sie gegen Menschenwürdeverletzungen noch protestieren, sie aber nicht mehr verhindern. Daher muß sie sich vor der Zurückweisung oder Abschiebung vergewissern, daß dem Flüchtling keine Menschenwürdeverletzungen drohen. Mehr als diese Vergewisserung kann Art. 1 Abs. 1 GG beim Flüchtlingsschutz nicht verlangen. Er kann sich aber auch nicht mit weniger begnügen.

Bei Zurückweisungen oder Abschiebungen in Drittstaaten kann die deutsche Staatsgewalt dieser Vergewisserungspflicht auf mehrfache Weise genügen. Zum einen kann sie selbst feststellen, daß dem Flüchtling in dem mutmaßlichen Verfolgerstaat keine Menschenwürdeverletzungen drohen, so daß seine Zurückweisung oder Abschiebung in einen Drittstaat selbst dann unbedenklich ist, wenn ihm dadurch eine Kettenabschiebung droht. Zum anderen kann sie den Flüchtling ohne Prüfung der Situation im maßgeblichen Verfolgerstaat in einen Drittstaat abschieben, wenn sie sich vergewissert hat, daß der Flüchtling keinesfalls von diesem Drittstaat in den mutmaßlichen Verfolgerstaat abgeschoben wird, etwa weil er im Drittstaat bereits als Asylberechtigter anerkannt worden ist oder sonst einen gesicherten Aufenthaltsstatus genießt.

Keine dieser beiden Möglichkeiten, der Vergewisserungspflicht zu genügen, liegt Art. 16 a Abs. 2 GG zugrunde. Art. 16 a Abs. 2 GG will die Bundesrepublik Deutschland der Prüfung der individuellen Verfolgungssituation gerade entheben. Art. 16 a Abs. 2 GG baut aber auch nicht auf der Vorstellung eines bereits gesicherten Aufenthaltsstatus des Flüchtlings im Drittstaat auf. Nach Art. 16 a Abs. 2 GG soll die Zurückweisung oder Abschiebung erfolgen, ohne daß die Verfolgungssituation geprüft würde und ohne daß von einem gesicherten Aufenthaltsstatus des Flüchtlings im Drittstaat ausgegangen werden kann.

a) *Normatives Verständnis der Vergewisserungspflicht.* Es fragt sich, ob die Vergewisserungspflicht normativ verstanden, d.h. ob ihr dadurch genügt werden kann, daß auf die völkerrechtliche Pflicht von Drittstaaten verwiesen wird, einen den Anforderungen von Art. 1 Abs. 1 GG entsprechenden Flüchtlingsschutz zu leisten. Beschränkt die Vergewisserungspflicht sich darauf zu überprüfen, ob Drittstaaten entsprechende normative Bindungen eingegangen sind? Ist Art. 16 a Abs. 2 GG mit Art. 1 Abs. 1 GG vereinbar, weil die in Art. 16 a Abs. 2 GG bezeichneten Staaten völkerrechtlich zum Flüchtlingsschutz verpflichtet sind?

Ein normatives Verständnis der Vergewisserungspflicht ist schon grundsätzlichen Bedenken ausgesetzt. Zum einen ist Art. 1 Abs. 1 GG wie alle Grundrechte nicht auf die Wahrung bloß formaler Rechtspositionen angelegt, sondern auf effektiven Schutz des in ihm verbürgten Freiheitsbereichs[38]. Würde allein eine völkerrechtliche Flüchtlingsschutzverpflichtung der Drittstaaten ausreichen, die geforderte Sicherheit vor Kettenabschiebungen anzunehmen, so könnten Zurückweisungen und Abschiebungen sogar erfolgen, wenn tatsächlich von dem Gegenteil ausgegangen werden müßte. Der Schutz des Art. 1 Abs. 1 GG reduzierte sich auf den Schutz vor Zurückweisungen und Abschiebungen in Drittstaaten, die, ohne gegen völkerrechtliche Verträge zu verstoßen, in Verfolgerstaaten oder unsichere Drittstaaten abschieben könnten. Gegenüber völkerrechtlichen Vertragsverletzungen wäre die Würde des Flüchtlings schutzlos gestellt. Effektiven Schutz gegenüber entsprechenden Kettenabschiebungen kann ein normatives Verständnis der Vergewisserungspflicht nicht leisten. Demgegenüber bringt das Bundesverfassungsgericht im Rahmen des Art. 16 Abs. 2 Satz 2 GG a.F. die Effektivität des Flüchtlingsschutzes zur Geltung, indem es darauf besteht, »daß der vom Drittstaat erkennbar *tatsächlich* gewährte Schutz . . . so beschaffen ist, daß er dem Flüchtling eine hinreichende Sicherheit vor weiterer Verfolgung durch den Herkunftsstaat und vor Zurückschiebung dorthin oder Weiterschiebung in einen unsicheren anderen Staat gewährleistet«[39].

Wird die Vergewisserungspflicht gleichwohl normativ verstanden und lediglich auf normierte Sicherheit des Flüchtlings bezogen, kann die Drittstaatenregelung des Art. 16 a Abs. 2 GG ihr nur gerecht werden, wenn das Völkerrecht die in Art. 16 a Abs. 2 GG festgelegten Drittstaaten zu einem Art. 1 Abs. 1 GG entsprechenden Menschenwürdeschutz verpflichtet. Nur wenn die völkerrechtlichen Verpflichtungen der Drittstaaten auch die Flüchtlinge einbeziehen, denen der Menschenwürdeschutz des Grundgesetzes gilt, kann auf normierte Sicherheit abgestellt werden.

Die Genfer Flüchtlingskonvention bezieht sich nur auf politische Verfolgung und kann schon aus diesem Grund keine Gewähr dafür bieten, daß alle unter Art. 1 Abs. 1 GG relevanten Arten der Verfolgung, also auch die nichtpolitische, berücksichtigt werden. Dem Regelungsgegenstand des Art. 1 Abs. 1 GG am näch-

38 Vgl. BVerfGE 37, 132 ff. (148); 39, 276 ff. (294).

39 BVerfG, InfAuslR 1992, 226 ff. (229) - Hervorhebung durch die Verfasser.

sten kommt Art. 3 EMRK. Die Entscheidungen der Europäischen Kommission und des Europäischen Gerichtshofs für Menschenrechte lassen allerdings erkennen, daß Art. 3 EMRK und Art. 1 Abs. 1 GG keine identische Auslegung zugrunde liegt. Schon Art. 60 EMRK, der den weitgehenden Schutz nationalstaatlicher Grundrechtsgarantien voraussetzt und anerkennt, macht die Intention der Konvention deutlich, lediglich grundrechtlicher Mindeststandard der einzelnen Signatarstaaten zu sein[40]. Als kleinster gemeinsamer Nenner kann die Konvention die einzelnen nationalstaatlichen Traditionen nur begrenzt reflektieren. So verwundert es nicht, daß sich in den Interpretationen des Art. 3 EMRK kein Hinweis auf das die Auslegung des Art. 1 Abs. 1 GG prägende Verbot findet, den Menschen zum bloßen Objekt zu machen.
Das hat dogmatische Folgen. Zwar ist auch Art. 3 EMRK schrankenlos gewährt, doch fließen schon über die Interpretation des Tatbestands Elemente einer Eingriffsrechtfertigung ein, die der Schutzgarantie des Art. 1 Abs. 1 GG fremd ist. In den Entscheidungen und Beschlüssen der Europäischen Kommission für Menschenrechte zeigt sich immer wieder die Tendenz, unter Gesichtspunkten der Menschenwürde problematische Behandlungen jedenfalls dann nicht zu beanstanden, wenn sich gute Gründe über diese Behandlung anführen lassen[41]. Dieser der Staatsraison verpflichtete, Art. 1 Abs. 1 GG fremde Zugang zum Menschenwürdeschutz zeigt sich beim Europäischen Gerichtshof für Menschenrechte gerade auch in der Entscheidung, die seiner Rechtsprechung zu einem aus Art. 3 EMRK abzuleitenden Abschiebungsschutz zugrunde liegt. »Was ›unmenschliche oder erniedrigende Behandlung oder Bestrafung‹ umfaßt, hängt von allen Umständen des Falles ab . . . Darüber hinaus liegt dem ganzen Konventionswerk die Suche nach einer fairen Balance zwischen allgemeinem Gemeinschaftsinteresse und den Anforderungen für den Schutz der Grundrechte des Individuums zugrunde . . . Diese Überlegungen müssen bei der Interpretation und Anwendung der Begriffe ›unmenschliche oder erniedrigende Behandlung oder Bestrafung‹ in den Fällen der Auslieferung auch zum Tragen kommen«[42]. So gehen in das Verständnis von Art. 3 EMRK Gesichtspunkte ein, die bereits den Tatbestand für Relativierungen öffnen. Dagegen ist die Menschenwürde durch Art. 1 Abs. 1 GG jeder Antastung

40 *Frowein/Peukert,* Europäische Menschenrechtskonvention, 1985, Art. 60; *Guradze,* Die Europäische Menschenrechtskonvention, 1968, Art. 60.

41 Zwar hat sich die Kommission von früheren Entscheidungen distanziert, die offen nach der Rechtfertigung durch gute Gründe fragten (vgl. *Frowein/Peukert,* oben Fn. 40, Art. 3 Rn. 2), doch machen auch neuere Entscheidungen zu Fällen der Isolationshaft deutlich, daß die Kommission sie »dann für mit Art. 3 vereinbar hält, wenn hierfür wichtige Gründe vorliegen« (*Frowein/Peukert,* oben Fn. 40, Art. 3 Rn. 11). Vgl. ferner EMKM, EuGRZ 1975, 314 ff. (321); EuGRZ 1978, 455 ff. (459).

42 EGMR, EuGRZ 1989, 314 ff. (319). Vgl. auch die Betonung der vom Gerichtshof angesprochenen Balance zwischen Individual- und Gemeinschaftsinteresse mit Hinweis auf die große Anzahl von albanischen Flüchtlingen in Italien in der abweichenden Meinung des Richters *Russo,* EGMR, Series A, Vol. 215, 44.

verschlossen. Wenn staatliches Verhalten die Menschenwürde antastet, können vor Art. 1 Abs. 1 GG weder die Umstände noch faire Balancen noch das Allgemeininteresse Rechtfertigung sein.

Für den Flüchtlingsschutz zeigen die Entscheidungen des Gerichtshofs darüber hinaus, daß er an die Verfolgungswahrscheinlichkeit sogar bei nachgewiesener Vorverfolgung kaum zu erfüllende Anforderungen stellt, die auch unter seinen Richtern bislang in jeder Entscheidung auf Kritik stoßen[43]. Die hohen Ansprüche an die Verfolgungswahrscheinlichkeit gründen in einer Beurteilung, die sich an den allgemeinen politischen Verhältnissen der Verfolgerstaaten und weniger am einzelnen Verfolgungsschicksal orientiert[44]. Auch dies fügt sich ein in das Bild eines nicht von der Subjektivität des einzelnen ausgehenden, staatspolitischen Zwängen Rechnung tragenden Menschenwürdeschutzes.

Gewiß kann der aus Art. 3 EMRK ableitbare Flüchtlingsschutz anhand der wenigen Entscheidungen des Gerichtshofs noch nicht abschließend charakterisiert werden. Aber angesichts der grundsätzlich angelegten Unterschiede zwischen dem Verständnis von Art. 3 EMRK und dem von Art. 1 Abs. 1 GG besteht jedenfalls keinerlei Gewähr, daß die Standards beider Normen sich aufeinanderzuentwickeln und nicht vielmehr diskrepant bleiben oder sogar noch weiter auseinanderstreben.

So ergibt sich weder aus der Genfer Flüchtlingskonvention noch aus der Europäischen Menschenrechtskonvention verläßlich ein Art. 1 Abs. 1 GG entsprechender Schutzstandard. Schon aufgrund der Diskrepanz zwischen dem internationalen und grundgesetzlichen Menschenwürdeschutz kann die Bundesrepublik Deutschland sich nicht mit dem Hinweis auf völkerrechtliche Bindungen der Drittstaaten von ihrer Verpflichtung aus Art. 1 Abs. 1 GG befreien.

b) *Generalisierendes Verständnis der Vergewisserungspflicht.* Es fragt sich, ob die Vergewisserungspflicht generalisierend verstanden, d.h. ob ihr durch den Verweis genügt werden kann, Flüchtlinge seien in Drittstaaten generell sicher und eine Vergewisserung der Sicherheit des einzelnen Flüchtlings erübrige sich dadurch. Ist Art. 16 a Abs. 2 GG mit Art. 1 Abs. 1 GG vereinbar, weil Flüchtlinge in den in Art. 16 a Abs. 2 GG bezeichneten Staaten einfach generell sicher sind?

Von genereller Sicherheit kann verläßlich nur die Rede sein, wenn in den bezeichneten Staaten Rechtsnormen sowohl statuiert sind als auch befolgt werden, die garantieren, daß Flüchtlinge, denen in ihren Verfolgerstaaten Menschenwürdeverletzungen drohen, nicht in die Verfolgerstaaten abgeschoben werden. Das innerstaatliche Flüchtlingsrecht in den europäischen Staaten läßt indes nicht erwarten,

43 Vgl. die abweichenden Meinungen der Richter *Russo,* EGMR, Series A, Vol. 215, 44 und *de Meyer,* EuGRZ 1991, 216 sowie die Kritik von *Alleweldt,* Schutz vor Abschiebungen nach Art. 3 EMRK: Neuere Rechtsprechung, ASYL 1992, 55 ff. (56 f.).

44 Vgl. EGMR, Series A, Vol. 215, 37; EuGRZ 1991, 203 ff. (212); kritisch hierzu *Alleweldt,* ASYL 1992, 55 ff. (56 f.).

daß sie diese Sicherheit bieten. In vielen europäischen Staaten werden derzeit zu den bestehenden weitere erhebliche Restriktionen für den Zurückweisungs- und Abschiebungsschutz von Flüchtlingen eingeführt, die zum Teil schwerwiegende Schutzdefizite nach sich ziehen[45]. Das gilt sowohl für Mitgliedstaaten der Europäischen Gemeinschaften[46] als auch für zur Zeit durch den Gesetzgeber als sicher qualifizierte Drittstaaten[47].

Bei der Bewertung des Asylrechts in den Staaten der Europäischen Gemeinschaften und den anderen sicheren Drittstaaten ist zu berücksichtigen, daß die Schutzdefizite oft gerade darin liegen, daß Flüchtlinge vor ihrer Zurückweisung oder Abschiebung an der Kontaktaufnahme zum UNHCR, zu Rechtsbeiständen und zu Flüchtlingsorganisationen gehindert werden. Zumeist sind sie klandestinen Zurückweisungen oder Abschiebungen ausgesetzt. Nur den wenigsten Flüchtlingen gelingt es, auf ihre drohende Zurückweisung oder Abschiebung aufmerksam zu machen. So sind die bekanntgewordenen Fälle nur die Spitze des Eisbergs. Sie stehen stellvertretend für das Schicksal tausender Flüchtlinge.

Angesichts ihres Flüchtlingsrechts kann in den Staaten des Art. 16 a Abs. 2 GG von genereller Sicherheit nicht die Rede sein. Die Qualifikation als sicherer Drittstaat ist nicht generalisierend, sondern nur im Einzelfall zulässig, wenn sich die deutsche Staatsgewalt bei dem Drittstaat für einen bestimmten Flüchtling vergewissert hat, daß ihm dort ein Art. 1 Abs. 1 GG entsprechender Schutz vor Abschiebung in den Verfolgerstaat gewährt wird[48].

Die Wirklichkeit des europäischen Asylrechts erweist die in Art. 16 a Abs. 2 GG getroffene Feststellung, nach der die Staaten der Europäischen Gemeinschaften die Anforderungen an sichere Drittstaaten erfüllen, als Fiktion. Die generelle Sicherheit ist ein Ziel, um das die Staaten der Europäischen Gemeinschaften mit ihren Ansätzen zu einer gemeinsamen Flüchtlingspolitik bemüht sind, das sie jedoch noch keineswegs erreicht haben. Die ausstehenden politischen Leistungen,

45 Vgl. auch *Henkel,* NJW 1993, 2705 ff. (2706, 2708).

46 Vgl. für Belgien die Entscheidung Nr. 20/93 der Cour d'Arbitrage vom 4. März 1992; für Frankreich die Stellungnahme der Französischen Sektion von Amnesty International vom 16. März 1993, SF 93 R 21, S. 5; für Griechenland BVerfG, B. v. 13.9.1993, 2 BvR 1938/93; für Großbritannien Amnesty International (British Section), Passing the Buck, July 1993, AIBS/RO/1/93; für Irland Amnesty International-EG-Projekt, Europe: Harmonisation of Asylum Policy, November 1992; für Italien *Hein,* Asylrecht und Asylpolitik in Italien, ASYL 1993, 29; für Portugal ECRE, Asile en Europe, 1990, S. 427; für Spanien ECRE, Asile en Europe, 1990, S. 360.

47 Vgl. für Österreich *Huber,* NVwZ 1993, 736 ff. (738); *Brandl,* Asylrecht und Asylpolitik in Österreich, ASYL 1993, 3 ff. (6); *Davy,* Die Neuordnung des österreichischen Asylrechts, ZAR 1993, 70 ff. (71 f., 74 FN 46); vgl. auch *Walter Koisser,* ehemaliger UN-Flüchtlingskommissar für die Bundesrepublik Deutschland, in: Süddeutsche Zeitung vom 26.5.1993; für Polen *Henkel,* Asyl in Polen, ZAR 1993, 79; *Gottschein,* Polen und die Tschechische Republik - Sichere Drittstaaten?, in: Art. 16 a GG und seine Folgen (ZDWF-Schriftenreihe Nr. 53), S. 92; für die Tschechische Republik ebd. und VG Regensburg, B. v. 2.9.1993, RN 7 E 93 31704.

48 So auch der UNHCR in seiner Kritik der britischen Neuregelung und Praxis, zitiert in der Stellungnahme von Amnesty International (British Section), oben Fn. 46, S. 6.

die die in Art. 16 a Abs. 2 GG nur fingierte Sicherheit tatsächlich gewährleisten könnten - Vereinbarung materieller und verfahrensrechtlicher Standards, Einführung eines geeigneten gemeinsamen Kontrollorgans -, können nicht durch den deutschen Gesetzgeber herbeinormiert werden, auch nicht durch den verfassungsändernden. Sie sind Aufgabe europäischer Politik.
Das generalisierende Verständnis der Vergewisserungspflicht begegnet noch einem weiteren Einwand. Selbst wenn kontrafaktisch unterstellt würde, daß die Bedingungen des Art. 16 a Abs. 2 GG generell vorliegen, könnte dies nicht bedeuten, daß sie auch in jedem erdenklichen Einzelfall erfüllt sind. Mit dem generellen Vorliegen der Bedingungen könnte lediglich gemeint sein, daß sie strukturell, in aller Regel, im großen und ganzen zutreffen. Weil in diesem Sinn grundsätzlich keine Kettenabschiebungen und keine neue Verfolgung drohten, würde dann auch in jedem Einzelfall von der Sicherheit des Drittstaats ausgegangen werden.
Ein derart typisierender Grundrechtsschutz wäre jedoch mit der Menschenwürdegarantie nicht vereinbar. Art. 1 Abs. 1 GG ist, wie alle Grundrechte, Individualrecht. Die Menschenwürde darf nicht im Einzelfall mit dem Hinweis darauf angetastet werden, daß sie im großen und ganzen gewahrt wird. Nach der Logik verwaltungstechnischer Effizienz mag eine Fehlerquote bei bestimmtem Verwaltungsaufwand zur quantité négligeable werden und eine typisierende Feststellung im Sinn von Art. 16 a Abs. 2 GG folgerichtig sein. Aber die Logik der Grundrechte ist eine andere. »Der Effizienz der Regelung im ganzen darf der Grundrechtsschutz im einzelnen nicht geopfert werden.«[49] Hiergegen verstieße Art. 16 a Abs. 2 GG selbst dann, wenn seine Feststellungen im großen und ganzen zutreffen.
c) *Folgerungen.* Art. 1 Abs. 1 GG verpflichtet die deutsche Staatsgewalt, sich im Einzelfall vor der Zurückweisung oder Abschiebung eines Flüchtlings in einen Drittstaat zu vergewissern, daß der Flüchtling im Drittstaat vor Kettenabschiebung in den Verfolgerstaat und vor weiterer Verfolgung sicher ist. Art. 16 a Abs. 2 GG stellt demgegenüber die Sicherheit von Drittstaaten generell, d.h. für jeden Einzelfall fest, ohne daß tatsächlich für jeden Einzelfall von der Sicherheit der Drittstaaten ausgegangen werden kann. Er verkürzt damit für die Flüchtlinge, die aus den Drittstaaten des Art. 16 a Abs. 2 GG einreisen, den individuell garantierten Menschenwürdeschutz. Ihrer allfälligen Geltendmachung von Unsicherheit des Drittstaats steht die verfassungsrechtlich verbindliche Statuierung von Sicherheit entgegen. Mag diese Statuierung von Sicherheit nach Art. 16 a Abs. 2 Satz 1 GG ausdrücklich die Berufung nur auf das Asylgrundrecht und nicht auf den Menschenwürdeschutz ausschließen - erschweren wird sie die Berufung auf den Menschenwürdeschutz allemal. Art. 16 a Abs. 2 Satz 3 GG bewirkt überdies, daß aufenthaltsbeendende Maßnahmen unabhängig von einem selbst unter Berufung auf den Menschenwürdeschutz eingelegten Rechtsbehelf vollzogen werden. Ange-

49 BVerfGE 39, 1 ff. (59); vgl. auch BVerfG, U. v. 28.5.1993, 2 BvF 2/90, 4/92, 5/92, D. III. 2. a bb.

sichts der Unantastbarkeit der Menschenwürde ist dies mit Art. 1 Abs. 1 GG und also auch mit Art. 79 Abs. 3 GG nicht vereinbar.
Die Zurückweisung oder Abschiebung eines Flüchtlings darf in jedem Einzelfall nur erfolgen, wenn Gewähr besteht, daß sie keine Verletzung seiner Menschenwürde zur Folge hat. Hierzu bedarf es positiver Erkenntnisse über die rechtlichen und faktischen Bedingungen des jeweiligen nationalen Flüchtlingsschutzes. Zum einen muß sichergestellt sein, daß der konkret zurückzuweisende oder abzuschiebende Flüchtling Zugang zu einem Verfahren hat, in dem seine Verfolgungssituation geprüft wird. Angesichts der weit verbreiteten Praxis, Flüchtlinge erst gar nicht zu einem Prüfungsverfahren vor den fachlich kompetenten und sachlich zuständigen Behörden zuzulassen, reicht das Wissen um die bloße Existenz eines solchen Verfahrens nicht aus. Zum anderen müssen Erkenntisse darüber vorliegen, daß sich dieses Verfahren materiell an einem Maßstab ausrichtet, der zumindest allen unter Art. 1 Abs. 1 GG relevanten Verfolgungen Rechnung trägt. Ein Verfahren zur Überprüfung der politischen Verfolgung allein kann nicht hinreichend sein. Ferner muß aufgrund von Erkenntissen über den Sachverstand des Verfahrensträgers, der Beteiligungs- und Vertretungsmöglichkeiten des Betroffenen sowie der praktischen Resultate des Prüfungsverfahrens in der Vergangenheit die Vermutung gerechtfertigt sein, daß das Verfahren auch im Ergebnis alle Flüchtlinge schützt, die sich gegenüber einer Zurückweisung oder Abschiebung in den Verfolgerstaat auf Art. 1 Abs. 1 GG berufen können. So stellen etwa Entscheidungskompetenzen unqualifizierter Grenzbehörden, aber auch divergierende Anerkennungsquoten eine entsprechende Vermutung in Frage. Für die Einhaltung dieser Bedingungen trifft den Staat die grundrechtliche Argumentationslast[50]. Sie trifft auch den verfassungsändernden Gesetzgeber, der den vorhandenen Grundrechtsschutz beschränkt. Dabei kann er seine Argumentationslast nur sehr begrenzt auf die Schultern des Flüchtlings abladen, der in der Regel, anders als hinsichtlich der Verfolgungssituation im Heimatstaat, zur Klärung der Sicherheit des ihm meist völlig fremden Drittstaats keinen Beitrag leisten kann.
Macht der Flüchtling mit der Einlegung eines Rechtsbehelfs geltend, ihm drohe als Folge der Zurückweisung oder Abschiebung entgegen der Sicherheitsfeststellung von Art. 16 a Abs. 2 Satz 1 und 2 GG eine Verletzung seiner Menschenwürde, dann muß dies entgegen Art. 16 a Abs. 2 Satz 3 GG geprüft und die Zurückweisungs- oder Abschiebungsentscheidung gegebenenfalls korrigiert werden können.

50 *Podlech,* Das Grundrecht der Gewissensfreiheit und die besonderen Gewaltverhältnisse, 1969, S. 35 ff.; *Schlink,* Abwägung im Verfassungsrecht, 1975, S. 195; vgl. auch *Alexy,* Theorie der Grundrechte, 1985, S. 504 ff., 517 ff.

5. Verfassungskonforme Interpretation?

Art. 16 a Abs. 2 GG ist nicht verfassungswidrig, wenn er sich in diesem Sinn verfassungskonform interpretieren läßt[51]. Zum einen muß der Bezug auf die Sicherstellung der Anwendung der Konvention zum Schutze der Menschenrechte und Grundfreiheiten in Art. 16 a Abs. 2 Satz 1 GG dahin interpretiert werden, daß er nur - neben dem Bezug auf die Sicherstellung der Anwendung des Abkommens über die Rechtsstellung der Flüchtlinge eigentlich überflüssig - nochmals die Sicherheit betonen will, die ein Drittstaat Flüchtlingen vor politischer Verfolgung bietet, und keine Sicherheit vor Menschenwürdeverletzungen prätendiert. Zum anderen muß in Art. 16 a Abs. 2 Satz 3 GG der Bezug auf die Fälle des Satz 1 nicht auf den Tatbestand von Satz 1 und auch nicht auf dessen Rechtsfolge, sondern auf ein dieser Rechtsfolge zuwiderlaufendes Handeln zielend interpretiert und so gelesen werden: In den Fällen, in denen sich jemand auf Absatz 1 und nur auf Absatz 1 beruft, d.h. nicht etwa auch auf Art. 1 Abs. 1 GG, obwohl ihm nach Abs. 2 Satz 1 die Berufung auf Absatz 1 verwehrt ist, können aufenthaltsbeendende Maßnahmen unabhängig von einem hiergegen eingelegten Rechtsbehelf vollzogen werden.

Ob sie den vagen methodischen Maßstäben für verfassungskonforme Interpretation genügt oder nicht - es ist eine einigermaßen verquälte Interpretation. Vor allem aber läuft sie dem zuwider, was in der Absicht des verfassungsändernden Gesetzgebers lag. Er wollte die Berufung auch auf Art. 1 Abs. 1 GG verwehren, um ein auch nur vorläufiges Bleiberecht auszuschließen und die Möglichkeit zu eröffnen, »die Betroffenen zurückzuweisen und unverzüglich in den sicheren Drittstaat zurückzubringen«[52]. Den verfassungsändernden Gesetzgeber würde die Aufhebung der mißratenen Bestimmung mehr respektieren als eine Interpretation, die seine Absicht nicht retten kann, sondern verändert und verkehrt.

II. Art. 16 a Abs. 2 Satz 3 GG und Rechtsschutz

1. Art. 1 und 20 GG als Maßstab

Welche Verkürzungen des Rechtsschutzes sind dem verfassungsändernden Gesetzgeber vom Grundgesetz verboten? Dies ist ein weiterer von Art. 16 a GG auf-

51 So etwa *Gusy*, Jura 1993, 505 ff. (513); *Henkel*, NJW 1993, 2705 ff. (2710); noch weitergehend *Marx*, Die Drittstaatenregelung des Art. 16 a II aus verfassungsrechtlicher sowie völkerrechtlicher Sicht, Rechtsgutachten im Auftrag der Arbeitsgemeinschaft Pro Asyl, 1993, S. 100 (These 12), der trotz Art. 16 a Abs. 2 Satz 1 GG ohne Einschränkung davon ausgeht, daß in jedem Einzelfall geprüft werden könne, ob in einem als sicher deklarierten Drittstaat den Betroffenen der Zugang zu einem mit gewissen Mindeststandards ausgestatteten Asylverfahren gewährt werde.

52 BT-Drucks. 12/4152, S. 4.

geworfener Problemkreis. Während aber die Veränderungsfestigkeit des Menschenwürdeschutzes sich unmittelbar aus dem Verweis des Art. 79 Abs. 3 GG auf Art. 1 GG ergibt, sind Existenz und Tragweite der Veränderungsfestigkeit des Rechtsschutzes aus Art. 1 und 20 GG näher zu entwickeln.

a) *Unabänderlichkeit des Art. 19 Abs. 4 GG?* Nach Auffassung der dissentierenden Richter im Abhörurteil des Bundesverfassungsgerichts enthält bereits Art. 20 Abs. 2 GG das rechtsstaatliche Prinzip möglichst lückenlosen individuellen Rechtsschutzes, das in Art. 19 Abs. 4 GG lediglich konkretisiert werde[53]. Überzeugender, weil verfassungsnormtextorientierter sind insofern die Ausführungen der das Abhörurteil tragenden Mehrheit: In Art. 20 GG ist nicht »das Rechtsstaatsprinzip« niedergelegt, sondern nur ganz bestimmte Teilinhalte dieses Prinzips, insbesondere der Gesetzmäßigkeitsgrundsatz in Art. 20 Abs. 3 GG und der Gewaltenteilungsgrundsatz in Art. 20 Abs. 2 Satz 2 GG. Die Rechtsschutzgarantie ist in dem Umfang, in dem sie in Art. 19 Abs. 4 GG normiert ist, gerade nicht auch in Art. 20 GG normiert und deshalb durch Art. 79 Abs. 3 GG einer Einschränkung und Modifikation durch verfassungsänderndes Gesetz nicht entzogen[54]. Das bedeutet aber keineswegs, daß beliebige Einschränkungen des Rechtsschutzes durch den verfassungsändernden Gesetzgeber vorgenommen werden könnten. Das ist insoweit ausgeschlossen, als den Grundsätzen der Gesetzmäßigkeit und der Gewaltenteilung sowie der Garantie der Menschenwürde Elemente von Rechtsschutz inhärent sind; dem ist im folgenden näher nachzugehen.

b) *Gesetzes- und Verfassungsbindung.* Die in Art. 20 Abs. 3 GG normierte Gesetzes- und Verfassungsbindung gehört unzweifelhaft zu den Grundsätzen, die nach Art. 79 Abs. 3 GG nicht berührt werden dürfen[55]. Das Prinzip der Gesetzmäßigkeit der Verwaltung als ihre geläufigste Ausprägung bedeutet nun zwar zunächst nur, daß die vollziehende Gewalt an Gesetz und Recht gebunden ist, d.h. daß ihr Handeln nicht gegen höherrangige Normen verstoßen darf[56]. Die Gesetzmäßigkeit der Verwaltung realisiert sich jedoch nach der zum Verfassungsstaat der Moderne führenden geschichtlichen Erfahrung nicht selbsttätig. Es bedarf einer Kontrollinstanz, die die Rechtsbindung der Verwaltung sichert. Die Notwendigkeit von Kontrolle ergibt sich damit bereits aus dem Gesetzmäßigkeitsprinzip selbst. Dies ist auch dem Abhörurteil des Bundesverfassungsgerichts zu entnehmen. Es führt aus[57], daß die Ersetzung des Rechtswegs durch eine unabhängige Rechtskontrolle anderer Art nicht dem in Art. 20 Abs. 3 GG genannten Grundsatz der Gesetzmäßigkeit der Verwaltung widerstreite. An der Gesetzmäßigkeit der Verwaltung ändere sich nichts, wenn der Betroffene zur Kontrolle der Recht-

53 BVerfGE 30, 33 ff. (40 f.).
54 BVerfGE 30, 1 ff. (24 f.).
55 Vgl. BVerfGE 30, 1 ff. (24 f.).
56 Vgl. etwa *Jarass,* in: Jarass/Pieroth, oben Fn. 3, Art. 20 Rn. 27.
57 BVerfGE 30, 1 ff. (28 f.).

mäßigkeit der Maßnahme ein Gericht nicht anrufen könne. Dann könne eine Regelung, die unter bestimmten Voraussetzungen zulasse, daß an die Stelle des Rechtswegs die Nachprüfung durch von der Volksvertretung bestellte Organe trete, den Gesetzmäßigkeitsgrundsatz nicht berühren.
Hieraus ergibt sich zwar nicht explizit, wohl aber implizit, daß Gesetzmäßigkeit der Verwaltung notwendigerweise Kontrolle bedingt. Denn die Prüfung der Vereinbarkeit gerade der Ersetzung gerichtlicher Kontrolle durch eine Kontrolle anderer Art macht nur Sinn, wenn man aus dem Gesetzmäßigkeitsprinzip die Notwendigkeit von Kontrolle überhaupt ableitet. Auf diesen Zusammenhang wird im Minderheitsvotum ausdrücklich hingewiesen: Der in Art. 20 Abs. 3 GG verankerte Grundsatz der Gesetzmäßigkeit binde die Organe der Staatsgewalt an die verfassungsmäßige Ordnung sowie an Gesetz und Recht und biete damit einen objektiven Schutz. Dem Bürger müsse es, wenn der Schutz wirksam sein solle, auch möglich sein, sich selbst gegen den Eingriff der Staatsgewalt zu wehren und ihn auf seine Rechtmäßigkeit prüfen zu lassen[58].
Auch von der Literatur wird ein notwendiger Konnex zwischen Gesetzmäßigkeit und Kontrolle gesehen[59]. Verwaltungsverantwortung sei u.a. Vollzugsverantwortung in den Bindungen des Gesetzes, Verantwortung für gleichmäßigen, rechtmäßigen Vollzug[60]. Diese Verantwortung werde wiederum konstituiert u.a. durch das Element der Einstandspflicht im Sinne einer Kontrollabhängigkeit[61]. Die Bedeutung der Gesetzesbindung widerstreite einer Sanktionslosigkeit bei rechtswidrigem Verhalten[62]. Ob ein Erfordernis für eine Sanktion besteht, kann aber wiederum nur durch Kontrolle des Verwaltungshandelns festgestellt werden. Es gilt daher: Gesetzes- und Verfassungsbindung verlangen Rechtsschutz.
c) *Gewaltenteilung.* Das Prinzip der Gewaltenteilung (Art. 20 Abs. 2 Satz 2 GG) bedeutet zunächst nur die Unterscheidung dreier Teilbereiche staatlicher Aufgaben, nämlich der Gesetzgebung, Verwaltung und Rechtsprechung (funktionelle Gewaltenteilung), sowie die Zuweisung dieser Aufgaben zu jeweils gesonderten Organen (organisatorische Gewaltenteilung)[63]. Sinn der Gewaltenteilung ist Machtverteilung und Mäßigung durch wechselseitige Hemmung, Balancierung und Kontrolle der Gewalten[64]. Das Bundesverfassungsgericht hat den Zweck der

58 BVerfGE 30, 33 ff. (40).
59 Vgl. *Bachof,* Grundgesetz und Richtermacht, 1959, S. 24 f.; *Bauer,* Gerichtsschutz als Verfassungsgarantie, 1973, S. 164 f.; *Lorenz,* Der Rechtsschutz des Bürgers und die Rechtsweggarantie, 1973, S. 127; *Schenke,* in: Bonner Kommentar, oben Fn. 3, Art. 19 Abs. 4 (Zweitbearbeitung Dezember 1982) Rn. 87; *Schlink,* Das Abhör-Urteil des Bundesverfassungsgerichts, in: Der Staat 12 (1973), S. 85 ff. (98 ff.).
60 Vgl. *Schmidt-Aßmann,* Verwaltungsverantwortung und Verwaltungsgerichtsbarkeit, in: VVDStRL 34 (1976), S. 221 ff. (232).
61 Vgl. *Schmidt-Aßmann,* oben Fn. 60, S. 270.
62 Vgl. *Schmidt-Aßmann,* in: Isensee/Kirchhof, HdbStR, Bd. I, 1987, § 24 Rn. 62.
63 Vgl. statt aller *Jarass,* oben Fn. 56, Rn. 16.
64 Vgl. etwa *Stern,* Das Staatsrecht der Bundesrepublik Deutschland, Bd. II, 1980, S. 539 f.

Mäßigung der Staatsgewalt in ständiger Rechtsprechung herausgestellt. Die Bedeutung der Gewaltenteilung als tragendes Organisationsprinzip des Grundgesetzes liegt in der politischen Machtverteilung, dem Ineinandergreifen der drei Gewalten und der daraus resultierenden Mäßigung der Staatsherrschaft[65]. Der Sinn der Gewaltenteilung sei nicht darin zu sehen, die Funktionen der Staatsgewalt scharf zu trennen; die Organe der Legislative, Exekutive und Judikative sollen sich vielmehr gegenseitig kontrollieren und begrenzen, damit die Staatsmacht gemäßigt und die Freiheit des einzelnen geschützt werde[66]. Wenn Sinn und Zweck der Mäßigung der Staatsgewalt die Sicherung der Freiheit des einzelnen ist, dann muß auch bereits dem Gewaltenteilungsprinzip das Erfordernis einer Kontrolle entnommen werden. Auch das Gewaltenteilungsprinzip verlangt somit Kontrolle und Rechtsschutz.

Schon in einer vor dem Abhörurteil ergangenen Entscheidung des Bundesverfassungsgerichts findet sich ein erster Ansatz eines engen Konnexes zwischen Gewaltenteilung und individuellem Rechtsschutz, wenn darin ausgeführt wird, daß die Gewaltenverschränkungen und Gewaltenbalancierungen gewährleisten sollen, daß Übergriffe der Exekutive durch die Anrufung der Gerichte abgewehrt werden können[67]. Auch dem Abhörurteil ist zu entnehmen, daß dem Gewaltenteilungsprinzip der Gedanke der Rechtskontrolle immanent ist. Wiederum ergibt sich dies nicht - wie schon beim Grundsatz der Gesetzmäßigkeit der Verwaltung - explizit, wohl aber implizit aus den Ausführungen des Bundesverfassungsgerichts. Danach stellt nämlich die Ersetzung des Rechtswegs durch eine andersartige Rechtskontrolle das Prinzip der Gewaltenteilung nicht in Frage. Dieses Prinzip erlaube auch, daß Rechtsschutz gegenüber Maßnahmen der Exekutive ausnahmsweise nicht durch Gerichte, sondern durch vom Parlament bestellte, unabhängige Institutionen innerhalb der Exekutive gewährt werde[68].

Die Verbindung zwischen dem Prinzip der Gewaltenteilung als objektivem Funktionsprinzip und individuellem Rechtsschutz wird auch von der Literatur herausgestellt[69]. Danach ist das Rechtsstaatsprinzip systematisch als subjektive Statusordnung und objektive Funktionenordnung zu entfalten. Die subjektive Statusordnung werde durch die Grundrechte konstituiert, im Zentrum der objektiven Funktionenordnung stehe die Gewaltenteilung. Dieser zweigliedrige Aufbau bedeute aber keine strikte Trennung der beiden Ordnungen; diese stünden vielmehr untereinander in Austauschbeziehung. Dies werde besonders deutlich im Rechtsschutz und Kontrollauftrag der Gerichtsbarkeit.

d) *Subjektqualität des Menschen.* Auch die Garantie der Menschenwürde (Art. 1 Abs. 1 GG) ist konstitutiv für Existenz und Tragweite des Rechtsschutzes. Nach

65 BVerfGE 3, 225 ff. (247).
66 BVerfGE 9, 268 ff. (279).
67 Vgl. BVerfGE 25, 352 ff. (361 f.).
68 Vgl. BVerfGE 30, 1 ff. (27 f.).
69 Etwa von *Schmidt-Aßmann,* oben Fn. 62, Rn. 46.

der Rechtsprechung des Bundesverfassungsgerichts verlangt die durch Art. 1 Abs. 1 GG gebotene Rücksicht auf die Subjektqualität des Menschen normalerweise, daß dieser nicht nur Träger subjektiver Rechte ist, sondern auch zur Verteidigung und Durchsetzung seiner Rechte den Prozeßweg beschreiten und vor Gericht seine Sache vertreten kann, in diesem Sinn also Gerichtsschutz genießt. Auch wenn dies nicht ausnahmslos gilt, wird die Menschenwürde jedoch angetastet, wenn durch den Ausschluß des Rechtswegs der Betroffene der Willkür der Behörden ausgeliefert wäre. Eine derartige Willkür kann aber dadurch vermieden werden, daß eine Kontrolle besteht, die auch dem Schutz der Rechte des Betroffenen dienen soll. Diese muß zwar nicht stets Gerichtskontrolle, wohl aber Rechtskontrolle sein[70]. Auch in der Literatur wird ein enger Bezug zwischen dem Grundsatz der Menschenwürde und dem Anspruch auf Rechtsschutz gesehen[71].

e) *Erforderlichkeit von Kontrolle durch unabhängige Dritte.* Die Frage, ob »Artikel 1 und 20« im Sinn von Art. 79 Abs. 3 GG den Rechtsschutz umfassen, ist also nicht mit einem klaren Ja oder Nein zu beantworten. Einerseits ist Rechtsschutz nicht im konkreten Gewährleistungsumfang des Art. 19 Abs. 4 GG gegen Verfassungsänderungen geschützt. Andererseits enthalten die Grundsätze der Gesetzes- und Verfassungsbindung sowie der Gewaltenteilung und die Menschenwürdegarantie Grundanforderungen an verfahrensmäßigem Schutz des materiellen Rechts und in diesem Sinn eben auch Rechtsschutz. Allerdings muß dies nach der Rechtsprechung des Bundesverfassungsgerichts nicht in jedem Fall auch gerichtlicher Rechtsschutz sein. Einschränkung und Modifikation des gerichtlichen Rechtsschutzes ist zwar zulässig, aber auch nur dann, wenn an die Stelle des gerichtlichen Rechtsschutzes ein adäquates Kontrollsurrogat gesetzt wird[72]. Was in diesem Sinne »adäquat« heißt, ist naturgemäß abstrakt schwer zu definieren. Immerhin läßt sich in formaler Hinsicht (Wer kontrolliert?) und in inhaltlicher Hinsicht (Wie wird kontrolliert?) soviel sagen:

Der erforderliche Mindeststandard an Kontrolle muß nicht durchgängig die Qualität richterlicher Kontrolle haben. Als Kennzeichen richterlicher Kontrolle gelten unter dem Grundgesetz: organisatorische Selbständigkeit, persönliche und sachliche Unabhängigkeit im Sinn des Art. 97 GG sowie Neutralität und Distanz (»als unbeteiligte Dritte«) gegenüber den Verfahrensbeteiligten[73]. Für die Umschreibung des erforderlichen Mindeststandards wird man hiervon verschiedentlich Abstriche machen können. Doch muß es sich immer um eine Kontrolle durch unabhängige Dritte handeln; in Abhängigkeit ist Kontrolle nicht möglich.

In inhaltlicher Hinsicht bedeutet der erforderliche Mindeststandard, daß - gleichgültig wer die Kontrolle ausübt - die Kontrolle substantiell erfolgt. Für Art. 19

70 Vgl. BVerfGE 30, 1 ff. (27).

71 Vgl. etwa *Schmidt-Aßmann,* in: Maunz/Dürig, oben Fn. 3, Art. 19 Abs. 4 Rn. 30.

72 Vgl. *Schmidt-Aßmann,* oben Fn. 71, Rn. 30.

73 Vgl. BVerfGE 3, 377 ff. (381); 4, 331 ff. (346); 14, 56 ff. (69); 18, 241 ff. (255); 21, 139 ff. (145 f.); 27, 312 ff. (322); 42, 64 ff. (78); 60, 175 ff. (214).

Abs. 4 GG ist insoweit anerkannt, daß die Gerichte eine vollständige rechtliche und tatsächliche Prüfung vornehmen müssen[74]. Wiederum wird man für die von Art. 1 und 20 GG geforderte Kontrolle hiervon Abstriche machen können. Doch darf die Kontrolle auch nicht leerlaufen; ohne eigenständige Kontrollmaßstäbe, ohne rechtliche Korrekturmöglichkeiten und ohne Sachverhaltskenntnis ist Kontrolle nicht möglich.

2. Tragweite des Ausschlusses des einstweiligen Rechtsschutzes durch Art. 16 a Abs. 2 Satz 3 GG

Zu Inhalt und Funktion von Art. 16 a Abs. 2 Satz 3 GG ist bereits im Zusammenhang mit dem Menschenwürdeschutz Stellung genommen worden[75]. Indem die Vorschrift statuiert, daß bei Einreise aus einem sog. sicheren Drittstaat aufenthaltsbeendende Maßnahmen unabhängig von einem dagegen eingelegten Rechtsbehelf vollzogen werden können, enthält sie das umfassende verfassungsrechtliche Verbot, die Vollziehung aufenthaltsbeendender Maßnahmen durch richterliche Eilentscheidung auszusetzen. Damit erledigen sich Versuche, Art. 16 a Abs. 2 Satz 3 GG in der Weise restriktiv zu interpretieren, daß er lediglich den Suspensiveffekt ausschließe[76] oder nur das vorläufige Bleiberecht bis zur Entscheidung über den Eilantrag entfallen lasse[77].
Es stellt sich aber noch die Frage, ob der Ausschluß des einstweiligen Rechtsschutzes gemäß Art. 16 a Abs. 2 Satz 3 GG gilt, wenn die Tatbestandsvoraussetzungen der Drittstaatenregelung zweifelhaft sind. Fraglich ist also, ob mit »Fällen des Satzes 1« nur Fälle gemeint sind, in denen die Einreise aus einem sicheren Drittstaat feststeht oder ob zumindest darüber im Verfahren des einstweiligen Rechtsschutzes noch gestritten werden kann. Auch darüber sind die Meinungen geteilt: Während teilweise ein Ausschluß einstweiligen Rechtsschutzes auch in diesen Fällen angenommen wird, geht man überwiegend davon aus, daß der Asylbewerber zumindest geltend machen können muß, daß er aus keinem Drittstaat eingereist sei, der gemäß Art. 16 a Abs. 2 Satz 1 und 2 GG als sicher eingestuft worden sei[78].

74 Vgl. die Schriftlichen Stellungnahmen für die Anhörung im Rahmen der 55. Sitzung des Innenausschusses, der 71. Sitzung des Rechtsausschusses und der 8. Sitzung der Gemeinsamen Verfassungskommission vom 11.3.1993 von *Hailbronner*, S. 24 f.; *Lotz*, S. 7; *Papier*, S. 21; *Renner*, S. 11.

75 Vgl. oben I. 3.

76 Vgl. die Schriftlichen Stellungnahmen für die Anhörung im Rahmen der 56. Sitzung des Innenausschusses vom 24.3.1993 von *Hund*, S. 1 f.; *Weingärtner*, S. 5; wohl auch *Huber*, NVwZ 1993, 736 ff. (741); *Marx*, oben Fn. 51, S. 80.

77 Vgl. *Funke-Kaiser*, oben Fn. 32, S. 4 f.; VG Frankfurt a.M., B. v. 20.8.1993 - 2 G 12334/93 A -.

78 Vgl. die Schriftlichen Stellungnahmen für die Anhörung im Rahmen der 56. Sitzung des Innenausschusses vom 24.3.1993 von *Abel*, S. 1; *Kutscheidt*, S. 5; *Schmidt*, S. 4; vgl. auch *Henkel*, NJW 1993, 2705 ff. (2708); *Marx*, oben Fn. 51, S. 91, 100 (These 16).

Genauer besehen geht es allerdings um zwei unterschiedliche Zweifelsfälle: Zum einen können Zweifel über den Reiseweg, also darüber bestehen, aus welchem Staat die Einreise, d.h. der Übertritt in die Bundesrepublik Deutschland erfolgt ist. Zum anderen können Zweifel darüber bestehen, ob der Einreisestaat tatsächlich ein sicherer Drittstaat ist. Im ersten Fall bezieht sich der Zweifel auf Fakten, im zweiten auf rechtliche Wertungen. Bezüglich dieser Wertungen ist das Entscheidende schon im Zusammenhang mit dem Menschenwürdeschutz gesagt worden[79]: Der verfassungsändernde Gesetzgeber ging davon aus, daß, wer aus einem sicheren Drittstaat einreist, dort nicht nur vor politischer Verfolgung, sondern auch vor drohender Verletzung der Menschenwürde sicher war, denn die Anwendung nicht nur des Abkommens über die Rechtsstellung der Flüchtlinge, sondern auch der Konvention zum Schutze der Menschenrechte und Grundfreiheiten ist es gerade, was die Sicherheit eines Drittstaats ausmacht, was den sicheren Drittstaat kennzeichnet. Diese Feststellung hat der verfassungsändernde Gesetzgeber selbst getroffen bzw. sie in bestimmtem Umfang an den Gesetzgeber delegiert. Für Zweifel hieran durch die Gerichte ist kein Raum: Auch im Verfahren des einstweiligen Rechtsschutzes soll eine Möglichkeit der Verfassungswidrigkeit der Einstufung als sicherer Drittstaat ausgeschlossen sein; der Ausschluß des einstweiligen Rechtsschutzes ist insofern umfassend.

Demgegenüber können Zweifel an den Fakten über die Einreise aus einem sog. sicheren Drittstaat nicht in gleicher Weise mit dem Sinn der Drittstaatenregelung ausgeräumt werden. Denn das gesamte Konzept der Drittstaatenklausel beruht auf der Grundannahme, daß feststeht, daß der Asylsuchende aus einem sicheren Drittstaat eingereist ist. Das zeigt auch die Inbezugnahme des § 26 a AsylVfG durch § 34 a Abs. 1 AsylVfG: Das Bundesamt ordnet die Abschiebung erst an, wenn »feststeht«, daß der Asylbewerber aus einem sicheren Drittstaat »eingereist ist«. Im Normalfall tauchen aber auch keine Zweifel auf. Denn wenn ein Asylbewerber unmittelbar an der Grenze der Bundesrepublik Deutschland seinen Asylantrag stellt, steht eben auch fest, daß er aus dem sog. sicheren Drittstaat kommt. Zweifel tauchen erst auf, wenn der Asylbewerber seinen Asylantrag im Landesinneren stellt. Auch dann gibt es Fälle, in denen der Reiseweg feststeht und dementsprechend nach Art. 16 a Abs. 2 Satz 3 GG verfahren werden darf. Wenn das aber nicht der Fall ist, weil tatsächlich Zweifel oder Unsicherheiten über den Reiseweg und den Ort der Einreise bestehen, liegen die Voraussetzungen der Drittstaatenregelung nicht vor und treten auch ihre Rechtsfolgen, insbesondere der Ausschluß des einstweiligen Rechtsschutzes gegen aufenthaltsbeendende Maßnahmen nicht ein[80].

Insgesamt kann zur Tragweite des Art. 16 a Abs. 2 Satz 3 GG gesagt werden, daß

79 Vgl. oben I. 3.

80 Vgl. *Kutscheidt,* oben Fn. 78, S. 4; ebenso *Schmidt,* oben Fn. 78, S. 4, aber mit der Einschränkung, es müsse offensichtlich sein, daß das Vorbringen des Asylsuchenden den Tatsachen entspreche.

er mit Ausnahme des Falls bestehender Zweifel über den tatsächlichen Ort der Einreise ein umfassendes verfassungsrechtliches Verbot enthält, die Vollziehung aufenthaltsbeendender Maßnahmen durch richterliche Eilentscheidung auszusetzen.

3. Verfassungsrechtliche Bewertung

a) *Einschränkung der Rechtsschutzgarantie des Art. 19 Abs. 4 GG.* Da Art. 19 Abs. 4 GG unbestritten einen effektiven Rechtsschutz garantiert und zum effektiven Rechtsschutz auch der vorläufige Rechtsschutz jedenfalls dann gehört, wenn ohne ihn unzumutbare, anders nicht abwendbare Nachteile entstünden[81], liegt auf der Hand, daß der durch Art. 16 a Abs. 2 Satz 3 GG bewirkte umfassende Ausschluß des einstweiligen Rechtsschutzes eine Einschränkung der Rechtsschutzgarantie des Art. 19 Abs. 4 GG darstellt. Dieser Feststellung ist vereinzelt wie folgt widersprochen worden: Die Rechtsschutzgarantie des Art. 19 Abs. 4 GG könne nur in Ansehung bestehender subjektiver Rechte virulent werden, weil sie die Einräumung subjektiver Rechte voraussetze und nicht selbst begründe. Da Art. 16 a Abs. 2 Satz 1 GG den Umfang des materiellen Asylgrundrechts begrenze, sei auch die verfassungsrechtliche Rechtsschutzgewähr, die ja der Durchsetzung subjektiver Rechte diene, im Umfang dieser Begrenzung voraussetzungsgemäß gegenstandslos[82].

Diese Argumentation ist offensichtlich kurzschlüssig; denn sie setzt in den Fällen, daß über das Vorliegen der tatbestandlichen Voraussetzungen des Art. 16 a Abs. 2 Satz 1 und 2 GG gestritten wird, voraus, was in einem Verfahren erst ermittelt werden soll, ob nämlich der Asylbewerber tatsächlich aus einem sog. sicheren Drittstaat eingereist ist. Ein derartiges Verfahren zu garantieren, ist gerade Sinn des Art. 19 Abs. 4 GG. Die Rechtsverletzung im Sinne des Art. 19 Abs. 4 GG muß nicht wirklich erfolgt sein, damit der Rechtsweg offensteht; die Feststellung, ob sie wirklich erfolgt ist oder nicht, ist gerade die den Gerichten durch Art. 19 Abs. 4 GG zugewiesene Aufgabe[83]. Die Verletzung muß lediglich geltend gemacht, d.h. schlüssig und plausibel vorgetragen werden[84].

b) *Rechtsschutzäquivalent durch Rechtsschutzmöglichkeit aus dem Ausland?* Die Einschränkung der Rechtsschutzgarantie des Art. 19 Abs. 4 GG bedeutet noch nicht ein Überschreiten der für Verfassungsänderungen durch Art. 79 Abs. 3 GG gezogenen Grenzen. Erst eine Beeinträchtigung der Mindeststandards rechtsstaatlicher Kontrolle stellt eine unzulässige Verfassungsänderung dar. Der umfassende Ausschluß einstweiligen Rechtsschutzes könnte dann noch keine Beein-

81 Vgl. BVerfGE 65, 1 ff. (70 f.); 79, 69 ff. (74).
82 Vgl. *Papier,* oben Fn. 74, S. 6 f.; anders noch *ders.,* in: Asyl-Rechtsfragen im Spannungsfeld von Verfassungsrecht, Verwaltungsrecht und Politik, 1992, S. 7 ff. (19).
83 Vgl. auch *Schoch,* Das neue Asylrecht gemäß Art. 16 a GG, DVBl. 1993, 1161 ff. (1167).
84 Vgl. *Pieroth/Schlink,* oben Fn. 14, Rn. 1102; *Krebs,* in: von Münch/Kunig, oben Fn. 10, Rn. 61.

trächtigung dieses Mindeststandards sein, wenn an seine Stelle eine anderweitige Kontrolle treten würde. Insoweit ist argumentiert worden, daß der von aufenthaltsbeendenden Maßnahmen nach Art. 16 a Abs. 2 Satz 3 GG betroffene Asylbewerber, der von der Exekutive abgeschoben worden ist, ohne irgendeine Rechtsschutzmöglichkeit zu haben, vom Ausland aus Rechtsbehelfe bei deutschen Gerichten einlegen könne[85].

Dieser Hinweis geht in zweierlei Hinsicht fehl: Zum einen kann der Asylbewerber auf diese Weise in aller Regel sein Rechtsschutzziel nicht erreichen. Dieses besteht darin, Sicherheit vor Verfolgung zu erlangen. Treffen aber seine Behauptungen zu, um deren Richtigkeit es in dem angestrebten Verfahren geht, und ist der Drittstaat, in den er abgeschoben wird, nicht sicher bzw. wird er in seinem Heimatstaat verfolgt, dann kann er auch vom Ausland, also einem Drittstaat oder seinem Heimatstaat, aus auch keine Sicherheit vor Verfolgung erlangen[86].

Zum anderen ist auch davon abgesehen die Chance eines Asylbewerbers, vom Ausland aus vor deutschen Gerichten seinen Asylanspruch durchsetzen zu können, ganz unrealistisch. In diesem Sinn hat das Bundesverfassungsgericht festgestellt, daß der Asylbewerber in aller Regel auf schwer überwindliche oder unzumutbare Schwierigkeiten trifft, sein Rechtsschutzbegehren von seinem Heimatstaat aus vor deutschen Gerichten zu verfolgen[87]. Das ergibt sich im einzelnen aus Folgendem:

Um das Verfahren in seinem Sinn beeinflussen zu können, muß der Betroffene überhaupt Kenntnis von gerichtlichen Mitteilungen, Schreiben, Anordnungen und Verfügungen erlangen können. Kenntnis von gerichtlichen Schriftstücken erlangt er durch deren Bekanntgabe. Anordnungen und Entscheidungen, durch die eine Frist in Lauf gesetzt wird, sowie Terminsbestimmungen und Ladungen werden zugestellt (§ 56 Abs. 1 VwGO). Die Zustellung im Ausland erfolgt gemäß § 56 Abs. 2 VwGO i.V.m. §§ 14 ff. VwZG. Gemäß § 14 Abs. 1 VwZG erfolgt die Zustellung grundsätzlich zunächst mittels Ersuchen der zuständigen Behörde des fremden Staats oder der in diesem Staat befindlichen konsularischen oder diplomatischen Vertretungen des Bundes. Durch öffentliche Bekanntmachung kann zugestellt werden, wenn der Aufenthaltsort des Empfängers unbekannt ist (vgl. § 15 Abs. 1 a VwZG). Zugestellt wird dann gemäß § 15 Abs. 2 VwZG durch Aushang am Ort der zustellenden Behörde. Bedeutsam ist des weiteren, daß die Zustellung fingiert wird (§ 15 Abs. 3 VwZG; vgl. demgegenüber die Grundform der Zustellung als körperliche Übergabe eines Schriftstücks nach § 2 Abs. 1 VwZG). Es erscheint überaus problematisch, ob ein Asylbewerber, insbesondere wenn er tatsächlich verfolgt wird, nach diesen Vorschriften gefahrlos und zuverlässig von gerichtlichen Schreiben Kenntnis erlangen kann. Da die Zustellung ge-

85 Vgl. *Hailbronner,* oben Fn. 74, S. 12.
86 Vgl. etwa *Renner,* oben Fn. 74, S. 7.
87 Vgl. BVerfGE 67, 43 ff. (60).

mäß § 14 Abs. 1 VwZG zuallererst über die Behörden seines Heimatstaats abgewickelt wird, besteht die Gefahr, daß er verstärkt in das Blickfeld dieser Behörden gerät. Dieser Gefahr kann er sich nur dadurch entziehen, daß er untertaucht, falls er dies wegen der bereits anderweitig begründeten Gefahr einer Verfolgung nicht ohnehin getan hat. Dann wird ihn das gerichtliche Schriftstück allerdings wegen § 15 Abs. 3 VwZG faktisch nie erreichen. Die Möglichkeit dagegen, über einen inländischen Zustellungsbevollmächtigten (vgl. § 56 Abs. 3 VwGO) Kenntnis vom Inhalt des Schriftstücks zu erlangen, erscheint illusorisch; denn wie sollte ein Asylbewerber, dem bereits sofort vollziehbar die Einreise verwehrt wird, wohl einen inländischen Zustellungsbevollmächtigen bestimmen?

Es kommen aber noch weitere Erschwernisse hinzu. Gemäß § 74 Abs. 2 Satz 1 AsylVfG hat ein Asylkläger nämlich die zur Begründung dienenden Tatsachen und Beweismittel binnen einer Frist von einem Monat nach Zustellung der Entscheidung anzugeben. § 87 b Abs. 3 VwGO, der eine fakultative Präklusion verfristeten Vortrags anordnet, gilt entsprechend. Eine solche Klagebegründungsfrist gibt es im allgemeinen Verwaltungsprozeß nicht[88]. Recht schnell kann der Betroffene so mit seinem Vortrag ausgeschlossen sein, obwohl es auf die lückenlose Schilderung seines individuellen Verfolgungsschicksals gerade ankommt. Noch einschneidender als gemäß § 74 AsylVfG sind die Rechtsfolgen gemäß § 81 AsylVfG. Danach gilt die Klage als zurückgenommen, wenn der Kläger das Verfahren trotz Aufforderung des Gerichts länger als einen Monat nicht betreibt.

Schließlich ist von Bedeutung, daß ein Asylbewerber in der Regel der deutschen Sprache nicht mächtig sein wird. Auch dieser Umstand beeinträchtigt die effektive Geltendmachung seines Asylanspruchs. Gemäß § 55 VwGO i.V.m. § 184 GVG ist die Gerichtssprache Deutsch. Schriftsätze in fremder Sprache sind grundsätzlich unbeachtlich und wahren auch keine Frist[89]. Das Gericht ist einem der deutschen Sprache nicht mächtigen Beteiligten gegenüber grundsätzlich nicht verpflichtet oder berechtigt, sich in Entscheidungen, Verfahrensanordnungen, Schreiben, Rechtsmittelbelehrungen usw. an ihn einer anderen Sprache zu bedienen[90]. Zwar dürfen der deutschen Sprache nicht oder nicht hinreichend mächtige Beteiligte nicht zu einem Objekt des Verfahrens gemacht werden; sie sind erforderlichenfalls in die Lage zu versetzen, die sie betreffenden Verfahrensvorgänge zu verstehen und sich im Verfahren verständlich zu machen[91]. Aufgrund von Art. 103 Abs. 1 und Art. 19 Abs. 4 GG ist das Gericht grundsätzlich verpflichtet, dafür zu sorgen, daß mangelnde Deutschkenntnisse nicht zu einer Verkürzung des Anspruchs Beteiligter auf rechtliches Gehör führen[92]. Das Gericht muß deshalb

88 Vgl. zum Problem *Kanein/Renner*, oben Fn. 15, Nachtrag § 74 Rn. 9.
89 Vgl. *Kopp*, VwGO, Kommentar, 9. Aufl. 1992, § 55 Rn. 9.
90 Vgl. *Kopp*, oben Fn. 89, § 55 Rn. 10.
91 Vgl. BVerfGE 64, 135/145.
92 BVerfG, NJW 1991, 2208.

z.B. gegebenenfalls von Amts wegen Übersetzungen von verfahrensrelevanten Schriftstücken einholen, wenn der Ausländer darlegt, daß er diese aufgrund finanzieller Notlage nicht beibringen kann[93]. Gleichwohl ändern die so skizzierten, im Einzelfall bestehenden Möglichkeiten des Gerichts, korrigierend einzugreifen, kaum etwas am generellen Kommunikationsproblem. Insgesamt sind die Möglichkeiten des Asylbewerbers, das gerichtliche Asylverfahren in seinem Sinn zu beeinflussen, äußerst gering.

c) *Folgerungen.* Aus alledem muß der Schluß gezogen werden, daß der umfassende Ausschluß des einstweiligen Rechtsschutzes durch Art. 16 a Abs. 2 Satz 3 GG nicht nur eine Einschränkung des Art. 19 Abs. 4 GG darstellt, sondern auch den aus Art. 1 und 20 GG abzuleitenden Mindeststandard rechtsstaatlicher Kontrolle unterschreitet. Es ist nämlich in den von dieser Vorschrift erfaßten Fällen nicht nur kein einstweiliger Rechtsschutz, sondern - abgesehen von möglicherweise theoretisch konstruierbaren Einzelfällen - kein Rechtsschutz gegeben. Da auch keinerlei sonstige Kontrollmöglichkeit an die Stelle des Rechtsschutzes tritt, verstößt Art. 16 a Abs. 2 Satz 3 GG gegen Art. 79 Abs. 3 GG[94]. Daß insoweit eine verfassungskonforme Interpretation ausscheidet, wurde bereits im Zusammenhang mit dem Menschenwürdeschutz[95] dargelegt[96].

93 BVerfG-VPr, NVwZ 1987, 785.
94 Ebenso *Renner,* oben Fn. 32, S. 2; *Classen,* DVBl. 1993, 700 ff. (704).
95 Vgl. oben I. 5.
96 Auch *Schoch,* DVBl. 1993, 1161 ff. (1168) räumt ein, daß eine verfassungskonforme Interpretation »gegen die gesetzgeberische Intention« gerichtet wäre; genau dafür steht aber nach der ständigen Rechtsprechung des Bundesverfassungsgerichts das Institut der verfassungskonformen Interpretation nicht zur Verfügung; vgl. BVerfGE 8, 71 ff. (78); 54, 277 ff. (299 f.).

Rechtsprechung des Bundesverfassungsgerichts zu den tatbestandlichen Voraussetzungen des Asylgrundrechts, insbesondere zur (ungeschriebenen) Voraussetzung »wegen eines asylerheblichen Merkmals«

Bernd Brunn

In die ersten Richterjahre des zu Ehrenden fällt der Wechsel der Zuständigkeit für das Asylrecht vom Ersten zum Zweiten Senat des Bundesverfassungsgerichts. Seit der Entscheidung BVerfGE 60, 253 hat *E. G. Mahrenholz* an den wesentlichen Entscheidungen des Zweiten Senats zum Asylrecht mitgewirkt. Die grundlegende Entscheidung BVerfGE 80, 315 ist unter seinem Vorsitz ergangen. Auch wenn er sich dem Asylgrundrecht nicht mit *der* Liebe und Leidenschaft gewidmet hat, die ihn als Berichterstatter an das Parlaments- und das Strafvollstreckungsrecht gefesselt haben, so hat ihm doch seine ganze und bisweilen auch kritische Aufmerksamkeit gegolten; es dürfte kein besonders gut gehütetes Geheimnis gelüftet werden, wenn erwähnt wird, daß er mit den Gründen einer nicht ganz unproblematischen Senatsentscheidung nicht einverstanden war.[1] Diese und andere Erwägungen, die mit der bisweilen unzureichenden Kenntnisnahme und Umsetzung der verfassungsgerichtlichen Entscheidungen in der fachgerichtlichen Praxis zu tun haben, rechtfertigen eine Darstellung der Asylrechtsprechung des Bundesverfassungsgerichts hier. Sie ist in den letzten Jahren so ausdifferenziert worden, daß nunmehr mit Recht gesagt werden kann, es seien *fast* alle wichtigen materiellrechtlichen Fragen beantwortet. Aus Raumgründen mußte allerdings auf den Anspruch auf Vollständigkeit verzichtet werden.

I. Allgemeines zum Asylgrundrecht

1. Asylrecht und Menschenwürde. Die von der Achtung der Unverletzlichkeit der Menschenwürde bestimmte Rechtsüberzeugung, wonach kein Staat das Recht hat, Leib, Leben oder die persönliche Freiheit des Einzelnen aus Gründen zu gefährden oder zu verletzen, die allein in seiner politischen Überzeugung oder religiösen Grundentscheidungen oder in unverfügbaren (jedem Menschen von Geburt an anhaftenden) Merkmalen liegen, die sein Anderssein prägen, hat die Schaffung des Grundrechts auf Asyl maßgeblich mit hervorgebracht und prägt auch seinen Inhalt.[2]

1 Vgl. BVerfGE 74, 51 (68).
2 Vgl. BVerfGE 76, 143 (157 f.); 80, 315 (333).

2. Abgrenzung und Zweck. Die Verfassung hat den Begriff des politisch Verfolgten nicht abgegrenzt. Auch der Entstehungsgeschichte des Art. 16 Abs. 2 Satz 2 GG a.F. läßt sich hierfür nur wenig entnehmen. Übereinstimmung bestand freilich darüber, daß es nicht geboten sei, das Asylrecht eng zu fassen oder auf einen bestimmten Personenkreis zu begrenzen. Das Asylrecht wurde allgemein als das Recht bezeichnet, das dem Ausländer gewährt wird, der in seinem eigenen Land nicht mehr leben kann, weil er durch das politische System seiner Freiheit, seines Lebens oder seiner Güter beraubt wird. Schon diese Erwägungen legen es nahe, den Begriff des politischen Verfolgten nicht eng auszulegen.[3]
Zur näheren Abgrenzung des Begriffs »politisch Verfolgter« muß festgestellt werden, was insgesamt als Sinn und Zweck der Verfassungsbestimmung gemeint war und ist, wobei insbesondere die Regelungstradition und die Entstehungsgeschichte des Grundrechts in die Betrachtung einzubeziehen sind.[4]
Die der Asylverheißung in der Rechtsprechung des Bundesverfassungsgerichts gezogenen Grenzen ergeben sich unmittelbar aus dem Gewährleistungsinhalt des Art. 16 a GG selbst; sie dürfen nicht als Fälle der Verwirkung des Grundrechts i.S.v. Art. 18 GG mißverstanden werden, was vor allem im Zusammenhang mit der Terrorismusbekämpfung[5] sowie mit selbstgeschaffenen Nachfluchtgründen zu beachten ist.

3. Subjektives Grundrecht und Bindung. Es sollte ein individuelles subjektives (und im Klagewege verfolgbares) Grundrecht geschaffen werden.[6] An dieses durch Art. 16 a Abs. 1 GG als subjektives öffentliches Recht ausgestaltete Asylrecht sind der Gesetzgeber, die Verwaltung und die Rechtsprechung gebunden.[7]

4. Völkerrecht und Asylgrundrecht. Grundsätzlich ist davon auszugehen, daß Art. 16 Abs. 2 Satz 2 GG a.F. dasjenige zum Rechtsanspruch erheben wollte, was seinerzeit (Entstehung des Grundgesetzes) im Völkerrecht als Asyl oder Asylgewährung begriffen worden ist. Sofern keine besonderen Anhaltspunkte für einen anderen Willen vorliegen, ist das Asylgrundrecht im allgemeinen nicht großzügiger auszulegen als das Flüchtlingsvölkerrecht nach der Genfer Konvention.[8] Soweit die Genfer Konvention auf die begründete Furcht vor Verfolgung wegen Rasse, Religion, Nationalität, Zugehörigkeit zu einer sozialen Gruppe oder wegen politischer Überzeugung abhebt, benennt sie nämlich bereits jene menschlichen

3 Vgl. BVerfGE 9, 174 (179 f.); 76, 143 (157); vgl. zu Äußerungen einzelner Mitglieder des Parlamentarischen Rats ausführlich: BVerfGE 74, 51 (61 ff.).
4 Vgl. BVerfGE 74, 51 (57); 80, 315 (333); vgl. zur Geschichte des Asylrechts ausführlich: BVerfGE 74, 51 (58 ff.).
5 Vgl. BVerfG (Kammer), InfAuslR 1991, 257 (260).
6 Vgl. BVerfGE 74, 51 (57).
7 Vgl. BVerfGE 56, 216 (235).
8 Vgl. BVerfGE 80, 315 (343).

Eigenschaften und Verhaltensweisen, die nach geschichtlicher Erfahrung die häufigsten und entscheidenden Anknüpfungs- und Bezugspunkte für die Unterdrükkung und Verfolgung Andersartiger und Andersdenkender bildeten und auch weiterhin noch bilden.[9]
Allerdings kann das Asylrecht des »politisch Verfolgten« i.S.d. Art. 16 a Abs. 1 GG auch dann gegeben sein, wenn die Eigenschaft des »politischen Flüchtlings« nach der Genfer Konvention nicht vorliegt.[10] Auch der umgekehrte Fall ist denkbar.

II. Grundvoraussetzungen des Asylrechts

1. Grundsatz. Das Asylgrundrecht ist ein Individualgrundrecht. Im Grundsatz kann es nur derjenige in Anspruch nehmen, der selbst (in seiner Person) politische Verfolgung erlitten hat, weil ihm in Anknüpfung an asylerhebliche Merkmale[11] gezielt intensive und ihn aus der übergreifenden Friedensordnung des Staates ausgrenzende Rechtsverletzungen[12] zugefügt worden sind, und weil *er* aus diesem Grunde gezwungen war, in begründeter Furcht vor einer ausweglosen Lage sein Land zu verlassen und im Ausland Schutz zu suchen.[13] Das Asylgrundrecht ist mithin nach seinem Ansatz darauf gerichtet, vor politischer Verfolgung *Flüchtenden* Zuflucht und Schutz zu gewähren.[14]

2. »Politische« Verfolgung. Das Attribut »politisch« im Asylgrundrecht kennzeichnet eine Eigenschaft oder Qualität, die Maßnahmen in jedem Sachbereich unter bestimmten Umständen jederzeit annehmen können.[15] Notwendige Voraussetzung für eine *politische* Verfolgung ist, daß sie im Zusammenhang mit Auseinandersetzungen um die Gestaltung und Eigenart der allgemeinen Ordnung des Zusammenlebens von Menschen und Menschengruppen steht, also einen öffentlichen Bezug hat und von einem Träger überlegener Macht ausgeht, der der Verletzte unterworfen ist.[16]

3. Ausgrenzung und ausweglose Lage als unverzichtbare Folgen politischer Verfolgung. Die Ausgrenzung aus der übergreifenden Friedensordnung der staatlichen

9 Vgl. BVerfGE 76, 143 (157); vgl. zu Einzelheiten: V.2.
10 Vgl. BVerfGE 9, 174 (181); 54, 341 (356).
11 Vgl. I. 4; V. zu Einzelheiten.
12 Vgl. III. zu Einzelheiten.
13 Vgl. BVerfGE 83, 216 (230).
14 Vgl. BVerfGE 74, 51 (64).
15 Vgl. BVerfGE 76, 143 (157); 80, 315 (333).
16 Vgl. BVerfGE 80, 315 (333 f.); vgl. zu Einzelheiten: IV.

Einheit ist das wesentliche Kennzeichen politischer Verfolgung: Sie kommt zustande, wenn dem Einzelnen in Anknüpfung an asylerhebliche Merkmale gezielt Rechtsverletzungen zugefügt werden.[17]
Die ausweglose Lage des Verfolgten ist neben der Ausgrenzung aus der staatlichen Einheit das andere wesentliche Ergebnis einer politischen Verfolgung. Sie setzt jedenfalls voraus, daß die gezielt zugefügten Rechtsverletzungen von einer Intensität waren (oder sein würden), die sich zumindest nicht lediglich als Beeinträchtigung darstellt; im übrigen muß das erforderliche Maß an Intensität nach der humanitären Intention ermittelt werden, die das Asylrecht trägt.[18] Die vorauszusetzende Lage des Flüchtlings kann auch mit »höchst prekär« umschrieben werden.[19] Sie ist dadurch gekennzeichnet, daß der Verfolgte vor der Alternative steht, entweder sein verfolgungsverursachendes Merkmal verbergen bzw. preisgeben oder seinetwegen (weiterhin) erhebliche Rechtsverletzungen gewärtigen zu müssen.[20]
Bei der Prüfung der Frage, ob sich ein Asylsuchender in einer ausweglosen Lage befand oder befindet, vor der ihm das Asylrecht Schutz gewähren soll, sind *alle* Umstände in den Blick zu nehmen, die objektiv geeignet sind, bei ihm begründete Furcht vor Verfolgung hervorzurufen.[21] Der Hinweis auf die legale Ausreise beispielsweise trägt für sich allein nicht die Verneinung der ausweglosen Lage.[22]

4. Gleichstellung der drohenden Verfolgung. Der Normalfall des politisch Verfolgten ist zwar nach den vorstehenden Darlegungen derjenige, gegen den sich die asylerheblichen Maßnahmen bereits gerichtet haben. Der bereits erlittenen Verfolgung steht aber die unmittelbar drohende Gefahr der Verfolgung gleich.[23] Wann dies der Fall ist, beurteilt sich nach den Gegebenheiten im Einzelfall. Bei der typischen Individualverfolgung sind die Merkmale erfüllt, wenn die beeinträchtigenden Maßnahmen den Verfolgten demnächst zu ereilen drohen, weil der Verfolger ihn bereits im Blick hat.[24] Bei der typischen gruppengerichteten Verfolgung reicht die begründete Furcht aus, selbst alsbald ein Opfer von Verfolgungsmaßnahmen zu werden, wie sie andere Gruppenangehörige bereits erlitten haben.[25] Ausreichend, aber nicht immer erforderlich, ist die Furcht, *jederzeit* bzw. *ständig* eigener Verfolgung gewärtig sein zu müssen.[26]

17 Vgl. BVerfGE 80, 315 (334 f.).
18 Vgl. BVerfGE 80, 315 (335); vgl. III. zu Einzelheiten.
19 Vgl. BVerfGE 74, 51 (58).
20 Vgl. BVerfG (Kammer), InfAuslR 1992, 226 (228).
21 Vgl. BVerfGE 83, 216 (230).
22 Vgl. BVerfG (Kammer), InfAuslR 1993, 142 (146).
23 Vgl. BVerfGE 83, 216 (230) m.w.N.
24 Vgl. a.a.O. (231).
25 Vgl. a.a.O. (232).
26 Vgl. a.a.O.

Art. 16 a Abs. 1 GG geht von einer *objektiven* Beurteilung der Verfolgungsgefahr aus. Freilich kann im Einzelfall die Beurteilung äußerst schwierig sein, ob sich die Gefährdung des Asylsuchenden objektiv bereits so weit konkretisiert hat, daß die Annahme einer Verfolgung gerechtfertigt ist.[27]

5. Ableitung des Asylrechts aus fremdem Schicksal. Die Gefahr eigener politischer Verfolgung kann auch aus fremdem Schicksal abgeleitet werden. Das kann dann der Fall sein, wenn Dritte wegen eines asylerheblichen Merkmals verfolgt werden, das der Flüchtling mit ihnen teilt, und wenn er sich mit ihnen in einer nach Ort, Zeit und Wiederholungsträchtigkeit vergleichbaren Lage befindet, so daß er mit Recht annehmen kann, daß seine eigene bisherige Verschonung von ausgrenzenden Rechtsgutsbeeinträchtigungen als eher zufällig anzusehen ist.[28]

III. Insbesondere: Gezielte (und intensive) Rechtsbeeinträchtigungen

1. Beeinträchtigungsfähige Rechtsgüter. Eine Beschränkung auf bestimmte »asylwürdige« Rechtsgüter ist nicht gerechtfertigt.[29] Neben den üblicherweise beeinträchtigten Gütern des Lebens und der Gesundheit kommen vor allem Beschränkungen der persönlichen Freiheit in Betracht.
Entgegen einem verbreitet anzutreffenden Mißverständnis umfaßt der asylrechtlich geschützte Bereich der persönlichen *Freiheit* nicht nur die körperliche Bewegungsfreiheit, gegen deren Entziehung bzw. Beschränkung in der Bundesrepublik Deutschland Art. 2 Abs. 2 Satz 2 GG und Art. 104 Abs. 1 und 2 GG schützen, sondern auch die Rechte auf freie Religionsausübung und ungehinderte berufliche und wirtschaftliche Betätigung. Allerdings können Beeinträchtigungen der zuletzt bezeichneten Rechtsgüter ein Asylrecht nur dann begründen, wenn sie nach ihrer Intensität und Schwere die Menschenwürde verletzen und über das hinausgehen, was die Bewohner des Herkunftsstaates aufgrund des dort herrschenden Systems allgemein hinzunehmen haben.[30]

2. Allgemeine Gezieltheit der Maßnahmen. *Gezielt* müssen die Maßnahmen, die zu untersuchen sind, dem Betroffenen Rechtsverletzungen zufügen. Dieses Merkmal ist regelmäßig zu verneinen, wenn es um Nachteile geht, die jemand aufgrund der allgemeinen Zustände in seinem Herkunftsstaat zu erleiden hat (Hunger, Naturkatastrophen). Im Hinblick auf Unruhen, Revolutionen und Kriege muß zwischen den allgemeinen Auswirkungen, denen regelmäßig die Zielgerichtetheit

27 Vgl. BVerfGE 54, 341 (359).
28 Vgl. BVerfGE 83, 216 (231); vgl. im einzelnen zu gruppengerichteten Verfolgung: V.8.
29 Vgl. BVerfGE 54, 341 (357).
30 Vgl. BVerfGE 54, 341 (357).

fehlt,[31] und spezielleren Auswirkungen unterschieden werden, bei denen die Zielgerichtetheit nicht von vornherein verneint werden darf.[32] Von der »allgemeinen Gezieltheit« der Maßnahme ist die »spezifische Gezieltheit bzw. Gerichtetheit« abzugrenzen, die an asylerhebliche Merkmale anknüpft.[33]

IV. Insbesondere: Staatliche Verfolgung und Verfolgung durch Dritte

1. Erfordernis der überlegenen Macht

a) Staat und staatsähnliche Gebilde. Die politische Verfolgung muß ausgehen von einem Träger überlegener - regelmäßig, aber nicht notwendig hoheitlicher - Macht, der der Verletzte unterworfen ist.[34]
Auch wenn politische Verfolgung grundsätzlich *staatliche* Verfolgung ist, so können mithin dem (verfolgungsmächtigen) Staat *staatsähnliche* Organisationen gleichgestellt werden, die den jeweiligen Staat verdrängt haben oder denen dieser das Feld überlassen hat.[35]
b) Verfolgungsmächtigkeit. Ein Staat muß die Macht haben, den Einzelnen zu schützen; nur dann kann er auch verfolgen. Der Staat muß sich daher als befriedete Einheit darstellen und prinzipiell in der Lage sein, die auf seinem Staatsgebiet herrschenden Gegensätze, Konflikte und Auseinandersetzungen durch eine übergreifende Ordnung zumindest insoweit auszugleichen und zu unterbinden, daß sie unterhalb der Stufe der Gewaltsamkeit verbleiben und die Existenzmöglichkeit des Einzelnen nicht in Frage stellen, also die Friedensordnung nicht aufheben.[36]
c) Mehrgesichtiger Staat. In vielen Staaten tritt das Phänomen des zwei- oder mehrgesichtigen (»janusköpfigen«) Staates auf: In dem einen Landesteil verfolgt er - aktiv oder mittelbar -, in einem anderen Landesteil läßt er die gleiche Person oder die gleiche Personengruppe unbehelligt, nimmt sie womöglich sogar vor dortiger Drittverfolgung in Schutz. Stammt der Flüchtling aus einem solchen Herkunftsstaat, so kann es trotz stattgehabter oder unmittelbar drohender Vorverfolgung an einer die Asylgewährung rechtfertigenden Notlage insgesamt fehlen. Bei der Prüfung der Frage, ob jemand in verfolgungsfreie Landesteile ausweichen kann, darf aber der Umstand - und ein hierauf gründendes Erfahrungswissen -

31 Vgl. BVerfGE 80, 315 (335).
32 Vgl. insbesondere zum Bürgerkrieg: IV.3.
33 Vgl. V.1. ff.
34 Vgl. BVerfGE 80, 315 (333 f.); vgl. bereits II. 2.
35 Und die ihn daher insoweit ersetzen; vgl. a.a.O. (334).
36 Vgl. BVerfGE 76, 143 (159 f.); 80, 315 (334).

nicht außer Betracht bleiben, daß auch der mehrgesichtige Staat ein und derselbe Staat ist.[37]

d) Amtswalterexzeß. Soweit es sich bei den ergriffenen staatlichen Maßnahmen um *vereinzelte* Exzeßtaten von Amtswaltern handeln sollte, ist zu erwägen, daß diese dem Staat möglicherweise nicht zurechenbar sind.[38] Der bloße Umstand, daß bestimmte Maßnahmen der Verfassung oder sonstigen Gesetzen des Herkunftsstaates widersprechen, berechtigt aber noch nicht dazu, sie als Amtswalterexzesse einzustufen. Vielmehr bedarf es entsprechender tatsächlicher Feststellungen, die auf bloße Einzelexzesse hindeuten.[39]

2. Verfolgung durch Dritte und Zurechenbarkeit. Dritte können auch das Asylgrundrecht auslösen.[40] Handelt es sich bei den Dritten aber nicht um eine staatsähnliche - und damit ohnehin verfolgungsmächtige - Organisation, so muß hinzukommen, daß der Staat sich die Verfolgungshandlungen zurechnen lassen muß.

a) Aktive Unterstützung. Jedenfalls die staatliche Anregung, Unterstützung oder Billigung von Verfolgungsmaßnahmen, welche von (privaten) Einzelnen oder Gruppen vorgenommen werden, bewirkt die asylerhebliche Zurechenbarkeit.[41]

b) Passivität. Verfolgungen durch Dritte sind im übrigen dem Herkunftsstaat zuzurechnen, wenn er nicht mit den ihm an sich zur Verfügung stehenden Kräften Schutz gewährt.[42] Dabei darf er sich nicht mit einer bloß oberflächlichen Schutzgewährung begnügen. Die Intensität der schützenden Reaktionen muß dem Grad der Bedrängnis entsprechen, in der der Einzelne bzw. die Gruppe sich befindet. Je mehr und je heftiger eine betroffene Gruppe schon in der Vergangenheit beeinträchtigt worden ist, desto intensiver hat der staatliche Schutz zu sein.[43] Mit anderen Worten: Der notwendige staatliche Schutz gegenüber rechtswidrigen Übergriffen muß in hinreichend verläßlicher Weise gewährleistet erscheinen.[44]

c) Kriterien der staatlichen Schutzbereitschaft. Staatliche Schutzbereitschaft läßt sich nicht schon mit dem bloßen Hinweis auf bestehendes Verfassungs- oder Gesetzesrecht des Herkunftsstaates als gegeben unterstellen. Auch bloße Absichtserklärungen der staatlichen Organe sind nicht ausreichend. Gerade der die Ausschreitungen Dritter innerlich billigende Staat wird sich oft - etwa aus außenpolitischen Gründen - von diesen distanzieren und sie nach außen hin mißbilligen. Deshalb muß die staatliche Schutzbereitschaft - sofern sie substantiiert angezweifelt wird - konkret belegbar sein. Ein meist sicheres Indiz für eine in Wirklichkeit

37 Vgl. BVerfGE 80, 315 (342 f.).
38 Vgl. BVerfGE 80, 315 (352).
39 Vgl. BVerfG (Kammer), InfAuslR 1992, 283 (287).
40 Vgl. V.8. e.
41 Vgl. BVerfGE 54, 341 (358).
42 Vgl. BVerfGE 80, 315 (336); 83, 216 (235).
43 Vgl. BVerfGE 83, a.a.O.
44 Vgl. BVerfGE 81, 58 (68).

bestehende Schutzunwilligkeit stellt die Beobachtung dar, daß der Staat - landesweit oder in einer bestimmten Region - zum Schutz anderer Gruppen oder zur Wahrung seiner eigenen Interessen mit deutlich effektiveren Mitteln und im Ergebnis deutlich erfolgreicher einschreitet.[45]
Ausreichend im Einzelfall ist die Feststellung, der Staat genüge seinen Schutzverpflichtungen, weil (belegbar) feststehe, daß er die ihm zur Verfügung stehenden Mittel tatsächlich entschlossen einsetze.[46] Unzureichend ist hingegen die bloße Mutmaßung, es sei überwiegend unwahrscheinlich, daß die verantwortlichen staatlichen Kräfte Gewalttaten tatenlos hinnähmen; zumindest kann damit nicht eine hinreichende Sicherheit von erneuter Verfolgung begründet werden.[47]
d) Insbesondere: Rücksichtnahme auf andere Gruppen. Eine Zurechnung kann dann angezeigt sein, wenn sich der Staat - obwohl er an sich könnte - »nicht in der Lage sieht«, seine verfügbaren Mittel zum Schutz der Betroffenen einzusetzen;[48] das ist vor allem dann der Fall, wenn sich der Staat mit mächtigen gesellschaftlichen Gruppen nicht anlegen will und deswegen die Schutzgewährung unterläßt. Oft sind es mithin die faktische Einheit von Staat und Staatspartei oder von Staat und Staatsreligion, die die Zurechenbarkeit der von Angehörigen der Staatspartei oder der Staatsreligion bewirkten Verfolgungsmaßnahmen begründen und rechtfertigen.[49]
e) Objektive Schutzunfähigkeit. Das Asylgrundrecht verspricht keinen Schutz vor den Folgen anarchischer Zustände oder der Auflösung der Staatsgewalt. Aber auch schon dann, wenn die an sich gebotene Schutzgewährung die Kräfte eines Staates übersteigt, kann der Betroffene aus seiner somit vorliegenden Schutzlosigkeit kein Asylgrundrecht herleiten.[50]

3. Insbesondere: Bürgerkrieg

a) Offener Bürgerkrieg. Nimmt der Staat im (offenen) Bürgerkrieg im umkämpften Gebiet faktisch lediglich noch die Rolle einer militärisch kämpfenden Bürgerkriegspartei ein (besteht er also als übergreifende effektive Ordnungsmacht nicht mehr), so sind seine Maßnahmen dann keine politische Verfolgung, wenn und soweit sie *typisch militärisches Gepräge* aufweisen und vermittels der Bekämpfung des Bürgerkriegsgegners der Rückeroberung des Gebietes dienen.[51] Macht aber

45 Vgl. BVerfGE 83, 216 (235).
46 Vgl. BVerfG (Kammer), InfAuslR 1992, 53 (55).
47 Vgl. a.a.O.
48 Vgl. BVerfGE 80, 315 (336).
49 »Substitutenstellung« des Staates; vgl. BVerfGE 54, 341 (358).
50 Vgl. BVerfGE 80, 315 (336); fragwürdig, weil es beim Asylrecht, nimmt man seine humanitäre Intention ernst, weniger darum gehen dürfte, ob der Staat Unrecht tut und ob er ethisch oder moralisch zur Verantwortung gezogen werden kann, sondern darum, die ausweglose Lage des Flüchtlings in seiner Heimat zu beenden.
51 Vgl. BVerfGE 80, 315 (340).

ein Flüchtling geltend, aus Glaubens- bzw. Gewissensgründen an keinem Krieg teilnehmen zu können, so ist eine Asylablehnung mit dem Hinweis auf die Bürgerkriegslage verfehlt, wenn der Betreffende geltend macht, gerade wegen seiner Weigerung, für eine Bürgerkriegspartei Waffendienst zu leisten, erheblich beeinträchtigt zu werden. Typisch militärisches Gepräge würden solche Maßnahmen nicht aufweisen;[52] allenfalls könnte an der Gebietsgewalt und damit Verfolgungsmächtigkeit der Bürgerkriegspartei gezweifelt werden.

b) Politische Verfolgung trotz Bürgerkriegs. Politische Verfolgung kann vorliegen, wenn die staatlichen Kräfte den Kampf in einer Weise führen, die auf die physische *Vernichtung* von auf der Gegenseite stehenden (auch ihr zugerechneten) und nach asylerheblichen Merkmalen bestimmten Personen gerichtet ist, *obwohl* diese keinen Widerstand mehr leisten wollen oder können oder an dem militärischen Geschehen nicht oder nicht mehr beteiligt sind. Noch weniger kann die Asylberechtigung mit dem bloßen Hinweis auf Bürgerkrieg abgetan werden, wenn die Handlungen der staatlichen Kräfte in die gezielte physische Vernichtung oder Zerstörung der ethnischen, kulturellen oder religiösen Identität des gesamten (aufständischen) Bevölkerungsteils umschlagen.[53] Die Völkerrechtswidrigkeit einer Bürgerkriegsmaßnahme allein sagt freilich über ihren Verfolgungscharakter noch nichts aus.[54]

Trotz Bürgerkriegs besteht im übrigen die Möglichkeit asylrelevanter politischer Verfolgung aus der staatlichen Überlegenheitsposition heraus, wenn der Staat seine prinzipielle Gebietsgewalt behauptet oder in bestimmten Gebieten zurückerlangt.[55] Auch wenn eine Bürgerkriegslage unstreitig oder offenkundig sein sollte, ist demzufolge zu prüfen, ob und inwieweit durch die kriegerischen Handlungen der Staat insgesamt oder doch jedenfalls in dem Teil, in dem die behaupteten Verfolgungshandlungen stattgefunden haben sollen und nach der Einschätzung des Gerichts auch zukünftig möglich sind, seine Gebietsgewalt verloren und auch nicht wiedergewonnen hat.[56]

c) »Guerilla-Bürgerkrieg«. Im Prinzip beurteilt sich die Verfolgungsmächtigkeit des Staates im sogenannten »Guerilla-Bürgerkrieg« ebenso wie im offenen Bürgerkrieg. Voraussetzung für den Guerilla-Bürgerkrieg ist eine nachhaltige und nicht nur vorübergehende Infragestellung der staatlichen Gebietsgewalt etwa durch verbreitete und wiederholte Angriffe gegen staatliche Sicherheitskräfte und/oder – um Unterstützung zu erzwingen – gegen die eigene Bevölkerungsgruppe. Reichen in solcher Lage die herkömmlichen staatlichen Abwehrmittel des Polizei- und Strafrechts nicht mehr aus und reagiert der Staat mit militärisch-kriegerischen

52 Vgl. BVerfG (Kammer), InfAuslR 1992, 26 (29).
53 Vgl. BVerfGE 80, 315 (340).
54 Vgl. a.a.O. (341, 349).
55 Vgl. a.a.O. (340).
56 Vgl. BVerfG (Kammer), InfAuslR 1991, 22 (25); 100 (102 f.).

Mitteln, so können seine Maßnahmen ebenfalls den Charakter asylrechtlich erheblicher Verfolgung verlieren. Wie beim offenen Bürgerkrieg gilt auch insoweit die Rückausnahme der gezielten physischen Vernichtung von Personen oder ganzen Bevölkerungsteilen.[57]

d) Staatsähnliche Organisationen. Wenn es richtig ist, daß allgemein dem verfolgungsmächtigen Staat staatsähnliche Organisationen gleichgestellt werden können, die den Staat verdrängt haben oder denen dieser das Feld überlassen hat,[58] so spricht nichts dagegen, im Bürgerkrieg Entsprechendes anzunehmen.

V. Insbesondere: »wegen eines asylerheblichen Merkmals«

1. Grundsatz. Über die allgemeine Gezieltheit[59] hinaus muß die rechtsverletzende Maßnahme eine spezifische Zielrichtung aufweisen: Sie muß den Betroffenen gerade in Anknüpfung an asylerhebliche Merkmale treffen sollen. Nur dann kann davon gesprochen werden, daß die Verfolgung »wegen« eines Asylmerkmals erfolgt. Ob dies der Fall ist, bemißt sich nicht nach den subjektiven Gründen oder Motiven, die den Verfolgenden dabei leiten.[60] Wesentlich ist vielmehr die erkennbare Gerichtetheit der Maßnahme, was anhand ihres inhaltlichen Charakters zu beurteilen ist.[61] Man wird diese etwas schwer verständliche Formel auch dahin umformulieren können: Entscheidend ist, wie der Verfolgte die gegen ihn gerichteten Maßnahmen hinsichtlich ihrer Zielrichtung bei objektivierter Betrachtungsweise nur einschätzen kann oder konnte; *objektiv* müssen nämlich die staatlichen Maßnahmen von asylerheblicher Intensität an das Asylmerkmal anknüpfen.[62]
Eine Verfolgungsmaßnahme verliert ihre nach den vorstehenden Darlegungen gegebene Asylerheblichkeit mithin nicht dadurch, daß der Verfolger mit ihr weitere Zwecke verfolgt, die an sich asylneutral sind.[63]

2. Asylerhebliche Merkmale. Bei den asylerheblichen Merkmalen[64] wird man von uneingeschränkt »unverfügbaren« Merkmalen, die das Anderssein des Flüchtlings prägen, sowie von theoretisch »verfügbaren« Merkmalen, wie politische Überzeugung und religiöse Grundentscheidung, ausgehen können.[65] Die Hautfarbe des Flüchtlings beispielsweise ist selbst dann, wenn dies gewollt werden sollte, nicht

57 Vgl. BVerfGE 80, 315 (341), es ist zumindest nicht fernliegend, die genannten Voraussetzungen – teilweise oder insgesamt – für den Konflikt im Südosten der Türkei anzunehmen.
58 Vgl. IV.1.
59 Vgl. III.2.
60 Vgl. BVerfGE 76, 143 (157, 166 f.); vgl. auch BVerfG (Kammer), InfAuslR 1992, 152 (154).
61 Vgl. BVerfGE 80, 315 (335).
62 Vgl. a.a.O. (352).
63 Vgl. a.a.O. (348).
64 Vgl. bereits I.4.
65 Vgl. BVerfGE 80, 315 (333).

veränderbar; darüber hinaus ist es auch ein besonders auffälliges und kaum zu verbergendes Merkmal. Ähnlich verhält es sich mit der Sprache oder der Volkszugehörigkeit, sofern sich diese in äußeren Merkmalen ausdrückt. Dagegen *könnte* man eine politische oder religiöse Überzeugung notfalls ablegen oder zumindest verbergen.

3. Objektives und Subjektives im Zusammenhang mit dem Merkmal

a) Überholte »Motivationslehre«. Weil die subjektiven Gründe und Motive, die den Verfolgenden bei seinen Maßnahmen leiten, für die Asylerheblichkeit dieser Maßnahmen nicht von Belang sind, kann die Asylerheblichkeit einer Maßnahme beispielsweise nicht mit der Begründung verneint werden, sie sei von der Furcht vor einer Destabilisierung der Staats- und Gesellschaftsordnung ausgelöst und geprägt und nicht von einem Mißfallen an dem Inhalt der politischen Überzeugung des Flüchtlings.[66] Unzureichend ist auch etwa die Begründung, den ergriffenen Maßnahmen sei trotz ihrer Schwere die Asylrelevanz abzusprechen, weil es den Behörden des Herkunftsstaats (wohl) nur um die Überwachung einer Organisation, der der Asylsuchende angehöre, bzw. des Asylsuchenden selbst sowie dessen Einschüchterung gegangen sei; die Maßnahmen machten nicht deutlich, daß der Betreffende als gefährlicher politischer Gegner angesehen und deswegen dauerhaft und unnachsichtig verfolgt würde.[67] Verfehlt wäre unter diesen Voraussetzungen schließlich auch eine Begründung des Inhalts, es sei nicht Ziel der politischen und militärischen Aktionen in den Siedlungsgebieten einer Minderheit, diese zu diskriminieren, niederzuhalten oder gar zu vernichten, sondern es solle nur die Herrschaft des Staates unter Wahrung der Überzeugung seiner Staatsbürger aufrechterhalten werden.[68]

b) Maßnahmen zur Aufklärung von Verdächten. Das Asylgrundrecht verlangt nicht, daß der Verfolgte entweder tatsächlich oder doch zumindest nach der Überzeugung des verfolgenden Staates Träger eines verfolgungsverursachenden Merkmals ist. Politische Verfolgung kann bereits zu bejahen sein, wenn Maßnahmen gegen Personen ergriffen werden, die einer nach asylerheblichen Merkmalen bestimmten Gruppierung *zugerechnet* werden,[69] oder wenn dies *im Blick* auf diese asylrelevanten Merkmale geschieht.[70] Deswegen dürfen bei einem vom Verfolger gehegten Verdacht der Trägerschaft von asylerheblichen Merkmalen die zur weiteren Aufklärung dieses Verdachts eingesetzten Mittel nicht als asylrechtlich unbeachtlich qualifiziert werden.[71]

66 Vgl. BVerfGE 81, 142 (151).
67 Vgl. BVerfG (Kammer), InfAuslR 1991, 136 (138).
68 Vgl. BVerfG (Kammer), InfAuslR 1991, 262 (264).
69 Vgl. BVerfGE 80, 315 (340).
70 Vgl. BVerfGE 81, 142 (151).
71 Vgl. BVerfG (Kammer), InfAuslR 1992, 215 (218); 1993, 142 (144) m.w.N.

Drohen einem Flüchtling Verhöre und Verhaftungen, die der Klärung der Frage dienen sollten, ob er einer als staatsfeindlich eingeschätzten Organisation zugehöre, liegt dem womöglich sogar zugrunde, daß dem Staat Kontakte des Flüchtlings zu der Organisation bekannt geworden sind, so kann die (spezielle) Gerichtetheit der Maßnahme kaum verneint werden.[72] Werden staatliche Maßnahmen gegen Personen (die sich möglicherweise sogar völlig unpolitisch verhalten haben) ergriffen, weil sie dem persönlichen Umfeld anderer Personen zugerechnet werden, die Objekt politischer Verfolgung sind, und weil die Maßnahmen der Ausforschung der Verhältnisse der bereits verfolgten Personen dienen, so kann auch ihnen die Asylerheblichkeit nicht von vornherein mit dem Argument abgesprochen werden, sie seien nicht gegen ein asylerhebliches Merkmal der Betroffenen gerichtet.[73] Schließlich kann auch eine für eine Asylversagung gegebene Begründung des Inhalts unzureichend sein, der Asylsuchende habe in der Vergangenheit völlig unpolitisch gelebt und sei in keiner Weise aufgefallen, so daß ihm auch keine gegnerische politische Überzeugung habe unterstellt werden können, wenn zugunsten des Asylsuchenden die Richtigkeit seines Vorbringens unterstellt wird, er sei in den Verdacht geraten, einem Verwandten nach dessen Beteiligung an einem politischen Delikt zur Flucht verholfen zu haben. Liegt in einem solchen Falle der »private« Charakter der Unterstützungshandlung auch für die ermittelnden Behörden nicht offen zutage, so kann zumindest der Verdacht der Trägerschaft von asylerheblichen Merkmalen (politische Gesinnung) entstanden sein, und es können die Ermittlungsmaßnahmen dem Zweck gedient haben, insoweit weiter zu ermitteln und den aufgekommenen Verdacht zu erhärten. Die bisherige Unauffälligkeit des Betroffenen besagt dann für sich allein nichts, weil auch tatsächliche Träger verfolgungsverursachender Merkmale erstmals in den Verdacht staatsfeindlicher Aktivitäten geraten können.[74]

c) **Unspezifische Verdächte.** Bei der Frage, wie es in asylrechtlicher Hinsicht zu beurteilen wäre, wenn in einem bestimmten Herkunftsstaat gewissermaßen *jeder* Bürger der beachtlichen Gefahr unterläge, durch Kräfte seines Herkunftsstaates ohne besonderen Anlaß verhaftet, verhört und menschenrechtswidrig behandelt zu werden, dürfte es sich um eine eher theoretische handeln. Es stellte sich in einem solchen Falle die Frage, ob die betroffene »Gruppe« (die Gesamtbevölkerung) *wegen* eines asylerheblichen Merkmals beeinträchtigt wird, was wohl allenfalls bei einer aufgezwungenen Fremdherrschaft[75] oder einer ideologisch völlig verblendeten Machtelite[76] vorstellbar erscheint. Im übrigen lassen sich auch in bezug auf totalitäre Staaten, die mit massenhaften Menschenrechtsverletzungen

72 Vgl. BVerfG (Kammer), InfAuslR 1991, 25 (27 f.).
73 Vgl. BVerfG (Kammer), InfAuslR 1993, 142 (145) m.w.N.
74 Vgl. BVerfG (Kammer), InfAuslR 1992, 215 (218).
75 Beispiel womöglich: Tibet.
76 Beispiel womöglich: Kambodscha unter Pol Pot.

vorgehen, in der Regel Gruppen ausmachen, gegen die wegen eines asylerheblichen Merkmals (besonders intensiv) vorgegangen wird.[77]

d) Mittelbare Täterschaft. Ein äußerlich aufgabenentsprechendes und an vermeintlich vorliegende asylerhebliche Merkmale anknüpfendes staatliches Verhalten verliert nicht dadurch seine asylerhebliche Qualität, daß eine - über alle wesentlichen Zusammenhänge informierte, einflußreiche - Persönlichkeit es aus an sich asylirrelevanten Motiven (persönliche Rache) ausgelöst hat und sich damit gewissermaßen in der Form des mittelbaren Täters des staatlichen Machtapparates als Werkzeug bedient. Die Lage des Verfolgten gegenüber seinem Staat kann in diesem Falle von der gleichen Ausweglosigkeit geprägt sein, wie sie beim tatsächlichen Träger verfolgungsverursachender Merkmale auftreten kann.[78]

e) Ersichtlich fehlende Anknüpfung. Ist hingegen dem Verfolger eindeutig bewußt, daß der Verfolgte nicht Träger eines asylerheblichen Merkmals ist, so können die zugefügten Rechtsgutbeeinträchtigungen nicht an ein asylerhebliches Merkmal anknüpfen.[79] Läßt sich der Staat zum bloßen Handlanger beispielsweise eines privaten Rachefeldzugs degradieren, ohne daß dabei tatsächliche oder vermutete asylerhebliche Merkmale des davon Betroffenen eine Rolle spielen, so fehlt es an der notwendigen Anknüpfung der staatlichen Beeinträchtigungen an einem asylerheblichen Merkmal.[80]

4. Insbesondere: Anknüpfung an den Glauben

a) Geschichtlicher Hintergrund. Die Geschichte lehrt, daß religiöse Beweggründe und Ziele seit jeher zu den häufigsten und wichtigsten Ursachen für die Unterdrückung und Verfolgung Andersdenkender gehören. Daher können religiös bedingte Diskriminierungen und Beeinträchtigungen sich als politische Verfolgung darstellen.[81] Das Asylgrundrecht kommt im Zusammenhang mit an den Glauben anknüpfenden Verfolgungen gleichwohl regelmäßig nur dem zugute, der seiner Religion noch existentiell verbunden ist und zumindest noch das religiöse Existenzminimum zu wahren gewillt ist.[82]

b) Ausweglose Lage und Existenzminimum. Auch die religiöse Verfolgung muß, soll sie asylrechtlich beachtlich sein, für den Betroffenen zu einer für ihn ausweglosen Lage führen (geführt haben). Deshalb müssen die Eingriffe und Beeinträchtigungen - sofern es sich nicht ohnedies bereits um Lebens- und Gesundheitsgefährdungen sowie Freiheitsentziehungen handelt - eine Schwere und Intensität auf-

77 Vgl. BVerfG (Kammer), InfAuslR 1992, 66 (68 f.); vgl. auch BVerfG (Kammer), InfAuslR 1991, 25 (27): »Verdacht, wohin auch immer«.
78 Vgl. BVerfG (Kammer), InfAuslR 1992, 222 (225).
79 Vgl. a.a.O.
80 Vgl. a.a.O. (226).
81 Vgl. BVerfGE 54, 341 (357).
82 Vgl. BVerfGE 81, 58 (68); vgl. auch BVerfGE 76, 143 (160).

weisen, die die Menschenwürde verletzt. Sie müssen ein solches Gewicht haben, daß sie in den elementaren Bereich der sittlichen Person eingreifen, in dem für ein menschenwürdiges Dasein die Selbstbestimmung möglich bleiben muß, sollen nicht die metaphysischen Grundlagen menschlicher Existenz zerstört werden.[83]
Im Zusammenhang mit an den Glauben anknüpfenden Beeinträchtigungen ist es mithin zur Annahme politischer Verfolgung - wenngleich nicht unbedingt erforderlich, so doch - jedenfalls ausreichend, wenn Angehörige einer religiösen Gruppe
- physisch vernichtet oder mit vergleichbar schweren Sanktionen (Vertreibung oder Vorenthaltung elementarer Lebensgrundlagen) bedroht oder
- ihrer religiösen Identität beraubt werden.

aa) Beraubung der religiösen Identität. Letzteres kann der Fall sein, wenn
- Gläubigen unter Zwang oder Drohung die Verleugnung (oder gar die Preisgabe) tragender Inhalte ihrer Glaubensüberzeugung zugemutet wird oder
- sie daran gehindert werden, ihren Glauben, so wie sie ihn verstehen, im privaten Bereich und unter sich zu bekennen (hierzu zählen: Religionsausübung im häuslich-privaten Bereich, die Möglichkeit zum Reden über den eigenen Glauben und zum religiösen Bekenntnis im nachbarschaftlich-kommunikativen Bereich, das Gebet und der Gottesdienst abseits der Öffentlichkeit in persönlicher Gemeinschaft mit anderen Gläubigen; alle diese Betätigungsformen gehören zum »religiösen Existenzminimum«). Ganz entscheidend kommt es auf die besonderen Voraussetzungen der Religionsausübung an, die nach der allgemein geübten religiösen Praxis für das religiöse Leben schlechthin unverzichtbar sind.[84]

bb) Unbedenkliche staatliche Eingriffe aus der Sicht des Asylrechts. Eine Befugnis des Staates zu Eingriffen in die vorgenannten religiösen Betätigungsformen kann nur angenommen werden, wenn
- die besondere Art und Weise des Bekenntnisses oder der Glaubensbekundung in *erheblich friedenstörender* Weise in die Lebenssphäre anderer Bürger hinübergreift oder
- mit dem Grundbestand des ordre public nicht vereinbar ist (Beispiel: Menschenopfer, Witwenverbrennungen etc.).

Weitergehende Verbote oder sonst eingreifende Maßnahmen überschreiten die Grenze zur politischen Verfolgung grundsätzlich; dies gilt zumindest dann, wenn sie mit Strafsanktionen für Leib, Leben oder die persönliche Freiheit verbunden sind.
Hingegen sind Maßnahmen, auch wenn sie sich als Eingriff in die Religionsfreiheit darstellen, solange nicht als politische Verfolgung anzusehen, als sie dem Einzelnen oder der Gruppe das religiöse Existenzminimum belassen und nicht in

83 Vgl. BVerfGE 76, 143 (158).
84 Vgl. mit Beispielen: BVerfGE 81, 58 (66 f).

den internen Bereich der Glaubensgemeinschaft und ihrer Angehörigen übergreifen. Beschränkt sich der Staat dementsprechend - seiner politischen Ordnungsaufgabe gemäß - auf die Außensphäre (Bereich der Öffentlichkeit), so kann von politischer Verfolgung regelmäßig noch nicht die Rede sein. Die Voraussetzungen einer solchen asylneutralen Beschränkung können vorliegen, wenn die staatlichen Maßnahmen der Durchsetzung des öffentlichen Friedens unter verschiedenen Glaubensrichtungen dienen und zu diesem Zweck einer Glaubensrichtung mit Rücksicht auf eine andere Glaubensrichtung untersagt wird, gewisse Bezeichnungen, Merkmale, Symbole oder Bekenntnisformen *in der Öffentlichkeit* zu verwenden, auch wenn sie für die betroffene Glaubensrichtung identitätsbestimmend sind.[85]

c) **Einzelfälle.** Eine religiöse Diskriminierung von asylrelevanter Intensität stellt es unter den vorstehenden Voraussetzungen daher noch nicht dar, wenn beispielsweise

- das Wahlrecht nach religiösen Gruppen gegliedert,
- der Zugang zu Ausbildungsstätten und zum öffentlichen Dienst nach Maßgabe von Quoten gemäß dem Anteil der Religionsgruppe an der Gesamtbevölkerung beschränkt oder
- ein Verbot der wechselseitigen Beerbung im Verhältnis zwischen verschiedenen Religionsgruppen erlassen wird.[86]

Im übrigen schützt das Asylgrundrecht religiöse oder ethnische Minderheiten nicht vor einer allmählichen Assimilation als Folge eines langfristigen Anpassungsprozesses, dem sich der Einzelne aufgrund einer sich verändernden Situation seiner Umwelt und seiner Lebensbedingungen im Herkunftsland ausgesetzt sieht. Hierunter können Gefährdungen und Nachteile für die Aufrechterhaltung der religiösen Identität fallen, die beispielsweise mit der Umstellung von einer bäuerlichen auf eine städtische Lebensweise verbunden sind.[87]

Begehen Angehörige einer bestimmten Glaubensrichtung durch ihre erzwungene Teilnahme an einem anderen Religionsunterricht eine schwere Sünde, so dürfte es aber unzureichend sein, die erzwungene Teilnahme erst dann als asylrechtlich erheblich zu bewerten, wenn sie zum völligen Ausschluß aus der Glaubensgemeinschaft führt.[88]

5. Insbesondere: Anknüpfung an die politische Überzeugung

a) **Schutz auch für die betätigte Überzeugung.** Eine politische Überzeugung (politische Gesinnung) darf nicht nur »gehabt« und bekundet, sondern auch betätigt

85 Vgl. zum gesamten Vorstehenden: BVerfGE 76, 143 (158 ff.).
86 Vgl. BVerfGE 76, 143 (168 f.).
87 Vgl. BVerfGE 81, 58 (67).
88 Vgl. BVerfG (Kammer), InfAuslR 1992, 26 (32).

werden.[89] Dies schließt auch die Äußerung oder Betätigung von kritischen - sogar staatsfeindlichen - politischen Überzeugungen als solche ein.[90] Selbstverständlich ist hiernach der verfassungsrechtliche Asylanspruch weder von der Herkunft und der politischen Gesinnung des Verfolgten abhängig noch von der politischen Richtung, die in dem verfolgenden Herkunftsstaat herrscht.[91] Dem politischen Kämpfer darf auch nicht vorbehalten werden, daß er den politischen Kampf gesucht habe, wenn der Staat ihn wegen dieses Kampfes ausgegrenzt hat. Auch der politische Kämpfer hat das Recht, einen lebens- oder existenzbedrohenden politischen Kampf zu beenden.[92]

b) »Unpolitische Ausdrucksform«. Auch normalerweise unpolitische Ausdrucksformen der Volkskultur wie Gesang und Tanz können in den Fällen einer Unterdrückung einer Volksgruppe durch den Staat eine politische Qualität annehmen, so daß schon die Beteiligung an derartigen kulturellen Aktivitäten als ein politisches Bekenntnis zur eigenen Volksgruppe gemeint sein und erscheinen kann. Dies bedeutet zum einen, daß deswegen erfolgende Sanktionen sich als politische Verfolgung darstellen können, zum anderen aber auch, daß sie für die Beurteilung als Nachfluchtaktivitäten in jeglicher Hinsicht bedeutsam sein können.[93]

c) »Existenzminimum«? Ebenso wie sich innerhalb einer Religionsgemeinschaft für praktizierende und für eher am Rande stehende Gläubige hinsichtlich bestimmter Maßnahmen unterschiedliche Ergebnisse bezüglich der Asylrelevanz ergeben können, je nachdem, ob das jeweilige Mitglied durch die Maßnahme auch selbst in *seiner* religiös-personalen Identität betroffen ist,[94] kann sich dies auch im Zusammenhang mit der politischen Überzeugung und hiergegen gerichteten Maßnahmen ergeben. Macht man die vom Bundesverfassungsgericht im Zusammenhang mit dem »religiösen Existenzminimum« entwickelten Maßstäbe auch für die politische Überzeugung fruchtbar, so dürfte es einen Bereich für die Betätigung der politischen Überzeugung geben, in den der Staat allenfalls dann eingreifen darf, wenn die besondere Art und Weise der Betätigung in erheblich friedenstörender Weise in die Lebenssphäre anderer Bürger hinübergreift oder mit dem Grundbestand des ordre public nicht vereinbar ist.[95]

d) Vermutung. Richtet sich die Zielsetzung einer Organisation in ausgeprägter Weise gegen die staatliche Ordnung im Herkunftsstaat, so kann anzunehmen sein, daß Mitglieder einer solchen Organisation als politischer Gegner betrachtet und verfolgt werden.[96]

89 Vgl. BVerfGE 80, 315 (336, 348 f.).
90 Vgl. a.a.O. (338); vgl. aber sogleich 6. zur Betätigung in der Form des Terrorismus.
91 Vgl. BVerfGE 54, 341 (356 f.).
92 Vgl. BVerfGE 81, 142 (153).
93 Vgl. BVerfG (Kammer), Beschl. v. 31. 1. 1992 - 2 BvR 1621/90 -.
94 Vgl. BVerfGE 76, 143 (160).
95 Vgl. a.a.O. (159).
96 Vgl. BVerfGE 9, 174 (184).

6. Terrorismus als grundsätzlich nicht asylrechtlich geschützte Betätigung politischer Überzeugung

a) Grundprinzipien. Maßnahmen des Staates zur Abwehr des Terrorismus sind dann keine politische Verfolgung, wenn sie dem aktiven Terroristen, dem Teilnehmer im strafrechtlichen Sinn oder demjenigen gelten, der im Vorfeld Unterstützungshandlungen zugunsten terroristischer Aktivitäten vornimmt, ohne sich an diesen Aktivitäten zu beteiligen.

Anderes gilt wiederum, wenn zusätzliche Umstände - insbesondere die besondere Intensität der Verfolgungsmaßnahme - den Schluß auf eine politische Verfolgung zulassen.[97] Auch und gerade im Zusammenhang mit der Terrorismusabwehr legt daher beispielsweise die drohende Verhängung der Todesstrafe die Erwägung nahe, daß sie als im anzustellenden Vergleich möglicherweise härtere Bestrafung an ein asylerhebliches Merkmal anknüpft.[98]

Ist unter dem Aspekt der Terrorismusabwehr ein Asylanspruch ausgeschlossen, läßt dies die Asylrelevanz anderer - außerhalb der Abwehr oder Ahndung des terroristischen Beitrags liegender - Verfolgungsmaßnahmen unberührt.[99]

b) Grenzziehung zwischen Terrorismus und Gewaltanwendung. Wo die Grenze zwischen der asylerheblichen Betätigung der politischen Überzeugung und dem Terrorismus zu ziehen ist, kann im Einzelfall schwierig zu beantworten sein. Die Grenze ist jedenfalls überschritten, wenn gemeingefährliche Waffen eingesetzt oder Unbeteiligte in lebensbedrohender Weise angegriffen werden.[100] Bloße Gewaltanwendung ist noch kein Terrorismus; Terrorismus und Gewaltanwendung dürfen nicht gleichgesetzt werden.[101] Eine abstrakte Bereitschaft zur Gewaltanwendung im politischen Kampf reicht deswegen noch nicht aus, um unter Terrorismusaspekten das Asylgrundrecht zu verweigern; dafür müssen die politischen Überzeugungen konkret in Form eigener terroristischer Aktivitäten oder deren Unterstützung umgesetzt worden sein.[102] Auch eine allgemeine und nicht näher belegte Erwägung, eine bestimmte Gruppe habe in letzter Zeit »verstärkt aktiv am Kampf« einer Separatistengruppe teilgenommen, ersetzt die notwendigen tatsächlichen Feststellungen nicht, inwieweit bestimmte Handlungen von Gruppenmitgliedern als asylausschließende Unterstützungshandlungen für Terroristen einzuschätzen sein könnten.[103]

c) Distanzierungspflicht in Sonderfällen. Auch wer dem ersten Anschein nach nur seine politische Überzeugung äußert oder betätigt, muß in bestimmten Situa-

97 Vgl. BVerfGE 81, 142 (152).
98 Vgl. BVerfG (Kammer), InfAuslR 1991, 257 (261).
99 Vgl. a.a.O. (260).
100 Vgl. BVerfGE 80, 315 (339).
101 Vgl. BVerfG (Kammer), InfAuslR 1991, 257 (260).
102 Vgl. a.a.O.
103 Vgl. BVerfG (Kammer), InfAuslR 1992, 283 (288).

tionen damit rechnen - und muß sich demzufolge deutlich und glaubwürdig distanzieren -, daß sein Handeln von der Öffentlichkeit geradezu als Unterstützung terroristischer Aktivitäten verstanden werden muß. Dieser Ausnahmefall, in dem Asyl versagt werden kann, ändert aber nichts an dem Grundsatz, daß die Äußerung oder Betätigung von kritischen bis staatsfeindlichen politischen Überzeugungen im Schutzbereich des Asylrechts bleibt.[104]

d) Gegenterror. Derjenige, der für separatistische oder sonstige politische Ziele eintritt, aber terroristische Aktivitäten nicht oder nur gezwungenermaßen unterstützt, kann auch dann verfolgt werden, wenn die staatlichen Maßnahmen sich insgesamt als Bekämpfung des Terrorismus beurteilen lassen. Dies gilt insbesondere - aber nicht nur - für Aktionen eines bloßen Gegenterrors, die zwar der Bekämpfung des Terrorismus und seines ihn aktiv unterstützenden Umfeldes gelten mögen, aber - zumindest auch - darauf ausgerichtet sind, die an dem bestehenden Konflikt nicht unmittelbar beteiligte zivile Bevölkerung unter den Druck brutaler Gewalt zu setzen.[105]

e) Abschiebungsschutz trotz Terrorismus. Auch wenn ein Flüchtling kein Asyl genießt, weil dem Asylrecht der Aspekt des Terrorismus entgegensteht, haben die hierfür zuständigen Behörden im Blick auf Art. 3 EMRK (§ 53 Abs. 4 AuslG) zu prüfen, ob der Flüchtling in seinen Herkunftsstaat abgeschoben werden darf, ohne daß sichergestellt ist, daß er dort weder der Folter noch unmenschlicher oder erniedrigender Behandlung unterworfen wird.[106]

7. Bestrafung nach politischem Strafrecht als an die politische Überzeugung anknüpfende Maßnahme

a) Allgemeines zur Asylrelevanz von Bestrafungen. Der Schutz durch den Art. 16 a Abs. 1 GG wirkt unabhängig davon, ob dem Betroffenen im Herkunftsstaat eine Straftat vorgeworfen wird oder nicht.[107] Dies ist ebenso selbstverständlich wie die Erkenntnis, daß sich hinter jeder Bestrafung, und erscheine sie auch noch so »normal« und nachvollziehbar, politische Verfolgung verbergen kann. In der älteren Rechtsprechung des Bundesverfassungsgerichts mußte noch der - damals offenbar vertretenen - Annahme entgegengetreten werden, das Asylrecht sei auf sogenannte politische Verbrecher im Sinne des Auslieferungsgesetzes beschränkt; auch die wegen nichtpolitischer Straftaten Verfolgten *können* selbstverständlich Asyl genießen.[108] In diesem Zusammenhang liegt es bei-

104 Vgl. BVerfGE 80, 315 (338).
105 Vgl. a.a.O. (339 f.); BVerfG (Kammer), InfAuslR 1993, 304 (306); 310 (312); diese Voraussetzungen dürften in der - auch jüngeren - Vergangenheit im kurdischen Teil der Türkei zum Teil erfüllt gewesen sein.
106 Vgl. BVerfGE 81, 142 (155 f.); vgl. auch BVerfGE 80, 315 (346).
107 Vgl. BVerfGE 60, 348 (359).
108 Vgl. BVerfGE 9, 174 (180 f.).

spielsweise auf der Hand, daß durch die völlige Ausschöpfung eines weiten Strafrahmens besonders leicht politische Erwägungen verdeckt werden können.[109] Auch Manipulationen von Strafvorwürfen und eine unzureichende Sachbehandlung durch Gerichte oder Ermittlungsbehörden des Herkunftsstaates können Indizien für eine dort stattfindende politische Verfolgung (im allgemeinen oder im speziellen) sein.[110] Werden falsche Anschuldigungen Dritter von den Behörden des Herkunftsstaats pflichtgemäß geprüft, so liegt zwar darin regelmäßig keine politische Verfolgung; anderes kann aber gelten, wenn in der Absicht politischer Diskriminierung mit Denunzianten zusammengearbeitet wird.[111]

b) Neuere Rechtsprechung zum politischen Strafrecht und zur Abgrenzung vom Rechtsgüterschutz. Führt die Betätigung der (meist oppositionellen) politischen Überzeugung zu Verstößen gegen Strafgesetze, mit denen der Herkunftsstaat seine politische Grundordnung und seine territoriale Integrität verteidigt, so bedarf es einer besonderen Begründung, um die hierdurch ausgelöste Strafverfolgung aus dem Bereich politischer Verfolgung herausfallen zu lassen.[112] Die Erfahrung zeigt, daß diese Begründung in der behördlichen oder fachgerichtlichen Praxis nicht selten mißlingt.

aa) Asylrelevanz der staatlichen Selbstverteidigung. Sämtliche Maßnahmen der staatlichen Selbstverteidigung können asylrechtsbegründend sein. Selbst dann, wenn der Staat separatistische oder politisch-revolutionäre Aktivitäten mit strafrechtlichen Sanktionen bekämpft, um so das Rechtsgut des eigenen Bestandes oder seiner politischen Identität zu verteidigen, darf die Behauptung politischer Verfolgung nicht vorschnell abgetan werden. Um ihnen den Charakter *politischer* Verfolgung zu nehmen, bedarf es zusätzlicher Kriterien, die an objektive Umstände anknüpfen.[113]

bb) Rechtsgüterschutz. Keine *politische* Verfolgung ist die staatliche Verfolgung kriminellen Unrechts, wenn damit Rechtsgüterschutz verwirklicht wird. Dafür muß es sich freilich um Straftaten handeln, die sich gegen die Rechtsgüter *anderer Bürger* richten. Ist dies zu bejahen, weil es sich beispielsweise um die Tötung oder die Bedrohung von Bürgern oder gegen sie gerichtete Vermögensdelikte handelt, so verhilft dem Flüchtling auch der Umstand nicht zum Asylrecht, daß er seine Straftat aus einer politischen Überzeugung heraus begangen hat.[114]

Ob Maßnahmen getroffen werden, um die privaten Rechtsgüter der Bürger zu schützen, bemißt sich nicht entscheidend nach den Verlautbarungen der staatli-

109 Vgl. BVerfGE 64, 46 (64).
110 Vgl. BVerfGE 63, 197 (206), für manipuliertes Strafurteil bzw. manipulierte Beweise im Strafverfahren.
111 Vgl. a.a.O. (206 f.).
112 Vgl. BVerfGE 80, 315 (337).
113 Vgl. BVerfGE 81, 142 (149 f.).
114 Vgl. a.a.O. (150).

chen Kräfte, sondern nach objektiven (nachvollziehbaren) Kriterien.[115] Mit anderen Worten: Für die Unterscheidung, ob »Rechtsgüterschutz« oder »Staatsschutz« anzunehmen ist, ist entscheidend, ob der Unrechtsgehalt der begangenen oder vorgeworfenen Tat sich entweder im Angriff auf ein politisches Rechtsgut erschöpft oder doch zumindest durch den Angriff auf das politische Rechtsgut geprägt ist; nur wenn beides nicht der Fall ist, kann von Rechtsgüterschutz (Angriff auf Rechtsgüter anderer Bürger) ausgegangen werden.[116]

Die Bewertung, ob eine staatliche Verbotsnorm, insbesondere eine Strafnorm, eine politische Verfolgung darstellt und asylbegründend wirkt, setzt voraus, daß Behörden und Gerichte zunächst Inhalt und Reichweite dieser Rechtsnorm bestimmen. Das hat anhand ihres Wortlauts auf der Grundlage eines authentischen Textes zu erfolgen. Zur Bestimmung der Reichweite des Verbots ist regelmäßig die Ermittlung der tatsächlich praktizierten Auslegung und Anwendung erforderlich; dies gilt insbesondere dann, wenn der Verbotstatbestand nicht aus sich heraus klar umrissen und bestimmt ist oder Anhaltspunkte dafür bestehen, daß die Vorschrift in der Praxis weiter oder enger ausgelegt und angewendet wird, als ihr Wortlaut nahelegt. Erforderlichenfalls muß die im Herkunftsstaat geübte Auslegungs- und Anwendungspraxis der Gerichte ermittelt werden.[117]

Strafrechtliche Ermittlungen wegen Körperverletzung eines staatlichen Bediensteten *können* demzufolge je nach den Umständen des Einzelfalles dem Rechtsgüterschutz zugeordnet werden.[118]

Selbst bei der Bestrafung wegen Waffenschmuggels (etwa zugunsten von Untergrundkämpfern) kommt es darauf an, ob die Strafverfolgung Rechtsgüter der Bürger schützen oder ob sie dem Schutz eines politischen Rechtsguts dienen soll, möglicherweise wird im letzteren Fall gleichwohl nur auf die zusätzliche kriminelle Komponente gezielt; möglicherweise gerät der Betroffene durch den Waffenschmuggel auch in den Kreis der Unterstützer terroristischer Bewegungen.[119]

cc) Ausnahme der Verfolgung trotz Rechtsgüterschutzes. Selbst dann, wenn »schlicht« kriminelles Unrecht vorliegt, welches lediglich aus einer politischen Überzeugung heraus begangen worden ist, kann ausnahmsweise politische Verfolgung unter der Voraussetzung anzunehmen sein, daß der Betroffene mit strafrechtlichen Maßnahmen rechnen muß, die in ihrer Intensität über das Maß hin-

115 Vgl. BVerfGE 80, 315 (338).
116 Vgl. BVerfGE 81, 142 (150).
117 Vgl. BVerfGE 76, 143 (161); vgl. zu einem Einzelfall einer nicht hinreichend fundierten und abgesicherten Auslegung der einschlägigen Strafbestimmungen: BVerfG (Kammer), InfAuslR 1989, 63 (64); 1992, 296 (299 f.).
118 Vgl. BVerfG (Kammer), InfAuslR 1991, 94 (97); vgl. zum rein kriminellen Charakter einer Verurteilung wegen Betrugs und Urkundenfälschung: BVerfGE 38, 398 (401); vgl. aber zu einem Einzelfall, in dem der für denkbar gehaltenen Bestrafung wegen einer türkischen Strafrechtsnorm die Qualität des Rechtsgüterschutzes abgesprochen wurde, weil keine »Übergriffe auf private Rechtsgüter« geahndet würden: BVerfG (Kammer), InfAuslR 1991, 97 (99).
119 Vgl. BVerfG (Kammer), InfAuslR 1991, 360 (362).

ausgehen, das in seinem Herkunftsstaat Personen zu befürchten haben, die kriminelle Delikte begangen haben, welche von jeglicher politischer Überzeugung unbeeinflußt waren.[120] *Immer* nämlich kann die Verfolgung von Straftaten, die sich an sich nicht als politische Verfolgung darstellt, in politische Verfolgung umschlagen, wenn objektive Umstände darauf schließen lassen, daß der oder die Betroffene(n) *wegen* eines asylerheblichen Merkmals verfolgt wird/werden. Die härtere Bestrafung (bisweilen auch als »Polit-Malus« bezeichnet) ist hierfür in der Regel ein sehr sicheres Indiz.[121]

dd) Straftaten gegen politische Rechtsgüter. Richtet sich die Straftat nicht gegen die Rechtsgüter anderer Bürger, sondern gegen ein politisches Rechtsgut und damit gegen den Staat,[122] so liegt *politische* Verfolgung in der Regel vor. Insbesondere Hochverratsvorschriften dürften in der Regel kaum dem Rechtsgüterschutz zuzuordnen sein; auf eine fehlende »politische Motivation« der drohenden Verfolgung darf in solchen Fällen regelmäßig nicht abgestellt werden.[123]

Behauptet beispielsweise der Asylsuchende, er müsse sich in seinem Heimatstaat dafür verantworten, daß er unwissentlich Briefe für einen gesuchten Putschisten transportiert habe, so ist nach den vorstehenden Darlegungen die Erwägung unzureichend, den befürchteten Maßnahmen liege (keine politische Verfolgung, sondern) die staatliche Absicht zugrunde, die Allgemeinheit vor Gefahren zu schützen und die öffentliche Sicherheit und Ordnung aufrechtzuerhalten; auch in einer westlich geprägten Demokratie würde dies nicht anders sein. Statt dessen bedürfte es einer Begründung dafür, warum die Maßnahmen - ihre Richtigkeit unterstellt -, die eindeutig nicht dem Rechtsgüterschutz zuzuordnen sind, trotz ihres »staatsschützenden« Charakters aus dem Kreis der asyltauglichen Maßnahmen ausscheiden.[124] Gleiches gilt für entsprechende Erwägungen, mit denen die Behauptung des Asylsuchenden als asylunerheblich abgetan wird, ihm sei zum Vorwurf gemacht worden, zusammen mit seinem Bruder in einer Verschwörergruppe den Umsturz der Regierung geplant zu haben, weswegen er in einer Kaserne verhört und geschlagen worden sei.[125]

ee) Zugriff auf eine zusätzliche kriminelle Komponente. Anderes gilt dann, wenn objektive Umstände darauf schließen lassen, daß die Verfolgung einer sich gegen ein politisches Rechtsgut richtenden Tat nicht der mit dem Delikt betätigten poli-

120 Vgl. BVerfGE 81, 142 (151), für Folter im Zusammenhang mit staatsfeindlicher Betätigung, selbst wenn es sich letztlich um Rechtsgüterschutz handeln sollte.
121 Vgl. BVerfGE 80, 315 (338, 339).
122 Hauptanwendungsfälle: Putsch, Hochverrat, »Verunglimpfung« oder Beleidigung des Staates oder seiner Organe bzw. Institutionen, »Zersetzung«; aber auch: Spionage, Kriegsdienstverweigerung und Desertion (vgl. sogleich c.); schwierig: »Tyrannenmord« bzw. Attentat auf politische Führungsfiguren.
123 Vgl. BVerfG (Kammer), InfAuslR 1991, 257 (260).
124 Vgl. BVerfG (Kammer), Beschl. v. 29. Dezember 1992 - 2 BvR 433/92 -.
125 Vgl. BVerfG (Kammer), InfAuslR 1992, 372 (373, 374).

tischen Überzeugung als solcher gilt,[126] sondern einer im Delikt zum Ausdruck gelangenden zusätzlichen kriminellen Komponente, deren Strafwürdigkeit der Staatenpraxis geläufig ist.[127]

Auch in solchen Ausnahmefällen darf nicht der Fall der Rückausnahme (mit der Folge der Annahme politischer Verfolgung) aus den Augen verloren werden, der vorliegt, wenn der Betroffene eine Behandlung erleidet, die härter ist als die sonst zur Verfolgung ähnlicher - nicht politischer - Straftaten von vergleichbarer Gefährlichkeit im Verfolgerstaat übliche.[128]

ff) Maßnahmen unterhalb der Bestrafung. Auch wenn eine Maßnahme in das Gewand einer polizeirechtlichen Norm gekleidet ist, kann sie eine politische Verfolgung darstellen, wenn die Maßnahme eine bestimmte Gruppe oder ihre Anschauungen oder Verhaltensweisen diskriminiert und diese Diskriminierung ein asylerhebliches Ausmaß erreicht.[129] Auch die Ahndung einer unerlaubten Amtsniederlegung mit nur disziplinarischen Mitteln kann das Merkmal »politisch« im Sinne des Asylgrundrechts erfüllen, wenn sie darauf gerichtet ist, den Betreffenden in Anknüpfung an asylerhebliche Merkmale zu treffen.[130]

c) Bestrafung wegen Wehrdienstentziehung, Desertion, Kriegsdienstverweigerung. Äußerst schwierig ist die asylrechtliche Beurteilung von Bestrafungen, mit denen der Staat auf die Verweigerung der Wehrpflicht reagiert. Zumindest dann, wenn festgestellt werden kann, daß im Zusammenhang mit einer Bestrafung wegen Wehrdienstentziehung eine politische Überzeugung strafschärfend berücksichtigt wird, kann eine politische Verfolgung in Betracht kommen.[131]

Darüber hinaus wird man folgendermaßen unterscheiden können. Bei bloßer Unlust bzw. Angst vor Gefahr, von der die Verweigerung geprägt ist, dürfte kein taugliches asylerhebliches Merkmal vorliegen, an welches die staatliche Bestrafung anknüpfen könnte. Dieses Merkmal liegt hingegen in der Regel bei Kriegsdienstverweigerern aus Gewissensgründen und auch bei solchen vor, die einen

126 Besser: nicht an die politische Überzeugung des Täters anknüpft bzw. gegen sie gerichtet ist.

127 Denkbare Beispiele: Unruhestiftung, um in den politischen Wirren kriminellen Vorhaben nachzugehen; Spionage aus Gelderwerbsgründen; Desertion, um anderen Geschäften nachgehen zu können.

128 Vgl. zum gesamten Vorstehenden: BVerfGE 81, 142 (150); Beispiel für die letztgenannte Alternative: Werden »gewerbsmäßige« Spione, die einer bestimmten Volksgruppe zugehören, mit dem Tode, andere hingegen regelmäßig nur mit Freiheitsstrafe bestraft, so läßt sich das »Politische« der strafrechtlichen Maßnahmen schwerlich verneinen.

129 Vgl. BVerfGE 76, 143 (166 f.).

130 Vgl. BVerfG (Kammer), InfAuslR 1991, 81 (84), in Erwägung gezogen für das türkische »Dorfschützersystem«.

131 Vgl. BVerfGE 71, 276 (296); soweit in den Ausführungen zuvor (294-295 unten) die damals gültige Rechtsprechung des Bundesverwaltungsgerichts zur Problematik der Wehrdienstentziehung referiert wird, darf dies nicht als verfassungsgerichtliche Billigung sämtlicher Maßstäbe mißverstanden werden, weil es im zu entscheidenden Verfahren lediglich darauf ankam, ob eine fachgerichtliche Offensichtlichkeitsbeurteilung vor der Verfassung bestehen kann, wenn sie zwar die höchstrichterliche Fachrechtsprechung als Maßstab heranzieht, in Wirklichkeit bei der Subsumtion aber hiervon abweicht.

konkreten Kriegseinsatz für ein Unrecht gegenüber dem Gegner halten.[132] In diesen Fällen kann dann allenfalls noch eine sehr milde Bestrafung (fehlende Intensität) oder der Zugriff auf eine - allerdings schwer zu sehende - zusätzliche kriminelle Komponente einen Asylanspruch ausschließen; das »Politische« der Maßnahme dürfte in Fällen der genannten Art wohl kaum zu vereinen sein.

d) Unmenschliche Behandlung, Folter. Unmenschliche Behandlung (wie beispielsweise die Folter) ist als solche noch nicht asylerheblich. Wird sie jedoch wegen asylrelevanter Merkmale eingesetzt oder im Blick auf diese Merkmale in verschärfter Form angewendet, ist sie also nach ihrer erkennbaren Gerichtetheit auf die politische Komponente der dem Betroffenen zur Last gelegten Taten bezogen, knüpft sie an die von ihm betätigte politische Überzeugung an und ist demgemäß asylerheblich. Sie trifft ihn wegen seines Angriffs auf ein politisches Rechtsgut und damit wegen seiner sich auf diese Weise offenbarenden Gefährlichkeit für die Staatseinheit und die politischen Grundlagen des Staates.[133] Die härtere Behandlung der politisch überzeugten Täter kann auch nicht etwa mit der Erwägung gerechtfertigt werden, sie sei wegen deren höherer Leidensbereitschaft geboten; der Widerstand, der mit der härteren Behandlung gebrochen werden soll, ist nämlich in Fällen dieser Art von der politischen Überzeugung gespeist.[134]

Nach den vorstehenden Kriterien scheint freilich die unmenschliche Behandlung asylirrelevant zu sein, welcher der »gewöhnliche« Dieb oder Mörder unterzogen wird. Läßt sich indessen feststellen, daß in einem bestimmten Herkunftsstaat eine unmenschliche Behandlung wie der Folter immer wieder und gerade auch die Kriminellen einer bestimmten Volksgruppe trifft, dagegen selten oder nie die sonstigen - anderen Volksgruppen zugehörigen - Kriminellen, so läßt dies den Schluß zu, daß die unmenschliche Behandlung wegen des asylrelevanten Merkmals der Volkszugehörigkeit eingesetzt wird, den Betroffenen also gerade wegen seiner Volkszugehörigkeit trifft. Dann dürfte politische Verfolgung kaum zu verneinen sein.[135]

132 Zu erwägen bei den serbischen Aktivitäten ebenso wie für den gedachten Fall, daß ein deutscher Staatsbürger im 2. Weltkrieg die Überfälle auf Polen oder die Sowjetunion mitzumachen nicht in der Lage war.

133 Vgl. BVerfGE 81, 142 (151).

134 Die sich in der Regel auch bereits in einem Angriff auf ein politisches Rechtsgut betätigt hat; vgl. a.a.O. (152).

135 Beispiel: Ließe sich feststellen, daß in türkischen Gefängnissen ganz selten türkische Volkszugehörige, die sich gewöhnlicher Mordverbrechen schuldig gemacht haben, gefoltert werden, wohl aber sehr oft kurdische Mörder, so müßte der kurdische Mörder wegen der Foltergefahr Asylrechtsschutz genießen, auch wenn ihm wegen der Tötung ebenso die Hinrichtung droht wie dem mordenden türkischen Volkszugehörigen.

8. Gruppengerichtete Verfolgung als ein Hauptanwendungsfall der Verfolgung wegen eines Merkmals

a) »Klassische« gruppengerichtete Verfolgung. Die gruppengerichtete Verfolgung richtet sich gegen Gruppen von Menschen, die durch gemeinsame Merkmale, wie etwa Rasse, Religion oder politische Überzeugung verbunden sind.[136] Es ist - unbeschadet des Umstands, daß das Asylgrundrecht ein Individualgrundrecht ist[137] - eine Selbstverständlichkeit, daß politische Verfolgung ihre Bedeutung nicht dadurch verliert, daß von ihr nicht nur einzelne Personen, sondern mehrere Gruppenangehörige betroffen werden.[138]
Die historische und zeitgeschichtliche Erfahrung lehrt im Gegenteil, daß für den Einzelnen die Gefahr, selbst verfolgt zu werden, um so größer und - hinsichtlich ihrer Aktualität - um so unkalkulierbarer ist, je weniger sie von individuellen Umständen abhängt oder geprägt ist und je mehr sie unter Absehung hiervon überwiegend oder ausschließlich an kollektive, dem Einzelnen unverfügbare Merkmale anknüpft. Daher ist allgemein davon auszugehen, daß die Gefahr eigener politischer Verfolgung wächst, je weniger der Verfolger bei seiner Verfolgungsmaßnahme an ein bestimmtes Verhalten der davon Betroffenen anknüpft (die Verfolgung also nicht mit einer von dem Tun der Betroffenen ausgehenden realen oder vermeintlichen Gefahr in Verbindung steht und unabhängig von einem besonderen Anlaß vorgenommen wird, mit dem sie sich als Träger eines asylerheblichen Merkmals in Verbindung bringen lassen).
Sieht der Verfolger von individuellen Momenten gänzlich ab, weil seine Verfolgung der durch das asylerhebliche Merkmal gekennzeichneten Gruppe als *solcher* (und damit grundsätzlich allen Gruppenmitgliedern) gilt, so kann eine solche Gruppengerichtetheit der Verfolgung dazu führen, daß *jedes* Mitglied der Gruppe im Verfolgerstaat unmittelbar von der Gefahr der Verfolgung bedroht ist.[139] Wird beispielsweise in einem Herkunftsstaat unter Verstoß gegen das religiöse Existenzminimum bereits die Gruppenzugehörigkeit als solche unter Strafe gestellt, wird man nach den vorstehenden Kriterien kaum umhinkönnen, von einer alle Gruppenmitglieder einschließenden gruppengerichteten Verfolgung auszugehen. Werden hingegen lediglich bestimmte Verhaltensweisen, Äußerungen oder Bekenntnisse untersagt, so führt dies nur für solche Gruppenmitglieder zu einer Asylberechtigung, die durch das Verbot auch selbst in ihrer religiös-personalen Identität betroffen sind, was maßgeblich auch davon abhängt, wie sie den Glauben leben.[140]

136 Vgl. BVerfGE 54, 341 (358); vgl. bereits II.5.
137 Vgl. II.1.
138 Vgl. a.a.O. (359).
139 Umschreibbar als »klassische« Gruppenverfolgung; vgl. BVerfGE 83, 216 (231 f.).
140 Vgl. BVerfGE 76, 143 (160).

Bei der Prüfung der Frage, *ob* Verfolgungsmaßnahmen gruppengerichtet waren oder sind, dürfte in der Regel eine »Gegenprobe« zu zutreffenden Ergebnissen führen, die folgende Frage stellt: Kann das Gruppenmerkmal (bzw. die Annahme der Verfolger, den Verfolgten hafte das Gruppenmerkmal an) hinweggedacht werden, ohne daß sich an den Rechtsgutbeeinträchtigungen etwas geändert hätte oder ändern würde? Oder hätte die Geschichte ohne das Gruppenmerkmal bzw. die Annahme hiervon einen anderen Verlauf genommen? Werden beispielsweise in einem bestimmten Herkunftsstaat jüngere Frauen generell entführt und zur Ehe gezwungen, so kann es sich jedenfalls nicht um das Problem der gruppengerichteten Verfolgung einer bestimmten Volks- oder Glaubensgruppe handeln,[141] sondern allenfalls um das Problem der Verfolgung der Gruppe »junge Frauen«. Kann hingegen die Feststellung getroffen werden, daß gerade einer bestimmten Gruppe zugehörige junge Frauen entführt werden (und erscheint dies aus der Sicht der Täter auch noch »plausibel«, etwa weil durch die erzwungene Ehe ein Bruch der jungen Frau mit ihrer früheren Gruppe hervorgerufen wird), so wird man kaum umhinkönnen, die Rechtsgutbeeinträchtigungen als »wegen« der Gruppenzugehörigkeit geschehen zu beurteilen.
Man kann die vorstehende Frage auch so formulieren: Könnten sich einzelne oder alle Gruppenmitglieder eine Freiheit von Verfolgung dadurch erkaufen, daß sie das Gruppenmerkmal ablegen, verbergen oder verleugnen? Verhülfe ihnen selbst dieser äußerste Schritt nicht zur Verfolgungsfreiheit, so kann es sich nicht um eine Verfolgung wegen des Gruppenmerkmals handeln, unabhängig davon, ob man ihnen diesen äußersten Schritt zumuten darf. Womöglich führt die Prüfung der Frage aber auf ein anderes und zutreffendes Merkmal, das als Anknüpfungspunkt für die Maßnahmen dient.
b) Asylerhebliche gruppengerichtete Verfolgung im weiteren Sinne. Die »klassische« Individualverfolgung (unmittelbare Betroffenheit des Einzelnen durch gerade auf ihn zielende Verfolgungsmaßnahmen) sowie die »klassische« gruppengerichtete Verfolgung stellen nur Eckpunkte eines durch fließende Übergänge gekennzeichneten Erscheinungsbilds politischer Verfolgung dar.[142] Sollte die Senatsentscheidung BVerfGE 54, 341 anders zu verstehen sein, wäre sie insoweit überholt. Auch Fällen im Übergangsbereich zwischen anlaßgeprägter Einzelverfolgung und gruppengerichteter Kollektivverfolgung muß Rechnung getragen werden, um das Phänomen politischer Verfolgung sachgerecht zu erfassen.[143] Man wird sogar sagen können, daß die dazwischen liegenden asylerheblichen Gefährdungslagen die Mehrzahl der Fälle ausmachen. Sie sind oft besonders schwer zu lösen: Die Anknüpfung an die Gruppenzugehörigkeit bei Verfolgungshandlungen ist nicht immer eindeutig erkennbar. Oft tritt sie nur als ein mehr oder minder

141 Beispielsweise: Christinnen oder Jezidinnen in der Türkei.
142 Vgl. BVerfGE 83, 216 (233).
143 Vgl. a.a.O.

deutlich im Vordergrund stehender, die Verfolgungsbetroffenheit mitprägender Umstand hervor, der für sich allein noch nicht die Annahme politischer Verfolgung *jedes* einzelnen Gruppenmitglieds rechtfertigen mag, wohl aber *bestimmter* Gruppenmitglieder, die sich in vergleichbarer Lage befinden.[144] Zu denken sein dürfte hierbei an »Untergruppen« wie jüngere, männliche oder weibliche, einflußreiche, vermögende, andere »mitreißende« etc. Gruppenmitglieder.

Ist beispielsweise von einem Verdrängungsprozeß auszugehen, unter dem eine Gruppe zu leiden hat, so bedarf es demnach im Zusammenhang mit der Prüfung der ausweglosen Lage nicht nur der Berücksichtigung der Ereignisse, von denen die Gruppenmitglieder in eigener Person betroffen waren, sondern auch solcher, die andere Gruppenmitglieder betroffen haben und auf die die geflüchteten Gruppenangehörigen sich berufen.[145]

c) »Verfolgungstradition«. Sowohl bei der »klassischen« gruppengerichteten Verfolgung als auch bei der Verfolgungsgefahr wegen – im einzelnen ausdifferenzierter – Gruppenzugehörigkeit kann entscheidend sein, ob die verfolgte Gruppe auf eine »Verfolgungstradition« zurückblicken kann (ob vergleichbares Verfolgungsgeschehen sich in der Vergangenheit schon häufiger ereignet hat), ob die Gruppenangehörigen (als Minderheit) in einem Klima allgemeiner moralischer, religiöser oder gesellschaftlicher Verachtung heben müssen, das Verfolgungshandlungen in den Augen der Verfolger »rechtfertigt« oder sie doch tatsächlich begünstigt, und ob sie auch im übrigen Unterdrückungen und Nachstellungen ausgesetzt sind, mögen diese als solche auch nicht von einer Schwere sein, die die Annahme politischer Verfolgung begründet.[146]

d) Einzelfragen zur unmittelbar staatlichen gruppengerichteten Verfolgung. Wenngleich die Senatsentscheidung BVerfGE 83, 216 die Voraussetzungen einer unmittelbar staatlichen gruppengerichteten Verfolgung im einzelnen noch offengelassen hat, dürfte es keinem Zweifel unterliegen, daß auch bei ihr Flächendekkung und Progromartigkeit zwar regelmäßig ausreichen, aber nicht die entscheidenden Kriterien sein dürfen.[147]

Ist davon auszugehen, daß eine bestimmte Gruppe der Bevölkerung aufgrund bewußt unzutreffender Anschuldigungen einer anderen Bevölkerungsgruppe in einem besonderen Verdacht staatsgefährdender Umtriebe steht, so erfolgen die sie beeinträchtigenden staatlichen Maßnahmen nach ihrer erkennbaren Gerichtetheit *wegen* ihrer Gruppenzugehörigkeit. Daß möglicherweise auch andere Gruppen der Bevölkerung mit ähnlichen Maßnahmen überzogen werden, ändert hieran zunächst nichts.[148]

144 Vgl. a.a.O.
145 Vgl. BVerfG (Kammer), InfAuslR 1991, 303 (304 f.).
146 Vgl. BVerfGE 83, 216 (233).
147 Vgl. BVerfG (Kammer), InfAuslR 1992, 152 (155); vgl. sogleich e).
148 Vgl. BVerfG (Kammer), InfAuslR 1992, 283 (287).

e) Mittelbar staatliche gruppengerichtete Verfolgung. Ebenso häufig wie die unmittelbar staatliche gruppengerichtete Verfolgung[149] war und ist die mittelbar staatliche gruppengerichtete Verfolgung zu beobachten, die Verfolgung also, die Bevölkerungsgruppen durch andere Bevölkerungsgruppen zu erleiden haben.[150]
Im einzelnen setzt die mittelbar staatliche (»klassische«, also grundsätzlich alle Mitglieder erfassende) gruppengerichtete Verfolgung voraus, daß Mitglieder der Gruppe Rechtsgutbeeinträchtigungen erfahren haben und erfahren, aus deren Intensität und Häufigkeit die einzelnen Gruppenmitglieder die begründete Furcht herleiten können, selbst alsbald ein Opfer solcher Verfolgungsmaßnahmen zu werden. Ausreichend - aber nicht erforderlich - ist hierfür eine gruppengerichtete Massenausschreitung, die das ganze Land oder große Teile desselben erfaßt. Ausreichend kann aber auch sein, wenn Minderheiten mit solcher Härte, Ausdauer und Unnachsichtigkeit verfolgt werden, daß jeder Angehörige dieser Minderheit sich ständig der Gefährdung an Leib, Leben oder persönlicher Freiheit ausgesetzt sieht.[151]
Mittelbar staatliche gruppengerichtete Verfolgungen brauchen freilich nicht den gesamten Herkunftsstaat (gewissermaßen »flächendeckend«) zu erfassen. In einzelnen Landesteilen können die solchen Verfolgungen regelmäßig zugrundeliegenden ethnischen, religiösen, kulturellen oder sozialen Gegensätze unterschiedlich ausgeprägt sein. Oft kann ein innerhalb des Herkunftsstaates bestehendes Entwicklungs- oder Zivilisationsgefälle von Bedeutung sein. Daher ist die Möglichkeit in den Blick zu nehmen, daß mittelbar staatliche gruppengerichtete Verfolgungen regional oder lokal begrenzt sein können. Ist dies der Fall, so haben nicht nur die an anderen Orten ansässigen Gruppenangehörigen als unverfolgt zu gelten, sondern stellen sich die verfolgungsfreien Räume darüber hinaus als inländische Fluchtalternative für die verfolgten Gruppenmitglieder dar; allerdings bedarf es sorgfältiger Aufklärung, ob gewisse Umstände (wie etwa eine bestehende Schutzunwilligkeit des Staates) die Gefahr einer Ausweitung der Verfolgung in bisher verfolgungsfreie Räume begründen.[152]

149 Als »klassische« Beispiele möge man sich die Judenvernichtung im Dritten Reich oder die Armeniervernichtung durch die Türken während der Zeit des 1. Weltkriegs vor Augen halten.
150 Weil hier nur die Tatbestandsvoraussetzungen »wegen eines asylerheblichen Merkmals« erörtert werden, wird an dieser Stelle das Problem der staatlichen Zurechenbarkeit nicht behandelt; vgl. hierzu IV.2.
151 Vgl. BVerfGE 83, 216 (232).
152 Vgl. a.a.O. (232 f.).

V. Strafrecht - Strafvollstreckung - Strafvollzug

Prozedurale Rechtfertigungen

Winfried Hassemer

I. Das Verfahren um den Schwangerschaftsabbruch

Schon die Fragen von Mitgliedern des Zweiten Senats des BVerfG in der mündlichen Verhandlung am 8. und 9. Dezember 1992 ließen erkennen, daß dem Gericht die Rechtfertigungskonstruktion des SFHG[1] nicht geheuer war. Das Urteil[2] hat dann belegt, daß der Gesetzgeber mit seiner Abtreibungsregelung einen Weg gegangen war, den jedenfalls fünf Richter jedenfalls nicht bis zum Ende mitgehen konnten.

In meinen Augen ist es diese Konstruktion, welche die strafrechtlichen Regelungen des SFHG[3] im Innersten zusammenhält[4]. Sie ist es auch, welche für die spektakulären Differenzen in der rechtspolitischen Einschätzung der Entscheidung verantwortlich ist, die sich sofort über die Medien verbreitet haben[5]. Sie ist es endlich, an der sich der Spruch der Senatsmehrheit und die beiden Abweichenden Meinungen der Richter Mahrenholz und Sommer sowie des Richters Böckenförde wie unter einem Messer teilen lassen: Die Rechtfertigungskonstruktion des SFHG erschließt rechtspolitisch und rechtsdogmatisch neues Gelände. Das Urteil antwortet darauf im einzelnen unterschiedlich, im ganzen inkonsistent; man kann ihm nicht mit Sicherheit entnehmen, ob alle drei Meinungen die Rechtfertigungskonstruktion des SFHG übereinstimmend wahrgenommen haben.

1. Das Schwangeren- und Familienhilfegesetz

Die zentrale - und zentral umstrittene - Vorschrift im strafrechtlichen Teil des SFHG, § 218a I, erklärte den Abbruch einer Schwangerschaft unter den folgenden Voraussetzungen[6] für »nicht rechtswidrig«:

1 Gesetz zum Schutz des vorgeburtlichen/werdenden Lebens, zur Förderung einer kinderfreundlichen Gesellschaft, für Hilfen im Schwangerschaftskonflikt und zur Regelung des Schwangerschaftsabbruchs (Schwangeren- und Familienhilfegesetz, SFHG) vom 27.7.1992, BGBl. I S. 1398.

2 Vom 28.5.1993 - 2 BvF 2/90, 4/92, 5/92.

3 Art. 13 Nr. 1 SFHG ersetzte die §§ 218 bis 219d des StGB durch §§ 218 bis 219b n.F.; wesentlich um diese Vorschriften ging es vor dem BVerfG.

4 Die für die betroffenen Menschen sowie für die Verfassung von Gesellschaft und Staat ungleich bedeutsameren Festlegungen des SFHG bezüglich Aufklärung, Hilfe und Förderung zum Schutz des werdenden Lebens sind in der öffentlichen Wahrnehmung angesichts des Streits um das Abtreibungsstrafrecht leider verblaßt.

5 Eine Fundgrube solcher Differenzen sind die Kommentare im Sonderheft 1/1993 der KritV »Das Urteil zu § 218 StGB - in Wortlaut und Kommentar«, S. 116ff.

6 Meine Aufzählung unterscheidet sich von der in § 218a I Nrn. 1-3 nur durch eine geringfügig andere Zuordnung, nicht aber inhaltlich.

- Beratung der Schwangeren in einer Not- und Konfliktlage
- mindestens drei Tage vor dem Eingriff;
- Nachweis der Beratung gegenüber dem Arzt durch eine Bescheinigung;
- Schwangerschaftsabbruch durch einen Arzt
- auf Verlangen der Schwangeren
- innerhalb einer Frist von zwölf Wochen seit der Empfängnis.

Man sieht auf den ersten Blick, daß es hier um die Rechtfertigung (»nicht rechtswidrig«) einer Rechtsgutsverletzung (Tötung werdenden Lebens[7]) geht und daß diese Rechtfertigungskonstruktion in der Tat ungewöhnlich ist: Weder wird verlangt, daß sich in der konkreten Situation ein besseres Recht oder ein höheres Interesse durchsetzt - von so etwas ist gar nicht die Rede -, noch wird geregelt, daß der Strafrichter im Einzelfall die Voraussetzungen der Rechtfertigung inhaltlich feststellt. Die - dann gerechtfertigte - Entscheidung über die Rettung oder die Verletzung des Rechtsguts (Fortsetzung oder Abbruch der Schwangerschaft) wird vielmehr in die Hände der Frau (traditionell doch: der »Täterin«[8]) gelegt, und strafrichterlich zu prüfen bleibt nur, ob im Rahmen dieser Entscheidung die gesetzlich bestimmten Voraussetzungen (Beratung, Fristen etc.) erfüllt worden sind.

2. Das Urteil

a) Senatsmehrheit

Die Mehrheit der Richter ist diesem Weg denn auch nicht bis zum Ende gefolgt.

Hin zum Beratungskonzept

Sie hält zwar fest, daß
- das SFHG die Beratungslösung als neues Schutzkonzept mit vertretbaren Einschätzungen realisiert hat[9],
- man werdendes Leben in der Frühphase der Schwangerschaft nicht gegen die Mutter, sondern nur mit ihr zusammen schützen kann[10],

7 Daß ein Schwangerschaftsabbruch die Verletzung eines Rechtsguts ist, stand für den Gesetzgeber des SFHG außer Frage; vgl. etwa den Schriftsatz *Denninger/Hassemer* vom 14.9.1992 namens des *Deutschen Bundestags* im Verfahren vor dem *BVerfG,* KritV 1993, 78ff., unter 3., 4.b)aa), 5.c).

8 Die Differenzierung in Täter und Opfer ist hier freilich fehl am Platze: *BVerfGE* 39,1,79 (Abw. Meinung *Rupp-v. Brünneck und Simon); Denninger/Hassemer,* a.a.O., 5.a)aa), bb); jetzt Abw. Meinung *Mahrenholz* und *Sommer,* I.1. mit Berufung auf das Urteil (»Zweiheit in Einheit«).

9 D.II. am Anfang. Leitsatz 11: »Dem Gesetzgeber ist es verfassungsrechtlich grundsätzlich nicht verwehrt, zu einem Konzept für den Schutz des ungeborenen Lebens überzugehen, das in der Frühphase der Schwangerschaft in Schwangerschaftskonflikten den Schwerpunkt auf die Beratung der schwangeren Frau legt, um sie für das Austragen des Kindes zu gewinnen, und dabei auf eine indikationsbestimmte Strafdrohung und die Feststellung von Indikationstatbeständen durch einen Dritten verzichtet.«

10 D.II.3.

- der Gesetzgeber erwarten durfte, die von ihm in die »Letztverantwortung« gestellte Frau werde im Konfliktfall die Beratung annehmen[11], und
- eine Indikationenüberprüfung im Frühstadium der Schwangerschaft nicht das bessere Konzept des Lebensschutzes sei[12].

Daraus müßte dann freilich folgen - denkt man die Linie des so gebilligten Beratungskonzepts nur weiter -, daß das Recht jegliche ordnungsgemäß beratene Entscheidung hinnimmt[13]: Wenn man schon die Beratung - neben weiteren vorbereitenden und begleitenden Schritten - als das bessere Konzept des Lebensschutzes akzeptiert, so muß man auch, will man die Beratung nicht hinterrücks als Mimikry desavouieren, das Ergebnis der Beratung akzeptieren[14]. Letztverantwortliche Entscheidung der beratenen Frau einerseits und Beurteilung des Inhalts dieser Entscheidung durch Dritte nach Indikationen oder sonstigen - der Entscheidung externen - Kriterien andererseits: das geht nicht zusammen, sollte man meinen.

Zurück zur Rechtswidrigkeit

Das sieht die Senatsmehrheit anders. Sie nimmt beratene Abbrüche aus dem Tatbestand des § 218 StGB aus, hält an deren Rechtswidrigkeit aber fest[15].

Die Gründe dieser Sicht sind, trotz ihres überraschenden Ergebnisses, gut bekannt. Sie stammen aus dem Zentrum der bisherigen Rechtfertigungsdogmatik. Auf den Punkt gebracht, stützen sie sich auf zwei verläßliche Pfeiler:
- Rechtfertigung setzt ein besseres Recht voraus;
- über die Voraussetzungen der Rechtfertigung entscheidet im Einzelfall der Strafrichter.

»Es entspricht unverzichtbaren rechtsstaatlichen Grundsätzen, daß einem Ausnahmetatbestand rechtfertigende Wirkung nur dann zukommen kann, wenn das Vorliegen seiner Voraussetzungen *festgestellt* werden muß, sei es durch die Gerichte, sei es durch Dritte, denen der Staat kraft ihrer besonderen Pflichtenstel-

11 D.II.5. am Anfang.
12 D.II.4.
13 Das ist die Linie der Abweichenden Meinung *Böckenförde;* vgl. dort unter 2.b), c); hier unter I.2.b).
14 Das ist die Quintessenz der Abweichenden Meinung *Mahrenholz* und *Sommer:* »Die Rechtfertigung der nach Beratung erfolgenden Abbrüche ist der unentbehrliche Schlußstein der Beratungsregelung.«; dort unter II. am Anfang, hier unter I.2.b).
15 D.III.2. am Anfang. Leitsatz 15: »Schwangerschaftsabbrüche, die ohne Feststellung einer Indikation nach der Beratungsregelung vorgenommen werden, dürfen nicht für gerechtfertigt (nicht rechtswidrig) erklärt werden. Es entspricht unverzichtbaren rechtsstaatlichen Grundsätzen, daß einem Ausnahmetatbestand rechtfertigende Wirkung nur dann zukommen kann, wenn das Vorliegen seiner Voraussetzungen unter staatlicher Verantwortung festgestellt werden muß.« - Schon hier deutet sich das Dilemma an: Die »Voraussetzungen« (Beratung, Frist, Nachweis etc.) werden ja »festgestellt«. Diese Art Voraussetzungen meint der Senat aber offensichtlich nicht; er meint vielmehr Voraussetzungen einer anderen Qualität: materiell, substantiell . . . Das aber hätte man dann präzisieren und analysieren müssen, und dabei wäre man dem Rechtfertigunskonzept des SFHG auf die Spur gekommen. Näher dazu unten II.I.b), III.2.

lung vertrauen darf und deren Entscheidung nicht jeder staatlichen Überprüfung entzogen ist[16].« Da das Beratungskonzept eine strafrichterliche Feststellung der inhaltlichen Voraussetzungen einer Rechtfertigung von vorneherein ausschließt, ist schon deshalb grundsätzlich auch die Rechtfertigung der beratenen Abbruchentscheidung ausgeschlossen[17]. Daraus wiederum folgt das Verbot, Abtreibungen mit Leistungen der gesetzlichen Krankenversicherung zu unterstützen[18].
Im abgemessenen Dreischritt eines Syllogismus entwickelt die Senatsmehrheit also das Konzept, welches dann das gesamte Urteil bestimmt:
- Eine Abbruchentscheidung ist rechtlich akzeptabel nur dann, wenn ihre Rechtmäßigkeit rechtsstaatlich verläßlich festgestellt werden muß;
- das Beratungskonzept schließt eine solche Feststellung aus;
- also sind (bloß) beratene Abbruchentscheidungen weiterhin rechtswidrig, und man darf an sie (bestimmte) Rechtswohltaten nicht knüpfen.

Man sieht hier, daß gerade das Rechtfertigungskonzept die Linie der Entscheidung festlegt. Man kann überdies sagen, daß das Aufeinandertreffen dieses Konzepts und der Beratungslösung eine für die betroffenen Frauen explosive Mischung ergeben hat: Während die Senatsmehrheit diesen Frauen in deren Konfliktlage zuerst dadurch »entgegenkommt«, daß sie die Beratungslösung akzeptiert und die beratene Abbruchentscheidung folglich strafrechtlich freistellt, wird ausgerechnet diese Beratungslösung sodann zum Vehikel des belastenden Rechtswidrigkeitsverdikts: Da die Beratung eine verläßliche Feststellung der Rechtmäßigkeit des Abbruchs ausschließt, haben eben sämtliche Abbrüche als rechtswidrig zu gelten.

b) Abweichende Meinungen

An dieser Stelle setzen die Abweichenden Meinungen an. Mahrenholz und Sommer halten die Konstruktion des Senats für »einen Rückschritt gegenüber der bisherigen Rechtslage nach der Indikationenregelung« und konstatieren: »Die Frau zahlt mit der Versagung der Rechtfertigung gleichsam den Preis für das neue Schutzkonzept[19].« Böckenförde geht der Rechtswidrigkeitskonstruktion der Senatsmehrheit analytisch auf den Grund. Er macht darauf aufmerksam, daß zur Gesamtheit beratener Abbrüche - in der Sicht des Senats - sowohl »rechtswid-

16 D.III.2.b) am Anfang; Hervorhebung dort. Siehe auch Leitsatz 15.
17 »Das Beratungskonzept kann der Frau den Rechtfertigungsgrund der allgemeinen Notlage und deren Feststellung nicht zuteil werden lassen, ohne damit der ihr (gemeint wohl: ihm, W.H.) zugrundeliegenden Schutzkonzeption zu widersprechen.«: D.III.4.
18 E.V.2.b) am Anfang: »Der Rechtsstaat darf eine Tötungshandlung nur zum Gegenstand seiner Finanzierung machen, wenn sie rechtmäßig ist und der Staat sich der Rechtmäßigkeit mit rechtsstaatlicher Verläßlichkeit vergewissert hat.«; man vergleiche auch Leisatz 16, Satz 1.
19 Unter II.2.a).

rige« wie »rechtmäßige« gehören[20], stellt klar, daß sich die beratenen Abbrüche deshalb in die Alternative rechtswidrig - nicht rechtswidrig nicht bruchlos einordnen lassen[21], folgert, daß nur der Gesetzgeber (und nicht das Gericht) zur dezisiven Auflösung des Dilemmas berufen ist[22], und geißelt die Rechtswidrigkeitskonstruktion des Senats unter dem Aspekt der Verhaltenserwartungen gegenüber der Frau[23].
Diese Analyse ist scharfsinnig und treffend. Sie zielt aber nicht auf den dogmatischen Kern des Rechtswidrigkeitsproblems, sondern nur auf dessen Folgen für das Verhältnis von Gesetzgeber und Verfassungsgericht einerseits und für die betroffenen Frauen andererseits. Der Kern des Problems wird sichtbar in einer Bemerkung von Mahrenholz und Sommer, die »ein prozeßhaftes Element im Grundrechtsstatus der schwangeren Frau« hervorheben[24] und klare Schlußfolgerungen ziehen: »Die Annahme einer den Abbruch rechtfertigenden Ausnahmelage ist auch ohne Feststellung ihrer Voraussetzungen durch Dritte mit dem Grundgesetz vereinbar[25].« Das ist am Ende nichts anderes als die Rechtswidrigkeitskonzeption des SFHG[26]: eine prozedurale Rechtfertigung.

II. Vorbilder prozeduraler Rechtfertigung

Aber was für eine unerhörte Konzeption ist das? Widerspricht sie nicht flagrant zwei elementaren Grundsätzen der Rechtfertigungsdogmatik - sie scheinen so elementar, so unbestreitbar und selbstverständlich zu sein, daß sie als solche noch nicht einmal eigens ausgearbeitet werden mußten[27]; sie tragen nämlich nicht nur

20 Unter 1: »Die beratenen Abbrüche stellen mithin eine ungeschiedene Gesamtheit von - materiellrechtlich gesehen (unabhängig von der fehlenden Feststellung durch einen Dritten) - gerechtfertigten und nicht gerechtfertigten Abbrüchen dar.« - Nicht nur im Satz, sondern auch in der Sache liegt das punctum saliens zwischen den Gedankenstrichen.

21 Unter 2.a).

22 Unter 3.

23 Unter 2.b): »Die Frau soll sich an den Anforderungen der Rechtsordnung zum Schutz des ungeborenen Lebens orientieren, aber in jedem Fall, auch wenn sie das tut, ist und bleibt ihr Handeln - kraft Verfassungsgebots - Unrecht. Das ist nicht nur sachwidrig, es trifft auch die Frauen als Person, in ihrer Ehre und Rechtschaffenheit.«

24 Abw. Meinung unter I.1., dort kursiv gedruckt.

25 Ebenda unter II. am Anfang.

26 Oben I.1.

27 Die Rechtfertigungslehre diskutiert ganz andere Grundprinzipien, als sie hier eingeführt werden. Vgl. etwa die fünf »soziale(n) Ordnungsprinzipien« bei *Roxin,* AT I, 1992, § 14 Rdnrn. 41f.: Schutz, Rechtsbewährung, Verhältnismäßigkeit, Güterabwägung und Autonomie. *Roxin* betont Rdnr. 40 zu Recht die begrenzte Reichweite dieser Prinzipien und hält als allgemein geltenden Grundsatz jeglicher strafrechtlichen Rechtfertigung nur fest, »daß alle Rechtfertigungsgründe die sozial richtige Regulierung kollidierender Interessen bezwecken«.

traditionell die Rechtswidrigkeitskonzeption unseres Allgemeinen Strafrechts[28], sondern gleichermaßen auch die der Senatsmehrheit[29]:
- der Strafgesetzgeber müsse die Voraussetzungen einer Rechtfertigung inhaltlich vorgeben;
- man dürfe jedenfalls nicht die handelnde Person über die Voraussetzungen einer Rechtfertigung ihres Handelns in ihrem Einzelfall rechtswirksam entscheiden lassen.

Gänzlich neu ist eine solche Konzeption jedenfalls nicht. Sie hat Verwandte, Vorläufer und Vorbilder. Bei deren Betrachtung soll sich das Konzept »Prozeduralisierung« hier nach und nach abzeichnen[30].

1. Das »notlagenorientierte Diskursmodell«

Der Gesetzgeber des SFHG konnte Begründung und Struktur seines Rechtfertigungskonzepts nachschlagen[31] beim »notlagenorientierten Diskursmodell«, das Albin Eser 1991 in die Abtreibungsdebatte eingebracht hatte[32].

a) Inhalt

Dieses Modell bezieht seine Schubkraft aus der theoretischen, normativen und politischen Ermattung der klassischen Brennpunkte einer Abtreibungsregelung: des »Indikationsmodells auf Drittbeurteilungsbasis« und des »Fristenmodells auf Selbstbestimmungsbasis«[33]. Das erste hat seine Bedeutungslosigkeit für die tatsächliche Abtreibungspraxis unter Beweis gestellt, wird mit seiner Methode der Einschüchterung weder der realen Entscheidungssituation der schwangeren Frau noch deren Würde gerecht, ist nur im Ausnahmefall mehr als eine leere, bloß symbolische Drohung und kann deshalb als »Normenfalle« wirken[34]. Das zweite läßt sich mit unseren beiden grundgesetzlichen Vorgaben jeder Abtreibungsregelung,

28 Am klarsten zeigt sich das noch an einer monistischen Konzeption der Rechtfertigung, welche »das materielle Prinzip der Güter- und Interessenabwägung« als Erklärung jeglicher Rechtfertigung ansieht, wie etwa *Rudolphi*, Rechtfertigungsgründe im Strafrecht, in: GedSchr. für Armin Kaufmann, 1989, S. 392 u. ff.; aber auch ein pluralistisches Verständnis läßt erkennen, daß es immer um Abwägung substantiell verstandener Prinzipien geht, wie etwa bei *Jakobs*, AT, 2. Aufl. (1991), Rdnrn. 11/2, 11/3f. Deutlich wird das auch im zusammenfassenden Überblick von *Lenckner*, in: *Schönke/Schröder*, StGB, 24. Aufl. (1991), Vorbem. §§ 32ff., Rdnrn. 6f.

29 Oben I.2.a).

30 Systematisch wird das Konzept unten III. vorgestellt.

31 Vgl. *Eser*, Das neue Schwangerschaftsabbruchsstrafrecht auf dem Prüfstand, in: NJW 1992, 2913ff., 2925.

32 *Eser*, Schwangerschaftsabbruch zwischen Grundwertorientierung und Strafrecht – eine rechtspolitische Überlegungsskizze, in: ZRP 1991, 291ff.; hier zitiert aus *Eser/Koch*, Schwangerschaftsabbruch: Auf dem Weg zu einer Neuregelung, 1992, S. 85ff.

33 Ebenda S. 85, 95ff., 97ff.

34 Näheres mit Nachweisen bei *Denninger/Hassemer*, KritV 1993, 92ff., 114ff.

werdendes Leben sei ein schützenswertes Rechtsgut und der Staat habe eine entsprechende Schutzpflicht[35], nicht vereinbaren.
Eser steuert deshalb durch die Mitte[36]. Er will »die Entscheidung nach vorangegangener Beratung nach bestem Wissen und Gewissen in die Selbstverantwortung der Schwangeren« stellen[37]. Flankiert wird dieser Vorschlag durch kommunikative Einbeziehung des Arztes und des Vaters, durch die gesetzliche Vorgabe einer bestimmten Notlage und vor allem durch die Verpflichtung zu einem Beratungsgespräch. Begründet wird er - außer durch die Kritik an alternativen Wegen - insbesondere durch die Gewißheit, daß das werdende Leben nicht gegen die werdende Mutter geschützt werden kann, und durch die Annahme, eine gut beratene Frau werde sich, ohne Fremdbestimmung, nicht »selbstherrlich« für das eigene Interesse und gegen das Rechtsgut entscheiden.
So permissiv das alles klingt: Dieses Modell muß auf strafrechtlichen Beistand bei der Lösung des Problems nicht verzichten - im Gegenteil: Da die Beratung hier konzeptionell in das Zentrum des Lebensschutzes rückt und damit strategisch eine Spitzenposition besetzt, legt es sich nahe, dieses Instrument mit besonderem Nachdruck abzusichern und deshalb
- eine bestimmte Einrichtung und Durchführung der Beratung,
- die Aufgaben der Beratungsstellen und der Berater,
- die Pflicht der schwangeren Frau, sich beraten zu lassen,
- das Verhalten ihres Umfelds

auch mit Strafdrohungen zu flankieren[38].
Das Strafrecht erlangt in einem solchen Modell aber, und darauf kommt es hier an, im Ensemble der Schutzmittel für werdendes Leben eine andere Position als in einem Indikationenmodell: Dort war es zentral eingesetzte Waffe gegen die drohende Rechtsgutsverletzung, hier flankiert es nur noch das Schutzinstrument Beratung; dort richtete es sich gegen eine bestimmte (rechtsgutverletzende) Entscheidung der Frau, hier richtet es sich gegen Störungen der gesetzlich markierten Randbedingungen jedweder Entscheidung im Schwangerschaftskonflikt. Das muß, wie auch das Urteil des Zweiten Senats belegt, nicht bedeuten, daß die Strafdrohungen quantitativ geringer werden oder qualitativ milder. Es bedeutet aber, daß das Strafrecht aus dem Zentrum des Rechtsgüterschutzkonzepts in dessen Peripherie abwandert, daß es Rechtsgüterschutz nur noch mittelbar betreibt: über den Schutz der Beratungs- und Entscheidungsbedingungen, die in dieser Konzeption ihrerseits den Rechtsgüterschutz unmittelbar bewirken sollen.

35 *BVerfGE* 39, 1, 44ff.
36 A.a.O. (Fn. 32), S. 103ff.
37 A.a.O. (Fn. 32), S. 105.
38 Die Senatsmehrheit hat von diesen Möglichkeiten fast verschwenderisch Gebrauch gemacht (D.IV., V., VI.) und in den Abweichenden Meinungen keinen nennenswerten Widerspruch erfahren.

b) Logik

Die eigentliche Neuerung im strafrechtlichen Bereich ist freilich nicht die Funktionsveränderung der Strafdrohung; diese Funktionsveränderung ist vielmehr bloß der Rahmen, innerhalb dessen sich das Konzept der Straffreistellung im »notlagenorientierten Diskursmodell« ansiedeln kann. Dieses Modell ist, wie Eser klar und zutreffend betont[39], von einer Selbstbestimmungskonzeption dadurch unterschieden, daß es am Schutz des Rechtsguts werdendes Leben ausgerichtet bleibt; es rechtfertigt sich im Kern also über seine Potenz, werdendes Leben zu schützen, nicht über seine Achtung vor der Entscheidungsfreiheit der schwangeren Frau.
Folglich muß es in diesem Modell einen rechtfertigenden Grund geben, welcher die Abbruchentscheidung der schwangeren Frau im Ergebnis legitimiert; denn diese Entscheidung bedeutet ja auch im »Diskursmodell« weiterhin unmittelbar die Verletzung eines Rechtsguts, das zu schützen der Gesetzgeber verpflichtet ist.
Dieser Grund liegt nach der Logik des »Diskursmodells« nicht in einem besseren Recht der Frau, welche sich zu einem Abbruch ihrer Schwangerschaft entschließt; ein solches besseres Recht sieht das Modell ja gerade nicht vor - und es sieht natürlich auch keine externe Instanz vor, welche ein solches Recht zum Abbruch der Schwangerschaft im Einzelfall beglaubigen könnte. Das »bessere Recht«, sonst der Grund der Freistellung einer Rechtsgutsverletzung auf der Ebene des strafrechtlichen Unrechts, wird hier vielmehr ersetzt durch eine Art Prozedur, nämlich durch die Beachtung eines gesetzlich[40] vorgeschriebenen Verfahrens: Beratung, Nachweis, Frist, Zuständigkeiten usw.
Danach läßt sich vorläufig[41] festhalten, daß das »notlagenorientierte Diskursmodell« die beiden Pfeiler mißachtet, die gerade[42] als für jede strafrechtliche Rechtfertigung konstitutiv bezeichnet worden sind: das bessere Recht und dessen strafrichterliche Feststellung im Einzelfall.
Dieses Modell ist freilich nur das aktuellste und klarste, nicht aber das einzige Vorbild einer prozeduralen Rechtfertigung. Wenn man nur die richtige Brille aufsetzt, kann man noch andere Konstellationen entdecken, die sich - unterschiedlich weit - von den beiden Pfeilern der herkömmlichen Rechtfertigungslehre entfernen.

39 Etwa NJW 1992, 2919ff.
40 § 218a I StGB i.d.F. des SFHG führt das beispielhaft aus.
41 Genauer wird das unten III.2. dargelegt.
42 Oben unter I.2.a), II. am Anfang.

2. Der »rechtsfreie Raum«

a) Inhalt

Nicht von ungefähr hat Arthur Kaufmann seine Überlegungen zur rechtstheoretischen Struktur, rechtsphilosophischen Berechtigung und rechtsdogmatischen Lozierung eines »rechtsfreien Raums« ebenfalls am Problem des Schwangerschaftsabbruchs entwickelt[43] (klassisch wird der »rechtsfreie Raum« ja an den folgenden Konstellationen vorgeführt: Brett des Karneades, Mignonette-Fall, »Euthanasie«-Aktion Hitlers, Weichensteller-Fall, Bergsteiger-Fall, Selektions-Fälle[44]). Die Exemplarietät der Abtreibung für den »rechtsfreien Raum« - und damit zugleich das Spezifikum dieser Rechtsfigur - wird in Kaufmanns Sicht belegt durch die folgenden Umstände: Die Rechtsordnung weiß selber nicht zu sagen, was hier die richtige Entscheidung ist[45]; es geht um existentielle Not- und Grenzsituationen[46]; nicht das Recht, sondern der einzelne soll eigenverantwortlich entscheiden, was zu tun ist[47]; das Recht hat diese Entscheidung zu respektieren (sie freilich nicht - gar noch rechtsethisch - zu billigen)[48].

b) Abgrenzungen

Nun wird man auf den ersten Blick zögern, die Vorstellung vom »rechtsfreien Raum« den »prozeduralen Rechtfertigungen« beizuordnen; dort ist weder - als Voraussetzung der strafrechtlichen Freistellung - irgendeine Prozedur vorgesehen, noch ist es zwingend, diese Freistellung »Rechtfertigung« zu nennen bzw. sie als solche zu behandeln[49]. Beide Einwände sind richtig; beide sind aber am Ende auch folgenlos für das hier entwickelte Konzept:

Daß das Modell des »rechtsfreien Raums« die Betroffenen ohne die Regulierungen irgendwelcher Prozeduren (wie beispielsweise die Beachtung bestimmter Fristen oder die Erfüllung von Prüfungspflichten) von strafrechtlicher Haftung freistellt, ist diesem Modell nicht eigentümlich. Dessen institutioneller Charakter würde sich nicht ändern, würden solche Voraussetzungen mitformuliert; sie wären

43 *Arthur Kaufmann,* Rechtsfreier Raum und eigenverantwortliche Entscheidung, in: Festschr. f. Maurach, 1972, S 327ff.; S. 343-345 eine Zusammenstellung des einschlägigen Schrifttums bis dato. Zur aktuellen Debatte um die Abtreibung *ders.,* Strafloser Schwangerschaftsabbruch: rechtswidrig, rechtmäßig oder was?, in: JZ 1992, 981ff., sowie Schlußwort, ebenda 1173.

44 So *Kaufmann,* Maurach-Festschr., S. 338f.

45 Ebenda, S. 330.

46 Ebenda, S. 327, 330.

47 Ebenda, S. 330, 332.

48 Ebenda, S. 341, 343.

49 *Kaufmann,* JZ 1992, 983ff., besteht denn auch in der Abtreibungsdebatte auf der Differenz von »nicht rechtswidrig« und »unverboten«. Neuestens spricht er – klarer – von »rechtswertungsfreiem« Raum: Über Gerechtigkeit, 1993, Vorwort S. VIII.

ja systemisch nichts anderes als eine tatbestandliche Präzisierung des Raumes, den der Gesetzgeber (straf)rechtsfrei halten will[50]. Mit der Formulierung prozeduraler Voraussetzungen einer Freistellung kann das Modell also nur gewinnen; es wird nicht verfälscht. Die Freiheit der Entscheidung innerhalb des rechtsfreien Raums wird inhaltlich nicht dadurch berührt oder gar beschnitten, daß die Entscheidung prozedural flankiert wird. Prozeduralität ist dem »rechtsfreien Raum« nicht wesensfremd.

Daß der »rechtsfreie Raum« auf »Unverbotensein« statt auf »Rechtfertigung« abstellt, ist dem Modell eigentümlich, ja ist sein Kern; die Botschaft dieser »Rechtsfreiheit« ist ja, daß die dort traktierten Konstellationen vom (Straf)Recht nicht bewertet werden[51]; dem widerspricht die Vorstellung einer Rechtfertigung ausdrücklich. Diese Eigentümlichkeit wird freilich erst dann bedeutungsvoll, wenn man mit dem Modell des »rechtsfreien Raums« über diese seine Botschaft streiten will (also beispielsweise leugnet, daß es einen dritten Weg zwischen Verbot und Erlaubnis überhaupt gebe). Diesen Streit nehme ich hier nicht auf, weil er mein Erkenntnisinteresse nicht berührt. Mir reicht es, zeigen zu können, daß auch die Vorstellung vom »rechtsfreien Raum« die Verletzung eines strafrechtlich geschützten Rechtsguts nicht für strafrechtliches Unrecht hält und dabei auf eine prozedurale Mechanik baut: die Rechtsgutsverletzung vom Urteil strafrechtlichen Unrechts freizustellen, ohne ein »besseres Recht« zu dieser Verletzung im Einzelfall festgestellt zu wissen.

c) Prozeduralität

Die Vorstellung vom »rechtsfreien Raum« erfüllt diese Voraussetzungen tatsächlich. Sie ist dem »notlagenorientierten Diskursmodell« in drei zentralen Kategorien nahe verwandt (in Ausgangspunkt, Konsequenzen und Klima), und diese Verwandtschaft lebt aus dem hier besprochenen prozeduralen Freistellungskonzept:

Beide basieren auf der primären Voraussetzung einer Rechtsgutsverletzung: Es handelt sich nicht um Spazierengehen oder Kaffeetrinken[52], sondern - hier - um Lebensverletzung; das Strafrecht muß sich der fraglichen Konstellationen also annehmen, kann sie nicht als irrelevant übersehen oder beiseiteschieben, muß eine strafrechtliche Freistellung rechtsethisch rechtfertigen und dogmatisch einord-

50 *Kaufmann* spricht deshalb, ebenda etwa S. 335f., wie selbstverständlich davon, daß der Gesetzgeber »im Gesetz die Voraussetzungen nennen« solle, »bei deren Vorliegen die Interruptio nicht als rechtswidrig zu bewerten ist«.

51 *Kaufmann*, Maurach-Festschr. (Fn. 43), S. 335, 336f. mit Verweis auf *Philipps* und die intuitionistische Logik.

52 *Kaufmann* nennt das, ebenda S. 336, einen »tatbestandsfreien« oder »rechtssatzfreien« Raum und unterschiedet davon dann noch die »rechtsfolgefreien« Konstellationen von Rechtfertigung, Entschuldigung, Strafausschließung oder Strafaufhebung.

nen. Auch die Konsequenzen, die dieser Voraussetzung folgen, liegen eng beieinander: Das Strafrecht akzeptiert die eigenverantwortliche Entscheidung der betroffenen Person, ohne deren Gründe zu erfragen oder sie gar zu überprüfen; eine »klassische« Rechtfertigung oder sonstige Freistellung einer rechtsgutverletzenden Entscheidung ist damit ausgeschlossen und eine »neue« eröffnet. Und endlich wachsen beide im selben Klima: an den Grenzen des Strafrechts, in Situationen existentieller, der Fremdeinfühlung verschlossener Not, wo die präventive Kraft des Strafrechts augenscheinlich versagt und die Bestrafungsgebote der Strafgerechtigkeit verstummen.

Im »(straf)rechtsfreien Raum« werden Verletzungen strafrechtlich zu schützender Rechtsgüter gelagert, deren Freistellung vom strafrechtlichen Unrechtsurteil sich auf ein substantielles Recht zur Verletzung und auf dessen strafrichterliche Feststellung im Einzelfall nicht stützen kann.

3. Private Zuständigkeiten

a) Erlanger Fall

Im »Erlanger Fall[53]« hat Monika Frommel[54] bezweifelt, daß Ärzte und Vormundschaftsgerichte zur Entscheidung über lebenserhaltende Maßnahmen zuständig sein sollten: nicht sie hätten schließlich die Verantwortung für die Folgen ihres Tuns zu tragen. »Unter verantwortungsethischen Gesichtspunkten« dürften, »wenn überhaupt, . . . nur die Personen entscheiden, die ihr Leben auf den immer riskanten Ausgang und die Freuden und Lasten der Versorgung eines auf diese Weise geborenen Kindes ausrichten«. In solchen Konstellationen hätten Angehörige ein Veto gegen ärztliche Maßnahmen und die Gerichte die Pflicht, diese Entscheidungskompetenz zu sichern.

Diese Forderung betrifft, in unserem Kontext, die Zuständigkeit externer Beurteiler (Ärzte, Straf- oder Vormundschaftsrichter) bei der Feststellung eines Rechts zur Lebensverlängerung oder Lebensverkürzung im Einzelfall. Sie bestreitet die Angemessenheit fremder Zuständigkeit außerhalb des Kreises der Angehörigen. Sie legt diese Zuständigkeit in private Hände.

b) Sterbehilfe

In den Niederlanden diskutiert man derzeit eine gesetzliche Regelung der Sterbehilfe, welche dem Arzt materiell ein Entscheidungsrecht über die Beendigung des Lebens einräumt und dabei die prozeduralen Randbedingungen rechtlich flan-

53 Es ging um die Rettung des Fötus einer hirntoten schwangeren Frau.
54 Frankfurter Rundschau v. 9.2.1993, S. 10.

kiert[55]. »Die vorliegende Fassung sieht vor, Sterbehilfe weiterhin grundsätzlich unter Strafe zu stellen. Wenn jedoch ein im Gesetz genau vorgeschriebenes Verfahren eingehalten wird, bleibt die Sterbehilfe straffrei: Ärzte, die Sterbehilfe geleistet oder lebensbeendende Handlungen vorgenommen haben, sollen der Staatsanwaltschaft schriftlich hierüber Mitteilung erstatten.«
So radikal diese strafrechtliche Freistellung in der Sache wirkt - immerhin verlangt sie vom Täter nurmehr, daß er den Ermittlungsbehörden seine Tat zu Protokoll gibt -[56], so penibel wird über die prozedurale Regulierung versucht, das Terrain weiterhin normativ besetzt zu halten: Der Arzt muß in Form eines Meldeberichtsbogens Angaben machen zur Krankengeschichte, zur freiwilligen und wiederholten Bitte des Patienten um Lebensbeendigung, zur Beratung mit einem Kollegen sowie zur Wahl der jeweiligen Form der Sterbehilfe; geregelt werden im einzelnen Formularmuster, Laufwege und Zuständigkeiten - all dies ändert freilich nichts daran, daß die materielle Entscheidung des Arztes über die Beendigung des Lebens externer Nachprüfung nicht unterworfen wird. Dem Arzt ist es, wenn er sich nur an die vorgeschriebenen Regularien hält, von Rechts wegen nicht verwehrt, »selbstherrlich«[57] fremdes Leben zu verletzen. Die objektive Rationalität oder die Rechtschaffenheit seiner Gründe gehören nicht zum strafrechtlichen Prüfprogramm dieses Modells; er allein entscheidet in der Sache über den Bestand des Rechtsguts.

c) Fall Theissen

Ein luzider Beleg für die Dimension privater Zuständigkeit bei der Entscheidung über Rechtfertigung oder sonstige strafrechtliche Freistellung einer Rechtsgutsverletzung auf der Ebene des Unrechts wurde auch im »Fall Theissen[58]« ausgebreitet. Dort ging es um das Merkmal »nach ärztlicher Erkenntnis« (§ 218a I Nr. 2, II StGB).
Die Staatsanwaltschaft bestand auf dem »klassischen«, auf einem substantiellen Verständnis des Merkmals, hielt es folglich für strafrichterlich inhaltlich voll nachprüfbar und konnte nicht erkennen, daß es irgendwelche »Ermessens- oder Beurteilungsfreiheit des Arztes - die einen ›rechtsfreien Raum‹ schaffe -« geben könne[59]; für ärztliche Fehlbeurteilung stünden die Irrtumsvorschriften bereit. Die

55 Ich beziehe mich auf eine freundliche Mitteilung des Freiburger *MPI* für ausländisches und internationales Strafrecht vom 9.7.1993. Daraus wird hier zitiert.
56 Bei uns sieht man das derzeit anders, man läßt sich auf eine prozedurale Freistellung nicht ein; vgl. die Antwort des Parl. Staatssekretärs *Rainer Funke* v. 12.2.1993 auf die Frage des MdB *Hüppe* bzgl. einer Gesetzesinitiative zur Relegung der aktiven ärztlichen Sterbehilfe, NJW 1993, H. 15, XIIIf.
57 Zum Kontext: oben II.1.a).
58 *BGH,* NJW 1992, 763ff.; die Referenzstelle ist 766ff.; dazu meine Übersicht, JuS 1992, 703ff. (704).
59 Wörtliche Zitate ebenda 766.

Verteidigung konstruierte prozedural: Der Gesetzgeber habe »Erkenntnismöglichkeit und Erkenntnis auf den Arzt delegiert«, der Richter müsse folglich jedwede Entscheidung des Arztes hinnehmen und dürfe die ärztliche Anerkennung einer Indikation allenfalls auf Willkür überprüfen. Der angekl. Arzt hielt, neben sich selbst, auch die Frau für entscheidungsbefugt: Ein Gesetz könne die ärztliche Freiheit und das Selbstverfügungsrecht der Frau nicht aushöhlen. »Die Frauen als mündige Bürgerinnen müßten selbst entscheiden können, ohne daß sich der Staat dabei einmische.« (Der 1. Strafsenat hatte dann einen Mittelkurs gesteuert.)

d) Prozeduralität

Wem das zu weit geht: Selbst die Senatsmehrheit hat im Verfahren um das SFHG zwar eher beiläufig, aber semantisch klar zum Ausdruck gebracht[60], daß man nicht nur an die Gerichte denken muß, wenn es um die Feststellung substantieller Voraussetzungen der Rechtfertigung geht, sondern auch »Dritte« für zuständig halten könnte, »denen der Staat kraft ihrer besonderen Pflichtenstellung vertrauen darf und deren Entscheidung nicht jeder staatlichen Überprüfung entzogen ist«.
Das ist nun in der Tat ein - wenn auch noch schmales - Einfallstor für Prozeduralisierungen der Rechtfertigung. Die Zuständigkeit Dritter zur Feststellung rechtfertigender Voraussetzungen im Einzelfall beseitigt prinzipiell die Definitionsherrschaft des staatlichen Strafrechts über die Geltungsgrenzen dieses Strafrechts. Wie immer nämlich diese Voraussetzungen materiell formuliert sein mögen: Sie werden in die Entscheidung staatsfremder Personen (Institutionen) gestellt und diesen damit anheimgegeben (ebenso wie der Gesetzgeber - mit erheblichen Folgen - seine Gesetze der Rechtsprechung »anheimgibt«[61]).
Dieser Weg mag bei klausulierten Formulierungen wie der des Zweiten Senats nicht weit führen; daß die Entscheidung des Dritten »nicht jeder staatlichen Überprüfung entzogen ist«, wird sich lesen lassen als Weigerung, dem Dritten die Entscheidung im Einzelfall »wirklich« in die Hand zu legen, als verbale Rückversicherung für dritte Sonderwege, Innovationen, Überraschungen. Setzt man aber, wie im Erlanger Fall, in den niederländischen Überlegungen zur Sterbehilfe oder in der Argumentation der Verteidigung im Fall Theissen, die privaten Dritten ohne Vorbehalt in das Entscheidungsrecht ein, so hat man die Rechtfertigung oder die anderweitige strafrechtliche Freistellung der Rechtsgutsverletzung prozeduralisiert: Das staatliche Strafrecht muß jedwede Entscheidung des Privaten akzeptieren. Es gibt kein substantielles Gegenargument zu dieser Entscheidung, und es gibt überdies kein Verfahren, innerhalb dessen ein solches Argument zur Geltung gebracht werden könnte.

60 Vgl. schon oben I.2.a) zu D.III.2.b. des Urteils.
61 Dazu näher *W. Hassemer,* Methodenlehre und Rechtsreform, in: *Arthur Kaufmann* (Hrsg.), Rechtstheorie, 1971, S. 27ff.

4. Der privilegierte Irrtum

a) Das Dilemma

Eine letzte Facette im Bild prozeduraler Rechtfertigungen ist, unter anderem Blickwinkel und anderer Bezeichnung, den Rechtfertigungslehren durchaus bekannt. (Man darf deshalb hoffen, daß das Konzept der Prozeduralisierung mit seiner Unterscheidung substantieller und prozeduraler Typen von Rechtfertigung den aktuell zersplitterten Auseinandersetzungen[62] klärend zugute kommt.) Gemeint sind Konstellationen, die Jescheck mit Berufung auf W. Jellinek eindrücklich, aber auch einseitig als das »große Vorrecht des Staates zu irren« zusammenfaßt[63]. Welche Konstellationen das im einzelnen sind, wie man ihnen begrifflich und dogmatisch begegnen soll, ist derzeit offen[64].

Das Sachproblem läßt sich an zwei herausgegriffenen Falltypen exemplifizieren: an der fehlerlosen Prognose, der sich die spätere Wirklichkeit nicht unterwirft, was zur Schädigung von Rechtsgütern führt[65], und an der prozedural untadeligen Untersuchungshaft gegen einen Unschuldigen[66]. Die Lösungen, die bislang erarbeitet worden sind, werden der Fundamentalität des Problems nicht gerecht. Wendungen wie »Irrtumsprivileg des Staates«, »Vorrang staatlicher Zangsmittel« oder die Empfehlung, die objektiven Rechtfertigungsvoraussetzungen grundsätzlich ex ante aus der Sicht des Handelnden zu bestimmen[67], werfen mehr Fragen auf als sie beantworten[68]:

Das Dilemma liegt klar zutage. Auch wenn derjenige, der einen Einzelfall regulieren darf, alle seine Pflichten erfüllt und dabei das Menschenmögliche getan hat, hat er im Ergebnis strafrechtlich geschützte Rechtsgüter verletzt. Trotz dieses Erfolgsunwerts können wir ihm für vergleichbare Situationen ein anderes Handeln aber nicht nahelegen[69]: Die Entscheidung war unausweichlich, und niemand in der Lage des Entscheidenden hätte sie richtiger treffen können. Wer diese Entscheidung gleichwohl für (strafrechtliches) Unrecht hält, kommt folglich dem Prinzip ultra posse nemo obligatur[70] ins Gehege und transportiert das dilemmati-

62 Verläßliche Darstellung bei *Lenckner,* in: *Schönke/Schröder,* StGB, Vorbem. §§ 32ff., Rdnrn. 10a, 11, 19-20, 86.
63 *Jescheck,* AT, 4. Aufl. (1988), § 35 I.3.
64 Man vergleiche nur *Lenckner* sowie *Jescheck,* a.a.O., und *Roxin,* AT, § 14 Rdnrn. 85ff.
65 U.a. mit diesem Beispiel attackiert *Greenawalt* unsere Unterscheidung von Rechtfertigung und Entschuldigung: The Perplexing Borders of Justification and Excuse, in: *Eser/Fletcher* (Hrsg.), Rechtfertigung und Entschuldigung I, 1987, S. 280ff.; dazu *W. Hassemer,* Rechtfertigung und Entschuldigung im Strafrecht, ebenda, S. 211ff. (These 13).
66 Gängige Beispiele sonst: Pfändung durch den Gerichtsvollzieher, Vorläufige Festnahme nach § 127 II StPO, Schußwaffengebrauch; s. etwa *Jescheck,* a.a.O. (Fn. 63).
67 Paradigmatisch *Rudolphi,* GedSchr. für Armin Kaufmann, S. 377ff., 396f.
68 Paradigmatisch *Jakobs,* AT, Rdnrn. 11/8ff.
69 *Greenawalt,* a.a.O. (Fn. 65), S. 283.
70 Dazu mit Nachweisen *Neuner,* Die Rechtsfindung contra legem, 1992, S. 142f., 147.

sche Problem unaufgelöst ins Recht. Das Recht hat aber gerade die Aufgabe, solche Dilemmata aufzulösen, den Menschen Handlungssicherheit zu geben und die rechtlichen Problemlösungen in einen widerspruchsfreien Zusammenhang zu bringen[71]. Es darf nicht sibyllinisch schweigen, sondern muß klar sagen, daß der so handelnde Mensch rechtlich nicht erst subjektiv, sondern schon auf der Ebene des objektiven Unrechts entlastet ist.
Und doch bleibt es bei der Rechtsgutsverletzung, die unausweichlich zugefügt worden ist. Diese Verletzung nehmen die bisherigen strafrechtsdogmatischen Entlastungsversuche, die zugunsten des Entscheidenden wirken, nicht ausreichend ernst[72].

b) Auflösungen

Daß der Gesetzgeber die Amtsrechte an differenzierte Eingriffsvoraussetzungen gebunden hat[73], liefert keine Erklärung, geschweige denn eine Rechtfertigung der materiellen Rechtsverletzungen, welche die prozedural unangreifbare Ausübung von Amtsrechten bisweilen anrichten darf. Daß der Staat ein »Irrtumsprivileg« habe[74], ist Konsequenz einer bestimmten staatstheoretischen Option, aber nicht hinreichende Begründung der strafrechtlichen Auflösung des Dilemmas. Daß alle objektiven Rechtfertigungsvoraussetzungen in ihrem Vorliegen ex ante zu beurteilen seien[75], bietet eine klare Lösung an, vereinseitigt aber das Moment der Bestimmung im Charakter der Rechtsnorm zu Lasten der Bewertung[76] und begünstigt überdies die Interessen des Eingreifenden zu Lasten derer des Eingriffsopfers[77]. Daß Konstellationen dieser Art nach dem Solidaritätsprinzip zu entscheiden sind[78], ist vom Ergebnis her plausibel, begründet aber die Pflicht gerade dieses Eingriffsopfers zu solidarischer Duldung bei weitem nicht hinreichend.
Was alle diese Konstellationen gemeinsam haben und worin am Ende die Auflösung des Dilemmas liegt, ist die Unausweichlichkeit einer Entscheidung unter spezifischem Nichtwissen[79]. Jedes prognostische Element, welches eine Entscheidung (mit)trägt, stellt die Entscheidungstheorie vor die Alternative, die Entscheidungsrichtigkeit ex ante oder ex post zu bestimmen, und es stellt die Ex-ante-Op-

71 So auch *Kirchhof,* Unterschiedliche Rechtswidrigkeiten in einer einheitlichen Rechtsordnung, 1978, S. 8f., 30ff.
72 Andeutungseise anders *Paeffgen,* Anmerkungen zum Erlaubnistatbestandsirrtum, in: GedSchr. f. Armin Kaufmann, S. 420. Deutlich anders *Kirchhof,* Unterschiedliche Rechtswidrigkeiten (Fn. 71), S. 22: »Wird ein Unschuldiger auf Verdacht festgenommen, so kann die rechtswidrige Freiheitsentziehung nicht mehr zurückgenommen, sondern nur noch beendet werden.«
73 *Rudolphi,* in: GedSchr. f. Armin Kaufmann, S. 387.
74 *Jescheck,* AT, § 35 I.3.
75 Wiederum *Rudolphi,* ebenda, S. 377ff.
76 *Roxin,* AT, § 14/44.
77 *Jakobs,* AT, Rdnr. 11/8.
78 *Jakobs,* ebenda, Rdnr. 11/12.
79 Im Ansatz ähnlich schon *Kirchhof,* Unterschiedliche Rechtswidrigkeiten (Fn. 71), S. 20f.

tion unter prinzipiellen Unrichtigkeitsverdacht: Kein Mensch kennt die Zukunft, wie auch keiner einem anderen hinter die Stirn sehen kann[80]. Diese Unsicherheit ist prinzipiell: Während wir bei Gegenständen, die uns gegenwärtig greifbar und sichtbar gegeben sind, mit mehr oder weniger verzerrter Wahrnehmung immer rechnen müssen, sind uns zukünftige Lagen und ist uns das Innere von Menschen kategorisch verschlossen[81]. Prognose und Verdacht sind gegenüber Anschauung und Gewißheit selbständige Muster alltäglichen, aber auch rechtlichen Handelns, sie haben ihre eigene Anwendungsrationalität und ihre eigenen Richtigkeitsbedingungen.

Auch wenn, wie man sieht, Entscheidungen unter Nichtwissen fundamentale Schwierigkeiten mit sich bringen, gibt es jedenfalls in einer modernen Rechtsordnung nicht die Option, sie zu vermeiden und sich so ihre Anwendungsprobleme vom Halse zu halten - im Gegenteil: Die Orientierung an der inneren Einstellung des Handelnden[82] sowie an Zukunft und Risiko[83] sind markante Kennzeichen des modernen Strafrechts, und Zeichen einer Wende sind nicht in Sicht.

Ist die Entscheidung zugleich unausweichlich und auf der Höhe des aktuell verfügbaren Entscheidungswissens, so konnte - auch unter spezifischem Nichtwissen - kein Mensch in der Rolle des Entscheidenden besser handeln als dieser; das Rechtsgut konnte in dieser Handlungssituation weder durch Nichtstun noch durch eine inhaltlich andere Entscheidung geschont werden. Der Schleier über der Zukunft oder über der Stirn des anderen Menschen verdeckt Entscheidungsgründe (hat er die Tat begangen, was hat er sich dabei gedacht?), ohne deren Kenntnis eigentlich nicht entschieden werden kann.

Was man in dieser Situation von Rechts wegen verlangen kann, ist also nichts Inhaltliches: kein Unterlassen, keine andere Entscheidung. Was man aber verlangen kann, ist das Befolgen einer bestimmten Prozedur: Zuständigkeiten einhalten; vorhandene Faktoren unterschiedlich intensiv erheben und unterschiedlich intensiv prüfen; Grade an Wissen unterscheiden und einsetzen; bestimmte Indikatoren feststellen und (auf eine bestimmte Weise) verarbeiten; die unter Nichtwissen getroffene Entscheidung nach einer bestimmten Prozedur (Fristen, Zuständigkeiten, mögliche Inhalte der Entscheidung nach Prüfung etc.) nachprüfen usw.

80 Das letztere spielt auf Entscheidungnen über Dispositionen an, die den Prognoseentscheidungen verwandt sind; dazu ausf. meine Einführung in die Grundlagen des Strafrechts, 2. Aufl. (1990), § 21 III.

81 Es ist wahr, daß bei ausreichend kritischem Hinsehen jegliche Entscheidung, die nicht streng analytisch ist, unter Bedingungen des Nichtwissens steht. Es ist aber auch wahr, daß alle Entscheidungstypen im Rahmen von Prognosen und Dispositionen durch Nichtwissen geradezu charakterisiert sind; die Verhülltheit der Zukunft und des fremden Inneren ist unaufhebbar. Das soll die Rede vom »spezifischen« Nichtwissen zum Ausdruck bringen.

82 Ich habe versucht, das am Merkmal der »Freiwilligkeit« zu zeigen: Die Freiwilligkeit beim Rücktritt vom Versuch. Zu Alltagstheorien und Dispositionsbegriffen in der Strafrechtsdogmatik, in: *Lüderssen/Sack* (Hrsg.), Vom Nutzen und Nachteil der Sozialwissenschaften für das Strafrecht, 1980, S. 229ff., 239f.

83 *W. Hassemer,* Kennzeichen und Krisen des modernen Strafrechts, in: ZRP 1992, 378ff.

Genauso geht unsere Rechtsordnung vor. Sie prozeduralisiert Entscheidungen unter spezifischem Nichtwissen, wenn sie sie schon nicht inhaltlich bestimmen kann. Sie tut, was möglich ist, um eine dem richtigen Recht entsprechende Entscheidung sicherzustellen. Und sie akzeptiert, was nicht möglich war: Sie nimmt die Rechtsgutsverletzung, zu der es ex ante keine Alternative gab, hin und versucht, sie so gering wie möglich zu machen; sie hält die prozedural makellose Untersuchungshaft gegenüber einem Unschuldigen am Ende für gerechtfertigt und gleicht die Rechtsgutsverletzung durch Entschädigung des Eingriffsopfers im Rahmen des Möglichen aus[84].

III. Das Konzept der Prozeduralisierung

Bevor das alles auf den strafrechtlichen Begriff gebracht wird, lohnt ein kurzer Blick auf das Konzept, welches Prozeduralisierungen zugrundeliegt. Er erleichtert, in einer radikalen Vereinfachung, die historische und systemische Einordnung dieses Verfahrens der Wert- und Entscheidungsbegründung sowie die Überprüfung seiner Fruchtbarkeit für strafrechtliche Fragestellungen.

1. Erkenntnistheorie und Wertphilosophie

Prozeduralisierung ist ein zentrales Merkmal der heutigen philosophischen und rechtsphilosophischen Erkenntnis- und Wertlehre[85]. Sie entsteht[86] in einer Situation spezifischen Nichtwissens, nämlich nach dem Schwinden eines unbefragten Vertrauens auf den Zugang der Menschen zur Wirklichkeit (Erkenntnistheorie) und nach dem Zusammenbruch naturrechtlicher Gewißheit richtigen Rechts (Wert- und Rechtsphilosophie). Inhaltliche überpositive Normen, die einen erfahren ließen, was Inhalt des positiven Rechts zu sein habe, sind - aus unterschiedlichen Gründen - nicht mehr zur Hand, das Gesetz ist folglich nicht mehr als bloße Aktualisierung und Konkretisierung höheren - fraglos richtigen - Rechts denkbar; wir müssen seine Richtigkeitsbedingungen woanders finden (wenn wir nicht,

84 Offen ist bei alledem die Frage, welche Reaktionsmöglichkeiten derjenigen Person zustehen, die von einem prozedural erlaubten Angriff betroffen wird. Dafür kann es keine abstrakt-allgemeingültige Regel geben, wie sich auch an unseren beiden Beispielen zeigen läßt: Während die Reaktion des von der Haftentscheidung Betroffenen ihrerseits prozeduralisiert ist (Haftbeschwerde, Haftprüfung), muß in den Prognosefällen die erlaubte Reaktion nach Interessenabwägung gefunden werden; weiterführend hier *Roxin,* Der durch Menschen ausgelöste Defensivnotstand, in: Festschr. f. Jescheck, 1985, S. 457ff., 468ff.

85 Knapper Überblick mit Nachw., insbes. zu *Luhmann, Rawls* und *Habermas,* bei *Arthur Kaufmann,* Problemgeschichte der Rechtsphilosophie, in: *Kaufmann/Hassemer* (Hrsg.), Einführung in Rechtsphilosophie und Rechtstheorie der Gegenwart, 5. Aufl. (1989), S. 131ff.

86 Zu diesem Zusammenhang meine Skizze Unverfügbares im Strafprozeß, in: Festschr. f. Maihofer, 1988, S. 183ff.

wie Gesetzespositivisten vorschlagen, die Suche nach richtigen Inhalten gänzlich aufgeben und die staatliche Setzung als Rechtsquelle jeglichen Inhalts jedenfalls dann akzeptieren, wenn diese Setzung bestimmten prozeduralen Anforderungen genügt).

Diese Maßstäbe richtigen Rechts findet die heutige nicht-positivistische Rechtsphilosophie ebenfalls im Prozeduralen - freilich auf einer höheren Ebene der Wertbegründung als der des Positivismus.

Wer, wie der Gesetzespositivist, das Gesetz als die alleinige Rechtsquelle ansieht, muß schon deshalb erklären, was genau er unter »Gesetz« versteht, damit man weiß, was er meint. Er wird dann Prozeduren nennen: ein bestimmtes Verfahren der Gesetzgebung, Schritte und Abschnitte, Zuständigkeiten usw., und sagen, daß er bei Erfüllung solcher prozeduraler Voraussetzungen bereit ist, von »Gesetz« zu sprechen, die Frage nach der Rechtsquelle für beantwortet zu halten und inhaltliches Weiterfragen nach der Gerechtigkeit der Gesetzesinhalte zu unterlassen.

Nicht-positivistische Prozeduralität ist auf einer anderen Ebene angesiedelt. Ihr geht es genau um das, was der Gesetzespositivismus dadurch ausblendet, daß er sich mit dem ordnungsgemäß zustande gekommenen Gesetz als Rechtsquelle zufriedengibt: um Maßstäbe richtigen Rechts außerhalb des Gesetzes, um Maßstäbe nämlich zur Beurteilung des Gerechtigkeitsgehalts ebendieses Gesetzes. Diese Maßstäbe können, wie gezeigt, nicht substantiell, nicht inhaltlich sein: das naturrechtliche Reservoir ist erschöpft (wenn es denn jemals wirklich gesprudelt hat). Also sucht man nach Prozeduren, welche in der Wertbegründung Gerechtigkeit, in der Erkenntnis Wahrheit verbürgen oder doch wenigstens versprechen könnten.

Paradigmatisch für diese Suche ist die Diskurstheorie[87]. Sie antwortet auf die Frage nach den Bedingungen der Möglichkeit von Wahrheit und Gerechtigkeit mit dem Angebot, die Findungsprozesse zu qualifizieren[88]: in einer gemeinsamen Suche mit gleichen und prinzipiell unbegrenzten Chancen der Beteiligung und Kritik. Auch wenn damit natürlich nicht reale Prozesse der Wahrheitsfindung und Normbegründung beschrieben sind, sondern die Voraussetzungen dafür, etwas für wahr oder gerecht halten zu dürfen (also die transzendentalen Bedingungen von Wahrheit und Gerechtigkeit), so ist doch offensichtlich, daß es um Prozeduren geht, daß man unterwegs ist, daß nicht Inhalte gesucht werden, sondern Verfahren, die zu Inhalten führen: daß jedwedes inhaltliche Ergebnis gilt, wenn es aus dem ordentlichen, dem »herrschaftsfreien« Verfahren folgt.

Auf Einzelheiten kommt es hier nicht an, auch nicht darauf, welche der prozeduralen Wertbegründungslehren am Ende theoretisch die Oberhand hat oder ob nicht alle diese Lehren sich letztlich auf irgendein inhaltliches Moment beziehen

87 *Habermas,* Faktizität und Geltung, 1992, bes. S. 516ff., 534ff.

88 Zum Übergang von materialem zu prozeduralem Naturrecht *Ingeborg Maus,* Zur Aufklärung der Demokratietheorie, 1992, S. 148ff., 158ff.

müssen[89]. Für das Konzept prozeduraler Rechtfertigung im Strafrecht ist allein wichtig, was aus Struktur und Erfahrung prozeduraler Wertbegründung auf unsere Fragestellungen übertragbar ist.

2. Strafrecht

Man braucht nicht mehr in Einzelheiten zu wiederholen, sondern nur noch zusammenfassend daran zu erinnern, daß die Entstehungsbedingungen von Prozeduralisierung in der Philosophie[90] und im Strafrecht[91] übereinstimmen. Es geht allemal um dreierlei:
* ein spezifisches Nichtwissen
* hinsichtlich bestimmter Inhalte,
* deren Kenntnis für ein bestimmtes Vorhaben konstitutiv ist.

Auch die Konsequenzen, die aufgrund dieser Entstehungsbedingungen jeweils gezogen werden, sind beidesmal die gleichen:
* Trotz der Defizite an konstitutivem Wissen wird auf das Vorhaben nicht verzichtet;
* die Suche nach Wahrheit oder Gerechtigkeit wird durch Prozeduren gesichert;
* jegliches prozedural ordentlich erlangte Ergebnis wird akzeptiert.

Endlich lassen sich auch Ähnlichkeiten des Klimas, in dem Prozeduralisierungen gedeihen, benennen. Im Strafrecht sind es extreme Konstellationen, Prognose- und Dispositionsurteile, deren Gewißheitsdefizite ein schneidiges Urteil (gar eine Verurteilung) als unverantwortlich erscheinen lassen. In der Philosophie sind es immerhin Konstellationen, in denen man nicht mehr darauf vertraut, die wesentlichen Ziele des Nachdenkens: Wahrheit und Gerechtigkeit, unmittelbar erreichen zu können. Beidesmal ist Prozeduralisierung der Umweg zu den Inhalten, deren direkter Zugang versperrt ist.

Weil der Zugang versperrt und nur der Umweg eröffnet ist, wird sich nie herausfinden lassen, ob der Umweg »wirklich« zu den Inhalten geführt hat. Die prozeduralen Theorien von Wahrheit und Gerechtigkeit können sich deshalb niemals erfolgreich gegen den Verdacht wehren, sie produzierten nur faule Kompromisse. Im Strafrecht wird die Kritik nicht verstummen, hier würden Rechtsgutsverletzungen gerechtfertigt, ohne daß man auf ein besseres Recht zu dieser Verletzung verweisen könne; man dürfe denjenigen, der das Rechtsgut verletzt, nicht über die Rechtsgutsverletzung befinden lassen; man solle die Entscheidung über das strafrechtliche Unrecht nicht aus der strafrichterlichen Hand geben.

Alle diese Einwände gegen eine prozedurale Rechtfertigung im Strafrecht haben Gewicht.

89 Dazu etwa *Arthur Kaufmann*, Problemgeschichte (Fn. 85), S. 138ff.
90 III.1.
91 II.1.b), 2.c), 3.d), 4.b).

Es steht außer Frage, daß die substantielle Rechtfertigung - über ein besseres Recht und dessen strafrichterliche Feststellung im Einzelfall - der Normaltypus strafrechtlicher Rechtfertigung ist und bleibt: Nur auf ihrem Wege läßt sich eine abgerundete, argumentgesättigte und endgültige Entscheidung über das strafrechtliche Unrecht erreichen. Erst sie kann zeigen, warum die Strafrechtsordnung in diesem Fall die Rechtsgutsverletzung billigt und zukünftig in ähnlichen Fällen billigen wird. In Frage steht allein, ob neben der substantiellen eine prozedurale Rechtfertigung Raum haben soll; dazu drei abschließende Überlegungen.

Die Konstellationen, in denen wir das für die Entscheidung über das strafrechtliche Unrecht konstitutive Wissen nicht (vollständig) zur Verfügung haben, dürften eher zunehmen als abnehmen. Beschleunigte Entwicklungen der Technologie - Beispiele: Gentechnologie, Lebenserhaltung, Frühdiagnose noch unheilbarer Schädigungen - werden uns auch in Zukunft vor Rechtfertigungsfragen stellen, die wir aus dem Stand nicht beantworten können, die wir aber - da die Eingriffe geschehen - irgendwann beantworten müssen. Schon heute reagieren wir, im Vorfeld des Strafrechts, darauf mit Prozeduralisierungen und setzen Experten-, Enquete- und Ethik-Kommissionen ein mit dem Ziel, konkrete Konstellationen weich zu dirigieren[92] und dabei Erfahrungen zu machen, die spätere harte Entscheidungen von Einzelfällen vorbereiten können: empirisches Wissen zu normativen Prinzipien in Beziehung zu setzen und beides in einem hermeneutischen Prozeß der Normkonkretisierung aneinander sich entwickeln zu lassen. Für die Zeit, in der klare und allgemein konsentierbare Normen erst heranwachsen, sehe ich kein vernünftigeres Verfahren der Entscheidung über Unrecht als das einer Prozeduralisierung mit der Vorgabe etwa von Besetzungskriterien, Zuständigkeiten und Entscheidungsverfahren.

Auch wenn wir prozedurale Rechtfertigungen ablehnen, werden wir sie am Ende nicht aus der Welt schaffen. Sie werden in Konstellationen, wie sie hier ausgebreitet worden sind, in der einen oder der anderen Verkleidung überleben[93]: rechtsfreier Raum, übergesetzliche Schuldausschlußgründe, Prüfungspflichten des Handelnden im Einzelfall als funktionales Äquivalent einer Rechtfertigung, Zuständigkeit der konkret Verantwortlichen, staatliches Irrtumsprivileg oder einfach gesetzliche Straffreistellung.

In solchen Konstellationen mit Entscheidungsnotwendigkeit ohne konstitutives Entscheidungswissen, in denen eine substantielle Entscheidung nicht klug wäre oder nicht zu verantworten ist, macht Prozeduralisierung Sinn. Sie kann zum einen diese Konstellationen dogmatisch plausibel verorten und begründet erklären: als nicht-substantielle Freistellungen schon auf der Ebene des strafrechtlichen

92 Langjährige Erfahrungen in einer Ethik-Kommission zur Forschung am Menschen haben mich von der Weisheit eines Verfahrens überzeugt, das der Stelle, welche über die ethische Zulässigkeit von Eingriffen entscheidet, sowohl interventive als auch exekutive Befugnisse verweigert.

93 Oben unter II.

Unrechts. Zum andern aber - und wichtiger - kann sie sie rechtspolitisch beherrschen. Sie läuft ja nicht auf eine schlichte Freistellung, auf einen Rückzug des Strafrechts hinaus (wie etwa Vorstellungen vom rechtsfreien Raum oder von privaten Zuständigkeiten); ihr proprium ist vielmehr eine rechtliche, typischerweise auch strafrechtliche, Flankierung von Handlungspflichten in Vorfeld und Umfeld[94]: eben eine Prozeduralisierung. Damit ist ein weiter Bereich von Voraussetzungen für eine schonende Behandlung des Rechtsguts eröffnet, dessen Verletzung substantiell erlaubt wird. Das (Straf)Recht zieht sich nicht resignierend aus Situationen existentieller Not oder spezifischen Nichtwissens zurück; es statuiert zum Schutz des Rechtsguts vielmehr situationsadäquate Sorgfalts-, Prüfungs- oder Beratungspflichten und sichert sie ab; der Gesetzgeber hat Raum für vielfältige problemnahe Schutztechniken.

Prozedurale Rechtfertigungen bleiben aber die Ausnahme, die strafrichterliche Feststellung eines besseren Rechts zur Verletzung eines Rechtsguts im Einzelfall bleibt die Regel strafrechtlicher Rechtfertigung. Sie stehen prinzipiell[95] unter dem Vorbehalt der Vorläufigkeit: nur soweit und solange das entscheidungskonstitutive Wissen nicht zur Hand ist. Aus demselben Grund verdienen sie die besondere Aufmerksamkeit des Gesetzgebers und die permanente Frage, ob ihre systemischen Voraussetzungen noch bestehen. Was den Schwangerschaftsabbruch angeht, scheinen mir diese Voraussetzungen gegeben zu sein: Die prozedural regulierte selbstverantwortliche Entscheidung der Schwangeren ist nach unserem heutigen Wissen der beste Weg zum Schutz des Rechtsguts, der uns offen ist.

94 Beispielhaft oben II.1.a).

95 In bestimmten Konstellationen, wie etwa beim »privilegierten Irrtum« (II.4.), ist das spezifische Nichtwissen freilich konstitutiv und prinzipiell unaufhebbar, weil Zukunft und fremde Dispositionen nicht unmittelbar zugänglich sind. Dies dürfte der Grund dafür sein, daß die Prozeduralität dieser Konstellationen - unabhängig von der jeweiligen dogmatischen Begründung (II.4.b)) - stabil anerkannt ist.

Langer Endspurt
Eine Sendung des Süddeutschen Rundfunks vom 7. September 1982 zur lebenslangen Freiheitsstrafe

Michael Reissenberger

Vorbemerkung der Redaktion:
Warum sollte man das Manuskript einer zwölf Jahre alten Rundfunksendung dem Jubilar in seine Festschrift drucken?
Ein Grund wäre die Tatsache, daß er als Berichterstatter für den Beschluß des Zweiten Senats des Bundesverfassungsgerichts vom 3. Juni 1992 zur lebenslangen Freiheitsstrafe in der Fülle des Materials eben diesem journalistischen Manuskript - ungewöhnlich genug - noch einen Platz im Anlagenband zum Votum eingeräumt hat. Wichtiger erscheint uns der selten so einfach zu führende Nachweis, daß ein Gesetz, das von fachkundiger Publizistik als mangelhaft erkannt wird, weitere zehn Jahre die Praxis bestimmt, bis sich etwas ändert - und dann nicht durch den Gesetzgeber, sondern durch das Bundesverfassungsgericht.

O-Ton Hermann:
. . . ja bis spätestens Weihnachten, bis spätestens Weihnachten, das wären dann genau 20 Jahre oder über 20.

Michael Reissenberger:
Zum Fest der Liebe will der verlorene Sohn wieder in den Schoß seiner Familie, in den Kreis der Gesellschaft zurückkehren. 20 Jahre hinter Mauern, das ist so ziemlich exakt die Hälfte seines bisherigen Lebens. Es ist die Zeitspanne in eines Menschen Leben, in der er ihm die entscheidende Richtung gibt, eine Existenz aufbaut, vielleicht eine Familie gründet.

O-Ton Hermann:
Ja bis spätestens Weihnachten, bis spätestens Weihnachten, das wären dann genau 20 Jahre oder über 20.

Michael Reissenberger:
Vor 20 Jahren, 1962, regierte noch der »Alte« in Bonn, Konrad Adenauer, J.F. Kennedy und Chruschtschow pokerten im Oktober bei der Kuba-Krise um Weltkrieg oder Frieden, Johannes Paul der XXIII. eröffnete das 2. Vatikanische Konzil, und Hermann wurde wegen Mordes zu lebenslang Zuchthaus verurteilt.

Hermann ist einer jener 24 Lebenslänglichen in der Justizvollzugsanstalt Bruchsal, die schon länger als 15 Jahre ihre Strafe verbüßen. Damit haben sie eine erste, aber beileibe nicht alle Voraussetzungen erfüllt, die das neue Gesetz für die Aussetzung des Strafrestes bei lebenslanger Freiheitsstrafe seit 1. Mai dieses Jahres festschreibt.

Der neue Paragraph ist die späte Frucht jener Erkenntnis, die das Bundesverfassungsgericht vor fünf Jahren in einem Leitsatz so formuliert hat:

> »Zu den Voraussetzungen eines menschenwürdigen Strafvollzugs gehört, daß dem zu lebenslanger Freiheitsstrafe Verurteilten grundsätzlich eine Chance verbleibt, je wieder der Freiheit teilhaftig zu werden. Die Möglichkeit der Begnadigung allein ist nicht ausreichend; vielmehr gebietet das Rechtsstaatsprinzip, die Voraussetzungen, unter denen die Vollstreckung einer lebenslangen Freiheitsstrafe ausgesetzt werden kann, und das dabei anzuwendende Verfahren gesetzlich zu regeln.«

Die Botschaft der Verfassungsrichter ist bei den Häftlingen angekommen.

O-Ton Max:
Lebenslang nach dem Gesetz - lebenslang, wie das Wort schon besagt - lebenslang. Aber ich glaube, jeder von uns, egal wer das ist und weswegen er hier ist, wenn er lebenslang bekommt, einen Funken Hoffnung hat jeder.

Michael Reissenberger:
Dieser Funke Hoffnung, wie ihn Max zutreffend bezeichnet, glimmt, nein glüht spätestens seit dem Stichtag 1. Mai bei allen Lebenslänglichen. Und er mag sogar bei diesem oder jenem auch ein Strohfeuer allzu großer Zuversicht entfachen.
Selbsttäuschungen, vor denen schon von Berufs wegen Richter Schubert warnt; er wird zusammen mit zwei anderen Kollegen in der Strafvollstreckungskammer am Landgericht Karlsruhe demnächst über Entlassungsanträge zu entscheiden haben.

O-Ton Richter Schubert:
Man muß allerdings darauf hinweisen, daß - das war schon während der Gesetzgebungsetappe klar -, daß das Gesetz keine Entlassungsautomatik haben will, nicht, und das hat auch der Justizminister Vogel in einem anderen Zusammenhang mal klar gestellt, daß ja nun bei Mord die Resozialisierung nicht so sehr im Vordergrund steht, wie das bei anderen Gefangenen ist, sondern daß es hier eben um die Ahndung schwerster Schuld geht.

Michael Reissenberger:
Richter Schubert ist sich seiner Verantwortung bewußt, einer Verantwortung in zwei Richtungen: gegenüber der sicherheitsbedürftigen Allgemeinheit und den seinem Richterspruch anvertrauten Menschen, die ihre schwere Untat ebenfalls

schwer bezahlen. Lebenslänglich ist auch heute noch »eine schreckliche Strafe für ein schreckliches Verbrechen«. Ein Wort des bekannten Strafrechtkommentators Eduard Dreher, der gewiß noch nie als Anhänger einer weichen Linie im Strafrecht verdächtigt worden ist.
Eine schreckliche Strafe, an deren Anfang häufig genug Verzweiflung steht.

O-Ton Max:
Ich habe mein Urteil bekommen am 18. Dezember, und dann habe ich das gar nicht so schnell mitbekommen. Aber dann zu Weihnachten ist es mir erst zu Bewußtsein gekommen, was ich überhaupt bekommen habe . . . ich dachte auch wie verschiedene andere . . ., mach Schluß, das war das erste, ich war damals in Bayern, ich bin in Bayern verurteilt worden, ich kann mich also an diese Tage sehr gut erinnern und ich werde auch die niemals aus meinem Gedächtnis streichen können, gerade die Weihnachten 1970.

Michael Reissenberger:
Der oft schwierigen Eingewöhnungsphase folgt eine jahrelange Haftzeit, in der für die Lebenslänglichen auch keine Möglichkeit gegeben ist, an sogenannten Vollzugslockerungen teilzunehmen, etwa Ausführungen, das heißt Tagesbesuche bei Verwandten, geschweige denn Urlaub. Den sieht das Strafvollzugsgesetz für Lebenslängliche frühestens nach 10 Jahren vor, die Praxis schiebt diesen Zeitpunkt aber oft noch weiter hinaus.
Ein Jahrzehnt und länger Monotonie, Routine.

O-Ton Mathias:
Es ist nicht so schwer, wie man denkt, denn der Vollzugsalltag mit der ewigen Gleichmäßigkeit, mit dieser ständigen Reglementierung, hilft einem praktisch mehr oder weniger in so einem Vakuum zu leben. Das heißt, man kann sich da durchaus anpassen, und so seltsam das klingt und so schwer es klingt für Neue, die das nicht erleben, daß man drin ist - schon 14 Jahre, der muß ja allmählich schon verrückt werden, das ist nicht wahr, denn gerade dieser fantasielose Alltag hilft eigentlich mehr oder weniger über diese Zeit rumzukommen und diese Zeit regelrecht totzuschlagen. Bestimmte Gefühle, die nicht gebraucht werden, die gehen dann einfach verloren. Man wird einfach stumpfsinnig, man reagiert nicht mehr so gegen bestimmte Dinge, gegen Unrecht oder gegen sonst irgend etwas, sondern man guckt darüber hinweg. Man schafft sich so eine Art Elefantenhaut an, die vielleicht ganz gut ist, die aber auch so dick ist, daß sie alle anderen Werte dann gleichzeitig mit zerstört.
Das heißt, dieses Lebensgefühl, das läßt hier nach, das Lebensgefühl . . .

Michael Reissenberger:
Mathias hat sich dennoch bemüht, eine Lebensperspektive zu entwickeln, hat wie auch andere, die sich entwicklungsfähig zeigten, eine Lehre abgeschlossen, Berufsbildungskurse im Fernstudium absolviert. Hat so durch Arbeit die lange Zeit aktiv gestaltet, hat sich Etappe für Etappe durch die jahrzehntelange Haftzeit gebracht. Hat möglicherweise aber auch durch Arbeit die Probleme mit sich, die Probleme, die eine solch traumatische Tat auch für den Täter aufwirft, durch Arbeit zugedeckt.
Psychotherapeutische Hilfe ist auch heute noch fast ein Fremdwort für den normalen Strafvollzug. Die zwei Gefängnispsychologen in Bruchsal etwa können bestenfalls hier und da ein offenes Ohr, aber keine tiefgreifende Hilfe bieten. Der, der ehrlich bereut, der sich um ein klares Verhältnis zu seiner Tat bemüht und nicht in Selbstmitleid verfallen will, ist auf sich selbst gestellt. Selten, daß Hilfe von außen die Last verringert.

O-Ton Max:
Meine Frau kommt jeden Monat zu Besuch und wenn ich das nicht hätte, ich weiß nicht, ob ich die Jahre durchgehalten hätte. Und damals schon, als ich verurteilt worden bin, ich glaube nicht, daß ich es ohne meine Frau geschafft hätte. Für mich ist es schwer, aber ich kann es mir ganz gut vorstellen, für meine Frau noch viel schwerer, viel schwerer. Ich sehe es auch, wenn sie kommt, die ersten Jahre hat sie ja nur geweint jedes Mal. Damals haben wir uns ja unterhalten auf Scheidung, sie war immer dagegen damals.

Frage *Michael Reissenberger:*
Sie hätten es ihr freigestellt?

Weiter *O-Ton Max:*
. . . ja, denn ich konnte sie ja nicht zwingen zu warten, das geht ja nicht. Das geht auf gar keinen Fall. Ich habe ihr die Scheidung sogar vorgeschlagen, gleich anfänglich, als ich in Haft war, denn ich rechnete ja mit einem ähnlichen Urteil.

Michael Reissenberger:
Irgendwann, das ist eine Erfahrung, die auch alle Praktiker bestätigen, irgendwann ist der Zeitpunkt gekommen, da die Strafe an einem Menschen vollzogen wird, dem es schon aus Selbsterhaltungstrieb zunehmend unmöglich wird, in der Strafe noch einen Sinn zu sehen, der den Bezug zur Tat verloren hat.

O-Ton Mathias:
Das ist eine lustige Episode, durch meinen Umzug ist mir ein Teil meiner Anklageschrift verlorengegangen. Ich habe vergeblich versucht, mich zu erinnern. Also

wirklich, es war ernst, ich mußte das unbedingt wissen. Ich habe also fieberhaft nachgedacht, wie das so im einzelnen verlaufen ist, es ist mir nicht gelungen, das zu rekonstruieren. Nach dieser langen Zeit, da sind jetzt also gewaltige Lücken drin, und ich kann nur sagen, nach so langer Zeit, da verliert man einfach den Bezug dazu, man kann sich kaum noch an die Einzelheiten erinnern.

O-Ton Kurt:
Man muß das so sehen, ich kann heut' nicht jeden Tag mehr vor dem Spiegel stehen und sagen, du bist ein Mörder, du hast einen Tod auf dem Gewissen. Ich meine das Opfer von damals, das würde auch heute noch gerne leben, und so gesehen werde ich das auch nie verdrängen können oder ganz wegschaffen können. Ich kann heute mit dieser Tat leben. Das Gefühl für Strafe, das kann man 13, 14, 15 Jahre lang haben, aber wie gesagt, heute ist mir das unmöglich.
Das geht einfach nicht mehr, daß man sagt, man ist irgendwie 2 cm hoch bloß, sondern man steht ja heute wieder drin im Leben und ich glaube eben, daß ich das mit meiner Frau zusammen doch schaffen kann, mit dieser Tat zu leben und auch mit dem Bewußtsein, den Tod eines Menschen auf dem Gewissen zu haben.

Michael Reissenberger:
Der Gesetzgeber hat, und das ist zu respektieren, die Mindestverbüßungszeit auf 15 Jahre festgelegt. Dieser Zeitraum, der die deutschen den westeuropäischen Verhältnissen angleicht, wird als Zeitraum angesehen, der das Strafbedürfnis der Allgemeinheit befriedigt und dem Häftling noch eine realistische Chance auf Wiedereingliederung in die Gesellschaft läßt, eine berechenbare Chance, die an die Stelle der früheren Undurchschaubarkeit des Gnadenverfahrens treten sollte.
Denn damit wollte das Bundesverfassungsgericht aufräumen:
Mit jenem »Element der Unsicherheit, das jedes Bemühen auf Aufrechterhaltung der Hoffnung, auf ein Leben in Freiheit erschwert oder sogar vergeblich« machte, wie das einmal der Strafrechtsprofessor Otto Trifterer für das bis dahin geltende Gnadenverfahren beklagte. Im Gnadenverfahren entschied der Ministerpräsident mit seinen Referenten in Staatskanzlei und Justizministerium in einem für manchen Häftling undurchschaubaren Verfahren geräuschlos, aber, und das muß zur Ehrenrettung etwa der Baden-Württemberger Praxis gesagt werden: im Laufe der Jahre hatte sich doch eine quasi berechenbare Praxis herausgebildet, die nach ca. 18 bis 20 Jahren fast allen Lebenslänglichen die Freiheit wiedergab.
Von Ausnahmefällen abgesehen, die sich aber auch nach dem neuen Gesetz keine Hoffnung machen dürfen. Und es ist nicht ausgeschlossen, daß das neue gesetzliche Aussetzungsverfahren für manchen Häftling eine Verschlechterung bedeuten könnte. Denn nach dem Gesetz kommt eine Aussetzung der Reststrafe dann nicht in Frage, wenn die besondere Schwere der Schuld des Verurteilten eine weitere Strafvollstreckung gebietet. Die Gnadenbehörde konnte da flexibler entscheiden.

Zumindest für die Übergangszeit, bis die Strafvollstreckungskammern Tritt gefaßt haben, können die Häftlinge auch jetzt nicht mit Sicherheit einen bestimmten Entlassungszeitpunkt anpeilen.

O-Ton Richter Schubert:
Das ist natürlich wohl die heikelste Frage in diesem Gesetz. Man muß sich ja vor Augen halten, daß der Verurteilung zu lebenslanger Freiheitsstrafe grundsätzlich schwerster Schuld- und Unrechtsgehalt zugrunde liegt. Und es ist einfach nicht mehr viel Spielraum nach oben, was das Maß der Schuld anlangt. Es gibt bisher eigentlich keine, überhaupt keine Rechtsprechung zu dieser Frage, das ist etwas, was wir jetzt und auch die Beschwerdegerichte erst entwickeln müssen. Also Kriterien, was besondere Schwere der Schuld ist.

Michael Reissenberger:
Richter Schubert kann derzeit noch keine allgemein gültigen Kriterien nennen. Vielleicht wird beim Doppelmörder die Schuld schwerer wiegen, auch etwa besonders grausige Taten oder zusätzliche Freiheitsstrafen könnten ebenfalls nach Jahren und Monaten ins Gewicht fallen. Doch die gesetzliche Regelung läßt möglicherweise auch Raum für den Gedanken, daß nicht allein der äußere Zeitablauf der Haft quasi den Ausgleich für die Untat schafft. Das Naturell jedes Häftlings, sein Gewissensdruck, auch seine Fähigkeit, das beengte Leben hinter Gittern zu ertragen, das alles mag unterschiedlich sein. Und der Verlust an Lebenschancen ist sicher im frühen Erwachsenenalter größer, der jüngere Häftling wird schwerer getroffen als der, der erst im Herbst des Lebens seine Strafe antritt.
Hier sollte sich die künftige Rechtsprechung nicht selber Fesseln anlegen, denn manchmal können schon wenige Jahre die Chance auf Wiedereingliederung zunichte machen.
Aber die richterliche Arbeit wird zusätzlich erschwert durch die Frage nach der sogenannten Sozialprognose für den Häftling. Nämlich die gesetzlich gestellte Frage, ob verantwortet werden kann zu erproben, ob der Verurteilte außerhalb des Strafvollzugs keine Straftaten mehr begehe.
Im Prinzip ist diese Prognose gut, denn oft haben nur einmalige, schier ausweglose Konfliktsituationen zu dieser Mordtat geführt. Es ist statistische Tatsache, daß die sogenannte Rückfallquote bei entlassenen Lebenslänglichen praktisch Null ist. Problematisch für die Richter ist vor allem jene Tätergruppe, die einen Sexualmord begangen hat, problematisch auch deswegen, weil selten genug eine ausreichende Therapie geboten wurde.
Aber das Gesetz verlangt eine sichere Prognose: Bei der es wiederum sachverständigen Gerichtsgutachtern die wichtigste Rolle zuteilt. Doch viele Gutachter weichen dieser Verantwortung gerne aus, zumal sie am ehesten wissen, daß sichere Prognosen wissenschaftlich kaum einzulösen sind. Aber was soll sich der Häftling

denken und was der Richter, wenn ihm ein Gutachter, wie in einem Fall, zunächst schreibt:

> »Eine hinlänglich sichere Prognose kann derzeit nicht gestellt werden, weder eine gute noch eine schlechte.«

Und einige Sätze weiter schreibt er:

> »Nur das Ergebnis der Kastration könnte eine andere Beurteilung ermöglichen.«

Und ist das eine Erläuterung der vorgenannten Sätze, die zur Grundlage eines richterlichen Beschlusses gemacht werden kann, zur Grundlage auch, sich dem folgenschweren Eingriff der Kastration zu unterziehen, wenn der Fachmann einen Monat später formuliert:

> »In meinem früheren Schreiben habe ich angeführt, daß die Entfernung der Keimdrüsen die Prognose zwar entscheidend verbessert, aber unter Berücksichtigung der besonderen Qualität eine eindeutig günstige Prognose wohl kaum zuläßt, zumal wissenschaftliche Untersuchungen für diesen speziellen Fall nicht existieren bzw. mir nicht bekannt sind.
> Ob also eine (nur) relativ günstige Prognose der Gnadenbehörde bzw. Justiz ausreicht für eine baldige Entlassung, kann ich nicht beurteilen . . .«

Der Häftling, der nach jedem Strohhalm greift, wird vielleicht das Positive herauslesen, der Richter möglicherweise die Verantwortung scheuen.
Nicht nur hier ist die Dritte im Bunde, die Justizvollzugsanstalt, die ja den Häftling vorbereiten soll auf die Entlassung, in einer Zwickmühle, seitdem die Feinabstimmung mit der Gnadenbehörde, mit den jeweils zuständigen Referenten in Justizministerium und Staatskanzlei, nicht mehr möglich ist. Die Justizvollzugsanstalt muß als erste eine Prognose über den möglichen Entlassungszeitpunkt des Lebenslänglichen treffen.

O-Ton Anstaltsleiter Preusker, Bruchsal:
Ob diese Prognose sich realisiert durch eine entsprechende gerichtliche Entscheidung, wissen wir nicht. Das heißt, wir bedauern natürlich außerordentlich, wenn jemand, von dem wir meinen, er müßte in einem Jahr entlassen werden, nicht entlassen wird. Und dann müssen wir ihn weiter im offenen Vollzug behalten, und irgendwann ist die Belastbarkeit des Mannes erschöpft, und es kann dann zu Schwierigkeiten kommen, die, wenn man sich einigermaßen absprechen könnte mit den Gerichten, ausgeschlossen werden können.
Es wäre schon sehr günstig, wenn die Gerichte einfach früher entscheiden würden, also beispielsweise im 14. Strafjahr sagen würden, ob die Entlassung in Frage

kommt, dann kann man gemeinsam entsprechende Entlassungsvorbereitungsmaßnahmen treffen.

Michael Reissenberger:
So fühlen Sie sich ein bißchen zwischen Baum und Borke . . .

O-Ton Anstaltsleiter Preusker:
. . . richtig, genau das trifft zu. Wir hängen in der Luft, wir müssen Prognosen treffen, die für den Gefangenen ganz wichtig und einschneidend sind, und wir haben nicht den nötigen Kontakt zur Strafvollstreckungskammer. Uns ist die nötige Zusammenarbeit mit der Strafvollstreckungskammer eigentlich nicht möglich, weil eben das Gericht sich hier zurückzieht und sich nicht vorher auf Absprachen einläßt.

O-Ton Richter Schubert:
Mit allergrößter Zurückhaltung erörtere ich also mit Gefangenen die Möglichkeit, wann vielleicht zu einem anderen Zeitpunkt eine Entlassung erfolgen kann. Zum einen verträgt es sich ja mit dem Richterberuf ohnehin nicht also irgendwelche Zusagen zu machen, wie künftige Entscheidungen ausfallen könnten. Es kommt ja auch noch dazu, daß die künftige Entscheidung davon abhängt, wie die Entwicklung weitergegangen ist, das kann man ja auch nicht übersehen. Außerdem entscheide ich die Dinge nicht alleine, sondern wir sind drei Richter, und es ist darüber hinaus noch fraglich, ob ich bei einer künftigen Entscheidung noch mitwirke, weil ich dann möglicherweise aus der Strafvollstreckungskammer ausgeschieden bin.

Michael Reissenberger:
Einige Männer, die derzeit im offenen Vollzug in Bruchsal leben, unterliegen jenem unfreiwilligen Härtetest, der bei fehlender Koordination von Justizvollzugsanstalt und Strafvollstreckungskammer und Häftling in Zukunft auch andere ihrer Schicksalsgenossen unterzogen werden könnten.
Einer von ihnen ist Paul, dem das Gesetzgebungsverfahren im letzten Jahr noch in die Quere kam. Seit Mai 1981 ist er im offenen Vollzug, er kann also Tag für Tag heraus zu seiner Arbeitsstelle, er ist eigentlich in der Freiheit, kann auch am Wochenende zu seiner Familie und muß doch fast jeden Abend hinter Schloß und Riegel. Mit seiner Begnadigung war an sich bis zum Ende des letzten Jahres zu rechnen. Die Gnadenbehörde hat dann, in etwas voreiliger Manier, ihre Aktivitäten eingestellt, um den neu einzurichtenden Strafvollstreckungskammern nicht vorzugreifen. Und die wiederum nehmen ihre Geschäfte recht schleppend auf.

O-Ton Paul:
Man wird immer verbitterter hier. Und es wird auch immer schwieriger. Ich habe einen Haufen Angehöriger, Geschwister und eine Freundin, die darauf warten, daß ich wieder herauskomme. Meine Freundin, die ist die ganze Zeit allein, die kann das gar nicht begreifen, warum das so lange gehen soll, es ist für sie sehr schwierig, und sie ist darauf angewiesen, daß ich mit ihr zusammenlebe und daß wir unser Leben gemeinsam führen. Allein vom finanziellen Aspekt schon.
Und meine Geschwister sind mittlerweile der Meinung, daß ich mir hier dauernd etwas zuschulden kommen lasse und daß ich aus diesem Grunde nicht entlassen werde. Sie können einfach nicht begreifen, daß man fast 1 1/2 Jahre in der offenen Abteilung hier sitzen soll, wo es doch einfach geheißen hat, daß man nach spätestens 6 Monaten entlassen wird.
Und das ist auch am Arbeitsplatz so, der Arbeitgeber bei dem ich beschäftigt bin, der übernimmt mich wieder nach meiner Entlassung und der hat früher auch schon Leute hier aus der offenen Abteilung gehabt und die sind in aller Regel alle nach ein paar Monaten eben entlassen worden. Und jetzt werde ich auch dauernd gefragt, was ist denn eigentlich mit dir los, warum wirst du denn nicht entlassen, bist du ein besonderer Fall, oder kriegst du dauernd Meldungen, Strafmeldungen, daß du aus diesem Grund eben nicht entlassen wirst. Und ich kann nur immer wieder mit den Schultern zucken, ich weiß ja auch nicht, an was es liegt.

Michael Reissenberger:
Sollte Paul bei seinem langen Endspurt die Puste ausgehen, sollte er noch die Nerven verlieren, so wäre er ganz wider Willen ein erstes Opfer der Gesetzesreform.

Lebenslang: Das Dilemma einer lei(t)(d)vollen Sanktion Einige Aspekte zur Umsetzung von Entscheidungen des 2. Senats des Bundesverfassungsgerichts zur Vollstreckung der lebenslangen Freiheitsstrafe.

Axel Boetticher

I. Einleitung

Nach den grundlegenden Entscheidungen des 2. Senats vom 14. März 1972[1] und des 1. Senats vom 5. Juni 1973[2], die mitentscheidend für die Reform des Strafvollzuges in Deutschland angesehen werden, hat der 1. Senat mit seinem Urteil zur Vollstreckung der lebenslangen Freiheitsstrafe vom 21. Juni 1977[3] nicht nur unumkehrbare Maßstäbe für einen menschenwürdigen Behandlungsvollzug gesetzt, sondern erstmals auch den zu lebenslanger Freiheitsstrafe Verurteilten in den Resozialisierungsauftrag des Strafvollzuges mit einbezogen. Die Resozialisierung oder Sozialisation als das vom Staat zu gewährleistende herausragende Ziel des Vollzuges aller Freiheitsstrafen[4], dem auf Seiten des Verurteilten das grundrechtlich durch Art. 2 Abs. 1 in Verbindung mit Art. 1 GG geschützte Interesse an der Resozialisierung entspricht[5], sollte nach der Vorstellung des 1. Senats auch dem Lebenslänglichen die vorzeitige Entlassung zur Bewährung ermöglichen. Der Senat stellte ausdrücklich fest: »Die Androhung der lebenslangen Freiheitsstrafe findet ihre verfassungsrechtlich notwendige Ergänzung in einem sinnvollen Behandlungsvollzug«.[6]
Die Erkenntnis, daß die bisherige Begnadigungspraxis mit dem Wortlaut des § 2 Satz 1 des zum 1. Januar 1977 in Kraft getretenen Strafvollzugsgesetzes nicht mehr vereinbar war, veranlaßte den Gesetzgeber zur Schaffung des § 57 a StGB zum 1. Mai 1982 durch das Zwanzigste Strafrechtsänderungsgesetz vom 20. Dezember 1981 (BGBl. I S. 1329). Die von Anfang an umstrittene Vorschrift wird in ihrer konkreten Ausgestaltung auf eine Anregung des 1. Senats in den Gründen des Urteils vom 21. Juni 1977 zurückgeführt. Dieser hatte allerdings ohne nähere Abschätzung der Auswirkungen lediglich »beispielsweise« daran gedacht, »bei der

1 BVerfGE 33, 1.
2 BVerfGE 35, 202.
3 BVerfGE 45, 187.
4 BVerfGE 35, 202 <235>, 33, 1 <7 f.>
5 BVerfGE 35, 202 <236>.
6 BVerfGE 45, 187 <238>.

Festlegung des Entlassungszeitpunkts auch den Unrechts- und Schuldgehalt der zugrunde liegenden Mordtat zu berücksichtigen«[7].
»Die besondere Schwere der Schuld des Verurteilten« erhielt als Tatbestandsmerkmal des § 57 a Abs. 1 Nr. 2 StGB eine im voraus kaum abschätzbare Eigendynamik, deren schädliche Auswirkungen für den liberalen Behandlungsvollzug E. G. Mahrenholz früh erkannte und entgegenzuwirken suchte.
Die Befürchtung, mit der Aussetzung des Restes einer lebenslangen Freiheitsstrafe zur Bewährung, die nach einer Verbüßungszeit von 15 Jahren (§ 57 a Abs. 1 Nr. 1 StGB) möglich sein sollte, werde die symbolträchtige Strafe ausgehöhlt, beeinflußte von Anfang an die Auslegung und die praktische Handhabung des § 57 a StGB. Besonders die Strafvollstreckungsgerichte standen unter dem Druck öffentlicher Befürchtung, daß »Lebenslange« zu früh Urlaub haben und zu früh zur Bewährung entlassen werden könnten.
Die Furcht vor einer Erosion der lebenslangen Freiheitsstrafe durch eine Art »Entlassungsautomatik«[8] hat auch die Mehrheit im 2. Senat des Bundesverfassungsgerichts bei nachfolgenden Entscheidungen zur Vollstreckung der lebenslangen Freiheitsstrafe beeinflußt. Die Strafvollzugsreform wurde durch Schuld- und Unrechtskriterien korrigiert, um damit der insgesamt als zu liberal angesehenen Strafvollzugspraxis entgegenzuwirken.
E. G. Mahrenholz hat diese Entwicklung kritisch begleitet. Im folgenden sollen einige Beispiele aus dem Vollzugsalltag dargestellt werden. Sie bestätigen E. G. Mahrenholz Kritik und zeigen, daß das Anliegen des 1. Senats in seinem Urteil vom 21. Juni 1977, die lebenslange Freiheitsstrafe mit der den Verurteilten belastenden Begnadigungspraxis durch ein transparentes, die Chancen einer intensiven Resozialisierung wahrnehmendes Vollstreckungsverfahren abzulösen, von Anfang an konterkariert worden ist - zum Nachteil der Betroffenen.
Auch die Entscheidung des 2. Senats vom 3. Juni 1992 zur Aussetzung der Vollstreckung der lebenslangen Freiheitsstrafe ist nicht geeignet, Klarheit und Vorhersehbarkeit in das Vollstreckungsverfahren zu bringen. Der Gesetzgeber ist deshalb dringend aufgefordert, eine umfassende Reform der Bestrafung der Tötungsdelikte und der absoluten Strafandrohung der lebenslangen Freiheitsstrafe bei Mord anzugehen und die Vorschriften des Strafvollzugsgesetzes sinnvoll darauf abzustellen.

7 BVerfGE 45, 187 <251>, 86, 288 <291>.
8 So schon BTDrcks. 8/3218 S. 5, aufgenommen in BVerfGE 86, 288 <321>.

II. Die Einbeziehung von Schuldelementen in die Grundsätze des Behandlungsvollzuges und die Einzelentscheidungen im Strafvollzug

1. Die Strafvollzugsreform wurde schon durch die Verweigerung der Einführung wesentlicher Elemente, wie die Einbeziehung der Gefangenen in die Kranken- und Rentenversicherung und die Vorenthaltung der den allgemeinen Lebensverhältnissen vergleichbaren Arbeitsentgelte[9] aus überwiegend fiskalischen Gesichtspunkten an wichtigen Punkten nicht konsequent zu Ende geführt. Daneben ist nichts unversucht gelassen worden, sowohl bei den Verurteilten zu lebenslanger Freiheitsstrafe und dann auch bei den zu zeitiger Freiheitsstrafe Verurteilten die individuelle Tatschuld wieder in den Mittelpunkt der Strafvollstreckung zu stellen. Die möglichst konsequente und nachhaltige Vollstreckung der lebenslangen Freiheitsstrafe sollte dazu beigetragen, daß »das Vertrauen der Allgemeinheit in die Bestands- und Durchsetzungskraft der Rechtsordnung (hier der Lebensschutzsanktion)« nicht beeinträchtigt wird, weil ein Kratzen an der Leitfigur der höchsten Strafe »negative Auswirkungen auf das gesamte Sanktionsgefüge und Wertesystem zur Folge haben« könnte[10].

2. Am 28. Juni 1983[11] entschied der 2. Senat über die Verfassungsbeschwerde eines damals 78-jährigen Verurteilten aus dem sogenannten »Auschwitzverfahren« gegen die Versagung eines Urlaubs aus der Vollstreckung einer lebenslangen Freiheitsstrafe gemäß § 13 StVollzG. Er stellte fest, daß die Berücksichtigung der Schwere der Schuld auch bei Lockerungsmaßnahmen im Strafvollzug entgegen dem klaren Wortlaut und dem vom Gesetzgeber festgelegten Zweck des § 2 Satz 1 StVollzG mit dem verfassungsrechtlich fundierten Gedanken der Resozialisierung des Gefangenen vereinbar sei[12]. Zwar sah der Senat, daß die Schwere der Schuld kein eigenständiger vollzugsrechtlicher Begriff ist, gestattete aber doch bei der Entscheidung über den Urlaub einen Rückgriff auf die Feststellungen zur Schuld des strafgerichtlichen Urteils. Gegenüber dem Vorwurf, die Vollzugsbehörde maße sich mit der Schuldbewertung als Abwägungsgesichtspunkt für die Vollzugs-

9 Die BReg sieht keine Verpflichtung, das Arbeitsentgelt zu erhöhen, vgl. Antwort der Bundesregierung auf die Große Anfrage der Fraktion die Grünen, 10 Jahre Strafvollzugsgesetz, BTDrucks. 11/4302 v. 05.04.1989.
Das Unterlassen des Gesetzgebers wurde durch den zuständigen Vorprüfungsausschuß - als Berichterstatter wirkte der frühere Verfassungsrichter und vormalige Verantwortliche für den Strafvollzug in Bayern Prof. Dr. Niebler an den Entscheidungen mit - unter Hinweis auf den gesetzgeberischen Gestaltungsspielraum, der auch finanzielle Gesichtspunkte beinhalte, abgesegnet (vgl. z.B. Beschlüsse vom 24. Juni 1986 - 2 BvR 487/84 bzw. vom 21. Oktober 1986 - 2 BvR 737/86); vgl. *Boetticher,* Ötv in der Rechtspflege, Heft 52, September 1992, S. 3 f. <7>.

10 Vgl. Große Strafrechtskommission des DRB zu den Konsequenzen aus dem Beschluß des BVerfG vom 3. Juni 1992 (BVerfGE 86, 288), (nicht veröffentlicht) S. 58 = *Kintzi,* DRiZ 1993, 341 ff.

11 BVerfGE 64, 261 ff. = NJW 1984, 33 = NStZ 1983, 476.

12 BVerfGE a.a.O. <276>.

maßnahme richterliche Kompetenzen an, rettete er sich mit dem Argument, daß eine negative Urlaubsentscheidung keine richterliche Qualität habe. Dafür ist der Senat sowohl von E. G. Mahrenholz in seinem Sondervotum[13] als auch von Strafvollzugswissenschaftlern, aber auch von der Mehrzahl der Strafvollstreckungsgerichte zu Recht kritisiert worden[14].
Die Vermengung des Resozialisierungszieles im Behandlungsvollzug mit dem im Urteil ausgesprochenen Strafübel und die Begründung der Kompetenz der Vollzugsbehörden, Schuldelemente sowohl im formalen Ablauf der Vollstreckung als auch bei der Vorbereitung der Entlassung durch Urlaub und Vollzugslockerungen zu berücksichtigen, bedeuteten einen tiefen Eingriff in die noch nicht zu Ende gebrachte Strafvollzugsreform.
Der 2. Senat gab mit seiner Entscheidung den Anlaß, der Verurteilung zu »Lebenslang« wieder Geltung zu verschaffen und die Vollstreckung der lebenslangen Freiheitsstrafe mit Schuldelementen »aufzuladen«. Ohne Auseinandersetzung mit der Gefährlichkeitsprognose als wesentlichem Maßstab für die Entscheidung über Vollzugslockerungen und die Strafaussetzung zur Bewährung, wurde einer »schuldangemessenen« und damit in vielen Fällen symbolischen Vollstreckung der lebenslangen Freiheitsstrafe zum Durchbruch verholfen.

3. Der Versuch des 2. Senats, Schuldelemente in den Strafvollzug einzubeziehen, wurde wegen der offensichtlichen Unvereinbarkeit mit dem Strafvollzugsgesetz im Schriftum und überwiegend auch in der Rechtsprechung nicht aufgegriffen[15]. Das hinderte Teile der Politik und der Vollzugspraktiker jedoch nicht, den vom Senat entschiedenen Fall des 78-jährigen NS-Täters ungeachtet seiner Besonderheiten zum Anlaß zu nehmen, Schuldelemente nicht nur bei der Vollstrekkung der lebenslangen Freiheitsstrafe, sondern auch bei der zeitigen Freiheitsstrafe und selbst bei der Jugendstrafe einzubeziehen.
So gab das Bayerische Staatsministerium der Justiz unter dem Geschäftszeichen 4400-VIIa-2028/83 an den Leiter der Justizvollzugsanstalten eine Weisung über die »Berücksichtigung der allgemeinen Strafzwecke im Strafvollzug« heraus. In dieser forderte die ehemalige Staatsministerin Berghofer-Weichner die Grundsätze der Entscheidung des Senats vom 28. Juni 1983 nicht nur bei der Gewährung von Hafturlaub für Gefangene mit lebenslanger Freiheitsstrafe zu beachten. Auch bei Gefangenen mit zeitiger Freiheitsstrafe und bei Jugendstrafgefangenen

13 BVerfGE a.a.O. <286, 291>.

14 *Müller-Dietz,* JR 1984, 353; *Bemmann,* StV 1988, 549 ff.; *Schüler-Springorum,* StV 1989, 262 ff.; *Kreuzer,* in: 10 Jahre Strafvollzugsgesetz, Resozialisierung als alleiniges Vollstreckungsziel? Hrsg. *von Schwind/Steinhilper/Böhm,* 1988, 141 ff.; *Callies/Müller-Dietz,* StrVollzG, 5. Aufl., § 2 Rdn. 6, 10 m.w.N., AK StVollzG-*Feest,* 3. Aufl. § 2 Rdn. 3 ff.

15 OLG Düsseldorf vom 19.12.1989, ZfStV. 1990, 246; LG Heilbronn vom 15.05.1992, 1 StVK 299/91 (nicht veröffentlicht), allein a.A. OLG Bamberg vom 23.03.1989 mit ablehnender Anm. von *Müller-Dietz,* StV 1990, 29.

sowie bei anderen Vollzugsentscheidungen sollten diese Grundsätze gelten. Weiter wurde ausgeführt, daß zwischen Strafverfahren und dem Strafvollzug kein Bruch entstehen dürfe, daß »vielmehr neben der besonders wichtigen Zielsetzung der Resozialisierung des Straftäters und dem Schutz der Allgemeinheit auch die allgemeinen Strafzwecke des Schuldausgleichs oder der Sühne für begangenes Unrecht in den Strafvollzug hineinwirken können«.

4. Der Versuch Bayerns, bei der Behandlung des Gesetzesantrages des Landes Berlin vom 03.06.1988 (BRDrucks. 270/88) zur Änderung des Strafvollzugsgesetzes, diese Verwaltungspraxis auch durch Änderung des § 4 Abs. 1 abzusichern, scheiterte. Im Rechtsausschuß des Bundesrates führte der Vertreter Bayerns aus, das Bundesverfassungsgericht habe ausdrücklich anerkannt, daß die allgemeinen Strafzwecke auch in den Strafvollzug hineinwirkten. Außerdem entspreche es der Ehrlichkeit, wenn eine hieran orientierte Vollzugspraxis vom Gesetzgeber ausdrücklich bestätigt werde[16]. Der Begründung widersprach Minister Dr. Walter (Saarland) unter Hinweis darauf, daß der 2. Senat allein den Fall eines NS-Täters entschieden habe. Der Gesetzesentwurf des Bundesrates (BR-Drucks. 270/88) sah dann auch ausdrücklich keine Berücksichtigung der über § 2 StVollzG hinausgehenden allgemeinen Strafzwecke für Vollzugsentscheidungen vor. Aufgrund der sich aus Art. 20 Abs. 3 GG ergebenden Gesetzesbindung hätte die anderslautende bayerische ministerielle Weisung aufgehoben werden müssen.

5. Im Rahmen der vom Rechtsausschuß des Deutschen Bundestags am 16.02.1990 durchgeführten öffentlichen Anhörung[17] wurden so wesentliche Einwände gegen den Änderungsentwurf der Länder insgesamt vorgebracht, daß der Gesetzentwurf vom Deutschen Bundestag nicht verabschiedet wurde[18]. Aber bedeutet das Ende des Gesetzgebungsverfahrens auch, daß die Vollzugspraxis der Bundesländer sich wieder auf das besonnen hat, was das Strafvollzugsgesetz verlangt?

Daran muß gezweifelt werden, nimmt man als Elle die für Bayern noch immer gültigen Äußerungen von maßgeblichen Politikern wie weiland F. J. Strauß »Strafvollzug ist nicht ein Institut des 3. Bildungsweges«[19] oder die als ständige Rechtsprechung wirkende Entscheidung des OLG Nürnberg vom 21.07.1988, in der einem Lebenslänglichen auch nach 15 Jahren Haft trotz erfolgreicher Ausführungen

16 Vgl. Protokoll des BR-Rechtsausschusses v. 07.09.1988, S. 19/20.

17 Protokoll Nr. 71 des 6. Ausschusses des Deutschen Bundestages vom 16.02.1990 mit Anhörpersonen wie Calliess, Dünkel, Korndörfer, Müller, Otto, Schaal, Schüler-Springorum und Wagner.

18 Vgl. auch *Calliess/Müller-Dietz,* a.a.O., § 32 Rdn. 19.

19 *Rihl-Heyse,* Süddeutsche Zeitung vom 20. Mai 1989 über den Fall des Lebenslänglichen Dimitri Todorov, der auch nach 18 Jahren Freiheitsentzug noch keinen Hafturlaub und Freigang erhalten hatte.

und Ausgänge Urlaub versagt wurde[20]. In den Beschlußgründen wird trotz der nachhaltigen Kritik auf die Entscheidung des 2. Senats vom 28. Juni 1983 ausdrücklich Bezug genommen und die Strafvollzugsanstalt angewiesen, eine Prognose über eine noch lange Jahre andauernde voraussichtliche Haftdauer wohl mit der Notwendigkeit einer nachhaltigen Vollstreckung zu begründen. So heißt es, »wenn die Anstalt zu dem Ergebnis gelange, daß wegen der Schwere der Schuld des Strafgefangenen von mehr als 15 Jahren Haft« auszugehen sei, so könne sie dies bei ihrer Prognose einer etwaigen Fluchtgefahr im Falle von Urlaub berücksichtigen. An eine Entscheidung der Strafvollstreckungskammer zu der Frage der voraussichtlichen Haftdauer sei die Anstalt nicht gebunden, »da eine solche nicht vorgelegen habe.« Damit entledigte sich das Vollstreckungsgericht einer eigenen Einschätzung der voraussichtlichen Vollstreckungsdauer und die Vollzugsverwaltung, gebunden durch die Weisung des Ministeriums, bestimmte das Maß der weiteren Vollstreckung.

Dieser im Beschluß des OLG Nürnberg dokumentierte Zusammenhang zwischen Vollzugsverlauf und Aussetzungsentscheidung[21] ist kein Einzelfall, sondern hat aufgrund des Zusammenspiels von StGB, StPO und StVollzG Methode:

Einerseits verlangt § 7 StVollzG auch für den Lebenslänglichen einen Vollzugsplan, der eine sinnvolle Behandlung des Gefangenen mit dem Ziel der Entlassung zur Bewährung vorgeben soll. Für Gefangene mit zeitigen Freiheitsstrafen gehört die Vorbereitung durch Vollzugslockerungen wie Außenbeschäftigung, Ausgang und Freigang (§ 11 StVollzG) und Urlaub (§ 13 StVollzG) zur Normalität. Bei Lebenslänglichen ist die Gewährung von Ausgang und Freigang nur unter Beachtung von § 13 Abs. 3 StVollzG, also nur nach zehnjähriger Verbüßungszeit oder nach Überweisung in den offenen Vollzug, möglich. Sind diese Voraussetzungen gegeben, sind für die Entscheidung der Vollzugskonferenz Anordnungen wie die oben dargestellte Weisung des Bayerischen Staatsministeriums der Justiz, oder ohne direkte schriftliche Weisung, der praktizierte Vollzug der Aufsichtsbehörden maßgeblich. Da nach § 7 Abs. 3 Satz 3 der Verwaltungsvorschriften zu § 13 StVollzG die Aufsichtsbehörde bei Urlaubsgewährung zustimmen muß, schlägt ihre Einstellung zum Vollzug der lebenslangen Freiheitsstrafe auf den Vollzugsverlauf durch.

Eine Aussetzungsentscheidung nach § 57 a StGB wiederum scheitert im Regelfall, wenn eine günstige Sozialprognose nicht aufgebaut und begleitet von Erprobungen entwickelt werden kann. Ohne einen solchen Verlauf kann die Stellungnahme einer Vollzugsanstalt zur Gefährlichkeitsprognose nur äußerst zurückhaltend sein.

20 Az. 43/88 zu 3 StVK 11/978 (2) LG Regensburg in Straubing (nicht veröffentlicht).
21 So *Fünfsinn:* Die Rückwirkung des § 57 a StGB auf die Bestrafung wegen Mordes, GA 1988, 164 <176>.

Eine Möglichkeit, der Unauflöslichkeit von nicht durchgeführter Behandlung unter Einschluß von Vollzugslockerungen und fehlender positiver Prognose zu entgehen, bietet dagegen die weitaus einfachere Prognose über die wahrscheinliche Verbüßungszeit unter Bewertung der besonderen Schwere der Schuld nach § 57 a Abs. 1 Nr. 2 StGB. Der Preis für diesen Weg ist jedoch hoch: Wenn die Vollzugskonferenz unter Heranziehung der Urteilsgründe des Schwurgerichtsurteils eine besondere Schwere der Schuld feststellt und daraufhin eine wahrscheinliche Vollzugsdauer feststellt, die sich mangels richterlicher Erkenntnis an keinerlei Maß, sondern allenfalls an einem von der Aufsichtsbehörde vorgegebenen Durchschnittswert für die Haftdauer bei Lebenslänglichen orientieren kann, kommt als unausgesprochener, aber politisch gewollter Maßstab eine Vollzugsdauer um die 20 Jahre heraus. Entspricht diese dann auch zufällig der vom Bundesverfassungsgericht ermittelten Durchschnittszahl von 19,5 Jahren aus der Zeit vor Einführung des § 57 a StGB und der davor geübten Begnadigungspraxis, so enfaltet sich ein allumfassender Legitimationsschleier, der die Bedürfnisse der Lebenslänglichen im Keim erstickt.
Bei einer solchen durchschnittlichen Dauer ergibt sich allenfalls ab einer Verbüßungsdauer von 15 Jahren die Notwendigkeit von Vollzugslockerungen und Entlassungsvorbereitungen. Bis dann diese ja auch notwendigerweise längerfristigen Versuche erfolgreich sind, vergehen wieder etliche Jahre ungenutzt.
Daß hier ein Potential von massiven Auseinandersetzungen zwischen den Verurteilten und den Vollzugsanstalten und Aufsichtsbehörden angelegt ist, versteht sich von selbst. Jeder Verurteilte, der sich »uneinsichtig« zeigt, weil er sich im Vollzug um seine Resozialisierung müht und auf rechtzeitige Vollzugslockerungen zur Erreichung eines frühen Entlassungszeitpunktes nach der Mindestverbüßungsdauer vom 15 Jahren nach § 57 a Abs. 1 Nr. 1 StGB besteht, ist in diesen zusätzlichen gesetzlichen Fesseln gefangen.

6.1 Gerade zur Durchleuchtung des Vollzugsablaufes hat E. G. Mahrenholz als Berichterstatter zu der Entscheidung des 2. Senats vom 3. Juni 1992 etliche Fragen an die Landesjustizverwaltungen gestellt. Der Senat hat die wesentlichen Anworten als Tatsachenmaterial in die Entscheidungsgründe aufgenommen[22]; er hat jedoch für seine Entscheidung nicht die notwendigen Konsequenzen gezogen.
Anlaß für die Aufarbeitung des der Anwendung des § 57 a StGB vorausgehenden Vollstreckungsverfahrens war im Verfahren 2 BvR 1041/88 des Beschwerdeführers P. der sich aus den beigezogenen Vollstreckungsakten ergebende Ablauf von insgesamt fast 18 Jahren Freiheitsentziehung in einer JVA des Landes Hessen. Erkennbar wurde hier die Vorprägung der gesamten Vollstreckung durch die erste Vollzugskonferenz der JVA Schwalmstadt vom 15.01.1985[23]:

22 BVerfGE 86, 288 <328 f.>.
23 Auszugsweise wiedergegeben in BVerfGE 86, 288 <330>.

Die sich wie eine Strafzumessung eines Urteils lesende Begründung einer »schuldangemessenen Verbüßungsdauer von 19 Jahren« legte nicht nur nach der »Mindestschuld-Theorie« eine über 15 Jahre hinausgehende Haftzeit fest, weil »diese Verbüßungsdauer zum einen als angemessener Schuldausgleich als erforderlich, aber unter Berücksichtigung der Tatbegehung auch als ausreichend angesehen« würde; sie bildete auch ein Korsett, aus dem sich der Gefangene trotz aller allseits anerkannten Resozialisierungserfolge nicht befreien konnte.
An den von der Vollzugskonferenz festgelegten 19 Jahren ist während des weiteren Vollzuges - von allen Seiten ungeprüft - festgehalten worden. Der zuständige Justizminister des Landes Hessen hat den Zeitraum von 19 Jahren in einer Vielzahl von Stellungnahmen gegenüber dem Landtag und sogar gegenüber dem Bundesverfassungsgericht übernommen. Die zuständige Staatsanwaltschaft Darmstadt hat ihr Rechtsmittel gegen den noch im Laufe des Verfassungsbeschwerdeverfahrens ergangenen Entlassungsbeschluß der Strafvollstreckungskammer Marburg auf die Verbüßungszeit von 19 Jahren, als der Schuldschwere angemessenen Haftzeit, gestützt. Selbst das Oberlandesgericht Frankfurt hat die 19 Jahre nicht in Frage gestellt, sondern 14 Monate vor ihrem Ablauf im Rahmen der vollstreckungsrechtlichen Gesamtabwägung die weitere Vollstreckung plötzlich nicht mehr für »geboten« im Sinne des § 57 a Abs. 1 Nr. 2 StGB gehalten und so die Entlassung des sich seit über einem Jahr im Freigang befindlichen Beschwerdeführers bestätigt.
Der 2. Senat hat bei der Würdigung dieses Einzelfalles die Vorprägung des weiteren Vollstreckungsverfahrens lediglich für *möglich* gehalten, das Vorgehen der Justizverwaltung aber nicht verallgemeinert und nicht als gleichwertiges Problem neben der Auslegung der besonderen Schwere der Schuld und deren verfahrensmäßiger Bestimmung in die Gesamtlösung einbezogen. Wäre das geschehen, hätte die verfassungsrechtlich gebotene Anwendung des § 57 a StGB unter stärkerer Beachtung der Maßstäbe des Urteils des 1. Senats vom 21. Juni 1977 zur lebenslangen Freiheitsstrafe eine kritische Betrachtung auch der Vorschriften des Strafvollzugsgesetzes notwendig gemacht. Eine wirklich aufeinander abgestimmte Lösung hätte dann insgesamt dem Gesetzgeber überlassen werden müssen.
6.2 Der Fall des Beschwerdeführers P. in Hessen ist nämlich kein Einzelfall. Der Fall des Gefangenen X aus einer bayerischen JVA zeigt, daß die Vorprägung durch den Vollzug üblich ist. Der wegen Mordes, Mordversuches und weiterer Erpressungen und Diebstähle 197... verurteilte, damals kaum 20 Jahre alte Strafgefangene war bereits 1990 15 Jahre in Haft und begehrte Klarheit über den Zeitpunkt einer Erledigung seiner Schuldschwere und den Beginn von Vollzugslockerungen zur Vorbereitung seiner Entlassung nach § 57 a StGB. Über die Gewährung von Vollzugslockerungen entschied die Beamtenkonferenz:

> »Ausgehend davon [bei der Strafzumessung wurde zweimal eine lebenslange Freiheitsstrafe und eine Gesamtfreiheitsstrafe von ... Jahren ausgesprochen] muß aufgrund der

Schwere der Schuld wohl von einer Strafzeit von deutlich *mehr als 20 Jahren* ausgegangen werden. Der danach verbleibende, ganz erhebliche Strafrest stellt einen erhöhten Fluchtanreiz dar.
Nur der Vollständigkeit halber wird darauf hingewiesen, daß auch Ermessenserwägungen derzeit gegen die Gewährung von Besuchsausgang sprechen. Der Strafzweck des gerechten Schuldausgleichs gebietet beim derzeitigen Vollstreckungsstand die Versagung der beantragten Vollzugslockerungen. Es ist vielmehr zum Erreichen dieses Zwekkes noch ein nachhaltiger, unausgesetzter Strafvollzug ohne Lockerungen erforderlich, der einen gezielten und spürbaren Leidensdruck erzielen soll, um dem Gefangenen die Verwerflichkeit seiner Taten deutlich vor Augen zu führen . . .«.

Die Strafvollstreckungskammer nimmt in ihrem Beschluß aus dem Jahr 1992[24] Bezug auf die Stellungnahme der JVA zu den Bemühungen des Verurteilten. Sie gibt wieder, daß dem Gefangenen Vollzugslockerungen noch nicht gewährt worden seien, weil »der Strafzweck des gerechten Schuldausgleichs den weiteren Strafvollzug gebiete«. Bei der Festsetzung der Strafzeit entsprechend der Schwere der Schuld geht die Strafvollstreckungskammer wie selbstverständlich von einem Vergleich mit der »Mindestverbüßungszeit« von 15 Jahren aus. Sie kommt bei Anwendung ihres üblichen Maßstabes zu einer Verbüßungszeit von 22 Jahren. Damit wird der bisherige Vollstreckungsverlauf ohne jede Vollzugslockerungen legitimiert und die Frage nach der Prognose für die Erprobung einer Strafaussetzung »braucht derzeit wegen der obigen Entscheidung zur besonderen Schwere der Schuld nicht beantwortet zu werden«.

6.3 Das Zusammenspiel von Strafvollzugsverwaltung und Strafvollstreckungskammern zeigt auch ein Fall aus Nordrhein-Westfalen. Dazu wird sowohl von Gefangenen als auch von Betreuungspersonen berichtet, daß in den dortigen Anstalten vergleichbare Fälle mehrfach vorkommen. Auch hier wurde auf eine Anonymisierung wegen der Abhängigkeit vom Vollzug und den Strafvollstreckungskammern bestanden.

Der jetzt 22 Jahre einsitzende Gefangene Y bemüht sich seit über 9 Jahren trotz anerkannter Erfolge beim Nachholen von Schulabschluß und Weiterbildung vergeblich um eine Festlegung seiner voraussichtlichen Verbüßungszeit wegen besonderer Schwere der Schuld. Das Vollzugsamt erläuterte ihm unverbindlich, daß er mit mindestens 25 Jahren Haft zu rechnen hätte. Die StVK lehnte nach 15 Jahren die Entlassung ab und verwies ohne konkrete Zeitangabe auf die besondere Schwere der Schuld. Nach dieser Vorgabe wurden vorher bereits gewährte Aus-

24 Der Beschluß, der nach der Entscheidung des 2. Senats vom 03.06.1992 ergangen ist, liegt dem Verfasser vor. Zur Darstellung des Falles ist eine Anonymisierung notwendig, weil der Gefangene seine Unterlagen nur zur Verfügung stellen wollte, wenn er unerkannt bleiben würde. Die Furcht vor Nachteilen während des laufenden Entlassungsverfahrens bei der Festlegung der weiteren Haftzeit wegen der besonderen Schwere der Schuld ist groß und auch nach dem Beschluß des Senats vom 03.06.1992 nicht gewichen.

führungen wieder gestrichen und neue Anträge zur Vorbereitung weitergehender vollzuglicher Lockerungen abgelehnt.
Auch nach der Entscheidung des Bundesverfassungsgerichts bleibt das Dilemma des Gefangenen: Da noch nicht erkennbar ist, welche Linie das zuständige Oberlandesgericht bei der Festsetzung der Schuldschwere-Haftzeit entsprechend der Auslegung des 2. Senats zu dem Begriff des Besonderen in § 57 a Abs. 1 Satz 1 Nr. 2 StGB einnehmen wird, bemühen sich die Strafvollstreckungskammern um Zurückhaltung bei der Festlegung der weiteren Haftzeit aus Gründen der Schuldschwere. Im Fall des Gefangenen Y wird bei - auf der Grundlage der unverbindlichen Festlegung der Justizvollzugsverwaltung - zu früher Antragstellung darauf hingewirkt, den Antrag auf Festsetzung der Haftzeit zurückzunehmen oder ihn zumindestens später entscheiden zu lassen. So bleibt die Unsicherheit bei den Gefangenen, weil ihnen weder die Strafvollstreckungsgerichte eine Perspektive geben, noch eine konkrete Verpflichtung des Vollzuges besteht, mit Entlassungsvorbereitungen zu beginnen.
Folge der Entscheidung des 2. Senats ist, daß viele Gefangene, die nach der Rechtsprechung als sog. Altfälle angesehen werden, sich noch mehr als vorher in einem Vakuum fühlen. Ihre Bitten um Hilfe an außerhalb des Vollzuges stehende Personen offenbaren ihr ganzes Ausgeliefertsein und die Hilflosigkeit des Vollzuges und der Vollstreckungsgerichte.
Dem Verfasser liegen über den Kommentator der Alternativ Kommentars Strafvollzug - Professor Dr. Johannes Feest von der Universität Bremen - allein für die JVA Diez/Lahn informelle Umfragen über mehrere Altfälle vor, bei denen trotz Haftzeiten von über 30 Jahren die Frage nach der Schwere der Schuld nicht beantwortet ist und die Strafe nur im geschlossenen Vollzug vollstreckt wird. Zwar ist nicht auszuschließen, daß bei solchen langen Haftzeiten bei einem erheblichen Teil der Gefangenen die Prognose als ungünstig anzusehen ist, so daß hauptsächlich diese einer Entlassung entgegensteht. Gleichwohl gebietet die verfassungsgerichtliche Rechtsprechung schon seit der Entscheidung des 1. Senats vom 21. Juni 1977 und nunmehr erst recht seit der Entscheidung des 2. Senats vom 3. Juni 1992 die klare Entscheidung, ob die Vollstreckung aus Gründen des Schuldausgleichs oder wegen der weiterhin schlechten Prognose zu erfolgen hat. Lediglich bei Tätern, die für die Allgemeinheit gefährlich bleiben, soll das Resozialisierungsziel des Strafvollzuges nicht zum Tragen kommen können[25]. Der Schuldausgleich und die ihn konkretisierende Entscheidung über die Fortdauer der Haftzeit dürfen das Rezosialisierungsziel jedoch nicht behindern.

25 BVerfGE 45, 187 <258>.

III. Neues für den Verlauf der Strafvollstreckung durch die Entscheidung vom 3. Juni 1992?

1. Nicht näher eingegangen werden soll auf die verfassungsrechtlichen Aspekte der vom 2. Senat vorgenommenen Auslegung des § 57 a StGB und des Verfahrens nach § 454 StPO. Der gegen den Beschluß geäußerten Kritik, der Senat habe die Grenzen der verfassungskonformen Auslegung weit überschritten und sich selbst in die Rolle des Gesetzgebers begeben, ist beizutreten[26]. Dies gilt um so mehr, als der Gesamtkomplex der Verurteilung zu lebenslanger Freiheitsstrafe aufgrund des auch aus anderen Gründen umstrittenen Bestrafung wegen Mordes nach § 211 StGB im Hintergrund auf dem Prüfstein stand. Wie intensiv über die Folgerungen des Beschlusses des 2. Senats vom 3. Juni 1992 schon im Blick auf eine dem Gesetzgeber vorbehaltene Gesamtreform der Mordbestrafung nachgedacht werden muß, zeigen die im Auftrage des Bundesjustizministeriums angestellten Überlegungen der Großen Strafrechtskommission des Deutschen Richterbundes[27] zu den Auswirkungen der Entscheidung des 2. Senats.

1.1 Die Kritik von E. G. Mahrenholz an dieser Lösung in seinem Sondervotum, die Mehrheit des Senats habe entgegen der vom Gesetzgeber klar gewählten Systematik, die Bewertung von Schuld den Vollstreckungsgerichten zu einer Entscheidung über die Strafaussetzung zur Bewährung zu überlassen, diese nunmehr den Schwurgerichten übertragen, kommt zu spät[28]. Seine Absicht war es, dem Begriff der besonderen Schwere der Schuld solche an Art. 103 Abs. 2 GG orientierten Konturen zu geben, daß den zu lebenslanger Freiheitsstrafe Verurteilten mehr Chancen für eine gut vorbereitete Entlassung ohne Gefährdung der Allgemeinheit nach einer angemessenen Haftzeit eingeräumt worden wären.

Mit der quasi gesetzgeberischen Entscheidung des Senats erhält die Aufladung der Vollstreckung der lebenslangen Freiheitsstrafe mit Schuldelementen eine neue Qualität. Die Schwurgerichtskammer hat aus dem Inbegriff der Hauptverhandlung über den Ausspruch der absoluten Strafandrohung hinaus mitzubemessen, ob die Merkmale der Tat auch den Begriff der »besonderen« Schwere der Schuld (§ 57 a Abs. 1 Nr. 2 StGB) ausfüllen. Durch den revisiblen Strafzumessungsakt in einer ansonsten absoluten Strafandrohung und den damit verbundenen Kampf um die Haftzeit über die 15 Jahresgrenze hinaus wird die ohnehin schon wegen der Tatnähe emotional aufgeladene Hauptverhandlung zusätzlich belastet. Jedes Tötungsdelikt ist für die Angehörigen der Opfer und für die Verfahrensbeteiligten eine schwer zu verkraftende Auseinandersetzung um Gefühl, Rache und Vergeltung. Unter dem unmittelbaren Eindruck der Tat wird die weiterhin kontroverse, weil nach wie vor unklare Kontur der besonderen Schwere der Schuld häufig den

26 *Geis,* NJW 1992, 2938.
27 Zusammengefaßt von *Kintzi,* DRiZ 1993, 342 <348>.
28 Genauso *Meurer,* JR 1991, 441 <445>.

Anlaß geben, die Voraussetzungen für eine nicht nur die Mindestzeit von 15 Jahren andauernde Vollstreckung der Strafe zu schaffen[29]. Die Senatsmehrheit hat ihre Absicht durchgesetzt, den Bestand der lebenslangen Freiheitsstrafe als Gegensatz zur zeitigen Höchststrafe von 15 Jahren Freiheitsstrafe zu sichern. Sie hat einer faktischen Gleichstellung mit der zeitigen Freiheitsstrafe durch eine nur ausnahmsweise über 15 Jahre hinausgehende Vollstreckung einer lebenslangen Freiheitsstrafe entgegengewirkt und im Sinne des Justizministers des Freistaates Sachsen Heitmann das »richtige Signal« gesetzt[30]. Durch die verstärkte Annahme von besonderer Schuldschwere könnte sich ein höherer Anteil an wirklich Lebenslangen mit hohen Strafen herausbilden. Diese Strafzumessung wird sich durch die Entscheidungen der Strafvollstreckungsgerichte schwer korrigieren lassen.

Andererseits wird in Kauf genommen, daß wenn das Schwurgericht im Urteilstenor feststellt, daß ein Fall besonders schwerer Schuld nicht vorliegt, die lebenslange Freiheitsstrafe für Mord von vornherein in der Gewissheit ausgesprochen wird, daß der Verurteilte die lebenslange Freiheitsstrafe mit hoher Wahrscheinlichkeit nach 15 Jahren verbüßt haben wird. Hier wird die Widersprüchlichkeit des Konzepts besonders deutlich.

1.2 Der vor der Entscheidung vom 3. Juni 1992 zwischen mehreren Oberlandesgerichten ausgetragene und auch nach dem Beschluß fortgesetzte Streit um den »Mindestschuldansatz«, oder das über den durchschnittlichen Mord hinausgehende Mehr an Schuld als alleinigem Maßstab für die Anwendung des § 57 a StGB, sollte bald beendet sein[31]. Die Entscheidungen der Vollstreckungsgerichte könnten aufgrund der ausführlicheren Vorarbeiten der Schwurgerichte jedenfalls insoweit verläßlicher werden.

Die Fälle, in denen eine besondere Schwere der Schuld nicht festgestellt worden ist, geben dem Strafvollzug eine Vorgabe für eine wahrscheinliche Entlassung zum Überprüfungszeitpunkt von 15 Jahren nach § 57 a Abs. 1 Nr. 1 StGB. Der Vollzug hat das Vollstreckungsverfahren ganz auf die Überprüfung der Gefährlichkeit des Verurteilten zu konzentrieren und auf das Erreichen einer günstigen Prognose hinzuarbeiten. Hier wird die lebenslange Freiheitsstrafe in der Vollstreckung quasi zur zeitigen Freiheitsstrafe von 15 Jahren.

Bei den Fällen, in denen das Schwurgericht im Urteilstenor das Vorliegen einer besonderen Schwere der Schuld festgeschrieben hat, sind anders als in den sog.

29 So auch der Vizepräsident des BGH und Vorsitzender des 4. Strafsenats *Salger* DRiZ 1993, 391 <393>.

30 *Kintzi,* DRiZ 1993, 341 <348>.

31 Der Auffassung des Beschlusses des OLG Hamm vom 30.03.1993, NSZ 1993, 452 steht schon der Beschluß des 2. Senats vom 3. Juni 1992 entgegen und wird entsprechend dem Beschluß der 2. Kammer des 2. Senats vom 11.05.1993 (2 BvR 2174/92) zu einer vergleichbaren Entscheidung des OLG Nürnberg vom 17.11.1992 korrigiert werden. In diesem Sinne auch *Salger,* DRiZ 1993, 391 <393>; a.A. *Foth* NStZ 1993, 369.

Altfällen in den Urteilsgründen so viele objektive und subjektive Umstände der Tat enthalten, daß die Entscheidung nach § 57 a StGB über die tatsächliche Länge der Haft darauf gestützt werden kann. Diese Entscheidungen werden aber problematisch bleiben; die Große Strafrechtskommission des Deutschen Richterbundes kennzeichnet die Qualifizierung der Situation für die Vollstreckungsgerichte weiterhin als »altrömische Eingeweideschau«[32]. Man fragt sich, warum nicht bereits im Erkenntnisverfahren die konkrete Haftzeit festgelegt werden kann.

Die Unklarheit der Situation wird verstärkt dadurch, daß der Beschluß des 2. Senats vom 3. Juni 1992 nicht eindeutig vorgibt, ob die Strafvollstreckungsgerichte im Rahmen der vollstreckungsrechtlichen Gesamtwürdigung die Festlegung der »Schuldschwere-Haftzeit« wie bisher offenlassen können, oder ob sie diese Haftzeit bei entsprechender Antragstellung ausdrücklich festlegen müssen.

Die Entscheidung des 2. Senats kann nach der vorherigen Praxis jedoch nur in der Weise zu verstehen sein, daß die Strafvollstreckungsgerichte einen Doppelschritt zur Festlegung der Schuldschwerezeit und zur vollstreckungsrechtlichen Gesamtwürdigung unter Bewertung der Prognose vorzunehmen haben.

Vor der Entscheidung des 2. Senats hatte das Vollstreckungsgericht zunächst im Wege tatrichterlichen Ermessens eine Individualisierung der konkreten Schuldschwere vorzunehmen. Diese Entscheidung ist nunmehr den Schwurgerichten übertragen worden, ohne daß das Schwurgericht einen konkreten Zeitraum für die Haftzeit festsetzt.

Auf die zweite Ebene, also bei der Entscheidung im Verfahren nach § 454 Abs. 1 Satz 1 StPO i.V.m. § 57 a StGB, wurde die vollstreckungsrechtliche Bemessung der besonderen Schwere der Schuld in ein Verhältnis zur bisher verbüßten Zeit gesetzt. Es wurde entschieden, ob die bisher verbüßte Zeit zur Tilgung der Schwere der Schuld ausreicht. Wurde die Strafe zur Bewährung ausgesetzt, stand damit auch die Schuldschwerezeit fest. Wurde die Entlassung abgelehnt, so ließen die Strafvollstreckungsgerichte üblicherweise offen, wie lange die Schwere der Schuld die weitere Vollstreckung gebietet.

Dieser Zustand wurde vor allem als gesetzgeberische Lücke angesehen. Einzelne Gerichte, beispielhaft im Bereich des Hanseatischen Oberlandesgerichts Hamburg, teilten in den Beschlußgründen die wegen der Schuldschwere noch zu verbüßende Zeit mit. Diese gegebene Mitteilung war jedoch unverbindlich, weil es dafür keine gesetzliche Grundlage gab.

Der seinerzeit mutige Versuch des LG Marburg, diese Zeit verbindlich festzulegen, wurde vom OLG Frankfurt im Beschluß vom 08.08.1983[33] zwar begrüßt, aber dennoch gestoppt; die Lücke im Verfahren kann nur der Gesetzgeber schließen. Das OLG lehnte eine Festlegung der Verbüßungszeit wegen fehlender

32 Vgl. *Kintzi,* DRiZ 1993, 342 <346>.
33 OLG Frankfurt, NStZ 1983, 555.

Rechtsgrundlage ab und beließ es bei einer unverbindlichen Ablehnungsentscheidung.
Der 2. Senat hat zur Überwindung der Unverbindlichkeit und Unverläßlichkeit des früheren Gnadenverfahrens § 454 Abs. 1 Satz 1 StPO dahingehend verfassungskonform auslegt, daß im Falle der Ablehnung der Strafaussetzung zur Bewährung das Vollstreckungsgericht

> »nicht nur darüber entscheidet, ob deren weitere Vollstreckung zur Bewährung auszusetzen ist, sondern . . . auch, bis wann die Vollstreckung - unbeschadet sonstiger Voraussetzungen und Möglichkeiten ihrer Aussetzung - unter dem Gesichtspunkt der besonderen Schwere der Schuld fortzusetzen ist«[34].

Daraus ergibt sich, daß die Ablehnungsentscheidung inhaltlich teilbar ist. Der Verurteilte hat den verfassungsfesten Anspruch, daß die Vollstreckungsgerichte ihm verbindlich mitteilen, wie lange jedenfalls die besondere Schwere der Schuld einer Entlassung entgegensteht[35]. Anders hätte der wenig später in der Entscheidung des Senats ausgesprochene Satz keinen Sinn, wonach die zeitliche Festlegung der »Schuldschwerehaftzeit« später nicht mehr geändert werden kann. Diese Entscheidung bedeutet nicht, daß damit der Entlassungszeitpunkt feststeht, denn eine ungünstige Prognose oder erhebliche Vorkommnisse im Vollzug wie Entweichung oder Straftaten gegenüber Mitgefangenen oder dem Vollzugspersonal können die Entlassung hinauszögern. Der Meinung der Großen Strafrechtskommission des Deutschen Richterbundes, die Entscheidung über die aufgrund der Schuldschwere noch zu vollstreckenden Haftjahre könne in der vollstreckungsrechtlichen Gesamtwürdigung aufgehen, kann deshalb keinesfalls gefolgt werden[36].
Mit dieser Auffassung würde der Zustand vor der Entscheidung des 2. Senats wieder hergestellt werden und die unklare Situation der Gefangenen fortbestehen. Dies zeigt die Entscheidung der StVK Lüneburg in Celle vom 26.03.1993 (17 StVK 121/92), die inzwischen vom OLG Celle mit Beschluß vom 18.08.1993 (1 Ws 82/93) aufgehoben und zur erneuten Entscheidung zurückverwiesen worden ist. Zur Festsetzung der Haftzeit aus Schuldschweregründen heißt es dort:

> »Selbst bei Vorliegen der genannten Erkrankungen gebietet die besondere Schwere der Schuld hier die weitere lebenslange Vollstreckung der Freiheitsstrafe. Eine solche kann ihre Grenze allenfalls bei Haftunfähigkeit des Verurteilten finden (S. 7 des Beschlusses).«

34 BVerfGE 86, 288 <331>.
35 So auch *Stree:* Neue Probleme der Aussetzung einer lebenslangen Freiheitsstrafe, NStZ 1992, 464 <466>.
36 *Kintzi,* DRiZ 1993, 342 <346>.

Aus dieser Begründung wird deutlich, falls keine Trennung zwischen Schuldschweregründen und Prognosegesichtspunkten vorgenommen wird, wird der Gefangene ohne jede konkrete Hoffnung auf sein Resozialisierungsziel im Unklaren gelassen, wann die besondere Schuld getilgt ist und er eine Entlassungschance hat. Dies stellt einen Rückfall in die Zeit vor der Entscheidung des 1. Senats vom 27.06.1977 dar und ist am Maßstab des Beschlusses des 2. Senats vom 03.06.1992 schlicht verfassungswidrig.

1.3 Eine weitere, noch gravierendere Unklarheit der Entscheidung des 2. Senats ist darauf zurückzuführen, daß die bisherige Handhabung der informellen Vorprägung der Haftzeit aus Schuldschweregesichtspunkten durch den Strafvollzug nicht ausreichend in die Entscheidungsfindung einbezogen worden ist (vgl. oben unter II.6.2). Im Hinblick darauf, daß Vollzugsentscheidungen die Kenntnis des Schuldschwerezeitpunktes voraussetzen, stellt der Senat fest[37]:

»Danach ist es von Verfassungswegen erforderlich, aber auch genügend, daß die Strafvollstreckungsgerichte rechtzeitig vor Ablauf der Mindestverbüßungszeit von 15 Jahren - erforderlichenfalls auch vor Ablauf der in § 454 Abs. 1 Satz 4 Nr. 2 b StPO bezeichneten Verbüßungszeit von 13 Jahren - *erstmals* über den Zeitpunkt der Strafaussetzung entscheiden . . .« (Unterstreichung hier)

Auch diese Ausführungen sind durchaus auslegungsbedürftig.

Die Vollzugsverwaltung wird weiterhin das mit Schuldelementen aufgeladene Schwurgerichtsurteil als erste zu bewerten haben. Da die Festlegung der Haftzeit aus den Gründen der Schwere der Schuld nach dem Beschluß des Senats allein in einem Verfahren nach § 454 Abs. 1 Satz 1 StPO zu erfolgen hat[38], entscheidet sie praktisch mit ihrer ersten Festlegung einer wahrscheinlichen »Schuldschwere-Haftzeit« darüber, wann ein Antrag »rechtzeitig vor Ablauf der Mindestverbüßungszeit von 15 Jahren« hinreichende Aussicht hat.

Haben keine Vollzugslockerungen, geschweige denn Urlaube stattgefunden und fällt die besondere Schwere der Schuld aus dem Schwurgerichtsurteil erheblich ins Gewicht, geht der Gefangene nicht nur das Risiko einer negativen Aussetzungsentscheidung nach § 57 a StGB ein, sondern er riskiert auch, daß in diesen Fällen die fehlende Vorbereitung einer günstigen Prognose in die geforderte Festlegung der restlichen »Schuldschwere-Zeit« einfließt.

Mangels einer möglichst frühzeitigen Einbindung der Strafvollstreckungsgerichte in den Vollstreckungsablauf der lebenslangen Freiheitsstrafe bleibt es bei der oben beschriebenen Unsicherheit und Abhängigkeit der Verurteilten. Dies gilt sowohl

37 BVerfGE 86, 288 <331>.

38 OLG Frankfurt im Beschluß vom 19.07.1993 (3 Ws 260/93). Das OLG Hamm geht demgegenüber in seinem Beschluß vom 31.08.1993 (1 Ws (L) 13/93) sogar davon aus, daß die fragliche Entscheidung nur »in einem relativ nahen zeitlichen Vorfeld vor der gesetzlichen Mindestverbüßungszeit von 15 Jahren getroffen werden« kann.

für die Altfälle, bei denen wegen der beschriebenen Durchdringung von Vollzugsverlauf und Aussetzungsentscheidung in vielen Fällen noch nichts an konkreter Entlassungsvorbereitung geschehen ist, aber auch für alle Neufälle, für die die besondere Schwere der Schuld dem Grunde nach im Schwurgerichtsurteil festgestellt worden ist.
Auch hier ist das LG Marburg in einem Beschluß vom 03.12.1993 (7 StVK 540/92)[39] in Erkenntnis dieser Schwäche des Beschlusses des 2. Senats mutig vorangegangen. Zwar ist der zu entscheidende Altfall ein solcher, der keine besondere Schwere der Schuld aufwies und keine lange Verbüßungszeit aus diesem Grund nach sich ziehen wird. Der Antrag des Verurteilten wurde aber bereits nach 8 Jahren Haftzeit gestellt, obwohl die JVA nach dem Beschluß der Beamtenkonferenz die Auffassung vertreten hatte, es sei wegen der besonderen Schwere der Schuld eine Verbüßungszeit von 16 Jahren zu erwarten. Die JVA hatte deshalb eine Begutachtung im Hinblick auf Vollzugslockerungen erst für 1994 in Betracht gezogen. Hier entschied die StVK, daß ein Antrag auch sechs Jahre vor Ablauf von 15 Jahren Vollstreckung nicht verfrüht sei. Der Zeitpunkt, zu dem das Gutachten über Lockerungen in Auftrag gegeben werde, sei ein für die Entlassungsvorbereitung wesentlicher Moment, von dem alle Lockerungen abhingen.
Dieser bisher einzige Beschluß zeigt, wie dem Auftrag des 1. Senats in seiner grundlegenden Entscheidung zur lebenslangen Freiheitsstrafe entsprochen werden kann. In der seinerzeitigen mündlichen Verhandlung am 22. und 23.03.1977 hatte Triffterer als wesentlichen Grund für die Abschaffung des Gnadenverfahrens angeführt, daß ein von Unsicherheiten belasteter Behandlungsvollzug generell zu schlechten Ergebnissen führe. Diese Einschätzung deckt sich mit den Erfahrungen von Betreuungspersonen von Lebenslänglichen, die mitteilen, daß ein nicht feststehender Zeitraum noch zu verbüßender Strafe zu einem Rückzug in eine depressive oder auch aggressiv abwehrende Haltung führe, die verbunden sei mit einer ständigen Selbstverteidigung gegen einen zeitlich nicht berechenbaren Schuldvorwurf von seiten des Anstaltspersonals[40].
Es ist notwendig, daß die Erwägungen der StVK Marburg auch auf Fälle übertragen werden, in denen die besondere Schwere der Schuld angenommen worden ist. Nur so kann verhindert werden, daß die Gefangenen bis kurz vor der Mindestverbüßungszeit von 15 Jahren in einem Vakuum verharren und dann das Wechselspiel zwischen Vollzugsmaßnahmen und Entlassungsentscheidungen im oben dargestellten Sinne beginnt.
1.4 Schließlich läßt die Entscheidung des 2. Senats völlig offen, wo die Vollstreckungsgerichte eine zeitliche Obergrenze für die aus Schuldschweregründen

39 Beschluß bisher nicht rechtskräftig und nicht veröffentlicht.
40 *Bayer* u.a., MSchrKrim 1987, 171; *Weber,* ZRP 1990, 68 ff. *Feest,* Wider die lebenslange Freiheitsstrafe, Komittee für Grundrecht und Demokratie, 1992, 19 <25>. *Limbach,* Lebendig begraben, Lebenslange Freiheitsstrafe und Resozialisierung, Dokumentation 1991, 17 <21>.

zu verbüßende Haftzeit zu setzen haben. Zwar hatte der Senat in seiner Entscheidung vom 24. April 1986 für den Fall eines vielfachen erst mit 68 Jahren verurteilten, deshalb hochtbetagten NS-Täters das Kriterium entwickelt, daß die geforderte konkrete und grundsätzlich auch realisierbare Chance, der Freiheit wieder teilhaftig zu werden, nicht auf einen von Siechtum und Todesnähe gekennzeichneten Lebensrest reduziert werden dürfe[41]. Dies kann aber nicht der Regelfall der besonderen Schwere der Schuld sein. Mit E. G. Mahrenholz[42] muß der Gesetzgeber dringlich aufgerufen werden, diese Frage baldmöglichst zu lösen[43]. Das Warten auf Erfahrungen mit den von der Rechtsprechung zu entwickelnden Maßstäben wird den betroffenen Lebenslänglichen genauso wenig helfen wie der damalige Auftrag des 1. Senats, die Umsetzung seiner Entscheidung vom 27. Juni 1977 zu überprüfen[44]. Lebenslange mit Haftzeiten über 30 Jahre haben nicht mehr viel Zeit, auf die Beseitigung der auch nach Einführung des § 57 a StGB gebliebenen Unklarheiten zu warten.

Auch muß verhindert werden, daß es als mögliche Reaktion auf das vom 2. Senat nicht angegangene Problem der zeitlichen Obergrenze zu mehr solchen Entscheidungen kommt wie dem Beschluß des LG Karlsruhe vom 20. 12. 1993 (1 StVK 111/92). In diesem Beschluß wurde die Mindestverbüßungsdauer eines 1960 wegen vierfachen Mordes und einer Anzahl weiterer schwerer Delikte verurteilten gefährlichen Gewohnheitsverbrechers wegen der »exorbitant« hohen Schuld des Verurteilten auf *50 Jahre* festgesetzt. Damit soll ihm die Möglichkeit genommen werden, vor einem Alter von 72 Jahren zur Bewährung entlassen zu werden.

Ob dieser Beschluß rechtskräftig geworden ist und dem Senat rechtzeitig zur Überprüfung im Wege der Verfassungsbeschwerde vorgelegt worden ist, ist nicht bekannt.

IV. Zusammenfassung

Die Verlagerung der Auslegungskompetenz auf die Schwurgerichte im Wege verfassungskonformer Auslegung des § 57 a StGB i.V. mit § 454 StPO ist verfassungsrechtlich fragwürdig.

Diese Lösung kann nur diejenigen zufrieden stellen, die einer Erosion der lebenslangen Freiheitsstrafe entgegenwirken wollen. Auch nach dieser Lösung wird bei den Durchschnittsfällen des Mordes nach § 211 StGB regelmäßig eine Entlas-

41 BVerfGE 72, 105 <116>.

42 BVerfGE 86, 288 <352>.

43 Ansatzpunkte schon bei *Baltzer,* Zur Problematik der lebenslangen Freiheitsstrafe, StV 1989, 42 ff; jetzt bei *Kintzi,* DRiZ 1993, 341 <348>, der berichtet, daß die Große Strafrechtskommission mit 6 : 2 Stimmen einen Verzicht auf die absolute Strafandrohung für Mord empfohlen hat.

44 BVerfGE 45, 187 <252>.

sung nach 15 Jahren Haft möglich werden, so daß die lebenslange Freiheitsstrafe für diese Fälle faktisch zu einer zeitigen Freiheitsstrafe wird.
Die Altfälle und die Fälle mit besonders schwerer Schuld bleiben dagegen in einem weiterhin komplizierten Durcheinander von Vollzugs- und Vollstreckungsvorschriften; es fehlen Maßstäbe für die Bemessung der Schuldschwere und der Obergrenze. Die Gefangenen werden in einer Unsicherheit und Unbestimmtheit wie in der Zeit in der früheren Begnadigungspraxis belassen. Es bleibt auch weiter beim Hin- und Herschieben der Verantwortlichkeit für die vollzuglichen Maßnahmen als Basis für die Aussetzungsentscheidung nach § 57 a StGB.
Für die in unseren Gefängnissen lange einsitzenden Gefangenen hätte der 2. Senat verfassungsrechtlich Gebotenes und humanitär Sinnvolles bewirken sollen!
Vae Victis!

»Kleine Sünden bestraft der liebe Gott sofort . . .« - Zur Vollstreckung und (erneuten) Aussetzung von widerrufenen Strafresten

Heino ter Veen

I. Einleitung

Es ist nicht, wie der Titel nahelegen könnte, das Wirken des zu Ehrenden im Bereich der Kirche und die in seinem (wissenschaftlichen) Werdegang immer wieder kehrende Befassung mit Fragen des Kirchenrechts und der christlichen Ethik[1], welches eine Beschäftigung mit dem nachfolgenden Thema aufgedrängt hätte. Mindestens ebenso charakteristisch ist für ihn sein Engagement und seine Teilhabe am Schicksal derer, die gemeinhin auf eher unterer Stufe des gesellschaftlichen Ansehens angesiedelt sind und von daher kaum Fürsprecher in der Öffentlichkeit für die Publizierung ihrer Belange, die Verbesserung und Änderung ihrer (Rechts-)Situation erfahren. Gemeint sind die Strafgefangenen. Beleg für das beredte Eintreten für ihre Interessen mögen die von *Mahrenholz* im Laufe seiner Tätigkeit als Richter und Vizepräsident des Bundesverfassungsgerichts vorgelegten Sondervoten aus dem Bereich der Strafvollstreckung sein[2].
Eingedenk dieser Verbundenheit des Jubilars für die sich im Recht der Strafvollstreckung stellenden Rechtsfragen liegt es also nahe sich einem Ausschnitt der nach wie vor offenen und einer (auch) verfassungsrechtlichen Klärung harrenden Probleme aus diesem Bereich zu widmen. Eine besondere Bedeutung innerhalb des Vollstreckungsrechts muß dabei zweifelsohne dem Institut der Strafaussetzung zur Bewährung zugesprochen werden. Nach ihrer rechtlichen Konstruktion ist die Aussetzung keine Strafe eigener Art und auch keine bessernde Maßregel, sondern eine Modifikation der Vollstreckung, die bewirkt, daß die Vollstreckung einer erkannten Freiheitsstrafe aufgeschoben und diese dann später erlassen wird (§ 56g StGB), wenn der Täter die Widerrufsvoraussetzungen (§ 56f StGB) nicht erfüllt[3]. Die Aussetzung des Strafrestes zur Bewährung als ein Kernstück moder-

1 Vgl. hier nur *Mahrenholz*, Die Kirchen in der Gesellschaft der Bundesrepublik, 2. Aufl., 1971; ders., Kulturpolitik und konfessionelle Neutralität, in: Neue Sammlung, 1964, S. 240ff.; ders., Kirchen und das Konkordat, Aspekte des Staatskirchenrechts, in: Evangelische Kommentare 1980, S. 139ff.; ders., Staat und staatliches katholisch-theologisches Lehramt, in: Der Staat, 25. Band, 1986, S. 79ff.; siehe im übrigen Bibliographie des Jubiliars in vorliegender Festschrift.

2 Vgl. BVerfGE 64, 285 (Urlaub Lebenslänglicher aus der Haft); 82, 122 (Reichweite der Unschuldsvermutung); 86, 340 (Aussetzung einer lebenslangen Freiheitsstrafe).

3 Vgl. *Lackner*, 20. Aufl., 1993, § 56 StGB Rn. 2; *Dreher/Tröndle*, 46. Aufl., 1993, § 56 StGB Rn. 1a jeweils m.w.N.

ner Kriminalpolitik, wie es durch das 3. StÄG eingeführt und durch das 1. StrRG sowie das 23. StÄG erweitert worden ist, konstituiert einen Vorrang des Resozialisierungsgedanken bei der Vollstreckung von Strafen, indem einerseits die fragwürdige Vollstreckung kurzer Freiheitsstrafen zu verringern gesucht und dem Verurteilten in einer Art von ambulantem Strafvollzug zu einem Leben ohne Straftaten verholfen werden soll, ohne daß es der – häufig entsozialisierenden – Wirkungen des Strafvollzuges bedürfte. Andererseits ist es ein Ziel, dem Verurteilten, gegen den Strafe vollstreckt wird, den Rückweg in die Freiheit zu erleichtern, ihm die Chance auf eine Reststrafenaussetzung zu gewähren und sich durch den reibungslosen Verlauf der Bewährungszeit den Erlaß des Strafrestes zu verdienen[4]. Was nun aber soll mit denen geschehen, denen im Verlauf der angestrebten Bewährung ein Versagen vorzuhalten ist und bei denen es deshalb zu einem Widerruf der (Rest-)Strafaussetzung (§ 56f StGB), sei es aufgrund der Begehung einer neuen Straftat (§ 56 Abs. 1 Nr. 1 StGB), sei es aufgrund eines Auflagen- oder Weisungsverstoßes (§ 56f Abs. 1 Nr. 2 und 3 StGB), kommt? Haben sie den – verfassungsrechtlichen – Anspruch auf Resozialisierung verspielt und müssen sie die Strafe bis zu ihrem Ende verbüßen und erleiden? Der vorliegende Beitrag versucht diesen Fragen, beschränkt auf das Problem von Widerrufsresten[5], nachzugehen. Dazu soll im folgenden zunächst der in Rechtsprechung und Schrifttum entwickelte Meinungsstand dargestellt werden (II.), sodann eine Auseinandersetzung damit auf der Ebene der Auslegung des Gesetzesrechts erfolgen (III.), um schließlich überzuleiten in eine verfassungsrechtliche Bewertung der aufgeworfenen Rechtsfragen (IV.), die zum Gegenstand nicht nur die Konkretisierung der Legitimität von Eingriffen in das betroffene Freiheitsgrundrecht (Art. 2 Abs. 2 GG) haben muß, sondern das weitgehend unbeachtete Nebeneinanderstehen materiell- und verfahrensrechtlicher gesetzlicher Regelungen über die Strafvollstrekkung im Strafgesetzbuch und der Strafprozeßordnung einerseits und der als Anordnung an die Justizverwaltungen ausgestalteten Strafvollstreckungsordnung (StVollstrO)[6] andererseits im Hinblick auf den Gesetzesvorbehalt (Art. 2 Abs. 2 Satz 3 GG) zu thematisieren hat.

4 Vgl. hier nur *Dreher/Tröndle*, a.a.O., Vor § 56 StGB Rn. 1.

5 Unbestritten erscheint demgegenüber, daß eine Strafaussetzung zur Bewährung, die durch das erkennende Gericht ausgesprochen wird, im Falle ihres Widerrufs – nach entsprechender Vollstrekkung bis zu den Mindestverbüßungszeiten (§ 454b Abs. 2 Satz 1) – die Möglichkeit der Aussetzung eines Strafrestes nach § 57 Abs. 1 oder 2 StGB eröffnet; vgl. Dreher/Tröndle, a.a.O., § 57 StGB Rn. 4a; OLG Bremen, MDR 1959, 263; OLG München, MDR 1959, 324.

6 Siehe dazu neuerdings aus verfassungsrechtlicher Sicht Wolf/Jabel, Strafvollstreckungsordnung und Grundrechtsschutz, NStZ 1994, 63ff.

II. Aussetzung und Vollstreckung von Widerrufsresten - Der Meinungsstand

1. Es ist wohl eher die seltene Ausnahme, daß Rechtsentwicklung durch Rechtsfortbildung »von unten«, durch die Tatsachengerichte angestoßen wird; zumeist ist sie den Revisionsgerichten, mit der ihnen übertragenen Aufgabe zur Wahrung der Rechtseinheit - bei gleichzeitiger Herstellung einer gerechten Entscheidung[7] - belassen und die Tatgerichte orientieren sich an den von dort entwickelten Rechtsansichten. Manchmal verhält es sich dann doch anders. Einen in dieser Hinsicht bisher gesicherten Meinungsstand, wenn es ihn denn überhaupt gab, scheint das LG Hamburg mit der von ihm vertretenen Auffassung aufgebrochen zu haben, auch die Vollstreckung eines Strafrestes könne nach dem Widerruf seiner Aussetzung erneut zur Bewährung ausgesetzt werden[8]. Das Freiheitsgrundrecht (Art. 2 Abs. 2 Satz 2 GG) gewährleiste nach Maßgabe der materiell-rechtlichen Regelungen der §§ 57, 57a StGB, daß eine Freiheitsstrafe nicht länger vollstreckt werden dürfe als bis zu dem Zeitpunkt, zu dem nach dem anzustellenden Prognoseurteil - bei Einhaltung der entsprechenden Mindestverbüßungszeiten - die Entlassung aus dem Strafvollzug verantwortet werden könne. Dabei könne die Rechtskraft eines Widerrufs der erneuten Strafaussetzung zur Bewährung nach § 57 Abs. 1 StGB nicht entgegenstehen. Soweit sich die Vollstreckungsbehörde demgegenüber auf eine von ihr verfügte Änderung der Vollstreckungreihenfolge nach § 43 Abs. 2 a) i.V.m. § 43 Abs. 4 StVollstrO berufen habe, stehe dies mit der Verfassung nicht in Einklang. Die nach § 43 Abs. 2 a) StVollstrO geregelte Vollstreckungsreihenfolge stelle sich als bloße Verwaltungsregelung dar, die den Anforderungen gem. Art. 2 Abs. 2 Satz 3 GG nach einem gesetzlichen Grundlage für den Eingriff in das Freiheitsgrundrecht nicht genüge. Da die Festlegung der Vollstreckungsreihenfolge über den frühest möglichen Zeitpunkt entscheide, zu dem ein Verurteilter die Freiheit wiedergewinnen könne, bestehe - so das Landgericht unter Berufung auf das BVerfG[9] - von Verfassungs wegen eine Pflicht der Vollstreckungsbehörde, bei der Anschlußvollstreckung mehrerer nacheinander zu vollstreckender Freiheitsstrafen die frühestmögliche Aussetzungsreife herbeizuführen[10], also die Vollstreckung in der Weise zu regeln, daß auch der Widerrufsrest der erneuten Aussetzung vollen Umfanges fähig ist.

7 Vgl. nur *Kleinknecht/Meyer-Goßner*, 41. Aufl., 1993, Vor § 333 StPO Rn. 4 m.w.N.

8 LG Hamburg, NStZ 1992, 253 Leitsatz, mit im Ergebnis zustimmender Anm. *Volckart*; formal ebenso *Kleinknecht/Meyer-Goßner*, a.a.O., § 454b StPO Rn. 3a, in den Gründen jedoch abweichend.

9 BVerfG, NStZ 1988, 474; vgl. in Übernahme der vom BVerfG entwickelten Maßstäbe auch OLG Celle, NStZ 1990, 252; OLG Frankfurt, NStZ 1990, 147.

10 Vgl. im Einzelnen NStZ 1992, 253, 254; das LG sah sich befugt, den von ihm angenommenen Grundrechtseingriff, wie er in der fehlerhaften Änderung der Verbüßungsreihenfolge gesehen wurde, im Wege einer verfassungskonform korrigierenden Auslegung der Mindestverbüßungsdauer des § 57 Abs. 1 StGB zu beseitigen - vgl. darüber eingehend *Maatz*, Die Folgenbeseitigung verspäteter oder unterlassener Unterbrechung der Vollstreckung (§ 454b II 1 StPO), NStZ 1990,

2. Die Entscheidung des Landgerichts hat durch die in Rechtsprechung und Literatur vertretene - oder erst begründete - Mehrheitsmeinung heftigen Widerspruch erfahren. Ihr wird entgegengebracht, daß nach § 454b Abs. 2 Satz 2 StPO Strafreste, deren Aussetzung widerrufen worden sei, nicht mehr zur Herbeiführung eines gemeinsamen Entscheidungstermins zu unterbrechen wären[11]. Diese seien mithin voll, und zwar an erster Stelle zu vollstrecken[12]. Dabei komme die Regelung praktisch allein für die Strafreste in Betracht, die mehr als ein Drittel der Strafe betragen, denn nur für solche Strafreste wäre an sich eine Unterbrechung im Zwei-Drittel-Zeitpunkt der erkannten Strafe noch möglich[13]. Solche Halbstrafenaussetzungen dürften nach ihrem Widerruf nach Eintritt des Zwei-Drittel-Zeitpunktes nicht erneut unterbrochen werden. Hingegen sei die Vorschrift für widerrufene Strafreste von einer Zwei-Drittel-Entlassung an überflüssig, weil das Strafgesetzbuch für Strafreste keine Mindestverbüßungszeit kenne[14]. Festzustellen sei weiter, daß mit Inkrafttreten dieser Gesetzesvorschrift durch das 23. StÄG vom 13.4.1986[15] die Verwaltungsanweisung des § 43 Abs. 2a Satz 2 StrVollstrO, nach der ein solcher Strafrest unabhängig von seiner Größe gegenüber den in § 454b Abs. 2 Satz 1 StPO genannten Strafen in der Regel »vorab« zu vollstrecken sei, unangetastet geblieben wäre[16]. An diese Bestimmung der Vollstreckungsreihenfolge durch die Vollstreckungsbehörde sei die zur Entscheidung über die Strafaussetzung zur Bewährung berufene Strafvollstreckungskammer (StVK) gebunden[17]. Eine Abweichung von dieser Reihenfolge und eine erneute Unterbrechung eines widerrufenen Strafrestes sei nur ausnahmsweise möglich,

214ff. - und sogleich über die angestrebte Reststrafenaussetzung zu entscheiden, ohne den Verurteilten auf den insoweit grundsätzlich eröffneten Rechtsweg nach §§ 23 ff. EGGVG - siehe dazu grundlegend BGH, NStZ 1991, 205 - zu verweisen. Eine Auseinandersetzung mit den im einzelnen gegebenen Möglichkeiten zur Folgenbeseitigung verspäteter oder unterlassener Unterbrechung der Vollstreckung bzw. von Eingriffen in die Vollstreckungsreihenfolge soll hier dahinstehen, vgl. stattdessen *Maatz*, a.a.O.; *Wolf*, Die Nichtbeachtung des Zwei-Drittel-Zeitpunktes in der Vollstreckung des strafgerichtlichen Freiheitsentzuges, 1988; *Lackner*, a.a.O., § 57 StGB Rn. 32 m.w.N. auf Rspr. und Schrifttum.

11 Vgl. OLG Hamburg, MDR 1993, 261; OLG Hamburg, Beschluß vom 11. Februar 1993 (VAs 27/92) (unveröffentlicht); SchlHOLG Schleswig, Beschluß vom 18. Dezember 1992 (1 Ws 472-473/92) (unveröffentlicht); *Lackner*, 20. Aufl, 1993, § 57 StGB Rn. 31; *SK-Horn*, 1992, § 57 StGB Rn. 7; *Kleinknecht/Meyer-Goßner*, a.a.O., § 454b StPO Rn. 3a; *L-R-Wendisch*, 23. Aufl., 1986, § 454b StPO Rn. 22; *Funck*, Anm. zu LG Hamburg, NStZ 1992, 511.

12 Vgl. *L-R-Wendisch*, a.a.O., § 454b StPO Rn. 22; *KK-Fischer*, 3. Aufl., 1993, § 454b Rn. 19; *Greger*, Das 23. Strafrechtsänderungsgesetz, JR 1986, 353 (357); *Jabel*, Vollstreckung und Vollzug mehrerer Freiheitsstrafen nacheinander, MDR 1980, 718 (719).

13 Vgl. *Funck*, NStZ 1992, 511; *Kleinknecht/Meyer-Goßner*, a.a.O., § 454b StPO Rn. 3a; LG Heilbronn, NStZ 1989, 291 (292) mit zust. Anm. *Wendisch*.

14 So *Wendisch*, NStZ 1989, 293; *Funck*, NStZ 1992, 511; ebenso schon Jabel, MDR 1980, 718 (719) zur alten Rechtslage gemäß Stand der StVollstrO 1980.

15 BGBl. I, 393.

16 Vgl. BGH, NStZ 1991, 205; OLG Hamburg, MDR 1993, 261; *Funck*, NStZ 1992, 511.

17 So OLG Hamburg, MDR 1993, 261; ähnlich SchlHOLG Schleswig, Beschluß vom 18. Dez. 1992 (1 Ws 472-473/92).

wenn dafür ein wichtiger Grund im Sinne von § 43 Abs. 4 StVollstrO vorliege[18]. Die unterschiedliche Behandlung der Aussetzung von Widerrufsresten einerseits und der erkannten Freiheitsstrafen andererseits rechtfertige sich aus der unterschiedlichen Sach- und Interessenlage. Bei einem wegen Bewährungsversagens zu vollstreckenden Strafrest sei das Bedürfnis, dem Verurteilten eine Chance für eine erneute Strafaussetzung zu erhalten, zumindest nicht in demselben Maße wie bei anderen Freiheitsstrafen gegeben[19]. Der Verurteilte, bei dem sich die ursprünglich gestellte Prognose als falsch erwiesen habe, solle nach dem Sinn und Zweck des Widerrufs die Folgen seines Bewährungsversagens, nämlich den durch den Bewährungswiderruf angeordneten Vollzug der restlichen Freiheitsstrafe, alsbald spüren[20]. Im übrigen würde eine Unterbrechung der Vollstreckung eines widerrufenen Strafrestes oder eine Bestimmung der Vollstreckungsreihenfolge, bei der der Widerrufsrest erst nach der Vollstreckung einer erneuten Strafe notiert und damit die Aussicht auf eine gemeinsame Aussetzungsentscheidung (§ 454b Abs. 3 StPO) entstehen würde, zu einer sachlich nicht gerechtfertigten Privilegierung des wegen neuer innerhalb der Bewährungszeit begangener Straftaten zu einer weiteren Freiheitsstrafe Verurteilten gegenüber demjenigen führen, dessen Widerruf der Strafaussetzung zur Bewährung aufgrund weniger schwerwiegender Widerrufsgründe eines Auflagen- und Weisungsverstoßes (§§ 57 Abs. 3, 56f. Abs. 1 Satz 1 Nr. 2 oder 3 StGB) vollstreckt wird. Ebenso werde der geständige Proband benachteiligt, bei dem - wegen seines Geständnisses - der Widerruf sofort erfolgen könne, so daß der Strafrest von ihm voll zu verbüßen sei, während hingegen der bestreitende Proband, bei dem über den Widerruf erst nach rechtskräftiger neuer Verurteilung entschieden werde, die Chance eingeräumt erhalte, daß der Widerrufsrest nach Vollstreckung von zwei Dritteln der Neuverurteilung erneut zur Bewährung ausgesetzt werde[21]. Entgegen der Ansicht des LG Hamburg könne aus der Entscheidung des Bundesverfassungsgerichts vom 2. Mai 1988[22] auch nicht hergeleitet werden, daß bei mehreren zu vollstreckenden Freiheitsstrafen die früheste gemeinsame Aussetzungsreife herbeizuführen sei, ohne daß es darauf ankomme, ob es sich um erstmalig zu vollstreckende Freiheitsstrafen oder

18 Vgl. LG Heilbronn, NStZ 1989, 291 (292) mit zust. Anm. *Wendisch*; OLG Stuttgart, NStE Nr. 3 u. 4 zu § 43 StVollstrO; OLG Bremen, Beschluß vom 5. April 1993 (VAs 4/92 (BL 255/92) (unveröffentlicht).

19 BGH, NStZ 1991, 205; OLG Hamburg, MDR 1993, 261 (262); OLG Bremen, Beschluß vom 5. April 1993 (VAs 4/92 (BL 255/92)); ähnlich *Funck*, NStZ 1992, 511, der meint, das Gesetz bewerte das Bewährungsversagen als so schwerwiegend, das es die Vollstreckung des gesamten Strafrestes vorschreibe; ebenso SchlHOLG Schleswig, Beschluß vom 18. Dezember 1992 (1 Ws 472-473/92).

20 Vgl. OLG Stuttgart, NStE Nr. 3 zu § 43 StVollstrO; OLG Bremen, Beschluß vom 5. April 1993 (VAs 4/92 (BL 255/92)); *Funck*, NStZ 1992, 511.

21 Siehe dazu OLG Bremen, Beschluß vom 5. April 1993 VAs 4/92 (BL 255/92)); SchlHOLG Schleswig, Beschluß vom 18. Dezember 1992 (1 Ws 472-473/92); *Funck*, NStZ 1992, 511f.

22 NStZ 1988, 474f.

Strafreste handele. Das BVerfG habe den Maßstab für die Grundrechtsbeeinträchtigung der zwingenden gesetzlichen Vorschrift selbst entnommen. Da wegen § 454b Abs. 2 Satz 2 StPO eine solche gesetzliche Regelung bei Widerrufsresten hingegen fehle, sei eine Übertragung der Wertung des BVerfG auf diesen Sachverhalt nicht möglich[23].

3. Eine vermittelnde Meinung will demgegenüber durch die Regelung des § 454b Abs. 2 Satz 2 StPO eine nochmalige Unterbrechung der Vollstreckung eines Strafrestes, der schon ausgesetzt war und hinsichtlich dessen die bedingte Entlassung widerrufen worden ist, nicht generell ausschließen[24]. Zwar könne eine solche Unterbrechung nicht nach § 454b Abs. 2 StPO vorgenommen werden, da dies durch Satz 2 der Vorschrift konsequent ausgeschlossen wäre. Möglich bleibe jedoch eine Unterbrechung aus prognostischen Gründen; dazu habe die Staatsanwaltschaft als Vollstreckungsbehörde eine abweichende Reihenfolge der Vollstreckung aus wichtigem Grunde nach § 43 Abs. 4 StVollstrO zu bestimmen, die jedoch ins pflichtgemäße Ermessen gestellt bleibe[25]. Ein wichtiger Grund könne dabei in der Änderung der Prognoseerwartung nach vorangegangener Verbüßung weiterer (auch der neueren) Strafen bis zum Zwei-Drittel-Zeitpunkt liegen, insbesondere dann, wenn die Dauer der weiteren Strafe erheblich ist und nicht ausgeschlossen werden könne, daß bereits deren Vollzug den Veurteilten günstig beeinflussen werde[26].

III. Zur Kritik des Meinungsstandes

Die gegen die nochmalige Aussetzung von widerrufenen Strafresten vorgebrachten Bedenken greifen nicht durch. Die Reihenfolge ihrer Vollstreckung ist im Falle der Anschlußvollstreckung (§ 454b StPO) gemeinsam mit neueren anderen Strafe in der Weise zu bestimmen, daß dem Verurteilten die Chance der Entlassung in Freiheit zum Zeitpunkt der frühestmöglichen Aussetzungsreife eröffnet wird.

1. § 454b Abs. 2 Satz 2 StPO steht dieser Lösung nicht entgegen. Der Gang der Gesetzgebung zu der mit dem 23. StÄG neu geschaffenen Vorschrift liefert keine

23 Eingehend dazu OLG Hamburg, MDR 1993, 261 (= StV 93, 256 (257)); OLG Bremen, Beschluß vom 5. April 1993 (VAs 4/92 (BL 255/92)); SchlHOLG Schleswig, Beschluß vom 18. Dez. 1992 (1 Ws 472-473/92); siehe auch OLG Hamburg, Beschluß vom 11. Februar 1993 (VAs 27/92).

24 Vgl. dazu insbes. LG Heilbronn, NStZ 1989, 291, mit zust. Anm. *Wendisch.*

25 Näher dazu LG Heilbronn, NStZ 1989, 291 (292); *Wendisch,* NStZ 1989, 293; der BGH, NStZ 1991, 205, hat demgegenüber ausdrücklich offengelassen, ob der Gang der Gesetzgebung zu § 454b StPO in diesem Sinne ausgelegt werden muß.

26 Vgl. OLG Stuttgart, NStE Nr. 3 zu § 43 StVollstrO; LG Heilbronn, NStZ 1989, 291 (292); *Wendisch,* NStZ 1989, 293.

Aufschlüsse darüber, daß der Gesetzgeber, anders als für zu vollstreckende Freiheitsstrafen im übrigen, bei widerrufenen Restfreiheitsstrafen die Möglichkeit ihrer Aussetzung hat verschließen wollen. Nach der Gesetzgebungsgeschichte[27] enthielt zwar der Regierungsentwurf den heute geltenden Satz 2 der Regelung; eine Begründung dafür wurde jedoch nicht gegeben[28]. In der Beschlußempfehlung des Rechtsausschusses fehlte er dann, ohne daß sich aus den Materialien allerdings auch insofern Gründe dafür ersehen ließen[29]. Dies blieb in der zweiten und dritten Lesung des Bundestages unbeanstandet[30]. Erst auf Empfehlung des Rechtsausschusses zur Anrufung des Vermittlungsausschusses kam der Vorschlag auf, die ursprünglich vorgesehene Regelung wieder aufzunehmen[31], was denn schließlich auch so von diesem unterbreitet wurde[32] und geschah. Welche Gründe dafür maßgeblich sein sollten, ergibt sich aus den Materialien wiederum nicht[33].

2. Die von der herrschenden Meinung vorgenommene Auslegung des § 454b Abs. 2 Satz 2 StPO, der sich nur auf Halbstrafenaussetzungen beziehen und nach ihrem Widerruf eine nochmalige Aussetzung hindern soll, wo hingegen widerrufene Zwei-Drittel-Reste dem Anwendungsbereich der Vorschrift entzogen seien[34], erscheint deshalb wenig überzeugend. Für sie könnte zwar der Wortlaut von Satz 2 sprechen. Indes erweist sich der Wortlaut selbst als offen. Er eröffnet ebenso eine Auslegung, § 454b Abs. 2 Satz 2 StPO lediglich im Sinne einer Klarstellungsfunktion zu verstehen. Durch die Vorschrift von § 454b StPO ist eine bis dahin fehlende bundeseinheitliche gesetzliche Unterbrechungsregelung geschaffen worden, die eine einheitliche und gleichzeitige Entscheidung über die Strafaussetzung zur Bewährung bei mehreren zu vollstreckenden Freiheitsstrafen nach Ablauf von bestimmten *Mindestverbüßungszeiten* zum Ziel hatte (Ganzheitsmethode und Konzentrationsprinzip)[35]. Da es für Strafreste, die zum Zwei-Drittel-

27 Vgl. zu ihrer Referierung *L-R-Wendisch*, a.a.O., § 454b StPO Rn. 21.

28 Vgl. BTDrucks. 10/2720, S. 6 u. 15.

29 Vgl. BTDrucks. 10/4391, S. 10 u. 19.

30 Siehe Sitzungsprotokoll - 10. Wahlp. 181. Sitzung - vom 5.12.1985 Nr. 13793 (A) bis (C) sowie Gesetzesbeschluß des Deutschen Bundestages vom 5.12.1985 - BRDrucks. 5/86, S. 3.

31 Vgl. Anl. zu BRDrucks. 5/86, Nr. 2: Zu Art. 2 Nr. 4 (§ 454b Abs. 2 StPO).

32 Beschlußempfehlung vom 20.2.1986, BTDrucks. 10/5061, Anl. zu dem . . . Strafrechtsänderungsgesetz - Strafaussetzung zur Bewährung - (. . . StrÄndG), Nr. 2.

33 Auch die von *Wendisch*, in *L-R*, a.a.O., § 454b StPO Rn. 21, begründete Annahme, der zeitweilige Wegfall der Regelung sei nur auf ein Mißverständnis über die Reichweite einer aus dem Bundesministerium der Justiz gegebenen Formulierungshilfe über die im Gesetzgebungsgebungsverfahren umstrittene Frage, ob auch die Halbstrafenaussetzung nach § 57 Abs. 2 Nr. 1 StGB in die Unterbrechungsregelung nach § 454b StPO aufgenommen werden solle - vgl. dazu BTDrucks. 10/2720, Anlage 2, Stellungnahme des Bundesrates, S. 26 - , zurückzuführen, erscheint wenig plausibel und erklärt vor allem nicht die Motive des Gesetzgebers zu Satz 2 von § 454b Abs. 2 StPO.

34 Vgl. hier nur nochmals *Wendisch*, NStZ 1989, 293.

35 Vgl. *L-R-Wendisch*, a.a.O., § 454b StPO Rn. 5, 14ff.; *Wendisch*, NStZ 1989, 293; *Wagner*, Unterbrechung der Strafvollstreckung, Rpfleger 1991, 447.

Zeitpunkt zur Bewährung ausgesetzt worden waren, keine Mindestverbüßungszeit mehr geben kann (§ 454b Abs. 1 Nr. 2 StPO), wird durch Satz 2 verdeutlicht, daß sie der zwingenden Unterbrechungsanordnung nicht mehr unterfallen. Für Halbstrafenaussetzungen, die nach ihrem Widerruf vollstreckt werden, gilt hingegen weiterhin die Regelung von § 454b Abs. 1 Satz 1 Nr. 2 StPO, d.h. sie sind nach Verbüßung von zwei Dritteln der Strafe zu unterbrechen[36].

3. a) Allein diese Lösung läßt sich mit dem materiellen Recht und dem Sinn und Zweck der Vorschrift von § 454b StPO in Übereinstimmung bringen, wie er sich nach der maßgeblichen teleologischen Auslegung ergibt. Die Bundesregierung begründete die neu geschaffene gesetzliche Unterbrechungsregelung damit, daß den Vorschriften des materiellen Strafrechts (§§ 57, 57a StGB) über die Aussetzung der Vollstreckung des Strafrestes bei zeitigen und lebenslangen Freiheitsstrafen Genüge getan werden sollte[37]. Nach dem maßgeblichen materiellen Recht (§ 57 Abs. 1 StGB), dessen Durchsetzung und Bewährung das Verfahrensrecht - hier § 454b StPO - als angewandtes Verfassungsrecht[38] zu dienen hat[39] und dem deshalb insofern ein Vorrang zukommt, sind jedoch auch widerrufene Strafaussetzungen zur Bewährung grundsätzlich erneut aussetzungsfähig[40], denn auch nach einem erfolgten Widerruf können sich die Verhältnisse für die nach § 57 Abs. 1 Nr. 2 maßgebliche Sozialprognose so ändern, daß eine erneute Strafaussetzung zur Bewährung in Betracht kommt[41]. Dies gilt sogar dann, wenn mit der Voll-

36 Eine andere Interpretation müßte zu dem widersprüchlichen Ergebnis führen, daß im Falle der Ablehnung einer sogen. Halbstrafenentlassung (§ 57 Abs. 2 Nr. 1 u. 2 StGB) von Amts wegen im Zwei-Drittel-Zeitpunkt in eine erneute Prüfung der bedingten Aussetzung einzutreten ist; warum dies für Widerrufsreste anders sein soll, wäre darzulegen. Auch würde die Reihenfolge der Vollstreckung über die Möglichkeit zur Wiedergewinnung der Freiheit entscheiden. Wird nämlich vor einer widerrufenen Halbstrafenaussetzung eine anderweitige Freiheitsstrafe vollstreckt, die nach Verbüßung von zwei Dritteln zur Vollstreckung des Widerrufsrestes unterbrochen wird, so prüft die StVK auch, ob nicht das letzte Drittel erneut zur Bewährung ausgesetzt werden kann. Hingegen soll dies ausgeschlossen bleiben, wenn die widerrufene Hälfte einer Freiheitsstrafe vor einer neuen Freiheitsstrafe vollstreckt wird; vgl. zu diesen Widersprüchen näher Wagner, Rpfleger 1991, 447 (448f.).

37 BTDrucks. 10/2720, S. 15; siehe auch *LR-Wendisch*, a.a.O., § 454b StPO Rn. 14.

38 BVerfGE 32, 373 (383).

39 Vgl. grundsätzlich darüber *Kleinknecht/Meyer-Goßner*, a.a.O., Einl. Rn. 5.

40 Vgl. OLGe Bremen, MDR 1958, 263; München, MDR 1959, 324; Stuttgart, MDR 1983, 150 u. NStZ 1984, 363; Oldenburg, StV 1985, 68; Frankfurt, NStZ 1983, 48 u. StV 1985, 25; Düsseldorf, StV 1993, 257 (258); LGe Heilbronn, NStZ 1989, 291; Hamburg, NStZ 1992, 253; *LK-Ruß*, 10. Aufl., § 57 StGB Rn. 9; *Dreher/Tröndle*, a.a.O., § 57 StGB Rn. 13a; *Sch/Sch/Stree*, 24. Aufl., 1991, § 57 Rn. 33; *KK-Fischer*, a.a.O., § 454 StPO Rn. 40; *LR-Wendisch*, a.a.O., § 454 StPO Rn. 70; *KMR-Müller*, 7. Aufl., § 454 StPO Rn. 22; *Kleinknecht/Meyer-Goßner*, a.a.O., § 454b StPO Rn. 3a; *Wendisch*, NStZ 1989, 293.

41 Deshalb verfängt auch der Einwand des BGH, NStZ 1991, 205, nicht, es bestehe ein sachlicher Differenzierungsgrund für die Nichtaussetzung von widerrufenen Strafresten und der Aussetzung sonstiger Freiheitsstrafen.

streckung des Strafrestes noch nicht begonnen worden ist[42]. Es muß jedoch insbesondere die begründete Aussicht auf eine geänderte Prognosebeurteilung gegeben sein, wenn zwischen der Widerrufsentscheidung und ihrer Vollstreckung zwischenzeitlich eine längere Strafverbüßung wegen einer neuerlich verhängten Strafe liegt[43]. Im Grundsatz wird dieser Rechtsstandpunkt - der Gültigkeit vor der Neuregelung von § 454b StPO hatte, aber diese auch danach nicht einbüßte[44] - sogar von der herrschenden Meinung geteilt[45], die sich damit selbst in Widerstreit zu der von ihr vertretenen Auffassung setzt, Widerrufsreste bedürften der erstrangigen und vollständigen Vollstreckung.

b) Für die Vertretung einer anderen Auffassung könnte dann Raum sein, wenn der Gesetzgeber die nochmalige Aussetzung widerrufener Strafreste hat ausschließen wollen. Dafür ergibt das materielle Recht mit § 57 Abs. 1 StGB jedoch keine Anhaltspunkte[46]. § 454b Abs. 2 Satz 2 StPO deshalb eine entgegenstehende Bedeutung geben zu wollen, müßte nicht nur der dienenden Funktion des Verfahrensrechts widerstreiten, sondern begegnet auch noch darzustellenden verfassungsrechtlichen Bedenken[47]. Hinweise auf einen gesetzgeberischen Gestaltungswillen, widerrufene Strafreste auch vollständig vollstrecken zu lassen, ließen sich zwar möglichweise aus des Neufassung des § 89a Abs. 1 Satz 4 JGG im 1. JGGÄndG vom 30.8.1990[48] erschließen. Danach kann ein Strafrest, der auf Grund des Widerrufs einer Aussetzung vollstreckt wird, unterbrochen werden, wenn die Hälfte, mindestens jedoch sechs Monate des Strafrestes verbüßt sind und eine erneute Aussetzung in Betracht kommt[49]. Zum einen ist diese Regelung jedoch nur eine Bestätigung dafür, daß auch ausgesetzte und später widerrufene Strafreste grundsätzlich abermals aussetzungsfähig sind[50], zum anderen findet sich eine dort gesetzlich bestimmte Mindestverbüßungsdauer von Widerrufsresten, die im übrigen - was hier nicht zu leisten ist - auf ihre verfassungsrechtliche Legitimität zu überprüfen wäre, für das Erwachsenenstrafrecht (§§ 57 Abs. 1 StGB, 454b StPO) gerade nicht.

42 Vgl. OLG Stuttgart, NStZ 1984, 363 m. Anm. *Ruß*; OLG Frankfurt, StV 1985, 25; OLG Düsseldorf, StV 1993, 257 (258); *Sch/Sch/Stree*, a.a.O., § 57 StGB Rn. 33; *KK-Fischer*, a.a.O., § 454 StPO Rn. 40.

43 So auch OLG Frankfurt, NStZ 1983, 48; OLG Oldenburg, StV 1985, 68 (69).

44 Siehe näher darüber insbes. *Wendisch*, NStZ 1989, 293.

45 Vgl. hier nur *Kleinknecht/Meyer-Goßner*, a.a.O., § 454b Rn. 3a; siehe im übrigen Nachweise Fn. 40.

46 Zutreffend weist *Wendisch*, NStZ 1989, 293 darauf hin, daß Beschlüsse über die Strafaussetzung zur Bewährung nach § 57 StGB keiner abschließenden materiellen Rechtskraft fähig sind und der Widerruf von daher einer erneuten Aussetzung nicht widerstreiten kann; siehe ebenso auch OLG Karlsruhe, NStZ 1982, 396 (397).

47 Siehe dazu unter IV.

48 BGBl. I, 1853.

49 Vgl. *Eisenberg*, 5. Aufl., 1993, § 89a JGG Rn. 5; *Brunner*, 9. Aufl., 1991, § 89a JGG Rn. 15.

50 So auch die ausdrückliche Begründung des Gesetzgebers, vgl. BTDrucks. 11/5829, S. 37; siehe auch *Wagner*, Rpfleger 1991, 447 (449).

c) Allein die Anerkennung der grundsätzlichen Unterbrechungs- und Aussetzungsfähigkeit von Widerrufsresten vermeidet auch die Friktionen, wie sie sich ansonsten aus einem Vergleich mit den Entscheidungen in anderen vergleichbaren vollstreckungsrechtlichen Fallkonstellationen ergeben und die als Bedenken der möglichen Folgen, Neben- und Begleiterscheinungen Bestandteil der teleologischen Auslegung sein müssen[51]. Widersprüchlich bliebe nämlich, daß durch die Regelung von § 454b StPO nach dem Willen des Gesetzgebers ausdrücklich auch dann die Möglichkeit einer Unterbrechung eröffnet werden sollte, wenn die Aussetzung der Vollstreckung des Strafrestes zum Zwei-Drittel-Zeitpunkt abgelehnt worden ist und später eine weitere Strafe vollstreckbar wird. Der Verurteilte sollte in einem solchen Fall die Chance erhalten, daß der noch nicht vollstreckte Rest der ersten Strafe zusammen mit dem letzten Drittel der zweiten Strafe zur Bewährung ausgesetzt wird[52]. Den gleichen Gesichtspunkt kann aber auch der Verurteilte für sich in Anspruch nehmen, gegen den im Falle der Anschlußvollstrekkung sowohl eine neue Strafe wie ein widerrufener Strafrest zu vollstrecken ist. Ungereimtheiten ergeben sich aber auch, wenn § 454b Abs. 2 Satz 2 StPO für Strafen, die das erkennende Gericht zur Bewährung ausgesetzt hat (§ 56 StGB) nicht gelten soll, und zwar selbst dann nicht, wenn der Verurteilte bei einem Widerruf nur noch einen Strafrest zu verbüßen hat[53], diese also der erneuten Aussetzung fähig bleiben, Strafreste, die nach § 57 StGB zur Bewährung ausgesetzt wurden, hingegen nicht. Zwar ist zutreffend daß die Aussetzungsvoraussetzungen in den Fällen der §§ 56 und 57 StGB verschieden sind[54], gleichwohl gilt der für die Aussetzungsfähigkeit solcher Reststrafen herangezogene Grundsatz, daß sich die Verhältnisse bei dem Verurteilten seit dem Widerruf so erheblich zu seinen Gunsten geändert haben können, daß die Voraussetzungen des § 57 Abs. 1 StGB erfüllt sind[55], sowohl bei Reststrafen nach § 56 wie nach § 57 StGB. Unverständlich bliebe weiter, warum in den Fällen, in denen eine Unterbrechung der Vollstreckung nach § 454b Abs. 2 Satz 1 StPO nicht stattgefunden hat und nach der aktuell vollstreckten Freiheitsstrafe noch weitere widerrufene Strafreste zur Vollstreckung anstehen, die entgegen § 43 Abs. 2 Satz 1 StVollstrO von der Vollstrekkungsbehörde im Anschluß an die Vollstreckung einer längeren Freiheitsstrafe notiert worden sind, eine gemeinsame Aussetzungsentscheidung nach § 454b Abs. 3

51 Siehe hier nur *Kleinknecht/Meyer-Goßner*, a.a.O., Einl. Rn. 199.

52 Vgl. BTDrucks. 10/2720, S. 15; siehe auch *Greger*, JR 1986, 353 (356); *Lackner*, a.a.O., § 57 StGB Rn. 31; *Maatz*, NStZ 1990, 214 (218); *Kleinknecht/Meyer-Goßner*, a.a.O., § 454b StPO Rn. 3; OLG Hamm, NStZ 1985, 144; OLG Düsseldorf, StV 1990, 121; OLG Karlsruhe, NStZ 1982, 396 m. Anm. *Katholnigg*.

53 Dazu *L-R-Wendisch*, a.a.O., § 454b StPO Rn. 23; *KK-Fischer*, a.a.O., § 454b StPO Rn. 20.

54 So *L-R-Wendisch*, a.a.O., § 454b StPO Rn. 23 zur Begründung seines Standpunktes.

55 Vgl. *L-R-Wendisch*, a.a.O., § 454b StPO Rn. 23; ebenso gilt für Bewährungen nach § 56 oder nach § 57 StGB, daß der Widerrufsbeschluß nach § 56f StGB nicht die Wirkung einer gebotenen vollständigen Strafverbüßung haben kann.

StPO herbeigeführt werden können soll[56], nicht jedoch dann, wenn die vom Ermessen der Vollstreckungsbehörde abhängige Entscheidung der Vollstreckungsreihenfolge zu einer vorrangigen Vollstreckung der Widerrufsreste geführt hat. Das Nebeneinander von zwingender gesetzlicher Unterbrechungsregelung und der nicht gesetzlich geregelten Reihenfolge der Vollstreckung würde dann über das Schicksal eines je längeren oder kürzeren Freiheitsentzuges bestimmen können.

d) Schließlich vermögen auch die im Rahmen einer folgenorientierten Bewertung zu beachtenden Argumente über eine angebliche Privilegierung gerade derjenigen Bewährungsversager, die durch die Begehung einer neuen Straftat im besonderen Maße versagt hätten, nicht durchzugreifen. Die geäußerte Befürchtung, dieser Personenkreis würde bei einer Anschlußvollstreckung von neuen Strafen und Widerrufsresten, die die Herbeiführung einer frühestmöglichen gemeinsamen Aussetzungsreife beachtet, - unverdientermaßen - sogleich wieder der Freiheit teilhaftig werden, basiert nicht auf einer tatsächlichen Grundlage, sondern ist mehr fiktiver Art. Eine Regelung der Vollstreckungsreihenfolge, bei der widerrufene Reststrafen nicht mehr vorab vollstreckt werden, eröffnet dem Verurteilten allein die Aussicht, daß im Zeitpunkt der gemeinsamen Aussetzungsreife (§ 454b Abs. 3 StPO) geprüft wird, ob verantwortet werden kann zu erproben, daß er außerhalb des Strafvollzuges keine Straftaten mehr begehen wird (§ 57 Abs. 1 Nr. 2 StGB). Dies ist einer Entlassungsentscheidung also keineswegs gleichzustellen, da daß positive Prognoseurteil erst noch durch die Strafvollstreckungskammer zu begründen bleibt. Der Verurteilte wird durch die eröffnete Aussicht auf nochmalige Aussetzung des Widerrufsrestes auch nicht besser gestellt, als derjenige, dessen Reststrafe wegen eines Auflagen oder- Weisungsverstoßes widerrufen worden ist. Die dahinterstehende Prämisse, der eine müsse sein Versagen mit einer Einbuße an Freiheit büßen, dem anderen bleibe sie erhalten, trifft so nicht zu. Insoweit sind die Sachverhalte schon nicht miteinander vergleichbar. Denn im ersten Fall wird es in der Regel - sollte nicht noch die Strafvollstreckung in anderer Sache anstehen - schon an den Voraussetzungen einer Anschlußvollstreckung fehlen, die erst die Frage nach der Ordnung der Vollstreckungsreihenfolge entstehen läßt[57]. Sind diese Voraussetzungen jedoch gegeben - wie bei der (Vorab-) Vollstreckung einer neueren Strafe und eines deshalb widerrufenen Strafrestes - so wird auch der Bewährungsversager in jedem Fall des Verlustes der Freiheit teilhaftig; ihm wird durch die nachrangige Notierung des Widerrufsrestes allein die Chance auf Prüfung eröffnet, daß dieser Entzug an Freiheit nicht länger währt, als es zu seiner Resozialisierung erforderlich ist. Gleiches gilt auch für den Bewährungsversager, der wegen einer neuen Straftat verurteilt wird und geständig

56 So - und zwar zu Recht - OLG Düsseldorf, StV 1993, 257.

57 Im übrigen hat auch dieser Verurteilte die Aussicht auf erneute Aussetzung des widerrufenen Strafrestes; es muß noch nicht einmal mit der Vollstreckung begonnen worden sein, vgl. *KK-Fischer,* a.a.O., § 454 StPO Rn. 40.

ist. Folgt man der hier vertretenen Ansicht, so hat auch er nicht vorab den widerrufenen Strafrest zu verbüßen, sondern die neuere Strafe, die wegen seines Geständnisses i.d.R. rechtskräftig sein wird. Zu einer Bevorzugung des bestreitenden Probanden kann es also gar nicht kommen. Schon die Auslegung des Gesetzesrechts spricht nach allem dafür, die erneute Aussetzung von widerrufenen Strafresten nicht generell auszuschließen.

IV. Die verfassungsrechtliche Lage

1. Darüber hinaus gebietet sich jedoch auch bei einer verfassungsrechtlichen Bewertung eine solche Lösung des Problems. Die Vollstreckung einer Freiheitsstrafe ist stets ein Eingriff in die verfassungsrechtlich garantierte Freiheit der Person (Art. 2 Abs. 2, 104 Abs. 1 GG). Dieses Freiheitsrecht ist aber von vornherein durch die auf einem Gesetz, insbesondere auf dem materiellen Strafrecht und dem Strafverfahrensrecht beruhende, im gesetzmäßigen Verfahren ergehende richterliche Entscheidung beschränkt[58].
Die abstrakte Dauer der Strafe und die daraus folgende höchstmögliche Zeit der Freiheitsentziehung wird durch das erkennende Gericht bestimmt. Jedoch wird noch nicht allein durch diesen Richterspruch festgelegt, zu welchem Zeitpunkt der Verurteilte die Chance erhält, wieder aus dem Strafvollzug entlassen zu werden. Nähere Regelungen darüber enthält das materielle Recht in den §§ 57, 57a StGB über die Aussetzung der Vollstreckung von Strafresten. Der *Verwirklichung dieses Rechts* dienen die Vorschriften der Absätze 2 und 3 des § 454b StPO über die Unterbrechung mehrerer nacheinander zu vollstreckender Freiheitsstrafen. Mit ihnen soll den materiell-rechtlichen Regelungen Genüge getan und dem mehrfach Verurteilten die Chance einer einheitlichen Entscheidung über die Aussetzung von noch nicht vollstreckten Strafresten erhalten bleiben[59]. Wie das Bundesverfassungsgericht herausgearbeitet hat, wird infolgedessen mit dem Zeitpunkt der Unterbrechung zugleich über den frühest möglichen Zeitpunkt einer – wenngleich bedingten – Wiedergewinnung der Freiheit des Verurteilten entschieden[60]. Aus verfassungsrechtlicher Sicht gebietet deshalb die grundrechtliche Verbürgung der Freiheit der Person, daß die der Vollstreckungsbehörde auferlegte Verpflichtung zur Unterbrechung von Freiheitsstrafen streng beachtet wird[61]. Denn – und das ist das Entscheidende – die Vorschriften des materiellen Rechts geben dem Verurteilten im Blick auf das mit ihnen gewährleistete Freiheitsgrundrecht einen

58 BVerfGE 1, 418 ‹420›; 2, 118 ‹119›; 29, 312 ‹316›.
59 Vgl. BTDrucks. 10/2720, S. 15; BVerfG, NStZ 1988, 474 ‹475›; zugleich erhält dadurch die Resozialisierung als herausragendes Ziel der Strafrechtspflege – dazu BVerfGE 35, 202 ‹235› – zusätzliches Gewicht.
60 BVerfG, NStZ 1988, 474 ‹475›; siehe auch LG Hamburg, NStZ 1992, 253 (254).
61 Vgl. BVerfG, NStZ 1988, 474 ‹475›.

Anspruch darauf, daß die Gerichte von Amts wegen über die Aussetzung der Vollstreckung des Restes einer Freiheitsstrafe zur Bewährung entscheiden, wenn ihre zeitlichen Voraussetzungen - also der Ablauf der bestimmten Mindestverbüßungszeiten - erfüllt sind[62]. Da aber das materielle Recht keine Mindestverbüßungszeiten für die (nochmalige) Aussetzung von Strafresten vorsieht, ist die Regelung ihrer Vollstreckung in einer Weise zu ordnen, daß eine gemeinsame Entscheidung über die Aussetzung der noch offenen Strafreste zum frühest möglichen Zeitpunkt eröffnet wird. Der Kernsatz der wiedergegebenen Entscheidung des Bundesverfassungsgerichts ist entgegen der mehrheitlich in Rechtsprechung und Literatur vertretenen Ansicht also sehr wohl auf die Vollstreckung von widerrufenen Strafresten übertragbar. Der Vorhalt, der Maßstab für die Grundrechtsbeeinträchtigung werde in diesem Falle nicht dem Gesetz selbst entnommen[63], geht ersichtlich fehl. Denn die durch das materielle Recht (§ 57 Abs. 1 StGB) eröffnete Aussicht auf Aussetzung der Reststrafe gibt diesen Maßstab ab, gegen den verstoßen wird, wenn dem Verurteilten die Chance auf Wiedergewinnung seiner Freiheit durch eine anderweitige Bestimmung der Vollstreckung versperrt bleibt.

2. Der Kern der verfassungsrechtlichen Freiheitsverbürgung bei der Vollstreckung und Aussetzung von widerrufenen Strafresten liegt jedoch nicht in einer fehlerhaften Unterbrechungsentscheidung der Vollstreckungsbehörde, denn einer solchen Unterbrechung bedarf es - wie ausgeführt - in der Regel (bei Reststrafen, die ein Drittel der verhängten Freiheitsstrafe ausmachen) nicht. Sedis materiae ist die Regelung der Vollstreckungsreihenfolge. Diese ist nach der Verwaltungsanweisung des § 43 Abs. 2 a Satz 2 StVollstrO dergestalt zu bestimmen, daß Strafreste unabhängig von ihrer Größe gegenüber den in § 454b Abs. 2 Satz 1 StPO aufgeführten Strafen »vorab« zu vollstrecken sind[64]. Festzustellen ist insoweit ein durch das 23. StÄG geschaffener Rechtszustand, der ein Nebeneinander von gesetzlich neu geregelter Unterbrechung der Strafvollstreckung mit einer auf einer Verwaltungsanordnung beruhenden Reihenfolge der Vollstreckung herbeigeführt hat, die jedoch von ebenso gewichtiger Natur ist[65]. Nach der Rechtsprechung soll insoweit eine Bindung der Gerichte an die Bestimmung der Vollstreckungsreihenfolge durch die Vollstreckungsbehörde bestehen[66]. Dies ist jedoch schon deshalb unzutreffend, weil es sich bei der Strafvollstreckungsordnung um kein Gesetz,

62 Vgl. BVerfG, NStZ 1988, 474 ‹475›.
63 Vgl. OLG Hamburg, MDR 1993, 261; OLG Bremen, Beschluß vom 9. Feb. 1993 (VAs 4/92 (BL 255/92)); grundsätzlich dazu *Maatz*, NStZ 1990, 214 ‹219›.
64 Vgl. auch BGH, NStZ 1991, 205.
65 Siehe dazu *L-R-Wendisch*, a.a.O., § 454b StPO Rn. 5, der für ein solches Nebeneinander einerseits keine vom Gesetzgeber geltend gemachten Gründe anzuführen vermag (vgl. dort Fn. 10), andererseits die gesetzliche Regelung auch nicht für zwingend ansieht, wenngleich sie aus rechtsstaatlichen Gründen zu begrüßen sei.
66 Vgl. BGH, NStZ 1991, 205; OLG Hamburg, MDR 1993, 261.

sondern nur um eine für die Vollstreckungsbehörde maßgebliche Verwaltungsvorschrift, die eine bundeseinheitliche Handhabung vollstreckungsrechtlicher Fragen gewährleisten soll, handelt[67]. Verfassungsrechtlich bedeutsam erscheint dieser Umstand, da nicht nur in dem Strafausspruch und der Unterbrechungsregelung, sondern auch in der Vollstreckungsreihenfolge ein Eingriff in das Freiheitsgrundrecht liegen kann. Nach Art. 2 Abs. 2 Satz 3 GG i.V.m. Art. 104 Abs. 1 Satz 1 GG sind Eingriffe in die Freiheit der Person aber nur aufgrund eines förmlichen Gesetzes zulässig[68]. Art. 104 Abs. 1 Satz 1 GG nimmt den schon in Art. 2 Abs. 2 Satz 3 GG enthaltenen Gesetzesvorbehalt auf und verstärkt ihn dergestalt, daß die Einhaltung der Formvorschriften eines freiheitsbeschränkenden Gesetzes zum Verfassungsgebot erhoben wird[69]. Jedoch erstreckt sich der Gesetzesvorbehalt der Art. 2 Abs. 2 Satz 3, 104 Abs. 1 Satz 1 GG nur auf die Zulässigkeit und Fortdauer der Freiheitsentziehung, nicht dagegen auf die Art und Weise ihrer Durchführung[70]. Wenngleich die Reihenfolge der Vollstreckung von mehreren Freiheitsstrafen, in die die Ordnung von widerrufenen Strafresten eingebunden ist, zunächst nur die Frage zu berühren scheint, wie und unter Berücksichtigung welcher Gesichtspunkte die Strafen zu vollstrecken sind, so ist doch unverkennbar abhängig von ihr auch, wann der früheste oder späteste Entlassungszeitpunkt erreicht werden kann[71]. Die so bewirkte Festlegung dieses Zeitpunktes greift unmittelbar in den Schutzbereich von Art. 2 Abs. 2 Satz 3, 104 Abs. 1 Satz 1 GG ein. Durchschlagende verfassungsrechtliche Bedenken sind nach der sogenannten »Wesentlichkeitstheorie« daraus herzuleiten, wenn die Reichweite des grundrechtlichen Gesetzesvorbehalt es gebietet, daß dieser Teilaspekt der Strafvollstreckung durch den Gesetzgeber selbst geregelt werden muß, weil er sich als wesentlicher Eingriff in Grundrechte des Strafgefangenen erweist[72]. Da mit der Bestimmung der Vollstreckungsreihenfolge von widerrufenen Strafresten eine belastende Regelung gegenüber dem Grundrechtsinhaber getroffen wird, muß der

67 Vgl. BVerfGE 29, 312 ‹315›; OLG Karlsruhe, NStZ 1982, 396 (397); OLG Hamm, NStZ 1987, 342 (343); *Pohlmann/Jabel,* StrVollstrO, 6. Aufl., 1981, Einl. Rdn. 5ff.; Wolf/Jabel, NStZ 1994, 63 (65); unabhängig von der hier zu entscheidenden Frage, stellt sich deshalb auch in anderen Fällen das Problem, ob die StrVollstrO eine hinreichende gesetzliche Ermächtigungsgrundlage für Grundrechtseingriffe liefert - verwiesen sei etwa auf die in § 37 StVollstrO geregelte Berechnung der Strafzeit oder auf Entscheidungen zur Verlegung von Strafgefangenen nach § 24 StVollstrO; zum letztgenannten Fall siehe auch BVerfG, Beschluß der 2. Kammer des 2. Senats vom 28. Feb. 1993 - 2 BvR 196/92, NStZ 1993, 300 mit instruktiver Besprechung Wolf/Jabel, NStZ 1994, 63ff.

68 Vgl. BVerfGE 22, 180 ‹219›; *Jarass/Pieroth,* 2. Aufl., 1992, Art. 2 GG Rn. 54.

69 Vgl. BVerfGE 65, 317 ‹321›.

70 Vgl. BVerfGE 2, 118 ‹119›; 33, 1 ‹9›; 34, 369 ‹383›; 64, 261 ‹280).

71 Das verdeutlicht sich unmittelbar in der dargestellten Entscheidung des LG Hamburg, NStZ 1992, 253, da die (korrigierte) Umstellung der Vollstreckungsreihenfolge durch die Vollstreckungsbehörde mit einem Vorwegvollzug des Widerrufsrestes zu einer Hinausschiebung des Zeitpunktes der Aussetzungsreife zu führen drohte.

72 Vgl. BVerfGE 40, 237 ‹249›; 47, 46 ‹79›; 77, 170 ‹230f.›; *Jarass/Pieroth,* a.a.O., Art. 20 GG Rn. 30 m.w.N.

Gesetzesvorbehalt zum Tragen kommen[73]. Etwas anderes könnte nur gelten, wenn ein formelles Gesetz selbst die Eingriffsgrundlage für die Reihenfolge der Vollstreckung liefert und die Regelung nach der StVollstrO demgegenüber nur als seine reine Ausführungsbestimmung erscheint, ohne daß mit ihr die festgesetzte Regelungsbreite überschritten würde. Dies indes kann aufgrund der gesetzlich allein geregelten Unterbrechung der Vollstreckung gerade nicht angenommen werden, da sie mit der Reihenfolge zur Vollstreckung mehrerer Strafe nicht in eins zu setzen ist. Ist aber insoweit die Einlösung des Gesetzesvorbehalts nicht als erfüllt anzusehen, so kann es vor der Verfassung keinen Bestand haben - unabhängig von den eintretenden Rechtsunsicherheiten bei einer pflichtgemäßen Ermessensausübung - den Betroffenen darauf zu verweisen, daß er nach § 43 Abs. 4 StVollstrO die Möglichkeit habe, eine abweichende Vollstreckungsreihenfolge aus wichtigem Grund zu bewirken, um das Ziel der nochmaligen Aussetzung von widerrufenen Strafresten zu erreichen[74]. Nach allem ist im Interesse der Betroffenen zu hoffen, daß das Bundesverfassungsgericht alsbald Gelegenheit erhält, eine Klärung der hier aufgeworfenen verfassungsgerechtlichen Fragen aus dem Bereich der Strafvollstreckung herbeizuführen[75].

73 Dazu allgemein *Jarass/Pieroth*, a.a.O., Art. 20 GG Rn. 31.

74 Auch die von der vermittelnden Meinung vertretene Ansicht - siehe oben unter II. 3. - vermag deshalb nicht zu überzeugen.

75 Entgegen *Funck*, NStZ 1992, 511, erscheint es jedenfalls nicht selbstverständlich, daß das BVerfG die Vollstreckung eines widerrufenen Strafrestes mit der Freiheitsgarantie nicht in Verbindung bringen sollte.

Strafgewalt auf dem Rückzug

Klaus Dürholt

Den Weg in den verfassungsgerichtlichen Jurisdiktionsstaat[1] hat der Zweite Senat des Bundesverfassungsgerichts nicht erst mit seiner Entscheidung vom 28. Mai 1993[2] über die gesetzliche Neuregelung des Schwangerschaftsabbruchs betreten[3].

I. Der strafende Staat

Nicht erst dieser Entscheidung des Zweiten Senates ist der Richter Mahrenholz mit einem abweichenden Votum[4] entgegengetreten aus Erwägungen, die ihren Grund in der Achtung vor der Gestaltungsaufgabe des Gesetzgebers haben, dem es in einem demokratischen Staat zukommt, allgemeine Wert- und Interessenkonflikte in eigener Einschätzungs- und Abwägungskompetenz zu entscheiden. Bereits in seinem ersten Sondervotum[5] zur Entscheidung[6] vom 28. Juni 1982 über die Anwendung des Strafvollzugsgesetzes widersprach Mahrenholz einer Rechtsprechung, die einen vom Parlament in parteiübergreifendem Konsens gefundenen Kompromiß nicht anerkannte. Es ging um die Frage, ob auch noch unter der Herrschaft des Strafvollzugsgesetzes der Staat in der Vollzugsgestaltung seine Strafgewalt zur Geltung bringen darf. Der Zweite Senat hat sich dazu ohne Notwendigkeit befürwortend geäußert und damit einer Verwässerung des Reformkonzeptes das Wort geredet.

In beiden Entscheidungen argumentiert das Bundesverfassungsgericht mit der Notwendigkeit des vom Staat zu gewährleistenden Rechtsgüterschutzes. Es ist aber zu fragen, warum der Zweite Senat in die grundsätzlich anerkannte Prärogative des Gesetzgebers bei der Einschätzung der Wirksamkeit grundrechtsschützender Maßnahmen dort eingreift, wo es um die Mäßigung bei der Sanktionierung abweichenden Verhaltens geht. Die Vermutung liegt nahe, daß sich unter entfalteten Gesichtspunkten des Grundrechtsschutzes, um den es auch dem Parlament ging, die Sorge um die Autorität des Staates verbirgt, wenn dieser seinen Strafanspruch zurücknimmt.

1 Vgl. *Böckenförde,* Zur Lage der Grundrechtsdogmatik nach 40 Jahren Grundgesetz, 1989.
2 NJW 93, 1751.
3 *Hermes/Walther,* Schwangerschaftsabbruch zwischen Recht und Unrecht, NJW 93, 2337, 2347.
4 NJW 93, 1774.
5 BVerfGE 64, 285.
6 BVerfGE 64, 261.

Michael Foucault beschreibt in seinem Werk über die »Geburt des Gefängnisses«[7] anschaulich, wie in der öffentlichen Vollstreckung peinlicher Strafen ein politischer Aspekt zum Ausdruck kommt. Strafe ist danach auch die Darstellung des Zornes des Souveräns, der durch die Übertretung seiner Verbote beleidigt worden ist. In dieser Dimension ist die Strafe auch nicht an dem Wert des verletzten Rechtsgutes zu messen. Bedenkt man, daß deutsches Staatsdenken in besonderem Maße der Staatsmacht Majestät und oberste Sittlichkeit zuerkannte, muß eine unterschwellig fortdauernde Wirksamkeit dieses Aspektes in Betracht gezogen werden.

Dieser Mechanismus kann erklären, daß sich das Bundesverfassungsgericht dort zur Verteidigung staatlicher Strafgewalt aufgerufen fühlt, wo der demokratische Gesetzgeber auf Grund veränderter gesellschaftlicher Gegebenheiten zu der Erkenntnis gelangt ist, daß Rechtsgüter mit anderen Mitteln als der Strafdrohung besser geschützt werden können. Auch wenn sich der Staatswille gegen die gesellschaftliche Wirklichkeit nicht durchsetzen kann, befriedigt ein autoritäres Staatsverständnis die Machtdemonstration zur Bestätigung des Herrschaftsverhältnisses. Der Staat, dem das Bundesverfassungsgericht eine sittenbildende, die »Vorstellungen der Bevölkerung« prägende Kraft zuschreibt, muß aus dieser Sicht die Frau im Schwangerschaftskonflikt einer gezielten Beratung unterwerfen und sie als verstockte Rechtsbrecherin stigmatisieren, obwohl Lebensschutz davon nicht zu erwarten ist, wenn dieser Schutz nicht einmal durch die Androhung von Strafe als schärfster staatlicher Sanktion geleistet werden kann.

Dem Rachebedürfnis des Souveräns verwandt erscheint der Vergeltungsgedanke als Motivation staatlichen Strafens. Wegen dieser Nähe wird vermutlich das Wort »Vergeltung« zunehmend vermieden. In der Strafvollzugsentscheidung des Bundesverfassungsgerichts und in den dort wiedergegebenen fachgerichtlichen Entscheidungen ist stattdessen von »Schuldausgleich« die Rede. Die Wirksamkeit des Vergeltungsstrebens als eines anthropologisch verankerten Bedürfnisses, das als Instinktausprägung des Gegenseitigkeitsprinzips betrachtet werden kann[8], erfordert eine wachsame Prüfung, ob es nicht die Rationalität des Rechtsgüterschutzes unterläuft und rechtsstaatliche Sicherungen durchbrennen läßt.

Liest man in der Entscheidung des Zweiten Senats des Bundesverfassungsgerichts vom 3. Juni 1992 über die Aussetzung lebenslanger Freiheitsstrafe nach § 57 a StGB, daß in keinem anderen Land nach den Ermittlungen des Max-Planck-Instituts die Schwere der Schuld für eine Verweigerung der bedingten Entlassung aus der Strafhaft als zulässiges Kriterium angesehen wird[9], so drängt sich der Gedanke auf, daß das Vergeltungsstreben im deutschen Staatsverständnis eine besondere Rolle spielt. Wie der Vergeltungsgedanke in Konflikt mit rechtsstaatli-

7 *Michel Foucault,* Überwachen und Strafen, 1976, S. 64 ff.

8 *Arnold Gehlen,* Moral und Hypermoral, 1969, S. 48 f.

9 BVerfGE 86, 288 ff. unter A IV 5.

chen Grundsätzen gerät und diese zurückzudrängen vermag, zeigte sich schon in der Strafvollzugsentscheidung des Zweiten Senats vom 28. Juni 1983 mit dem ersten abweichenden Votum von Mahrenholz.

II. Strafe im Vollzug

Das Bundesverfassungsgericht hat in dieser Entscheidung in einem sachlich unnötigen und nicht an der Bindungswirkung des § 31 Abs. 1 BVerfGE teilnehmenden obiter dictum nachdrücklich seine Auffassung kundgetan, daß entgegen der gesetzlichen Definition des Vollzugszieles in § 2 Strafvollzugsgesetz[10] sich auch Aspekte des Schuldausgleichs und der Sühne auf die Ausgestaltung des Vollzuges auswirken dürfen und ein unterschiedlich belastenden Vollzug durch Gewährung oder Versagung von Behandlungsmaßnahmen unter dem Gesichtspunkt der Schwere der Schuld des einzelnen Gefangenen zulässig sei. Äußert sich das »höchste deutsche Gericht« zu Fragen des »einfachen Rechts«, ohne daß dies sachlich geboten wäre, so muß das als Aufforderung und Ermunterung wirken, die den Wortlaut überwindende Interpretation nachzuvollziehen. Der Zweite Senat hat aber darüber hinaus sogar die Frage aufgeworfen, ob nicht die Verfassung gebiete, die allgemeinen Strafzwecke auch im Vollzug zur Geltung zu bringen und damit zumindest ein starkes Interesse an der Durchsetzung seiner Auffassung in der Praxis des Strafvollzuges bekundet.

1.

Die Vor- und Entstehungsgeschichte des Strafvollzugsgesetzes ließ schon keinen Zweifel daran aufkommen, daß der Gesetzgeber das Leben des Gefangenen unter den Bedingungen des Freiheitsentzuges allein nach dem definierten Vollzugsziel der Resozialisierung gestalten wollte. Das Vorhaben, den Strafvollzug gesetzlich zu regeln, traf auf einen Rechtszustand, der durch die Figur des besonderen Gewaltverhältnisses gekennzeichnet war[11]. Dieses spezifische Unterwerfungsverhältnis des Bürgers zum Staat erschien als Rechtsbeziehung dadurch qualifiziert, daß von den Zwecken der Strafe eine nähere inhaltliche Beschreibung des Vollzuges erwartet wurde. Der aus dem Wesen und Sinn der Strafe sowie den Erfordernissen des Anstaltsbetriebes sich ergebende Vollzugszweck trat nach dieser Lehre an die Stelle eines Vollzugsgesetzes[12].
In den Vollzugsordnungen wurden die Strafzwecke entsprechend der herrschen-

10 »Im Vollzug der Freiheitsstrafe soll der Gefangene fähig werden, künftig in sozialer Verantwortung ein Leben ohne Straftaten zu führen (Vollzugsziel)«.
11 Vgl. BVerfGE 33, 1, 10 ff.
12 *Schüler-Springorum,* Strafvollzug im Übergang, 1969, § 41 ff.

den politischen Auffassung verschieden akzentuiert. Der Erziehungsgedanke als Leitvorstellung für die Vollzugsgestaltung gewann in den zwanziger Jahren gegenüber dem Vergeltungsvollzug an Boden[13].
In der Vollzugsordnung vom 14. Mai 1934[14] wurde dagegen die Sühne und die individuelle Abschreckung in den Vordergrund gerückt: »Durch die Verbüßung der Freiheitsstrafe sollen die Gefangenen das begangene Unrecht sühnen. Die Freiheitsentziehung ist so zu gestalten, daß sie für den Gefangenen ein empfindliches Übel ist . . .«. Die Dienst- und Vollzugsordnung vom 1. Dezember 1961 nannte den Sicherungszweck in erster, die Resozialisierung an letzter Stelle als Vollzugsziel. Die Formel vom »Einstehenmüssen für begangenes Unrecht« bezeichnete den Vergeltungsgedanken.
Durch die Lehre vom besonderen Gewaltverhältnis wurden die Unsicherheiten, die den Theorien über das Wesen der staatlichen Strafe im Hinblick auf die Antinomien und Antagonismen der allgemeinen Strafzwecke anhaftete, auf den Vollzug übertragen. Der Strafvollzug sollte entsprechend den allgemeinen Strafzwekken zugleich vergeltend, sühnend, generalpräventiv und resozialisierend wirken. Die Bestimmung der Rangfolge und des Gewichtes der verschiedenartigen Strafzwecke war der Abwägung und Entscheidung im Einzelfall anheim gegeben.

2.

Ein Anliegen der Reform des Strafvollzuges war, die Behandlung des Gefangenen während des Freiheitsentzuges von dem religiös und weltanschaulich geprägten Verständnis von Sinn und Wesen der Strafe freizuhalten.
Die Bundesregierung ging bei der Reform des Strafvollzuges von der Erkenntnis aus, daß die Aufgaben der Vollzugsbehörden und die Folgen für die Freiheit des Verurteilten sich eindeutig aus gesetzlichen Normen ergeben müßten und die Tätigkeit der Vollzugsbehörden verbindlich auf die Aufgabe auszurichten sei, zum Schutz der Bevölkerung vor Rückfalltaten zu einer straffreien Lebensführung des Verurteilten beizutragen und ihm bei der Eingliederung zu helfen. In der Begründung des Gesetzentwurfes heißt es zwar, daß das Verständnis des Freiheits*entzuges* als schuldangemessener Ausgleich für begangenes Unrecht nicht ausgeschlossen sei. Im Laufe der Beratung hat sich dann aber die Erkenntnis durchgesetzt, daß Freiheits*entzug* eben nicht mit Straf*vollzug* gleichzusetzen ist. Strafvollzug ist die Gestaltung des Lebens des Gefangenen unter den Bedingungen des Freiheitsentzuges. Unter dieser Voraussetzung konnte der Gesetzgeber, getragen von allen Fraktionen des Bundestages, sich entschließen, als alleiniges Vollzugsziel vorzuschreiben, daß der Gefangene im Vollzug fähig werden solle, künftig in sozialer Verantwortung ein Leben ohne Straftaten zu führen. In der 36. Sitzung des Sonder-

13 Reichseinheitliche Grundsätze v. 1923, RGBl. II 2637.
14 RGBl. II S. 383.

ausschusses für die Strafrechtsreform (Drucksache 7/1746) stimmte der Abgeordnete Eyrich ausdrücklich dem Gedanken zu, daß mit dem Vollzug weder die Verhängung besonderer schwieriger oder den Gefangenen belastender Umstände noch die Gewährung von Vergünstigungen vereinbar sei. Der Gedanke, daß die Vollzugsbehörde nach der von ihr einzuschätzenden Schwere der Schuld des Gefangenen den Strafvollzug zum Zwecke der Sühne oder Vergeltung unterschiedlich ausgestalten könnte, war danach allen am Gesetzgebungsverfahren Beteiligten unerträglich, möchten sie auch über den Sinn der im Freiheitsentzug verwirklichten Strafe unterschiedliche Anschauungen haben.

III. Das Vergeltungsprinzip behauptet sich im Vollzug

1.

Nach den beiden Fällen, die der Vollzugsentscheidung des Bundesverfassungsgerichts vom 28.06.1983 zugrunde lagen, haben die Vollzugsbehörden, denen unmittelbar die Anwendung der gesetzlichen Regelung über die Vollzugsgestaltung oblag, die Konzeption des Gesetzgebers nachvollzogen, dagegen hat die Aufsichtsbehörde, die sich bei den Oberlandesgerichten durchsetzen konnte, darauf bestanden, daß die Behandlung von Strafgefangenen auch an den Strafzwecken der Sühne und des Schuldausgleiches ausgerichtet werde.
Es ist zu bedauern, daß gerade zwei Fälle von schwersten nationalsozialistischen Gewaltverbrechen den Anlaß gaben, das gesetzgeberische Ziel eines humanen Behandlungsvollzuges in Frage zu stellen. Der Umstand, daß in der Zeit des Nationalsozialismus der Sühnegedanke als Vollzugszweck herausgestellt wurde, mag diese Entwicklung verständlich erscheinen lassen, dem Rechtsstaat hat sie geschadet. Zivilisatorisch ist sie ein Rückschritt gegenüber dem Stand der Entwicklung zu einem humaneren Strafen, wie ihn der Erste Senat in der Entscheidung vom 21.6.1977[15] über die Zulässigkeit der lebenslangen Freiheitsstrafe gekennzeichnet hat auf der Grundlage eines am Wortlaut des Gesetzes orientierten Verständnisses des Vollzugszieles nach § 2 StrVollzG.

2.

Die nachdrückliche Befürwortung der allgemeinen Strafzwecke, insbesondere von Sühne und Schuldausgleich als zulässige ermessensleitende Gesichtspunkte bei der Gestaltung des Strafvollzuges, hat das Bundesverfassungsgericht mit schweren rechtsstaatlichen Opfern erkauft.

15 BVerfGE 45, 187, 229, 239.

a)
Die Sanktionsermächtigung der Vollzugsbehörde steht mit Artikel 20 Abs. 3 GG nicht in Einklang. Das Prinzip der Gesetzmäßigkeit der Verwaltung gehört zu den allgemeinen rechtsstaatlichen Grundsätzen und besagt in der Gestalt des Vorrangs des Gesetzes, daß der in Form eines Gesetzes geäußerte Staatswille rechtlich jeder anderen staatlichen Willensäußerung vorgeht. Die dem Gesetz von Verfassungs wegen zukommende Bindungswirkung für die normanwendenden Staatsorgane geht nicht nur von Tatbestand und Rechtsfolge der Norm aus, sondern auch von ihrem Zweck. Der Gesetzeszweck hat an der Normativität des Gesetzes teil. Er setzt der Auslegung des Gesetzes durch den Normanwender Grenzen. Wird dem Gesetz vom Richter oder der Verwaltungsbehörde ein entgegengesetzter, das gesetzgeberische Ziel in einem wesentlichen Punkt verfehlender oder verfälschender Sinn gegeben, so greift die rechtsprechende Gewalt in die verfassungsrechtliche Kompetenz des Gesetzgebers ein[16]. Nichts anderes gilt für die vollziehende Gewalt. Diesem Grundsatz entsprechend hat das Bundesverfassungsgericht auch stets bei der Prüfung, ob ein Gesetz die rechtsstaatlichen Anforderungen an Bestimmtheit, Klarheit und Berechenbarkeit der Rechtsfolge erfülle, verlangt, daß der Zweck des Gesetzes hinreichend bestimmt und begrenzt ist[17], daß bei Verbotsnormen das »Ziel des gesetzgeberischen Wollens« klar ist[18]. Ein Gesetz genügt rechtsstaatlichen Anforderungen an die Bestimmtheit der »Grenzen des Verwaltungshandelns«, wenn es das zu verwirklichende Programm hinreichend deutlich macht. Nur dann ist das Verwaltungshandeln »in einem zureichenden Umfang voraussehbar und in der Tendenz berechenbar«[19]. Die hinreichende Bestimmtheit einer Ermächtigungsnorm wird mit der Erwägung begründet, die Verwaltung sei bei der Vollziehung des Gesetzes gehalten, von der Ermächtigung nur im Sinne des Gesetzeszweckes Gebrauch zu machen und ihr Ermessen bei der Vollziehung von Eingriffsnormen »in strenger Bindung an die Ziele des Gesetzes« zu betätigen[20].
Die Ziele des Gesetzes und der der gesetzlichen Regelung zu entnehmende Zweck sind somit eine rechtsstaatlich notwendige Eigenschaft der Norm, die einen Mangel an Bestimmtheit der tatbestandlichen Fixierung von Voraussetzungen für die Tätigkeit der Verwaltung ausgleichen kann. Die spezifische Art des Normvollzuges durch Ermessensbetätigung findet lediglich innerhalb der durch den Ermächtigungszweck des Gesetzes gezogenen Grenzen statt. Die Ermittlung des die Ermessensausübung steuernden und begrenzenden Ermächtigungszweckes aus dem Gesetz ist ein Akt der Rechtsauslegung und -anwendung. Wenn die vollziehende

16 Vgl. BVerfGE 35, 263, 280 m.w.N.
17 BVerfGE 8, 274, 325.
18 BVerfGE 17, 306, 314.
19 BVerfGE 48, 210, 226.
20 BVerfGE 18, 353, 363.

Gewalt der ihrer Ermessensausübung vorausgehenden Ermittlung des Ermächtigungszweckes dem vom Gesetz ausdrücklich vorgeschriebenen Handlungsziel eigene Zielvorstellungen hinzufügt, wird der vom gesetzlichen Ermächtigungszweck definierte Entscheidungsspielraum durchbrochen und der Wille des Gesetzgebers, das Entscheidungsprogramm der Verwaltung final in bestimmter Weise zu determinieren, verdrängt.

Daß der Regelungsvorbehalt des Gesetzes nicht nur dort gilt, wo Eingriffe in Freiheit und Eigentum in Rede stehen, sondern die Entscheidung grundsätzlicher Fragen, die den Bürger unmittelbar betreffen, durch das Gesetz erfolgen müsse, losgelöst von dem in der Praxis fließenden Abgrenzungsmerkmal des »Eingriffs«, entspricht dem heutigen rechtsstaatlichen Verständnis. Das Bundesverfassungsgericht[21] hat diese Forderung insbesondere damit begründet, daß staatliches Handeln, durch das dem einzelnen Leistungen und Chancen gewährt und angeboten würden, für die Existenz in Freiheit oft nicht weniger bedeutungsvoll seien als das Unterbleiben eines »Eingriffs«.

Daraus folgt zwingend, daß der Gesetzgeber in dem rechtsstaatlich gebotenen Erlaß eines Vollzugsgesetzes nicht nur die Voraussetzungen für Grundrechtseingriffe zu regeln hat, sondern auch klare Bestimmungen darüber zu treffen hat, in welchem Sinne die Verwaltungsbehörde, insbesondere bei der Behandlung der Gefangenen, von den ihr zur Verfügung gestellten Mitteln, zu denen auch die Vollzugslockerungen gehören, Gebrauch machen darf. In welch eingehender und eindringlicher Weise der Gesetzgeber seinen Willen in den Regelungen des Strafvollzugsgesetzes zum Ausdruck gebracht hat, daß die Behandlung des Gefangenen im Vollzuge sich lediglich am definierten Vollzugsziel der Sozialisierung ausrichten solle, ist im abweichenden Votum des Richters Mahrenholz zur Entscheidung vom 28.06.1983 dargestellt worden.

b)

Das Bundesverfassungsgericht beginnt seine Begründung mit einer Aufzählung der Bedeutung der Schuld bei Strafgesetzgebung, Strafzumessung, Strafaussetzung und früherer Gnadenpraxis. Wenn dieses Anklingenlassen von Schuldrelevanz in unterschiedlichen Zusammenhängen nicht suggerieren soll, daß jeder an der Kriminalrechtsetzung und -rechtspflege Beteiligte zum Schuldausgleich legitimiert ist, kann es nur der Einstimmung auf die unter II 3b ausgesprochene zentrale These dienen, daß »dem Vollzugsziel der Wiedereingliederung in die Gesellschaft in Auslegung des Gesetzes eine Bedeutung abgewonnen« werden könne, die die Berücksichtigung der Strafzwecke, insbesondere des gerechten Schuldausgleichs und der Sühne, erlaube[22]. Dadurch wird die Vollzugsbehörde ermächtigt, das Leben der Gefangenen, dessen Gestaltung ihrem Ermessen unterliegt, zum

21 BVerfGE 40, 237, 279.
22 A.a.O., S. 274 unter 3. a).

Zwecke des Schuldausgleichs nach Maßgabe der individuellen Schuldschwere unterschiedlichen Belastungen auszusetzen. Soweit in der folgenden Begründung anläßlich der Erörterung des Einzelfalls weitere Argumente für die Berücksichtigung gesetzesfremder Ermächtigungszwecke angeführt werden, schränkt das die fundamentale Uminterpretation des gesetzlichen Vollzugszieles durch Einschleusung antagonistischer, insbesondere repressiver Zielvorgaben in das Vollzugsprogramm nicht ein.
Mit der - nach der Andeutung des Senats möglicherweise sogar verfassungsrechtlich gebotenen - Einführung von weltanschaulich geprägten Anschauungen über Wesen und Sinn von Strafe als ermessensleitende Gesichtspunkte der Vollzugsgestaltung ist die Rechtsstellung des Gefangenen wieder mit den Unsicherheiten belastet, wie unter der Herrschaft des »besonderen Gewaltverhältnisses«.
Eine derartige Interpretation des Vollzugszieles wendet sich damit zugleich gegen die vom Gesetzgeber aufgehobene, durch unterschiedliche Haftbedingungen gekennzeichnete Differenzierung der Freiheitsstrafe in Zuchthaus und Gefängnis. Damit wollte der Gesetzgeber eine über den Freiheitsentzug hinausgehende Erzeugung von Leidensdruck im Vollzug vermeiden.
Als ein Rückschritt gegenüber gesicherten rechtsstaatlichen Standards ist es zu betrachten, daß die Differenzierung der Haftbedingungen der Vollzugsbehörde überlassen ist.

c)

Daß die Ermächtigung der Vollzugsbehörde zu einer unterschiedlich belastenden Lebensgestaltung nach Maßgabe der Schuldschwere einen Eingriff in die dem Richter nach Artikel 92 GG vorbehaltene Bemessung des Strafübels bedeutet und daß eine solche Vollzugsgestaltung nach Maßgabe der Schuldschwere auch nicht mehr als gesetzlich bestimmt im Sinne des Artikels 103 Abs. 2 GG angesehen werden kann, ist in der abweichenden Meinung überzeugend ausgeführt.
Die Ausführungen des Zweiten Senats zu diesen Bedenken[23] gehen an dem Problem vorbei. Der Hinweis darauf, daß die Schuld durch das Strafgericht festgestellt worden sei, verfängt nicht. Dem Richter ist es als genuine Rechtsprechungsaufgabe auch vorzubehalten, das Maß des Strafübels als Rechtsfolge der Schuld zu bestimmen.

d)

Mit den Bemerkungen unter II. 3. e) zu Artikel 104 Abs. 2 Satz 1 GG setzt sich der Zweite Senat in Widerspruch zu seinen Erwägungen, mit denen er unter I. 2. b) gerechtfertigt hatte, daß die Entscheidung über Behandlungsmaßnahmen auch zum Zwecke des Schuldausgleichs benutzt werden dürfe. Dort wird gesagt, daß die Vollzugslockerung in Gestalt von Urlaub rechtlich eine Vollzugsmaßnahme

23 A.a.O., S. 278 f.

sei, jedoch tatsächlich einer befristeten Aufhebung der Freiheitsstrafe nahe komme. Daß diese Anschauung rechtlich und gesetzlich unzutreffend ist, hat das Sondervotum dargelegt. Folgt man aber der Auffassung von der Einschränkung des Strafübels durch Vollzugslockerung, so muß sie konsequenter Weise zumindest unter diesem Aspekt auch dem Richtervorbehalt unterliegen. Selbstverständlich steht auch das Sondervotum nicht auf dem Standpunkt, daß bei zutreffender und vom Gesetz allein gebotener Handhabung der Vollzugslockerungen als Mittel zur Erreichung des gesetzlichen Vollzugszieles der Gesetzes- und Richtervorbehalt der Artikel 103 Abs. 2 und 104 Abs. 2 Satz 1 GG berührt wird.

e)
Daß die Bedenken des Sondervotums zur Bemessung des Strafübels nach Schuldschwere durch den Vollzug nicht von der Hand zu weisen sind, muß schließlich auch der Senat gemerkt haben. Er versucht ihnen unter II. 3. d) in einer diffusen Weise durch Uminterpretation des allerdings nicht erwähnten § 115 Abs. 5 StrVollzG Rechnung zu tragen. Danach sollen die Ermessensentscheidungen der Behörde »eine umfassende gerichtliche Prüfung« erfahren, ob sie sich an das Strafurteil und »innerhalb des ihr vorgegebenen Rahmens« halten. »Die Regeln über die nur begrenzte Nachprüfung des Ermessens der Verwaltungsbehörde« (§ 115 Abs. 5 StrVollzG dürfte gemeint sein) sollen »insoweit keine Geltung« haben. Dieser Eingriff in die allgemeine Rechtsschutzsystematik bei Ermessensentscheidungen hat ebenso unabsehbare unklare Konsequenzen wie die Zuerkennung eines Sanktionsermessens an die Vollzugsbehörde.
Grundrechtliche Gewährleistungen werden dadurch nicht gerettet. Selbst den Richtervorbehalt gibt es für Strafgefangene nur auf Antrag.

IV. Schlußbemerkung

Der Auffassung von Callies/Müller-Dietz in einer dankenswert klaren Stellungnahme zur Strafvollzugsentscheidung des Bundesverfassungsgerichts[24] ist beizutreten. Die Entscheidung hat die Aufweichung einer eindeutigen Rechtslage zur Folge gehabt und die Rechtsprechung der Oberlandesgerichte in der gesetzwidrigen Auslegung eines eindeutig bestimmten Vollzugszieles bestärkt. »Angesichts dieser Entwicklung bleibt als einzulösende Aufgabe, den rechtsfreien Raum politischer Entscheidungen zu verlassen und auf den Boden des positiven Rechts zurückzukehren«[25]. Für die Vollzugspraxis, die nur selten Gegenstand oberlandesgerichtlicher Entscheidungen wird, ist die Zuversicht begründet, daß sie das Strafvollzugsgesetz als alleinige Ermächtigungsgrundlage für ein verantwortliches Handeln an den ihr anvertrauten Menschen beachtet.

24 *Callies/Müller-Dietz,* Strafvollzugsgesetz 4. Aufl. § 2 Rnr. 11.
25 *Callies/Müller-Dietz,* a.a.O.

Die Rechtsprechung der 2. Kammer des Zweiten Senats des Bundesverfassungsgerichts zur bereichsspezifischen Bedeutung des Art. 19 Abs. 4 GG im Recht des Strafvollzugs

Richard Urban

I.

In seinem Beitrag für die *Zeidler*-Festschrift[1] wendet sich *E.G. Mahrenholz* dagegen, die Ausübung der seit dem Jahre 1986[2] geltenden positiven Entscheidungskompetenz der Kammern des Bundesverfassungsgerichts als »Rechtsprechung *der Kammern*« zu bezeichnen. Wegen der strikten Anknüpfung an bereits vorliegende Entscheidungen der Senate zu der entscheidungserheblichen verfassungsrechtlichen Frage handele es sich nur um »abgeleitete, unselbständige Rechtsprechung«. Diese Einschätzung mag der restriktiven Zielsetzung des Gesetzgebers entsprochen haben, wird aber der Bedeutung der immer weiter ausufernden Spruchpraxis der Kammern nicht mehr gerecht. Stattgebende Kammer-Beschlüsse nehmen mittlerweile nicht nur zahlenmäßig einen breiten Raum in der Verfassungsbeschwerde-Judikatur ein[3], sie stellen vielfach auch inhaltlich wichtige Ergänzungen und Fortentwicklungen der Senats-Rechtsprechung dar. Daran wird die Neuregelung der positiven Entscheidungskompetenz der Kammern in § 93 c I 1 BVerfGG[4] nichts ändern. Diese Norm eröffnet zwar keine Kammerkompetenz in Fragen grundsätzlicher verfassungsrechtlicher Bedeutung; desgleichen kommt eine Stattgabe der Verfassungsbeschwerde auch bei Bagatellfällen nicht mehr in Betracht[5]. In dem Zwischenbereich aber wird die stattgebende Kammerentscheidung ihre Bedeutung mit großer Wahrscheinlichkeit behalten.

Einer der Rechtsbereiche, in denen die Kammer-Rechtsprechung zur weiteren Ausformung von Verfassungsgrundsätzen beigetragen hat, ist die allgemeine

1 Kammerbeschlüsse - Nichtannahmegebühren, Neue Institute im Verfassungsbeschwerdeverfahren, Festschrift für W. Zeidler, 1987, Bd. 2, S. 1361 (1364).

2 § 93 b II BVerfGG i.d.F. des ÄndG v. 12.12.1985 (BGBl. I S. 2226), seit dem 11.08.1993: § 93 c I BverfGG i.d.F. des ÄndG v. 02.08.1993 (BGBl. I S. 1442).

3 Vgl. die Übersicht bei *Clemens/Umbach,* in: *dies.* (Hrsg.), BVerfGG, Mitarbeiterkommentar, § 93 b Rdnrn. 52 u.Fußn. 37-42 m.w.Nachw.; *E. Klein,* Konzentration durch Entlastung?, NJW 1993, 2073 (2075 Fußn. 20).

4 Vgl. Fußn. 2.

5 Vgl. *E. Klein,* s. Fußn. 3; *Zuck,* Der Zugang zum Bundesverfassungsgericht . . ., NJW 1993, 2461 (2643).

Rechtsschutzgarantie des Art. 19 IV GG[6]. Dies nimmt nicht wunder, da die von den Senaten zu dieser für den rechtsstaatlichen Rechtsschutz zentralen Norm entwickelten verfassungsrechtlichen Obersätze überwiegend sehr abstrakt sind und damit für einzelfallbezogene, aber auch für grundsätzliche und verallgemeinerungsfähige Weiterentwicklungen genügend Ansätze bieten.

In dieser Richtung hat sich in jüngster Zeit die mit den Richtern *Mahrenholz, Kruis* und *Winter* besetzte *2. Kammer des Zweiten Senats* (im folgenden: *Kammer*) mit einer Reihe von Entscheidungen aus dem Bereich des wesentlich am Resozialisierungsprinzip[7] ausgerichteten Strafvollzugs hervorgetan, die auch für den Rechtsschutz in anderen Bereichen öffentlicher Verwaltung von Bedeutung sind. Im folgenden soll anhand einiger der bisher vom Bundesverfassungsgericht entwickelten Leitlinien zur Wirksamkeit des gerichtlichen Rechtsschutzes die Einordnung dieser Entscheidungen versucht und ihr Beitrag zur Ausprägung besonderer Rechtsschutzstandards des Art. 19 IV 1 GG[8] erörtert werden.

II.

1. Wirksamer Zugang zum Gericht – Gebot der grundrechtsorientierten Auslegung von Prozeßvorschriften

a) Nach Art. 19 IV 1 GG steht jedem, der behauptet, durch die öffentliche Gewalt in seinen Rechten verletzt zu sein, der Rechtsweg zu den Gerichten offen. Nach der ständigen Rechtsprechung der Senate garantiert diese Vorschrift nicht nur das formelle Recht und die theoretische Möglichkeit, die Gerichte anzurufen; sie gibt dem Bürger vielmehr einen *substantiellen Anspruch auf tatsächlich wirksame gerichtliche Kontrolle* der jeweils belastenden Verwaltungsentscheidungen[9]. Ebenso wie der Gesetzgeber bei der normativen Ausgestaltung des Rechtsweges muß der Richter bei der *Auslegung* dieser Normen das Ziel eines wirkungsvollen Rechtsschutzes verfolgen; er darf den Beteiligten den Zugang zu den in den Verfahrensordnungen eingeräumten Instanzen nicht in unzumutbarer, aus Sachgründen nicht mehr zu rechtfertigender Weise erschweren[10]. Dabei richtet sich das

6 Vgl. etwa *3. Kammer des Zweiten Senats,* NJW 1990, 501; NVwZ 1991, 766; *2. Kammer des Ersten Senats,* NJW 1991, 415; *2. Kammer des Zweiten Senats,* NJW 1991, 2076; *1. Kammer des Zweiten Senats,* NJW 1988, 249.

7 Vgl. BVerfGE 35, 202 (238).

8 Zu den allgemeinen und besonderen Rechtsschutzstandards vgl. *Schmidt-Aßmann* in: *Maunz-Dürig,* Kommentar zum GG, Art. 19 IV Rdnrn. 18, 229 ff.

9 BVerfGE 13, 132 (151); 35, 263 (274); 46, 166 (178); 54, 94 (96 f.); 64, 261 (279); 77, 275 (284); 81, 123 (129); 83, 182 (194).

10 BVerfGE 60, 253 (268 f.); 74, 228 (234); 77, 275 (284); zu einem Anwendungsfall s. *3. Kammer des Zweiten Senats,* NVwZ 1991, 766 (Zugang zum Gericht für Soldaten).

11 *2. Kammer des Ersten Senats,* NJW 1991, 415 (416).

Maß dessen, was als wirkungsvoller Rechtsschutz verbürgt ist, nach dem sachlichen Gehalt des als verletzt behaupteten Rechts[11].

b) Ausgehend von vorstehenden Grundsätzen gelangt die *Kammer* in ihrem stattgebenden Beschluß vom 16.02.1993[12] zu dem Ergebnis, daß das Gebot effektiven Rechtsschutzes eine *weite Auslegung des Maßnahmebegriffs* in § 109 StVollzG[13] gebiete und deshalb auch das Aufstellungsverfahren und die inhaltliche Ausgestaltung eines Vollzugsplanes im ganzen in zulässiger Weise mit einem Antrag auf gerichtliche Entscheidung bei der Strafvollstreckungskammer angegriffen werden können.

Im Ausgangsfall hatte ein zu lebenslanger Freiheitsstrafe verurteilter und schwer herzkranker Strafgefangener gegen die Fortschreibung eines Vollzugsplans (§ 7 StVollzG) Widerspruch mit der Begründung eingelegt, der Plan erfülle nicht die Minimalanforderungen des Gesetzes, biete ihm keine Perspektive und beachte nicht den Integrationsgrundsatz. Das Justizvollzugsamt lehnte eine Entscheidung ab, da mit einem Antrag auf gerichtliche Entscheidung nur einzelne konkrete Regelungen im Vollzugsplan mit Außenwirkung angegriffen werden könnten. Die Strafvollstreckungskammer folgte dieser Argumentation und wies den Antrag als unzulässig zurück.

Ausgangspunkt der Überlegungen der *Kammer* ist die große Bedeutung des Vollzugsplans im Sinne von § 7 StVollzG für das Erreichen des durch Art. 2 I GG i.V.m. Art. 1 I GG und dem Sozialstaatsprinzip verfassungsrechtlich verankerten Vollzugsziels der Resozialisierung und der Sozialisation (§ 2 I 1 StVollzG) für den einzelnen Gefangenen[14]. Angesichts dieser bereichsspezifischen, d.h. materiell-grundrechtlichen Vorgabe verwehre es der Grundsatz wirksamen Rechtsschutzes den Strafvollstreckungsgerichten, den Bestimmungen der §§ 109 ff. StVollzG, die für das Strafvollzugsrecht Art. 19 IV 1 GG konkretisieren, im Wege der Auslegung einen Inhalt beizumessen, bei dem ein Antrag auf gerichtliche Entscheidung nur zur Nachprüfung einzelner Planmaßnahmen, nicht aber auch zur Überprüfung der Rechtsfehlerfreiheit des *Aufstellungsverfahrens* oder des inhaltlichen *Gestaltungsermessens* gestellt werden könnte. Bei letzterer kann es sich - so die *Kammer* - vor allem darum handeln, daß der Plan inhaltlich den gesetzlichen Mindestanforderungen nicht genügt (Verletzung des Anspruchs auf Aufstellung des Vollzugsplans) oder daß der Gefangene durch das Zusammenwirken von Planmaßnahmen in seinen Rechten verletzt ist.

Damit wird der auch in der Literatur vertretene weite Maßnahmebegriff für § 109 StVollzG - jedes behördliche (hoheitliche) Handeln zur Regelung eines Einzel-

12 2 BvR 594/92; NStZ 1993, 301.

13 Gemäß § 109 I 1 StVollzG kann »gegen eine Maßnahme zur Regelung einzelner Angelegenheiten« auf dem Gebiete des Strafvollzugs gerichtliche Entscheidung beantragt werden.

14 Vgl. *Calliess/Müller-Dietz,* StVollzG, 5. Aufl., § 4 Rdnr. 8. Eine Verurteilung zu lebenslanger Freiheitsstrafe steht dem Resozialisierungsgebot nicht entgegen (vgl. BVerfGE 45, 187 [238].

falls mit unmittelbarer Rechtswirkung für Dritte[15] - verfassungsrechtlich ebenso sanktioniert wie die Auffassung, daß als Maßnahme im Sinne von § 109 StVollzG nicht nur die konkrete von der Anstalt gegen den Gefangenen erlassene Anordnung, sondern schon die einzelne gemäß § 7 II StVollzG im Vollzugsplan vorgesehene Behandlungsmaßnahme zu verstehen ist[16].
Die *Kammer* stellt nicht in Abrede, daß der Strafgefangene - soll der Antrag auf gerichtliche Entscheidung zulässig sein - die Möglichkeit einer Rechtsverletzung näher begründen muß (vgl. § 109 II StVollzG). Gleichzeitig wird jedoch hervorgehoben, daß die Gerichte die Darlegungslast des Strafgefangenen nicht überspannen dürfen und das Vorbringen auch unter dem Gesichtspunkt zu würdigen haben, ob das Aufstellungsverfahren und die Ermessensausübung bei der Aufstellung des Planes insgesamt gerügt wird.
c) Mit der Betonung des verfahrensrechtlichen Aspektes bei der gerichtlichen Überprüfung von Vollzugsplänen stellt die vorgenannte Entscheidung einmal mehr klar, daß die Grundrechte - hier Art. 2 I i.V.m. 1 I GG - nicht nur das materielle Recht, sondern auch das Verfahrensrecht sichern, soweit es für einen wirksamen Rechtsschutz bedeutsam ist[17]. Die verfassungsrechtliche Herleitung des weiten Maßnahmebegriffs in § 109 StVollzG kann sich zudem auf den allgemeinen verwaltungsrechtlichen Rechtsschutz auswirken. Immer dann, wenn grundrechtliche Verbürgungen materieller Art zugunsten des rechtsuchenden Bürgers streiten, sind die Gerichte gehalten, prozessuale Zugangsvorschriften extensiv auszulegen, um möglichst eine inhaltliche Überprüfung der Verwaltungsentscheidung zu ermöglichen[18]. Dies könnte sich etwa im Bereich der besonderen Rechtsverhältnisse (Pflichtenverhältnisse) wie den Beamten-, Soldaten- und Schulrechtsverhältnissen auswirken. In diesen Bereichen darf nicht über die Definition des Verwaltungsaktes im Sinne der §§ 42 I VwGO, 35 VwVfG der Rechtsschutz in unangemessener Weise bereits an der Zulässigkeit scheitern[19].

2. Effektiver Rechtsschutz durch Eilverfahren bei Vornahmeanträgen

a) Das Bundesverfassungsgericht hat aus Art. 19 IV 1 GG das Gebot an den Gesetzgeber und die Gerichte abgeleitet, soweit als möglich zu verhindern, daß

15 Vgl. *Calliess/Müller-Dietz,* a.a.O. 109 Rdnr. 6.
16 Vgl. OLG Frankfurt, NStZ 1983, 381 m.Anm. *Rotthaus; Calliess/Müller-Dietz* a.a.O., § 7 Rdnr. 2.
17 Vgl. BVerfGE 53, 30 (65) - Mühlheim-Kärlich; *Goerlich,* Schutzpflicht - Grundrechte - Verfahrensschutz, NJW 1981, 2616; zum Zusammenhang von gerichtlicher Kontrolle und Verwaltungsverfahren s. *Hufen,* Fehler im Verwaltungsverfahren, 2. Aufl., Rdnrn. 21 ff.
18 Zur Frage, ob eine extensive Auslegung des Art. 19 IV 1 GG geboten ist, vgl. *Schmidt-Aßmann,* a.a.O. (Fußn. 8), Rdnr. 5 m.w.Nachw.
19 Vgl. zum verwaltungsgerichtlichen Rechtsschutz gegen Verwaltungsakte und zur Bedeutung des materiellen Rechts sowie des Verfahrensrechts *Kopp,* VwGO, 7. Aufl., § 42 Anh. Rdnrn. 2, 32, 51 ff.

durch die sofortige Vollziehung einer hoheitlichen Maßnahme Tatsachen geschaffen werden, die auch dann, wenn sich die Maßnahme bei richterlicher Prüfung als rechtswidrig erweist, nicht mehr rückgängig gemacht werden können[20]. Dieser zunächst für die Eingriffsverwaltung entwickelte Grundsatz wurde später auf die Leistungsverwaltung ausgedehnt. Danach gewährleistet Art. 19 IV 1 GG vorläufigen Rechtsschutz auch dann, wenn die vollziehende Gewalt ein Leistungsbegehren zurückweist oder einfach untätig bleibt und ohne schnelle Zwischenentscheidung schwere und unzumutbare, anders nicht abwendbare Nachteile entstünden, zu deren nachträglicher Beseitigung die Entscheidung in der Hauptsache nicht mehr in der Lage wäre[21].

Dies kann im Einzelfall bei fehlender gesetzlicher Regelung zur Lückenfüllung durch Analogie oder direkte Anwendung des Art. 19 IV 1 GG führen[22]. Desgleichen sind die Verwaltungsgerichte gehalten, bei der Anwendung des § 123 VwGO Ausnahmen vom Verbot der Vorwegnahme der Hauptsache zuzulassen, wenn anders nämlich dem Betroffenen eine erhebliche, über Randbereiche hinausgehende Verletzung in seinen Grundrechten droht, die durch die Entscheidungen in der Hauptsache nicht mehr beseitigt werden kann, es sei denn, daß ausnahmsweise überwiegende, besondere Gründe entgegenstehen[23]. Schließlich kann Art. 19 IV 1 GG je nach Sachlage gebieten, daß entgegen § 44 a VwGO behördliche Verfahrenshandlungen oder -unterlassungen (z.B. Verweigerung von Akteneinsicht) vorab im vorläufigen Rechtsschutzverfahren überprüft und ggf. im Wege der einstweiligen Anordnung korrigiert werden[24].

b) Den vorläufigen Rechtsschutz bei Maßnahmen im Strafvollzug regelt § 114 StVollzG. Danach kann die Strafvollstreckungskammer den Vollzug der angefochtenen Maßnahme aussetzen, wenn die Gefahr besteht, daß die Verwirklichung eines Rechts des Antragstellers vereitelt oder wesentlich erschwert wird und ein höher zu bewertendes Interesse an dem sofortigen Vollzug nicht entgegensteht (§ 114 II 1 StVollzG). Das Gericht kann außerdem in entsprechender Anwendung des § 123 I VwGO eine einstweilige Anordnung erlassen (§ 114 II 2 StVollzG).

Während in der bisherigen fachgerichtlichen Praxis im Rahmen des einstweiligen Rechtsschutzes das Gebot effektiven Rechtsschutzes - soweit ersichtlich - nur unter dem Aspekt der Vorwegnahme der Hauptsache thematisiert worden ist[25], hat die *Kammer* mit ihrem Beschluß vom 16.03.1993[26] eine weitere Facette zur

20 BVerfGE 37, 150 (153).
21 BVerfGE 46, 166 (179) - Vorläufiger Rechtsschutz im sozialgerichtlichen Verfahren.
22 BVerfGE 46, 166 (178).
23 BVerfGE 79, 69 (74) - Wahrnehmung eines Kommunalmandats.
24 Vgl. BVerfG *(2. Kammer des Ersten Senats),* NJW 1991, 415.
25 Vgl. OLG Karlsruhe, NStZ 1993, 575 (558) unter Hinweis auf BVerfGE 79, 69 (74) = NJW 1989, 827; s. dazu *Ullenbruch,* Vollzugsbehörde contra Strafvollstreckungskammer, NStZ 1993, 517 (518) m.w.Nachw. zur Literatur.
26 2 BvR 202/93, NStZ 1993, 404 = Strafverteidiger 1993, 487.

Wirkweise des Art. 19 IV 1 GG hinzugefügt. Sie kommt darin zu dem Ergebnis, daß das Gebot effektiven Rechtsschutzes verbiete, vorläufigen gerichtlichen Eilrechtsschutz gemäß § 114 II StVollzG erst dann zu gewähren, wenn der Strafgefangene Widerspruch eingelegt hat.

Im Ausgangsfall hatte ein Strafgefangener unter Hinweis auf die seiner Meinung nach menschenunwürdigen Haftbedingungen in seiner Zelle (Überschwemmungen wegen verstopfter WC-Rohre) Widerspruch mit dem Antrag eingelegt, den Zustand zu beseitigen oder ihn in eine andere Zelle zu verlegen. Der Widerspruch wurde von der JVA als unzulässig zurückgewiesen. Dagegen stellte der Gefangene Antrag auf gerichtliche Entscheidung. Zuvor hatte er bei der Strafvollstreckungskammer beantragt, die JVA im Wege der einstweiligen Anordnung zu verpflichten, ihn in einen anderen Haftraum unterzubringen. Die Strafvollstreckungskammer wies den Antrag als unzulässig zurück, weil das nach §§ 114 II, 109 III StVollzG i.V.m. § 6 I HbgAGVwGO erforderliche Verwaltungsverfahren nicht durchgeführt sei. Ein Eilverfahren nach § 114 II StVollzG setze voraus, daß zumindest Widerspruch eingelegt sei. Dies habe der Gefangene nicht mitgeteilt.

Unter Hinweis auf die Leitentscheidung BVerfGE 46, 166 (179)[27] postuliert die *Kammer* sehr knapp, daß vorläufiger gerichtlicher Eilrechtsschutz nach § 114 II StVollzG nicht erst dann einsetzen dürfe, wenn der Gefangene Widerspruch eingelegt hat. Vielmehr müsse der Rechtsuchende ihn schon vorher erhalten, ebenso wie vor Stellung des Antrags auf gerichtliche Entscheidung (vgl. § 114 III StVollzG). Die Strafvollstreckungskammer hätte deshalb vom Gefangenen nicht die Darlegung fordern dürfen, daß er bereits ein Widerspruchsverfahren betreibe.

c) Die *Kammer* verweist zwar darauf, daß diese Auffassung auch in der »fachgerichtlichen« Literatur[28] vertreten werde; dabei wird jedoch nicht auf die verwaltungsgerichtliche Rechtsprechung und die verwaltungsprozessuale Literatur zu dem gleichgelagerten Problem bei § 123 VwGO eingegangen. Dort ist unter den Aspekten des Rechtsschutzbedürfnisses und des Tatbestandsmerkmals eines »Streits« durchaus umstritten, ob vor Antragstellung ein vorausgehendes Verwaltungs- oder Widerspruchsverfahren einzuleiten ist [29]. Sachgerechte prozessuale Hürden, und dazu gehört auch das allgemeine Rechtsschutzbedürfnis, sind mit Art. 19 IV 1 GG vereinbar[30]. Im vorliegenden Zusammenhang wäre es vertretbar gewesen, daß Erfordernis des Widerspruchsverfahrens – sofern es gemäß § 109 III StVollzG vom Landesgesetzgeber eingeführt wurde – im Grundsatz zu billigen und nur dann darin einen Verstoß gegen Art. 19 IV 1 GG zu erblicken, wenn die Sache sehr eilig und die Wahrscheinlichkeit gering ist, daß der Widerspruch von

27 Vgl. Fußn. 22.
28 Hinweis auf *Calliess/Müller - Dietz* a.a.O, § 115 Rdnr. 5 und *Volckart* in: StVollzG, 3. Aufl., § 114 Rdnr. 5.
29 Vgl. *Kopp,* VwGO, 9.Auf., § 123 Rdnr. 25 m.w.Nachw.
30 Zum Rechtsschutzbedürfnis und Art. 19 IV GG vgl. *Schmidt-Aßmann* (Fußn. 8), Rdnr. 244.

der Behörde rechtzeitig positiv erledigt wird[31]. Die Verwaltungsgerichte werden sich nunmehr mit der Entscheidung vom 16.03.1993 auseinandersetzen müssen und die Übertragbarkeit auf den Verwaltungsprozeß kaum ablehnen können.

3. Effektiver Rechtsschutz durch Eilverfahren bei Eingriffsakten, insbesondere Disziplinarmaßnahmen im Strafvollzug - Vorwirkung im Verwaltungsverfahren, rechtzeitiger Rechtsschutz, Vorrang der Vollzugsaussetzung aufgrund Interessenabwägung

a) Die Vollziehung von Eingriffsakten in die Grundrechtssphäre ist ein besonders sensibler Bereich für die Anwendung des Art. 19 IV 1 GG und namentlich des daraus ableitbaren Gebots tatsächlich wirksamen Eilrechtsschutzes. Denn mit der Vollziehung der Maßnahme werden regelmäßig vollendete Tatsachen geschaffen. Gleichwohl gewährleistet nach der Rechtsprechung des Bundesverfassungsgerichts[32] Art. 19 IV GG nicht die aufschiebende Wirkung von Rechtsbehelfen »schlechthin«; die Regelung des § 80 VwGO ist mithin nicht verfassungsrechtlich geboten[33]. Freilich müssen der Gesetzgeber und die Gerichte gewährleisten, daß der in seinen Rechten nachteilig Betroffene umgehend eine gerichtliche Entscheidung darüber herbeiführen kann, ob im konkreten Fall das öffentliche Interesse an der sofortigen Vollziehung oder das Interesse des Bürgers an der Aussetzung der Vollstreckung bis zur Nachprüfung in einem gerichtlichen Hauptverfahren überwiegt[34].

Aus diesen und den oben unter 1. a) und 2. a) dargestellten Leitlinien sind vom Bundesverfassungsgericht zwei konkrete Folgerungen gezogen worden:

(1) Aus der Rechtsschutzgarantie des Art. 19 IV 1 GG ergeben sich *Vorwirkungen* auf die Ausgestaltung des dem gerichtlichen Rechtsschutzverfahren vorgelagerten Verwaltungsverfahrens. Dieses darf nicht so angelegt werden, daß der gerichtliche Rechtsschutz vereitelt oder unzumutbar erschwert wird; die Verwaltungsbehörde darf spätere Nachprüfungsmöglichkeiten des Gerichts nicht ausschalten und den Bürger nicht über seine gerichtlichen Rechtsschutzmöglichkeiten irreleiten[35].

(2) Wirksamer Rechtsschutz allgemein, aber insbesondere wirksamer Eilrechtsschutz erfordert eine gerichtliche Entscheidung in *angemessener Zeit.* Die Angemessenheit der Verfahrensdauer ist dabei nach den besonderen Umständen des einzelnen Falles zu bestimmen[36].

31 Vgl. zu einem ähnlichen Ansatz VG Ansbach, NVwZ 1986, 74 (75).
32 BVerfGE 65, 1 (70)
33 Zu den verschiedenen Regelungstechniken für den vorläufigen Rechtsschutz, vgl. *Schmidt-Aßmann* (Fußn. 8), Rdnrn. 274, 275.
34 BVerfGE 37, 150 (153); 35, 382 (402); 67, 43 (58 f.).
35 BVerfGE 22, 49 (81 f.); 61, 82 (110); 69, 1 (49).
36 BVerfGE 55, 349 (369)

b) Für den Bereich der Disziplinarmaßnahmen im Strafvollzug und dort insbesondere für die in der Praxis häufig verhängte gravierendste Disziplinarmaßnahme des Arrests[37] gelangt die *Kammer* in ihrem im wesentlichen stattgebenden Beschluß vom 30.04.1993[38] auf der Grundlage vorstehender verfassungsrechtlicher Obersätze zu bedeutsamen, über die entschiedenen Fälle hinausgehenden *konkreten Handlungsanweisungen* an die Justizvollzugsanstalten und die Strafvollstreckungskammern.

In einem der beiden Ausgangsfälle (2 BvR 1710/92) wurde gegen einen Strafgefangenen wegen Nichtbefolgens einer Anordnung (§ 82 II 1 StVollzG) die Disziplinarmaßnahme des Entzugs von Aufenthalt im Freien für sieben Tage verhängt, die vom 10. bis 16.09. vollzogen wurde. Mit Schreiben vom 10.09. beantragte der Gefangene beim Leiter der JVA und bei der Strafvollstreckungskammer Aussetzung der sofortigen Vollziehung. Der Leiter der JVA lehnte den Antrag am 11.09. ab. Die Strafvollstreckungskammer wies den bei ihr aufgrund einer Briefkontrolle erst am 14.09. eingegangenen Antrag nach Einholung einer Stellungnahme der JVA und nach Anhörung des Beschwerdeführers am 17.09. mit der Begründung zurück, die Disziplinarmaßnahme sei inzwischen vollstreckt.
Im zweiten Fall (2 BvR 1605/92) war gegen den Gefangenen wegen eines durch beleidigende Äußerungen in einem Brief begangenen Verstoßes gegen die Pflicht zum geordneten Zusammenleben (§ 82 I 2 StVollzG) vier Wochen getrennte Unterbringung während der Freizeit (vollzogen vom 20.06. bis 17.07.), sieben Tage Entzug des Aufenthalts im Freien (vollzogen vom 27.05. bis 02.06.) und 12 Tage Arrest (vollzogen vom 26.05. bis 07.06.) verhängt worden. Am 26.05. beantragte der Gefangene die Aussetzung der Disziplinarmaßnahmen im Wege der einstweiligen Anordnung. Nach Einholung einer Stellungnahme der JVA gab die Strafvollstreckungskammer am 02.06. dem Beschwerdeführer Gelegenheit zur Äußerung bis 03.06. Am 04.06. lehnte der Gefangene den zuständigen Richter unter Hinweis auf die verzögerte Behandlung wegen Befangenheit ab. Am 07.07. wurde der Befangenheitsantrag abgelehnt. Nachdem das OLG die dagegen eingelegte sofortige Beschwerde am 03.08. verworfen hatte, verwarf die Strafvollstreckungskammer mit Beschluß vom 14.09. den Antrag auf Erlaß einer einstweiligen Anordnung als unzulässig, da eine Aussetzung aus tatsächlichen Gründen nicht mehr möglich sei.

Die *Kammer* erblickte in dem *Unterlassen der unverzüglichen Weiterleitung* des Antrags auf Erlaß einer einstweiligen Anordnung vom 10.09. eine offensichtliche Verletzung des Art. 19 IV 1 GG mit seinen Vorwirkungen auf das Verwaltungsverfahren. Gerade im Bereich des Strafvollzugs erfordere die Gewährleistung wirksamen Rechtsschutzes Vorkehrungen, daß der Gefangene rechtzeitig Zugang zu Gericht erhalte. Anders als bei in Freiheit lebenden Personen sei der Gefangene auf die Anstalt angewiesen, die für die Weiterleitung von Anträgen sorgen müsse. Aus dieser Pflicht leitet die *Kammer* über den gesetzlichen Beschleunigungsgrundsatz (§ 30 II StVollzG) hinaus die Pflicht der JVA ab, bei – wie hier –

37 Vgl. dazu die Angaben von *Kamann*, Strafverteidiger 1993, 485.
38 2 BvR 1605/92, 1710/92; NStZ 1993, 507 = Strafverteidiger 1993, 482 mit Anm. *Kamann*.

durchgeführten verzögernden Briefkontrollen Vorkehrungen für eine sofortige Weiterleitung an das Gericht zu treffen. Es könne auch geboten sein, den Antrag mittels Telefax (!) an das Gericht weiterzuleiten. Schließlich gelangt die *Kammer* zu dem für die Strafvollzugspraxis weitreichenden Ergebnis, daß die JVA in der Regel von sich aus die Vollziehung der Maßnahme bis zu einer gerichtlichen Entscheidung auszusetzen habe, sofern rechtzeitiger gerichtlicher Rechtsschutz nicht erreichbar sei[39].

Im zweiten Fall geht die *Kammer* davon aus, daß die Notwendigkeit einer rechtzeitigen Entscheidung die Strafvollstreckungskammern zu einem »situationsgerechten Handeln ohne weiteres Zögern« verpflichte. Wenn der Antrag nicht sogleich - wegen fehlender schlüssiger Begründung - als unzulässig verworfen werden könne, müsse sich das Gericht - ggf. auch fernmündlich - ergänzende Klarheit verschaffen. Um seiner Pflicht, rechtzeitig zu entscheiden, nachkommen zu können, müsse das Gericht in besonderen Fällen auch ohne vorherige Anhörung der JVA eine *vorläufige Aussetzung* der Disziplinarmaßnahme in Betracht ziehen. Im konkreten Fall wirft die *Kammer* aufgrund einer eingehenden Würdigung des Geschehensablaufs der Strafvollstreckungskammer vor, sie hätte bei rechtzeitiger Einholung von Informationen spätestens am 01.06. über den Eilrechtsantrag entscheiden müssen.

c) Mit *Kamann*[40], der mit dem Beschluß vom 30.04.1993 den Weg aus der »Misere des vorläufigen Rechtsschutzes insbesondere gegen Arrestmaßnahmen im Strafvollzug« vorgezeichnet sieht, kann die Bedeutung der Entscheidung nicht hoch genug veranschlagt werden, obwohl mit ihr die Grenze zwischen dem verfassungsrechtlichen Minimalstandard eines *ausgewogenen Rechtsschutzes* und dem Postulat eines *optimalen Rechtsschutzes*[41] erreicht ist und sich das Bundesverfassungsgericht in die Gefahr begeben hat, durch akribisches Nachvollziehen der Geschehensabläufe von Gerichtsverfahren nach Stunden und Tagen den Grundstein für seine eigene Überforderung zu legen. Das Gericht hat klar gemacht, daß es etwaigen Verschleppungstendenzen durch Verwaltungsbehörden und Gerichten beim Sofortvollzug von Eingriffsakten entgegentreten wird[42]. Die Verwaltun-

39 Vgl. zu den Auswirkungen des Beschlusses vom 30.04.1993 *Kamann* (Fußn. 38), S. 486.
40 Vgl. Fußn. 38.
41 Vgl. zu diesen in Art. 19 IV GG angelegten Topoi *Schmidt-Aßmann* (Fußn. 8), Rdnrn. 4, 5.
42 In einem weiteren stattgebenden Beschluß vom 23.06.1993 (2 BvR 1608/92) erblickte die *Kammer* in der verzögerten Weiterleitung eines Eilantrages durch die JVA aufgrund einer durchgeführten Briefkontrolle trotz Kenntnis, daß der Beschwerdeführer einen Eilantrag zur Strafvollstreckungskammer stellen wollte, ebenfalls einen Verstoß gegen Art. 19 IV GG. In dem Beschluß vom 31.08.1993 (2 BvR 785/93) hebt die Kammer in Anlehnung an die im Beschluß vom 30.04.1993 herausgearbeiteten Grundsätze die Entscheidung einer Strafvollstreckungskammer wegen Verletzung des Rechts auf effektiven Rechtsschutz auf, da die Strafvollstreckungskammer den Antrag auf Erlaß einer einstweiligen Anordnung gegen den Vollzug eines Arrestes nicht sachgerecht behandelt hat. Angesichts der Art und der Schwere der sofort vollzogenen Disziplinarmaßnahme und der Tatsache, daß zum Zeitpunkt des Antragseingangs für das Gericht erkennbar infolge der verzögerlichen Briefbeförderung durch die JVA bereits vier Tage des Arrestes vollzogen waren, wäre

gen und Gerichte sind aufgefordert, auch unter Zuhilfenahme technischer Kommunikationsmittel wie Telefon und Telefax eine rechtzeitige Streitentscheidung anzustreben. Außerdem ist nun auch für das verwaltungsgerichtliche Verfahren verfassungsrechtlich abgesichert, daß im Zweifel zu dem Mittel der *Interimsentscheidung* zu greifen ist, wenn die Entscheidungsgrundlagen noch nicht ausreichen, eine Abweisung andererseits nicht möglich ist. Bleibt als Fazit: Der verfassungsrechtlich gebotene schnelle Prozeß darf nicht mit einem »kurzen Prozeß« verwechselt werden.

d) In Anknüpfung an die Senats-Rechtsprechung zu § 80 VwGO[43] stellt die *Kammer* in dem zuletzt bekannt gewordenen stattgebenden Beschluß zur Tragweite des Art. 19 IV 1 GG im Strafvollzug vom 09.11.1993[44] klar, daß es von Verfassungs wegen nicht zu beanstanden ist, wenn der Gesetzgeber durch die Regelung in § 114 I, II StVollzG - anders als bei der Anfechtung von Verwaltungsakten i.S. von § 80 VwGO - die sofortige Vollziehung einer Maßnahme aus Gründen des überwiegenden öffentlichen Interesses als Regel und die Aussetzung des Vollzugs als Ausnahme vorgesehen hat. Allerdings müsse gewährleistet sein, daß der Betroffene umgehend eine gerichtliche Entscheidung darüber herbeiführen könne, ob im konkreten Fall sein Interesse an der Aussetzung der Vollziehung das öffentliche Vollzugsinteresse überwiege.

Der Beschwerdeführer war im Ausgangsfall nach mehreren Monaten Arbeit auf Anordnung der Anstaltsleitung ohne Arbeit unter Verschluß genommen worden. Dagegen wandte er sich mit einem Antrag auf gerichtliche Entscheidung; gleichzeitig beantragte er, den Vollzug der Maßnahme im Wege der einstweiligen Anordnung auszusetzen. Er sah im Entzug der Arbeit eine disziplinarische Maßnahme als Reaktion auf seine Strafanzeige gegen JVA-Bedienstete. Die Eilbedürftigkeit ergäbe sich daraus, daß er als HIV-Infizierter auf Arbeitsentgelt zum Erwerb von Zusatznahrung angewiesen sei. Die Strafvollstreckungskammer sah den Antrag als auf Zuteilung eines neuen oder des alten Arbeitsplatzes gerichtet an und lehnte ihn wegen unzulässiger Vorwegnahme der Hauptsache ab. Weder drohe dem Beschwerdeführer ein unzumutbarer Nachteil, noch sei die Maßnahme wegen Fehlens eines Anspruchs des Strafgefangenen auf einen bestimmten Arbeitsplatz offenkundig rechtswidrig. Eine Disziplinarmaßnahme liege nicht vor.

Nach Auffassung der *Kammer* hat das Landgericht damit die »verfassungrechtlichen Anforderungen an die Gewährleistung effektiven Rechtsschutzes gegen belastende Maßnahmen verkannt«. Der Beschwerdeführer habe sich ungeachtet der Bezeichnung des Antrags »nur« gegen den Entzug seiner Arbeitsstelle gewandt

es angezeigt gewesen, gleichzeitig mit dem richterlichen Hinweis an den Beschwerdeführer auch schon die JVA über den Eilantrag zu informieren und ggf. von dieser eine Stellungnahme anzufordern, damit unmittelbar nach Ablauf der dem Beschwerdeführer zur Ergänzung gegebenen Frist über seinen Antrag hätte entschieden werden können.

43 Vgl. Fußn. 34.

44 2 BvR 2212/93.

und die Aussetzung des Vollzugs bis zur Hauptsacheentscheidung begehrt. Dieses Rechtsschutzbegehren wäre »allein« nach § 114 II 1 StVollzG auf der Basis einer Interessenabwägung zu prüfen gewesen. Eine Vorwegnahme der Hauptsache wäre damit nicht verbunden gewesen, da die zeitweise Verhinderung einer Maßnahme noch keine Vorwegnahme der Hauptsache darstelle[45].

Ohne Zweifel hat die Strafvollstreckungskammer das Rechtsschutzbegehren im Ansatz fehlerhaft interpretiert. Es war ersichtlich auf die Vollzugsaussetzung i.S. von § 114 II 1 StVollzG gerichtet; ein (Eil-)Vornahmeantrag gemäß § 114 II 2 StVollzG i.V.m. § 123 VwGO wäre allenfalls als *Hilfsantrag* vom Strafgefangenen unter Berücksichtigung dessen gewollt gewesen, daß er - wenn er schon seine alte Arbeit nicht mehr verrichten durfte - jedenfalls mit der vorläufigen Zuweisung einer anderen Arbeit seinen Zusatzbedarf decken konnte[46]. Dabei geht es jedoch - entgegen dem der Subsumtion vorangestellten verfassungsrechtlichen Obersatz - nicht um die *Auslegung des Prozeßrechts* in einer Weise, daß dadurch ein gesetzlich gegebener Rechtsbehelf ineffektiv wird. Das Landgericht hat nicht § 114 II StVollzG, sondern nur einen konkreten Rechtsschutzantrag fehlerhaft ausgelegt. Der Hinweis der *Kammer,* daß diese Auslegung nicht »nachvollziehbar« sei, führt überraschenderweise aber nicht zur Annahme einer *willkürlichen* oder gegen das Gebot rechtlichen Gehörs (Art. 103 I GG) verstoßenden Entscheidung, sondern zur Anwendung des Art. 19 IV 1 GG. Damit schützt der Grundsatz effektiven Rechtsschutzes auch vor der (offensichtlichen?) Fehlinterpretation von Rechtsschutzanträgen im Eilverfahren, sofern dadurch die Rechtsposition des Betroffenen geschwächt wird. Der effektivere Rechtsschutz bei Eingriffsakten über die Vollzugshemmung erlangt dadurch über Art. 19 IV GG verfassungsrechtlichen Vorrang vor der einstweiligen Anordnung i.S. von § 123 VwGO. Für das allgemeine Verwaltungsprozeßrecht ist dies für das Verhältnis von § 80 VwGO und § 123 VwGO einfachrechtlich in § 123 V VwGO geregelt, der den Nachrang der einstweiligen Anordnung gegenüber der Wiederherstellung oder Anordnung der aufschiebenden Wirkung von Rechtsbehelfen bestimmt. Nach dem Maßstab des *Kammer*-Beschlusses vom 09.11.1993 verletzt ein Verwaltungsgericht, das § 123 V VwGO mißachtet, stets auch Art. 19 IV 1 GG.

45 Unter Hinweis auf BVerfGE 12, 36 (42 f.).

46 Durch die apodiktische Feststellung, nur *eine* Auslegung des Rechtsschutzantrags sei möglich, überschreitet die *Kammer* deshalb wohl die Grenze verfassungsrechtlicher Kompetenz nach dem Maßstab von BVerfGE 18, 85 (92 f.).

Die Krankenunterlagen im öffentlich-rechtlichen psychiatrischen Freiheitsentzug

Bernd Volckart

Untergebrachte psychisch Kranke können durch Offenbarung des Inhalts der Krankenunterlagen in ihren Rechten verletzt werden. Die Krankenunterlagen enthalten Informationen, die nicht nur dem Schweige*recht* des Arztes im gerichtlichen Verfahren unterliegen, so daß man denken könnte, sie dienten seinem Schutz statt dem des Kranken, es gehören dazu auch Tatsachen, zu deren Geheimhaltung die professionellen Geheimnisträger unter Strafdrohung *verpflichtet* sind (vgl. § 203 Abs. 1 Nr. 1 StGB). Durch Offenbarung solcher Tatsachen wird der persönliche Lebens- und Geheimnisbereich des Patienten und damit sein allgemeines Persönlichkeitsrecht verletzt.[1] Wenn auch die Verschwiegenheit zum Grundbestand der Verhaltensregeln des therapeutischen Personals gehört, so gibt es doch über deren Reichweite innerhalb des Krankenhauspersonals, gegenüber dem mit der Unterbringung befaßten Gericht und gegenüber externen mit einer Begutachtung beauftragten Sachverständigen erhebliche Zweifel und Unsicherheiten. Nur die Aufdeckung der Rechtslage ermöglicht es, Verletzungen der Rechte der Patienten vorzubeugen.

I. Was sind Krankenunterlagen?

1. Unterbringungen in einer strafrechtlichen Behandlungsmaßregel nach §§ 63, 64 StGB oder nach einem landesrechtlichen Psychisch-Kranken-Gesetz oder Unterbringungsgesetz werden regelmäßig in öffentlichen Krankenhäusern vollzogen. Die darin gesammelten Krankenunterlagen sind Akten des Krankenhauses als einer Behörde. Im Gegensatz zu den Akten eines gerichtlichen Verfahrens oder eines Verwaltungsverfahrens handelt es sich um sog. Sammelakten. Es gelangt nicht nur in sie hinein, was zur Vorbereitung einer bestimmten Entscheidung an Schriftstücken angefallen ist, sondern es werden sämtliche Schriftstücke gesammelt, die in dem individuellen Abhängigkeits- und Pflichtenverhältnis zusammenkommen, in dem Patient und Krankenhaus zueinander stehen.[2] Damit sind die Krankenunterlagen den behördlichen Personalakten ähnlich. Sie entsprechen besonders den

1 Vgl. *Laufs, A.*, Arztrecht, 5. Aufl. 1993, Rz. 425 m.w.N.

2 Verbreitet wird hierfür noch der Begriff »besonderes Gewaltverhältnis« verwendet, obwohl die eingriffslegitimierende Funktion dieser Rechtsfigur seit BVerfGE 33, 1 weggefallen ist, vgl. *Merten, D.*, Das Besondere Gewaltverhältnis, 1985.

Personalakten, die in anderen Formen öffentlich-rechtlichen Freiheitsentzugs gesammelt werden, den sog. Gefangenenpersonalakten.[2a]
Für den Sammelbegriff der Krankenunterlagen ist es unwesentlich, ob sie wie in psychiatrischen Krankenhäusern üblich nach praktischen Gesichtspunkten getrennt als »Krankengeschichte« einerseits und »Patientenakten« in der Krankenhausverwaltung andererseits gesammelt werden oder wie die Gefangenenpersonalakten in einer einzigen Sammlung. Auch die als »Wachbücher«, »Tagebücher« oder »Pflegedokumente« bezeichneten Unterlagen des Pflegedienstes, die als vorübergehend ausgelagerter Teil der Krankengeschichte verstanden werden, gehören dazu.
Die folgende Aufgliederung läßt die praktischen Gesichtspunkte, die die geläufigen »Heftordnungen« für die Krankenunterlagen maßgeblich bestimmen, außer Acht. Sie befaßt sich mit der Herkunft, der Entstehungsweise und dem rechtlichen Inhalt der Unterlagen. Das führt zu Zuordnungen, die in nicht wenigen Punkten von denen der Heftordnungen abweichen. Wie zu zeigen sein wird, erleichtert es die rechtliche Beurteilung der Schweigepflicht und ermöglicht es, eine Krankenaktenordnung zu entwickeln, durch die die Geheimnisse der Patienten besser geschützt würden, als das in den psychiatrischen Krankenhäusern bisher der Fall ist.

2. Große Teile der Krankenunterlagen stammen von Gerichten oder anderen Behörden. Sie dienen der Unterrichtung des Krankenhauses und spiegeln wider, was andernorts geschehen ist. Oft ist das verbunden mit einem für das Krankenhaus verbindlichen Ersuchen oder einer Weisung. Hierzu gehören die gerichtlichen Entscheidungen im Verfahren nach der Strafprozeßordnung oder nach §§ 70 ff. FGG, durch die der Freiheitsentzug angeordnet, seine Fortdauer angeordnet oder die Aussetzung seiner Vollstreckung widerrufen worden ist. Hinzu treten Auszüge aus den Gerichtsakten zur weiteren Information, nämlich vor Gericht erstattete Gutachten, Gerichtshilfe- und Jugendgerichtshilfeberichte, Berichte und Stellungnahmen eines Bewährungshelfers u.ä.
Weitere Unterlagen aus dem zur Unterbringung führenden Verfahren dienen der Vollstreckung der Entscheidung des Gerichts: Aufnahmeersuchen, Berechnungen der Unterbringungszeit und ihrer Höchstfrist,[3] bei der Maßregelvollstreckung auch Notierungen einer sog. Überhaft, dazu Notierungen von Anschlußstrafen so-

2a Im Strafvollzug werden die Krankenunterlagen (Gesundheitsakten) getrennt gesammelt, vgl. Nr. 60 Vollzugsgeschäftsordnung. Das erleichtert die Geheimhaltung, birgt aber die Gefahr in sich, daß der Anstaltsarzt sich ein eigenes Recht auf Geheimhaltung daran anmaßt, das er im öffentlich-rechtlichen Freiheitsentzug nicht hat, vgl. BVerwG R&P 1989, 114; *Wagner, B.*, Gleiches gleich – Ungleiches ungleich? Divergierende höchstrichterliche Entscheidungen zur Akteneinsicht nach öffentlichem bzw. privatem Arztrecht, R&P 1989, 157; *Volckart, B.*, in: AKStVollzG, 3. Aufl. 1990, vor § 108, Rz. 19 f.; a.A. *Müller-Dietz H.*, JR 1993, 476, 481 (bei Anm. 52).

3 § 67 d Abs. 1 StGB; zu den Schwierigkeiten der Berechnung vgl. *Dreher, E./Tröndle, H.*, StGB, 46. Aufl. 1993, § 67 d Rz. 3a; *Volckart, B.*, Die Höchstfrist der Unterbringung in einer Entziehungsanstalt, NStZ 1987, 215.

wie bei gleichzeitiger Verurteilung zu Maßregel und Strafe auch die Berechnungen der auf die Strafe nach § 67 Abs. 4 StGB anzurechnenden Unterbringungszeit.[4] Darüber hinaus gibt es Unterlagen über gerichtliche Entscheidungen, die für die Rechtsstellung des Patienten von Bedeutung sind: Anordnungen und Genehmigungen in Betreuungssachen samt den Erklärungen des Betreuers (z.B. zur Behandlung einer von der psychischen Krankheit getrennt zu beurteilenden Körperkrankheit des Patienten gegen seinen natürlichen Willen oder etwa auch zu einer Entbindung von der ärztlichen Schweigepflicht). Auch Gutachten aus früheren Verfahren, ältere Strafurteile u.ä. lassen sich hier einordnen. Schließlich sind in diesem Zusammenhang die Angelegenheiten der Sozialversicherung des Patienten aufzuführen.[5] Die Krankenversicherung entfällt zwar im Maßregelvollzug, nicht aber bei der landesrechtlichen Unterbringung. Außerdem kommen u.U. auch Angelegenheiten der Rentenversicherung und der Arbeitslosenversicherung, ausnahmsweise sogar der Unfallversicherung in Betracht. Auch Versorgungsbezüge und Angelegenheiten betr. Arbeits- und Berufsunfähigkeit sind zu nennen.

3. Der zweite Hauptteil der Krankenunterlagen ist im Krankenhaus entstanden. Dieser Teil der Unterlagen läßt sich gliedern in diejenigen, die vorwiegend für die Organisation und Verwaltung des Krankenhauses betimmt sind und andere, die unmittelbar den Gesundheitszustand und die Behandlung betreffen. Verläßlich ist diese Trennung nicht, denn viele Vorgänge sind für beide Bereiche von Bedeutung.

Vorwiegend die Verwaltung interessieren etwa die Vorgänge über die von dem Patienten zu zahlenden Unterbringungskosten. Bei der landesrechtlichen Unterbringung bleibt es dabei und es kommt in diesem Zusammenhang nicht darauf an, welcher Kostenträger für den Patienten eintritt. Beim Maßregelvollzug rückt dagegen der psychische Zustand des Patienten mit ins Bild, weil die Pflicht des Patienten, einen Beitrag zu den Unterbringungskosten zu leisten, nach § 10 Justizverwaltungskostenordnung regelmäßig davon abhängt, ob er im Krankenhaus einer Arbeit nachgeht oder nicht.[6] Ähnlich liegen die Dinge bei den Verlegungen in ein anderes Krankenhaus, bei Bekanntwerden eines Entweichungsvorhabens und bei Unterlagen über eine Flucht. Auch hier geht es zwar in erster Linie um den Verwaltungsaspekt, vielfach läßt sich dies aber von Informationen über den psychischen Zustand des Patienten nicht trennen.

4 Zur Verfassungswidrigkeit der Beschränkung der Anrechnung und ihres möglichen Wegfalls vgl. Vorlagebeschl. OLG Celle NStZ 1991, 356.

5 Vgl. *Mrozynski, P.*, Resozialisierung und Soziales Betreuungsverhältnis, 1984, S. 244 ff.; *ders.* Zur Frage der Arbeitslosenversicherung der im Maßregelvollzug Untergebrachten, ZfStrVo 1986, 288; *Gagel, A.*, Arbeitsförderungsgesetz, 1978 ff. (1983), Anm. zu § 168; *Schiekel, H./Grüner, H./Dalichau, G.*, Arbeitsförderungsgesetz, 1990, § 168 Anm. III 4; *Volckart, B.*, Maßregelvollzug, 3. Aufl. 1991, S. 82 ff.

6 Vgl. *Volckart, B.*, in: AKStVollzG (Anm. 2a), § 189, Rz. 3 ff.

4. Der eigentliche Behandlungsteil der Krankenunterlagen umfaßt zunächst die Krankengeschichte im herkömmlichen Sinn, also Anamnese, körperlicher, neurologischer und psychischer Befund (einschließlich EKG, EEG, CT, Laborbefunde, psychologische Tests u.ä.), Diagnose, Verlauf und Epikrise. Hierher gehören weiter der Behandlungsplan und seine Fortschreibung, die Beurteilungen der Fachdienste (Arbeits-, Beschäftigungs-, Kunst- und Sporttherapie, Schulbesuch u.ä.), sowie Supervisionsvermerke. Auch in diesem Zusammenhang ist zu sagen, daß viele Maßnahmen sowohl einen Behandlungsaspekt haben, als auch einen die Organisation und die Verwaltung des Krankenhauses betreffenden. Vor allem die Unterlagen über Vollzugslockerungen und Beurlaubungen des Patienten einschließlich deren prognostischer Vorbereitung, Unterlagen über Entlassungsvorbereitungen und Schriftstücke über besondere Sicherungsmaßnahmen sind beiden Bereichen zuzuordnen. Schließlich gehört zum eigentlichen Behandlungsteil der Krankenunterlagen auch die Pflegedokumentation (Berichte, Medikation, Aktivitäten, Angelegenheiten der Patientenpost u.ä.).

II. Offenbarung innerhalb des »therapeutischen Teams«

Die Behandlung im Krankenhaus unterscheidet sich von einer ambulanten Behandlung u.a. darin, daß der Patient »rund um die Uhr« und auch bei einem vorübergehenden oder dauernden Ausfall seines unmittelbaren Therapeuten die nötige Hilfe erhalten soll. Außerdem sind an seiner Behandlung regelmäßig mehrere Personen verschiedener Fachrichtungen und verschiedener Qualifikation beteiligt. Neben dem Psychiater stehen Psychologen, Lehrer und evtl. andere Ärzte. Außerdem sind verschiedene Fachdienste und das Pflegepersonal beteiligt. Wenn das reibungslos funktionieren soll, ist volle Information aller oder wenigstens der wichtigsten therapeutisch Handelnden über den Inhalt der Krankenunterlagen wünschenswert und oftmals unverzichtbar. Die an der Behandlung beteiligten Personen können ihre Fähigkeiten nur dann richtig einsetzen, wenn die Dokumentation vollständig ist und sie dazu Zugang haben.

Psychiatrische Dokumentation ist an sich ein selbstverständlicher, notwendiger Teil des ärztlichen Handelns. Dabei kommt es nicht darauf an, ob der Arzt aufgrund eines Vertrages tätig wird oder wie bei der Unterbringung in einer strafrechtlichen Maßregel der Besserung und Sicherung oder nach einem landesrechtlichen Unterbringungsgesetz auf öffentlich-rechtlicher Grundlage. Im Arztvertragsrecht ist die Dokumentation eine vertragliche Nebenpflicht.[7] Im öffentlichen Arztrecht handelt es sich grundsätzlich um eine Dienstpflicht. Deshalb ist die Dokumentation ungeachtet ihrer jeweiligen rechtlichen Einordnung in die ärztlichen

7 Vgl. BGHZ 85, 327, 339.

Berufsordnungen aufgenommen worden (vgl. § 11 der Musterberufsordnung der Bundesärztekammer).
Was aber schriftlich fixiert ist, das ist auch in der Gefahr, in die falschen Hände oder vor die falschen Augen zu gelangen. Die Frage nach dem Recht des Schweigens und des Offenbarens ist deshalb zugleich auch die Frage nach dem notwendigen Inhalt der Dokumentation. Um es anschaulich zu machen: Die gewalttätigen sexuellen Tagträume eines sexualdevianten Maßregelpatienten, die dieser seinem Psychiater nach Zusicherung seiner Verschwiegenheit und im Vertrauen darauf anvertraut hat, dürften in nicht wenigen Krankenhäusern schnell die Runde machen, wenn sie dokumentiert werden, und sie dürften auch über das Krankenhaus hinaus bekannt werden, wenn nicht gegen die Kenntnisnahme durch Unbefugte ganz besonders strenge Vorkehrungen getroffen werden. Das ist eine bittere Befürchtung, die ich auch nicht belegen kann, ohne meinerseits Vertraulichkeit zu verletzen. Es darf einfach nicht verwundern, daß auch in den psychiatrischen Krankenhäusern Menschen tätig sind, die ihre menschlichen Schwächen und Unzulänglichkeiten haben.
So besteht denn auch durchaus keine Sicherheit in der Beantwortung der Frage, wer über den dokumentierenden Arzt hinaus von seinen Aufzeichnungen Kenntnis nehmen darf, weil er dazu »befugt« sei. Wie zu zeigen sein wird, besteht darüber Streit, noch mehr aber Unsicherheit und Unwissenheit. Ich habe bisher gemeint, daß der Psychiater gewisse höchst sensible Tatsachen, die der Patient ihm im Vertrauen auf die Unverbrüchlichkeit seiner Verschwiegenheit anvertraut hat, überhaupt nicht dokumentieren dürfe, weil das Risiko einer Verbreitung zu groß ist.[8] Das ist zwar nicht mehr als ein Notbehelf, der zudem die Gefahr der Führung unzulässiger, halbprivater Nebenakten mit sich bringt. Solange aber die Rechtslage dem Krankenhauspersonal nicht restlos klar ist und die nötigen Schutzvorkehrungen getroffen sind, kann ich die Dokumentation auch der hochsensiblen Geheimnisse des Patienten nicht empfehlen.

III. Die Rechtslage

1. Die Untersuchung kehrt hier zu der Ausgangsfrage der Verletzung der Rechte des Patienten durch Offenbarung zurück. An dieser Stelle wird der Wert der Aufgliederung der Krankenunterlagen im vorstehenden Abschnitt I. deutlich: Diejenigen Teile der Krankenunterlagen, die nur widerspiegeln, was auch in den Akten anderer Stellen, Gerichten und Behörden, zu finden ist, nehmen im psychiatrischen Krankenhaus keine Sonderstellung ein. Ihre Offenbarung richtet sich nach den Grundsätzen und Regeln, die auch für die Einsicht in ihre Herkunftsakten

8 *Volckart, B.*, Maßregelvollzug (Anm. 5), S. 119.

gelten. Ihr Leitgedanke ist die Interessenabwägung, wobei die Interessen des Patienten um seiner Wiedereingliederung willen hoch einzuschätzen sind. Dasselbe gilt für den Teil der im Krankenhaus entstandenen Unterlagen, der ausschließlich für den Verwaltungsaspekt der Unterbringung von Bedeutung ist (vgl. oben Abschnitt I 3). Dagegen nehmen diejenigen Teile der Krankenunterlagen, in denen die im Rahmen der Behandlung zutage getretenen Tatsachen dokumentiert sind, eine Sonderstellung ein, zumal wenn sie Geheimnisse des Patienten i.S. des § 203 StGB enthalten.

Ausgangspunkt ist das Zeugnisverweigerungsrecht und das Gutachtenverweigerungsrecht der Krankenhausärzte und des ihnen nachgeordneten Krankenhauspersonals hinsichtlich der ihnen im Rahmen der Behandlung bekanntgewordenen Tatsachen vor Gericht. Es gilt auch in dem die Unterbringung betreffenden gerichtlichen Verfahren.[9] Bei der Unterbringung in den strafrechtlichen Maßregeln der Besserung und Sicherung beruht dieses Schweigerecht auf §§ 53 Abs. 1 Nr. 3, 53 a, 76 Abs. 1 StPO, und zwar gleichermaßen im Anordnungsverfahren, im Vollstreckungsverfahren über Fortdauer, Aussetzung oder Erledigung und - i.V. mit §§ 138 Abs. 2, 120 Abs. 1 StVollzG - im gerichtlichen Verfahren über Vollzugsmaßnahmen. Bei der Unterbringung nach einem landesrechtlichen PsychKG oder Unterbringungsgesetz beruht es auf § 15 FGG i.V. mit §§ 383, 408 ZPO, und zwar ebenfalls nicht nur im Verfahren über die Unterbringung selbst, sondern auch im Verfahren nach § 70 l FGG über die Kontrolle der Maßnahmen des Krankenhauses. Mit dem Schweigerecht korrespondiert die Beschlagnahmefreiheit nach § 97 StPO. Das Recht, von der Aussage- und Gutachtenfreiheit Gebrauch zu machen, ist nur ausgeschlossen, wenn der Patient von der Verschwiegenheit entbunden hat oder wenn und soweit eine gesetzliche Offenbarungspflicht besteht.[10] Diese Schweigebefugnisse dienen in erster Linie dem Zweck, den Patienten zu schützen und die Vertraulichkeit des therapeutischen Personals zu gewährleisten, denn sonst könnte der Patient nicht durch Entbindung darüber verfügen! Damit ist ein erster Ansatz zur Klärung des Merkmals der »Befugnis zur Offenbarung« gegeben.

Allerdings muß man festhalten, daß die ärztliche Verschwiegenheit sich über den durch § 203 StGB strafrechtlich geschützten Geheimnisbereich hinaus auf alle dem Arzt im Rahmen der Behandlung bekanntgewordenen Tatsachen erstreckt.[11]

9 Vgl. *Göppinger, H.*, Schweigepflicht, in: Göppinger, H./Witter, H. (Hrsg.), Handbuch der Forensischen Psychiatrie, Bd. II, 1972, S. 1568 ff.; *Franzki, H.*, Die Tätigkeit des med. Sachverständigen, in: Bayerlein, W., Praxishandbuch Sachverständigenrecht, 1990; *Volckart, B.*, Maßregelvollzug und Schweigepflicht, R & P 1990, 185; *ders.* Maßregelvollzug (Anm. 5), S. 124; *Laufs, A.*, Arztrecht (Anm. 1), Rz. 440 ff., a.A. *Müller-Dietz, H.*, JR 1993, 476, 480 (bei Anm. 41).

10 Eine gesetzliche Offenbarungspflicht besteht hinsichtlich bestimmter drohender Verbrechen (§ 138 StGB), der Geburt eines Kindes (§§ 16 ff. PStG), bestimmter Geschlechtskrankheiten (§ 12 GeschlKG) und bestimmter anderer Infektionskrankheiten (§§ 3 ff. BSeuchG). Außerdem sind Schwangerschaftsabbrüche in anonymisierter Form zu melden (Art. 4, S. 2 des 5. StrRG).

11 Vgl. *Volckart, B.*, Maßregelvollzug und Schweigepflicht, R & P 1990, 185; *Pelchen, G.*, in: Karlsruher Kommentar zur StPO, 3. Aufl. 1993, § 53, Rz. 18.

Mangels eines zwischen Patient und Arzt bestehenden Vertrages ist diese Verschwiegenheitspflicht zwar nur eine Dienst- (und Standes-)Pflicht. Eine mögliche Befugnis zur Offenbarung ist in diesem Bereich aber nicht anders zu beurteilen als bei den an sich durch § 203 StGB geschützten Geheimnissen des Patienten. Es ist eine triviale logische Notwendigkeit, daß wer Geheimnisse offenbaren darf, dies auch tun kann, wenn die offenbarten Tatsachen weniger sensibel sind.
Die Heranziehung des prozeßrechtlichen Schweigerechts ergibt: Offenbarung im gerichtlichen Verfahren ist niemals »befugt«, weil die Annahme einer solchen Befugnis die Verschwiegenheit der professionellen Geheimnisträger aushebeln würde. Man lasse sich nicht dadurch beirren, daß die Prozeßgesetze hier von einem Recht zur Verweigerung von Aussage und Gutachten handeln und nicht von einer Pflicht. Die Annahme einer Befugnis zum Offenbaren würde es nämlich ermöglichen, eine Dienstpflicht einzuführen, von ihr Gebrauch zu machen. Das würde das prozeßrechtliche Schweigerecht aufheben.
Der hiermit gewonnene Ansatz zur Klärung des Merkmals der Befugnis zum Offenbaren reicht aber noch weiter. Wenn Offenbarung von Geheimnissen gegenüber dem Gericht verboten ist, dann gilt das mindestens auch für alle anderen Empfänger der geschützten Informationen außerhalb des engeren Bereichs der mit dem Vollzug der Unterbringung befaßten Personen.

2. Die Offenbarung von Geheimnissen des Patienten unterliegt der Strafdrohung des § 203 StGB, sofern nicht eine »Befugnis« zur Offenbarung besteht. Sieht man von dem vorerörterten aus den prozeßrechtlichen Schweigerechten gewonnenen Ansatz ab, so besteht Unklarheit über den Inhalt und die Reichweite dieses teils tatbestandsbegrenzenden und teils auf einen Rechtfertigungsgrund hinweisenden Merkmals.
Bei Entbindung von der Verschwiegenheit fällt sowohl die Strafdrohung als auch das prozeßrechtliche Schweigerecht weg. Dasselbe gilt in den Fällen einer gesetzlichen Offenbarungspflicht.[12] In den Fällen eines rechtfertigenden Notstands i.S. des § 34 StGB entfällt zwar die Pflicht zu schweigen. Hier bleibt dem Geheimnisträger aber die Wahl, ob er von seinem prozeßrechtlichen Aussage- und Gutachtenverweigerungsrecht Gebrauch machen will oder nicht.[13] Gibt es darüber hinaus weitere Befugnisse zur Offenbarung?
Gelegentlich wird versucht, das Erfordernis gegenseitiger Unterrichtung innerhalb des therapeutischen Teams mit der Rechtsfigur der »durch schlüssiges Verhalten erklärten Einwilligung« zu befriedigen.[14] Das ist aber nur scheinbar eine Lösung des Problems, weil man nämlich den Patienten fragen kann. Ebensowenig geht es an, eine »mutmaßliche Einwilligung« des Patienten anzunehmen. Auch hier geht die Möglichkeit vor, ihn zu fragen. Sollte der Patient infolge seiner psy-

12 Vgl. Anm. 10.
13 Vgl. *Volckart, B.* (Anm. 11).
14 Vgl. *Laufs, A.* (Anm. 1), Rz. 438 f.

chischen Krankheit nicht einwilligungsfähig sein, so kann er im übrigen weder durch schlüssiges Verhalten noch »mutmaßlich« einwilligen.[15] In solchen Fällen kommt die Bestellung eines Betreuers nach § 1896 ff. BGB mit dem Aufgabenkreis der Verfügung über die Verschwiegenheit der Ärzte und des therapeutischen Personals in Betracht.[16] Auch er kann gefragt werden, ob er einwilligen will.
Außerdem findet sich der Versuch, die Rechtfertigung der gegenseitigen Unterrichtung des therapeutischen Personals im rechtfertigenden Notstand nach § 34 StGB zu suchen.[17] Aber auch das muß in der Regel scheitern. Erstens kann von einer »gegenwärtigen, nicht anders abwendbaren Gefahr« für den Patienten i.S. des § 34 StGB meist auch nicht entfernt die Rede sein. Zweitens gewährt § 34 StGB dem Geheimnisträger, wie bereits dargelegt, nur eine Option zur Offenbarung,[18] während für die Erfüllung des in Abschnitt II beschriebenen Bedürfnisses eine Verpflichtung gebraucht wird, auch wenn diese einer sachlichen Begrenzung unterliegen muß.
Schließlich wird versucht, das Rechtsproblem durch Rückgriff auf eine »gesetzliche Aufgabenverteilung« oder durch eine - sich sozusagen »aus der Natur der Sache« ergebende Befugnis und Pflicht zur Offenbarung zu lösen.[19] Dieser Weg scheint mir grundsätzlich gangbar. Er darf aber nur mit großer Zurückhaltung und Vorsicht beschritten werden. Andernfalls würde die durch die gesetzliche Strafdrohung gesicherte ärztliche Schweigepflicht leicht hinwegdiskutiert. Die neue Rechtsprechung des BGH zur Schweigepflicht gegenüber Honorar-Inkassounternehmen[20] und Praxisnachfolgern[21] zeigt, wie leicht die Grenzen hier überschritten werden können.
Als Fazit wird man sagen dürfen, daß diejenigen Mitarbeiter im therapeutischen Team des psychiatrischen Krankenhauses, die mit dem Patienten eingehende therapeutische Gespräche führen, infolge der durch die Krankenhausunterbringung gegebenen organisatorischen Notwendigkeit untereinander und gegenüber ihren Vertretern und Nachfolgern zur Offenbarung befugt sind und dazu dienstrechtlich verpflichtet werden können. Wenn die Beschränkung der Informationen auf diesen Kreisen in jeder Hinsicht sichergestellt ist, wird man auch von einer Befugnis und Verpflichtung zu entsprechender Dokumentation in den Krankenunterlagen sprechen können.

3. An dieser Stelle ist die Frage aufzuwerfen, ob und in welchem Umfang die Landesgesetzgeber bei der öffentlich-rechtlichen Unterbringung eine Befugnis der

15 Vgl. *Kamps, H.*, Datenschutz und Ärztliche Schweigepflicht in Psychiatrischen Krankenhäusern, MedR 1985, 200.
16 Vgl. *Volckart, B.* (Anm. 11).
17 Vgl. *Kamps, H.* (Anm. 15).
18 Vgl. *Volckart, B.* (Anm. 11).
19 Vgl. *Kreuzer, A.*, Die Schweigepflicht von Krankenhausärzten gegenüber Aufsichtsbehörden, NJW 1975, 2232 (bei Anm. 17); ähnlich *Dreher, E./Tröndle, H.* (Anm. 3), § 203, Rz. 32.
20 BGH NJW 1991, 2955.
21 BGH NJW 1992, 737.

Krankenhauspsychiater zur Offenbarung regeln und die Offenbarung zugleich anordnen können. Vereinzelt wird das für möglich gehalten.[22] Dieser Weg steht aber nur offen, soweit die Kompetenz der Landesgesetzgeber überhaupt reicht. Das Bundesgesetz hat zwar offen gelassen, was mit dem Wort »unbefugt« in § 203 StGB gemeint ist. Eine unbeschränkte Kompetenz der Landesgesetzgeber, das Merkmal auszufüllen, würde aber praktisch eine völlige Beseitigung des Straftatbestands der Verletzung von Privatgeheimnissen ermöglichen, abgesehen davon, daß dadurch, wie ausgeführt, auch die prozeßrechtlichen Aussage- und Gutachtenverweigerungsrechte aufgehoben werden könnten. Tatsächlich kommt als das Feld, auf dem die Landesgesetzgeber hier tätig werden können, nur der Regelungsbereich des landesrechtlichen Verwaltungsverfahrensrechts in Betracht. Denn die Tätigkeit der Ärzte und des therapeutischen Personals in den psychiatrischen Krankenhäusern, die die öffentlich-rechtlichen Formen der Unterbringung vollziehen, unterliegt dem jeweiligen Landes-Verwaltungsverfahrensrecht.[23] Landesrechtlich könnte also eine Offenbarungsbefugnis (und Pflicht) eingeführt werden zur Gewährleistung der notwendigen Informationen innerhalb des therapeutischen Teams, darüber hinaus auch zur Information der die Unterbringung nach einem landesrechtlichen Unterbringungsgesetz betreibenden Gesundheitsbehörde,[24] wobei sichergestellt sein muß, daß diese ihre Kenntnisse nicht unter Umgehung der prozeßrechtlichen Schweigerechte an das Gericht weitergibt, und schließlich auch zur Information eines für die Zwecke des Vollzugs - zur Vorbereitung von Vollzugslockerungen und Urlaub - herangezogenen externen Gutachters,[25] auch hier freilich mit der Maßgabe, daß die Informationen ohne Einwilligung des Patienten nicht in das gerichtliche Vollstreckungsverfahren gelangen dürfen.

IV. Folgerungen für die Krankenunterlagen

Die zur Wahrung der Rechte der psychisch kranken Patienten richtige Organisation der Krankenunterlagen und der richtige Umgang damit stellt hohe Anforderungen. Das gilt für die Träger der psychiatrischen Krankenhäuser, für ihre Verwaltungen und für ihr therapeutisches Personal. Es erscheint unumgänglich, Krankenaktenordnungen einzuführen, durch die die Geheimnisse der Patienten besser geschützt werden als bisher. Die bloße Berufung auf das Dienstgeheimnis aller im Krankenhaus tätigen Personen reicht nicht aus.

22 Vgl. *Rogall, K.*, Die Verletzung von Privatgeheimnissen (§ 203 StGB), NStZ 1983, 7.
23 Vgl. *Volckart, B.*, Verwaltungsverfahrensrecht im Krankenhaus, R & P 1987, 104.
24 So in § 16 Abs. 4 Unterbringungsgesetz Baden-Württemberg.
25 Eine solche externe Begutachtung ist im Rahmen des Vollzugs vorgesehen in § 14 Abs. 3 Maßregelvollzugsgesetz Nordrhein-Westfalen.

Die wichtigste sich aus den vorstehenden Erörterungen ergebende Forderung ist, daß die »Geheimnisse« der Patienten, also praktisch alle Ergebnisse der psychiatrischen Exploration und der psychologischen Tests, in von den übrigen Krankenunterlagen getrennten Ordnern gesammelt und so aufbewahrt werden, wie das in anderen Behörden mit geheimen Verschlußsachen üblich ist. Das gilt auch für die sog. Patientenakten in der Verwaltung des Krankenhauses, sobald darin Informationen zu sammeln sind, die als Geheimnis des Patienten eingestuft werden müssen. Außerdem muß durch Fortbildung des Personals sichergestellt werden, daß die Bediensteten die Grenzen ihrer Offenbarungsbefugnisse (auch innerhalb des Kreises der Bediensteten!) genau kennen und ihre Schweigepflicht beachten. Erst wenn sichergestellt ist, daß Offenbarungen nur in den Fällen vorkommen, in denen dies gesetzlich zulässig ist, darf auf eine vollständige Dokumentierung aller psychiatrisch relevanten Tatsachen, auch der hochsensiblen, hingewirkt werden.

VI. Justiz und Verfassungsgerichtsbarkeit

Richter und Justiz - eine Skizze

Jürgen Kühling

A. Einführung

»Wir haben erfreulicherweise keinen Zweifel, daß in diesem Lande der Richter persönlich und sachlich unabhängig ist,« bekennt Ernst-Gottfried Mahrenholz in seinem Festvortrag beim 15. Deutschen Richtertag 1991 in Köln.[1] Lohnt es sich, angesichts einer solchen Einschätzung von hoher Warte, dazu - außer in Festreden - noch etwa zu sagen? Vielleicht doch. Gewiß besteht kein Anlaß, der optimistischen Lagebeschreibung ein düsteres Gegenbild entgegenzustellen. Das Grundgesetz, die einschlägigen Normen des Richterrechts, der Gerichtsverfassung und der Prozeßordnungen gewährleisten richterliche Unabhängigkeit in beachtlichem Maße. Die normative Einbettung des Richters allein besagt jedoch nicht alles. In seinem Berufsleben ist er Einflüssen ausgesetzt, die es ihm nicht immer leicht machen, seine innere Unabhängigkeit zu wahren.[2] Ihm dies zu erleichtern, bleibt Aufgabe der Administration, der Politik und einer kritischen Öffentlichkeit. So fügt denn auch Mahrenholz seinem beruhigenden Eingangsstatement kritische Anmerkungen zur inneren Unabhängigkeit des Richters hinzu, die dies verdeutlichen.[3] In dem folgenden Beitrag wird darauf näher eingegangen.
»Justiz - eine unabhängige Staatsgewalt?« lautet das Thema, das Mahrenholz in seinem Festvortrag behandelt. Es geht um die alte aber noch längst nicht überwundene Vorstellung, daß die Justiz als Dritte Staatsgewalt von den Einflüssen der Exekutive befreit werden müsse, damit eine unabhängige Rechtspflege gewährleistet werden könne. Mahrenholz erteilt dieser Forderung eine klare Absage.[4] Auch dazu soll im folgenden Stellung genommen werden.

B. Bindung an Recht und Gesetz

I. Sachlich sind Richterinnen und Richter bei ihren Entscheidungen nur an Gesetz und Recht gebunden (Art. 20 Abs. 3, Art. 97 Abs. 1 GG). In dieser Bindung legitimiert sich die richterliche Entscheidung als vom Volkswillen getragen. Die

1 DRiZ 1991, S.432.
2 Grundlegend dazu mit ausf. Literaturhinweisen: *Dieter Simon,* Die Unabhängigkeit des Richters, 1975; zur inneren Unabhängigkeit vgl. *Benda,* DRiZ 1975, S. 166 ‹168 f.›
3 FN 1, S. 433 ff.
4 FN 1, S. 433.

für Urteile übliche Eingangsformel »Im Namen des Volkes« deutet auf diesen Legitimitätszusammenhang hin, der in den Entscheidungsgründen näher erläutert und als zwingend dargestellt wird.

Die Anwendung von Normen in einzelnen Streitfällen ist jedoch kein mechanischer Denkvorgang, sondern ein Erkenntnisprozeß, in dem die Norm selbst entfaltet und in ihrer konkreten Bedeutung bestimmt werden muß. Lebenssachverhalte sind so mannigfaltig, daß sie von Normen nicht restlos erfaßt werden können, Gesetze sind oft lückenhaft oder unbestimmt, für manche Konflikte gibt es keine gesetzlichen Regelungen. Die klassische Vorstellung, daß der Richter für die von ihm zu entscheidenden Konflikte in einem lückenlosen System von Rechtssätzen stets einen einschlägigen findet, der dann im Wege einer logischen Denkoperation (Subsumtion) angewendet wird, ist längst widerlegt. Versuche, eine Rechtsbindung im Rückgriff auf eine allgemeine Hermeneutik, Interessenabwägung oder Orientierung an übergeordneteten Werten zu begründen, haben nicht zu stringenten Ergebnissen geführt. Die juristische Methodenlehre bietet Werkzeuge der Problemanalyse, aber keine zwingenden Rechtsanwendungsregeln.[5]

Besonders weite Handlungsspielräume läßt das Recht dem Richter bei der Feststellung von Tatsachen. Die Verfahrensordnungen geben im Wesentlichen nur Regeln über Art und Umfang der gebotenen Ermittlungen, die Rechte und Pflichten der Beteiligten bei den Ermittlungen und einzelne Beweisregeln vor. Die Beweiswürdigung bleibt stets ein höchstpersönlicher Erkenntnisprozeß des Richters, der sich nicht in Regeln fassen läßt. Im Gerichtsalltag der unteren (Tatsachen-)Instanzen wirken sich diese Handlungsspielräume stärker aus als die der Rechtsfindung.

II. Der nicht zu leugnende Befund, daß Richterinnen und Richter Entscheidungen treffen, die nicht vollständig durch Recht und Gesetz determiniert sind, hat zu einer lebhaften Diskussion über den politischen Richter geführt.[6] Diese Diskussion soll hier nicht aufgegriffen werden. Eine Bindung des Richters an Recht und Gesetz ist durch die Verfassung vorgegeben (Art. 20 Abs. 3; Art. 97 Abs. 1 GG). Soweit ihm Handlungsspielräume verbleiben, muß er sich zumindest über die Wertungen und Vorverständnisse Rechenschaft ablegen, von denen er sich dabei leiten läßt. Er muß in der Lage sein, seine Entscheidungen in ihrem rechtlichen und außerrechtlichen Gehalt offenzulegen. Diese Anforderungen an die Rationalität richterlichen Handelns muß das Justizsystem institutionell absichern. Die

5 Zusammenfassend: *Simon,* FN 2, S. 68 ff.; zur Justiztheorie im 19. Jahrhundert: *R. Ogorek,* Richterkönig oder Subsumtionsautomat, 1986; zur Hermeneutik: Emilio Betti, Teoria generale della Interpretazione, 1955, S. 789 ff. – Deutsche Ausgabe: Allgemeine Auslegungslehre, 1967 S. 600 ff. – zur Freirechtsbewegung: *Luigi Lombardi,* Saggi sul diritto giurisprudenziale, 1967, S. 201 ff.; zur Methodenlehre: *Joseph Esser,* Vorverständnis und Methodenwahl, 1970, S. 189 ff.

6 *Simon,* FN 2, S. 104 ff. mit ausführlicher Darstellung der Literatur, a.a.O. S. 127 ff.

rechtsstaatliche Qualität der Rechtsprechung wird weitgehend von den dazu unternommenen Anstrengungen bestimmt.

III. Voraussetzung für die Wahrung der Rechtsbindung, so begrenzt sie sein mag, ist Professionalität und akademische Ausbildung der Richterinnen und Richter.[7] Dem entspricht das deutsche Richtergesetz, das die Befähigung zum Richteramt an ein Universitätsstudium, eine praktische Ausbildung und zwei Staatsprüfungen knüpft (§§ 5 ff. DRiG). Die Rechtsprechung liegt grundsätzlich in der Hand von Berufsrichtern, die diese Voraussetzungen erfüllen.[8]

IV. Das wissenschaftliche Niveau der Rechtspflege wird durch die akademische Ausbildung bestimmt. Sie entscheidet vor allem über die geistige Unabhängigkeit des späteren Richters, die sich aus der Fähigkeit zu eigenständiger Entwicklung von Rechtsgedanken, zu kritischer Sichtung des vorgefundenen Materials und zu einer nachdenklichen Distanz zur eigenen Praxis ergibt. Die Dynamik und zunehmende Kompliziertheit des positiven Rechts stellt hohe Anforderungen an Lernfähigkeit und Verarbeitungskompetenz. Aus der Einsicht in die Handlungsspielräume des Richters ergibt sich zusätzlicher politik- und sozialwissenschaftlicher Aufklärungsbedarf.

Das Lehrangebot der deutschen Universitäten, in die die Rechtsfakultäten integriert sind, deckt die genannten Anforderungen weitgehend ab. Ein gut angeleiteter und interessierter Student der Rechtswissenschaft kann dort in aller Regel lernen, was er für den Richterberuf braucht. Er hat die Gelegenheit, auch außerhalb seiner eigenen Fakultät philosophische, historische und sozialwissenschaftliche Kurse zu belegen und kann das Studium, dessen Höchstdauer nicht begrenzt ist, nach seinen eigenen Plänen gestalten.

Die Studien- und Prüfungsordnungen und mehr noch die Prüfungspraxis nötigen den Durchschnittsstudenten jedoch zu einem Studienverhalten, das von den genannten Zielen entschieden wegführt. Er muß sich auf die drei großen Rechtsgebiete, das Bürgerliche Recht, das Strafrecht und das Öffentliche Recht, beschränken, wenn er der Stoffmenge gewachsen sein will, deren Beherrschung auf diesen Gebieten von ihm in den Staatsprüfungen verlangt wird. Durch die »Probeschußregelung« des § 5 Abs. 5 Satz 2 DRiG wird eine Engführung des Jurastudiums zusätzlich gefördert. Die akademische Lehre wird zudem von den meisten Studenten nicht als angemessene Prüfungsvorbereitung empfunden. Sie besuchen deshalb in

7 Zum Ausfüllen der Handlungsspielräume durch »Richterkunst«: *Franz Wieacker,* Gesetz und Richterkunst, in ders., Ausgewählte Schriften, herausgegeben von *Dieter Simon,* 1983, Bd. 2 S. 41 ff.

8 Zur Bedeutung der Laienrichter vgl. neuerdings *Thomas Sommer,* Ehrenamtliche Richter und Unabhängigkeit der Gerichte, DRiZ 1992, S. 135 ff.; Hartmut Reim, Fachkenntnisse der ehrenamtlichen Richter – Überforderung bei der Entscheidungsfindung, DRiZ 1992, S.139 ff.

einem mit steigender Semesterzahl zunehmenden Umfang Repetitorien, die pädagogisch geschickt das prüfungsrelevante Wissen und die Fähigkeiten vermitteln, die zum Bestehen der Staatsprüfungen notwendig sind. Dabei steht die rein technische Rechtsanwendung, die Kenntnis bestimmter Normkomplexe und ihrer in Rechtswissenschaft und höchstrichterlicher Rechtsprechung entwickelten Auslegung im Vordergrund. Die praktische Ausbildung dient ganz überwiegend der Einübung in den Umgang mit gerichtlichen und behördlichen Verfahrensweisen und Bearbeitungsstrategien.
Seit langem gilt die deutsche Juristenausbildung als zu lang, zu wenig an sozialen Lebenssachverhalten orientiert, mithin lebensfremd, und pädagogisch rückständig.[9] Eine in den 70er Jahren ehrgeizig angelegte und mit erheblichem Aufwand ins Werk gesetzte Reform ist gescheitert. Die erfolgreichen Ansätze sind in einer Novelle des Deutschen Richtergesetzes aus dem Jahre 1984 im Zuge einer allgemeinen Wende der deutschen Innenpolitik zum Konservativen hin erstickt worden. Inzwischen ist die Reformbedürftigkeit wieder Diskussionsthema.[10] Mit dem Gesetz zur Verkürzung der Juristenausbildung vom 20. November 1992 (BGBl. I S. 1926) ist zwar eine gewisse Straffung der Juristenausbildung erreicht worden, weitergehende Ansätze wurden jedoch nicht verwirklicht.

V. Ein Mittel, die Gesetzesbindung zu gewährleisten, kann in der Korrektur einer fehlerhaften Entscheidung durch die höhere Instanz liegen. Die an sich großzügig ausgebauten Instanzenzüge sind inzwischen durch zahlreiche Entlastungsnovellen verkürzt worden. Ein durchgängiges Prinzip ist nicht mehr erkennbar. Auch hier ist eine grundlegende Reform, die am Anfang der 70er Jahre in die Wege geleitet worden war, ohne überzeugende Gründe zu Grabe getragen worden.[11] Ein neuer Anlauf wäre fällig. Ansätze dazu sind jedoch nicht erkennbar.
Eine institutionelle Absicherung findet die Gesetzesbindung ferner im Kollegialprinzip. Wo drei oder fünf Berufsrichter mitwirken, ist das Risiko falscher Rechtsanwendung gemindert, freilich nicht ausgeschlossen. Allerdings wird dieser Schutz zur Zeit drastisch reduziert. Um der wachsenden Geschäftslast Herr zu werden, werden immer mehr Sachen dem Einzelrichter zur Entscheidung übertragen. Bis zu einem gewissen Grade ist das sachgerecht. Schließlich kann die Zahl der Richterinnen und Richter nicht beliebig vermehrt werden; allerdings sollten Fälle, bei denen regelmäßig schwierige Rechtsfragen zu beantworten sind, besser

9 Denkschrift des Arbeitskreises für Fragen der Juristenausbildung: Die Ausbildung der Deutschen Juristen, 1960; Loccumer Arbeitskreis (Hrsg.), Neue Juristenausbildung, 1970; *Dietrich Oehler* und *Walther Richter,* Gutachten zum 48. DJT, 1970.

10 *Winfried Hassemer/Friedrich Kübler* und *Horst-Diether Hensen/Wolfgang Kramer,* Gutachten zum 48. DJT, 1990; *Wilhelm Sirp,* Die Befähigung zum Richteramt und die Reform der Juristenausbildung, DRiZ 1991, S. 274 ff.

11 *Gerhard Jahn,* Reform der Rechtspflege (Justizreform). Ohne Ende – ohne Ziel? Festschrift für Rudolf Wassermann zum 60. Geburtstag, S. 91 ff.; *Klaus Beer,* Sozialliberale Justizreform, KJ 1983, S. 375 ff.

in der Hand von Kollegialgerichten bleiben. Die Folgen der verhinderten Justizreform der 70er Jahre werden sichtbar: An die Stelle eines geschlossenen Konzepts für die Neuordnung der Instanzen nach funktionalen Kriterien tritt ein Flickwerk von Einzelregelungen, die das Rechtsschutzsystem insgesamt unübersichtlicher machen und seine Leistungsfähigkeit vermindern.

VI. Wirksame Sanktionen gegen Richter, die Gesetze mißachten, gibt es kaum. Allenfalls offensichtliche Fehlgriffe, über die kein Zweifel bestehen kann, können dienstaufsichtlich gerügt werden. Als Beispiel wird die Anwendung eines aufgehobenen Gesetzes angeführt.[12]
Eine Strafverfolgung wegen Rechtsbeugung kommt nur in Betracht, wenn dem Richter nachgewiesen wird, daß er wider besseres Wissen, also mit direktem Vorsatz, gehandelt hat. Das kommt selten vor. Der Straftatbestand der Rechtsbeugung ist so wenig wirkungsvoll, daß kein Nazirichter bis hin zu dem berüchtigten Volksgerichtshof deswegen verurteilt worden ist.[13] Im Zusammenhang mit der Aufarbeitung justizförmigen Unrechts der DDR werden allerdings strengere Maßstäbe diskutiert.[14] Angesichts der breiten Blutspur, die insbesondere der Volksgerichtshof und die Sonder- und Kriegsgerichte in der deutschen Justizgeschichte hinterlassen haben, liegt der Vorwurf einer Doppelmoral nicht ganz fern.[15]
Die finanzielle Staatshaftung für Richterunrecht ist auf Fälle von Rechtsbeugung beschränkt mit der Folge, daß auch der Rückgriff auf den Richter praktisch nicht in Betracht kommt. Die Haftungsbeschränkung erscheint übertrieben, jedenfalls ist der Ausschluß der Staatshaftung durch den Schutz der richterlichen Unabhängigkeit nicht zu begründen. In der Literatur wird daher auch Ausweitung der Haftung zumindest für grob fahrlässige Fehlentscheidungen gefordert.[16]

C. Die Unabhängigkeit des Richters

I. Daß Richterinnen und Richter bei rechtsprechender Tätigkeit keinen Weisungen unterworfen sind (sachliche Unabhängigkeit), ergibt sich unmittelbar aus dem

12 *Günther Schmidt-Räntsch,* Deutsches Richtergesetz, Kommentar, 4. Aufl., 1988, § 26 Rdn. 23.

13 *Helmut Kramer,* Die Aufarbeitung des Faschismus durch die Nachkriegsjustiz in der Bundesrepublik Deutschland, in *Hans-Ernst Böttcher* (Hrsg.), Recht Justiz Kritik, Festschrift für Richard Schmid, 1985, S. 107 ff.; *Ingo Müller,* Furchtbare Juristen, 1987, S. 275 ff.

14 S. dazu insbesondere *Rudolf Wassermann,* DDR-Richter als Instrument des SED-Regimes, DRiZ 1992, S.438 ff.; ders., Zur Anwendung der sogenannten Radbruchschen Formel auf Unrechtsurteile der DDR-Justiz, NJW 1992, S. 878; ders., Schein-Richter, DIE WELT, Ausg. v. 5. Februar 1992; krit. dazu *Bohlander,* DRiZ 1991, S. 445 ff.

15 Ähnlich *Kramer,* FN 13, S. 109 zu einem frühen Urteil des BGH (NJW 1960, S. 974) gegen einen DDR-Richter.

16 *Horst Hagen,* »Unrichtige Sachentscheidung« im Prozeß und Prozeßkostenrisiko, NJW 1970, S. 1017.

Grundgesetz (Art. 97 GG) und dem Deutschen Richtergesetz (§ 25 DRiG). Insofern unterliegen sie auch keiner Dienstaufsicht (§ 26 DRiG). Nur die ordnungswidrige Art der Erledigung der Dienstgeschäfte, insbesondere Verzögerungen, können dem Richter vorgehalten werden. Die Kasuistik zu dieser Grenzziehung soll hier nicht vorgetragen werden.[17] Zu grundlegender Kritik bietet sie keinen Anlaß. Im übrigen ist zur sachlichen Unabhängigkeit folgendes anzumerken:

1. Probleme können sich aus der richterlichen Arbeitsbelastung ergeben. Dem Richter wird aufgrund der Geschäftsverteilung ein bestimmtes Pensum von Fällen zur Bearbeitung zugewiesen. In der ordentlichen Gerichtsbarkeit gibt es den wohlbekannten Pensenschlüssel, der die Belastung der Richter in den verschiedenen Instanzen und Funktionen festlegt. Er beruht auf Erfahrungswerten und wird von der Justizverwaltung bei der Bemessung der für ein bestimmtes Gericht notwendigen Anzahl von Richterstellen verwendet. Ursprünglich wurde er vor den Richtern geheimgehalten. Inzwischen wird er offengelegt. Seitdem wird er auch bei der Geschäftsverteilung an den Gerichten berücksichtigt.
Es liegt auf der Hand, daß die Zahl der von einer Richterin oder einem Richter zu erledigenden Fälle Einfluß auf die Art ihrer Bearbeitung hat. Die Art der Sachbehandlung wirkt sich nicht nur auf das Verfahren und den Begründungsaufwand beim Absetzen der Entscheidungen, sondern auch auf das Verhalten gegenüber den Beteiligten und auf das Ergebnis aus.[18] Insofern steuert die Justizverwaltung mit ihren Stellenplänen auch die Rechtsprechung. Andererseits ist nicht zu verkennen, daß es für die Bewilligung von Richterstellen Maßstäbe geben muß und daß auch die Zahl der von einem Richter zu bearbeitenden Fälle nicht ihm allein überlassen bleiben kann. Das gilt vor allem, solange der Richter keine feste Arbeitszeit einhalten muß und er seine Arbeit weitgehend auch zu Hause verrichten kann. In einem solchen System steuert allein das Pensum die tatsächliche Arbeitsleistung der Richterin oder des Richters.
Ob die freie Arbeitszeit der Richter unter diesem Aspekt ihrer Unabhängigkeit uneingeschränkt nützt, erscheint fraglich.[19] Mit dem Pensendruck wird ein hoher Preis für eine an sich sachgerechte Regelung gezahlt. Für die Richter selbst ist sie allerdings sakrosankt. Der Bundesgerichthof hat entschieden, daß eine Festlegung des Richters auf bestimmte Dienstzeiten als Eingriff in seine richterliche Arbeit verfassungswidrig und unzulässig ist, weil er bei der Rechtsfindung von äußeren Zwängen möglichst freigestellt sein solle und weil sich die ihm abverlangten Erkenntnisse und Formulierungen zeitlicher Steuerung weitgehend entzögen.[20] An-

17 Vgl. *Schmidt-Räntsch,* FN 12, § 26 Rdn. 21 ff.
18 Vgl. etwa *Kurt Rudolph,* Prozeßflut und Erledigungsdruck, DRiZ 1992, S. 6 ff.
19 *Rudolph,* FN 18, S. 14 weist zutreffend auf die Schutzfunktion fester Dienstzeiten hin.
20 BGH, Dienstgericht des Bundes, Urteil vom 16. November 1990 - DRiZ 2/90 - DRiZ 1991, 61 ‹62›; ebenso BVerwG, Urteil vom 18. Februar 1981 - BVerwG 6 C 95.78 - *Buchholz* 238.5 § 46 DRiG Nr. 1).

gesichts der Tatsache, daß gleichwertige geistige Arbeit in der heutigen Gesellschaft üblicherweise innerhalb fester Arbeitszeiten geleistet wird, erscheint die Argumentation des Bundesgerichtshofs überzogen und nicht frei von Selbstüberschätzung. In dem Maße, in dem die Ressource Recht knapper und das Heer der Richter unbezahlbar wird, wird das Problem an Bedeutung gewinnen. Mir scheint, daß hier über grundlegend neue Konzepte nachgedacht werden muß. In diese Überlegungen ist vor allem die Frage einzubeziehen, ob Verfahren mit demselben Prüfungsumfang zwei Instanzen durchlaufen müssen, in denen Richterinnen und Richter mit unterschiedlichem Zeitbudget dieselben Fragen bearbeiten. Aber auch über die freie Arbeitszeit der Richter muß nachgedacht werden, bevor die sachliche Unabhängigkeit durch übermäßigen Pensendruck beeinträchtigt wird.

2. Die Unabhängigkeit der Proberichterinnen und -richter ist nicht nur rechtlich, sondern darüber hinaus faktisch erheblich eingeschränkt. Für sie ist die dienstliche Beurteilung geradezu schicksalhaft. Insbesondere führt die übliche Belastung mit dem vollen Pensum zu einem starken Anpassungsdruck.[21] Eine Einarbeitungszeit mit beschränkter Belastung wäre der inneren Unabhängigkeit der Proberichter sicher zuträglich. Sie würde ihnen den Zwang ersparen, sich distanzlos in die Arbeit zu stürzen und von Anfang an nur auf das Ziel der möglichst raschen Erledigung fixiert zu sein. Eine Probezeit für Richter könnte vermieden oder doch verkürzt werden, wenn man darauf verzichten würde, Berufsanfänger sogleich zu Richtern zu machen.[22]

II. Die persönliche Unabhängigkeit des Richters ist prinzipiell bedroht durch unkontrollierbare Gestaltungsfreiräume der Verwaltung bei den ihn betreffenden Personalentscheidungen. Wer die Personalhoheit über die Richterinnen und Richter ausübt, beeinflußt mittelbar die gesamte Rechtspflege. Das gilt vor allem für die Entscheidung über die Beförderung von Richtern. Wer über Beförderungen entscheidet, kann bis zu einem gewissen Grade damit rechnen, daß Richter mit Laufbahninteressen es vermeiden werden, seinen Erwartungen gänzlich entgegengesetzt zu entscheiden. Andererseits - und das ist das Wichtigere - kann er die einflußreichen Posten mit ihm genehmen Richtern besetzen, was automatisch zu einer Ausweitung seines Einflusses führt. Hier liegt der neuralgische Punkt jeder unabhängigen Justiz. Das Maß an wirklicher Unabhängigkeit, die ein Gemeinwesen seinen Richtern gewährt, entscheidet sich nach den Bemühungen und Vorkehrungen, um hier Abhilfe und Mäßigung zu erreichen. Völlig vermeiden läßt sich die Spannungslage zwischen notwendiger Personalhoheit und garantierter Unabhängigkeit offenbar nicht. Insbesondere liegt das Heil nicht in einer Verstärkung

21 S. Bericht »Der unbegrenzt belastbare Proberichter«, DRiZ 1991, S. 382.
22 Vgl. dazu *Thomas Dieterich*, DRiZ 1989, S. 187.

des Einflusses der Richterschaft selbst auf die Personalentscheidungen. Darauf komme ich noch zurück.

1. Einer Sicherung der persönlichen Unabhängigkeit des Richters dient neben seiner Unabsetzbarkeit und Unversetzbarkeit die besondere vom Beamtenrecht abweichende Besoldungsstruktur, die im Zuge der sozialliberalen Bemühungen um eine Justizreform eingeführt worden ist.[23] Die Durchstufung der R 1-Besoldung bis über die Endstufe der Besoldungsgruppe A 15 hinaus mindert die finanziellen Anreize für den Aufstieg. Die weitergehenden Reformbemühungen sind seinerzeit gescheitert. Angestrebt war eine einheitliche Richterbesoldung und auch ein Abbau funktionaler Aufstiegschancen. In diesen Zusammenhang gehört der Vorschlag, den Vorsitz in einem Kollegium nicht einem aufgestiegenen Richter zu übertragen, sondern unter den Mitgliedern des Spruchkörpers umgehen zu lassen (rotierender Vorsitz).[24] Die Diskussion darüber soll hier nicht aufgenommen werden. Jedenfalls bleibt der Aufstieg für Richterinnen und Richter auch heute noch attraktiv. Neben den verbleibenden - nicht unerheblichen - finanziellen Anreizen stehen der Wunsch nach höherem Einfluß und interessanteren Aufgaben sowie das Streben nach erhöhtem Sozialprestige.

2. Richterinnen und Richter werden ebenso wie Beamte regelmäßig von ihren Dienstvorgesetzten in persönlicher und fachlicher Hinsicht beurteilt. In Kollegialgerichten gibt der Kammervorsitzende dazu den in der Regel maßgeblichen »Beurteilungsbeitrag« ab. Die Zeugnisse werden zu den Personalakten genommen und sind für das Fortkommen des Richters entscheidend. Bei der Beurteilung ist eine Kritik des eigentlichen richterlichen Handelns zu vermeiden. Auch dürfen keine einzelfallbezogenen kritischen Hinweise gegeben werden. Zu beurteilen sind die Leistungen und Fähigkeiten des Richters wie etwa Rechtskenntnisse, Beherrschung des Verfahrens, seine Belastbakeit.[25]
Die dienstliche Beurteilung ist geeignet, auf das richterliche Verhalten Einfluß zu nehmen. Soweit der Richter durch sie zu pflichtgemäßer Wahrnehmung seiner Amtsgeschäfte veranlaßt wird, ist das beabsichtigt und nicht zu beanstanden. Die Beurteilung wird als unentbehrlich angesehen, um über den Einsatz des Richters, insbesondere seine Beförderung in höhere Richterämter gerecht - d.h. allein nach Eignung und Leistung - entscheiden zu können.[26]
Zwischen dienstlicher Beurteilung und richterlicher Unabhängigkeit gibt es in jedem Fall ein Spannungsverhältnis. Bei aller Bemühung des Zeugniserteilers um Objektivität bleiben Richterinnen und Richter von seiner Einschätzung abhängig;

23 *Beer,* FN 11, S. 378 f.
24 *Beer,* FN 11, a.a.O. S. 376.
25 *Schmidt-Räntsch,* FN 12, § 26 Rdn. 30 ff.
26 *Schmidt-Räntsch,* FN 12, § 26 Rdn. 30.

denn diesem wird bei der Erteilung von Dienstzeugnissen ein weiter Beurteilungsspielraum zugebilligt, innerhalb dessen er keinen rechtlichen Bindungen unterliegt. Das Recht stellt nur Mindestanforderungen: Der Vorgesetzte darf »allgemein gültige Wertmaßstäbe« nicht verletzen, er muß sich auf beweisbare Tatsachen stützen und das vorgeschriebene Verfahren einhalten. Zeugnisse sind umso weniger angreifbar, als die Kritik sich üblicherweise hinter höflich-zurückhaltenden Formulierungen versteckt, die für sich genommen kaum angreifbar sind, aber von den Personalverwaltungen gut verstanden werden.[27]
Die sich aus der Beurteilung und ihren Folgen ergebende Abhängigkeit ist für den Richter fühlbar, weil er sich die Wertschätzung seines Kammervorsitzenden und des zuständigen Gerichtspräsidenten nur dadurch erwerben kann, daß er dessen Erwartungen in seiner täglichen Arbeit erfüllt. Die Maßstäbe und Erwartungen des Beurteilers erfassen aber notwendigerweise die richterliche Tätigkeit des zu Beurteilenden. Dieser kann sich dadurch allzuleicht vor die Alternative gestellt sehen, sich anzupassen oder zu disqualifizieren.[28]

3. Die Abhängigkeit der Richterinnen und Richter von der durch Richterkollegen wahrgenommenen Justizverwaltung (Gerichtsverwaltung) wird vertieft durch eine in allen Gerichtszweigen außer der Finanzgerichtsbarkeit üblichen Voraussetzung für den Schritt in das erste Beförderungsamt: Die Erprobung bei dem zuständigen Obergericht. Richterinnen und Richter, die sich für ein höheres Amt qualifizieren wollen, müssen es sich gefallen lassen, für mindestens ein halbes Jahr an das Obergericht abgeordnet zu werden, um in ausgewählten Senaten ihre Fähigkeiten zu beweisen. Das dort erteilte Zeugnis ist entscheidend. Es wird vom Präsidenten des Obergerichts auf der Grundlage eines Berichts der Senatsvorsitzenden erteilt.
Die Forderung nach einer Erprobung im Sinne einer zusätzlichen Qualifikation hat seine Berechtigung. Es ist auch nicht zu beanstanden, daß ehrgeizigen Richtern ein gewisses Maß an Mobilität abgefordert wird, wenn sie sich um eine herausgehobene und besser bezahlte Position bewerben wollen. Es gibt aber auch Einwände. Einmal wird, soweit ich sehe, grundsätzlich keine Rücksicht genommen auf Richterinnen (und ausnahmsweise auch Richter), die Kinder zu versorgen haben und deshalb nicht hinreichend mobil sind. Die Folge ist eine (weitere) Verminderung der Aufstiegschancen von Richterinnen. Außerdem darf nicht übersehen werden, daß in der Erprobungszeit ein besonders starker Anpassungsdruck besteht und daß Kollegen, die in innerer Unabhängigkeit diesem Druck standhalten, leicht ihre beruflichen Chancen aufs Spiel setzen können. Der Ausle-

27 Nach *Ulrich Vulteius*, Richter nach Noten - Noten für Richter, DRiZ 1992, S. 177 ‹178›, wird die Note »durchschnittlich« an etwa 1 % aller Richterinnen und Richter in Niedersachsen vergeben; er übersetzt sie deshalb recht einleuchtend mit »mangelhaft«.
28 Treffend *Helmut Schnellenbach*, Personalpolitik in der Justiz, DRiZ 1992, S. 2227 ‹2229›.

seeffekt kann - was die viel geforderte innere Unabhängigkeit angeht - nur negativ sein. Daß es bei der Erprobung nicht allein um Qualifizierung und Auswahlgerechtigkeit, sondern auch um den Einfluß des Obergerichtspräsidenten auf die Personalpolitik geht, wird an der Zurückhaltung deutlich, mit der vielfach Zeugnisse aufgenommen werden, die ein Richter während einer Abordnung etwa an ein Oberstes Bundesgericht, ein Justizministerium oder auch das Bundesverfassungsgericht erworben hat.[29]

4. Nach § 39 DRiG müssen sich Richter innerhalb und außerhalb ihres Amtes auch bei politischer Betätigung so verhalten, daß das Vertrauen in ihre Unabhängigkeit nicht gefährdet wird. Es soll nicht der äußere Eindruck entstehen, daß sie Bindungen unterliegen, die sie als abhängig erscheinen lassen. Unabhängigkeit ist hier in einem sehr weiten Sinne zu verstehen. Es geht nicht nur um Weisungsfreiheit von der staatlichen Exekutive, sondern um Unabhängigkeit von gesellschaftlichen Gruppen, insbesondere politischen Parteien, Gewerkschaften, Verbänden, aber auch Religionsgemeinschaften.[30]

a) Richterinnen und Richter müssen danach den äußeren Anschein vermeiden, als seien sie von einer anderen gesellschaftlichen Gruppe abhängig. Durch eine mitgliedschaftliche Bindung allein wird eine solche Abhängigkeit erfahrungsgemäß nicht begründet. Unbegründet ist nach aller Erfahrung auch der Vorwurf, parteipolitisch, gewerkschaftlich oder kirchlich gebundene Richter seien bei Ausübung ihrer Amtspflichten grundsätzlich auf die Linie ihrer Partei, Gewerkschaft oder Kirche festgelegt. Mitgliedschaft in Parteien und Gewerkschaften ist dem Richter erlaubt. Er darf dort auch aktiv in führenden Positionen mitarbeiten. Neben dem Richteramt darf er ein kommunales Mandat wahrnehmen.[31]

Hinter der liberalen Regelung stehen die Erfahrungen der Zeit nach dem ersten Weltkrieg. Damals galt Parteizugehörigkeit von Richtern als ungehörig und war selten. Dennoch erwiesen sie sich in ihrer Amtstätigkeit als politisch einseitig. Die Strafjustiz jener Zeit wird heute allgemein als einäugig gebrandtmarkt.[32] Dem äußeren Anschein nach neutrale Richter der Weimarer Zeit waren in großer Zahl später willfährige Anwender des nationalsozialistischen Unrechts.[33] Seitdem er-

29 Vgl. *Schnellenbach,* FN 28, S. 2230 zur ›Ersatzerprobung«.

30 Vgl. *Schmidt-Räntsch,* FN 12, § 39 Rdn. 4 f.

31 *Schmidt-Räntsch,* FN 12, § 4 Rdn. 11; zur parteipolitischen Abhängigkeit vgl. *Ernst Benda,* Bemerkungen zur richterlichen Unabhängigkeit, DRiZ 1975, S. 166 ff. ‹168›; Karl Krützmann, Zur richterlichen Unabhängigkeit im verfaßten Gemeinwesen des Grundgesetzes, DRiZ 1985, S. 201 ‹208›; kritischer *Friedrich Karl Fromme,* Parteimitgliedschaft und Unparteilichkeit, DRiZ 1989, S. 69; vgl. auch *Schmidt-Räntsch,* FN 12, § 39 Rdn. 28; zur Mitgliedschaft in einer Gewerkschaft vgl. BVerfG, Ausschuß nach § 93a Abs. 2 BVerfGG a.F., Beschluß vom 15. 3. 1984, AP Nr. 7 zu § 42 ZPO.

32 *Heinrich Hannover* und *Elisabeth Hannover-Drück,* Politische Justiz 1918 - 1933, 1966, S. 145 ff. und S. 63 f. m.w.N.; zusammenfassend etwa: *Müller,* FN 13, S. 19 ff.

33 *Müller,* FN 13, S. 35 ff., 144.

scheint vielen ein Richter, der seine Position offen vertritt und sich damit auch einer dort ansetzenden Kritik seiner Spruchtätigkeit aussetzt, als vertrauenswürdiger als ein Kollege, der seine politische und weltanschauliche Positionen nach außen hin nicht zu erkennen gibt.[34]
Einen offenen Konflikt um die Bindung von Richtern an eine Organisation gab es, als ein Unternehmen Arbeitsrichter eines Großstadtgerichts als befangen ablehnte, weil sie gewerkschaftlich organisiert waren und sich in einem gewerkschaftlichen Arbeitskreis regelmäßig zur Erörterung fachlicher Fragen trafen. Das Unternehmen sah darin Anhaltspunkte für eine generelle Parteinahme für die Arbeitnehmer und gegen die Arbeitgeber. Die Befangenheitsanträge sind abgewiesen worden. Das Bundesverfassungsgericht hat die dagegen erhobene Verfassungsbeschwerde nicht zur Entscheidung angenommen.[35] In den Gründen des Beschlusses wird ausgeführt, daß es Richtern - auch der Arbeitsgerichtsbarkeit - von Verfassungs wegen gestattet sei, sich gewerkschaftlich zu betätigen.[36]
Der Konflikt hat deutlich gemacht, daß der äußere Anschein einer Befangenheit durch Mitwirkung in einer Organisation umso eher entstehen kann, je näher die Ziele einer Organisation typische Parteiinteressen berühren. Wo die Sorge begründet erscheint, daß ein politischer oder weltanschaulicher Standpunkt ihn zur Parteilichkeit verführen könnte, muß der Richter auch bei seinem äußeren Auftreten Zurückhaltung üben, wenn er den Eindruck der Befangenheit vermeiden will. Ist dieser Eindruck entstanden, so liegt darin noch kein Dienstvergehen. Befangenheit im Einzelfall diskriminiert einen Richter nicht. Das Prozeßrecht gibt Handhaben, ihn bei Besorgnis der Befangenheit von der Mitwirkung an einem bestimmten Verfahren auszuschließen. Er selbst kann den Anstoß dazu geben. Von dem Instrumentarium sollte im Interesse der Akzeptanz gerichtlicher Entscheidungen großzügig Gebrauch gemacht werden.[37]
b) Das Mäßigungsgebot des § 39 DRiG erfaßt vor allem politische Meinungsäußerungen von Richtern. Der Richter muß dem Anschein vorbeugen, daß er weltanschaulich voreingenommen, einseitig interessenorientiert oder unduldsam gegenüber anderen Standpunkten ist oder daß er den grundlegenden Werten der Verfassung ablehnend gegenübersteht.[38] Diese Forderung, die als Wahrung der in-

34 *Rolf Lamprecht,* Das Richterbild Außenstehender, DRiZ 1988, S. 161 ff.; ders., Außerrechtliche Einflüsse auf die richterliche Entscheidungsfindung, DRiZ 1989, S. 4 ff. ‹11›.

35 BVerfG, FN 31.

36 Kritisch dazu *Bernd Rüthers,* Vom politischen Richter zur parteilichen Justiz? - Zum gewerkschaftlichen Betätigungsrecht von Berufsrichtern in der Arbeitsgerichtsbarkeit, DB 1984, S. 1620 ff.; dazu die Diskussion mit *Jürgen Schuldt* in DB 1984 S. 2509 ff.; s. auch *Peter Hanau,* Formelle und informelle Einflüsse der Verbände auf die Arbeitsgerichtsbarkeit, DRiZ 1992, S. 422 ff.

37 *Thomas Dieterich,* Freiheit und Bindung des Richters, RdA 1986 S. 2 ff. ‹6›; ebenso *Kurt Rudolph,* Öffentliche Äußerungen von Richtern und Staatsanwälten, DRiZ 1987, S. 337 ‹347›; *Lamprecht,* FN 34, DRiZ 1988, S. 163 f.

38 Vgl. etwa *Schmidt-Räntsch,* FN 12, § 39 Rdn. 9 ff.; *Rudolph,* FN 37, DRiZ 1987, 337 ff. ‹345 ff.›; *Dieterich,* FN 37, S. 2 ‹6›; *Krützmann,* FN 31, DRiZ 1985, S. 201 ‹208›.

neren Unabhängigkeit des Richters verstanden wird, ist im Kern berechtigt und wird weitgehend beachtet.[39] Es gehört zu den elementaren Anforderungen an eine korrekte richterliche Amtsführung, daß er die Argumente der streitenden Parteien ohne vorgefaßte Meinung anhört, daß er zu seinen eigenen Werturteilen und Vorverständnissen kritische Distanz wahrt und daß er bereit ist, die Grund- und Menschenrechte der Verfahrensbeteiligten zu wahren. Es wäre fatal, wenn beim Publikum der Eindruck entstünde, die Richter genügten diesen Ansprüchen nicht. Von Richterinnen oder Richtern kann verlangt werden, daß sie auch außerhalb ihrer Amtstätigkeit diesen Eindruck vermeiden. Insofern kann auch ihr Grundrecht auf freie Meinungsäußerung eingeschränkt werden. Darüber hinausgehende Zurückhaltung kann jedoch nicht verlangt werden. Das Mäßigungsgebot darf nicht dazu führen, daß die Persönlichkeit des Richters vor der Öffentlichkeit »maskiert« wird.[40]

Im einzelnen ist die dem öffentlichen Auftreten von Richtern gesetzte Grenze umstritten. Richterinnen und Richter, vornehmlich aus dem linken Spektrum, haben Anstoß erregt, als sie in Zeitungsanzeigen unter Hinweis auf ihre Berufsbezeichnung gegen die Stationierung von atomaren Mittelstreckenraketen protestierten.[41] Das Bundesverwaltungsgericht hat inwischen Maßregelungen wegen dieser Aktion bestätigt.[42] Der Richter müsse Teilnahme am politischen Meinungskampf klar von seinem Amt trennen. Er dürfe bei seinen privaten Äußerungen nicht den Anschein einer amtlichen Stellungnahme erwecken und das Richteramt nicht einsetzen, um einer von ihm geäußerten politischen Auffassung größeren Nachdruck zu verleihen. Verfassungsbeschwerden gegen diese Entscheidung hat das Bundesverfassungsgericht nicht zur Entscheidung angenommen.[43]

Es versteht sich von selbst, daß Richterinnen und Richter bei privaten Meinungsäußerungen nicht den Anschein amtlicher Tätigkeit erwecken dürfen.[44] Eine Zeitungsanzeige, die auch nur entfernt den Anschein einer amtlichen Bekanntmachung erweckte, wäre sicher rechtswidrig. Das ist aber bisher noch nicht vorgekommen. Auch in dem vom Bundesverwaltungsgericht entschiedenen Fall war derartiges nicht festgestellt worden. Inwiefern die Autorität eines Amtes in Anspruch genommen wird, wenn Richter auf ihren Beruf und die damit verbundene fachliche Qualifikation hinweisen, um einer politischen Meinungsäußerung größeren Nachdruck zu verleihen, bleibt unerfindlich. Prominente Richter, insbeson-

39 *Lamprecht,* FN 34, DRiZ 1988, S. 166, bescheinigt ihnen eine »erstaunliche Zurückhaltung«.

40 Das argwöhnt *Lamprecht,* FN 34, DRiZ 1988 S. 165; für Offenlegung der Rechtsansichten und grundlegenden richterlichen Haltung eines Richters etwa: *Paul Gewirtz,* Nothing Wrong with Knowing the Minds of Would-Be Justices, International Herald Tribune vom 29. April 1993.

41 Vgl. dazu *Hartmut Bäumer,* Aufrechter Gang in der Justiz? Möglichkeiten und Schwierigkeiten nonkonformistischen Verhaltens in der bundesdeutschen Justiz, in Festschrift für Richard Schmid, FN 13, S. 199 f. ‹207›.

42 BVerwGE 78, 216 ‹222›.

43 Beschluß vom 6. Juni 1988 - 2 BvR 111/88 - DRiZ 1988, S. 301; dazu: DRiZ 1988, S. 305.

44 Zum »Amtsbonus« *Bäumer,* FN 13, S. 211 f.

dere die Präsidenten der Obersten Gerichte, sprechen häufig auf Kongressen, lassen sich als Amtsträger ankündigen und äußern sich dort auch zu allgemein politischen Fragen. Dagegen hat niemand etwas einzuwenden. Mit Recht. Denn das Vertrauen in die Rechtspflege wird keineswegs dadurch beeinträchtigt, daß sich Richterinnen und Richter - als solche erkennbar - in den politischen Meinungskampf einmischen. Das Mäßigungsgebot kann durch die berufliche Identifizierbarkeit des sich Äußernden nicht verletzt werden. In unserer Gesellschaft wird das Sozialprestige sehr weitgehend von der beruflichen Stellung abgeleitet. Es ist eine Geschmacksfrage, ob jemand - wie früher durch privaten Gebrauch der Amtsbezeichnung üblich - dieses Prestige in Anspruch nehmen will. Aber es gehört zur Normalität unseres öffentlichen Lebens und kann auch Richtern nicht verwehrt werden.[45] Ich habe selbst damals als Richter am Bundesverwaltungsgericht - übrigens folgenlos - eine solche Anzeige unterschrieben und bin nach wie vor von der Rechtmäßigkeit dieser Aktion überzeugt.

Maßstäbe für die Beurteilung politischer Meinungsäußerungen von Richtern lassen sich gewinnen, wenn man die Funktion des Mäßigungsgebotes ernst nimmt. Geht es wirklich nur darum, den Eindruck der Voreingenommenheit, der Intoleranz, der Heilsgewißheit, des Sektierertums und der Grundrechtsblindheit zu vermeiden, weil diese Haltungen mit der Attitüde eines Richters schlechthin unvereinbar sind, dann sind Meinungsäußerungen daraufhin zu überprüfen, ob sie beim Publikum realistischerweise diesen Eindruck vermitteln können. Das ist nicht schon dann der Fall, wenn bestimmte Standpunkte plakativ und apodiktisch vorgetragen werden; denn bestimmte Formen der politischen Meinungsäußerungen können nicht argumentativ sein. Ein Plakat ist plakativ, für eine Zeitungsanzeige gilt Ähnliches.[46] Bei öffentlichen Ansprachen vor einem Massenpublikum können nur Standpunkte vermittelt werden, eine Erörterung des Für und Wider würde verhallen. Wer sich dieser Mittel bedient und dabei eindeutige Standpunkte ohne Wenn und Aber vertritt, löst damit keineswegs Zweifel an seiner Fähigkeit zum politischen Diskurs aus. Er erweckt auch nicht den Eindruck der Intoleranz oder Borniertheit. Wäre es anders, würden sich Parteien und Gewerkschaften, Verbände und Kirchen dieser Formen nicht bedienen.

Ob Vertrauen untergraben wird, kann erst die sprachliche Form und der Inhalt einer plakativen Meinungsäußerung ergeben. Ein Verstoß gegen das Mäßigungsge-

45 So auch *Rudolph,* FN 37, DRiZ 1987, S. 337 ff. ‹345 f.›; a.A. etwa *Walter Remmers,* Der politisch indifferente Richter. Leitbild der Dritten Gewalt? in Festschrift für Wassermann, FN 11, S. 165 ff. ‹168 ff.›; ähnlich *Horst Sendler,* Was dürfen Richter in der Öffentlichkeit sagen?, NJW 1984, S. 689 ff. ‹697›. Sendler fürchtet, beim Publikum könne der Eindruck entstehen, ein Richter, der unter Hinweis auf seinen Beruf und dessen Gemeinwohlgebundenheit eine bestimmte Meinung propagiere, wolle Andersdenkenden damit die intellektuelle und moralische Befähigung absprechen, das Gemeinwohl zu wahren. Diese Sorge scheint mir einigermaßen realitätsfern zu sein. Auch in ihrer Vagheit ist sie schwerlich geeignet, einen Eingriff in den Schutzbereich der Meinungsfreiheit zu rechtfertigen. Kritisch dazu auch *Bäumer,* FN 13, S. 209.

46 So auch *Rudolph,* FN 37, DRiZ 1987, S. 337 ff., ‹346›.

bot sollte daran gemessen werden. Kennzeichnend dafür sind übertriebene Polemik, Hetzreden, Zynismen, ehrabschneidende Äußerungen, Verketzerungen des Gegners oder ähnliche Entgleisungen. Wer sich so äußert, dem traut man Objektivität auch bei seiner Amtsführung nicht mehr zu.[47] Über die Rechtswidrigkeit von Aktionen in der Form zivilen Ungehorsams zu streiten, ist müßig, soweit dabei der Konflikt mit dem geltenden Recht als ein äußerstes Mittel, die Öffentlichkeit wachzurütteln, erkennbar intendiert ist.[48] Ein vieldiskutiertes Beispiel dafür sind die Sitzblockaden von Richtern vor einem Raketendepot der amerikanischen Streitkräfte.[49] Solange der Rechtsstaat darauf maßvoll reagiert, sind tiefgreifende Vertrauenseinbußen nicht zu befürchten. Wenn politisch Gleichgesinnte öffentlich Respekt bekunden, so liegt das uneingeschränkt im Spektrum zulässiger Meinungsäußerungen.[50]

D. Demokratische Legitimation des Richterspruches

I. Rechtsprechung ist Ausübung von Staatsgewalt. Der Richter nimmt bei seiner Spruchtätigkeit die Autorität in Anspruch, die ihm durch staatliches Recht verliehen ist, ihm stehen staatliche Zwangsmittel zur Verfügung. Daran ändern seine Bindung an das Recht ebensowenig wie die Freiräume, die er in Unabhängigkeit und ohne politischen Auftrag auszufüllen hat.[51] Der Grundsatz, daß alle Staatsgewalt vom Volke ausgeht, wird durch die Teilung oder Gliederung der Staatsgewalten nicht eingeschränkt. Die klassische Dreiteilung der Gewalten hat sich in den modernen Demokratien zu einem freiheitssichernden Organisationsprinzip der als einheitlich verstandenen Staatsgewalt entwickelt. Eine Autonomie zentraler staatlicher Funktionsbereiche ist mit dem Prinzip einer einheitlichen, allein vom Volke abgeleiteten Staatsgewalt nicht zu vereinbaren.
Das gilt auch für die »Dritte Gewalt«. Es hat Versuche gegeben, für die Rechtsprechung ein Selbstverwaltungsrecht zu fordern.[52] Nur damit könne die sachliche und persönliche Unabhängigkeit der Richter sichergestellt werden. Die Dreiteilung der Gewalten erfordere die Selbständigkeit aller Gerichte, die grundsätzlich weder einer parlamentarischen Kontrolle unterlägen noch einer ministeriellen Spitze un-

47 Ähnlich *Rudolph,* FN 37, DRiZ 1987, S. 337 ff., ‹346›.
48 Vgl. dazu *Christoph Strecker,* Ziviler Ungehorsam als Herausforderung an die drei Gewalten, Festschrift f. Richard Schmid, FN 13, S. 353 ff.
49 Vgl. BVerfGE 76, 218.
50 Ähnlich *Kurt Rudolph,* Blockierende Richter – eine Herausforderung für den Rechtsstaat?, DRiZ 1988, S. 131 ff.
51 *Ernst-Wolfgang Böckenförde,* Verfassungsfragen der Richterwahl, 1974, S. 71 f.
52 *Paulus van Husen,* Die Entfesselung der Dritten Gewalt, AöR 78 (1952/53), S. 49 ff.; dazu ausführlich: Verhandlungen des 40. Deutschen Juristentages, 1954; vgl. auch *Otto Rudolf Pulch,* Wer »macht« die Dritte Gewalt? DRiZ 1971, S. 253 f.

terstellt werden dürften.[53] Der Gedanke einer Selbstverwaltung der Dritten Gewalt wird heute in reiner Form nicht mehr vertreten. Vielmehr ist allgemein anerkannt, daß auch der Richter bei seiner Spruchtätigkeit Staatsgewalt ausübt und insofern der demokratischen Legitimation durch das Volk bedarf.[54]

II. Ein gewisses Maß an Mitwirkung bei den Personalentscheidungen ist der Richterschaft in der Nachkriegsgesetzgebung eingeräumt worden. Art und Umfang dieser Mitwirkung sind nach wie vor umstritten. Mit der Beteiligung von Richtern an Richterpersonalien soll einer parteipolitischen Ämterpatronage entgegengewirkt werden. Es wird geltend gemacht, daß nicht nur Parlamentarier, sondern auch die staatliche Exekutive von parteipolitischen Positionen und Rücksichtnahmen beeinflußt werden.[55] Von der Richterschaft gewählte Richter sollen »als notwendiges Element der Sachkunde«[56] diese Einflüsse ausbalancieren und damit die Neutralität der Rechtsprechung sichern.[57]
Zweifel daran, ob diese Erwartung berechtigt ist, sind seit jeher geäußert worden.[58] Sicher ist, daß Richterpersonalpolitik ein politisches Geschäft bleibt, auch wenn es von Richtern ausgeübt wird. Es wäre wohl auch unrealistisch, Richtern größere Resistenz gegen die Versuchungen politischer Macht zuzuschreiben als Verwaltungsbeamten oder Parlamentariern. Und niemand wird ernstlich behaupten, daß es nicht innerhalb der Justiz Interessengeflechte, politische Richtungen und eben auch Patronage gibt.[59] Schließlich können sich insbesondere nach längerer Herrschaft einer Partei durchaus auch parteipolitische Gleichklänge zwischen der Justizverwaltung und der Richterschaft ergeben.
In der Justiz, der »stillen Gewalt« (Lautmann), wirkt Politik unauffälliger als in den Parlamenten. Die Abhängigkeit der Richter von den »geheimen Mächten seines Standes«[60] ist bedrängender als die Einwirkungsmöglichkeiten von Parteien und politischer Administration.[61] Richterbeteiligung bei Personalentscheidungen über Richterinnen und Richter stärkt deswegen nicht die persönliche Unabhängigkeit des Richters.[62] Der Versuch der Richterschaft, eine Art von Alleinvertretungsanspruch auf fachliche Objektivität und Neutralität in Personaldingen zu er-

53 *Carl Kessler,* Verhandlungen des 40. DJT 1954 C 74 ff. und Anhang.
54 Vgl. BVerfGE 27, 312 ‹320›; 26, 186 ‹192 ff.›; grundlegend *Böckenförde,* FN 51, S. 62 ff.
55 So *Böckenförde,* FN 51, S. 105 f.
56 *Walther Priepke,* Richter im Richterwahlausschuß, DRiZ 1989, S. 229.
57 Vgl. *Böckenförde* FN 51, S. 107 f.; Priepke, FN 56, S. 229.
58 *Rainer Litten,* Politisierung der Justiz, 1971, S. 117 ff.; *Rudolf Wassermann,* Der politische Richter, 1972, S. 96 ff.; *Friedrich Kübler,* DRiZ 1969, S. 379 ff. ‹383 f.›.
59 Beispiele aus der guten alten Zeit und aus einem anderen Land bei Helmut K. J. Ridder, Verhandlungen des 40. DJT Bd. I S. 33.
60 *Adolf Arndt,* Verhandlungen des 40. DJT, C 59.
61 *Karl Friedrich Piorreck,* Politische Einflußnahme auf die Justiz im demokratischen Rechtsstaat, DRiZ 1992, S. 109 ff. zu den Steuerungsmöglichkeiten der Justiz- und Gerichtsverwaltung.
62 *Horst Henrichs,* Mehr Unabhängigkeit durch mehr Mitbestimmung? DRiZ 1990, S. 41 ‹47›.

heben, kann nur Außenseiter beeindrucken. Die Regelmäßigkeit, mit der der Vorwurf der Ämterpatronage erhoben wird, wenn Richterstellen anders besetzt werden (sollen), als es den Wünschen und Vorstellungen der maßgeblichen Kräfte in der Justiz entspricht, macht ihn nicht glaubwürdiger.[63]

Zweifel sind angebracht, ob die besondere Sachkunde der Richter eine massive Mitwirkung zu rechtfertigen vermag. Daß das Justizministerium über dieselbe Sachkunde nicht verfügt, wird nirgends ernsthaft behauptet. Sicherlich ist die einschlägige Berufserfahrung der Richterinnen und Richter nicht gering einzuschätzen. Aber es ist keineswegs ausgemacht, daß die Anforderungen der Gesellschaft an die Rechtspflege aus der Innensicht der Gerichte am besten erkannt werden können. Diese spezifischen Einsichten könnten eher von Anwälten beigesteuert werden, die allerdings nur in verschwindend geringer Zahl in Richterwahlausschüssen vertreten sind. Aber auch die in den Gerichten selbst entwickelten und gepflegten Standards der richterlichen Arbeit müssen nicht die einzig richtigen sein und sollten jedenfalls nicht verabsolutiert werden. In dem Maße, in dem die Richterschaft über die Besetzung der einflußreichen Positionen mitentscheidet, vermindert sich die Aussicht, daß neue Impulse entwickelt und umgesetzt werden, ohne die auch die Justiz der Gefahr einer Verkrustung und Abkapselung ausgesetzt ist.

III. Verfassungsrechtlich ist die Beteiligung von Richtern an Personalentscheidungen nur in engen Grenzen zulässig. Mit ihr nehmen sie eine justizpolitische Schlüsselfunktion wahr, ohne dabei irgendeiner parlamentarischen Kontrolle zu unterliegen. Böckenförde zieht die Grenze wie folgt: Mitsprache durch Richtervertretungen ist unbedenklich, Mitbestimmung hingegen unzulässig. Der Landesregierung muß in jedem (Konflikt-)Fall das Letztentscheidungsrecht zustehen.[64] Bindende Vorschlagsrechte sind damit unvereinbar.[65] In Richterwahlausschüssen, die durch Art. 98 Abs. 4 GG ausdrücklich vorgesehen sind, dürfen Richterinnen und Richter mitwirken, die von der Richterschaft gewählt sind. Die Richterbank darf aber nicht in der Lage sein, dem Ausschuß ihren Willen auszuzwingen. Sie darf auch nicht über eine Sperrminorität verfügen.[66]

Diese Grenzziehung wird vom Deutschen Richterbund nicht akzeptiert. In einem Gutachten aus dem Jahre 1990 fordert er paritätische Mitbestimmung von Richtern in Richterwahlausschüssen. Solange die parlamentarischen Mitglieder die richterlichen Mitglieder überstimmen könnten, bestehe die Gefahr, daß Neutrali-

63 Ausführlich zu den Konflikten um die Ernennung von Rudolf Wassermann zum Präsidenten des OLG Braunschweig: *Litten,* FN 58, S. 9 ff.

64 *Böckenförde* FN 51, S. 31 f.; vgl. BVerfGE 9, 268 ‹283 ff.›; für weitergehende Richtermitbestimmung: *Priepke,* FN 56, S. 229; vgl. auch ders., Die parlamentarische Verantwortlichkeit der Regierung und die Besetzung der sog. Beförderungsstellen für *Richter,* DRiZ 1992, S. 50 ff.

65 *Böckenförde,* FN 51, S. 83.

66 *Böckenförde,* FN 51, S. 82.

tät und Unabhängigkeit der Rechtsprechung nicht gewahrt würden und der Ämterpatronage nicht vorgebeugt werden könne.[67]

IV. Parteipolitische Ämterpatronage ist kein spezifisches Justizproblem. Der Grundsatz, daß öffentliche Ämter nur nach Eignung und Leistung vergeben werden dürfen, gilt allgemein. Institutionelle Vorkehrungen gegen seine Mißachtung sind schwer zu treffen. Das wirksamste Gegenmittel ist bislang noch die öffentliche Kritik, wie sie in den Parlamenten und in den Medien vielfach geübt wird. Sie ist auch bei der Besetzung von Richterämtern wirksam, jedenfalls wenn eine Personalentscheidung einmal nicht die Billigung der Richterschaft findet.
Eine Mitwirkung von Richtern an Personalentscheidungen mag als Instrument zur Ausbalancierung eines allzu schnöden Zugriffs von Politikern auf Richterämter im Prinzip geeignet sein. Die Unabhängigkeit der einzelnen Richterin oder des einzelnen Richters wird freilich durch diesen Einfluß nicht gestärkt. Denn die Abhängigkeit vom Apparat und den diskret wirkenden justizinternen Kräften ist allemal fühlbarer als jeder Außeneinfluß.

V. In Wahrheit ist das verträgliche Maß an justizinterner Präjudizierung von Personalentscheidungen bereits weit überschritten. Die Richterschaft ist an ihnen der Sache nach weit stärker beteiligt, als sich an ihrer institutionell abgesicherten Mitwirkung ablesen läßt.[68] Eine Schlüsselfunktion liegt in der Beurteilung durch die Gerichtspräsidenten. Die von ihnen in regelmäßigen Abständen und insbesondere aus Anlaß einer Bewerbung ausgestellten Zeugnisse sind Grundlage für jede weitere Personalentscheidung. Mit den dienstlichen Beurteilungen steuern die Präsidenten die Karrieren ihrer Richterinnen und Richter. Weder ein Justizminister noch ein Richterwahlausschuß kann sich über die in diesen Zeugnissen festgeschriebenen Qualifikationsunterschiede zwischen mehreren Bewerbern ohne schwerwiegende Gründe hinwegsetzen. In jüngster Zeit sind Gerichtsentscheidungen ergangen, die geringfügige Beurteilungsdifferenzen zwischen zwei Bewerbern um eine Beförderungsstelle zum Anlaß genommen haben, dem Justizministerium bei beabsichtigten Ernennungen in den Arm zu fallen.[69] Mit dieser Rechtsprechung wird die Personalhoheit des Justizministers und der Wahlausschüsse vollends zum Nachvollzug von Entscheidungen herabgestuft, die innerhalb der Richterhierarchie bereits getroffen worden sind.
Die dienstliche Beurteilung ist aber nur eines von mehreren personalpolitischen Steuerungsinstrumenten der Gerichtspräsidenten. Sie können auf vielfältige

67 DRiZ 1990, S. 501 f.
68 Das unterschätzt *Böckenförde,* FN 51, S. 107, der eine Verfestigung der mehr faktischen und informellen Einflüsse zu einem Balancierungselement für wünschenswert hält.
69 OVG Lüneburg, Beschluß vom 23. Mai 1990 - 2 B 16/90 -; Beschluß vom 3. Januar 1991 - 2 B 50/90 -; VG Braunschweig, Beschluß vom 12. Juni 1991 - 7 B 7141/91 -.

Weise einer Richterin oder einem Richter zusätzliche Qualifikationschancen einräumen, vor allem durch Tätigkeiten in der Gerichtsverwaltung und in der Juristenausbildung.[70] Bei Beförderungen wird ihr Einfluß durch den des Obergerichtspräsidenten ergänzt, der das Zeugnis über die Erprobung ausstellt, von der weiter oben schon die Rede war.
Vor diesem Hintergrund verliert die Diskussion um den Einfluß der Justizministerien oder Parlamente auf die Beförderung von Richtern viel von ihrer Bedeutung. Die Macht der Richter über Richter setzt der richterlichen Unabhängigkeit weitaus engere Grenzen als die Steuerungsmöglichkeiten der Ministerialbürokratie. Die Erfahrungen mit den Obersten Bundesgerichten belegen, daß Qualität und Ansehen der Gerichte auch gewahrt werden können, wenn der Richterschaft deutlich weniger Einfluß auf die Rekrutierung eingeräumt wird.[71]

VI. Bei dem Streit um den Einfluß auf die Richterpersonalien geht es jedenfalls nicht allein um die Gewährleistung der richterlichen Unabhängigkeit, um die Unvoreingenommenheit der Richterschaft und die Integrität der Personalentscheidungen. Gestritten wird der Sache nach um die justizpolitische Schlüsselposition der Personalhoheit über die Richter. Die einflußreichen Repräsentanten der Richterschaft machen der demokratisch legitimierten Exekutive ebenso wie den Parlamenten den Anspruch darauf streitig.[72] Der Kampf wird leidenschaftlich geführt. Grundmelodie ist der unverhohlene Verdacht, Parlament und Verwaltung hätten nichts anderes im Sinn, als sich die Justiz gefügig zu machen.[73] Die Richterschaft selbst nimmt für sich in Anspruch, alleiniger Garant von Sachlichkeit, Neutralität und Fachkunde zu sein. Die bürgerliche Presse ist meist verläßlicher Verbündeter der Richterverbände.[74]

E. Schlußbemerkungen

Die hier vorgelegte Skizze kann und will kein Abbild des gegenwärtigen Zustandes der Justiz sein. Gefährdungen und Risiken, die hier beschrieben werden, erge-

70 *Bäumer,* FN 13, S. 202 ff. beschreibt informelle Mittel zum »Trimmen auf Mittelmaß«; *Piorrek,* FN 61, spricht von einem Anreiz- und Belohnungssystem.

71 Kritisch zur Arbeit des Bundesrichterwahlausschusses »aus der Sicht des Bundesgerichtshofes«: *Herbert Schimansky,* Richterwahl für Nordrhein-Westfalen, DRiZ 1992, S. 142 ff. ‹143›.

72 *Wolfgang Zeidler* warnt nicht ohne Grund vor einer Richteroligarchie oder einer Art Adelsregime in der Justiz: Interview in DRiZ 1984, S. 251.

73 Vgl. *Schmidt-Hieber* und *Ekkehard Kiesewetter,* Parteigeist und politischer Geist in der Justiz, NJW 1992, S. 1790 ff.

74 Vgl. etwa im Zusammenhang mit der beabsichtigten Ernennung einer auch politisch profilierten Professorin für Arbeitsrecht für das Amt einer Landesarbeitsgerichtspräsidentin: FAZ vom 13. November 1987, S. 7, »Unruhe bei den Arbeitsgerichten«; FAZ vom 23. November 1987, Leserbrief von Walter Bitter, »Berechtigte Unruhe«; polemisch vor allem: *Bernd Rüthers,* »Richterämter als Beute«, FAZ vom 23. 12. 1987.

ben noch keinen kritischen Befund. Auch dazu ließe sich manches sagen. Nachdenklich stimmen etwa Umfragen über sinkendes Vertrauen in die deutsche Justiz.[75] Nachdenklich stimmen auch Berichte wie die über den Streit am Bundesgerichtshof um die Geschäftsverteilung in den Senaten.[76] Dabei geht es nicht nur um Fragen des gesetzlichen Richters, die demnächst wohl vom Bundesverfassungsgericht geklärt werden. Vielmehr wirft die Affäre auch ein Schlaglicht auf das Selbstverständnis der Bundesrichter sowie auf die Bereitschaft und Fähigkeit des Bundesgerichtshofs, auf öffentliche Kritik angemessen zu reagieren.
Per saldo mag das eingangs zitierte Wort von Ernst-Gottfried Mahrenholz berechtigt sein. Aber der insgesamt zufriedenstellende Zustand ist nicht gottgegeben. Ihn aufrechtzuerhalten und womöglich zu verbessern, erfordert dauernde Anstrengungen und fortlaufende kritische Aufmerksamkeit.

75 DRiZ 1992, S. 36; FAZ vom 24. September 1991 »Umfrage: Vertrauen in Gerichte ist gering«.
76 *Friedrich Quack,* Geschäftsverteilungspläne und gesetzlicher Richter - Roma locuta, causa non finita, BB 1992, S. 1; *Markus Wiebel,* Die senatsinterne Geschäftsverteilung beim Bundesgerichtshof (Zivilsenate), BB 1992, S. 573; dazu mit weiteren Hinweisen: *Rolf Lamprecht,* Ein unbewältigter Konflikt - wie diskursfähig ist der BGH, BB 1992, S. 2153 ff.

Der unabhängige Richter - Annäherung an ein fernes Ideal*

Werner Hill

In seiner berühmten, weltweit verbreiteten »Einführung in die Rechtswissenschaft« hat Gustav Radbruch vom Richter gesagt, in ihm »vollziehe sich die Fleischwerdung des Rechts«. Das Recht müsse ja aus dem »Reiche der Idee in das Reich der Wirklichkeit« gelangen, und eben dieser Prozeß, diese Transformation vollzieht sich mit Hilfe der Person des Richters.

Die schöne Formulierung von der »Fleischwerdung des Rechts« ist geeignet, Assoziationen zu wecken. Etwa: Der Geist ist willig, aber das Fleisch ist schwach. Indem das Recht der Notwendigkeit folgt, aus dem Ideellen und Abstrakten hinüberzuwechseln ins Konkret-Menschliche, gerät es in Gefahr, von unvollkommenen, schwachen, vielleicht auch verderbten oder bösartigen Menschen verdreht, verkannt, manipuliert zu werden. Richter sind auch nur Menschen, was immer die Verfassung und die sonstigen einschlägigen Gesetze sich unter ihnen vorstellen.

»Fleischwerdung des Rechts«: das erinnert mich durch die Wortwahl auch an einen zentralen Vorgang christlichen Glaubens, den Prozeß Jesu.[1] Der fleischgewordene Gott vor dem fleischgewordenen Recht in Gestalt des Pontius Pilatus . . . Der römische Statthalter in Judäa verfügte auch über die Gerichtshoheit: er war Spitze der Administration und der Judikative in einer Person. Er soll das Recht verwirklichen, fordern die jüdischen Hohenpriester von Pilatus: »Wir haben ein Gesetz, und nach dem Gesetz muß Jesus sterben, weil er sich zum Sohn Gottes gemacht hat.« Und sie drohen, wenn man dem Evangelisten Johannes folgen will: »Wenn du diesen freiläßt, bist du kein Freund des Kaisers!« Pilatus hatte dem schweigsamen Beschuldigten vorher noch erklärt: »Weißt du nicht, daß ich die Macht habe, dich freizulassen, und Macht habe, dich zu kreuzigen?« Aber nun scheint er unter Druck zu stehen: Eigentlich glaubt er, Jesus sei unschuldig, und er möchte ihn am liebsten freilassen. Aber daß der Beschuldigte zu dem Vorwurf schweigt, König der Juden und damit ein Aufrührer gegen den Kaiser in Rom zu

* Dieser Beitrag ist aus dem Manuskript eines Vortrages hervorgegangen, den der Verfasser vor Richtern und Staatsanwälten im Bezirksgericht Leipzig, auf einer Tagung der Evangelischen Akademie Thüringen und im Rahmen des Studium generale an der Universität Würzburg gehalten hat. Er wurde für die Aufnahme in diese Festschrift überarbeitet, aktualisiert und insbesondere auch zu dem Festvortrag von *Ernst Gottfried Mahrenholz* beim 15. Deutschen Richtertag in Beziehung gesetzt.

1 Vgl. zu dem Folgenden u.a. *Klaus Rosen,* Rom und die Juden im Prozeß Jesu (in: Alexander Demandt, Macht und Recht, Große Prozesse in der Geschichte, München 1990).

sein, legt er nicht nach dem heutigen Grundsatz »Im Zweifel für den Angeklagten« aus. Schweigen vor Gericht war eine Widersätzlichkeit, die in den römischen Provinzen mit der Todesstrafe geahndet werden konnte. Vielleicht ist Pilatus – historisch ist das immer noch umstritten – auf den Disziplinarbereich und die auch in diesem Bereich mögliche Todesstrafe ausgewichen: So konnte er dem Druck des Volkes und seiner Priester im Ergebnis entsprechen, ohne doch sein Gesicht zu verlieren.
Er hatte auch bei anderen Gelegenheiten nachgeben müssen, wenn ein Volksaufstand drohte. Der Kaiser wünschte Ruhe und Ordnung, das wußte Pilatus. Aber jedenfalls war er doch daran interessiert, in diesem Falle seine Hände in Unschuld zu waschen. Das mag legendären Charakter haben, wie die Historiker sagen, aber die Formel hat ihre Anziehungskraft bis auf den heutigen Tag nicht verloren. Ganze Geschlechterfolgen fleischgewordener Rechtsverwirklicher reiben sich die Hände in dieser labenden Substanz, der Unschuld. Der Richter Rehse hat es getan, Beisitzer an Freislers Volksgerichtshof, angeklagt 1967, an mehr als 200 terroristischen Todesurteilen mitgewirkt zu haben. Der Vorsitzende des Schwurgerichts fragte ihn: »Wenn man nun ein Gesetz gemacht hätte, wonach alle Brillenträger schwer zu bestrafen wären?« Die Antwort des Angeklagten lautete: »Nichts, gar nichts hätte ich tun können. Sollte ich auf die Barrikaden gehen? Es war ein Faktum: wir mußten gehorchen.«
Rehse, der auf einem humanistischen Gymnasium zur Reife geschulte Pfarrersohn, gehorchte ebenso wie der sich selbst als »politischer Soldat« bezeichnende Gerichtsvorsitzende Roland Freisler, der einmal in Kassel Rechtsanwalt und später Schriftleiter der Zeitschrift der Akademie für Deutsches Recht gewesen war: Der angeblich unausweichliche Gehorsam gegenüber Hitler und dem von den Nazis gesetzten angeblichen Recht war das Unschuldsbad dieser Richter. Daß Rehse selbst es sich bereitete, mag man noch verstehen, weil es schließlich um seine Haut ging. Aber daß die Justiz sich auch noch zu seinem Badeknecht machte: das war der eigentliche Skandal. Rehse wurde freigesprochen. Von unabhängigen Richtern wurde ihm bescheinigt, er habe nicht anders zu denken brauchen, als man unter der Naziherrschaft eben dachte – daß nämlich Defätismus im Kriege eine schlimme Sache sei und Zweifel am Endsieg mit dem Tode bestraft werden müßte. Von Rechtsbeugung könne bei ihm – Rehse – keine Rede sein.
An die Möglichkeit solcher fleischgewordenen Rechtsverwirklicher wie Rehse hatte Gustav Radbruch natürlich nicht gedacht, als er 1909 die erste Auflage seiner »Einführung in die Rechtswissenschaft« herausbrachte. 1946 griff er das Problem erneut auf. Anlaß war die Verurteilung eines Denunzianten aus der NS-Zeit wegen Beihilfe zum Mord zu lebenslänglichem Zuchthaus. Ein Kaufmann hatte in einer Toiletten-Inschrift seiner Meinung Ausdruck gegeben, Hitler sei schuld am Kriege. Er war beobachtet und angezeigt worden, und ein NS-Gericht hatte den Kaufmann zum Tode verurteilt. Als der Anzeiger nun von einem Schwurgericht in Thüringen, also in der sowjetischen Besatzungszone, für dieses Todesurteil mit-

verantwortlich gemacht wurde, schrieb Radbruch: »Das Schwurgericht (in Nordhausen) verurteilte (den Denunzianten) wegen *Beihilfe* zum Morde. Danach müßten die Richter, die (den Kaufmann) wider Recht und Gesetz zum Tode verurteilt haben, des *Mordes* schuldig sein.« Radbruch schloß sich der Meinung des thüringischen Gerichtes an, daß »Richter angeklagt werden müssen, die mit den Geboten der Humanität unvereinbare Urteile gesprochen und wegen Nichtigkeiten auf Todesstrafe erkannt haben«. Er glaubte auch die Wurzel des Übels erkannt zu haben, nämlich die aus positivistischem Denken geborene Formel »Gesetz ist Gesetz«. Sie habe den deutschen Juristenstand wehrlos gemacht gegen Gesetze verbrecherischen Inhalts. Das sogenannte nationalsozialistische Recht, schrieb Radbruch, »entbehrte überhaupt der Rechtsnatur, ist nicht etwa unrichtiges Recht, sondern überhaupt kein Recht«.
So einfach war es aber nicht. Wenn die deutschen Richter unter Hitler wirklich nur das damals geltende Recht angewendet, wenn sie sich streng an die Gesetze gehalten hätten, wäre das Ergebnis zwar immer noch grauenvoll gewesen, aber zu einigen Exzessen wäre es doch nicht gekommen. Aber sie weiteten das geltende, also insofern »positive« Recht auch noch in fanatischem Eifer aus.
Das Oberlandesgericht Celle hatte keine Hemmungen, Scheidungen von Ehen auszusprechen, die *vor* der Machtergreifung der Nationalsozialisten zwischen deutschen Männern und jüdischen Frauen geschlossen worden waren, es sah auch sogenannte »Rassenschande *vor* der Ehe« als ausreichenden Grund an, diese Ehe wegen der im BGB vorgesehenen Möglichkeit der Anfechtung zu scheiden. So machte ein auf Scheidung erpichter Ehemann geltend, seine Frau habe vor der Eheschließung mit ihm Beziehungen zu einem Juden gehabt: während einer Autofahrt sei es zu Zärtlichkeiten gekommen. Die Richter in Celle hatten Verständnis mit dem deutschen Ehemann, weil diese Vorfälle doch schon unmittelbar in die Jahre vor der Machtübernahme fielen und »schwingungsmäßig« von Bedeutung seien. Der Ehefrau habe es - vor ihrer Ehe - an Rassenstolz gemangelt, so daß sie den Umgang mit einem männlichen Juden nicht gemieden habe.
Dieses Scheidungsurteil erging *nicht* auf der Grundlage nationalsozialistischer Rassengesetzgebung, sondern auf Grund des guten alten Bürgerlichen Gesetzbuches aus dem Jahre 1900 und der darin vorgesehenen - 1946 abgeschafften - Möglichkeit, die Gültigkeit einer Ehe anzufechten, wenn sich einer der Ehegatten über bestimmte Eigenschaften des anderen Ehegatten geirrt hatte, wozu aber die jüdische Abstammung *nicht* gehörte.[2] Also: Positivismus allein, blinde Gesetzesgläubigkeit und sture Paragraphen-Anwendung waren es nicht oder nicht nur, die zu den Exzessen nationalsozialistischer Rechtsprechung führten. Aber eine Komponente war das positivistische Denken schon.

2 *Schröder, Rainer:* ». . . aber im Zivilrecht sind die Richter standhaft geblieben!« Die Urteile des OLG Celle aus dem Dritten Reich, Baden-Baden 1988, S. 51 ff. Vgl. dazu auch *Günter Spendel,* Rechtsbeugung durch Rechtsprechung, Berlin 1984.

»Die Richter sind unabhängig und nur dem Gesetz unterworfen«. So stand es in der Weimarer Reichsverfassung von 1919 und viele Jahrzehnte zuvor schon in den Verfassungen deutscher Einzelstaaten. In dem maßgeblichen Kommentar zur Weimarer Reichsverfassung von Gerhard Anschütz – letzte Ausgabe Februar 1933 – ist zu lesen: »Die Unabhängigkeit der richterlichen Gewalt bedeutet, wie schon immer, Selbständigkeit gegenüber der Staatsleitung . . . (Aber) das Gesetz ist für (den Richter) bindend. Er hat es anzuwenden, gleichviel, ob es ihm gefällt oder nicht. Was im Gesetzblatt steht, ist Gesetz, für jedermann und auch für den Richter.« Er hat nicht zu prüfen, ob ein Gesetz ungerecht oder unvernünftig ist. Was das »sittliche Empfinden der Allgemeinheit« zu dem Gesetz sagt, muß dem Richter – so Anschütz sinngemäß – schnuppe sein.[3]
Solche Formulierungen klingen heute, wo wir uns an eine ausgebaute, umfangreiche Verfassungsgerichtsbarkeit gewöhnt haben, merkwürdig. Seit gut vier Jahrzehnten braucht ein bundesdeutscher Richter ein Gesetz, das er für möglicherweise verfassungswidrig hält, nicht anzuwenden: er legt es den Verfassungsrichtern zur Überprüfung vor. Was Anschütz aber von den Richtern in der Weimarer Zeit und noch kurz vor Anbruch der NS-Zeit verlangte, entsprach etwa den Forderungen des französischen Staatstheoretikers Montesquieu, daß der Richter nur der Mund sein dürfe, der die Gesetze des Staates ausspreche und daß die Urteile »genaue Kopien des Gesetzes« zu sein hätten. Dieses Denken: mußte es nicht unter den Voraussetzungen einer Diktatur den Richter zum Gehilfen des Tyrannen machen?
Gewiß: das war eine in diesem Denken angelegte Gefahr. Und dieser Gefahr sind auch viele Richter in der Nazizeit erlegen. Es war nun sehr bequem, »Positivist« zu sein und die neuen (Nazi-) Gesetze ungeprüft anzuwenden. Es war noch bequemer, sich später, nach 45, darauf zu berufen, daß man es doch so gelernt habe: Gesetz ist Gesetz!
Aber Gerhard Anschütz war ein Demokrat! In einer Situation schwerster innenpolitischer Kämpfe wollte Anschütz durch seinen Appell, am Gesetz festzuhalten, wenigstens das Schlimmste verhindern. Doch es war schon zu spät. Die Demokratie war in Straßenkämpfen zwischen links und rechts, sie war von einer hemmungslosen Publizistik untergraben und zerrieben worden, und einen gewichtigen Anteil hatten daran auch deutsche Professoren des Staats- und Strafrechts, die die bestehenden Rechtsgrundlagen aufgeweicht und den völkisch-organischen und rassistischen Ideologien Eingang verschafft hatten in Rechtsdenken und Rechtslehre.[4]
Die meisten Richter sahen in der Weimarer Republik ein ihnen nicht gemäßes, aufgezwungenes Staatswesen. Mit ihren Mitteln, den Mitteln der Rechtsprechung,

3 *Anschütz, Gerhard:* Die Verfassung des Deutschen Reichs, Bad Homburg v.d. Höhe, 1960.
4 Vgl. dazu *Werner Hill,* Gleichheit und Artgleichheit, Berlin 1966 (= Schriftenreihe zum Öffentlichen Recht, Bd. 28).

wollten sie dazu beitragen, den »wahren« Staat wieder hervortreten zu lasen. Als in den ersten Jahren der Republik illegale paramilitärische Verbände Jagd auf Demokraten, Sozialisten, Kommunisten und Juden machten, sie in geheimen Femeprozessen zum Tode verurteilten und hinrichteten, schrieb General von Seeckt, Chef der Reichswehr, an einen Strafverteidiger der Fememörder, er solle diese Mörder vor Gericht mit dem Argument verteidigen, sie hätten aus »Vaterlandsliebe« gehandelt. Der General war offenkundig überzeugt, daß dieses Argument deutsche Richter im Jahre 1928 überzeugen könnte. Und er täuschte sich nicht. Gustav Radbruch, damals Reichsjustizminister, hat das durch eine von ihm veranlaßte und von seinen Beamten angefertigte Untersuchung ans Licht gebracht. Die politischen Morde, von rechtsradikaler Seite begangen, blieben im wesentlichen ungesühnt.

Es paßt ins Bild, daß Richter und Staatsanwälte, die durch ihre Rechtssprüche den Mord für's Vaterland quasi belohnten, andererseits den Witwen von Arbeitern, die im Kampf gegen die rechtsradikalen Kapp-Lüttwitz-Putschisten gefallen waren, die Hinterbliebenen-Rente verweigerten. Der »Alldeutsche« Wolfgang Kapp hatte zusammen mit dem General Walter von Lüttwitz im März 1920 versucht, die Republik zu stürzen; die Gewerkschaften riefen dagegen mit Erfolg zum Generalstreik auf, während die Reichswehr *nicht* gegen die Republikfeinde eingriff. Die republiktreuen Arbeiterfamilien gingen leer aus, die Putschistenführer aber, hochverräterische Generäle, erhielten noch rückwirkend beträchtliche Pensionen, bewilligt von Richtern, die nach der Machtergreifung (1933) über das »Erwachen des deutschen Volkes« jubelten und der Hitlerregierung ihr volles Vertrauen aussprachen. Vor dem Reichsgericht in Leipzig leisteten Juristen einen Schwur, demzufolge sie »beim ewigen Herrgott« und »bei der Seele des deutschen Volkes« gelobten, dem Führer auf seinem Wege bis zum Ende ihrer Tage folgen zu wollen. Die Unabhängigkeit des Richtertums, so war dann in der folgenden Zeit in der »Deutschen Richterzeitung« zu lesen, werde niemals wieder Werkzeug der Zersetzung des Volksganzen sein; durch entsprechende Auslegung des geltenden Rechts würde man »im Geiste der neuen Zeit« ein neues Recht schaffen: »Die Rasse allein soll Trägerin der Rechtsprechung werden . . . aus dem Blute fließt die Rechtserkenntnis«. Dem Richter wurde der Rat gegeben, sich in Adolf Hitlers »Mein Kampf« zu vertiefen, statt bis in die Nacht hinter den Akten zu sitzen. Ein Landgerichtsdirektor brachte es 1937 auf den Punkt:

»Der im Volke verwurzelte Richter des Dritten Reiches ist wie die anderen Beamten Vollstrecker des von der NSDAP getragenen Staates. Er vollstreckt ihn in der mit seinem Wesen untrennbar verbundenen richterlichen Unabhängigkeit. Diese Unabhängigkeit kann aber nie gedacht werden im Gegensatz zu der Treuverbundenheit zu dem Führer, sie empfängt ihren Wesensgehalt gerade aus dieser Treue.«[5]

5 Justiz im Gleichschritt. Zitate zur Erinnerung an die Pervertierung des Rechts im Dritten Reich, veröffentlicht in der DRiZ 5/1985.

Der Richter als »Vollstrecker«, als hitlertreuer »Beamter«, als Befehlsempfänger, der, wie Justizstaatssekretär Schlegelberger es seiner Rechtstruppe mitteilte, auf Verlangen des Führers auch die härtesten Strafen auszusprechen hat, und der doch, in seinem inneren Wesen irgendwie »unabhängig« sein wollte: diese Mixtur von Unvereinbarkeiten, absurd und doch von tödlicher Effizienz, sie stellt uns vor eine Frage, ob nämlich der Begriff der »richterlichen Unabhängigkeit« fortan überhaupt noch brauchbar sein konnte, um die notwendigste Tugend eines Richters in Deutschland zu beschreiben.
Natürlich, man ging in der Bundesrepublik nach dem Ende der Hitlerdiktatur unverdrossen wieder zu dem alten Wortbestand zurück: »Die Richter sind unabhängig und nur dem Gesetz unterworfen«, heißt es in Artikel 97 des Grundgesetzes; die Rechtsprechung ist an »Gesetz und Recht« gebunden, bestimmt der unabänderbare Artikel 20 der Verfassung. Aber – und damit zitiere ich den ehemaligen Präsidenten des Bundesverwaltungsgerichts, Fritz Werner, der 1960 in einem Vortrag die Frage stellte: »Was kann das für ein Mensch sein, der zunächst als königlich-preußischer Richter die Treue gegenüber seinem Monarchen für sich in Anspruch nahm, dann auf die Weimarer Republik schwor, dann ein Gefolgsmann Hitlers . . . wurde und sich jetzt als Vertreter der freiheitlichen demokratischen Grundordnung fühlt!?« Ist der Richter, so fragte Werner weiter, nicht ein »Instrument für jeden Machthaber«?
Manche Richter wußten in diesen Jahren überhaupt nicht, als was sie sich fühlen und welcher Ordnung sie verbunden sein sollten. 1967 – also genau dreißig Jahre, nachdem der zitierte Landgerichtsdirektor den volksverwurzelten NS-Richter als Idol gepriesen hatte – versammelten sich in der Evangelischen Akademie Bad Boll rund 140 Richter und Staatsanwälte, um über die »Justiz im Wandel der Gesellschaft« zu diskutieren. Fritz Werner war wieder dabei, der Bundesjustizminister (Gustav Heinemann), hohe Richter, Bischöfe. Als der Zeithistoriker Sontheimer die anwesenden Juristen sanft mahnte, sich nicht im Elfenbeinturm einzuschließen, sich vielmehr vom Zeitgeist durchdringen zu lassen und sich bewußt mit den Grundwerten der liberalen und sozialen Demokratie zu identifizieren, bekam er Beifall, aber auch Widerspruch: »Warum sollen wir Richter uns mit dem Zeitgeist identifizieren? Daß wir es nach 1933 taten, das wird uns doch jetzt gerade zum Vorwurf gemacht!« Und die Zuhörer murmelten dazu vernehmlich – ich habe es damals notiert: »Sehr richtig!«
Es war ein langer Weg, gesellschaftliche Veränderungen waren nötig, bis eine andere Juristengeneration begann, ihre Positionen zu Staat, Recht, Individuum neu zu definieren. Richter waren auf einmal da, die Aufrufe verfaßten, demonstrierten, rechtspolitische Forderungen erhoben – ein Prozeß, der noch im Gange ist, viel Widerspruch gefunden hat bei mit älteren Kollegen besetzten Obergerichten, in der Politik, aber auch beim Bundesverfassungsgericht, das 1983 in einem konkreten Falle (Verfassungsbeschwerde Vultejus) zur Mäßigung mahnte, weil doch die

Allgemeinheit Vertrauen haben müsse in die Unabhängigkeit, Objektivität und von persönlichen Wertungen freie Vorurteilslosigkeit der Richter.
Richterliche Unabhängigkeit: Wenn sie in der Fachliteratur der Bundesrepublik beschrieben wird, tauchen Begriffe auf wie »Weisungsfreiheit« und »Einmischungsfreiheit«. Richter wollen keine Empfehlungen und keine Kritik von Dienstvorgesetzten. Sie sind keine Beamte, stehen vielmehr in einem besonderen öffentlich-rechtlichen Dienstverhältnis. Sie können praktisch nicht entlassen und nicht gegen ihren Willen an eine andere Stelle versetzt werden. Alle äußeren Absicherungen der Unabhängigkeit dienen der inneren Unabhängigkeit: sie sollen den Richter charakterfest, unbefangen, urteilsfähig und willensstark machen, ihn mit Glaubwürdigkeit und Autorität ausstatten.[6] Auch eine angemessene Besoldung dient diesem Ziel; verschuldete Richter, heißt es, könnten zu einer Gefahr für eine unabhängige Rechtspflege werden. Das Gewissen des Richters soll eingebunden sein in Gesetzestreue, Rechtstradition und in die Wertvorstellungen der Rechtsordnung als einem Sinnganzen, forderte im August 1991 der Präsident des Bundesarbeitsgerichts. Und er soll, der Richter, »vielleicht gar ein wenig Liebe zum Menschen« empfinden, fügte Otto Rudolf Kissel hinzu, und er soll Mut haben.[7]
Entscheidend ist, so meine ich, ob sich Richter im konkreten Fall so verhalten, wie sie sich nach der abstrakten Beschreibung verhalten sollen. Das läßt sich nur den Urteilen entnehmen. Nur die gerechten Urteile lassen sich auf der Habenseite der richterlichen Unabhängigkeit verbuchen - alles andere ist Vorgabe, Dekorum, Hoffnung. Allerdings dürfte die allgemeine Meinung dahin gehen, daß die Justiz der Bundesrepublik ihre Aufgabe im großen und ganzen gut erfüllt hat,[8] daß die Masse der Verfahren zu befriedigenden Ergebnissen führte, wenn es oft auch sehr lange dauerte. Ich komme darauf zurück. Zunächst einige Gedanken zur Entwicklung in der DDR.
Klaus Kinkel, der damalige Bundesjustizminister, erklärte im November 1991: »Eine unabhängige und nur an das Gesetz gebundene Justiz existierte in der DDR nicht. Das Recht wurde zur Durchsetzung der politischen Ziele der SED mißbraucht. Die Justiz muß von den Richtern und Staatsanwälten befreit werden, die dem SED-Staat als Steigbügelhalter gedient haben. Das waren leider nicht wenige.«[9] Nach Meinung des Frankfurter Oberlandesgerichtspräsidenten (Henrichs) haben sich eigentlich alle DDR-Richter selbst disqualifiziert. »Was man

6) *Rudolph, Kurt:* Die Unabhängigkeit des Richters, DRiZ, April 1984.
7 *Kissel, Otto Rudolf:* Die Justiz im Dienst des Menschen, DRiZ, August 1991.
8 Das meint jedenfalls auch *Ernst Gottfried Mahrenholz.* Sein Festvortrag auf dem 15. Deutschen Richtertag beginnt mit der Feststellung, wir hätten »erfreulicherweise keinen Zweifel (daran), daß in diesem Land der Richter persönlich und sachlich unabhängig« sei (s. Abdruck in DRiZ, Dezember 1991).
9 ZRP 1991, Heft 11.

vorfand bei der Einigung«, erklärte er im Dezember 1991, »waren Funktionäre in der Richterrobe.« Daß nach der Überprüfung etwa 50 Prozent der alten Richter und Staatsanwälte im Amt bleiben würden, empfand Henrichs als »bestürzend«. Die »Vermutung« spreche gegen die bisherigen DDR-Juristen. »Kann erwartet werden«, so fragte er mehr rhetorisch, »daß die Bevölkerung der neuen Länder Vertrauen in diejenigen hat, die in der vordersten Reihe ihrer ehemaligen Peiniger standen?« Die DDR-Juristen, so fügte der Präsident aus Frankfurt noch hinzu, sollten Verständnis dafür aufbringen, daß sie nun als Teil der Institution, als Teil jenes Unrechtsstaats behandelt würden, der der Justiz einen ihrem Wesen widersprechenden »Kampfauftrag« erteilt habe und für die es Unabhängigkeit nicht gab.[10]

Das Urteil, so pauschal es ist, läßt sich pauschal begründen mit Zitaten von Funktionsträgern der DDR. Henrichs selbst erwähnt eine Äußerung aus dem Jahre 1958: »Die Unabhängigkeit des Richters der Arbeiter- und Bauernmacht ist nichts anderes, als die höchste Verantwortung für seine Arbeit vor der Partei und vor der Arbeiterklasse.«[11] Viel zitiert wird auch der ehemalige DDR-Justizminister Kurt Wünsche mit der folgenden Passage:

»Wir haben nie einen Hehl daraus gemacht, daß die Unabhängigkeit der Rechtsprechung im Sinne der bürgerlichen Theorie der ›Gewaltenteilung‹ dem Sozialismus und dem in ihm erstmalig verwirklichten Prinzip der umfassenden Volkssouveränität wesensfremd ist und daß die sozialistische Rechtsprechung Ausdruck und Bestandteil der einheitlichen Staatsmacht ist. Wir haben aber stets ebenso klar betont und in unserer Verfassung festgelegt, daß die Richter, Schöffen und Mitglieder der gesellschaftlichen Gerichte in ihrer Rechtsprechung unabhängig sind und insoweit auch nur von den übergeordneten Gerichten angeleitet werden können.«[12]

Tritt uns hier wieder jene Mischung von Unvereinbarkeiten entgegen, wie wir sie von dem erwähnten Landgerichtsdirektor aus dem Jahre 1937 kennen? Damals die Mixtur von Unabhängigkeit, Führertreue und Rassenlehre, jetzt die Kombination von Unabhängigkeit, Parteiwille und Arbeiterklasse?

Wenn wir einen Unterschied machen zwischen dem »Zeitgeist« von 1933 und dem »Zeitgeist« von 1967, wie er im westdeutschen Bad Boll beschworen wurde, wenn wir also den westdeutschen Richtern vor nunmehr auch schon 25 Jahren sagen mußten: Es ist etwas anderes, ob der »Zeitgeist« in der Person Adolf Hitlers oder in der Person Gustav Heinemanns zum Ausdruck kommt!, es ist etwas anderes, ob man sich als Richter der *Rassenlehre* oder der *Demokratie* verpflichtet weiß!, dann müssen wir uns auch in Bezug auf die DDR-Richter um Differenzierungen

10 Zit. nach Frankfurter Rundschau, 28.11.1990.
11 Ebd.
12 Neue Justiz, 2/1970: Hier zitiert nach *Christian Bommarius,* Rechtsstaat DDR, Kursbuch Sept. 1990.

bemühen: Welchem »Zeitgeist« waren sie verpflichtet? Wie war dieser »Zeitgeist« beschaffen? War er stets und durchgängig von einer Natur, die richterliche Unabhängigkeit denaturieren mußte und jedwede Gerechtigkeit unmöglich machte? Diese Fragestellung bedeutet implizit auch, daß richterliche Unabhängigkeit zu einem wesentlichen Teil eine Funktion der politisch-gesellschaftlichen Rahmenbedingungen ist. Unabhängigkeit ist etwas so Schönes, so dem Menschen Entsprechendes, daß natürlich jeder sie will. Auch Pilatus wollte eigentlich ein unabhängiges Urteil sprechen. Auch in der legendären Geschichte des Müllers von Sanssouci kommt Glaube an richterliche Unabhängigkeit zum Ausdruck, während doch in der wirklichen Affäre des Wassermüllers Arnold aus der Neumark sich zeigte, daß die Kammergerichtsräte so unabhängig nicht waren, weder von ihrer gesellschaftlichen Prägung her, wie ich vermute, noch vor allem vom König, der sie als »Spitzbuben« bezeichnete und ins Gefängnis bringen ließ, weil sie nicht so urteilten, wie er es erwartet hatte.[13] Ich denke, daß auch der berühmt-berüchtigte Reichsgerichtspräsident Erwin Bumke gerne unabhängiger von Hitler gewesen wäre - er mußte aber, weil Hitler sich lediglich anhand eines Zeitungsberichts und ohne genaue Sachkenntnis über ein ihm zu mild erscheinendes Strafurteil empört hatte, dieses Urteil in einem Schnellverfahren in ein Todesurteil umwandeln.[14]
Oder mußte er das gar nicht? Hätte er sich widersetzen, sein Amt niederlegen können? Heutige Untersuchungen belegen, daß die Justiz in der NS-Zeit so abhängig nicht war, wie es Hitlers wüste Juristenbeschimpfungen und seine Ankündigung, mißliebige Richter werde er eigenhändig aus dem Amt werfen, vermuten lassen könnten. Es gab individuellen Spielraum, es gab vor allem keine ernsthaften Sanktionen.[15]

Aber wenn man sich etwa in die Einzelheiten des erwähnten Falles mit Erwin Bumke vertieft, sieht man auch, wie mächtig der gesamte NS-Apparat mit z.T. nächtlichen Anrufen, Briefen, Konferenzen, grundsätzlichen Appellen auf einen einzelnen Richter einwirken konnte. Der hätte eben von anderer, außergewöhnlicher Statur, mutig, selbstlos sein müssen, sozusagen in einer anderen Welt leben müssen, um nicht das zu tun, was man von ihm verlangte.

Was verlangte man von den Richtern in der DDR, wie wirkte man auf sie ein? Manchmal mit großer Wucht: »Alle wesentlichen Entscheidungen über den Ablauf der Waldheimer Prozesse«, heißt es in einer neuen Untersuchung[16] über diese Verfahren gegen NS-Verbrecher, aber auch andere Personen im Jahre 1950, »wurden direkt vom Zentralsekretariat der SED getroffen«, die SED übte die »täg-

13 *Wassermann, Rudolf:* Auch die Justiz kann aus der Geschichte nicht aussteigen, Baden-Baden 1990, S. 23 ff.

14 *Kolbe, Dieter:* Reichsgerichtspräsident Dr. Erwin Bumke, Karlsruhe 1975, S. 337 ff. (Fall Schlitt).

15 Vgl. die Untersuchung von *Ralph Angermund,* Deutscher Richterschaft 1919-1945, Frankfurt 1990.

16 *Werkentin, Falco:* Die Waldheimer Prozesse, Scheinjustiz in der frühen DDR, NDR-Sendung vom 15.4.1992.

liche Prozeßregie« aus, verpflichtete Richter, einen bestimmten Strafrahmen einzuhalten und Prozeßunterlagen zu akzeptieren, die ihnen Zweifel verursachten. Dann funktionierten die Richter in Waldheim so gut und so schnell, daß es selbst der SED unbehaglich wurde – was daran erinnert, daß nationalsozialistische Sondergerichte, zunächst auf Härte getrimmt, am Ende weit über das hinausgingen, was die NSDAP von ihnen verlangte, so daß Gauleiter und sogar das Reichsjustizministerium die Gerichte zu milderen Strafen aufforderten, weil sie vermuteten, die Richter wollten durch die harten Urteile absichtlich einen Keil zwischen Volk und Führung treiben.[17]
Die Richter der NS-Sondergerichte wurden von der Justiz der Bundesrepublik nicht nur nicht zur Verantwortung gezogen, sie wurden vielmehr – wie jedenfalls für das Sondergericht Bremen exemplarisch nachgewiesen ist[18] – in den Justizdienst der Bundesrepublik übernommen und machten bedeutende Karrieren: einer wurde Oberstaatsanwalt, einer Oberverwaltungsgerichtspräsident, einer Justizsenator. Die Richter der Waldheimer Prozesse werden, so weit sie noch verfügbar sind, zur Verantwortung gezogen. Die Frage ist: Nach welchen Kriterien?
Im Oktober 1981 ist in der DDR ein NS-Richter zu einer Freiheitsstrafe von 12 Jahren verurteilt worden, dem man vorwarf, sich durch seine früheren Urteile an Mordtaten, Kriegsverbrechen und Verbrechen gegen die Menschlichkeit beteiligt zu haben und für barbarische Strafverschärfungen mitverantwortlich zu sein. Daß er sich mit »der faschistischen Ideologie völlig identifizierte«, daß er »die Auffassung vertrat, der einzelne Beamte (habe) sich ausschließlich an innerstaatlichen Normativen zu orientieren und ihm (stehe) nicht das Recht zu, zu prüfen, ob (diese) Gesetze ... den Geboten des Völkerrechts entsprechen«, das alles half ihm nicht. Ein solches Denken, ein solches Abschieben von Verantwortung sei auch in der Gegenwart inakzeptabel, hielt man ihm vor.[19]
Müssen nun diese von der DDR verkündeten Maximen auch auf die Waldheimer DDR-Richter angewendet werden, oder kommen diese letztlich auch in den Genuß jener bundesdeutschen Rechtskonstruktionen, die es schon Rehse ermöglichten, den Kopf aus der Schlinge zu ziehen?
Zu Beginn der Wende publizierten zwei hochrangige DDR-Juristen in der Zeitschrift »Neue Justiz« einen Artikel, in dem sie die Strafgesetze der DDR und die Auslegung dieser Gesetze als Ausdruck einer »überspitzten Staatsschutz- und Sicherheitsdoktrin« bezeichneten. Aber dafür treffe die Richter keine Verantwortung: »Der Richter ist an das Gesetz gebunden, und es steht ihm nicht frei, es anzuwenden oder nicht. Für die Kriminalisierung bestimmter Verhaltensweisen, die sich aus heutiger Sicht (!) als Fehler erwies ..., tragen diejenigen Organe die Ver-

17 Vgl. *Angermund,* a.a.O. (Fn. 15).
18 Vgl. *Hans Wrobel,* Strafjustiz im totalen Krieg, Bremen 1991.
19 Vgl. Neue Justiz, 1/82, S. 38 f.

antwortung, die diese Rechtsvorschriften initiiert, geschaffen und verbindlich ausgelegt haben.«[20]
Der Richter ist an das Gesetz gebunden, muß es anwenden: Wir haben es schon bei Gerhard Anschütz gelesen. Gemeint war das Gesetz, das Recht einer *Demokratie.* Vom *NS-Recht* sagte Gustav Radbruch 1946, ich zitierte es: »Es entbehrte überhaupt der Rechtsnatur«. Welchem Recht entsprachen nun die Gesetze der DDR eher: dem Recht einer Demokratie oder dem Recht einer Diktatur? Und was ergibt sich daraus für die Anwendung des DDR-Rechts durch DDR-Richter? Konnten sie erkennen, welches Werkzeug ihnen in die Hand gegeben war?
Es mag als allzu leicht oder billig erscheinen, rückwirkend von heute und auch von außen zu urteilen. Ich will wenigstens einen Fehler vermeiden und deshalb aus Zeitungsbeiträgen zitieren, die ich 1968 schrieb, als die DDR ihr neues Strafgesetzbuch verabschiedete und den Entwurf für ein Strafvollzugsgesetz sowie für ein Ordnungswidrigkeitengesetz vorlegte:
»Alle diese Gesetze sind sorgfältig aufeinander abgestimmt. Ihr gemeinsames Ziel ist es, die Souveränität der DDR und die sozialistischen Errungenschaften zu schützen, die Produktivkräfte zu steigern, Unduldsamkeit zu wecken gegen alle und alles, was gegen die Zielsetzungen und die Ideologie der SED gerichtet ist. Der im engeren Sinne politische Teil des Strafgesetzbuches sieht drakonische Strafen für Sabotage, Diversion, staatsfeindlichen Menschenhandel, Hetze, »landesverräterischen Treubruch«, »ungesetzlichen Grenzübertritt« vor (einschließlich Todesstrafe). Dieses neue Strafgesetzbuch hat einen durch und durch totalitären Charakter. Keine andere Meinung, kein anderes Wertesystem darf gelten als das vorgeschriebene »sozialistische«. Strafen und Strafvollzug sind darauf gerichtet, abweichende Wertvorstellungen »systematisch zu zerstören«. Die gesellschaftlichen, wirtschaftlichen, kulturellen Verhältnisse in der DDR werden als nahezu vollkommen unterstellt; wer dennoch straffällig wird, der hat es jedenfalls nicht nötig gehabt. Er hat sich bewußt für die falsche Alternative entschieden. Er wird sich arbeitend und strafarbeitend bewähren, er wird erzogen werden durch ein Kollektiv, das immer recht hat.« . . . »Menschenrechte, Freiheit, Persönlichkeit, Post- und Fernmeldegeheimnis, Unverletzlichkeit der Wohnung: alle diese Werte und Rechte sind im neuen StGB der DDR garantiert. Aber wie sollen sie praktisch gewährleistet sein, wenn anderseits *Unduldsamkeit* gegen Andersdenkende zur höchsten Bürgerpflicht erhoben wird? Wo bleibt die Rechtssicherheit, wenn das Kriterium des Verbrechens die *Interessen der Gesellschaft* sind? . . . Nach dem neuen Strafgesetzbuch der DDR bestimmt letztlich der *Richter* darüber, wer Verbrecher ist. Und es ist ein Richter, der durch das Gerichtsverfassungsgesetz dazu verpflichtet ist, sich *vorbehaltlos für den Sieg des Sozialismus* einzusetzen.«[21]

20 *Wolfgang Peller, Gerhard Hünefeld:* Gerichte und Richter im Rechtsstaat, Neue Justiz 1/90.
21 Sonntagsblatt Nr. 3/1968 und 4/1968.

Es ist nützlich, sich gelegentlich selbst mit früheren eigenen Urteilen zu konfrontieren. Ich sehe jetzt, daß sich meine damalige Attacke hauptsächlich gegen den Gesetzgeber, gegen das SED-Regime richtete. Heute frage ich mich aber auch: Konnte man das alles nur von außen sehen? Mußten die Richter nicht solches Werkzeug von sich weisen? Atmete nicht ein Paragraph wie der über den »ungesetzlichen Grenzübertritt« erkennbar soviel Unrecht, daß nahezu jeder Umgang mit ihm schuldig machen mußte?[22] Wie konnten es die Richter einer Strafkammer in Hildburghausen mit ihrem Gewissen, mit ihrem Rechtsgefühl vereinbaren, einen Sechzehnjährigen, der sich lediglich »mit dem Gedanken trug«, nach Vollendung seines 18. Lebensjahres die DDR zu verlassen und der sich deshalb bei anderen Jugendlichen nach der Möglichkeit erkundigt hatte, an und über die Grenze zu kommen, zu einer Freiheitsstrafe von acht Monaten ohne Bewährung zu verurteilen?[23] Walter Remmers, Justizminister in Sachsen-Anhalt, berichtete auf einer CDU-Veranstaltung[24] von einem Urteil wegen Republikflucht, in dem die hohe kriminelle Energie darin gesehen wurde, daß der Flüchtling so weit auf die Ostsee hinausgeschwommen sei . . .

Im Juni 1990 hat die Richterschaft der DDR bekundet, die »weitaus größere Zahl gerichtlicher Entscheidungen in der Vergangenheit genügte rechtsstaatlichen Ansprüchen«, und die Richterschaft der DDR sei in ihrer Masse fähig und bereit, nun auch in einer demokratisch verfaßten rechtsstaatlichen Ordnung nach bestem Wissen und Gewissen ihr Amt auszuüben. Eine Überprüfung werde akzeptiert, pauschales oder kategorisiertes Entlassen aber nicht.[25]

Ich habe 1991 und 1992 mit Richterinnen und Richtern in Ostdeutschland gesprochen - mit entlassenen und solchen, die übernommen, aber noch in der Überprüfungsphase waren. Unter vier Augen oder in kleiner Runde waren einige sehr offen. Typische Aussage-Muster sind etwa die folgenden:

> Ich bin in den Staat hineingewachsen, habe alle Stationen durchlaufen von den Jungen Pionieren bis zur SED. Ein persönliches Motiv, das mich mit dem Staat hätte in Konflikt bringen können, gab es nicht. Alle Entwicklungslinien standen mir offen. Freizügigkeit, Reisen: das war schon so'n Fernziel. Aber ich persönlich war nicht der Polititkertyp. Ich habe mich schon systemkonform verhalten, bin nirgendwo so aufgefallen, daß mir der Zugang zum Bezirksgericht versperrt worden wäre.

Auf die Frage nach ihrer *richterlichen Unabhängigkeit* hörte ich von meinen Gesprächspartnern folgendes:

22 Vgl. dazu: Strafrecht der Deutschen Demokratischen Republik, Kommentar zum Strafgesetzbuch, hrsg. vom Ministerium der Justiz der DDR, Berlin 1984.

23 Darstellung bei *Fricke, Karl Wilhelm:* Zur Menschen- und Grundrechtssituation Politischer Gefangener in der DDR, Köln 1986.

24 Fachgespräch im Konrad-Adenauer-Haus am 28.4.1992.

25 Vgl. Memorandum des Außerordentlichen Richtertages der DDR vom 10.6.1990, abgedruckt in Neue Justiz 7/90.

> Vom jetzigen Gesichtspunkt her gesehen war das nicht in dieser Art der Fall, daß ich ein unabhängiger Richter war, aber ich habe es halt damals doch so gesehen ... Im Rahmen des Systems habe ich mich doch als unabhängiger Richter gefühlt, schon wegen der selbständigen Organisation der Arbeit. Mir persönlich hat nie jemand vorgeschrieben,was oder wie ich entscheiden sollte - daß da etwa der Parteisekretär vom Kreis gekommen wäre, um mich konkret zu beeinflussen, ist nie passiert.

Und doch wissen sie und sagen es auch, daß sie eingeflochten waren in einen zentralistischen Einheitsstaat. Gerade weil sie ihre »staatstragende Aufgabe«akzeptierten und sich mit den Staatszielen identifizierten, wurden sie auch selber akzeptiert. Sie akzeptierten Mauerbau und Grenzschutzanlagen, weil sie doch, wie sie mir sagten, an der Grenze zwischen zwei militärischen Blöcken lebten. Die Grenze hatte, so argumentieren sie, eine hohe politische Bedeutung, und deshalb mußte man ihre Verletzung auch strafrechtlich ahnden.
Für westliche Ohren klingt das nicht sehr überzeugend. Vor unseren Augen erscheinen Bilder fliehender, im Stacheldraht hängender Menschen. Man konnte sie ja nicht nur von dieser Seite aus sehen. Was alles vermögen Propaganda, Indoktrination, Verdrängung?
Es bleibt eine Aufgabe der Forschung, das Bewußtsein der Richter in der DDR genauer zu analysieren, als das durch die punktuellen Zugriffe eines Journalisten geschehen kann. Das Nebeneinander von relativ gutem Gewissen und Inhumanität wird in justizförmigen Verfahren allein (etwa wo es um ausgesprochenene Terrorurteile und Rechtsbeugung geht) nicht hinreichend ausgeleuchtet werden.
Vergleichend ist dabei heranzuziehen, zu welchen Verwirrungen und Verrenkungen es auch in Westdeutschland unter dem Eindruck des Kalten Krieges gekommen ist - in der Politik, der Gesetzgebung und eben auch in der Rechtsprechung. Die Tatbestandsmerkmale der »Staatsgefährdung« wurden mit einer Akribie ausgefeilt, die den Staatsschützern im Osten nicht nachstand.
Bisweilen nahm die aus der Kommunismusfurcht geborene Strafverfolgung groteske Formen an: Ein in Westberlin wohnender Bäcker wollte nach Ostberlin heiraten und dorthin umziehen. Als er die Zuzugsgenehmigung beantragte, wurde er ein paar Türen weiter dem Staatssicherheitsdienst zugeführt, welcher versuchte, ihn für die Nachrichtenbeschaffung aus Westberlin zu gewinnen, - vergeblich, der Bäcker blieb standhaft. Dennoch kam er im Westen 14 Monate in Untersuchungshaft und erhielt eine Gefängnisstrafe von vier Monaten. Das zuständige Oberlandesgericht (Hamm) sagte zur Begründung: »Daß der Angeschuldigte nicht den Willen hatte, Staatsgeheimnisse zu verraten und solche auch nicht verraten hat, ist für die Strafbarkeit ... unerheblich. Es genügt ..., wenn es den anderen Partnern auf die Erlangung solcher Geheimnisse ankam.«
Durch das westdeutsche Strafrecht, durch die Paragraphen über »landesverräterische Beziehungen« wurde praktisch jeder Kontakt zwischen den Menschen in beiden Teilen Deutschlands zu einem Unternehmen voller Risiko. Ein Sonderzug der

Bundesbahn brachte Kinder in ein Ferienlager der DDR – daß die Personalien der Kinder irgendwo bekanntgegeben wurden, werteten westdeutsche Staatsschützer als »verfassungsfeindlichen Nachrichtendienst«. Beflissen gingen westdeutsche Staatsanwälte und Richter auch den feinsten Andeutungen subversiven Gedankengutes nach: sie fanden es beim »Deutschen Turn- und Sportbund« der DDR ebenso wie bei dem dortigen »Verband deutscher Konsumgenossenschaften«. Beim bloßen Verdacht, auf anonyme Anzeigen hin, setzte die polizeiliche Ermittlungstätigkeit ein: von 1960 bis 1966 allein in insgesamt 55.000 Fällen. Nicht nur bei der Stasi füllten sich die Aktenregale, auch bei den Verfassungsschützern im Westen.

Als Richter unabhängig zu sein, das war sicherlich im Osten schwieriger als im Westen. Dort galt der Primat der Partei und das Gebot, im Sinne der politischen Ordnung Recht zu sprechen. Hier war und ist der Richter zur Unabhängigkeit von den anderen Staatsgewalten geradezu verpflichtet.[26] Und doch gab und gibt es auch hier, in der Ordnung des Grundgesetzes, immer wieder Entscheidungen, die mehr einer mutmaßlichen Staatsräson, mehr dem öffentlich Gewünschten entsprechen als dem Gesetz und dem Recht.

Ein Beispiel ist die Asylrechtsprechung der Oberverwaltungsgerichte und insbesondere auch des Bundesverwaltungsgerichts. Generös sollte es angewendet, weitherzig ausgelegt werden, das Asylrecht. Aber weil dann so viele kamen, übernahm die Justiz die ihr angesonnene Aufgabe, juristische Kriterien wie eine imaginäre Mauer um unser Land zu legen. Was Richter sich so alles ausgedacht haben, um den Begriff der politischen Verfolgung zu einem Nadelöhr zu machen, durch das kaum noch jemand schlüpfen konnte, ist nur mit Bestürzung in den Urteilstexten nachzulesen, – wobei keineswegs nur an Ausrutscher wie den des OVG Lüneburg zu denken ist.[27]

Als weiteres Beispiel dafür, daß außerrechtliche Gesichtspunkte die Urteilsfindung mitbestimmen, kann eine Entscheidung des 2. Wehrdienstsenats des Bundesverwaltungsgerichts genommen werden. Der hatte 1991 mehrere Offiziere der Bundeswehr degradiert, weil sie eine Presseerklärung unterschrieben hatten, in der es hieß, die Aussage »Alle Soldaten sind potentielle Mörder« sei inhaltlich richtig. Die Soldaten forderten in der Presseerklärung gleichzeitig dazu auf, sich mit einem voraufgegangenen Strafurteil in derselben Sache differenziert auseinanderzusetzen. Statt diese Anregung aufzugreifen, reagierte der empörte Bundesverteidigungsminister entgegen dem Rat seines obersten Rechtsexperten mit der Weisung, ein Disziplinarverfahren einzuleiten, weil sein Ministerium die Angelegenheit anders bewerte. Das daraufhin ergangene Urteil des Bundesverwaltungsgerichts umfaßt 107 Seiten, und es ist in weiten Passagen eine Apotheose von

26 *Ernst Gottfried Mahrenholz* hat das in seinem Festvortrag beim 15. Deutschen Richtertag mit Zitaten von Feuerbach schön beleuchtet!.

27 Dieses Gericht hatte die Folter als »Erscheinungsform der Strafrechtspflege« bezeichnet.

Disziplin, Kameradschaft, Vorgesetztenautorität, Befehl und Gehorsam. Die Soldaten, die sich ja nur für eine Diskussion über das umstrittene, von Tucholsky stammende Wort von den »potentiellen Mördern« ausgesprochen hatten, werden als fanatische Verfechter einer bestimmten Meinung bezeichnet, die die freiheitliche demokratische Grundordnung in Frage stellten und ihre Kameraden (der Möglichkeit nach) zu gewissenlosen Killern erklärten. Das Bundesverfassungsgericht hat dieses Urteil aufgrund einer Beschwerde der betroffenen Soldaten 1992 aufgehoben. Es hat die disziplinarrechtliche Würdigung der Aussage »Alle Soldaten sind potentielle Mörder« als nicht vereinbar mit der Meinungsäußerungsfreiheit bezeichnet und dem Wehrdienstsenat vorgeworfen, die Aussage der Soldaten aus dem Zusammenhang gerissen und ihr eine »nicht mehr verständliche verschärfende und damit überzogene Deutung« gegeben zu haben.
Die Genugtuung über diese Korrektur durch Karlsruhe ist gewiß groß, andererseits bleibt die Tatsache irritierend, daß solche korrekturbedürftigen Urteile in unseren Tagen überhaupt aus dem Munde höchster Richter kommen. Das Bundesverfassungsgericht hat sich gerade in Sachen Meinungsfreiheit außerordentliche Verdienste erworben, erwirbt sie ständig neu, kommt aber in anderen Bereichen auch an seine Grenzen und kann *allein* die Freiheitlichkeit unseres Systems auch nicht garantieren.
Ein Beispiel dafür, daß der »einfache Sinn, der nirgendshin als hinauf zum Gesetz« blickt,[28] auch in Karlsruhe zu verkümmern droht, ist die mündliche Verhandlung und das folgende Urteil vom 8. April 1993 in der AWACS-Angelegenheit. Es kommt mir hier weniger auf das Ergebnis an als auf die Prozedur und die Begründung. Bei der Entscheidung über eine einstweilige Anordnung wägt das Bundesverfassungsgericht die Vor- und Nachteile gegeneinander ab, die bei Erlaß oder Nichterlaß einer solchen Anordnung eintreten würden. Man könnte meinen, daß auch die Unantastbarkeit der Verfassung einen »wichtigen Grund » darstellte, eine einstweilige Anordnung zu erlassen, - wenn eben diese Verfassung gebrochen zu werden droht. Aber die Auswahl der Personen, die das Gericht zum Zwecke der Erhöhung seiner Sachkunde nach Karlsruhe gebeten hatte, ließ von vornherein wenig Zweifel daran, wie die Sache akzentuiert werden würde. Männer in goldbestickten Uniformen traten auf: der Generalinspekteur der Bundeswehr, der Luftwaffeninspekteur, Majore, Generäle, NATO-Militärs und als Spezialgast NATO-Generalsekretär Wörner. Sie erzählten dem Gericht vieles über die Strategie und Streitkräfte-Struktur der NATO und deren drohende Re-Nationalisierung, wenn Deutschland jetzt gegen die Serben nicht mitmache.
Offenbar eingeschüchtert vom Aufmarsch der Amts- und Epaulettenträger, ließ sich das Gericht auf eine Erörterung militärtechnischer Details ein und verzichtete auf einen Blick in die Verfassung. Es widersprach der schiefen Logik der Militärstrategen und Regierungspolitiker nicht, daß »Schaden« in militärtechni-

28 *Feuerbach,* Zit. nach *Ernst Gottfried Mahrenholz* a.a.O. (Fn. 8).

schem Sinne gleich »Schaden« im Sinne der Bündnisfähigkeit sei. Um die Pflichten der Bundesrepublik im Rahmen der NATO ging es aber gar nicht in diesem Verfahren, sondern um einen Einsatz der Bundeswehr jenseits dessen, was der als *Verteidigungsallianz* konzipierte NATO-Vertrag vorsieht. Unter welchen Voraussetzungen ein solcher Einsatz verfassungsrechtlich möglich sei, hätte geklärt werden müssen, ehe er in die Wege geleitet wurde. Die Regierung aber ließ, wie der Richter Sommer in der mündlichen Verhandlung anmerkte, »einen Zug fahren, ohne vorher zu erkunden, ob die Gleise schon liegen«.
Es wäre Sache des Gerichts gewesen, in Erweiterung dieses anschaulichen Bildes die Schranken herunterzulassen. Stattdessen übernahm das Gericht die in einem anderen logischen Zusammenhang möglicherweise erheblichen, hier aber unerheblichen Details[29] aus den Aussagen der Militärs in seine Urteilsbegründung und zog daraus den Schluß, der Bundesrepublik drohten schwere Nachteile, wenn die einstweilige Anordnung jetzt erginge, die deutschen Soldaten also abgezogen werden müßten, und sich später doch herausstellen sollte, sie hätten bleiben dürfen. Die Richter verwendeten Fakten, von deren Richtigkeit sie sich selbst nicht hatten überzeugen können, und so sagten sie denn etwa: »Nach Einschätzung des Generalinspekteurs der Bundeswehr« oder »nach Einschätzung der Bundesregierung«, und dabei ging es immerhin um Punkte wie die Lebensgefährdung der deutschen Soldaten bei einem Einsatz in ungeklärter Verfassungslage.
Auch im Somalia-Verfahren blieb die Verfassung »außen vor«. Ausdrücklich erklärten die Richter im Urteil, die Gründe, die für die Verfassungswidrigkeit des Somalia-Einsatzes sprächen, müßten »außer Betracht bleiben«. Dieser Rückzug in die Prozeduren-Formalität einer einstweiligen Anordnung ist umso weniger verständlich, als das Gericht unter gewissen Voraussetzungen[30] eben doch verfassungsrechtliche Kriterien berücksichtigt, wenn es um eine einstweilige Anordnung geht. Man kann und muß sich fragen, ob ein solcher Umgang des Bundesverfassungsgerichts mit seinem ureigenen »Handwerkszeug« Willkür darstellt oder politischem Opportunitätsdenken jedenfalls einer Mehrheit der Richter in dem betreffenden Senat entspricht. Ein praktisch nichtssagendes, jedenfalls die Kernfrage aussparendes »Urteil« wird gesprochen, und die Regierung kann monatelang fortfahren, vollendete Tatsachen zu schaffen: das war, bei allen Unterschieden im einzelnen, das Ergebnis im AWACS- wie im Somalia-Verfahren. Was bedeutet es für das Rechtsverständnis des Bürgers, wenn acht kluge Richterpersönlichkeiten tagelang darüber beraten und sich beraten lassen und am Ende immer noch nicht wissen (oder nicht sagen wollen), ob eine Sache wie der Somalia-Einsatz verfas-

29 Etwa, daß der deutsche Anteil am militärischen Personal über 30 Prozent betrage, daß eine AWACS-Maschine 17 bis 18 Besatzungsmitglieder habe und daß der gesamte Einsatz ohne die Deutschen nach 14 Tagen nicht mehr funktioniere.

30 Wenn nämlich »das für die Hauptsache angekündigte Feststellungsbegehren. . . sich als von vornherein unzulässig oder offensichtlich unbegründet« erweist – vgl. Somalia-Urteil vom 23.6.1993.

sungsgemäß ist oder nicht, sie aber gleichwohl kein Haltsignal geben? Der Bürger kann in der Regel auch nicht tagelang darüber nachdenken, ob sein Handeln erlaubt ist oder nicht!
Erschwerend kommt hinzu, daß die Bundesregierung insbesondere im Somalia-Verfahren ein Verhalten an den Tag gelegt hatte, das als Gefühllosigkeit gegenüber dem Recht und zum Teil auch als Brüskierung des Bundesverfassungsgerichts zu charakterisieren ist.[31] Umso notwendiger wäre es gewesen, der ausschließlich auf ihre politischen Interessen fixierten Bundesregierung die Lektion zu erteilen, daß die Verfassung der oberste Maßstab ihres Handelns zu sein hat. Das wurde nicht geleistet. Die Mehrheit des 2. Senats hat entweder die von dem AWACS-Verfahren ausgehenden Signale nicht richtig eingeschätzt - oder es hat sie gewollt. Obwohl der Urteilstext die salvatorische Klausel enthält, daß »eine wie immer geartete Präjudizierung künftiger Entscheidungen« nicht eintrete, war eben dies sozusagen reflexartig der Fall.[32]
Jene fünf Bundesverfassungsrichter, die der Regierung im AWACS-Verfahren grünes Licht gaben, werden es mit Sicherheit weit von sich weisen, politischer Opportunität gefolgt oder in irgendeiner Weise abhängig zu sein. Sie werden den Schild der richterlichen Unabhängigkeit genau so vor sich hertragen wie die übrigen drei Richter, die anderer Meinung waren. Aber das persönliche Bewußtsein ist ein unvollkommener, trügerischer Maßstab für das eigene Handeln. Die Richter in den Asylverfahren, die Verwaltungsrichter des erwähnten Wehrdienstsenats, die Mehrzahl der DDR-Richter[33], ja sogar die Mehrzahl der Richter der NS-Zeit nahmen bzw. nehmen »Unabhängigkeit« für sich in Anspruch. Blickt man zurück, so hängt das Urteil über den Wert dieser Unabhängigkeiten sehr von der

31 Zur Frage der »Gefühllosigkeit«: »Die Truppe ist motiviert«, erklärte der Verteidigungsminister in der Somalia-Verhandlung, wohl um dem Gericht zu sagen, daß man solche von guten Vorsätzen geprägten Leute doch nicht durch ein Stopsignal aus Karlsruhe enttäuschen dürfe. Schon die Tatsache, daß die SPD überhaupt eine verfassungsrechtliche Klärung hatte herbeiführen wollen, veranlaßte den Verteidigungsminister in der dem Urteil folgenden Bundestagsdebatte zu einer Rüge. Er warf den SPD-Parlamentariern vor: »Die Soldaten hat es befremdet, daß Sie mitten im Einsatz vor das Bundesverfassungsgericht gezogen sind.« Mit anderen Worten: Wenn marschiert wird, hat das Recht Ruh'. - Auch der Bundesaußenminister hielt es offenbar für ein verfassungsrechtliches Argument, daß die »Moral der Soldaten« durch einen Abbruch des Somalia-Unternehmens »katastrophal« getroffen worden wäre. Zur Frage der »Brüskierung« vgl. die Antworten der Bundesregierung auf die 32 Fragen des Bundesverfassungsgerichts zur Situation in Somalia und zum Auftrag der deutschen Soldaten, die ausweichend, unlogisch und beschönigend, jedenfalls aber ohne rechtliche Substanz sind. Entlarvend sind sie insofern, als die Notwendigkeit des Somalia-Engagements mit der Erhöhung der Chancen für Deutsche begründet wird, »in wichtige Ämter, Gremien oder Funktionen« der UNO berufen zu werden.

32 So meinte etwa *Theo Waigel,* die Bundesregierung könne nun »allein darüber entscheiden, ob Bundeswehrsoldaten zum Beispiel an UNO-Einsätzen wie im Golfkrieg teilnehmen sollen«.

33 Der Neubrandenburger Richter *Hans-Christof Illgner* erklärte auf einer justizpolitischen Tagung in Bad Boll (4.-6. Oktober 1991) absolut glaubwürdig und überzeugend, daß viele Richter in der DDR Bereitschaft und Mut gezeigt hätten, »die Rechte der Bürger zu behüten und sich gegen Einmischungen in die Rechtsprechung zur Wehr zu setzen. Die Mehrzahl der abgeschlossenen Verfahren im Zivil-, Familien-, Arbeits- und Strafrecht (hielte) rechtsstaatlichen Maßstäben stand«.

Qualität der jeweiligen Rechts- und Gesellschaftsordnungen ab. Es ist eben auch ein Glück, in einer wenigstens verhältnismäßig freien Gesellschaft Richter zu sein. Aber richterliche Unabhängigkeit ist letztlich in jeder Gesellschaft bedroht. Sie braucht, damit hat Ernst Gottfried Mahrenholz recht, den Respekt[34] der politischen Gewalt. Sie braucht aber auch den Willen, sich Respekt zu verschaffen. Ist sie institutionell derart gut abgesichert wie in der Bundesrepublik Deutschland, dann ist ein Mangel an diesem Willen gleichbedeutend mit dem ersten Schritt in die Abhängigkeit. Gegenwärtig ist weniger eine Abhängigkeit gegenüber »dem Staat« als gegenüber den politischen Parteien zu befürchten, die auf die Besetzung von Richterstellen offenbar starken Einfluß ausüben[35] und offenbar entsprechende Dankbarkeit erwarten.

Die Relativität des Unabhängigkeits-Begriffs legt folgende Schlußfolgerungen bzw. Fragen nahe:

1. »Richterliche Unabhängigkeit« werden wir nur in dem Maße haben, in dem wir Bürger uns alle um Unabhängigkeit bemühen. Sie kann und darf nicht nur das Feigenblatt sein, hinter dem eine gleichgültige Gesellschaft ihre moralischen Blößen verbirgt.
2. Genügt es, »richterliche Unabhängigkeit« jedenfalls als Fernziel anzustreben, oder ist, positiv definiert, Freiheit zu verlangen? Denn Unabhängigkeit ist nicht schon Freiheit; letztere zielt auf den Kern der Persönlichkeit, erstere auf das Gehege und Geflecht der Bindungen.

Die für mich eindrucksvollste Beschreibung des Richter-Seins fand ich, in altertümlicher Schrift und Schreibweise, am Wandgefach eines bäuerlichen Hauses in der Schweiz:

Einem Richter ist die höchst
Ehr, daß er Gott kennt und
seine Lehr. Ihm ist's zuwider alle
Mal, wenn er Rache üben
muß und soll.

34 Vgl. den erwähnten Festvortrag, a.a.O. (Fn. 8).

35 Vgl. die Referate, Erfahrungsberichte etc. auf der Jahreshauptversammlung der Neuen Richtervereinigung im März 1992 in Mainz, veröffentlicht in der Broschüre »Mitwirkung – Mitbestimmung/Ämterbesetzung in der Justiz«, insb. die Zusammenfassung auf S. 78.

Erneute Überlegungen zur Justiziabilität politischer Entscheidungen

Peter Badura

I. »Politische Rechtsstreitigkeiten«

Das Bundesverfassungsgericht, wie alle Gerichte, ist in Ausübung der ihm übertragenen Rechtsprechungsaufgabe an Gesetz und Recht gebunden (Art. 20 Abs. 3 GG). Anders als die anderen Gerichte ist es aber auch »Verfassungsorgan« (§ 1 Abs. 1 BVerfGG), eine Kennzeichnung, mit der die besondere und selbständige Stellung des Gerichts im Aufbau der verfassungsnotwendigen Staatsorgane des Bundes, sein »Status«, charakterisiert wird[1]. Diese verfassungsrechtliche Stellung hat es als Gericht und als besonderes Organ der Rechtsprechung (Art. 20 Abs. 2 Satz 2 GG), nicht weil ihm ein Anteil an der Staatsleitung oder sonstiger politischer Gestaltung zukäme. Als Gericht und durch Rechtsprechung gibt die Verfassung dem Bundesverfassungsgericht eine eigene politische Verantwortlichkeit für die Erhaltung der rechtsstaatlichen Ordnung und ihrer Funktionsfähigkeit. Von einer »Doppelstellung« oder »Doppelfunktion« des Gerichts zu sprechen, ist deshalb mißverständlich. Aufgabe der Verfassungsgerichtsbarkeit ist es, »in den gesetzlichen Verfahrensarten anhand rechtlicher Maßstäbe darüber zu entscheiden, ob zumal bei Ausübung öffentlicher Gewalt - und sei es auch in hochpolitischen Angelegenheiten - die Verfassung beachtet worden ist; es ist indes nicht ihre Aufgabe, ersatzweise politische Entscheidungen zu treffen, . . .«[2].
Die in der Verfassung begründete und durch den besonderen Status des Gerichts gewährleistete Rechtsprechungsaufgabe bezieht das Bundesverfassungsgericht in einer für ein Gericht ungewöhnlichen Weise in den Prozeß politischer Willensbildung ein. Seine Entscheidungen sind Akte der Rechtsprechung, weil sie durch die Hand unabhängiger Richter in einem gerichtsförmigen Verfahren ergehen und weil sie nach den Regeln juristischer Argumentation und Begründung nach den Maßstäben des positiven Verfassungsrechts über konkrete Streitfälle und in diesem Beurteilungszusammenhang über Rechtsfragen befinden. Seine Entscheidungen können, jedenfalls in Fällen der Normenkontrolle und der Überprüfung von Handlungen der Regierungsgewalt, dennoch »politisch« genannt werden, weil sie durch Gegenstand und Wirkung den auf die Verwirklichung des Gemeinwohls gerichteten Kampf der politischen Kräfte um Macht und Teilhabe an der Staatsge-

1 *W. Geiger*, Gesetz über das Bundesverfassungsgericht, 1952, § 1, Anm. 1; *K. Schlaich*, Das Bundesverfassungsgericht, 2. Aufl., 1991, RNrn. 25 ff.
2 BVerfGE 68, 1/77 f.

walt beeinflussen und nach den dafür maßgeblichen normativen Entscheidungsregeln beeinflussen sollen. Gedanken und Formulierungen von Gerhard Leibholz aufgreifend hat das Gericht in seiner Status-Denkschrift seine Rechtsstellung durch seine spezifische Aufgabe der richterlichen Entscheidung über »politische Rechtsstreitigkeiten« geprägt gesehen. »Unter politischen Rechtsstreitigkeiten sind dabei solche Rechtsstreitigkeiten zu verstehen, bei denen über politisches Recht gestritten und das Politische selbst anhand der bestehenden Normen zum Gegenstand der richterlichen Beurteilung gemacht wird«[3]. Darüber hinaus haben die Entscheidungen des Gerichts auch einen bestimmten »politischen Integrationseffekt«; denn sie führen dadurch, daß sie sich am Recht orientieren, zugleich in der politischen Sphäre eine politisch wirkende Befriedung herbei[4].

Die »politische« Eigenart der Verfassungsgerichtsbarkeit, die variierend aus dem Maßstab, dem Gegenstand und der Wirkung der Streitentscheidung abgeleitet wird, zeigt ihre praktische, schneidende Seite in der Frage nach den Grenzen verfassungsgerichtlicher Jurisdiktion[5]. Diese Frage lenkt die Betrachtung auf die Verfassung, die als »politisches Recht« die Aufgabe des Bundesverfassungsgerichts im allgemeinen bestimmt und im Streitfall den Entscheidungsmaßstab zu liefern hat, und weiter auf die Methode der Verfassungsauslegung[6]. Das Gericht bedarf der Norm, die ihm eine justiziable Bindung und einen »rational standard« für seine Rechtsfindung gibt[7].

Die Wortgestalt der Verfassung im Verfassungsgesetz ist Ausdruck expliziter und konkludenter Festlegungen, die als zur Einheit geformte Grundlage des Staatslebens und des politischen Prozesses normative Geltung beanspruchen. Nicht nur der in teleologischer Auslegung zu erschließende Zweck einzelner Verfassungsnormen, sondern der innere, »materiale« Zusammenhang der Verfassung und ihre Funktion für die politische Ordnung und die Staatstätigkeit bilden die Leitlinien verfassungsgerichtlicher Rechtsfindung. Das durch das Grundgesetz verfaßte Gemeinwesen hat die politische Grundentscheidung getroffen, die Ausübung öffent-

3 Status-Denkschrift des Bundesverfassungsgerichts, JöR 6, 1957, S. 109, 144/145. Dazu *E. Benda/E. Klein,* Lehrbuch des Verfassungsprozeßrechts, 1991, RNrn. 60 ff.; *G. Leibholz,* Verfassungsgerichtsbarkeit im demokratischen Rechtsstaat, 1953, in: *ders.,* Strukturprobleme der modernen Demokratie, 3. Aufl., 1967, S. 168/175 ff.; *ders.,* Statusbericht, JöR 6, 1957, S. 120/125; *ders.,* Verfassungsrecht und Arbeitsrecht, in: *A. Hueck/G. Leibholz,* Zwei Vorträge zum Arbeitsrecht, 1960, S. 21.

4 *G. Leibholz,* Verfassungsgerichtsbarkeit a.a.O., S. 183.

5 *O. Bachof,* Der Verfassungsrichter zwischen Recht und Politik, Universitas 21, 1966, S. 137; *P. Badura,* Richterliches Prüfungsrecht und Wirtschaftspolitik, in: Festschrift für Ludwig Fröhler, 1980, S. 321; *K. Stern,* Verfassungsgerichtsbarkeit zwischen Recht und Politik, 1980; *E. Benda/E. Klein* (FN 3), RNrn. 9 ff.; *K. Schlaich* (FN 1), RNrn. 11 ff., 465 ff.; *K. Hesse,* Grundzüge des Verfassungsrechts der Bundesrepublik Deutschland, 19. Aufl., 1993, S. 227 ff.

6 *G. Roellecke,* Aufgabe und Stellung des Bundesverfassungsgerichts in der Gerichtsbarkeit, HStR, Bd. II, 1987, § 54, RNrn. 5 ff.; *J. Isensee,* Verfassungsrecht als »politisches Recht«, HStR, Bd. VII, 1992, § 162; *Chr. Starck,* Die Verfassungsauslegung, ebd., § 164, RNrn. 1 ff.

7 *G. Leibholz,* Verfassungsrecht (FN 3).

licher Gewalt einer Rechtsordnung zu unterstellen und über deren Beachtung Gerichte, zuletzt das Bundesverfassungsgericht entscheiden zu lassen[8]. Damit ist die verfassungsrechtliche Ordnung und Bindung der Politik richterlicher Garantie anvertraut, für justiziabel erklärt. Der Richter urteilt im Streitfall nach Normen und Grundsätzen, die seiner eigenen Verfügung entzogen, die ihm vorgegeben sind. Er bestimmt jedoch, nach den juristischen Regeln richterlicher Rechtsfindung, welchen Inhalt diese Normen und Grundsätze haben, ob sie im Streitfall anwendbar sind und welche Rechtsfolgen sich aus ihnen ergeben.

Die Justiziabilität politischer Entscheidungen betrifft damit eine zweifache Fragestellung. Kraft seiner Zuständigkeiten hat das Verfassungsgericht die Aufgabe, die normative Wirksamkeit der Verfassung gegenüber der öffentlichen Gewalt und den politischen Kräften zu sichern und die verfassungsmäßigen Rechte und Freiheiten zu schützen. Dies geschieht durch die Entscheidung des anhängigen Streitfalls. Der konkrete Streitfall ist außerdem Schauplatz der über den Einzelfall hinausweisenden Klärung verfassungsrechtlicher Rechtsfragen und damit der Klärung und auch Fortbildung der Verfassung. Die Grundsätze des demokratischen und sozialen Rechtsstaates und des Bundesstaates, vor allem aber die materiellen Garantien und Freiheitsrechte sind auf diesem Wege durch die Gerichtspraxis ans Licht gehoben oder entwickelt worden. Die kodifikatorische Schwäche des heutigen Gesetzgebers ist so bis zu einem gewissen Grade kompensiert worden. Die sachlichen Regelungen und Prinzipien der Verfassung, besonders die rechtsstaatlichen Prinzipien und die Grundrechte, sind die normative Basis der politischen Entscheidungen des Gesetzgebers. Will man die politische Gestaltungsfreiheit des Gesetzgebers deutlicher betonen und auch die beschränkte normative Leistungsfähigkeit des Verfassungsrechts in Erinnerung rufen, kann man - mit einem unscharfen Bild - von dem »Rahmen« sprechen, den die Verfassung in begrenzender Funktion für die politischen Gestaltungsaufgaben des parlamentarischen Gesetzgebers, der Regierung und der Verwaltung darstellt.

Mit einer geglückten Formel sagt Art. 164 EGV, daß der Europäische Gerichtshof die Wahrung des Rechts bei der Auslegung und Anwendung des Vertrages sichert. In vergleichbarer Weise könnte man dem Bundesverfassungsgericht die Aufgabe zusprechen, das Recht bei der Auslegung und Anwendung des Verfassungsgesetzes zu sichern. Die juristisch greifbare und richterlich zur Geltung zu bringende Normativität der Verfassung unterscheidet sich von den staatskonstituierenden Funktionen der Verfassung und erfaßt auch die durch die Verfassung geordneten Institutionen des Staatslebens nur in dem einer normativen Regelung zugänglichen Ausschnitt.

8 BVerfGE 68, 1/78.

II. »Einschätzungen und Wertungen außen- und verteidigungspolitischer Art«

Die in der jüngeren Zeit der Verfassungspolitik verstärkt praktizierte oder propagierte Aufnahme von Rechtsvorschriften über Staatsaufgaben in die Verfassungsgesetze will den dafür ausgesuchten Aufgaben oder »Staatszielen« eine besondere Betonung geben, ihrer Verfolgung durch die staatliche Gemeinschaft Nachdruck verleihen. Der Staat, zuerst der Gesetzgeber, soll in Pflicht genommen werden und die aus derartigen Verfassungsnormen ableitbaren Verpflichtungen der Gesetzgebung und der vollziehenden Gewalt sollen auch vor Gericht eingefordert werden können. Die mögliche oder zu befürchtende Justiziabilität des Handelns oder – und hauptsächlich – des Unterlassens oder des Ungenügens bei der Erfüllung der verfassungsrechtlich »verankerten« Staatsaufgaben war der Dreh- und Angelpunkt der langwierigen Auseinandersetzung über eine Ergänzung des Grundgesetzes durch Staatszielbestimmungen, besonders durch das Staatsziel Umweltschutz[9].

In dem Für und Wider beim Streit um Staatszielbestimmungen bestand doch in einem Punkt keine Meinungsverschiedenheit: Umstritten waren nicht die Staatsziele selbst, umstritten war nur ihre Normierung durch Verfassungsrecht. Auch ohne eine Staatszielbestimmung Umweltschutz ist der Gesetzgeber befugt und in der Lage, sich der Umweltschutzpolitik zu widmen und Gesetze auf diesem Sachgebiet zu erlassen. Man konnte höchstens darüber verschiedener Meinung sein, ob und inwieweit derartige Gesetze Pflichten und Bindungen der einzelnen zu Lasten der grundrechtlichen Freiheiten schaffen dürften[10]. Nur *eine* Verlegenheit vermag eine ausdrückliche Staatszielbestimmung zu beheben. Da nach der Rechtsauffassung des Bundesverfassungsgerichts Grundrechte ohne beigesetzten Gesetzesvorbehalt nur durch Gesetz eingeschränkt werden dürfen, wenn kollidierende Grundrechte Dritter oder andere mit Verfassungsrang ausgestattete »Rechtswerte« dies »mit Rücksicht auf die Einheit der Verfassung und die von ihr geschützte gesamte Wertordnung« ausnahmsweise zulassen[11], gewönne der Umweltschutz durch eine Staatszielbestimmung die Kraft, auch Grundrechte ohne geschriebenen Gesetzesvorbehalt einzuschränken. Sollen aber wirklich Eingriffe in die Freiheit der Wissenschaft im Interesse des Schutzes von Tier- und Pflanzenwelt verfassungsrechtlich erst aufgrund einer besonderen Aufgabennorm über den Umweltschutz zulässig sein?

Die Staatsaufgaben oder – anders gesagt – die durch Regierung und Volksvertretung verfolgte Politik bedarf keiner besonderen Ermächtigung durch die Verfas-

9 Siehe Gemeinsame Verfassungskommission, Sten. Bericht, 25. Sitzung (1. 7. 1993), S. 6 ff. – *H. H. Klein,* Staatsziele im Verfassungsgesetz – Empfiehlt es sich, ein Staatsziel Umweltschutz in das Grundgesetz aufzunehmen? DVBl. 1991, 730.

10 *H. P. Rill/D. Ehlers/P. Hänni,* Eigentumsschutz, Sozialbindung und Enteignung bei der Nutzung von Boden und Umwelt, VVDStRL 51, 1992, S. 177, 211, 252; dazu die Bemerkung, S. 290 f.

11 BVerfGE 28, 243/261.

sung. Die Schaffung und Wahrung einer sozial gerechten Rechtsordnung ebenso wie die Aufrechterhaltung der öffentlichen Sicherheit und Ordnung und schließlich die Gewährleistung der militärischen Landesverteidigung und die Pflege der Beziehungen zu auswärtigen Staaten sind Staatsziele, die die Verfassung voraussetzt, wenn sie sie nicht besonders und ausdrücklich als Staatsaufgaben bezeichnet[12]. Dies impliziert weiter, daß die einzelnen, die den Schutz der Staatsgewalt und der Verfassung genießen, zur Erfüllung der Staatsaufgaben mit Lasten und Pflichten rechnen müssen, auch wenn das Verfassungsgesetz ihnen das nicht - wie im Fall der Weimarer Reichsverfassung und der Bayerischen Verfassung - ausdrücklich sagt. Unter welchen Bedingungen und in welchem Maße Lasten und Pflichten durch Gesetz oder aufgrund Gesetzes auferlegt werden dürfen, ergeben die rechtsstaatlichen Grundsätze und in einzelnen Hinsichten besondere Bestimmungen, insbes. die den Grundrechten beigefügten Gesetzesvorbehalte.
Das Grundgesetz hat die Außenpolitik in verschiedenen Zusammenhängen genannt, so in der Präambel und in bundesstaatlichen Kompetenzvorschriften (Art. 32, Art. 59 Abs. 1, Art. 73 Nr. 1, Art. 87 Abs. 1 GG). Durch Art. 59 Abs. 2 GG ist der wesentliche Wirkungsbereich der vertragschließenden Gewalt des Bundes einem Zustimmungsvorbehalt zugunsten der gesetzgebenden Körperschaften unterworfen; dieser Sektor der auswärtigen Gewalt ist parlamentarisiert.
Die militärische Landesverteidigung erschien in der ursprünglichen Fassung des Grundgesetzes nur mittelbar, nämlich in dem als spezieller Fall der Gewissensfreiheit garantierten Recht auf Kriegsdienstverweigerung (Art. 4 Abs. 3 GG), in der näher geregelten Teilnahme an einem System kollektiver Sicherheit (Art. 24 Abs. 2 GG) und in dem Verbot jeder Störung des Völkerfriedens, insbes. des Angriffskriegs (Art. 26 Abs. 1 GG). Die Novellen von 1954, 1956 und 1968 im Zuge der Aufstellung der Bundeswehr und der Regelung des Verteidigungsfalles haben dann zu Vorschriften geführt (Art. 12 a Abs. 1, Art. 73 Nr. 1, Art. 87 a Abs. 1 Satz 1, Art. 115 a ff. GG), denen das Bundesverfassungsgericht eine verfassungsrechtliche Grundentscheidung für die militärische Landesverteidigung entnommen hat[13]. Das Gericht hat daraus geschlossen, daß die in Art. 4 Abs. 3 GG vorbehaltene gesetzliche Regelung das Grundrecht zu beachten und zugleich der verfassungsrechtlichen Grundentscheidung für eine wirksame militärische Landesverteidigung Rechnung zu tragen hat.
Die Abweichende Meinung der Richter Mahrenholz und Böckenförde zu dem Urteil über die Neuregelung des Rechts der Kriegsdienstverweigerung[14] hält dem entgegen, daß der Verfassunggeber in den wehrverfassungsrechtlichen Bestimmungen der Art. 12 a, Art. 73 Nr. 1, Art. 87 a und Art. 115 b GG keine eigene

12 Art. 99 Satz 2 BayVerf.: Der Schutz der Verfassung »gegen Angriffe von außen ist gewährleistet durch das Völkerrecht, nach innen durch die Gesetze, die Rechtspflege und die Polizei«.
13 BVerfGE 28, 243/261; 69, 1/2 f.; 77, 170/221.
14 BVerfGE 69, 1, 57 ff. - Dazu *R. Eckertz,* JuS 1985, 683/688 f.

normative verfassungsrechtliche Grundentscheidung getroffen hat, die über den unmittelbaren rechtlichen Gehalt dieser Vorschriften als Kompetenz-, Organisations- und Ermächtigungsvorschriften hinausgeht. Die materiellrechtliche Dimension derartiger Normen, die konkludent geregelt ist, wird nur so verstanden, daß sie ein Handeln des Staates »erlaube«, nicht aber Gegenstände möglichen staatlichen Handelns zu materiellrechtlichen Handlungsaufträgen, -geboten oder sonstigen »Wert«-Entscheidungen erhebe. Diese Kritik überzeugt weniger als die sich anschließenden Ausführungen zur richterlichen Abwägung als Element der Auslegung und Anwendung der Grundrechte. Die Abweichende Meinung bezieht nicht alle Verfassungsnormen ein, aus denen auf die vermißte normative Grundentscheidung geschlossen werden kann, und läßt beiseite, daß selbst Kompetenz- und Organisationsnormen doch in der Lage sind, politische Entscheidungen, daß eine staatliche Handlung einer »notwendigen« Staatsaufgabe dienen könne, zu legitimieren. Wenn man überhaupt auf die Suche gehen muß, um dem Gesetzgeber eine ausdrückliche verfassungsrechtliche Nennung oder Anerkennung für die von ihm verfolgte und Grundrechte berührende Aufgabenerfüllung zu zeigen, müßte es doch Sache des Gesetzgebers sein, darüber zu befinden, ob eine bestimmte Aufgabenerfüllung politisch notwendig oder zweckmäßig erscheint.

Die kräftige Einschärfung, mit der die Abweichende Meinung gegen kriterien- und konturenlose Abwägungen des Verfassungsrichters vorgeht, ist ungeachtet mancher Überspitzung ein verfassungsdogmatisches Kabinettstück[15]. Die Abmessung der Grundrechtsschranken darf in der Tat nicht dazu führen, daß das Grundrecht zum »bloßen Abwägungsgesichtspunkt« wird und das anwendbare Recht »seinen Sitz nicht mehr in der Verfassung, sondern im Abwägungsspruch des Richters« hat. Dazu muß es allerdings nicht schon dadurch kommen, daß die Verfassung als eine normative Einheit verstanden und in der durch sie getroffenen Ordnungs- und Gestaltungsentscheidung bestimmte Prinzipien, Verfassungsgüter und »Werte« konstatiert werden. Dennoch muß das Plädoyer für normative Bestimmtheit und für Gebundenheit und Meßbarkeit richterlicher Verfassungspraxis unterstützt werden, auch dann, wenn der Vorwurf gegen die Senatsmehrheit im Streitfall nicht durchschlagen mag, daß deren verfassungstheoretisch-dogmatischer Ansatz letztlich die Verfassungsbestimmungen zum Abwägungsmaterial richterlicher Entscheidungsfindung herunterstufe.

Eine andere Frage ist es, welches Maß an normativer Bestimmtheit und sachlicher Bindung von Regierung und Parlament für die Außen- und Verteidigungspolitik durch die Gebote der Verfassung und der richterlichen Auslegung und Anwendung des Verfassungsrechts einzuhalten ist. Im Grundvertrags-Urteil hat das Gericht unterstrichen, daß zu den gerade in der Verbindung mit der verfassungsrechtlichen Prüfung von Verträgen bedeutsamen Auslegungsgrundsätzen gehört,

15 BVerfGE 69, 1, 57/63 ff. – Siehe auch *P. Lerche,* Grundrechtsschranken, HStR, Bd. V, 1992, § 122.

bei der Auslegung von Verfassungsbestimmungen, die sich auf Beziehungen der Bundesrepublik mit anderen Staaten beziehen, deren schrankensetzenden, also Spielraum für Gestaltung lassenden Charakter nicht außer Betracht zu lassen[16]. Das Nachrüstungs-Urteil hat dann der Bundesregierung in den Grenzen offensichtlicher Willkür »Einschätzungen und Wertungen außen- und verteidigungspolitischer Art« zugestanden. Da es innerhalb dieser äußersten Grenze rechtlicher Maßstäbe ermangelt, sind die Einschätzungen und Wertungen der Bundesregierung politisch zu verantworten; ob sie zutreffen oder nicht, hat das Bundesverfassungsgericht nicht nachzuprüfen[17]. Dieser allgemeinen Maxime läßt sich wenig entgegenhalten, streiten konnte man jedoch darüber, ob die seitens der Bundesregierung erklärte Zustimmung zur Aufstellung von nuklearbestückten amerikanischen Mittelstreckenraketen der Bauart Pershing-2 und von Marschflugkörpern einer besonderen gesetzlichen Ermächtigung bedurfte[18]. Man wird daran zweifeln müssen, ob die Integration der Bundeswehr in die NATO, wie der Senat annimmt, als ein Fall der Übertragung von Hoheitsrechten auf eine zwischenstaatliche Einrichtung im Sinne des Art. 24 Abs. 1 GG anzusehen ist. Folgt man dieser Auffassung, ist es durchaus konsequent, wenn die Abweichende Meinung aus Art. 24 Abs. 1 GG schließt, daß der Gesetzgeber ein »Integrationsprogramm« festzulegen hat und daß die Integrationsermächtigung insoweit strikt anzuwenden ist[19]. Es ist völlig richtig, daß die Verfassung, und nicht der Vertragszweck darüber zu entscheiden hat, wie »offen« Bestimmungen sein dürfen, die als Ermächtigung für die Übertragung von Hoheitsrechten dienen. Weniger einleuchten muß allerdings, was die Abweichende Meinung dem Senat an militärpolitischen und geostrategischen Fragen zu prüfen abverlangt, um beurteilen zu können, welche vom Vertragsgesetzgeber noch nicht vorhergesehenen Risiken mit der Nachrüstung und der Raketenaufstellung verbunden sind und welche politischen Chancen der Bundesrepublik im globalen Mächtesystem durch die Haltung in diesen Fragen zugewachsen waren[20]. Dem Leser drängt sich hier nachdrücklich die Erwägung auf, ob die aus Art. 24 Abs. 1 und Art. 59 Abs. 2 GG ableitbaren normativen Maßstäbe richterlicher Beurteilung derartige Sachverhalte erfassen können. Ging es beim Nachrüstungs-Urteil um den politischen Spielraum der Regierung, war beim C-Waffen-Beschluß auch die politische Gestaltungsfreiheit des Gesetzgebers auszumessen, die bei der Erfüllung von Schutzpflichten aus Art. 2 Abs. 1 Satz 1 GG offensteht[21]. Der dem Gesetzgeber wie der vollziehenden Gewalt hier

16 BVerfGE 36, 1/14.
17 BVerfGE 68, 1/97, 103. - *A. Weber,* Nachrüstung und Grundgesetz, JZ 1984, 589; *R. Eckertz,* Atomare Rüstung im Verfassungsstaat, EuGRZ 1985, 165; *E. Benda/E. Klein* (FN 3), RNr. 27.
18 Siehe die Abweichende Meinung des Richters *Mahrenholz,* BVerfGE 68, 1, 111, bes. S. 113 ff., 118 f., 122.
19 Der Steuerungsfunktion des im Übertragungsakt fixierten Integrationsprogramms wird im Maastricht-Urteil ausschlaggebende Bedeutung zugesprochen.
20 BVerfGE 68, 1, 111/122 ff., 131 f.
21 BVerfGE 77, 170. - *R. Wolfrum,* EuGRZ 1988, 295.

zu konzedierende weite Einschätzungs-, Wertungs- und Gestaltungsspielraum - der auch Raum läßt, etwa konkurrierende öffentliche und private Interessen zu berücksichtigen - wird zwar auf der einen Seite durch den erweiterten Eingriffsvorbehalt der Wesentlichkeitstheorie beschnitten. Er kann aber auf der anderen Seite von den Gerichten je nach Eigenart des in Rede stehenden Sachbereichs, den Möglichkeiten, sich ein hinreichend sicheres Urteil zu bilden und der Bedeutung der auf dem Spiele stehenden Rechtsgüter, nur in begrenztem Umfang überprüft werden[22]. Mit dem Gesichtspunkt der »Eigenart des in Rede stehenden Sachbereichs« und mit den auch zu bedenkenden »Möglichkeiten, sich ein hinreichend sicheres Urteil zu bilden«, kommen wieder die Einschätzungen und Wertungen außen- und verteidigungspolitischer Art ins Spiel und wird die Auslegung und Anwendung des Art. 59 Abs. 2 GG auf den Streitfall vorgezeichnet[23].
Der Senat sieht in der Entscheidung über die Stationierung von C-Waffen im Bundesgebiet und die Sicherheitsvorkehrungen, unter denen die Lagerung und ein Transport dieser Waffen zu erfolgen haben, eine »wesentliche« Entscheidung im Sinne des in Art. 20 GG verankerten allgemeinen Vorbehalts des Gesetzes, die den Grundrechtsbereich betrifft. Das »Ob« und das »Wie« des gesetzgeberischen Handelns - hier im Hinblick auf die im Bündnis wahrgenommenen verteidigungspolitischen Belange - bestimmt sich damit verfassungsrechtlich nach dem allgemeinen Vorbehalt des Gesetzes[24]. Der Senat verneint, daß der allgemeine Vorbehalt des Gesetzes im Bereich des Art. 59 Abs. 2 Satz 1 GG insoweit gelte, als er Anforderungen an die Dichte der Regelung des vom Vertrag erfaßten Sachbereichs stellt. Die Bundesrepublik könne über den näheren Inhalt eines völkerrechtlichen Vertrages nicht einseitig bestimmen, so daß ein gesteigertes Gebot der Spezifizierung im vertraglichen Bereich weithin die Gefahr außenpolitischer Handlungsfähigkeit heraufbeschwören würde.
Diese Auslegung sichert - wenngleich unter der aufrechterhaltenen Jurisdiktion des Gerichts nach dem hier weitgespannten allgemeinen Vorbehalt des Gesetzes - die außen- und verteidigungspolitische Entscheidungs- und Gestaltungsfreiheit des Gesetzgebers und zugleich die außen- und verteidigungspolitische Handlungsfreiheit und Einschätzungsprärogative der Regierung. Die Abweichende Meinung des Richters Mahrenholz[25] stellt diesen Hauptpunkt nicht grundsätzlich in Frage. Sie kritisiert anhand bestimmter Annahmen über die Bedeutung und zeitliche Dringlichkeit des Katastrophenrisikos, daß der Senat die mangelhafte

22 BverfGE 77, 170/214, 215.
23 BVerfGE 77, 170/231.
24 Die Abweichende Meinung zum Nachrüstungs-Urteil stützte sich auf die Rechtsauffassung, daß Art. 59 Abs. 2 GG eine spezielle Ausprägung des allgemeinen Gesetzesvorbehalts sei, wonach der Gesetzgeber alle wesentlichen Entscheidungen selbst zu treffen habe, und kritisierte, daß der Senat Art. 59 Abs. 2 GG nicht auf die Zustimmungserklärung der Bundesregierung angewandt habe (BVerfGE 68, 1, 111/127 ff.).
25 BVerfGE 77, 170, 234.

Erfüllung der der Bundesregierung aufgegebenen grundrechtlichen Schutzpflicht in der Sphäre, die ihrem eigenen Handeln überlassen blieb, nicht beanstandet habe. Es sei evident, daß die Bundesregierung die Pflicht gehabt hätte, die Landesregierungen über Standorte und sonstige Umstände zu informieren, so daß selbst bei einer Beschränkung auf eine bloße Evidenzkontrolle[26] ein Verfassungsverstoß gegeben sei.
Die Meinungsverschiedenheit betrifft Inhalt und Tragweite der die öffentliche Gewalt bindenden Schutzpflicht für die grundrechtlich garantierten Rechtswerte des Lebens und der körperlichen Unversehrtheit. Das Gericht hatte nach dem Richtmaß der objektiven Gewährleistung des Grundrechts darüber zu entscheiden, wie weit die Schutzpflicht anzuspannen ist und ob die Handlungsweise der Bundesregierung im Streitfall noch in dem Spielraum lag, der unter die nichtjustiziable, nur politisch zu verantwortende Gestaltungsfreiheit der Staatsorgane fällt. Die im Mitbestimmungs-Urteil entwickelten Kontrollmaßstäbe gelten für Prognosen des Gesetzgebers, würden also bei einer Übertragung auf die Fallsituation des C-Waffen-Beschlusses auf die Einschätzungen und Wertungen über das Katastrophenrisiko anzuwenden sein. Die Frage jedoch, ob die Bundesregierung hier überhaupt eine grundrechtliche Verantwortung trifft und ob sie ihrer Schutzpflicht in bestimmter Weise - etwa durch Informationsweitergabe und vorbereitete Planung des Katastrophenschutzes - hätte genügen müssen, ist eine materielle Rechtsfrage[27], nicht eine Frage der Gültigkeit einer Prognose.

III. Die Regierung in dem »vom Grundgesetz normierten Gefüge der Verteilung von Macht, Verantwortung und Kontrolle«

Das parlamentarische Regierungssystem sieht sich in der Staatspraxis und der Verfassungspolitik der neueren Zeit einer Veränderung ausgesetzt. Diese Entwicklung entbehrt nach den Lebensgesetzen der parlamentarischen Demokratie und des demokratischen Prozesses der öffentlichen Meinungs- und Willensbildung nicht einer gewissen Folgerichtigkeit. Das überkommene Gegenüber von verantwortlicher Regierung und kontrollierendem Parlament, das der Regierung eine selbständige Regierungsgewalt zuweist und ihr damit eine institutionelle Basis der Staatsleitung schafft[28], scheint neuen Kraftfeldern und Wirkungszusammenhängen nachgeben zu müssen. Außerhalb Deutschlands zeigt sich vielfach ein Zug zur Präsidialdemokratie, die die Staatsleitung mit plebiszitärer Legitimation

26 Der Senat bezieht sich für die gerichtliche Überprüfbarkeit der Gestaltungsfreiheit des Gesetzgebers und der vollziehenden Gewalt auf die Justiziabilitätskriterien des Mitbestimmungs-Urteils, BVerfGE 50, 290/332 f. (BVerfGE 77, 170/215); die Abweichende Meinung knüpft daran an.

27 Siehe BVerfGE 77, 170/220 f., 225 f.

28 *U. Scheuner,* Verantwortung und Kontrolle in der demokratischen Verfassungsordnung, in: Festschrift für Gebhard Müller, 1970, S. 379; *W. Mößle,* Regierungsfunktionen des Parlaments, 1986.

ausstattet und damit zwar nicht dem parteiendemokratischen Kräftespiel, wohl aber der unmittelbaren parlamentarischen Verantwortung und Kontrolle entzieht. Die staatsrechtliche Grundbeziehung, in die sich das jeweilige politische Miteinander und Gegeneinander von Regierung und Parlament einzufügen hat, bleibt erhalten, auch wenn man erkennt und betont, daß die aktive Frontlinie zwischen Regierung und Parlamentsmehrheit hier und Opposition der parlamentarischen Minderheit dort verläuft. Denn für Parlament und Volk sind Mandat und Verantwortung der parlamentarisch gestützten, aber auch kontrollierten Regierung klar auszumachen. Das ändert sich in dem Maße, wie Entscheidungen der Regierung von Mitwirkungsakten des Parlaments abhängig werden, über das parlamentarische Budgetrecht und die gesetzesförmige Zustimmung zu wesentlichen völkerrechtlichen Verträgen hinaus. Eine weitere, nur aus der Eigenart der fortschreitenden Integration Europas zu erklärende Modifikation der Regierungsgewalt ergibt sich neuerdings dadurch, daß die Länder durch den Bundesrat in Angelegenheiten der Europäischen Union mitwirken und unter gewissen Voraussetzungen sogar das letzte Wort haben (Art. 23 Abs. 1, 4 und 5, Art. 50 GG).
Das Bundesverfassungsgericht hat Bestrebungen, die Durchschlagskraft der parlamentarischen Demokratie zu Lasten des verfassungsrechtlichen Institutionengefüges nur im Wege der Verfassungsinterpretation zu erweitern, bis in die jüngste Zeit nicht nachgegeben, wenngleich sich im Somalia-Beschluß[29] und im Maastricht-Urteil[30] neue Tendenzen abzeichnen. Im Kalkar-Urteil wird die neuere Lehre vom allgemeinen Vorbehalt des Gesetzes im Sinne der Wesentlichkeitstheorie bekräftigt, zugleich aber - und begrenzend - die konkrete Ordnung der Verteilung und des Ausgleichs staatlicher Macht, die das Grundgesetz gewahrt wissen will, gegen einen »aus dem Demokratieprinzip fälschlich abgeleiteten Gewaltenmonismus in Form eines allumfassenden Parlamentsvorbehalts« abgeschirmt. »Aus dem Grundsatz der parlamentarischen Demokratie darf nicht ein Vorrang des Parlaments und seiner Entscheidungen gegenüber den anderen Gewalten als ein alle konkreten Kompetenzzuordnungen überspielender Auslegungsgrundsatz hergeleitet werden«[31]. An diesen Grundgedanken schließt sich das Nachrüstungs-Urteil an, wenn es eine die Befugnisse des Bundestages erweiternde Analogie aus Art. 59 Abs. 2 Satz 1 GG auf andere völkerrechtliche Akte ablehnt; dies »stellte einen Einbruch in zentrale Gestaltungsbereiche der Exekutive dar und liefe dem vom Grundgesetz normierten Gefüge der Verteilung von Macht, Verantwortung und Kontrolle zuwider«[32]. Als ein Hauptstück der gewaltenteilenden

29 BVerfG Beschluß vom 23. 6. 1993 - 2 BvQ 17/93 -.
30 BVerfG Urteil vom 12. 10. 1993 - 2 BvR 2134/94, 2 BvR 2159/92 -.
31 BVerfGE 49, 89/Leitsatz 1 und S. 124 ff.
32 BVerfGE 68, 1/Leitsatz 1.a) und S. 86 f., 89. - Kurz zuvor war hinsichtlich der Grenzen des parlamentarischen Untersuchungsrechts gesagt worden: »Die Verantwortung der Regierung gegenüber Parlament und Volk setzt notwendigerweise einen Kernbereich exekutivischer Eigenverantwortung voraus, der einen auch von parlamentarischen Untersuchungsausschüssen grundsätzlich

Demokratie wird auf die verfassungsrechtliche Kompetenzverteilung hingewiesen, die auch die Exekutive, und innerhalb ihrer besonders die Regierung, als »politische« Gewalt ausgestaltet, der im Bereich der auswärtigen Beziehungen, aber auch insgesamt, ausschließliche Befugnisse zu weittragenden, möglicherweise existentiellen Entscheidungen zukomme. Die damit allfällig verbundenen politischen Risiken sind - so das Gericht - von Verfassungs wegen hinzunehmen. Denn die Regierung ist unter der demokratisch-parlamentarischen Herrschaftsordnung, die das Grundgesetz verfaßt hat, institutionell wie funktionell gleichfalls demokratisch legitimiert[33].
Die Abweichende Meinung sieht in der Entscheidung des Senats eine Gewichtsverschiebung im Verfassungsgefüge zugunsten der Exekutive, belegbar besonders an dem hier eingeleiteten Erosionsprozeß des Gesetzesvorbehalts des Art. 24 Abs. 1 GG und an der engen Auslegung der Mitwirkungsbefugnisse der gesetzgebenden Körperschaften nach Art. 59 Abs. 2 Satz 1 GG[34]. Sie hält dem Senat die Angreifbarkeit der von ihm in der Auslegung des Gewaltenteilungsgrundsatzes angewandten Methode vor; unter Vernachlässigung des spezifischen Rechtsgedankens und der Funktion des Art. 59 Abs. 2 GG werde die Reichweite des Gewaltenteilungsprinzips von einem aus Art. 20 Abs. 2 GG genommenen »ideell vorgestellten Gewaltenteilungsschema« bestimmt. Dadurch komme der Gesichtspunkt der »politischen Kontrolle« zu kurz. Es läßt sich möglicherweise darüber streiten, ob aus dem allgemeinen Rechtsgedanken des Art. 59 Abs. 2 GG[35] Rechtsfolgen für die Zustimmungsbedürftigkeit auch anderer als der ausdrücklich genannten völkerrechtlichen Rechtsakte entnommen werden dürfen. Bei der Abgrenzung von Organzuständigkeiten wird allerdings eine strikte Auslegung die Überzeugungskraft auf ihrer Seite haben, zumal ja Art. 59 Abs. 2 GG selbst eine politische Kontrolle durch Mitwirkung im Fall von Verwaltungsabkommen nicht vorsieht. Der Senat, die selbständige Entscheidungsverantwortung der Regierung betonend, lehnt andere als die ausdrücklich eingerichteten Wege der politischen Kontrolle durch das Parlament ab und ist wohl durch diesen Ausgangspunkt, und nicht durch ein ideell vorgestelltes Gewaltenteilungsschema in der Auslegung des Art. 59 Abs. 2 GG bestimmt.
In dem Kompetenzstreit über den Somalia-Einsatz der Bundeswehr sucht das Bundesverfassungsgericht eine »Überbrückung« durch die begehrte einstweilige Anordnung und verfügt, daß die Beteiligung der Bundeswehr an UNOSOM II bis zur Entscheidung in der Hauptsache nur aufrecht erhalten und fortgeführt werden darf, wenn und soweit der Deutsche Bundestag dies beschließt. Die von der an-

nicht ausforschbaren Initiativ-, Beratungs- und Handlungsbereich einschließt« (BVerfGE 67, 100/Leitsatz 3.c) und S. 129 f., 139).
33 BVerfGE 68, 1/Leitsatz 4 und S. 89, 109.
34 BVerfGE 68, 1, 111/120 f., 128 ff.
35 Siehe *R. Herzog*, Gesetzgeber und Verwaltung, VVDStRL 24, 1966, S. 183/205.

tragstellenden Oppositionsfraktion als verletzt gerügten Rechte des Bundestages aus Art. 24 Abs. 1, Art. 59 Abs. 2 und Art. 20 in Verb. mit Art. 87 a Abs. 2 und Art. 79 Abs. 1 und 2 GG erfahren so eine vorläufige Sicherung, damit - wie das Gericht sagt - sie nicht im Zeitraum bis zur Entscheidung in der Hauptsache »durch Schaffung vollendeter Tatsachen überspielt« werden. Darin liegt weniger eine »Überbrückung« des Kompetenzstreits als das - dem Namen nach vorläufige - Gebot eines Zusammenwirkens von Bundesregierung und Bundestag. Dem Bundestag wird das - seinem Rechtsgrund nach offene - Recht zugesprochen, in eigener Verantwortlichkeit, »konstitutiv« zu bestimmen, ob und in welchem Umfang der Beschluß der Bundesregierung vom 21. April 1993 bis zur Entscheidung in der Hauptsache verwirklicht werden darf. Auch weitere Beschlüsse der Bundesregierung - fügt das Gericht hinzu -, die von diesem Beschluß abweichen oder ihn erneuern, bedürfen vor ihrer Ausführung parlamentarischer Zustimmung. Das Gericht fühlt sich schießlich bewogen, dem Bundestag aufzugeben, den ihm gerichtlich auferlegten Beschluß in den zuständigen Ausschüssen vorzubereiten und im Plenum des Bundestages zu erörtern. Angesichts dieses Eingriffs in die verfassungsmäßigen Rechte von Bundesregierung und Bundestag erscheint es etwas ambivalent, wenn das Gericht erklärt, im Vorfeld eines solchen Organstreits zwischen Parlament und Regierung über bestehende Entscheidungskompetenzen sei es grundsätzlich nicht Aufgabe des zu aktivem politisch gestaltendem Handeln nicht berufenen Gerichts, anstelle dieser Organe eine einstweilige Sachentscheidung aufgrund einer Folgenabwägung zu treffen, für die es hinreichender rechtlicher Anhaltspunkte ermangele. Daß sich die Opposition bestimmter Rechte des Parlaments berühmt, die von der Mehrheit des Parlaments offensichtlich als nicht bestehend angesehen werden, kann nicht genügen, um der Bundesregierung in den Arm zu fallen, ohne die Befehls- und Kommandogewalt des Bundesministers der Verteidigung über die Streitkräfte auch nur zu erwähnen. Hätte die Bundesregierung die Grenze des Art. 87 a Abs. 2 GG überschritten - auf deren Einhaltung der Bundestag kein Recht hat -, würde dieser Verfassungsverstoß auch nicht vorläufig durch eine Entschließung des Bundestages ausgeglichen werden können. Eine objektive Verfassungsnorm kann sich nicht dadurch zum Tatbestandsmerkmal für ein subjektives Recht verwandeln, daß der Bundestag oder der Bundesrat geltend machen, eine politisch bekämpfte Handlungsweise der Bundesregierung wäre nur dann erlaubt, wenn zuvor eine bestimmte Verfassungsänderung vorgenommen würde. Es ist dem Bundesverfassungsgericht versagt - außer in gravierenden Gefahrenlagen für das Gemeinwohl -, durch eine einstweilige Anordnung in politische Regierungsfunktionen einzugreifen und die politische Beurteilungsprärogative anderer Verfassungsorgane, etwa jene der Bundesregierung, in Zweifel zu ziehen[36].

36 *J. Berkemann,* in: *D. C. Umbach/Th. Clemens,* Hrsg., Bundesverfassungsgerichtsgesetz, 1992, § 32, RNrn. 134 ff.

Im Maastricht-Urteil ist bemerkenswert, welches Gewicht das Gericht der Entschließung des Bundestages vom 2. Dezember 1992 beilegt, mit der der Bundestag[37] für sich in Anspruch nimmt, die Bundesregierung für ihr Stimmverhalten bei Beschlüssen des EG-Rates betr. den Übergang zur dritten Stufe der Wirtschafts- und Währungsunion einem parlamentarischen Zustimmungsvorbehalt zu unterwerfen[38]. Diese Entschließung kann verfassungsrechtlich eine rechtliche Bindung der Bundesregierung nicht begründen und ist offenbar als eine politische Absichtserklärung gemeint. Das Gericht äußert sich zu der etwa möglichen rechtlichen Tragweite der Entschließung nicht und sagt auch nicht eindeutig, ob ein derartiger Zustimmungsvorbehalt etwa verfassungsrechtlich notwendig ist. Es ergibt sich ein Schwebezustand, in dem die Bundesregierung stets damit rechnen muß, bei eigenverantwortlich getroffenen Entscheidungen außen- oder verteidigungspolitischer Art in einen Verfassungsstreit schwer abschätzbaren Ergebnisses verwickelt zu werden.

IV. Die Rechtsprechungsaufgabe bestimmt die Methode bei der Auslegung und Anwendung der Verfassung

Die für die rechtsstaatliche Ordnung des politischen Prozesses in Deutschland kennzeichnende Stellung und Autorität des Bundesverfassungsgerichts resultiert aus den verfassungsrechtlich begründeten Zuständigkeiten dieses Gerichts und aus dem normativen Vorrang der Verfassung vor den Rechtsakten der öffentlichen Gewalt, vor allem vor dem Gesetz. Auch für die Rechtsprechung in Verfassungsstreitigkeiten gilt, daß der an Gesetz und Recht gebundene Richter nur über einzelne Streitfälle entscheidet und daß er den Richterspruch anhand von Maßstäben fällt, die ihm durch das positive Recht vorgegeben sind und über deren Geltung und Inhalt er nicht verfügt. Die Verfassungsgerichtsbarkeit kann gegenüber den politischen Kräften und den politischen Handlungen und Entscheidungen von Regierung und Volksvertretung nicht mehr erreichen als das Verfassungsrecht selbst.

Die Verfassungsgerichtsbarkeit ist Rechtsprechung zur Wahrung und Klärung des Verfassungsrechts. In einer Reihe von Streitsachen tritt die Rechtsprechungsaufgabe als Staatsgerichtshof in den Vordergrund, so in den Bund-Länder-Streitigkeiten, im Organstreit und beim Parteiverbot. Doch da überall verfassungsrechtlich umschriebene Rechte und Pflichten im Streit sind, zeigt sich die über den

37 Dasselbe fordert der Bundesrat: Entschließung des Bundesrates (18. 12. 1992), BRat Drucks. 810/92 (Beschluß), Nr. 8.

38 Beschlußempfehlung und Bericht des Sonderausschusses »Europäische Union (Vertrag von Maastricht)«, BTag Drucks. 12/3895, S. 5 f., 14 f., Entschließungsantrag der Fraktionen der CDU/CSU, SPD und F.D.P., BTag Drucks. 12/3906; BTag Sten. Bericht, Plenarprotokoll 12/126, S. 10879 D, 19885 B.

Streitfall hinausreichende Notwendigkeit und Wirkung, über Inhalt und Tragweite von Verfassungsnormen zu urteilen, auch hier. Deutlicher, oft beherrschend, ist dieser präjudizielle Entscheidungsgegenstand in den Normenkontrollverfahren. Die Verfassungsbeschwerde ist zur Entscheidung anzunehmen, soweit ihr grundsätzliche verfassungsrechtliche Bedeutung zukommt (§ 93 a Abs. 2 lit. a BVerfGG)[39]. Diese Klausel weist darauf hin, daß die Aufgabe des Gerichts sich nicht in der Erledigung von Einzelfällen erschöpft, sondern daß es auch seine Sache ist, »verfassungsrechtliche Fragen« zu klären, also durch über den Einzelfall hinaus bedeutsame Rechtsauffassungen den Inhalt des Verfassungsrechts zu klären. Darauf beruht es, daß die als tragende Gründe einer Entscheidung dienenden Auslegungen der Verfassung allgemeine Bindungswirkung entfalten (§ 31 Abs. 1 BVerfGG)[40]. In der Aufgabe und Fähigkeit des Bundesverfassungsgerichts, abschließend und authentisch verfassungsrechtliche Rechtsfragen zu klären, wird man einen wesentlichen Grund für die Einrichtung der Verfassungsgerichtsbarkeit sehen müssen.

Die oft bedeutungsweiten und flexibler Handhabung zugänglichen Klauseln des Verfassungsgesetzes und die vom Verfassungsgesetz konkludent vorausgesetzten Rechtsgrundsätze und Verfassungsprinzipien geben der Rechtsprechungsaufgabe des Verfassungsrichters eine Vollmacht gestaltender Rechtsfindung, der Rechtsbildung und Rechtsfortbildung. Auch diese Vollmacht ist nur ein Element der dem Richter durch die Verfassung zugewiesenen Rechtsprechungsaufgabe; sie eröffnet keine Entscheidungsmöglichkeit nach politischer Zweckmäßigkeit. Die präjudiziellen Rechtsauffassungen des Verfassungsrichters sind eine Bedingung der normativen Kraft der Verfassung und vor allem eine Bedingung für die Wirksamkeit der rechtlichen Grenzen, die der politischen Gestaltungsfreiheit des Gesetzgebers gesetzt sind.

Jede richterliche Entscheidung enthält dadurch eine selbständige richterliche Verantwortung, daß das Urteil darüber, was im Einzelfall rechtens ist, sich nicht ohne weiteres aus den (abstrakten) Normen des Gesetzes ablesen läßt. Die Auslegungskunst des Richters, unterstützt durch die rechtswissenschaftliche Dogmatik, enthält zwar Kriterien der rechtmäßigen und gerechten Entscheidung des Streitfalls, determiniert jedoch in aller Regel die Einzelfallentscheidung nicht derart durch eine zwingende Methode, daß das selbständige Urteil des Richters überflüssig wäre. Die als Vermittlungsschritte zwischen Norm und Fallentscheidung gebildeten präjudiziellen Rechtsauffassungen des Richters sind zwar nicht Rechtsetzung, aber doch ein notwendiges Element der Rechtsordnung. Die als solche zu den anerkannten Aufgaben und Befugnissen der Gerichte zu rechnende

39 Früher nannte das Gesetz das Kriterium für die Annahme zur Entscheidung: »Klärung einer verfassungsrechtlichen Frage« (§ 93 a Abs. 4 Satz 2, dann § 93 c Satz 2 BVerfGG).

40 *E. Benda/E. Klein* (FN 3), RNrn. 611, 1232; *K. Rennert,* in: *D. C. Umbach/Th. Clemens,* Hrsg. (FN 36), § 31, RNrn. 71 ff.

präjudizielle Rechtsbildung, einschließlich ihrer fließenden Übergänge zur Rechtsfortbildung, ist dahin begrenzt, daß sie nicht das System der Rechtsordnung verlassen und nicht einen eigenen rechtspolitischen Willen zur Geltung bringen darf[41]. Dementsprechend und in diesen Grenzen schließt die verfassungsrichterliche Auslegung und Anwendung des Verfassungsgesetzes eine verfassungsergänzende und verfassungsfortbildende Rechtsbildung ein. Auch sie aber ist Rechtsprechung und fallgebunden[42].

Die Entscheidungsregeln und Maßstäbe des Verfassungsrechts erscheinen unter dem Blickwinkel des Verhältnisses der Verfassungsgerichtsbarkeit zu den durch sie kontrollierten Rechtsakten der Gesetzgebung, der vollziehenden Gewalt und der Rechtsprechung als sachliche oder, pointierter, »funktionelle« Grenzen der Verfassungsgerichtsbarkeit. Die gestaltende Seite der verfassungsgerichtlichen Rechtsprechungsaufgabe ruft die darin verkörperte »Funktion« des Verfassungsgerichts im gewaltenteilenden Konzert der Staatsgewalt als ein eigenes - restriktives - Kriterium für die Rechtsfindung und Entscheidungstätigkeit des Gerichts herauf[43]. Das Wirkungsfeld dieses Kriteriums sind vor allem die Grundrechte; denn die Verfassung betraut zuerst die gesetzgebende Volksvertretung mit der Aufgabe, die Ordnung des Gemeinwesens zu gestalten und in der Ausgestaltung und Begrenzung von Grundrechten deren praktische Tragweite festzulegen[44]. Ein besonders sprechendes Beispiel ist das Rundfunkrecht, dessen wesentlichen Grundriß das Bundesverfassungsgericht aus dem Grundrecht der Rundfunkfreiheit entwickelt hat. Ein weit verzweigtes System von Ableitungen ergibt sich aus der ihrerseits vielfach vermittelten Rechtsauffassung, daß Art. 5 Abs. 1 Satz 2 GG den Staat verpflichtet, die »Grundversorgung, die dem öffentlich-rechtlichen Rundfunk in einer dualen Rundfunkordnung zufällt«, zu gewährleisten, wofür dann weiter gilt: »Die Grenzen der daraus folgenden Bestands- und Entwicklungsgarantie für den öffentlich-rechtlichen Rundfunk ergeben sich aus der Funktion, die dieser im Rahmen des von Art. 5 Abs. 1 GG geschützten Kommunikationsprozesses zu erfüllen hat«[45]. Es ist naheliegend, die Schöpfung dieses »dynamisierten Begriffs«, der nicht einmal die Richtung der Dynamik klar angebe und mit dem sich das Gericht gewissermaßen ein bedeutungsoffenes Werkzeug zur Kontrolle des Rundfunkrechts, vornehmlich der Privatrundfunkgesetze, bereitge-

41 BVerfGE 34, 269/286 ff.; 49, 304/318, 332; 75, 223/243 f. - *P. Badura,* Die Bedeutung von Präjudizien im öffentlichen Recht, in: *U. Blaurock,* Hrsg., Die Bedeutung von Präjudizien im deutschen und französischen Recht, 1985, S. 49/64 ff.

42 *E. G. Mahrenholz,* Verfassungsinterpretation aus praktischer Sicht, in: *H.-P. Schneider/R. Steinberg,* Hrsg., Verfassungsrecht zwischen Wissenschaft und Richterkunst, 1990, S. 53.

43 *G. F. Schuppert,* Funktionell-rechtliche Grenzen der Verfassungsinterpretation, 198; *K. Hesse,* Funktionelle Grenzen der Verfassungsgerichtsbarkeit, in: Festschrift für Hans Huber, 1981, S. 261; *Chr. Gusy,* Parlamentarischer Gesetzgeber und Bundesverfassungsgericht, 1985; *W. Heun,* Funktionell-rechtliche Schranken der Verfassungsgerichtsbarkeit, 1992.

44 *K. Hesse,* Grundzüge (FN 5), RNrn. 320, 569.

45 BVerfGE 83, 238/Leitsatz 1 und 2 295 ff.

stellt habe, zu kritisieren[46]. Andererseits ist die rundfunkrechtliche Judikatur des Verfassungsgerichts des Bundes eine gewisse Kompensation der dem Bund verwehrten Gesetzgebung auf dem Gebiet des Rundfunks.
Der früher in der Rechtsprechung des Gerichts deutlicher ausgesprochene Auslegungsgedanke der in materiellen Verfassungsnormen zu Tage tretenden »objektiven Wertordnung«, ebenso auch die Auslegungsfiguren der objektiven Gewährleistung und der grundrechtlichen Schutzpflichten des Staates enthalten - vor allem in Verbindung mit der Wesentlichkeitstheorie[47] - ein zu aktivistischer Rechtsfindung einladendes Potential, das eines funktionell am Gewaltenteilungsprinzip orientierten Korrektivs bedarf. Zu recht ist davor gewarnt worden, den wesentlichen Unterschied der Schutzpflichtdimension eines Grundrechts gegenüber der grundrechtlichen Garantie von Abwehrrechten des einzelnen im Verhältnis zum Staat einzuebnen und so Gefahr zu laufen, mit der Verantwortung des vom Volk unmittelbar legitimierten Gesetzgebers in Konflikt zu geraten. »Der Gedanke der objektiven Wertentscheidung darf . . . nicht zum Vehikel werden, um spezifisch gesetzgeberische Funktionen in der Gestaltung der Sozialordnung auf das Bundesverfassungsgericht zu verlagern«[48]. Dieses Korrektiv wird auch dort erheblich, wo nicht die Reichweite materieller Verfassungsnormen, sondern die Prüfung verfassungsmäßigen Handelns von Regierung oder Parlament im Vordergrund des Streites steht. Hier wird vornehmlich von einem Gebot richterlicher Selbstbeschränkung gesprochen, obwohl es die verfassungsrechtlichen Maßstäbe und die Rechtsprechungsaufgabe sind, die das Gericht beschränken, nicht ein anderweitig veranlaßter Entschluß des Richters. Der Grundsatz des judicial selfrestraint zielt darauf ab, den von der Verfassung für die anderen Verfassungsorgane garantieren Raum freier politischer Gestaltung offenzuhalten und verwehrt insofern dem Richter, »Politik zu treiben«[49].

46 *Chr. Starck,* »Grundversorgung« und Rundfunkfreiheit, NJW 1992, 3257.
47 Das aus einem diffusen »Demokratieprinzip« abgeleitete Begründungselement des allgemeinen Vorbehalts des Gesetzes ist stichhaltig, wenn es die vorrangige Entscheidungsvollmacht der gewählten Volksvertretung sichert, es kann sich aber zu einem dem Gericht verwehrten politischen Postulat verwandeln, wenn es dem Gesetzgeber eine nicht ohne weiteres erfüllbare und seine politische Bewegungsfreiheit ohne klaren verfassungsrechtlichen Auftrag beschneidende Regelungspflicht aufzwingt; so BVerfG EuGRZ 1993, 200 für einen Aspekt des Beamten- und Arbeitskampfrechts (entgegen BVerwGE 69, 208 und BAG NJW 1986, 210).
48 Abweichende Meinung der Richterin *Rupp-von Brünneck* und des Richters *Simon,* BVerfGE 39, 1, 68/70 ff., 72.
49 BVerfGE 36, 1/Leitsatz 2 und S. 14 f.

Der Herr des Verfahrens

Joachim Wieland

I. Verfahrensherrschaft durch Geschäftsordnungsautonomie?

Der Herr des Verfahrens bestimmt dessen Ablauf nach seinem Willen. Das Bundesverfassungsgericht sieht sich als Herr des Verfahrens[1]; diese Stellung komme ihm als oberstem Verfassungsorgan zu[2]. Was ist mit dieser Herrschaft über das Verfahren gemeint? Der Zweite Senat hat sich in einer der ersten Entscheidungen, an denen Ernst Gottfried Mahrenholz mitgewirkt hat, die Verfahrensherrschaft einschränkend nur »im Rahmen rechtlicher Bindungen« zugesprochen[3]. Diese Einschränkung verdient nachdrückliche Zustimmung, übt doch das Bundesverfassungsgericht rechtsprechende Gewalt aus (Art. 92 GG) und ist dabei an Gesetz und Recht gebunden (Art. 20 Abs. 3 GG). Zwar bildet allein die Verfassung den Maßstab für die Verfassungsmäßigkeit vom Bundesverfassungsgericht zu prüfender Gesetze. Daraus folgt aber nicht etwa, daß sich das Gericht über das Verfassungsprozeßrecht hinwegsetzen dürfte. Vielmehr weist das Grundgesetz in Art. 94 Abs. 2 ausdrücklich dem Gesetzgeber die Regelung von Verfassung und Verfahren des Bundesverfassungsgerichts zu. Auch als Verfassungsorgan ist demnach das Gericht nicht befugt, sein Verfahren selbst zu regeln[4].

Teil B der Geschäftsordnung des Bundesverfassungsgerichts[5] enthält jedoch zahlreiche »verfahrensergänzende Vorschriften«. Von kundiger Seite wird in diesem Zusammenhang betont, bei der Beratung der Geschäftsordnung habe Einverständnis darüber bestanden, »daß keine Regelung der Geschäftsordnung in Widerspruch zum Gesetz treten dürfe«; dieses habe bei unbeabsichtigt auftretenden Konflikten Vorrang gegenüber der Geschäftsordnung[6]. Damit ist dem in Art. 20 Abs. 3 GG verankerten Grundsatz des Vorrangs des Gesetzes Genüge getan. Die Frage bleibt, ob alle verfahrensergänzenden Vorschriften der Geschäftsordnung des Bundesverfassungsgerichts mit dem in Art. 20 Abs. 3 GG nicht ausdrücklich genannten, aber stillschweigend vorausgesetzten Vorbehalt des Gesetzes[7] vereinbar sind. Das Bundesverfassungsgericht selbst hat den Vorbehalt des Gesetzes

1 BVerfGE 13, 54 (94).
2 BVerfGE 36, 342 (357).
3 BVerfGE 60, 175 (213).
4 *Benda/Klein*, Lehrbuch des Verfassungsprozeßrechts, 1991, Rdnr. 72 (S. 32); *Schlaich*, Das Bundesverfassungsgericht, 2. Aufl., 1991, Rdnr. 53 f. (S. 40 f.).
5 Vom 15. Dezember 1986, BGBl. I, S. 2529, geändert durch Beschluß des Plenums des Bundesverfassungsgerichts vom 17. Juli 1989, BGBl. I, S. 1571.
6 *Benda/Klein* (Fn. 4), Rdnr. 73 (S. 32).
7 Dazu *Hesse*, Grundzüge des Verfassungsrechts, 19. Aufl., 1993, Rdnr. 201 (S. 83).

über Eingriffe in Freiheit und Eigentum hinaus auf wesentliche Entscheidungen ausgedehnt und »wesentlich« als »wesentlich für die Verwirklichung der Grundrechte« definiert[8]. Wesentlich für die Vewirklichung der Grundrechte ist das Verfahren vor dem Bundesverfassungsgericht aber ohne Zweifel. Auch aus diesem Grund ist Schlaich darin zuzustimmen, daß Legitimation und Überzeugungskraft des Bundesverfassungsgerichts nicht durch »das vom Gericht mehr oder weniger frei gewählte Verfahren« geschaffen werden können, sondern auf eine vom Gesetzgeber möglichst genau festgelegte, präzise und geschlossene Verfahrensordnung angewiesen sind[9].

Die dem Bundesverfassungsgericht in § 1 Abs. 3 BVerfGG erteilte Ermächtigung bezieht sich demgegenüber auf den Erlaß einer Geschäftsordnung, nicht einer Prozeßordnung. Während die Geschäftsordnung auf die Regelung der inneren Angelegenheiten des Gerichts beschränkt bleiben muß[10], regelt die Prozeßordnung nach außen hin das Verfahren der Rechtsprechung, insbesondere die Beziehungen zwischen Gericht und Verfahrensbeteiligten. Diese Beziehungen sind etwa betroffen, wenn das Bundesverfassungsgericht Verfassungsbeschwerden, die unzulässig sind oder unter Berücksichtigung der Rechtsprechung des Bundesverfassungsgerichts offensichtlich keine hinreichende Aussicht auf Erfolg haben, in ein Allgemeines Register einträgt und als Justizverwaltungsangelegenheiten behandelt[11]; die Regelung des § 60 Abs. 2 GOBVerfG ist deshalb jedenfalls in der Geschäftsordnung fehl am Platze. Die Prüfung der Zulässigkeit wie der Erfolgsaussichten von Verfassungsbeschwerden behalten §§ 93a ff. BVerfGG den Mitgliedern des Bundesverfassungsgerichts vor. Sie darf wegen des Vorrangs des Gesetzes auch nicht vorläufig - bis zu einem Insistieren des Beschwerdeführers[12] auf einer richterlichen Entscheidung - den Präsidialräten übertragen werden, die in der Praxis bei 2.000 bis 3.000 jährlich in das Allgemeine Register eingetragenen Verfassungsbeschwerden[13] auf umfangreiche Unterstützung durch weitere Beamte mit Befähigung zum Richteramt sowie Beamte des gehobenen Dienstes angewiesen sind[14].

8 BVerfGE 47, 46 (79) m.w.Nachw.; st. Rspr.; aus der Literatur statt aller *E.-W. Böckenförde*, Gesetz und gesetzgebende Gewalt, 2. Aufl., 1981, S. 375 ff., und *Ossenbühl*, Vorrang und Vorbehalt des Gesetzes, in: Handbuch des Staatsrechts, Bd. III, 1988, § 62 Rdnr. 41 ff. (S. 337 ff.).

9 *Schlaich* (Fn. 4), Rdnr. 54 (S. 41).

10 *Böttcher/Umbach*, Rdnr. 45 zu § 1, in: Umbach/Clemens, Bundesverfassungsgerichtsgesetz, 1992.

11 Näher zu diesem Verfahren *Langrock*, Nach §§ 90 bis 93, in: Umbach/Clemens (Fn. 10).

12 Die Bezeichnung des Beschwerdeführers in § 61 Abs. 2 GOBVerfGG als »Einsender« ist aufschlußreich, aber verfehlt.

13 Zu dieser Zahl *Langrock* (Fn. 11), Rdnr. 5 (S. 1273).

14 Siehe § 62 Abs. 2 GOBVerfG; kritisch zur Behandlung von Verfassungsbeschwerden im Allgemeinen Register *Schlink*, Zugangshürden im Verfassungsbeschwerdeverfahren, NJW 1984, 89; ferner *Schlaich* (Fn. 4), Rdnr. 253 (S. 153); *Graf Vitzthum*, Das Vorprüfungsverfahren für Verfassungsbeschwerden, in: Festschrift für Bachof, 1984, S. 293 (304 mit Fußnote 48); *Wieland*, Der Zugang des Bürgers zum Bundesverfassungsgericht und zum U.S. Supreme Court, Der Staat 29 (1990),

Auch die Vorschrift des § 26 Abs. 1 S. 2 GOBVerfG, derzufolge nach Beginn der Beratung einer Sache mit weniger als acht Richtern weitere Richter nicht hinzutreten können, bedarf wegen des verfassungsrechtlichen Gebotes des gesetzlichen Richters in Art. 101 Abs. 1 S. 2 GG der Regelung durch den Gesetzgeber; sie kann erhebliche Auswirkungen haben, wenn etwa bedeutende Verfahren - wie z.B. die abstrakte Normenkontrolle von § 218 StGB im Zweiten Senat - mehrere Monate lang beraten werden[15]. Schließlich ist auch die Regelung der Quoren für die Einleitung von Amtsenthebungsverfahren in §§ 50 ff. GOBVerfG nicht unbedenklich, die § 105 BVerfGG ergänzen. Gerade die heiklen Fragen des Verfahrens, das zu einer Versetzung in den Ruhestand oder sogar zu einer Entlassung eines Mitgliedes des Bundesverfassungsgerichts führen kann, muß der Gesetzgeber beantworten. Er sollte seinem Regelungsauftrag möglichst bald nachkommen und das Bundesverfassungsgericht aus der Verlegenheit befreien, den von ihm selbst mit Recht immer wieder betonten Vorbehalt des Gesetzes bei der Anwendung seines eigenen Prozeßrechts vernachlässigen zu müssen. Das Bundesverfassungsgericht kann also nicht in dem Sinne als Herr des Verfahrens angesehen werden, daß es sein Prozeßrecht selbst schaffen dürfte. Im Rahmen der Vorgaben von Verfassung, Bundesverfassungsgerichtsgesetz und Geschäftsordnung verfügt jedoch der Berichterstatter über großen Einfluß auf den Gang des Verfahrens. Seine Aufgaben und Befugnisse gehen weit über das bloße Erstatten eines Berichts zu einem anhängigen Verfahren hinaus; sie sollen im folgenden in den Blick genommen werden.

II. Verfahrensgestaltung durch den Berichterstatter

1. Wer im Einzelfall Berichterstatter wird, stellt der Senatsvorsitzende nach Grundsätzen fest, die jeder Senat vor Beginn des Geschäftsjahres beschließt[16]. Dem Berichterstatter obliegt sodann umfassend die weitere Förderung des Ver-

S. 333 (341 f.); dagegen *Wand*, Befugnisse der Gerichtsverwaltung und Aspekte der Vorprüfung im Verfassungsbeschwerdeverfahren, NJW 1984, 950; vgl. ferner *Schlink und Wand*, Nochmals: Die Vorprüfung der Verfassungsbeschwerde durch Präsidialräte, NJW 1984, 2195 und 2196, sowie *Benda/Klein* (Fn. 4), Rdnr. 118.

15 Ebenfalls auf Bedenken im Blick auf den durch Art. 94 Abs. 2 S. 1 GG begründeten Gesetzesvorbehalt stieß bis zur Einfügung von § 93d Abs. 2 S. 1 BVerfGG die den Kammern in § 40 Abs. 3 GOBVerfG eingeräumte Befugnis zur einstimmigen Ablehnung einer einstweiligen Anordnung; § 32 Abs. 6 BVerfGG erlaubte bis 1993 nur bei fehlender Beschlußfähigkeit des Senats einstimmige Stattgabeentscheidungen dreier Richter und § 93b Abs. 2 S. 2 BVerfGG a.F. stellte nur den stattgebenden Kammerbeschluß einer Senatsentscheidung gleich; zu Bedenken gegen die reine Geschäftsordnungsregelung siehe *Eichberger*, Rdnr. 43 zu § 15a, in: Umbach/Clemens (Fn. 10); *Schmidt-Bleibtreu*, in: Maunz/Schmidt-Bleibtreu, BVerfGG, Rdnr. 11 zu § 93b n.w.Nachw.; a.A. *Zuck*, Das Recht der Verfassungsbeschwerde, 2. Aufl., 1988, Rdnr. 947 (S. 376).

16 § 20 GOBVerfG.

fahrens, insbesondere durch sachleitende Verfügungen[17]. Die Geschäftsordnung ergänzt diese Regelung um den sibyllinischen Halbsatz: »soweit veranlaßt im Benehmen mit dem Vorsitzenden.« Wann die Herstellung des Benehmens veranlaßt ist, bleibt der Praxis überlassen. Faktisch entscheidet der Berichterstatter, ob Veranlassung besteht, sich mit dem Senatsvorsitzenden ins Benehmen zu setzen – in aller Regel sieht er keine Veranlassung und bestimmt allein den weiteren Fortgang des Verfahrens.
Von grundlegender Bedeutung für das weitere Schicksal einer Sache ist, ob sie in der Kammer oder im Senat behandelt wird. Seit 1993 kann die Kammer nicht nur die Annahme einer Verfassungsbeschwerde ablehnen bzw. der Beschwerde stattgeben, wenn die für die Beurteilung der Verfassungsbeschwerde maßgebliche verfassungsrechtliche Frage durch das Bundesverfassungsgericht bereits entschieden und die Verfassungsbeschwerde offensichtlich begründet ist[18]; vielmehr erlaubt § 81a BVerfGG der Kammer nunmehr auch, durch einstimmigen Beschluß die Unzulässigkeit eines Antrags auf konkrete Normenkontrolle festzustellen, der nicht von einem Landesverfassungsgericht oder von einem obersten Gerichtshof des Bundes gestellt wurde. Wenn die Kammer weder die Annahme der Verfassungsbeschwerde ablehnt noch die Verfassungsbeschwerde zur Stattgabeentscheidung nach § 93c BVerfGG annimmt, entscheidet der Senat über die Annahme[19]. § 40 Abs. 1 S. 2 GOBVerfG erklärt einen förmlichen Beschluß der Kammer für entbehrlich, wenn die Annahme der Verfassungsbeschwerde nicht abgelehnt wird. Die Praxis verzichtet nicht nur auf einen förmlichen, sondern auf jeglichen Beschluß der Kammer. Hält der Berichterstatter eine Verfassungsbeschwerde für »senatsgeeignet«, befaßt er die Kammer überhaupt nicht mit ihr, sondern legt die Beschwerde votiert dem Senat vor, der regelmäßig implizit über ihre Annahme entscheidet. Dieses Verfahren steht zwar nicht in Übereinstimmung mit § 40 Abs. 1 S. 2 GOBVerfG, ist aber von der vorrangigen Regelung des § 93b S. 2 BVerfGG durchaus gedeckt.

2. Die Entscheidung des Berichterstatters, ob er eine votierte Verfassungsbeschwerde der zuständigen Kammer oder dem Senat zur Entscheidung vorlegen will, stellt die Weichen für das weitere verfassungsgerichtliche Verfahren und entscheidet bereits weitgehend über das Schicksal der Verfassungsbeschwerde bzw. des Antrags auf konkrete Normenkontrolle. Vor allem die Frage, ob eine Verfassungsbeschwerde Probleme aufwirft, die über das sogenannte »einfache« Recht hinausgehen – nach einer früher häufig verwandten, oft kritisierten Formel »spezifisches Verfassungsrecht« verletzt[20] –, läßt sich vielfach nicht eindeutig beantwor-

17 § 22 Abs. 1 GOBVerfG.
18 Siehe §§ 93b und 93c BVerfGG.
19 § 93b Satz 2 BVerfGG.
20 Statt aller *M. Bender*, Die Befugnis des Bundesverfassungsgerichts zur Prüfung gerichtlicher Entscheidungen, 1991, S. 96 ff. und *Schlaich* (Fn. 4), Rdnr. 271 ff. (S. 166 ff.) jeweils mit umfassenden Nachweisen.

ten. Deshalb hat es der Berichterstatter ein Stück weit in der Hand, ob er durch ein Votum auf Ablehnung der Annahme in der Kammer einer Verfassungsbeschwerde die ausreichende verfassungsrechtliche Relevanz abspricht oder durch Erstattung eines Senatsvotums seine Einschätzung der Entscheidungswürdigkeit zum Ausdruck bringt. In beiden Fällen darf er davon ausgehen, daß die anderen Mitglieder der Kammer oder des Senats ihm in der Regel eine gewisse Einschätzungsprärogative einräumen werden. Eine solche Einschätzungsprärogative wird sich in begrenzterem Umfang auch bezüglich der Unzulässigkeit eines Antrags auf konkrete Normenkontrolle nach § 81a BVerfGG herausbilden.

Bei seiner Einschätzung muß der Berichterstatter selbstverständlich die bisherige Entscheidungspraxis in Kammer oder Senat berücksichtigen. Nicht ohne jeden Einfluß auf die Behandlung eines Verfahrens bleibt aber auch die Arbeitsbelastung des Senats, die es für einen Berichterstatter nur schwer möglich macht, diesem mehr als fünf Verfahren im Jahr zur Entscheidung vorzulegen[21]. Zudem wird der Berichterstatter seine Behandlung eines Verfahrens daran orientieren, ob die tatsächlichen Umstände des Falles ihn für eine Senatsentscheidung geeignet erscheinen lassen. Entschließt sich der Berichterstatter nach Abwägung aller Umstände, der Kammer die Ablehnung einer Verfassungsbeschwerde vorzuschlagen, kommt es nur sehr selten vor, daß er nicht die Zustimmung seiner Kammerkollegen findet.

3. Deutlich ungewisser sind die Erfolgsaussichten eines Senatsvotums. Auch der Einfluß des Berichterstatters auf die Beratung im Senat darf jedoch nicht unterschätzt werden. Sein Einfluß beruht ganz wesentlich auf dem Modus der Geschäftsverteilung und seiner Erstellung eines ausführlichen Votums. Die Geschäftsverteilung erfolgt gegenwärtig im Ersten Senat primär nach Sachgebieten und im übrigen in einem Umlaufverfahren, in dem die restlichen Verfahren in der Reihenfolge ihres Eingangs dem Dienstalter nach den Richtern zugewiesen werden. Der Zweite Senat verteilt seine Geschäfte sachgebiets- und verfahrensbezogen[22].

So war E.G. Mahrenholz nach der Geschäftsverteilung des Zweiten Senats über viele Jahre hinweg als Berichterstatter für Verfahren zuständig, die ihren Schwerpunkt im Parlamentsrecht, im Recht der Strafvollstreckung und im Recht der Privat- und Nebenklage hatten. Seine langjährige Zuständigkeit hat es ihm ermöglicht, diese Rechtsgebiete nachhaltig aus der Sicht des Verfassungsrechts zu beeinflussen. Das gilt für die grundlegenden Senatsentscheidungen zum Recht der

21 Zur Schwerfälligkeit des Senatsverfahrens und der dadurch geförderten Neigung des Berichterstatters, in Zweifelsfällen die Kammer zu befassen, *Eichberger* (Fn. 15), Rdnr. 53 zu § 15a m.w.Nachw.

22 Die Geschäftsverteilung für 1992 ist abgedruckt im Bundesanzeiger Nr. 104 vom 5. Juni 1992, S. 4543.

parlamentarischen Untersuchungsausschüsse[23], zum verfassungsrechtlichen Status von Abgeordneten und Fraktionen[24], zur Bedeutung des Grundsatzes der Verhältnismäßigkeit für die Unterbringung in einem psychiatrischen Krankenhaus[25], zu den verfassungsrechtlichen Erfordernissen bei der Anwendung von § 57a StGB[26] und zur Bedeutung der Unschuldsvermutung im Privatklageverfahren[27].
Auch in den Fällen, in denen der Berichterstatter für seine Meinung im Senat keine Mehrheit findet, bleibt es ihm unbenommen, sein Votum zur Grundlage der Veröffentlichung einer abweichenden Meinung zu machen. Die Bedeutung fundierter Sondervoten für die weitere Entfaltung des Verfassungsrechts - sei es in der Rechtsprechung, sei es in der Literatur - darf nicht unterschätzt werden, auch wenn sie häufig erst nach einiger Zeit sichtbar wird. E.G. Mahrenholz, der in manchen Grundsatzentscheidungen nicht mit der Mehrheit seines Senats übereinstimmte, hat so etwa nachdrückliche Anstöße für die weitere Diskussion des Budgetrechts des Parlaments[28], des Stimmrechts eines fraktionslosen Abgeordneten in einem Bundestagsausschuß[29] und die Berücksichtigung schwerer Schuld bei der Entscheidung über Urlaubsanträge von Gefangenen mit lebenslanger Freiheitsstrafe gegeben[30].
Selbstverständlich erstellen Mitglieder des Bundesverfassungsgerichts auch in Verfahren, in denen sie nicht Berichterstatter sind, allgemein beachtete Sondervoten - als Beispiele seien insoweit die abweichenden Meinungen von E.G. Mahrenholz zum Nachrüstungsurteil[31], zur Neuordnung des Rechts der Kriegsdienstverweigerer[32], zur Lagerung chemischer Waffen[33], zur Unschuldsvermutung bei der Einstellung eines Strafverfahrens[34] und zum Schwangerschaftsabbruch[35] genannt. Wegen der nur dreiwöchigen Frist, die § 56 Abs. 1 S. 1 GOBVerfG für die Abgabe eines Sondervotums gewährt, sind Richter, die sich nicht auf ein eigenes Votum stützen können, angesichts ihrer allgemeinen Arbeitsbelastung jedoch nur unter größtem Einsatz in der Lage, eine zustimmende oder abweichende Meinung zu veröffentlichen.

23 BVerfGE 67, 100 und 77, 1.
24 BVerfGE 80, 188 und 84, 304.
25 BVerfGE 70, 297.
26 BVerfGE 72, 105.
27 BVerfGE 74, 358.
28 BVerfGE 70, 324 (366).
29 BVerfGE 80, 188 (235); zustimmend und für die Verfassung der Stadt Bremerhaven sich anschließend OVG Bremen, NVwZ 1990, 1195 (1196).
30 BVerfGE 64, 261 (285).
31 BVerfGE 68, 1 (111).
32 BVerfGE 69, 1 (57, gemeinsam mit dem Richter Böckenförde, und 87).
33 BVerfGE 77, 170 (234).
34 BVerfGE 82, 106 (122).
35 BVerfGE 88, 203 (338, gemeinsam mit Richter Sommer).

4. Das Votum, das der Berichterstatter mit Unterstützung seiner wissenschaftlichen Mitarbeiter[36] in regelmäßig monatelanger Arbeit erstellt und das nicht selten mehrere hundert Seiten umfaßt, macht ihn naturgemäß viel näher mit dem jeweiligen Verfahren vertraut, als es die übrigen Senatsmitglieder sein können. Wer selbst einmal ein größeres Rechtsgutachten erstellt hat, kann sich vorstellen, an wievielen Stellen eines Votums Vorentscheidungen zu treffen sind, Entscheidungsalternativen mit oft nur knapper Begründung verworfen und einschlägige Rechtsprechung und Literatur ausgewählt werden müssen. Diese Sachzwänge tragen wesentlich zu dem Einfluß bei, den der Berichterstatter in aller Regel auf eine Senatsentscheidung nimmt.
Hinzu kommen seine vielfältigen sonstigen verfahrensfördernden Tätigkeiten: Er schlägt dem Vorsitzenden des Senats die Zustellung eines Antrags[37], Ersuchen an oberste Gerichtshöfe des Bundes oder oberste Landesgerichte[38] sowie an Persönlichkeiten vor, die auf einem Gebiet über besondere Kenntnisse verfügen und die sich zu einer für die Entscheidung erheblichen Frage gutachtlich äußern sollen[39]. Stellungnahmen der in § 94 BVerfGG genannten Äußerungsberechtigten oder Dritter kann der Berichterstatter auch dann allein einholen, wenn er sich später entscheidet, die Verfassungsbeschwerde dem Senat vorzulegen[40]. Soll eine mündliche Verhandlung stattfinden, legt der Berichterstatter dem Senat neben dem Votum den Entwurf einer Gliederung des Verhandlungsablaufs vor, die den Verfahrensbeteiligten zugeht[41]. Bis zur Vorlage des Votums sind die übrigen Senatsmitglieder auch mit wichtigen Verfahren oft noch nicht näher vertraut, da ihnen erst jetzt die Handakten zugeleitet werden, die alle verfahrens- und entscheidungserheblichen Schriftsätze enthalten[42]. Dementsprechend kann bis zu diesem Zeitpunkt auch nur der Berichterstatter von den Verfahrensbeteiligten und ihren Bevollmächtigten angesprochen, etwa um Auskünfte zum Stand des Verfahrens gebeten werden. Er allein kann vor einer Senatsentscheidung sogenannte »Berichterstatterschreiben« an alle oder einzelne Verfahrensbeteiligte richten, sie auf rechtliche Bedenken gegen Zulässigkeit oder Begründetheit ihres Antrags hinweisen oder ihnen Gelegenheit zu weiterem Sach- bzw. Rechtsvortrag bezüglich einzelner Punkte geben. Diese Schreiben, von denen die übrigen Mitglieder des Senats oder der Kammer in vielen Fällen vorab keine Kenntnis erlangen, können den Fortgang des Verfahrens wesentlich beeinflussen, auch zu einer Antragsrücknahme führen. Sie bewegen sich prozeßrechtlich in einer Grauzone und sollten

36 Zu deren Funktion § 13 GOBVerfG und *Umbach*, Rdnr. 9 ff. Vor §§ 93a ff., in: Derselbe/Clemens (Fn. 10).
37 § 23 Abs. 2 BVerfGG.
38 § 82 Abs. 4 BVerfGG.
39 § 22 Abs. 1, 3 und 4 GOBVerfG.
40 *Goetze*, Rdnr. 6 zu § 94, in: Umbach/Clemens (Fn. 10).
41 § 24 Abs. 2 GOBVerfG.
42 § 23 Abs. 1 S. 2 GOBVerfG.

nur zurückhaltend eingesetzt werden, vor allem wenn sie nicht allen Verfahrensbeteiligten zugeleitet oder nicht mit allen zur Entscheidung berufenen Richtern abgestimmt werden.
Hat der Senat entschieden, entwirft der Berichterstatter die Entscheidungsbegründung. Auch dieser erste Zugriff auf den später vom Senat beschlossenen Entscheidungstext trägt zur starken Stellung des Berichterstatters bei. Presseverlautbarungen bedürfen neben der Billigung des Vorsitzenden der des Berichterstatters, der sie in aller Regel erstellt und damit Einfluß auf das Medienecho nimmt, das eine Entscheidung des Bundesverfassungsgerichts findet. Er kann anregen, daß ihm wichtig erscheinende Kammerentscheidungen der Fachpresse zur Veröffentlichung überlassen werden. Die wissenschaftliche Rezeption der Rechtsprechung des Bundesverfassungsgerichts kann der Berichterstatter ferner durch die Auswahl der Passagen einer Senatsentscheidung beeinflussen, die in das Nachschlagwerk der Rechtsprechung des Bundesverfassungsgerichts aufgenommen werden[43].
Der Berichterstatter übt aber nicht nur erheblichen inhaltlichen Einfluß auf »seine« Verfahren aus, sondern bestimmt auch, wann eine Sache dem Senat oder der Kammer vorgelegt wird. Was ihm wichtig erscheint, kann er beschleunigt bearbeiten, was er für weniger bedeutend hält, kann er zurückstellen und damit angesichts der großen Arbeitsbelastung des Gerichts manchmal für Jahre ruhen lassen. Gelegentlich führt die Prioritätsentscheidung des Berichtserstatters sogar dazu, daß ein Antrag wegen Zeitablaufs unzulässig wird - eine unerfreuliche Konsequenz der Arbeitsbelastung des Gerichts, die der Berichterstatter bei der Beurteilung der Priorität der einzelnen Verfahren in Rechnung stellen sollte[44]. Sieht man alle genannten Befugnisse zusammen, erscheint es durchaus angemessen, den Berichterstatter als Herrn des Verfahrens zu bezeichnen.

5. Gerade weil der Berichterstatter in der Regel über Jahre hinweg Verfahren aus den ihm in der senatsinternen Geschäftsverteilung zugewiesenen Rechtsgebieten betreut, prägt er nachhaltig den Einfluß des Verfassungsrechts auf diese Rechtsgebiete. Das gilt für das Strafrecht wie für das Rundfunkrecht, für das Europarecht wie für das Steuerrecht, für das Staatskirchenrecht wie für das Finanzverfassungsrecht, für das Asylrecht wie für das Eigentumsrecht. Starke Richterpersönlichkeiten haben das ihnen geschäftsverteilungsmäßig zugewiesene Rechtsgebiet in erheblichem Umfang nach ihrem Verständnis des Verfassungsrechts zu gestalten vermocht - nicht nur durch die von ihnen entworfenen Entscheidungen, sondern auch durch Vorträge, Aufsätze und Diskussionsbeiträge, die von dem informierten Fachpublikum stets mit besonderem Interesse zur Kenntnis genommen und auf Andeutungen für künftige Entwicklungen der Rechtsprechung des Bundesverfas-

43 Siehe dazu § 33 GOBVerfG.
44 Als Beispiel siehe etwa BVerfGE 87, 207.

sungsgerichts hin überprüft werden. In manchen Fällen erlangt das betreffende Mitglied des Bundesverfassungsgerichts durch seine langjährige Berichterstattertätigkeit so die Rolle eines obersten Hüters nicht nur »seines« Teils des Verfassungsrechts, sondern auch der Dogmatik des in seine Zuständigkeit fallenden Gesetzesrechts. Das gilt vor allem deshalb, weil die Grenzen zwischen »einfachem Recht« und »spezifischem Verfassungsrecht« fließend sind. Zudem muß praktisch jedes größere Senatsvotum in beträchtlichem Umfang die Rechtsnormen auslegen, die vom Bundesverfassungsgericht überpüft werden; diese Auslegung beeinflußt fast unvermeidlich die Interpretation des Gesetzesrechts. Legt das Bundesverfassungsgericht einer Entscheidung ein bestimmtes Verständnis einzelner, von ihm zu überprüfender Rechtsnormen zugrunde, neigt die Praxis auch dann dazu, sich der verfassungsgerichtlichen Interpretation anzuschließen, wenn es sich nicht um einen Fall verfassungskonformer Auslegung handelt.

III. Vertretung in der Berichterstattung

Vergegenwärtigt man sich die herausragende Bedeutung des Berichterstatters für die Verfahren vor dem Bundesverfassungsgericht, so muß die relativ geringe normative Regelungsdichte seiner Tätigkeit und Stellung überraschen. Insbesondere fehlt in den Geschäftsverteilungsplänen beider Senate eine Vertretungsregelung. § 15a Abs. 2 BVerfGG schreibt vor, daß jeder Senat vor Beginn eines Geschäftsjahres für dessen Dauer die Verteilung der Verfassungsbeschwerden auf die Berichterstatter, die Zahl und Zusammensetzung der Kammern sowie die Vertretung ihrer Mitglieder beschließt. § 20 GOBVerfG ergänzt die gesetzliche Regelung insoweit, als er in Abs. 1 S. 2 erlaubt, von den Grundsätzen der Geschäftsverteilung abzuweichen, »wenn dies wegen Überlastung oder längerer Verhinderung eines Richters nötig wird.« Wer in diesen Fällen an Stelle des eigentlich zuständigen Senatsmitgliedes Berichterstatter werden soll, bleibt ungeregelt. Folglich ist ungeklärt, wer in eilbedürftigen Senatsverfahren die Befugnisse des Berichterstatters während dessen Abwesenheit wahrnimmt. Die Gerichtspraxis bleibt hier sich selbst überlassen.
Beide Senate haben allerdings entsprechend der gesetzlichen Vorgabe die Vertretung ihrer Mitglieder in den einzelnen Kammern detailliert geregelt[45]. Entschieden nun die Kammern tatsächlich entsprechend der Regelung in § 40 Abs. 1 S. 2 GOBVerfG über die Annahme jeder Verfassungsbeschwerde, deckte die Vertretungsregelung für die Kammern zugleich die Vertretung in der Berichterstattung bei Verfassungsbeschwerden ab. Die verfassungsgerichtliche Praxis folgt jedoch wie bereits dargelegt § 93b BVerfGG. Danach entscheidet der Senat über die An-

45 Beschlüsse beider Senate zur Kammerbesetzung sind abgedruckt im Bundesanzeiger Nr. 104 vom 5. Juni 1992, S. 4544.

nahme einer Verfassungsbeschwerde, wenn nicht die Kammer die Annahme der Verfassungsbeschwerde ablehnt oder ein Fall der Stattgabe gemäß § 93c BVerfGG vorliegt. Dementsprechend obliegt dem Berichterstatter unbeeinflußt von den beiden anderen Kammermitgliedern die Entscheidung darüber, ob er eine Verfassungsbeschwerde der Kammer oder dem Senat vorlegt. Wer ihn insoweit und in der Ausübung seiner anderen Befugnisse bei seiner Verhinderung in eiligen Fällen vertritt, ist nicht festgelegt, sondern ergibt sich ad hoc.
Vor allem im Blick auf die oben dargestellte Einschätzungsprärogative des Berichterstatters, deren Ausübung zur Bestimmung des zuständigen Spruchkörpers des Verfassungsgerichts führt, aber auch wegen der Bedeutung der sonstigen Befugnisse des Berichterstatters für den Gang des Verfahrens, sind die Senate aus Rechtsgründen gehalten, auch Vertretungsregelungen für die Berichterstattung in ihre Geschäftsverteilungspläne aufzunehmen. Das Bundesverfassungsgericht selbst hält in ständiger Rechtsprechung daran fest, daß gesetzlicher Richter im Sinne von Art. 101 Abs. 1 S. 2 GG nicht nur das Gericht als organisatorische Einheit, sondern auch das erkennende Gericht als Spruchkörper, vor dem verhandelt und von dem die Einzelsache entschieden wird, sowie die zur Entscheidung im Einzelfall berufenen Richter sind. Aus dem Zweck dieser Vorschrift folgt nach der Verfassungsrechtsprechung, »daß die Regelungen, die der Bestimmung des gesetzlichen Richters dienen, von vornherein so eindeutig wie möglich bestimmen müssen, welches Gericht, welcher Spruchkörper und welche Richter zur Entscheidung des Einzelfalles berufen sind«[46]. Zu diesen Regelungen gehört der Geschäftsverteilungsplan. Da die Entscheidung des Berichterstatters, eine Verfassungsbeschwerde entweder der Kammer oder dem Senat vorzulegen, die Zuständigkeit des von ihm gewählten Spruchkörpers begründet, muß vorab feststehen, wer im Falle einer Verhinderung des Berichterstatters seine Vertretung übernimmt.

IV. Geschäftsverteilung im Umlauf

Grundsätzlich stellt sich die Frage, ob die Geschäfte in beiden Senaten weiterhin vorrangig nach Rechtsgebieten bzw. Verfassungsnormen verteilt werden sollten. Für eine Geschäftsverteilung anhand dieser Kriterien spricht nicht nur die Tradition. Sie ermöglicht es vielmehr auch jedem Mitglied des Bundesverfassungsgerichts, sich über Jahre hinweg in eine bestimmte Rechtsmaterie gründlich einzuarbeiten, entsprechend vorgebildete wissenschaftliche Mitarbeiter einzustellen und für die Kontinuität der Rechtsprechung des Bundesverfassungsgerichts Sorge zu tragen. Bringen diese Vorteile der gegenwärtigen Geschäftsverteilung aber nicht auch erhebliche Nachteile mit sich? Vor allem dann, wenn ein Mitglied des Bun-

46 BVerfGE 18, 344 (349).

desverfassungsgerichts für Rechtsgebiete zuständig wird, mit denen es sich bereits in seinem vorangehenden Berufsleben intensiv und über längere Zeit hinweg beschäftigt hat, können sich Probleme ergeben: Wer das Strafrecht über Jahrzehnte hinweg aus der Sicht der Staatsanwaltschaft kennengelernt hat, wird Verfassungsbeschwerden gegen Strafurteile mit einem anderen Verständnis begegnen als ein erfahrener Strafverteidiger. Eine Geschäftsverteilung nach Rechtsgebieten, die einen von beiden dauerhaft zum Berichterstatter des Senats für Strafrechtsfälle macht, kann deshalb durchaus Folgen für die Entwicklung der Verfassungsrechtsprechung haben.

Sucht ein Senat diese Folgen zu vermeiden, indem er seinen Mitgliedern solche Rechtsgebiete zur Berichterstattung zuweist, die nicht Gegenstand ihrer früheren Berufstätigkeit waren, hat das den Vorteil, daß ein Rechtsgebiet zunächst einmal völlig unvoreingenommen aus der Sicht des Verfassungsrechts in den Blick genommen wird. Das kann zum einen dazu führen, daß für den Kenner der jeweiligen Rechtsmaterie Selbstverständliches plötzlich durch die Brille des Verfassungsrechts kritisch betrachtet wird. Zum anderen besteht eine gewisse Vermutung, daß ein »fachfremder« Berichterstatter seine Prüfung eher auf Fragen beschränken wird, die eindeutig verfassungsrechtlicher Natur sind. Wer ein Rechtsgebiet sehr genau kennt, wird eher der Versuchung ausgesetzt sein, das ihm dogmatisch richtig Erscheinende mit Hilfe des Verfassungsrechts auf der Ebene des Gesetzesrechts durchzusetzen. Dann vergrößert sich die Gefahr einer immer stärkeren Durchdringung des Gesetzesrechts durch das Verfassungsrecht, die ersterem seine Eigenständigkeit raubt[47].

Die genannte Gefahr ließe sich weiter verringern, und die Eigenständigkeit des Gesetzesrechts würde gestärkt, wenn die Senate des Bundesverfassungsgerichts sich entschließen könnten, ihre Geschäfte generell in einem Umlaufverfahren zu verteilen. Der Geschäftsverteilungsplan des Ersten Senats sieht subsidiär zwei derartige Umlaufverfahren vor[48]. In sie werden Verfahren aufgenommen, die sich nicht nach den primär für die Verteilung maßgeblichen sachlichen Kriterien zuteilen lassen. Diese Sachen werden in der Reihenfolge ihres Eingangs auf die Richter nach dem Dienstalter, beginnend mit dem Dienstjüngsten, verteilt. Maßgebend ist der zeitliche Eingang der Verfahren beim Leiter der Geschäftsstelle. Wenn zu einem im Umlaufverfahren zugeteilten Verfahren gleichzeitig oder später weitere tatsächlich bzw. rechtlich gleichgelagerte Verfahren eingehen, werden diese dem Richter zugeteilt, der für das als erstes eingegangene Verfahren zuständig ist. Ein

47 Dazu *Hesse*, Verfassungsrecht und Privatrecht, 1988, S. 39 f.; *Wahl*, Der Vorrang der Verfassung und die Selbständigkeit des Gesetzesrechts, NVwZ 1984, 401 (406 f.); *Wieland* (Fn. 14), S. 342 f.; ferner *M. Bender*, Rügepflicht für Verfassungsverstöße vor den Fachgerichten?, AöR 112 (1987), S. 169 (185 f.).

48 Siehe den Beschluß des Ersten Senats vom 17. Dezember 1991 über die Geschäftsverteilung im Geschäftsjahr 1992, Bundesanzeiger Nr. 104 vom 5. Juni 1992, S. 4543.

Umlauf-Ausgleichsverfahren stellt sicher, daß alle Senatsmitglieder gleichmäßig belastet werden.
Der Erste Senat praktiziert das Umlaufverfahren seit Jahren mit Erfolg, so daß seine grundsätzliche Eignung für die Verteilung der Senatsgeschäfte erwiesen sein dürfte. Seine Bedeutung würde sich allerdings qualitativ verändern, wenn beide Senate die Geschäftsverteilung im Umlaufverfahren zur Regel machten. Eine solche Regel hätte zur Folge, daß dann jedes Mitglied eines Senats Berichterstatter in allen Verfahren sein könnte, für die der Senat insgesamt zuständig ist. Wer diesem Vorschlag entgegenhält, daß damit die langjährige Erfahrung und die vertieften Kenntnisse entfielen, die sich der Berichterstatter nach dem jetzt praktizierten Geschäftsverteilungssystem in den von ihm betreuten Gebieten des Gesetzesrechts und des Verfassungsrechts erwirbt, möge sich vor Augen halten, daß auch gegenwärtig alle Mitglieder des Senats über alle Verfahren gemeinsam zu entscheiden haben. Wer nicht Berichterstatter für Steuerrecht, Völkerrecht, Sozialrecht, Eigentumsrecht oder Flurbereinigungsrecht ist, muß sich vor seiner Mitwirkung an Beratung und Entscheidung im Senat mit den einschlägigen Rechtsfragen vertraut machen. Die gegenwärtige Regelung bringt es aber mit sich, daß ihm ein Berichterstatter gegenübersteht, der sich nicht nur über lange Zeit hinweg mit der Erstellung des Votums beschäftigt und die Rechtsfragen des zu entscheidenden Falles gründlich ausgelotet hat. Der Berichterstatter ist zudem regelmäßig Experte in den von ihm betreuten Gebieten des Gesetzesrechts wie des Verfassungsrechts, hat in der Regel Vorentscheidungen des Bundesverfassungsgerichts entworfen, kennt die einschlägige Rechtsprechung der Fachgerichte genau und wird zudem noch von wissenschaftlichen Mitarbeitern unterstützt, die selbst über vertiefte Kenntnisse in den Materien verfügen, die in ihrem Dezernat zu bearbeiten sind. Es liegt nahe, daß diese Umstände die gleichgewichtige Mitwirkung aller Senatsmitglieder in allen zu entscheidenden Verfahren nicht unbedingt fördern.
Verteilten die Senate hingegen die bei ihnen eingehenden Sachen grundsätzlich im Umlaufverfahren, wie es in gewissem Umfang im Ersten Senat seit langem geschieht, bestünde von vornherein ein ungefähr gleicher Kenntnisstand aller Senatsmitglieder. Führte ein solches Vorgehen aber nicht zu einer weiteren Vergrößerung der ohnehin schon kaum noch tragbaren Arbeitslast des Bundesverfassungsgerichts, weil sich jedes Senatsmitglied in die unterschiedlichsten Rechtsgebiete einarbeiten müßte? Dieser zunächst einleuchtende Schluß erscheint mir bei genauer Prüfung nicht zutreffend. Gerade weil der im Umlaufverfahren bestimmte Berichterstatter nicht über Spezialkenntnisse in dem betreffenden Rechtsgebiet verfügt, wird er sich tendenziell auf die wirklich verfassungsrechtlichen Fragen beschränken. Mit dem Verfassungsrecht sind aber alle Mitglieder des Bundesverfassungsgerichts kraft Amtes bestens vertraut.
Gelingt es dem Antragsteller nicht, die für sein Verfahren wesentlichen verfassungsrechtlichen Fragen deutlich zu stellen, die das Bundesverfassungsgericht klären soll, verdient sein Begehren keinen Erfolg. Angesichts der durch die vorge-

gebene Zahl der Richter beschränkten Ressourcen des Verfassungsgerichts[49] kann es nicht seine Aufgabe sein, erst durch eine vertiefte eigene Analyse des Gesetzesrechts das möglicherweise einem Verfahren zugrundeliegende verfassungsrechtliche Problem herauszuarbeiten. Dies ist vielmehr Obliegenheit des Antragstellers, der seinen Antrag begründen muß[50]. Die Begründungslast erstreckt sich nicht nur auf den entscheidungserheblichen Sachverhalt, sondern auch auf die wesentlichen rechtlichen Erwägungen[51]. Selbstverständlich wird man insoweit an den nicht anwaltlich vertretenen Beschwerdeführer keine hohe Anforderungen stellen dürfen[52]. Immerhin verlangt das vom Bundesverfassungsgericht versandte »Merkblatt über die Verfassungsbeschwerde zum Bundesverfassungsgericht«[53] von ihm, »darzulegen, worin im einzelnen die Grundrechtsverletzung erblickt wird.«

Für den Fall, daß der Beschwerdeführer dazu nach Einschätzung des Berichterstatters nicht in der Lage ist, wäre zu erwägen, ob der Gesetzgeber nicht dem Bundesverfassungsgericht die Möglichkeit einräumen sollte, in Verfahren, die bei richtiger Begründung Aussicht auf Erfolg haben könnten, selbst einen Rechtsanwalt zur sachgerechten Vertretung des Beschwerdeführers zu bestellen. Ein wohlbegründeter anwaltlicher Vortrag liegt im allgemeinen Interesse an der Fortbildung des Verfassungsrechts, das seit der letzten Novellierung des Bundesverfassungsgerichtsgesetzes durch § 93a Abs. 2 Buchst. a BVerfGG auch prozeßrechtlich stärker betont wird[54]. Gerade weil nach geltendem Verfassungsprozeßrecht die Auslegung und Fortentwicklung des Verfassungsrechts im Vordergrund der Aufgaben des Bundesverfassungsgerichts steht, erscheint ein Verzicht auf durch langjährige Praxis vertiefte Kenntnisse der Mitglieder des Gerichts in einzelnen Gebieten des Gesetzesrechts eher hinnehmbar.

Das Bundesverfassungsgericht erhielte so die Gelegenheit, ähnlich wie der U.S. Supreme Court seine Kräfte auf die Pflege des Verfassungsrechts zu konzentrieren, und würde vor der Versuchung bewahrt, als »Superrevisionsgericht« die Rechtsprechung der eigentlich zuständigen obersten Bundesgerichte ohne zwingenden verfassungsrechtlichen Grund zu korrigieren[55]. Die neun Richter des U.S. Supreme Court bewältigen die Flut der an sie gerichteten Anträge, deren Zahl mit ca. 4.000 pro Jahr der des Bundesverfassungsgerichts vergleichbar ist[56], nicht zuletzt deshalb, weil überhaupt erst nach der Entscheidungsberatung festgelegt wird,

49 Dazu *Wieland*, Knappe Ressource Recht, in: Umbach u.a. (Hrsg.), Das wahre Verfassungsrecht, 1984, S. 249 ff.

50 § 23 Abs. 1 S. 2 BVerfGG.

51 *Puttler*, Rdnr. 12 zu § 23, in: Umbach/Clemens (Fn. 10).

52 *Pestalozza*, Verfassungsprozeßrecht, 3. Aufl., 1991, Rdnr. 54 zu § 12 (S. 190).

53 Abgedruckt bei Umbach/Clemens (Fn. 10), S. 1476 ff.

54 Zu dieser Funktion der Verfassungsbeschwerde *Wieland* (Fn. 14), S. 350 ff.

55 Zum Begriff des »Superrevisionsgerichts« BVerfGE 21, 209 (216); aus der umfangreichen Literatur *Benda/Klein* (Fn. 4), Rdnr. 589 (S. 250) und *Pestalozza* (Fn. 52), Rdnr. 13 zu § 12 (S. 167 f.) mit umfangreichen Nachweisen in Fußnote 38.

56 Vgl. *Wieland* (Fn. 14), S. 347 m.w.Nachw.

welcher Richter das Urteil entwirft, ohne daß es irgendeine sachliche Zuständigkeit nach Rechtsgebieten gäbe[57]. Auf diesem Wege entscheidet der U.S. Supreme Court in jedem Jahr etwa 150 Verfahren. Demgegenüber treffen beide Senate des Bundesverfassungsgerichts zusammen in jedem Jahr nur etwa 50 Senatsentscheidungen[58].

V. Gemeinsame Verfahrensherrschaft

Auch wenn die Senate des Bundesverfassungsgerichts sich entschließen sollten, ihre Geschäfte nach dem hier vorgeschlagenen Umlaufverfahren zu verteilen und die feste »Dezernatszuständigkeit« nach Rechtsgebieten, Verfassungsnormen und Verfahrensarten aufzugeben, bliebe der Berichterstatter Herr des Verfahrens. Den anderen Mitgliedern jedes Senates wüchse allerdings ein größerer Anteil an der gemeinsamen Herrschaft über jedes einzelne Verfahren zu, weil sich der Wissensvorsprung des Berichterstatters verringerte. Zugleich wäre ein verfahrensrechtliches Instrument gewonnen, das es dem Bundesverfassungsgericht erleichterte, sich auf die Auslegung des Verfassungsrechts zu konzentrieren. Ernst Gottfried Mahrenholz hätte bei einer solchen Geschäftsverteilung das Parlamentsrecht, das Recht der Strafvollstreckung sowie der Privat- und Nebenklage vielleicht weniger nachhaltig beeinflussen können, er hätte aber als Berichterstatter andere Bereiche der Zuständigkeit des Zweiten Senats bearbeiten und sein Verständnis des Grundgesetzes dort zum Ausdruck bringen können.

57 Zur Geschäftsverteilung im U.S. Supreme Court *Rehnquist*, The Supreme Court, 1987, S. 295 ff.
58 Zu den Zahlen *Wieland* (Fn. 14), S. 342 m.w.Nachw.

Senat und Kammer

Roman Herzog

Wenn der Bürger durch die Massenmedien über das Bundesverfassungsgericht und seine Rechtsprechung informiert wird, so beziehen sich solche Berichte verständlicherweise meist auf Senatsentscheidungen. Dem Bürger, der sich mit einer Verfassungsbeschwerde selbst an das Bundesverfassungsgericht wendet, tritt dieses aber meist nicht als achtköpfiger Senat, sondern lediglich als dreiköpfige Kammer entgegen - sei es mit einem Nichtannahmebeschluß, sei es aber auch mit einer »positiven Kammerentscheidung«. Schon deswegen mag es sich durchaus lohnen, dem Verhältnis dieser beiden »Aggregatszustände«, in denen sich die deutsche Verfassungsgerichtsbarkeit manifestiert, etwas Aufmerksamkeit zu schenken. Betrachtungen dieser Art haben dabei stets einen doppelten Sinn: Sie zeigen dem Außenstehenden, hier vor allem der interessierten Anwaltschaft, die Überlegungen auf, von denen das Verfassungsgericht in seiner Tagesarbeit ausgeht. Zugleich dienen sie aber auch der Selbstbesinnung des Gerichts und seiner Mitglieder. Keine Rechtsprechung, auch nicht die des obersten Gerichts, ist so geartet, daß sie nicht immer wieder solcher Selbstvergewisserung, ja Selbstkontrolle bedürfte.

I. Die Entscheidung über Senat oder Kammer

Die Grundsätze, nach denen die beim Bundesverfassungsgericht eingehenden Klagen und sonstigen Anträge auf die beiden Senate zu verteilen sind, sind im allgemeinen bekannt. Sedes materiae ist grundsätzlich § 14 BVerfGG, der jedem Senat bestimmte Sachen zuweist, heute aber - soweit das im Hinblick auf den Vorrang des Gesetzes überhaupt möglich ist - weitgehend durch Beschlüsse des Plenums des Bundesverfassungsgerichts nach § 14 Abs. 4 BVerfGG überlagert wird. Diese Überlagerung ist im wesentlichen eine Folge daraus, daß die große Belastung des Gerichts mit Grundrechtssachen und seine geringe Belastung mit »staatsgerichtlichen« Verfahren bei der Abfassung des § 14 BVerfGG noch nicht absehbar war. Jedenfalls tut, wer sich heute über die Zuständigkeitsverteilung zwischen den beiden Senaten informieren will, gut daran, nicht die Gesetzesvorschrift, sondern den Plenarbeschluß in seiner jeweiligen Fassung zu lesen.

Innerhalb der Senate werden die ihnen zufallenden Sachen dann allerdings nicht primär auf die Kammern, sondern auf die einzelnen Verfassungsrichter und ihre Dezernate verteilt. Das geschieht nach Geschäftsverteilungsplänen, die jeder Senat für seinen Zuständigkeitsbereich beschließt und die jeweils für ein Kalenderjahr gelten. Erst auf dem Umweg über die Dezernats- oder Berichterstatterzuständigkeit erschließt sich auch die Kammerzuständigkeit; denn in die Zuständigkeit der Kammern fallen alle Sachen, zu deren Erledigung einer jener Richter berufen ist, die der jeweiligen Kammer angehören, und da auch über die Zusammensetzung der Kammern alljährlich neu entschieden werden muß, kann sich die sachliche Zuständigkeit der Kammern - zumindest der Theorie nach - ebenfalls jedes Jahr verändern. Jedenfalls ergibt sie sich stets aus dem Zusammenwirken zweier Senatsbeschlüsse: des Beschlusses über die Zuständigkeitsverteilung zwischen den einzelnen Senatsmitgliedern und des Beschlusses über die Zusammensetzung der Kammern (vgl. zu alldem insbesondere § 15 a BVerfGG).

Damit ist freilich noch nicht die Frage beantwortet, wer letztlich darüber zu entscheiden hat, ob eine bestimmte Sache in den Senat oder in die Kammer »geht«. Diese Frage tritt schon von Gesetzes wegen nur bei Verfassungsbeschwerden und bei solchen Anträgen auf einstweilige Anordnung auf, die später zu einer Verfassungsbeschwerde führen können, neuerdings in beschränktem Umfang auch bei Richtervorlagen nach Art. 100 Abs. 1 GG (vgl. einerseits § 93 b BVerfGG, andererseits § 81 a BVerfGG). Da Verfahren dieser Art zahlenmäßig in der Alltagsarbeit des Bundesverfassungsgerichts bei weitem im Vordergrund stehen, stellt sie sich in praxi aber fast in jedem Verfahren, das beim Bundesverfassungsgericht anhängig wird.

Sedes materiae für diese Frage ist nach der seit August 1993 geltenden Fassung des Bundesverfassungsgerichtsgesetzes § 93 d Abs. 3 Satz 1 BVerfGG, nach welchem Entscheidungen der aus drei Richtern bestehenden Kammern nur einstimmig ergehen können. Das bedeutet, daß jedes Mitglied der nach den vorstehenden Grundsätzen zuständigen Kammer berechtigt ist, die Erledigung in der Kammer zu verhindern und die Befassung des Senats zu erzwingen.

Im allgemeinen wird diese Entscheidung schon vom zuständigen Berichterstatter selbst getroffen werden. Er muß sich in jedem Fall darüber klar werden, ob es sich bei einem Verfahren um eine »Senatssache« oder um eine »Kammersache« handelt. Kommt er zu der Überzeugung, daß es sich um eine »Senatssache« handelt, so legt er sie der Kammer gleich gar nicht vor. Deren förmliche Befassung erübrigt sich schon deshalb, weil mit einer einstimmigen Kammerentscheidung bei dieser Fallgestaltung von vornherein nicht zu rechnen ist.

Hält der Berichterstatter ein Verfahren dagegen für eine »Kammersache«, so legt er sie selbstverständlich »seiner« Kammer vor. Dann können aber die beiden anderen Kammermitglieder das Verfahren »anhalten«, indem sie - in aller Regel mit einer kurzen Begründung - die Unterschrift unter der Kammerentscheidung verweigern und damit die Zuständigkeit des Senats »begründen«, und selbstverständlich brauchen sie das nicht gemeinsam zu tun; es reicht aus, daß die betreffende Sache von einem einzigen Kammermitglied »angehalten« wird.

Der Grund, aus dem ein Kammermitglied eine Sache »anhält«, spielt dabei keine Rolle. Mißbräuchliches oder gar schikanöses »Anhalten« kommt im Bundesverfassungsgericht ohnehin nicht vor. Im übrigen aber gibt es sowohl Fälle, in denen das opponierende Kammermitglied mit der vorgeschlagenen Entscheidung nicht einverstanden ist, als auch Fälle, in denen es zwar bereit ist, das Ergebnis mitzutragen, in denen es aber meint, die zugrundeliegende verfassungsrechtliche Frage sei vom Senat noch nicht ausreichend geklärt und verlange deshalb nach einer weiteren Klärung durch den Senat. In der verfassungsgerichtlichen Praxis kommen beide Varianten vor.

II. Das Verfahren bei »angehaltenen« Kammersachen

Senats- und Kammersachen unterscheiden sich, wie wohl allgemein bekannt ist, in der Bearbeitung durch den Berichterstatter. Sieht dieser von vornherein eine Vorlage an den Senat vor, so wird er im allgemeinen ein umfangreiches Votum ausarbeiten, das aus Bericht, Gutachten und oft genug auch noch aus einer ganzen Reihe von Hilfsgutachten sowie einem Entscheidungsvorschlag besteht; außerdem wird selbstverständlich den Anhörungs- und Äußerungsberechtigten (vgl. etwa §§ 77, 82, 94 BVerfGG) Gelegenheit zur Stellungnahme gegeben. Zur Vorbereitung einer Kammerentscheidung dagegen wird meist ein sehr viel kürzeres Votum - ein sogenanntes Kurzvotum - erstellt, und die übliche Anhörung ist nur notwendig, wenn der Berichterstatter eine »positive Kammerentscheidung«, d.h. die Aufhebung des mit der Verfassungsbeschwerde angegriffenen Hoheitsakts, vorschlägt; die Nichtannahme einer Verfassungsbeschwerde, die ja keinen Dritten belasten kann, braucht folgerichtig auch nicht zu Anhörung und Stellungnahme hinausgegeben zu werden, wenn das auch nicht verboten ist.
Daraus ergibt sich, daß bei Verfahren, die von einem der nicht als Berichterstatter beteiligten Kammermitglieder »angehalten« worden sind, Probleme der weiteren Behandlung und der Anhörung entstehen können. Der Berichterstatter muß sich nunmehr darüber klar werden, ob er in dem üblichen Verfahren der Vorbereitung von Senatssachen weiter vorangehen will. Das bedeutet zunächst, daß er das Kurzvotum zurückziehen und durch eines der üblichen Senatsvoten ersetzen muß und daß er außerdem die übliche Zustellung an die Anhörungsberechtigten nachholen muß, wenn sie nicht schon - aus welchen Gründen auch immer - erfolgt ist. Allerdings kann er natürlich auch sein Kurzvotum in den Senat bringen, das er jedoch in aller Regel durch Ergänzungen und Vertiefungen und insbesondere durch eine eingehende Diskussion der einschlägigen Rechtsprechung und Literatur anreichern wird. Nicht verzichten kann er jedenfalls auf die vorgeschriebenen Anhörungen; denn der Senat wird im Zweifel keine Nichtannahmeentscheidung, sondern eine materielle Entscheidung fällen. Ob ein Fall des § 23 Abs. 1 Satz 3 GeschOBVerfG vorliegt, ob also an Stelle des Kurzvotums - oder zumindest daneben - auch schon ein ausformulierter Beschlußentwurf an den Senat geleitet werden soll, hängt vom Charakter der fraglichen Sache ab. Im allgemeinen wird die-

ser Weg wohl nur eingeschlagen werden, wenn der Berichterstatter von der Senatsberatung keine kontroverse Diskussion erwarten muß, und diese Prognose wird u.a. wieder davon abhängen, aus welchen Gründen das opponierende Kammermitglied die Sache »angehalten« hat. Zeigen sich hier bereits gravierende Meinungsverschiedenheiten, so hat ein Vorgehen nach § 23 Abs. 1 Satz 3 GeschO-BVerfG schwerlich Sinn. Anders verhält es sich dagegen, wenn die Sache nur deshalb »angehalten« worden ist, weil die ihr zugrundeliegende verfassungsrechtliche Frage lieber doch vom Senat entschieden werden sollte, hinsichtlich des Ergebnisses und seiner Begründung selbst aber kein grundlegender Dissens erkennbar wird.
Im verfassungsrechtlichen Schrifttum wird gelegentlich vermutet, daß gerade in den zuletzt genannten Fällen verhältnismäßig simple Rechenspiele angestellt werden, etwa in dem Sinne, daß es nun nur noch darauf ankomme, einen weiteren Richter für den Vorschlag des Berichterstatters zu gewinnen, zumindest aber – je nach Fallgestaltung – zwei weitere Richter. So verhält es sich in der Praxis des Bundesverfassungsgerichts aber nicht, sondern die Senate behandeln »angehaltene« Kammersachen in der Beratung nicht anders als solche Fälle, die der Berichterstatter von vornherein ihnen vorgelegt hat. Es wird also noch einmal »von Anfang an« beraten, d.h. die fragliche Sache wird im Senat in der auch sonst üblichen Weise auf den Prüfstand gestellt, und entschieden wird auch in solchen Fällen nach gründlicher Beratung und mit den im verfassungsgerichtlichen Alltag üblichen großen Mehrheiten, wenn nicht überhaupt einstimmig. Nicht nur rechtlich, sondern auch tatsächlich entstehen durch das »Anhalten« also »echte« und nicht etwa nur zweitrangige Senatssachen.
Auf einem anderen Blatt steht selbstverständlich, daß es sich bei Verfahren, die der Berichterstatter ursprünglich für die Kammer vorgesehen hat und deren verfassungsrechtlichen Kern er für bereits vom Senat entschieden gehalten hat, im allgemeinen um nicht allzu komplizierte Fragen des Verfassungsrechts handeln wird, so daß sie auch nicht eine allzu eingehende Beratung verlangen. Aber so etwas kann auch bei Verfahren der Fall sein, die schon der Berichterstatter selbst an den Senat verwiesen hat. Es besteht also auch insoweit kein Unterschied, der aus der Vorgeschichte der Befassung des Senats zu erklären wäre.

III. Die »maßgebliche verfassungsrechtliche Frage«

Berichterstatter und Kammermitglieder sind bei der Entscheidung darüber, ob sie eine Sache in den Senat bringen wollen oder nicht, keineswegs frei, obwohl sie bei ihrer Beantwortung keiner anderen Kontrolle unterliegen als der, die sich aus dem Erfordernis der Einstimmigkeit in der Kammer ergibt. Einerseits muß eine Verfassungsbeschwerde vom Bundesverfassungsgericht angenommen werden, wenn eine der in § 93 a Abs. 2 BVerfGG genannten Voraussetzungen vorliegt, und andererseits darf in diesen Fällen selbst eine »positive Kammerentscheidung« nur dann ergehen, wenn es sich um keine grundsätzliche verfassungsrechtliche Frage handelt und wenn die für die Beurteilung der Verfassungsbeschwerde maßgebliche verfassungsrechtliche Frage bereits durch einen Senat entschieden ist (§ 93 c Abs. 1 Satz 1 BVerfGG). Der Sinn dieser Regelung ist klar. Sie soll verhindern, daß sich neben der Rechtsprechung der beiden Senate noch eine Art »Kammerrechtsprechung« entwickelt, also eine Verfassungsjudikatur minderen Ranges, wie sie weder im Grundgesetz noch im Bundesverfassungsgerichtsgesetz vorgesehen ist.

Nicht ganz so einfach ist freilich die praktische Anwendung dieses einleuchtenden und im Interesse der Verfassungsgerichtsbarkeit sogar unerläßlichen Grundsatzes. Die denkbaren Fallgestaltungen sind außerordentlich vielgestaltig, und deshalb gibt die Frage auch innerhalb des Bundesverfassungsgerichts immer wieder zu Bedenken und Beratungen Anlaß.

Am wenigsten problematisch ist es, wenn es in mehreren Verfahren um die Verfassungsmäßigkeit ein und derselben Norm geht oder wenn eine verfassungsrechtliche Frage in mehreren tatsächlich völlig gleich gelagerten Fällen auftritt; das war in der Vergangenheit z.B. bei der Schutzhelmpflicht für Motorradfahrer und der Gurtpflicht für Autofahrer der Fall, also bei Verfahren, bei denen es auf die Ausgestaltung des einzelnen Falles von vornherein nicht ankommen konnte. Hat das Bundesverfassungsgericht hier einmal entschieden, so können alle noch beim Gericht liegenden oder später eingehenden Prozesse durch die Kammern erledigt werden, und zwar auch dann, wenn dies durch »positive Kammerentscheidungen« zu geschehen hat. Die maßgebliche verfassungsrechtliche Frage ist hier allemal dieselbe und auch die vom Gesetz weiterhin geforderte Offensichtlichkeit des Verfassungsverstoßes ist gegeben; mag sie beim Ergehen des angegriffenen Hoheitsaktes auch noch zweifelhaft gewesen sein, so ist sie es angesichts der vom Bundesverfassungsgericht mittlerweile herbeigeführten Klärung im Augenblick der Kammerentscheidung doch gewiß, und nur darauf kommt es bei Anwendung des § 93 c BVerfGG letztlich an.

Aus alledem läßt sich erkennen, daß es beim Bundesverfassungsgericht wie bei vielen anderen Gerichten in den sogenannten Massenprozessen das Phänomen der »Leitentscheidung« gibt, die ein auftretendes Problem einer gründlichen und vollständigen Lösung zuführt und auf deren Grundlage sodann Dutzende, ja Hunderte von Folgeentscheidungen ergehen können. Die mehr als 1000 Verfassungsbeschwerden, die gegen die Volkszählung 1983 erhoben wurden, hätten sich auf andere Weise schwerlich bewältigen lassen, und die Volkszählung ist bei weitem nicht das einzige Beispiel, das hier angeführt werden könnte.

Größere Probleme bringen jene Verfahrensbündel mit sich, in denen es zwar um dieselbe verfassungsrechtliche Frage geht, in denen sich die Ausgangsfälle aber voneinander in wesentlichen Punkten unterscheiden, so daß u.U. auch mit unterschiedlichen Ergebnissen gerechnet werden muß. Auch hier praktiziert das Bun-

desverfassungsgericht jedoch das System der Leitentscheidungen der Senate und der darauf aufbauenden Folgeentscheidungen der Kammern. Am eindrucksvollsten manifestiert sich das bei der Rechtsprechung zum Asylrecht (Art. 16 Abs. 2 Satz 2 GG a.F.), wo Hunderte und Aberhunderte positiver wie auch negativer Kammerbeschlüsse auf einigen grundsätzlichen Senatsentscheidungen aufbauen. Anders ließe sich die Flut der asylrechtlichen Verfassungsbeschwerden, die überdies um so rascher beim Bundesverfassungsgericht anlangt, je mehr der Gesetzgeber den Verwaltungsrechtsweg einschränkt, überhaupt nicht mehr bewältigen.
Die Fälle, in denen es zwar um ein und dieselbe verfassungsrechtliche Frage, aber um durchaus unterschiedliche Fallgestaltungen mit ebenso unterschiedlichen Ergebnissen geht, bieten übrigens noch ein weiteres praktisches Problem. Berichterstatter und Senat stehen hier nicht selten vor der Frage, ob man auf eine Leitentscheidung nur noch Folgeentscheidungen der Kammern folgen lassen soll oder ob es nicht besser ist, mehrere untereinander sehr verschiedene Fälle »in den Senat zu nehmen«, um auf diese Weise den Fachgerichten schon die Notwendigkeit der Differenzierung, u.a. aber auch die Kriterien dieser Differenzierung vor Augen zu führen. Welcher Weg beschritten wird, hängt hier meist von der Gestaltung der beim Bundesverfassungsgericht liegenden Fälle ab. Bei der jüngst entschiedenen Frage der Beschränkung von Bürgschaftsrisiken erwies es sich als möglich, einen Fall, in dem von den Fachgerichten eindeutig verfassungswidrig entschieden worden war, mit einem anderen Fall zu verbinden, in dem ein Eingreifen des Verfassungsgerichts ebenso eindeutig unangemessen gewesen wäre; alle übrigen, ebenfalls noch anhängigen Verfassungsbeschwerden können danach wohl durch die Kammern erledigt werden. Ob ein Vorgehen dieser Art möglich ist, hängt aber selbstverständlich, wie schon angedeutet, auch davon ab, wie repräsentativ die beim Bundesverfassungsgericht gerade liegenden Fälle für die Gesamtproblematik sind.
Mit der soeben behandelten Fallgruppe hängt noch ein weiteres praktisches Problem zusammen, das man – bei entsprechender Strenge des Standpunkts – durchaus auch als Versuchung bezeichnen könnte. Nimmt der Senat in die Begründung einer Entscheidung nämlich Überlegungen mit auf, die sich bei Erledigung des betreffenden Falles zwar aufdrängen, die zu seiner Entscheidung aber nicht unbedingt erforderlich sind, so verstößt er genau genommen gegen die Regeln der Urteils- bzw. Beschlußbegründung; denn obiter dicta – und um solche handelt es sich hier – sind eigentlich immer ein Verstoß gegen diese Regeln. Es mag ja auch Fälle geben, in denen man am Charakter einer Formulierung als obiter dictum immerhin noch zweifeln kann, weil diese etwa zur Abgrenzung und damit zur Erläuterung der anstehenden Entscheidung dient – die Grenzen sind hier, wie jedermann weiß, ziemlich fließend. Dennoch sind andere Motive zumindest nicht restlos auszuschließen, und eines, das in den vorliegenden Zusammenhang gehört, mag dahin gehen, daß auf der Basis eines solchen obiter dictums eine größere oder kleinere Anzahl von vergleichbaren Sachen, die noch »im Dezernat des Be-

richterstatters liegen«, durch Folgeentscheidungen der Kammer erledigt werden können. Man wird gegen ein solches Vorgehen schon wegen der ungeheueren Belastung des Bundesverfassungsgerichts schwerlich sehr viel einwenden können, zumal gerade auf die hier gemeinten Formulierungen in der sogenannten Leseberatung sehr viel Aufmerksamkeit verwendet wird. Aber es handelt sich doch immerhin um einen Grenzfall, dessen Handhabung von den Senaten sehr sorgfältig überdacht werden muß und bei dessen Einleitung vom jeweiligen Berichterstatter auch absolute Offenheit gegenüber dem Senat verlangt werden muß. Unterläßt er den Hinweis darauf, daß er mit einem obiter dictum gewissermaßen zwei Fliegen auf einmal schlagen will, so läuft er mit hoher Wahscheinlichkeit Gefahr, daß ihm bei der ersten dann anstehenden Folgeentscheidung die beiden anderen Kammermitglieder nicht folgen, so daß die Sache doch wieder in den Senat geht.

Der Leser dieses Beitrags wird wohl noch im Gedächtnis haben, daß bisher nur jene Fälle behandelt worden sind, in denen es um die Entscheidung einer einzigen verfassungsrechtlichen Frage geht. Aber so einfach liegen die Dinge oft nicht. Immer wieder stellt sich die Frage, ob die Kammern des Bundesverfassungsgerichts nicht auch dann tätig werden dürfen, wenn die anstehende verfassungsrechtliche Frage noch von keinem Senat entschieden worden ist, zu einer vergleichbaren Frage aber bereits Senatsrechtsprechung vorliegt. Hier erheben sich Abgrenzungsprobleme, die so vielgestaltig sind, daß sie nicht durch die Entwicklung einiger weniger Grundsätze gelöst werden können und deren konkrete Lösung auch nicht in jedem Einzelfall als restlos geglückt bezeichnet werden kann.

Am wenigsten problematisch sind hier jene Fälle, in denen eine Frage vom Senat für ein bestimmtes Rechtsgebiet bereits entschieden ist und die Lösung nunmehr auf ein nahe verwandtes Gebiet übertragen werden soll; man denke etwa an das gegenseitige Verhältnis von Einkommen- und Körperschaftsteuerrecht, von Arzt- und Zahnarztrecht, von den verschiedenen Normen, die sich auf die wirtschaftsberatenden Berufe beziehen, usw. Daß die Übertragung der schon vorliegenden Senatsrechtsprechung auf die Tätigkeit der Kammern in solchen Fällen legitim ist, läßt sich wohl schwerlich bestreiten.

Nicht anders verhält es sich wohl, wenn ein Verfahren mehrere verfassungsrechtliche Fragen aufwirft, die alle bereits von den Senaten entschieden worden sind, in dieser Kombination aber erstmals auftreten. Dieses Problem stellt sich in der verfassungsgerichtlichen Praxis immer wieder; am handgreiflichsten ist es wohl vor einer Reihe von Jahren geworden, als es darum ging, über verfassungsrechtliche Bedenken gegen die Berufung der ehrenamtlichen Richter der Sozialgerichtsbarkeit zu befinden. Die zuständige Kammer des Ersten Senats, die sich in der Tat auf festgefügte Senatsrechtsprechung zu drei nebeneinander auftretenden Fragen berufen konnte, hat damals einstimmig die Verfassungsmäßigkeit des üblichen Verfahrens bejaht - und sie hat die Sozialgerichtsbarkeit damit vor einer beträchtlichen Zeit der Unsicherheit bewahrt, die bei einer Befassung des Senats kaum zu vermeiden gewesen wäre.

Ungleich schwieriger gestalten sich solche Fälle, in denen es um die Anwendung sehr unbestimmter und damit immer wieder aufs neue konkretisierungsbedürftiger Verfassungsnormen geht, vor allem um die Konkretisierung und Anwendung des allgemeinen Gleichheitssatzes (Art. 3 Abs. 1 GG). Hier ist die Grenzziehung zwischen Fragen, die der Klärung durch den Senat bedürfen, und Fragen, die man schon als geklärt betrachten und infolgedessen in der Kammer erledigen kann, oft sehr schwer zu ziehen; besonders jene Richter, die für sozialrechtliche und steuerrechtliche Materien zuständig sind, wissen ein Lied davon zu singen. Der Berichterstatter versucht sich in solchen Fällen mitunter dadurch zu vergewissern, daß er zwar eine Kammerentscheidung vorbereitet, dem Kurzvotum aber einen ausdrücklichen Hinweis für die beiden anderen Kammermitglieder beifügt, in dem er seine Bereitschaft zum Ausdruck bringt, die fragliche Sache gegebenenfalls auch dem Senat zuzuleiten. Die schon erwähnten Fälle, in denen eines dieser anderen Mitglieder die der Kammer vorgelegte Sache »anhält«, rekrutieren sich gerade auch aus solchen Fällen, deren Eignung für die Kammer sich von vornherein als zweifelhaft darstellt. Dennoch muß man es für möglich halten, daß die Grenzziehung nicht immer aufs idealste gelingt. Hier sind auch die nicht zur handelnden Kammer gehörenden Senatsmitglieder zur ständigen Beobachtung und gegebenenfalls zur Kritik aufgerufen; um ihnen das möglich zu machen, werden zumindest die »positiven Kammerentscheidungen« allen Senatsmitgliedern mitgeteilt. Auf diese Weise kann zwar der konkrete Kammerbeschluß nicht mehr in den Senat »zurückgeholt« werden, es wird aber zumindest die Entstehung einer unkontrollierten Kammerjudikatur vermieden.

Streiten läßt sich darüber, ob Verfahren, die sich nach den gesetzlichen Vorschriften ohne weiteres in einer Kammer erledigen lassen, nicht etwa deshalb »in den Senat gehen« sollten, weil an ihnen ein besonderes öffentliches Interesse besteht. Das kommt in der Praxis zwar selten vor, ist aber gleichwohl immer wieder Gegenstand von Erörterungen in den Senaten. Aus jüngster Zeit ist hier zu erwähnen, daß sämtliche Verfassungsbeschwerden zur Eheschließung gleichgeschlechtlicher Partner durch Kammerbeschlüsse erledigt wurden, nachdem das Erfordernis der Verschiedengeschlechtlichkeit vom Bundesverfassungsgericht in ständiger Rechtsprechung betont und diese bis in die jüngste Vergangenheit - bewußt - aufrecht erhalten worden war. Auch die Erledigung aller gegen die Volkszählung 1987 gerichteten Verfassungsbeschwerden durch die damals noch so genannten Dreierausschüsse gehört in diesen Zusammenhang. Von Gesetzes wegen läßt sich auch gegen das Verfahren in solchen Fällen schwerlich etwas erinnern. Trotzdem kann man sich die Frage stellen, ob es nicht besser gewesen wäre, hier die Senate entscheiden zu lassen.

Spätestens an dieser Stelle wird deutlich, wie eng die Arbeitsverteilung zwischen Senat und Kammer auch mit der völlig unangemessenen Belastung des Bundesverfassungsgerichts zusammenhängt. Die so weitgehende Einschaltung der Kammern wäre nämlich in dem Maße nicht erforderlich, in dem die Zahl der Richtervorlagen und vor allem der Verfassungsbeschwerden zurückginge. Nachdem die Zahl der neuen Verfassungsbeschwerden im Kalenderjahr 1993 aber erstmals die Fünftausendergrenze erreicht hat, läßt sich davon wahrscheinlich nur träumen. Die Novelle zum Bundesverfassungsgerichtsgesetz, die im August 1993 in Kraft getreten ist, hat dem Gericht zwar eine erkennbare Erleichterung verschafft. Wenn die dadurch freigesetzten Kapazitäten aber sogleich wieder durch erhöhte Eingangszahlen aufgefressen werden, wird sich eine Rückverlagerung von Entscheidungen in die Senate auch für die absehbare Zukunft kaum erwarten lassen.

Befangenheitsanträge von Äußerungsberechtigten im Verfahren der abstrakten Normenkontrolle

Renate Philipp

Kein anderes Verfahren hat den Zweiten Senat so lange beschäftigt wie die Normenkontrolle des neuen § 218 StGB. Nach Abschluß des Verfahrens zählt für die Betroffenen und die Öffentlichkeit das Urteil[1]; schon die abweichenden Meinungen der Richter Mahrenholz[2], Sommer und Böckenförde[3] finden deutlich weniger Aufmerksamkeit. Die Verfahrensfragen, die dieses Verfahren aufgeworfen hat, geraten demgegenüber fast völlig aus dem Blickfeld. Dabei kann die Bedeutung des Verfahrens gerade für das § 218-Urteil kaum überschätzt werden: Zum einen wurden Weichen bereits im Verfahren gestellt; man denke beispielsweise an den Beschluß des Senats, Rechtsgutachten zu den Auswirkungen des strafrechtlichen Rechtswidrigkeitsurteils über einen Schwangerschaftsabbruch für die verschiedenen Bereiche der Rechtsordnung in Auftrag zu geben.[4] Zum anderen ist eine transparente und faire Verfahrensführung gerade in einer gesellschaftlich so umstrittenen Frage wie dem Schwangerschaftsabbruch unabdingbare Voraussetzung für die Akzeptanz des Urteils.

Dem Anlaß dieser Festschrift wäre es angemessen, dem Jubilar aus der Fülle der verfahrensrechtlichen Fragen des § 218-Verfahrens einen bunten Strauß zu binden - unter Einschluß auch der stacheligen Gewächse.[5] Der folgende Beitrag kann jedoch nur ein einzelnes, wenig beachtetes Pflänzchen - gleichsam vom Wegesrand des § 218-Verfahrens - beleuchten: Es geht um die verfahrensrechtliche Stellung der sogenannten Äußerungsberechtigten im abstrakten Normenkontrollverfahren, insbesondere im Hinblick auf das Recht, einen Richter wegen Besorgnis der Befangenheit abzulehnen.

1 Vom 28.5.1993, BVerfGE 88, 203.
2 BVerfGE 88, 338 (gemeinsam mit Sommer).
3 BVerfGE 88, 359.
4 BVerfGE 88, 203 - C.IV.
5 Hätten die Beteiligten zum Gutachtenauftrag des Gerichts gehört werden müssen? - Hätte ihnen Gelegenheit zur Stellungnahme zur Selbstablehnung des Richters Böckenförde gegeben werden müssen? Der Erste Senat hat am 2. Dezember 1992, also am selben Tag wie der Zweite Senat, über eine Selbstablehnungsanzeige nach Anhörung der Beteiligten entschieden - BVerfGE 88, 5. Durch Beschl. v. 8. Juni 1993 - 1 BvR 878/90, NJW 1993, 2229 - hat der Erste Senat entschieden, daß eine Selbstablehnungsanzeige nicht als innerdienstlicher Vorgang behandelt werden darf und den Verfahrensbeteiligten gem. Art. 103 Abs. 1 GG Gelegenheit zur Stellungnahme zu geben ist. Das muß m.E. auch für das Verfahren der abstrakten Normenkontrolle gelten, unerachtet des Umstandes, daß es in diesem Verfahren keine Beteiligten im materiellen Sinne gibt; so i.Erg. auch *Lamprecht,* NJW 1993, 2222 ‹2223›.

I. Die Ausgangsfrage

Zur Erinnerung: Im Oktober 1992 berichtete die Presse[6], daß Richter Böckenförde bis Ende 1990 Mitglied der Juristenvereinigung Lebensrecht (JVL) gewesen sei und daß auch der Gutachter Stürner, den der Senat auf seinen Vorschlag hin bestellt hatte, dieser Vereinigung angehöre. Richter Böckenförde gab zu diesen Presseberichten unter dem 4. November 1992 eine dienstliche Erklärung[7] ab; er bestätigte den Sachverhalt und legte dar, warum er es nicht für erforderlich gehalten habe, auf eine mögliche Mitgliedschaft des Gutachters in der JVL hinzuweisen. In den folgenden Wochen wurden die Zweifel an der Unbefangenheit des Richters Böckenförde immer lauter[8]. Etwa zwei Wochen vor der mündlichen Verhandlung brachten die Prozeßbevollmächtigten des Bundestages und die das neue Gesetz verteidigenden Landesregierungen in einem Schreiben an den Senatsvorsitzenden ebenfalls ihre Besorgnis der Befangenheit gegen den Richter Böckenförde zum Ausdruck; den Antrag, ihn für befangen zu erklären und damit von der Mitwirkung an der Entscheidung über den neuen § 218 StGB auszuschließen, stellten sie jedoch nicht.[9] Am 1. Dezember 1992 beantragte Richter Böckenförde eine Entscheidung des Senats. Bereits am folgenden Tag erklärte der Senat die Besorgnis der Befangenheit für unbegründet.[10]
Im Verfahren vor dem Bundesverfassungsgericht lehnen die Beteiligten einen Richter nur sehr selten wegen Besorgnis der Befangenheit ab. Umso mehr mußte es im § 218-Verfahren überraschen, daß sich der Bundestag und die das neue Gesetz verteidigenden Landesregierungen nach wochenlanger öffentlicher Diskussion über eine etwaige Befangenheit des Richters Böckenförde doch noch zu einem Brief an den Senatsvorsitzenden entschlossen, gleichzeitig aber darauf verzichteten, die prozessualen Konsequenzen aus ihrer Besorgnis zu ziehen und einen Ablehnungsantrag zu stellen. Auf der Suche nach einer Erklärung für dieses Verhalten stößt man auf prozessuale Hürden, die einem förmlichen Befangenheitsantrag entgegengestanden haben könnten. Sollte dem Bundestag und den das Gesetz verteidigenden Landesregierungen die Antragsberechtigung für einen Befangenheitsantrag gefehlt haben, weil sie im Rechtssinne nicht »Beteiligte« des Verfahrens waren?

6 TAZ v. 14.10.1992; FR v. 31.10.1992.
7 Wortlaut in BVerfGE 88, 17.
8 Z.B. Der Spiegel 46/1992, S. 147.
9 Frankfurter Rundschau vom 2.12.1992, S. 1.
10 Beschl. v. 2.12.1992 - BVerfGE 88, 17; dazu: *Lamprecht,* NJW 1993, 2222.

II. Die vom Wortlaut ausgehende Auslegung des BVerfGG

§ 19 BVerfGG enthält eine allgemeine, nicht zwischen den verschiedenen Verfahrensarten differenzierende Regelung über die Ablehnung eines Richters wegen Besorgnis der Befangenheit. Wer berechtigt sein soll, einen Befangenheitsantrag zu stellen, ist - abgesehen vom Fall der Selbstablehnung (§ 19 Abs. 3 BVerfGG) - nicht ausdrücklich geregelt. Rechtsprechung und Literatur gehen übereinstimmend davon aus, daß das Ablehnungsrecht ein Recht der am jeweiligen Verfahren Beteiligten sei.[11] Wer »Beteiligter« ist, hängt von der gesetzlichen Ausgestaltung des Verfahrens ab. In den kontradiktorischen Verfahren[12], in denen um ein verfassungsrechtliches Rechtsverhältnis gestritten wird, sind Antragsteller und Antragsgegner kraft Gesetzes Beteiligte. Im Organstreitverfahren und im Bund-Länder-Streit können andere Antragsberechtigte dem Verfahren beitreten und dadurch ebenfalls die Stellung von Beteiligten erlangen.[13]
Im Gegensatz zu den kontradiktorischen Verfahren dient das Normenkontrollverfahren nicht der Entscheidung über ein streitiges Rechtsverhältnis, sondern »ausschließlich der Prüfung, ob eine Vorschrift des einfachen Rechts mit dem Grundgesetz vereinbar oder unvereinbar und deshalb nichtig ist«.[14] Daher - so der Zweite Senat - kenne dieses »objektive« Verfahren keine Prozeßbeteiligten.[15] In dieser Allgemeinheit[16] stimmt dieser Satz jedoch nicht. Im Verfahren der abstrakten Normenkontrolle gibt es jedenfalls einen Beteiligten: den Antragsteller. Er hat das Recht, Verfahrens- und Sachanträge zu stellen, kann also auch einen Richter wegen der Besorgnis der Befangenheit ablehnen. Nach der Rechtsprechung des Bundesverfassungsgerichts erschöpfen sich im abstrakten Normenkontrollverfahren zwar Bedeutung und Funktion der Antragstellung darin, den Anstoß zur gerichtlichen Kontrolle im objektiven Verfahren zu geben[17]; die Berechtigung eines Antragstellers, Befangenheitsanträge zu stellen, hat das Gericht jedoch nie in Zweifel gezogen: Der zweite Befangenheitsantrag der Bayerischen Staatsregierung

11 Vgl. BVerfGE 42, 90 ‹91›; 46, 34 ‹36›; *Ulsamer,* in: *Maunz u.a.,* BVerfGG, § 19 Rn 10; *von Bargen,* in: *Umbach/Clemens,* BVerfGG, § 19 Rn 50.
12 § 13 Nr. 5, 7 und 8 BVerfGG.
13 Vgl. §§ 65, 69 BVerfGG.
14 BVerfGE 46, 34 ‹36›.
15 Vgl. BVerfGE 46, 34 ‹36›.
16 Das Gericht hatte offenbar - wie in BVerfGE 2, 143 ‹156› - den Beteiligten an einem materiellen Rechtsverhältnis vor Augen, denn in prozessualer Hinsicht stimmt der Satz auch für das Verfahren der konkreten Normenkontrolle nicht: Hier haben die Äußerungsberechtigten das Recht, in jeder Lage des Verfahrens beizutreten (§§ 82 Abs. 2, 77 BVerfGG). Durch den Beitritt erlangen sie die Stellung von Beteiligten und damit auch das Recht, Befangenheitsanträge zu stellen (so auch *Wassermann,* in: FS f. Hirsch, 1981, S. 465 ff. ‹474›; *Ulsamer,* in: *Maunz u.a.,* BVerfGG, § 19 Rn 10 u. § 82 Rn 9; *Stuth,* in: *Umbach/Clemens,* BVerfGG, § 82 Rn 8). Der Hirsch-Beschluß (BVerfGE 46, 34) verhält sich zu dieser Möglichkeit nicht, weil keiner der Äußerungsberechtigten dem Verfahren beigetreten war.
17 Vgl. BVerfGE 68, 346 ‹351›.

in dem von ihr eingeleiteten abstrakten Normenkontrollverfahren gegen das Gesetz zur Ratifizierung des Grundlagenvertrages hatte Erfolg; die Besorgnis der Befangenheit gegen den Richter Rottmann wurde für begründet erklärt.[18]
Einen Antragsgegner gibt es im Verfahren der abstrakten Normenkontrolle nicht. Gem. § 77 BVerfGG ist allerdings dem Bundestag, dem Bundesrat, der Bundesregierung, bei Meinungsverschiedenheit über die Gültigkeit von Bundesrecht auch den Landesregierungen und bei Meinungsverschiedenheit über die Gültigkeit einer landesrechtlichen Norm dem Landtag und der Regierung des Landes, in dem die Norm verkündet wurde, Gelegenheit zur Äußerung zu geben. Bereits mit Beschluß vom 2. Oktober 1951[19] hat das Bundesverfassungsgericht entschieden, daß sich die Beteiligung der genannten Verfassungsorgane darin erschöpfe, daß ihnen Gelegenheit zur Äußerung zu geben sei; Befangenheitsanträge könnten sie nicht stellen.[20] Die Möglichkeit, im Wege des Beitritts die Stellung eines Beteiligten zu erlangen, sieht das BVerfGG für das Verfahren der abstrakten Normenkontrolle nicht vor.
Die vom Wortlaut ausgehende Analyse der Vorschriften des BVerfGG über das Verfahren der abstrakten Normenkontrolle führt somit zu dem Zwischenergebnis, daß nur der Antragsteller Verfahrensbeteiligter ist und daß allein er das Recht hat, einen Richter wegen Besorgnis der Befangenheit abzulehnen. Im § 218 - Verfahren hätten danach zwar die Bayerische Staatsregierung und das antragstellende Drittel der Mitglieder des Bundestages - jeweils in ihrem Verfahren - einen Befangenheitsantrag stellen können, nicht aber der Bundestag und die das Gesetz verteidigenden Landesregierungen.

III. Die Unvereinbarkeit der Wortlautauslegung mit dem Gleichheitssatz

Eine solche Monopolisierung von Verfahrensrechten beim jeweiligen Antragsteller des Verfahrens ist suspekt. Aus welchem Grund soll der Antragsteller, der ein Gesetz für verfassungswidrig hält und deshalb ein Normenkontrollverfahren einleitet, das Recht haben, einen Richter wegen Besorgnis der Befangenheit abzulehnen, andere Antrags- oder Äußerungsberechtigte, die ebenfalls ein vom Gesetz anerkanntes berechtigtes Interesse am Ausgang des Verfahrens haben[21] und das Gesetz möglicherweise als verfassungsgemäß verteidigen möchten, hingegen nicht?
Art. 3 Abs. 1 GG verbietet, wesentlich gleiches willkürlich ungleich zu behandeln.[22] Nach der neueren »Formel« ist der Gleichheitssatz vor allem dann verletzt,

18 Vgl. BVerfGE 35, 246.
19 BVerfGE 1, 66 ‹68›.
20 BVerfGE 1, 66 ‹68›.
21 Vgl. § 77 BVerfGG.
22 Vgl. BVerfGE 4, 144 ‹155›; 49, 148 ‹165›.

wenn eine Gruppe von Normadressaten im Vergleich zu anderen Normadressaten anders behandelt wird, obwohl zwischen beiden Gruppen keine Unterschiede von solcher Art und solchem Gewicht bestehen, daß sie die ungleiche Behandlung rechtfertigen könnten.[23] Das BVerfGG behandelt im Hinblick auf die Stellung im Verfahren ungleich den Antragsteller auf der einen Seite und andere Antragsberechtigte sowie die Äußerungsberechtigten auf der anderen Seite. Aus dem materiellen Recht kann sich ein rechtfertigender Grund für diese Ungleichbehandlung nicht ergeben. Im Verfahren der abstrakten Normenkontrolle wird nicht um ein materielles verfassungsrechtliches Rechtsverhältnis, sondern um eine abstrakte Rechtsfrage gestritten. Auch der Antragsteller ist deshalb kein Beteiligter im materiellen Sinne. Eine unterschiedliche Stellung in prozessualer Hinsicht kann deshalb nur dann gerechtfertigt sein, wenn die Verfassungsorgane es selbst in der Hand haben, sich für die eine oder andere Form der Beteiligung zu entscheiden. Die Möglichkeit, über den Beitritt die Stellung eines Beteiligten im formellen Sinne zu erlangen, sieht das BVerfGG aber gerade nicht vor. Würde das BVerfGG bei Meinungsverschiedenheiten oder Zweifeln über die Gültigkeit einer Norm nur dem Vertreter einer Meinung, nämlich dem Antragsteller, die Stellung eines Beteiligten mit bestimmten Antragsrechten einräumen, den Vertretern anderer Meinungen diese Stellung aber vorenthalten, wäre dies mit Art. 3 Abs. 1 GG unvereinbar.

IV. Die Lösung des Gleichheitsproblems

Der Verstoß gegen den Gleichheitssatz läßt sich vermeiden, wenn es möglich ist, entweder auch dem Antragsteller das Recht zu nehmen, Verfahrensanträge zu stellen (1.), oder den Kreis der Beteiligten in noch näher zu bestimmender Weise zu erweitern (2.).

1. Nach geltendem Recht hat der Antragsteller im Verfahren der abstrakten Normenkontrolle die Stellung eines Beteiligten[24]. Das Recht, Verfahrensanträge zu stellen, könnte ihm deshalb nur durch den Gesetzgeber genommen werden. Verfassungsrechtlich wäre die Abschaffung des Ablehnungsverfahrens im Verfahren der abstrakten Normenkontrolle möglich[25]; verfassungspolitisch wäre dies der falsche Weg. Anlaß, die Erforderlichkeit eines Ablehnungsverfahrens im objektiven Verfahren der Normenkontrolle zu überdenken, gibt der Hirsch-Beschluß. Dort hatte das Gericht ein Bedürfnis für ein Ablehnungsverfahren verneint, »weil persönliche Beziehungen - Voreingenommenheiten und Aversionen gegenüber Personen und Gruppen, die mit bestimmten Interessen engagiert sein könnten -

23 St. Rspr. seit BVerfGE 55, 72 ‹88›.
24 Vgl. oben II.
25 Vgl. BVerfGE 46, 34 ‹38›.

nicht im Spiele sind und allgemeine Auffassungen, Werteinschätzungen und Grundhaltungen für sich allein nach herrschender Lehre und Praxis keinen ausreichenden Grund für die Besorgnis einer Befangenheit abgeben«[26]. Diese Ausführungen sind jedoch zu Recht auf Kritik gestoßen.[27] Das Fehlen von (materiell) Beteiligten im »objektiven« Verfahren der Normenkontrolle schützt nicht vor der Befangenheit von Richtern. Befangenheit kann sich nicht nur aus der Voreingenommenheit für oder gegen einen Prozeßbeteiligten, sondern ebenso aus der Voreingenommenheit in der Sache ergeben.[28] Welche Berechtigung sollte auch sonst die – auch vom Gericht nicht in Frage gestellte – Möglichkeit der Selbstablehnung haben? Das Institut der Selbstablehnung allein kann die Unparteilichkeit der Richter nicht gewährleisten. Gerade bei einem wirklich befangenen Richter besteht die Gefahr, daß er seine Befangenheit nicht anzeigt.[29] Deshalb müssen außerhalb des Gerichts Stehende das Recht haben, einen Richter wegen Besorgnis der Befangenheit abzulehnen. Das Interesse der Allgemeinheit an der Unbefangenheit der erkennenden Richter verlangt nach einem Kontrollinstrument gegenüber dem Gericht.[30] Das Bundesverfassungsgericht darf von dieser Kontrolle nicht ausgenommen werden, denn seine Autorität beruht maßgeblich auf dem Vertrauen in die Unparteilichkeit seiner Rechtsprechung. Ein »objektives« Bedürfnis für ein Ablehnungsverfahren besteht somit auch im Verfahren der abstrakten Normenkontrolle.

2. Den Kreis der Beteiligten zu erweitern, ist bereits nach geltendem Recht im Wege der Auslegung möglich. Das in der Literatur entwickelte Modell eines »faktischen Beitritts« ist jedoch keine Lösung des Gleichheitsproblems (a). Der Gleichheitssatz gebietet, in analoger Anwendung der für andere Verfahrensarten geltenden Beitrittsvorschriften auch im Verfahren der abstrakten Normenkontrolle einen Beitritt zuzulassen (b).

a) In der Literatur wird die Auffassung vertreten, die Wirkungen eines Beitritts ließen sich faktisch dadurch herbeiführen, daß andere antragsberechtigte Verfassungsorgane ihrerseits förmlich einen Normenkontrollantrag stellten; ein solcher Antrag wirke durch die sachlich gebotene Verbindung beider Verfahren zur gemeinsamen Verhandlung und Entscheidung wie ein Beitritt.[31]

Dieser Umweg kann die fehlende Beitrittsmöglichkeit jedoch nicht ersetzen. Er steht von vornherein nur den Antragsberechtigten offen, die das angegriffene Gesetz mit dem Antragsteller des Ausgangsverfahrens für verfassungswidrig halten. Der Antrag, festzustellen, daß ein Gesetz mit der Verfassung oder bei einem Lan-

26 BVerfGE 46, 34 ‹36›.
27 Hier und zum folgenden: *Wassermann*, in: Festschrift f. Hirsch, 1981, S. 465 ff. ‹471 ff.›.
28 Vgl. *Wassermann*, a.a.O., S. 471.
29 Eine Prüfung von Amts wegen, ob ein Richter Anlaß zur Besorgnis der Befangenheit gegeben hat, ist nicht statthaft – vgl. BVerfGE 46, 34.
30 Zum Ablehnungsrecht als Kontrollrecht: *Wassermann*, a.a.O., S. 469.
31 *Ulsamer*, a.a.O., § 77 Rn 18; *Stuth*, in: *Umbach/Clemens*, BVerfGG, § 77 Rn 20.

desgesetz mit Bundesrecht vereinbar ist, ist nur unter den besonderen Voraussetzungen des § 76 Nr. 2 BVerfGG[32] zulässig. In der Literatur wird allerdings überwiegend die Auffassung vertreten, die abstrakte Normenkontrolle setze gem. Art. 93 Abs. 1 Nr. 2 GG lediglich »Meinungsverschiedenheiten oder Zweifel« über die Vereinbarkeit von Bundes- oder Landesrecht mit dem Grundgesetz oder von Landesrecht mit sonstigem Bundesrecht voraus. Daß der Antragsteller sich diese Zweifel zu eigen mache, sei nicht erforderlich. Nach § 76 BVerfGG sei ein Antrag bereits dann zulässig, wenn »einer der Antragsberechtigten« Bundes- oder Landesrecht für nichtig halte; dies müsse nicht notwendig der Antragsteller selbst sein.[33] Soweit § 76 BVerfGG für die Zulässigkeit eines Antrags verlange, daß überhaupt einer der Antragsberechtigten Bundes- oder Landesrecht entweder für nichtig (Nr. 1) oder - unter den Voraussetzungen des § 76 Nr. 2 - für gültig halte, schränke er die Antragsberechtigung gegenüber Art. 93 Abs. 1 Nr. 2 GG in unzulässiger Weise ein und sei deshalb verfassungswidrig.[34]
Das Bundesverfassungsgericht hat demgegenüber im Verfahren betreffend das Gesetz zur Durchführung der Neugliederung der Länder Baden, Württemberg-Baden und Württemberg-Hohenzollern die Antragsberechtigung der Landesregierungen von Württemberg-Baden und Würtemberg-Hohenzollern, die in dem vom Land Baden angestrengten Verfahren einen Befangenheitsantrag gegen den Richter Geiger gestellt hatten, verneint, »da der Fall des § 76 Nr. 2 nicht vorliegt«[35]. Zweifel an der Vereinbarkeit des § 76 Nr. 2 BVerfGG mit dem Grundgesetz hatte es nicht.[36] Auch eine Antragsberechtigung nach § 76 Nr. 1 BVerfGG zog es - im Ergebnis zu recht - nicht in Betracht. Die den Wortlaut des § 76 BVerfGG bis zum letzten ausschöpfende Auslegung, daß ein Antragsteller beantragen könne, die Gültigkeit einer Norm festzustellen, weil ein anderer Antragsberechtigter sie für nichtig halte, ist mit Entstehungsgeschichte und Zweck des Gesetzes nicht vereinbar. Der Regierungsentwurf zu § 76 BVerfGG[37] sah ausdrücklich vor, daß

32 § 76 BVerfGG lautet: »Der Antrag der Bundesregierung, einer Landesregierung oder eines Drittels der Mitglieder des Bundestages gemäß Artikel 93 Abs. 1 Nr. 2 des Grundgesetzes ist nur zulässig, wenn einer der Antragsberechtigten Bundes- oder Landesrecht
1. wegen seiner förmlichen oder sachlichen Unvereinbarkeit mit dem Grundgesetz oder dem sonstigen Bundesrecht für nichtig hält oder
2. für gültig hält, nachdem ein Gericht, eine Verwaltungsbehörde oder ein Organ des Bundes oder eines Landes das Recht als unvereinbar mit dem Grundgesetz oder sonstigem Bundesrecht nicht angewendet hat.«

33 *Babel,* Probleme der abstrakten Normenkontrolle, Diss. Berlin 1965, S. 66 f. ‹85›; *Söhn,* in: Bundesverfassungsgericht und Grundgesetz, Bd. I, 1976, S. 292 ff. ‹302 mit Fn 73›; *Ulsamer,* in: *Maunz u.a.,* BVerfGG, § 76 Rn 50; *Benda/Klein,* Lehrbuch des Verfassungsprozeßrechts, 1991, Rn. 665; *Maunz,* in: *Maunz/Dürig/Herzog/Scholz,* GG, Art. 93 Rn 30.

34 *Söhn* a.a.O. S. 301 ff.; *Babel,* a.a.O. S. 65 f. (Das Wort »nur« in § 76 sei verfassungswidrig.); offengelassen von *Ulsamer,* in: *Maunz u.a.,* BVerfGG, § 76 Rn 51 f.

35 BVerfGE 1, 66 ‹68›.

36 Vgl. auch BVerfGE 2, 143 ‹158›.

37 § 70 RegE: »Der Antrag . . . ist nur zulässig: 1. wenn der Antragsteller eine Rechtsnorm . . . für nichtig hält . . .« - BT-Drucks. 1/788.

der Antragsteller die angegriffene Norm selbst für nichtig halten müsse. Warum diese Formulierung nicht in die endgültige Fassung des Gesetzes übernommen wurde, geht aus den Materialien nicht hervor.[38] Die frühen Kommentatoren gingen jedoch wie selbstverständlich davon aus, daß auch nach der Gesetz gewordenen Fassung des § 76 BVerfGG der Antragsteller selbst die Norm für nichtig halten müsse.[39] Für diese Auffassung spricht auch die Vorschrift des § 76 Nr. 2 BVerfGG, nach der der Antrag auf Feststellung der Gültigkeit einer Norm nur unter besonderen Voraussetzungen zulässig sein soll, nämlich nur dann, wenn die Norm von anderer Seite nicht nur für ungültig gehalten, sondern infolge dieser Rechtsauffassung auch außer Anwendung gelassen wird. Diese Voraussetzung würde umgangen, könnte die Feststellung der Gültigkeit einer Norm bereits dann beantragt werden, wenn ein anderer Antragsberechtigter die Norm für ungültig hält, ohne daraus jedoch rechtliche Konsequenzen zu ziehen.

Daß § 76 Nr. 2 BVerfGG die Feststellung der Gültigkeit einer Norm davon abhängig macht, daß die Norm im Rechtsverkehr als mit dem Grundgesetz unvereinbar nicht angewendet worden ist, verstößt nicht gegen Art. 93 Abs. 1 Nr. 2 GG. Zwar genügen für die Einleitung einer abstrakten Normenkontrolle bereits »Meinungsverschiedenheiten und Zweifel« über die Gültigkeit der Norm, auch das Verfahren der abstrakten Normenkontrolle ist jedoch kein Gutachtenverfahren, in dem das Gericht zu wissenschaftlichen Kontroversen über die Gültigkeit einer Norm Stellung nimmt. Die »Meinungsverschiedenheiten oder Zweifel« müssen deshalb rechtserheblich sein.[40] Sind sie es nicht, fehlt es an dem auch im abstrakten Normenkontrollverfahren erforderlichen objektiven Klarstellungsinteresse.[41] Rechtserheblich sind die »Meinungsverschiedenheiten und Zweifel« nur dann, wenn der Geltungsanspruch des Gesetzes durch den Antragsteller bestritten wird oder bereits durch ein Gericht, eine Verwaltungsbehörde oder ein Organ des Bundes oder eines Landes übergangen worden ist. Von diesen Fällen abgesehen bedarf ein Gesetz keiner verfassungsgerichtlichen Bestätigung; es gilt kraft seines eigenen Geltungsanspruchs. Ein Klarstellungsinteresse für die Einleitung eines selbständigen, auf Feststellung der Gültigkeit des Gesetzes gerichteten Verfahrens ergibt sich auch nicht daraus, daß ein anderer Antragsberechtigter in einem bereits anhängigen Verfahren die Feststellung der Ungültigkeit der Norm beantragt hat. Das Gericht kann bereits in diesem Verfahren, wenn es die Zweifel an der Verfassungsgemäßheit der Norm für unbegründet hält, ihre Vereinbarkeit mit dem Grundgesetz oder mit Bundesrecht feststellen;[42] ein neues Verfahren ist für

38 Vgl. dazu auch *Babel*, a.a.O., S. 67.
39 *Geiger*, BVerfGG, § 76 Anm. 8; *Lechner*, BVerfGG, 3. Aufl. 1973, Anm. 4.
40 Vgl. BVerfGE 2, 143 ‹158›.
41 Zum objektiven Klarstellungsinteresse vgl. BVerfGE 52, 63 ‹80›; *Söhn*, a.a.O., S. 304; *Ulsamer*, in: *Maunz u.a.*, BVerfGG, § 76 Rn 59.
42 *Ulsamer*, a.a.O., § 78 Rn 35.

diese Feststellung nicht erforderlich. Die Einleitung eines selbständigen Normenkontrollverfahrens zur Verteidigung eines Gesetzes gegen die Angriffe eines anderen Antragsberechtigten ist somit nicht zulässig.
Die Antragsberechtigung gem. § 76 BVerfGG ist aus einem weiteren Grund kein gleichwertiger Ersatz für einen Beitritt. Ein neuer Normenkontrollantrag leitet ein prozessual selbständiges Verfahren ein.[43] Zu Beteiligten des Ausgangsverfahrens werden die Antragsberechtigten mit einem neuen Antrag somit nicht. Diese Stellung erhalten sie erst dann, wenn das Gericht beide Verfahren verbindet. Die Verbindung anhängiger Verfahren liegt im Ermessen des Gerichts, das allein nach Zweckmäßigkeitsgesichtspunkten entscheidet.[44] Einen Anspruch auf Verbindung haben die Antragsberechtigten nicht. Sie können nun zwar in »ihrem« Verfahren Befangenheitsanträge stellen; verhindern, daß das Gericht im Ausgangsverfahren unter Mitwirkung des von ihnen abgelehnten Richters entscheidet, können sie nicht. Daß das Gericht so natürlich nicht verfahren werde, ist bei einem Kontrollrecht[45] ein schwacher Trost.
b) Das Gleichheitsproblem ist jedoch gelöst, wenn ein Beitritt auch im Verfahren der abstrakten Normenkontrolle in analoger Anwendung der für andere Verfahrensarten geltenden Beitrittsvorschriften zulässig ist.
b1) Das Bundesverfassungsgericht hat die Zulässigkeit eines Beitritts im abstrakten Normenkontrollverfahren allerdings verneint.[46] Der Leitsatz ist apodiktisch:

> »Der Beitritt im Verfahren der abstrakten Normenkontrolle ist nicht statthaft.«

Der zugrundeliegende Sachverhalt hätte eine generelle Aussage über die Zulässigkeit des Beitritts nicht erfordert: Acht der Fraktion »DIE GRÜNEN« angehörende Mitglieder des Bundestages hatten den Beitritt zu dem von 196 der SPD angehörenden Abgeordneten eingeleiteten Verfahren gegen das Kriegsdienstverweigerungs-Neuordnungsgesetz erklärt. Die acht Abgeordneten der GRÜNEN wollten sich dem bereits gestellten Antrag nicht anschließen, sondern, vertreten durch eigene Prozeßbevollmächtigte, im Verfahren selbständig Anträge stellen. Da die acht Abgeordneten weder antrags- noch äußerungsberechtigt waren, kam eine analoge Anwendung der für die konkrete Normenkontrolle oder die Verfassungsbeschwerde geltenden Beitrittsvorschriften[47] nicht in Betracht, denn auch in diesen Verfahren sind nur die äußerungsberechtigten Verfassungsorgane beitrittsberechtigt. Das Gericht hätte es also mit der Feststellung, daß jedenfalls einzelne

43 Es wird unter einem eigenem Aktenzeichen geführt.
44 Vgl. *Umbach,* in: *Umbach/Clemens,* BVerfGG, § 66 Rn 3.
45 Vgl. oben IV.1.
46 Vgl. BVerfGE 68, 346.
47 §§ 82 Abs. 2, 94 Abs. 5 BVerfGG.

Abgeordnete dem Verfahren der abstrakten Normenkontrolle nicht beitreten können, bewenden lassen können. Es fuhr jedoch fort:

»Das Verfahren der abstrakten Normenkontrolle unterscheidet sich nach seiner gesetzlichen Regelung und kraft seiner Eigenarten wesentlich von denjenigen Verfahren, für die das Gesetz über das Bundesverfassungsgericht einen Verfahrensbeitritt ausdrücklich zugelassen hat. Auch deshalb entfällt die Möglichkeit einer analogen Anwendung der den Verfahrensbeitritt in anderen Verfahrensarten regelnden Normen.«[48]

Worin diese »wesentlichen Unterschiede« insbesondere zum Verfahren der konkreten Normenkontrolle zu erblicken sind, blieb offen. Aus dem Fehlen einer Beitrittsvorschrift folgerte das Gericht

»im Wege des Umkehrschlusses, daß es für Mitglieder des Bundestages, die kein eigenes Antragsrecht haben, nicht möglich ist, unter Benennung eigener Prozeßbevollmächtigter einem Normenkontrollverfahren, das ein Drittel der Mitglieder des Bundestages bereits eingeleitet hat, nächträglich beizutreten.«[49]

Zu einer das Ergebnis tragenden Begründung wäre dieser »Umkehrschluß« nur dann geworden, wenn das Gericht unterstellt hätte, daß die acht Abgeordneten nach den für die anderen Verfahrensarten geltenden Vorschriften tatsächlich beitrittsberechtigt gewesen wären. Konnten sie in diesen Verfahren ohnehin nicht beitreten, waren die Sachverhalte also nicht vergleichbar, kam weder ein Umkehrschluß noch eine Analogie in Betracht. Die generelle Verneinung einer Beitrittsmöglichkeit im abstrakten Normenkontrollverfahren erweist sich somit als nicht näher begründetes obiter dictum, das an der Bindungswirkung des § 31 BVerfGG nicht teilnimmt.

b2) Eine Analogie zu den Beitrittsvorschriften der anderen Verfahrensarten setzt eine planwidrige Lücke voraus.[50] Für den Streit zwischen verschiedenen Ländern gem. Art. 93 Abs. 1 Nr. 4, §§ 13 Nr. 8, 71 Nr. 2 BVerfGG hat das Bundesverfassungsgericht eine solche Lücke festgestellt und sie durch analoge Anwendung des § 65 BVerfGG geschlossen.[51] Für das Verfahren der abstrakten Normenkontrolle würde es an einer solchen Lücke fehlen, wenn der Gesetzgeber sich bewußt gegen die Möglichkeit eines Beitritts entschieden hätte.

§ 41 Abs. 3 des SPD-Entwurfs für ein Bundesverfassungsgerichtsgesetz sah vor, daß sich die Antragsberechtigen dem Verfahren der abstrakten Normenkontrolle anschließen können.[52] Der Regierungsentwurf enthielt keine Beitrittsvorschrift.

48 BVerfGE 68, 346 ‹349›.
49 BVerfGE 68, 346 ‹349›.
50 Vgl. *Larenz,* Methodenlehre der Rechtswissenschaft. 4. Aufl. 1979, S. 388 ff.
51 Vgl. BVerfGE 42, 103 ‹118›.
52 BT-Drucks. 1/328: »Antragsberechtigte können sich anschließen.«

Im Rechtsausschuß[53] wurde die Abgrenzung des Kreises der Beteiligten nicht diskutiert. Der Regierungsentwurf sah auch für die konkrete Normenkontrolle lediglich einen Verweis auf § 77 BVerfGG, aber keine der heutigen Beitrittsregelung des § 82 Abs. 2 BVerfGG entsprechende Vorschrift vor.[54] Aus welchem Grund für das Verfahren der konkreten Normenkontrolle dann doch noch eine Beitrittsmöglichkeit geschaffen wurde, geht aus den Materialien nicht hervor.[55] Auch hier wurde die Abgrenzung des Kreises der Beteiligten nicht diskutiert. Geiger[56] hielt die Möglichkeit des Beitritts im konkreten Normenkontrollverfahren als einem Verfahren, das keine »Parteien« kenne, für »ungewöhnlich«. Es müsse auch bezweifelt werden, daß ein Bedürfnis nach dieser Vorschrift bestehe. Die mit dem Beitritt verbundene besondere Rechtsstellung im Verfahren - insbesondere das Recht, als Prozeßbeteiligter selbständige Anträge stellen zu können - sei für das Normenkontrollverfahren bedeutungslos. Es sei bei den Beratungen offenbar übersehen worden, daß im Verfahren der konkreten Normenkontrolle die »Vorlage« des Gerichts an die Stelle des Antrags trete, der im Verfahren der abstrakten Normenkontrolle nötig sei, um das Verfahren in Gang zu bringen.
Die Auffassung, daß eine förmliche Beteiligung im Verfahren der Normenkontrolle überflüssig sei, übersieht das Ablehnungsverfahren wegen Besorgnis der Befangenheit.[57] Sie dürfte aber der Grund dafür gewesen sein, daß man beim abstrakten Normenkontrollverfahren eine Beitrittsvorschrift nicht in Betracht zog. An die prozessualen Konsequenzen für das Recht, Befangenheitsanträge zu stellen, dachte auch hier offensichtlich niemand. Insofern liegt eine echte Regelungslücke vor.
Auch die für eine Analogie erforderliche Vergleichbarkeit der Sachverhalte ist gegeben. Wesentliche Unterschiede insbesondere zwischen konkreter und abstrakter Normenkontrolle gibt es - entgegen der Auffassung des Bundesverfassungsgerichts[58] - im Hinblick auf Rolle der Beteiligten nicht[59]: Sowohl das abstrakte als auch das konkrete Normenkontrollverfahren sind »objektive« Verfahren ohne Be-

53 StenProt. der 52. Sitzung v. 6. Juli 1950 (1. Wahlperiode), S. 5 f und der 72. Sitzung v. 4.12.1950, S. 20.

54 § 76 RegE (BT-Drucks. 1/788): »Die Vorschriften der §§ 71 und 72 (heute §§ 77 und 78) gelten entsprechend.«

55 Sie taucht erstmals in der Beschlußvorlage des Rechtsausschusses für den Bundestag auf (BT-Drucks. 1/1724). Im mündlichen Bericht des Abg. Neumayer (vgl. StenProt. der 112. Sitzung v. 19.1.1951, S. 4234 (D), 4235 (A)) wird sie nicht erwähnt. Ich kann mir die Entstehungsgeschichte nur so erklären, daß § 82 Abs. 2 BVerfGG auf einen Vorschlag des vom Rechtsausschuß eingesetzten Unterausschusses - vgl. dazu Merkatz (Berichterstatter des Rechtsausschusses), StenProt. a.a.O. S. 4218 (B) - zurückgeht, dessen Beratungen nicht dokumentiert sind.

56 *Geiger*, BVerfGG, § 82 Anm. 1.

57 S. oben IV.1.

58 Vgl. BVerfGE 68, 346 und oben IV.2.b1).

59 Im Gesetzgebungsverfahren wurde erwogen, beide Verfahrensarten gemeinsam in einem Abschnitt des BVerfGG zu regeln, weil materiell die gleiche Rechtslage zu prüfen sei und nur die Antragsteller verschieden seien, vgl. StenProt. der 52. Sitzung des Rechtsausschusses v. 6. 7.1950, S. 2 - 5.

teiligte im materiellen Sinne. Das spricht jedoch weder im konkreten noch im abstrakten Normenkontrollverfahren dagegen, den am Ausgang des Verfahrens interessierten Verfassungsorganen die Möglichkeit zu eröffnen, durch Erklärung des Beitritts die Stellung von Prozeßbeteiligten zu erlangen. Nach dem BVerfGG ist eine analoge Anwendung der für andere Verfahrensarten geltenden Beitrittsvorschriften im Verfahren der abstrakten Normenkontrolle somit möglich; verfassungsrechtlich ist die Analogie geboten: Erst sie beseitigt die mit Art. 3 Abs. 1 GG unvereinbare verfahrensrechtliche Monopolstellung des Antragstellers.

3. Es bleibt die Frage, wer dem Verfahren der abstrakten Normenkontrolle beitreten kann: die gem. § 77 BVerfGG Äußerungsberechtigten oder nur diejenigen, die gem. § 76 BVerfGG selbst Antragsteller sein können. Diese Gruppen überschneiden sich nur teilweise: Antragsberechtigt sind nur die Bundesregierung, die Landesregierungen und ein Drittel der Mitglieder des Bundestages; äußerungsberechtigt sind darüber hinaus auch der Bundestag, der Bundesrat und bei Meinungsverschiedenheiten über Landesrecht auch der Landtag des Landes, in dem die Norm verkündet wurde. Die Frage ist somit relevant für die Beitrittsmöglichkeit der gesetzgebenden Körperschaften.

Der Beitritt könnte den (abstrakt[60]) Antragsberechtigten vorbehalten sein, weil das Gesetz nur bei ihnen die Fähigkeit, Beteiligte zu sein, ausdrücklich anerkennt. Bei näherer Betrachtung erweist sich dies jedoch nicht als tragfähiger Grund. Der Kreis der Antragsberechtigten ist begrenzt, weil im objektiven Verfahren eine eigene Rechtsbetroffenheit nicht zur Verfahrensvoraussetzung gemacht werden kann.[61] Die Auswahl der Antragsberechtigten muß also Gewähr dafür bieten, daß keine mißbräuchlichen Anträge gestellt werden.[62] Eine eigene Antragsberechtigung der gesetzgebenden Körperschaften kommt schon deshalb nicht in Betracht, weil diese ein Gesetz, das sie für verfassungswidrig halten, im Gesetzgebungsverfahren aufheben können. Deshalb ist lediglich der Minderheit von einem Drittel der Mitglieder des Bundestages, das diese Möglichkeit nicht hat, antragsberechtigt.

Wenn ein Normenkontrollantrag bereits anhängig ist, gibt es jedoch keinen Grund mehr, den Kreis der Beteiligten auf die Antragsberechtigten zu begrenzen. Nur in den kontradiktorischen Verfahren ist der Beitritt den selbst Antragsberechtigten vorbehalten.[63] Dort findet diese Beschränkung ihre Rechtfertigung darin, daß Streitgegenstand jeweils ein materielles Rechtsverhältnis ist; Verfahrensbeteiligter soll nur sein, wer auch an dem streitigen Rechtsverhältnis unmittelbar beteiligt ist.[64] Bei der abstrakten Normenkontrolle sind jedoch weder die Antragsberech-

60 Vgl. oben IV.2.a).
61 Vgl. *Babel*, a.a.O., S. 12 ff.
62 Vgl. *Benda/Klein*, a.a.O., Rn. 664.
63 §§ 65, 69 BVerfGG.
64 *Geiger*, BVerfGG, § 65 Anm. 4; BVerfGE 12, 308 ‹310 f.›; 20, 18 ‹25›.

tigten noch die Äußerungsberechtigten an einem Rechtsverhältnis unmittelbar beteiligt. Bei einer Analogie zu den Beitrittsvorschriften anderer Verfahren kann somit nicht auf die kontradiktorischen Verfahren abgestellt werden. Bei allen anderen Verfahren, die einen Beitritt kennen[65], haben alle äußerungsberechtigten Verfassungsorgane das Recht des Beitritts (§§ 72 Abs. 2, 83 Abs. 2, 94 Abs. 5 BVerfGG).

V. Ergebnis

Auch im Verfahren der abstrakten Normenkontrolle können die Äußerungsberechtigten analog §§ 82 Abs. 2, 83 Abs. 2, 94 Abs. 5 BVerfGG in jeder Lage des Verfahrens beitreten. Nach der Erklärung des Beitritts haben sie das Recht, Verfahrensanträge zu stellen, insbesondere einen Richter wegen Besorgnis der Befangenheit abzulehnen.
Im § 218-Verfahren hätten der Bundestag und die das Gesetz verteidigenden Landesregierungen somit den Beitritt erklären und anschließend einen förmlichen Befangenheitsantrag stellen können. Ein solcher Antrag hätte außerdem Gelegenheit gegeben, die verfahrensrechtliche Stellung der Äußerungsberechtigten im Verfahren der abstrakten Normenkontrolle grundsätzlich zu klären.

65 Konkrete Normenkontrolle, Nachprüfung von Völkerrecht gem. Art. 100 Abs. 2 GG, Verfassungsbeschwerde. Ob die Verfassungsbeschwerde ausschließlich ein Instrument des individuellen Rechtsschutzes ist oder darüber hinaus auch eine »objektive« Funktion erfüllt, ist umstritten - vgl. *Kley*, in: *Umbach/Clemens*, BVerfGG, § 90 Rn 2 f.

Verfassungsgerichtsbarkeit der Länder - Grenzen und Möglichkeiten

Dietrich Franke

Einleitung

Wie den Verfassungen der Bundesländer in der rechtswissenschaftlichen Diskussion der Zeit vor der Einheit gewöhnlich ein »Schlummerdasein« neben dem Grundgesetz attestiert worden ist, wenn auch mit der Prognose möglichen Erwachens, so hat auch die Verfassungsgerichtsbarkeit der Länder bislang im Schatten der Rechtsprechung des Bundesverfassungsgerichts gestanden[1]. Inzwischen hat die Verfassungsgebung in den neuen Bundesländern zu einer unerwarteten Belebung des Landesverfassungsrechts geführt, die - wie die Kontroversen um die brandenburgische Landesverfassung gezeigt haben[2] - manchen bereits als bedenklich erscheint. Ein Bedeutungszuwachs für das Landesverfassungsrecht dürfte auch mit dem Ausbau der Verfassungsgerichtsbarkeit in den neuen Ländern verbunden sein, insbesondere soweit diese für ihre Verfassungsgerichte eine uneingeschränkte Zuständigkeit für Landesverfassungsbeschwerden vorsehen. Stimmte die bislang eher untergeordnete Rolle der Landesverfassungsgerichtsbarkeit in der verfassungsrechtlichen Diskussion mit ihrer Bedeutung für die Eigenstaatlichkeit der Länder und ihren rechtlichen Möglichkeiten im föderalen Verfassungsgefüge nicht überein, so lassen umgekehrt die heftigen Kontroversen über den Ho-

1 Vgl. etwa *Klaus Stern*, Einführung, in: *Christian Starck/Klaus Stern* (Hrsg.), Landesverfassungsgerichtsbarkeit, 1983, Teilband I, S. 1 (2 f., 15 f.).
Zu den Problemenkomplexen und zur Bedeutung der Landesverfassungsgerichtsbarkeit vgl. die Beiträge in den Teilbänden I-III sowie zuletzt *Grupp*, Über Landesverfassungsgerichtsbarkeit, BWVBl. 1993, 81 ff.

2 Vgl. etwa die Diskussion auf der Tagung des Arbeitskreises Staats- und Verfassungsrecht in Rostock vom 3.-5.5. 1992, in: *K. Stern* (Hrsg.), Deutsche Wiedervereinigung, Band III, 1992, S. 23 ff. Für das pro und contra besonders prononciert einerseits *Simon*, Wegweisendes Verfassungsmodell aus Brandenburg, NJ 1991, 427 ff., andererseits *Scholz*, Die Pflicht der Länder zur Bundestreue, in: Die Zukunft des Grundgesetzes, Schriftenreihe der CDU/CSU Fraktion im Deutschen Bundestag, August 1992, S. 15 ff. Weitere Nachweise bei *Sacksofsky*, Landesverfassungen und Grundgesetz am Beispiel der Verfassungen der neuen Bundesländer, in: NVwZ 1993, S. 235 ff.; *D. Franke/R. Kneifel-Haverkamp*, Die Brandenburgische Landesverfassung. Verfassungsgebung in einem neuen Bundesland als Teil der gesamtdeutschen Verfassungsdiskussion, demnächst in JöR n.F. 42 (1994).
E.G. Mahrenholz hat sich in diesen Auseinandersetzungen mehrfach mit Unterstützung für den brandenburgischen Verfassungsgeber zu Wort gemeldet; der Text des im April 1992 im Potsdamer Landtag gehaltenen Vortrages erscheint demnächst bei der *Friedrich-Ebert-Stiftung.*

necker-Beschluß des Berliner Verfassungsgerichtshofs[3] die Grenzprobleme der Landesverfassungsgerichtsbarkeit deutlich hervortreten.
Vor diesem Hintergrund soll der nachfolgende Beitrag die rechtlichen Grundannahmen zum Verhältnis von Bundes- und Landesverfassungsrecht sowie die Möglichkeiten und Grenzen der verfassungsgerichtlichen Judikatur auf Länderebene erörtern. Zunächst wird dabei kurz auf das Verhältnis der Bundes- und Landesverfassungsgerichtsbarkeit einzugehen sein (I); sodann sind die Einwirkungen des Bundesverfassungsrechts auf das Landesverfassungsrecht als primären Prüfungsmaßstab der Landesverfassungsgerichte aufzuzeigen (II). Schließlich soll auf dem Hintergrund des Honecker-Beschlusses des Berliner VerfGH auf die Grenzprobleme der Landesverfassungsbeschwerde eingegangen werden (III).

I. Verfassungshoheit und Verfassungsgerichtsbarkeit der Länder als Attribut ihrer Eigenstaatlichkeit

Verfassungshoheit und Verfassungsgerichtsbarkeit sind wesentliche Attribute der Eigenstaatlichkeit der Länder[4]. In ständiger Rechtsprechung betont das Bundesverfassungsgericht, daß sowohl der Gesamtstaat wie die Gliedstaaten Staatsqualität und je ihre eigene, von ihnen selbst bestimmte Verfassung besitzen[5]; die Verfassungsräume des Bundes und der Länder stehen grundsätzlich nebeneinander[6]. Zwar wird mit Blick auf die fehlende Garantie des Bestandes der einzelnen Länder, die allein dem Bund vorbehaltene Kompetenz-Kompetenz (Art. 79, 24 GG)[7] und die Beschränkung der Verfassungshoheit der Länder durch das Grundgesetz

3 Beschluß vom 12.01.1993, NJW 1993, 515 ff. Vgl. dazu kritisch *Starck*, Der Honecker-Beschluß des Berliner VerfGH, JZ 1993, 231 ff.; *Schoreit*, Absolutes Strafverfahrenshindernis und absolutes U-Haftverbot bei begrenzter Lebenserwartung des Angeklagten?, NJW 1993, 881 ff.; *Wilke*, Landesverfassungsgerichtsbarkeit und Einheit des Bundesrechts, NJW 1993, 887 ff.; *Gehb*, Bricht Berliner Landesrecht Bundesrecht?, DÖV 1993, 470 ff.; *Berkemann*, Ein Landesverfassungsgericht als Revisionsgericht - Der Streitfall Honecker, NVwZ 1993, 409 ff.; *Bartlsperger*, Einstellung des Strafverfahrens von Verfassungswegen, DVBl. 1983, 333 ff.; *Sachs*, Verfassungsrechtliche Anmerkungen zum Strafverfahren gegen Erich Honecker, ZfP n.F. 40 (1993), 121 ff.; *Paeffgen*, Wozu dient der Strafprozeß und inwieweit darf ein Landesverfassungsgericht ihn intervenieren?, NJ 1993, 152 ff.; *Pestalozza*, Der »Honecker-Beschluß« des Berliner Verfassungsgerichtshofs, NVwZ 1993, 340 ff.

4 Vgl. BVerfGE 26, 342 (360 f.); 34, 9 (19 f.); *Stern*, Einführung (FN 1), S. 16 f. Zur Verfassungshoheit der Länder vgl. etwa *Stern*, Das Staatsrecht der Bundesrepublik Deutschland, Band I, 2. Aufl., 1984, § 19 III 5 (S.704 ff.); *Isensee*, Idee und Gestalt des Föderalismus im Grundgesetz, in HdbStR IV (1990), § 98 Rdn. 78 ff. sowie zuletzt *Magiera*, Verfassunggebung der Länder als Gliedstaaten der Bundesrepublik Deutschland, in *K. Stern* (Hrsg.) (FN 2), S. 142 ff.

5 BVerfGE 36, 342 (360); 41, 88 (119).

6 BVerfGE 4, 178 (189); vgl. auch 6, 378 (381 f.); 22, 267 (270); 36, 342 (357); 41, 88 (119); 60, 175 (209). Zu dem Nebeneinander der Verfassungsräume vgl. *Bartlsperger*, Das Verfassungsrecht der Länder in der gesamtstaatlichen Verfassungsordnung, in: HdbStR IV (1990), § 96 Rdn. 24 f.

7 *BVerfGE* 13, 54 (78 f.).

das Axiom der Länderstaatlichkeit verschiedentlich als überholt in Frage gestellt und der Rechtsetzung der Länder und ihren Verfassungen nur noch lückenfüllende Funktion zugewiesen[8], doch ist nach der vom Bundesverfassungsgericht festgestellten Rechtslage davon auszugehen, daß den Ländern Staatsqualität und Verfassungshoheit zukommt.

Zur Betonung ihrer Eigenstaatlichkeit haben - mit Ausnahme von Schleswig-Holstein - alle alten Länder der Bundesrepublik Deutschland und das Land Berlin Verfassungsgerichte eingerichtet; auch die Verfassungen der neuen Länder sehen dies vor[9]. In ihrer Funktion als originäre Hüter und Interpreten der Landesverfassungen genießen die Landesverfassungsgerichte keine geringere Autorität als das Bundesverfassungsgericht für den Bereich des Grundgesetzes[10]. Das Bundesverfassungsgericht betont daher immer wieder den Gestaltungsspielraum der Länder bei der Errichtung der Landesverfassungsgerichtsbarkeit und deren Eigenständigkeit: im Rahmen der Normativbestimmungen des Grundgesetzes »können die Länder ihr Verfassungsrecht und damit auch ihre Verfassungsgerichtsbarkeit nach ihrem eigenen Ermessen ordnen«[11]; »die Landesverfassungsgerichtsbarkeit darf von der Bundesverfassungsgerichtsbarkeit nicht in größere Abhängigkeit gebracht werden, als es nach dem Bundesverfassungsrecht unvermeidbar ist«[12]; mit Rücksicht auf den bundesstaatlichen Staatsaufbau müsse der Bereich der Verfassungsgerichtsbarkeit der Länder vom Bundesverfassungsgericht »soweit wie möglich unangetastet bleiben«[13].

Wenn die Verfassungsgerichte der Länder trotz der im föderalen Verfassungsgefüge angelegten Möglichkeiten auch auf Landesebene zumeist keine der des Bundesverfassungsgerichts auch nur entfernt vergleichbare Bedeutung erlangt haben, liegt dies zum einen an der übervorsichtigen Anlehnung der Gerichte an die gesicherten Grundlagen des Grundgesetzes und der Rechtsprechung des Bundesverfassungsgerichts auch da, wo sie die Eigenständigkeit der Verfassungsräume der Länder stärker betonen könnten[14], zum anderen an ihrem in den meisten Ländern nur eng umschriebenen Aufgabenbereich. Die Verfassungsbeschwerde, welche einen wesentlichen Beitrag zur »Vitalisierung« der Landesgrundrechte leisten kann, ist von den alten Bundesländern bislang nur in Bayern, Hessen und dem Saarland

8 In diesem Sinne etwa *März*, Bundesrecht bricht Landesrecht, 1989, S. 171 ff.; vgl. auch *Isensee* (FN 4), Rdn. 78 ff.

9 Vgl. für Sachsen Art. 77 Abs. 1, 81 LV; Brandenburg Art. 112 f. LV; Sachsen-Anhalt Art. 74 ff. LV; Mecklenburg-Vorpommern Art. 52 ff. LV; Thüringen Art. 79 f. LV.

10 Vgl. BVerfGE 36, 342 (357); 41, 88 (119); 60, 175 (209); *Stern*, Einführung (FN 1), S.24.

11 BVerfGE 4, 178 (189); vgl. auch 6, 378 (381 f.); 22, 267 (270).

12 BVerfGE 36, 342 (357); 41, 88 (119); 60, 175 (209).

13 BVerfGE 60, 175 (208).

14 *Sachs* (FN 3), S. 123, konstatiert hier eine »Tendenz zur selbstverursachten Unmündigkeit der Landesverfassungsgerichtsbarkeit«.

sowie - seit 1990 - in Berlin[15] vorgesehen; im Saarland ist sie durch ihr Zurücktreten hinter der bloßen Möglichkeit der Anrufung des Bundesverfassungsgerichts[16] zur Bedeutungslosigkeit reduziert, in Bayern und Hessen haben die Verfassungsgerichte ihren Wirkungsbereich durch zahlreiche selbstauferlegte Beschränkungen[17] begrenzt. Die neuen Bundesländer sehen die Zuständigkeit der Verfassungsgerichte für Verfassungsbeschwerden vor, davon allerdings Brandenburg - wie auch Berlin - nur alternativ zur Verfassungsbeschwerde an das Bundesverfassungsgericht und Mecklenburg-Vorpommern - ähnlich wie das Saarland - nur subsidiär[18]. Für Richtervorlagen schließlich ziehen die Gerichte die Vorlage an das Bundesverfassungsgericht häufig auch da vor, wo eine Anrufung der Landesverfassungsgerichte möglich wäre.

Vollzieht die Rechtsprechung der Verfassungsgerichtsbarkeiten des Bundes und der Länder sich auch in »grundsätzlich getrennten Räumen«[19], so bestehen zwischen den Gerichtsbarkeiten doch zahlreiche »Nahtstellen«[20] infolge prozessualer und und materiellrechtlicher Einwirkungen der Rechtsräume aufeinander. Die Berührungspunkte zwischen den Verfassungsgerichtsbarkeiten des Bundes und der Länder werfen schwierige Einwirkungs- und Abgrenzungsprobleme in materiellrechtlicher wie prozeßrechtlicher Hinsicht auf, die hier nicht im Einzelnen erörtert werden können[21]. Im nachfolgenden sollen lediglich die für die Praxis der Landesverfassungsgerichte besonders wichtigen Fragen des Einwirkens des Bundesverfassungsrechts auf den Prüfungsmaßstab der Landesverfassungsgerichte, die Überschneidungen von Landesverfassungsrecht und Bundesrecht im Bereich

15 § 14 Nr. 6 des Gesetzes vom 8.11.1990 (GVBl. S.2246) i.d.F. des Gesetzes vom 11.12.1991 (GVBl. S. 2246); danach entscheidet der VerfGH über Verfassungsbeschwerden, »soweit nicht Verfassungsbeschwerde zum Bundesverfassungsgericht erhoben ist oder wird«. Ebenso § 45 Abs. 1 des Gesetzes über das Verfassungsgericht des Landes Brandenburg vom 08.07.1993, GVBl. I S. 322 ff.

16 § 55 Abs.3 VGHG Saar: »Ist wegen der gleichen Verletzung die Verfassungsbeschwerde zum Bundesverfassungsgericht zulässig, so kann Verfassungsbeschwerde zum Verfassungsgerichtshof nicht erhoben werden.«

17 Vgl. hierzu insbesondere *H.v. Olshausen*, Landesverfassungsbeschwerde und Bundesrecht, 1980, S. 17 f.

18 Von den Verfassungsgerichtsgesetzen der Länder ist das Gesetz über den Verfassungsgerichtshof des Freistaates Sachsen vom 18. Februar 1993 (GVBl. S. 1121) in Kraft getreten, vgl. dort § 27 ff.; zu Brandenburg vgl. in FN 15; Art. 53 LV Mecklenburg-Vorpommern sieht neben der Verfassungsbeschwerde unmittelbar gegen Landesgesetze (Nr. 1) Verfassungsbeschwerden gegen sonstige Akte der öffentlichen Gewalt nur vor, »soweit eine Zuständigkeit des Bundesverfassungsgerichts nicht gegeben ist«.

19 BVerfGE 36, 342 (357).

20 *K. Stern*, Nahtstellen zwischen Bundes- und Landesverfassungsgerichtsbarkeit, in: BayVBl. 1976, 547 (549).

21 Vgl. zur Orientierung etwa *Friesenhahn*, Zur Zuständigkeitsabgrenzung zwischen Bundesverfassungsgerichtsbarkeit und Landesverfassungsgerichtsbarkeit, in: Christian Starck (Hrsg.), Bundesverfassungsgericht und Grundgesetz, Festgabe aus Anlaß des 25-jährigen Bestehens des Bundesverfassungsgerichts, Band I, 1976, S. 748 (752); *Bethge*, Verfassungsgerichtsbarkeit im Bundesstaat, BayVBl. 1985, 257 ff.

der Landesverfassungsbeschwerde und die damit zusammenhängenden Vorlagepflichten nach Art.100 Abs. 1 und Abs. 3 GG erörtert werden.

II. Einwirken des Grundgesetzes auf das »Landesverfassungsrecht« als Prüfungsmaßstab der Landesverfassungsgerichte

Jedem Verfassungsgericht kommt in »seinem« Rechtskreis die Funktion als oberster Hüter des Rechts und die Aufgabe dessen letztverbindlicher Auslegung zu[22]. Die Grundsatzregel, daß das Bundesverfassungsgericht am Maßstab des Grundgesetzes, die Landesverfassungsgerichte am Maßstab der Landesverfassung entscheiden[23], wird von zahlreichen Ausnahmen durchbrochen: sowohl das Bundesverfassungsgericht wie die Landesverfassungsgerichte müssen in bestimmten Fallkonstellationen auch das jeweils andere Verfassungsrecht als Prüfungsmaßstab anwenden[24]. Der wohl wichtigste Fall der Notwendigkeit der Berücksichtigung des Grundgesetzes bei der Anwendung der Landesverfassung betrifft die Gültigkeit der landesverfassungsrechtlichen Maßstabsnormen: die Landesverfassungsgerichte müssen sich vergewissern, ob die als Prüfungsmaßstab anzuwendenden Bestimmungen der Landesverfassung inhaltlich mit dem Grundgesetz - und sonstigem Bundesrecht - vereinbar sind[25]. Eine Bestimmung der Landesverfassung, die wegen Verstoßes gegen höherrangiges Bundesrecht »gebrochen« ist (Art. 31 GG), kann nicht wirksamer Prüfungsmaßstab sein.
Die Normen des Grundgesetzes, welche in die Verfassungsordnung der Länder hinweinwirken und damit auch die Landesverfassung als Prüfungsmaßstab der Landesverfassungsgerichte beeinflussen, lassen sich - ohne daß den Meinungsverschiedenheiten über ihren Rechtscharakter und ihre Wirkungsweise hier im Einzelnen nachgegangen werden könnte[26] - in für die Landesstaatsgewalt unmittelbar verbindliche »Durchgriffsnormen«, Homogenitätsgebote (Art. 28 GG), Kompetenzverteilungsnormen und Kollisionsnormen (Art. 31 GG) einteilen[27]. Diese Normen, insbesondere die die Landesstaatsgewalt unmittelbar verpflichtenden »Durchgriffsnormen«, werden, obwohl sie normtheoretisch zur Ebene der Bundesverfassung gehören, immer wieder auch als Bestandteile des Landesverfas-

22 BVerfGE 70, 112 (117).
23 Vgl. *Stern*, BK, Rdn. 267 zu Art. 100 GG; *Friesenhahn*, (FN 21), S. 752 ff.; *Bethge* (FN 21), S. 262 ff.
24 Vgl. die Aufstellung bei *Stern*, BK, Art. 100 GG, Rdn. 268 ff.
25 Vgl. *Friesenhahn* (FN 21), S. 756; *Gehb*, Verfassung, Zuständigkeiten und Verfahren des Hessischen Staatsgerichtshofs, 1987, S. 142 ff.
26 Vgl. dazu *Bethge*, Organstreitigkeiten des Landesverfassungsrechts, in: Starck/Stern (Hrsg.) (FN 1), Teilband II, S. 17 (28 f.); *Friesenhahn* (FN 21), S. 759 ff.
27 Vgl. dazu etwa *Stern* (FN 4), § 19 III 5; *März* (FN 8), S. 169 ff., 180 ff. sowie zuletzt *Sachs*, Die Landesverfassung im Rahmen der bundesstaatlichen Rechts- und Verfassungsordnung, ThVBl.1993, 121 ff.

sungsrechts angesehen[28], so daß Unklarheiten über den Gegenstand »Landesverfassungsrecht« auftreten. Demgegenüber wird hier daran festgehalten, daß es sich bei diesen Normen um Bundes-, nicht aber um Landesverfassungsrecht handelt[29]. Ohne Anspruch auf dogmatische Vertiefung ist im Nachfolgenden zunächst kurz zu erörtern, welche Grenzen das Grundgesetz der Wirksamkeit der Landesverfassungen zieht und wie Kollisionen von Bundesrecht und Landesverfassungsrecht unter geringstmöglicher Antastung des Bestandes der Landesverfassungen gelöst werden können[30].

1. Grundgesetzliche Durchgriffsnormen

Mit zahlreichen die Landesstaatsgewalt unmittelbar bindenden »Durchgriffsnormen« wirkt das Grundgesetz unmittelbar in den Verfassungsbereich der Länder hinein[31]. So binden gemäß Art. 1 Abs. 3 GG die Grundrechte des Grundgesetzes auch die Landesstaatsgewalt und sind die Länder etwa an die Verfassungsprinzipien des Art. 20 Abs. 2 und 3 GG, an die Parteienfreiheit gemäß Art. 21 GG, das kommunale Selbstverwaltungsrecht des Art. 28 Abs. 2, die Beamtenrechtsgrundsätze des Art. 33 Abs. 4 und 5 und die Staatshaftung gemäß Art. 34 GG unmittelbar gebunden. Diese »Durchgriffsnormen« sind nicht Bestandteil des Landesverfassungsrechts[32], sondern bleiben dem Verfassungsraum des Bundes zugeordnet. Es steht den Ländern frei, entsprechendes inhaltsgleiches Landesverfassungsrecht zu setzen; im Kollisionsfall wird es nach Art. 31 GG »gebrochen«.

28 Für Nachweise und Kritik vgl. etwa *März* (FN 8), S. 180 f.; *v. Olshausen* (FN 17), S. 105 ff. mit Blick auf die Bundesgrundrechte. So hat etwa das BVerfG mit Blick auf Art. 21 GG die Organstreitfähigkeit politischer Parteien auf Landesebene unmittelbar aus Art. 21 GG begründet (BVerfGE 1, 208 (227, 232); 66, 107 (114 m.w.N.); der VerfGH NW hat sogar die Kompetenzverteilungsregeln des GG zu Bestandteilen des Landesverfassungsrechts erklärt, vgl. in NVwZ 1993, 57 mit Anm. *Sachs* in JuS 1993, S. 334 f.

29 Vgl auch *Bartlsperger* (FN 6), Rdn. 14 f., 21 ff. und a.a.O. (FN 3), S. 347, der hier zwischen dem Bereich des autonomen »Landesverfassungsrechts« und dem auch vom Verfassungsraum des Bundes umfaßten »Verfassungsrecht der Länder« unterscheidet; *Sachs*, a.a.O. (FN 27), S. 121 und a.a.O. (FN 3), S. 127; *Pestalozza* (FN 3), S. 341 f.

30 Vgl. zu diesen Fragen *Böckenförde/Grawert*, Kollisionsfälle und Geltungsprobleme im Verhältnis von Bundesrecht und Landesverfassung, in: DÖV 1973, S. 119 ff.; *v. Mutius*, Zum Verhältnis von gleichlautendem Bundes- und Landesverfassungsrecht, in: VerwArch 66 (1975), S. 161 ff.; *v. Olshausen* (FN 17), S. 125 ff.; *Gallwas*, Konkurrenz von Bundes- und Landesgrundrechten, in: JA 1981, S. 536 ff.; *Jutzi*, Landesverfassungsrecht und Bundesrecht, 1982; *März* (FN 8); *Pietzcker*, Zuständigkeitsordnung und Kollisionsrecht im Bundesstaat, in: HdbStR IV (1990), § 99; *Magiera* (FN 4), S. 142 ff.; *Sacksofsky* (FN 2), S. 235 ff.; *Sachs*, Die Grundrechte im Grundgesetz und in den Landesverfassungen – zur Voraussetzung des Normwiderspruchs im Bereich der Art. 31 und 142 GG –, DÖV 1985, S. 469 ff. sowie a.a.O. (FN 27), S. 121 ff.

31 Vgl. etwa *Stern* (FN 4), § 19 III 5 a; *Sachs* (FN 27), S. 121.

32 Vgl. die Nachweise in FN 29 sowie *März* (FN 8), S.180 f. Unklar etwa VerfGH Berlin NJW 1993, S. 515 (516), wo der landesrechtliche Menschenwürdesatz mit dem »Hineinwirken« des Grundgesetzes in die gliedstaatliche Verfassung begründet wird.

2. Homogenitätsgebote

Die Homogenitätsgebote des Art. 28 Abs.1 und 2 GG sollen nur ein Mindestmaß an Übereinstimmung in den Grundprinzipien des Staatsaufbaus sicherstellen und lassen den Ländern für die grundlegenden Staatsstrukturprinzipien einen weiten Spielraum politischer Gestaltung[33]. Sie können ihre Staatsfundamentalnormen in eigener Verantwortung festlegen und auch solche in ihre Verfassungen aufnehmen, die das Grundgesetz nicht kennt oder die mit ihm nicht übereinstimmen[34]. Erst wenn das Mindestmaß an Homogenität unterschritten wird, greift Art. 31 GG ein und wird das mit dem Grundgesetz inhaltlich unvereinbare Landesverfassungsrecht gebrochen[35]; die über das verfassungsrechtlich gebotene (Art. 28 Abs. 1 GG) Mindestmaß an Homogenität hinaus auftretenden Divergenzen zwischen Bundes- und Landesverfassungsrecht nimmt das Grundgesetz in Kauf. Wie die Durchgriffsnormen, so sind auch die Homogenitätsgebote Bundes-, aber nicht Landesverfassungsrecht[36].

3. Kompetenznormen

Insbesondere im Bereich der Grundrechte und Staatsziele treffen die Landesverfassungen üblicherweise auch Aussagen auf Gebieten, die ganz oder teilweise der Gesetzgebungskompetenz des Bundes unterliegen und insoweit bundesrechtlich durchnormiert sind[37]. Hier stellt sich die Frage, ob nicht nur der (einfache) Landesgesetzgeber, sondern auch der Landesverfassungsgeber an die Verteilung der Gesetzgebungskompetenzen zwischen Bund und Ländern (Art. 73 ff. GG) gebunden ist, und ob ein Kompetenzverstoß zur Nichtigkeit des kompetenzwidrigen Landesverfassungsrechts führt. Die in der Literatur herkömmlicherweise stark vertretene Auffassung, daß die Verbandskompetenz des Landesverfassungsgebers der Verteilung der Gesetzgebungskompetenzen gemäß Art. 73 ff. folge[38], trägt der Verfassungsautonomie der Länder - auch mit Blick auf die mit einem Kompetenzmangel verbundene Rechtsfolge der Nichtigkeit des kompetenzwidrigen Landesrechts[39] - nicht hinreichend Rechnung. Eine Übertragung dieser Regel auf die Landesverfassungen würde bedeuten, daß namentlich in die Grundrechtskataloge der Landesverfassungen große Lücken gerissen würden. Teilweise wird daher an-

33 BVerfGE 9, 268 (279); 60, 175 (207).
34 BVerfGE 36, 342 (361).
35 BVerfGE 36, 342 (366).
36 Vgl. ausführlich *März* (FN 8), S. 180 ff., m.w.N.
37 Vgl. für die LV Brandenburg etwa die Aufzählung bei *Sachs* (FN 27), S. 123, Fn. 22.
38 Vgl. etwa *v. Mutius* (FN 30), S. 146 f.; *Graf Vitzthum*, Die Bedeutung gliedstaatlichen Verfassungsrechts in der Gegenwart, in: VVDStRL 46 (1988), S. 1 (12, Fn. 21); *März* (FN 8), S. 180 ff. m.w.N.
39 Vgl. BVerfGE 36, 343 (363 f.); *März* (FN 8), S. 169.

genommen, daß der Landesverfassungsgeber nicht an die Kompetenzverteilung gemäß Art. 73 ff. gebunden sei[40]; als zutreffend erscheint es, im Rahmen der grundgesetzlichen Kompetenzverteilungsnormen von einer ungeschriebenen Kompetenz für das Landesverfassungsrecht auszugehen[41]. Eine materielle Bestimmung des Kompetenzbereichs »Landesverfassung« , die hier nicht im Einzelnen vorgenommen werden kann, müßte jedenfalls die üblicherweise in Landesverfassungen enthaltenen Regelungen über die obersten Verfassungsorgane des Landes, die Beziehungen des einzelnen zur Staatsgewalt des Landes, die Aufstellung zentraler Verfassungsstrukturprinzipien und die Festlegung von Staatszielen umfassen[42]. Die Kompetenz zur Schaffung eigener Landesgrundrechte wird in Art. 142 GG ersichtlich vorausgesetzt[43]; die dort ausgesprochene Fortgeltungsanordnung für Landesgrundrechte stellt allein auf die inhaltliche Übereinstimmung mit den Bundesgrundrechten, nicht aber auf die Kompetenzbestimmungen der Art. 73 ff. ab. Die Folge ist, daß - in Abweichung von den sonst für die Kompetenzverteilung geltenden Grundsätzen - insbesondere im Grundrechtsbereich kompetenzgerechte Regelungen auf Bundes- und Landesebene zugleich möglich sind und sich das Verhältnis der Landesgrundrechte zu den Bundesgrundrechten und einfachem Bundesrecht nach Art. 31 GG bestimmt.

4. Art. 31 GG

Art. 31 GG ist in Anknüpfung an die Lehren der Weimarer Zeit zu Art. 13 Abs. 1 WRV als Ausdruck einer allgemeinen Überordnung des Gesamtstaates über die Gliedstaaten und des gesamtstaatlichen über das gliedstaatliche Recht verstanden worden; danach setzte das »ranghöhere« Bundesrecht auch gleichlautendes Landesverfassungsrecht außer Kraft[44]. Diese Auffassung ist jedenfalls seit der Grundsatzentscheidung des BVerfG zu Art. 31 GG überholt, wonach diese Bestimmung als Kollisionsnorm - soweit nicht bereits ein vorrangiger Kompetenzmangel vorliegt[45] - nur bei inhaltlichen Normwidersprüchen eingreift[46]. Beansprucht das Landesverfassungsrecht danach grundsätzlich Parallelgeltung neben den Normen des Bundesverfassungsrechts[47], ist der mögliche Anwendungsbereich dieser Bestimmung äußerst begrenzt[48]. Mit Bundesverfassungsrecht inhaltsgleiches Landesverfassungsrecht wird nicht gebrochen und kann daher Prüfungsmaßstab für

40 *v. Olshausen* (FN 17), S. 157; *Pietzcker* (FN 30), Rdn. 35.
41 *Sachs* (FN 27), S. 122 ff.; *Sacksofsky* (FN 2), S. 239.
42 Vgl. die materielle Bestimmung des Kompetenzgegenstandes »Landesverfassung« bei *Sachs* (FN 27), S. 122 f.
43 *März* (FN 8), S. 195; *Sachs* (FN 27), S. 123.
44 Vgl. zur dogmatischen Entwicklung *März* (FN 8), S. 68 ff., 85 ff.; *Gehb* (FN 25), S. 156.
45 Vgl *März* (FN 8), S. 110 ff., 169 ff.; *Sachs* (FN 27), S. 123.
46 BVerfGE 36, 342 (363 f.).
47 Vgl. *Friesenhahn* (FN 21), S. 763; *Bartlsperger* (FN 6), Rdnr. 21 ff.
48 *März* (FN 8), S. 204; *Pietzcker* (FN 30), Rdn. 31; *Sachs* (FN 27), S. 123.

landesverfassungsgerichtliche Verfahren sein; das gleiche gilt - vorbehaltlich im Einzelfall festzustellender Normkollisionen - auch für Fälle des im Verhältnis zum Grundgesetz erweiterten oder verringerten Grundrechtsschutzes in Landesverfassungen[49].

Landesgrundrechte, die mit Bundesgrundrechten (und sonstigem Bundesrecht) *übereinstimmen*, bleiben gemäß Art. 142, 31 GG wirksam und können daher den Prüfungsmaßstab für landesverfassungsgerichtliche Verfahren bilden. Soweit sie hinter Bundesgrundrechten *zurückbleiben*, werden sie durch die Bundesgrundrechte weder »aufgefüllt«[50] noch »gebrochen«[51], vielmehr bleibt es auf der Ebene des Landesverfassungsrechts bei dem nur begrenzten Schutz nach Maßgabe der Landesgrundrechte. Da der Landesverfassungsgeber nicht zur Gewährleistung eigener Landesgrundrechte verpflichtet ist, kann er ganz davon absehen oder sich mit - im Verhältnis zu den Bundesgrundrechten - geringeren Gewährleistungen begnügen. Aus der Sicht des Bürgers ist dies unschädlich, da gemäß Art. 1 Abs. 3 GG die Landesstaatsgewalt an die Bundesgrundrechte gebunden bleibt. Soweit die Landesgrundrechte *weitergehen*, ist jeweils im Einzelfall zu prüfen, ob ein Normwiderspruch zu einem (engeren) Bundesgrundrecht oder einfachem Bundesrecht besteht.

Liegt danach eine Kollision mit Bundesrecht vor, wird das Landesverfassungsrecht nach Art. 31 GG »gebrochen«. Streitig ist, ob das Bundesrecht das Landesverfassungrecht bloß verdrängt bzw. suspendiert (Anwendungsvorrang)[52] oder ob mit Bundesrecht unvereinbares Landesrecht nichtig ist[53] (Geltungsvorrang). Als die schonendere Rechtsfolge dürfte die bloße Suspensions- oder Verdrängungsfolge dem vom BVerfG geforderten »Respekt« vor den Landesverfassungen[54] besser entsprechen als die von der h.M. angenommene Nichtigkeit.

5. Beschränkter Rechtsgeltungsanspruch des Landesverfassungsrechts?

Da die Verfassungen der Gliedstaaten nur im Gesamtzusammenhang der Rahmenordnung des Grundgesetzes gesehen werden können, liegt die Frage nahe, ob der

49 Vgl. nur *Pietzcker* (FN 30), Rn. 45 ff.; *Sachs* (FN 27), S. 124; *Sacksofsky* (FN 2), S. 237 f. in Auseinandersetzung mit Gegenmeinungen.

50 Sog. Ergänzungslehre, vgl. etwa *B. Dennewitz*, Das Bonner Grundgesetz und die westdeutschen Länderverfassungen, in: DÖV 1949, S. 341 (342); *Geiger*, Die Verfassungsbeschwerde nach Bundes- und Landesrecht, in: DRiZ 1969, S. 137, 138. Mißverständlich *Holtkotten*, BK (Erstbearbeitung 1950), Art. 142, Anm. II 2.

51 Sog. Mindeststandardlehre, vgl. etwa *Jutzi* (FN 30), S. 38 f.; *v. Münch*, GGK, Bd. 3, 2. Aufl., Art. 142 Rdn. 7; *v. Campenhausen*, in: *v. Mangoldt/Klein/ v. Campenhausen*, Das Bonner Grundgesetz, 3. Aufl., Art. 142 Rdn. 9; *Magiera* (FN 4), S. 153 f.

52 So *v. Olshausen* (FN 17), S.124 ff.; *Sacksofsky* (FN 2), S. 238 f.

53 So u.a. *Jutzi* (FN 30), S. 24 ff.; *Graf Vitzthum* (FN 38), S. 32; *Pietzcker* (FN 30), Rdn. 35, 40; *Magiera* (FN 4), S. 170.

54 BVerfGE 36, 343 (366); mit Blick auf die Auslegung des Art. 31 GG hat das BVerfG ausgeführt, daß diese Bestimmung einen *Grundsatz* enthalte, der verschiedene Rechtstechniken zur Behebung von Normkollisionen umgreife, diese aber nicht ersetze.

Geltungsanspruch des Landesverfassungsrechts nicht von vorneherein im Sinne einer normativ intendierten Selbstbescheidung durch den Willen zur Einordnung in den bundesstaatlichen Rechtsrahmen beschränkt ist, so daß gegenüber widersprechendem Bundesrecht kein Rechtsgeltungsanspruch erhoben wird[55]. Art. 2 Abs. 5 Satz 1 der Brandenburgischen Landesverfassung, wonach »Die Bestimmungen des Grundgesetzes . . . denen der Landesverfassung vor(gehen)«, bringt – allerdings wegen der Nichterwähnung des Vorranges auch des einfachen Bundesrechts nur in unvollkommener Weise – den Willen der Landesverfassung zur Einfügung in die grundgesetzliche Ordnung zum Ausdruck; sie erhebt ihren Geltungsanspruch nur im Rahmen zwingender bundesrechtlicher Vorgaben.

Eine solche Beschränkung des Rechtsgeltungsanspruchs einer Landesverfassung, wie sie mit Blick auf das künftige Grundgesetz auch in einigen vor Erlaß des Grundgesetzes verabschiedeten Verfassungen alter Bundesländer zu finden ist[56], ist sinnvoll, um Kompetenzmängeln und möglichen Kollisionen mit Bundesrecht, die der Verfassungsgeber im Einzelnen nicht überblicken kann, von vorneherein vorzubeugen[57]. Sie ermöglicht es dem Landesverfassungsgeber, den Fortbestand mit dem Grundgesetz unvereinbarer Verfassungsbestimmungen als »Reserve- oder Vorratsverfassungsrecht«[58] für den Fall einer Änderung des Grundgesetzes bzw. als Merkposten für künftige Grundgesetzänderungen sicherzustellen. Auch ohne ausdrückliche Anordnung im Verfassungstext dürfte sie – jedenfalls für die nach Erlaß des Grundgesetzes entstandenen Landesverfassungen – dem Willen der Landesverfassungsgeber entsprechen, denen kaum unterstellt werden kann, sie wollten sich über vorrangiges Bundesrecht hinwegsetzen.

Läßt sich im Einzelfall ein Normwiderspruch zum Grundgesetz oder sonstigem Bundesrecht feststellen, ist dieser demnach unter Berücksichtigung der normativen Selbstbescheidung des Landesverfassungsrechts durch bundesrechtskonforme restriktive Auslegung der Landesverfassung aufzulösen[59]. (Derzeit) bundesrechtswidriges Landesverfassungsrecht kann damit für den Fall einer Änderung des Grundgesetzes oder sonstigen Bundesrechts in seiner Reservefunktion erhalten bleiben[60].

55 So *Sachs*, a.a.O. (FN 30), S. 477; (FN 27), S. 123 f.
56 Vgl. Art. 152 LV Bremen vom 21.10.1947, Art.141 LV Rheinland-Pfalz vom 18.5.1947.
57 So auch *März* (FN 8), S. 177 ff.; *Magiera*, Diskussionsbeitrag, in: *Stern* (Hrsg.), (FN 2), S. 170, spricht im Zusammenhang mit Art. 2 Abs. 5 der brandenburgischen Landesverfassung allerdings von einer »Absurdität«.
58 *Sachs* (FN 27), S. 124.
59 So auch *Sachs*, (FN 27), S. 124.
60 Dies entspricht im Ergebnis der in der Literatur zu Art. 31 GG zur Behandlung von Normwidersprüchen vertretenen Suspensions- oder Verdrängungsfolge.

6. Vorlagepflicht für grundgesetzwidriges Landesverfassungsrecht?

Will das Landesverfassungsgericht die Maßstabsnorm[61] des Landesverfassungsrechts nicht anwenden, weil es sie für mit dem Grundgesetz unvereinbar hält, ist es nach h.M. gemäß Art. 100 Abs. 1 GG zur Vorlage an das BVerfG verpflichtet[62] und dadurch gehindert, selbst (inzident) die Unwirksamkeit festzustellen. Soweit die Landesverfassungen ihren Rechtsgeltungsanspruch jedoch nur in den vom Grundgesetz gezogenen Grenzen erheben, können Normkollisionen bei der gebotenen grundgesetzkonformen Auslegung der Landesverfassung nicht auftreten; es kann sich bloß um Scheinkollisionen handeln, die das Landesverfassungsgericht im Wege der Auslegung der Landesverfassung durch bundesrechtskonforme Reduktion des Geltungsbereichs der landesrechtlichen Maßstabsnorm auszuräumen hat. Das Vorlageerfordernis nach Art. 100 Abs. 1 GG würde damit entfallen.

III. Fragen der Verfassungsbeschwerde zu den Landesverfassungsgerichten

Bei den Verfassungsbeschwerden wegen Verletzung von Landesgrundrechten durch Akte der Landesstaatsgewalt[63] treten mit Blick auf die Zuordnung der Verfassungsräume verschiedene Zweifelsfragen auf, die hier auf dem Hintergrund der Rechtsprechung der Landesverfassungsgerichte erörtert werden sollen.

61 Die Unvereinbarkeit der zu *prüfenden Norm* mit dem Grundgesetz kann eine Vorlagepflicht jedenfalls nicht begründen, da ihre Vereinbarkeit mit dem Grundgesetz für das Landesverfassungsgericht nicht Prüfungsgegenstand und somit nicht entscheidungserheblich ist, vgl. *Friesenhahn* (FN 21), S. 757 m.w.N.; *Gehb* (FN 25), S. 143 Anm. 99 und S. 148 f. Für eine Vorlagepflicht hingegen *v. Olshausen* (FN 17), S. 153 f.

62 Vgl. etwa *Rühmann*, in: *Umbach/Clemens* (Hrsg.), Bundesverfassungsgerichtsgesetz, 1992, Rdn.73, 77 zu § 85 BVerfGG; *Stern* (FN 4), S. 708. So auch das BVerfG in *BVerfGE* 36, 343 (356); 70, 112 (118). Dabei dürfte es sich jedoch nur um obiter dicta handeln. Zum Teil wird allerdings verneint, daß die Landesverfassungsgerichte überhaupt zu den vorlagepflichtigen Gerichten im Sinne von Art. 100 Abs. 1 GG zählen, vgl. *Burmeister*, Vorlagen an das Bundesverfassungsgericht nach Art. 100 Abs. 3 GG in: Starck/Stern (Hrsg.), (FN 1), Teilband II, S. 399 (462) m.w.N. auf S. 464. Für ein Selbstentscheidungsrecht auch *Friesenhahn* (FN 21), S. 752, mit der Begründung, rechtspolitisch bestehe hier kein Anlaß für das Verwerfungsmonopol des Bundesverfassungsgerichts; vgl. auch *Gehb* (FN 25), S.148.

63 Nach h.M. ist die Entscheidungskompetenz der Verfassungsgerichte der Länder auf Akte der Landesstaatsgewalt beschränkt [vgl. etwa *Friesenhahn* (FN 21) S. 753 f.; *Dieter Grimm*, Verfassungsrecht, in: Dieter Grimm/Hans-Jürgen Papier, Nordrhein-westfälisches Staats- und Verwaltungsrecht, 1986, S. 1 (51 f.); *Sachs* (FN 30), S. 475] und unterliegen ihr nicht Akte der Staatsgewalt des Bundes [so aber insbesondere *v. Olshausen* (FN 17), S. 74 ff.; vgl. auch *Paeffgen* (FN 3), S. 158)]. Die Verfassungsgerichtsgesetze der Länder beschränken jedenfalls ganz überwiegend die Verfassungsbeschwerde ausdrücklich auf Akte der Staatsgewalt des Landes (§ 49 Abs. 1 VerfGHG Saar; § 49 Abs. 1 VerfGHG Berlin; § 27 Abs. 1 VerfGHG SN; § 30 VerfGGBbg); auch soweit dies nicht der Fall ist, gehen die Verfassungsgerichte von einer solchen Beschränkung der Reichweite der Landesverfassungsbeschwerde aus [so die Rechtsprechung der Verfassungsgerichtshöfe von Bayern und Hessen; vgl. hierzu kritisch *v. Olshausen* (FN 17), S. 87 ff.].

1. Überprüfung der Anwendung von Bundesrecht?

Die Landesstaatsgewalt unterliegt der uneingeschränkten Kontrolle durch die Landesverfassungsgerichte auf Einhaltung der Landesgrundrechte, soweit sie Landesrecht setzt oder vollzieht; streitig ist jedoch, ob die Kompetenz der Landesverfassungsgerichte zum Schutz der Landesgrundrechte auch die Befugnis umfaßt, die Anwendung von Bundesrecht - materiellem Bundesrecht wie Verfahrensrecht - durch die Behörden und Gerichte des Landes am Maßstab der Landesgrundrechte zu überprüfen[64]. Die Rechtsprechung der Landesverfassungsgerichte ist in dieser Frage nicht einheitlich.

Der Bayerische VerfGH und der Hessische StGH lassen bei der Überprüfung von Gerichtsentscheidungen, die in Anwendung von - materiellem - Bundesrecht ergangen sind, die materiellen Landesgrundrechte grundsätzlich außer Betracht, weil das höherrangige Bundesrecht von der Landesverfassung nicht beeinflußt sein könne, beanspruchen aber das Recht zur Willkürkontrolle, da willkürlichen Gerichtsentscheidungen in Wahrheit kein Bundesrecht mehr zugrundeliege[65]. Der Bayerische Verfassungsgerichtshof überprüft darüberhinaus auch die Anwendung des (Bundes-) Verfahrensrechts auf Einhaltung der (Landes-) Verfahrensgrundrechte wie insbesondere des Anspruchs auf rechtliches Gehör und des Rechts auf den gesetzlichen Richter, welche »mit gleichem Inhalt im Grundgesetz gewährleistet« seien[66]. Demgegenüber nimmt der Verfassungsgerichtshof von Berlin unter Hinweis auf Art. 142, 31 GG uneingeschränkt die Kompetenz in Anspruch, auch die Anwendung einfachen Bundesrechts am Maßstab inhaltlich mit dem Grundgesetz übereinstimmender Landesgrundrechte zu überprüfen[67], da hier »nach dem materiellen Gehalt ein und dasselbe Grundrecht« vorliege[68]. Mit Blick auf das in der Berliner Verfassung nicht ausdrücklich enthaltenen Grundrecht auf Schutz der Menschenwürde argumentiert er im Honecker-Beschluß mit dem »Hineinwirken« des Grundgesetzes in die verfassungsrechtliche Ordnung der Länder[69].

64 Vgl. hierzu *Friesenhahn* (FN 21), S. 767; *v. Olshausen* (FN 17) S. 124 ff. und passim sowie zuletzt im Zusammenhang mit dem Honecker-Beschluß des Berliner VerfGH die in FN 3 aufgeführten Beiträge.

65 Zur Rechtsprechung des BayVerfGH *v. Olshausen* (FN 17), S.19 ff.; *Christian Pestalozza*, Verfassungsprozeßrecht, 3. Auflage, 1991, § 23 Rdn.4, 61 ff.; *Schmitt Glaeser/ Horn*, Die Rechtsprechung des Bayerischen Verfassungsgerichtshofs, BayVBl. 1992, 673 ff.; zur Willkürrechtsprechung des BayVerfGH kritisch *Berkemann* (FN 3), S.415 f. Vgl. etwa die Entscheidungen des BayVerfGH in *VerfGH* 43, 12 (17 f.); 44, 18 (21), jeweils m.w.N., sowie zuletzt NJW 1993, 518. Zur Rspr. des hessischen VerfGH vgl. *v. Olshausen* (FN 17), S. 26 ff.; *Pestalozza*, a.a.O., § 27 Rdn.34; sowie ausführlich *Gehb* (FN 25).

66 Vgl. *VerfGH* 44, 18 (20) und NJW 1993, 518.

67 Vgl. den Beschluß vom 23.12.1992, NJW 1993, 513 sowie den Honecker-Beschluß vom 12.1.1993, ebd. S. 515.

68 NJW 1993, 513 (514) unter Hinweis auf BVerfGE 22, 267 (271).

69 Vgl. NJW 1993, 515 (516); daraus wird gefolgert, daß der auf dem »Hineinwirken des Grundgesetzes in die verfassungsrechtliche Ordnung des Landes« beruhende landesrechtliche Menschenwürdesatz den gleichen Rechtsgehalt habe wie Art. 1 Abs. 1 GG.

Bei allen Unterschieden in der Reichweite der in Anspruch genommenen Überprüfungskompetenz läßt sich als gemeinsames Element[70] immerhin feststellen, daß diese Gerichte die rechtliche Zuordnung der mit der Verfassungsbeschwerde angegriffenen Entscheidungen zum Bundesrecht nicht generell als Verfahrenshindernis ansehen, aber nur mit Bundesgrundrechten übereinstimmende Landesgrundrechte als Prüfungsmaßstab anwenden: der Hessische StGH und der Bayerische VerfGH beschränken sich bei der Überprüfung von in Anwendung materiellen Bundesrechts ergangenen Entscheidungen auf den - für die Landesverfassungen wie das Grundgesetz inhaltsgleichen - Willkürmaßstab, der BayVerfGH zieht bei der Überprüfung von Entscheidungen, die auf der Grundlage von Bundesverfahrensrecht ergangen sind, auch die - in der Landesverfassung und im Grundgesetz inhaltsgleichen - Verfahrensgrundrechte heran.
Während dem Hessischen StGH und dem BayVerfGH vor allem systematische Inkonsistenz vorgehalten wird - die kompetentielle Differenzierung zwischen materiellem Bundesrecht und Verfahrensrecht erscheint mit Blick auf die in beiden Fällen gleiche Rechtsqualität als Bundesrecht nicht einleuchtend[71]; die Beschränkung der Kontrolle der Anwendung materiellen Bundesrechts auf den Willkürmaßstab ist selbstwidersprüchlich, da auch eine verfehlte Anwendung von Bundesrecht Rechtsanwendung bleibt[72] - richten sich gegen den Berliner VerfGH vor allem die Vorwürfe der Kompetenzüberschreitung und - mit Blick auf die Abweichung von der Rechtsprechung der beiden anderen Verfassungsgerichte - der Außerachtlassung der Vorlagepflicht aus Art. 100 Abs. 3 GG.
Der Vorwurf, der VerfGH habe in bundesrechtliche (Gesetzgebungs-) Kompetenzen und in die fachrichterliche Kompetenz der Strafgerichte eingegriffen, indem er kraft Landesverfassungsrechts die StPO um einen richterrechtlichen Rechtssatz ergänzt habe[73], wird dem Umstand nicht gerecht, daß es bei der Feststellung der Einwirkungen von (Bundes- oder) Landesverfassungsrecht auf den Strafprozeß nicht um die Auslegung und Anwendung der StPO, sondern um spezifisch grundrechtliche Anforderungen an den Strafprozeß geht, deren Rechtsquellen nicht der StPO, sondern dem Verfassungsrecht zuzuordnen sind[74]; die Feststellung der Einwirkungen des Verfassungsrechts auf die Auslegung und Anwendung

70 Auf die Übereinstimmungen weist *Pestalozza* (FN 3), S. 344, zutreffend hin.

71 Vgl. *v.Olshausen* (FN 17), S. 136; *W.Berg*, Kassation gerichtlicher Urteile, die in bundesrechtlich geordneten Verfahren ergangen sind, in: Starck/Stern (Hrsg.) (FN 2), Teilband II, S.529 (547); *Paeffgen* (FN 3), S.158.

72 *Paeffgen* (FN 3), S. 158; vgl. auch *Berg* (FN 71), S. 541 ff.; zur Rechtfertigung der Beschränkung *Gehb* (FN 25), S. 228.

73 *Berkemann* (FN 3), S. 415, sieht hier einen Verstoß gegen das »bundesverfassungsrechtliche Kodifikationsprinzip« und das »Ende einer bundeseinheitlichen Prozeßordnung«; kompetentielle Einwände auch bei *Starck* (FN 3), S. 232; *Schoreit* (FN 3), S. 881; *Wilke* (FN 3), S. 888 f. Im kompetentiellen Ansatz zustimmend jedoch *Bartlsperger*, (FN 3) S. 347 ff.; *Sachs* (FN 3), S. 126 ff.; *Paeffgen* (FN 3) S. 158 ff.; *Pestalozza* (FN 3), S. 343 ff.

74 So zutreffend *Bartlsperger* (FN 3), S. 347.

des einfachen Rechts ist eine spezifische Aufgabe der Verfassungsgerichtsbarkeit. Der rechtliche Ansatzpunkt für die Lösung der Zuordnungsprobleme im Verhältnis von Landesverfassungsrecht und Bundesrecht dürfte, worin die drei Verfassungsgerichte im Ansatz überstimmen, in Art. 31 GG zu suchen sein; vorrangig ist jedoch die oben[75] bereits angesprochene Frage nach der Reichweite der Kompetenz des Landesverfassungsgebers für die Gewährleistung von Landesgrundrechten. Geht man mit Blick auf Art. 142/31 GG von einer eigenständigen Kompetenz des Landesverfassungsgebers für die Landesgrundrechte aus, sind im Grundrechtsbereich kompetenzgerechte Regelungen auf Bundes- und Landesebene zugleich möglich und ist von der Rechtswirksamkeit des Landesverfassungsrechts auch in (sonst) der Bundesgesetzgebung vorbehaltenen Bereichen auszugehen, soweit nicht im Einzelfall ein Normwiderspruch zum einschlägigen Bundesrecht vorliegt[76]. Dem Bundesrecht nicht widersprechende Landesgrundrechte bleiben erhalten und können auch in bundesrechtlich geregelten Materien als Prüfungsmaßstäbe der Landesverfassungsgerichte zur Wirkung kommen. Soweit eine Kollision mit dem - grundgesetzkonform ausgelegten - Bundesrecht im Einzelfall nicht festzustellen ist, hat das Landesverfassungsgericht jedenfalls keinen bundesrechtlichen Anlaß, die Überprüfung am Maßstab der Landesverfassung zu verweigern.

Eine vom Bundesrecht *gebotene* Entscheidung kann dabei schon mit Blick auf Art. 31 GG nicht wegen Verstoßes gegen Landesgrundrechte aufgehoben werden[77]; es kann vielmehr nur um die Frage gehen, ob und inwieweit das Bundesrecht für die Kontrolle am Maßstab der Landesgrundrechte einen Anwendungsspielraum läßt. Da eine gegen Bundesgrundrechte verstoßende Anwendung des einfachen Bundesrechts zugleich auch parallel zum Grundgesetz geltende Landesgrundrechte verletzt, muß das Landesverfassungsgericht mit Blick auf Art. 31 GG implizit Bundesgrundrechte heranziehen, um die Anwendbarkeit der Landesgrundrechte in der Hauptfrage feststellen zu können[78]; es muß zunächst die Auswirkungen der

75 Vgl. oben unter II 3.

76 Davon scheinen auch der Hessische StGH und der BayVerfGH auszugehen, da sie sonst gegenüber der Anwendung von Bundesrecht weder einen landesverfassungsrechtlichen Willkürmaßstab noch - im Falle des BayVerfGH - Landesverfahrensgrundrechte als Prüfungsmaßstab anwenden könnten. Wenn der Hessische StGH und der Bayerische VerfGH ihre Zurückhaltung gegenüber der Überprüfung dem Rechtsbereich Bundesrecht zuzuordnender Hoheitsakte der Landesstaatsgewalt mit dem Vorrang bzw. der »Überordnung« des Bundesrechts begründen, werden die Kompetenzfrage und die Kollisionsfrage nicht deutlich getrennt.

77 Vgl. *Starck* (FN 3), S. 232. Hält allerdings das Landesverfassungsgericht das maßgebliche Bundesrecht für grundgesetzwidrig, ist gemäß Art. 100 Abs. 1 GG das Verfahren aussetzen und die Frage dem BVerfG vorlegen.

78 Vgl. *v. Olshausen* (FN 17), S. 137 f., 141 ff.; *Grimm*, in: *Grimm/Papier*, Nordrhein-westfälisches Staats- und Verwaltungsrecht, 1986, S. 1 (51 ff.); *Paeffgen* (FN 3), S. 158 ff.; *Bartlsperger* (FN 3), S. 347. Schon aus Art. 100 Abs. 3 GG ergibt sich, daß den Landesverfassungsgerichten die Zuständigkeit zur Prüfung am Maßstab des Grundgesetzes nicht verwehrt ist, vgl. BVerfGE 70, 112 (117); *Bethge*, Organstreitigkeiten des Landesverfassungsrechts, in Starck/Stern (Hrsg.) (FN 2), Teilband II, S. 17 (28 f.). Anders jedoch mit Blick auf die hier zu beurteilenden Fragen *Tilch*, Inhaltsgleiches Bundes- oder Landesverfassungsrecht als Prüfungsmaßstab, ebd. S. 551 (565).

Grundrechte des Grundgesetzes auf die jeweilige Bundesrechtsmaterie feststellen und sodann in einem weiteren Schritt nachweisen, daß ein entsprechendes inhaltsgleiches Landesgrundrecht besteht.

Von diesem Standpunkt aus kann die vom Berliner VerfGH entwickelte neue Ausprägung des Menschenwürdesatzes, wonach die Durchführung eines Strafverfahrens, dessen Abschluß der Angeklagte mit an Sicherheit grenzender Wahrscheinlichkeit nicht mehr erleben wird, ihren Sinn verloren hat und mit der Menschenwürde unvereinbar ist, jedenfalls unter kollisionsrechtlichen Gesichtspunkten nicht beanstandet werden. Da unzweifelhaft das (grundgesetzliche) Gebot des Menschenwürdeschutzes auch in der StPO gilt, war der Berliner VerfGH befugt, zunächst als Vorfrage die Reichweite des Grundrechtsschutzes nach dem GG zu klären, um die Anwendbarkeit des entsprechenden landesverfassungsrechtlichen Prüfungsmaßstabs feststellen zu können. Ob die vom Berliner VerfGH aus dem Grundgesetz abgeleitete Ausprägung des Menschenwürdesatzes Anerkennung findet, bleibt abzuwarten[79]. Die Begründung des entsprechenden Rechtssatzes des *Landes*verfassungsrechts aus dem »Hineinwirken« des GG in den Verfassungsraum der Länder ist jedenfalls nicht überzeugend, da das »Hineinwirken« die Bundesgrundrechte nicht in Landesgrundrechte verwandelt[80].

Neben den Fällen der Parallelgeltung von Bundes- und Landesgrundrechten können - soweit das Bundesrecht bei der Ausführung Spielraum läßt - auch weitergehende Landesgrundrechte Wirkung entfalten[81]. Es liegt nahe, hier auf die Grundsätze zurückzugreifen, die zur Überprüfung auf bundesrechtlicher Ermächtigungsgrundlage ergangener untergesetzlicher landesrechtlicher Normen entwickelt worden sind[82]. Wenn danach der Normgeber in Bereichen, in denen das Bundesrecht ihm Entscheidungsfreiheit läßt, an die Landesverfassung gebunden bleibt, kann für Einzelakte der Landesbehörden und -gerichte grundsätzlich nichts anderes gelten.

Auf die Problematik der *Kassation gerichtlicher Entscheidungen* durch die Landesverfassungsgerichte[83] kann hier nur kurz hingewiesen werden. Unter kompe-

79 Zustimmend etwa *Paeffgen* (FN 3), S. 153 ff.; ablehnend *Sachs* (FN 3), S. 134 ff.; *Starck* (FN 3), S. 233; *Schoreit* (FN 3), S. 884. Kritisch auch *Berkemann* (FN 3), S. 417 ff.; *Bartlsperger* (FN 3), S. 343 f.

80 *Sachs* (FN 3), S. 127 f.; *Bartlsperger* (FN 3), S. 349; *Berkemann* (FN 3), S.412.

81 Vgl. *Sacksofsky* (FN 2), S. 238 f.; *Pestalozza* (FN 3), S. 345.

82 *Pestalozza* (FN 3), S. 345. Da auch von Landesorganen auf bundesrechtlicher Ermächtigungsgrundlage erlassene Rechtsverordnungen als Landesrecht gelten und bei der Rechtsetzung daher auch die Landesverfassung zu beachten ist (vgl. BVerfGE 18, 407 (413 ff., 419) überprüft der BayVerfGH im Rahmen der Popularklage landesrechtliche Normen, welche eine bundesrechtlich gewährte Gestaltungsfreiheit nutzten, an allen in Betracht kommenden Landesgrundrechten, vgl. etwa BayVerfGHE 41, 83 (87).

83 Vgl. dazu *L. Schäfer*, Die Kassation gerichtlicher Entscheidungen durch den Bayerischen Verfassungsgerichtshof, in: Festschrift zum 25-jährigen Bestehen des Bayerischen Verfassungsgerichtshofs »Verfassung und Verfassungsrechtsprechung«, 1972, S. 259 ff; *Friesenhahn* (FN 21), S. 748, 765 ff.; *v. Olshausen* (FN 17), S. 39 ff.; *E. Schumann*, Verfassungsbeschwerde (Grundrechtsklage) zu den Landesverfassungsgerichten, in: Starck/Stern (Hrsg.) (FN 1), Band II, S. 149,

tentiellen Gesichtspunkten erscheint die Kassationsbefugnis als unbedenklich, da es sich bei der Überprüfung und Kassation von Entscheidungen der Gerichte des Landes wegen Verstoßes gegen die Landesverfassung nicht um einen Eingriff in die Gesetzgebungskompetenz des Bundes für das Prozeßrecht[84], sondern um die Wahrnehmung einer aus der Verfassungshoheit der Länder abzuleitende Kompetenz zur Regelung der Rechtswirkungen landesverfassungsgerichtlicher Entscheidungen handelt[85]. Diese Kassationsbefugnis besteht daher auch gegenüber rechtskräftigen Entscheidungen und gegenüber Entscheidungen, die bundesgerichtlich bestätigt worden sind[86]; damit nimmt das Landesverfassungsgericht keine vom Bundesrecht nicht vorgesehene Kompetenz zur Aufhebung von Urteilen der Bundesgerichte in Anspruch, sondern übt nur eine auf der Verfassungsgerichtshoheit des Landes beruhende Kassationsbefugnis gegenüber den Gerichten des Landes aus; bestätigende Urteile von Bundesgerichten werden dadurch gegenstandslos[87].

2. Bedeutung der Vorlagepflicht aus Art. 100 Abs. 3 GG bei parallellaufenden Grundrechten

Die Gefahr einer »Föderalisierung des Bundesrechts« durch die Rechtsprechung der Landesverfassungsgerichte wird durch die Vorlagepflicht für die Fälle des Abweichens von der Rechtsprechung des BVerfG oder eines anderen Landesverfassungsgerichts bei der Auslegung des Grundgesetzes (Art. 100 Abs. 3 GG) begrenzt[88]; Divergenzen zur Rechtsprechung der obersten Bundesgerichte sind nach der Abschaffung der früheren Vorlagepflicht aus Art. 100 Abs. 3, 2. Hs. a.F. GG jedoch hinzunehmen[89].

Da die Vorlagepflicht die einheitliche Auslegung des Grundgesetzes, nicht aber die inhaltliche Übereinstimmung der Grundrechte der Landesverfassungen mit

202 ff.; *Berg* (FN 71), S. 529 ff. Der HessStGH (vgl. zur Rspr. des StGH die Angaben in FN 65 oben) hat sich von Anfang an für kompetent gehalten, auch Urteile, die in einem bundesrechtlich geregelten Verfahren ergangen sind, wegen Grundrechtsverletzung aufzuheben (vgl. ESVGH 19, 7 (9, 13 f.)); ist allerdings ein Bundesgericht mit der Sache befaßt gewesen, hält der StGH sich zur Überprüfung nicht mehr für befugt. Der BayVerfGH (vgl. die Angaben in FN 65 oben), der sich zunächst durch das »höherrangige« Bundesrecht an der Aufhebung gerichtlicher Entscheidungen gehindert gesehen und sich auf die bloße Feststellung eines Verfassungsverstoßes beschränkt hatte, hat seine kompetentiellen Bedenken gegenüber der Kassation schrittweise zurückgenommen (vgl. VerfGHE 26, 127, LS 6 und VerfGHE 27, 35, LS 1), verneint aber bislang seine Kassationsbefugnis gegenüber bundesgerichtlich bestätigten Entscheidungen (vgl. *Pestalozza* (FN 65), § 23 Rdn.69 m.w.N.).

84 So aber *Schumann* (FN 83), S. 207 f. m.w.N.; vgl. auch *Paeffgen* (FN 3), S. 161 (bloß Feststellungsurteil).

85 Vgl. *Schäfer* (FN 85), S. 273 ff.; *Friesenhahn* (FN 21), S. 766; *v. Olshausen* (FN 17), S. 74 ff.; *Berg* (FN 71), S. 545.

86 *von Olshausen* (FN 17), S. 80 ff.; *Berg* (FN 71), S. 545; wohl auch *Pietzcker* (FN 30), Rdn. 57; a. M. *Tilch* (FN 78), S. 564 f.

87 *v. Olshausen* (FN 17), S. 101.

88 Vgl. *v. Olshausen* (FN 17), S. 152 ff.; *Berg* (FN 71), S. 549; *Tilch* (FN 78) S. 560.

89 Vgl. *v. Olshausen* (FN 17), S. 151; *Paeffgen* (FN 3), S. 159.

denen des Grundgesetzes sichert, sind die Landesverfassungsgerichte bei der Auslegung der Landesgrundrechte nicht an die Rechtsprechung des Bundesverfassungsgerichts gebunden, sondern frei, diese auch in Abweichung von der Rechtsprechung des Bundesverfassungsgerichts zu entsprechenden Bundesgrundrechten zu interpretieren und fortzuentwickeln[90].

Wenn der VerfGH Berlin die Vorlagepflicht wegen Abweichens von der Rechtsprechung des BVerfG in dem Sinne versteht, daß sie die Übereinstimmung der »Auslegung von Landesgrundrechten, die mit Grundrechten des Grundgesetzes inhaltsgleich« seien, mit der Rechtsprechung des BVerfG gewährleiste[91], da es sich in beiden Fällen materiell um »ein und dasselbe Grundrecht« handle und die Auslegung von »Landesgrundrechten in Übereinstimmung mit der Rechtsprechung des BVerfG bleiben« müsse, liegt dem offenbar die überholte, vom BVerfG allerdings bislang nicht förmlich aufgegeben Lehre zugrunde, daß es sich bei übereinstimmenden Grundrechtsgewährleistungen im Bundes- und Landesverfassungsrecht um »ein und dasselbe Grundrecht« mit doppelter Gewährleistung handle[92].

Mit Blick auf Art. 31 GG können jedoch in bundesrechtlich normierten Rechtsbereichen die Landesgrundrechte nur in dem Umfang zur Anwendung gebracht werden, der dem - durch die Auswirkungen der Bundesgrundrechte geprägten - Bundesrecht entspricht. Insoweit besteht bei der Auslegung der Grundrechte des Grundgesetzes als Vorfrage der Anwendbarkeit von Landesgrundrechten eine Bindung an die Rechtsprechung des BVerfG.

Unter dem Gesichtspunkt eines Abweichens der vom Berliner VerfGH entwickelten neuen Ausprägung des grundgesetzlichen Menschenwürdesatzes von der Rechtsprechung des BVerfG zu Art. 1 Abs. 1 GG bestand für den Berliner VerfGH keine Vorlagepflicht, da der richterrechtlich gebildete neue Rechtssatz über die bisherige Judikatur des BVerfG hinausgeht, ohne - mangels bisheriger Befassung des BVerfG mit dieser Frage - von ihr abzuweichen[93]. Da der Berliner VerfGH insoweit nicht nur die Landesverfassung, sondern als Vorfrage auch das Grundgesetz ausgelegt hat, werden die Verfassungsgerichte anderer Länder, die davon abweichen wollen, die Frage dem BVerfG vorlegen müssen.

90 Vgl. etwa *Pestalozza* (FN 65), § 15 Rdn. 1; *Stern*, in: BK, Art. 100 Rdn. 304; *Gehb* (FN 25), S. 154 ff.; a.M. *Friesenhahn* (FN 21), S. 798; *Rühmann* (FN 62), Rdn. 35 zu § 85 BVerfGG, jeweils m.w.N.

91 NJW 1993, 513 (514).

92 Vgl. zu dieser wohl von *W. Geiger*, (Die Bundesverfassungsgerichtsbarkeit und ihre Einwirkung auf die Verfassungsordnung der Länder, in: FS Laforet, 1952, S. 251 (259), entwickelten und vom BVerfG übernommenen (BVerfGE 22, 267 (271)) Theorie *Friesenhahn* (FN 21), S. 763 ff.; *v. Olshausen* (FN 17), S. 112 ff.; *März* (FN 8), S. 199; *Gehb* (FN 25), S. 155 ff.; *Bartlsperger* (FN 6), Rdn. 21 Fn. 70.

93 Die bisherige Judikatur des BVerfG läßt sich für den vom Berliner VerfGH entwickelten Rechtssatz nicht in Anspruch nehmen, vgl. *Starck* (FN 3), S. 233; *Wilke* (FN 3), S. 888; *Pestalozza* (FN 3), S. 342 f.; *Bartlsperger* (FN 3), S. 340; *Sachs* (FN 3), S. 135. Entgegen *Schoreit* (FN 3), S. 886, liegt deshalb aber noch kein Abweichen vor.

Im Honecker-Beschluß des VerfGH von Berlin unerörtert bleibt die im konkreten Fall allein einschlägige Vorlagepflicht wegen Abweichens von der Rechtsprechung anderer Landesverfassungsgerichte bei der Auslegung der Kollisionsnorm des Art. 31 GG, bei welcher der VerfGH von der Rechtsprechung des Hessischen StGH und des BayVerfGH abweicht. Da diese Gerichte ihre Zurückhaltung bei der Überprüfung bundesrechtlich determinierter Entscheidungen aus Art. 31 GG begründen, hätte Veranlassung zu einer Prüfung der Vorlagepflicht bestanden[94]. Ob die vom HessStGH bzw. BayVerfGH praktizierte Auslegung des Art. 31 GG nach der Grundsatzentscheidung des BVerfG zu Art. 31 GG als einer Kollisionsnorm noch aufrechterhalten werden kann, soll hier nicht weiter erörtert werden; es spricht einiges dafür, daß es sich bei dieser selbstauferlegten Kompetenzbeschränkung um einen - richterrechtlichen - Rechtssatz des *Landes*verfassungsrechts oder (Landes-)Verfassungsprozeßrechts handelt, wie er den Ländern aus Besorgnis um eine Föderalisierung des Bundesrechts durch die Rechtsprechung der Landesverfassungsgerichte gelegentlich zur Einführung empfohlen wird[95]. Eine Klärung dieser für die Landesverfassungsgerichtsbarkeit zentralen Frage durch Vorlage an das BVerfG erscheint jedenfalls als wünschenswert.

Ergebnis

Das Verhältnis von Bundes- und Landesverfassungsrecht ist immer noch weitgehend ungeklärt, die Kompetenzen der Landesverfassungsgerichte insbesondere im Bereich der Landesverfassungsbeschwerde sind umstritten. Dazu tragen nicht zuletzt fortbestehende Unklarheiten über die Rechtswirkung der in den Verfassungsraum der Länder hineinwirkenden Bestimmungen des Grundgesetzes bei; auch wird - insbesondere im Bereich der Landesgrundrechte - nicht deutlich genug zwischen Kompetenz- und Kollisionsfragen unterschieden.
Die verfassungsrechtlich problematischen Aspekte der Landesverfassungsbeschwerde sind durch den Honecker-Beschluß des Berliner VerfGH deutlich hervorgetreten. Entgegen der hiergegen erhobenen Kritik sind die Landesverfassungsgerichte kraft der eigenständigen Kompetenz des Landesverfassungsgebers zur Gewährleistung von Landesgrundrechten grundsätzlich befugt, auch auf bundesrechtlicher Grundlage ergangene Entscheidungen am Maßstab der Landesgrundrechte zu überprüfen. Dabei gebietet jedoch Art. 31 GG - soweit nicht das Bundesrecht für weitergehende Einwirkungen der Landesverfassungen Spielraum

94 Die Vorlagepflicht gemäß Art. 100 Abs. 3 GG wird mit Blick auf die von der Rechtsprechung des HessStGH und BayVerfGH abweichende Auslegung der Art. 142, 31 GG durch den VerfGH Berlin von *Berkemann* (FN 3), S. 416, *Pestalozza* (FN 3), S. 344, und *Gehb* (FN 3), S. 474, bejaht. Allerdings haben auch der BayVerfGH und der HessStGH bislang keine Veranlassung gesehen, ihre ebenfalls mit der Auslegung des Art. 31 GG zusammenhängenden Rechtsprechungsdivergenzen dem BVerfG vorzulegen.

95 Vgl. *Starck* (FN 3), S. 234.

läßt - eine Beschränkung auf den Geltungsbereich zum Landesverfassungsrecht parallellaufender Bundesgrundrechte. In diesem Rahmen - nicht aber bei der Auslegung der Landesverfassung selbst - sind die Landesverfassungsgerichte an die Rechtsprechung des Bundesverfassungsgerichts gebunden; Bedenken unter dem Gesichtspunkt einer »Föderalisierung des Bundesrechts« werden durch die Vorlagepflicht nach Art. 100 Abs. 3 GG in Grenzen gehalten.

Nachdem lange genug über die geringe Bedeutung des Landesverfassungsrechts und der Rechtsprechung der Landesverfassungsgerichte geklagt worden ist, ist aus föderaler Sicht eine Belebung des Landesverfassungsrechts und ein Bedeutungszuwachs der Landesverfassungsgerichtsbarkeit durchaus zu begrüßen.

Der Vertrag von Maastricht vor den Verfassungsgerichten Frankreichs und Spaniens

Rainer Hofmann

I. Einführung

Während der Zugehörigkeit von *Ernst Gottfried Mahrenholz* zum Zweiten Senat des Bundesverfassungsgerichts hat dieser eine Reihe ungewöhnlich wichtiger, zum Teil bahnbrechender Entscheidungen zum Verhältnis zwischen der Rechtsordnung der Europäischen Gemeinschaften und dem deutschen Verfassungsrecht gefällt: Von der Bedeutung her steht an ihrer Spitze fraglos der unter dem Namen *Solange II* bekannt gewordene Beschluß vom 22. Oktober 1986[1]; aber auch die Entscheidungen vom 8. April 1987 *(Kloppenburg)*[2] und vom 11. April 1989 *(EG - Rundfunkrichtlinie)*[3] enthalten wichtige Aussagen zum Verhältnis der beiden Rechtsordnungen. Während bekanntlich die Reaktionen der Wissenschaft auf den wahrlich grundlegenden *Solange II* - Beschluß zunächst ganz überwiegend zustimmend ausfielen[4], setzte zu Ende der 80er Jahre eine erhebliche Diskussion betreffend die Frage nach der Möglichkeit einer Rücknahme des in dieser Entscheidung festgelegten Umfangs bundesverfassungsgerichtlicher Überprüfung abgelei-

1 BVerfGE 73, 339 ff.; aus dem kaum überschaubaren Schrifttum zu diesem Beschluß vgl. etwa *M. Hilf,* Solange II: Wie lange noch Solange ?, EuGRZ 14 (1987), 1 ff.; *H.P. Ipsen,* Das Bundesverfassungsgericht löst die Grundrechts-Problematik, EuR 22 (1987), 1 ff.; *G. Ress,* Verfassungsrechtliche Auswirkungen der Fortentwicklung völkerrechtlicher Verträge, FS Zeidler (1987), 1775 ff.; *T. Stein,* Umgekehrt! Bemerkungen zum »Solange II« - Beschluß des Bundesverfassungsgerichts, FS Zeidler (1987), 1713 ff.; *H. Steinberger,* Aspekte der Rechtsprechung des Bundesverfassungsgerichts zum Verhältnis zwischen Europäischem Gemeinschaftsrecht und deutschem Recht, FS Doehring (1989), 951 ff.; *R. Streinz,* Bundesverfassungsgerichtlicher Rechtsschutz und Europäisches Gemeinschaftsrecht (1989), 39 ff.; *C. Vedder,* Ein neuer gesetzlicher Richter ? Zum Beschluß des Bundesverfassungsgerichts vom 22.10.1986, NJW 40 (1987), 526 ff. und *W. Zeidler,* Wandel durch Annäherung - Das Bundesverfassungsgericht und das Europarecht, FS Simon (1987), 727 ff.

2 BVerfGE 75, 223; vgl. hierzu etwa *M. Hilf,* Der Justizkonflikt um EG-Richtlinien: gelöst, EuR 23 (1988), 1 ff.

3 BVerfGE 80, 74; vgl. hierzu etwa *M. Herdegen,* Europäisches Gemeinschaftsrecht und die Bindung deutscher Verfassungsorgane an das Grundgesetz. Bemerkungen zu neueren Entwicklungen nach dem »Solange II - Beschluß«, EuGRZ 16 (1989), 309 ff.; *G. Memminger,* Bedeutung des Verfassungsrechtsstreits zur EG - Rundfunkrichtlinie, DöV 42 (1989), 846 ff. und *R. Scholz,* Europäisches Gemeinschaftsrecht und innerstaatlicher Verfassungsrechtsschutz, in: *K.H. Friauf/ R. Scholz,* Europarecht und Grundgesetz (1990), 53 ff. (71 ff.).

4 Vgl. die oben in Anm. 1 genannten Autoren; für eine Kritik s. *H.H. Rupp,* Urteilsanmerkung, JZ 42 (1987), 241 ff.

teten Gemeinschaftsrechts am Grundrechtskatalog des Grundgesetzes ein, die in der mancherorts erhobenen Forderung nach einem *Solange III* - Beschluß gipfelte[5].

Erhebliches Momentum gewann diese Diskussion im Zusammenhang mit der Verabschiedung des deutschen Zustimmungsgesetzes[6] zum Maastrichter Vertrag über die Europäische Union vom 7. Februar 1992[7], die bekanntlich zu einer Änderung des Grundgesetzes durch Gesetz vom 21. Dezember 1992[8] führte. Während die Ergänzung des Art. 28 Abs. 1 GG um die Möglichkeit des Kommunalwahlrechts für Ausländer, welche die Staatsangehörigkeit eines Mitgliedstaates der Europäischen Gemeinschaften besitzen, im Hinblick auf die Entscheidung des Bundesverfassungsgerichts vom 31. Oktober 1990[9] und die Verpflichtung aus dem in den EWG - Vertrag einzufügenden Art. 8 b zwingend notwendig war[10], ist dies hinsichtlich der anderen Grundgesetzänderungen zumindest fraglich. Immerhin kann man der Ergänzung des Art. 88 GG »angesichts des gewichtigen Regelungsgegenstandes [eine] nützliche Klarstellungsfunktion nicht absprechen«[11]. Hingegen entsprechen die Vorschriften des neuen Art. 23 Abs. 2 - 7 GG[12], des neuen Art. 45 GG und die Ergänzungen der Art. 50 und 52 GG in erster Linie einem seit langem geäußerten Bedürfnis der Länder nach stärkerer Beteiligung am

5 Vgl. hier nur *R. Scholz,* Wie lange bis »Solange III«?, NJW 43 (1990), 941 ff.; hiergegen dezidiert *U. Everling,* Brauchen wir »Solange III«? Zu den Forderungen nach Revision der Rechtsprechung des Bundesverfassungsgerichts, EuR 25 (1990), 195 ff.; *E. Klein,* Der Verfassungsstaat als Glied einer europäischen Gemeinschaft, VVDStRL 50 (1991), 56 ff. (77 ff.); *G. Nicolaysen,* Tabakrauch, Gemeinschaftsrecht und Grundgesetz, EuR 24 (1989), 215 ff. und *C. Tomuschat,* Aller guten Dinge sind III?, EuR 25 (1990), 340 ff.

6 BGBl. 1992 II 1251.

7 Für Überblicke über den Vertrag s. *A. Bleckmann,* Der Vertrag über die Europäische Union, DVBl 107 (1992), 335 ff.; *T. Oppermann/ C.D. Classen,* Die EG vor der Europäischen Union, NJW 46 (1993), 5 ff. und *F.L. Graf Stauffenberg/ C. Langenfeld,* Maastricht - ein Fortschritt für Europa?, ZRP 25 (1992), 252 ff.; vgl. auch *H.J. Blanke,* Der Unionsvertrag von Maastricht - Ein Schritt auf dem Weg zu einem europäischen Bundesstaat?, DÖV 46 (1993), 412 ff.; *J.A. Frowein,* Verfassungsperspektiven der Europäischen Gemeinschaft, EuR Beiheft 1/93, 63 ff.; *H.J. Hahn,* Der Vertrag von Maastricht als völkerrechtliche Übereinkunft und Verfassung (1993); und *M. Seidel,* Zur Verfassung der Europäischen Gemeinschaft nach Maastricht, EuR 27 (1992), 125 ff.

8 BGBl. 1992 I 2086.

9 BVerfGE 83, 37.

10 Vgl. nur *T. Oppermann/ C.D. Classen* (Anm. 7), 11.

11 So zu Recht *T. Oppermann/ C.D. Classen, ibid.,* 11.

12 Es erscheint hier nicht angezeigt, auf diese Bestimmungen näher einzugehen; dies gilt namentlich für die Abs. 4 - 6, die in einem für eine Kompetenz- und Verfahrensbestimmung eigentlich nicht mehr zu verantwortenden Umfang auslegungsbedürftige Begriffe verwenden, so daß letztlich von einem »verfassungstextlichen Monstrum« gesprochen werden muß. In verfassungstextlicher Hinsicht wäre es unbedingt vorzugswürdig gewesen, die Vorschriften des Art. 23 Abs. 4 - 6 GG dem gemäß Art. 23 Abs. 7 GG ohnehin - mit Zustimmung des Bundesrats - zu verabschiedenden Gesetz zur Regelung der Mitwirkung des Bundestages und des Bundesrates (und durch ihn der Landesregierungen) in Angelegenheiten der Europäischen Union als dann näher zu präzisierende Bestimmungen allgemeinen Charakters voranzustellen.

gemeinschaftlichen Entscheidungsprozeß[13]; für die Zustimmung zum Maastrichter Vertrag verfassungsrechtlich notwendig waren diese Änderungen des Grundgesetzes aber nicht. Ob im Hinblick auf die in diesem Vertrag niedergelegten Erweiterungen der Zuständigkeiten der Gemeinschaft ungeachtet dessen rechtlicher Natur als eines Änderungs- und Ergänzungsvertrages der schon bestehenden gemeinschaftsrechtlichen Vertragsgrundlagen die Einleitung eines derartigen »Qualitätssprunges« der Gemeinschaft(en) von einem »wirtschaftspolitischen Zweckverband«, der sich unstreitig im Rahmen der Ermächtigungsgrundlage des Art. 24 Abs. 1 GG hält, hin zu einer »eigenstaatlichen Einrichtung supranationaler Qualität« zu sehen war, dessen Ratifizierung auch die Einführung einer eigenständigen verfassungsrechtlichen Grundlage, nämlich des Art. 23 Abs. 1 GG, erforderte[14], erscheint mehr als fraglich, soll hier aber nicht weiter problematisiert werden.
Während die parlamentarischen Beratungen über die Zustimmung zum Maastrichter Vertrag in Deutschland - anders als in vielen anderen Mitgliedstaaten der Europäischen Gemeinschaften - kaum größere politische Auseinandersetzungen bewirkten und auch die deutsche Staatsrechtslehre sich zunächst eher zurückhielt, änderte sich dieses Bild nach der Verabschiedung des Zustimmungsgesetzes fast schlagartig. Die von mehreren Bürgern hiergegen erhobenen Verfassungsbeschwerden führten zu einer wahren Flut durchaus gegensätzlicher und sehr grundsätzlicher Überlegungen zur Verfassungsmäßigkeit des Zustimmungsgesetzes[15], durch das von einigen Autoren so zentrale Strukturelemente des deutschen

13 Vgl. hierzu etwa *M. Herdegen*, Die Belastbarkeit des Verfassungsgefüges auf dem Weg zur Europäischen Union, EuGRZ 19 (1992), 589 ff.und allgemein zur Frage des Föderalismus im Hinblick auf die Europäische Union jüngst *U. Pernice*, Europäische Union: Gefahr oder Chance für den Föderalismus in Deutschland, Österreich und der Schweiz, DVBl 108 (1993), 909 ff.; zum kaum noch überschaubaren Schrifttum aus der vorangegangenen Diskussion vor allem zum Subsidiaritätsprinzip vgl. nur *H.J. Blanke*, Das Subsidiaritätsprinzip als Schranke des Europäischen Gemeinschaftsrechts ?, ZfG 2 (1991), 133 ff.; *K. Hailbronner*, Die deutschen Bundesländer in der EG, JZ 45 (1990), 149 ff.; *M. Heintzen*, Subsidiaritätsprinzip und Europäische Gemeinschaft, JZ 46 (1991), 317 ff.; *W. Kewenig*, Die Europäischen Gemeinschaften und die bundesstaatliche Ordnung der Bundesrepublik Deutschland, JZ 45 (1990), 458 ff.; *G. Ress*, Die Europäischen Gemeinschaften und der deutsche Föderalismus, EuGRZ 13 (1986), 549 ff.; *ders.*, Das deutsche Zustimmungsgesetz zur Einheitlichen Europäischen Akte - Ein Schritt zur Föderalisierung der Europapolitik, EuGRZ 14 (1987), 361 ff.; *W. Rudolf*, Die deutschen Bundesländer und die Europäischen Gemeinschaften nach der Europäischen Akte, FS Partsch (1989), 357 ff.; *C. Tomuschat*, Bundesstaats- und Integrationsprinzip in der Verfassungsordnung des Grundgesetzes, in: *S. Magiera/D. Merten* (Hrsg.), Bundesländer und Europäische Gemeinschaften (1988), 21 ff. und *W. Graf Vitzthum*, Der Föderalismus in der europäischen und internationalen Einbindung, AöR 115 (1990), 281 ff.

14 Vgl.hierzu nur *R. Scholz*, Grundgesetz und europäische Einigung. Zu den reformpolitischen Empfehlungen der Gemeinsamen Verfassungskommission, NJW 45 (1992), 2593 ff. (2594).

15 Ohne Anspruch auf Vollzähligkeit vgl. etwa *K. Doehring*, Staat und Verfassung in einem zusammenwachsenden Europa, ZRP 26 (1993), 98 ff.; *U. Di Fabio*, Der neue Art. 23 des Grundgesetzes. Positivierung vollzogenen Verfassungswandels oder Verfassungsneuschöpfung?, Der Staat 32 (1993), 191 ff.; *U. Everling*, Überlegungen zur Struktur der Europäischen Union und zum neuen Europa-Artikel des Grundgesetzes, DVBl 108 (1993), 936 ff.; *P. Häberle*, Verfassungsrechtliche Fragen im Prozeß der europäischen Einigung, EuGRZ 19 (1992), 429 ff.; *M. Herdegen* (Anm.

Verfassungsrechts wie das Demokratieprinzip als verletzt oder gar die Staatlichkeit der Bundesrepublik Deutschland als gefährdet angesehen werden. Die im Zusammenhang mit diesem Verfahren, das zur Zeit der Abfassung dieses Beitrags noch nicht beendet ist, aufgeworfenen, so grundsätzlichen Fragen zum künftigen Verhältnis von Gemeinschaftsrecht und deutschem Verfassungsrecht, welche das entsprechende Urteil des Zweiten Senats des Bundesverfassungsgerichts fraglos zu einem weiteren und zwar dem wohl wichtigsten Meilenstein in der einschlägigen Rechtsprechung werden lassen, legen es naturgemäß nahe zu untersuchen, wie andere Verfassungsgerichte von Mitgliedstaaten der Europäischen Gemeinschaften die Vereinbarkeit des Maastrichter Vertrags mit ihren Verfassungen gesehen haben. Insoweit ist schon bemerkenswert, daß allein der französische Conseil constitutionnel und das spanische Tribunal Constitucional überhaupt mit dieser Frage befaßt wurden.

II. Die drei Entscheidungen des französischen Conseil Constitutionnel

Der Conseil Constitutionnel war in drei Verfahren aufgerufen, zu verschiedenen Aspekten der nationalen Souveränität Stellung zu nehmen, zu denen die Ratifizierung des Maastrichter Vertrags Anlaß gab[16].

13), 589 ff.; *C. Kirchner/J. Haas,* Rechtliche Grenzen für Kompetenzübertragungen auf die Europäische Gemeinschaft, JZ 48 (1993), 760 ff.; *D. Murswiek,* Maastricht und der Pouvoir Constituant. Zur Bedeutung der verfassunggebenden Gewalt im Prozeß der europäischen Einigung, Der Staat 32 (1993), 161 ff.; *F. Ossenbühl,* Maastricht und Grundgesetz, eine verfassungsrechtliche Wende?, DVBl 108 (1993), 629 ff.; *U. Pernice,* Maastricht, Staat und Demokratie, Die Verwaltung 26 (1993), 449 ff.; *G. Ress,* Die Europäische Union und die neue Qualität der Beziehungen zu den europäischen Gemeinschaften, JuS 32 (1992), 985 ff.; *H.H. Rupp,* Muß das Volk über den Vertrag von Maastricht entscheiden?, NJW 46 (1993), 38 ff.; *ders.,* Maastricht - eine neue Verfassung?, ZRP 26 (1993), 211 ff.; *K.A. Schachtschneider,* Die Europäische Union und die Verfassung der Deutschen, Aus Politik und Zeitgeschichte, B 28/93, 3 ff.; *K.A. Schachtschneider/A. Emmerich-Fritsche/T.C.W. Beyer,* Der Vertrag über die Europäische Union, JZ 48 (1993), 751 ff.; *J. Schwarze,* Das Staatsrecht in Europa, JZ 48 (1993), 585 ff.; *W. von Simson/J. Schwarze,* Europäische Integration und Grundgesetz (1992); *H. Stöcker,* Die Unvereinbarkeit der Währungsunion mit der Selbstbestimmungsgarantie in Art. 1 Abs. 2 GG, Der Staat 31 (1992), 495 ff.; und *J. Wolf,* Die Revision des Grundgesetzes durch Maastricht, JZ 48 (1993), 594 ff; grundsätzlich auch *P. Kirchhof,* Der deutsche Staat im Prozeß der europäischen Integration, in: *J. Isensee/P. Kirchhof* (Hrsg.), Handbuch des Staatsrechts Bd. VII § 183 Rn. 1 ff.

16 Vgl. zum folgenden *L. Favoreu,* Le contrôle de constitutionalité du Traité de Maastricht et le développement du »droit constitutionnel international«, Revue Générale de Droit International Public 97 (1993), 39 ff.; *L. Favoreu/P. Gaïa,* Les décisions du Conseil constitutionnel relatives au traité sur l'Union européenne, Revue Française de Droit Constitutionnel No. 11 (1992), 389 ff.; *C. Grewe,* La révision constitutionnelle en vue de la ratification du traité de Maastricht, Revue Française de Droit Constitutionnel No. 11 (1992), 413 ff.; *C. Grewe/H. Ruiz Fabri,* Le Conseil constitutionnel et l'intégration européenne, Revue Universelle des Droits de l'Homme 4 (1992), 277 ff.; *F. Luchaire,* L'Union européenne et la Constitution, Revue de Droit Public 108 (1992), 589 ff., 933 ff. und *C. Walter,* Die drei Entscheidungen des französischen Verfassungsrats zum Vertrag von Maastricht über die Europäische Union, EuGRZ 20 (1993), 183 ff.

1. Der Inhalt dieser drei Entscheidungen läßt sich wie folgt zusammenfassen:
a) Die Entscheidung vom 9. April 1992[17] *(Maastricht I)* beruhte auf einem Antrag des Staatspräsidenten gemäß Art. 54 der Verfassung[18]; diese Bestimmung ermöglicht eine abstrakte und präventive verfassungsrechtliche Kontrolle völkervertraglicher Verpflichtungen durch den Conseil Constitutionnel. Seit der Änderung dieses Artikels im Juni des Jahres 1992[19] besteht der Kreis der Antragsberechtigten nicht mehr nur aus dem Staatspräsidenten, dem Premierminister sowie den Präsidenten von Assemblée Nationale und Senat, sondern wurde um ein Quorum von 60 Abgeordneten bzw. 60 Senatoren erweitert, so daß durch dieses Verfahren jetzt eine effektive Möglichkeit auch einer zahlenmäßig kleinen parlamentarischen Opposition zur präventiven verfassungsgerichtlichen Kontrolle völkervertraglicher Verpflichtungen eröffnet ist. Stellt der Conseil constitutionnel im Verfahren nach Art. 54 der Verfassung die Verfassungswidrigkeit der einzugehenden völkervertraglichen Verpflichtung fest, muß vor dem parlamentarischen Beschluß des Zustimmungsgesetzes erst die Verfassung entsprechend geändert werden.
Hauptpunkte der Entscheidung *Maastricht I* waren die verfassungsrechtlichen Fragen, die sich aus der Einführung des Kommunalwahlrechts für Unionsbürger gemäß dem neuen Art. 8 b EWGV, der gemeinsamen Währungs- und Wechselkurspolitik gemäß den neuen Art. 102 a ff. EWGV und den Bestimmungen über die Einreise in den Binnenmarkt und den Personenverkehr im Binnenmarkt gemäß dem neuen Art. 100 c EWGV ergaben. Im Ergebnis entschied der Conseil constitutionnel, daß die französische Verfassung eine Zustimmung zu diesen Änderungen des Vertrages über die Europäische Wirtschaftsgemeinschaft nicht gestatte und es daher zunächst einer Änderung der Verfassung bedürfe.
Hinsichtlich der vorgesehenen Einführung eines Kommunalwahlrechts für alle Unionsbürger stellte der Conseil constitutionnel fest, daß sich aus Art. 3 Abs. 4 der Verfassung[20] ergebe, daß nur französische Staatsbürger aktives und passives Wahlrecht bei Kommunalwahlen besäßen[21]. Die Entscheidung wurde aber auch

17 Décision 92-308 DC, Journal Officiel vom 11.4.1992, 5354 ff.; die Entscheidung ist auch abgedruckt in Revue Universelle des Droits de l'Homme 4 (1992), 336 ff. und in deutscher Übersetzung von *C. Walter* in EuGRZ 20 (1993), 187 ff. Neben der in Anm. 16 genannten Literatur vgl. zu dieser Entscheidung auch den Kommentar von *P. Gaïa* in Revue Française de Droit Constitutionnel No. 12 (1992), 720 ff.

18 Diese Bestimmung lautete: »Si le Conseil constitutionnel, saisi par le Président de la République, par le Premier ministre ou par le président de l'une ou l'autre assemblée, a déclaré qu'un engagement international comporte une clause contraire à la Constitution, l'autorisation de le ratifier ou de l'approuver ne peut intervenir qu'après la révision de la Constitution.«

19 Vgl. Gesetz Nr. 92-554 vom 25. Juni 1992, Journal Officiel vom 26.6.1992, 8406.

20 Diese Bestimmung lautet: »Sont électeurs, dans les conditions déterminées par la loi, tous les nationaux français majeurs des deux sexes, jouissant de leurs droits civils et politiques.«

21 Damit wendet sich der Conseil constitutionnel gegen eine etwa von *O. Duhamel*, Droit constitutionnel (1992), 91, vertretene Auffassung, daß diese Bestimmung nur meine, daß »jedenfalls« die französischen Staatsbürger dieses Wahlrecht besäßen.

auf die Bestimmungen der Art. 3 Abs. 1 und 3[22], Art. 24[23] und 72[24] der Verfassung gestützt. Dies legt den Schluß nahe, daß der Conseil constitutionnel Art. 3 Abs. 4 der Verfassung nur auf Wahlen zu nationalen Organen und nicht auf Kommunalwahlen anwenden möchte, womit er sich gegen eine im Schrifttum weit verbreitete Auffassung stellte, die jegliche unterschiedliche Behandlung von kommunalen, regionalen oder nationalen Wahlen wegen der Einheit des Wahlvolks als Trägers der Volkssouveränität ablehnt[25]. Die Verfassungswidrigkeit wurde dann damit begründet, daß die in Frankreich vorgesehene mittelbare Wahl der Senatoren durch ein auch von den Gemeinderäten bestimmtes Wahlmännergremium eine mittelbare Beteiligung nicht-französischer Unionsbürger an der Wahl zum nationalen Senat bewirke.

Hinsichtlich der vorgesehenen Einführung einer einheitlichen Währungs- und Wechselkurspolitik stellte der Conseil constitutionnel, nach einer ausführlichen Darstellung der einschlägigen Vorschriften des Maastrichter Vertrages, eher lapidar fest, daß sich aus diesen ab dem Beginn der dritten Stufe der Wirtschafts- und Währungsunion anwendbaren Vorschriften ergebe, daß die Verwirklichung dieses Zieles über eine einheitliche Geld- und Wechselkurspolitik erfolge, welche die Mitgliedstaaten zentraler Zuständigkeiten im Bereich der Ausübung ihrer nationalen Souveränität beraube. Ohne sich insofern auf eine bestimmte Vorschrift der französischen Verfassung zu stützen, entschied der Conseil constitutionnel, daß diese einen Beitritt Frankreichs zur Wirtschafts- und Währungsunion daher nicht zulasse.

Ähnlich lapidar ist die Begründung des Conseil constitutionnel, weshalb die Vorschriften des Maastrichter Vertrages über die Einreise in und den Personenverkehr im Binnenmarkt, insbesondere der neue Art. 100 c Abs. 3 EWGV, verfassungswidrig sei. Auch insoweit wurde nur ausgeführt, daß zum einen die von den Vertretern Frankreichs eingegangenen völkerrechtlichen Verpflichtungen die Ausübung der wesentlichen Zuständigkeiten eines Staates im Rahmen seiner Souveränität nicht beeinträchtigen dürften, dies aber durch die vorgesehene Aufgabe des Einstimmigkeitserfordernisses bei der Festlegung der gemeinsamen Visapolitik ab dem 1. Januar 1996 der Fall sei.

22 Diese Bestimmungen lauten: »(1) La souveraineté nationale appartient au peuple qui l'exerce par ses représentants et par la voie du référendum. (3) Le suffrage peut être direct ou indirect dans les conditions prévues par la Constitution. Il est toujours universel, égal et secret.«

23 Diese Bestimmung lautet: »(1) Le Parlement comprend l'Assemblée nationale et le Sénat. (2) Les députés à l'Assemblée sont élus au suffrage direct. Le Sénat et élu au suffrage indirect. Il assure la représentation des collectivités territoriales de la République. Les Français établis hors de France sont représentés au Sénat.«

24 Diese Bestimmung lautet: »(1) Les collectivités territoriales de la République sont les communes, les départements, les territoires d'outre-mer. Toute autre collectivité territoriale est créée par la loi. (2) Ces collectivités s'administrent librement par des conseils élus et dans les conditions prévues par la loi. Dans les départements et les territoires, le délégue du Gouvernement a la charge des intérêts nationaux, du contrôle administratif et du respect des lois.«

25 Vgl. nur *L. Favoreu/P. Gaïa* (Anm. 16), 390.

Alle übrigen Bestimmungen des Maastrichter Vertrages wurden vom Conseil constitutionnel hingegen als mit der französischen Verfassung vereinbar erklärt.
Mit Gesetz vom 25. Juni 1992[26] wurde dann die französische Verfassung entsprechend den Vorgaben des Conseil constitutionnel geändert: Eingeführt wurden ein neuer Titel XIV, bestehend aus dem Art. 88-1[27], der die Grundbestimmung zur Mitgliedschaft Frankreichs in einer Europäischen Union enthält, dem Art. 88-2[28], der die Übertragung derjenigen staatlichen Kompetenzen auf die Gemeinschaften erlaubt, die zur Herstellung der Wirtschafts- und Währungsunion sowie zur Festsetzung der Regeln für den Grenzübertritt an den Außengrenzen der Mitgliedstaaten notwendig sind, dem Art. 88-3[29], der die Möglichkeit eröffnet, den Unionsbürgern das aktive und passive Wahlrecht bei Kommunalwahlen einzuräumen, und dem Art. 88-4[30] zur Beteiligung des Parlaments am Rechtsetzungsverfahren der Gemeinschaften.

b) Zusammen mit diesen Ergänzungen der Verfassung wurde - wie oben bereits bemerkt - auch Art. 54 der Verfassung dahin erweitert, daß nunmehr auch einem Quorum von 60 Abgeordneten oder 60 Senatoren das Recht zusteht, vor dem Conseil constitutionnel ein Verfahren zur verfassungsrechtlichen Überprüfung völkerrechtlicher Verpflichtungen einzuleiten; bisher waren entsprechende Gruppen von Parlamentariern gemäß Art. 61 der Verfassung nur berechtigt gewesen, solche Verfahren in bezug auf rein innerstaatliche Gesetze zu initiieren.
Diese neue Möglichkeit wurde denn auch unmittelbar nach der dargestellten Verfassungsänderung von 70 Senatoren genutzt. Sie trugen insbesondere vor, die Verfassung gestatte trotz dieser Änderungen nach wie vor nicht die Ratifizierung des Maastrichter Vertrages. Außerdem seien durch diesen weitere Vorschriften der französischen Verfassung verletzt, insbesondere dem französischen Parlament zu-

26 Journal Officiel vom 26.6.1992, 8406.

27 Diese Bestimmung lautet: »La République participe aux Communautés européennes et à l'Union européenne, constitués d'Etats qui ont choisi librement, en vertu des traités qui les ont instituées, d'exercer en commun certaines de leurs compétences.«

28 Diese Bestimmung lautet: »Sous réserve de réciprocité, et selon les modalités prévues par le Traité sur l'Union européenne signé le 7 février 1992, la France consent aux transfers de compétences nécessaires à l'établissement de l'union économique et monétaire européenne ainsi qu'à la détermination des règles relatives au franchissement des frontières extérieures des Etats membres de la Communauté européenne.«

29 Diese Bestimmung lautet: »Sous réserve de réciprocité et selon les modalités prévues par le Traité sur l'Union européenne signé le 7 février 1992, le droit de vote et d'éligibilité aux élections municipales peut être accordé aux seuls citoyens de l'Union résidant en France. Ces citoyens ne peuvent exercer les fonctions de maire ou d'adjoint ni participer à la désignation des électeurs sénatoriaux et à l'élection des sénateurs. Une loi organique votée dans les mêmes termes par les deux assemblées détermine les conditions d'application du présent article.«

30 Diese Bestimmung lautet: »Le Gouvernement soumet à l'Assemblée nationale et au Sénat, dès leur transmission au Conseil des Communautés , les propositions d'actes communautaires comportant des dispositions de nature législative. Pendant les sessions ou en dehors d'elles, des résolutions peuvent être votées dans le cadre du présent article, selon des modalités déterminées par le règlement de chaque assemblée.«

gunsten der Gemeinschaftsorgane bestimmte Kompetenzen entzogen und einige elementare Rechte des Parlaments beeinträchtigt. Schließlich wurde geltend gemacht, wegen des negativen Ausgangs des dänischen Referendums vom 2. Juni 1992 könne der Vertrag von Maastricht gar nicht mehr ratifiziert werden und eine eventuelle französische Ratifikation verstoße daher gegen Regeln des Völkerrechts.

Im Mittelpunkt der auf diesen Antrag am 2. September 1992 ergangenen Entscheidung *Maastricht II*[31] standen vor allem das Problem der Rechtskraft der Entscheidung *Maastricht I,* die Frage, ob die zwischenzeitlichen Verfassungsänderungen den in *Maastricht I* niedergelegten Voraussetzungen entsprechen, und schließlich die möglichen Auswirkungen des genannten (ersten) dänischen Referendums vom 2. Juni 1992. Im Ergebnis gelangte der Conseil constitutionnel zu dem Schluß, daß infolge der Änderungen der französischen Verfassung diese einer Ratifikation des Maastrichter Vertrages durch Frankreich nicht mehr entgegenstünde.

Zum ersten Komplex erklärte der Conseil constitutionnel, daß die Entscheidung *Maastricht I* einer neuerlichen Befassung mit denselben Fragen wegen der Rechtskraft dieser Entscheidung entgegenstehe, die entsprechenden Anträge daher unzulässig seien. Dies bedeutet vor allem, daß sich der Conseil constitutionnel als ein Gericht sieht, eine Frage, die in Frankreich durchaus umstritten war und ist[32]. Insbesondere legte der Conseil constitutionnel dar, daß wegen der Rechtskraft der ersten Entscheidung im vorliegenden Verfahren nur noch geprüft werden konnte, ob die zwischenzeitlich erfolgten Verfassungsänderungen ausreichten, um den Vertrag von Maastricht aus der Sicht des französischen Verfassungsrechts ratifizieren zu können, oder ob durch diese Änderungen neue Vorschriften in die Verfassung eingefügt wurden, die nun einer Ratifizierung entgegenstehen. Die erste Frage wurde vom Conseil constitutionnel bejaht, die zweite verneint. Über das den eigentlichen Kern des Vorbringens der Antragsteller darstellende Begehren zur Überprüfung des Umfangs der Verfassungsänderung konnte im Rahmen des Verfahrens nach Art. 54 der Verfassung nicht entschieden werden. Damit bleibt letztlich offen, welche Haltung der Conseil constitutionnel zu der nunmehr auch in der französischen Lehre diskutierten Frage über die Grenzen einer Verfassungsänderung[33] einnehmen wird; möglicherweise läßt sich jedoch aus Ausführungen der Entscheidung, welche die souveräne Gewalt des verfassungsändernden Gesetzgebers betonen, ableiten, daß der Conseil constitutionnel sich bei einer

31 Décision 92-313 DC, Journal Officiel vom 3.9.1992, 12095 ff.; die Entscheidung ist auch abgedruckt in Revue Universelle des Droits de l'Homme 4 (1992), 341 ff. und in deutscher Übersetzung von *C. Walter* in EuGRZ 20 (1993), 193 f.; neben der in Anm. 16 genannten Literatur vgl. zu dieser Entscheidung den Kommentar von *P. Gaïa* in Revue Française de Droit Constitutionnel No. 12 (1992), 729 ff.

32 Vgl. *L. Favoreu* (Anm. 16), 410.

33 Vgl. *C. Grewe/H. Ruiz Fabri* (Anm. 16), 278.

eventuellen künftigen verfassungsrechtlichen Überprüfung solcher Verfassungsänderungen eher zurückhalten dürfte. In formeller Hinsicht bestätigt die Entscheidung die Verfassungsmäßigkeit des vom verfassungsändernden Gesetzgeber mit dem Gesetz Nr. 92 - 554 vom 25. Juni 1992 gewählten Weges, nämlich die Verfassung um einen neuen Titel betreffend die Europäischen Gemeinschaften und die Europäische Union zu ergänzen, aber nicht die unmittelbar betroffenen Verfassungsbestimmungen, die nach der Entscheidung *Maastricht I* der Ratifikation des Maastrichter Vertrages entgegenstanden, zu ändern.

Zum Vorbringen, daß wegen des negativen Ausgangs des (ersten) dänischen Referendums der Maastrichter Vertrag ohnehin nicht mehr in Kraft treten könne und daher auch von Frankreich nicht mehr ratifiziert werden dürfe, entschied der Conseil constitutionnel völlig zu Recht, daß es für die im Rahmen des Art. 54 der Verfassung anzustellende verfassungsrechtliche Prüfung nur darauf ankomme, daß der Vertrag durch seine Unterzeichnung rechtlich verbindlich existiere; ob der Vertrag auch in völkerrechtlicher Hinsicht später in Kraft treten könne, sei für dieses Verfahren vor dem Conseil constitutionnel völlig ohne Belang[34].

c) Die Entscheidung vom 23. September 1992[35] *(Maastricht III)* beruhte auf einem Normenkontrollverfahren gemäß Art. 61 der Verfassung[36] und hatte allein die Frage zum Gegenstand, ob ein Gesetz, das im Wege eines Referendums zustandegekommen ist, einer Überprüfung durch den Conseil constitutionnel unterworfen werden kann.

Insoweit hielt der Conseil constitutionnel an seiner Rechtsprechung aus dem Jahre 1962[37] fest, wonach das Referendum unmittelbarer Ausdruck der Volkssouveränität sei; daher falle eine materielle Überprüfung so entstandener Gesetze nicht in die Kompetenz des Conseil constitutionnel, diesem mangele es insofern an der notwendigen Zuständigkeit.

2. Insgesamt läßt sich also feststellen, daß der Conseil constitutionnel zwar durchaus bereit war, die materielle Vereinbarkeit der Bestimmungen des Maastrichter Vertrages mit den Vorschriften der französischen Verfassung eingehend zu überprüfen. Andererseits zeigte er aber größte Zurückhaltung hinsichtlich der Frage, ob die infolge seiner Entscheidung *Maastricht I* ergangenen Verfassungsänderungen mit den Grundprinzipien der Verfassung selbst in Einklang stehen. Auch wenn er sich insoweit in erster Linie auf formal-rechtliche bzw. prozedurale

34 Zustimmend hierzu etwa *B. Genevois,* Le Traité sur l'Union européenne et la Constitution révisée, Revue Française du Droit Administratif 1992, 937 ff. (941) und *P. Gaïa* (Anm. 31), 734.

35 Décision 92-313 DC, Journal Officiel vom 25.9.1992, 13337 ff.; die Entscheidung ist auch abgedruckt in Revue Universelle des Droits de l'Homme 4 (1992), 344 ff. und in deutscher Übersetzung von *C. Walter* in EuGRZ 20 (1993), 196 f.; vgl zu dieser Entscheidung auch den Kommentar von *L. Favoreu* in Revue Française de Droit Constitutionnel No. 12 (1993), 743 ff.

36 Diese Bestimmung lautet: »Les lois organiques avant leur promulgation, et les règlements des assemblées parlementaires, avant leur mise en application, doivent être soumis au Conseil constitutionnel, qui se prononce sur leur conformité à la Constitution.«

37 Vgl. *L. Favoreu* (Anm. 35), 745 ff. und *C. Grewe/H. Ruiz Fabri* (Anm. 16), 293.

Gründe stützen konnte, insbesondere die Rechtskraft der Entscheidung *Maastricht I* und seine durch die Ausgestaltung des Verfahrens nach Art. 54 der Verfassung beschränkte Überprüfungskompetenz, so verdienen doch seine - zugegebenermaßen vorsichtigen - Ausführungen zur prinzipiell einer verfassungsgerichtlichen Überprüfung nur eingeschränkt unterliegenden Kompetenz des verfassungsändernden Gesetzgebers als pouvoir constitué zur Verfassungsänderung, gerade im Hinblick auf die deutsche Diskussion, durchaus Beachtung.

III. Die Erklärung des spanischen Tribunal Constitucional

In seiner Erklärung *(Declaración)* vom 1. Juli 1992[38] nahm das spanische Tribunal Constitucional zu der Frage Stellung, ob und inwiefern die im Maastrichter Vertrag vorgesehene Einführung des kommunalen Wahlrechts für Bürger der Mitgliedstaaten der Europäischen Gemeinschaften mit den Bestimmungen der spanischen Verfassung vereinbar ist. Das Tribunal Constitucional kam dabei zum Ergebnis, daß hinsichtlich der Verleihung auch des passiven Wahlrechts ein auch durch extensive Interpretation nicht auflösbarer Widerspruch zu Art. 13 Abs. 2 der Verfassung[39] bestehe, der nur die Einräumung des aktiven Kommunalwahlrechts für Ausländer zuließ. Diese Erklärung des Tribunal Constitucional führte zu der ersten Änderung der spanischen Verfassung vom 31. Dezember 1978, nämlich einer entsprechenden Ergänzung der genannten Bestimmung um die Möglichkeit der Einräumung auch des passiven Kommunalwahlrechts für Ausländer[40]. Die eigentliche Bedeutung dieser Erklärung liegt aber sicherlich in den grundsätzlichen Ausführungen des Gerichts nicht nur zum Verhältnis von Gemeinschafts- und spanischem Verfassungsrecht, sondern vor allem zu Inhalt und Grenzen der Integrationsklausel des Art. 93 der spanischen Verfassung[41].

38 Declaración 108/1992, Boletín Oficial del Estado vom 24.7.1992; die Erklärung ist auch abgedruckt im Boletín de Jurisprudencia Constitucional No. 135 (1992), 5 ff. und in deutscher Übersetzung von *J. Polakiewicz/A. López Castillo* in EuGRZ 20 (1993), 285 ff. Zu dieser Erklärung vgl. *F. Rubio Llorente,* La Constitución española y el Tratado de Maastricht, Revista Española de Derecho Constitucional No. 36 (1992), 253 ff. und *A. López Castillo/J. Polakiewicz,* Verfassung und Gemeinschaftsrecht in Spanien. Zur Maastricht-Erklärung des Spanischen Verfassungsgerichts, EuGRZ 20 (1993), 277 ff.

39 Diese Bestimmung lautete: »Solamente los españoles serán titulares de los derechos reconocidos en el artículo 23, salvo lo que, atentiendo a criterios de reciprocidad, pueda establecerse por tratado o ley para el derecho de sufragio activo en las elecciones municipales«.

40 Der durch Gesetz vom 27.8. 1992 ergänzte Art. 13 Abs. 2 der Verfassung lautet nunmehr: »Solamente los españoles serán titulares de los derechos reconocidos en el artículo 23, salvo lo que, atendiendo a criterios de reciprocidad, pueda establecerse por tratado o ley para el derecho de sufragio activo y pasivo en las elecciones municipales.« Zum Ablauf dieser Verfassungsänderung vgl. *A. López Castillo/J. Polakiewicz* (Anm. 38), 279.

41 Diese Bestimmung lautet: »Mediante ley orgánica se podrá autorizar la celebración de tratados por los que se atribuya a una organización o institución internacional el ejercicio de competencias derivadas de la Constitución. Corresponde a la Cortes Generales o al Gonierno, según los casos, la

1. Gegenstand der spanischen Diskussion betreffend die verfassungsrechtliche Problematik einer Ratifizierung des Maastrichter Vertrages war, anders als in Deutschland oder Frankreich, ausschließlich die Einführung des kommunalen Wahlrechts für Bürger anderer Mitgliedstaaten der Europäischen Gemeinschaften. Hinsichtlich der vorgesehenen Wirtschafts- und Währungsunion, die in Frankreich, wie gezeigt, eine so große Rolle spielte, wurde in Spanien eine Verfassungsänderung nicht für notwendig gehalten[42]. Zur Frage der Verfassungsmäßigkeit dieses kommunalen Wahlrechts für Unionsbürger holte die Regierung zwei Gutachten des Consejo de Estado[43] ein, die beide zum Ergebnis kamen, daß es hierfür einer Verfassungsänderung nicht bedürfe. Unproblematisch war die Einführung des *aktiven* kommunalen Wahlrechts, die von Art. 13 Abs. 2 der Verfassung ohnehin vorgesehen und aufgrund entsprechender völkerrechtlicher Verträge Bürgern Dänemarks, der Niederlande, Norwegens und Schwedens auch schon eingeräumt worden war[44]. Andererseits hatte das Tribunal Constitucional bereits 1991 festgestellt, daß einem Ausländer nach geltendem Verfassungsrecht nicht das *passive* Wahlrecht für Kommunalwahlen zugestanden werden könne[45]. Dieser Umstand bewog wohl die Regierung, gemäß Art. 95 Abs. 2 der Verfassung[46] im Rahmen des dort vorgesehenen Verfahrens einer präventiven Kontrolle der Verfassungsmäßigkeit völkerrechtlicher Verträge dem Gericht diese Frage vorzulegen. Wie das Tribunal Constitucional in seiner Declaración vom 1. Juli 1992 selbst betonte, dient dieses Verfahren der Sicherung des Primats der Verfassung und soll ein Auseinanderfallen zwischen völkerrechtlicher Bindung und verfassungsrechtlichen Pflichten und die daraus sich ergebenden Störungen der internationalen Beziehungen vermeiden[47].

garantia del cumplimiento de estos tratados y de las resoluciones emanadas de los organismos internacionales o supranacionales titulares de la cesión.« Allgemein zum Verhältnis von Gemeinschafts- und spanischem Verfassungsrecht vgl. insbesondere *A. Mangas Martín,* Derecho comunitario europeo y derecho español (1987) sowie *M. Herrero de Miñón,* Constitución española y Unión europea. Comentarios al artículo 93 de la Constitución española, Revista de las Cortes Generales Nr. 26 (1992), 7 ff.; *A. López Castillo/J. Polakiewicz, ibid.*, 279 ff.; *P. Pérez Tremps,* El concepto de integración supranacional en la Constitución, Revista del Centro de Estudios Constitucionales Nr. 13 (1992), 103 ff. und *G.C. Rodríguez Iglesias,* Hacia un nuevo ordén internacional y europeo, FS Díez de Velasco (1993), 1175 ff. (1184 ff., 1195 ff.).

42 Vgl. insbesondere das Gutachten des Consejo de Estado vom 9.4.1992, Nr. 421/92, abgedruckt etwa in Actualidad Administrativa Nr. 6/8 vom 14.2.1992; vgl. hierzu auch *A. López Castillo/J. Polakiewicz, ibid.*, 278 und *F. Rubio Llorente* (Anm. 38), 257.

43 Gutachten Nr. 850/91 vom 20.6.1991 und Gutachten Nr. 421/92 vom 9.4.1992.

44 Vgl. die Nachweise bei *A. López Castillo/J. Polakiewicz* (Anm. 38), 278.

45 Urteil 112/1991 vom 20.5.1991, Boletín Official del Estado vom 19.6.1991, abgedruckt auch im Boletín de la Jurisprudencia Constitucional Nr. 122 (1991), 51 ff.

46 Diese Bestimung lautet: »(1) La celebración de un tratado internacional que contenga estipulaciones contrarias a la Constitución exigirá la previa revisión constitucional. (2) El Gobierno o cualquiera de las Cámaras puede requerir al Tribunal Constitucional para que declare si existe o no esa contradicción.«

47 Vgl. EuGRZ 20 (1993), 286.

Das Tribunal Constitucional bekräftigte zunächst den verbindlichen Charakter seiner Erklärung, der materielle Rechtskraft zukomme, was eine spätere neuerliche Überprüfung der Verfassungsmäßigkeit im Wege einer abstrakten oder konkreten Normenkontrolle ausschließe[48]: Die Funktion des Gerichts, das über keine gutachterlichen Kompetenzen verfüge und oberster Interpret der Verfassung sei, verbiete es, seine Feststellungen nur als unverbindliche Gutachten anzusehen.
Zur materiellen Frage der Vereinbarkeit der Einführung des auch *passiven* kommunalen Wahlrechts für Bürger der Mitgliedstaaten der Europäischen Gemeinschaften gemäß dem neuen Art. 8 b EWGV stellte das Gericht zunächst fest, daß es sich hierbei nicht um eine Abtretung von Kompetenzen im Sinne des Art. 93 der Verfassung handele, sondern als eine unmittelbar durch den Unionsvertrag begründete Verpflichtung, bestimmten Ausländern subjektive Rechte im Rahmen des eigenen Wahlrechts einzuräumen[49]. Das Tribunal Constitucional sah auch keinen Widerspruch zwischen dem neuen Art. 8 b EWGV und Art. 23 Abs. 1 der Verfassung[50], der den spanischen Bürgern das Recht auf politische Teilhabe garantiert. Auf der Grundlage einer Unterscheidung zwischen Trägerschaft und Inhalt dieses Rechts kam es zu dem Schluß, daß die Erstreckung der Inhaberschaft des passiven Wahlrechts auf Unionsbürger nicht den Wesensgehalt des Art. 23 Abs. 1 der Verfassung tangiere. Diese grundsätzlich auf spanische Staatsangehörige beschränkte Trägerschaft könne vielmehr aufgrund der Generalklausel des Art. 13 Abs. 1 der Verfassung, wonach Ausländer nach Maßgabe der Verträge und des Gesetzes bestimmte Grundrechte genießen, auf andere Personen erweitert werden. Da es aus verfassungsrechtlicher Sicht nicht möglich war, durch ein Organgesetz diesen textlichen Widerspruch zu überwinden, war nach Ansicht des Tribunal Constitucional eine Verfassungsänderung erforderlich[51].
Nur sehr knapp setzte sich das Gericht mit der Frage auseinander, ob die Beteiligung von Ausländern an Kommunalwahlen gegen Art. 1 Abs. 2 der Verfassung[52] verstoße, der das spanische Volk zum alleinigen Träger der nationalen Souveränität erklärt. Aus deutscher Sicht sicherlich überraschend kam das Gericht insoweit zu dem Schluß, daß es sich bei Gemeinden nicht um Organe handele, die Kompetenzen wahrnehmen, die ihnen unmittelbar durch die Verfassung oder die Autonomiestatute verliehen seien, und auch nicht im Zusammenhang mit der dem spa-

48 *Ibid.*, 286.
49 *Ibid.*, 288; zustimmend hierzu *J.F. López Aguilar*, Maastricht y la problemática de la reforma de la Constitución, Revista de Estudios Políticos Nr. 77 (1992), 57 ff. (80), kritisch *F. Rubio Llorente* (Anm. 38), 261.
50 Diese Bestimmung lautet: »Los ciudadanos tienen el derecho a participar en los asuntos públicos, directamente o por medio de representantes, libremente eligidos en elecciones periódicas por sufragio universal.«
51 EuGRZ 20 (1993), 287 f.
52 Diese Bestimmung lautet: »La soberanía nacional reside en el pueblo español, del que emanan las poderes del Estado.«
53 Vgl. EuGRZ 20 (1993), 288.

nischen Volk zustehenden Souveränität stünden[53]. Da auch in Spanien Gemeinden Hoheitsgewalt ausüben, kann diese Auffassung wohl nur damit erklärt werden, daß die im Rahmen der kommunalen Selbstverwaltung ausgeübten Zuständigkeiten ihrem Gegenstand nach nicht dem Bereich der staatlichen Souveränität zugeordnet werden können und die von den Gemeinden ausgeübte Hoheitsgewalt nicht unmittelbar durch die Verfassung, sondern durch Gesetze konkretisiert und legitimiert wird[54].

2. Die grundsätzliche Bedeutung der Erklärung liegt aber vor allem in ihren Ausführungen zur Rolle des Art. 93 der Verfassung als Integrationsklausel. Diese erstreckt sich sicherlich nicht nur auf den Beitritt zu den Europäischen Gemeinschaften, sondern bietet auch die Möglichkeit zur Ratifizierung von Verträgen, welche die rechtliche Struktur der Gemeinschaften grundlegend ändern, wie eben der Vertrag von Maastricht. Andererseits ist durch die Erklärung aber auch deutlich geworden, daß aufgrund dieser Bestimmung nicht jede Änderung oder Erweiterung der EG-Verträge möglich ist, die in Art. 93 der Verfassung sicherlich enthaltene Anerkennung einer impliziten Fortentwicklung des Gemeinschaftsrechts im Rahmen des vom Bundesverfassungsgericht bezeichneten »Integrationsprogramms« also nicht schrankenlos gilt. Dies bedeutet vor allem, daß diese Bestimmung nicht extensiv so ausgelegt werden kann, daß sie echte Verfassungsänderungen ermöglicht[55]. Anders wohl als nach der Rechtsprechung des Bundesverfassungsgerichts sind daher in Spanien integrationsbedingte Verfassungsdurchbrechungen nicht möglich, sondern bedürfen jeweils einer entsprechenden Verfassungsreform.

Zu betonen ist aber auch, daß das Verfassungsgericht keine Veranlassung sah, sich zu der Frage zu äußern, ob der Maastrichter Vertrag die erste Stufe der Entwicklung zu einem europäischen Bundesstaat darstellt, also zur Auflösung des spanischen Staats und seinem Aufgehen in diesem europäischen Bundesstaat. Dies mag damit zusammenhängen, daß das Tribunal Constitucional von der Regierung nicht aufgefordert wurde, zu dieser Frage Stellung zu nehmen. Andererseits hat das Gericht aber durchaus Ausführungen zu den Grenzen der Integrationsklausel des Art. 93 der spanischen Verfassung gemacht, so daß der Schluß naheliegt, daß es im Maastrichter Vertrag keine Gefährdung der spanischen Staatlichkeit sah. Dies mag allerdings auch darauf beruhen, daß diese Frage in der spanischen Öffentlichkeit im Jahre 1992 kaum diskutiert wurde und eine entsprechende Auseinandersetzung erst jüngst, nicht zuletzt verursacht durch die Verfahren vor dem Bundesverfassungsgericht, eingesetzt hat.

54 Vgl. hierzu die Nachweise bei *A. López Castillo/J. Polakiewicz* (Anm. 38), 282 f.

55 Vgl. EuGRZ 20 (1993), 288 f.; vgl. auch *A. López Castillo/J. Polakiewicz, ibid.*, 279 und *F. Rubio Llorente* (Anm. 38), 257.

IV. Schluß

Zusammenfassend ist festzustellen, daß das französische wie das spanische Verfassungsgericht die Verfassungswidrigkeit einer Ratifikation des Maastrichter Vertrages ohne vorherige Verfassungsänderung, namentlich betreffend das kommunale Wahlrecht für »Unionsbürger«, festgestellt haben. Für die deutsche Diskussion aufschlußreich ist aber vor allem der Umstand, daß beide Gerichte als oberste Organe der Judikative durchaus souveränitätsbewußter Staaten offenbar keine Veranlassung sahen, in einer Ratifikation des Maastrichter Vertrages die Grundlage des Verlustes (oder gar diesen Verlust selbst) der souveränen Eigenstaatlichkeit ihres jeweiligen Staates anzunehmen. Dies mag mit einem zutreffenden Verständnis der europäischen Integration als einem Prozeß zusammenhängen, der mit herkömmlichen verfassungsrechtlichen Determinanten nicht sachgerecht zu beurteilen ist. In jedem Fall sollten diese Entscheidungen dazu beitragen, der deutsche Diskussion, die auch nach dem Ausgang des Verfahrens zum Maastrichter Vertrag vor dem Bundesverfassungsgericht sicherlich nicht beendet sein wird, etwas von ihrer bisweilen nicht angemessenen Grundsätzlichkeit und Heftigkeit zu nehmen.

Neuere Entwicklungen im amerikanischen Föderalismus

Ernst Benda

I. Optimismus und Skepsis

A. Vom »Zeitalter des Föderalismus« zur Krise

In der Diskussion über den Zustand und die Zukunft des Föderalismus in Deutschland wird häufig auf die mehr als zweihundert Jahre alte, ungebrochene Tradition des amerikanischen Systems verwiesen[1]. Dieses erscheint als ein Beispiel für Kontinuität im Wandel der politischen und gesellschaftlichen Verhältnisse, als Vorbild für alle Staaten, die dem Zentralismus mißtrauen und in der Teilung der Gewalten zwischen Bund und Gliedstaaten einen wirksamen Schutz gegen Machtkonzentrationen sehen. Dabei wird oft die, wie es scheint, besonders strikte Trennung der Kompetenzen zwischen dem Bund und den Einzelstaaten hervorgehoben, die allerdings in neuerer Zeit unter dem Stichwort des »kooperativen Föderalismus« durch eine zunehmende praktische Zusammenarbeit ergänzt und ersetzt werde[2].

Auch in den USA wird über die Zukunft des Föderalismus gesprochen. In neuerer Zeit wird die Diskussion zunehmend von Skepsis und teilweise von Pessimismus bestimmt. Das war nicht immer so. Früher überwog Zuversicht und Stolz auf den überkommenen Weg. Für das Jahr 1964 proklamierte William H. Riker das »Zeitalter des Föderalismus«: mehr als die Hälfte der Erde werde von Regierungen beherrscht, die sich selbst als föderalistisch bezeichneten[3]. Freilich gehörte dazu auch der gewaltige Herrschaftsbereich der Sowjetunion, deren System kaum unseren Vorstellungen von Demokratie und Föderalismus entsprach. Auch die 1990 von Daniel J. Elazar getroffene Feststellung, daß nunmehr mehr als siebzig Prozent der Bevölkerung der Erde in einem föderalistischen System »of one kind or another« lebten[4], hängt in ihrer Aussagekraft davon ab, nach welchen Kriterien

1 So z.B. Josef *Isensee*, Der Föderalismus und der Verfassungsstaat der Gegenwart, in: AöR Bd. 115 (1990), S. 264 f.

2 Ulrich *Scheuner*, Die föderalistische Ordnung in den Vereinigten Staaten und der Schweizerischen Eidgenossenschaft, in: Adolf *Süsterhenn* (Hrsg.), Föderalistische Ordnung, 1961, S. 64 f. - Einen guten Überblick über die Entwicklung des kooperativen Föderalismus geben Henner *Ehringhaus*, Der kooperative Föderalismus in den Vereinigten Staaten von Amerika, Diss. Freiburg 1969 und neuestens Jörg *Annaheim*, Die Gliedstaaaten im amerikanischen Bundesstaat; Institutionen und Prozesse gliedstaatlicher Interessenwahrung in den Vereinigten Staaten von Amerika, Berlin 1992.

3 William H. *Riker*, The Development of American Federalism, Boston 1987, S. 6.

4 Daniel J. *Elazar*, Opening the Third Century of American Federalism: Issues and Prospects, in: The Annals of the American Academy of Political and Social Science, Vol. 509 (Mai 1990), S. 18.

ein Regierungssystem als föderalistisch angesehen werden kann. Im finanzpolitischen Sinne ist jede Ordnung mehr oder weniger föderalistisch[5].

B. Pragmatisches Föderalismusverständnis

Jede Aussage über den Zustand des Föderalismus hängt davon ab, was mit dem Begriff gemeint ist. Vor mehr als zehn Jahren erklärten Michael D. Reagan und John G. Sanzone den Föderalismus »old style« schlicht als tot, während der »new«, der »pragmatic« Föderalismus sich bester Gesundheit erfreue[6]. Mit dem »alten« Föderalismus meinten sie das verfassungsrechtliche Konzept, wie es uns vertraut ist, das in rechtlich gesicherter Form Herrschaft, Kompetenzen und Regierungsfunktionen zwischen Bund und Gliedstaaten aufteilt. Auch viele andere Stimmen, die den amerikanischen Föderalismus in den letzten Jahren für tot erklärt oder doch als im Sterben liegend bezeichnet haben, meinen das verfassungsrechtlich gesicherte Prinzip, das nur durch energische Intervention des Supreme Court oder nach anderer Meinung sogar nur durch eine Verfassungsänderung erhalten werden könne, wenn es überleben solle[7].

C. Neue Leistungskraft der Einzelstaaten

Aber diese pessimistische Sichtweise wird nicht überall geteilt und sie ist auch nicht ganz neu. Schon 1939 hatte Harold J. Laski in einem auch heute noch oft zitierten »Nachruf« den Föderalismus als ein brauchbares Regierungskonzept verabschiedet[8]. Diese Aussage wurde als zumindest voreilig und verfrüht bezeichnet[9]. Fünfzehn Jahre später sagte Roger H. Wells voraus, daß dann, wenn die Entwicklung jener Zeit sich für 25 Jahre fortsetzte, die Einzelstaaten zu »hollow shells« verkommen würden[10]. Eine wesentliche Ursache dieser pessimistischen Vorher-

5 Wallace E. *Oates*, Studies in Fiscal Federalism, Aldershot/Brookfield 1991, S. 22.

6 Michael D. *Reagan* und John G. *Sanzone*, The New Federalism, 2. Aufl. Oxford 1981, S. 3.

7 So etwa: Lawrence A. *Hunter* und Ronald J. *Oakerson*, An Intellectual Crisis in American Federalism: The Meaning of Garcia; in: Publius, Vol. 16 Nr. 3 (Sommer 1986), S. 35, 38 ff.; ähnlich pessimistisch Vincent *Ostrom*, The Meaning of American Federalism: Constituting a Self-Governing Society, San Francisco 1991, S. 272; Carol S. *Weissert*, The Future of Federalism: Views of a Roundtable, in: Advisory Commission on Intergovernmental Relations, The Future of Federalism in the 1980s, Washington D.C. 1980, S. 111; Christopher *Wolfe*, The Contemporary Supreme Court and Federalism: Symposiums-Diskussion, in: Advisory Commission on Intergovernmental Relations, Federalism and the Constitution: A Symposium on Garcia, Washington D.C. 1987, S. 65.

8 Harold J. *Laski*, The Obsolescence of Federalism, in: The New Republic, Vol. 98 (Mai 1939), S. 367 ff.

9 Mark O. *Hatfield*, The Role of the States, in: Karl M. *Schmidt* (Hrsg.), American Government in Action: National, State, and Local, Belmont 1967, S. 288.

10 Roger H. *Wells*, Impact of Federal Grants-in-Aid on the Political Structure and Functioning of State and Local Government, Washington D.C. 1954, S. 2.

sage war »the sad state of the states«[11], die legendäre Schwäche von Regierung und Parlament in den Staaten[12]. Heute besteht weitgehende Übereinstimmung darüber, daß die Staaten neue Lebenskraft gewonnen, ihre Fähigkeit zu Planung und Management erheblich verbessert und ihr Regierungssystem modernen Anforderungen angepaßt hätten. Sie werden heute als »stronger and more vigorous than ever« oder als »reformed, reinvigorated, resourceful« bezeichnet[13].

Zweifellos ist die Funktionsfähigkeit der Einzelstaaten notwendige Voraussetzung eines lebendigen Föderalismus, aber sie allein garantiert ihn nicht. Bloße Dezentralisation der Verwaltung ist noch nicht identisch mit Föderalismus. Jedenfalls nach unserem Verständnis müssen den Ländern auch gesetzgeberische Befugnisse verbleiben. Allerdings wird das bundesstaatliche System der Bundesrepublik Deutschland in den USA als eine ausgeprägte Form des »administrative federalism« gesehen[14]. Auch eine föderalisierte Form der Regierung des Bundes - in der Bundesrepublik Deutschland durch die starke Stellung des Bundesrates besonders deutlich ausgeprägt -, also ein »unitarischer Bundesstaat«, wie die bekannte Formel von Konrad Hesse lautet[15], ist noch nicht - oder nicht mehr - Föderalismus. Auch in den USA wird eine ähnliche Entwicklung gesehen[16], wobei der ursprünglich als Interessenvertretung der Staaten verstandene Senat jedenfalls seit dem 17. Amendment zur US-Verfassung von 1913 (das die Direktwahl der Senatoren durch die Bevölkerung einführte) diese Rolle heute allenfalls mit Einschränkungen wahrnimmt. Durch das 17. Amendment wurde das föderalistische Gleichge-

11 Alice M. *Rivlin*, Reviving the American Dream: The Economy, the States and the Federal Government, Washington D.C. 1992, S. 92 f.; sie weist jedoch auch auf die seither unternommenen Reformen hin (a.a.O. S. 102, 195 f.).

12 John E. *Chubb*, Federalism and the Bias for Centralization, in: John E. *Chubb* and Paul E. *Peterson* (Hrsg.), The New Direction in American Politics, Washington D.C. 1985, S. 299.

13 So etwa Parris N. *Glendening* und Mavis Mann *Reeves*, Pragmatic Federalism: An Intergovernmental View of American Government, 2. Aufl., Pacific Palisades 1984, S. 45, 84, 345; David R. *Beam*, Forecasting the Future of Federalism: Task and Challenge, in: Advisory Commission on Intergovernmental Relations, The Future of Federalism in the 1980s, Washington D.C. 1980, S. 10; David B. *Walker*, American Federalism from Johnson to Bush, in: Publius, Vol. 21, Nr. 1 (Winter 1991), S. 114; Timothy *Conlan*, New Federalism: Intergovernmental Reform from Nixon to Reagan, Washington D.C. 1988, S. 228 f.; Ira *Sharkansky*, The Maligned States: Policy, Accomplishments, Problems and Opportunities, 2. Aufl., New York 1978, S. 14 ff.; Martha *Derthick*, Preserving Federalism: Congress, the States, and the Supreme Court, in: Brookings Review 4 (Winter/Frühjahr 1986), S. 34 f.; Daniel J. Elazar (Fn. 4), S. 14, 39; Mavis Mann *Reeves*, The States as Polities: Reformed, Reinvigorated, Resourceful, in: The Annals of the American Academy of Political and Social Sciences, Vol. 509 (Mai 1990), S. 83 ff.

14 So Arthur B. *Gunlicks*, Introduction to: Federalism and Intergovernmental Relations in West Germany: A Fourtieth Year Appraisal, in: Publius, Vol. 19, Nr. 4 (Herbst 1989), S. 14; Hartmut *Klatt*. Fourty Years of German Federalism: Past Trends and New Developments, in: Publius, Vol. 19, Nr. 4 (Herbst 1989), S. 190; Egosha E. *Osaghae*, A Reassessment of Federalism as a Degree of Decentralization, in: Publius, Vol. 20, Nr. 1 (Winter 1990), S. 88.

15 Konrad *Hesse*, Der unitarische Bundesstaat, Karlsruhe 1962.

16 Vincent *Ostrom*, Garcia, Constitutional Role and the Central-Government Trap, in: Advisory Commission on Intergovernmental Relations, Federalism and the Constitution: A Symposium on Garcia, Washington D.C. 1987, S. 51.

wicht zerstört, der zentralisierende Prozeß beschleunigt und das Instrument der »preemption« - die Aufhebung einzelstaatlicher Willensakte durch die Bundesgesetzgebung - ermöglicht[17].

Auch in den USA wird zum Wesen des Föderalismus die Existenz konkurrierender Herrschaftsbereiche gezählt, also von Regierungen und Parlamenten, die einander in Kooperation, aber auch im Konflikt zugeordnet sind. Beides bewirkt Information, zeigt Alternativen politischen Handelns auf und bringt die unterschiedlichen Interessen zum Ausgleich[18]. Seit den Jahren um 1960 ist in den USA das Prinzip des kooperativen Föderalismus allgemein anerkannt. Heute wird aber zunehmend gesehen, daß dies allein, so notwendig Zusammenarbeit ist, nicht ausreicht. Ebenso wichtig wie Kooperation sind »competitive efficency« und »dual accountability«[19]. Hieraus ergibt sich auch ein Spannungsverhältnis, das nicht nur unvermeidbar ist, sondern bewußt gesucht wird, um Politikalternativen zu ermöglichen[20].

D. »Intergovernmental Relations« statt Föderalismus

Die politische Wirklichkeit entspricht aber diesem Bild nicht. Zunehmend wird nicht mehr von »federalism«, sondern von »intergovernmental relations« gesprochen. Hinter dem Wechsel der Begriffe verbergen sich die weitreichenden Veränderungen, die seit der Zeit des New Deal stattgefunden haben[21]. Die von einem amerikanischen Wissenschaftler in Deutschland gegebene Darstellung, nach der die Staaten in den USA ungeachtet bescheidener Einschränkungen ihrer Herrschaftsbereiche doch den größten Teil ihrer Souveränität behalten hätten und Regierungsverantwortung auf einem breiten Feld von Sachgebieten ausübten[22], zeichnet ein Bild, das jedenfalls heute nicht mehr zutrifft. Die wirkliche Souveränität liegt beim Kongreß, der die nahezu allumfassende (»plenipotentiary«) Befugnis hat, Regierungsakte der Einzelstaaten abzuändern oder aufzuheben[23].

Dabei ist gewiß der Begriff der Souveränität problematisch, jedenfalls in einem

17 Joseph F. *Zimmerman*, Contemporary American Federalism: The Growth of National Power, New York/Westport/London 1992, S. 40, 45, 193; ders., Federal Preemption Under Reagan's New Federalism, in: Publius, Vol. 21, Nr. 1 (Winter 1991), S. 15; William H. *Riker* (Fn. 3), S. 151.

18 Robert B. *Hawkins*, Federal Principles for Government Reorganization, in: Publius, Vol. 8, Nr. 2 (Frühjahr 1978), S. 134.

19 John *Kincaid*, From Cooperative to Coercive Federalism, in: The Annals of the American Academy of Political and Social Sciences, Vol. 509 (Mai 1990), S. 151.

20 John *Kincaid*, The Competitive Challenge to Cooperative Federalism: A Theory of Federal Democracy, in: Daphne A. *Kenyon* und John *Kincaid* (Hrsg.), Competition Among States and Local Governments: Efficiency and Equity in American Federalism, Washington D.C. 1991, S. 88.

21 Met *Dubnick* und Alan *Gitelson*, Nationalizing State Policies, in: Jerome J. *Hanus* (Hrsg.), The Nationalization of State Government, Lexington 1981, S. 66.

22 Clark C. *Havighurst*, Amerikanischer Föderalismus und amerikanisches Gesundheitswesen - Ein Beispiel für die Europäische Gemeinschaft?, in: Die Sozialversicherung 1990, S. 187.

23 Joseph F. *Zimmerman*, Contemporary American Federalism (Fn. 17), S. 79.

bundesstaatlichen System. Die der Verfassung von 1787 vorausgegangenen Articles of Confederation beruhten auf dem Konzept, daß die Souveränität bei den Staaten verbleiben sollte, aber die US-Verfassung folgte dem nicht, und ganz zu Recht. In keinem Bundesstaat können die Einzelglieder unbegrenzte, volle und unteilbare Herrschaftsbefugnisse haben, wie sie die klassische Souveränitätslehre voraussetzt[24]. Selbst im Völkerrecht verliert der Begriff der Souveränität an Bedeutung. Das Grundgesetz löst sich in seinen Artikeln 24 und 25 von dem strengen Beharren auf voller Souveränität. Die Diskussionen um den Vertrag von Maastricht erörtern, ob die Bundesrepublik Deutschland nur einzelne Herrschaftsbefugnisse nach Art. 24 GG aufgeben oder ob sie auch in dem sich bildenden Europäischen Bundesstaat aufgehen darf.

Umso mehr konzentriert sich bei uns wie in den USA die Debatte auf die sinnvolle Aufteilung der Regierungs- und Gesetzgebungsbefugnisse zwischen dem Bund und den Gliedstaaten. Ähnlich wie Art. 30 GG den Ländern alle diejenigen Zuständigkeiten garantiert, die nicht durch das Grundgesetz dem Bund übertragen sind, behält das Zehnte Amendment zur US-Verfassung den Staaten alle diejenigen Befugnisse vor, die nicht durch die Verfassung an den Bund überwiesen sind oder deren Ausübung den Staaten durch die Verfassung untersagt ist. Die wechselvolle Geschichte der Auslegung des Zehnten Amendment bis 1973 ist von Meinhard Hilf geschildert worden[25]. Schon damals hatte die Bestimmung viel von ihrer Bedeutung verloren. Heute fragt es sich, insbesondere nach der Rechtsprechung des Supreme Court, ob es sich überhaupt noch um eine verfassungsrechtliche, substantielle Garantie der Rechte der Einzelstaaten und nicht vielmehr um einen bloßen »canon of policy«, also um eine Staatszielbestimmung[26], oder gar nur um »a hollow shell«[27] ohne jeden materiellen Inhalt[28] handelt.

Freilich muß jede Würdigung des amerikanischen Föderalismus berücksichtigen, daß er nicht mit der gleichen Selbstverständlichkeit wie bei uns als eine verfassungsrechtlich fixierte und garantierte Ordnung verstanden wird. Auch amerikanische Autoren oder andere Beobachter zählen zu den Essentialien eines föderalistischen Systems eine geschriebene Verfassung, ein oberstes Gericht als Schiedsrichter im Konfliktsfalle und die verfassungsrechtlich abgesicherte Garantie, daß alle nicht der ausschließlichen oder konkurrierenden Gesetzgebungszuständigkeit des Bundes zugewiesenen Bereiche bei den regionalen oder einzelstaatlichen Organen verbleiben, jedenfalls aber die verfassungsrechtliche Verteilung der Kompe-

24 Vincent *Ostrom* (Fn. 7), S. 66.
25 Meinhard *Hilf*, Das 10. Amendment im Wandel des Föderalismus in den Vereinigten Staaten von Amerika, in: JöR N.F. Bd. 22 (1973), S. 595 ff.
26 Walter *Berns*, The Meaning of the Tenth Amendment, in: Robert A. *Goldwin* (Hrsg.), A Nation of States: Essays on the American Federal System, 2. Aufl. Chicago 1974, S. 145.
27 Parris N. *Glendening* und Mavis Mann *Reeves* (Fn. 13), S. 103.
28 Meinhard *Hilf* (Fn. 25), S. 615.

tenzen[29]. Andere sehen aber Föderalismus als einen »unstructured process«[30] oder lediglich als »a state of mind«[31]. Die legalistisch-juristische Beschäftigung mit dem Föderalismus ist nach dieser Meinung unzureichend, um die wirklich wesentlichen Fragen zu erfassen[32]. Demgegenüber wird die bundesstaatliche Ordnung in Deutschland als das am meisten formalisierte System gesehen, das an das geschriebene Wort und präzise kodifizierte Regeln glaube, in dem die Verfassung minutiös Zuständigkeiten und Funktionen festlege[33]. Dies ist nicht unbedingt als Kompliment oder gar als ein Modell gemeint, das zur Nachahmung anregt. Die auch sonst pragmatische Haltung der Amerikaner vertraut weniger rechtlichen Festlegungen oder Sicherungen als vielmehr dem politischen Prozeß, von dem die Sicherung auch der Verfassungsordnung erwartet oder erhofft wird. Hierin liegt auch der Schlüssel zum Verständnis der Entwicklung der Rechtsprechung zum US-Föderalismus in den letzten Jahren.

II. Verfassungsrechtsprechung und politischer Prozeß

A. Der Supreme Court als Hüter des Föderalismus

Seit der Supreme Court in den 1930er Jahren seinen Widerstand gegen Roosevelt's New Deal-Gesetzgebung aufgab, ist seine Rolle als Hüter des föderalistischen Systems zweifelhaft geworden. Im Gegenteil werden die zentralisierenden Tendenzen der amerikanischen politischen Ordnung auch und sogar in erster Linie der Tätigkeit des Gerichts zugeschrieben, das »a major nationalizing agency« sei[34] und nur einen traurigen Bestand an Bemühungen zum rechtlichen Schutz der Staatenrechte aufweisen könne[35]. Zwischen 1936 und 1976 hat der Supreme Court keinen einzigen Gesetzgebungsakt des Kongresses wegen Verletzung von Rechten der Einzelstaaten aufgehoben.

29 Samuel H. *Beer*, in: Timothy *Conlan*, New Federalism: Intergovernmental Reform from Nixon to Reagan, Washington D.C. 1988, S. XII; Egosha E. *Osaghae* (Fn. 14), S. 89.
30 Richard H. *Leach*, American Federalism, New York 1970, S. 64.
31 Michael D. *Reagan* und John G. *Sanzone* (Fn. 6), S. 28.
32 Michael D. *Reagan* und John G. *Sanzone* (Fn. 6), S. 27; ähnlich James R. *Alexander*, in: William H. *Riker* (Fn. 3), S. 101.
33 *Advisory Commission on Intergovernmental Relations (ACIR)*, Studies in Comparative Federalism: Australia, Canada, the United States and West Germany, Washington D.C. 1981, S. 96; Christa *Altenstetter*, Intergovernmental Profiles in the Federal Systems of Austria and West Germany: A Comparative Perspective, in: Publius, Vol. 5, Nr. 2 (Frühjahr 1975), S. 95.
34 Richard H. *Leach*, American Federalism, New York 1970, S. 81; ähnlich Frank C. Moore, in: Robert B. *Hawkins* (Hrsg.), American Federalism: A New Partnership for the Republic, San Francisco 1982, S. 240; David B. *Walker* (Fn. 13), S. 115.
35 Andrzej *Rapaczynski*, From Sovereignty to Process - The Jurisprudence of Federalism after Garcia, in: Supreme Court Review 1985, S. 343; Robert F. *Nagel*, Federalism as a Subject of Interpretation, in: Advisory Commission on Intergovernmental Relations, Federalism and the Constitution: A Symposium on Garcia, Washington D.C. 1987, S. 26.

Dies ist keine zufällige Entwicklung, sondern ein Vorgang, der eng mit dem Wandel der politischen und gesellschaftlichen Verhältnisse verbunden ist. Vor allem die durch den New Deal der Jahre nach 1930 eingeleitete Tendenz zum Wohlfahrtsstaat hat in den USA in gleicher Weise Konsequenzen zu Lasten des föderalistischen Systems, wie der Sozialstaat des Grundgesetzes zentralisierende Wirkungen hat[36]. Noch wichtiger für die USA war und ist aber die Durchsetzung gleicher Rechte für alle Bürger und der Abbau der Rassendiskriminierung, an dem der Supreme Court vor allem in der Periode des Aktivismus unter Chief Justice Earl Warren einen hervorragenden, der politischen und gesellschaftlichen Entwicklung oft vorangehenden Anteil nahm. Existenz und Durchsetzung von Grundrechten, die jedem Bürger zustehen, haben notwendigerweise eine vereinheitlichende Wirkung. In den USA haben die noch heute fortwirkende Erinnerung an den Bürgerkrieg und die Erfahrung, daß vor allem in den Südstaaten die Grundrechte der Schwarzen und anderer Minderheiten oft gegen den erklärten Willen der Staatsregierungen und die Stimmung der weißen Bevölkerungsmehrheit durchgesetzt werden mußten, den Glauben an die - bei uns kaum in Frage gestellte - These erschüttert, daß Dezentralisierung für sich allein schon ein Mehr an individueller Freiheit bedeute[37]. Amerikanischer Föderalismus geriet im Gegenteil in den Verdacht, mit rassischen oder religiösen Vorurteilen und Diskriminierungspraktiken identisch zu sein oder ihnen jedenfalls keinen Widerstand entgegenzusetzen. Der Kampf um gleiche Rechte für alle Bürger, an dem der Supreme Court in hervorragender Weise beteiligt war, ging dabei vielleicht ungewollt, möglicherweise aber sogar bewußt, zu Lasten des föderalistischen Systems.

B. Das 10. Amendment und die Bundeszuständigkeiten

Die verfassungsrechtliche Diskussion über den amerikanischen Föderalismus knüpft vor allem an das 10. Amendment an; doch hat der Supreme Court dessen rechtliche Aussagekraft schon 1941 in United States v. Darby[38] nahezu bis zur Bedeutungslosigkeit herabgestuft. Diese Entscheidung, die als das »Waterloo des amerikanischen Föderalismus« bezeichnet worden ist[39], schrieb dem Amendment lediglich deklaratorische Bedeutung zu; sein Inhalt sei »a mere truism«. Hiervon rückte das Gericht in Fry v. United States (1975)[40] wieder ein Stück ab, indem es unter Hinweis auf Darby meinte, das 10. Amendment sei keineswegs bedeutungs-

36 Ulrich *Scheuner* (Fn. 2), S. 76; für die USA: Robert D. *Thomas*, National-Local Relations and the City's Dilemma, in: The Annals of the American Academy of Political and Social Science, Vol. 509 (Mai 1990), S. 107.

37 Neil D. *McFeeley*, The Supreme Court and the Federal System: Federalism from Warren to Burger, in: Publius, Vol. 8, Nr. 4 (Herbst 1978), S. 8.

38 312 U.S. 100.

39 Karl *Löwenstein*, vgl. Meinhard *Hilf* (Fn. 25), S. 609.

40 421 U.S. 542.

los. Es sei die Weisung der Verfassung, daß der Kongreß seine Herrschaft nicht in einer Weise ausüben dürfe, welche die Integrität der Einzelstaaten oder ihre Fähigkeit beeinträchtigen würde, in einem föderalistischen System wirksam zu funktionieren.

Da die den Einzelstaaten verbleibenden Zuständigkeiten von dem Umfang der Kompetenzen abhängen, die durch die Verfassung dem Bund zugewiesen sind, kommt alles auf die Auslegung an, welche die in Artikel I Section 8 der US-Verfassung dem Kongreß zugebilligten Gesetzgebungszuständigkeiten erfahren. Die wichtigste Kompetenz ist bekanntlich die »Interstate Commerce Clause«. Die Entwicklung seit 1937, als der Supreme Court seinen Widerstand gegen den New Deal aufgab, ist auch in Deutschland oft geschildert worden und bedarf hier keiner Wiederholung[41]. Als Ergebnis läßt sich feststellen, daß nach der Interpretation der Commerce Clause durch den Supreme Court die Befugnisse des Kongresses »apply to any and all aspects of American society«[42]. Nichts anderes gilt für die ebenfalls in Art. I Sec. 8 enthaltene »Welfare Clause« (Congress shall have power to ... provide for the ... general welfare of the United States«). Wird das Recht, Steuern zu erheben und Ausgaben zu tätigen (Taxing and Spending Power), so verstanden, daß dies zu jedem die »general welfare« fördernden Zweck geschehen kann, und dies ist das heutige Verständnis[43], dann gibt es keine zwischen Bund und Einzelstaaten abgegrenzten Kompetenzen mehr, sondern eine allumfassende konkurrierende Gesetzgebungszuständigkeit des Bundes. Ein solches Regierungssystem ist kein föderalistisches, sondern ein unitarisches[44].

In dieser Lage liegt es nahe, die Hoffnungen auf das oberste Gericht zu richten, das für die Bewahrung der verfassungsmäßigen Ordnung Verantwortung trägt. Der Supreme Court hat selbst durch eine immer weitergehende, gelegentlich fast groteske Ausweitung der Commerce Clause und der Spending Clause zu dem Dilemma beigetragen, daß das 10. Amendment ein »truism«, also eine Selbstverständlichkeit ausdrückt, durch die Überantwortung praktisch aller Zuständigkeiten an den Kongreß aber den Staaten nichts beläßt, was geschützt werden könnte. Als ein Beispiel für die extensive Interpretation der Commerce Clause mag die Entscheidung Martino v. Michigan Window Cleaning[45] erwähnt werden: Regelungen für den Arbeitsschutz von Beschäftigten einer Fensterreinigungsfirma wurden als in die Bundeskompetenz fallend erklärt, weil das Unternehmen unter anderem

41 So etwa bei Ulrich *Scheuner* (Fn. 2), S. 72; Jörg *Annaheim* (Fn. 2), S. 291; Henner *Ehringhaus* (Fn. 2), S. 48, 82; Meinhard *Hilf* (Fn. 25), S. 603.

42 Vincent *Ostrom* (Fn. 16), S. 35.

43 Henner *Ehringhaus* (Fn. 7), S. 165 f.; Meinhard *Hilf* (Fn. 25), S. 608; aus der umfangreichen US-Literatur siehe nur Edward S. *Corwin*, The Constitution and What it Means Today, 14. Aufl. Princeton 1978, S. 43 f.; Loenard R. *Sorenson*, Madison on the Meaning of »General Welfare«, the »Purpose« of Enumerated Powers, and the »Definition« of Constitutional Government, in: Publius, Vol. 22, Nr. 2 (Frühjahr 1992), S. 109 ff.

44 Joseph H. *Zimmerman*, Contemporary American Federalism (Fn. 17), S. 34, 39.

45 327 U.S. 173 (146). Andere Beispiele bei Edward S. Corwin (Fn. 43), S. 65 f.

Fenster bei Firmen reinigte, die - teilweise - auch Produkte für den Gebrauch über die Staatsgrenzen hinweg fertigstellten.
Von noch größerer praktischer Bedeutung ist die extrem weite Auslegung der Spending Clause, nach der der Kongreß den Staaten und Gemeinden nach eigenem Ermessen Finanzhilfen geben kann, mit der einzigen und ganz vagen Einschränkung, daß die Befugnis »shall be exercised to provide for the general welfare of the United States«[46]. Das umfassende System der Grants-in-Aid (Finanzzuweisungen an Staaten und Gemeinden, die meist mit substantiellen Auflagen verbunden sind und hierdurch tief in die Politikentscheidungen etwa auf dem Gebiet des Schulwesens eingreifen), findet so seine verfassungsrechtliche Rechtfertigung, auch mit dem nahezu zynischen Hinweis, die Staaten oder Gemeinden seien frei in der Entscheidung, ob sie das Geld annehmen oder ihre Entscheidungsfreiheit behalten wollten[47]. Allerdings hat der Supreme Court in den letzten Jahren die Gefahren einer ungehemmten Aushöhlung des föderalistischen Systems durch Finanzzuweisungen erkannt. Es mag sein, daß künftig unter Auflagen oder Bedingungen gegebene Geldzuwendungen des Bundes kritischer geprüft werden[48]. In der Entscheidung South Dakota v. Dole (1987)[49] erklärte der Supreme Court, die Spending Power sei »of course« nicht unbegrenzt. Die Grenzen wurden immerhin in ihren noch vagen Grundzügen definiert: Die Geldzuweisungen müßten (1) der allgemeinen Wohlfahrt dienen - was wenig bedeutet -, sie müßten (2) unzweideutig sein, die Staaten müßten also klar erkennen können, was der Preis für die Annahme des Geldes sei, und (3) zwischen den Bedingungen, mit denen die Geldzuweisung verknüpft sei, und dem Interesse des Bundes an bestimmten nationalen Programmen oder Projekten müsse ein Zusammenhang bestehen.

C. National League of Cities als vorläufig letzter Versuch

Mit diesem noch unsicheren Versuch, Grenzen der Ausübung von an sich bestehenden und nach dem Wortlaut der Verfassung umfassenden konkurrierenden Bundeszuständigkeiten zu finden und zu definieren, ist die vorletzte Phase der Bemühungen des Supreme Court gekennzeichnet, das föderalistische System verfassungsrechtlich abzusichern. Sie gipfelte in der mit knappster 5:4-Mehrheit beschlossenen Entscheidung National League of Cities v. Usery (1976)[50]. Aber diese Entscheidung hatte weniger als zehn Jahre Bestand. Sie wurde im Jahre 1985 durch die - ebenfalls mit einer 5:4-Mehrheit beschlossene - Entscheidung

46 United States v. Butler, 297 U.S. 1 (1936).
47 Zu System, Umfang und praktischer Bedeutung der Grants-in-Aid Henner *Ehringhaus* (Fn. 2), S. 115 ff.; Jörg *Annaheim* (Fn. 2), S. 278 f.
48 Jörg *Annaheim* (Fn. 2), S. 278 ff.
49 483 U.S. 203.
50 426 U.S. 833.

Garcia v. San Antonio Metropolitan Transit Authority[51] ausdrücklich aufgehoben, mit der die vorläufig letzte Phase der Entwicklung eingeleitet wurde.
Der deutsche oder europäische Beobachter, der die außerordentlich heftige Diskussion beider Entscheidungen in der Literatur verfolgt, könnte vermuten, es habe sich bei ihnen um wirkliche Schicksalsfragen des Föderalismus gehandelt. In Wahrheit ging es jedoch nur um Randfragen des Bund-Einzelstaaten-Verhältnisses, die, für sich betrachtet, kaum Anlaß zur Aufregung geben. In National League war zu entscheiden, ob durch den Bund auch Lohn- und Gehaltsfragen von Angestellten der Verwaltung eines Staates geregelt werden können - eine Frage, die bei uns durch Tarifverträge zwischen dem Bund, den Ländern und den Gemeinden als Arbeitgeber und den Gewerkschaften in den jährlichen Tarifrunden im öffentlichen Dienst gelöst wird, ohne daß Bedenken aus dem Gedanken des Föderalismus entstehen. Die knappe Mehrheit, die die Regelung für verfassungswidrig erklärte, meinte, daß nach dem 10. Amendment und der Grundstruktur der Verfassung bestimmte »traditional state government functions« bei den Staaten verbleiben müßten, damit sie - die »states as states« - einen Kern von Regierungsbefugnissen behielten, in die der Kongreß nicht eindringen könnte. Dies bedeutet praktisch nur, daß der Kongreß nicht den Governor des Staates absetzen, den Sitz der Hauptstadt verlegen oder die Gehälter, Altersgrenzen oder andere Arbeitsbedingungen der Staatenbediensteten festlegen kann. Es bedeutet dagegen nicht, daß gesetzgeberische Regelungen, welche die Staaten zur Bestimmung *privaten* Verhaltens getroffen haben, nicht durch abweichende Entscheidungen des Kongresses in der gleichen Materie, also durch Ausübung der konkurrierenden Gesetzgebungszuständigkeit, aufgehoben werden können. In der wenig später ergangenen Entscheidung Hodel v. Virginia Surface Mining[52] hat der Supreme Court noch einmal ausdrücklich bekräftigt, daß das 10. Amendment einer Gesetzgebung über private Aktivitäten nicht entgegenstehe, sofern sich die Kompetenz des Bundes aus dem enumerierten Katalog des Art. I Sec. 8 der Verfassung ergebe. Bei der extrem weiten Auslegung der Commerce Clause oder der Welfare Clause bedeutet dies im Ergebnis, daß der Bund, wenn er dies für richtig hält, auf nahezu jedem Sachgebiet (außer dem des öffentlichen Dienstes, soweit die Einzelstaaten betroffen sind) tätig werden und etwa bestehende Gesetze der Staaten verdrängen kann. Damit beschränkt sich die Entscheidung National League auf einen sehr engen Bereich. Sie definiert nicht, welches die »traditional state government functions« sind, und umgeht die Kernfragen des Föderalismus[53].

51 469 U.S. 528.
52 452 U.S. 264 (1981).
53 Sotirios A. *Barber*, National League of Cities v. Usery: New Meaning for the Tenth Amendment?, in: Supreme Court Review 1976, S. 175; zur Unterscheidung zwischen Regierungs- und privaten Aktivitäten Andrzej *Rapaczynski* (Fn. 35), S. 362; Martha A. *Field*, Garcia v. San Antonio Metropolitan Transit Autority: The Demise of a Misguided Doctrine, in: Harvard Law Review Vol. 99 (1984), S. 90; Arthur B. *Gunlicks*, Constitutional Law and the Protection of Subnational Governments in the United States and West Germany, in: Publius, Vol. 18, Nr. 1 (Winter 1988), S. 145.

In späteren Entscheidungen versuchte das Gericht, noch mit der gleichen knappen Mehrheit wie in National League, genauer zu erläutern, was es in der umstrittenen National League-Entscheidung gemeint hatte. Der Zugewinn an Klarheit erfolgte um den Preis einer weiteren Einengung des ohnehin schmalen Bereichs der den Staaten verbliebenen Rechte. In Hodel v. Virginia Surface Mining and Reclamation Association[54] erklärte der Supreme Court nur diejenigen Aktivitäten der Staaten als geschützt, (1) die die »states as states« betreffen, (2) bei denen die Bundesregelung Angelegenheiten betrifft, die »undisputably« Attribute der Staatenaktivität sind, und (3) wenn die Beachtung der Bundesgesetzgebung direkt die Fähigkeit der Staaten beeinträchtigen würde, »to structure integral operations in areas of traditional government functions«. Wenig später verlangte das Gericht in EEOC v. Wyoming[55] zusätzlich eine Abwägung, die nur dann zugunsten der Staaten ausfiel, wenn ihre Interessen gegenüber den legitimen Interessen des Bundes vorrangig erschienen. Zur Entscheidung stand, ob der Staat einen Wildpfleger mit 55 Jahren in den Ruhestand schicken durfte, während der (Bundes-) Age Discrimination Act dies verbot.

D. Der Kurswechsel von 1985

Solchen Disputen um Probleme, die kaum zu den zentralen Fragen des Föderalismus gehören, bereitete schließlich im Jahre 1985 der Paukenschlag von Garcia v. San Antonio Metropolitan Transit Authority ein mindestens vorläufiges Ende. Wieder ging es um Tarifstreitigkeiten öffentlicher Bediensteter (Mindestlöhne und Bezahlung von Überstunden). Die entscheidende Stimme, die der neuen 5:4-Mehrheit zum Siege verhalf, kam von Justice Harry Blackmun, der in National League zögernd auf der anderen Seite gestanden hatte. Diesmal versuchte der Supreme Court, die Substanz (»essence«) des amerikanischen Föderalismus zu definieren. Nicht eine verfassungsrechtlich fixierte Trennung von Bundes- oder Staatenzuständigkeiten, sondern der *politische Prozeß,* die »built-in restraints that our system provides through state participation in federal government« garantierten, »that laws that unduly burden the States will not be promulgated«. Zwar hätten die Staaten das Recht, auf jedem Sachgebiet tätig zu werden, das ihre Bürger im Interesse des Gemeinwohls geregelt wünschten. Andererseits könne aber der Bund unter der Commerce Clause auf den gleichen Gebieten tätig werden. Nicht der Grundsatz, daß in dem föderalistischen System auch der Gebrauch der Commerce Clause Grenzen habe, sei problematisch, sondern die Frage nach »nature and content« solcher Begrenzungen. Sie im einzelnen zu bestimmen, solle letztlich dem politischen Prozeß überlassen bleiben, der eine hinreichende Garantie für die fortdauernde Vitalität der Staaten biete.

54 452 U.S. 264 (1981); vgl. auch Jörg *Annaheim* (Fn. 2), S. 292.
55 460 U.S. 226 (1983).

Der Protest der überstimmten Richter, der in den dissenting opinions von Justice Sandra Day O'Connor und Justice William H. Rehnquist (heute Chief Justice) zum Ausdruck kommt, richtet sich vor allem dagegen, daß der Supreme Court seine historische Rolle als Hüter der Verfassung auf dem Gebiet des Föderalismus aufgibt und es dem politischen Prozeß überläßt, das Bund-Einzelstaaten-Verhältnis in einem ausgewogenen Zustand zu erhalten. Sehr viel bescheidener ist die Beschreibung der »essence« des Föderalismus, die Justice O'Connor der Mehrheitsmeinung entgegenstellt, die sie als eine »weak, distilled essence of federalism« kritisiert: Die Staaten *»as states«* (Hervorhebung bei ihr) hätten legitime Interessen, welche die Bundesregierung zu respektieren hätte, obwohl die Gesetze des Bundes den obersten Rang hätten. Undeutlicher heißt es in der abweichenden Meinung von Justice Rehnquist, daß der Kongreß auch seine Zuständigkeit unter der Commerce Clause nicht benutzen könne, um »certain fundamental aspects of state sovereignty that are essential to the states' separate and independent existence« zu beeinträchtigen. Dies wäre die Rückkehr zu der in National League vertretenen Position. Justice Rehnquist äußert die Hoffnung, daß sich für diese Position künftig im Supreme Court wieder eine Mehrheit der Richter finden werde.

E. Der Supreme Court bleibt bisher bei seiner Auffassung

Geschehen ist dies allerdings bisher nicht, obwohl das Ausscheiden liberaler Richter und ihre Ersetzung durch die von republikanischen Präsidenten ernannten neuen und - bis zu der ersten Ernennung durch den demokratischen Präsidenten Clinton - durchweg als konservativ eingestuften Richter nach verbreiteter Spekulation den Verfechtern verstärkter Rechte der Einzelstaaten im Supreme Court eine gesicherte Mehrheit verschaffen würde[56]. In den USA wie auch bei uns entzieht sich das Entscheidungsverhalten der Richter einer Vorhersage, die sich lediglich an der unterstellten Zugehörigkeit oder Nähe zu einer politischen Richtung orientiert. Auch der Umstand, daß einer der Dissenter in Garcia, Justice William H. Rehnquist, inzwischen Chief Justice geworden ist, hat bisher nicht zu einem grundsätzlichen Kurswechsel geführt. Aus den seit 1985 entschiedenen Fällen, die Föderalismusprobleme erörtern, läßt sich nicht entnehmen, daß die in Garcia mehrheitlich vertretene Auffassung bald wieder aufgegeben werden wird[57]. Justice Harry Blackmun hatte in seiner für die Mehrheit geschriebenen Meinung in Garcia immerhin anerkannt, daß »of course« die Staaten eine besondere und spezifische Position im amerikanischen Verfassungssystem einnähmen und daß

56 Charles *Rothfeld*, Federalism in a Conservative Supreme Court, in: Publius, Vol. 22, Nr. 23 (Sommer 1992), S. 22.

57 Vgl. die Darstellung der Rechtsprechung in Föderalismus-Fragen nach Garcia bei Charles *Rothfeld* (Fn. 57), S. 23 ff.

die Ausübung der dem Kongreß unter der Commerce Clause zustehenden Befugnisse diese Position der Staaten berücksichtigen müsse. In Coleman v. Thompson (1991)[58] erklärte er dagegen, Föderalismus habe »no inherent normative value«. Dies geschah in einer abweichenden Meinung, aber die Mehrheitsmeinung enthält wenig, was eine so grundsätzliche und noch über Garcia weit hinausgehende Behauptung hätte veranlassen können.
Der Supreme Court folgt jedenfalls bisher der im Jahre 1985 mit Garcia eingeschlagenen Linie und zeigt wenig Neigung, in Konflikte zwischen dem Bund und den Einzelstaaten oder Gemeinden einzugreifen, sondern überläßt ihre Klärung dem politischen Prozeß. Bis zu einem gewissen Grade scheint die Zurückhaltung des Gerichts auch das bewirkt zu haben, was wohl beabsichtigt war. Die für Staaten und Gemeinden sehr schwerwiegenden finanziellen Konsequenzen der Garcia-Entscheidung - die (Bundes-)Regelungen betraf, die sich im regionalen Verkehr zu ihren Lasten auswirkten - wurden durch neue Bestimmungen des Kongresses wieder aufgehoben, so daß die praktisch-politische Seite der Kontroverse sich erledigt hat. Für die Befürworter der in Garcia vertretenen Linie war dies das Zeichen dafür, daß der politische Prozeß funktioniere, so wie es das Gericht angenommen habe. Die durch die inzwischen erfolgten Veränderungen bei der Besetzung des Supreme Court verursachte Unsicherheit der Politik über den künftigen Kurs des Gerichts mag im Bund-Staaten-Verhältnis eine vorsichtige Zurückhaltung bewirkt haben, die grundsätzliche Kontroversen vermeidet und so jedenfalls bisher dem Supreme Court wenig Gelegenheit gegeben hat, seine Rechtsprechung kritisch zu überprüfen.

F. Keine grundlegenden politischen Veränderungen

Auch in der amerikanischen Politik spielen seit der Präsidentschaft von Bush und erst recht seit dem Wechsel der politischen Mehrheitsverhältnisse, die zur Wahl von Präsident Clinton im Jahre 1992 führte, Fragen des Föderalismus keine größere Rolle. Der bisher letzte größere Versuch, den mit dem System von Finanzzuweisungen (Grants-in-Aid) an Staaten und Gemeinden verbundenen Zentralisierungseffekt umzukehren, stammt aus der Zeit von Präsident Ronald Reagan. Hinter dem Bemühen, bisher überwiegend vom Bundeshaushalt finanzierte Vorhaben vor allem auf dem Gebiet sozialer Leistungen künftig wieder den Staaten zu überantworten, steckte sicher auch der Versuch, das hohe Defizit des Bundeshaushalts zu reduzieren[59] und damit, bei weniger wohlwollender Auslegung, die Tendenz zu einem »fend-for-yourself-federalism«[60]. In einer in der Executive Order 12612

58 111 S.Ct. 2546.
59 Susan A. *MacManus*, Financing Federal, State, and Local Governments in the 1990s, in: The Annals of the American Academy of Political and Social Science, Vol. 509 (Mai 1990), S. 23.
60 Richard P. *Nathan* und John R. *Lago*, Intergovernmental Fiscal Roles and Relations, in: The Annals of the American Academy of Political and Social Science, Vol. 509 (Mai 1990), S. 41.

enthaltenen Grundsatzerklärung versuchte Präsident Reagan, fundamentale Prinzipien des amerikanischen Föderalismus festzustellen. Die verfassungsrechtliche Zuordnung der »souveränen« Regierungen des Bundes und der Staaten sei im 10. Amendment zur Bundesverfassung formalisiert und durch dieses geschützt[61]. Dies war 1987 und damit zwei Jahre nach der Entscheidung des Supreme Court in Garcia, die kaum eine solche Festlegung gestattete. Grundsätzliche Veränderungen im Sinne einer Stärkung des föderalistischen Systems hat die Erklärung nicht bewirkt; sie wurde als eine »ideological assertion of pious hopes« kritisiert[62]. Insgesamt wurden die auf eine Belebung des Föderalismus gerichteten Bemühungen von Präsident Reagan mit der sarkastischen Bemerkung bedacht »It's like rearranging the deck chairs on the Titanic«[63]. Während der Amtszeit des Nachfolgers von Reagan, George Bush, und erst recht unter der bisherigen Präsidentschaft von Bill Clinton sind keine wesentlichen Entwicklungen erkennbar, die Fragen des Föderalismus betreffen.

III. Ausblick

A. Die gegensätzlichen Kräfte im politischen Prozeß

Läßt sich bei einer auf den Augenblick bezogenen Bestandsaufnahme wenig feststellen, was die Annahme wesentlicher Veränderungen in Richtung auf eine Stärkung des amerikanischen Föderalismus rechtfertigen könnte, so bedeutet dies nicht, daß die Entwicklung stillsteht. Zentralisierende ebenso wie dezentralisierende Faktoren wirken auf die bestehende Ordnung ein, und sie können im Laufe einer längeren Zeit in einem vielleicht zunächst kaum bemerkten Prozeß doch bedeutende Auswirkungen haben. Anders als das verfassungsrechtlich strikt festgelegte System des Föderalismus in der Bundesrepublik Deutschland – das auch in mehr als vier Jahrzehnten wesentliche Veränderungen erfahren hat – wurde und wird in den USA Föderalismus als ein flexibles Regierungsinstrument und nicht so sehr als ein rigider Bestand von Prinzipien verstanden[64], als ein dynamischer Entwicklungsprozeß, der auf gesellschaftliche und wirtschaftliche sowie politische Entwicklungen reagiert und sich ihnen anpaßt[65].

61 Robert *Gleason*, Federalism 1986-1987: Signals of a New Era, in: Advisory Commission on Intergovernmental Relations, Readings in Federalism, Washington D.C. 1989, S. 127.

62 Deil S. *Wright*, Policy Shifts in the Politics and Administration of Intergovernmental Relations, 1930-1990s, in: The Annals of the American Academy of Political and Social Science, Vol. 509 (Mai 1990), S. 69.

63 Marshall R. *Goodman* und Margarete T. *Wrightson*, Managing Regulatory Reform: The Reagan Strategy and Its Impact, New York/Westport/London 1987, S. 91. Das Zitat wird – anonymen – Mitgliedern des Kongreßstabes zugeschrieben.

64 Richard H. *Leach* (Fn. 30), S. 9, 45.

65 Carl J. *Friedrich*, Ursprung und Entwicklung des Begriffs des Föderalismus in den Vereinigten Staaten von Amerika, in: Edward *McWhinney*, Föderalismus und Bundesverfassungsrechts, Hei-

Dies gilt naturgemäß umso mehr, wenn das oberste und für die Wahrung der Verfassungsordnung verantwortliche Gericht, wie dies in Garcia geschehen ist, auf die Definition und den Schutz der sich aus der Verfassungsordnung ergebenden Abgrenzungen zwischen Bund und Einzelstaaten verzichtet und darauf vertraut, daß der politische Prozeß hierfür Sorge tragen werde. Dies kann, aus der Sicht des Föderalismus, positive oder negative Auswirkungen haben. Es hängt von den politischen Kräfteverhältnissen und von der öffentlichen Meinung ab, die sich in Wahlergebnissen niederschlagen mag, ob sich die zentralisierenden oder die dezentralisierenden Faktoren durchsetzen. Damit sind auch Unsicherheiten verbunden, die der pragmatischen amerikanischen Sichtweise allerdings erträglicher erscheinen mögen, als dies in Deutschland der Fall wäre.

B. Zweifel an der Wirksamkeit des politischen Prozesses

Es ist jedoch zumindest zweifelhaft, ob der politische Prozeß die ihm vom Supreme Court zugedachte Rolle in dem Sinne erfüllen kann, daß durch ihn allein ein föderalistisches System wirksam geschützt werden kann. Zu den Faktoren, die in den letzten Jahren zu einer Stärkung der bundesstaatlichen Ordnung geführt haben, gehören neben der schon erwähnten erneuerten Vitalität der Regierungssysteme der Einzelstaaten die vielfältigen Reformen der meist übermäßig langen und durch ihre Neigung zu Detailregelungen die Effektivität der Staatsverwaltungen hemmenden Verfassungen der Staaten[66]. Beachtlich ist auch die in neuerer Zeit erkennbare Entwicklung des verstärkten Grundrechtsschutzes durch die Gerichte der Einzelstaaten auf der Grundlage der reformierten Verfassungen, durch die ein kräftiger Wettbewerb zur Grundrechts-Rechtsprechung des Supreme Court entstanden ist[67].

Dem stehen andere Entwicklungen gegenüber, die zu der Befürchtung geführt haben, daß Staaten und Gemeinden in eben der Zeit durch den Supreme Court dem politischen Prozeß ausgeliefert worden sind, in dem ihre politischen Einwirkungsmöglichkeiten immer schwächer geworden sind[68]. Zu den dem Föderalismus abträglichen Faktoren zählen allgemein das, was Justice Sandra Day O'Con-

delberg 1992, S. 66; Henner *Ehringhaus* (Fn. 2), S. 19; Daniel J. *Elazar*, American Federalism Today: Practice versus Principle, in: Robert B. *Hawkins* (Hrsg.), American Federalism: A New Partnership for the Republic, San Francisco 1982, S. 54.

66 Albert L. *Sturm*, The Development of American State Constitutions, in: Publius, Vol. 12, Nr. 1 (Winter 1982), S. 71 f.; Daniel J. *Elazar*, American Federalism: A View from the States, 3. Aufl. New York 1984, S. 188.

67 *Advisory Commission on Intergovernmental Relations*, State Constitutions in the Federal System: Selected Issues and Opportunities for State Initiatives, Washington D.C. 1989, S. 10 ff., 49 ff.; Donald S. *Lutz*, The State Constitutional Pedigree of the U.S. Bill of Rights, in: Publius, Vol. 22, Nr. 2 (Frühjahr 1992), S. 44.

68 Timothy *Conlan*, Politics and Governance: Conflicting Trends in the 1990?, in: The Annals of the American Academy of Political and Social Science, Vol. 509 (Mai 1990), S. 129.

nor die »underdeveloped capacity for self-restraint« im US-Kongreß genannt hat[69], sowie der Umstand, daß der Kongreß, die am stärksten überlastete Einrichtung des amerikanischen Regierungssystems, kaum in der Lage ist, informierte und begründbare Entscheidungen über die etwa 500 Grants-in-Aid-Programme zu treffen, die für die Vitalität der Staaten und Gemeinden von elementarer Bedeutung sind[70]. Hinzu kommen die Neigung im Kongreß, enggeschnittene Programme für spezielle Interessengruppen zu beschließen, die auf die Gesamtinteressen der Bevölkerung eines Staates wenig Rücksicht nehmen[71] und die Tendenz, eher kategorische Grants mit strikten Auflagen und Bedingungen zu beschließen als die sogenannten Bloc-Grants, die die Politik der Begünstigten weniger stark beschränken[72].

Lange Zeit wurden die Besonderheiten des amerikanischen Parteiensystems als eine der stärksten Sicherung des Rechte der Staaten und gegen eine Zentralisierung angesehen[73]. Anders als in Deutschland und in anderen parlamentarischen Regierungssystemen in Europa waren die nationalen Zentren der amerikanischen Parteien schwach; die wirkliche Macht lag bei den Organisationen in den Staaten und in den örtlichen Bezirken. Dies schwächte die Parteidisziplin im Kongreß und stärkte die von den Einzelstaaten kommenden Einflüsse[74]. Seit den 1970er Jahren hat jedoch eine erhebliche, verschiedentlich als dramatisch bezeichnete Veränderung stattgefunden, die die nationalen Parteizentralen zu Lasten der örtlichen Organisationen gestärkt und vor allem bewirkt hat, daß die Finanzierung der Wahlkämpfe und die hiermit verbundene Abhängigkeit der Kandidaten sich auf die Zentralen verlagert haben[75].

So ist heute jede Voraussage schwierig, ob es dem politischen Prozeß wirklich gelingen kann, Entwicklungen auf ein unitarisches System wirksam zu begegnen. Ob ein Gericht, selbst das höchste Gericht eines Landes, geeignet ist, solche Fragen künftiger politischer Entwicklungen mit Sicherheit und Zuversicht zu beantworten, ist immerhin zweifelhaft[76]. So wird in der – überaus lebhaften – Kritik an Garcia der Vorwurf erhoben, der Supreme Court habe die Staaten der Gnade des

69 Nach Charles *Rothfeld* (Fn. 56), S. 23.
70 Carol S. *Weissert* (Fn. 7), 122; ähnlich Lewis B. *Kaden*, Federalism in the Courts: Agenda for the 1980s, in: Advisory Commission on Intergovernmental Relations, The Future of Federalism in the 1980s, Washington D.C. 1980, S. 96.
71 Wayne F. *Anderson*, Intergovernmental Aid: Relief or Intrusion?, in: Civic Review Vol. 7, Nr. 3 (Sommer 1981), S. 129.
72 Timothy *Conlan*, The Politics of Federal Bloc Grants: From Nixon to Reagan, in: Political Science Quarterly, Vol. 99, Nr. 2 (Summer 1984), S. 253.
73 Henner *Ehringhaus* (Fn. 2), S. 189; Meinhard *Hilf* (Fn. 25), S. 614; Josef *Isensee* (Fn. 1), S. 271.
74 William J. *Keefe* und Morris S. *Ogul*, The American Legislative Process: Congress and the States, 7. Aufl. Englewood Cliffs 1964, S. 409; Richard H. *Leach* (Fn. 30), S. 29.
75 Stephen *Schechter* und Daniel J. *Elazar*, The Role of the States as Polities in the American Federal System, Philadelphia 1982, S. 12; Timothy *Conlan* (Fn. 13), S. 129 ff.
76 Martin H. *Redish* und Karen L. *Drizin*, Constitutional Federalism and Judicial Review: The Role of Textual Analysis, in: New York University Law Review, Vol. 62 (April 1987), S. 38.

Kongresses ausgeliefert[77]; das Gericht habe, was das 10. Amendment anlangt, seine Hände in Unschuld gewaschen und die Staaten darauf verwiesen, ihre Klagen dem Kongreß vorzutragen[78]. Das System des Föderalismus, das Garcia entwerfe, sei von einem dezentralisierten unitarischen System nicht mehr zu unterscheiden[79].

C. Unsichere Entwicklungstendenzen

So steht die Entwicklung des Föderalismus in den USA gegenwärtig an einem Scheidewege. Bleibt sie dem politischen Prozeß überlassen, so sind keine sicheren Prognosen möglich; doch ist zu befürchten, daß sich die zentralisierenden Kräfte eher durchsetzen werden, wenn, wie es nach dem Stand der Rechtsprechung des Supreme Court heute der Fall ist, alle verfassungsrechtlichen Sicherungen aufgegeben werden. Allerdings wäre der Optimismus, mit dem das Gericht in Garcia alles dem politischen Prozeß anvertraut worden hat, dann nicht mehr aufrecht zu erhalten, wenn die Entwicklung in eindeutiger Weise auf weitere Zentralisierung ginge. Früher oder später würde dann das Gericht seinen Standpunkt überprüfen müssen.

In dieser Lage kommt auch der wissenschaftlichen Auseinandersetzung in den USA eine wichtige Rolle zu. Die vom Supreme Court in Garcia vertretene Meinung folgt bis ins Detail der wenige Jahre vorher als Antwort auf die gegenteilige Entscheidung in National League of Cities von Jesse H. Choper und schon früher von Herbert Wechsler vertretenen Auffassung[80]. Nach Meinung vieler Beobachter haben diese wissenschaftlichen Beiträge die Entscheidung wesentlich beeinflußt. Zugleich wird auch die Meinung vertreten, daß Garcia auch von seiner Mehrheit nicht als das letzte Wort gemeint gewesen sei. Das Gericht habe - was angesichts der vagen und unklaren Aussagen in National League verständlich ist - die bisherigen Kriterien als unzulänglich verworfen und reinen Tisch gemacht. Es sei nun Sache der Wissenschaft, bessere verfassungsrechtliche Maßstäbe zu entwickeln. Wenn sie einmal gefunden seien, werde das Gericht wohl bereit sein, wieder verfassungsrechtliche Schranken der Befugnisse des Bundes in Betracht zu ziehen[81].

77 Mavis Mann *Reeves* (Fn. 13), S. 100.

78 A.E. Dick *Howard*, Garcia: Of Federalism and Constitutional Values, in: Publius Vol. 16, Nr. 3 (Sommer 1986), S. 21 ff.

79 Lawrence A. *Hunter* und Ronald J. *Oakerson* (Fn. 7), S. 37.

80 Jesse H. *Choper*, Judicial Review and the National Political Process: A Functional Reconsideration of the Role of the Supreme Court, Chicago/London 1980 und schon vorher in The Scope of National Power vis-a-vis the States: The Dispensability of Judicial Review, Yale Law Journal Vol. 86 (Juli 1977); Herbert *Wechsler*, The Political Safeguard of Federalism: The Role of the States in the Composition and Selection of the National Government, Columbia Law Review Vol. 54 (1954), S. 543 ff.; Toward Neutral Principles of Constitutional Law, Harvard Law Review Vol. 29 (1959), Nr. 1, S. 23 ff.

81 Andrezej *Rapaczynski* (Fn. 35), S. 364, 419.

Niemand außer den Mitgliedern des Gerichts selbst wird beurteilen können, ob diese Einschätzung zutreffend ist. Einer der Richter, der der konservativen Mehrheit zugerechnete Justice Anthony M. Kennedy hat vor kurzem bedauert, daß das Föderalismuskonzept der US-Verfassung nicht die notwendige Präzision und ausdrückliche Klarheit habe, die es dem Gericht erlaubten, es auch durchzusetzen. Die Entwicklung habe dazu geführt, daß es so mehr ein politisches als ein rechtliches Modell geworden sei. »In this evolution other countries may find a lesson and a warning«[82].

Damit ist ganz zu Recht angedeutet, daß die Entwicklung des amerikanischen Föderalismus auch für uns von hohem Interesse ist. Vergleiche der Verfassungssysteme müssen die Unterschiede ebenso wie die Gemeinsamkeiten in Betracht ziehen. Dies steht schnellen Antworten oder raschen Folgerungen für die eigene Ordnung entgegen. Aber die Chance ist da, aus den amerikanischen Entwicklungen für uns und nicht zuletzt für die europäische Diskussion zu lernen. Freilich ist dies eine Aufgabe, die hier nicht geleistet werden kann, sondern weiteren Überlegungen überlassen bleiben muß.

82 Unveröffentlichter Vortrag in Berlin am 12. März 1993. Justice Anthony M. *Kennedy* hat mir freundlich erlaubt, aus dem Vortrag zu zitieren.

Eine »fabelhafte Residenz«

Rudolf Gerhardt

Nach zuverlässigen wissenschaftlichen Schätzungen muß es um das Jahr 2026 gewesen sein, als eine gewaltige Woge nach Karlsruhe schwappte und die alte, liebenswürdige Residenzstadt unter ihren Wassermassen begrub. Die »große Welle«, oder Tsunami, wie sie in Anlehnung an japanische Naturkatastrophen genannt wurde, war die Schaumkrone einer riesigen Prozeßwelle, die zu dieser Zeit über die gesamte Bundesrepublik gegangen war.

Schon geraume Zeit zuvor hatten Fachleute vor einer solchen Gefahr gewarnt, ohne indessen bei den Stellen Gehör zu finden, die für den juristischen Katastrophenschutz zuständig waren. Bei dem Hinweis auf die »Knappe Ressource Recht« hatten alle noch genickt. »Hilfe, wir ertrinken in Verfassungsbeschwerden!« Aber auch dieser dringende Notruf war, wie aus zahlreichen aufgefundenen Urkunden belegt werden konnte, trotz vieler Wiederholungen ohne Antwort aus Bonn geblieben.

Die Gründe für diese verweigerte Hilfeleistung der Politik sind bis heute nicht abschließend erforscht, obwohl sich ein aus allen gesellschaftlich relevanten Gruppen zusammengesetzter Untersuchungsausschuß unmittelbar nach der Katastrophe zehn Jahre lang um die Aufklärung bemühte. Urkunden dieses Ausschusses wurden vor einiger Zeit durch Zufall aufgefunden. Aus ihnen erfahren wir, welche Vermutungen damals angestellt worden waren.

Die harmloseste Erklärung hatte der Vertreter der evangelischen Landeskirche beigesteuert: Seiner Ansicht nach war ein bloßer Übersetzungsfehler des Auswärtigen Amtes daran schuld, daß in Bonn die Lage des Gerichts nicht in ihrer ganzen Dramatik gesehen worden war: Demnach soll der für Französisch zuständige Beamte das Wort »Ressource« schlicht mit Quelle, und die »knappe Ressource« folglich mit Wasserknappheit eingedeutscht haben. Alle wären demnach von der Flut überrascht worden.

Diesem Erklärungsversuch war der Vertreter der CDU alsbald energisch entgegengetreten. »Es ist doch sonnenklar, wo die Verantwortlichen zu suchen sind«, hatte er unter Beifall ausgerufen. »Mit der Auslöschung von Karlsruhe sind die 68er endlich an ihrem Ziel angelangt: Erst der Marsch durch die Institutionen, und jetzt die Abschaffung der Institutionen selbst!« Und sein Parteifreund, der auch im Protokoll erwähnt werden wollte, setzte noch eine weitere Erklärung hinzu: »Die antiauthoritäre Erziehung ist schuld«, rief er, wobei er sich bei dem Wort wieder einmal verhaspelte, »diese Amnthi . . ., ehm, diese Verzöglinge können es doch einfach nicht verkraften, daß es in Karlsruhe jemanden gab, der sagte, wo's lang ging«.

Der Vertreter der Bischofskonferenz hatte an die biblische Sintflut erinnert und die Arme bedeutungsvoll zum Himmel ausgestreckt: »Da kann man wieder einmal sehen, was geschieht, wenn das Gericht dem Kindermord nicht eindeutiger entgegentritt!«

Diese Deutung war dem Vertreter der CSU offenbar noch nicht weit genug gegangen, denn er hatte sie um den Satz ergänzt: »Und überhaupt: Die Werte! Auch die Werte sind in Karlsruhe längst nicht mehr gewesen, was sie einmal waren!«

Die beiden Vertreter der FDP hatten sich wieder einmal nicht recht auf eine Linie einigen können. »Das kommt davon« sagte der eine ein bißchen vage, »daß man sich in den Urteilen dieses Gerichts nie klar für die Marktwirtschaft entschieden hat.« Sein Parteifreund hatte den Kopf geschüttelt und bedeutungsvoll gesagt, nachdem er den anderen lange von links betrachtet hatte: »Jeder hat das Recht auf freie Entfaltung seiner Persönlichkeit«, wobei niemand so recht wußte, wer dies diesmal bestritten hatte.

Und ein Professor der Publizistik, der als Gutachter vor dem Untersuchungsausschuß auftrat, sah die Schuld ganz anderswo. »Alles kommt davon«, sagte er, »daß man die Medien überhaupt in ein Gericht hineinläßt. Journalisten posaunen immer gleich alles herum, und am Ende weiß jeder, daß sich in Karlsruhe vielleicht doch noch etwas machen läßt.«

Wie sah dieses Gericht aus, das vor jetzt fast 3000 Jahren durch jene Tsunami-Welle ausgelöscht worden war, welche Aufgaben hatte es in dem archaischen Staatswesen, das damals Bundesrepublik Deutschland hieß? Archäologische Ausgrabungen der letzten dreihundert Jahre und die Funde von Büchern und Urkunden erlauben heute, im Jahre 5012 eine halbwegs zuverlässige Aussage darüber, wie damals in Karlsruhe Recht gesprochen wurde – oder das, was die unterentwikkelten Völker dieser Zeit für Recht hielten.

Die Richter lebten in zwei Rudeln von je acht Stück zusammen, wobei sich immer sieben Männchen in ein Weibchen teilten. Jedem Mitglied dieser Rudel war ein Zimmer zugewiesen, wo er sitzend oder liegend seiner Arbeit nachgehen konnte. Diese Arbeit bestand vor allem darin, auswendig zu lernen, was ein weiteres Rudel von Mitarbeitern aufgeschrieben hatte, um es bei den wöchentlichen Treffen des Hauptrudels gegen andere Rudelmitglieder verteidigen zu können.

Diese Treffen fanden in einem gemeinsamen Rudel-Raum statt, dessen Türen lautdicht verschlossen waren. Zwar bestand die Gerichtssprache damals schon aus Sprachlauten. Aktenvermerke lassen aber den Rückschluß zu, daß sich in den Diskussionen daneben noch Reste von Knurrlauten und Schreigeräuschen erhalten hatten. Da fremde Augenzeugen keinen Zugang zu diesen Rudeltreffen hatten, fehlt es bislang an einem wissenschaftlichen Nachweis, welche Art von Meinungsaustausch außerdem noch stattfand. Dennoch ist in einem Rückblick durch die Jahrtausende zu vermuten, daß auf jener frühen Entwicklungsstufe noch Droh- und Imponiergebärden verschiedener Art bekannt waren.

Wenige Male im Jahr kam das Rudel auch in einem Großraum zusammen, damit die Öffentlichkeit sah, daß es noch da war. Die Artgenossen bekleideten sich bei diesem Ereignis mit einem roten Umhang, der es den Betrachtern schwer machte, sie voneinander zu unterscheiden. Nur der Rudelführer war daran zu erkennen, daß seine Stuhllehne eine Handbreit höher war als die der andern. Dieser Rudelführer führte bei den Treffen auch das Wort: Zunächst einmal sagte er den Teilnehmern im Saal, daß sie da waren.

Dann rief er einige von ihnen nach vorn, damit sie dem Richter-Rudel Dinge sagten, die alle längst in den Akten gelesen hatten. Sicherheitshalber ließ man dabei ein Tonband laufen, falls doch noch jemand etwas sagen würde, was noch nicht gesagt worden war.

Dieses Rudel-Treffen wurde offenbar »Verhandlung« genannt. Damit jeder wußte, daß er bei seiner Dienstreise am richtigen Ort angekommen war, rief am Anfang ein Mann in Uniform mit lauter Stimme: »Das Bundesverfassungsgericht!« Dann mußten alle aufstehen und dabei zusehen, wie das Rudel sich nebeneinander aufreihte. Außer den Mitgliedern des Rudels durfte niemand im Saal eine Kopfbedeckung aufbehalten. Und auch sie nahmen ihre roten Käppchen wieder ab, nachdem sie sich gesetzt hatten.

Da saßen sie dann und hörten zu. Allerdings war den Urkunden nicht eindeutig zu entnehmen, ob sie wirklich zuhörten, während sie zuhörten. Wer vor ihnen seinen Prozeß verlor behauptete hinterher jedenfalls meist, man habe ihm nur nicht richtig zugehört. Allerdings kam es in jener »Residenz« offenbar nur selten vor, daß ein Prozeß überhaupt einmal verloren wurde. Eingehende Studien aller Äußerungen, die Prozeßparteien nach einer Entscheidung abgaben, zeigen nämlich deutlich, daß es vor diesem Tribunal damals nur Gewinner gab. »Das Gericht hat die von uns vertretene Auffassung bestätigt . . .«, so hieß es hinterher meist in den Verlautbarungen. Offenbar gab es in Karlsruhe damals kaum eine Auffassung, die entweder nicht vertreten oder nicht bestätigt worden war.

Am Anfang einer Verhandlung kamen meist Politiker zu Wort, die aus dem nahen Bonn angereist waren. Sie sprachen wohl deshalb gleich am Morgen, weil die Richter ihren Worten auch dann mühelos folgen konnten, wenn sie noch nicht richtig wach waren: Hatten sie doch schließlich alles längst in der Zeitung gelesen, was ihnen da noch einmal erzählt wurde. Meist waren diese Politiker Minister oder wenigstens Staatssekretäre. Denn die gerichtliche Etiquette schrieb es vor, daß die lautere Wahrheit im Saal von jedem, die geläuterte Wahrheit aber nur von hoher Warte aus gesagt werden dürfte. Außerdem nahm eine damals sehr beliebte Fernsehsendung namens »Tagesschau« meist nur vom Prozeßanfang Notiz.

Danach sprachen dann die Professoren. Wer ihnen öfter zuhörte ahnte schon im voraus, was sie für richtig halten würden und was für falsch. Niemand wußte indessen genau, welche Anerkennungsprämie sie für ihre strenge Weltsicht erhalten würden. Um die Wettbewerbsverhältnisse etwa so gleich zu machen wie die der Läufer auf einer Aschenbahn wurde ihnen eingeschärft, nicht länger zu sprechen, als ihre Vor- und Nachredner.

Bisweilen stellten die Richter den Professoren auch Fragen, die diese dann in freier Rede beantworteten. Auf ihre Antworten kam es dabei aber weniger an. Die Fragen dienten nämlich vor allem dem Zweck, die Journalisten ins Bild zu setzen, wie der betreffende Richter über den Fall dachte. Manchmal verfolgten die Fragen auch das Ziel, Heiterkeit im Saal auszulösen. Wenn während eines Tages wenigstens dreimal geschmunzelt wurde, meldeten die Journalisten aus Karlsruhe eine »gelockerte Atmosphäre«.
Diese Journalisten vermeldeten auch alles andere, was sie im Saal beobachten konnten, bisweilen auch etwas, was sie gar nicht beobachtet hatten. Dafür waren ihnen Plätze über den Köpfen der Rudelbank in Augenhöhe eines hölzernen Greifvogels zugewiesen. Waren sie nicht dort, saßen sie eine Treppe tiefer und stritten darüber, wie sie die Richter am besten von einer falschen Entscheidung abhalten könnten. Gelang ihnen das nicht, zahlten sie es dem Gericht dann in ihren Beiträgen heim. Am liebsten aber erzählten sie, daß das Gericht wieder einmal ihre Meinung bestätigt habe.
In den Pausen spielten die Journalisten auf ihren Computern ein beliebtes Spiel, das sie »Richterraten« nannten: Man gab die Parteizugehörigkeit ein, dividierte sie durch die Zahl der Kinder, multiplizierte mit der Konfession und zog davon die Zugehörikeit zu Organisationen und Vereinigungen ab. Daraus ergab sich nicht nur das Profil eines Richters, sondern mit an Sicherheit grenzender Wahrscheinlichkeit auch der Inhalt seiner Entscheidung.
Da das Journalisten-Rudel nicht in einheitliche rote Tücher gehüllt war, traten die Unterschiede hier klarer zutage. Da gab es die Fernseh-Menschen, die andere für sich arbeiten ließen: Wer immer ihnen in den Weg kam wurde vor eine Kamera gezogen und mußte in drei Sätzen sagen, wofür er im Saal viele hundert Sätze gebraucht hatte. Manche aufgefundenen Notizen legen allerdings die Vermutung nahe, daß viele Politiker eigentlich gerade wegen dieser drei Sätze nach Karlsruhe gefahren waren.
Schwerer hatten es die Zeitungsleute, die selbst darüber nachdenken mußten, was sie aufs Papier schrieben. Manchmal, so scheint es nach der Auswertung von Text-Exegesen, dachten sie sich auch einfach etwas aus. Und dann gab es in dieser alten Zeit noch etwas, was man Hör-Funk nannte. Aus Lautsprechern schallten Worte, und wer zuhörte, mußte sich die dazugehörigen Bilder selbst ausdenken.
Anfangs, so ergaben die Forschungen, lebten Richter-Rudel und Journalisten-Rudel in Eintracht miteinander. Damit sich die Familien der Richter abends zuhause davon überzeugen konnten, daß die Männer ordentlich auf ihren Stühlen gesessen hatten, durfte ihr Einzug in den Saal gezeigt werden. Das war die Epoche am Anfang des Fernsehzeitalters, als noch wenige Kameras verloren im Saal standen.
Wie die Ausdeutung von Urkunden ergab, muß sich dies aber im Laufe weniger Jahrzehnte dramatisch geändert haben. So war in verschiedenen Quellen zu lesen, daß sich die Richter kurze Zeit vor der endgültigen Prozeßflut ihren Weg meist

durch einen Wald von Kameras und Lichtlampen freiboxen mußten bis dann der Bundesgrenzschutz ihnen Feuerschutz gab. Bei einem besonders spektakulären Prozeß standen einmal so viele Kameraleute vor der Richterbank, daß der Vertreter der Bundesregierung sogar auf die Tische steigen mußte, um einen Blick auf die Richter zu erhaschen.

Zu einem Zwischenfall kam es, als sich einmal ein halbes Dutzend Fernsehkorrespondenten unter Berufung auf die Pressefreiheit auf den Richterbänken niedergelassen hatten, weil alle anderen Plätze von ihren Kollegen besetzt waren. Der Vorsitzende ließ damals im Wege der Amtshilfe die Kellnerinnen aus dem benachbarten Casino-Restaurant rufen und den Saal vorübergehend von allen Pressevertretern räumen, indem draußen ein kaltes Büffet aufgebaut wurde.

Danach war es zur sogenannten Pool-Lösung gekommen, die später auch für andere Gerichte richtungsweisend wurde: Ein mit einer Video-Kamera ausgestatteter Wachtmeister wurde damit beauftragt, den im Schloßpark wartenden Journalisten vom Balkon aus zuzurufen, was sich drinnen abgespielt hatte.

Das war kurz vor der Endzeit in Karlsruhe. Bald darauf erreichte, wie oben schon ausgeführt, jener Wellenkamm der Prozeßflut die »Residenz«. Und neueste Forschungsergebnisse haben inzwischen Sicherheit darüber erbracht, daß gerade dieses überschäumende Interesse der Medien maßgeblich zum Untergang des Gerichts beigetragen hatte.

In Berlin, der Stadt, die im Jahre 2020 endlich doch zum Regierungssitz geworden war, hatte man nämlich mit großem Mißfallen verfolgt, wie sich das Medieninteresse von Jahr zu Jahr mehr nach Karlsruhe verlagerte. Während nämlich bei den großen Parlamentsdebatten im - erst ein-, dann wieder ausgepackten - Reichstag oft nur ein alter Rentner als Vertreter einer Nachrichtenagentur und der zweite Vorsitzende des örtlichen Schmalfilmklubs als Berichterstatter für das Fernsehen anwesend waren, kam es in Karlsruhe immer öfter zu den bereits beschriebenen Szenen.

Unter einem Urenkel des Kanzlers Kohl, der bis zur Jahrtausendwende regiert hatte, kam es daraufhin zum Endkampf zwischen den Staatsgewalten. Zunächst versuchte man in Berlin, die Besetzung freiwerdender Richterstellen so in die Länge zu ziehen, daß das Gericht von einem Altersheim mit bloßem Auge nicht mehr zu unterscheiden war. Am bekanntesten wurde der Fall eines Dr. Ernst Gottfried M., der seinen achtundneunzigsten Geburtstag als amtierender Vizepräsident beging - wenn auch in völliger geistiger und körperlicher Frische und als einer der Jüngsten im Senat, wenn die in den Urkunden nur schwer entzifferbaren Zahlenangaben stimmen. Zu einer allseits befriedigenden Nachfolgeregelung kam es erst, als man in Berlin durchgriff und kurzerhand alle Fraktionsvorsitzenden als Richter nach Karlsruhe schickte.

Überraschungsfunde in den Archiven zeigen indessen, daß auch diese Rechnung der Politiker nicht ohne Rest aufging. Immer wieder einmal konnte es nämlich geschehen, daß sich ein Richter nicht an das hielt, was in Berlin beschlossen worden

war, sondern durch eine eigene Verfassungsauslegung Unruhe in das ohnehin damals wohl schwierigste Geschäft der Gesetzgebung brachte. In einer geheimen Parlamentssitzung, zu der nicht einmal ein Vertreter des damals einflußreichen Magazins »Der Spiegel« Zutritt hatte, beschloß man deshalb eine Strategie, die unter dem Decknamen »Irrigation Schloßpark« in die Wege geleitet wurde.
»Wenn die Herren schon einen eigenen Kopf haben, soll er ihnen wenigstens schwer werden«, dieser Satz wird dem Kanzler zugeschrieben. Und so kam es zu einem Verfassungskomplott, in das auch die Opposition eingebunden wurde, weil auch sie ja immer noch hoffte, irgendwann einmal an die Regierung zu kommen.
Deshalb wurden die Ministerialjuristen angewiesen, an versteckter Stelle Verfassungsverstöße in die neuen Gesetze einzubauen. Zugleich gab man der Opposition Tips für einen Gang nach Karlsruhe. Und so konnte es geschehen, daß es im Laufe der Jahrzehnte immer mehr zu einem Wettlauf zwischen Berlin und Karlsruhe kam.
Nur vorübergehend herrschte in diesem Kampf Waffengleichheit: solange nämlich, wie das Verabschieden eines Gesetzes in Berlin etwa die gleiche Zeit in Anspruch nahm, die man in Karlsruhe dazu brauchte, es zu verwerfen. Als sich die Jahre hinzogen und die Karlsruher noch immer Schritt hielten, steigerte das Parlament seinen Gesetzesausstoß von Legislaturperiode zu Legislaturperiode. Und so geschah es, daß die Gesetzesflut erst eine Woge der Verfassungsklagen auslöste, dann eine Welle, und schließlich eine Flut, die schließlich in der Tsunami-Welle endete – und damit endete zugleich die gute, alte »Residenz des Rechts«.
Unklar ist unter den Forschern allerdings bis heute, was in diesem Machtkampf ein handschriftlicher Zettel zu bedeuten hat, der erst vor kurzem in den Staatsarchiven aufgefunden wurde. Darauf stand zu lesen: »Wir lassen unsere Politik in Karlsruhe machen.« Das wäre ja an sich noch nichts Verbotenes. Allerdings weiß man noch immer nicht genau, von wem dieser Satz stammt und wann er gesprochen wurde. Einer der Wissenschaftler will sogar in einer gründlichen Untersuchung des schwer beschädigten Papiers herausgefunden haben, daß der Satz wohl durch Umwelteinflüsse verstümmelt wurde. »Wir lassen uns doch nicht«, so würde er nach dieser Lesart lauten, »durch diese acht Arschlöcher in Karlsruhe unsere ganze Politik kaputt machen«.
Aber so kann dies unmöglich einmal gelautet haben. Denn erstens sind vor 3000 Jahren die Menschen noch einigermaßen höflich miteinander umgegangen, und außerdem stammt diese Untersuchung des Zettels von einem Wissenschaftler von durchaus zweifelhaftem Ruf: »Von Johann Fürchtegott Nagelmann.«

VII. Bibliographie

Bibliographie Ernst Gottfried Mahrenholz

zusammengestellt von
Volker Roth-Plettenberg und Manuela Wittmann
(Stand: März 1994)

1957

Wahlgleichheit im parlamentarischen Parteienstaat der Bundesrepublik.
Göttingen, Jur.Diss. v. 1957. IX, 155 S.

1960

Rüstzeit für Kirchenjuristen in Berlin.
In: Zeitschrift für evangelisches Kirchenrecht.
7 (1960). S. 198-201.

1964

Kulturpolitik und konfessionelle Neutralität.
In: Neue Sammlung. Göttinger Blätter für Kultur und Erziehung.
4 (1964). S. 164-175.

1965

Staat und Kirche in Niedersachsen. Skizze der Entwicklung ihrer Beziehungen.
In: Kulturpolitische Initiativen in Niedersachsen. Richard Voigt gewidmet. Hrsg. von Karl Wiechert.
Hannover: Verl. für Literatur und Zeitgeschehen (1965). S. 113-139.

1967

Das Niedersächsische Konkordat und der Ergänzungsvertrag zum Loccumer Vertrag.
In: Zeitschrift für evangelisches Kirchenrecht.
12 (1966/67). S. 217-282.

1969

Die Kirchen in der Gesellschaft der Bundesrepublik.
Hannover: Verl. für Literatur und Zeitgeschehen (1969). 193 S.
2., durchges. Aufl. Hannover: Fackelträger-Verl. (1972). 191 S. (Ed. Zeitgeschehen, 22).

Erläuterungen zu einem kommunikationspolitischen Schema.
In: Wege zu einem Gesamtkonzept der öffentlichen Kommunikation. Kolloquium vom 28.-30. März 1969. Loccum: Evang. Akad. (1969). S. 36-38<nebst Diskussion>. (Loccumer Protokolle, 7/1969).

Die Kirche im publizistischen Geschehen.
In: Evangelische Kommentare. (1969). S. 387-390.

Die Kirche braucht den Meinungsstreit. Über den Nutzen von Kirchenparteien.
In: Pastoraltheologie. 58 (1969). S. 320-327.

1970

Zur Situation des Funkhauses innerhalb des NDR (1970).
*In: Das Funkhaus Hannover. Beiträge zur Geschichte des Rundfunks in Niedersachsen. Hrsg. von Wolfram Köhler.
Hannover: Schlüter (1987). S. 143-166.*

Musik im Zeitalter der Massenkommunikation.
*In: Kerygma und Melos. Christhard Mahrenholz 70 Jahre.
Hrsg. von Walter Blankenburg u.a.
Kassel: Bärenreiter (1970). S. 413-423.*

1972

Öffentlichkeit als Zukunft der Kirche.
*In: Kirche ohne Zukunft? Bilanzen und Prognosen. Joachim Beckmann, Heinrich Fries, Friedrich Heer, Ernst Gottfried Mahrenholz.
Gütersloh: Gütersloher Verlagshaus Mohn (1972). S. 137-171.*

1973

Niedersachsen entwickelt Schulrecht weiter. Übereinstimmung mit der katholischen Kirche über die Bekenntnisschule.
In: Sozialdemokratischer Pressedienst. 28 (1973), 26. S. 4-5.

Auch als: Niedersachsen entwickelt Schulrecht.
In: Bildung und Politik. 9 (1973). S. 51-53.

Wieviele Köche verderben den Brei? Planung hat mit dem Parlament zu tun.
In: Niedersachsendienst. (1973), Folge 3. S. 2-7.

Gesichtspunkte für den Nordstaat.
In: Kommunalwirtschaft. (1973). S. 178 ff.

1974

Kultusminister an enger Zusammenarbeit mit dem Philologenverband interessiert. Ansprache auf dem Philologentag in Celle.
In: Gymnasium in Niedersachsen. 22 (1974). S. 230-237.

1975

Kirchen als Korporationen.
In: Zeitschrift für evangelisches Kirchenrecht. 20 (1975). S. 43-76.
Wiederabgedruckt in: Kirche und Staat in der neueren Entwicklung. Hrsg. von Paul Mikat.
Darmstadt: Wissenschaftliche Buchgesellschaft (1980). S. 385-426. (Wege der Forschung, Bd. 566).

Kirche - Gesellschaft - Staat. Zum Problem des Verhältnisses von Kirche und Staat in einer säkularen Gesellschaft aus der Sicht eines Politikers.
In: Trennung von Kirche und Staat? Juristische, theologische und politische Stimmen zu einem alten Problem.
Hamburg-Bergstedt: Reich (1975). S. 74-82.
(Evangelische Zeitstimmen, 74).

1976

Numerus clausus im ganzen Ausbildungswesen.
In: Der Numerus clausus und seine Folgen. Auswirkungen auf die Schule, die Schüler, die Bildungspolitik - Analysen und Gegenvorschläge. Hrsg. von Andreas Flitner. Stuttgart: Klett (1976). S. 78-84.

Diskussionsbeiträge.
In: Schülerberg und Ausbildung. Analysen und Maßnahmen. Dokumentation eines bildungspolitischen Gesprächs. Red.: Hans-Henning Pistor u.a. Hrsg.: Stifter-

verband für die Deutsche Wissenschaft. Stuttgart: Klett (1976). S. 103 u. S. 112-113.

Elternrecht und Schulreform.
In: Recht der Jugend und des Bildungswesens. 24 (1976). S. 272-275.

1979

Zwischen sachbezogener und ideologischer Beurteilung – Das Schulbuch im Kräftespiel der Politik.
In: Schulbuch und Politik. Unterrichtsmedien im Spannungsfeld politischer Interessen. Tagung in der Kath. Akademie Hamburg vom 10.-12. November 1978. Hrsg. von Bernard Tewes. Paderborn: Schöningh (1979). S. 96-103.

Gesetzliche Regelung des Unterrichts. Beitrag auf der Tagung der Katholischen Akademie in Bayern am 15./16.9.1979 in München zum Thema »Pädagogische Freiheit am Ende?«.
In: Zur Debatte. 9 (1979), 6. S. 12-13 u. S. 16.

Neues aus der Krebsstation NC. Verfassungsprobleme der Zulassung zum Vorbereitungsdienst.
In: Recht der Jugend und des Bildungswesens. 27 (1979). S. 106-117.

1980

Küng und das Konkordat. Aspekte des Staatskirchenrechts.
In: Evangelische Kommentare. 13 (1980). S. 139-141.

Legibus solutus? Über einen Rest von Absolutismus im Schulwesen.
In: Recht der Jugend und des Bildungswesens. 28 (1980). S. 92-98.

Vielfalt statt Verdrängung. Evangelische Leitsätze für das Rundfunksystem.
In: Lutherische Monatshefte. 19 (1980). S. 723-726.

1981

Bedingungen, Möglichkeiten und Grenzen pädagogischer Freiheit in rechtlicher Sicht.
In: Der pädagogische Freiheitsraum des Lehrers. Tagung vom 29. Februar bis 2. März 1980. Hofgeismar: Evang. Akad. (1981). S. 42-59. (Evangelische Akademie Hofgeismar. Protokoll, 181).

Bildung und Qualifikation.
In: Die Horen. 121 (1981). S. 13-20.

1982

Das Dritte Fernsehurteil des Bundesverfassungsgerichts vom 16. Juni 1981. Grundaussagen des Urteils und Konsequenzen für die anstehende Mediengesetzgebung.
In: Auf dem Weg zu einem Landesmediengesetz. Baden-Württemberg als Vorreiter einer neuen Medienpolitik. Tagung vom 2.-3. November 1982. Bad Boll: Evang. Akad. (1982). S. 1-13. (Protokolldienst, 33/82).
Geringfügig überarbeitet als: Das Dritte Rundfunkurteil des Bundesverfassungsgerichts vom 16. Juni 1981.
In: Kirche und Rundfunk. Dokumentation. (1982), 93. S. 1-10.
Auch in: Aussenpluralität. Das FRAG-Urteil und seine Konsequenzen für ein neues Rundfunkrecht. Red.: Gerd Höft. Frankfurt (Main): Gemeinschaftswerk der Evang. Publizistik, Fachbereich Hörfunk/Fernsehen (1983). S. 38-62.

1983

Meinungsfreiheit - Rundfunkfreiheit.
In: Die Medienzukunft. 13 Beiträge nach der Sendereihe »Heidelberger Studio« des Süddeutschen Rundfunks. Hrsg. von Lutz Franke. Mit Beitr. von Harry Pross, Klaus Schrape u.a. Frankfurt (Main): Gemeinschaftswerk der Evang. Publizistik (1983). S. 47-55. (GEP-Medien-Dokumentation, 11).

Über Probleme des Numerus clausus.
In: Festschrift für Erwin Stein zum 80. Geburtstag. Hrsg. von Hermann Avenarius, Hanns Engelhardt u.a. Bad Homburg v.d.H.: Gehlen (1983). S. 199-221.

1985

Schul- und Hochschulrecht.
In: Niedersächsisches Staats- und Verwaltungsrecht. Hrsg. von Heiko Faber, Hans-Peter Schneider.
Frankfurt (Main): Metzner (1985). S. 514-544.

1986

Teilhabe, Entscheidungslegitimation und Minderheitenrechte in der repräsentativen Demokratie. Sieben Thesen zu Fragen der direkten Demokratie.
In: Menschengerecht. 6. Rechtspolitischer Kongreß der SPD vom 20.-22. Juni 1986 in Essen. Dokumentation. Hrsg. von Herta Däubler-Gmelin, Wolfgang Adlerstein. Heidelberg: Müller (1986). S. 371-391. (Motive - Texte - Materialien, Bd. 40).

Kunst und Recht. Kurzvortrag.
In: Werden die Akademien in unserer Zeit verdrängt? Kolloquium. Hrsg. von Otto Herbert Hajek u.a. Karlsruhe: Badischer Kunstverein (1986). S. 218-219.

Staat und staatliches katholisch-theologisches Lehramt. Zugleich Besprechung von: Ulrich Scheuner: Rechtsfolgen der konkordatsrechtlichen Beanstandung eines katholischen Theologen. Berlin: Duncker & Humblot (1980).
In: Der Staat. 25 (1986). S. 79-102.

1987

Die Praxis der Entscheidungsfindung des Bundesverfassungsgerichts. Vortrag vor der Juristischen Fakultät der Univ. Osnabrück am 12. November 1987.
Univ. Osnabrück, Fachbereich Rechtswiss. (1987). (Rechtswissenschaftliche Vorträge und Berichte, H.5).

»Die Kritik ist der Tod des Königs«. Bemerkungen zur Öffentlichkeit.
In: Ein Richter, ein Bürger, ein Christ. Festschrift für Helmut Simon. Hrsg. von Willy Brandt, Helmut Gollwitzer, Johann Friedrich Henschel.
Baden-Baden: Nomos (1987). S. 261-287.

Kammerbeschlüsse - Nichtannahmegebühren. Neue Institute im Verfassungsbeschwerdeverfahren.
In: Festschrift für Wolfgang Zeidler. Bd. 2. Hrsg. von Walther Fürst, Roman Herzog, Dieter C. Umbach.
Berlin: de Gruyter (1987). S. 1361-1377.

Constitucion y Ley. Acerca de la Relacion entre poder judicial y poder politico.
In: Division de poderes e interpretacion. Hacia una teoria de la praxis constitucional. Hrsg. von Antonio Lopez Pina.
Madrid: Tecnos (1987). S. 68-73.

Singularidades del federalismo aleman.
In: dito, S. 207-212.

Das Funktionieren der Organe der EMRK.
In: Entwicklung der Menschenrechte innerhalb der Staaten des Europarates. Deutsche Sektion der Internationalen Juristen-Kommission, Arbeitstagung 13.-15.6.1986 in Kiel. Mit Beitr. von Ernst Gottfried Mahrenholz, Meinhard Hilf, Eckart Klein.
Heidelberg: Müller (1987). S. 73-94 <nebst Diskussion>. (Rechtsstaat in der Bewährung, Bd. 20).

1988

Fähig zur Versöhnung? Rundgespräch mit Hubert Dietl, Werner Hill, Joachim Track.
In: Strafe: Tor zur Versöhnung? Symposion über Gegenwart und Zukunft des Strafvollzuges. Dokumentation einer Tagung der Evang. Akad. Hofgeismar am 6.-8. April 1987. Hrsg. von Heinz Schöch.
Hofgeismar: Evang. Akad. (1988). S. 71-86. (Hofgeismarer Protokolle, 244).

Kommentar zum Thema: Constitutional Review and Legislation. An International Comparison. Hrsg. von Christine Landfried.
Baden-Baden: Nomos (1988). Comment S. 173-176.

1989

Was haben wir mit dem Grundgesetz gemacht? Was hat das Grundgesetz mit uns gemacht? Eine Rede.
Braunschweig: Internationaler Arbeitskreis Sonnenberg (1989). 22 S.

Wohin des Wegs - öffentlich-rechtlicher Rundfunk?
In: 40 Jahre SDR. Reden aus gegebenem Anlaß. Stuttgart: Süddeutscher Rundfunk (1989). S. 31-50. (Südfunk-Hefte, H.16).

Gerechtigkeit und Gesellschaft. Festvortrag.
In: 45. Jahrestagung der Arbeitsgemeinschaft Deutscher Stiftungen - Bundesverband - und des Verbandes Deutscher Wohltätigkeitsstiftungen e.V. am 8. und 9. Juni 1989 in Münster. Tagungsbericht.
Bonn: Arbeitsgem. Deutscher Stiftungen - Bundesverband - (1989). S. 72-87.
Auch als: Gerechtigkeit und Gesellschaft. Vortrag, gehalten im Rahmen des Städteforums Lüneburg am 6. Dezember 1990.
Göttingen: Schwartz (1991). 12 S. (Schriftenreihe des Niedersächsischen Städtetages, 21).

Kommentar zum Grundgesetz für die Bundesrepublik Deutschland in zwei Bänden. 2. Aufl. Bearb. von Axel Azzola u.a.
Neuwied: Luchterhand (1989). (Reihe Alternativkommentare).
Darin: Kommentar zu Art. 109 - Art. 115. Bd. 2, S. 1316-1409.

1990

Das Grundgesetz im internationalen Wirkungszusammenhang der Verfassungen. 40 Jahre Grundgesetz.
Hrsg. von Ulrich Battis, Ernst Gottfried Mahrenholz, Dimitris Tsatsos.
Berlin: Duncker & Humblot (1990). 281 S. (Schriften zum öffentlichen Recht, Bd. 588).
Darin: Podiumsdiskussion am 15. April 1989. S. 247-278.

Medien in der parlamentarischen Demokratie - Legitimation und Grenzen ihres Auftrags.
In: Die modernen Medien und die Zukunft der Gesellschaft. 27. Kolloquium, München, 13.-15. März 1989. Mit Beitr. von: Hans Günther Zempelin u.a. Köln: Wirtschaftsverl. Bachem (1990). S. 231-269 <nebst Diskussion>. (Veröffentlichungen der Walter-Raymond-Stiftung, Bd. 29).

Verfassungsinterpretation aus praktischer Sicht.
In: Verfassungsrecht zwischen Wissenschaft und Richterkunst. Konrad Hesse zum 70. Geburtstag. Hrsg. von Hans-Peter Schneider, Rudolf Steinberg.
Heidelberg: Müller (1990). S. 53-65.

Bundesverfassungsgericht und Parteienstaatlichkeit.
In: 40 Jahre Grundgesetz. Entstehung, Bewährung und internationale Ausstrahlung. Hrsg. von Klaus Stern. München: Beck (1990). S. 93-105 <nebst Diskussion S. 153-164>.

1991

Justiz - eine unabhängige Staatsgewalt? Festvortrag beim Deutschen Richtertag.
In: Deutsche Richterzeitung. 69 (1991). S. 432-437.
Gekürzte Fassung in: Neue Justiz. 46 (1992). S. 1-4.

1992

Die Verfassung und das Volk. Vortrag gehalten in der Carl Friedrich von Siemens Stiftung am 30. Oktober 1991.
München: Carl Friedrich von Siemens Stiftung (1992).
57 S. (Themen, 51).

Referendum e democrazia.
In: Referendum. Problemi teorici ed esperienze costituzionali. Hrsg. von Massimo Luciani, Mauro Volpi.
Rom: Laterza (1992). S. 21-31. (Libri del Tempo Laterza, 228).

Das richterliche Sondervotum.
In: Rechtsprechungslehre. Zweites Internationales Symposium, Münster 1988. Hrsg. von Werner Hoppe, Werner Krawietz, Martin Schulte.
Köln: Heymanns (1992). S. 167-177<nebst Diskussion>.

1993

Medien und Macht - Wie sichern wir Pluralismus und Transparenz?
In: Bertelsmann Briefe. (1993), H.129. S. 4-9.

Probleme der Verfassungsauslegung in der Gegenwart.
Referat anläßlich des Symposiums zum 30-jährigen Bestehen des Türkischen Verfassungsgerichtshofes am 26. April 1992 in Ankara.
In: Constitutional Jurisdiction. 9. Papers presented at the International Symposium held at the thirtieth anniversary of the Constitutional Court of Turkey. April 25-27, 1992.
Ankara: Univ. Pr. House (1993). S. 207-219<nebst Diskussion>. (Publications of the Constitutional Court of Turkey, No. 27).

1994

Freiheit der Kunst.
In: Handbuch des Verfassungsrechts. Hrsg. von Ernst Benda, Werner Maihofer, Hans-Jochen Vogel. 2. Aufl.
Berlin: de Gruyter (1994).

Ein Verfassungsgericht in Dessau. Festvortrag zur Errichtung des Landesverfassungsgerichts Sachsen-Anhalt.
In: Neue Justiz 48 (1994). S. 97-101.

Abweichende Meinungen nach § 30 Abs. 2 BVerfGG

BVerfGE 64, 285 - 2 BvR 539, 612/80 - (Urlaub Lebenslänglicher aus der Haft)

BVerfGE 68, 111 - 2 BvE 13/83 - (Stationierung von Mittelstreckenraketen)

BVerfGE 69, 57 - 2 BvF 2, 3, 4/83 und 2/84 - (Kriegsdienstverweigerung, mit Richter Böckenförde)

BVerfGE 69, 87 - 2 BvF 2, 3, 4/83 und 2/84 - (Kriegsdienstverweigerung)

BVerfGE 70, 366 - 2 BvE 14/83 und 4/84 - (Parlamentskontrolle der Nachrichten-Dienste)

BVerfGE 77, 234 - 2 BvR 624, 1080, 2029/83 - (C-Waffen-Stationierung)

BVerfGE 80, 235 - 2 BvE 1/88 - (Rechte des Bundestagsabgeordneten)

BVerfGE 82, 122 - 2 BvR 254, 1343/88 - (Reichweite der Unschuldsvermutung)

BVerfGE 86, 340 - 2 BvR 1041/88, 78/89 - (Aussetzung der lebenslangen Freiheitsstrafe)

BVerfGE 88, 338 - 2 BvF 2/90 und 4, 5/92 - (Schwangerschaftsabbruch, mit Richter Sommer)

VIII. Biographie

Biographie
Ernst Gottfried Mahrenholz

Ernst Gottfried Mahrenholz wurde am 18. Juni 1929 in Göttingen geboren. Sein Vater, Dr. phil. Christian Reinhard Mahrenholz, füllte sein Pastorenamt in Großlengden bei Göttingen aus. Mutter Käte, geborene Spangenberg, war Lehrerin.

Die Eltern schickten ihn auf das Humanistische Ratsgymnasium in Hannover, eine Bildungsstätte mit langer Tradition. Gleich nach dem Abitur, als noch niemand wieder nach Wehrmacht oder Bundeswehr rief, nahm E.G. Mahrenholz im Wintersemester 1948/49 an der Georg-August-Universität in Göttingen seine Studien auf, zunächst Theologie, Psychologie und Philosophie. Zum Sommersemester 1950 wechselte er an die Eberhard-Karls-Universität in Tübingen, begann dort im Wintersemester 1950/51 mit dem Studium der Rechtswissenschaft, wechselte drei Semester später wieder nach Göttigen zurück und legte im August 1954 das Erste Juristischen Staatsexamen ab. Es schlossen sich Arbeiten an der vom damaligen Verfassungsrichter Prof. Dr. Gerhard Leibholz betreuten Dissertation zum Thema »Wahlgleichheit im parlamentarischen Parteienstaat« und sodann die Referendarzeit an. Im Jahre 1957 wurde er promoviert; im Jahre 1959 legte er das Zweite Juristische Staatsexamen ab.

Das Evangelisch-Lutherische Landeskirchenamt in Hannover übertrug ihm ein Gutachten darüber, ob die Kirchengemeinden, die in dem durch die amerikanische Besatzungsmacht neugeschaffenen bremischen Landesteil Bremerhaven lagen, der Landeskirche Hannover zugehörten. Dem schloß sich ab April 1959 eine einjährige Tätigkeit als Referent des kirchenrechtlichen Instituts der Evangelischen Kirche in Deutschland an; Direktor des Instituts war Prof. Dr. Rudolf Smend.

Im April 1960 berief der niedersächsische Ministerpräsident Hinrich Wilhelm Kopf E.G. Mahrenholz zu seinem persönlichen Referenten.

Ab Mai 1961 schloß sich eine Referententätigkeit im Oberversicherungsamt beim Regierungspräsidenten in Hannover an, mit dem ein Koreferrat für das Medizinal- und das Veterinärmedizinalwesen verbunden war. Dem folgte ab Januar 1962 eine Tätigkeit als Kreisassessor des Landkreises Wesermünde, bis E.G. Mahrenholz im Juni desselben Jahres in das Niedersächsische Kultusministerium berufen wurde, um als Sonderreferent für Konkordatsfragen die niedersächsische Delegation für die Verhandlungen mit dem Heiligen Stuhl zum Abschluß eines Niedersächsischen Konkordats zu betreuen. Diese Aufgabe führte er im Nebenamt bis

zum Abschluß des Konkordats im Jahre 1965 fort, nachdem er 1963 Leiter des Bauverwaltungsamtes Hannover wurde.
Ebenfalls im Jahre 1963 wählte ihn der Niedersächsische Landtag zum Mitglied des Rundfunkrats des Norddeutschen Rundfunks; Mahrenholz arbeitete dort im Finanzausschuß mit, bis der Verwaltungsrat des NDR ihn im März 1965 zum Direktor des Funkhauses Hannover wählte; diese Aufgabe nahm Mahrenholz bis September 1970 wahr. Von 1971 bis 1977 vertrat E.G. Mahrenholz das Land Niedersachsen im ZDF-Fernsehrat und war dort Mitglied des Ausschusses für Jugend, Bildung und Erziehung.
Von 1965 bis 1971 war E.G. Mahrenholz Mitglied des Präsidiums des Deutschen Evangelischen Kirchentages.
Am 1. September 1970 ernannte ihn die Niedersächsische Landesregierung unter Ministerpräsident Alfred Kubel zum Staatssekretär und Leiter des Staatskanzlei. Neben der Koordination der Politik der Landesregierung war E.G. Mahrenholz für das Rundfunkwesen einschließlich der Rechtsaufsicht über den NDR, die Erarbeitung eines Landesentwicklungsprogramms und die Verfassungsgerichtsbarkeit einschließlich der Vertretung des Landes vor dem Niedersächsischen Staatsgerichtshof und dem Bundesverfassungsgericht mitverantwortlich.
Im Juni 1974 wurde E.G. Mahrenholz in den Niedersächsischen Landtag gewählt und zugleich Kultusminister. In seine Amtszeit, die bis zur Ablösung der SPD/FDP-Regierung Kubel durch die CDU-Minderheitsregierung Albrecht im Jahre 1976 reichte, fiel eine grundsätzliche Novellierung des Schulrechts sowie der Ausbau des Berufsschulwesens. Anschließend arbeitete er als bildungspolitischer Sprecher der SPD-Landtagsfraktion und ließ sich gleichzeitig als Rechtsanwalt nieder, dies mit den speziellen Arbeitsgebieten des Kommunalrechts, des Verfassungsrechts und des Hochschulrechts, insbesondere im Blick auf das Zulassungswesen. Vor dem Bundesverfassungsgericht vertrat Mahrenholz erfolgreich eine kommunale Verfassungsbeschwerde gegen eine gesetzlich angeordnete Namensänderung einer Gemeinde (BVerfGE 59, 216). In der folgenden Legislaturperiode ab 1978 legte E.G. Mahrenholz den Schwerpunkt seiner Landtagsarbeit in den Rechtsausschuß und dort insbesondere in die Mitarbeit an Gesetzesentwürfen und im Unterausschuß »Gefängniswesen«.
Am 6. Juli 1981 wurde E.G. Mahrenholz zum Richter des Zweiten Senats des Bundesverfassungsgerichts ernannt. Im November 1987 wurde er Vizepräsident des Bundesverfassungsgerichts und Vorsitzender des Zweiten Senats. Nach Ablauf der zwölfjährigen Amtszeit brauchte es lange, seine Nachfolge zu regeln, so daß er bis zum 24. März 1994 amtierte.
Während der gesamten Zeit als Richter des Bundesverfassungsgerichts hat E.G. Mahrenholz sich zugleich der Ausbildung der Studenten gewidmet: Zunächst 1981/82 für zwei Semester an der Universität Hannover, dann vier Semester an der Philipps-Universität in Marburg und schließlich an der Johann-Wolfgang-von-

Goethe-Universität in Frankfurt. Dort wurde er im Jahre 1992 zum Honorarprofessor ernannt.
Die Gottfried-Wilhelm-Leibniz-Gesellschaft wählte E.G. Mahrenholz im Jahre 1988 zu ihrem Präsidenten, das Präsidium der Deutschen Sektion der Internationales Juristen-Kommision im Jahre 1990 zu seinem Vorsitzenden; seit November 1991 nimmt er das Amt des Vizepräsidenten der Deutsch-Israelischen Juristen-Vereinigung wahr.
E.G. Mahrenholz ist seit 1960 mit der seinerzeitigen Regierungsassessorin Frau Ingeborg, geborene Westphal, verheiratet und Vater der 1961 geborenen Tochter Simone und des 1964 geborenen Sohnes Peter John.

Zusammengestellt von Thomas Wolf

IX. Verzeichnis der Autorinnen und Autoren

Verzeichnis der Autorinnen und Autoren

Peter Badura, geb. 1934, Dr. jur., o. Professor für Öffentliches Recht, Rechts- und Staatsphilosophie, Ludwig-Maximilians-Universität München

Alfred Bartsch, geb. 1918, Rechtsanwalt, Karlsruhe

Ernst Benda, geb. 1925, Dr. jur. h.c., o. Professor für Öffentliches Recht, Freiburg; frühere Tätigkeiten: Bundesminister, Präsident des BVerfG

Dieter Birk, geb. 1946, Dr. jur., o. Professor für Staats-, Verwaltungs- und Steuerrecht, seit 1986 Richter am Finanzgericht Münster im Nebenamt

Axel Boetticher, geb. 1943, Dr. jur., Richter am Hanseatischen Oberlandesgericht in Bremen, frühere Tätigkeit: Wissenschaftlicher Mitarbeiter beim BVerfG (Dez. Vizepräsident Dr. Mahrenholz) von 8/1987 - 11/1990

Bernd Brunn, geb. 1949, Dr. jur., Vorsitzender Richter am VG; frühere Tätigkeiten: Wissenschaftlicher Mitarbeiter beim BVerfG von 9/1984 - 12/1986 (Dez. BVR Dr. Mahrenholz) und von 11/1989 - 1/1993 (Dez. BVR Dr. Franßen/BVR Sommer)

Wolfgang Däubler, geb. 1939, Dr. jur., Professor für Arbeitsrecht, Handels- und Wirtschaftsrecht, Bremen

Erhard Denninger, geb. 1932, Dr. jur., Professor für Öffentliches Recht und Rechtsphilosophie an der Universität Frankfurt/M.; frühere Tätigkeit u.a.: Leiter der Abteilung Wissenschaft und Kunst im Hessischen Kultusministerium 1973/74

Klaus Dürholt, geb. 1931, Vorsitzender Richter am Landgericht, frühere Tätigkeit: Wissenschaftlicher Mitarbeiter beim BVerfG (Dez. BVR Hirsch/BVR Dr. Mahrenholz) von 11/1979 - 12/1982

Marion Eckertz-Höfer, geb. 1948, Richterin am BVerwG; frühere Tätigkeiten: Richterin am LG, Wissenschaftliche Mitarbeiterin beim BVerfG (Dez. BVR Dr. Simon/BVR Prof. Dr. Dieterich) von 9/1983 - 2/1988, Ministerialdirigentin (Vertreterin der Frauenministerin des Landes Schleswig-Holstein)

Ernst Elitz, geb. 1941, Chefredakteur Fernsehen, Süddeutscher Rundfunk, Stuttgart

Dietrich Franke, geb. 1943, Dr. jur., Vorsitzender Richter am OVG Frankfurt (Oder); frühere Tätigkeit: Wissenschaftlicher Mitarbeiter beim BVerfG (Dez. BVR Dr. Niemeyer/ Vizepräsident Dr. Mahrenholz) von 10/1984 bis 9/1989

Hermann Fünfgeld, geb. 1931, Intendant des Süddeutschen Rundfunks, Stuttgart

Thomas Gebel, geb. 1949, Persönlicher Referent des Intendanten des Süddeutschen Rundfunks, Stuttgart

Rudolf Gerhard, geb. 1937, Dr. jur., o. Professor für Journalistik, Mainz; frühere Tätigkeiten: Fernseh- und Zeitungskorrespondent

Dieter Grimm, geb. 1937, Dr. jur., LL.M. (Harvard), Professor für Öffentliches Recht an der Universität Bielefeld, Richter des BVerfG

Peter Häberle, geb. 1934, Dr. jur., o. Professor für Öffentliches Recht, Rechtsphilosophie und Kirchenrecht in Bayreuth, Ständiger Gastprofessor für Rechtsphilosophie an der Hochschule St. Gallen in der Schweiz

Winfried Hassemer, geb. 1940, Dr. jur., o. Professor für Rechtsphilosophie, Rechtssoziologie, Strafrecht und Strafprozeßrecht, Frankfurt, Hessischer Datenschutzbeauftragter

Frank Jürgen Werner Henneke, geb. 1943, Dr. jur. utr., Leitender Ministerialrat im Ministerium für Umwelt Rheinland-Pfalz, Mainz/Ludwigshafen am Rhein

Georg Hermes, geb. 1958, Dr. jur., Habilitand, Lehrbeauftragter der Universität Freiburg; frühere Tätigkeit: Wissenschaftlicher Mitarbeiter beim BVerfG (Dez. Vizepräsident Dr. Mahrenholz) von 5/1989 bis 5/1992

Roman Herzog, geb. 1934, Dr. jur., Prof., Präsident des BVerfG (Vorsitzender des Ersten Senats); frühere Tätigkeiten: Universitätsprofessor, Minister

Konrad Hesse, geb. 1919, Dr. jur., Dr. Dr. h.c., em. o. Professor an der Universität Freiburg, Bundesverfassungsrichter a.D.

Werner Hill, geb. 1930, Dr. phil., Sonderkorrespondent des NDR für Recht und Justiz; frühere Tätigkeit: Direktor des Funkhauses Hannover des NDR

Alexander Hirsch, geb. 1970, cand. jur., Universitäten Bonn, Lausanne, München

Burkhard Hirsch, geb. 1930, Dr. jur., Mitglied des Deutschen Bundestages, Rechtsanwalt, Mitglied der Gemeinsamen Verfassungskommission von Bund und Ländern; frühere Tätigkeit: Innenminister Nordrhein-Westfalen

Rainer Hofmann, geb. 1953, Dr. jur., Docteur d'Université en Droit (Montpellier I), Priv.Doz., Wissenschaftlicher Referent am Max-Planck-Institut für ausländisches öffentliches Recht und Völkerrecht, Heidelberg; frühere Tätigkeit: Wissenschaftlicher Mitarbeiter beim BVerfG (Dez. BVR Prof. Dr. Steinberger) von 3/1986 - 12/1987

Friedhelm Hufen, geb. 1944, Dr. jur., o. Professor für Öffentliches Recht, Staats- und Verwaltungsrecht an der Universität Mainz

Klaus Kinkel, geb. 1936, Dr. jur., Vizekanzler der Bundesrepublik Deutschland und Bundesminister des Auswärtigen

Friedrich Kübler, geb. 1932, Dr. jur., o. Professor für Wirtschafts- und Bürgerliches Recht, insbesondere Bankrecht und Medienrecht, Frankfurt; Professor of Law, University of Pennsylvania, Philadelphia

Jürgen Kühling, geb. 1934, Dr. jur., Richter des BVerfG (Erster Senat); frühere Tätigkeiten: Richter am BVerwG, Referent im Niedersächsischen Justizministerium

Rolf Lamprecht, geb. 1930, Dr. phil., SPIEGEL-Korrespondent bei den obersten Gerichtshöfen des Bundes, Vorsitzender der »Justizpressekonferenz Karlsruhe e.V. (JPK)«

Christine Landfried, geb. 1949, Dr. jur., Professorin für Vergleichende Regierungslehre, Universität Hamburg

Peter Lerche, geb. 1928, Dr. jur., o. Professor für Öffentliches Recht an der Universität München

Manfred Linz, geb. 1927, Dr. theol., Wuppertal Institut für Klima, Umwelt, Energie

Hans Meyer, geb. 1933, Dr. jur., Dr. jur. h.c., Professor für Staats-, Verwaltungs- und Finanzrecht an der Johann-Wolfgang-Goethe-Universität Frankfurt a.M.; Vorsitzender der Struktur- und Berufungskommission für den Fachbereich Rechtswissenschaft der Humboldt-Universität zu Berlin

Norbert Niehues, geb. 1935, Dr. jur., Vorsitzender Richter am Bundesverwaltungsgericht (6. Senat)

Wolfgang Peukert, geb. 1936, Dr. jur., M.C.L., Referatsleiter im Sekretariat der Europäischen Menschenrechtskommission, Generalsekretär der Deutschen Sektion der Internationalen Juristen-Kommission

Renate Philipp, geb. 1962, Dr. jur., Richterin am VG Hamburg, seit 4/1992 wissenschaftliche Mitarbeiterin beim BVerfG (Dez. Vizepräsident Prof. Dr. Mahrenholz)

Bodo Pieroth, geb. 1945, Dr. jur., Universitätsprofessor für Öffentliches Recht, Münster, früher Bochum und Marburg

Ulrich K. Preuß, geb. 1939, Dr. jur., o. Professor für Öffentliches Recht an der Universität Bremen, Mitglied des Bremischen Staatsgerichtshofs

Sibylle Raasch, geb. 1949, Dr. jur., Dozentin für Öffentliches Recht an der Hochschule für Wirtschaft und Politik, Hamburg, seit 9/1993 wissenschaftliche Mitarbeiterin beim BVerfG (Dez. Vizepräsident Prof. Dr. Mahrenholz)

Michael Reissenberger, geb. 1949, Leiter der Redaktion Recht und Rechtspolitik des Süddeutschen Rundfunks; frühere Tätigkeiten: SWF, Politik- und Wirtschaftsredaktion, freistaatl.-bayer. Assessor

Ingo Richter, geb. 1938, Dr. jur., Professor für Öffentliches Recht, Hamburg; seit 1977 Herausgeber der Zeitschrift »Recht der Jugend und des Bildungswesens«; seit 1993 Vorstand und Direktor des Deutschen Jugendinstituts, München

Ralf Rothkegel, geb. 1941, Dr. jur., Richter am BVerwG und Jazzmusiker; frühere Tätigkeit: Wissenschaftlicher Mitarbeiter beim BVerfG (Dez. BVR Dr. Mahrenholz/BVR Dr. Franßen) von 12/1986 - 8/1990

Volker Roth-Plettenberg, geb. 1948, Dipl.-Verw.-Wiss., Ltd. Bibliotheksdirektor beim BVerfG

Wolfgang Schäuble, geb. 1942, Dr. jur., Vorsitzender der CDU/CSU-Fraktion im Deutschen Bundestag; frühere Tätigkeiten: Chef des Bundeskanzleramtes, Bundesminister des Innern

Bernhard Schlink, Dr. jur., Professor für Öffentliches Recht und Rechtsphilosophie an der Humboldt-Universität Berlin, Richter des Verfassungsgerichtshofs des Landes Nordrhein-Westfalen

Jürgen Schmude, geb. 1936, Dr. jur., Mitglied des Bundestages, Rechtsanwalt, Präses der Synode der EKD; frühere Tätigkeit: Bundesminister

Hans-Peter Schneider, geb. 1937, Dr. jur., o. Professor für Staats- und Verwaltungsrecht, Hannover, Mitglied des Niedersächsischen Staatsgerichtshofs und des Verfassungsgerichtshofs des Freistaates Sachsen

Gerhard Seibert, geb. 1935, Dr. jur., Richter am BVerwG, frühere Tätigkeit: Wissenschaftlicher Mitarbeiter beim BVerfG (Dez. BVR Hirsch, BVR Träger und BVR Dr. Mahrenholz) von 7/1978 - 10/1981

Spiros Simitis, geb. 1934, Dr. jur., o. Professor für Bürgerliches Recht, Arbeitsrecht und Rechtsinformatik, Frankfurt; Ständiger Gast-Professor Yale University New Haven, USA; frühere Tätigkeit: Hessischer Datenschutzbeauftragter 1975 - 1991

Helmut Simon, geb. 1922, Dr. iur., Dr. theol. h.c., Bundesverfassungsrichter i.R.; frühere Tätigkeiten: Richter am Landgericht und Oberlandesgericht Düsseldorf und am Bundesgerichtshof, Präsident des Deutschen Evangelischen Kirchentages

Matthias Stauch, geb. 1951, Vorsitzender Richter am Verwaltungsgericht; frühere Tätigkeiten: Wissenschaftlicher Mitarbeiter beim BVerfG (Dez. BVR Dr. Mahrenholz) von 8/1985 - 11/1987; Leiter der Arbeitsgruppe Finanzreform beim Senator für Finanzen Bremen von 1991 - 1993

Rudolf Steinberg, geb. 1943, Dr. jur., Universitätsprofessor für öffentliches Recht, Umweltrecht und Verwaltungswissenschaft, Frankfurt a.M.

Heino ter Veen, geb. 1953, Richter am Landgericht Hamburg; frühere Tätigkeit: Aufsichtsreferent beim Hamburgischen Datenschutzbeauftragten; seit 10/1992 wissenschaftlicher Mitarbeiter beim BVerfG (Dez. Vizepräsident Prof. Dr. Mahrenholz)

Rudolf von Thadden, geb. 1932, Dr. phil., o. Professor für Neuere Geschichte Göttingen, Directeur d'Etudes an der Pariser Ecole des Hautes Etudes en Sciences Sociales, Mitglied des Präsidiums des Deutschen Evangelischen Kirchentages

Wilhelm Totok, geb. 1921, Dr. phil., Prof., frühere Tätigkeit: Leitender Direktor der Niedersächsischen Landesbibliothek, Hannover

Dimitris Th. Tsatsos, geb. 1933, Dr. jur., Univ.-Prof. für Deutsches und Ausländisches Staatsrecht und Staatslehre und geschäftsführender Direktor des Institut für Deutsches und Europäisches Parteienrecht an der FernUniversität in Hagen, zugleich o.Prof. für Verfassungsrecht an der Pantios-Universität in Athen; frühere Tätigkeiten: u.a. Vizekultusminister in Griechenland, Mitglied des griechischen Parlaments 1974 bis 1977

Richard Urban, geb. 1943, Dr. jur., Präsident des VG Darmstadt; frühere Tätigkeiten: Richter am HessVGH, Vizepräsident des VG Frankfurt/M., Wissenschaftlicher Mitarbeiter beim BVerfG (Dez. BVR Dr. Mahrenholz) von 8/1981 bis 11/1984

Hans-Jochen Vogel, geb. 1926, Dr. jur., Mitglied des Bundestages; vielfältige frühere Tätigkeiten

Bernd Volckart, geb. 1933, Dr. jur., Vorsitzender Richter am OLG Celle

Hermann Weber, geb. 1936, Dr. jur., Prof., Rechtsanwalt; Schriftleiter der Neuen Juristischen Wochenschrift

Manuela Wittmann, geb. 1966, Dok. Ass., Bibliothek des BVerfG

Joachim Wieland, geb. 1951, Universitätsprofessor für Öffentliches Recht, Finanz- und Steuerrecht; frühere Tätigkeit: Wissenschaftlicher Mitarbeiter beim BVerfG (Dez. BVR Prof. Dr. Dr. Dr. h.c. Böckenförde) von 4/1984 - 9/1988

Thomas Wolf, geb. 1953, Dr. jur., Richter am Amtsgericht mit weiterem Richteramt am Landgericht; frühere Tätigkeit: Wissenschaftlicher Mitarbeiter beim BVerfG (Dez. Vizepräsident Prof. Dr. Mahrenholz) von 10/1990 - 7/1993